玉溪年鉴 2017

【第25卷】

YUXI YEARBOOK

玉溪市人民政府　主办

玉溪市地方志编纂委员会办公室　编

云南出版集团

云南人民出版社

图书在版编目（CIP）数据

玉溪年鉴. 2017 / 玉溪市地方志编纂委员会办公室编. -- 昆明：云南人民出版社, 2017.9
ISBN 978-7-222-16414-7

Ⅰ. ①玉… Ⅱ. ①玉… Ⅲ. ①玉溪 - 2017 - 年鉴
Ⅳ. ①Z527.43

中国版本图书馆CIP数据核字（2017）第206152号

出 品 人　赵石定
责任编辑　张力山
责任印制　洪中丽
责任校对　韩　旭

玉溪年鉴　2017

玉溪市地方志编纂委员会办公室　编

出　　版　云南出版集团　云南人民出版社
发　　行　云南人民出版社
社　　址　昆明市环城西路609号
网　　址　http://ynpress.yunshow.com
E-mail　ynrms@sina.com

开　　本　889×1194　1/16
印　　张　38
彩　　插　12
字　　数　1700千
版　　次　2017年9月第1版　第1次印刷
印　　刷　云南美嘉美印刷包装有限公司

书　　号　ISBN 978-7-222-16414-7
定　　价　280.00元

（若发现印装错误请与承印厂联系　0871-63179373）

云南人民出版社公众微信号

《玉溪年鉴》编辑部

顾　　问　罗应光　张德华

主　　编　孙金会

副 主 编　瓦庆超　卢春剑　桂云国

执行主编　李海明

执行副主编　刘仕荣　王竹能　王　斌

编　　辑　胡　芸　闵群书　李晓媛

封面设计　杨　勇

封面摄影　潘　泉

英文翻译　马建平

通讯地址　玉溪市地方志办公室

（红塔区秀山西路7号市政府大楼附楼5楼）

邮政编码　653100

联系电话　0877-2026554

电子邮箱　yxdfzb@163.com

特邀撰稿人员名单

罗应光　张德华　保明顺　王　力　杨　洋　解仕清　蔡四宏　孙云鹏
朱家伟　尚建华　孙金会　瓦庆超　卢春剑　桂云国

分类撰稿人员名单

（按文章顺序排列）

杨春银　吴　刚　朱浩吉　鲁俊秀　刘志华　范　罡　许真生　高发红
孔繁怡　瞿星宏　何昆琳　杨　琴　昂子艺　适丽招　彭燕洁　杨　辉
秦文伟　雷庆文　刘桂华　潘翠华　徐明汉　张正云　高玲艳　黄海东
施正林　张杰贤　马国富　黄蕊仪　陈　佳　黄晓薇　赵皖婷　周海琼
普开明　张　荻　张　娟　严　辰　靳　雨　刘亚丹　刘祥松　杨　梅
李　涛　高　扬　王坤鹏　王文富　朱　静　张志强　周克金　陈　刚
杨　菲　张　坤　王　丹　何志兵　陶　丽　自星徐　李　磊　薛美蓉
张云萍　何　洋　向致林　周文忠　师红艳　向小华　周凤琴　许晓云
张　艾　王兆平　武映棣　段　娟　张晓燕　张　迎　何焕菊　何志珍
普泳智　曹晓军　代玉洁　王宇飞　李绍伟　赖恒红　乔　羽　李勇明
何剑虹　王　薇　杨晓黎　李　媛　阚璐蕊　高宇恒　施丽珠　徐晓秋
张玉佳　杨继林　褚二忠　尹俊峰　杨　雪　尚　薇　杨　勇　徐志强
赵从瑛　解家敏　方　翔　王　嫣　陈　芳　杨其久　张利祥　赵雪如
朱　涵　王德莉　徐凡清　张永伟　王基宇　张　兰　李杰海　龙旺生
刀燕勤　李红兰　李海明　刘仕荣　王竹能　王　斌　胡　芸　闵群书
李晓媛　孙荣敏　奉永波　杨　静

编辑说明

一、《玉溪年鉴》是玉溪市人民政府主办、玉溪市地方志编纂委员会办公室承办的地方综合性年鉴。自1993年创刊，每年出版一卷，2017为第25卷。《玉溪年鉴》始终坚持“质量第一、长编常新”的编鉴宗旨，紧紧围绕党委、政府的中心工作，全面、系统、翔实地记述上一年度玉溪市各族人民在中国共产党的领导下开展建设美丽幸福新玉溪的伟大实践，以及全市政治、经济、文化、社会、生态等各方面的基本情况、深刻变化及重大成就，是外界了解认识玉溪的重要窗口。

二、《玉溪年鉴 2017》主要反映玉溪市2016年各方面的情况。全书分为图片专辑、数字玉溪、特载、专文、大事记、玉溪综述、党政机关、民主党派、人民团体、军事、法制、民族·宗教、经济管理、园区经济、农业、林业、水利、烟草、工业、交通·邮电、城建·环保、贸易、财政·税务、金融·保险、旅游、科学技术、教育、文化、新闻·广播电视、卫生、体育、社会、县区概况、人物、附录35个类目，各类目下设分目，基本资料以条目形式撰写。全书共有条目2 187条，照片440幅，统计图19个，表格40个，力求做到图文并茂，切实增强年鉴的信息量和可读性。

三、本年鉴所采用的稿件均由市直有关单位和各县区史志办明确专人撰写，并经单位领导审核把关后收集，资料翔实准确，内容丰富，信息量大，是全市各级领导干部和各级各部门出台政策、制订工作计划的重要依据。

四、本年鉴设有目录和索引两种检索方法，目录在卷首，索引在卷尾。目录编排到条目；索引采用主题分析法，按主题词首字音序排列，同音字以声调为序排列。为方便读者使用，本年鉴附有电子光盘，内容与文字书刊一致。

五、在反映数量变化时，一般与2015年年末数相比，文中出现“上年”字样，均指2015年，不一一注明。统计数字如部门间有出入或使用了预计数的，一律以统计部门提供的为准。在条目中，部分单位、事件等名称，第一次出现时用全称，以后用简称，不一一注明。

六、《玉溪年鉴》的标识外形为玉佩造型，由三朵流畅的浪花汇聚成汹涌澎湃的大海，是对玉溪精神“玉汝于成、溪达四海”的最佳诠释。封面以浪漫主义的手法，把浪花和音乐符号有机组合起来，充满了生机和活力，体现了新时代玉溪人拼搏进取、追云逐浪、永立潮头的精神。

七、本卷年鉴的编辑出版，得到了各级领导干部和各级各相关部门以及社会各界的关心帮助，在此表示衷心感谢！由于时间紧、工作量大，加之编辑水平有限，年鉴中难免有不足之处，敬请各位读者谅解。

《玉溪年鉴》编辑部

数字玉溪

基本概况

总面积：15 285 平方千米
耕地面积：163.1 万亩
森林覆盖率：56.7%
行政区划：辖七县二区，共设 75 个乡（镇、街道）
最高海拔：3165.9 米（哀牢山脉主峰大磨岩山）
最低海拔：327 米（小河底河与元江汇合处）

人口

常住人口：237.5万人
男性：121.45万人
女性：116.05万人
少数民族人口：75.0万人
人口自然增长率：5.98‰
城镇化率：48.91%

GDP

生产总值（GDP）：1 311.9亿元
第一产业增加值：135.0亿元
第二产业增加值：685.3亿元
第三产业增加值：491.5亿元
三次产业结构：10.3：52.2：37.5
人均生产总值：55 389元

农业

农业总产值：233.6亿元
农业增加值：136.7亿元
粮食作物面积：170.1万亩
蔬菜播种面积：129.1万亩
粮食总产量：62 400万公斤

工业

规模以上工业完成产值：1 344.4亿元
规模以上工业实现增加值：597.3亿元
规模以上工业企业主营业务收入：1 210.6亿元
规模以上工业能源消费量：715.7万吨标准煤
规模以上工业电力消费量：87.5亿千瓦时

投资

固定资产投资：893.7亿元
第一产业：37.3亿元
第二产业：169.4亿元
第三产业：686.9亿元

消费品

社会消费品零售总额：326.8亿元
外贸自营进出口总额：20.2亿美元
引进市外国内资金：800.4亿元
实际使用外资：117万美元

交通与旅游

公路通车总里程：1.7万公里
年末机动车保有量：75.2万辆
邮电业务总量：31.7亿元
接待游客：2 711.2万人次
旅游总收入：162.9亿元

财政收支

财政总收入：462亿元
地方公共财政预算收入：131.1亿元
地方公共财政预算支出：233.4亿元
金融机构年末人民币各项存款余额：1 515.7亿元
金融机构年末人民币各项贷款余额：903.5亿元

教育和医疗

普通高校：2所
普通高中：21所
公共图书馆：10个
医疗卫生机构：1 394个

城乡居民收入

城镇居民人均可支配收入：32 177元
农村居民人均可支配收入：11 968元
城镇职工养老保险人数：31.29万人
城乡居民基本养老保险人数：120.07万人

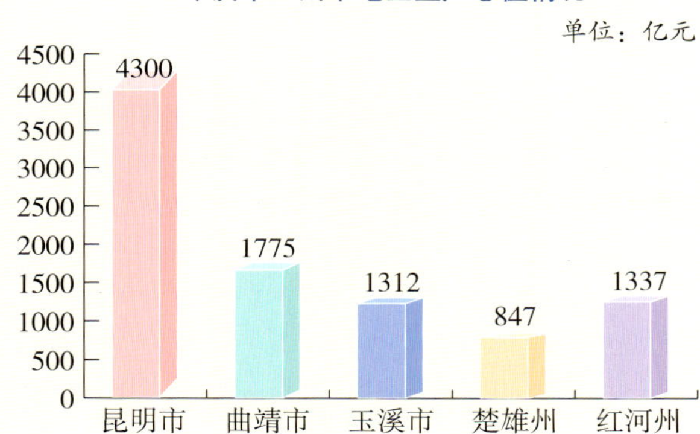

2016年滇中五州市地区生产总值情况
单位：亿元
4300
1775
1312
847
1337
昆明市
曲靖市
玉溪市
楚雄州
红河州

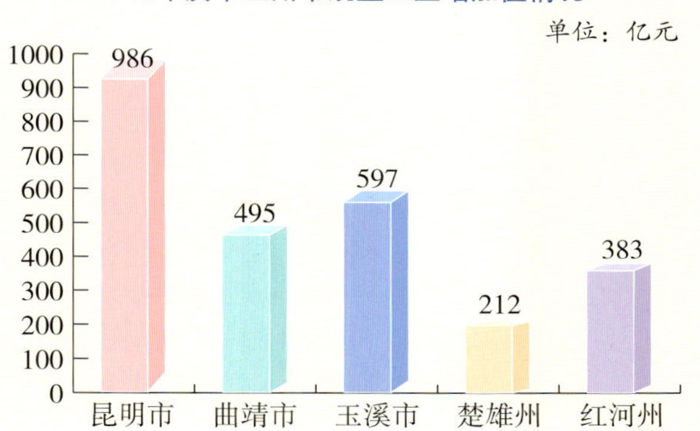

2016年滇中五州市规上工业增加值情况
单位：亿元
986
495
597
212
383
昆明市
曲靖市
玉溪市
楚雄州
红河州

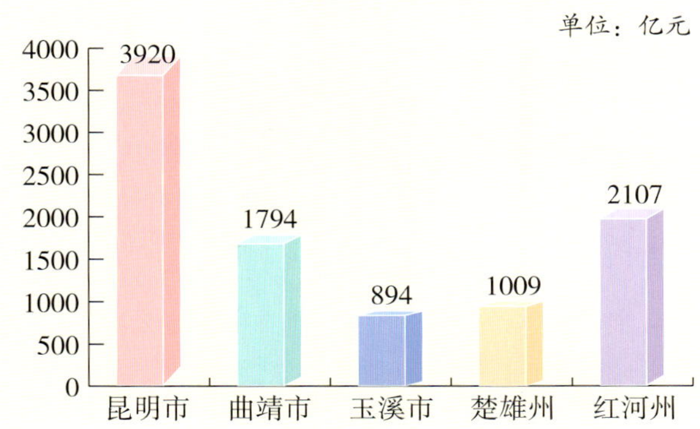

2016年滇中五州市固定资产投资情况
单位：亿元
3920
1794
894
1009
2107
昆明市
曲靖市
玉溪市
楚雄州
红河州

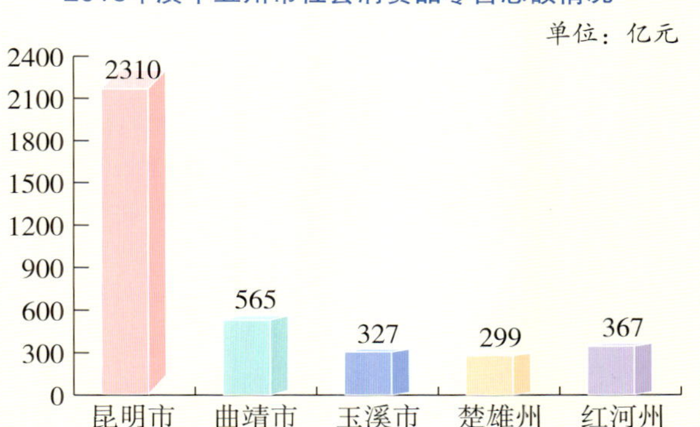

2016年滇中五州市社会消费品零售总额情况
单位：亿元
2310
565
327
299
367
昆明市
曲靖市
玉溪市
楚雄州
红河州

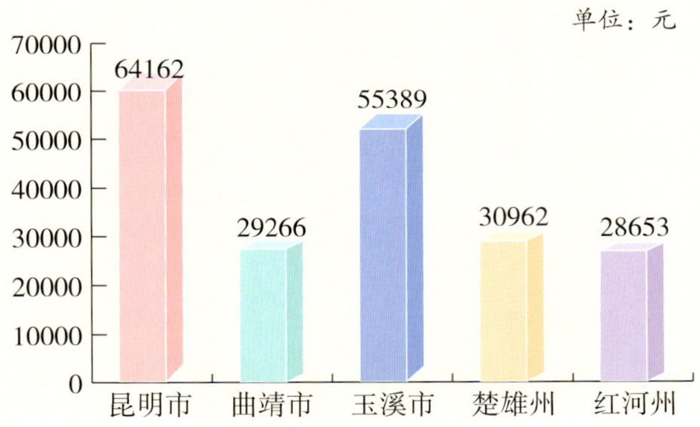

2016年滇中五州市人均生产总值情况
单位：元
64162
29266
55389
30962
28653
昆明市
曲靖市
玉溪市
楚雄州
红河州

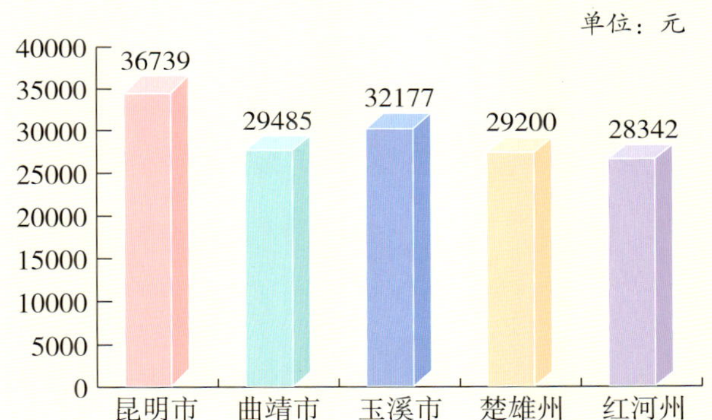

2016年滇中五州市城镇居民人均可支配收入情况
单位：元
36739
29485
32177
29200
28342
昆明市
曲靖市
玉溪市
楚雄州
红河州

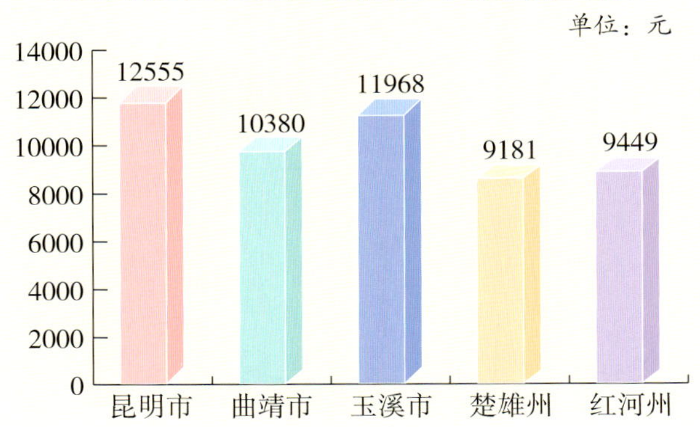

2016年滇中五州市农村居民人均可支配收入情况
单位：元
12555
10380
11968
9181
9449
昆明市
曲靖市
玉溪市
楚雄州
红河州

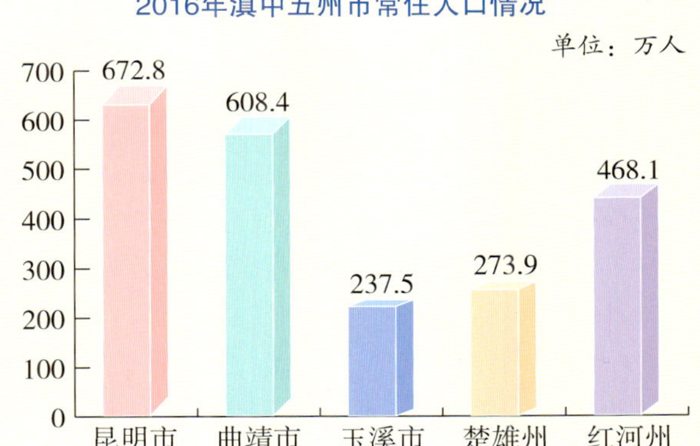

2016年滇中五州市常住人口情况
单位：万人
672.8
608.4
237.5
273.9
468.1
昆明市
曲靖市
玉溪市
楚雄州
红河州

领导关怀

玉溪的发展，一直以来倍受党中央、国务院和省委、省政府的亲切关怀，得到了各级领导的高度重视和大力帮助。2016年7月6日，中共中央政治局委员、广东省委书记胡春华，广东省委副书记、省长朱小丹率领广东省党政代表团到玉溪考察。12月6日至7日，中共云南省委书记、省人民政府省长陈豪到玉溪调研经济稳增长、产业发展、城乡规划建设、棚户区改造和民生保障等工作，检查指导六中全会精神宣传贯彻、“两学一做”学习教育和基层党建工作。8月12日，中央环境保护督察组组长贾治邦到玉溪调研。

③

④

①中共中央政治局委员、广东省委书记胡春华（前排左三）率领广东省党政代表团到玉溪考察

②中央环境保护督察组组长贾治邦（左四）到玉溪调研

③中共云南省委书记陈豪（前排左三）到玉溪调研，中共玉溪市委书记罗应光（前排右三），中共玉溪市委副书记、市人民政府代市长张德华（前排右二）陪同调研

④中共云南省委常委、省委组织部部长李小三（左三）到玉溪调研

（曾永洪　摄）

重要活动

2016年，全市上下深入贯彻以习近平同志为核心的党中央治国理政新理念新思想新战略，积极适应和引领经济发展新常态，以提高发展质量和效益为中心，以供给侧结构性改革为主线，主动融入国家和省的发展战略，坚持经济社会发展“5577”总体思路，较好完成了市四届人大四次会议确定的主要目标任务，实现了“十三五”良好开局。9月8日至10日，召开了市第五次党代会，充分肯定了过去五年的显著成就和宝贵经验，明确提出了未来五年全市工作的总体思路，选举产生了新一届市委和市纪委。1月30日至2月4日，召开了市第四届人民代表大会第四次会议，审议并通过了市政府工作报告、玉溪市国民经济和社会发展第十三个五年规划纲要等报告。4月15日，市委、市政府在新平县举行大开门至戛洒高速公路暨全市2016年重点项目集中开工仪式，大戛高速等11个重点项目集中开工建设。10月24日，七彩云南抚仙玉溪—2016年“收获金秋共谋发展”玉溪投资峰会系列活动拉开序幕，600多名国内外知名企业家、招商顾问齐聚玉溪，聚焦产业，共谋发展。43个投资总额309亿元的项目在招商引资推介大会上成功签约，项目涉及基础设施建设、文化旅游、农业及农副食品加工、互联网信息等领域。

①

①2016年9月8~10日，中国共产党玉溪市第五次代表大会胜利召开，选举产生了新一届市委领导班子和市纪委领导班子（潘　泉　摄）
②相约春天 共筑梦想 百户客商进玉溪招商活动（曾永洪　摄）
③玉溪市隆重召开庆祝中国共产党成立95周年大会，表彰全市优秀共产党员、优秀党务工作者和先进基层党组织（曾永洪　摄）
④江川撤县设区大会召开，中共玉溪市委书记罗应光等领导为江川区委、区人大、区政府、区政协、区纪委揭牌（曾永洪　摄）

2016' 相约春天 共筑梦想
百户客商进玉溪招商活动
主 办：中共玉溪市委 玉溪市人民政府
承 办：玉溪市招商合作局
百户客商进玉溪招商活动
签约仪式
2016.3.29

②

1921—2016

③

玉溪市
中国共产党玉溪市江川区委员会

④

产业升级

2016年，全市深入开展“争先创优跨越发展”大讨论大行动和作风转变年、工作落实年、创新发展年活动，认真落实省政府稳增长政策，制定39条具体措施，整合安排6.9亿元用于产业发展和项目建设；实行烟草下滑非烟补、二产不足一产三产补、工业不足建筑业补、规上不足规下补，第一产业和第三产业增速全省第一；聚力抓好工业，规上工业增加值590亿元、增长3.7%；促进信息消费，华为云计算数据中心、华唐大数据服务外包基地正式运营，信息产业增加值增长7.5%；新增院士专家工作站3个、市级技术研究中心5个、高新技术企业21户、科技型中小企业30户，科技贡献率达58.5%；落实重点项目副市长组长负责制，压实项目推进责任，46个省级、340个市级“四个一百”重大项目分别完成投资82.7亿元、320亿元；推进52个省级“三个一百”工业转型升级项目建设，完成投资160亿元。

①华宁工业园区蓝天重工（曾永洪　摄）　②华盛高炉拆除中（市工信委　提供）
③红塔工业园区蓝晶科技（曾永洪　摄）　④龙泉工业园区航空产业园（曾永洪　摄）

①

②

③

④

城乡发展

2016年，市政府启动玉溪城市总规修改，完成了中心城区建筑风貌导则、地下空间开发利用规划、城市地下综合管廊专项规划编制和城乡规划管理技术规定修订，“多规合一”试点顺利推进。“六城同创”取得成效，国家节水型城市通过专家现场考核验收，列为国家海绵城市、省级地下综合管廊试点，实施海绵城市4个项目包建设，开工建设市政道路31.2千米、地下综合管廊19千米、安全骑行车道38千米，启动玉溪城市规划馆建设。玉水金岸、新天地、临岸三千城等项目建设有序推进，城市生活垃圾焚烧发电、排水管网二期加快推进，夜景照明、增绿添色景观改造成效初显。开展了澄江、峨山县城扩容提质试点。全面启动“点亮玉溪”和新一轮提升城乡人居环境行动，中心城区4条黑臭水体治理开工，15个建制镇“一水两污”工程完工4个，启动12个美丽乡镇建设，拆除临违建筑8万平方米，新建改造城市公厕74座。“百村示范、千村整治”开工665个、完工440个，城镇棚户区改造房屋征收58.4万平方米，农村危房改造开工40 613户、竣工21 757户。

①生态宜居城市玉溪展新貌（潘　泉　摄）
②美丽宜居的玉溪中心城区（曾永洪　摄）
③“云南第一村”大营街新民居（潘　泉　摄）
④仙湖时光栈道全线贯通（潘　泉　摄）

②

五网建设

市委、市政府制定实施五网建设五年行动计划，2016年投入3.8亿元前期工作经费，强化现场推进，加快167个重大项目建设，完成投资188亿元。昆玉电气化铁路竣工通车，玉溪迎来高铁时代，三磨铁路征地拆迁基本完成，武易高速玉溪段、昆明绕城高速东南段主体工程完工，晋红、江通高速进展顺利，澄川、大戛、元蔓和弥玉、玉楚高速试验段开工建设；大龙潭引水工程向星云湖补水1 000万方，苗茂、鲁布2座中型水库和8座小型水库建设进展顺利，解决了15.3万农村人口饮水安全问题；中石油玉溪油库主体工程完工，建成天然气管道支线171千米、城市燃气管道110千米，推广使用天然气585万立方米。库容18亿立方米、装机27万千瓦的戛洒江一级水电站开工，建成4座风电场、3座光伏电站，10座输变电站建成投产；加快宽带中国、宽带乡村、智慧城市试点建设，新增全光网端口27万个，新建移动基站1 100座，行政村实现光纤宽带和4G全覆盖；与美中基金、广东龙浩、昆钢集团、雪域飞鹰运动航空签订产业战略合作协议，江川、新平、元江通用机场前期工作启动，南方航空护林总站直升机场完成主体工程。

①气势如虹的玉溪高铁站（潘　泉　摄）
②华宁磨豆山风电场（曾永洪　摄）
③东风水库（市水利局　提供）
④从昆明南站首发到玉溪的动车抵达玉溪站，第一批乘客下车（曾永洪　摄）

①

②

③

④

脱贫攻坚

全市上下全面落实中央、省委和市委脱贫攻坚的决策部署，把脱贫攻坚作为最大的政治任务、最大的民生工程，动员全市力量攻坚拔寨，全面落实领导责任和部门帮扶责任，压实县区主体责任，扎实开展“挂包帮”“转走访”，认真落实“六个到村到户”和“五个一批”扶贫措施，做到“六个精准”，着力实施基础设施、产业扶贫、易地扶贫搬迁、素质教育提升等项目。2016年，全市共有632个单位2.47万名领导干部职工联系挂包3.46万贫困户12.11万贫困人口，做到贫困乡镇、贫困行政村、贫困户全覆盖，基本实现6个贫困乡镇摘帽、58个贫困行政村出列、4万农村人口脱贫。

①峨山县富良棚乡塔冲美丽新农村（曾永洪　摄）
②易地搬迁让山村换新颜（潘　泉　摄）
③大力发展核桃产业脱贫（蒋志东　摄）
④元江县果洛垤水果交易市场（市供销社　提供）

②

③

④

①

民生保障

2016年，市政府加大民生投入，补齐民生短板，10件惠民实事全面完成。加强城乡社会保障体系建设，提高新农合和城乡低保补助标准，改扩建乡镇敬老院5个，建成居家养老服务中心20个、农村幸福院70个。统筹推进学前、义务、高中、高等各阶段教育发展，新建美丽校园65所，校安工程圆满收官，“全面改薄”工程加快推进，数字化校园实现全覆盖，5个县区被认定为国家、省义务教育发展基本均衡县。健全完善城乡医疗卫生体系，市医院改扩建、市急救中心主体工程完工，完成2个乡镇卫生院、10个村卫生室建设，市儿童医院开工，健康环境持续改善，被列为全国健康城市试点。加强食品药品安全监管，深入开展隐患大排查、打非治违、重点行业领域专项整治，安全生产形势总体稳定。加强社会治安立体化防控体系建设，积极化解信访积案和各类社会矛盾纠纷，严厉打击电信网络诈骗、非法集资等违法犯罪行为，提升了市民安全感。

①玉溪市全面启动社会保险全民参保登记工作（市人社局　提供）
②党员干部深入扶贫联系点开展送温暖活动（市卫生监督局　提供）
③官兵帮助老乡把慰问品送回家（8752部队　提供）
④志愿者到新平县建兴乡中心小学开展寒冬送温暖活动（张　翼　摄）

①

②

③

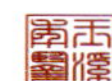

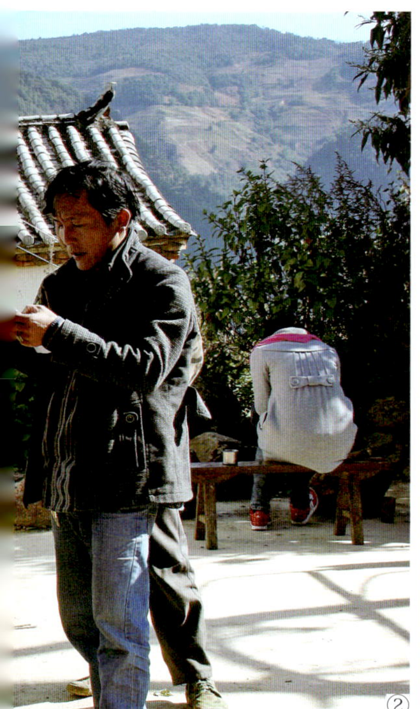

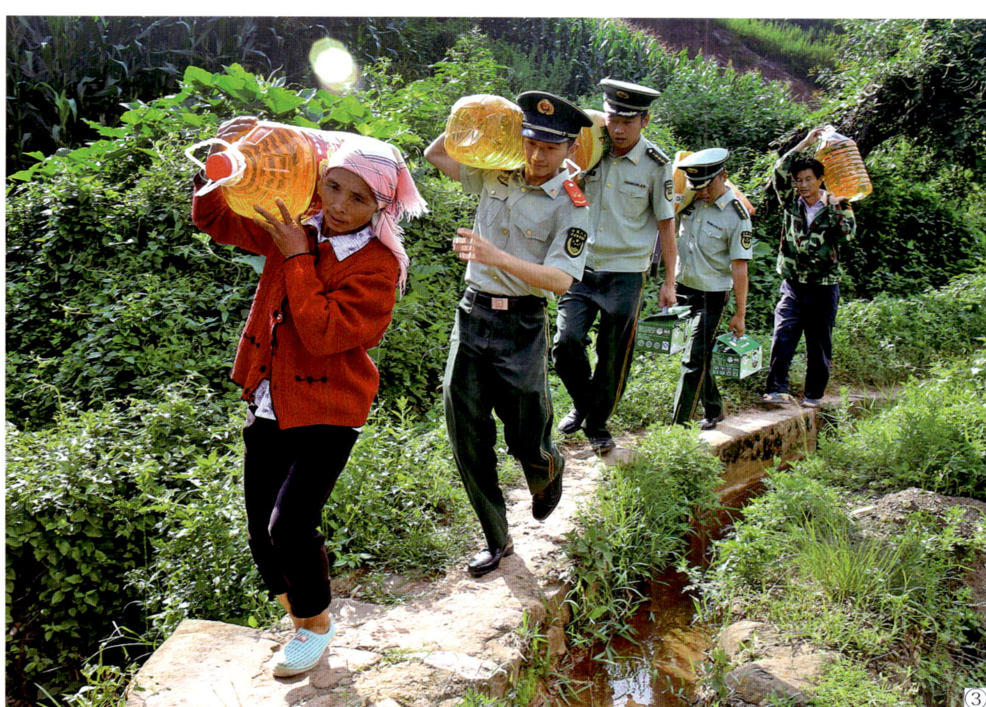

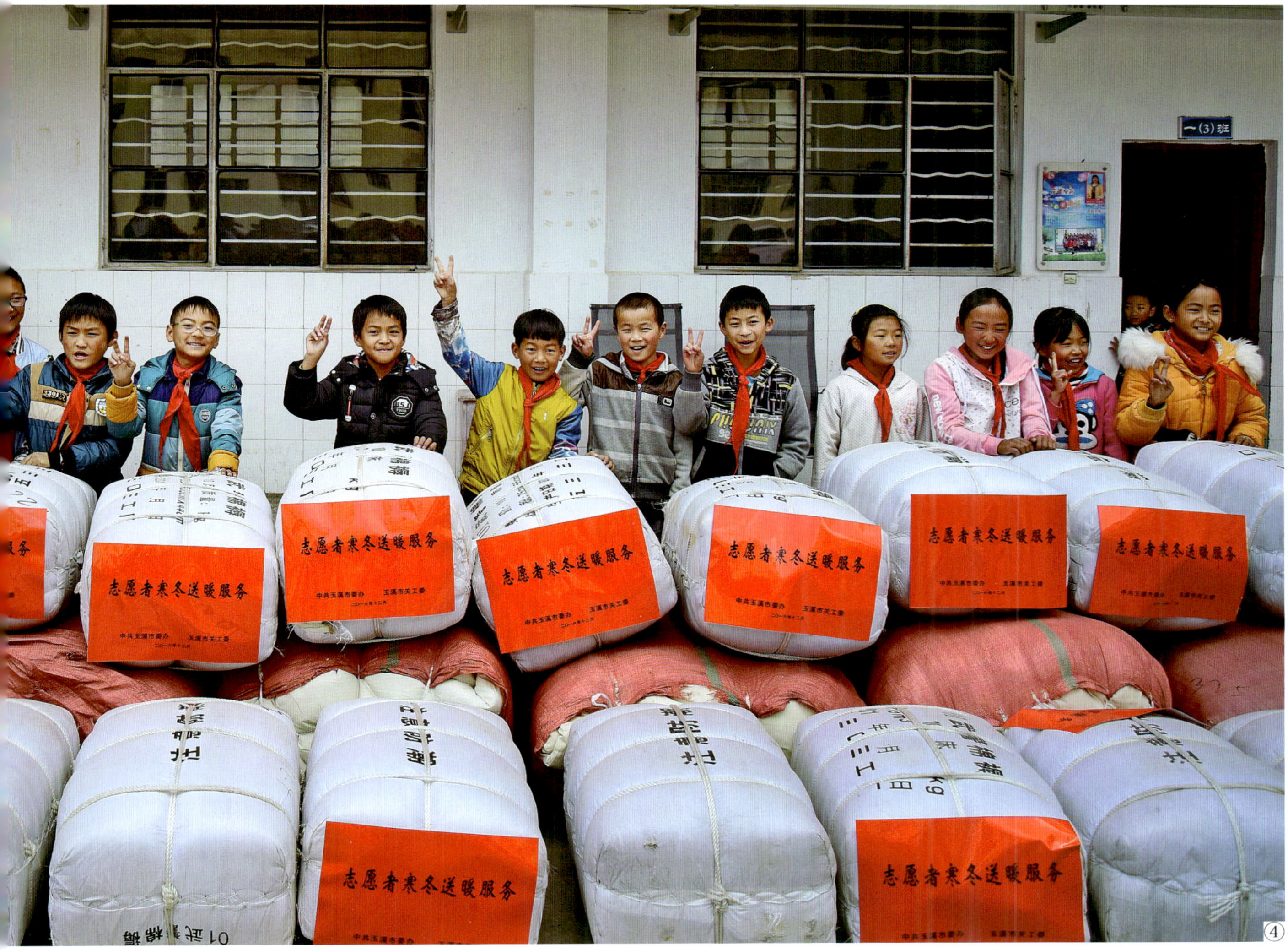
一(3)班
志愿者寒冬送暖服务
志愿者寒冬送暖服务
志愿者寒冬送暖服务
志愿者寒冬送暖服务
志愿者寒冬送暖服务
志愿者寒冬送暖服务
志愿者寒冬送暖服务
志愿者寒冬送暖服务

④

文体活动

2016年，全市文化体育事业蓬勃发展。成功举办第五届青年演员大赛、建党95周年系列纪念活动，完成赴越南海防演出任务，完成“东盟10国外长会议”文艺晚会、全国政协委员赴玉溪调研“少数民族文艺发展现状”专题汇报演出；3 500多支业余文艺队在农村、厂矿、社区、学校组织丰富多彩、形式多样的文艺演出10 000多场；澄江化石博物馆主体完工，江川甘棠箐旧石器遗址入选2015年全国十大考古新发现；成功举办云南省第三届宗教界体育运动会暨文艺汇演、ITF国际女子网球巡回赛中国玉溪站、2016抚仙湖国际高原湖泊帆船赛等国内外赛事。

①元旦春节万人环城赛（潘　泉　摄）
②中秋国庆大型灯会（玉溪日报社　提供）
③峨山彝族火把节（曾永洪　摄）
④格兰芬多国际自行车节玉溪站比赛（解家敏　摄）

②

①

③

2016 七彩云南 格兰芬多国际自行车节
2016 Colourful Yunnan International Granfondo Cycling Festival
START / 起 点

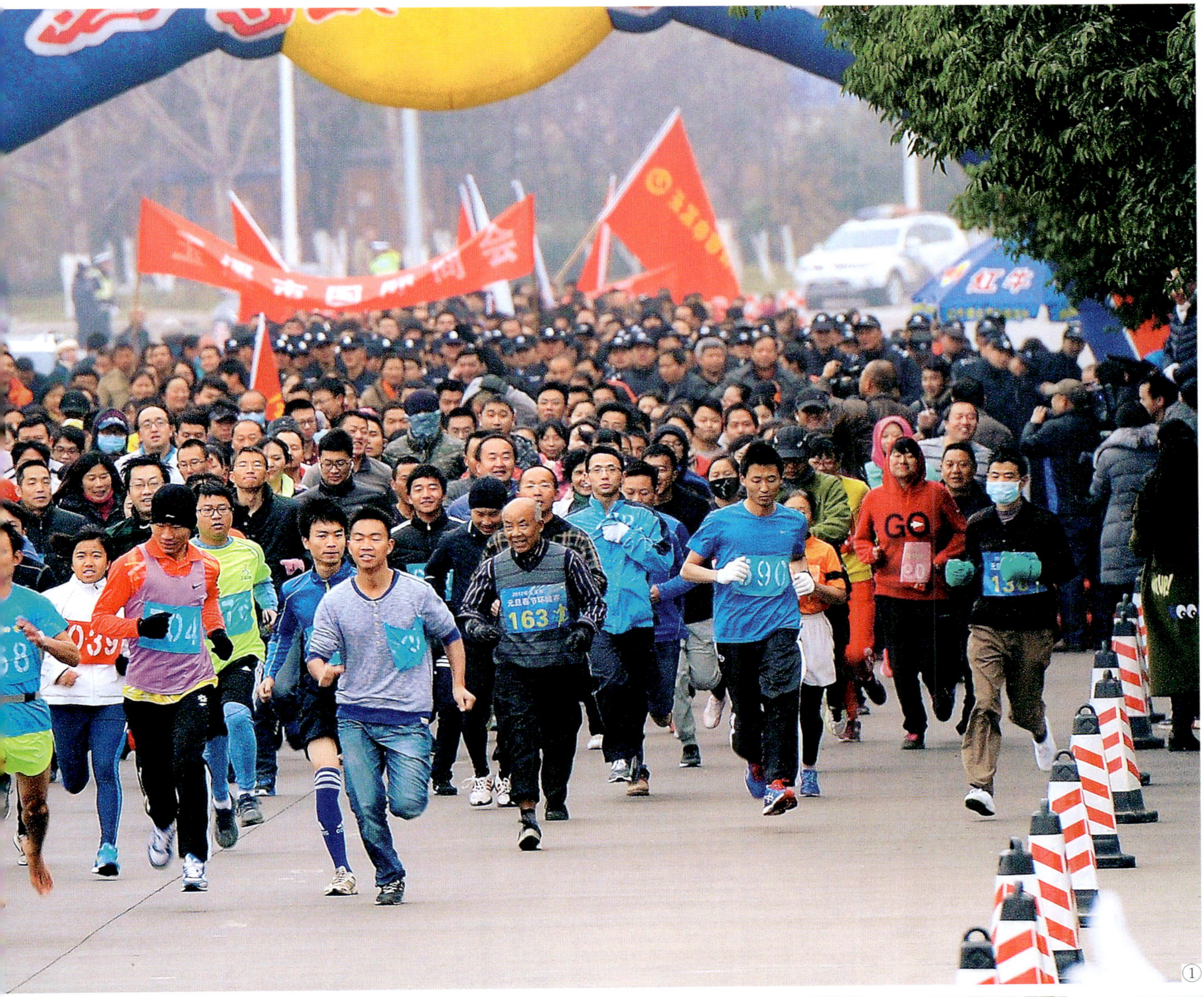

④

（市抚管局　提供）

目 录
CONTENTS

特 载
Special Reprint

专 文
Special Articles

大 事 记
A Chronicle of Malmain Events

玉溪综述
Summary of Yuxi

党政机关
parties and government organizations

民主党派
Democratic Parties Federation

农工党玉溪市委
Chinese Peasants' and Workers' Democratic party of Yuxi

致公党玉溪市委
Zhi Gong Dang of Yuxi

人民团体
Mass organizations

总工会
The Federation of the Union of Yuxi

妇　联
The Women's Federation

共青团玉溪市委
The communist Youth League

社科联
Federation of Social Science Society

工商联（商会）
The Federation of Industry and Commerce

法　制
Legal System

民族·宗教
Nationalities

经济管理
Economic Management

矿产资源管理
The Management of minerals and Resources Development

Mining industry of Yuxi

统 计
Statistics

园区经济
Park economy

园区宏观管理
Park macro management

高新技术产业开发区
New and high-tech Industrial Development Zone

特色园区
Characteristic Park

农 业
Agriculture

农业管理
Agricultural Management

农村经济管理

The management of rural economy

种植业

Planting

畜牧业

Animal Husbandry

乡镇企业
Township

渔　业
Fishery

农村能源
Rural energy

种子管理
Seed Management

农业机械
Agricultural Machines

土肥植保
Farmyard Manure and Plant Protection

农业科研
Agricultural Scientific Research

林 业
Forestry

林业管理
Forest Management

植树造林
Planting Trees and Afforestation

林业科技推广
Spread of Forest Science and Technology

森林保护
Forest Protection

水 利
Water Conservancy

水利规划与建设
Construction of Water Control

水利管理
Water management

防汛抗旱
Flood Prevention and Fighting Drought

水资源管理
The Administration of Water Resources

烟草
Tobacco

烟草管理
Tobacco Management

烤烟生产
Flue cured tobacco production

卷烟生产
Cigarette Production

卷烟营销及专卖管理
Cigrette Sales and Monopoly Management

烟草科技
Tobacco science and technology

工业和信息化
Industry and information technology

工业运行
Industrial Run

工业产业
Industry

电力工业
Power Industry

信息化建设
Informatization Construction

交通・邮政
Transportation · Post

公　路
Highway

铁　路
Railway

邮政管理
Postal Service

邮政经营
The postal business

城建・环保
Urban Construction · Environment

城乡规划
City and Countryside Planning

城乡建设
Urban and Rural Construction

建筑业
Architecture

房地产业
Real Estate

环境保护
Environmental Protection

贸　易
Trade

商　务
Business Affairs

贸　促
Trade Promotion

粮油经营
Purchase and Sale of Grain and Ceral Oil

供销合作
Supply Sale Marketing and Cooperation

财政·税务
Finance · Taxation

财 政
Finance

国家税务
National Taxation

地方税务
Local Taxation

金融·保险
Finance and Insurance

金融管理
Management of Finance

银行业监管
The supervision and control of the banks

商业银行
Commercial Bank

财产保险
Proverty Insurance

人寿保险
Life Insurance

旅　游
Tourism

科学技术
Science and Technology

群众文化
Masses Cultural

文物博物
Cultural Relicand Natural Science

图书电影
Books

新闻·广播电视
News · Broadcast and Television

新　闻
News

广播电视
Broadcast and Television

卫　生
Hygiene

卫生管理
Sanitary Management

卫生监督
The Hygienic Supervision

医疗服务
Medical Treatment

疾病预防
Sanitation and Epidemic Prevention

妇幼保健
Health Care for Women and Children

农村卫生
Rural Hygiene

血液管理
Blood Management

爱国卫生
Patriotic Public Health

体　育
Physical Education

体育管理
Physical Administration

群众体育
Mass Physical Education

社 会
Society

移民工作
Work of Immigrants

县（区）概况
General Situation of the countries and District of Yuxi

红塔区
Hong Ta District

江川区
Jiang chuan District

通海县
The County of Tonghai

澄江县

The County of Chengjiang

华宁县

The County of Huaning

易门县

The County of Yimen

峨山彝族自治县
The Yi National Autonomous County of Eshan

新平彝族傣族自治县
The Yi and Dai National Autonomous County of Xinping

元江哈尼族彝族傣族自治县
The Hani, Yi and Dai National Autonomous County of Yuanjiang

人 物
Figures

云南省有突出贡献优秀专业技术人才
Outstanding professional talents

享受云南省政府特殊津贴
Enjoy the special allowance of the Yunnan provincial government

受表彰人物
The Commended Persons

附 录
Appendix

索 引
Index

青山绿水·碧玉清溪

（市抚管局 提供）

特　载

SPECIAL REPRINT

责任编校：刘仕荣

市第五次党代会报告

市政府工作报告

牢记使命 砥砺前行
为在全省率先全面建成小康社会而努力奋斗

——在中国共产党玉溪市第五次代表大会上的报告

中共玉溪市委书记 罗应光

（2016年9月8日）

2016年9月8日，中国共产党玉溪市第五次代表大会在聂耳大剧院开幕。市委书记罗应光代表四届市委作工作报告

（潘 泉 摄）

同志们：

现在，我代表中国共产党玉溪市第四届委员会向大会作工作报告。

一、团结拼搏、迎难而上，经济社会发展迈上新台阶

市第四次党代会以来，面对复杂多变的国际国内环境和艰巨繁重的改革发展任务，在中央和省委的坚强领导下，四届市委总揽全局、协调各方，团结带领各族干部群众，深入学习贯彻以习近平同志为总书记的党中央治国理政新理念新思想新战略，抢抓机遇、应对挑战，勠力同心、攻坚克难，统筹推进稳增长、调结构、促改革、保生态、惠民生、防风险各项工作，全面从严管党治党，胜利完成市第四次党代会确定的各项目标任务，书写了玉溪发展史上浓墨重彩的崭新篇章。

这五年，我们坚持科学发展，经济实力大幅提升。针对经济下行压力持续加大的严峻形势和支柱产业单一、资源环境约束加剧等不利因素，市委审时度势、沉着应对，主动适应经济发展新常态，坚持稳中求进工作总基调，旗帜鲜明地抓好发展第一要务，积极融入滇中城市经济圈一体化建设，推动“六个一体化”发展，出台了“八要”方案和市级领导“七位一体”联系责任制度，开展了“争先创优跨越发展”大讨论、大行动，激发了玉溪跨越发展的内生动力。“五网”设施建设快速推进。玉蒙铁路投入运营，昆玉铁路扩能改造进入冲刺阶段，玉磨铁路开工建设，新三、易峨高等5条高等级公路和呈澄、石红高速公路建成通车，晋红、江通、武易高速公路建设进展顺利，全市新增高等级公路291公里，改扩建农村公路2 808公里，高等级公路占总里程比重提高5.5个百分点。完成10件骨干水源工程和341件小（二）型病险水库除险加固工程，解决了39.7万人的饮水安全问题。新增110千伏以上输变电站27座，建成峨山龙门水电站，华宁磨豆山、元江羊岔街风电场和甘庄光伏电站。产业转型升级步伐加快。确立“三区一港”发展定位，新产业、新业态不断涌现。配合云南中烟实施“两统一、两整合”改革，争取在玉溪成立了合和集团，强力推进卷烟配套产业“二次”创业。积极发展农民专业合作社等新型经营主体，推进农业适度规模经营，培育了褚橙、云菜等品牌，高原特色现代农业和庄园经济发展迈上新台阶。大力推动矿冶及装备制造产业转型升级，玉溪钢铁集团进入国家公告名单，年产400台风力发电机、80万辆电动车、3 000套通信铁塔和通用航空直升机装配制造、LED衬底片产业化等重点项目建成投产。以沃森、维和为代表的生物医药产业不断发展壮大，沃森治疗性单克隆抗体药物实现产业化。以打造昆玉红旅游文化产业经济带为重点，加速文化旅游产业发展，希尔顿酒店等全球旗舰品牌落户玉溪并投入运营，哀牢小镇、富良棚特色小镇建设成效明显，陶瓷制作、金属制品生产、民族刺绣等极具地方民族特色的文化产业发展势头强劲，玉之陶、巧花腰、孔雀朱宝等6个品牌入选云南特色文化产业知名品牌，文化产业增加值位居全省第二。积极抢占信息产业制高点，扎实推进信息消费、信息惠民、宽带中国、宽带乡村和智慧城市国家试点城市建设，与华为、腾讯、阿里巴巴等领军企业合作不断深入，成功举办第二届中国电子商务园区峰会，电子商务进农村迈出实质性步伐，华为

玉溪云计算数据中心竣工试运营，华唐大数据服务外包产业基地启动运营，亿赞普All in one创新支付卡和东南亚IBS跨境清结算中心项目落户玉溪。4G移动通信网络实现行政村全覆盖，互联网+教育、卫生、社保、扶贫、组织、宣传、纪检监察、城市服务、公安警务等发挥了重要作用。玉溪高新区晋升为国家级高新技术产业开发区，发展省级园区6个、市级园区4个。三次产业结构由9.4∶62.2∶28.4优化为10.2∶55∶34.8。非烟经济比重由62.7%提高到66.3%。全市生产总值由2010年736.4亿元增加到2015年1 245亿元，年均增长10.2%，总量居全省第3位；人均生产总值由32 068元增加到52 812元，居全省第2位，年均增长9.6%；规模以上固定资产投资由211.9亿元增加到667.6亿元，年均增长25.8%；财政总收入由304.4亿元增加到506.3亿元，年均增长10.7%；一般公共预算收入由64.7亿元增加到124.8亿元，年均增长14%；社会消费品零售总额由141.5亿元增加到291.4亿元，年均增长15.5%；城镇居民人均可支配收入由16 471元增加到29 631元，年均增长12.5%；农村居民人均可支配收入由5 747元增加到10 977元，年均增长13.8%。2015年全面建成小康社会指数达到西部标准的86.7%。

这五年，我们奋力革故鼎新，改革开放深入推进。认真贯彻落实中央和省委各项改革决策部署，以重点领域和关键环节的改革为突破，研究推进了供给侧结构性改革和“放管服”、市属投融资平台“7变3”、农村综合、公务用车制度等100多项改革方案和事项，公立医院、殡葬、行政审批制度等改革形成新亮点，改革红利逐步释放。玉溪市商业银行实现增资扩股并正式更名为云南红塔银行。不断深化对外开放和区域合作，加强与南亚东南亚在产业、经贸、科技等领域的合作，先后与50多个国家和地区建立贸易往来关系，设立玉溪驻泰国、老挝、越南商务代表处。充分利用“南博会”等平台，积极举办“相约春天、共筑梦想——百户客商进玉溪”“收获金秋、共谋发展——百户国企进玉溪”等各类招商引资活动，累计引进市外国内资金1 937亿元，投资洼地和创业热土效应逐步显现。进出口总额累计达45.1亿美元，年均增长46%，连年超额完成省下达的目标任务，产品出口62个国家和地区，境外投资项目达25个。

这五年，我们坚持环境优先，生态建设再创佳绩。以争当全省生态文明建设排头兵为目标，坚持“五个坚定不移”，切实加大“三湖”保护治理力度，抚仙湖稳定保持I类水质，星云湖、杞麓湖水质恶化的势头得到遏制。“三湖”水污染综合防治“十二五”项目基本完成，拆除湖边临违建筑64.5万平方米，建设湖滨带及湿地1万多亩，沿湖生态调蓄带建设、农业面源污染防治、主要入湖河道治理等成效明显，东片区暨“三湖”生态保护水资源配置应急工程建成通水。对抚仙湖径流区实行统一托管，核减核心区开发项目11个。抚仙湖被列为国家首批水质良好湖泊生态环境保护试点，进入国家重点支持江河湖泊生态环境保护专项，澄江、江川、华宁纳入国家重点生态功能区转移支付范围。抚仙湖、杞麓湖被列为国家湿地公园试点。着力实施森林玉溪等“六大工程”，森林覆盖率由54.2%提高到57%。严格落实环境保护党政同责和“一岗双责”，切实加大环境执法力度，淘汰落后产能445万吨，单位生产总值能耗累计下降26.4%。坚持中心城区和县城PM2.5监测发布制度，加快燃煤锅炉“煤改气”，各县区建成机动车环保检测线，完成黄标车和老旧车年度淘汰任务，一级空气天数持续增加。抓住中央开展环保督察等时机，切实解决了一批环保突出问题，守护好绿水青山蓝天白云，绿色发展和生态文明理念深植玉溪大地。

这五年，我们注重统筹协调，城乡面貌日新月异。统筹城市规划、建设和管理，扎实推进“六城同创”和“四规合一”试点，加快中心城区北进东拓，完成江川撤县设区，着力构建“三湖”生态城市群，全面推进新型城镇化，全市城市建成区面积净扩大12.5平方公里，城镇化率提高8.8个百分点。围绕“一城四点”空间布局，统筹新区开发和老城改造、园区开发和城市建设、保障性住房建设和城镇棚户区改造，突出抓好城市节点打造，完成棋阳路改扩建、玉溪大河二期、平战结合人防工程等重大项目建设，新天地、红星国际、高铁新城、临岸三千城等城市综合体和玉交集团片区、泷水塘工业区改造有序推进，城市规划馆开工建设。加快天然气利用发展和公交路网等基础设施建设，新增城市道路190公里，供水管网1 269公里，天然气管道146公里。深入推进美化绿化亮化工程，拆除临违建筑266.8万平方米，新增绿化43万平方米。加强城市综合管理执法，中心城区和县城“退二进三”、企业入园、街区整治等成效显著。国家卫生城市、国家园林城市、省级节水型城市通过复检验收，玉溪被列为国家海绵城市、省级地下综合管廊试点。深入推进美丽乡镇建设、“百村示范、千村整治”行动、农村危房改造和抗震安居工程、地质灾害综合防治、易地扶贫搬迁、移民新村建设、城乡人居环境综合整治三年行动计划，规划建设抚仙湖“一城五镇多村”，城乡发展更加协调。

这五年，我们坚持文化引领，精神文明成果丰硕。坚持党管意识形态，认真践行社会主义核心价值观，强化“中国梦”宣传教育。广泛开展群众性精神文明创建活动，扎实推进“云岭大讲堂·玉溪讲坛”“弘扬美德、提升素质”活动以及公民道德建设工程、文化惠民工程，为经济社会跨越发展凝聚正能量。着力打造聂耳文化和民族民间文化品牌，成功举办了两届中国聂耳音乐（合唱）周，《水莽草》《花腰恋歌》《一棵青菜在长大》等一批文艺精品和玉溪灯会影响力进一步扩大，中国楹联文化县（区）实现全覆盖。加强和改进外宣工作，积极推进传统媒体和新兴媒体融合发展，建成玉溪门户网站“玉溪网”，在全省率先开通“云南通·玉溪”党政客户端，一批官方微信、网站开通使用，通过拍摄“一部宣传片”、创作“一首歌”、出好“一本书”、制作“微电影”等方式，讲好玉溪故事，传播玉溪好声音，树立美丽玉溪新形象。澄江化石地成功申报世界自然遗产。顺利承办纪念中国世界遗产30周年、联合国教科文组织70周年暨建立国家公园体制专题研讨会，中国——东盟国家外长特别会议在我市举行，玉溪在国内外的知名度和影响力不断提升。

这五年，我们聚焦以人为本，民生福祉持续改善。始终把保障和改善民生作为全部工作的出发点和落脚点，累计投入691亿元持续推进民生改善。把扩大就业作为首要任务，积极搭建创业就业平台，着力推动大众创业、万众创新，新增城镇就业11.3万人，扶持创业7.1万人，转移农村劳动力17.6万人，城镇登记失业率控制在3.5%以内。认真落实社保优惠政策，严格落实被征地农民养老保险，社会保障制度进一步健全。新建改扩建农村敬老院25个，建成居家养老服务中心93个、农村幸福院180个。全市地方教育经费总计投入202亿元，是“十一五”期间的2倍。美丽100校园行动计划暨校安工程圆满收官并成为全省样板，义务教育全面实现学区化办学，均衡发展位居全省第一。职业教育蓬勃发展，工业财贸学校、二职中建成全国示范校，技师学院成为全国高技能人才培养基地。教育信息化创造了“互联网+教育”玉溪模式，并被列为全国智慧城市优秀实践案例，城乡学校教育差距逐步缩小，人均受教育年限达8.5年。实施省级以上科技项目546项，高新技术企业拥有量、专利申请和授权量、发明专利有效量、省级创新平台建设等主要科技指标均位居全省第二，知识产权质押融资成为国家知识产权局试点市，成立了5个院士专家工作站和12个省级专家基层科研工作站。医疗卫生事业加快发展，城乡医疗卫生体系不断完善，市医院改扩建等项目顺利推进，县乡村医疗服务一体化稳步推进，玉溪被列为第三批公立医院改革国家联系试点城市，取消药品加成、DRGs付费制度改革得到国家有关部委肯定，大病救治二次补偿走在全省前列，新农合人均筹资标准由140元提高到540元，全市居民健康、卫生服务、医疗保障等指标居全省领先水平。坚决打好扶贫开发攻坚战，实施扶贫攻坚项目1 065个，26.8万人实现脱贫。溪洛渡外迁化念移民接收安置工作圆满完成。认真落实安全生产党政同责，连续多年未发生重特大安全生产事故。

这五年，我们加强民主法治，和谐局面更加巩固。充分发挥人大权力机关的作用，支持“一府两院”依法履行职能，发挥政协协商民主重要渠道和专门协商机构作用。巩固壮大最广泛的爱国统一战线，积极推进与各民主党派、工商联和无党派人士合作共事，外事、台办等工作取得新成绩，工会、共青团、妇联、社科联、侨联、文联、科协、残联、关工委等人民团体的桥梁纽带作用进一步增强，老干部作用得到较好发挥。国防后备力量建设不断加强，全国“双拥”模范城实现“四连冠”，军政军民关系更加巩固团结。依法处理涉法涉诉信访，完善矛盾纠纷排查调处机制，及时有效化解社会矛盾。行政执法和刑事司法运行规范、成效明显。“六五”普法圆满完成，法治玉溪、平安玉溪创建扎实推进，和谐社区建设、网格化服务、精细化管理逐步加强。认真贯彻落实党的民族宗教政策，依法加强宗教事务管理，扎实推进民族团结进步边疆繁荣稳定“四个一”示范点建设和华宁“同心·示范点建设工程”，切实维护了民族团结、宗教和顺。加强反恐维稳、禁毒防艾和反邪教工作，开展严打暴恐专项行动，社会保持和谐稳定，人民群众安全感大幅提升。连续两届荣获全国社会治安综合治理优秀市、全国法治建设先进市等称号，连续四年入选“中国最安全城市”，创建全国“长安杯”工作进入冲刺决胜阶段。

这五年，我们全面从严治党，管党治党更加有力。认真贯彻落实中央和省委的部署，切实履行管党治党责任，扎实开展‘四群’教育、党的群众路线教育实践活动、“三严三实’和“忠诚干净担当”专题教育、“两学一做”学习教育，党员干部理想信念更加坚定，执政能力不断提升。坚持党管人才，按照“二十字”好干部标准，选优配强领导班子和干部队伍，圆满完成县乡党委和人大、政府及县区政协领导班子、村级组织换届工作。着力夯实基层基础，在全省率先开展县、乡党委书记抓基层党建工作向市、县党委常委会专项述职评议，在乡镇推行党代会年会制，积极探索推行党员积分制管理，集中整顿软弱涣散基层党组织，全面推进农村、社区、机关、事业单位等各领域党建工作。着力补齐“两类”组织党建短板，承办了全省非公企业党建工作现场推进会，玉溪“两类”组织党建工作的经验和做法在全省推广。深入开展“美丽玉溪服务先锋”活动，实施争当“仙湖卫士”、村（居）民小组党员活动室建设全覆盖、“空壳村”集体经济增收全覆盖“三个行动计划”，党在基层的战斗力和凝聚力得到加强。严格贯彻落实中央八项规定精神，弛而不息纠正“四风”，剑指“六型”干部，从严整治庸懒散混等“为官不为”，引导党员干部勤用“四盆水”，做到“六个不能”，当好“六个表率”，干部作风持续好转。开展专项整治和专项纪律检查，实施纪检监察机关服务企业稳增长促跨越各项措施，严肃查处发生在群众身边的不正之风和腐败问题，解决了一批群众关注的热点难点问题。把纪律和规矩挺在前面，强化监督执纪问责，抓早抓小，开展问题线索大起底、大排查，实现问题线索处置动态“清零”，竭力减少腐败存量。坚持以零容忍态度惩治腐败，持续保持高压态势，查处了一批严重违纪违法案件，有力地遏制了腐败增量。坚决落实党风廉政建设党委主体责任和纪委监督责任，推进纪律检查体制改革，建立谈话提醒、领导干部个人重大事项报告、述廉述责常态化机制，强化对权力运行的监督制约，党风廉政建设责任制考核管理系统试点初见成效，市管党政主要负责人向本届市纪委全会述廉述责全覆盖，省委巡视整改落实工作取得实效。

2016年8月17日，市委书记罗应光率队调研滇中高速环线经济带规划建设，实地查看华宁县华溪镇柑橘基地建设（曾永洪 摄）

这些成绩的取得，是中央、省委坚强领导的结果，是全市各级党组织和广大党员干部团结奋斗的结果，是各民主党派、工商联、社会各界人士和各族人民共同努力的结果，是中央和省属单位、驻玉军警部队、离退休干部关心支持的结果。在此，我代表市委向所有为玉溪发展作出贡献的同志们、朋友们表示衷心的感谢和崇高的敬意！

成绩来之不易，经验弥足珍贵。五年的实践证明，玉溪的发展必须始终坚持用马克思主义中国化的最新成果武装头脑、指导实践，坚决贯彻落实中央、省委的决策部署，创造性地开展工作；必须始终坚持发展第一要务，解放思想、与时俱进，既立足玉溪实际，又跳出玉溪看玉溪，主动融入和服务全国、全省发展战略，以大开放促进大发展；必须始终坚持改革创新，拿出敢趟“深水区”、敢啃“硬骨头”的勇气，用改革的办法破解难题，破除制约发展的体制机制障碍，用创新的思路谋划发展，奋力闯出一条跨越式发展之路；必须始终坚持共建共享，一切依靠群众一切为了群众，不断增进人民福祉，凝聚民心民智民力，形成推动跨越发展的强大动力源泉；必须始终坚持依法治市，把改革、发展、稳定和党的建设纳入法治化轨道，着力提高运用法治思维和法治方式解决问题、推动发展的能力和水平；必须始终坚持党要管党、从严治党，不断加强各级党组织的执政能力和先进性、纯洁性建设，严明纪律、正风肃纪，凝聚智慧、团结力量，为玉溪各项事业发展提供坚强的组织保证。

在肯定成绩的同时，也要全面客观审视玉溪的市情和发展的实情，清醒地看到存在的五大困难和问题：一是发展动力不足仍然是玉溪面临的主要现实。受宏观经济下行压力持续加大的影响，我市传统优势产业受到严重冲击，投资消费对经济的拉动不足，支撑经济建设的大项目不多，面临标兵渐远、追兵渐近的严峻形势。二是产业结构不合理仍然是玉溪发展的主要短板。烟草、矿冶产业面临新的挑战、其他产业发展不足、三次产业结构不合理等问题，对全市经济社会发展影响日益突出。三是改革攻坚锐气不足仍然是玉溪发展的主要障碍。面对新形势新任务，一些党员干部创新意识不强、担当精神不够，存在庸懒散混等“为官不为”现象，严重影响了市委各项决策部署的推进落实。四是县域经济发展不协调仍然是玉溪发展的主要差距。城乡之间、县域之间发展不平衡不协调，县区加快发展的办法措施不多，经济总量小，对全市经济支撑能力不强。五是生态保护与开发矛盾突出仍然是玉溪发展的主要瓶颈。抚仙湖一级保护区“四退三还”推进难度较大，保持Ⅰ类水质的压力日趋加大，星云湖、杞麓湖治理保护任重道远，国家限制开发区域范围较广，开发与保护的矛盾十分突出。这些困难和问题，我们必须正确面对，切实采取有效措施加以解决。

二、坚定信心、奋勇前进，努力开创跨越发展新局面

面对新征程，必观新时势。当前，世界经济复苏缓慢，国内经济下行压力仍然较大，玉溪的发展依然面临着很大的困难和挑战。但我们也要看到，“一地四乡”的资源禀赋、突出的区位优势、较高的经济社会发育程度、良好的城乡发展基础、优越的投融资环境、全市干部群众团结一心思发展谋发展的良好氛围，是玉溪在全省率先全面建成小康社会的坚实基础。国家实施新一轮西部大开发、“一带一路”、长江经济带等战略，加强大湄公河次区域经济合作，推进孟中印缅经济走廊建设，省委、省政府强力推动实施经济社会发展“588”战略，建设全国民族团结进步示范区、生态文明建设排头兵和面向南亚东南亚辐射中心，加快滇中城市经济圈一体化发展，为我们带来了重大发展机遇。习近平总书记系列重要讲话和“七一”重要讲话，为我们加快发展指明了方向、坚定了信心、鼓足了干劲。今后五年，是击鼓奋进的五年、攻坚克难的五年，更是大踏步发展的五年。我们一定要抢抓机遇、顺势而谋、乘势而上、勇于担当、奋力拼搏，切实肩负起“干在实处永无止境，走在前列要谋新篇”的责任和使命，咬定目标不放松，凝心聚力不懈怠，以更加宽广的视野、更加高远的目标、更加昂扬的斗志，不断开拓跨越发展新境界。

今后五年，我们必须高举中国特色社会主义伟大旗帜，坚持以邓小平理论、“三个代表”重要思想和科学发展观为指导，深入学习贯彻习近平总书记系列重要讲话和考察云南重要讲话精神，全面贯彻党的十八大和十八届三中、四中、五中全会以及省委九届十一次、十二次、十三次全会精神，围绕“五位一体”总体布局和“四个全面”战略布局，落实五大发展理念，坚持经济社会发展“5577”总体思路，坚定不移地实施生态立市、产业富市、创新强市、开放兴市、共享和市五大战略；坚定不移地推进“五网”设施建设；坚定不移地巩固提升卷烟及配套、矿冶及装备制造、高原特色现代农业三大传统产业，发展壮大生物医药及大健康、文化旅游、信息、现代物流四大新兴产业；坚定不移地实施脱贫攻坚、教育提质惠民、创业促进就业、城乡居民增收、社保扩面提标、健康养生养老、人口均衡发展七大民生工程，奋力闯出一条具有玉溪特色的跨越式发展之路，在全省率先全面建成小康社会，谱写好中国梦的玉溪篇章。

主要奋斗目标是：

实现经济社会跨越发展。坚持发展第一要务，以提高发展质量和效益为中心，主动服务和融入国家、省的发展战略，协同推进新型工业化、信息化、城镇化、农业现代化同步发展，发展方式明显转变，创新驱动发展能力显著增强。到2020年，圆满完成“十三五”规划，基本建成全省产业转型升级的先行区、新兴产业发展的集聚区、生态休闲旅游度假区和重要内陆港，实现玉溪县区GDP均超过100亿元。到2021年，力争规模以上固定资产投资突破2 000亿元，全市GDP达2 000亿元以上。

率先在全省全面建成小康社会。城乡、区域经济社会协调发展，基本公共服务均等化水平逐步提高、各族人民生活质量和幸福感明显提升、公民素质和社会文明程度显著提高。到2017年，在全省率先实现脱贫目标。到2019年，国内生产总值和城乡居民人均收入比2010年翻一番，人均GDP达1万美元以上。

建成全省民族团结进步示范区。党的民族政策全面贯彻落实，民族团结进步事业深入推进，平等团结互助和谐的社会主义新型民族关系更加巩固，民族文化更加繁荣，民族地区经济社会跨越式发展不断推进，各族人民和睦相处、和衷共济、和谐发展，共同创造幸福美好生活。

争当全省生态文明建设排头兵。生产方式和生活方式绿色、低碳水平提升，主要生态系统步入良性循环，资源利用更加高效，可持续发展能力显著增强。抚仙湖稳定保持Ⅰ类水质。力争到2018年星云湖水质达Ⅴ类偏好，到2020年杞麓湖水质达到Ⅴ类，大气、土壤污染防治取得明显成效，森林覆盖率达到60%以上。

建成国际大通道和现代物流重要枢纽、辐射南亚东南亚的重要基地。互联互通、功能配套、安全高效、保障有力的现代化基础设施体系基本形成，与相邻州市互联互通能力大幅提升，面向南亚东南亚开放的平台和窗口作用进一步增强，各类开放合作功能区基本建成，开放型经济

新格局基本形成，加快建成对外开放合作新高地。到2018年，实现"县县通高速"，建制村道路全部硬化，自然村村村通公路。到2021年，为县县通高铁打下坚实基础，轨道交通和通用机场建设取得重大进展。

建成生态宜居文明幸福的魅力之城。坚持中国特色新型城镇化道路，基本完成创建联合国人居环境奖、全国文明城市、国家环保模范城市、国家海绵城市、智慧城市、创新型试点城市"六城同创"任务，城市形象全面提升，力争城镇化率达到60%。

今后五年，我们必须聚焦目标、突出重点、抓住关键，扎扎实实抓好以下五个方面的工作。

（一）坚持生态立市，描绘美丽宜居的"山水画"

实施"生态立市"战略，是玉溪深化市情认识、落实绿色发展理念的重要举措。我们要像保护眼睛一样保护生态环境，像对待生命一样对待生态环境，大力推动绿色发展、循环发展、低碳发展，把绿水青山变为金山银山，使玉溪在蓝天白云和青山碧水中实现跨越。科学布局抓生态，全面落实主体功能区规划，推动"多规合一"和空间"一张图"管理，建立定位清晰、层次分明、功能互补、衔接协调的空间规划体系，构建科学合理的城市化格局、农业发展格局、生态安全格局。突出重点保生态，坚持"五个坚定不移"，大力推进全国水生态文明城市试点工作，认真实施三个湖泊保护条例，理顺抚仙湖径流区统一托管体制机制，实施好"三湖"水环境保护治理"十三五"规划和抚仙湖全流域生态修复工程，促进山湖同保、水湖共治、产湖俱兴、城湖相融、人湖和谐。多措并举护生态，完成抚仙湖、星云湖一级保护区3.3万人搬迁，进一步调整抚仙湖径流区种植结构，推进星云湖截污清淤、水体置换、水资源循环利用，抓好杞麓湖沿湖截污清淤、农业减肥增效、村落污水收集处理及湿地建设，严格控制入湖污染物。加强东风水库、飞井海水库等集中水源地污染综合整治，确保饮用水卫生安全。深入推进森林玉溪等"六大工程"建设，开展大规模绿化行动，增加森林面积和蓄积量。实施空气质量提升行动，多措并举抓好扬尘等面源污染控制、工业污染治理以及机动车尾气污染监管，不断改善空气环境质量。继续推进水土流失预防治理等生态工程，筑牢生态安全屏障。开展循环经济示范行动，大力推进节能减排和低碳发展。推行环境污染第三方治理。实行市县级人民政府每年向本级人大或其常委会报告环境状况制度。认真执行各级党委、政府及有关部门环境保护工作责任规定，严格落实领导干部自然资源资产离任审计制度和生态环境损害责任终身追究制度，严厉打击各类涉及生态环境的违法犯罪行为，用法律和制度保护生态环境。

（二）坚持产业富市，打造跨越发展的主引擎

实施"产业富市"战略，是玉溪落实协调发展理念、补齐产业发展短板、构建现代产业体系、推进跨越发展的迫切需要。我们要把产业作为全市经济工作的主旋律、跨越发展的主抓手，拿出当年发展烟草的大手笔、大气魄，发展壮大"七大产业"，兼顾其他产业发展，做到一个产业一套班子、一班人马、一套政策、一个机制，明确责任，抓出成效。要认真落实调结构、转方式和支持重点产业、重点园区、重点项目发展的政策措施，全面实施《中国制造2025玉溪行动计划》，用好用活10亿元产业发展基金和2.5亿元工商企业信贷扶持资金，推动产业向特色化、绿色化、高端化迈进。倾力布局打造"四带多园"结"金瓜"。按照省委、省政府的新部署、新要求和玉溪发展的现实需要，规划建设"四带多园"，培育区域经济增长极。打造昆玉——玉元经济带，带动玉溪高新区、红塔工业园区、研和工业园区、大化产业园区、新平矿业循环经济特色工业园区、元江工业园区发展；打造"三湖"生态经济带，带动通海、江川、澄江、华宁绿色经济和江川航空物流园、通海高原特色农业物流园、五金产业园发展；打造滇中高速环线经济带，带动华溪高原特色水果经济园、高鲁山生态休闲文化旅游园、甸中——十街生物产业园、华宁工业园区、易门工业园区发展；打造红河谷——绿汁江热区产业经济带，带动易门、峨山、新平、元江热区资源开发。着力推动传统产业"老树"发"新芽"。稳步提升卷烟及配套产业发展水平，支持和服务红塔集团卷烟产品转型升级。积极引导矿冶及装备制造产业创新发展，通过引进高新技术和先进实用技术，发展高端产品，延伸产业链条，不断提高产品附加值和竞争力，着力在航空产业园、风电产业基地建设和新能源汽车制造等方面取得新突破。大力推动高原特色现代农业提质增效，加强粮食、烤烟、蔬菜、花卉、林果、畜禽基地建设，做大做强龙头企业，打造优势特色农产品品牌。抓好粮经饲统筹、农林牧渔结合、种养加一体、产供销衔接，提高农业附加值和综合效益，加快农村一二三产业融合发展。全力呵护新兴产业"小树"快长大。加快推进生物医药产业园建设，全力支持沃森、维和等生物医药企业发展壮大。注重发挥玉溪的人文优势和生态优势，推动全域旅游发展，着力建成一批上档次、有品位的旅游重大项目，做好山水文章，让山站起来，让水活起来，让民族文化火起来，让田园风光靓起来，打造集休闲、养生、度假为一体的国际知名旅游目的地，真正让"玉溪"品牌打出云南、走向世界。加大信息化和信息产业推进力度，继续深化与华为、阿里巴巴、腾讯、华唐、亿赞普等知名企业的合作，引进更多的知名企业和项目，积极打造信息产业集群。加快县区电子商务中心建设，全面推进农村电子商务发展。不断延伸"互联网＋"，强化管理运用，推进信息资源互联共享。围绕重点产业发展现代物流，扎实抓好东南亚食品商贸仓储物流港、泛发现代商贸物流园、通力物流基地、润特物流基地、高原特色农业物流园等重大项目建设，支持物流企业做大做强。继续支持蓝晶科技LED衬底片、创新新材料、汇龙科技大容量动力电池等新能源、新材料产业健康发展。大力促进特色园区"苗圃"育"新苗"。把产业园区作为科技创新、产业发展和转型升级的主战场，进一步完善园区规划，突出产业功能定位，明确各园区主攻方向，积极探索"园中园"建设模式，推动园区专业化、特色化发展。结合供给侧结构性改革，对运行困难的工业企业和房地产等在建重大项目进行摸底排查，研究帮扶措施，帮助困难企业渡过难关，推进房地产等产业健康发展。进一步放开市场准入，创新投资运营机制，推进投资主体多元化。构建"亲""清"政商关系，大力发展民营经济。集中力量抓好重点项目建设，管好用活项目前期工作经费，做实重大项目储备工作，完善项目推进全程服务机制，及时解决规划选址、用地、环保等困难和问题，确保项目建设不断档、不止步。

（三）坚持创新强市，增强赶超跨越的内动力

实施"创新强市"战略，是玉溪落实创新发展理念，转变发展方式，提高发展质量，增强综合实力的重要途径。我们要把创新放在全市发展全局的核心位置，着力培

2016年3月1日，市委书记罗应光带头交党费 （曾永洪 摄）

育支撑经济持续健康发展的新动力，形成创新驱动发展新模式。坚持改革推动创新，增强看齐意识，勇担改革重任，在贯彻落实中央和省委的“规定动作”上多用心，在解决发展“瓶颈”问题上多用力，在推进各领域改革举措落地上多见效。以经济体制改革为牵引，建立健全市场在资源配置中起决定性作用和更好发挥政府作用的制度体系，力争在供给侧结构性改革、农村综合改革等重点领域找准着力点、实现新突破。坚持科技引领创新，发挥科技创新在全面创新中的关键作用，加快核心技术研究开发和创新成果产业化步伐。强化企业创新主体地位和主导作用，着力打造一批行业创新型领军企业，支持科技型中小企业健康发展，引导中小微企业走“专、精、特、新”发展道路，形成以企业为主体、市场为导向、产学研结合的创新体系。积极引导、培育符合条件的企业进入资本市场、上市融资，拓宽直接融资渠道。坚持人才助力创新，大力营造创新环境，加快完善激励和保护创新的制度体系，充分调动科技人员的积极性和主动性。大兴识才爱才用才容才聚才之风，进一步优化政策供给，大力引进和培养各类创新型人才。推动各类创新主体深度合作，激发全社会创新活力和创造潜能，切实让机构、人才、装置、资金、项目都充分活跃起来，把科技创新成果加快转化为新产品、新项目、新业态、新模式、新产业。

（四）坚持开放兴市，谱写合作共赢的新篇章

实施“开放兴市”战略，是玉溪落实开放发展理念，加强外引内联，实现借梯上楼、借船出海、互利共赢的必然选择。我们要把玉溪放到全国全省发展大格局中去审视，放到全球化大趋势中去思考，实行更加积极主动的对内对外开放政策，开启“走出去、引进来”双引擎，加快建成对外开放合作新高地，通过开放引进先进要素，不断聚集新动力、增添新活力、拓展新空间，推动经济社会持续跨越发展，打造玉溪更加广阔的“经济版图”。补齐基础设施这个“短板”，牢牢抓住“五网”设施建设5年大会战的机遇，紧紧围绕全省规划布局，横下一条心、立下愚公志，以高铁、城际铁路、高速公路为主骨架，国省干线公路为主体，农村公路为基础，通用航空为补充，以势如破竹之势全力构建玉溪沟通内外、通江达海、互联互通、运行高效的立体式综合交通网络。按照“五纵两横七联”的高速公路网布局，开足马力、全速推进，加快建设滇中环线高速弥勒——玉溪、玉溪——楚雄、武定——易门，着力构建以晋宁——红塔区、澄江——江川、江川——通海、大开门——戛洒、元江——蔓耗为骨架的高速公路网。抓好国省道升级改造和农村公路、客运场站、货运枢纽建设。加快推进玉磨铁路建设，全力做好昆玉铁路电气化扩能改造后续工作。抓紧做好抚仙湖环湖轨道交通前期工作，力争两年内启动建设。加快江川通用、货运机场推进步伐，做好元江、新平通用机场建设前期工作。着力抓好油气、水电等项目建设。积极实施好以水源工程、城镇供水工程、污水处理工程为重点的水利项目建设，配合实施好滇中调水工程，构建安全可靠的水保障网。加快实施全市接入网络改造提升工程，尽快实现市、县（区）城区家庭和政企宽带用户光纤网络全覆盖。用好对外开放这个“长板”，以南亚东南亚为重点，加强对外合作交流，利用好“两个市场”“两种资源”，推进货物贸易、服务贸易、投资合作，促进人流、物流、资金流、信息流等的交流汇聚，带动经济、信息、科技、教育、文化等领域的互动发展，打造对外开放“玉溪速度”。加快综合保税区申报建设，积极争取设立海关、检验检疫机构，布局建设国际物流场站、国际贸易始发港和目的港，构建内外联动、互为支撑、互利共赢的开放新格局。积极融入滇中城市经济圈，主动与滇中各州市搞好功能、产业、城镇、要素、交通、环境等方面的对接，加强与滇中新区产业错位互补发展。深入实施“走出去”战略，用好用足用活国家、省支持外贸发展政策，建立综合保障体系，为企业提供信息服务和政策指导，支持优势产业和企业到境外投资发展，推动先进技术、关键设备、节能降耗环保产品、资源性和生活消费品进口，将玉溪建成辐射南亚东南亚的重要基地。借助招商引资这个“跳板”，把招商引资作为经济工作的生命线，坚持“四个一再”，实行最灵活的政策，提供最优质的服务，按照“招大引强做特”的思路，依托友好城市、“南博会”、滇沪合作机制等平台和我市现有的特色优势企业，以产业招商为重点，紧盯国内外行业领军骨干企业，专题、定向、定点组织好小分队招商和精准招商。定期办好“相约春天”“收获金秋”等大型招商活动，加强对京粤港、沪苏浙等重点地区的招商引资工作，有针对性引进优强企业进行项目投资和并购重组、资源整合、扩能改造、延伸配套。对促进玉溪产业培育及转型升级具有引领性的重大招商项目采取“一事一议”“一企一策”方式协调推进，大力推动产业入玉、资本入玉、科技入玉、人才入玉。统筹抓好招商引资项目落地和现有项目盘活利用，做到引进一个、投产一批、带动一片。

（五）坚持共享和市，创造幸福美满的好日子

实施“共享和市”战略，是玉溪落实共享发展理念，推进共建共享，促进社会和谐的惠民之举。我们要坚持以人为核心，按照人人参与、人人尽力、人人享有的要求，采取更加有效的措施，使全市人民共享美好生活。着力统

筹城乡发展提升幸福感，认真贯彻落实中央、省城市工作会议精神，紧紧围绕建设全省区域性中心城市和生态宜居文明幸福的魅力之城的发展目标，积极构建“一核、双心、两轴、四城、多节点”的玉溪新型城镇化空间布局框架，加快“三湖”生态城市群建设，推进以人为核心的新型城镇化。下决心做强中心城区，加快推进“十大工程”，着力整治黑臭水体，启动实施玉溪大河三期、金水河改造等项目，以高铁新城、玉枕山、北城、春和、研和、高仓为组团拓展城市空间，以北城、九龙池、玉溪城区、玉溪南等高速公路进出口为重点建好城市节点，提升城市品位。大力推进棚户区改造、市政道路、综合管廊和电力、通讯、给排水、燃气、生活垃圾处理系统等基础设施建设。高标准做优县城，全力推进红塔区、江川区协同发展，着力打造澄江、峨山两个示范县城，全面加快其他县城提质扩容。出实招做特集镇，引导和鼓励有条件的乡镇打造特色小镇，重点推进广龙旅游小镇、寒武纪小镇、红塔古镇等18个特色城镇建设。用真情做美乡村，统筹推进“百村示范、千村整治”行动、农村危房改造和抗震安居工程、易地扶贫搬迁和民族团结进步示范村、移民新村建设，确保美丽宜居乡村建设取得新成效。深入实施城乡人居环境综合整治三年行动计划，增绿添色、点亮玉溪，确保城市“四治三改一拆一增”综合整治、农村“七改三清”环境整治有重大进展，实现城乡面貌根本改观。着力加强社会建设提升获得感，全面实施“七大民生工程”，创新公共产品和公共服务供给方式，提高全市人民幸福指数。深入开展“挂包帮”“转走访”，强化精准扶贫、精准脱贫，坚决打赢贫困地区特别是“直过民族”拉祜族的脱贫攻坚战，确保如期完成脱贫任务。完善就业创业扶持政策，实施“就业创业玉溪”行动计划，确保城镇登记失业率控制在4.3%以内。大力促进教育公平发展，基本普及学前教育，均衡发展义务教育，普及高中阶段教育，构建现代职业教育体系，积极发展高等教育，到2020年劳动年龄人口平均受教育年限达到10.5年。加强新型智库建设和公共文化服务体系建设，繁荣文艺事业，推动物质文明和精神文明协调发展。建立健全城乡统一的基本医疗保险制度，完善社会保险和社会救助体系。健全完善卫生、健康服务体系，深入推进医药卫生体制改革，鼓励社会办医，优先发展人民健康事业。实施食品安全战略，确保舌尖上的安全。有序实施全面两孩政策，促进人口均衡发展。积极应对人口老龄化问题，加快发展养老服务产业。认真贯彻落实党的民族宗教政策，及时妥善处理民族宗教领域热点难点问题，促进民族和睦、宗教和顺。着力推进依法治市提升安全感，坚持法治玉溪、法治政府、法治社会一体建设，全面推进科学立法、严格执法、公正司法、全民守法。深入推进司法体制改革，努力建设公正高效权威的司法体制机制。推进依法行政、司法公开、执法为民，深化司法联动，加强执法规范化建设，不断提高执法公信力。加强社会诚信建设，健全守法诚信褒奖机制和违法失信行为惩戒机制，构建社会信用体系。深入开展“七五”普法宣传教育，抓牢“关键少数”，健全落实领导干部和国家工作人员学法用法述法制度和评价机制。全面推进平安玉溪建设，健全公共安全保障体系、立体化社会治安防控体系，完善矛盾纠纷多元化解机制，严格落实安全生产责任制，强化反恐维稳、禁毒防艾和反邪教工作，加大对非法传销、非法集资、网络电信诈骗的打击力度，争当“平安云南示范区”，创建全国“长安杯”。

三、党要管党、从严治党，为玉溪跨越发展提供坚强政治和组织保障

促进新跨越，实现新目标，关键在党，关键在各级领导班子和领导干部。我们必须履行政治责任，全面从严治党，着力提升党建工作科学化水平，充分发挥市委在各项事业中的领导核心作用。

（一）突出思想建党，牢牢把握正确的政治方向

推进全面从严治党，一定要用好思想建党这个“传家宝”，守好思想教育这个“主阵地”。突出以习近平总书记系列重要讲话为重点，持续深入加强理论武装，加强党章党规学习，加强中国特色社会主义理论教育，弘扬社会主义核心价值观，强化党性修养，补足精神之钙，坚定道路自信、理论自信、制度自信、文化自信。继续深化“两学一做”学习教育，积极探索加强党员干部学习教育的有效载体和途径，引导党员干部争做“四讲四有”的合格党员。坚持用“三严三实”“忠诚干净担当”标准来约束党员领导干部的言行，使干部心有所畏、言有所戒、行有所止，做到政治上讲忠诚、组织上讲服从、行动上讲纪律，确保政令畅通、令行禁止。更加重视意识形态工作，坚持党管媒体，牢牢把握正确舆论导向，不断提高宣传思想工作水平。把学习理论和思想改造紧密结合起来，用科学的理论指导发展实践，用远大的理想提升人生境界，用坚定的信念筑牢思想防线。善于把市委的决策部署与本地本部门的实际紧密结合起来，进一步增强“闯”的勇气、“试”的胆识和“拼”的精神，以科学的发展理念、正确的发展思路、过硬的发展举措、扎实的工作作风，不断开创各项工作新局面。

（二）加强能力建设，锻造“四铁”干部队伍

选好干部、配强班子，是保证党和人民事业发展的根本。坚持党管干部原则，严格执行干部选拔任用制度，按照新时期好干部标准和省委“七个大力选拔和重用”“七个坚决调整和不用”的要求，发挥党组织领导把关作用，严把选人用人的政治关、作风关、能力关、廉洁关，努力营造公道正派、公平公正的选人用人环境，树立坚定忠诚、敢于担当、群众公认、重视基层的选人用人导向，既积极推进干部能上能下，加大调整不担当、不适宜担任现职的干部，又旗帜鲜明地选拔重用那些敢作敢为、锐意进取、奋发有为的改革促进派和实干家，以用人导向引领干事导向。提高领导班子建设科学化水平，制定党政领导班子建设五年规划，完善领导班子配备结构模型功能，加强领导班子综合分析研判，统筹用好各类干部人才资源，重视年轻干部和女干部、少数民族干部、党外干部培养选拔，提高干部选用精准度，提升班子专业化水平。积极稳妥推进干部人事制度改革，健全完善干部选拔任用机制，落实工作责任，深化日常了解，注重分析研判，抓好动议审查，强化任前把关，加强监督管理，坚决防止干部“带病提拔”。积极推进公务员分类管理改革，深化事业单位人事制度改革，探索社会优秀人才进入党政干部队伍的途径，让各类干部都有成长进步的平台。建立健全党员干部思想状况和能力素质调研分析制度，大规模培训干部，大幅度提升干部素质，优化知识结构、加快知识更新、加强实践锻炼，使专业素养和工作能力跟上时代节拍，成为做好工作的行家里手，努力建设铁一般信仰、铁一般信念、铁一般纪律、铁一般担当的干部队伍。从严从实抓好

干部日常监督管理，重视领导干部家风建设，探索市管领导班子和领导干部从严管理联检联审工作，健全完善日常谈话提醒、函询诫勉等机制，严格执行领导干部有关事项报告、干部档案核查及违规责任追究制度。坚持“三个区分”，建立鼓励探索创新、宽容失误的容错免责机制，引导干部树立与全面深化改革相适应的思想作风和担当精神，努力在推动发展、深化改革、服务群众、维护稳定等方面创造一流的业绩。认真贯彻落实中央、省委关于深化人才发展体制机制改革的意见，改进人才培养、引进、评价使用和服务机制，建设人才聚集区，为玉溪跨越发展提供智力支持和人才支撑。

（三）夯实基层基础，筑牢坚强战斗堡垒

基层组织是党全部工作和战斗力的基础。认真落实基层党建工作责任制，坚持和完善各级党组织书记抓党建工作述职评议考核制度，深化完善大党建考核，牢固树立大抓基层的鲜明导向。坚持和完善“三会一课”、党员每月固定活动日、党费日等党内基本制度，研究制定改进民主生活会和组织生活会制度，严肃党内政治生活，用好批评和自我批评的有力武器，提高党组织自我净化、自我完善能力。深化争当“美丽玉溪服务先锋”行动，全面推进农村、社区、“两类组织”、机关、事业单位等领域党建工作，持续开展软弱涣散党组织整顿转化，实现基层党建全面进步、全面过硬。深化争当“仙湖卫士”、村（居）民小组党员活动室建设全覆盖、“空壳村”集体经济增收全覆盖“三个行动计划”，扎实抓好扶贫攻坚与基层党建“双推进”工作，不断增强党组织的政治功能和服务功能。深入开展在职党员进社区报到志愿服务和“双联系一共建”等干部直接联系服务群众活动。完善乡镇党代会年会制，推进党务公开，完善和落实“四议两公开”工作法，健全村级组织运行机制。认真落实发展党员《细则》，加强和规范党员发展、教育管理工作，深化党员积分制管理，健全党内表彰制度和关爱机制，激发党员发挥先锋模范作用的内生动力。保障党建工作经费，健全正常增长机制，不断改善基层党建工作条件。

（四）严明纪律规矩，营造风清气正的政治生态

纪律严明是党的光荣传统和独特优势，也是党的凝聚力、战斗力的重要体现和可靠保证。必须把纪律和规矩挺在前面，让纪律真正成为不可逾越的底线和带电的高压线。全面落实党风廉政建设党委主体责任和纪委监督责任，层层传导压力。坚持纠“四风”和树新风并举，让中央八项规定精神落地生根。深入开展党风廉政教育，深化廉洁自律准则、党纪处分条例等党规党纪的学习，强化廉政风险防控，用好监督执纪“四种形态”，对党员干部苗头性、倾向性问题，及时棒喝、对症下药、精准治疗，使党内政治生活正常化。进一步健全规范用权机制，强化对权力运行的监督制约，建立党委巡察制度，认真开展市、县区党委巡察工作，严格执行“双报告”“一案双查”、述廉述责等制度。继续深化“六个严禁”专项整治，大力整治“为官不为”，严格落实“八要”“八不要”。认真贯彻执行《中国共产党问责条例》，以强有力的问责督促责任落实，让失责必问、问责必严成为常态。持续保持遏制腐败的高压态势，对触犯党纪国法、损害群众利益的行为零容忍，严惩不贷。推动全面从严治党向基层延伸，认真纠正和严肃查处基层贪腐及执法不公等问题，让群众更多感受到反腐倡廉的实际效果。稳步推进纪律检查体制改革，加强纪检监察干部队伍建设。

（五）凝聚各方力量，开创团结干事的大好局面

支持人大及其常委会依法行使职权，使立法、监督、人事任免和决定重大事项更好地体现人民意志、服务全市大局。加强对“一府两院”工作的支持和监督，加强对政府全口径预决算的审查和监督。支持人民政协围绕团结和民主两大主题，履行政治协商、民主监督、参政议政职能，发挥协商民主的重要渠道作用。加强同民主党派、工商联和无党派人士的团结合作，加强和改进对新媒体中的代表人士、非公有制经济人士特别是年轻一代的工作，凝聚力量，汇集智慧，巩固和发展最广泛的爱国统一战线。支持工会、共青团、妇联等群团组织更好地开展工作。注重发挥老干部作用，让老同志继续为党和人民的事业增添正能量。认真做好民族、宗教、对台、港澳和侨务工作。加强国防教育、国防动员、后备力量建设和“双拥”共建工作，推动军民融合深度发展。

同志们，宏伟蓝图已绘就，奋发有为正当时。让我们紧密团结在以习近平同志为总书记的党中央周围，在中央和省委的坚强领导下，不忘初心、继续前进，干在实处、走在前列，团结带领全市各族人民，为顺利完成“十三五”规划，开创玉溪跨越发展新局面，在全省率先全面建成小康社会而努力奋斗！

政府工作报告

——2017年1月10日在玉溪市第四届人民代表大会第五次会议上

玉溪市代理市长　张德华

2017年1月10日，玉溪市第四届人民代表大会第五次会议在聂耳大剧院开幕。代理市长张德华向大会报告政府工作
（曾永洪　摄）

各位代表：

我代表市人民政府，向大会报告政府工作，请予审议，请市政协委员和列席人员提出意见。

一、2016年工作回顾

刚刚过去的一年，是玉溪发展极不平凡的一年。面对经济下行压力持续加大、卷烟产销下滑等严峻形势，市人民政府在市委的坚强领导下，在市人大和市政协的监督支持下，团结和依靠全市各族人民，认真贯彻省委、省政府重大决策部署和市第五次党代会精神，统筹推进稳增长、调结构、促改革、惠民生、防风险各项工作，综合施策、精准发力，经济保持平稳发展，社会保持和谐稳定，较好完成了市四届人大四次会议确定的主要目标任务，实现了“十三五”良好开局。预计全市完成生产总值1 309亿元、增长8%左右，一般公共预算收入131.1亿元、增长5%，规模以上固定资产投资868亿元、增长30%，社会消费品零售总额326.3亿元、增长12%，城镇居民人均可支配收入32 150元、增长8.5%，农村居民人均可支配收入12 040元、增长9.7%，城镇化率48.5%，居民消费价格总水平上涨1.2%，城镇登记失业率3.5%，单位生产总值能耗下降3.2%。

一年来，重点抓了7个方面的工作。

——我们把稳增长作为第一要务，经济发展稳中向好。深入开展“争先创优跨越发展”大讨论大行动和作风转变年、工作落实年、创新发展年活动，集合政策，整合资金，加大对重点产业、重点项目支持力度，经济实现稳定增长。强化政策支持。认真落实省政府稳增长政策，制定39条具体措施，整合安排6.9亿元用于产业发展和项目建设，统筹调度煤电油运，支持企业扩销促产、电力市场化交易、降本增效，节约电费9.3亿元、运费4 050万元，减免企业税收39.5亿元。建立融资保证金池、企业调头资金池，引导银行发放园区基础设施建设贷款2.3亿元，帮助企业调头到期贷款6.4亿元。强化产业发展。实行烟草下滑非烟补、二产不足一产三产补、工业不足建筑业补、规上不足规下补，三次产业比重由10.2：55.0：34.8调整为10.2：51.3：38.5，第一产业和第三产业增速全省第一。稳步发展农业，实现增加值135.7亿元、增长6%。粮食十一连增，烤烟减量不减收，蔬菜、林果、花卉等特色产业提质增效，畜牧业产值增长3%。聚力抓好工业，规上工业增加值590亿元、增长3.7%。全力支持红塔集团发展，卷烟及配套产业实现增加值390亿元、下降5%左右；大力发展非烟工业，增加值达200亿元、增长12.5%，矿冶及装备制造、生物医药及大健康产业增加值分别增长9.2%、7.2%。推进生物医药、重庆东恩等产业园建设，年产30亿个液体包装盒、3万吨数控机床铸件等35个工业项目建成投产。新增2 000户小微企业，新纳规工业企业86户、总数达412户，6户企业在中小板、新三板挂牌上市，民营经济增加值增长8%。推动房地产业健康发展，建筑业增加值53.6亿元、增长25%。成功引进万达集团，开启商业运营新模式。大力发展批发零售、住宿餐饮等服务业，第三产业实现增加值502.9亿元、增长13%。发展壮大文化旅游产业，仙湖时光栈道完工，戛洒哀牢小镇提档升级，寒武纪乐园、仙湖山水等项目顺利推进，广龙旅游小镇开工，旅游总收入增长16%。促进信息消费，发展增值服务，华为云计算数据中心、华唐大数据服务外包基地正式运营，云南中医药大数据中心上线，信息服务业用电量超过1亿千瓦时、增长12%，信息产业增加值增长7.5%。推动物流业提档升级，通力物流、九溪润诗等项目快速推进，现代物流业增加值增长4.7%。强化科技支撑。新增院士专家工作站3个、市级技术研究中心5个、高新技术企业21户、科技型中小企业30户，科技贡献率达58.5%。强化投资拉动。落实重点项目副市长组长负责制，压实项目推进责任，46个省级、340个市级“四个一百”重大项目分别完成投资82.7亿元、320亿元。推进52个省级“三个一百”工业转型升级项目建设，完成投资160亿元。强化资金保障。争取上级财政转移支付资金109亿元、省级债券转贷资金189亿元、国家专项建设基金6.3亿元、省级重大项目建设投资基金42.7亿元，40个PPP项目列入财政部储备库。设立政府投资母基金。引导金融机构支持地方发展，新增贷款57.3亿元。

——我们把五网建设作为头等大事，基础瓶颈实现突破。制定实施五网建设五年行动计划，投入3.8亿元前期工作经费，强化现场推进，加快167个重大项目建设，完成投资188亿元。路网建设全面提速。昆玉电气化铁路竣工通车，玉溪迎来高铁时代。玉磨铁路征地拆迁基本完成，工程建设加快推进。武易高速玉溪段、昆明绕城高速东南段主体工程完工，晋红、江通高速进展顺利，澄川、大戛、元蔓和弥玉、玉楚高速试验段开工建设，国道213线、省道313线改造加快推进，改扩建农村公路1 671公里。水网建设扎实推进。大龙潭引水工程向星云湖补水1 000万方，苗茂、鲁布2座中型水库和8座小型水库建设进展顺利，病险水库除险加固58座，解决了15.3万农村人口饮水安全问题。新增高效节水灌溉面积15.5万亩。能源网建设力度加大。中石油玉溪油库主体工程完工，建成天然气管道支线171公里、城市燃气管道110公里，推广使用天然气585万立方米。库容18亿立方米、装机27万千瓦的戛洒江一级水电站开工，建成4座风电场、3座光伏电站，10座输变电站建成投产，电动汽车集中式充电站开工。互联网建设全面推进。加快信息惠民、宽带中国、宽带乡村、智慧城市试点建设，新增全光网端口27万个，新建移动基站1 100座，行政村实现光纤宽带和4G全覆盖。“互联网+”广泛应用，区域卫生信息平台基本建成，621所中小学教育云服务终端投入使用。航空网建设正式启动。先后与美中基金、广东龙浩、昆钢集团、雪域飞鹰运动航空签订产业战略合作协议，江川、新平、元江通用机场前期工作启动，南方航空护林总站直升机场完成主体工程。

——我们把改革开放作为强大动力，发展活力日益增强。认真落实市委改革部署，推进重大改革措施落地，重点领域和关键环节改革取得突破，改革红利逐步释放。深化“放管服”和商事制度改革，推行“双随机、一公开”监管工作，“五证合一、一照一码”新登记注册企业1.6万户。全面实施供给侧结构性改革，化解和淘汰钢铁产能291万吨、平板玻璃60万重量箱，消化库存商品房120.5万平方米。扎实推进农村重点领域改革，完成139万亩土地承包经营权确权登记颁证，新增土地流转3万亩。市商业银行完成增资扩股、更名为云南红塔银行，通海、易门农信社改制为农商行。“营改增”、不动产统一登记全面推开。实施抚仙湖资源环境管理体制改革，径流区实现统一托管。公立医院改革深入推进，城乡医保整合、分级诊疗、DRGs付费制度等改革走在全省前列。机关公务用车制度改革完成，工资分配、养老保险、人才培养、科技体制、殡葬制度、社会治理等改革成效明显。成功举办“相约春天”“收获金秋”等大型招商活动，引进市外国内资金800.4亿元、增长20%，利用外资117万美元。加强国际经贸合作，设立玉溪驻泰国、老挝、越南、柬埔寨商务代表处，新增进出口实绩企业49户、境外直接投资项目12个，实现进出口总额21.4亿美元、增长13%。

——我们把城乡建设作为重大任务，城乡面貌明显改观。启动玉溪城市总规修改，完成了中心城区建筑风貌导则、地下空间开发利用规划、城市地下综合管廊专项规划编制和城乡规划管理技术规定修订，“多规合一”试点顺利推进。“六城同创”取得成效，国家节水型城市通过专家现场考核验收，列为国家海绵城市、省级地下综合管廊试点，实施海绵城市4个项目包建设，开工建设市政道路31.2公里、地下综合管廊19公里、安全骑行车道38公里，启动玉溪城市规划馆建设。玉水金岸、新天地、临岸三千城等项目建设有序推进，城市生活垃圾焚烧发电、排水管网二期加快推进，夜景照明、增绿添色景观改造成效初显。完成江川撤县设区。开展了澄江、峨山县城扩容提质试点。全面启动“点亮玉溪”和新一轮提升城乡人居环境行动，中心城区4条黑臭水体治理开工，15个建制镇“一水两污”工程完工4个，启动12个美丽乡镇建设，拆除临违建筑8万平方米，新建改造城市公厕74座。“百村示范、千村整治”开工665个、完工440个，城镇棚户区改造房屋征收58.4万平方米，农村危房改造开工40 613户、竣工21 757户。

——我们把生态建设作为立市之基，环境保护持续加强。落实环境保护“党政同责”和“一岗双责”，制定实施水污染、大气污染防治工作方案，生态环保工作得到加强。全力配合中央环境保护督察工作，全面落实整改要求。《云南省抚仙湖保护条例》修正实施，完成“三湖”保护治理“十三五”规划编制。抚仙湖北岸生态湿地建设进展顺利，居民搬迁安置房、生态展示中心建成。村落污水收集、生态调蓄带、主要入湖河道治理等一批工程治理项目投入使用，各项非工程措施落实到位，抚仙湖在全国水质良好湖泊绩效评价中排名第一。加强星云湖、杞麓湖保护治理，启动实施环湖截污治污、底泥疏挖处置、村落环境整治、农田减肥增效等项目，水质逐步得到改善。绿汁江、戛洒江、南盘江综合治理和集中式饮用水源地污染防治深入推进。启动林业生态红线划定工作，完成营造林26.6万亩、退耕还林6.2万亩。土地开发整理新增耕地393公顷，治理水土流失面积287平方公里。新建机动车尾气检测线11条，淘汰黄标车、老旧车12 752辆，实施重点减排项目102个，节能减排任务圆满完成。华宁、峨山、新平创建省级生态文明县、22个乡镇创建国家级生态乡镇、13个乡镇创建省级生态文明乡镇通过考核验收。

——我们把改善民生作为最终目的，人民生活显著改善。加大民生投入，补齐民生短板，10件惠民实事全面完成。抓好整乡整村推进、易地扶贫搬迁等项目实施，基本实现6个贫困乡镇摘帽、58个贫困行政村出列、4万农村人口脱贫。完成4个移民新村建设。以创业促就业，新增城镇就业2.55万人，帮助7 692名困难人员实现就业，农村劳动力转移就业43.9万人次。加强城乡社会保障体系建设，提高新农合和城乡低保补助标准，改扩建乡镇敬老院5个，建成居家养老服务中心20个、农村幸福院70个。统筹推进学前、义务、高中、高等各阶段教育发展，新建美丽校园65所，校安工程圆满收官，“全面改薄”工程加快推进，数字化校园实现全覆盖，玉溪卫校迁建工程开工，5个县区被认定为国家、省义务教育发展基本均衡县。健全完善城乡医疗卫生体系，市医院改扩建、市急救中心主体工程完工，完成2个乡镇卫生院、10个村卫生室建设，市儿童医院开工，健康环境持续改善，被列为全国健康城市试点。文化广电事业蓬勃发展，完成“三台”改革合并，建成4个乡镇文化站和6座广播电视高山发射台，文化广播影视传媒中心开工，澄江化石博物馆主体完工，江川甘棠箐旧石器遗址入选2015年全国十大考古新发现，荣获“中国楹联文化城市”称号。国家体育产业联系点工作有序推进，成功举办省第三届宗教界体育运动会暨文艺汇演等国内外赛事。

村（居）委会换届选举顺利完成。加快民族地区经济社会发展，依法管理宗教事务，民族团结、宗教和顺局面进一步巩固。加强食品药品安全监管，深入开展隐患大排查、打非治违、重点行业领域专项整治，安全生产形势总体稳定。加强社会治安立体化防控体系建设，积极化解信访积案和各类社会矛盾纠纷，严厉打击电信网络诈骗、非法集资等违法犯罪行为，提升了市民安全感。深入开展“双拥”创建活动，支持国防和军队改革，全国双拥模范城实现“四连冠”。妇女儿童、残疾人、老龄、红十字、关心下一代等事业健康发展，统计、外事侨务、应急管理、防灾减灾、人防、保密、档案等工作成效明显。

——我们把依法行政作为重要保障，自身建设得到加强。认真学习贯彻全面推进依法治国若干重大问题的决定，扎实开展“两学一做”学习教育，依法从严治政，干部队伍作风明显好转。自觉接受市人大法律监督、工作监督和市政协民主监督，人大代表建议和政协提案解决率分别达50%和51.06%。启动“七五”普法，严格执行重大行政决策程序和责任追究办法，集体学法2次、重大决策听证99次。启动首个地方性法规立法工作，《玉溪市新平哀牢山县级自然保护区条例（草案）》通过市政协立法协商、市人大常委会审议。强化监察审计，驰而不息反对“四风”，查处违反中央八项规定精神问题12起，“三公”经费支出下降13.6%。强化政府党组党风廉政建设主体责任，落实领导干部“一岗双责”，开展廉洁从政警示教育。强化重点工作跟踪问效，行政问责194人，政风建设取得实效。

各位代表，回顾去年工作，经济社会发展成效明显，成绩来之不易，这是市委坚强领导，市人大、市政协监督支持，全市人民共同努力的结果。在此，我代表市人民政府，向全市广大干部群众，向人大代表和政协委员，向各民主党派、工商联、人民团体和社会各界人士，向中央和省驻玉单位、驻玉军警部队官兵，向各位离退休老领导，表示崇高的敬意和衷心的感谢！

在肯定成绩的同时，我们也清醒地看到，当前经济社会发展还存在很多困难和问题：一是产业结构不合理、工业投资不足、新兴产业培育滞后，加之卷烟产销形势仍然严峻、供需矛盾突出，稳增长压力加大。二是由于市场需求疲软、原材料价格上涨，企业生产成本上升、库存增加、利润降低，生产经营困难；部分金融机构抽贷压贷停贷现象较为突出，民营企业融资难融资贵。三是财政收支矛盾十分突出，税源不足，保工资、保运转、保民生等刚性支出加大；债务管理、还本付息压力较大。四是项目前期工作滞后，重大项目储备不足、成熟度不够，土地、资金等瓶颈制约依然突出，企业投资信心不足，投资增长乏力。五是“三湖”生态保护形势严峻，治污减排压力较大，城乡环境治理任务艰巨。六是民生领域补齐短板的任务繁重，城乡居民就业渠道不宽，持续增收困难，脱贫攻坚任务艰巨。七是有的领导干部适应经济发展新常态的能力素质不强，精气神不足，勇于担当不够，精力不集中，重点不突出，破解发展难题办法不多。我们将坚持问题导向，做好应对更加困难复杂局面的思想准备和工作准备，切实解决好发展中的各种问题，干在实处，走在全省前列，不辜负全市人民的重托。

二、2017年工作总体要求

2017年是实施“十三五”规划的重要一年，是供给侧结构性改革的深化之年，也是本届政府任期的最后一年。做好今年的政府工作，一定要认真学习领会中央经济工作会议精神，准确把握国内外经济形势和自身发展环境条件。当前，世界经济仍在深度调整，我国经济发展新常态特征更加明显，我市正处在新旧增长动能转换的关键时期，深化改革任务艰巨，加快发展不确定因素增多。但也要看到有利条件：随着国家“一带一路”、长江经济带、孟中印缅经济走廊等重大战略的推进，为加快发展提供了强大推动力；我省建设民族团结进步示范区、生态文明建设排头兵、面向南亚东南亚辐射中心，推进滇中城市经济圈一体化发展，玉溪的地位和作用更加凸显，发展的潜力和空间倍增；市第五次党代会描绘了全面建成小康社会宏伟蓝图，产业发展更加聚焦，重大项目加快推进，基础条件明显改善，内生动力持续增强。我们有信心、有能力、有条件保持经济社会持续健康发展。

政府工作的指导思想是：深入学习贯彻以习近平同志为核心的党中央治国理政新理念新思想新战略，全面落实中央经济工作会、省第十次党代会、市第五次党代会、市委五届二次全会和市委经济工作会精神，坚持稳中求进工作总基调，积极适应和引领经济发展新常态，以提高发展质量和效益为中心，以供给侧结构性改革为主线，主动融入国家和省的发展战略，坚持经济社会发展“5577”总体思路，聚焦关键抓改革强引领，全力以赴抓产业促跨越，精准发力抓项目扩投资，打好“三大战役”兴实体增动力，规划引领建城乡添魅力，坚定不移促转型保生态，推进经济平稳健康发展和社会和谐稳定，加快建设区域性中心城市、科教创新城市和生态宜居文明幸福的魅力之城，奋力闯出一条具有玉溪特色的跨越式发展之路，为在全省率先全面建成小康社会奠定坚实基础。

经济社会发展目标建议为：生产总值增长8.5%左右，规模以上固定资产投资增长25%以上，一般公共预算收入增长4%以上，社会消费品零售总额增长12%以上，城镇居民人均可支配收入增长9%，农村居民人均可支配收入增长10%，居民消费价格涨幅控制在3%以内，城镇登记失业率控制在4%以内，城镇化率达50%，万元生产总值能耗完成省下达目标。

做好今年的政府工作，必须牢牢把握5个着力点：一是必须坚持稳中求进的工作总基调。要保持发展定力，盯住经济发展目标不动摇，把“稳”的重心放在烟草产业上，稳住卷烟产销规模、稳住烟叶种植规模，争取贡献不下降；放在振兴实体经济和发展质量上，稳住扶持政策、稳住资金供应，确保存量企业正常生产经营。把“进”的重点放在扩大投资规模上，加快续建项目竣工，新上一批重点基础设施项目，确保投资快速增长；放在重点工业行业的转型升级上，扶持一批成长性好的新兴产业，尽快形成新的产能，带动经济增长。二是必须坚持供给侧结构性改革这一主线。深入推进“三去一降一补”，努力解决实体经济产品供需失衡、金融信贷避实就虚、房地产和实体经济失衡问题。落实“去”的任务，妥善处理去产能与强产业的关系，淘汰落后产能，加快产业转型升级；妥善处理去库存与发展房地产业的关系，坚持“房子是用来住的、不是用来炒的”定位，合理运用土地、金融、城镇化等政策工具，千方百计减少库存商品房和保障房，促进房地产市场健康发展；妥善处理去杠杆与筹资金的关系，科学合理举债，扩大直接融资，满足建设资金需求。精准“降”的举措，在降低电价、交易、税负、用地等方面成本上发力，让利实体经济，共度发展难关。做好“补”的文章，因地制宜、实事求是，逐步补齐基础设施、产业发展、脱贫攻坚、生态环境、城乡建设、社会建设6大短板。着力壮大实体经济，大力发展现代服务业，供需两侧同时发力，着力解决好培育促进消费、扩大有效产品供给等问题，提高全要素生产率和潜在增长率。三是必须坚持“三区一港”产业发展定位和“四带多园”总体布局。坚持规划引领、基金引导、市场主体推动，强化投资拉动、创新驱动、金融促动，加快推进“三区一港”建设。以园区为载体、交通为基础、产业为支撑，强化招商引资，突出抓好“四带多园”规划建设，昆玉—玉元经济带重点发展通道经济，“三湖”生态经济带突出发展绿色经济，滇中高速环线经济带统筹发展特色经济，红河谷—绿汁江热区产业经济带着力发展热区经济，打造经济“升级版”，带动县域经济快速发展。四是必须坚持科教引领创新发展。围绕“开放、创新、生态、宜居、宜业”定位，走高端化的科教创新发展之路，打造滇中地区科教创新城。认真开展“科教引领创新发展”大讨论大行动，加快规划编制，出台实施意见，制定行动计划，高起点、高标准、高效率推进科教创新发展。实施高技能人才振兴计划和职业技能提升行动计划，集聚创新创业人才和团队。突出企业主导地位，支持企业、高校、科研院所、创客协同创新，鼓励企业建设科技创新平台，加快高新众创空间、互联网产业创业园发展，启动“双创”中心建设，推动大众创业、万众创新。五是必须坚持统筹城乡协调发展。加快“三湖”生态城市群建设，做强主城、做精节点、做优县城、做特集镇、做美乡村。坚持四化同步，着力构建城乡一体产业体系，吸纳农村人口有序向城镇转移。推动城乡土地、资金、劳动力等要素平等交换，合理配置教育、卫生、文化等公共资源，推动基础设施建设向农村延伸、公共服务向农村覆盖。强化生态环境保护，加强水体、大气、土壤污染防治，保护绿水青山，守住蓝天白云，争当全省生态文明建设排头兵。

2016年8月27日，市委副书记、代市长张德华到抚仙湖调研（市环保局 提供）

三、2017年重点工作

今年要重点抓好10个方面的工作。

（一）全力以赴促进经济增长

合力打好“三大战役”。打好民营经济战役，严格执行“非禁即入”投资政策，构建“亲”“清”新型政商关系，加大支持力度，激发和保护企业家创业热情，鼓励民间资本参与产业发展、基础设施、城镇化、社会民生等领域的投资，确保民营经济增加值增长8%。打好县域经济战役，发挥县区主体作用，突出县区资源禀赋，实行错位竞争、差异发展，每个县区培育2—3个主导产业，因地制宜打造工业强县、农业大县、旅游强县，确保各县区生产总值增速均达两位数以上，确保易门县经济总量突破百亿元。打好园区经济战役，加快工业园区规划修编，科学定位园区主导产业，全面实施实体化改革，抓好生物医药、重庆东恩、北京顺义等园中园建设，促进11个园区建设发展，确保园区增加值增长7%以上；完善园区基础设施，加快园区“三通一平”、定制标准化厂房等基础设施建设，确保园区收储土地1.2万亩，提供熟地8 000亩。

全力增加有效投资。实施固定资产投资争先创优两年行动计划，抓好十大重点领域投资，确保全市投资突破千亿元大关。实行重点项目市级领导联系负责制，坚持项目、进度、问题、责任清单管理制度和交办制度，挂图作战、销号管理，扎实推进省57个、市535个“四个一百”重点项目建设。优化投资结构，加快238个工业项目实施，确保非电工业投资增长15%以上；加快145个五网重大项目建设，确保完成投资278亿元以上；实施PPP项目，激活民间投资，确保投资比重达40%。抓实前期工作，增加好项目大项目储备。鼓励进入玉溪参与重大项目建设的企业设立独立法人机构，确保新开工项目及时入库统计、总部经济税收合理划分、跨区项目税收应收尽收。

努力扩大消费需求。落实国家扩大旅游、文化、体育、健康、养老、教育培训等消费领域意见，深入开展十大扩消费行动，确保社会消费品零售总额达359亿元。认真落实促进全市房地产业平稳健康发展的实施意见，合理运用供地、信贷、税收等手段，加强房地产市场调控，鼓励住房消费，避免新增库存。搞好餐饮美食街区规划建设，打造特色餐饮街区，带动餐饮消费。畅通城乡销售网络，完成8个乡镇集贸市场建设，促进城乡消费。大力发展电子商务，推进通海、元江全国电子商务进农村综合示范及阿里巴巴“千县万村”工作，培育壮大骨干企业，促进线上线下消费融合发展。

发挥出口带动作用。加快出口基地建设，大力发展加工贸易，鼓励农产品加工企业到市外建立原料基地，建立海外营销中心，巩固蔬菜、水果等产品出口优势，扩大生物制药、高新机电等产品出口规模，确保进出口总额增长10%以上。

着力强化保障措施。树立吃饭靠财政、建设靠融资的理念，集中财力保工资、保运转、保民生，科学合理运用金融工具，着力解决建设资金难题。抓好项目包装，全力争取上级预算内资金、国家和省专项建设基金支持；用好政府投资母基金，合理设立子基金，重点解决企业调头转贷资金困难；加大“引银入玉”力度，加强银政企合作，用好信用再担保政策，新增贷款90亿元以上。充分发挥合和集团、红塔银行在投资发展中的重要作用。强化政府债务管理，积极争取省级新增置换债券额度，制定实施市级债务管理办法，严控举债成本和债务风险。调整完善土地利用总体规划，完成全域永久基本农田划定，清理处置闲置土地，确保供地率达70%。加强形势研判和分析预警，搞好煤电油运保障，提高经济运行质量。

（二）打好五网建设攻坚战

提速建设路网。加快江通、澄川、大夏、元蔓高速公路建设，推进弥玉、玉楚全线开工，力争永金高速新平至元江段开工建设，做好红江、晋易、澄华、新临高速戛洒至者东段等项目前期工作，确保晋红高速5月底前通车。加快国道213线改造，实施重要国省道改造计划。配合做好玉磨铁路建设，启动呈贡—澄江—江川—红塔城际铁路建设，抓好环抚仙湖轨道交通建设前期工作。

织密城乡水网。实施大龙潭引水配套设施工程，配合做好滇中引水工程前期工作。实施华宁矣则河、新平洋发城2座小（一）型水库改扩建工程，开工建设通海木格、峨山[illegible]川等6座小（一）型水库，加快元江鲁布水库建设，完成易门苗茂中型水库和4座小（一）型水库主体工程，做好24件水源工程和6件引调水项目前期工作。

加快建设能源网。加快永济220千伏、哨坡110千伏输变电工程建设，完成4座35千伏以上输变电站建设和小城镇、中心村农网改造升级，完成6个输变电工程及城农网项目前期工作。建成光伏发电站3座、充电站5个。加快戛洒江、麻洋河一级水电站建设。推进红河天然气支线管道、市应急气源储备中心建设。

完善提升互联网。推进云南联通玉溪数据中心项目建设，改造新建1 000个通信铁塔配套基站，扩容互联网出口带宽，实现城乡光纤网络全覆盖。建成市民服务一卡通软件平台、一站式信息惠民平台、大数据市级交换平台，扩大教育云平台覆盖面，推动中国大数据与呼叫外包服务中心落地。加快4G网络等新一代移动通信网络建设，扩大政府公共免费无线上网覆盖范围。

抓紧建设航空网。加强与云南机场建设集团、合和集团、龙浩集团合作，力争江川、澄江、元江通用机场开工建设，加快华宁、新平通用机场建设前期工作。

（三）打响工业转型攻坚战

推进重点产业发展。实施中国制造2025玉溪行动计划，着力调结构、转方式、稳存量、扩增量，引导企业依靠科技创新提质增效、通过产品创新调整结构，确保工业增加值增长6%以上。稳定发展卷烟及配套产业，全力配合红塔集团搞好车间技改等项目建设，优化品牌结构，稳定生产销售，支持创新新材料公司整合卷烟配套企业。加快矿冶及装备制造产业转型发展，引导玉钢集团、新兴钢铁等企业提档升级，支持贵研铂业、太标集团、蓝晶科技等企业成长壮大，抓好粗铜、数控机床、风电法兰盘等项目实施，促进杭萧钢构、国动网络通信铁塔、升华电梯落地，确保增加值增长10%以上。大力发展生物医药及大健康产业，支持沃森、维和等企业做大做强，抓好新型宫颈癌疫苗、治疗性单抗药物产业化等项目实施，确保增加值增长15%以上。实施质量强市战略，打造自主品牌，推进专利质押融资试点，大力发展高新技术产业，新增高新技术企业5户、科技型中小企业10户以上，建成市级以上企业技术中心8个。

突出抓好产业招商。把招商引资作为经济工作的生命线，落实“四个一再”要求，依托南博会、沪滇合作、友好城市等平台，瞄准长三角、珠三角、京津冀，关注高精尖、聚焦500强、紧盯省属大企业，实施产业招商、精准招商，力争每个县区引进2个以上大项目，每个产业培育2户以上大企业。策划包装150个以上重大项目，精心组织招商活动，确保实际利用市外国内资金增长11%以上、外资增长5%以上。强化项目落地考核，推动签约项目落地、存量项目竣工，确保红塔区、江川区、新平县、易门县和高新区新开工投资3 000万元以上工业项目不少于5个，其他县区不少于3个。

加大帮扶企业力度。坚持市级领导联系重点民营企业制度，一企一策帮助企业解决难题。抓好扩产促销、电力市场化交易、清费减负等措施落实，促进企业降本增效。建立“政银担”风险分担机制，发挥融资保证金池、扶持工业园区及中小微企业调头资金池作用，引导金融机构脱虚入实、支持实体经济发展。发行小微企业集合债，新增新三板挂牌企业1户以上。实施中小企业成长、“两个10万元”微型企业、民营“行业小巨人”培育工程，强化企业纳规工作，力争2户成长型企业进入大企业行列。

（四）切实抓好“三农”工作

打赢脱贫摘帽攻坚战。把脱贫攻坚作为最大的政治任务、最大的民生工程，动员全市上下攻坚拔寨，全面落实领导责任和部门帮扶责任，压实县区主体责任，扎实开展“挂包帮”“转走访”，认真落实“六个到村到户”和“五个一批”扶贫措施，做到“六个精准”，完成整乡整村推进和建档立卡贫困户易地扶贫搬迁1万人。大力推进产业扶贫，推动每个贫困乡、村形成特色产业和拳头产品。加快贫困村组公路建设，新建、改建公路2 000公里。提升贫困人口劳动力素质，增强自我发展能力，培训1万人次、转移5 000人。发放扶贫小额信贷资金4亿元。聚力“直过民族”脱贫，完成4个行政村、49个自然村整族推进任务。确保3个贫困乡摘帽、17个贫困行政村出列、33 751名贫困人口脱贫，在全省率先实现全面脱贫目标。

做强特色优势产业。认真贯彻中央一号文件精神，深入推进农业供给侧结构性改革，以开放型农业为引领，加快高原特色现代农业发展，确保农业增加值增长6%以上。稳定粮食生产，搞活粮食流通，提高粮食安全保障能力。种植烤烟57万亩、收购烟叶153万担，巩固蔬菜种植面积120万亩，保持鲜切花面积3万亩、生物药原料6万亩，新增水果2.5万亩；支持希望集团推进100万头生猪和2 000万只肉鸡养殖加工项目建设，抓好重大动物疫病防控，新建畜禽标准化示范场3个。实施名特优新农产品培育工程。推动玉溪国际农产品交易中心项目落地，精心办好中国蔬菜产业大会。

加快产业融合发展。全面实施农村一二三产业融合发展，破解农业设施用地瓶颈，大力培育新型农业经营主体，扶持龙头企业发展深加工、延伸产业链，积极发展农业装备制造，着力发展体验休闲观光农业，提高农业综合效益。新增农民专业合作社30个，新建市级家庭农场示范场100个，培育新型职业农民1 600人，培训农村劳动力1.5万人，扶持发展农业小巨人20户，新认定省市级龙头企业5户，新建市级休闲农业与乡村旅游示范企业5户。

发展生态循环农业。创建国家农业可持续发展试验示范区，全面实施农业有害生物防治和测土配方施肥，严格控制化肥、农药使用，启动通海县规模化生物天然气项目建设，建成种养结合循环养殖示范场10个，推广稻田养鱼3万亩。加快农产品质量安全追溯体系信息平台建设，创建出口农产品食品国际认证标准管理示范区，新增“三品一标”农产品8个、云南名牌农产品3个。

改善农村发展条件。启动县乡公路改造提升工程，新建、改建农村公路2 614公里，实现建制村100%通硬化路、90%以上通客运班线。改造中低产田地16.7万亩，建设高效节水减排面积20万亩、大型沼气池2座。病险小坝塘除险加固400座，解决15万农村人口饮水安全问题。抓好水库移民后期扶持发展工作。深化农村综合改革，稳步推进农村土地“三权分置”和经营权流转，加快推进农村集体建设用地使用权调查确权，做好易门县房地一体确权登记颁证试点工作，实施国有林场、水利投融资及水价改革。完成全国第三次农业普查。

（五）大力发展现代服务业

做强文化旅游产业。强化全域旅游发展理念，实施旅游产业转型升级三年行动计划，推进红塔工业旅游，建设精品旅游线路，打造“帽天山、抚仙湖、花腰傣”三张名片，强化宣传营销和市场监管，确保旅游总收入增长16%以上。发挥市级文化旅游投资平台作用，抓好澄江寒武纪乐园、抚仙湖山地公园、澄江化石地博物馆等35个重大旅游项目建设，加快特色旅游城市、旅游强县、旅游名镇、旅游名村建设，推进立昌、广龙旅游小镇建设，力争抚仙湖创建为国家级旅游度假区。实施体育产业发展规划，积极发展陶、铜、银、刺绣等文化创意产品，推动旅游与文化、体育、医疗、农林等产业融合发展。

加快发展信息服务业。支持华为玉溪云计算数据中心运营发展，深化与阿里巴巴、腾讯、亿赞普、永兴元、中国网安等知名企业合作，培育智能制造、智慧健康、3D打印、跨境电商及服务外包等产业，确保增加值增长20%以上。实施“云上云”行动计划，推进大数据开发应用，延伸“互联网+”领域，发展增值服务。推动滇中城市经济圈同城数据备份中心、南亚东南亚小语种云中心等项目建设，搭建智慧旅游、智慧交通、智慧城市等服务平台，打造泛亚丝路数据谷、“三湖”国际云计算产业园品牌。

着力培育现代物流业。制定实施加快现代物流业发展意见，推动“一核、两带、七节点”空间布局和建设发展，打造滇中城市经济圈南枢纽，确保增加值增长10%以上。加强与贵阳货车帮、上海新跃等物流企业合作，建设玉溪智慧物流信息平台，完善物联网。依托昆钢、龙浩等战略合作伙伴，加快研和钢铁、通海农产品、江川航空等物流园区规划建设，抓好九溪润特、活发物流、玉交物流等项目建设，完成通力物流、食品商贸仓储物流港建设。大力培育冷链物流运输企业，推进物流标准化试点示范工作。

大力发展高端服务业。实施服务经济“倍增”计划，确保第三产业增加值增长12%以上。改造提升餐饮、住宿、商贸等传统服务业，推动服务业模式创新、跨业融合。加快发展教育、科技、金融等城市高端现代服务业，丰富城市内涵，提升城市档次，打造现代服务业发展新高地。

（六）全面推进改革开放

深化各项改革。持续推进“放管服”改革，实行权责清单动态管理，统一规范市县行政许可目录，搞好行政许可事项“接管服”，强化事中事后监管，改革规范中介服务，提升政务平台综合服务能力。深化商事制度改革，全面推行企业登记“五证合一、一照一码”和个体工商户登记“证照合一”。持续推进“三去一降一补”，化解淘汰化工产能28万吨、水泥91万吨，消化库存商品房120万平方米。深化财税金融改革，建立财政事权和支出责任制度，完善县乡财政管理体制，搞好税收征管体制改革，完成县级信用社改制为农商行任务。完善城市管理体制，强化规划管理，推进综合执法，提高精细化、人性化、智能化水平。做好抚仙湖综合行政执法体制改革试点。搞好领导干部自然资源资产离任审计试点。开展事业单位及国有企业公务用车改革。进一步深化和完善公立医院改革，推进DRGs付费制度、“互联网+医疗健康”、药品耗材采购等重点工作，理顺公立医院管理体制，走出一条具有玉溪特色的新医改之路。深化教育、电力、价格、国企、事业单位等领域改革。采取有力措施，加快改革举措落地见效。

强化开放合作。发挥驻外商务代表处作用，引导鼓励企业“走出去”开展水电、农业、商贸等投资合作，促进外经外贸联动发展。围绕建设面向南亚东南亚国际内陆港目标，完成综合保税区规划修编和可研编制，推进申报国家级综合保税区工作。积极融入滇中城市经济圈建设，加快昆玉一体化进程，主动承接昆明教育、科技、会展等部分城市功能，承接信息、仓储、物流等产业转移。加强与北京顺义友好合作，加快与广东佛山、江苏南通建立友好城市，拓展合作领域，实现互利共赢。

2016年9月24日，市委副书记、代市长张德华到新平县建兴乡调研（潘 泉 摄）

（七）统筹城乡规划建设

加强规划管理。加快城市总体规划修改。完成美丽玉溪行动规划暨中心城区近期建设规划编制，编制海绵城市技术导则、县区海绵城市专项规划和乡村建设规划。加强城乡空间开发管制，开展江川区控规一张图编制，全面推行“多规合一”，完成红塔区、易门县试点任务。做好全国城市设计试点和创建省级城市规划示范点工作。加强城乡规划和管理技术规定执行监管，建立城乡规划督查制度和社会参与监督机制，提高规划权威性和严肃性。

加快城镇建设。做强中心城区，调整玉枕山片区规划，启动科教创新城建设，加快高铁新城、城市规划馆、城市路网美化绿化亮化等“十大工程”建设。启动老五街片区旧城改造及城市修补、生态修复工作，全力推动290个海绵城市项目、15条地下综合管廊、29条市政道路、玉溪大河三期建设，完成红龙路改扩建、火车站站前广场及周边路网建设，新增城镇燃气管网53公里、推广居民用户1.5万户。加快县城和重点镇建设发展，打造澄江、峨山2个提质扩容示范县城，统筹推进海绵县城、海绵小镇、海绵乡村建设，搞好寒武纪小镇等18个特色小镇建设。推进产城融合，抓好高新区国家产城融合示范区试点，科学布局园区产业，以城聚产、以产兴城、产城联动、融合发展，带动人口集聚，促进农业转移人口市民化。出台加快建筑业发展实施意见，加强施工企业监管，确保建筑业增加值增长25%以上。

改善人居环境。增强管理意识，创新治理方式，改善城乡面貌。全面推进“六城同创”，确保国家节水型城市申报成功。严格执行《云南省玉溪城市管理条例》，提高精细化、规范化管理水平，着力解决交通拥堵、占道经营、私搭乱建等问题。全面实施提升城乡人居环境行动计划，推进城市“四治三改一拆一增”综合整治，加快中心城区生活垃圾焚烧发电、中水回用等项目建设，抓好4条黑臭水体和3条河道治理，改造棚户区1万户、完成8 399户。推进农村“七改三清”环境整治，实施“百村示范”60个、“千村整治”605个，启动危房改造4 900户、完成1.59万户，农村改厩5万户，抓好28个国家传统村落建设。新建改建城市公厕80座、农村公厕159座。加快增绿添色、点亮玉溪工程建设，实施“三湖”流域、红塔区全域绿化，安装太阳能路灯5万盏。推行统规联建，规范建房行为，改善居住环境，建设美丽乡村。

（八）强化生态环境保护

突出抓好湖泊保护治理。坚持“五个坚定不移”，严格执行“三湖”保护条例，加大工程治理和非工程措施力度，确保抚仙湖总体水质稳定保持Ⅰ类、星云湖和杞麓湖水质有所改善。完成“三湖”水污染“十三五”规划项目前期工作，确保开工率达50%以上。着力实施抚仙湖“四退三还”工程，加快推进沿湖2.8万人生态移民搬迁，下决心全部退出一级保护区内12户中央、省属企事业单位，启动湖滨区生态恢复工程，加快建设北岸生态湿地，搞好面山绿化，完成生态调蓄带二期等项目建设。加快星云湖环湖截污及底泥疏挖处置、杞麓湖环湖截污及农田减肥增效、通海第二污水处理厂及配套管网工程建设，完成两湖周边34个村落环境整治。积极推进抚仙湖、杞麓湖国家湿地公园试点建设。加快“三湖”径流区产业结构调整，发展环湖生态循环农业，减少农业面源污染。稳妥推进大小矣资搬迁工作，抓好东风水库、飞井水库等重要水源地保护。

全面推进生态建设。严格落实中央环保督察要求，确保问题整改到位、责任追究到位，严防问题反弹。加强森林防火，划定并严守林业生态保护红线，搞好陡坡地、石漠化综合治理，完成营造林18.6万亩、低效林改造4万亩。推进曲江、绿汁江、戛洒江流域水污染防治，治理水土流失面积281平方公里。开展土壤环境质量调查，开发整理土地2.3万亩，确保永久基本农田土壤环境质量不下降。深入推进大气污染防治，淘汰中心城区燃煤锅炉，加强施工现场环境监管和机动车尾气治理，基本淘汰黄标车，确保环境空气质量优良率达96%以上。持续推进生态文明县、生态文明乡镇和绿色创建工作。

切实加强节能减排。实施工业、建筑业等重点耗能领域能效提升计划，抓好污染减排工作，确保年度节能减排任务完成。加强重点污染源和污染隐患监管整治，稳步开展环境污染第三方治理。加强环境保护执法监管，抓好危险废弃物、重金属污染防治，确保重点项目建设环评率和“三同时”执行率均达100%。

（九）着力增进民生福祉

加强就业社保工作。实施创业促进就业工程，落实“就业创业玉溪”行动计划，新建3个创业孵化平台，新增城镇就业2.5万人，下岗失业人员再就业9 000人。实施城乡居民增收工程，完善机关企事业单位工资增长机制，加大低收入群体和农民增收扶持力度，拓宽农村居民增收渠道。实施社保扩面提标工程，推进城乡居民医保整合，抓好重点领域工伤保险、老年人意外伤害保险扩面，以农民工、“农转城”人员、非公组织从业人员等为重点扩大社会保险覆盖面，城乡低保标准提高10%。搞好被征地农民养老保障。完善社会救助制度，搞好救灾救济。

统筹发展社会事业。实施教育提质惠民工程，完成二期学前教育三年行动计划和“全面改薄”建设任务，率先在全省实现义务教育基本均衡目标；进一步提高教育教学质量，逐步扩大高中办学规模，支持高等院校和民办学校发展，依托国内外知名院校和企业集团，积极开展创办互联网大学、足球学校等前期工作。实施健康养老养生工程，启动健康城市试点，发展健康养老业，整合中心城区医疗资源，规划建设北片区健康产业园，加快市儿童医院建设，推进市中医院易地搬迁和妇产医院建设前期工作，确保市医院改扩建、市急救中心投入运行，完成2个县中医院、2个乡镇卫生院、10个村卫生室建设，推动与中山大学合作创办三级医院；推进峨山医养结合试点县建设，完成5个乡镇敬老院改扩建、20个居家养老服务中心建设。实施人口均衡发展工程，落实“全面二孩”政策，关爱妇女儿童健康，健全扶残助残服务体系，广泛开展全民健身活动，办好各类体育赛事。健全公共文化服务体系，加快文化广播影视传媒中心建设，建成3座广播电视高山台；启动6个乡镇综合文化站建设；抓好文物文博和非物质文化遗产传承保护，启动中国最佳楹联文化城市创建工作。办好第五届聂耳音乐（合唱）周。抓好红十字、关心下一代、残疾人等事业，加强外事侨务、保密、档案、史志等工作。

促进社会和谐稳定。全面推进依法治市，全面开展“七五”法治宣传教育。加快民族团结进步示范区建设，全力维护民族团结宗教和顺。启动市综合检验检测院建设，加强食品药品安全监管。认真贯彻中央关于推进安全生产领域改革发展的意见，严格落实企业主体责任和政府监管责任，建立大检查大排查长效机制，继续深化打非治违，坚决防范重特大事故发生。加强防灾减灾和应急处置能力建设。加强基层矛盾调解组织建设，做好信访维稳工作。加强社会信用体系建设，完善社会治安防控体系，强化反恐维稳、缉枪治爆、禁毒防艾和反邪教工作，严厉打击非法集资、电信网络诈骗等违法犯罪行为，争创平安云南示范区，创建全国“长安杯”。推进国防教育、国防动

员、民兵预备役和人民防空建设，创建云南省第十届双拥模范城。

继续办好十件惠民实事。

（十）加强政府自身建设

新形势新任务新常态，考验着政府的作风和能力。我们将牢固树立“四个意识”特别是核心意识、看齐意识，以更严的标准转变作风，更强的担当履职尽责，更实的举措优化服务，凝聚跨越发展正能量，提振干事创业精气神，增强政府执行力和公信力，努力建设人民满意政府。

严格依法行政。坚决服从市委领导，不折不扣执行好市委的各项决策部署。自觉接受市人大及其常委会的法律监督、工作监督和市政协的民主监督，广泛听取各民主党派、工商联、无党派人士和人民团体的意见建议，认真办理人大代表建议和政协提案。落实玉溪市法治政府建设实施方案，严守重大行政决策程序规定和终身责任追究制度，推进依法科学民主决策。完善学法用法制度，提高政府公职人员法治素养。强化权力运行监督制约，推行行政决策、管理、服务、结果“四公开”。做好地方立法和政府规章制定工作，加强行政执法监督，严格规范公正文明执法，建设法治政府。

加强能力建设。坚持以人民为中心，厘清政府与市场、社会边界，全面履行政府职能。加强公职人员学习培训和教育管理，弘扬玉溪精神，打造过硬班子、过硬队伍。强化公共资金、项目资金、国有资产等的监督管理，盘活存量、优化增量，最大程度发挥公共资源使用效益。规范政府购买服务行为。加快推进“互联网+政务服务”，优化服务流程，创新服务方式，提高服务质量，建设服务政府。

强化作风建设。严格遵守《关于新形势下党内政治生活的若干准则》《中国共产党党内监督条例》，始终把纪律和规矩挺在前面。健全正向激励机制和容错纠错机制，大力倡导敢于负责、勇于创新的担当精神，始终保持攻坚克难、奋力争先的进取精神，全面治理不敢为、不会为、不想为的庸懒散行为。强化工作落实，多出措施少发文，多下基层少开会，多抓落实少空谈，多解难题少抱怨，形成愿干事、能干事、干成事的良好氛围。强化督查督办，建立整改问责长效机制，落实敬业有功、怠业必惩各项规定，加强绩效管理，建设效能政府。

大力反腐倡廉。认真落实党风廉政建设责任制，切实加强领导干部廉洁自律工作，营造愉快高效、风清气正的工作氛围。严格落实中央八项规定精神和省、市实施办法，严防“四风”反弹，坚持厉行节约，严控“三公”经费，一般性支出压缩20%。深化“六个严禁”专项整治，全面推进“阳光权力”工程，严肃查处工程建设、土地征用、矿产资源开发利用、国有资源处置等重点领域腐败行为。加强行政监察，推进审计全覆盖，坚决纠正侵害群众利益的不正之风，从严查处违法违纪案件，坚定不移惩治腐败，建设廉洁政府。

各位代表，新的一年，我们面临的任务艰巨而繁重，肩负的责任重大而光荣。让我们更加紧密地团结在以习近平同志为核心的党中央周围，在中共玉溪市委的坚强领导下，迎难而上，砥砺前行，扎实抓好经济社会发展各项工作，以优异成绩迎接党的十九大胜利召开！

（曾永洪 摄）

青山绿水·碧玉清溪

（曾永洪　摄）

专　　文

SPECIAL ARTICLES

责任编校：李晓媛

农业农村工作

交通运输事业

社会事业

对外贸易

农产品质量安全监管及重大动物疫病防控

生态文明建设

农村道路交通安全

对外开放

把握正确方向　深化农村改革
奋力推进玉溪农业农村跨越发展

中共玉溪市委副书记、市委统战部部长　保明顺

随着全国经济进入新常态、改革进入深水区、经济社会发展进入新阶段，农业发展的内外环境正在发生深刻变化，加快农业农村改革发展的要求更为迫切。新常态的影响全面而深刻、紧迫又长远，只有主动适应新常态，准确研判形势，把握正确方向，深化农村改革，加快转方式、调结构，全市农业农村工作才能实现持续跨越发展。

一、肯定成绩，准确研判“三农”工作新形势，以新理念引领“十三五”农业农村发展

回顾“十二五”，在市委、市政府的正确领导下，全市农业农村工作紧扣“农业强、农村美、农民富”发展主题，围绕把玉溪建成云南重要的高效农业示范基地、高原特色农业示范基地、农产品加工基地和出口基地，坚持转变发展方式，加快高原特色农业现代化建设；坚持统筹城乡，深入推进美丽宜居乡村建设；坚持改革创新，激发农业农村发展活力；坚持实施扶贫攻坚，夯实率先全面建成小康社会基础；农业农村发展取得显著成效，综合实力显著增强。

高原特色农业成绩斐然。粮食生产实现五连增，培育建设了烤烟、畜牧、蔬菜、水果、花卉、药材等具有玉溪特色的优势产业，全力打造了一批国家级省级龙头企业，建成8个省级重点精品庄园；重点建设了一批部级、省级现代农业示范园（场），玉溪市被国家科技部认定为国家农业科技园区，新平县被农业部认定为国家级现代农业示范区，通海县和新平县被省委省政府命名为全省第一批高原特色农业示范县。精心培育了一批省级以上名牌产品、著名商标，112个农产品获名优品牌，新平“褚橙”“猫哆哩”“华宁柑桔”“通海蔬菜”等玉溪特色农产品在国内外市场具有较好声誉。

外向型农业发展势头强劲。建成了一批优质蔬菜、水果农产品出口备案基地和境外营销机构，自营出口额占全市出口总值的70%以上，其中水果出口占全省一半以上，蔬菜出口占全省三分之一。标准化高效花卉生产示范基地建设加快推进，生物药产业快速发展，芦荟、除虫菊已成为亚洲最大的生产基地。烟农持续增收，走出了提质创新增效之路，有力保障了红塔集团对优质原料的需求。

农村综合改革纵深推进。制定出台了玉溪农村改革总体方案和农、林、水、供销4个专项改革方案，着力推进农村土地承包经营权确权登记颁证、畜牧业可持续发展、现代农业庄园、集体林权制度、水务一体化、美丽乡村建设等9个方面的重点改革，着力破解关键领域发展难题，改革的红利正逐步释放。林业累计完成营造林、森林抚育、低效林改造284万亩，累计种植核桃153万亩，竹子66万亩；累计林权流转24万亩，林权抵押贷款近9亿元，有力推进了绿色玉溪、森林玉溪建设。玉溪东片区暨“三湖”生态保护水资源配置应急主体工程建设并试通水，全力加强重点骨干水源工程和“五小”水利工程建设，沉着应对连续五年的严重干旱，保障了城乡居民的生产生活用水安全。供销社坚持在深化改革中求生存、在服务“三农”中求发展，着力加强农村现代流通网络建设，发展壮大合作经济组织，大力开展新型职业农民培训，实现了恢复性发展。

扶贫攻坚成效显著。坚决贯彻落实中央和省委关于扶贫开发工作的系列决策部署，着力推进精准扶贫，建立“挂包帮”“转走访”定点扶贫机制，累计实施整乡推进、整村推进、易地扶贫、产业开发、劳动力培训转移等1 065个扶贫开发项目，投入资金近20亿元。全市累计实现农村贫困人口脱贫26.82万人，贫困发生率下降到4%以下，为全省最低。

美丽宜居乡村建设取得突破。以实施“百村示范、千村整治”工程为抓手，有效整合省级重点建设村、民族团结进步示范村、民族特色村寨、传统村落、异地扶贫搬迁、地质灾害避让搬迁和财政一事一议奖补等村庄建设，坚持以规划为引领，“一张蓝图干到底”“一个盘子整合分配资金”，依托农村危房改造和抗震安居工程实施，搭建投融资平台争取金融部门政策性贷款资金支持，探索了一条整合中央、省、市项目资金，集中各级各部门资源力量，加大投入，高起点、高标准统筹推进美丽宜居乡村建设的新路子。

着力打造农村基层党建品牌。建立健全县乡党委书记抓基层党建工作专项述职评议制度，在全省第一家开展县区委书记向市委常委（扩大）会就抓基层党建工作进行专项述职测评。深入开展“美丽玉溪服务先锋”和党员积分制管理，下大力整顿软弱涣散农村基层党组织。按照“支部找出路、党员当大户、能人进支部、群众快致富”的思路，狠抓基层党建与扶贫开发工作“双推进”，全市基层党组织服务发展、改革、民生能力不断增强。

总体看，全市“十二五”农业农村工作实现了圆满收官，到2015年，农业增加值达128亿元，年均递增13%，农村居民人均可支配收入达10 977元，年均递增14%。在2014年全省“三农”发展综合考评中，玉溪居全省16个州市榜首，通海县在全省129个县（市、区）中排名第一。2015年农业增加值增幅全省第一，农村居民人均可支配收入排名全省第二位。玉溪高原特色农业经作比重、种植业亩均产值、禽蛋产量、科技贡献率、农产品产加比和农产品出口

等全省最高，均走在了全省前列。

展望“十三五”，玉溪市正处在结构性改革、动力转换、转型升级、促进跨越发展的重要关口，农业农村发展外部环境和内在动因都发生了深刻变化。一是农业基础设施建设滞后，防灾减灾能力弱仍然是我们最大的“瓶颈”，农业基础设施建设进入加大力度综合配套的新阶段。必须把改善农业农村发展条件作为突出任务，大力推进农业综合生产能力实现新提升。二是农业龙头企业整体“小散弱”、产业化经营水平低仍然是我们最大的“软肋”，农业产业发展进入转型升级提质增效的新阶段。必须把推进农业产业化经营作为根本路径，加快构建现代农业产业新体系。三是城乡发展不平衡、农村人居环境脏乱差仍然是我们最大的“短板”，农村建设进入补齐短板全面升级的新阶段。必须把统筹城乡协调发展作为基本方略，着力形成城乡一体化发展新格局。四是适应现代农业发展的体制机制尚未从根本上建立健全，深化农村改革仍然是我们难啃的“硬骨头”，农村改革进入全面深化攻坚克难的新阶段。必须把深化农村改革作为关键举措，充分激发农业农村发展新动力。五是资源环境双重约束、农产品价格成本的双重挤压仍然是我们增产增收的“紧箍咒”，农业农村持续发展进入破解资源环境约束的新阶段。必须把生态文明建设作为优先战略，着力引领农业农村绿色发展新方向。六是发展不快、规模不大、竞争优势不突出仍然是我们的“主要矛盾”，高原特色农业现代化进入了做大总量、做响品牌、跨越赶超的新阶段。必须把“争先创优、跨越发展”作为“主旋律”，敢与强的比、敢向高的攀、敢跟快的赛，确保玉溪农业农村发展始终走在全省前列。

二、抓住关键，以五大发展理念为引领，着力加强农业供给侧结构性改革，推动农业农村发展迈上新台阶

玉溪农业农村面临的诸多问题和挑战，表象是增速下行、增收压力增大，实质是“低水平供给与高层次需求不匹配”，失衡在供给体系，根子在供给侧结构。站在“十三五”新的历史起点上，按照新阶段新目标新要求，做好“十三五”和今年全市农业农村工作的总体要求是：按照中央和省委的部署，牢固树立和落实创新、协调、绿色、开放、共享的发展理念，坚定不移实施生态立市、产业富市、创新强市、开放兴市、共享和市战略，以调结构转方式为主线，以推进农业供给侧结构性改革为主攻方向，以构建现代农业产业、生产、经营体系为重点，以建设现代农业产业基地和美丽宜居乡村为载体，以深化农村改革扩大开放合作为动力，把坚持农民主体地位、增进农民福祉作为“三农”工作出发点和落脚点，聚焦争先创优，奋力推进农业农村跨越发展，走出一条产出高效、产品安全、资源节约、环境友好的高原特色农业现代化道路。

（一）大力推进农业结构战略性调整，在构建现代农业产业体系上争先创优

围绕市场对农产品品种、品质、安全的更高要求，大力调整农业结构，以优化农业区域布局为主导，以建设现代农业产业基地为依托，加快构建玉溪市高产、优质、高效、生态、安全的现代产业体系，加快推进高原特色农业向高端化、品牌化迈进，提升产业竞争力，推动传统农业向现代农业转变。

一是抓规模增效益，全力巩固提升优势主导产业。稳定面积，调优布局调高效益，做实粮烟油蔗产业；着力提升玉溪外销、出口蔬菜国际接轨水平和在全省的外向型主导地位，做优蔬菜产业；以扩大褚橙、特早熟柑桔和热带优质水果产业化规模为重点，做大水果产业；更加注重发挥生猪和家禽养殖在云南的龙头作用，做强畜牧产业；突出“云南花卉在玉溪”的优势地位，做美花卉产业；以建设全国最大的芦荟、除虫菊生产加工基地为依托，做精生物药原料产业。到2020年，农林牧渔业实现总产值314亿元，年均递增7%；农业增加值184亿元，年均递增7%；粮食总产稳定在6亿公斤左右；农村居民人均可支配收入超2万元，年均递增11%以上。把畜牧业培育成产值超120亿元以上的产业，把蔬菜培育成产值超80亿元以上的产业，把水果培育成产值超50亿元的产业，把鲜切花、生物药原料培育成产值超10亿元以上的产业。

二是以加工为引领，促进农村一二三产业融合发展。大力支持市级以上农业龙头企业，优化整合资源，组建企业集团，整合品牌，做大规模，提升农产品精深加工能力和水平，形成一批加工型农业小巨人。引导在工业园区中以“园中园”方式设立农产品加工园区，推动龙头企业聚集发展。力争农产品加工产值突破400亿元，产加比达到1.2:1以上。大力发展“互联网+高原特色农业”，积极引进和依托阿里巴巴、淘宝、京东商城等知名电商企业，支持龙头企业、农民专业合作社、家庭农场和供销社等积极发展农产品和农资电子商务，开展网上销售、直销配送、连锁经营等现代流通业务，实现线上线下融合发展。持续推进乡村旅游开发，发展休闲农业、观光农业，以绿水青山、田园风光、民居特色、农耕文化为依托，精心打造魅力村庄、民俗客栈、精品庄园和民间节庆旅游文化娱乐产品，打造几条“滇中最美乡村风景线”，形成点线面结合、整体推进的乡村旅游格局。发挥农产品加工企业对劳动力的吸纳作用，加强新型职业农民培训和转移就业，使劳务收入成为农民脱贫致富的重要渠道和支撑。

三是大力发展开放型农业，提升玉溪农业外向度和知名度。发挥地域区位优势，更好地利用“两个市场”“两种资源”，积极“引进来”，主动“走出去”，强化品牌培育，着力开拓市场，畅通农产品流通渠道，全力推进农业标准化生产、规模化经营、品牌化销售，大幅提升玉溪农业外向度水平。到2020年，力争全市农产品商品率提高3个百分点，农产品出口额达40亿美元。加快建设农产品质量安全检验检测中心和农产品质量认证中心，大力实施无公害农产品、绿色食品、有机食品和地理标志农产品认证，支持龙头企业争创国家级省级知名品牌和国家级驰名商标、省级著名商标，精心培育打造“玉花”“云菜”“褚橙”、华宁柑桔、通海禽蛋等名特优知名品牌。

（二）大力提升农业产业化经营水平，在构建现代农业经营体系上争先创优

大力推进农业产业化经管，培育发展新型农业经营主体，抓龙头、引大龙、扶强龙、靠群龙，充分发挥龙头企业对现代农业产业的带动作用，实现种养加、产供销、贸工农一体化发展。

一是把扶优扶强龙头企业放在首位。积极推广“龙头企业+农民专业合作社+农户（家庭农场、专业大户）”

的组织方式和运行模式，建立健全科学合理的利益联结机制，推进农业标准化生产、规模化经营、社会化服务，让农户分享加工流通环节收益，从而为龙头企业提供更加稳定优质的原料基地，使之成为促进全市农业产业化经营健康发展的重要保障。从2017年起，逐步培育一批生产型、加工型、外销型农业“小巨人”，扶持发展5亿元以上的农业小巨人20户。

二是加快培育新型农业经营主体。积极培育发展专业大户、家庭农场、农民专业合作社、现代农业庄园等各类新型农业经营主体。支持和引导土地经营权依法规范有序向新型农业经营主体连片流转集中，各类政策补贴和项目扶持要向新型农业经营主体倾斜，积极发展多种形式的农业适度规模经营，推动产业基地建设，促进农民持续稳定增收。到2017年，力争全市土地流转规模达45万亩以上，组建企业集团4个以上，建成省级庄园1个，市级庄园10个，认定市级家庭农场示范场100个。

三是着力健全新型农业社会化服务体系。支持和引导基层农技推广、动植物防疫、农产品质量安全监管等公益性服务机构创新和拓展服务领域，改变以技术服务为主的单一服务方式，发展“公益服务机构+专业服务公司+农户”“专业化服务公司+合作社+农户”“涉农企业+专家+农户”等多种服务模式，提高服务的能力和水平。适应新型农业经营主体适度规模经营需求，大力支持供销社、龙头企业、农民专业合作社、专业服务公司、专业技术协会、专业大户、农村经纪人等新型服务主体发展。积极发展农资供应、配方施肥、农机作业、统防统治、代耕代种、质量检测、烘干收储、加工营销等社会化服务，大力提供技术创新、品牌培育推介、融资、物流等新兴服务。依托“互联网+高原特色农业”行动，加快发展农产品电子商务等现代流通服务业。

（三）大力推进科技进步，在构建农业科技创新转化推广体系上争先创优

围绕支撑和引领现代农业产业体系、经营体系建设，加快构建农业科技创新转化推广体系，大力推进农业科技研发创新和成果转化推广，促进现代农业转型升级和效益提升。

一是加强重点领域和关键环节农业科技的创新转化。依托优势龙头企业和新型经营主体，联合省内外高校和科研院所，运用市场机制汇聚创新资源，开展产学研协同创新，支持企业建设企业技术中心、工程（技术）研究中心、重点实验室、院士（专家）工作站、成果转化（示范）基地等创新平台，激发科技创新和成果转化活力。紧紧围绕特色优势主导产业培育建设，组织实施一批创新攻关的关键技术和重大专项，在良种培育、水旱粮经轮作、畜禽标准化养殖、农产品精深加工、重大疫病防治、节水灌溉、新型肥药、绿色防控、循环农业等方面取得一批具有支撑和引领作用的标志性科研成果，提升全市高原特色农业现代化水平。到2017年，农业科技贡献率达60%以上。

二是加强农业科技成果转化和集成推广应用。着力加强新品种、新技术、新模式、新机制“四新”协调和良种、良法、良壤、良灌、良制、良机“六良”配套，强化先进适用技术的组装、集成与示范推广，提高主推品种、主推技术的覆盖率和集成运用。依托玉溪国家农业科技园区、新平国家级现代农业示范区的建设和各类“专精特新”的现代农业示范园区、农业庄园的建设，大力引进和支持高校和科研院所联合有关农业企业在产业基地建立研发团队，推行多种农业科技转化推广形式和载体。围绕基地需求集成研究，依托基地实现集成转化，落脚基地完成集成推广，建立健全农业科研机构和农技推广体系一体化

美丽乡村

（曾永洪　摄）

的新型转化推广机制。大力倡导组建以农业龙头企业为主导、产学研合作的高原特色现代农业产业技术创新战略联盟，促进重点领域和关键环节技术研发、专利共享和成果转化推广。

三是健全完善激励引导机制。鼓励农业科研机构、高等院校通过转让、许可或作价投资等方式向龙头企业或其他新型经营主体转移科技成果。对推广普及率高、公益性强的重大成果，可以通过政府购买科技成果和服务、以奖代补等形式，扩大成果推广面覆盖面。加强农业科技服务体系建设，高度重视农村乡土科技人才的培养，推动科技特派员等科技人员到贫困山区、民族地区和革命老区开展科技服务。创新人才培养、评价和激励机制，抓好农业科技创新创业团队建设，努力培养一批科技创新能力和学术水平省内领先的学科技术带头人。依托核心骨干龙头企业和重点产业发展，大力引进培养一批农业领军人才、高端人才到玉溪创新创业，引领发展。

（四）大力加强农业综合生产能力建设，在推进绿色可持续发展上争先创优

抓住国家支持中西部地区改善发展条件和省、市“五网”基础设施建设的重大机遇，加大力度整体推进农业基础设施建设，加强生态环境保护和建设，不断改善发展条件，夯实发展基础，提高综合生产能力和可持续发展能力。

一是着力提高农田水利和农机综合配套水平。积极探索搭建水利建设投融资平台，围绕全市现代农业产业区域布局，大规模加强以骨干水源工程建设、河库水系连通、大龙潭调水工程支管工程建设，以“五小水利”基础设施建设为重点，抓好小型水利工程管理，提升农村饮水安全工程质量，延伸农田灌溉沟渠供水安全保障网络。加强产业基地的田网、水网、路网、林网、电网和信息网配套建设。大力推进中低产田改造和高标准农田建设，大力发展节水灌溉农业，使基础设施与产业基地相配套、与特色产业培育相结合、与村寨建设相适应、与社会化服务和农民专业合作社发展相促进。围绕农业产业基地推进标准化、规模化、集约化建设需要，加大农机新技术新机械推广应用，大力发展适宜不同作物种类、不同生产环节、不同地貌特征的中小型、微型农机化作业，进一步提高农业机械化水平和生产效率。到2017年，新增节水灌溉面积20万亩，改造中低产田36万亩，耕种收综合机械化水平达49%以上。到2020年，农业灌溉保证率达到75%；提高全市农村40万人的供水安全保障能力。

二是持续推进农村交通、通信、电力等基础设施建设。围绕美丽宜居乡村建设和农业产业基地建设，全面推进县乡村组四级公路网络建设，全面实施建制村通硬化路、自然村通路、产业基地通达和农村客运物流、公路养护等工程，进一步提高农村公路的路面等级，保障县乡村支线公路畅通。到2017年实现所有建制村主干道路硬化。实施“宽带乡村”工程，到2020年全面完成到村级的宽带基础设施建设。全面完成第一轮农村电网改造任务，启动实施新一轮农村电网改造升级工程。继续加强农村气象为农服务体系和灾害防御体系建设。

三是创新完善农业基础设施建管机制。认真贯彻落实市政府关于加强农村小型水利工程建设管理的要求，按照“先建机制、后建工程”的要求，加强农村水利规划计划管理。按照“谁投资、谁所有、谁受益、谁负担”产权界定原则，深入推进农村小型水利工程建设管理体制改革，采取政府委托代建、购买服务、财政贴息、先建后补、边建边补等多种方式，引导新型农业经营主体和社会资本投资农业基础设施建设。要创新农业基础设施运营和管理体制机制，最大限度集聚资金加大投入，加快建设、发挥效益。

四是推动农业走绿色生态循环发展之路。坚持最严格的耕地保护制度，做好永久基本农田划定工作，深入实施新一轮退耕还林工程，推进耕地数量、质量、生态“三位一体”保护。落实最严格的水资源管理制度，推进农业用水初始水权分配制度建设，实施用水总量和用水效率“双控”，建立科学用水合理用水制度。加强农业面源污染防控，实施化肥农药零增长行动，推广节地、节肥、节水、节能技术和生态循环农业模式，开展种养结合循环农业示范，支持规模化养殖场（区）开展畜禽粪污综合利用，促进农业增产、农民增收和绿水青山良性循环。深入推进森林玉溪建设，加强林业重点工程建设和天然林保护，积极发展林下经济。加快实施山水林田湖生态保护和修复工程，推进石漠化、加大中小河流治理、农村坝塘、水土流失治理力度，全面加强农业生态环境保护治理。

（五）大力推进美丽宜居乡村建设和脱贫攻坚，在率先建成全面小康社会上争先创优

把美丽宜居乡村建设作为推进脱贫攻坚、农村全面小康的重要载体，按照“新房新村、生态文化、宜居宜业”总要求，建设新村寨、发展新产业、过上新生活、打造新环境、实现新发展，坚决打赢脱贫攻坚战，确保全面建成小康社会如期实现。

一是加快推进美丽宜居乡村建设。坚持以科学规划为引领，以“百村示范、千村整治”、农村危房改造、城乡人居环境综合整治为抓手，发挥投融资平台作用，加大资金整合及投入力度， 同步推进乡村基础设施建设、公共服务体系建设、环境综合整治和农村一二三产业融合发展，全面提升农村人居环境，努力建设一批“宜居宜业宜游”的美丽村寨，使美丽宜居乡村逐步成为玉溪全面建成小康的一张靓丽的名片。

二是坚决打赢扶贫开发和“直过民族”脱贫攻坚战。坚持精准扶贫，扎实开展“挂包帮”“转走访”工作，全面启动实施整乡推进项目，实施完成贫困行政村整村推进，全力推进异地扶贫搬迁项目建设，强化“五个一批”精准扶贫，坚决打赢扶贫开发和“直过民族”脱贫攻坚战。到2017年，实现9个贫困乡摘帽、75个贫困行政村出列。确保贫困乡村居民人均可支配收入较快增长，真正实现“两不愁三保障”（即稳定实现扶贫对象不愁吃、不愁穿，保障其义务教育、基本医疗和住房）。

（六）大力推进农村改革，在激发农业农村发展活力上争先创优

当前和今后一个时期，深化农村改革要聚焦农村集体产权制度、农业经营制度、农业支持保护制度、城乡发展一体化体制机制和农村社会治理制度等5大核心领域，进一步理清改革思路，明确大方向、主要内容和重大方针政策。

一是加快制定改革计划。按照中央和省委的部署，根据市委2015—2020年重要改革举措实施规划，尽快出台《玉溪全面深化农村改革综合性实施方案》。根据方案确定的关键领域和重点工作，结合市委“争先创优跨越发展”大讨论、大行动工作部署要求，各相关部门结合本部门工作实际，尽快提出具有基础性、全局性和结构性支撑

作用的年度重大改革事项和改革试点任务，制定农村综合改革年度计划，并认真贯彻落实。

二是突出抓好9项改革任务。2016年，按照中央和省、市委全面深化农村改革的要求，尽快出台的农村改革意见或方案是：促进农民专业合作社规范发展的意见；国有林场改革实施方案；统筹城乡发展试点工作实施方案；关于加快推进水利工程供水价格改革的指导意见；贯彻《国务院关于开展农村承包土地的经营权和农民住房财产权抵押贷款试点的指导意见》的试点实施方案；新型农村合作金融组织试点方案；玉溪农村电商发展行动方案；玉溪发展乡村旅游专项工作方案。

三、加强领导，建立健全工作落实推进机制，为玉溪农业农村跨越发展提供坚强组织保证

（一）切实加强党对“三农”工作的领导

各级党委对抓好“三农”工作都有义不容辞的责任，任何时候都不能忽视农业、淡漠农村、忘记农民，要把“三农”工作纳入党委工作的重要议事日程，牢牢把握工作导向，不断健全完善农村工作领导体制和工作机制。要结合领导班子换届工作，选好配强领导干部，让熟悉“三农”工作的优秀干部进入党委、政府领导班子。要进一步细化分工、明确任务、落实责任，确保重点任务有部署，重点项目有人抓，重要工作有人管，努力形成责任明确、一级抓一级、层层抓落实的工作机制。要围绕“作风转变年”“工作落实年”“创新发展年”相关要求，进一步加大“庸懒散混”“为官不为”整治问责力度。各级领导干部要以上率下，强化实干担当，在决策部署上“扣扣子”，在责任履行上“担担子”，在工作落实上“钉钉子”，大力推行“一线工作法”，倡导立决立行、马上就办的良好作风，努力下好“先手棋”、打好“主动仗”，靠实干实绩树形象、聚民心、促发展。

（二）抓紧建立和完善长效投入保障机制

要健全持续增加“三农”投入体制机制，优先保证“三农”财政投入稳定增长。要积极争取国家支农资金和项目，扩大公共财政覆盖农村的范围，稳定农业农村发展的资金投入。要加大涉农项目资金整合力度，以县为平台，以重点产业、重点区域、重点项目为载体，整合资金，提高绩效。要探索搭建农业开发投融资平台，充分发挥好农业产业基金的政策导向功能和“四两拨千斤”的杠杆作用，引导金融资本、工商资本、民间资金向农业产业聚合，将资金的“源头活水”引入农业农村。要深入推进“三农”金融服务改革创新，积极发展农村普惠金融，增加产业基地建设贷款、新型经营主体贷款、扶贫贴息贷款。要落实好财政保费补贴政策，扩大农业保险范围，吸引和带动保险资金投向“三农”，探索建立农业产业风险基金。

（三）着力加强农村基层组织建设和乡村治理

要始终坚持基层党组织领导核心地位不动摇，充分发挥党委、支部的战斗堡垒作用，努力提高基层党组织的凝聚力、号召力和战斗力。要结合换届工作，建强班子、带好队伍、提高素质，强化党组织的政治、服务功能，切实把组织健全起来、制度完善起来、活动开展起来、作用发挥出来。要深入开展“美丽玉溪服务先锋”行动，全面实施“仙湖卫士”行动计划、“空壳村”集体经济增收全覆盖行动计划、党员活动室建设全覆盖行动计划，下大力整顿软弱涣散农村基层党组织，不断夯实党在农村基层的执政基础。要严格落实党委抓农村基层党建工作责任制，建立完善县乡党委书记抓农村基层党建问题清单、任务清单、责任清单，把县乡党委书记抓基层党建述职评议考核推向深入。要加强涉农领域党风廉政建设，为“三农”发展提供坚强的政治保障和纪律保障。要聚焦现代农业发展、美丽宜居乡村建设，积极转变农村生产组织方式、农民生活方式、社区管理模式，不断创新和完善乡村治理机制，探索村党组织领导下的村民自治有效实现形式，提升乡村治理法治化水平。要采取一事一议、村民自建、民办公助、以奖代补等方式，充分调动群众参与农村建设和管理的主人翁意识。要加快推进县乡村三级综治中心建设，完善农村治安防控体系，整治农村黄赌毒、非法宗教活动等突出问题，促进农村社会和谐稳定。要深化农村精神文明建设，深入开展文明村镇、文明家庭创建活动，形成健康向上、开放包容、创新进取的社会风尚。

抢抓机遇补短板　夯实基础增后劲
奋力加快玉溪交通运输事业跨越发展

中共玉溪市委常委、市人民政府常务副市长　王　力

交通运输是支撑发展、繁荣经济的基础产业。当前，全国经济社会发展进入新常态，处于决胜全面小康的关键阶段，交通运输事业迎来前所未有的战略机遇。加快构建现代综合交通运输体系，成为各级各有关部门一项重大而紧迫的政治任务。

充分肯定成绩　正视短板差距

近年来，玉溪市深入贯彻落实习近平总书记系列重要讲话和考察云南重要讲话精神，紧紧抓住云南省综合交通基础设施建设三年攻坚契机，真抓实干、担当克难，着力加快交通基础设施建设，切实提高道路运输保障服务水平，在高速公路、农村公路建设及交通扶贫、路网规划等方面实现了重要突破，为“十三五”全面加快交通运输事业跨越发展奠定了坚实基础。

2016年，全市完成交通固定资产投资117.36亿元、增长96.9%，实现公路运输总周转量148.1亿吨公里、增长10.03%，10条在建高速公路顺利推进，新建和改建农村公路1 671千米。截至年末，全市公路通车总里程达17 232千米，其中高速公路260千米、一级公路108千米、二级公路685千米，三、四级公路15 731.6千米，等外公路447千米。实现市到县公路高等级化，75个乡镇（街道）全部实现油路化、通畅率达100%，673个建制村已有587个通硬化路、硬化率达87.2%，5 657个自然村已有5 523个实现通达、通达率97.6%。公路密度按国土面积和总人口计算分别达到112.6千米/百平方千米、71.68千米/万人，位居全省前列。道路运输市场发展加快，公路运输占运输总量的90%以上。交通运输场站建设稳步推进，建成城市客运站25个、农村客运站64个。客运网络覆盖面快速提高，开通城市客运班线262条、农村客运线路284条，75个乡镇（街道）客运车辆通达率100%、行政村达85.1%。货运保障服务能力显著增强，货物运输企业发展到51 770户，拥有货运车辆68 200辆。公共交通管理服务能力明显提升，开通公交营运线路119条，公交车达1 125辆，万人拥有公交车4.5标台；出租汽车行业改革不断深化，出租车企业整合为15个，出租车1 691辆。公路养护管理全面加强，农村公路经常性养护率县道达100%、乡道达65%、村道达60%。路政执法力度持续加大，路域环境整治效果明显，近5年未发生较大以上生产经营性道路运输责任事故，全市交通运输行业安全形势总体平稳。

与此同时，我们也清醒地看到，全市交通运输供给总量问题虽然逐步缓解，但仍面临交通基础设施有效供给不足、运输服务供给质量效率不高、现代综合治理能力不强等突出问题：一是综合交通结构性问题日益凸显，道路运输产业化水平不高，大运量、低成本、快速度、低能耗的运输服务发展缓慢，客运一体化、货运集约化的综合交通枢纽发展滞后，铁路建设及发展转型正在加快推进，通用航空发展处于起步阶段，各种运输方式接驳不畅、组合不够，错位发展、优势互补的大交通格局尚未形成。二是交通基础设施总量不足、路网不全、密度不够、等级不高，成线不成网、连接不顺畅的现象较为突出，高等级公路仅占总里程的6.1%、比重较小，还有3个县不通高速公路，特别是县与乡镇之间没有直接联系的高等级干线公路，现有的县乡公路建成时间长、技术等级低、抗灾能力弱，严重制约当地经济社会的发展，提高高等级公路覆盖密度，加快补齐短板势在必行。三是构建现代综合交通运输体系任务繁重，交通运输促投资稳增长压力加大，“十三五”期间我市将全面加快高速公路、农村公路建设，确保到2018年实现“县县通高速”，建制村道路全部硬化，自然村村村通公路；同时还将加大国省道改造和县乡公路提升改造力度，做好与相邻州市连接通道建设，公路建设管理养护项目多、投入大，筹资难题急需破解。四是创新驱动意识和能力存在差距，思想还需进一步解放，队伍建设亟待加强，行业管理和服务水平有待进一步提升。对于短板差距，我们既要客观冷静分析，更要积极主动作为，勇于创新、敢于创新、善于创新，在加快发展中解决发展过程中遇到的困难和问题。

跳出玉溪看玉溪　把握机遇谋长远

玉溪地处滇中、紧邻昆明，区位优势明显，是全省面向南亚东南亚的区域性交通枢纽，交通运输事业在抓基础补短板、增投资稳增长、降成本提水平，更好地满足人民群众便捷出行新期待、适应发展新需求的大局中正处于大有作为的战略机遇期。

习近平总书记指出，“十三五”是坚持新发展理念，实现全面建成小康，推进供给侧结构性改革的关键时期，是经济社会发展的重要时期，也是交通运输基础设施发展、服务水平提高和转型发展的黄金时期。省第十次党代会强调，继续加强基础设施建设，是破解云南发展瓶颈的现实需要，要坚定不移打好“五网”基础设施建设五年大会战，推动基础设施建设新突破。市第五次党代会要求，今后五年要坚定不移推进“五网”设施建设，坚定不移实施脱贫攻坚，奋力闯出一条具有玉溪特色的跨越式发展之路，在全省率先全面建成小康社会，谱写好中国梦的玉溪篇章。随着国家“一带一路”、长江经济带和孟中印缅经

济走廊、中国—中南半岛国际经济走廊等重大战略的深入实施，玉溪的区位优势更加凸显，发展机遇前所未有。

综合分析判断形势，交通运输需求持续旺盛的基本态势没有变，各级政府坚持交通优先发展的部署没有变，推进供给侧结构性改革，引导经济朝着更高质量、更有效率、更加公平、更可持续的方向发展，是当前和今后一个时期我国经济工作的主线，也是交通运输工作的主线。交通运输工作面临新的考验，牢牢抓住基础设施加速成网、服务品质不断优化、行业加快转型升级、现代治理能力持续提升的黄金机遇期，推进交通运输事业加快发展，成为摆在全市交通运输部门面前的一项艰巨而光荣的历史重任。我们要切实增强紧迫感和责任感，以时不我待、锲而不舍的精神，加大改革攻坚力度，加强建设管理经营，促进各种运输方式在更广范围、更高层次、更大程度上深度融合，着力提升交通基础设施供给能力，着力提升交通运输服务品质，着力构建内畅外通、能力充分、服务均等、便利可靠、安全绿色的现代综合交通运输体系，到2020年全市公路网规模达到24 000千米、增加1 000千米，高速公路通车里程达到680千米、增加450千米。

做好当前和今后一个时期的交通运输工作，要准确把握我市交通运输发展的阶段性特征和工作重点。首先，要全力推进在建项目集中建设攻坚，目前我市公路在建项目规模之大前所未有、压力之大前所未有，全市交通运输系统必须进一步统一思想，把工作重点放到加快推进在建项目、确保优质高效按期建成投入营运上来，全面动员、集中力量、全力攻坚；充分发挥各级政府的主体作用，强化项目业主的主体责任，落实施工和监理单位的第一责任，强化协调、密切配合、合力攻坚；进一步创新机制和举措，整合资源、加强管理、创新攻坚；抓住当前国家支持引入社会资本参与工程建设的有利时机，加快投资进度，抓早抓紧抓实，牢牢把握交通运输跨越发展上台阶的主动权。其次，要强化项目前期工作，着力提升前期工作的深度和成熟度，攻克复杂地形地质条件下项目规划设计的技术难题，提高技术水平，发挥各方积极性，争取尽早具备全面开工建设条件。再次，要加强政策研究，及时吃透中央和省有关文件精神，充分利用政策，加强项目策划，做好项目储备，谋长远增后劲。

精准发力抓重点　撸起袖子加油干

2017年是我市决战脱贫攻坚、决胜全面小康、实现跨越发展的至关重要之年，也是实施“十三五”规划、综合交通建设5年大会战的承上启下之年，做好交通运输工作意义十分重大。全市交通运输发展目标是：努力推进公路交通运输“五化”建设，即骨架路网高速化、县道高等化、农村公路通畅化、交通服务均等化和系统管理一体化。力争逐步实现“五通”目标，一是县县通高速路，今年起逐步实施，到2018年全面实现；二是改造国、省道，共改造882.9公路，年内实施455千米；三是提升重要乡镇二级路，今年启动县道改造提升工程、逐步推进；四是建制村村村通硬化路，实现100%建制村通硬化路；五是自然村通硬化路，按照“一村一路”要求，加快自然村道路硬化工程建设，确保2018年实现自然村村村通硬化路。行业管理不断规范，服务水平明显提高，改革创新稳步推进，安全生产形势平稳，全年完成交通固定资产投资163.6亿元、增长39.4%。

（一）全力加快基础设施建设，实现交通运输发展新跨越

一是加大基础设施建设投资力度，积极争取部、省支持，拓宽筹融资渠道，继续保持交通运输基础设施适度超前的建设规模和发展速度。二是努力掀起高速公路及国省道改造建设新高潮，充分调动市、县（区）两级的积极性，周密制定施工组织计划，倒排工期、倒逼进度、细化到天。三是全面启动县乡道改造提升工程，按照“统筹兼顾、对沿线经济带动大、市级融资县区配套、二级路标准、先易后难”的原则抓好前期工作，初定17个项目，逐项开工建设。四是积极推进交通发展投资公司组建工作，通过平台公司运作，破解非收费公路融资难、交通项目资金撬动作用不明显等问题，全面增强我市交通产业持续发展动能，为我市交通工作跨越发展提供金融保障。五是深入推进农村公路建设，鼓励各县区打破常规引入社会资本合作，采取“建、管、养”一体化的建设模式加快农村公路建设，为扶贫攻坚提供交通基础设施保障。

（二）着力推进结构调整，加快发展现代交通运输业

一是深化综合运输体系建设和交通运输物流业发展，推动多种运输方式有效衔接；加快交通运输行业物流信息平台建设与应用，大力发展甩挂运输等先进运输组织方式，积极稳妥推进运输企业公司化、集约化、规模化经营，支持和培育一批具有核心竞争力的物流龙头企业，推进货运站场向物流园区（基地）升级转型；推进运力结构调整，提升交通运输装备技术与服务水平。二是加快推进交通运输基本公共服务均等化，坚持“城乡统筹、以城带乡、城乡一体、客货并举、运邮结合”总体思路，加快完善农村公路运输服务网络；建立农村客运班线通行条件联合审核机制，加快淘汰老旧农村客运车辆，在城镇化水平较高地区推进农村客运公交化，鼓励有条件的地区在镇域内发展镇村公交；大力发展个性化旅客运输方式，组织好农村客运车辆投放，扩大班线覆盖率，增加客运班次，重点解决偏远、贫困地区不通班车的问题，行政村通客运班线率达到90%以上。三是继续做好深化出租汽车改革工作，坚持公交优先的发展战略，充分发挥市场机制和政府引导作用，积极推进“互联网+”下的出租汽车行业新老业态的深度融合，推动出租汽车行业转型升级，引导出租汽车实行错位发展和差异化经营，建立安全有序、公平竞争、管理规范、服务优质、文明诚信的出租汽车市场体系。四是深化绿色交通运输体系建设，以建设资源节约型环境友好型行业为目标，把生态建设和环境保护贯穿于规划、设计、施工、运营全过程，加快推进旅游公路建设，积极推进绿色公路、生态型公路建设，发展低碳交通。

（三）大力加强行业管理，增强交通运输科学发展的活力

一是深化安全监管和应急保障体系建设，坚持预防为主、预防与应对有机结合，不断提高交通基础设施安全水平；结合交通一体化改革，加强对新管理体制和新形势下的安全监管研究，理顺权责关系和各层级监管责任，完善监管体制，严格执行目标考核制度和安全生产“一票否决”制。二是切实加强市场监管，完善运输市场行业管理制度，推进诚信体系建设，深入开展管理创新活动，规范运输企业经营行为，提升监管水平；加大道路运输市场秩序整顿力度，持续开展打击非法营运等专项治理活动；强化交通建设市场监管，完善信用评价体系和信用信息公开制度；严把工程质量关，加强质量管理；严把投资控制

昆明至澄江高速公路澄江县境内梁王山段 （曾永洪 摄）

关，加强造价监管，强化责任制，努力降低工程造价。三是切实加强公路养护管理，建立健全“县为主体、行业指导、部门协作、社会参与”的养护工作机制，全面落实县级人民政府的主体责任，充分发挥乡镇人民政府、村委会和公路沿线村民的作用；逐步提升和完善农村公路的安全通行能力，路面综合性能指数逐年上升；以养护质量为重点，公路安全生命工程为主抓点，建立养护质量与计量支付相结合的工作机制；以因地制宜、经济实用、绿色环保、安全耐久为原则，建立健全适应我市特点的农村公路养护管理体系。四是切实加强路政管理，健全符合农村公路特点的管理体制和机制；完善县区农村公路管理机构，建立农村公路路政管理联动协管机制；全面落实县区人民政府主体责任，建立以公共财政投入为主的资金保障机制；积极推进县区统一执法，完善农村公路保护措施，及时制止和查处违法超限运输及其他破坏、损坏农村公路设施的行为；加强日常养护工作，大力整治农村公路路域环境，加强绿化美化，打造畅安舒美的通行环境。

（四）努力推进行业文明建设和党风廉政建设，为交通运输科学发展提供坚强保障

一是切实加强交通运输文化建设，为交通运输发展提供智力支持和精神动力，树立交通运输系统良好形象；实施“人才强交”战略，加强实践能力训练和政策理论素质培养，推进学习教育培训常态化；大力弘扬“玉汝于成、溪达四海”的玉溪精神，深入开展比学赶超、创先争优活动，努力创建一批特色明显、带动力强、示范作用突出的创先争优示范点和先进典型。二是深入推进党风廉政建设，坚持“两手抓、两手硬”，把党风廉政建设放在更加突出的位置，严格落实党风廉政建设责任制，着力构建反腐倡廉长效机制；深入开展“两学一做”学习教育，强化领导干部廉洁自律意识，建立健全重大决策执行情况定期检查和专项督查制度，强化项目资金监管，加强建设项目资金跟踪审计和监督检查，完善内部审计工作体系；深入开展工程建设领域突出问题专项治理，重点解决建设项目前期工作、基建程序、招标投标、项目实施、资金管理和人员管理等方面存在的突出问题。

交通运输事业大建设大发展的布局已经展开，我们必牢记历史使命，把握形势要求，坚定必胜信心，勇挑发展重担，顺势而为、创新驱动，全力推动玉溪交通运输事业跨越发展，以优异成绩迎接党的十九大胜利召开！

一年之计在于春　撸起袖子加油干 以优异成绩迎接党的十九大胜利召开

玉溪市人民政府副市长　杨　洋

当前，全市社会事业工作的主要任务是：认真贯彻落实党的十八届六中全会、中央经济工作会、省第十次党代会、市第五次党代会和市委五届二次全会、市委经济工作会、市“两会”精神，进一步分析形势、坚定信心，明确任务、加油实干，以更强烈的责任、更积极的态度、更过硬的作风，推动玉溪社会事业迈上新台阶，以优异成绩迎接党的十九大胜利召开。

一、2016年的工作值得充分肯定，要总结经验、客观分析

2016年全市社会事业在市委、市政府的高度重视和坚强领导下，在各级各部门的辛勤工作和密切配合下，攻坚克难抓改革、突出重点推项目、扎扎实实保民生，解决了一批人民群众关心的热点难点问题，办好了一批惠民生得民心的实事好事，圆满完成了年初确定的目标任务。

（一）项目建设取得重大突破

争取到省级教育卫生补短板项目15个，总投资50亿元。美丽100校园行动计划暨校舍安全工程圆满收官，建成美丽学校160所，拆除全部D级危房，新建校舍73.82万平方米，加固改造校舍87.65万平方米。“全面改薄”项目开工率、竣工率分别达142.35%和111.21%，两项指标均居全省第一，获得省财政厅、省教育厅奖补资金1 331.9万元，建设校舍381幢26.23万平方米，实现全市608所义务教育薄弱学校全覆盖。职教园区、文化广播影视传媒中心、市儿童医院等重大项目开工建设，中心城区北片区开发迈出实质性步伐。教育信息化开创“互联网+教育”玉溪模式，全面建成659所数字校园，教育云平台实名注册师生达22万人、活跃度达56%，被列为国家“智慧城市”应用典型案例。市医院改扩建项目主体完工，市急救中心项目建成即将投入使用。澄江化石地自然博物馆项目主体完工，开始内部展陈规划设计。

（二）深化改革走在全省前列

坚持问题导向，高位推进公立医院改革，成立了高规格的领导小组，由市委书记亲自担任组长，抽调80多位干部成立了办公室和12个工作小组，研究制定了公立医院改革方案及5个子方案，并在全省第一家被省委深改会审议通过，得到省委、省政府的充分肯定。城乡医保整合、药品耗材采购、人事薪酬、DRGs支付方式等改革走在全省前列。成立了玉溪市医疗保障基金管理中心，在全省率先完成城乡居民医保整合，并且通过公开招标，实现全市医保基金统一存储，10年合作期内预计可实现2.5亿元的管理收益。做大做强了医保中心，新增了8名编制和1名领导职数，升格了内设科室，增加了DRGs支付方式改革、药品耗材采购、医疗服务价格调整建议等职能。成立了药品耗材采购结算平台，在全市公立医院实施药品集中联合限价采购，每年至少可节约资金1亿元。积极推进DRGs支付方式改革，对各县区人民医院新农合住院费用实行DRGs统一付费，医保基金平均扣款率达4.7%，次均医疗费用由2015年的4 131元降至2016年的 3 630元，病种入组率由47.62%提高到83%，实施临床路径的病例数由3 650例增加到6 753例，8家县级公立医院药占比由36.8%下降至32.29%。组建了玉溪市医疗健康投资有限责任公司，负责全市公立医院基础设施建设，政府办医责任得到更好落实。制定了《关于加快发展现代职业教育的意见》及4个配套方案，组建四个职教集团，产教融合深入推进。出台了《关于加快发展青少年校园足球工作实施意见》，举办了“玉溪杯”首届足球比赛。深化食品药品安全监管体制改革，完成工商、质监、食药监机构整合，在全市75乡镇（街道）设置了食品药品监管所，食品药品安全形势稳定向好。

（三）产业融合迈出坚实步伐

坚持社会事业助推经济发展的理念，推动教育、文化、卫生、医疗、体育、旅游等元素互相融合，促进玉溪产业转型升级。开展了大量摸底调查工作，全面启动了全市大健康产业规划编制工作。加快澄江健康城规划建设，积极争取与中山大学合作在澄江举办一所全省一流的三级医院。深入挖掘澄江化石、江川铜、华宁陶、峨山刺绣等特色文化资源，打造精致文化创意产品，加快文化产业发展。澄江化石地动漫科幻影视征集制作项目、澄江县旅游文化创意产品研发项目、华宁陶文化产业园、峨山慧玉彝文化传播有限公司特色文化产业项目可望进入中央后备文化产业项目库。2016年前三季度，全市陶瓷产值约22亿元，江川青铜产值约2亿元，通海银饰产值约2亿元，石雕石刻产值近2 000万元，峨山刺绣总产值200万元。推进国家体育产业联系点城市建设，编制了发展总体规划，积极推进抚仙湖巴萨足球学校规划落地，举办了格兰芬多国际自行车节、“抚仙湖”杯帆船比赛、游泳公开赛等大型赛事活动，创立了云南自主品牌的水上运动精品赛事，抚仙湖文化旅游产业发展朝气蓬勃。

（四）社会民生获得充分保障

学前教育快速发展，学龄前儿童毛入园率达94.51%。义务教育各项指标居全省前列，小学学龄儿童入学率达99.94%、巩固率达99.25%，初中毛入学率达113.96%、巩固率达97.81%；流动人口子女小学毛入学率达101.6%，初中毛入学率达99.9%。红塔区实现义务教育基本均衡，

澄江县、江川区、易门县、新平县通过国家级评估。2016年高考指标大幅提升，文科总上线率98.36%，理科总上线率93.11%。新农合参合率达98.26%，人均筹资水平提高到540元，参加城镇基本医疗保险50.58万人，完成省下达目标任务的104.57%。完成了2个乡镇卫生院和10个村卫生室建设。实施白内障复明手术1 755例，尿毒症透析治疗435例。全面两孩政策平稳顺利组织实施。《澄江化石地世界自然遗产保护条例》通过省人大常委会一审。积极创建楹联文化城市，玉溪成为全国“中国楹联文化县（区）”全覆盖的地级市。本土文化精品不断涌现，散文《一棵青菜在长大》荣获第七届冰心单篇散文奖，科幻剧本《无忧世界》荣获中国科幻原创大赛第五届“光年奖”最佳科幻剧本一等奖，滇剧《水莽草》荣获“朱槿花奖”，入选2016年度国家艺术基金全国八强滚动资助项目，花腰傣题材微电影《戛洒的日子》荣获“2016美丽乡村国际微电影艺术节”优秀作品奖。江川甘棠箐遗址考古项目入选“2015年度全国十大考古新发现”。完成省级26个文化惠民示范村创建，组织惠民演出1 140余场、农村公益电影放映任务5 000余场；全市广播综合覆盖率达98.93%，电视综合覆盖率达99%。实施食品安全战略，与1 587家食品小作坊签订《食品安全责任书》，实施餐饮单位明厨亮灶3 613户，完成蔬菜和水果农药残留快速检测11 631个，合格率96.8%，查处案件143起。实施阳光家园计划，全年机构免费托养康复服务170例，居家免费托养康复服务1 100例，残疾人辅助器具适配600例。深入推进“三救三献”工作，筹集募捐资金629.9万元，救助贫疾人员和贫困学生3 600人，发放救助金119.9万元。

这些成绩的取得，是市委、市政府正确领导的结果，是市人大、市政协监督支持的结果，是各县区、市直相关部门、社会事业系统广大干部职工努力奋斗的结果。

回顾2016年的工作，成绩应充分肯定，但也存在一些困难和问题，特别是在当前经济下行压力大、改革任务重的情况下，社会事业发展面临新形势、新任务：一是随着经济社会发展和产业转型升级，社会事业除了传统的民生事业外，还肩负起了市场融资、招商引资、新兴产业发展等新的职能，对我们的思想观念、工作方式和能力水平提出了新的要求、新的挑战，部分领导干部存在观念不新、能力不足、不敢担当的问题。二是总体上来看，全市教育、卫生等优质资源仍然不足，分布不均，政府投入与社会事业发展需求相比还有较大差距，基本公共服务体系建设有待进一步加强。三是医药卫生等领域的改革任务相当繁重，改革已经进入深水区和攻坚期，一些体制性机制性的障碍亟需破除，如何处理好执行政策与改革创新、单点突破与协同推进、积极探索与确保稳妥的关系，考验着我们改革的智慧和水平。对于这些问题，我们既不能回避，也不能唐突冒进，要立足玉溪实际，找准问题、分析对策、精准发力、久久为功，切实加以解决。

二、2017年的工作充满机遇挑战，要抓住关键、主动作为

2017年是落实“十三五”规划的关键一年，是本届市政府的最后一年，更重要的是我们将迎来党的十九大，做好各项工作意义十分重大。当前和今后一段时期，全市经济社会发展面临诸多挑战，也面临很多机遇，必须抢抓机遇、准确把握。总体上看，2017年我们面临的外部环境将更为复杂严峻。全球经济复苏乏力、低速增长，呈现出不稳定、不确定状态。国内经济社会发展仍然在新常态，稳增长、转方式难度增加，结构性调整进入攻坚期，经济持续惯性回落仍是最大的风险，今后可能要经历一个较长时期的L型增长阶段。这些都给我们社会事业发展带来了巨大挑战。同时，我们也要看到，我国仍处于发展的重要战略机遇期，经济发展长期向好的基本面没有变。中央深化供给侧结构性改革，继续实施积极的财政政策和稳健的货币政策，持续推动“一带一路”“大众创业万众创新”、脱贫攻坚、产业转型升级等重大战略和重大部署，不断加大民生领域的投入力度，为我们加快基础设施和公共服务设施建设，在医疗、教育、文化等方面争取项目和资金提供了更多的机遇。我省大力实施民族团结进步示范区、生态文明建设排头兵、面向南亚东南亚辐射中心建设等战略，叠加效应不断增强，改革开放红利加快释放，也为我们抢抓机遇、发挥优势、弥补短板、跨越发展提供了诸多有利条件。经过多年努力，我市已经拥有较好的经济基础，社会发育程度比较高，随着高铁的开通以及高速、轻轨路网建设的全面启动，为我们插上了腾飞的翅膀。市委五届二次全会强调：玉溪作为云南的次区域中心城市，必须大力弘扬“玉汝于成、溪达四海”的玉溪精神，自觉承担起干在实处、走在全省前列的使命，以深化供给侧结构性改革为统领，切实转变经济发展方式，为全省“三个定位”建设、实现跨越发展贡献玉溪力量。全市上下思发展、谋发展、促发展，想干事、敢干事的氛围更加浓厚。

2017年发展的有利条件多于制约因素，只要我们认真贯彻稳中求进的工作总基调，把握好工作方法，坚持新的发展理念，积极应对压力，用好机遇，找准突破点，坚定发展信心，就一定能在新一轮发展中实现新突破。

2017年工作的总体要求是：全面贯彻党的十八大和十八届三中四中五中六中全会精神，更加紧密地团结在以习近平同志为核心的党中央周围，深入贯彻习近平总书记系列重要讲话和考察云南重要讲话精神，认真落实中央经济工作会、省第十次党代会、市第五次党代会和市委五届二次全会、市委经济工作会、市“两会”决策部署，适应把握引领经济发展新常态，坚持以“科教引领创新发展”为中心，以提供优质公共服务为目标，以实施重点工程项目为抓手，以优化体制机制为保障，着力在夯实基础、提升内涵、改革创新上下功夫，推动社会事业优质均衡发展，以优异成绩迎接党的十九大胜利召开。

（一）突出重点建设科教创新城

创新是发展全局的核心，是引领发展的第一动力。建设科教创新城，是省委书记陈豪对玉溪提出的新定位、新要求，是玉溪转变发展方式、加快城镇化建设、实现产业转型升级、开创跨越发展新境界的必由之路，是今年的工作重点。我们要按照市委的统一安排，深入开展“科教引领创新发展”大讨论大行动，围绕建设科教创新城这个核心任务，着力把创新贯穿到社会事业发展全过程，大力培育新产业、新业态、新引擎。一是要明确建设思路。“科教创新引领发展”包括了科技创新、产业创新和教育创新。对于社会事业系统来说，主要工作就是教育创新。但在这里需要说明的是，教育创新不仅仅指教育部门的创新，还包括了卫生、文化、体育等领域的创新。所以科教创新城的建设要按照“开放、创新、生态、宜居、宜业”要求，以市场需求为导向，以产城融合为重点，以龙头项

目为抓手，以改革创新为动力，以人才培养为基础，深入推进实施教育、卫生、文化、体育融合创新发展，打造玉溪城乡建设、民生保障和产业发展的升级版。二是要突出规划引领。科教创新城的核心在玉枕山片区。要按照省委书记陈豪的要求，抓紧时间对玉枕山片区职教园区的规划进行调整完善，要以科教创新城为新的定位，坚持高起点谋划、高标准建设，主动与国内外先进的规划设计单位对接，争取2017年上半年完成规划调整工作并开工建设，真正建出滇中有示范带动作用的、有鲜明特色的科教创新城。职教不是玉溪的特点，玉溪的重点是高等教育，是科教，要以更高的标准来规划，通过科教创新城的建设全面提升玉溪城市规划水平。这是省委书记陈豪的硬要求，我们必须不折不扣抓好贯彻落实。此外，教育、卫生、文化、体育等各类专业规划要互相衔接、互相融合，理顺空间布局，科学配置资源，形成聚集优势，实现融合发展、错位发展。三是要注重项目带动。要把项目作为科教创新城建设的重要载体来抓，重点是加强与国内外著名学校和科研机构的友好合作，通过大学分校、校区、独立学院、二级学院等模式，谋划引进不少于10所、涵盖学前教育、基础教育、高中教育、职业教育、高等教育、科学研究等领域的学校和科研院所，特别是市委确定的体育学院、音乐学院的组建，一定要加快工作步伐，早日见到工作成果，打造实至名归的科教创新城，让“学习在玉溪”不再是一种梦想，为玉溪、云南、全国和南亚东南亚培养高科技人才，使人才智力成为玉溪新的竞争力。各县区也要积极行动，主动加强与知名院校和科研机构的合作，加大引校引智力度。澄江县要全面启动澄江化石地自然博物馆内部装修展陈，加快动漫科幻影视作品创作，加大向省级部门的请示汇报，争取把澄江化石地自然博物馆建成云南第一个省级自然博物馆。四是要研究扶持政策。各相关部门要认真落实国家和省在科教创新等方面出台的鼓励政策，加大对科教创新城的支持力度。同时，要坚持问题导向，学习借鉴先进发达地区的成功经验，科学研究土地配置、融资贷款、税收减免、人才培养、绩效分配等方面的激励政策，打破体制机制性障碍，为科教创新城建设创造政策洼地。

（二）融合发展做强大健康产业

大健康产业是21世纪的朝阳产业，是继IT互联网产业之后全球财富最集中的产业。随着我国居民收入水平不断提高和消费结构升级不断加快，大健康产业面临广阔的发展前景。玉溪气候温和，生态良好，医疗事业较为发达，社会发育程度较高，发展大健康产业具有得天独厚的优势。我们要把握时代发展脉搏，抢抓机遇，立即行动，把大健康产业发展提上经济社会发展的重要议程，加快规划编制，突出改革创新，争取把大健康产业早日发展成为玉溪的新兴支柱产业。一是要加强与北京大学国家发展研究中心的对接，尽快编制完成《玉溪市大健康产业发展规划》，融合体育产业、文化产业、旅游产业，突出前瞻性、可行性、指导性和系统性，为大健康产业发展提供有力的规划支撑。此项工作具体由市卫生计生委负责落实。二是要结合“科教创新城”建设，引导中心城区医疗资源向北片区延伸转移，规划建设医疗健康产业园，打造“医养康”产业模式。要运用玉溪医投公司平台，启动玉溪市中医院异地迁建项目，将玉溪市妇幼保健计划生育服务中心整体搬迁至市中医院原址，建设玉溪市妇产医院，加快市儿童医院建设。同时规划整合北片区市中医院和市儿童医院空间资源，在周边区域规划建设医疗中心、养老中心、康复医院、护理中心、膳食中心等产品业态，满足广大人民群众多层次、多样化健康需求。三是要融合发展、错位发展。澄江县要以建设“生命健康城”为目标，加快与中山大学合作办医进程，确保年内开工建设，努力建设一所面向西南、辐射南亚东南亚的高品质医疗机构，重点发展辅助生殖、眼科、运动康复等特色专科，吸引高端人群康体养生；积极推进抚仙湖巴萨足球学校落地建设，融合体育、医疗、文化、旅游等要素，开发丰富多样的服务产品。元江县要以打造“候鸟式养老”为目标，积极利用当地地热、气候等优势资源，积极引入社会机构参与建设集健康服务、旅游休闲、文化娱乐为一体的养老基地，开发一批“候鸟”式养老产品。华宁县要以温泉资源和华宁陶为依托，以县中医院迁建为契机，重点发展理疗、推拿、膳食等特色专科，打造串联温泉养老养生产品体系和华宁陶文化旅游产品，形成“温泉+玩陶+养老”服务模式。新平县要利用哀牢山森林资源、戛洒文化旅游资源，重点发展运动、休闲、康体、旅游产业。红塔区、江川区、通海县要利用中心城区医疗资源集中、工商业发达的优势，重点发展生物医药产品研发、医疗器械生产流通等产业。其他县区也要充分利用本地区优势，积极寻找发展的切入点和突破口。体育局要加快国家体育产业试点城市建设，打造具有重要影响力的运动健康品牌；食品药品监督管理局要积极争取创建国家食品安全示范城市，促进食品生产、流通和餐饮消费产业持续健康发展；红十字会要大力开展救护培训、造血干细胞和遗体器官捐献等生命健康活动；残联要加大扶持培训力度，加快发展残疾人保健服务业，共同推动全市大健康产业发展。四是要加强健康大数据的分析利用。要整合卫生计生、医保、食品药品、体育、文化等各领域的信息资源，建设全市健康大数据库，通过对大数据进行精准分析，充分挖掘运用潜能，促进健康管理、健康服务、药品研制、医疗器械开发、养生康体等大健康产业发展。要利用已经落户玉溪的亿赞普集团在南亚东南亚跨境结算方面的优势、华大基因在基因检测和医学服务等方面的优势，把“互联网+医疗健康”服务体系建设延伸至老挝、缅甸等国家，利用电子健康档案建设、远程诊疗等模式，把优质医疗资源辐射到南亚东南亚，深化中国与南亚东南亚国家的友好合作，增强中国在南亚东南亚的影响力。

（三）攻坚克难全面深化改革

全面深化改革是“四个全面”战略布局的重要任务，是增强经济社会发展活力的必要举措。当前各项改革已进入深水区和攻坚期，各地区各领域的改革风起云涌。各部门的主要负责同志要把改革放在更加突出位置来抓，不仅亲自抓、带头干，还要勇于挑最重的担子、啃最硬的骨头，做到重要改革亲自部署、重大方案亲自把关、关键环节亲自协调、落实情况亲自督察，扑下身子，狠抓落实。今年我市深化改革的重头戏仍然是公立医院改革，在去年各项改革成效显著、走在全省甚至全国前列的基础上，今年重点抓好五项改革工作：一是积极推进分级诊疗。以家庭医生签约服务为重要抓手，力争将签约服务扩大到全人群，基本实现家庭医生签约服务全覆盖；同时借助“互联网+医疗健康”服务体系建设，巩固完善县乡村一体化管理改革，协同推进“医联体”“医共体”建设，提升基层服务能力，积极探索多种形式的分级诊疗模式，推动形成基层首诊、双向转诊、急慢分治、上下联动的就医新秩序。二是继续开展药品耗材联合限价采购。总结第一批药品集中采购经验，健全完善药品目录和采购方式，建立药品增补、删除及药价调节机制，严格执行“一品两规”，监督落实“两票制”，保证药品质量和数量，挤压流通环节水分，同时全面启动全市医用耗材集中采购工作。三是深入推进DRGs支付方式改革。围绕建立以DRGs付费方式为主的复合式付费方式这一目标，建立符合玉溪实际的DRGs付费制度、监管制度和考核制度，认真总结实践经验，扩大实施范围，2017年全面实现城乡居民、城镇职工医保DRGs付费全覆盖，并将实施范围逐步扩大到民营医院，力争2017年内推行DRGs付费方式的医院住院人次、基金支出占90%以上。四是加快“互联网+健康医疗”服务体系建设。基于市级人口健康信息平台，建设区域远程全景诊疗系统、区域分级诊疗系统、区域检验检查中心、区域预约诊疗中心，逐步实现二、三级医院向基层医疗卫生机构提供远程会诊、远程病理诊断、远程影像诊断、远程心电图诊断、远程培训等服务。今年要确保市级卫生信息系统与云南省肿瘤医院互联互通，成为全省第一家从村到省五级医疗机构实现互联互通的州市。五是积极稳妥调整医疗服务价格。按照“小步快走、积极稳妥”的原则，科学研究测算，适时对全市所有公立医院医疗服务价格进行统一调整，通过“腾笼换鸟”填补取消药品加成和药品集中限价采购后挤出的空间，提高医务性收入比重，优化医院收入结构，增加医务人员收入。教育领域改革上要巩固扩大职教改革成果，开展多元投资主体依法共建职教集团改革试点，在实行跨区域招生的基础上，实现招生、管理、培训、就业等资源的高度统一和整合，加快构建 “职前与职后沟通、中职与高职贯通、产业与教学结合、学校与行业联手”的现代职业教育体系，切实增强职业教育吸引力。

（四）挖掘资源打造音乐之都

玉溪文化历史悠久，素有“一地四乡”的美誉，具有“聂耳”这个在世界上深具影响力的文化品牌。深入挖掘资源，打造音乐之都，是我们建设文化强市的重要举措。要以引进高水平的音乐演出活动为主导，以玉溪原生、原创音乐活动为补充，从挖掘放大历史资源、引进扩充现代资源、争取展现国家资源、融合凸显省级资源入手，重点打造城市音乐产业发展核心区、高端音乐演出区、音乐产业聚集区和主题公园，强力推进音乐与文化旅游融合发展。从2017年开始，要通过相对固定的时间和场所，举办一系列音乐活动，营造打造音乐之都的浓厚氛围，即：每月1日、16日在中心城区举办音乐演出或音乐活动，每月举行1次音乐主题活动，每年组织举办1次在省内外有较大影响的音乐赛事活动，加快文化广播影视传媒中心项目建设，构建以聂耳文化（音乐）广场、聂耳大剧院等标志性文化设施为中心的主题鲜明、氛围浓厚、功能分区合理的“聂耳音乐文化群”，逐步提升玉溪音乐活动的影响力和辐射力，逐步把“音乐之都”的建设理念和实际影响推向全省全国，争取用一年的时间，把音乐爱好者的目光引向玉溪。用3至5年时间，力争将“中国聂耳音乐（合唱）周”做成全国乃至国际性的音乐艺术赛事，规划建设1座具有世界先进水平的音乐厅，组建1支“聂耳民族器乐乐团”，与玉溪师院联办1所“聂耳音乐学院”；整合资源，打造3支（少儿、青年、中老年）非营利性的具有代表性的合唱团队，使玉溪逐步成为音乐格调高雅、音乐氛围浓厚、音乐文化繁荣的城市，努力把玉溪建成云南省欣赏高雅音乐的中心城市、中国音乐活动的重要阵地之一，最终打造具有重要影响力的“音乐之都”。各县区也要充分利用民族文化和资源优势，打造自己的音乐品牌，比如澄江县已经规划利用澄江化石地世界自然遗产品牌，举办高水平的生命音乐节。其他县区也要积极探索，让自己独具特色的音乐河流汇入音乐之都。

（五）以人为本多做民生实事

要围绕市政府重点督查的20项重要工作和10件惠民实事，采取有效措施，加大民生实事投入力度，确保各项惠民措施落到实处。实施教育提质惠民工程，完成二期学前教育三年行动计划和“全面改薄”建设任务，全面启动玉溪师院、玉溪农职院、玉溪工财校补短板项目建设，做好通海、华宁、峨山、元江义务教育均衡国家级督导评估，率先在全省全面实现义务教育基本均衡目标。要全面完成数字化校园二期、三期项目建设，扩大教育云平台覆盖面，争取将玉溪智慧校园建设纳入国家智慧城市建设规划。全面启动健康城市试点建设，确保市医院改扩建、市急救中心投入运行。抓好卫生补短板项目建设，完成2个县中医院、2个乡镇卫生院、10个村卫生室建设。实施人口均衡发展工程，落实“全面两孩”政策，出台加强妇女儿童保健服务工作的意见，切实关爱妇女儿童健康。健全公共文化服务体系，建成3座广播电视高山台，启动6个乡镇综合文化站建设，抓好文物文博和非物质文化遗产传承保护，启动中国最佳楹联文化城市创建工作。办好第五届聂耳音乐（合唱）周。广泛开展全民健身活动，办好格兰芬多环抚仙湖国际自行车节、抚仙湖公开水域游泳邀请赛、国际网球赛等大型体育赛事。加强食品药品安全监管，加快“互联网+食品药品安全监管”部署，严格监督执法检查，提高办案率。实施“关爱妇女儿童健康行动”计划，完成农村妇女宫颈癌、乳腺癌免费检查工作，完成宫颈癌HPV基因免费检测10 000例；全面启动新生儿疾病苯丙酮尿症和先天性甲状腺功能减低症筛查、听力筛查工作。开展残疾人关爱行动，为700名残疾人免费配备辅助器具、实用技术培训100人，贫困残疾人家庭无障碍改造100户。深化红十字“五进”示范点创建活动，广泛开展应急救护、人道救助、志愿者服务等工作，全面构建红十字会“社会化、开放式”工作格局。

三、工作任务千头万绪艰巨繁重，要闻鸡起舞、加油苦干

2017年的工作任务十分繁重，好多工作都具有创新性、复杂性和挑战性，我们面临的机遇、承担的使命、肩负的任务前所未有，能不能抓住机遇、肩负起使命、完成好任务，关键取决于各级干部，特别是领导班子的精神状态和工作作风。针对社会事业部门工作作风上存在的突出问题，对大家提几点要求和意见，与大家共勉。

（一）着力解决不学习、不调研的问题

调查研究是谋事之基、成事之道。当前我们的许多工作都是全新的课题，没有成熟的模式和经验可以借鉴，如果我们不学习，不与时俱进，仍然习惯老眼光、守着老观念、依赖老办法，就什么事也干不成，也干不好。因此，我们一定要增强本领恐慌感，务必加强学习，提升谋事干事的能力和水平。要加强政治理论学习，坚持用习近平总书记系列重要讲话精神武装头脑，强化政治意识、大局意识、核心意识、看齐意识，坚决同以习近平同志为核心的党中央保持高度一致，在政治上始终保持清醒的头脑。要加强对本部门、本系统政策法规、业务知识、工作方法的

学习，做到了然于胸、信手拈来，与时俱进、准确无误。要深入调研，自己主管领域的基本情况要烂熟于心、了如指掌，杜绝“盲人骑瞎马”，真正做到情况明、底子清、定位准、措施实。要善于谋划，紧扣中心工作，找准贯彻落实市委、市政府决策部署的切入点和突破口，不分神、不跑题、不偏向，提高工作的精准性和实效性。特别是刚走上领导岗位的同志，一定要谦虚低调、加强学习、强化调研，迅速转变工作角色、进入工作状态，确保各项工作的无缝对接。

（二）着力解决不担当、不作为的问题

关于担当问题，市委、市政府逢会必讲、反复强调，但不担当、不作为的问题仍然存在。部门之间、干部之间相互扯皮、来回“踢皮球”，有些事情市委、市政府都定了，也发了会议纪要，就是落实不了；有些重大工程推进缓慢，抓了好几年也没有大的突破。这集中反映出我们一些部门和干部不在状态、不担当。当前各个方面都进入了一种“新常态”，我们要把握“认识新常态、适应新常态、引领新常态这个大逻辑”，但决不能成为不担当、不作为的借口。社会事业系统的领导干部都要有肝胆、有血性，对于依法依规应该做的事，顶着压力也要干，必须负的责，困难再大也要担，绝不能畏首畏尾、瞻前顾后、患得患失。要严格落实纵向到底、横向到边的责任机制，每一项重点工作，都要定标准、定责任、定时间、定进度。主要领导要全程负责，该决策时果断决策，该拍板时大胆拍板，决不能矛盾上交、责任下推、避实就虚、议而不决。

（三）着力解决不深入、不落实的问题

高水平的发展需要高水平的落实。当前在抓落实上仍然存在要求提得多、落下去得少，研究得多、推动得少，浮在上面多，沉下去得少的问题。面对重大机遇叠加、重大任务碰头的特殊形势，我们再也不能泛泛号召、平面推动了，必须转变工作状态，抓深、抓细、抓实，使“夙兴夜寐、激情工作”成为常态。许多工作都有一个最佳的“窗口期”，拖过了这个时段，就会带来许多预想不到的问题。所以要大力弘扬立即就办、事不过夜的精神，对定下来的事情，要雷厉风行、抓紧实施；对部署了的工作，要跟踪问效、务求成果，一天也耽误不得、懈怠不得。要使“问题导向、精准发力”成为常态，大力弘扬“刨根问底”“抽丝剥茧”的较真精神，把更多精力用在“解剖麻雀”上，真正把事情搞清楚、研究透、落实好，绝不能大而化之、不了了之。要使“扑下身子、一抓到底”成为常态，绝不能要超脱、踱方步、摆架子，必须亲力亲为抓推动，一竿子插到底促落实，主动深入到项目发展最前沿，深入到施工建设第一线，亲自部署工作、亲自解决疑难问题、亲自督办落实，推动工作落到实处。

（四）着力解决不廉洁、不团结的问题

社会事业与人民群众息息相关。能不能做到清正廉洁，不仅事关个人声誉，更关乎市委、市政府在人民群众心中的形象。要牢固树立党风廉政建设永远在路上的意识，正确看待手中的权力，不要把权力当成私有财产，多一份事业心、多一点平常心，做事认真一点、做官淡泊一点。要带头加强党性修养，保持高尚精神追求，培育健康生活情趣，少一些庸俗和不良嗜好。要重视家风、门风建设，管好亲属和身边人员，不轻视小节、不放过小事、不亲近“小人”，始终做到堂堂正正做人、干干净净做事、坦坦荡荡为官。要带头落实主体责任，把从严管党治党责任放在心上、扛在肩上、抓在手上，坚决抓好本部门、本系统的党风廉政建设及反腐败工作，把从严治党各项任务落到实处。各部门领导班子要牢固树立全局观念，增强整体意识，像爱护自己的眼睛一样维护班子团结，互相支持、互相配合，重大事项集体讨论、集体研究、集体决定，决策之前讲民主，决策之后讲集中，一旦形成集体决定，必须无条件执行。同志之间要多信任、多交流、多关心、多包容，不说不利于团结的话，不做不利于团结的事，营造一种充满活力、心情舒畅、坦诚相待、风清气正的团结氛围。

抢抓机遇　开拓创新
发展开放型经济打造面向南亚东南亚辐射中心

玉溪市人民政府副市长　解仕清

做好2016年对外贸易工作是落实国家、省市稳增长的要求，发展开放型经济、打造面向南亚东南亚辐射中心是历史赋予、人民赋予的责任，使命光荣，责任重大。

一、把握机遇，切实增强发展开放型经济、打造面向南亚东南亚辐射中心的信心和决心

党的十八届三中全会以来，中央拉开了全面深化改革的序幕，以经济体制改革为重点，在经济制度、市场体系、财税体制、开放型经济等方面大力改革，通过改革开放推进中国梦的实现。习近平总书记2015年初到云南考察时要求云南要建成面向南亚东南亚的辐射中心，给云南和玉溪在“一带一路”战略发展中明晰了定位，指明了方向，玉溪也迎来了新常态下闯出跨越式发展路子的重大历史机遇。玉溪市委、市政府审时度势，提出实施开放兴市战略，深化开放型经济体制改革，打造面向南亚东南亚辐射中心的重要枢纽，即将印发《把玉溪建设成为面向南亚东南亚国际内陆港试验区的实施意见》。所谓开放型经济，一个重要特点是以降低关税壁垒和提高资本自由流动程度为主，既出口，也进口。2015年以来，市委书记罗应光、市长饶南湖等先后三次带队到我市对外贸易投资的主要目标市场国家——泰国、越南、老挝、柬埔寨看望我市的境外贸易、投资企业，访问目标国家领导和部门，目的就是响应习近平总书记和省委、省政府把云南建设成面向南亚东南亚辐射中心的要求，到相关国家考察、调研，找准定位，发挥优势，科学决策，为玉溪在新一轮发展中抢占先机，最终就是要解决玉溪没有海关和进口少的问题。发展开放型经济、打造面向南亚东南亚辐射中心已成为玉溪当前和今后一段时期的重点工作、重要工作，玉溪市的重要依托和优势是对外贸易、现代物流业以及信息产业，现代物流业和信息产业是基础，也还刚刚起步，对外贸易才是我市打造辐射中心的根本。经过多年的发展，我们有良好的产业基础，良好的企业基础，培养了大量的人才，积累了丰富的经验，提供了更多的就业，带动了地方经济发展，提高了国际影响力，具备了一定的辐射能力，为发展开放型经济、打造面向南亚东南亚辐射中心奠定了坚实的基础。

全球经济与全球贸易自2010年以来增长率仅为2%～3%，一些重要经济体甚至为负增长，全球经济乏力，需求疲软。全国对外贸易在2015年首次出现负增长，按人民币计算下降7%，按美元计算则下降8%。2016年1～5月，全国对外贸易按美元计算下降8.6%，全国外贸形势相当严峻复杂，从目前看要达到年初预定企稳回暖的目标仍然有差距。全省外贸形势去年和今年1～5月也不乐观，去年下降了17.2%，今年1～5月按人民计算下降9.4%，按美元计算下降幅度更高。反过来看全市外贸自2010年以来，从每年绝对额1～2亿美元，变为每年净增1～2亿美元，2015年全年绝对额近19亿美元，同比增长95.7%，接近翻番，总额排名第三，在完成任务的州市中排名第一，连续6年完成省政府目标任务。外经方面境外投资企业不断增多，境外投资企业户数从以前每年或几年1～2户发展为每年5～6户，投资领域不断拓宽，境外投资积极性不断提高。总体来说，全市外经外贸取得这些成绩是可喜可贺，值得肯定的。但是没有海关，外贸总量偏小，进口占比低，境外投资企业户数偏少，仍然是我们的短板。全市去年外贸绝对额近19亿美元，占全市GDP比重不到10%，而按外向型经济标准，外贸依存度（外贸总额占GDP比重）应该在20%以上。同时我们的外贸总量和境外投资企业户数与省会城市昆明和重要口岸州市德宏、红河等相比仍有很大差距。所以我们必须千方百计开拓新市场，尤其要开拓我国新缔约的自贸区市场，扩大外贸总量，提高市场占有率，增强国际市场发言权、定价权，引导更多企业走出去，不断提高全市开放型经济水平。

二、突出重点，全面发展开放型经济、打造面向南亚东南亚辐射中心

发展开放型经济、打造面向南亚东南亚辐射中心，到2020年，把玉溪建成全省产业转型升级的先行区、新兴产业发展的集聚区和面向南亚东南亚的重要内陆港，区域性交通枢纽、区域性中心城市和面向南亚东南亚的对外开放合作新高地。这是玉溪“十三五”时期新的发展定位，是玉溪跨越发展、率先在全省实现全面建成小康社会目标的重要抓手。

（一）着力推动以玉溪综合保税区为核心的内陆港建设，构建高标准多功能的内陆港务区

积极推进玉溪综合保税区申报建设工作。综合保税区和保税港区一样，是设立在内陆地区、具有保税港区功能的海关特殊监管区域，由海关参照有关规定对综合保税区进行管理，执行保税港区的税收和外汇政策，集保税区、出口加工区、保税物流区、港口功能于一身，可以发展国际中转、配送、采购、转口贸易、加工贸易、保税展示等。力争在2020年玉溪综合保税区建成并封关运行。同时，结合互联互通交通枢纽建设，申报建设多式联运物流监管中心；结合玉溪铁路枢纽站建设，

同步规划口岸基础设施、查验场地和设施建设，依托铁路集装箱中心站建设申报设立玉溪铁路口岸，与之相配套，同步申报设立海关、检验检疫、边防等口岸联检部门。积极与沿海港口及沿边口岸开展合作，在港务区下设立各港口、口岸代表处，实现港口功能、电子口岸功能、保税区功能的互为延伸。

（二）着力推动大贸易建设，加快产业转型升级，为内陆港提供充足的货物资源和发展支撑

着力推进农产品出口企业种植、养殖基地备案，推进农产品质量安全示范区建设和国际联盟认证示范区建设。着力推进农产品专业市场建设，打造面向西南开放的区域农产品加工和贸易中心。以南亚东南亚市场为重点，改造提升现有境外营销平台，支持新建一批农产品外销直销点；鼓励境外投资和经济技术合作，加快企业"走出去"步伐；建立农产品质量追溯体系；培育壮大农产品加工龙头企业，着力打造优质农产品品牌，进一步扩大农产品国际市场占有率。加快产业转型升级，优化贸易结构，积极承接东中部地区的汽车配件及电子产品加工、信息终端产品制造、轻工产品出口加工等企业落户。努力扩大进口，支持企业引进先进技术和设备，改造提升传统产业。扩大原材料、矿产资源和日用消费品进口。大力发展加工贸易，推进农产品出口加工基地、化工产品出口加工基地和高新技术产品出口加工基地建设。

（三）着力推进大物流服务建设，构建便捷的国际物流通道

加强与沿海、沿边地区的国际物流合作，引进培育一批大型物流龙头企业，探索建立中老泰新联合物流企业，开通滇老泰新国际物流。争取建立大宗外贸货物（含危货）储运物流平台、外贸物流公共信息平台等国际物流平台。加快区域内物流园区和物流中心的规划建设，加快生鲜农产品冷链物流发展，引导物流企业、专业市场和社会性仓储物流设施向物流园区、物流中心集中。促进物流信息资源共享和物流网络互联互通，以信息化引领跨境运输组织、跨境运输服务、仓储服务、配送服务、流通加工、货代服务、咨询服务等各环节的建设。积极推进建立玉溪集装箱节点站，争取开通玉溪直达万象、曼谷、胡志明市、金边、仰光、皎漂、新加坡等东南亚城市的国际公路、铁路五定货运班列。加速交通枢纽向物流枢纽的转变，建设滇中面向东南亚的区域性、中转型、加工型现代综合物流枢纽。

（四）着力发展电子商务，优化金融服务，推动对外贸易便利、高效

"互联网+"已是大势所趋，省市政府都出台了相关政策，支持电子商务发展，我们广大出口企业一定要吃透政策、与时俱进、培养人才、学会运用"互联网+"来加快发展。引进知名跨境电商平台，支持企业自建跨境电商平台，协商海关、检验检疫、外管、税务与跨境电商平台联网。鼓励外经贸企业建立海外仓，通过一般贸易方式出口后应用电商平台在境外销售。探索制定"集中监管、清单核放、汇总申报"的新型监管模式，实现分类清关、快速验放，定期汇总清单数据形成出口报关单，便于企业办理收结汇、退税。实施电子商务推广应用与模式创新工程，促进跨境电子商务快速发展。加强金融等相关涉外服务。加强银企、银政企合作；引进国际结算、国际货运涉外服务机构；完善货物贸易、服务贸易国际经济合作；加快出口退税速度，帮助企业加快资金周转。帮助企业解决融资困难。

（五）着力优化对外贸易结构，促进全市开放型经济可持续发展

全市外贸总量不断扩大，但结构上看还有许多需要优化的方面。首先是贸易结构，2015年全市近19亿美元的贸易总额中，进口仅为5 000万美元左右，进口额小，制约全市外贸规模的扩大，也不利于国际合作。在保持出口稳定增长的基础上，我们要充分利用我们国际窗口优势和我们的营销能力优势，努力扩大进口，引进先进技术设备实施技改，加大原材料、农产品和日用消费品的进口工作，支持替代种植企业调整种植品种，扩大进口规模。第二要优化贸易方式结构，从全市贸易总额来看，几乎全是一般贸易，加工贸易占比约1%。今年国家为保证外贸企稳回暖，引导加工贸易向中西部转移，专门出台了政策支持文件。转移到中西部的加工贸易企业腾退土地经批准可开展商业、旅游和养老等。而承接地用地可从省级用地中优先安排，同时取消加工贸易审批。我们要充分利用政策，积极主动承接加工贸易企业转移到玉溪市，发展全市加工贸易，扩大加工贸易规模。要充分利用我们的国际窗口优势拓展易货贸易，实施"冷果换热果"，扩大农产品进口，减少汇兑损失。这项工作部分企业已有意愿，希望外管、国税等部门积极鼓励支持企业开展易货贸易，加大与国外客商的合作领域。第三要继续优化企业结构，培养更多的大中型外贸企业，支撑全市外贸稳定增长；优化县区结构，促进县区平衡协调发展；优化市场结构，不断拓展新市场，抵御市场风险。

三、做好今年对外贸易工作，确保目标圆满完成

2016年4月21日、6月21日全国、全省分别召开了外贸工作会议，目的只有一个，要求各级各部门积极主动，有所作为，确保外贸企稳回暖，千方百计扩大进出口。2016年时间已过了一半，从1～5月的外贸数据来看，全市完成进出口45 620万美元，同比增50.6%，其中出口44 437万美元，同比增59.8%，进口1 183万美元，下降52.7%。全省排名第四。从增速上来看，我们远高于年度目标要求，但从绝对额来看，离年度目标还有很大的差距，粗算一下，从6月～12月平均每个月要完成2.5亿美元左右，才能确保年度目标任务完成，可以说形势严峻，时候紧迫，任务艰巨。各级政府、部门和企业不能掉以轻心，要进一步增强紧迫感，积极主动，攻坚克难，全力做好今年的外经贸工作，推动开放型经济发展。

（一）落实政策，加大外贸支持力度

深入贯彻落实今年以来国家、省市促进外贸发展的一系列政策措施，尤其要认真落实好国发27号文件、《云南省人民政府关于稳增长开好局若干政策措施的意见》《云南省2016年稳增长进出口奖励政策实施方案》《云南省2016年稳增长进出口奖励资金管理实施细则》《玉溪市人民政府关于进一步强化稳增长工作的实施意见》等文件精神。全市商务系统要切实履行外贸工作牵头部门的主体责任，强化责任担当，落实好财税、金融、退税、电子商务等优惠政策，提高政策的精准度和有效性。

（二）强化责任，确保完成目标任务

在2016年的省、市商务工作会上，省政府与市政府签订了进出口目标责任书，市政府与各县区政府签订了目标责任书，从年内前5个月的运行来看，大部分县区无论从绝

对额还是增速都没有达到与时间同步。各县区要强化工作机制，明确分工，落实责任，要认真对照目标任务，找到差距，排出进度，明确时间节点，逐月逐季推进工作，定期督查督办，做好协调和服务，确保目标任务的实现。今年国家、省市都出台了稳定外贸增长的相关政策，希望县区积极行动，出台政策，支持外经贸发展。

（三）乘势而上，大胆开拓市场

外贸工作，外贸企业是主体，没有企业的努力开拓要完成年度目标是不可能的。一部分大企业与省政府签订了目标责任书，县区政府也与企业签订指导性责任书，既然签订了责任书，就要努力完成。下半年是全市农产品出口的旺季，希望各外贸企业都要积极行动起来，抢抓订单，提前做好收购和出口等环节的工作。上半年可以说淡季不淡，希望下半年旺季更旺。力争全年外贸业绩有所增长，有所突破。

（四）加强配合，积极服务外贸易企业

各涉外业务管理服务部门、金融机构一定要统一思想，提高认识，全力支持外经贸工作，金融部门，出口信用保险公司要创新产品和服务，积极为有订单，有市场、发展好的外经贸企业提供融资。国税部门要积极争取指标，加快出口退税速度，缓解企业资金占压。同时为金融部门开展出口退税账户质押贷款做好支持配合工作。外汇管理部门要帮助支持企业做好结售汇的核销工作。商务部门要做好综合协调和服务，加强调研，挖掘潜力，做好运行分析，加强协调，努力促进贸易便利化。

（五）扎实做好综保区申报工作

红河综保区在封关运行当年虽然进出口成效不明显，但从2016年运行来看，贡献了红河州一半以上的进出口。全市综合保税区申报工作2015年4月份已经开始启动，按制定的时间表和线路图，近期应该要完成调规，调规完成后尽快启动可研编制和上报工作。希望商务部门加强与国土、规划和可研编制单位的联系，加快推进申报工作。

（六）支持亿赞普集团快速发展

亿赞普集团是全球领先的互联网跨境贸易及大数据应用公司，是全国唯一在海外90余个国家和地区部署有大数据平台的公司。旗下的钱宝集团拥有中国人民银行颁发的全业务支付牌照包括第三方支付、跨境支付牌照等，是目前亚洲最大的跨境清结算平台，拥有“本地币～人民币”清算服务能力，已在欧盟、南亚、中亚、非洲等38个国家和地区建立了金融清算网络。目前亿赞普集团已在玉溪注册成立了本地运营公司，西南大数据跨境贸易平台建设正在有序推进，平台上线后，3年预计可实现上线商户6 000家，5年累计贸易额200亿元，第五年实现纳税2亿元，5年为服务贸易产业链创造就业岗位3 000个，现正争取省级支持亿赞普集团在玉溪建设东南亚国际清算系统跨境清结算中心。高新区和市商务局要加快亿赞普跨境电商平台建设推进工作，各企业要积极加入这个平台。

绿色玉溪 （曾永洪 摄）

认清形势　压实责任
全力做好农产品质量安全监管及重大动物疫病防控工作

玉溪市人民政府副市长　蔡四宝

为认真贯彻落实市委五届二次全会和市“两会”精神，全面分析研判当前面临的严峻形势和任务，加强农产品质量安全监管，防止重大农产品安全事故发生，维护社会稳定，加大监管力度，落实属地管理责任，实施全程监管，确保农产品质量安全。

一、科学研判，准确把握农产品质量安全监管及重大动物疫病防控工作的形势

农产品质量安全及动物疫病防控工作事关舌尖上的安全，关系人民群众身体健康和生命安全，也是推进农业供给侧结构性改革的重要内容。构建从田间到餐桌的农产品质量安全可追溯体系，保障农产品绝对安全，是衡量农业农村经济发展水平的重要标志，更是农业农村可持续发展的关键所在。从当前的情况看，农产品质量安全问题主要集中在农药、化肥、农用地膜等农用化学品存在使用过度、管理不到位等问题，及畜牧和水产养殖环节，滥用兽药、激素和生产调节剂等现象屡禁不止，对农产品源头污染对农产品质量安全产生极大的负面影响。重大动物疫情主要集中在高致病禽流感疫情、非洲猪瘟疫情、口蹄疫情、反刍兽疫情等外疫传入危险。特别是2017年1月11日江西省卫生计生委通报了4例人感染H7N9高致病禽流感病例以来，由于H7N9高致病禽流感疫病发生在岁末年初“两节”交汇点，并且属于人畜共患病，对我市畜产品安全和公共卫生安全防控工作敲响了警钟。因此，加强农产品质量安全监管及动物疫病防控工作，保障“舌尖上的安全”成为我们不可回避的现实问题，确保我市不发生重大农产品质量安全事件和区域性重大动物疫情，各级各部门义不容辞，责无旁贷。

客观分析我市农产品质量安全监管及动物疫病防控工作面临的形势和任务，仍然存在诸多困难和问题。在农产品质量安全监管方面，一是农产品生产者、经营者、监管者的主体责任落实不到位。部分农产品生产者（农户）“四有”制度（有管理责任制度、有检测制度、有台账记录制度、有不合格农产品报告制度）落实不好，盲目使用限用农兽药，不按农兽药休（停）药期采收、出售农畜产品等；部分经营者诚信意识和底线思维缺乏，违法添加违禁物品；监管工作也存在基础薄弱、监管手段落后等问题。二是监管体系不健全。县区仅有2个县区设立了专门从事农产品质量安全的监管机构，7个县区与其它内设机构合并设立监管机构；目前，仅红塔区有农产品检验检测资质，江川、华宁、元江三县区均无能力和资质开展检测。三是农产品标准和农产品质量安全追溯体系尚需进一步完善。农业标准化　通用化、规模化建设不完善，农产品产前、产中、产后环节的地方标准制定明显滞后于市场需求；农产品生产档案制度、农产品质量安全追溯制度尚需进一步健全。四是农产品质量安全监管体系不完善。农产品“三品”认证比重偏低，除生猪、茶叶和部分加工食品外，大部分农产品认证率低于1%。五是农产品质量安全专业检测技术人员和经费保障不足。动物疫病防控方面，一是小型养殖场和散养户防疫条件差，发生疫情的风险高。全市生猪规模化率仅34%，家禽规模化率80%，小型养殖场和散养户养殖密度大、养殖设施简陋、养殖环境较差、防疫制度不健全、防疫措施和管理不到位等等，容易造成病源扩散和传播，发生疫情的风险极高。二是病原污染面大，全市禽流感　口蹄疫点状散发的可能性较大；狂犬病、布病、结核病等人兽共患病在少数地方时有发生，对我市畜产品安全和公共卫生安全威胁不小。三是动物卫生监督存在薄弱环节。动物卫生监督执法不严格、程序不规范，跨省区、跨州市引种存在不审批、不检疫的情况；个别地方由于检疫经费保障不到位，屠宰场的监管不到位，在产地检疫环节上存在畏难情绪，畜禽的调出、交易、调入等环节存在着较大的疫情传播隐患。四是部分县乡防疫责任制落实不到位。个别地方对当前严峻的疫情防控形势的重要性、紧迫性认识不足，农户散养畜禽有漏免现象；个别地方经费投入不足，基础设施建设相对滞后，基层兽医队伍人员偏少，村级防检员的补助及检疫经费长期不能落实，影响到动物防疫、检疫工作的全面开展。

综合分析，春季是重大动物疫病和农产品质量安全事件易发、高发季节，如果疫病防控不到位，重大动物疫病存在着暴发和流行的潜在危险；如果农产品安全监管不到位，发生农产品安全事件的风险随时存在。全市各级各有关部门要充分认识农产品质量安全监管及动物疫病防控工作面临的严峻形势，要对农产品质量安全监管及动物疫病防控工作面临的风险有足够的估计和充分的应急准备。要始终保持高度的警惕，坚决克服麻痹思想、厌战情绪和侥幸心理，进一步增强责任感、紧迫感和使命感，真正把农产品质量安全监管及重大动物疫病防控工作作为民生任务和政治任务抓紧抓牢抓实。

二、压实责任，扎实做好农产品质量安全监管及重大动物疫病防控工作

2017年全市农产品质量安全监管及重大动物疫病防

控工作，要牢固树立创新、协调、绿色、开放、共享的发展理念，把农产品质量安全作为推进农业供给侧结构性改革、转变农业发展方式、建设现代农业的关键环节，坚持“产出来”、“管出来”两手抓、两手硬，力争实现“从田间到餐桌”全程可追溯；把重大动物疫病防控工作作为保稳定、保增长、保民生的一项重要举措，落实部门监管职责，压实县区和乡镇（街道）工作责任，整体构建综合防控责任体系，做到任务明确、责任到人、措施到位，确保重大动物疫病防控工作有序、有力、有效地开展。

（一）围绕“关键环节”落实责任分工

农产品质量安全监管工作及动物疫病防控工作关键在组织领导，成败在责任落实。一要强化属地管理责任。严格落实“地方政府负总责、监管部门负监管责任、企业负第一责任”的农产品质量安全监管责任，牢固树立农产品质量安全第一思想，进一步夯实农产品生产者、经营者、监管者的主体责任；严格落实动物疫病防控的属地管理责任，构建“政府主导、部门联动、企业主体、社会参与”的多元共治格局，从市到县区、从乡镇（街道）到村（居）委会，要一级一级传导工作压力和明确工作职责，变“要我抓”为“我要抓”。各县区必须健全完善权责一致的农产品安全监管及动物疫病防控考核评价机制，建立产业发展与监管联动机制，树立抓产业必须抓安全的理念，实施责任到人、分片包干的网格化管理，对安全不达标的项目要实行“一票否决”。二要强化食用农产品监管职责。各级农业部门要切实履行好食用农产品从种植到进入批发市场、零售市场和生产加工企业前的监管职责；各级食品药品监管部门要切实履行好食用农产品进入我市批发、零售市场或生产加工企业后的监管职责。明确特殊农产品的监管职责，农业部门负责对食用动物及其产品依法出具检疫证明，食品药品监管部门负责监督查验食品生产者和经营者的检疫证明；食用农产品中食用保鲜剂、防腐剂和添加剂（以下简称“三剂”）和农兽药的管理，由农业部门负责其进入批发市场、零售市场或生产加工企业前的安全标准监督管理，由食品药品监管部门负责之后的监管，构建从“农田到餐桌”全程监管的制度和机制。三要强化安全监管“四个把关”要求。严把环境、生产过程、农产品质量、流通环节四个安全关口，夯实农产品质量安全全程监管。四要强化落实品牌建设工作。全市要以促进农业供给侧结构性改革为主线，着力全面质量提升，加快培育一批高产、优质、高效、生态、安全的知名农产品和区域品牌，推动“玉溪产品”向“玉溪品牌”转变，着力在提高农产品质量、效益和竞争力上下功夫，确保人民群众舌尖上的安全。围绕重点产品推动农业标准化、通用化、规模化建设，继续扩大“互联网+农产品质量安全追溯”覆盖面，大力实施品牌提升、孵化、信息、创新、整合五大工程，做强一批老品牌，新增一批新品牌，打造一批旗舰品牌。五要强化保免疫工作。按照“政府保免疫密度、业务部门保免疫质量”的原则，健全完善重大动物疫病防控责任制，确保2017年不发生区域性重大动物疫情和重大畜产品质量安全事故。六要强化责任追究制度。对因农产品质量安全监管和重大动物疫病防控工作落实不到位、措施不得力而造成严重后果的，要依法依规依纪严肃追究相关人员的责任。

（二）围绕“安全监管”落实体系建设

一要加强监管体系建设。尽快启动玉溪市农产品质量安全检验检测中心项目建设。目前，江川、元江两个县区还未实施县乡农产品质量安全监管公共服务机构建设项目，江川、元江所属的17个乡镇（街道）未配备速检设备，不能开展快检工作。少数县区农产品质检站项目建设虽已经完工但人员未就位，不能正常开展工作；部分乡镇（街道）的速检设备，甚至成了一种摆设，几乎不能开展快检工作。2017年，我们要花大力气继续抓好乡镇监管站的建设，并逐步探索建立延伸到村组的监管体系。二要加强检测能力体系建设。目前，全市农产品质检机构都已成立，但普遍存在专业检测技术人员和保障经费不足等问题。各县区政府要对照自己的薄弱环节，利用好争取到的编制，招录专业技术人员，将检测经费纳入部门预算，尽快启动农产品质检工作，争取早日通过实验室计量认证和机构考核“双认证”，充分发挥农产品质检机构在农产品质量安全监管中的监督作用。三要推进农业综合执法体系建设。2017年底前设置成立县区农业综合执法大队，将农业投入品和农产品质量安全监管执法统一纳入农业综合执法职责范围。四要进一步完善市、县、乡、村四级防控体系。加强全市10个兽医实验室后续的维护问题，配备专职人员，增强全市重大动物疫病实验室检测能力。五要针对部分县乡畜牧兽医人员编制偏少、无法满足日益繁重的防检工作和执法要求的问题，各级政府和相关部门要积极帮助协调人员编制问题，依据各个乡镇畜禽饲养量大小确定合理的人员编制，切实保障防检人员的工资待遇，国家、省的工作补贴要足额发放到位，任何单位和个人不得截留或挪用。

（三）围绕“政策调整”落实经费保障

一是各县区要根据《国务院办公厅关于加强农产品质量安全监管工作的通知》要求，将农产品质量安全监管、检测、执法等工作经费纳入财政预算，加强工作力量，尽快配齐必要的检验检测、执法取证、样品采集、质量追溯等设施设备，市政府将加大督促检查力度并纳入综合考核。二是各县区要将动物防疫、检疫经费和无害化处理等工作经费全额列入财政预算。目前还有通海、易门和元江三个县未能解决村防疫员的退岗补助资金，务必在今年内彻底解决这个悬而未决的老问题。另外，财政部明确从2017年开始取消中央对生猪定点屠宰场的无害化处理补助资金，猪瘟、猪高蓝耳两种疫病也将正式退出国家强制免疫资金补助范畴；以前这些工作主要靠中央资金来保障实施，现在虽然中央补助没有了，但病不得不防，工作还要开展。各县区要统筹考虑，积极落实，全面分析这些政策调整后出现的问题，将所需的工作经费、补助经费等列入财政预算，确保防检工作和病死猪无害化处理工作的持续开展。同时，进一步落实畜牧贴息贷款工作，从2017年开始，放贷规模将从4个亿增加到6个亿，各县区要强化经费配套政策，市级部门要加紧研究实施细则，确保畜牧贴息贷款能够如期发放。

（四）围绕“监管合作”落实联防联控

一是各县区要认真履行属地管理职责，强化农产品生产者是质量安全第一责任人的意识，主动协调卫生、质检、工商、食药监等安全监管部门，实现农产品质量安全监管的无缝对接。各级农业部门和食品药品监管部门也要加强执法监管合作，建立监测资源共享和信息共享机制。二是县区政府、防治重大动物疫病指挥部和有关单位要严格按照新修订的《玉溪市突发重大动物疫情应急预案》规定，切实履行职责。农业部门要抓好疫情监测预警、报告、免疫、处置和应急物资储备等工作；卫生部门要做好高危人群的预防和医学观察及疫情的监测、处置、消毒等工作；发改、财政等部门要做好项目建设、储备和资金保障等工作；林业部门要做好野生动物疫情的监测工作；公安部门要加强对畜禽及畜禽产品运输的检查，做好疫区封锁、动物扑杀、交通管制等工作；其他有关部门都要按照新修订的应急预案要求，认真做好各自工作，形成群策群力、联防联控、齐抓共管的防控局面。

（五）围绕“督查考核”落实工作措施

一是严格按照《农产品质量安全法》要求，市县两级政府认真落实农产品质量安全监管工作考核管理体系。二是逐级修订完善重大动物疫病防控工作目标责任制，确保“市不漏县、县不漏乡镇（街道）、乡镇（街道）不漏村、村不漏户”。各级区域督导组要采取常年指导与定期督查相结合、明察与暗访相结合等方式，重点检查免疫工作进展、疫情监测报告和基层防疫体系建设等情况，发现问题，限期整改，确保防控措施全面覆盖，不留死角。县区防治重大动物疫病指挥部要建立工作督查通报制度，在春季集中防疫行动中，组织人员对各乡镇（街道）各项防控措施及经费落实情况进行督促检查，发现问题及时通报，并督促整改。市政府将择期组成督导组，陆续深入各县区、乡镇（街道）对春防工作进行督导检查，以督查考核引导各级各部门真正抓防疫、抓质量、抓安全。

做好农产品质量安全监管及重大动物疫病防控工作任务艰巨，责任重大。全面实现农产品质量安全监管及重大动物疫病防控工作目标任务，确保不发生重大农产品质量安全事故和重大动物疫情，关键在落实。我们一定要以对党、对国家、对人民负责的态度，加强组织领导，强化责任意识，敢于担当，攻坚克难，推进全市农产品质量安全工作及重大动物疫病防控工作再上新台阶，为确保玉溪农业农村工作干在实处、走在前列而努力奋斗！

聂耳公园　（曾永洪　摄）

撸起袖子加油干　扑下身子抓落实
开创玉溪生态文明建设新局面

玉溪市人民政府副市长　孙云鹏

为深入贯彻党的十八大及历次全会、习近平总书记系列重要讲话精神，认真落实省第十次党代会、全国环境保护工作会、市第五次党代会精神和市“两会”有关决策部署，全面加强生态文明建设和环境保护工作：

一、肯定成绩、深化认识，切实增强责任感和紧迫感

刚刚过去的2016年，全市认真贯彻落实党中央、国务院和省委省政府关于生态文明建设的决策部署，坚持推进“生态立市”战略实施，全面推行环境保护“党政同责”、“一岗双责”，党政齐抓共管，部门协同作战，环保统一监管，媒体大力支持，群众热情参与，生态文明建设和环境保护工作取得了显著成绩。主要呈现5大亮点：一是圆满完成配合中央环保督察任务。提前办结中央环保督察组交办投诉举报案件91件，相关工作得到督察组的充分肯定。二是“三湖”保护治理取得显著成绩。“三湖”“66个十二五”规划项目完成投资45.7亿元、完成率达95.5%，抚仙湖在全国水质良好湖泊绩效评价中排名第一，省政府“十二五”规划末期执行情况考核抚仙湖为优秀，星云湖、杞麓湖为良好；“十三五”规划项目开展前期40项、开工率达29.3%，累计完成投资20.3亿元。三是以中心城区为重点的空气质量持续改善。中心城区环境空气质量优良率达到99.7%，分别高于全国、全省平均20.9和1.4个百分点。四是较好完成了主要污染物减排任务。省政府下达“十二五”减排目标任务考核为优秀。2016年102个减排项目完成率达97.1%，城镇污水处理厂按时间进度完成了COD和氨氮减排任务。五是环境监管执法成效明显。582个历史累积的环保违规建设项目整改率达97.4%，位居全省前列。

我们要认真学习领会习近平总书记关于加强生态环境保护的重要论述精神，增强抓好环境保护工作的责任感和紧迫感，本着对玉溪人民负责、对长远发展负责、对国家大局负责的态度，坚持问题导向，下最大的决心和气力加强环境保护，推进绿色发展。

首先，中央和省委对环保工作高度重视，作出了一系列战略部署，我们必须认真落实。党的十八大以来，以习近平同志为核心的党中央把环境保护提到了前所未有的战略高度，中央政治局多次研究生态文明建设和环境保护工作。习近平总书记对绿色发展理念、生态文明建设作出了一系列重要论述。尤其是2015年初，习近平总书记在云南考察时，要求云南着力推进生态环境保护，努力成为生态文明建设排头兵；嘱咐我们要像保护眼睛一样保护生态环境，像对待生命一样对待生态环境。十八届五中全会把绿色发展确定为五大发展理念之一，党中央、国务院相继出台了加快推进生态文明建设的意见、生态文明体制改革总体方案、环境保护督察方案等文件，对加强生态文明建设和环境保护作出了战略部署和系统安排。省委省政府认真贯彻落实中央要求，以超常的决心和气魄狠抓环保工作，省委、省政府相继出台了《关于努力成为生态文明建设排头兵的实施意见》《各级党委、政府及有关部门环境保护工作责任规定（试行）》《云南省大气污染防治行动实施方案》《云南省水污染防治工作方案》等文件。中央和省委对环保工作的战略部署，为我们做好环境保护工作进一步指明了方向。作为市县党委、政府，贯彻落实中央、省委的战略方针和决策部署是我们严肃的政治责任，必须坚定不移，不能有丝毫迟疑。我们要认真学习、深刻领会，准确把握习近平总书记系列重要讲话精神以及绿色发展理念的科学内涵和精神实质，进一步增强政治意识、大局意识、核心意识、看齐意识，统一到中央和省委的决策部署上来，切实担负起解决环境问题的政治责任，从大局上找准职责定位，坚定不移地用绿色发展理念指导实践、推动工作。按照争当全省生态文明建设排头兵的要求，把生态环境保护放在更加突出的位置，以对国家、对人民、对子孙后代、对历史高度负责的态度，坚持生态优先、绿色发展，深化生态文明体制改革，加强污染治理和生态保护，不断提高环境管理系统化、科学化、法治化、精细化和信息化水平，确保生态环境质量持续改善。

其次，保护好生态环境既是为全国全省大局做贡献，更是玉溪自身发展的需要，我们必须高度重视。良好的生态环境是玉溪最大的优势，是最为宝贵的资源，是未来发展的最重要战略依托，是我们的命脉所在。玉溪是珠江、红河上游重要生态屏障，抚仙湖是珠江流域的第一大湖，生态安全和环境保护在全国、全省大格局中地位特殊。我们不但肩负着保障珠江、红河中下游流域地区饮水安全的重任，而且直接关乎维护两流域水环境功能及水生态系统良性运转，关乎全省、全国可持续健康发展全局。这是特殊地区肩负的特殊责任，我们不能推卸。同时要看到，对于我们自身来讲，环境保护更是直接关系玉溪的切身利益。市五次党代会提出了争当全省生态文明建设排头兵的奋斗目标，以及“我们要像保护眼睛一样保护生态环境，像对待生命一样对待生态环境，大力推动绿色发展、循环发展、低碳发展，把绿水青山变为金山银山，使玉溪在蓝天白云和青山碧水中实现跨越”的工作要求，把生态文明建设、环境保护工作提到了一个新高度，为全市生态环境保护工作指明了方向，更加明确了目标。这一战略定位、

战略目标和工作要求契合玉溪实际，十分英明。

第三，人民群众对良好环境热切期盼，当前环保工作中还存在不少问题，我们必须积极努力。天蓝、地绿、水碧、土净，一直是所有玉溪人引以为荣的事情。外地来的客人，最深刻的印象就是玉溪干净、抚仙湖漂亮。在外工作的玉溪人，提起家乡时最津津乐道的也是良好的生态环境。对此，我们要倍加珍惜、倍加爱护。但是，我们也要清醒地认识到生态保护与开发矛盾突出仍然是玉溪发展的主要瓶颈，玉溪生态建设和环境保护仍然存在许多困难和问题："三湖"水污染防治形势依然严峻，抚仙湖一级保护区"四退三还"推进难度较大，保持Ⅰ类水质的压力日趋加大，实现星云湖、杞麓湖摘除劣Ⅴ类帽子任务艰巨；污染减排工作目标任务繁重；农村环境保护形势严峻；环境保护主体责任落实还存在不到位的情况；环境监管能力难以满足工作需要，环保能力建设亟待提升等。同时，当前全市在对待环境保护工作上存在2个突出的问题：一是漠视。对身边的脏乱差现象习以为常、麻木不仁，想不到主动去治理；对自身在环保工作中担负的责任不放心上，不甚了了，不知道自身该做什么；对中央环保督察满足于当时能应付得过去，对查出的问题整改不认真、不及时，甚至根本不去整改，以为查过了也就过去了。二是短视。在较早时期的招商引资中，有的县区不考虑环境容量和承载力，盲目引进了一批污染较高项目；对个别企业违法偷排、泄漏案件听之任之，上级不督办就不主动查处。必须看到，生态环境绝不是可以肆意挥霍的资本，如果我们不注意、不努力，由好变差可能就是一夜之间的事情！还要看到，目前玉溪良好的生态环境来之不易，而要保持住这个环境，进而创造更加良好的环境，必须依靠艰苦不懈的努力。我们要始终坚持生态立市、环境优先的战略不动摇，把保护好生态环境作为我们的生存之基、发展之本，把改善环境质量作为人民群众身心健康、城市宜居宜业的重要保障。可能正是因为玉溪的生态环境好，大家也更加特别珍惜这个环境，所以群众对环境问题也特别敏感。大家不妨去了解一下，看看各种平台有多少关于环境问题的投诉，网上坊间有多少关于环境问题的抱怨？这说明，人民群众对玉溪的环境还不满意，对环保工作还有意见，我们必须高度警醒，百倍努力才行！

二、突出重点、抓牢关键，全面推进环境保护各项工作落实

（一）着力加强环境污染治理

一是打好水污染防治攻坚战。强力推进实施《玉溪市水污染防治工作方案》，统筹加强"三湖""两江"及饮用水源地水污染综合防治。全面落实主体功能区规划，加快推进"三湖"生态经济带规划建设，促进山湖同保、水湖共治、产湖俱兴、城湖相融、人湖和谐。全力以赴实施"三湖""十三五"规划，确保6月底前规划项目前期工作100%完成，开工率达到50%以上，坚定不移实施"四退三还"工程，统筹衔接沿湖生态移民搬迁和旅游小镇建设，按照"一城、五镇、多村"的总体布局规划推进抚仙湖流域特色旅游小镇和特色乡村建设，加快推进抚仙湖、星云湖一级保护区3.3万人生态移民搬迁，稳妥推进中央和省属企事业单位退出抚仙湖一级保护区工作，确保抚仙湖稳定保持Ⅰ类水质，星云湖、杞麓湖水质明显好转。坚持上下游协调联动，推进南盘江流域（含曲江流域）、元江流域水污染综合防治工作同步开展，同步治理。高度重视东风水库等14个县级以上集中式饮用水源地的水源保护，加大集中式饮用水源地监测、监管力度，切实保障人民群众饮水安全。二是打好大气污染防治攻坚战。认真落实大气污染防治目标责任书，加快机动车污染防治工作，各县区全面建成机动车环保检测线；完成黄标车和老旧车年度淘汰任务，出台新能源汽车相关补贴政策；坚持中心城区和县城PM2.5监测发布制度，确保空气质量优良天数持续增加。三是打好土壤污染防治攻坚战。结合《玉溪市近期土壤环境保护和综合治理方案》，全力抓好《土十条》的落实，突出重点区域、行业和污染物，实施分类别、分用途、分阶段治理，严控新增污染、逐步减少存量，构建政府主导、企业担责、公众参与、社会监督的土壤污染防治体系。四是打好污染减排攻坚战。强化工程减排、结构减排和管理减排措施落实，进一步强化污水处理厂管网建设，完善污水处理厂建设运营管理，加强钢铁、水泥等重点行业的监管，确保完成年度污染减排的各项指标任务。

（二）扎实开展生态文明建设

一是要探索推进生态文明体制改革。市委市政府已就生态文明体制改革作出了部署和要求，环保部门要牵头负责，其它相关部门和单位要主动履职，积极探索创新生态文明建设的内容、载体、方式、方法和体制机制。全面落实《玉溪市全面深化生态文明体制改革实施方案》及实施意见，确保完成列入2017年市委改革台账的生态文明体制改革事项。二是要加强生态环境建设。深入开展绿色玉溪行动计划，着力实施森林玉溪、蓝天玉溪、碧水玉溪、园林玉溪、绿色产业、绿色文化6大工程。进一步完善创模工作运行机制，分析创模考核指标达标情况，找出存在的差距，制定有针对性的实施方案，全面完成"创模"年度工作任务，巩固已达标指标，减少未达标指标，着力提高26项考核指标的稳定达标率。推进城乡人居环境综合整治三年行动计划实施，力争现有的48个省级生态文明乡镇逐步提档升级创建成为国家级生态乡镇，5个县力争在2017年底前创建成为省级生态文明县。

（三）积极推进经济转型发展

环保问题从根本上说，就是经济发展方式、产业结构模式的问题，必须统筹经济发展与环境保护，从宏观上加强把握和推进。要围绕推进供给侧结构性改革，把绿色发展理念和生态文明建设融入经济社会发展各方面和全过程，坚决不再走高污染、高耗能的发展老路。一是要严格环境准入。要坚持科学决策，对城市和工业园区规划建设、重点项目布局以及招商引资等决策，要优先考虑环境影响和环境承载能力，充分听取环保意见，避免因决策失误导致环境问题发生。要严格环保审批把关，对工业园区规划建设，必须严格开展规划环评；对具体项目建设，必须严格落实环境影响评价和"三同时"管理制度。既要把环评制度作为产业结构调整、促进污染减排的有力手段，真正发挥环境影响评价制度从源头控制污染和防止生态破坏的作用，又要把环境保护真正作为推进绿色发展和跨越发展，促进生态玉溪建设的动力。二是要加大产业结构调整。对现有企业，要鼓励技术改造和产业创新，提升产业发展层次，改变产业发展结构；对落后产能，要坚决按照产业政策要求予以淘汰关闭；对产业项目，要科学规划、合理布局，避免重复建设，避免产能过剩。三是要大力发展环保产业。要围绕重金属污染治理、污染场地修复、固

废处理以及水、大气环境整治，引导和支持企业发展节能降耗、资源综合利用、循环经济以及环境服务业等生态环保产业，引导企业拉长产业链条，提升环保绿色产业在经济总量中的比重。要推进重点行业、重点企业开展清洁生产，减少对环境的污染和影响。

（四）严格环境执法监管

一是认真落实《玉溪市贯彻落实中央环境保护督察反馈意见问题整改总体方案》《抚仙湖保护条例》，坚决整改落实中央环保督察反馈意见问题，全面压实责任，千方百计确保涉及玉溪的22个问题整改到位、取得实效；并以整改为契机，举一反三，改善薄弱环节、尽快补齐短板、完善长效机制。二是深入贯彻实施新《环境保护法》，严格环境执法监管，以解决损害群众健康的突出环境问题为重点，加强行政、司法联动，严厉打击环境违法违规行为。三是确保不发生重特大污染事故。环保是安全生产管理的重要领域，一旦发生环境安全事件，就是群体性事件。要深入开展环境安全隐患大排查行动，督促企事业单位全面开展环境安全隐患排查整治，切实解决各类污染隐患问题。要健全完善环境应急工作机制和污染纠纷调处机制，加强环境突发事件应对处置和污染投诉调处工作，努力维护全市环境安全和涉环社会稳定。

（五）进一步落实职责分工

按照市委、市政府的安排，市环保局牵头制定了《玉溪市贯彻落实云南省各级党委、政府及有关部门环境保护工作责任规定（试行）实施意见》，已经征求了各县区、市直部门的意见，正按程序加快报批。全市各级各部门要按照环境保护职责分工，切实肩负起工作责任，坚持一抓到底，一级抓一级，层层传导压力，确保各项责任落实到部门、落实到地方、落实到人头；要全面对照梳理履职情况，查漏补缺，针对存在的问题，抓紧研究制定落实措施，尽快整改到位。同时，环境保护是一项跨地域、跨领域的工作，既需要环保部门牵头积极推动，又离不开各级各部门协同配合，要加强协调联动，主动作为，扎实做好环保监督管理各项工作，切实履行好环保职责，齐心协力形成强大工作合力。这里要特别提醒市级各个部门，不要认为环境保护只是环保部门的事情，跟自己没有关系，中央环保督察是要一个部门一个部门查对责任落实情况的，哪怕你只承担了其中一小部分工作，你的责任就是不能推脱的。

三、密切协作、强化保障，巩固好齐抓共管的良好格局

环境问题成因复杂，解决起来既需要多方面共同努力、协同作战，又不能指望一蹴而就、毕其功于一役，必须长期坚持、久久为功。我们既不能守着玉溪生态环境质量好的老底子，无所作为，也不能因为形势严峻就失去信心，既要打好环境污染防治的攻坚战、歼灭战，也要打好保护生态环境的阵地战、持久战。希望全市上下要树立“一盘棋”的思想，层层落实责任，凝聚起齐抓共管的强大工作合力。

（一）高度重视，加强协作

随着各级对环保工作的日益重视，综合性、全局性的环境问题越来越多，跨部门、跨行业的环保工作也越来越多，各部门只有协调联动、齐抓共管才能解决这些问题。今天，市政府与各县区政府及有关部门将签定了湖泊污染防治、污染减排目标责任书，这就是今年各县区、各部门必须尽到的责任。希望各县区、各部门高度环境保护工作，认真把“党政同责、一岗双责”落实到位全力抓好环境保护各项重点工作。环保部门要提升宏观意识和综合素质，在宏观政策研究、优化结构布局等方面充分发挥职能作用。其他部门也要各司其职、各负其责，建立定期协商、信息互通、联合执法、案件移送等制度，充分发挥部门联动优势，巩固正在形成的齐抓共管格局。

（二）常抓不懈，持之以恒

环境保护工作具有较大的反复性，既是攻坚战，更是持久战。抓环保，贵在持之以恒、常抓不懈， 也难在持之以恒。各级领导干部要发扬钉钉子的精神，咬住重点工作不放松，盯住隐患问题不丢手。坚持问题导向，善于研究问题，解决问题，多抓督办检查、多抓协调指导，以扎实的工作确保全市环境质量稳定向好。

（三）加强考核，从严问责

责任书所列指标就是今年的任务，必须从严考核。环保问题的问责一定要严格，因为这侵犯了公众利益，我们要给做环保工作的同志“撑腰”，支持他们严格执法。不敢严格执法的同志，要调整工作岗位，推诿扯皮，不作为、慢作为的还要问责。

（四）转变作风，清正廉洁

环保部门作为改善生态环境的重要职能部门，在经济社会发展中发挥着不可替代的作用，任务越来越重，权力也越来越大。要贯彻落实环保部环保能力提升年活动相关要求，强化环保干部人才队伍建设，加大对基层工作人员的关心关爱。要加强对环评审批、竣工验收、排污许可、污染治理、环境监察、执法处罚等领域的纪律监督，防范权力寻租和权力运行不规范。要加强环保队伍综合素质培养和作风整顿，严肃整治不作为、慢作为、乱作为等行为，建设一支为民服务、勤政务实、敢于担当、清正廉洁的环保队伍。面对新任务、新常态，希望同志们进一步转变作风，明确工作重点和着力点，多到一线、多下基层、多解决实际问题。在这里还要提醒大家，权力是一把双刃剑，希望同志们始终按照“三严三实”的要求，真正做到忠诚干净担当，严格落实党风廉政建设和反腐败工作责任，持之以恒加强作风建设，守住底线，想干事、干成事、不出事。

我们要在市委、市政府的坚强领导下，务实进取、奋力拼搏、攻坚克难，凝聚智慧和力量共同开创全市环境保护和生态建设的新局面，为争当全省生态文明建设排头兵作出新的更大的贡献，切实用环境质量的持续改善增强人民群众获得感，以优异成绩迎接党的十九大胜利召开！

凝心聚力　攻坚克难
努力把全市农村道路交通安全工作干在实处走在前列

玉溪市人民政府副市长、市公安局长　朱家伟

近年来，农村地区经济社会快速发展，道路基础设施建设步伐加快，农村机动车保有量和驾驶人数量迅速增加，使交通运输业得到蓬勃发展。同时，因农民交通安全意识淡薄、车辆安全技术性能差、农村道路安全隐患大、管理上存在死角盲区等原因，致使农村地区重特大交通事故频发，道路交通安全形势十分严峻，农村道路交通安全问题已经成为社会普遍关注的热点问题。如何适应新形势、迎接新挑战，进一步加强农村道路交通安全管理工作，是当前和今后一个时期需要进一步探索和解决的重大课题。

一、肯定成绩，正视问题，始终把确保农村道路交通安全作为第一责任

2015年的全市农村道路交通安全工作，各县区和市直相关单位齐心协力，紧紧围绕“防事故、保畅通、保安全、保民生”，深入推进各项工作，取得了很好的成绩：一是事故预防工作取得新突破，四项指标全面下降，未发生一次死亡3人以上的交通事故，广大农民群众的生命财产安全得到进一步保障；二是道路安全基础建设有了新发展，全市乡村公路硬化率达到66.1%，乡镇客运车辆通达率达到100%，行政村客运车辆通达率达到89.5%。江川区、澄江县实现了所有乡镇客运公交化，易门县行政村客运车辆覆盖率实现100%。江川区率先实现乡镇客运公交化率、行政村客运车辆覆盖率和自然村通车率三个100%。三是工作凸显新探索新亮点。元江县在财政十分困难的情况下，将全县农村兼职交通协管员每月工作补助由50元提高到150元，并纳入县级财政保障。华宁县、易门县积极探索农村兼职交通协管员有偿代办机动车保险业务试点，缓解了劳资差距大的矛盾，提高了履职积极性。江川区六十亩村将道路交通安全工作纳入党员积分制考核，作为基层党建工作的典型经验，得到了省委组织部的充分肯定。这些成绩的取得，是各级各部门和广大基层组织、广大农村交通安全工作人员不懈努力、辛勤工作的结果。

在肯定成绩的同时，我们也要清醒地看到，我们面临的形势仍然十分严峻，我们的工作也还存在着很多问题和不足。从硬件方面看，我市由于地处山区半山区，交通基础设施建设投入不足，道路交通及安全基础设施较为薄弱，历史欠账比较大，安全隐患仍然大量存在，加之管理人员又严重不足，人、车、路矛盾比较突出。从管理方面看，主要存在三个“不到位”的现象：一是重视不到位。部分县区、乡镇领导的认识不到位、责任落实不到位，对农村道路交通安全工作的重要性认识不足，未将此项工作列入政府重要议事日程来进行研究安排；部分县区政府主要领导作为农村道路交通安全第一责任人，对工作过问不多，关心不够，分管领导抓落实还有差距。二是日常工作机构组织不健全，组织协调作用发挥不到位。县、乡两级常设办事机构无专职工作人员负责日常工作。日常办事机构运转不畅，未正常发挥联系上下，沟通左右的中枢协调作用，工作上无长远规划，见子打子，疲于应付。三是经费保障不到位。各县区、乡镇对工作经费保障不力，大部分县区无推丘工作日常办公专项经费，乡镇基本上无专项经费，村社兼职交通协管员每月50元的工作补助标准偏低，村民小组的交通管理联络员直接没有保障，导致兼职协管员工作积极性不高，交通管理联络员基本没有履职。这些问题的存在，严重影响了农村道路交通安全防控工作的顺利开展，阻碍了全市农村道路交通安全工作的顺利推进。

二、统一思想、提高认识，始终把人民群众生命财产安全放在首位

交通安全工作，事关广大群众的生命财产安全，事关经济社会发展大局，事关社会和谐稳定，中央、省、市党委政府历来高度重视交通安全工作。党的十八届五中全会提出：要牢固树立安全发展观念，坚持人民利益至上，健全公共安全体系，完善和落实安全生产责任和管理制度，切实维护人民群众的生命财产安全。4月7日至11日，中央政治局委员孟建柱、国务委员郭声琨两位领导带领9个部委的负责同志，先后到了临沧、普洱、腾冲和昆明视察工作，对交通安全方面提出了严格要求。省委、省政府从2015年到2016年，只要是死亡3人以上的事故，省委书记李纪恒、省长陈豪都作重要批示，并打电话过问情况；在4月22日的临沧现场会议上，副省长张太原也专门作了具体要求。市委、市政府主要领导对交通安全工作一直高度关注，5月31日、6月1日，市委书记罗应光、市长饶南湖还分别就全省“4·22”农村道路交通安全现场会议精神报告作了重要批示。年内，全市农村道路交通事故频发，死亡人数同比增加30人，上升近50%，且一次死亡3人以上的较大事故就发生了3起，各县区必须引起高度重视。

“十年努力奔小康，一次车祸全泡汤，辛辛苦苦二十年，一撞回到改革前”，这就是交通事故危害性的真实写照。一起交通事故的发生，轻则造成财产损失，重则造成

人员伤亡，一个农村家庭，遭遇一起交通事故，就可能会让刚刚富裕起来的生活重返贫困，甚至家破人亡。因此，我们各级各部门特别是领导干部一定要保持清醒认识，从讲政治、顾大局的高度出发，清醒认识农村道路交通安全工作在“三农”问题和社会经济发展中的作用，清醒认识推丘工作和“县乡平安出行”创建活动不仅仅是一项解决群众安全出行的具体工作，更是党委政府改善民生、服务民生的一个重要平台，是推进社会主义新农村建设、构建和谐社会的重要任务，是玉溪市在全省率先建成小康社会的重要保障。要坚持实事求是，从实际出发，找准努力方向，建立完善农村道路交通安全防控体系，健全完善各项安全管理责任和管理制度，不断提升维护人民生命财产安全的能力和水平。

维护人民生命财产安全，确保整个社会和谐稳定，需要我们落实社会治安综合治理的各项要求。党的十八大以来，习近平总书记提出：要实现治理能力和治理体系现代化。治理能力就是各级党委政府的组织管理和执政能力要提升，治理体系就是指横向到边、纵向到底综合治理体系。在管理力量相对薄弱的农村，道路交通安全必须要建立完善的防控体系，需要各级各部门、全社会的共同努力，共同呼吁正能量，贡献正能量，发出正能量的声音引导社会发展，适应新形势下管控社会的要求，实现党的十八大确定的各项工作目标。

三、突出重点，真抓实干，始终把党政同责政府统领作为前提

要做好农村道路交通安全工作，必须坚持党政同责政府统领。各级各部门要认真按照市委市政府的部署要求，坚决抓好各项工作的落实，努力建设“一个体系”、实施“一个工程”、强化“四大保障”，力争各项工作有新的突破。

（一）建设一个体系

建设农村道路交通安全防控体系，是全省从2014年起就部署开展的工作，是国家公共安全体系的重要组成部分，也是今后一段时期农村交通事故预防工作的重点。建立和完善农村道路交通安全防控体系，党政同责和政府统一领导是前提，职责清晰明确是条件，机构运转高效、部门协作务实是基础，齐抓共治、群防群治和管理触角到组是关键。具体来说，一是要落实领导责任。各级各部门要按照党政同责的相关要求，将道路交通安全工作作为“一把手”工程来抓，列入日常议事日程，主要领导亲自抓，分管领导具体抓，确保领导责任落实到位。二是要强化人员保障。要确保各县区推丘办工作人员的相对稳定，加强对农村道路交通安全工作统筹协调力度，发挥联系上下，沟通左右的中枢组织指挥作用。要落实“两站、两员”建设，各县区要切实加强乡镇交通管理工作服务站的管理力量，保证有专门的安全管理工作人员开展各项日常管理工作；各行政村要在安全管理服务点和兼职交通协管员、小组安全联络员的基础上建立安全劝导站，在重点时段开展安全劝导工作。2016年底以前，所有乡镇（街道）要建立交通管理工作站并开展工作，所有行政村要建立安全劝导站并开展工作。要加强派出所交警中队交通管理工作，切实解决好警力、办公场所、业务装备及工作经费。三是要落实经费保障。各县区要建立和落实推丘办和“两站、两员”工作经费、工资补助等经费保障制度，使工作经费、工资补助与当地社会经济发展和基层村组管理人员所履行的工作职责与工作量相适应，并列入财政预算予以保障。四是要健全完善各项工作制度。要落实逐级业务工作培训制度，保证相关工作人员每年至少接受一次业务培训。要建立健全分析研判、联席会议、线路评审、包保挂钩联系、抄告通报等工作制度，逐步实现规范化、常态化。

（二）实施一个工程

公路安全生命防护工程，是国务院2014年底部署的工作。工作中，一是要完善隐患台账，建立长效治理机制。各县区政府、交通和公路等部门要按照《公路安全生命防护工程实施技术指南》要求，对已排查出的公路安全隐患，要建立完善隐患基础台账，按照整治标准，统一制定整治方案，形成隐患排查工作情况报告及《公路安全隐患排查表》。要根据管养公路等级、交通构成、交通流量、交通事故等情况，坚持动态排查、定期复查、长期整治，建立公路安全隐患排查治理长效机制。二是要明确治理责任，加快推进实施。各县区要根据省“十三五”安全生命防护工程建设规划和年度实施计划，结合本行政区域内公路安全隐患严重程度，区分轻重缓急，科学制定公路安全隐患整治年度计划和整治措施，并将计划和项目开工竣工等情况及时向社会公布。对安全隐患，要实行市、县区两级政府挂牌督办制度，逐一落实责任单位及责任人，落实治理资金，确定治理方案，明确治理时限；治理完成验收合格后方可摘牌销号，验收不合格的要继续挂牌督办并采取必要的惩戒措施，直至隐患治理符合要求。三是要实施“样板工程”，以点带面推进路口隐患整治。要以正在进行的新玉江线“增绿添亮”工程和国道213线（玉溪段）升级改造工程为契机，整合力量和建设资金，借鉴临沧“五小工程”建设标准，将两条路建设成为交叉路口隐患整治样板路，示范引领全市交叉路口隐患治理。

（三）强化“四大保障”

紧紧抓住农村客运发展、重点源头管理、路面秩序管控和安全宣传四项重点工作，全力消除安全隐患，为农村交通安全提供坚强保障。在农村客运发展上，要继续按照农村客运车辆“六统一”的管理要求，对现有的农村客运车辆进行公司化改造。合理确定营运线路、车型和时段，不断优化农村客运车型结构和运力结构，推动农村客运班线扩大覆盖范围，推进农村客运通村、通组和城乡公交一体化建设。同时，要加大“打非治违”力度，净化农村客运市场，助力农村客运规范化发展，确保农村客运“开得通、留得住、有效益、保安全”。在重点源头管理上，要对微型面包车、低速载货汽车、二三轮摩托车、拖拉机所有人及驾驶人实施重点监管，落实“一盯一、一帮一”的管理措施；年内摸清辖区微型面包车底数并100%完成车身安全提示喷涂，建立便于更新、持续利用的工作台账。对多次发生重点交通违法行为的机动车主及驾驶人、微型面包车车主及驾驶人，要坚持进行面对面的宣传教育。要加强对农村客运企业的日常监管，检查督促企业切实落实安全生产主体责任。在路面管控上，要组织开展严重交通违法行为专项整治，紧盯农村微型面包车、低速载货汽车、二三轮摩托车、拖拉机等重点车型，严查严管无证驾驶、超员、违法载人、酒后驾驶、无牌报废车辆上路行驶等严重交通违法行为，净化交通环境。要强化联勤联动，公安、交通、农机等部门要协作管控，形成合力。要落实农村集市日、重要节庆假日、重大民俗活动日、中小学生

上学回家等集中出行重要时段的监管，主动把好进入主干公路口、出村路口等重要交通枢纽节点。在安全宣传上，要注重新兴媒体的运用，利用广播、电视、农信通、校信通等传统媒体的同时，要通过手机微信和已经建成的6995平台网格、语言等功能，实现对重点驾驶人的分类管理，进行日常安全提示、信息推送等定向式的宣传教育。要整合部门力量，将社管综治网格管理员、农机管理员、林管员、烤烟种植辅导员、保险代办员等动员起来，通过培训发展为义务交通安全宣传员，充分发挥宣传作用。

四、加强督导，跟踪问效，始终把责任落实和工作实绩作为考量标准

“一分部署，九分落实”。各县区政府分管领导和成员单位要认真履行职责，做到重要工作亲自部署、重大问题亲自过问、重点环节亲自协调、重要事项亲自督办，切实种好自己的“责任田”。要按照省、市推丘办的考核办法和标准，结合实际情况，科学合理地制定考核方案，强化督导措施保证各项工作任务得到落实。

要加强督导。市推丘办和“县乡平安出行”创建工作领导小组办公室要加强工作督导，围绕政府领导责任、部门监管责任、企业主体责任和管理人员工作责任的落实，进一步加大督导检查力度、改进督查方式，适时派出督查组，采取不发通知、不打招呼、不听汇报、不用陪同，直奔基层、由下到上、明察暗访等方式，切实增强督查实效。对重点、难点工作进行专项督办并通报。

要严格考核。会议精神落实情况和工作任务完成情况要纳入市政府对县区政府年终考核，把考核内容分解到安全生产、社管综治和县区综合目标考核项目中，最终体现到对县区党委政府的考核上，体现到对一把手的考核上。

2016年考核的重点要放在农村道路安全防控体系的建设方面，整个县乡村组的防控体系，要有人抓、有钱抓、有机构抓，要有财政保障，有制度保障。

“长安杯”的创建，各县区各部门必须要高度重视，各县区作为属地管理责任人，各部门作为行业主管责任人，各企业作为安全生产的主体责任人，都要切实担负责任，特别是县区分管领导要当好党委政府主要领导的参谋助手，提出解决问题方案，落实各项工作措施，加强疏导和管控、要把各种安全隐患消灭在萌芽状态，能取得“长安杯”的创建资格，是对我们平安玉溪建设的肯定，是人民群众共享社会经济发展成果的标志，是经济发展具有良好社会环境条件的体现，农村道路交通安全作为“长安杯”创建的一个内容，一定要切实抓好。

东风南路 （曾永洪　摄）

务实进取　创新发展
奋力促进玉溪对外开放

中共玉溪市委常委、市人民政府副市长　尚建华

近年来，玉溪立足区位优势，增强对外投资和扩大出口结合度，主动服务和融入云南建设面向南亚东南亚辐射中心以及加快推进滇中城市经济圈一体化建设等重大战略，着力建设开放载体、搭建开放平台，积极推进基础设施互联互通，加快建成对外开放合作新高地。从市委四届七次全会提出"开放兴市"的发展战略，到市第五次党代会上提出玉溪经济社会发展"5577"总体思路，把"开放兴市"列为五大发展战略之一，进一步明确、丰富了玉溪对外开放的发展理念，促进玉溪对外开放，统筹利用好国际国内两个市场、两种资源，切实加快开放型经济建设，着力推进改革开放事业，为实现全市经济社会发展目标做出积极贡献。

一、构建对外开放合作新格局，切实加大周边工作力度

从"大国是关键、周边是首要、多边是舞台"的国家外交总体战略大局出发，坚决贯彻落实国家"一带一路"、云南建设面向南亚东南亚辐射中心战略，将玉溪的发展放在全国、全省发展的高度进行谋划，努力把玉溪打造成为面向南亚东南亚辐射中心的重要基地。坚持友好交往与互利合作，积极稳妥发展友好合作城市、校地合作，广泛开展政府、经济、教育、科技、文化、旅游、环保、资源利用、城市管理等领域的交流与合作，深入实施"走出去"战略，推动货物贸易、服务贸易、投资合作，促进人流、物流、资金流、信息流等的汇聚，带动经济、信息、科技、文化等领域的互动发展，形成"点线面互动，区域紧密联动，要素有序流动，进出口渠道多元畅通，平台体系健全完善"的开放格局。坚决贯彻落实省委、省政府加强与东盟国家合作、促进睦邻友好关系的要求，从玉溪市情出发，切实加大周边工作力度，以合作共赢为着力点，积极搭建与周边国家友好往来的桥梁，拓宽合作渠道，将周边国家驻昆总领馆作为重要的联系沟通桥梁，诚挚邀请各驻昆总领事访问玉溪，阐释玉溪对外开放的政策，推介玉溪良好的区位优势，丰富的自然人文旅游资源，先进的农业技术等，有效提升和扩大玉溪的对外影响力，2016年重点加大对老挝、泰国、越南、柬埔寨的工作力度，在上述国家首次设立玉溪市驻外商务代表处，将商务代表处打造为双方加强沟通往来的窗口，进一步强化玉溪与驻在国家和地区政府部门、商会、行业协会、华商会及我国驻当地使领馆的联络，强化协调服务，促进玉溪外向型经济的发展。

二、深化友好互信，主动服务好经济社会领域对外工作

坚持外事侨务工作服务于地方经济建设和社会发展、服务于招商引资，科学统筹年度出访任务及安排，从国家外交战略及大局出发，立足全市农业科技、经贸合作、旅游、文化、教育等方面的既有优势和比较优势，有计划、有重点做好官方层面的出访。2016年，在全省范围内率先试点启用因公出国网上预审批系统，有效提高因公出国（境）工作效率和管理服务水平。严格遵照中央和省、市一系列有关因公临时出国（境）文件精神，科学统筹全市年度出访任务，严把计划关、公示关、经费关、联审关，落实出访报告制度，加强后续跟踪问效，杜绝出现违反规定的因公出国（境）现象，做到严格、规范、有效管理全市因公临时出国（境）活动。通过官方出访，建立与南亚东南亚、欧美、东亚等国家的友好互信，拓展双边关系的进一步发展。

2016年是玉溪对外政治交往工作成果丰硕的一年。玉溪市将欧美、南亚、东南亚作为年内对外政治交往的方向和侧重点，积极联系协调，加大工作力度，成功实现了5月份市委书记罗应光率玉溪市党政代表团出访越南、老挝、泰国，6月份前市长饶南湖率团出访美国、加拿大，10月份市委书记罗应光率团出访英国、冰岛，12月份代市长张德华率团出席首届中丹合作论坛，通过官方出访、友好交流，进一步加强了玉溪与相关国家的友好互信，取得了经济、教育、旅游等多领域的合作意向。紧抓机遇，在中央和省的支持下，6月14日，在玉溪市成功举行中国—东盟国家外长特别会议，时任省委书记李纪恒出席宴请并致辞，11月2日在玉溪市成功开班中国—东盟反腐败研讨班，省委书记陈豪出席开幕式并致辞，上述2次具有重要影响力和重大意义的区域性国家会议，吸引了CCTV、凤凰卫视、新华网等中外媒体的踊跃报道，在国际国内引起了广泛关注和强烈反响，有效促进了双方的关注和互信，使2016年成为玉溪与东盟国家友好交往新的起点年。特别值得一提的是，2016年是玉溪与老挝友好交往合作取得重大成果的一年，双方以玉溪与老挝占巴塞省友好省市关系为桥梁和纽带，成功实现官方互访，6月14日，老挝副总理宋赛·西潘敦应市委书记罗应光邀请，在省委常委、纪委书记张硕辅的陪同下成功访问玉溪，双方共植友谊纪念树，畅叙友谊，共话发展，并就双方教育办学、旅游等方面的务实合作进行了实质性会谈，在双方的共同努力下，玉溪对老挝捐赠教育和文化事业建设发展资金100万元事宜、5名老挝留学生玉溪师范学院本科学历教育、40名老挝籍学生

玉溪第二职业高级中学中等职业人才班等合作项目均顺利实施，突显了玉溪与老挝双边关系的不断推进并取得了长足发展，开启了双方交流合作的新篇章，也借此“以点带面”有效扩大了玉溪在南亚东南亚国家的影响力。

经贸合作是对外工作的重要着力点，在对外友好工作中往往起到重要的支柱和桥梁作用。2016年，玉溪市继续强力推动外贸工作、抓好外贸重点，积极挖掘外贸潜力，强化外贸外资联动发展，抓实申报玉溪综合保税区前期工作，加快推进相关申报建设工作，积极推进跨境电子商务，实施积极的进出口促进战略。全年实现进出总值201 900万美元，同比增长6.5%。

全市始终将教育和旅游作为对外工作的重要抓手，充分利用全市各类教育和旅游资源，积极采取“请进来”和“走出去双向措施，加强对外合作。将华文教育作为构筑玉溪与周边国家及重点国家民心相通的重要桥梁，一方面指导各县区完善华文教育外派老师资源库，加强管理，继续选派高素质教师赴外任教，全年共选派外派老师4名赴缅甸任教，目前全市还有8名教师在外任教；另一方面不断总结积累经验，创新发展海外华裔青少年中国寻根之旅七彩云南玉溪夏令营、海外华文教师培训班，全年举办了华裔青少年中国寻根之旅七彩云南玉溪夏令营2期，海外华文教师培训班2期，共100多名华裔青少年和100多名海外华文教师来玉溪参观学习，同比2015年增加了海外华文教师培训班1期，传播中华传统文化，增强当地侨胞祖（籍）国的文化认同感，同时体现了玉溪华文教育工作水平的不断提升，切实增加强玉溪的影响力和认知度。特别是年内第一次成功组织了马来西亚华裔青少年来玉溪开展夏令营，东南亚地区发行量和影响力最大的华文报纸《星洲日报》和《南洋商报》都对此进行了详细的报道，在当地社会引起了广泛的反响，不仅拓宽了全市开展华文教育的生源地，也极大地提升了玉溪市在外的形象。继续加大旅游基础设施建设力度，强化对外推介和宣传，做好海内外游客的接待工作，全年玉溪市共接待越南、柬埔寨、老挝、斯里兰卡等海内外游客5 228人次，同比增长10.3%。

对外文化交流是对外工作的重要组成部分。玉溪始终注重打造文化的对外宣传效应，将对外文化交流作为对外工作的重要支点，立足玉溪市聂耳文化、花腰傣少数民族文化、澄江帽天山世界自然遗产地等，加强澄江帽天山化石博物馆建设，建立健全基础设施条件，着力打造独具玉溪特色的文化品牌，增强外宣效应。5月份，应越南海防市邀请，首次选派红塔区文工团赴越南参加“解放海防61周年纪念庆典暨第五届凤凰花节”庆祝活动，展示了玉溪多元的少数民族文化，受到了越南观众的广泛好评，对扩大和提升玉溪的对外形象，推动双方友好关系发展起到了积极作用。

三、创新推进对外友好和友城建设工作，扩大玉溪对外知名度

本着外事工作服务地方发展的现实需求这一工作原则，从服务全市经济社会发展、服务招商引资的实际出发，认真做好外事礼宾接待工作，针对来访代表团的目的、人员构成等，努力实现“一团一策”，有的放矢开展工作，大力展示玉溪生态城市建设、基层党组织建设、经济建设、新农村建设、教育、旅游发展等方面的成果，展示全市经济建设和社会发展取得的巨大成就，体现玉溪的区位优势和良好的投资环境。2016年，全市共接待来自老挝、缅甸、美国、新西兰、日本、德国、俄罗斯、南非、新加坡、马来西亚及香港等63个国家和地区的外宾28批次674人。着力做好开放平台和载体建设，以第4届中国—南亚博览会暨第24届中国昆明进出口商品交易会、第十四届东盟华商会等会展交流活动为平台，积极组织全市有特色的企业参展，提升对外宣传效果。本着对外友好工作尤其是友城工作作为国家总体外交工作在地方的延伸，稳步布局友城建设工作。积极寻找与玉溪市经济建设和社会发展有互补性的国外城市，注重质量，大力开展友好城市结对工作，加强与老挝、越南、缅甸、泰国、柬埔寨等东南亚国家的睦邻友好关系，重点做好与老挝占巴塞省友好省市关系的巩固拓展，积极尝试与欧美、中亚国家的联系。年内首次组织开展玉溪市领导干部赴港澳学习培训班，全市共有17名领导干部赴港澳交流学习港澳政府管理模式、法律体系、反腐理念、社会舆论监督等方面，积极推动了玉溪与港澳的友好往来。

四、扎实有效做好侨政工作，促进对外交流

侨务工作长期以来是国家外交战略布局的重要组成部分，对于促进祖国和华侨华人住在国友好关系具有重要意义。玉溪市按照侨务工作为侨服务、维护侨益的要求，统筹国际、国内两个大局，本着“突出重点、统筹兼顾”的工作出发点，在继续做好华侨农场产业发展的同时，将工作向散居归侨侨眷扩大延伸，从产业扶持、困难救济两方面入手，有效促进全市归侨侨眷特别是困难归侨侨眷的脱贫发展。年内，在春节慰问生活特别困难的归侨侨眷以及侨务工作重点对象家属200户，共发放慰问金100 500元的基础上，又积极向上争取到省侨办专项资金31万元，用于全市74户归侨侨眷困难救济和9户产业扶持，以及加强归侨侨眷集中村组的基础设施建设。充分发挥全市资源优势，强化侨务经科工作。始终把招商引资、招才引智作为工作的重中之重，采取以侨招商、网络招商、借力招商、跟踪招商等方式，加大和海外侨胞和侨社团的联系，涵养和培育侨务资源，有计划、有重点地联络、邀请、接待来玉溪市考察的海内外客商，组织他们与有关企业进行项目对接洽谈，寻求合作创业；有效利用2016年第十四届东盟华商会这一平台，积极与市招商部门协调联系，组织全市7县2区、3个工业园区的招商部门到东盟华商会活动现场就各县区、园区重点招商引资项目进行推介。

积极推进为侨公共服务体系建设，加大为侨服务力度，切实维护侨益。加大侨法宣传力度，继续组织开展“侨法宣传月”活动，不断营造依法护侨的工作氛围。根据侨法“一法两办法”精神，结合自身工作实际，认真梳理侨务办职权职责，及时公布权力清单、责任清单，明确市、县两级侨务工作权责；全面梳理公布行政执法职权职责清单，进一步规范侨务工作行政执法活动，提高行政执法效率和水平；建立健全“两随机一公开”工作机制，进一步加强对县区侨务工作行政执法活动的监管，通过建立健全职责明确、边界清晰、权责一致的为侨服务机制，实现依法有序做好为侨服务和维护侨益工作。通过依法护侨、维护侨益，将为侨服务打造为联通海外侨胞的“民心工程”，充分发挥侨务工作的联谊、服务、引导功能，密切同华侨华人社团和商会的亲情、乡情和友情，吸引更多的海外华侨关心和支持我市的社会发展和经济建设。

（曾永洪　摄）

青山绿水 · 碧玉清溪

（曾永洪　摄）

大 事 记

A CHRONICLE OF MALMAIN EVENTS

编　写：王　斌

1～12月大事

2016年

1月

△ 云南玉溪抚仙湖国家湿地公园（试点）获得国家林业局的相关批复，同意开展国家湿地公园试点工作，成为2015年批准建设的137个国家湿地公园试点之一，云南省仅此一个。

12日

△ 7~12日，北京市顺义区考察团到玉溪考察投资环境及产业园选址情况。

15日

△ 云南金晨纸业有限公司总投资2.8亿元、年产6万吨高档生活用纸项目，在华宁县工业园区新庄片区开工建设。

19日

△ 玉溪“互联网+公安交管”上线仪式举行。为全国首家微信支付驾考费平台。

21日

△ 以新平金泰果品有限公司等17家柑橘企业共同组建的云南滇橙柑橘产业集团在新平成立。新平县与中国柑桔研究所、云南农业大学签订科技合作、产学研基地合作协议；与晨农集团、厚田农业、鼎成农业科技公司等企业签订了招商合作协议。

22日

△ 玉溪社会保险全民参保登记工作在聂耳文化广场启动。

2月

2日

△ 呈贡至澄江的高速公路正式通车。呈澄高速于2013年11月8日动工建设，呈澄高速起于马金铺高家庄立交，止于澄江县龙街互通，全线按照六车道标准建设，里程15.32公里，投资28.78亿元。

3日

△ 1月30日至2月3日，中国人民政治协商会议玉溪市第四届委员会第四次会议在玉溪举行。会议审议并同意政协玉溪市第四届委员会常务委员会工作报告和政协玉溪市第四届委员会常务委员会提案工作情况报告；会议听取并赞同《政府工作报告》，赞同《玉溪市国民经济和社会发展第十三个五年规划纲要（草案）》《玉溪市中级人民法院工作报告》《玉溪市人民检察院工作报告》《玉溪市2015年国民经济和社会发展计划执行情况与2016年国民经济和社会发展计划草案的报告》和《玉溪市2015年地方财政预算执行情况和2016年地方财政预算草案的报告》。2月3日政协玉溪市四届四次会议第三次全体会议进行大会选举。大会以无记名投票方式，补选夏立洪为政协玉溪市第四届委员会主席，增选李平为政协玉溪市第四届委员会副主席，补选陆永泽、董云勇为政协玉溪市第四届委员会常务委员会委员。

4日

△ 1月30日至2月4日，玉溪市第四届人民代表大会第四次会议在玉溪举行。会议审议并通过了市政府工作报告、玉溪市国民经济和社会发展第十三个五年规划纲要、玉溪市2015年国民经济和社会发展计划执行情况与2016年国民经济和社会发展计划、玉溪市2015年地方财政预算执行情况和2016年地方财政预算、玉溪市人大常委会工作报告、玉溪市中级人民法院工作报告、玉溪市人民检察院工作报告。

△ 全国爱卫会发布关于2015年国家卫生城市（区）和国家卫生县城（乡镇）复审结果的通报。重新确认包括玉溪市在内的96个城市（区）为国家卫生城市。

5日

△ 玉溪高新区龙泉园区管理委员会正式成立。

20日

△ 中国三峡集团公司党组成员、副总经理毕亚雄一行到玉溪，就溪洛渡水电站移民安置和后期扶持相关工作进行调研。

22日

△ 中共云南省委决定保明顺任中共玉溪市委委员、常委、副书记。

△ 市政府与广东龙浩集团中国西南航空货运枢纽项目战略合作协议签约仪式举行。市委书记罗应光在签约仪式上致辞，市委副书记、市长饶南湖主持签约仪式。市委常委、常务副市长陈勇代表市政府与广东龙浩集团签订中国西南航空货运枢纽项目战略合作框架协议，省招商合作局副局长程永流，市领导谢兴荣、夏立洪、李洪云、陈勇、黄宪庭、解仕清等出席签约仪式。

24日

△ 省委、省政府召开全省“五网”建设及滇中城市经济圈一体化发展推进会，同时开工建设11个重点项目。玉溪在华宁县设分会场，举行弥勒至峨山至楚雄高速公路试验段开工仪式。省人大常委会副主任杨保建、省交通运输厅副厅长邱江，市领导方志鸣、吴建森、左广、李平及红河州、楚雄州相关领导在华宁分会场出席开工仪式并为项目奠基。

26日

△ 江川撤县设区大会召开。市党政领导罗应光、饶南湖、保明顺、夏立洪、赵基等出席大会。

3月

1日

△ 中国联通集团公司副总经理姜正新一行到玉溪调研。

△ 易门县在工业园区麦子田片区举行2016年春季招商引资项目集中开工仪式，云南官房迈腾有限公司5万平方米铝合金模板等6个项目开工，总投资额达4.68亿元。

△ 1～3日，市委副书记、市长饶南湖率队赴北京市顺义区对接工作，加快推进玉溪顺义友好市区合作，并考察亿赞普集团、华唐教育集团等高新技术企业，推动企业投资玉溪项目的落地发展。

9日

△ 玉溪获省政府批复“同意取消玉江高速公路车辆通行费”。

11日

△ 玉溪启动“互联网+农业”工作，在全省率先构建“互联网+农业生产、经营、监管、服务”体系。

16日

△ 为期3天的云南省中等职业学校技能大赛在玉溪拉开帷幕。

18日

△ 红塔工业园区观音山片区内玉溪东恩（国际）创新产业园项目开工建设。项目计划占地约1 906亩，计划总投资38亿元以上。

19日

△ 甘肃省人大常委会副主任、省总工会主席李慧率队到玉溪，对玉溪文化企业发展和文化项目建设等情况进行考察调研，并就如何推进文化事业发展进行交流。

20日

△ 民政部行政区划管理立法工作座谈会在江川区召开，民政部副部长宫蒲光出席会议并讲话。市委副书记、市长饶南湖出席会议并致辞。

21日

△ 云南省农业科技“三下乡”暨赶街活动在新平县戛洒镇的大槟榔园文化旅游广场启动。省委副书记钟勉宣布活动启动，副省长张祖林在启动仪式上致辞。市委副书记保明顺，副市长蔡四宏等出席启动仪式。

25日

△ 法国科学博士、巴黎第六大学居里医学院朱勉生专家工作站在市中医院设立工作室并举行“朱勉生专家工作站玉溪工作室”授牌仪式。

29日

△ “2016相约春天共筑梦想——百户客商进玉溪”招商活动举行，来自省内外的400余名客商受邀参会。此次活动共签约项目47个，投资总额539.76亿元。市委书记罗应光在招商大会上致辞。市委副书记、市长饶南湖作招商主旨推介。云南省东南亚经贸合作发展联合会会长、省人大常委会原副主任王义明，市领导夏立洪、李洪云、明正彬、晏森、方志鸣、尚建华、黄宪庭等出席会议。

△ 戛洒江一级水电站建设项目在新平县水塘镇举行导流洞工程开工仪式。戛洒江一级水电站是目前玉溪市境内投资最大的水电项目。

30日

△ 由省卫生计生委主任李玛琳带队的调研组到玉溪，就区域卫生信息化、华为云服务等工作进行调研。

△ 云南广播电视台“记者下基层精品上版面”全媒体采访活动首站走进玉溪，对玉溪“争先创优跨越发展”大讨论大行动等工作进行采访报道。

4月

1日

△ 玉溪全面实施分级诊疗制度。

5日

△ 在美国洛杉矶PV福庄半岛举办的“第13届世界民族电影节”上。由新平县委、县政府与长春电影制片厂合作拍摄，以新平花腰傣为题材的少数民族电影《花腰恋歌》荣获“最佳文化电影奖”和“最佳服装设计奖”两大国际奖项。

7日

△ 赛伯乐投资集团考察团到玉溪考察投资项目，并与市政府签署战略合作协议。双方将在建设双创云城平台、双创产融体系、跨境金融服务体系、人才支撑体系、云计算大数据和下一代卫星物流发展等领域开展合作。

11日

△ 玉溪三中新校区项目开工建设。玉溪三中新校区选址高仓街道办事处梁王坝社区玉山一号路南侧。项目总投资5.52亿元，建筑面积8.7万平方米，最大办学规模可达60个班3 000名学生。

△ 云南省2015年度纳税百强国税企业名单出炉，玉溪市共有8户企业上榜，分别是红塔烟草（集团）有限责任公司、云南省烟草公司玉溪市公司、玉溪大红山矿业有限公司、云南红塔集团有限公司、云南电网有限责任公司玉溪供电局、云南达利食品有限公司、玉溪市商业银行股份有限公司、玉溪矿业有限公司。

12日

△ 李德发院士工作站揭牌仪式暨饲料安全学术论坛在玉溪市红塔区工业园区云南快大多畜牧科技有限公司举行。

△ 玉溪中心城区绿化景观提升改造工程启动，预计投资6 000多万元，涉及改造道路总长约30 141米，绿化面积约22.79万平方米。

14日

△ 云南省工会财务互联管理系统在玉溪上线，玉溪成为全省工会系统财务工作的首家试点单位。

15日

△ 市委、市政府在新平县举行大开门至戛洒高速公路（试验段）暨全市2016年重点项目集中开工仪式，大戛高速等11个重点项目集中开工建设。这11个重点项目计划总投资达202亿元。市委书记罗应光宣布项目开工，谢兴荣、夏立洪、李洪云、尚建华、孙云鹏、黎晓英等领导出席开工仪式，一同为大戛高速公路项目培土奠基。除新平主会场外，还在红塔区、江川区、通海县、华宁县、峨山县设立了5个开工仪式分会场。

18日

△ 云南省风电产业创新联盟第一届理事会暨联盟成立大会在华宁县举行，上海电气风电设备有限公司、连云港中复连众复合材料集团有限公司等14家云南省风电产业创新联盟成员参加会议。

19日

△ 玉溪至磨憨铁路开工动员会在玉溪召开。

21日

△ 国家安全生产监督管理总局副局长孙华山一行到易门县，对玉溪安全生产大检查长效机制管理系统运行情况进行检查调研。

22日

△ 玉溪在2016年国家海绵城市试点竞争性评审中以第四名的好成绩脱颖而出，成为全国14家海绵城市试点之一。

△ 市科技局、玉溪金土地绿色产品开发有限责任公司分别与美国佛罗里达大学园艺系教授、育种学专家弗莱德签订合作协议，为玉溪市与美国佛罗里达大学搭建科技合作交流平台。

△ 玉溪市图书馆在红塔区凤凰街道高龙潭社区举行全省首个自助图书馆启动仪式。

23日

△ 市政府与华大农业集团签署框架协议，共同建设华大农业(玉溪)科技成果转化示范基地。副市长蔡四宏、华大农业集团董事长兼总裁梅永红分别在协议上签字。

24日

△ 由玉溪市委、市政府和省住建厅主办的2016国际风景园林学术报告会在红塔区汇龙生态园举行，国际风景园林师联合会（IFLA）前主席戴安妮等国内外风景园林界专家学者聚集玉溪。中国风景园林学会理事长陈晓丽、省住建厅正厅级巡视员李洪林、玉溪市委副书记保明顺、市人大常委会副主任吴建森、副市长黎晓英等出席学术报告会。

28日

△ 市政府与中国铁塔云南省分公司战略合作协议签约仪式举行。市委副书记、市长饶南湖在签约仪式上致辞，副市长解仕清代表市政府与中国铁塔云南省分公司签订战略合作协议。

30日

△ 玉溪得胜家居家装设计建材广场正式开业。玉溪得胜家居商业中心项目由得胜家居企业投资20亿元建设，项目占地148亩，总建筑面积50万平方米。市领导罗应光、李洪云、周继武、解仕清、贺光明，红塔区党政主要领导等出席开业仪式。

5月

4日

△ 云南省县域经济发展领导小组办公室公示全省129个县（市、区）2015年度县域经济考评结果：易

门县综合考评位居全省第一，易门、澄江、华宁、通海、元江县进入全省前20名。

5日

△ 玉溪与亿赞普集团签订AllinOne创新支付卡和东南亚IBS跨境清结算中心项目建设合作协议。市委副书记、市长饶南湖主持签约仪式，市委书记罗应光致辞，副市长解仕清代表市政府与亿赞普集团副总裁李娜签订合作协议。

8日

△ 玉溪华唐大数据服务外包产业基地正式启动运营，为全省首家大数据外包产业基地。市委书记罗应光宣布玉溪华唐大数据服务外包产业基地运营启动，市委副书记、市长饶南湖，华唐集团董事长曹明元分别致辞。省商务厅副厅长周学文，省人力资源和社会保障厅、省科技厅、省发改委、省教育厅等相关领导及负责人出席启动仪式。

10日

△ 国家卫生计生委副主任刘谦到玉溪调研医改工作。

16日

△ 中国考古学会、中国文物报社联合公布“2015年度全国十大考古新发现”，云南江川甘棠箐旧石器遗址居榜单之首。

18日

△ 抚仙湖首届蓝莓采摘季活动启动暨云南省专家协会蓝莓专业委员会成立仪式在澄江县举行。

26日

△ 玉溪驻泰国商务代表处在曼谷揭牌，为玉溪设立的首个驻外商务代表处。

△ 市委书记罗应光率玉溪党政代表团到泰国看望慰问、考察调研玉溪驻外企业，并举行外经外贸企业座谈会，与企业家们沟通交流。

6月

△ 农业部公布2016年第一批103种获得地理标志产品保护认定的农产品，抚仙湖抗浪鱼榜上有名，成为云南省首个获得认定的水产品。

1日

△ 由云南省关心下一代工作委员会、玉溪市政府、共青团云南省委等共同举办的“‘苗’绘太空开启梦想”云南省青少年太空作物科普实践系列活动在玉溪启动。第十届全国人大常委会副委员长、中国关心下一代工作委员会主任顾秀莲，省委副书记钟勉，中国载人航天工程办公室副主任、航天英雄杨利伟，云南省人大常委会副主任卯稳国，省关心下一代工作委员会主任张宝三，英雄航天员、国家科普大使王亚平，中国空间技术院副院长李忠宝，中国工程院院士、中国空间技术研究院高级顾问戚发轫，市领导饶南湖、保明顺、谢兴荣、李洪云、杨洋、蔡四宏等出席启动仪式。

△ 中国航天育种高原特色物种中心和云南太空花卉创新示范基地揭牌仪式在江川区九溪举行。

8日

△ 7～8日，省委书记李纪恒到玉溪督察调研重大项目建设、重要工作推进情况，为玉溪经济社会更好更快发展进一步理清思路、明确目标。省委常委、省委秘书长李邑飞，副省长丁绍祥、市委书记罗应光，市委副书记、市长饶南湖等陪同调研。

11日

△ 第五届云台会“云台科技创新及电子信息产业合作对接会”在玉溪举行，40余家台湾企业负责人参加大会，到玉溪寻求项目合作对接。

14日

△ 老挝副总理宋赛·西潘敦率代表团到玉溪进行友好访问。在玉溪大河畔的友谊林里，宋赛·西潘敦与中共云南省委常委、纪委书记张硕辅，中共玉溪市委书记罗应光共同种下一株老挝国花鸡蛋花树和一株清香树。在张硕辅、罗应光等陪同下参观了高新区展示馆。

△ 13～14日，云南省环境保护厅组织专家对华宁县创建省级生态文明县工作进行考核验收。同意华宁县通过省级生态文明县考核验收。

15日

△ 中国-东盟国家外长特别会议在澄江县抚仙湖希尔顿酒店举行。

△ 21：00因突发瞬时单点暴雨，致使通海县五金产业园区中石化集团西南石油通海储备站墙体倒塌，冲击液化气储气罐，导致液化气发生泄漏，造成一起液化气爆燃事故，三人受伤。

17日

△ 12～17日，第4届中国—南亚博览会暨第24届中国昆明进出口商品交易会在昆明举行。玉溪签订招商引资协议金额折合人民币171亿元，项目签约协议投资额较上届增加104.5亿元人民币，增长157%，完成内外贸交易额3 159.2万元。在本届南博会集体签约仪式上，玉溪共签订5项招商引资投资协议，其中，内资投资协议4项，协议投资额168.4亿元人民币，外资投资协议1项，协议投资额4 000万美元，折合人民币2.6亿元。玉溪参展企业完成现场内贸交易126.2万元，签订内贸交易合同金额531万元，签订意向性交易协议金额338万元，签订外贸交易合同金额2 164万元。

21日

△ 13～21日，市委副书记、市长饶南湖率市政府代表团及沃森团队赴美国考察生物医药产业，与盖茨基金会、PATH基金会高管会晤座谈，并参加了大费城美中医药协会2016年年会。

22日

△ 全国人社基层宣传平台建设试点暨人社政策主题宣传年活动推进会在玉溪召开，来自人社部宣传中心和全国各省、市人社厅（局）相关负责人参会。

24日

△ 省教育厅厅长周荣到易门县就义务教育均衡发展工作进行调研。

28日

△ 中国人民武装警察部队副政委姚立功一行到玉溪调研。

29日

△ 市四届人大常委会举行第二十三次会议审议通过了有关人事任免事项，决定免去陈勇、左广玉溪市人民政府副市长职务，任命王力为玉溪市人民政府副市长。

7月

1日

△ 市政府与美国美中投资基金有限公司签订合作协议，双方将在玉溪合作组建云南通用航空教育集团，开展航空器材生产和航空人才教育培训。

7日

△ 6～7日，七彩云南全民健身运动会健身气功交流比赛暨云南省第五届健身气功交流比赛在玉溪市体育馆举行。

14日

△ 12～14日，由省委宣传部、省社科联和玉溪市委、市人民政府共同主办的“云南社科专家玉溪行”调研咨询活动在玉溪举行。

13日

△ 合和集团分别与红塔区政府、云南沃森生物技术股份有限公司

签署产业发展研究合作协议。市委书记罗应光出席签约仪式并讲话，市委副书记、市长饶南湖，云南合和集团董事长李光林、常务副总经理李剑波，沃森生物技术股份有限公司总裁姜润生等出席签约仪式。副市长蔡四宏、高新区管委会党工委书记孙会强，红塔区党政主要领导等出席签约仪式。

15日

△“云南社科专家玉溪行”调研咨询活动暨玉溪发展高端论坛在玉溪举行，省社科联党组书记张瑞才主持论坛。市领导饶南湖、保明顺、谢兴荣、夏立洪、王力出席论坛。

21日

△市委、市政府举行云南联通玉溪数据中心项目暨玉溪高新区招商引资项目集中开工仪式，云南联通玉溪数据中心等10个重点项目集中开工建设，10个项目预计总投资约20.2亿元。市委副书记、市长饶南湖，中国联通云南省分公司党委书记、总经理伍昭祥分别致辞。市领导保明顺、谢兴荣、李洪云、明正彬、王力、晏森、金志达等出席开工仪式，并为项目培土奠基。

△元江至蔓耗高速公路（玉溪段）试验路段开工仪式及元江县政府与中国水利水电第十四工程局农村公路“建养一体化”总体服务EPC总承包框架协议签字仪式举行。市领导罗应光、谢兴荣、李洪云、赵基、郭开堂、朱家伟、汪燕平、贺光明等出席开工和签约仪式。

24日

△22～24日，中国信息化专家学者围观基层系列活动之围观玉溪“互联网+医疗”会议在玉溪召开。来自全国20多所高校、科研机构和企业的信息化专家学者齐聚玉溪，围观玉溪信息化产业发展。

25日

△市政府与恒丰控股（集团）有限公司牵头的上海仪电控股（集团）有限公司、恒丰银行股份有限公司昆明分行、联合水务有限公司、上海华铭智能终端设备股份有限公司联合体在昆明签署战略合作框架协议。省委副书记、省长陈豪，副省长和段琪，省政府秘书长何金平，玉溪市委书记罗应光等领导出席签约仪式。市委副书记、市长饶南湖在签约仪式上致辞并代表市政府与5家企业签约。市委常委、常务副市长王力主持签约仪式。

26日

△云南红塔银行股份有限公司（简称“云南红塔银行”）在昆明召开新闻发布会，宣布玉溪市商业银行正式更名云南红塔银行。

29日

△在北京召开的全国双拥模范城（县）命名暨双拥模范单位和个人表彰大会上，玉溪再次获得“全国双拥模范城”殊荣，实现“四连冠”目标。

30日

△29～30日，老挝教育部长塞登・腊占塔奔率教育考察团到玉溪进行交流访问。老挝占巴塞省与红塔区政府签订了教育和文化事业建设发展资金捐赠协议，老挝占巴塞省、沙湾拿吉省与玉溪第二职业高级中学签订中等职业人才培养协议，占巴塞省与玉溪师范学院签订老挝学生本科专业培养项目协议。市委书记罗应光，市委副书记、市长饶南湖出席座谈会和签约仪式，与考察团一行进行了深入交流。

△2016云南企业100强发布会暨大企业高峰论坛在玉溪举行。市委书记罗应光在会上致欢迎辞。市委副书记、市长饶南湖作玉溪投资环境及项目推介。

31日

△云南玉溪军粮供应站举行揭牌仪式。

8月

2日

△江苏省云南商会考察团一行到玉溪，对玉溪进行投资考察。洽谈会上，市招商合作局与江苏省云南商会签订了战略合作协议，副市长解仕清出席洽谈会。

5日

△玉溪市委召开第154次常委（扩大）会议，宣布省委对玉溪市人民政府主要领导职务调整的决定。省委组织部副部长罗志明宣读了中共云南省委关于张德华同志任中共玉溪市委委员、常委、副书记，免去饶南湖同志中共玉溪市委副书记、常委、委员职务的决定；云南省委常委会议同意饶南湖免去玉溪市人民政府市长职务，同意张德华提名为玉溪市人民政府市长候选人，按法定程序提交审议决定。

8日

△市四届人大常委会举行第二十四次会议，审议有关人事任免事项，决定张德华为玉溪市人民政府代理市长。根据工作需要和职务调整，省委常委会批准，饶南湖不再担任玉溪市委副书记、市长职务。因退休，李有明不再担任玉溪市第四届人大常委会副主任职务。会议全票表决通过决定任命张德华为玉溪市人民政府副市长，并决定其为代理市长。

△6～8日，玉溪首届滑翔伞全国邀请赛在红塔区老尖山举行。

18日

△副省长丁绍祥在玉溪市调研铁路建设工作并主持召开调研座谈会，研究昆玉铁路建设收尾工作、全力推进玉磨铁路建设以及呈贡至澄江至江川至红塔区城际铁路前期规划工作。

△由玉溪商会投资建设的玉溪会馆在昆明落成。

22日

△玉溪市被中国楹联学会批准为“中国楹联文化城市”。

29日

△玉溪研和工业园区中小企业创业园举行第一批入园项目开工仪式。

30日

△玉溪市儿童医院新建项目举行开工仪式，副市长杨洋出席仪式并宣布项目开工。新建的玉溪市儿童医院项目位于红塔区李棋街道，规划用地面积34 127.5平方米（约51.17亩），按三级综合性儿童医院标准建设，建筑面积约11万平方米，估算总投资6.32亿元。

9月

10日

△8～10日，中国共产党玉溪市第五次代表大会在玉溪举行。大会实事求是地总结了市第四次党代会以来的工作，充分肯定了过去五年的显著成就和宝贵经验，明确提出了未来五年全市工作的“5577”总体思路、六大奋斗目标、五项重点工作，对全面从严治党作了部署安排，审议通过了四届市委和市纪委工作报告，选举产生了新一届市委和市纪委，以及玉溪市出席省第十次党代会的代表。罗应光、张德华、保明顺、李洪云、明正彬、王力、晏森、杨兴荣、金志达、赵基、张小良当选为市委常委。罗应光当选为中共玉溪市委书记，张德华、保明顺当选为市委副书记，赵基当选为市纪委书记。

13日

△ 玉溪第二职业高级中学与老挝占巴塞省、沙湾拿吉省培养中等职业人才开班仪式举行。来自老挝占巴塞省的30名学生和沙湾拿吉省的10名学生将在玉溪二职中进行为期三年的学习。

△ 12～13日，全省义务教育发展基本均衡督导评估工作现场推进会在易门县召开。

14日

△ 来自玉溪市的本土企业——云南创新新材料股份有限公司A股股票在深圳证券交易所正式挂牌上市，创新股份正式登陆中小板，这是玉溪首家在主板上市的本土企业，实现了玉溪零的突破。

17日

△ 16～17日，由玉溪市人民政府、港中旅集团中国旅行社总社主办，玉溪市旅游发展委员会承办的2016年“炫动户外·狂野湖山”玉溪抚仙湖嘉年华活动在抚仙湖畔举行。

19日

△ 玉磨铁路峨山站正式开工建设。

20日

△ 由中共云南省委统战部、省民族宗教事务委员会、省体育局、省文联举办的云南省第三届宗教界体育运动会暨文艺汇演书法绘画摄影展在聂耳大剧院开展。省委统战部副部长、省工商联党组书记马春，省民族宗教事务委员会副主任陆永耀，省体育局副局长吴亚敏，玉溪市人大常委会副主任叶本功，玉溪市副市长黎晓英出席开展仪式。

21日

△ 由省委统战部、省民族宗教事务委员会、省体育局主办，玉溪市委、市政府承办的云南省第三届宗教界体育运动会暨文艺汇演在玉溪开幕。省委常委、省委统战部部长、组委会名誉主任黄毅宣布开幕。省政协副主席、组委会名誉主任马开贤等出席开幕式。玉溪市委书记、组委会主任罗应光致辞。省委统战部副部长、省工商联党组书记、组委会主任马春讲话。省体育局副局长吴亚敏主持开幕式。省级相关部门领导，全省各州市有关领导，省佛教协会、省道教协会、省伊斯兰教协会、省天主教“两会”、省基督教“两会”相关人士等出席开幕式。市领导保明顺、谢兴荣、夏立洪、李洪云、王力、叶本功、朱家伟、黎晓英、马良昌出席开幕式。

22日

△ 云南省体育产业统计工作试点培训在玉溪举行。

23日

△ 云南省第三届宗教界体育运动会暨文艺汇演颁奖晚会暨闭幕式在聂耳大剧院举行。中央委员、国家宗教事务局局长王作安出席并讲话。省委常委、省委统战部部长黄毅出席。省政协副主席马开贤宣布闭幕。省民宗委主任李四明致闭幕词。省委统战部副部长、省工商联党组书记马春出席。市委书记罗应光出席，市委副书记、代市长张德华致辞，市委副书记、市委统战部部长保明顺宣布运动会及文艺汇演获奖名单。国家宗教局、中国社科院、中央党校、省级相关部门、16个州市、全省性5大宗教团体和省级3所宗教院校的有关领导、专家，玉溪市四套班子领导等出席闭幕式。

△ 全省教育卫生补短板的重点项目——玉溪市职教园区项目在玉溪农业职业学院开工。市委常委、红塔区委书记张小良主持开工仪式，副市长杨洋出席开工仪式并讲话。玉溪职教园区按照“一园五片”规划建设，园区总投资80亿元，总占地5 625亩，总规模8.2万人。五个片区分别为现代工业职教园区、现代服务业职教园区、现代农业职教园区、交通产业职教园区、新兴产业园区。

25日

△ 玉溪市政府与同济大学深化校地合作签约仪式在玉溪一中举行，同济大学相关学院领导分别与市教育局、市工信委、玉溪一中签订了职业教育合作协议、工业经济合作框架协议和教育教学综合改革实验基地合作协议，并向玉溪一中授予同济大学教育教学改革实验基地牌匾。市委副书记、代市长张德华，副市长杨洋、解仕清及同济大学有关领导见证签约。

△ 保利·2016云南玉溪抚仙湖国际马拉松赛在澄江县月亮湾湿地公园鸣枪开跑。外籍选手、全国各跑团、个人参赛选手5 000余名马拉松运动员及跑步爱好者参与。

30日

△ 红塔区人民政府与上海新跃物流企业管理有限公司举行玉溪智慧物流平台项目合作签约仪式。

10月

5日

△ 在文化部和北京市政府主办的“2016中国艺术产业博览会”上，华宁锦窑陶业有限公司荣获组委会颁发的“创新艺术机构”奖。

15日

△ 国家艺术基金2015年度资助项目、云南省文艺精品创作专项扶持资金资助项目——大型跨界融合舞台剧《秘境云南》在玉溪聂耳大剧院首演。

20日

△ 市委召开第六次常委会议，研究“玉溪精神”表述语提炼培育相关事项，会议同意把“玉汝于成、溪达四海”作为玉溪精神的表述语。

22日

△ 爱尔眼科医院集团股份有限公司的连锁医院——玉溪爱尔眼科医院在红塔区落地开业，成为玉溪第一家眼病上等级的专科医院。

24日

△ 七彩云南抚仙玉溪—2016年“收获金秋共谋发展”玉溪投资峰会在玉溪举行，来自北京、深圳、上海等地的国内外知名企业家、招商顾问、特邀嘉宾、新闻媒体共600余人参加，现场签约项目43项，投资总额309亿元。

28日

△ 27～28日，全国妇联/联合国儿基会华宁社区儿童保护项目总结暨2016–2019年项目规划会在华宁县召开。

11月

6日

△ 第十四届中国国际农产品交易会暨第十二届昆明国际农业博览会交易会合作项目签约仪式在昆明国际会展中心举行，玉溪签订合作项目2个，项目资金21.2亿元。

8日

△ 7～8日，参加2016年中国云南—斯里兰卡旅游官员及旅游企业高管交流活动的斯里兰卡代表团一行30余人到玉溪考察旅游资源和产品，代表团先后前往通海县、江川区、红塔区和澄江县进行实地考察。

15日

△ 市政府与云南电网有限责任公司加快电动汽车充电基础设施建设、推动玉溪新能源汽车产业发展战

略合作框架协议签约仪式暨第一个样板充电站建设开工仪式在玉溪举行。

16日

△ 玉溪集中开工4个海绵城市建设项目。项目包括玉溪大河上游汇水分区海绵工程、玉溪大河下段黑臭水体治理及海绵工程、玉溪大河以北片区海绵工程、老城片区海绵工程，总投资额达83.8亿元。市委书记罗应光出席开工仪式并宣布项目开工。市委副书记、代市长张德华主持开工仪式。

20日

△ 中华预防医学会创新与科普教育培训基地在玉溪疫苗产业园揭牌并正式启动。

26日

△ 中国产品质量追溯系统网络平台正式落户玉溪。国家防伪工程技术研究中心与市政府签署战略性合作协议，部分玉溪企业代表现场入网签约。

27日

△ 25～27日，受市政府和市科技局邀请，北京化工大学、华中科技大学先后到玉溪考察，就科技创新、科技转化、人才培养等进行深入洽谈。

28日

△ 在全国工业旅游创新大会上，国家旅游局公布了22家首批国家工业旅游创新单位，红塔集团榜上有名，是云南省唯一获此殊荣的单位。

△ 玉溪市第二人民医院举行昆明理工大学附属玉溪医院揭牌仪式。

△ 24～28日，中国·玉溪首届国际自由搏击对抗赛在玉溪市体育馆举行。

29日

△ 玉溪市院前急救质量控制中心成立。

30日

△ 29～30日，贵州省黔西南州政府考察团一行到玉溪，对玉溪城市地下综合管廊等基础设施建设工作进行考察交流。

12月

4日

△ 云南省石学敏院士工作站协作中心授牌仪式在玉溪举行。

6日

△ 第33批中国博士后科技服务团云南玉溪行活动正式启动。

△ 5～6日，应中国人民对外友好协会的邀请，市委副书记、代市长张德华率玉溪代表团参加在北京举行的首届中国丹麦地方政府合作论坛。

7日

△ 6～7日，省委书记、省长陈豪到玉溪调研经济稳增长、产业发展、城乡规划建设、棚户区改造和民生保障等工作，检查指导六中全会精神宣传贯彻、“两学一做”学习教育和基层党建工作。

9日

△ 由云南省国际商会、玉溪市贸促会共同主办的中国玉溪·孟加拉国投资贸易推介会举行。孟加拉国投资管理局理事、秘书长塔赫达·拉赫曼·汗，玉溪市委常委、副市长尚建华出席会议。

11日

△ 七彩云南全民健身运动会“自强杯”云南省首届野战运动公开赛在玉溪聂耳文化广场举行。

12日

△ 玉溪高新区被科技部火炬中心命名为“国家火炬玉溪高新区生物医药特色产业基地”。

14日

△ 市委副书记、代市长张德华与赴玉溪投资考察的云南省江苏商会会长侯景严一行会谈。市直相关部门与商会代表还就基础设施建设、智能交通、信息产业、现代农业加工制造等内容进行了沟通交流。

24日

△ 云南新天地实业发展有限公司与万达商业地产股份有限公司正式签约，双方将共同打造玉溪城市新名片——新天地万达广场。市领导罗应光、谢兴荣、夏立洪、李洪云、王力、张小良、解仕清、蔡四宏，万达集团高级副总裁刘海波等出席并见证签约。

26日

△ 在科学技术部、云南省委省政府共同主办的第三届科技入滇对接会上，东南大学与玉溪签订《玉溪市人民政府与东南大学产学研合作框架协议》。玉溪市住房与城乡建设局、玉溪市旅发委与东南大学、亿阳信通股份有限公司签订了《投资合作意向书》，授牌成立东南大学智慧城市研究院玉溪研究基地。市委常委、常务副市长王力，副市长解仕清、蔡四宏等出席签约授牌仪式。

27日

△ 通海农村商业银行、易门农村商业银行正式挂牌开业，成为全省首批20家县级联社改制组建的农村商业银行。

28日

△ 10：32，从昆明南站首发到玉溪的“和谐号”动车安全抵达玉溪站，标志着昆玉高铁开通运营，玉溪正式迈入“高铁时代。”。

△ 玉溪市湖北商会召开成立大会。

29日

△ 华为玉溪云计算数据中心正式运营启动，同时，省级中医药大数据中心也正式上线。市委书记罗应光宣布华为玉溪云计算数据中心运营启动、省级中医药大数据中心上线。市委副书记、代市长张德华在启动仪式上致辞。市人大常委会主任谢兴荣、市政协主席夏立洪出席启动仪式。华为公司代表与省科技厅副厅长王学勤签订了科技合作协议。省政府有关厅局和省属大企业领导，市领导李洪云、王力等参加启动仪式。

30日

△ 通海县规模化生物质天然气项目开工暨玉溪市高原特色农业产业发展基金首笔投放仪式举行。通海生物天然气项目由云南福慧科技股份有限公司建设，项目获得了玉溪市政府设立的高原特色农业产业发展基金的首笔投放，投放资金为3 000万元。副市长蔡四宏在开工暨基金投放仪式上致辞，并宣布项目开工建设。

△ 元江果香四季国际旅游度假区项目开工建设。项目总规划面积1.23万亩，总投资约30亿元。市委书记罗应光出席开工仪式并宣布项目开工。云南建投集团党委书记、董事长陈文山，市领导李洪云、叶本功、孙云鹏、李少华等出席开工仪式，并共同为项目培土奠基。

青山绿水·碧玉清溪

（市抚管局　提供）

玉溪综述

SUMMARY OF YUXI

责任编校：闵群书

玉溪市概况

【位　置】 玉溪市位于云南省中部，介于东经101°16′～103°9′、北纬23°19′～24°53′之间。东北和北面接昆明市，东南和南面与红河州相邻，西南和西面连普洱市，西北靠楚雄彝族自治州。市委、市政府驻地红塔区中心城区距云南省省会昆明市88千米。区域最大横距172千米，最大纵距163.5千米。总面积15 285平方千米，其中，红塔区、江川区、澄江县、通海县4个县（区）是坝区，面积共3 348平方千米，占总面积的21.9%；华宁县、易门县2个县是半山区，面积共2 888平方千米，占总面积的18.9%；峨山县、新平县、元江县3个县是山区，面积共9 053平方千米，占总面积的59.2%。

【自然环境】 市内地势西北高，东南低，地形复杂。山地、峡谷、高原、盆地交错分布。西部哀牢山是一巨大屏障，山峦连绵，谷壑纵横，属滇西纵谷地带；哀牢山以东是云贵高原西缘，东部和北部有一些较大的断层陷落盆地，南部和西部地表因被河流切割得支离破碎，形成一系列向南弯凸的弧形山脉，失去高原本来面貌。元江河谷沿哀牢山脉东侧的元江断裂带切割较深，从江面到山顶高差达2 000米以上，形成高山峡谷地带。哀牢山脉主峰大磨岩山海拔3 165.9米，为市内最高点。小河底河与元江汇合处海拔327米，是市内最低点。全市除元江河谷外，大部分地区海拔1 500～1 800米。玉溪市政府驻地红塔区中心城区海拔1 630米。

境内主要山峰中，哀牢山脉呈西北向东南走向，斜贯市内新平、元江2县西部。高鲁山位于玉溪盆地西侧，南北走向，主峰黑风洞山海拔2 614米；梁王山从江川区谷堆山转向北东，直抵阳宗海西侧，最高海拔2 820米；磨豆山沿抚仙湖东岸经江川区、华宁县直达杞麓湖北岸，最高海拔2 663米；大水井岩头山位于华宁县中部，自北向南，有红岩（海拔2 281米）、大水井岩头（海拔2 623米）、登楼山（海拔2 507米）、羊槽（海拔2 229米）等山峰；螺峰山位于通海县境内，是云南山字形构造的前弧地带，呈向南凸出的弧形，海拔2 241米。境内还有众多的零散破碎山体，因高山峡谷交错，形成海拔在2 000米以上的数十座孤立山峰。

市内河流分属珠江和红河两大水系。新平、易门、元江3个县和峨山县的一部分属红河水系，集水面积共9 981平方千米。红塔区和江川区、通海县、华宁县、澄江县及峨山县的一部分属珠江水系，集水面积5 044平方千米。红河的上游元江，源头在区外巍山县与大理市之间的茅草哨，自北向南流，进入新平县，称戛洒江、漠沙江，流入元江县境后称元江，出境入红河县，流入越南后方称红河。元江在市内长度为165千米。其支流绿汁江由北向南流经禄丰、双柏、易门、峨山4个县，在新平县三江口汇入元江，在市内长度为180千米；小河底河发源于峨山县甸中，流经化念称化念河，再沿新平、元江2县与石屏县边界流向东南称撮科河、小河底河，在元江县洼垤乡注入元江干流，在市内全长170千米。珠江上游南盘江的一段，在市内长度为90千米，流经华宁县。其支流曲江，发源于红塔区小石桥，南流入江川区称董炳河，经红塔区南流入峨山县，称猊江（峨山大河），流入通海县称曲江（高大河），再流经建水县曲溪镇入华宁县称华溪河，在盘溪镇三江口注入南盘江。曲江全长208千米，集水面积4 103平方千米。

市内有高原断陷湖泊抚仙湖、星云湖、杞麓湖和阳宗海。抚仙湖位于江川区、澄江县、华宁县之间。湖形似葫芦，北宽而深，南窄而浅，中间细长如颈，南北长31.5千米，东西最宽11.5千米，最窄处3千米，湖岸线长90.6千米，湖面水位海拔1 721米，面积212平方千米，容量205.5亿立方米，最大水深151.5米，平均水深87米，是云南省最深的湖泊，也是中国第二深水湖，总蓄水量比滇池大12倍，比洱海大6倍。

【历史沿革】 玉溪市辖地，两汉分属益州、牂牁两郡。蜀汉分属益州、牂牁、兴古三郡。东晋、南朝分属晋宁、建宁、梁水、兴古四郡。隋属昆州。唐初分属黎、钩二州。唐南诏时分属拓东节度、通海都督、银生节度。宋大理时分为37部及善阐府、银生节度地。元设云南行省时，分属澄江路、临安路、元江路、中庆路。明时，澄江路改澄江府，通海、华宁、峨山县属临安府，新设新平县隶临安府，易门县属云南府，元江县设元江军民府。清时，新平县属元江直隶州，其余沿明制。民国废府、州，设道，属滇中道、蒙自道、普洱道，后撤道，县直属省。民国后期曾在新平县设第六行政督察专员公署。

建国后，1950年1月1日成立滇中专员公署，3月改称玉溪专员公署，辖玉溪、昆阳、晋宁、呈贡、澄江、江川、华宁、通海、河西、峨山、易门、新平12个县。1951年，峨山县改为峨山彝族自治区。1954年，原属蒙自专区的元江县划属玉溪专区。1956年，峨山彝族自治区改为自治县。1960年，晋宁县（包括昆阳、呈贡）划属昆明市。1970年12月，新平县改设新平彝族傣族自治县，元江县改设元江哈尼族彝族傣族自治县。1983年8月，玉溪县改设玉溪市（县级），1997年12月13日，经国务院批准，撤销玉溪地区，设立地级玉溪市，原县级玉溪市改设红塔区，1998年6月28日，新设立的市级领导机关挂牌工作。玉溪市下辖红塔区、江川县、澄江县、通海县、华宁县、易门县、峨山彝族自治县、新平彝族傣族自治县、元江哈尼族彝族傣族自治县。2015年12月31日，经国务院批准，撤销江川县，设立江川区。

【行政区划】 2016年，全市下辖七县二区，共设75个乡（镇、街道），其中街道24个，镇25个（1个民族镇），乡26个（10个民族乡）。

（闵群书）

【气候概述】 2016年，玉溪市气候的主要特点是：全市气温正常至略偏高，气温季节分布为冬季略低至偏低，春季略高至偏高，夏季正常略偏高，秋季正常略偏高。大部分县（区）降水正常至略偏多，全市平均降水量930.2毫米，比常年偏多4.4%。年内降水时空分布不均，降水绝对量以9月和11月偏多及7月偏少明显，雨季开始期正常至偏晚，汛期内大范围洪涝灾害不明显，但局部暴雨洪涝突出，秋季出现两次连续阴雨寡照天气过程，大部分县（区）雨季结束期偏早。日照时数在1 632～2 246小时之间，大部分县（区）属光照略偏少年份。年内，全市热量条件和水分条件较好，光照条件稍差，冬季低温霜冻和秋季阴雨寡照天气对农业生产不利，冬春及初夏干旱和汛期洪涝灾害影响相对较轻，2月“倒春寒”影响较小，水稻抽扬期无夏季低温影响，大部分县（区）蓄水条件较好。综合而言，2016年全市气候条件对工农业生产属中等偏上年景。

气　温　全市年平均气温元江县为24.4℃，新平县17.6℃，其余各县（区）为16.2℃～17.0℃。与常年同期相比，江川区偏高1.1℃，属偏高年景，其余县（区）偏高0.0℃～0.6℃，属正常至略偏高年景。与上年相比，各县（区）偏低0.2℃～0.4℃。

气温月、季变化　全市气温季节分布为冬季（2015年12月～2016年2月）略低至偏低；春季（3～5月）略高至偏高；夏季（6～8月）正常略偏高；秋季（9～11月）正常略偏高。全市各月平均气温与常年同期相比，1月和2月分别偏低1.1℃和1.3℃，属偏低年份；3月、10月和12月分别偏高1.1℃、1.4℃和1.6℃，属偏高年份；其余各月偏高0.2℃～0.7℃，属正常至略偏高年份。年内1月23日～25日出现强寒潮天气，大部分县（区）最低气温降至-3℃～-4℃，其中新平县和澄江县创1961年以来1月最低气温记录；2月24～26日出现强降温和小到中雨天气，大部分县（区）最低气温降至3℃～6℃，澄江县、通海县、新平县达到“倒春寒”标准；8月出现阶段性高温天气，全市最高气温均在30℃以上，除新平县外，其余县（区）均突破历史同期最高记录；10月平均气温江川区、通海县、新平县、元江县创1961年以来最高记录，其余大部分县（区）创1961年以来次高记录；12月平均气温江川区创1961年以来最高记录，澄江县、峨山县、新平县创次高值记录。

降　水　2016年的降水总量，新平县1 008.4毫米，元江县697.2毫米，江川区857.8毫米，其余县（区）925～999毫米。与常年同期相比，元江县偏少13%，通海县、易门县偏多11%～14%，红塔区、华宁县偏多8%～9%，其余县（区）偏多0%～6%。全市年平均降水量930.2毫米，比常年同期偏多4.4%，总体属正常略偏多年景。与上年相比，新平县、峨山县偏多113～143毫米，元江县、红塔区偏多32～44毫米，澄江县、江川区偏少156～175毫米，易门县、通海县、华宁县偏少8～51毫米。

降水月、季分布　2016年，全市降水季节分布为冬季（2015年12月～2016年2月）特多；春季（3～5月）大部分县（区）偏少；夏季（6～8月）峨山县、元江县偏少，其余县（区）略少；秋季（9～11月）大部县（区）特多。全市平均各月降水量与常年同期相比，1月、9月、11月特多，其中1月偏多127%，9月偏多57%，11月偏多140%；3月偏少61%，属特少年份；7月偏少31%，属偏少年份；8月和10月偏多4%和1%，属正常略多年份；其余各月偏少7%～20%，属略少年份。降水绝对量以9月和11偏多及7月偏少明显。

日　照　全年日照时数，易门县、红塔区、江川区1 632～1 856小时，其余县（区）1 944～2 246小时。与历年同期相比，易门县偏少23%，红塔区、江川区偏少12%～15%，其余

2016年玉溪市各县（区）平均气温表

单位：℃

气象要素	红塔区	江川区	澄江县	通海县	华宁县	易门县	峨山县	新平县	元江县
温度	16.7	17.0	16.6	16.2	16.3	16.8	16.6	17.6	24.4
比历年(±)	+0.4	+1.1	+0.6	+0.2	0.0	+0.3	+0.4	+0.1	+0.5
比上年(±)	−0.3	−0.2	−0.4	−0.3	−0.4	−0.3	−0.3	−0.3	−0.4

2016年全市平均气温逐月分布图

单位：℃

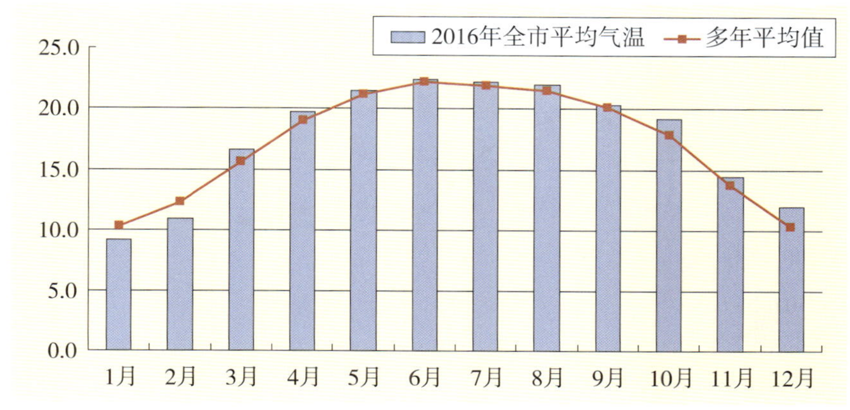

2016年玉溪市各县（区）降水总量表

单位：毫米

气象要素	红塔区	江川区	澄江县	通海县	华宁县	易门县	峨山县	新平县	元江县
降水	985.5	857.8	955.3	998.9	983.0	959.9	925.4	1008.4	697.2
比历年(±)	+8	+1	+3	+11	+9	+14	0	+6	−13
比上年(±)	+44	−175	−156	−19	−51	−8	+143	+113	+32

2016年全市平均降水量逐月分布图

单位：毫米

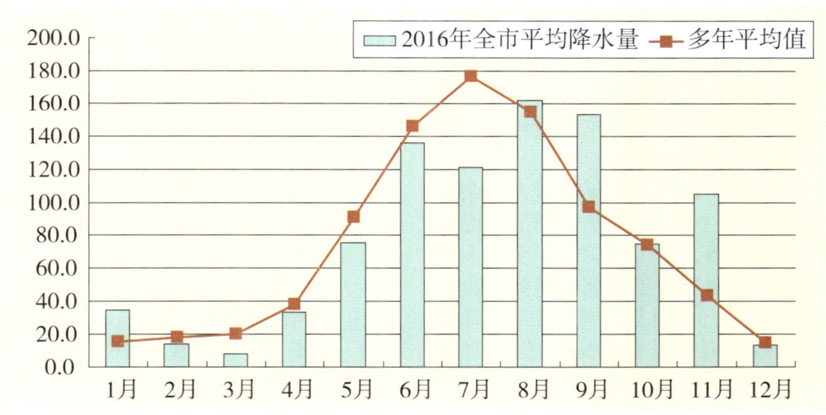

2016年玉溪市各县（区）日照情况表

单位：小时

气象要素	红塔区	江川区	澄江县	通海县	华宁县	易门县	峨山县	新平县	元江县
日照	1780	1856	1944	2114	2008	1632	1961	2246	2186
比历年(±)	-12	-15	-6	-2	-8	-23	-6	-1	-3
比上年(±)	-186	-275	-323	-242	-185	-220	-154	-408	-233

2016年全市平均日照时数逐月分布图

单位：小时

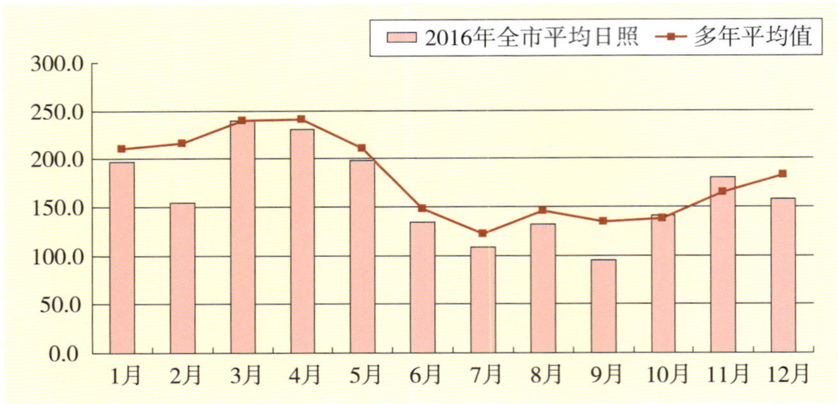

县（区）偏少1%～8%。与上年同期相比，新平县偏少408小时，峨山县、华宁县、红塔区偏少154～186小时，其余县（区）偏少220～323小时。

日照时数月、季分布　2016年，全市日照时数季节分布为冬季（2015年12月～2016年2月）略少至偏少；春季（3～5月）峨山县、新平县、通海县正常略多，其余县（区）正常略偏少；夏季（6～8月）除澄江县、新平县、元江县正常略多外，其余县（区）略少至偏少；秋季（9～11月）大部县（区）正常至略偏少。全市平均日照时数与常年同期相比，11月偏多近1成，2月和9月偏少近3成，3月、4月和10月与常年接近，其余月份偏少1成左右。2月上旬和下旬冷空气活动较多，全市以阴天和小雨天气为主，日照比常年同期明显偏少，其中红塔区、易门县、峨山县2月日照时数创1961年以来最少记录；9月上旬和10月下旬出现两次连续阴雨寡照天气，其中9月日照偏少明显，全市平均日照时数比常年同期偏少3成。

主要天气气候事件

冬季强寒潮　受地面强冷空气和高空西南气流共同影响，1月23日～25日全市出现强寒潮天气，大部县（区）24日最高气温降幅达9℃～13℃，最低气温降至-3℃～-4℃，其中新平县、澄江县创1961年以来1月最低气温记录。

2月倒春寒　受强冷空气影响，2月24～26日全市出现强降温和小到中雨天气，大部县（区）最低气温降至3℃～6℃，24日最高气温降幅达7℃～12℃，澄江、通海、新平3县达到“倒春寒”标准。

春季轻度干旱　3月上中旬、4月上旬和5月上旬出现三个时段的持续高温少雨天气，全市局部出现轻度气象干旱。其中大部分县（区）3月上中旬持续晴热无降水，平均气温比常年同期偏高2～3℃；4月上旬降水量比常年同期偏少5～9成，气温偏高1℃～3℃；5月上旬降水量比常年同期偏少8～9成，气温偏高1℃～2℃。

雨季开始期正常至偏晚　全年各县（区）于5月21～24日达到雨季开始期标准。与常年同期相比，易门县、澄江县、红塔区偏早2～3天，峨山县、江川区、通海县偏晚3～5天，华宁县、新平县、元江县偏晚6～10天。除华宁县、新平县、元江县为偏晚年份外，其余县（区）为正常年份。

夏季阶段性高温天气　全市大部分县（区）8月平均气温正常至略高，月初和中旬17～18日及下旬24～26日出现阶段性高温天气。全市8月最高气温均在30℃以上，除新平县外，其余7县（区）均突破历史同期最高记录，8月最高气温主要出现在18日（元江县出现在2日为40.8℃）。

秋季连阴雨　2016年秋季9月上旬和10月下旬出现两次连续阴雨寡照天气，其中大部县（区）9月上旬持续阴雨5～10天，10月下旬至11月上旬持续11天左右。

主要气象灾害及影响

低温霜冻　受地面强冷空气南下和高空西南气流共同影响，1月23日～25日全市出现强寒潮天气，大部分县（区）最低气温降至-3℃～-4℃。除元江河谷地区外，其余大部均出现降雪天气和结冰现象。各县（区）小春粮食作物和蔬菜等经济作物不同程度受灾，据各县（区）气象局灾情上报统计，全市共有51.665万亩作物受灾，城、乡多数太阳能热水器及附件受损。

洪涝灾害　汛期（5～10月）全市降水量除南部元江偏少外，基余大部县（区）基本正常。汛期内大范围洪涝灾害不明显，但单点暴雨、大暴雨引发的局部洪涝灾害时有发生。全市汛期内共出现大雨57站次（仅统计国家观测站，下同），暴雨3站次，各县（区）均有不同程度洪涝灾害产生。汛期内50毫米以上的暴雨天气比常年同期偏少9站次，是1963年以来最少的一年。5月23～24日、6月11～13日、6月15～16日、6月20～21日、7月20～21日、8月4～5日、8月10～11日、9月10日、9月16～17日、9月19～20日、9月28日、10月29～31日和11月8～9日出现13次范围较大的强降水天气，大部分县（区）出现不同程度洪涝灾害。

风雹灾害　由于冰雹、大风天气造成全市各县（区）出现不同程度的冰雹、大风灾害，烤烟受灾面积2.7 624万亩，比上年偏多1.7 461万亩。市、县（区）人工影响天气中心在雨季冰雹多发期间组织全市各县（区）人影作业点实施了以保护烤烟为重点的人工防雹作业，使设防保护区内的烤烟受灾损失较轻。

气候对农、水、林以及交通、旅游的影响

年内，小春作物生长期间水、热条件较好但光照条件稍差，“倒春寒”天气影响较小，无明显冬、春干旱发生，但1月下旬低温霜冻偏重导致部分作物受灾，气候条件总体对小春作物生长发育和产量、质量形成较有利；全市大部分县（区）雨季开始期正常，初夏干旱偏轻，5月中、下旬降雨日数较多，有利于大春作物及烤烟适时栽种；在烤烟及大春作物生长期间气温正常略高且无夏季低温天气影响，降水略少但无干旱灾害出现，汛期内大范围洪涝灾害不明显。不足之处是5～9月光照条件不及常年，单点性暴雨、大暴雨引发的局部洪涝灾害较多，秋季9月上旬和10月下旬出现两次连续阴雨寡照天气，对大春作物收晒入库不利。年内，蓄水条件较好，特别是9月上旬和10月下旬至11月初出现两次秋季连续阴雨天气过程，9月和11月降水特多，对秋季蓄水较有利。年内，全市冬季和秋季降水特多，有效增加了土壤和植被含水率，对森林防火工作较有利；3月上中旬、4月上旬和5月上旬出现3个时段的持续高温少雨天气而对森林防火不利，其余时段降水较多，空气湿度较大，冬春干旱和初夏干旱较常年偏轻，年内气候条件对森林防火工作总体有利。年内，全市大部分县（区）降水正常至略偏多，大面积洪涝灾害不明显，夏秋除了局地强降水引发山洪暴发造成部分道路堵塞、塌方外，基本没有大的影响，对交通、旅游有利。

（褚二忠）

【人口统计】 *常住人口* 2016年底，全市常住人口237.5万人，与上年末相比，增加1.3万人，增长0.55%。2016年，全市出生人口2.89万人，比上年增加0.09万人，出生率12.15‰，比上年提高0.28个千分点；死亡人口1.47万人，死亡率6.17‰；自然增长数1.42万人，比上年增加0.06万人，自然增长率为5.98‰，比上年提高0.21个千分点。

户籍人口 2016年底，全市户籍人口217.49万人，与上年末相比，增加1.48万人，增长0.69%；总户数789 162户，比上年增加8 620户，平均每户2.76人。在户籍人口中，男性为1094 082人，占50.31%；女性1080 815人，占49.69%；城镇人口834 029人，占总人口的38.35%，乡村人口1340 868人，占总人口的61.65%。

分年龄段人口情况 18岁以下424 268人，比上年减少4 340人，占19.51%；18~35岁538 100人，比上年增加5 584人，占24.74%；35~60岁854 287人，比上年增加1 035人，占39.28%；60岁以上358 242人，比上年增加12 566人，占16.47%。

【民 族】 2016年末，全市有人口超过1 000人的民族10个，其中，汉族1424 455人，占总人口的65.5%，比上年增加6 679人，增长0.5%；少数民族人口750 442人，占总人口的34.50%，比上年增加8 166人，增长1.1%。少数民族中，彝族460 505人，占总人口的21.17%；哈尼族129 482人，占总人口的5.95%；傣族76 044人，占总人口的3.50%；回族44 066人，占总人口的2.03%；白族11 638人，占总人口的0.54%；苗族8 490人，占总人口的0.39%；蒙古族7 612人，占总人口的0.35%；拉祜族7 435人，占总人口的0.34%；壮族1 718人，占总人口的0.08%；其他民族5 170人，占总人口的0.24%。

（市统计局 提供）

地方资源

【森林资源】 2016年底，全市林地面积1 632.62万亩，占全市土地总面积的72.72%。其中，有林地面积1 234.62万亩，疏林地面积9.19万亩，灌木林地面积276.63万亩，未成林造林地56.99万亩，无立木林地21.91万亩，宜林地33.02万亩，其他林地（苗圃地和辅助生产林地）0.24万亩。森林覆盖率为56.7%，林木绿化率为67.94%。全市活立木总蓄积5 527.7万立方米。全市已建立各级自然保护区10个、国家森林公园2个，面积158.15万亩，占国土总面积的7.06%。市境内有国家重点保护野生植物34种，其中国家一级重点保护野生植物9种，国家二级重点保护野生植物25种；国家重点保护陆生野生动物72种，其中一级保护陆生野生动物20种，二级保护陆生野生动物52种，省级重点保护陆生野生动物5种，国家保护的有益的或者有重要经济、科学研究价值的陆生野生动物200余种。

【湿地资源】 2016年底，全市湿地总面积64.6万亩，列全省第四位，占全市国土面积的2.88%。其中河流湿地12.4万亩，占湿地总面积的19.21%；湖泊湿地45.1万亩，占湿地总面积的69.79%；沼泽湿地0.08万亩，占湿地总面积的0.12%；人工湿地7万亩，占湿地总面积的10.88%。

（师红艳）

【水资源】 *水资源总量* 全市多年平均降雨量993.8毫米，折合水量148.53亿立方米；多年平均水资源总量42.64亿立方米（含地下水16.81亿立方米），平均每平方千米产水量28.56万立方米。2016年全市水资源量43.97亿立方米，人均水资源量1 851立方米。降水量时空分布不均，一年内干、湿两季分明，降水多集中在夏、秋季而形成雨季，雨季地表径流量占全年径流量的70～80%，元江流域的新平县、元江县水资源较多，而珠江流域的红塔区、通海县、江川区、澄江县水资源较少。

水利工程蓄水动态 至2016年末，全市已累计建成蓄水工程2 604座，其中，中型15座，小（一）型97座，小（二）型475座，小坝塘2 017座，总库容7.8亿立方米。2016年全市计划蓄水5.0亿立方米。全年各县（区）降水量（截至12月30日）新平县1 008毫米，元江县697毫米，江川区858毫米，峨山县925毫米，其余县（区）955～999毫米。全市平均降雨量882.8毫米，比上年多13.3毫米，比正常年景少22.3毫米；与常年同期相比，元江县偏少1成，江川区、澄江县、峨山县、新平县与常年接近，其余县（区）偏多1成左右。由于降雨较好，增蓄措施得力，年末全市实际库塘蓄水5.49亿立方米，完成省水利厅下达蓄水计划的106%，完成市政府年度考核计划任务5亿方的110%，蓄水比上年同期多1 532万立方米，比正常年景同期多3 495万立方米。其中，中型水库完成蓄水2.84亿立方米，比上年同期多2 111万立方米；小（一）型水库完成蓄水16 230万立方米，比上年同期多982万立方米；小（二）型水库完成蓄水7 450万立方米，比上年同期少696万立方米；小坝塘完成蓄水2 894万立方米，比上年同期少865万立方米，2016年库塘蓄水是8年来最好的年份。

“三湖”蓄水动态 2016年末，星云湖、抚仙湖、杞麓湖年末蓄水总量2052 405万立方米，比上年同期增加6 120万立方米。其中，星云湖蓄水19 850万立方米，比上年同期增加684万立方米，完成计划的100%；抚仙湖蓄水2017 353万立方米，比上年同期增加3 654万立方米，完成计划的99%；杞麓湖蓄水15 202万立方米，比上年同期增加3 150万立方米，完成计划的87%。

供用水量 2016年，全市水利工程年供水量84 151万立方米，其中蓄水工程供水41 890.8万立方米，

占总供水量的49.8%；引水工程供水23 425立方米，占总供水量的27.8%；河湖取水泵站工程供水10 471万立方米，占总供水量的12.4%；机电井工程供水1 631万立方米，占总供水量的1.9%；其他工程供水量6 733.2万立方米，占总供水量的8%。按供水用途分，全市所供水84 151万立方米的分布为农业用水49 863万立方米，占59.3%；工业用水21 261万立方米，占25.3%；城镇居民生活用水7 029万立方米，占8.35%；乡村生活用水3 464万立方米，占4.12%；生态环境用水2 534万立方米，占3.01%。

地表水水资源分布状况　主要河流有元江、南盘江两大水系，径流面积14 945.4平方千米，其中元江流域径流面积9 524平方千米，珠江流域径流面积5 421.4平方千米。多年平均水资源量42.64亿立方米，其中，元江流域多年平均水资源量32.82亿立方米，珠江流域10.38亿立方米。2016年，全市水资源总量43.97亿立方米，其中，元江流域34.32亿立方米，珠江流域9.64亿立方米。

玉溪出境断面以上元江控制径流面积23 125平方千米，多年平均年径流量58.75亿立方米。境内全长165千米，主要支流有绿汁江、清水河、小河底河、扒河等80多条，全长360千米。

玉溪出境断面以上南盘江控制径流面积9 888平方千米，多年平均年径流量31.57亿立方米。主要支流有曲江、海口河、青龙河等17条主要河流，全长292千米。

主要湖泊有抚仙湖、星云湖、杞麓湖。抚仙湖位于江川区、澄江县和华宁县之间，径流区面积674.69平方千米，当湖面高程为1 723.35米时，水域面积约216.6平方千米，湖长约31.4千米，湖最宽处约11.8千米，湖岸线总长约100.8千米；最大水深158.9米，平均水深95.2米，相应湖容水量约206.2亿立方米，其蓄水量占云南省九大高原湖泊蓄水总量的68.3%，占全国淡水湖泊蓄水总量的9.16%，为I类水质。

星云湖位于江川区境内，湖面积34.3平方千米，水深4至10米，平均水深6米，湖容量2.10亿立方米，多年平均入湖量8 191万立方米，为V类水质。

杞麓湖位于通海县境内，湖面积37.3平方千米，最深水深6.5米，平均水深4.5米，湖容量1.78亿立方米。多年平均入湖量8 710万立方米，为V类水质。

河流湖泊的水质，除曲江流经红塔区、峨山县段和绿汁江及其支流扒河和星云湖、杞麓湖已被污染外，其它河流湖泊的水质基本上是清洁的。

地下水资源分布状况　珠江流域各县岩溶地区地下水出露形成泉水较多，珠江流域的红塔区、江川区、通海县、华宁县、澄江县等5县以及峨山县的珠江流域部分，出露流量在0.01立方米每秒以上的就有150处，其中华宁县最多，有53处。较大的泉水有红塔区的九龙池、华宁县的王马大龙潭、盘溪大寨大龙潭、澄江县的西龙潭、峨山县的大龙潭以及易门县的大龙泉等。元江流域各县的泉水则较少，但由于河床切割较深，降水渗入到地下的水量绝大部分又汇入河道，特别是哀牢山地区，地下水的动储量较为丰富。地下水较为丰富的县为新平县、元江县，较少的为通海县。

地下水无大的污染现象，几个大的泉水如澄江县的西龙潭、华宁县的盘溪大龙潭、王马大龙潭、易门县的大龙泉水质都很好。

过境水量　主要过境河流有元江、南盘江、小河底河，过境水量43.48亿立方米。

各区县水资源分布情况

红塔区：多年平均水资源总量即地表水2.38亿立方米（含地下水0.84亿立方米），2016年水资源量2.33亿立方米（含地下水0.72亿立方米），人均占有量456立方米。主要河流有州大河、红旗河、西河、密罗河、龙潭河、清水河、甸苴河、干沟河等。主要水库有东风水库、飞井海水库、红旗水库等，东风水库总库容为9 060万立方米，是红塔区生产、生活的主要水源。较大的泉水有九龙池、黑龙潭、白龙潭等。其中九龙池的多年平均出流量为1.13立方米/秒。

江川区：多年平均水资源总量即地表水0.98亿立方米（含地下水0.74亿立方米）。2016年水资源量1.27亿立方米（含地下水0.89亿立方米），人均占有量445立方米。境内有星云湖，与澄江、华宁共有抚仙湖，有季节性河流16条。中型水库有茶尔山水库。

澄江县：多年平均水资源总量即地表水1.45亿立方米（含地下水0.72亿立方米）。2016年水资源量1.19亿立方米（含地下水0.57亿立方米），人均占有量662立方米。境内河流短小，以湖泊为主。湖泊有抚仙湖、阳宗海。海口河为抚仙湖至南盘江的唯一出口，年平均出流量0.95亿立方米。重要水库有梁王河、东大河两座中型水库。地下水比较丰富，其中西龙潭年出流量3 500.5立方米，最大出水量2.82立方米/秒，最小出流量0.49立方米/秒，是县城凤麓镇和龙街镇的生产、生活用水水源。

通海县：多年平均水资源总量即地表水0.97亿立方米（含地下水0.41亿立方米）。2016年水资源量1.15亿立方米（含地下水0.47亿立方米），人均占有量371立方米。但分布不均，杞麓湖盆区人均占有量只有658立方米。杞麓湖是县内的主要湖泊，沿湖有中河、碧溪、大兴河等10多条季节性河流汇入。境内最大的河流为曲江。曲江常受上游东风水库蓄泄水量的影响，多年平均流量16.0立方米/秒。

华宁县：多年平均水资源总量即地表水3.36亿立方米（含地下水1.1亿立方米）。2016年水资源量2.76亿立方米（含地下水0.72亿立方米），人均占有量1 252立方米。与澄江、江川共有抚仙湖，主要河流有5条，分别为南盘江、曲江、华溪河、青龙河、龙洞河、小红河。泉水有大龙潭泉水，最大出流量为5.2立方米/秒。

易门县：多年平均水资源总量即地表水2.33亿立方米（含地下水0.81亿立方米）。2016年水资源量2.43亿立方米（含地下水0.8亿立方米），人均占有量1 347立方米。主要河流有绿汁江及其支流扒河。扒河集水面积1 531平方千米，年平均产水3.15亿立方米。绿汁江县内集水面积560.6平方千米，年平均流量28立方米/秒，多年平均产水1.15亿立方米。重要水库有岔河，大谷厂两座中型水库。

峨山县：多年平均水资源总量即地表水3.79亿立方米（含地下水1.35亿立方米）。2016年水资源量3.59亿立方米（含地下水1.11亿立方米），人均占有量2 111立方米。县内有大小河流24条，分属红河、珠江水系，属珠江水系的有猊江（上游为州大河），属红河水系的有化念河、绿汁江。猊江平均流量8.19立方米/秒，最大流量275立方米/秒，最小流量0.15立方米/秒。绿汁江多年平均径流量0.64亿立方米；最大流量2 280立方米/秒，最小流量1.0立方米/秒，化念河多年平均径流量1 462亿立方米。全县蓄水工程平水年可供水量4 261万立方米，重要水库有化念水库，库容2 232万立方米。

新平县：多年平均水资源总量即地表水17.67亿立方米（含地下水7.23亿立方米）。2016年水资源量17.82亿立方米（含地下水7.31亿立方米），人均占有量6 099立方米。主要河流有戛洒江（元江上游）和平甸河。戛洒江最大流量1 740立方米/秒，最小流量10立方米/秒；平甸河最大流量125立方米/秒，最小流量0.04立方米/秒。全县蓄水工程总库容10 977万立方米。中型水库有黄草坝、平甸河两座，总库容4 720万立方米。

元江县：多年平均水资源总量即地表水9.7亿立方米（含地下水3.6亿立方米）。2016年水资源量11.43亿立方米（含地下水4.22亿立方米），人均占有量5 093立方米。元江最大流量4 300立方米/秒，最小流量4.1立方米/秒；清水河最大流量390立方米/秒，最小流量0.49立方米/秒；小河底河最大流量1 400立方米/秒，最小流量1.67立方米/秒；主要河流有元江（红河）及其支流清水河、小河底河、磨房河等27条。主要中型水库有章巴水库、磨房河水库、街子河水库等。其中章巴水库库容2 300万立方米，是县城的生产、生活用水水源。

（向小华）

国民经济和社会发展

【生产总值】 2016年，全市完成现价生产总值（GDP）1 311.9亿元，按可比价计算增长7.6%。分产业看，第一产业增加值135.0亿元，增长6.1%；第二产业增加值685.3亿元，增长4.4%；第三产业增加值491.5亿元，增长12.9%。三次产业结构由上年的10.2：55.0：34.8调整为10.3：52.2：37.5。一、二、三产业分别拉动GDP增长0.6、2.5、4.5个百分点，对经济增长的贡献率分别为8.2%、32.1%和59.7%。全市人均GDP达到55 389元，按可比价计算增长7.0%。非公经济实现增加值462.6亿元，增长9.8%，占全市生产总值比重为35.3%，比上年提高1.3个百分点，拉动全市经济增长3.3个百分点，对全市经济增长贡献率达44.1%。

【财政收支】 2016年，全市财政总收入完成462亿元，下降8.7%。一般公共预算收入131.1亿元，增长5.0%，其中增值税（含改征增值税）完成37.7亿元，增长62.0%；营业税完成5.4亿元，下降51.5%；企业所得税完成4.2亿元，下降10.4%；城市维护建设税完成15.6亿元，下降16.1%。

各县区一般公共预算收入完成情况：红塔区21.6亿元，增长7.9%；江川区5.8亿元，增长7.9%；澄江县7.3亿元，增长24.9%；通海县5.2亿元，增长8.3%；华宁县4.0亿元，增长6.0%；易门县5.8亿元，增长9.7%；峨山县4.2亿元，下降5.6%；新平县12.1亿元，增长7.5%；元江县4.2亿元，增长15.2%。

2016年，一般公共预算支出233.4亿元，增长4.5%。其中：教育支出41.9亿元，增长13.7%；社会保障和就业支出27.2亿元，增长4.2%；医疗卫生与计划生育支出27.4亿元，增长25.1%。

【市场物价】 2016年，全市居民消费价格比上年上涨1.3%。分类别看，居民消费的八个大类呈现七涨一降的运行态势。食品烟酒类价格上涨3.8%，其中粮食类价格上涨1.6%，畜肉类价格上涨11.1%，鲜菜类价格上涨4.6%，鲜瓜果类价格下降1.3%；衣着类价格上涨0.2%；生活用品及服务类价格上涨0.3%；医疗保健类价格上涨1.0%；交通和通信类价格下降0.6%；教育文化和娱乐类价格上涨0.2%；居住类价格上涨0.3%；其他用品和服务类价格上涨0.7%。

2016年，商品零售价格上涨0.5%；农业生产资料价格上涨0.9%；工业生产者出厂价格下降0.6%；购进价格下降4.3%。

【农　业】 2016年，全市实现农林牧渔业增加值136.7亿元，按可比价计算增长6.2%。其中：农业（种植业）增加值89.0亿元，增长5.8%；林业增加值3.8亿元，增长4.0%；牧业增加值40.2亿元，增长7.1%；渔业增加值2.0亿元，增长4.6%；农林牧渔服务业增加值1.7亿元，增长11.0%。

2016年，全市粮食总产量为62 400万千克，增长1.4%。烤烟总产量8 019万千克，减少0.6%，烤烟收购153万担，收购金额24.5亿元，均价32.0元/千克。油料产量3 904万千克，增长2.9%；园林水果产量66 867万千克，增长5.6%；甘蔗产量75 526万千克，减少12.2%；蔬菜产量229 669万千克，增长4.6%；核桃产量1 160.1万千克，增长16.3%。

2016年，全市肉蛋奶总产量51.7万吨，增长8.9%。其中，肉类产量37.0万吨，增长9.2%；禽蛋产量13.9万吨，增长7.7%；奶类产量0.8万吨，增长19.1%。水产品产量1.68万吨，增长1.9%。

【工　业】 2016年，全市完成全部工业增加值632.0亿元，按可比价计算增长3.0%，拉动GDP增长1.56个百分点，对经济增长的贡献率为20.5%。规模以上工业企业415家，主营业务收入1 210.6亿元，增长4.0%；实现增加值597.3亿元，增长2.6%。分轻重工业看，轻工业实现增加值443.8亿元，下降1.4%，其中烟草制品业完成391.0亿元，下降4.8%；重工业实现增加值153.5亿元，增长15.5%，其中：黑色金属矿采选业完成25.4亿元，增长12.5%；黑色金属冶炼及压延加工业完成24.7亿元，增长8.2%；有色金属矿采选业完成9.1亿元，增长7.2%；有色金属冶炼及压延加工业完成20.6亿元，增长12.2%。

部分工业产品产量增长较快，其中增幅最高的是纸制品增长56.6%，其次是磷酸增长53.2%，其余依次是塑料制品增长28.8%、农用薄膜增长28.1%、变压器增长21.1%。

【建筑业】 2016年，全市建筑业完成增加值53.8亿元，按可比价计算增长25.4%。全市具有资质的建筑施工企业168家，资质建筑企业期末人数44 151人，其中工程技术人员11 929人，比重为27.0%；一级建造师209人，比重为0.5%。全年商品房施工面积810.3万平方米，下降6.1%；商品房竣工面积93.3万平方米，下降48.2%。

【固定资产投资】 2016年，全市完成固定资产投资（不含农户）893.7亿元，增长33.9%。其中第一产业完成投资37.3亿元，增长34.5%；第二产业完成投资169.4亿元，下降6.5%；第三产业完成投资686.9亿元，增长49.8%。

从主要行业看，工业完成投资169.4亿元，下降6.5%；交通运输、仓储和邮政业完成投资145.8亿元，增长116.4%；房地产业完成投资305.2亿元，增长37.6%。

【国内贸易和对外经济】 2016年，全市实现社会消费品零售总额326.8亿元，增长12.2%。从销售地区看，城镇实现消费品零售额279.9亿元，增长13.6%；乡村实现46.9亿元，增长12.4%。按消费形态分，餐饮收入实现59.0亿元，增长15.0%；商品零售实现267.8亿元，增长11.5%。

全年完成外贸自营进出口总额201 900万美元，增长6.5%。其中出口199 158万美元，增长7.5%；进口2 742万美元，下降37.5%。分企业情况看，136户私有民营企业完成出口198 887万美元，增长7.5%；14户外商投资企业完成出口3 013万美元，减少35.5%。自营出口商品中，金额达30万美元以上的商品有51种，累计出口额195 659万美元，占全市出口总额的98.2%。

2016年，全市共实施市外国内资金项目963个，引进市外国内资金800.4亿元，增长20%，其中引进省外资金605.6亿元，增长28%。实际使用外资117万美元，下降85%。

【交通运输、邮电业和旅游】 2016年，全市交通运输、仓储及邮政业实现增加值21.0亿元，增长4.1%。公路建设成效明显，客货运输平稳发展。2016年底全市公路通车总里程达到17 230.1千米，其中高速公路259.0千米、一级公路107.5千米。高级、次高级路面占全市公路总里程的37.5%。全市公路运输客运量完成1 912万人，下降3.6%；旅客运输周转量120 106万人千米，下降2.5%。完成货运量10 054万吨千米，增长4.4%；完成公路运输货物周转量1578 768万吨千米，增长8.4%。

2016年，全市拥有机动车75.2万辆，其中：汽车36.5万辆，汽车中载客汽车29万辆（轿车16.5万辆），载货汽车7.3万辆（普通载货汽车2.3万辆），其他汽车2 260辆；摩托车38.5万辆；挂车2 380辆。

2016年，全市邮电业务总量31.7亿元，增长11.0%。全市固定电话用户达11.3万户，移动电话用户224.6万户。互联网宽带网用户38.8万户，增长9.3%。

2016年，全市接待游客2 711.2万人次，增长17.4%；旅游总收入162.9亿元，增长28.8%。年底全市拥有星级饭店34家；国际国内旅行社35家；国家级A级以上景区19个；全国工业旅游示范点1个；云南省级特色旅游小镇3个。

【金融和保险业】 2016年，全市金融业实现增加值75.9亿元，增长22.1%。年末金融机构人民币各项存款余额1 515.7亿元，比上年增加193.3亿元，增长14.6%。其中住户存款余额752.3亿元，增长10.1%。全市金融机构人民币各项贷款余额903.5亿元，增加57.3亿元，增长6.8%。存贷比59.6%，比上年下降4.4个百分点。

2016年，全市共有保险机构28家，其中产险公司15家、寿险公司11家、代理公司2家。全市实现保费收入36.2亿元，增长17.4%，为全市提供了7 117.0亿元的风险保障，在全省各州市排名第四位。其中财产险保费收入14.9亿元，增长11.6%；人寿险保费收入21.3亿元，增长22.0%。全市赔款支出11.7亿元，赔付率32.4%，其中财产险支付赔款7.1亿元，赔付率47.6%；人寿险给付赔款4.6亿元，给付率21.8%。

【教育和科学技术】 2016年，全市教育事业美丽100校园行动计划暨校安工程圆满收官，“互联网+教育”模式影响不断扩大，“全面改薄”工程走在全省前列，职业教育改革成效显著，职教园区建设取得实质进展。

2016年，全市有大专院校2所，招生4 484人，比上年增长5.6%；在校学生15 687人，增长5.1%；毕业生3 609人，下降5.2%。普通中专学校3所，招生2 840人，增长0.4%；在校学生7 890人，下降1.3%；毕业生2 334人，增长3.5%。职业高中9所，招生5 687人，增长3.0%；在校学生14 739人，下降4.1%；毕业生5 119人，增长13.0%。普通高中21所，招生13 111人，比上年增长0.4%；在校学生38 248人，下降0.4%；毕业生12 592人，增长1.1%。初中83所，招生27 972人，下降5.2%；在校生85 693人，下降4.3%；毕业生30 164人，增长3.6%。普通小学529所，招生23 619人，增长0.7%；在校生148 184人，下降3.8%；毕业生28 603人，下降5.5%。幼儿园（含学前班）在园幼儿6.3万人。小学学龄儿童入学率达99.96%。学前三年儿童毛入园率78.1%。

2016年，全市共投入“三免一补”资金30 900万元，全市义务教育阶段学生共9.1万人享受生活补助，小学生补助标准1 000元/生/年，初中生补助标准1 250元/生/年。职校与普通高中招生比例达0.83：1。

2016年，全市实施国家和省各类科技计划项目91项。获省奖励的科技成果项目11项，获市奖励的科技成果项目50项，其中一等奖5项、二等奖15项、三等奖30项。争取各项科技经费共计6 166.5万元。市级科技项目投入4 571万元。申报专利1 517件，批准（授权）专利918件。

【文化、卫生和体育】 2016年末，全市有文化馆10个，公共图书馆10个，乡镇综合文化站75个；国家级文物保护单位6项，省级23项，市级53项，县级180项；被列入国家级“非遗”名录项目6个，省级25个，市级181个，县级324个。全市有文化经营单位1 745家，其中，娱乐场所482家，网吧316家，出版物经营单位362家，印刷企业116家，打印复印影印企业469家，基本形成发展速度快、场所分布广、门类品种全，集欣赏娱乐、健身休闲为一体的文化娱乐产业。

2016年，全市医疗卫生机构1 394个，其中专业公共卫生机构40个，医院73个。医疗卫生机构拥有编制床位数11 293张，实有床位数13 238张；卫生技术人员15 639人，其中执业（助理）医师5 570人。疾病预防控制机构10个，卫生技术人员451人；妇幼保健院（所、站）10个，卫生技术人员620人。全年传染病发病率为144.9/十万，发现艾滋病感染者随访管理率达100%，与上年持平。

2016年，城镇职工医疗保障水平稳步提高，建立了20种重大疾病保障机制，参保职工最高支付限额达到25万元。城镇居民人均筹资水平达到568元，其中各级政府补助448元，个人缴费120元。城镇医疗保险参保人数达到50.8万人，全部（含统筹和个人账户）245万人次，其中统筹待遇享受92万人次。全年新农合个人财政补助标准每人每年540元，参加新型农村合作医疗保险160.7万人，参合率为98.3%。全年共556.2万人次享受新农合减免补偿，减免补偿金80 388.7万元，切实解决了人民群众小病拖、大病扛、慢病基本管不了的重大民生问题。

2016年，全市组织举办和承办了云南省第三届宗教界体育运动会暨文艺汇演、ITF国际女子网球巡回赛、格兰芬多国际自行车节玉溪站、抚仙湖国际高原湖泊帆船赛、“北冰南

展”全国轮滑选拔赛、云南省第五届健身气功交流比赛、全国公开水域游泳系列赛抚仙湖站暨第十届云南·玉溪抚仙湖公开水域游泳邀请赛等国际国内赛事。

云南省第九届农民运动会玉溪市代表团共夺得21个一等奖、24个二等奖、17个三等奖，取得了一等奖总数和总成绩全省第二名的优异成绩，并荣获“体育风尚奖”，1个运动队和17名运动员获得了体育道德风尚奖。

【城市建设和生态环境】 至2016年底，全市城市建成区面积72.3平方千米，城市维护资金支出37 188万元，建成区绿化覆盖面积2 843.4公顷，建成区绿化覆盖率39.5%。建成区园林绿地面积2 493.5公顷，其中公园绿地面积772.6公顷，人均公园绿地面积10.7平方米。

全市集中式饮用水源地水质达标率保持100%；中心城区环境空气质量优良率达到99.7%，比上年提高0.3个百分点，实现了县级城镇环境空气质量自动监测系统全覆盖。

2016年，全市规模以上工业能源消费量为715.7万吨标准煤（等价热值），增长1.5%。在规模以上工业主要能源消费量中，原煤消费量226.9万吨，比上年下降8.1%；焦炭消费量276.8万吨，增长3.2%；电力消费量87.5亿千瓦时，增长1.0%。

【劳动就业、社会保障和安全生产】 2016年，全市城镇新增就业人员2.55万人，帮助7 962名就业困难人员实现就业，城镇下岗失业人员再就业9 516人，开发公益性岗位4 631个，全市城镇登记失业率为3.54%。

2016年，全市参加城镇职工养老保险人数31.29万人。其中，参加机关事业养老保险在职职工6.28万人，收缴机关事业养老保险费15.43亿元；企业养老保险参保人员18.01万人，收缴企业养老保险费15.62亿元。参加城乡居民基本养老保险人数120.07万人。参加城镇职工基本医疗保险单位6 732户，参保职工26.15万人，收缴基本医疗保险基金10.3亿元。参加城镇职工失业保险人数15.25万人，征缴失业保险费1.31亿元，为5 477名失业人员按时足额发放失业保险待遇2 456万元，确保了失业人员的基本生活。全市农村劳动力转移培训23.0万人次，实现农村劳动力转移就业43.9万人次，企业劳动合同签订率为94.5%，企业集体合同签订率为91.6%。

2016年，全市发生统计范围内各类伤亡事故104起，死亡98人，受伤69人，其中发生道路运输事故78起，死亡72人，受伤55人；发生工矿商贸事故25起，死亡26人，受伤13人；发生农业机械事故1起，受伤1人。发生一次死亡3至9人（含3人）较大事故5起，死亡16人（均为较大道路交通事故）。已连续14年杜绝了一次死亡10人以上的重特大事故。

【人民生活】 2016年，全市在岗职工平均工资达到58 523元，比上年增加6 788元，增长13.1%；全市城镇常住居民人均可支配收入32 177元，比上年增加2 546元，增长8.6%；城市常住居民（红塔区）人均可支配收入33 278元，比上年增加2 686元，增长8.8%。全市城镇常住居民家庭每100户拥有汽车56辆，其中城市常住居民家庭每100户拥有汽车78辆。全市农村常住居民人均可支配收入11 968元，比上年增加991元，增长9.0%。全市农村常住居民家庭每百户拥有彩色电视机111台、家用电脑22台、生活用汽车40辆。

（何　洋）

（吴　垠　摄）

领导名录

中共玉溪市委

书　　记　罗应光
副 书 记　饶南湖（2016.07离任）
　　　　　张德华（2016.08任）
　　　　　保明顺（2016.02任）
常　　委　罗应光
　　　　　饶南湖（2016.07离任）
　　　　　张德华（2016.08任）
　　　　　保明顺（2016.02任）
　　　　　李洪云
　　　　　董文献（2016.06离任）
　　　　　明正彬
　　　　　陈　勇（2016.06离任）
　　　　　王　力（2016.06任）
　　　　　晏　森
　　　　　方志鸣（2016.06离任）
　　　　　杨兴荣
　　　　　金志达
　　　　　赵　基（2016.12离任）
　　　　　张小良（2016.09任）
　　　　　王学勤（挂职，2016.03离任）
　　　　　尚建华（挂职，2016.03任）
秘 书 长　李洪云
副秘书长　赵永云
　　　　　张亚辉
　　　　　师　文（兼）
　　　　　吕　伟
　　　　　沐洪胜
　　　　　李　德
　　　　　杨文钦（2016.07任）

市委各部门

市委办公室
主　　任　张亚辉（2016.02任）
副 主 任　张丽琳（2016.07离任）
　　　　　王　力
　　　　　孔令斌
　　　　　毛金明（2016.07任）
党委书记　李洪云
副书记、纪委书记　曹绍平

市委常委办
主　　任　邓　皓

信息综合室
主　　任　何光涛

市委督查室
主　　任　吕　伟
副 主 任
市委正县级督查专员　张丽琳
市委副县级督查专员　罗云寿
　　　　　王红喜
　　　　　丁　莉

机要局
局　　长　王从明
副 局 长　杨　勇

档案局（馆）（副县级）
局　　长　马增福
副 局 长　杨长利
　　　　　陈全胜

市委组织部
部　　长　晏　森
副 部 长　袁　平
　　　　　周　俊
　　　　　陈开翔
　　　　　陈川铭
　　　　　王增琪

两类党工委
书　　记　陈川铭（兼）
副 书 记　宋成杰
基层办主任　宋成杰（兼）
部务委员　王福其（2016.05离任）
　　　　　王建宏（2016.05离任）
　　　　　詹道斌
　　　　　黄子连（2016.05任）

市委宣传部
部　　长　杨兴荣
常务副部长　余　莉
副 部 长　龚紫山
　　　　　方勇云
　　　　　李文平（2016.07任）

市委精神文明建设指导委员会办公室（正县级）
主　　任　余　莉（兼）
副 主 任　李　娜

市委讲师团（副县级）
团　　长　乐兴建

市委对外宣传办公室、市政府新闻办公室（正县级）
主　　任　张正友

市文化体制改革与文化产业发展领导小组办公室
主　　任　龚紫山

市加强和改进互联网舆论引导办公室
主　　任　李文平（2016.07离任）

市委外宣办（市政府新闻办）
副 主 任　官朝弼

玉溪日报社
社　　长　张存良
副 社 长　李卫东
　　　　　杨　光
　　　　　李向文
总　　编　师跃雄（2016.01离任）
副 总 编　杨　光
　　　　　矣顺文

市委统战部
部　　长　方志鸣（2016.06离任）
　　　　　保明顺（兼，2016.07任）
副 部 长　龙　兰
　　　　　沐爱斌
　　　　　普建蓉

市政府台湾事务办公室
主　　任　张庆春

市委政法委
书　　记　明正彬
专职副书记
副 书 记　杨国聪（2016.02离任）
　　　　　李矿生（2016.07离任）
　　　　　张云超
　　　　　娄勇强（2016.02任）

政治处
主　　任　杜　杰
副 主 任　杨　彪

市委防范和处理邪教问题领导小组办公室
主　　任　杨建萍
副 主 任　林甲乙

市社会管理综合治理委员会
副 主 任　李矿生（2016.07离任）
办公室主任　李矿生（2016.07离任）
办公室专职副主任　陈　凡
　　　　　祁　涛

执法监督室
主　　任　马映涛

维稳工作办
专职副主任　吴仕祥（2016.05任）

市委政策研究室
主　　任　赵永云
副 主 任　王　东
　　　　　金宏森
　　　　　合晓斌
市委改革督查专员
　　　　　侯　坤（2016.10离任）

市委机构编制办公室
主　　任　刘永新
常务副主任　师尚佳
副 主 任　马勤伟

市事业单位登记管理局
局　　长　刘永新（兼）
副 局 长　师尚佳（兼）
　　　　　马勤伟（兼）

市直机关工作委员会
书　　记　李洪云
常务副书记　张　明
副 书 记　李增荣

市委党史研究室
主　　任　孔施祥
副 主 任　段利星

市委党校
校　　长　保明顺（兼，2016.07任）
常务副校长　姚学松（2016.05离任）

刀有忠（2016.05任）
副校长　宋红瑛
傅鹏飞（2016.07任）
市行政学校
校　长　杨　洋
副校长　姚学松（2016.06离任）
刀有忠（2016.06任）
宋红瑛
傅鹏飞（2016.07任）
市委党校、行政学校党委
书　记　姚学松（2016.05离任）
刀有忠（2016.05任）
副书记　刘　诚
纪委书记　万舰航
社会主义学院
院　长　方志鸣（兼，2016.06离任）
保明顺（兼，2016.07任）
副院长　姚学松（2016.05离任）
刀有忠（2016.05任）
宋红瑛
傅鹏飞（2016.07任）
市保密局
局　长　许中华
副局长　和　平（2016.11离任）
李艳萍（2016.11任）
市委老干部局
局　长　周　俊
副局长　冯　平
何永贤
干休所（副县级）
所　长　杜继玲
老年大学（副县级）
校　长　施宏芳
市关工委
专职副主任
秘书长　李雪梅（2016.07任）

市纪委

书　记　赵　基（2016.12离任）
副书记　李长虹（2016.04离任）
张　伟（2016.06任）
普光照（2016.05离任）
蒋光厚
陈世雄（2016.06任）
市委巡视工作联络组办公室
主　任　杨丽坤
办公室
主　任　解永辉
组织部
部　长　施纯律（2016.05任）
宣传部
部　长　杨　红
案审室
主　任　李文学
信访室
主　任　朱建全
第三纪检监察室
主　任　王进方
第四纪检监察室
主　任　杨俊荣
党风政风监督室（市政府纠正行业不正之风办公室）
主　任　叶永发（2016.07任）
案件监督管理室
主　任　矣向林
纪检监察干部监督室
主　任　李亚林
研究室
主　任　李文山
机关党委专职
副书记　张　宇
市巡视工作联络领导小组办公室
副主任　王宏明
赵　波（2016.07任）
市监察局
局　长　李长虹（2016.04离任）
张　伟（2016.06任）
副局长　陈世雄（2016.06离任）
李家富
王　辉（2016.06任）
市纪委派出第一纪工委
书　记　杨江明
副书记　李绍平（2016.07离任）
梁黎坤
市纪委派出第二纪工委
书　记　吴天明
副书记　秦俊杰
坝汝明
市纪委派出第三纪工委
书　记　袁永祥
副书记　岳崇华
王　杰
市纪委派出第四纪工委
书　记　邵昌荣
副书记　李　立
储建玲
市纪委派出第五纪工委
书　记　李　黎
副书记　王　洪
郑　江
市纪委派出第六纪工委
书　记　曲春祥
副书记　胡　斌
市监察局派出第一监察分局
局　长　李绍平（2016.07离任）
市监察局派出第二监察分局
局　长　秦俊杰
市监察局派出第三监察分局
局　长　王　杰
市监察局派出第四监察分局
局　长　李　立
市监察局派出第六监察分局
局　长　胡　斌

市人大常委会

主　任　谢兴荣
副主任　李有明（2016.07离任）
吴建森（2016.11离任）
郭开堂
雷庆丽
周继武
叶本功
秘书长　李　伟（2016.02任）
副秘书长　李　伟（2016.02离任）
朱尤锋
肖剑林
姚学松（2016.06任）
陈国清（2016.07离任）
邓　兵
许忠云
金德芳
李万标（2016.07任）
办公室
主　任　朱尤锋
副主任　孙学著
施导伟
财政经济委员会
主任委员　刘振荣
副主任委员　王志坚
法制和内务司法工作委员会（机构改革）
主　任　徐映东（2016.07离任）
副主任　杨正昌（2016.07离任）
法制工作委员会
主　任　徐映东（2016.07任）
内务司法工作委员会
主　任　杨正昌（2016.07任）
教科文卫工作委员会
主　任　周　葵
副主任　李贵华
杨英泽（2016.07任）
选举联络工作委员会
主　任　吕元平
副主任　蒋兴龙
民族外事华侨工作委员会
主　任　吴　芸
副主任　卢八林
城建环保资源工作委员会
主　任　夏伟十
副主任　李成平（2016.07离任）
杨静媛（2016.07任）
农业工作委员会
主　任　马琼仙
副主任　王　祥（2016.07离任）
邹伟斌（2016.10任）

预算工作委员会
主　　任　黄太武（2016.07任）
副 主 任　柏宁红
研究室
主　　任　肖剑林
副 主 任　王革平
机关党委
书　　记　李　伟
专职副书记　李万标（2016.07离任）
李发林（2016.07任）

市人民政府
市　　长　饶南湖（2016.07离任）
代理市长　张德华（2016.08任）
副 市 长　陈　勇（2016.06离任）
王　力（2016.06任）
杨　洋
解仕清
左　广（2016.06离任）
蔡四宏
孙云鹏
朱家伟
王学勤（挂职，2016.03离任）
尚建华（挂职，2016.03任）
秘 书 长　孙金会
副秘书长　李庆华（2016.01离任）
瓦庆超（2016.03任）
杨　胜
张少云（2016.07离任）
戴兴德
刘世祥
张　丽
罗绍国
毕孝宁（2016.12任）

市政府各部门
市政府办公室
主　　任　李庆华（2016.01离任）
瓦庆超（2016.03任）
副 主 任　付少剑
卢春剑
桂云国
党委书记　孙金会
副 书 记　李庆华（2016.01离任）
瓦庆超（2016.03任）
刘建荣
纪委书记　刘建荣
市政府驻北京联络处
主　　任　瓦庆超（兼，2016.07任）
市政府法制办公室
主　　任　李尊平
副 主 任　张　敏
市政府督查室
主　　任　李　斌
正县级督查专员　王伟生
副县级督查专员　黄必权
杨四新
普家荣（2016.07任）
市政府接待办
主　　任　李　德（兼）
副 主 任　王丽萍
市政府机关事务管理局
局　　长　豆　卿
应急管理办公室
主　　任　郭永生
副 主 任　雷　鸣（2016.05离任）
市发展和改革委员会
主　　任　普昌文
副 主 任　李长伟
夏从实
付春飞
马利兴
隆　勇
重点项目特派员　陈元剑
苏　搏
杨海军
市铁路建设领导小组办公室
主　　任　马金鸿（2016.07离任）
市医改办
主　　任　杨士伟
市工业和信息化委员会
主　　任　谢光平（2016.03离任）
康凌华（2016.03任）
副 主 任　宋明清
王　亮
孙汝泽
杨林生（2016.10离任）
张伟红（2016.12任）
党委书记　张贵祥（2016.02离任）
副 书 记　谢光平（2016.03离任）
康凌华（2016.03任）
副书记、纪委书记　张　华
市中小企业管理局
局　　长　谢光平（2016.03离任）
康凌华（2016.03任）
副 局 长　宋明清
王　亮
孙汝泽
杨林生（2016.10离任）
张伟红（2016.12任）
市教育局
局　　长　罗江云
副 局 长　曾　敏（2016.02离任）
陈　挺
颜永宏
吴光连
党委书记　曾　敏（2016.02离任）
党委副书记　罗江云
副书记、纪委书记
田　国（2016.05离任）
黄晓春（2016.05任，2016.08离任）
李　丹（2016.11任）
教育科学研究所（副县级）
所　　长　矣向阳
市招生考试委员会办公室
主　　任　方丽华
市科学技术局
局　　长　李世华
党组书记　李世华
副 局 长　柏文忠
王　科
赵　静
市民族宗教事务局
局　　长　沐爱斌
党组书记　沐爱斌
副 局 长　董存志
官建团
杨哲博
市公安局
局　　长　朱家伟
副 局 长　舒　勇
杨江云
杨柱本（2016.07离任）
刘绍华
曾　逵（2016.03任）
苏少明（2016.07任）
党委书记　朱家伟
副 书 记　张家明
纪委书记　汤文龙
公安局政治部
主　　任　苏少明（2016.07离任）
副 主 任　黄伟华
王贵元
溥恩武
公安局交警支队（正县级）
支 队 长　王景明
政　　委
副支队长　聂　波
何文奎
李　昊
车管所
所　　长　李劲明
政　　委　张庆莲（2016.07任）
公安局禁毒支队（正县级）
支队长　曹文刚（2016.07离任）
卢保成（2016.07任）
政　　委　李荣坤
副支队长　李浏华（2016.07任）
公安局治安支队（正县级）
支 队 长　彭　涛
政　　委　陈　彪
副支队长　李　斌

公安局国内安全保卫支队（正县级）
支队长　杜云昌
政　委　张再洪
副支队长　胡来福
公安局科技信息化支队（正县级）
支队长　周　宏
政　委　夏贵山
公安局技术侦查支队（正县级）
支队长　於泽波
政　委　余　辉
公安局网络安全保卫支队（正县级）
支队长　业光权
政　委　李红星
公安局经侦支队（正县级）
支队长　严家顺
政　委　业增华
副支队长　王卫林（2016.07任）
公安局刑侦支队（正县级）
支队长　谢俊东（2016.07离任）
政　委　阮兆成
副支队长　周　斌（2016.07任）
公安局巡特警支队（正县级）
支队长　李世强
政　委　李卫东
副支队长　张文献
肖　明（2016.07任）
公安局警令部（正县级）
主　任　娄勇强（2016.02离任）
谢俊东（2016.07任）
政　委　毕金剑
副主任　谢　军
李光文
杨　峰（2016.07任）
反恐支队（副县级）
队　长　李绍洪
政　委　范志伟
市公安局环境保护分局（副县级）
局　长　卢保成（2016.07离任）
曹文刚（2016.07任）
政　委　李　迪
监所管理支队（副县级）
支队长　普光伟
政　委　李先祥
市公安局警务督察支队（副县级）
支队长　汪兴介
市公安局警卫支队（副县级）
支队长　罗云川
政　委　刘光倧
信访处（控告申诉办公室）（副县级）
处长（主任）　饶　静
纪委副书记　于荣芳
尹炳学（2016.07任）
出入境管理支队（副县级）
支队长　飞　霞
市看守所
所　长　陆凤鸣

法制支队
支队长　刘玉龙
警务保障处
处　长　巨立中
市民政局
局　长　方建华
党组书记　方建华
副局长　杨思荣
施义东
杜　勋
市老龄委
副主任
市社区建设领导小组办公室
副主任　肖　伟
市社会福利服务中心
主　任　赵　燕
市司法局
局　长　李卫华
副局长　刀剑岗（2016.12离任）
张文信
夏黎明
刀彦伟（2016.12任）
党委书记　李卫华
副书记、纪委书记　周葆华
政治部主任　黄志慧
市财政局
局　长　莽成柱（2016.06离任）
李丁全（2016.06任）
党组书记　许志云
党组副书记　李丁全（2016.06任）
副局长　张春玉
黎　坚
禹联信
市财政局会计管理局（副县级）
局　长　张　麟
市财政局非税收入管理局（副县级）
局　长　史金华
市国有资产管理委员会
主　任　莽成柱（兼，2016.06离任）
李丁全（兼，2016.06任）
专职副主任　杨　徽
副主任　康旭辉（兼）
党委书记　莽成柱（兼，2016.06离任）
李丁全（兼，2016.06任）
常务副书记
专职副书记　康旭辉
市人社局
局　长　袁　平
党组书记　袁　平
副局长　杨玉光
张　秦
张　名
代春强
林　清（2016.06任）

市外国专家局
局　长
市人才服务中心（副县级）
主　任　权永红
市企业退休人员管理服务中心（副县级）
主　任　金绍林
市社会保险局（副县级）
局　长　张志萍
市公务员局
局　长　代春强
市医保中心
主　任　杨益昌
市劳动就业局
局　长　杨丽萍
市国土资源管理局
局　长　方正春（2016.07离任）
胡庆华（2016.08任）
党组书记　胡庆华（2016.08任）
副局长　海秀兰
杨长飞
市土地储备中心（副县级）
主　任　胡庆华
副主任　业权华
李云嵩
市环境保护局
局　长　张金翔
党组书记　张金翔
副局长　黄朝荣
矣家宁
李春文
市环境监察支队
支队长
市规划局
局　长　董金柱
党组书记　王　宁
副局长　王　宁
陆建明
董晓娟
市住房和城乡建设局
局　长　田江龙
党组书记　田江龙
副局长　王柄璋（2016.06离任）
李春宏
资永俊
市政公用事业和园林管理局（副县级）
局　长　李　毅
市房地产管理局局长（副县级）
局　长　尹振伟
市住房公积金管理中心（副县级）
主　任　贾自云
市交通运输局
局　长　何　俊（2016.07离任）
马金鸿（2016.07任）
党组书记　马金鸿（2016.07任）

副 局 长　李金荣
　　　　　张赶良
　　　　　廖江华
市运政管理处
处　　长　杨云波
市农业局
局　　长　杨正祥
党组书记　杨正祥
副 局 长　王琼丽
　　　　　保艳敏
　　　　　王保才
市畜牧局（副县级）
局　　长　王保才（兼）
市农科院（副县级）
院　　长　张　钟
市农业产业化经营与农产品加工领导小组办公室（市政府发展生物产业办公室）
主　　任　矣胜荣
市乡镇企业局
局　　长　杨正祥（兼）
副 局 长
市林业局
局　　长　资　武
党组书记　资　武
副 局 长　吴洪明
　　　　　李志勇
　　　　　张跃伟
市护林防火指挥部
专职副指挥长　张智勇
市森林公安局
政　　委　资　武
党组书记、局长　胡健伟
副 局 长　余朝俊
　　　　　柴力明
政治部主任　董海霞
市水利局
局　　长　乔正喜
党组书记　乔正喜
副 局 长　杨云华
　　　　　李霁涛
　　　　　可松柏（2016.07任）
水利局总工程师
市中心城区水资源调度管理局
局　　长　李吉友
市防汛抗旱指挥部
专职副指挥长　罗金寿
市商务局
局　　长　段家祥
党组书记　段家祥
副 局 长　李云峰（2016.12离任）
　　　　　王　衍
　　　　　赵永平
　　　　　自福庄（2016.12任）
市文化广播电视局
局　　长　何永平
党组书记　赵　琼
副 局 长　施有恒
　　　　　冯咏梅
　　　　　钱彦富
　　　　　贾来发
　　　　　李飞跃
市新闻出版局
局　　长　岳　川
副 局 长
市博物馆（副县级）
馆　　长　陈泰敏
玉溪市电视台
台　　长　朱星宇
市卫生和计划生育委员会
主　　任　马跃武
党组书记　周延海
副 主 任　施玉兰
　　　　　施　平（2016.07离任）
　　　　　史　勇
　　　　　曲校德
　　　　　郭　敏（2016.06任）
　　　　　师燕忠（2016.12任）
市卫生监督局（副县级）
局　　长　尉迟培俊
市疾病控制中心（副县级）
主　　任　张洪军（2016.06离任）
　　　　　矣成江（2016.07任）
市审计局
局　　长　曾　敏（2016.03任）
党组书记　曾　敏（2016.02任）
副 局 长　杨海明
　　　　　黄太武（2016.07离任）
　　　　　李国录
　　　　　许立贞（2016.07任）
市政府外事侨务办公室
主　　任　姚晓岩
党组书记　姚晓岩
副 主 任　李　莉
　　　　　刘东红
市安监局
局　　长　张玉江
党组书记　张玉江
副 局 长　李之泽
　　　　　金发辉
　　　　　申从德
市体育局
局　　长　雷　毅
党组书记　雷　毅
副 局 长　黄绍林
　　　　　朱建华
市统计局
局　　长　周映海
党组书记　周映海
副 局 长　王起云（2016.06离任）
　　　　　张　娟
　　　　　蔡　伟
　　　　　杨　莉（2016.06任）
市旅游发展委员会
主　　任　何雪峰
党组书记　曾建志
副 主 任　杨英泽（2016.07离任）
　　　　　陈川明
　　　　　孙　旭（2016.07任）
市粮食局
局　　长　王毓华
党组书记　王毓华
副 局 长　杨丽芬
　　　　　钱兴平
市政府扶贫开发办公室
主　　任　刘应华
党组书记　刘应华
副 主 任　普绍福
市工商局
局　　长　丁　伟
党组书记　丁　伟
副 局 长　董从寿（2016.12离任）
　　　　　李宏奇
　　　　　李艳红（2016.03任）
　　　　　王传宝（2016.12任）
市质监局
局　　长　罗江鹏
党组书记　罗江鹏
副 局 长　陆永喜
　　　　　王　林
　　　　　廖　平
市食品药品监督管理局
局　　长　王　军
党组书记　王　军
副 局 长　普文生
　　　　　尹义宪
　　　　　李志红（2016.12离任）
　　　　　王琼珍
　　　　　王虎能（2016.12任）
玉溪高新技术产业开发区管委会
主　　任　吴伯平（副厅级）
副 主 任　李长金
　　　　　傅宏辉
　　　　　邓会宾（2016.03任）
党工委书记　孙会强（副厅级）
党工委副书记　吴伯平（副厅级）
　　　　　　　李长金
党工委副书记、纪委书记　高培洪
市公安局高新技术产业开发区分局
局　　长　李全盛
市委、市政府信访局（群众工作局）
局　　长　师　文
副 局 长　袁自福
　　　　　马孔军
　　　　　甘向阳
　　　　　张永慧
副县级督察专员　王若文
　　　　　　　　潘美华

市政府研究室（发展研究中心）
主　　任　杨　胜
党组书记　杨　胜
副 主 任　杨　增
云南省抚仙湖旅游度假示范区管理委员会
主　　任　武继昌
副 主 任
市抚仙湖管理局
局　　长　武继昌
党组书记　武继昌
副 局 长　朱应生（2016.11离任）
陈黎彬
杨丽红
王　波（2016.12任）
市移民局
局　　长　唐建民
党组书记　唐建民
副 局 长　宁　杰
王传宝（2016.12离任）
刀红雁
张　建（2016.12任）
市防震减灾局
局　　长　金志林
党组书记　李　泓
副 局 长　黄家富（2016.12离任）
孙军伟（2016.12任）
市供销合作社联合社
主　　任　廖　伟
副 主 任　瓦永云
董国伟
党委书记　廖　伟
副书记、纪委书记　陈　勤
市政府政务服务管理局（市政务服务中心）
局长（主任）　吕宗文
党组书记　吕宗文
副局长（副主任）　郭艾华
合丽娟
市公共资源交易管理局
局　　长　吕宗文（兼）
市公共资源交易中心
主　　任　张洪坤（2016.11离任）
普长福（2016.12任）
市政府烟草产业办公室
专职副主任　夏伯林
市贸促会
会　　长　莫晓顺
党组书记　莫晓顺
副 会 长　郑玉玲
市招商合作局
局　　长　李明荣
党组书记　李明荣
副 局 长　冯以春
胡宝玉
邓志刚（2016.05离任）
陈　佳（2016.06任）
市政府人民防空办公室
主　　任　乐士发
副 主 任　向贵福
市互联网信息办公室（市委网络安全和信息化领导小组办公室）
主　　任　李矿生（2016.07任）
副 主 任　杨林生（2016.10任）

市政协
主　　席　黄宪庭（2016.02离任）
夏立洪（2016.02任）
副 主 席　陈志芬（2016.08离任）
李　平（2016.02任）
汪燕平
马良昌
郭亚钢
贺光明
李少华
秘 书 长　张　卫
副秘书长　刘兴荣
马文荣
周艳芬
汪子新（2016.05离任）
王宏义
莽成柱（2016.08任）
毕永富
龙　兰（兼）
侯　坤（2016.10任）
办公室
主　　任　刘兴荣
副 主 任　韩　龙（2016.03任）
提案委员会
主　　任　杨惠存
副 主 任　吴志珍
谭　佳（兼）
经济委员会
主　　任　杨建敏（2016.03离任）
谢光平（2016.03任）
副 主 任　李近伟
王丽文（兼）
科教文卫体委员会
主　　任　何　勇
副 主 任　刘德安
沐德能
何有昌（兼，2016.02离任）
民族宗教法制委员会
主　　任　王云平（2016.06离任）
副 主 任　易长生
俞自力（兼）
施忠平（兼）
人口环资委员会
主　　任　普永发
副 主 任　高家永（2016.06离任）
张国华（2016.08任）
王美华（兼）
文史委员会
主　　任　房红彬
副 主 任　张德华（2016.08任）
华　旭（兼）
联络委员会
主　　任　任连荣
副 主 任　李金秀（2016.08任）
何国光（兼）
周　勇（兼）
研究室
主　　任　马文荣
副 主 任　白洪峰
机关党委
书　　记　张　卫（兼）
专职副书记　马孔忠

市“两湖”督导协调组
组　　长　王　跃（2016.02离任）
副 组 长　范志华（2016.09离任）
督导室
主　　任　鲁志明

市中级人民法院
院　　长　陈　昌（2016.02任）
副 院 长　俞自力
李翌铭
李志明
业宁州
纪检组长　严　翔
政治部
主　　任　旃红彬（2016.11离任）
副 主 任　田永德（2016.07离任）
钱丽芳（2016.07任）
王海明（2016.11任）
执行局
局　　长　李智斌（2016.06离任）
陈　聪（2016.07任）
副 局 长　尚云海
审判委员会
专职委员　李泳材
李仕嵘
行政审判庭
庭　　长　孙忠宁
环境资源保护审判庭
庭　　长　潘万江
审判管理办公室
主　　任　陈　聪（2016.07离任）
监察室
主　　任　苏建友
审判监督庭
庭　　长　杨　勇
司法行政管理处
处　　长　刘宝金
新闻信息宣传中心
主　　任　武国中

机关党委
专职副书记　张兴明（2016.07离任）
钱丽芳（2016.07任）
立案庭
庭　　长　洪家敬（2016.07任）
司法技术处
处　　长　钱丽芳（2016.07离任）
刑事审判一庭
庭　　长　柴继红
刑事审判二庭
庭　　长　张红胜（2016.11离任）
研究室
主　　任　田永德（2016.07任）
办公室
主　　任　许传鸿（2016.07离任）
郑子云（2016.11任）
书记员管理处
处　　长　张兴明（2016.07任）
司法警察支队
支 队 长　吕永江（2016.07任）
民事审判二庭
庭　　长　曹　燕（2016.07任）

市人民检察院

检 察 长　张德勋
副检察长　肖志勇（2016.11离任）
童学义
方家明
褚绍明（2016.11任）
杜红英
政治部
主　　任　王永兴
副 主 任　张玉江
赵　旭
反贪局
局　　长　矣长城
副 局 长　李晓荣
黄希志
高　勇
纪检组长　尹贞宁
反渎职侵权局
局　　长　龚德武
副 局 长
检察委员会
专职委员　柏利民
杨燕晨
委　　员　李有富
机关党委
副 书 记　曹立松
办公室
主　　任　杨绍平
案件管理办公室
主　　任　杨云川
公诉处
处　　长　何　斌
控告申诉处
处　　长　陶　彦（2016.07离任）
检察技术处
处　　长　段　兵
法律政策研究室
主　　任　王政云
侦查监督处
处　　长　杨　旭
监察处
处　　长　龙　斌
民事行政检察处
处　　长　陈永俊
人民监督员办公室
主　　任　秦绍有
法警处
处　　长　王　超
环境资源保护检察处
处　　长　严　康
计划财务装备局
局　　长　李权晖
监所检察处
处　　长　李　芊（2016.07离任）
刑事执行检察局
局　　长　李　芊（2016.07任）

人民团体

市总工会
主　　席　范志华（兼）
党组书记　何树桐（2016.02离任）
张艳华（2016.07任）
常务副主席
副 主 席　何树桐（2016.02离任）
张艳华
王　玲
共青团玉溪市委
书　　记　朱　莉
党组书记　朱　莉
副 书 记　王　刚
赵　波（2016.07离任）
市青联主席　朱　莉
专职副主席　甘莉娅
市妇女联合会
主　　席　杨丽萍
党组书记　杨丽萍
副 主 席　郑丽英
高柳莎
市科学技术协会
主　　席　罗世明
党组书记　施　超
副 主 席　陈晓静
王保才（兼）
施　平（兼，2016.07离任）
王　科（兼）
吴光连（兼）
市社会科学界联合会
主　　席　陈克华
党组书记　陈克华
专职副主席　钟长生
副 主 席　苏　涛（兼）
宋红瑛（兼）
方勇云（兼）
市归国华侨联合会
主　　席　何国光
党组书记　龙　兰
专职副主席　许真生
副 主 席　周海明（兼）
吴维忠（兼）
市文学艺术界联合会
主　　席　普　辉
党组书记　普　辉
专职副主席　王尚宁
副 主 席　龚紫山（兼）
贾来发（兼）
市残疾人联合会
理 事 长　黄　河（2016.03离任）
党组书记　黄　河（2016.02离任）
副理事长　周利祥
市红十字会
常务副会长　王　红
党组书记　王　红
副 会 长　陈　挺（兼）
曲校德（兼）
杜　勋（兼）
市计生协会
专职副会长　张红辉

民主党派和工商联

民革玉溪市委
主　　委　李少华
专职副主委　施忠平
副 主 委　冯咏梅（兼）
民盟玉溪市委
主　　委
专职副主委　何有昌（2016.02离任）
副 主 委　蔡家俊（兼）
蒋建明（兼）
白洪峰（兼）
民建玉溪市委
主　　委　郭开堂
专职副主委　王丽文
副 主 委　陈开燕（兼）
高巨华（兼）
民进玉溪市委
主　　委　张　炜
专职副主委　谭　佳
副 主 委　何雪峰（兼）
农工党玉溪市委
主　　委　曾立岩
专职副主委　华　旭

副 主 委　张铁群（兼）
周爱华（兼）
致公党玉溪市委
主　　委　周　勇
专职副主委
副 主 委　任云珏（兼）
李晓松（兼）
九三学社玉溪市委
主　　委　郭亚纲
专职副主委　王美华
副 主 委　杨硕媛（兼）
王树坤（兼）
市工商业联合会
会　　长　郭开堂（2016.03离任）
杨建敏（2016.03任）
党组书记　普建蓉（兼）
副 会 长　普建蓉
任　敏
谢　江
李静华

市直学校、医院、企业

玉溪工业财贸学校（技师学院）
校长（院长）　李华伦（副厅级）
副校长（副院长）
柏家渭（2016.07离任）
刀玉萍
周爱华
党委书记　何　坤（副厅级，2016.06离任）
副 书 记　李华伦
张延强
纪委书记　张延强
行政办公室主任　李相达
计划财务处主任　李　磊
招生就业处主任　李　朝
教务处主任　林向阳
学生处主任　韩东良
保卫处主任　朱贵云
玉溪一中
校　　长　李立杰
副 校 长　岳从阁
武增明
党委书记　迟万昌
副 书 记　李立杰
杨长兴
纪委书记　杨长兴
玉溪农业职业技术学院
院　　长　董从华
副 院 长　陈家祥
李裕葵
董绍辉
党委书记　张兴斌
副 书 记　董从华
普发明
纪委书记　许建辉
玉溪卫生学校
校　　长　陈　晋
副 校 长　郭庆平（2016.03离任）
善要仁
施茗祥
党委书记　高丽清（2016.07任）
副 书 记　陈　晋
郭庆平（2016.03离任）
徐永梅（2016.05任）
纪委书记　徐永梅（2016.05任）
玉溪体育运动学校
校　　长　杨　钜（2016.07离任）
柏家渭（2016.07任）
副 校 长　张朝和
段兆艳
张开兰（2016.07任）
党委书记　张正全
副 书 记　朱晓源（2016.05离任）
柏家渭（2016.07任）
纪委书记　朱晓源（兼，2016.05离任）
玉溪师范学院附属中学
校　　长　李富春
副 校 长　李明辉
曾学康
党委书记　吴希敏
副 书 记　李富春
王　利
纪委书记　王　利（兼）
玉溪市民族中学
校　　长　李永云
副 校 长　何建国
党委书记　汤之德
副 书 记　李永云
玉溪市特殊教育学校（副县级）
校　　长　周绍义（2016.07离任）
张国强（2016.07任）
玉溪市人民医院
院　　长　张　竣（副厅级）
副 院 长　施　平（2016.07任）
蔡德芳
童宗武
郝应禄（2016.07任）
张锡光（2016.07任）
赵云焰（2016.07任）
党委书记　解　宇（副厅级）
副 书 记　高丽清（2016.07离任）
施　平（2016.07任）
纪委书记　王娅波
总会计师　朱红媛
玉溪市第二人民医院
院　　长　马晓元
副 院 长　杨顺英
党委书记
副书记、纪委书记　陈存文
玉溪市中医院
院　　长　杨　玲
副 院 长　景　明
赵贵红
徐　欣（2016.07任）
党委书记　吕志平
副 书 记　杨　玲
纪委书记　李文平
玉溪国有资本运营（集团）公司
党委书记　师　冲
董 事 长　谭志平
副 书 记　谭志平
张国庆
副总经理　李林春（2016.05离任）
孙　旭（2016.07离任）
杨宝福
李云辉
李绍忠（2016.05离任）
监事会主席　李富芝
财务总监　蔡振刚
工会主席　李凤媛
玉溪国有资本投资（集团）公司
党委书记　谢洪文
董 事 长　柏继武
总 经 理　邓　柯
副 书 记　柏继武
邓　柯
副总经理　陈建勋
赵树文
监事会主席　王志刚
工会主席　万里鹏
玉溪融资担保公司
党组书记　胡　芸
董 事 长　胡　芸
总 经 理　邱　海
监事会主席　王锦文
玉溪交通运输集团公司
党委书记　孔　伟
董 事 长　孔　伟
副董事长
副 书 记　李　睿
总 经 理　李　睿
副书记、纪委书记
副总经理　尹跃洪
邹桂鹏
总工会主席　花苡萍

（朱浩吉）

青山绿水·碧玉清溪

（市抚管局　提供）

党政机关

PARTIES AND GOVERNMENT ORGANIZATIONS

责任编校：李海明

中共玉溪市委员会

玉溪市人大常委会

玉溪市人民政府

政协玉溪市委员会

纪检监察

中共玉溪市委员会

【重要通知、决定】 2016年2月19日，市委、市政府下发《关于打赢脱贫攻坚战的实施方案》。全市扶贫开发工作已经进入到啃“硬骨头”、攻坚拔寨的冲刺期，扶贫开发事关全面建成小康社会。要通过完善精准扶贫机制，实施“五个一批”精准脱贫措施，推进区域性扶贫攻坚，全面动员社会力量参与扶贫。坚决落实党政一把手脱贫攻坚责任制，大幅度增加扶贫投入，加大金融扶贫力度，建立健全严格的脱贫考核机制，实行正向激励，加强惩戒问责，建强扶贫队伍，夯实基层基础，营造良好扶贫氛围，坚决打赢脱贫攻坚战，确保实现全市农村贫困人口2017年消除贫困、在全省率先全面建成小康社会的脱贫攻坚目标。

3月2日，市委下发《关于在全市开展“争先创优跨越发展”大讨论、大行动的实施意见》。开展大讨论、大行动是确保玉溪经济跨越发展走在全省前列的必然要求，是引领玉溪干部适应严格约束下干事创业的必然要求，是实现“十三五”发展良好开局的必然要求。市委以召开大讨论、大行动动员大会，开展一次大讨论、大行动集中学习活动，实施固定资产投资、产业提质增效、供给侧结构性改革、财政增收、统筹城乡发展、创新驱动发展、金融服务实体经济发展争先创优两年行动计划，出台一批推动跨越发展的配套政策，制定牢固树立“干在实处、走在全省前列”意识的实施方案，制定“努力工作、依法统计”的工作方案，开展“作风转变年、工作落实年、创新发展年”活动，坚定不移地实施“生态立市、产业强市、创新活市、开放兴市”战略等举措，在全市上下形成争先创优、你追我赶的干事创业氛围，确保玉溪经济发展走在全省前列。

4月8日，市委下发《关于加强和改进机关党的建设的实施意见》。机关党建是党的建设新的伟大工程重要组成部分，在党的基层组织建设中具有重要的示范和带动作用。通过深入学习贯彻习近平总书记系列重要讲话和考察云南重要讲话精神，加强党纪党规和法治教育，完善机关党建工作责任制，强化机关党建工作责任追究，建立健全改进作风长效机制等一系列措施，坚持不懈地推动机关党的建设走在前头、作出表率，为推动玉溪各项工作干在实处、走在全省前列，在全省率先全面建成小康社会提供坚强保证。

5月17日，市委、市政府下发《关于全面加快江川区发展的意见》。江川撤县设区是玉溪建设全省区域性中心城市的客观需要，是玉溪实现“辐射南亚东南亚的重要基地”战略目标的现实需要，是玉溪争当生态文明建设排头兵的必然要求，是推动江川争先创优跨越发展的现实需要。要完善规划编制、全力推动新型城镇化建设、聚焦聚力产业发展、完善重大基础设施、加强生态文明建设、提高改革开放水平、增加公共服务供给、加大政策支持力度，支持江川争先创优跨越发展，更加主动地服务和融入滇中城市经济圈一体化，在全市率先全面建成小康社会。18日，市委、市政府下发《玉溪市旅游产业转型升级三年（2016～2018年）行动计划》。以建成文化旅游大市为目标，以推进旅游业供给侧结构性改革为主线，以“优存量、强增量、调结构、补短板、重品质、提效益”为要求，充分挖掘“一地四乡”资源优势，协同推进“一核两翼”旅游发展，深入实施“12354”工程，做强企业、做大产业，精心打造“抚仙湖、帽天山、花腰傣”3张名片，精准营销“玉溪好在，旅所当然”旅游目的地形象。在“十三五”期间，把文化旅游产业建设成为玉溪产业实力强、发展贡献大的重要支柱产业，全力把玉溪打造成为国内知名的休闲度假旅游目的地。

6月6日，市委、市政府下发《关于深化供销合作社综合改革的实施意见》。要充分发挥供销合作社在促进农业现代化、促进农民增收致富、推进农村全面建成小康社会中的独特优势和重要作用，通过规范基层社建设，推进基层社分类改造，领办创办农民专业合作社，全力构建农业生产资料，日用消费品服务等服务网络，构建以农业技术服务为核心的农业社会化服务体系，加快发展供销合作社电子商务，稳步开展农村合作金融服务，构建联合社主导的行业指导体系和社有企业支撑的经营服务体系，理顺联合社与社有企业的关系，设立供销合作社合作发展基金，加强对供销合作社综合改革的领导等措施。到2020年，把全市供销合作社建设成为与农民联结更紧密、为农服务功能更完备、市场化运行更高效、合作经济组织体系更完整，成为服务农民生产生活的生力军和综合平台，成为党和政府密切联系农民群众的桥梁纽带，成为党和政府抓得住、用得上的为农服务合作经济组织。20日，市委下发《关于加强和改进新形势下党校工作的实施意见》。加强和改进党校工作是协调推进“四个全面”战略布局的客观需要，是推进玉溪跨越发展，在全省率先全面建成小康社会的迫切需要，是全市党校系统干在实处、走在全省前列的内在要求。要始终坚持党校姓党的根本原则，强化党的理论教育和党性党纪教育，严格落实班次设置和学制规范，创新教学方式方法，加强学科建设，充分发挥科研的支撑作用，积极推进新型智库建设，实施名师工程，加强业务指导，加强和改善党委对党校工作的领导，建设一流的干部培训综合基地、一流的决策咨询研究中心、一流的哲学和社会科学研究中心、一流的管理服务保障机制，在全省率先建成一流州市委党校。22日，市委下发《关于加强和改进人大工作的意见》。各级党委、人大及其常委会和“一府两院”要把学习贯彻中央、省委加强县乡人大工作和建设的要求作为当前和今后一个时期的重要政治任务，按照总结、继承、完善、提高的要求，切实加强党委对县乡人大工作的领导，依法做好县乡人大代表选举工作，着力发挥县乡人大会议的职能作用，依法行使重大事项决定权，切实加强和改进监督工作，严格规范人事选举任免工作，充分发挥县乡人大代表作用，切实加强县乡人大建设，扎实推进县乡人大工作和建设与时俱进、创新发展，努力提高地方国家权力机关的履职水平。22日，市委、市政府下发《关于加快建设民族团结进步示范区的实施意见》。要着力加快少数民族和民族地区经济社会发展，着力构筑各民族共有精神家园，着力推进和谐社会建设，着力推进民族宗教工作法治化，着力加强党对民族工作的领导。通过加快民族地区基础设施建设，促进民族地区城乡协调发展，加快特色经济发展，发展民族文化产业，加强少数民族人才、干部培养、选拔使用力度等举措，奋力推进跨越发展，确保“不让一个兄弟民族掉队，不让一个民族地区落伍”，到2019年，全面建成小康社会，争当全省民族团结进步示范区。24日，市委作出《关于表扬优秀共产党员、优秀党务工作者、先进基层党组织的决定》。经市委研究决定，在隆重庆祝中国共产党成立95周年之际，对李正平等50名优秀共产党员、桂和金等50名优秀党务工作者、红塔区李棋街道党工委等50个先进基层党组织予以表扬。

7月1日，市委下发《关于构建玉溪大督查工作体系的实施方案》。在新形势下不断加强和改进督促检查工作，创新督查机制，强化督查手段，提升督查权威，提高督查实效，突出党委领导核心，着力整合各方力量，构建“党委统一领导、各方合力推进、工作网络健全、运行机制完善、保障措施有力”的大督查工作格局，确保中共中央、国务院和省市党委、政府各项决策部署落到实处，取得实效。21日，市委、市政府下发《关于把玉溪建设成为面向南亚东南亚国际内陆港试验区的实施意见》。加快建设面向南亚东南亚国际内陆港试验区，构建高标准多功能的内陆港务区、内联外通的综合交通枢纽、开放型现代产业体系、便捷的国际物流通道。到2020年，把玉溪建成全省产业转型升级的先行区、新兴产业发展的集聚区和面向南亚东南亚的重要内陆港，区域性交通枢纽、区域性中心城市和面向南亚东南亚的对外开放合作新高地。22日，市委、市政府作出《关于表扬玉溪市第三轮禁毒和防治艾滋病人民战争先进集体和先进工作者的通报》。根据考核结果，决定对全市50个先进集体、80名先进工作者予以通报表扬。25日，市委、市政府下发《关于推进供给侧结构性改革的总体意见》。着力推进全市供给侧结构性改革工作，按照市场主导、政府引导，需求引领、供给创新，统筹部署、精准施策，深化改革、稳中求进的原则，切实抓好去产能、去库存、去杠杆、降成本、补短板五大任务，调整供给结构，扩大有效需求，提高供给结构对需求变化的适应性和灵活性，实现由低水平供需平衡向高水平供需平衡跃升，积极培育新的发展动能，推动玉溪经济社会持续快速健康发展。到2018年，全市供需要素资源配置效率明显提升，供给侧结构性改革取得明显成效，经济结构发生质的变化，经济质量显著提高。28日，市委、市政府下发《关于推进简政放权放管结合优化服务改革的实施意见》。适应改革发展的新形势新任务，从减少审批向放权、监管、服务并重转变，从分头分层级推进向纵横联动、协同并进转变，统筹推进投资审批、商事制度、中介服务、公共服务等重点领域和关键环节的改革，着力解决跨领域、跨部门、跨层级的重大问题，集中出台一批规范行政权力运行、提高行政审批效率的制度和措施，推出一批创新监管、改进服务的举措，为企业松绑减负，为创业创新清障搭台，为稳增长、促改革、调结构、惠民生提供有力支撑，培育经济社会跨越发展新动力。

9月12日，市委、市政府下发《关于贯彻落实〈中共云南省委、云南省人民政府关于加快建设我国面向南亚东南亚辐射中心的实施意见〉的工作方案》。要把玉溪的发展放在全国、全省发展大局中进行谋划，找准契合点，以开放型经济引领全市发展。通过加快构建滇中南向综合交通枢纽，构建区域性能源保障网，建设面向南亚东南亚的通信枢纽和区域信息汇集中心，大力发展外向型特色产业，主动融入滇中城市经济圈等措施，把玉溪打造成为面向南亚东南亚辐射中心的重要基地。13日，市委下发《关于印发中国共产党玉溪市第五次代表大会报告的通知》。《报告》客观总结了市第四次党代会以来的主要工作和重大成就，全面分析了玉溪发展面临的形势和存在的问题，明确提出了玉溪今后五年发展的总体思路、奋斗目标和主要任务，是全市广大党员干部和各族群众的智慧结晶，是指导我市今后五年改革发展和各项工作的纲领性文件，对于推动玉溪跨越式发展、在全省率先全面建成小康社会具有重要指导意义。

10月9日，市委、市政府下发《玉溪市国有林场改革实施方案》。加快推进玉溪市国有林场改革步伐，全面推进国有林场转型升级，充分发挥国有林场在推进生态文明建设中的重要作用，围绕保护生态、保障职工生活两大目标，推动政事分开、事企分开，实现管护方式和监管体制创新，建立有利于保护和发展森林资源、有利于改善生态和民生、有利于增强林业发展活力和转型升级的国有林场体制，为维护国家生态安全和建设生态文明作出更大贡献。18日，市委、市政府下发《关于促进航空产业发展的实施意见》。加快培育和推进玉溪市航空产业发展，抓住国家大力发展通用航空和低空空域管理改革的机遇，加快机场建设和航空产业园发展。用好扶持奖励、项目用地、创新创造等方面的优惠政策，坚持“政府统筹、企业参与、发挥优势、合作共赢”的思路，坚持市场导向和政策扶持相结合的原则，引导国内外相关企业或产业向玉溪汇聚，努力将玉溪打造成为具有完整产业链且重点突出、面向西南、辐射南亚和东南亚的云南航空产业发展的先行区和示范区。24日，市委、市政府转发《市委宣传部、市司法局关于在全市公民中开展法治宣传教育的第七个五年规划（2016～2020年）》。围绕加快法治玉溪建设目标，坚持把创新作为引领法治宣传教育工作发展的第一动力，以提高全民法律素质和法治信仰为导向，以落实普法主体责任为抓手，以推进法治文化建设为支撑，以健全法治宣传教育机制为保障，积极适应新形势新任务新要求，全民践行法治的积极性主动性进一步增强，全社会尊法守法学法用法蔚然成风，守法光荣、违法可耻的社会氛围基本形成。为实现“两个一百年”奋斗目标，谱写中华民族伟大复兴中国梦的玉溪篇章营造良好法治环境。26日，市委下发《中共玉溪市委巡察工作实施办法》。对巡察机构和人员、巡察对象和内容、巡察方式和工作程序、工作机制、服务保障、纪律和责任等方面作了明确规定。同日，市委下发《玉溪市贯彻落实〈中国共产党问责条例〉实施办法》。明确了党的问责工作的指导思想、坚持的原则、实施问责的主体、问责对象，对问责情形、方式和适用、程序、监督作出了规定。

11月22日，市委、市政府下发《关于深化人才发展体制机制改革的实施意见》。要发挥人才在推动玉溪跨越式发展中的作用，聚天下英才而用之，牢固树立科学人才观，深入实施人才优先发展战略，遵循市场经济规律和人才成长规律，破除束缚人才发展的思想观念和体制机制障碍，解放和增强人才活力，补齐人才短板，以人才提升促进发展转型，以人才驱动引领创新驱动，以人才政策创造人才红利，以人才资本助推跨越发展，形成具有玉溪特色和区域竞争力的人才制度优势。

12月15日，市委、市政府下发《关于深化科技体制改革的实施意见》。深入实施创新驱动发展战略，加快推进创新型玉溪建设，要紧紧围绕市第五次党代会确定的经济社会发展“5577”总体思路，深入实施创新驱动发展战略，充分发挥政府对科技资源配置的引导作用和市场的决定作用，深化科技体制改革，推动以科技创新为核心的全面创新，加快构建具有玉溪特色的区域创新体系，全面推进创新型玉溪建设。16日，市委下发《关于加强文艺工作的实施意见》。切实加强全市文艺工作，推动玉溪文艺事业实现跨越发展，要深入实践、深入生活、深入群众，推出更多反映时代呼声、展现人民奋斗、振奋民族精神、陶冶高尚情操的优秀作品，不断满足人民精神文化需求，弘扬“玉汝于成，溪达四海”的玉溪精神，扎实推进文化玉溪建设，为玉溪闯出一条跨越式发展的路子、在全省率先全面建成小康社会、谱写好中国梦玉溪篇章提供强大的价值引导力、文化凝聚力、精神推动力。21日，市委、市政府下发《关于贯彻落实生态文明体制改革总体方案的实施意见》。以努力成为全省生态文明建设排头兵为目标，以正确处理人与自然关系为核心，以解决生态环境领域突出问题为导向，通过建立健全自然资源资产产权制度、国土空间开发保护制度和空间规划体系等一系列制度和体系。到2020年，构建产权清晰、多元参与、激励约束并重、系统完整的生态文明制度体系，努力成为生态文明制度改革创新先行区。30日，市委、市政府下发《玉溪市法治政府建设实施方案（2016～2020年）》。要坚持依法治市、依法执政、依法行政共同推进，坚持法治玉溪、法治政府、法治社会一体建设，依法全面履行政府职能、完善依法行政制度体系、推进行政决策科学化、民主化、法治化，坚持严格规范公正文明执法，强化对行政权力的制约和监督，依法有效化解社会矛盾纠纷，全面提高政府工作人员法治思维和依法行政能力，培育和践行社会主义核心价值观，弘扬社会主义法治精神，推进玉溪治理体系和治理能力现代化，到2020年实现基本建成职能科学、权责法定、执法严明、公开公正、廉洁高效、守法诚信的法治政府目标。同日，市委、市政府下发《关于进一步构建和谐劳动关系的实施意见》。建立完善党委领导、政府负责、社会协同、企业和职工参与、法制保障的和谐劳动关系协调工作体制，采取源头治理、动态管理、应急处置相结合的方式，以解决劳动关系领域突出问题为突破口，以建立健全劳动关系协调机制为重点，以和谐劳动关系创建活动为载体，普遍建立企业劳动合同制度、集体合同制度和工资协商制度，实现劳动用工守法规范，职工工资与企业效益同步增长，工资支付保障机制更加完善，职工休息休假和安全健康得到切实保障，劳动条件不断完善，社会保险全面覆盖，人文关怀日益加强，劳资纠纷有效预防化解，全面构建规范有序、公正合理、互利共赢、和谐稳定的劳动关系。同日，市委、市政府下发《关于进一步加强体育工作的意见》。从玉溪市情出发，坚持群众体育、竞技体育、体育产业、体育文化等各领域全面发展。群众体育以全民健身为目标，广泛开展群众喜闻乐见的体育活动，不断提高玉溪人民的健康水平。竞技体育发展方式有效转变，项目结构不断优化，后备人才培养体系持续完善。紧紧抓住体育产业联系点城市的重要契机，围绕联系点城市的主要任务，逐步增加政府投入，充分发挥社会力量，积极促进体育产业规模和体育消费水平不断提升，成为我市经济发展新的增长点。促进体育文化在体育发展中的影响进一步扩大，办好社会效益显著的体育文化品牌活动。同日，市委下发《关于深入学习贯彻省第十次党代会精神的通知》。省第十次党代会客观总结了全省过去五年的成绩，准确分析了形势任务的发展变化，系统提出了云南今后五年发展的奋斗目标、总体要求、指导原则和重大举措。全市各级各部门要充分认识和全面把握省第十次党代会的重大意义、全面准确领会省第十次党代会精神实质、迅速兴起学习宣传贯彻省第十次党代会精神的热潮、以省第十次党代会精神指导和推动各项工作，切实把全市党员和各族干部群众的思想和行动统一到党代会精神上来，把智慧和力量凝聚到实现党代会确定的目标任务上来，为努力开创云南跨越式发展和党的建设新的伟大工程新局面作出应有贡献。

【重要会议】 2016年1月7日，全市信息化工作会议召开。贯彻落实全省信息化大会精神，安排部署全市信息化和信息产业发展工作，强调要统一思想、提高认识，立足实际、明确目标，加快推进项目建设、人才队伍建设，积极抢占云南信息产业发展“制高点”，确保玉溪信息产业走在全省前列。8日，市委常委班子召开“三严三实”专题民主生活会。省委副书记钟勉出席会议指导并作重要讲话，市委书记罗应光主持会议并代表市委常委班子作对照检查。13日，市委经济工作会议召开。市委书记罗应光作重要讲话，强调要把思想和行动统一到中央和省委的重大判断和决策部署上来，正确认识经济大势，准确研判经济态势，以全局眼光和辩证思维面对挑战，坚定必胜信心，勇于攻坚克难，努力推动经济社会持续健康发展，为实现“十三五”经济社会发展良好开局而努力奋斗。同日，玉溪市召开公立医院改革国家联系试点城市综合改革推进大会。贯彻落实国务院和省委、省政府关于公立医院改革的相关政策要求，对全市公立医院改革工作进行安排部署。19日，全市烟叶工作会议召开。市委书记罗应光强调，要抓好各项工作落实，继往开来，迎难而上，努力实现“十三五”烟叶工作“开门红”，为推动玉溪经济社会跨越式发展、在全省率先全面建成小康社会作出新的更大贡献。20日，市纪委四届七次全体会议开幕。市委书记罗应光在会上作重要讲话，强调要增强政治警觉性和政治鉴别力，自觉把思想和行动统一到中央对党风廉政建设和反腐败斗争的形势判断、决策部署上来，始终忠诚于党，始终廉洁用权，模范遵纪守法，坚持正确用人导向，立“明规矩”、破“潜规则”，用实际行动促进政治生态不断改善。30日，市委召开出席市四届人大四次会议和市政协四届四次会议的中共党员代表、委员会议。市委书记罗应光强调，要充分发挥党员的模范带头作用，进一步增强政治责任感和使命感，认真履职尽责，确保两会各项任务圆满完成。

2月2日，玉溪市第四届人民代表大会第四次会议举行第二次全体会议。听取市人大常委会工作报告和市中级人民法院、市人民检察院工作报告。5日，市委召开议军会暨县区人武部党委第一书记述职会。深入贯彻落实习近平总书记关于国防和军队改革一系列重要讲话精神以及省委议军会议精神，总结去年全市国防动员和后备力量建设情况，安排部署今年工作任务。16日，全市组织部长会议召开。强调要以落实全面从严治党要求为主线，把握大局、突出重点，聚焦主业、精准施策，搞培训、提素质，选干部、配班子，育人才、聚贤能，抓基层、打基础，凝聚“争先创优、跨越发展”的工作合力，为推动玉溪各项工作干在实处、走在全省前列提供坚强的政治和组织保证。17日，市重点产业发展领导小组工作会议召开。市委书记罗应光强调，要努力走出一条质量更高、效益更好、结构更优、后劲更足、优势充分释放的产业发展道路，为圆满完成“十三五”目标提供坚实支撑。22日，全市“争先创优跨越发展”大讨论、大行动动员大会暨2016年市委理论学习中心组第一次集中学习在市委党校举行。市委书记罗应光强调，全市上下要认真开展“争先创优跨越发展”大讨论、大行动，进一步认清形势、统一思想、凝聚共识、强化担当，在更高起点上谋划玉溪跨越发展，以实际行动争先创优、推动跨越。25日，市委全面深化改革领导小组召开第九次会议。传达学习中央和省委全面深化改革领导小组近期会议精神，研究审议《中共玉溪市委全面深化改革领导小组2015年工作总结（送审稿）》等议题，安排部署当前和今后一个时期全面深化改革工作。26日，江川撤县设区大会召开。市委书记罗应光强调，要充分认识江川撤县设区的重大意义，科学定位谋划，强化组织保障，着力破解难题、厚植优势、增强动力，努力把江川建成绿色发展示范区、对外开放门户区、“三湖”城市先行区、文明和谐幸福区，开创江川改革发展和现代化建设新局面。

3月1日，市委政法工作会议召开。市委书记罗应光强调，要进一步认清形势、统一思想，紧紧围绕市委、市政府的中心工作，切实发挥职能、提升素质、强化队伍建设，奋发有为、勇于担当，全力做好新形势下政法工作，努力建设平安玉溪、法治玉溪。8日，玉溪市扶贫开发领导小组召开2016年第一次会议。听取“十二五”期间全市扶贫开发工作汇报，进一步明确今年及“十三五”期间脱贫攻坚目标任务。市委书记罗应光强调，要凝聚全市力量，层层明确责任，逐级传导压力，坚持攻坚拔寨，以改革创新的思路和办法啃下全面消除贫困这块“硬骨头”，坚决打赢精准扶贫、精准脱贫攻坚战，让贫困群众共享小康成果。

4月1日，市委全面深化改革领导小组召开第十次会议。传达学习中央和省委全面深化改革领导小组近期会议精神，研究审议市委深改组2016年工作要点及加快推进农村一二三产业融合发展、澄江县建立干部容错机制等改革事项。8日，市委理论学习中心组举行2016年第二次集中学习。专题学习毛泽东同志《党委会的工作方法》文献。同日，市委召开全市“两学一做”学习教育工作座谈会。学习习近平总书记关于“两学一做”学习教育重要指示精神，贯彻落实中央和省委“两学一做”学习教育工作座谈会精神，对全市开展“两学一做”学习教育进行安排部署。14日，市委、市政府召开全市金融工作座谈会。市委书记罗应光强调，要牢固树立“经济金融、共赢共荣”的发展理念，同舟共济、合力共为，使金融更好地服务地方实体经济发展，为玉溪争先创优跨越发展提供坚实的金融支撑。29日，玉溪市召开庆祝“五一”国际劳动节大会。大力弘扬劳模精神，激励和鼓舞全市各族人民立足本职、凝聚力量，推动玉溪争先创优跨越发展。

2016年4月8日，玉溪市“两学一做”学习教育工作座谈会召开

（市委组织部　提供）

5月4日，中国共产党玉溪市第四届委员会第八次全体会议召开。会议决定，中国共产党玉溪市第五次代表大会定于2016年9月召开。9日，市委开展2016年理论学习中心组第三次集中学习。按照中央、省委对“两学一做”学习教育的部署要求，深入学习党章党规和系列讲话，为玉溪争先创优、跨越发展，干在实处、走在全省前列提供坚强的思想、政治和组织保证。10日，市委全面深化改革领导小组第十一次会议召开。传达学习近期中央和省委全面深化改革领导小组会议精神，研究审议《玉溪市推进领导干部能上能下的实施办法（试行）（送审稿）》等改革事项，并对当前和今后一个时期全面深化改革工作作出安排部署。19日，全市旅游产业发展推进会议在新平县召开。市委书记罗应光强调，要以全域旅游为统领，以旅游供给侧结构性改革为主线，以市场和游客需求为导向，以改革创新和融合发展为手段，以大项目建设为抓手，强势推动玉溪旅游产业转型升级和旅游支柱产业建设取得重大进展。

6月3日，市委全面深化改革领导小组召开第十二次会议。传达学习中央和省委全面深化改革领导小组近期会议精神，研究审议《中共玉溪市委关于加强县乡人大工作和建设的实施意见（送审稿）》等改革事项，安排部署当前和下一步全面深化改革工作。6日，市委农村工作领导小组会议召开。学习贯彻习近平总书记在安徽小岗村农村改革座谈会上的重要讲话精神，研究讨论《市委2016年全面深化农村改革任务分解及工作台账（送审稿）》等，安排部署农村改革发展相关工作。同日，市委依法治市领导小组召开全体会议。传达省委依法治省领导小组会议精神，研究审议玉溪市创建全国“长安杯”工作方案等事项。20日，市委召开推进文艺繁荣发展座谈会。学习贯彻习近平总书记在文艺工作座谈会上的重要讲话精神、中央关于繁荣发展社会主义文艺的意见和省委关于加强文艺工作的实施意见，安排部署玉溪文艺繁荣发展工作。21日，全市党校工作会议召开。市委书记罗应光强调，要下大力

2016年7月7日，玉溪市召开创建全国"长安杯"工作部署电视电话会议
（市委政法委　提供）

气抓好党的理论教育和党性教育，锻造一支高素质的党校师资队伍，大力弘扬优良的校风学风，切实服务好全市经济社会发展大局，努力开创新形势下全市党校工作新局面。22日，市委全面深化改革领导小组第十三次会议召开。研究审议相关改革方案和事项，安排部署当前和下一步全面深化改革工作。23日，全市城市工作会议召开。深入贯彻落实中央城市工作会议和全省城市工作暨城乡人居环境提升行动推进会议精神，研究部署玉溪市城市规划、建设和管理工作。24日，全市脱贫攻坚与县域经济发展暨基层党建工作推进现场会在峨山县富良棚乡召开。市委书记罗应光强调，要进一步统一思想认识，明确工作思路，坚定信心决心，凝聚智慧力量，强化责任担当，确保圆满完成脱贫攻坚、县域经济发展和基层党建各项目标任务。27日，玉溪市召开庆祝中国共产党成立95周年大会。重温党的光辉历程，讴歌党的丰功伟绩，继承党的优良传统，表扬全市各条战线涌现出的优秀共产党员、优秀党务工作者和先进基层党组织，进一步动员全市各级党组织和广大党员振奋精神、迎难而上、勇于担当、务实苦干，为在全省率先全面建成小康社会而努力奋斗。30日，全市县乡两级人大换届选举工作会议召开。会议强调，要认真学习贯彻习近平总书记关于换届选举工作的重要指示精神，按照中央、省委关于县乡两级人大换届选举工作的部署，切实增强工作的责任感和使命感，准确把握换届选举工作原则，做好思想工作，严肃换届纪律，确保县乡两级人大换届选举工作圆满完成。

7月1日，市委理论学习中心组举行2016年第四次集中学习。学习习近平总书记在庆祝中国共产党成立95周年大会上的重要讲话精神以及在中央政治局第三十三次集体学习、审议《中国共产党问责条例》时的讲话精神。14日，市委全面深化改革领导小组召开第十四次会议。传达学习中央和省委全面深化改革领导小组近期会议精神，研究审议《推进供给侧结构性改革总体意见（送审稿）》等十一项改革方案、事项。15日，市委、市政府召开全市缉枪治爆工作会。贯彻落实全省会议精神。市委书记罗应光要求各级各部门提高认识，高度重视，突出重点，深入开展缉枪治爆专项行动，确保全市社会政治大局稳定。21～22日，全市2016年上半年工作汇报会召开。总结全市上半年工作情况，深入分析当前形势和经济运行中存在的困难和问题，全面部署下半年工作，确保完成年初确定的各项目标任务。22日，玉溪市第四轮禁毒防艾人民战争动员大会召开。市委书记罗应光强调，禁毒防艾事关边疆稳定、社会安宁、民族团结和人民群众的生命安全、幸福安康。要采取超常举措，拿出过硬办法，务求取得实效，坚决打好打赢第四轮禁毒防艾人民战争。29日，在"八一"建军节到来之际，市委、市政府召开"八一"双拥座谈会，并举行军事日活动。庆祝建军89周年，畅叙军民鱼水情深，共话军地发展大计。

8月1日，市委、市政府召开全市环保督察工作推进会。强调要自觉担负起工作责任，坚持问题导向、聚焦具体问题、落实整改措施，全力以赴配合做好中央环保督察组的督察工作，确保中央、省关于生态文明建设和环境保护督察工作的各项决策部署在玉溪不折不扣地贯彻执行。同日，市委全面深化改革领导小组召开第十五次会议。传达中央和省委全面深化改革领导小组近期会议精神，听取有关县区、改革专项小组改革推进落实情况汇报，研究审议相关改革方案和事项。5日，市委书记罗应光主持召开第五次党代会第三次筹备工作会议。传达学习省委九届十三次全体会议关于精心筹备开好党代会的相关精神要求，听取各筹备工作组前期工作情况汇报，安排部署下一步工作任务。9日，市委到市人大常委会召开党代会工作报告征求意见座谈会。专题听取市人大常委会班子及部分人大代表对《中国共产党玉溪市第四届委员会工作报告（征求意见稿）》、《中国共产党玉溪市纪律检查委员会工作报告（征求意见稿）》修改的意见建议。10日，市委召开座谈会。就《中国共产党玉溪市第四届委员会工作报告（征求意见稿）》、《中国共产党玉溪市纪律检查委员会工作报告（征求意见稿）》征求离退休老干部意见建议。15日，市委理论学习中心组进行2016年第五次集中学习。深入学习贯彻中央、省委统战工作会议精神和《中国共产党统一战线工作条例（试行）》。30日，中国共产党玉溪市第四届委员会第九次全体会议召开。会议听取市第五次党代会筹备工作情况的报告，审议通过市委四届九次全会决议等事项。同日，市扶贫开发领导小组第二次全体会议召开。传达学习习近平总书记在东西部扶贫协作座谈会上的重要讲话和省相关会议精神，总结上半年脱贫攻坚工作，安排部署下半年脱贫攻坚工作。

9月2日，市委理论学习中心组进行2016年第六次集中学习。深入学习《中国共产党问责条例》。8日，中国共产党玉溪市第五次代表大会在聂耳大剧院开幕。来自全市各条战线的党员代表肩负使命职责，肩负全市13.6万名共产党员和236万各族人民的重托，汇聚一堂，谋划玉溪今后五年跨越发展大计。9日，玉溪市召开教师和教育工作者党代表座谈会。向全市广大教职员工致以节日的问候，号召参加党代会的党员教师和教育工作者发挥模范带头作用，为全市教育事业作出更大贡献。10日，中国共产党玉溪市第五届委员会第一次全体会议举行。选举产生了中国共产党玉溪市第五届委员会常务委员会委员、书记、副书记。同日，五届市委召开党员干部大会。号召广大党员干部团结一心、众志成城，脚踏实地、真抓实干，当先锋、创一流、作表率，共同创造经得起实践、人民和历史检验的实绩。19日，玉溪市召开“两学一做”学习教育推进会。贯彻中央和省委对开展“两学一做”学习教育的部署要求，对全市学习教育作出安排部署。26日，市委全面深化改革领导小组召开第十六次会议。传达中央和省委全面深化改革领导小组近期会议精神，研究市政协委员履职工作规则、加强村务监督委员会工作、玉溪市党政领导干部生态环境损害责任追究实施办法等改革事项。27日，玉溪市召开海绵城市建设动员暨“六城同创”工作推进视频会议。深入贯彻落实中央和省、市城市工作会议精神，动员全市干部群众进一步统一思想认识，强化工作举措，搞好协调配合，加大推进力度，确保玉溪海绵城市建设暨“六城同创”工作取得显著成效。29日，五届市委理论学习中心组进行第一次暨2016年第七次集中学习。认真学习领会中央《关于防止干部“带病提拔”的意见》，学习贯彻省委理论学习中心组集中学习会议精神，持续推动全市干部能力素质和作风大转变、大提升，为圆满完成市第五次党代会确定的各项目标任务提供坚强的组织和作风保证。

10月24日，七彩云南抚仙玉溪—2016年“收获金秋共谋发展”玉溪投资峰会系列活动拉开序幕。600多名国内外知名企业家、招商顾问等齐聚玉溪，聚焦产业，共谋发展，43个投资总额309亿元的项目在招商引资推介大会上成功签约。

11月17日，省委常委、省委宣传部部长赵金到玉溪宣讲党的十八届六中全会精神。25日，全市人才工作会议召开。强调要认真学习、深刻领会中央、省委对人才工作的系列部署和要求，坚持用真情真心，出实招实力，努力打造一支数量充足、素质优良、结构优化、门类齐全的庞大人才队伍，加快构建具有玉溪特色和区域竞争力的人才工作体系，奋力开创人才工作新局面，为推动玉溪跨越式发展提供坚实的人才支撑。28日，全市安全生产专题会议召开。传达学习全国、全省安全生产电视电话会议精神。29日，全市文化旅游产业发展专题汇报会召开。分析研判全市文化旅游产业发展面临的形势，研究部署明年及“十三五”文化旅游支柱产业的思路和措施。

12月7日，市委全面深化改革领导小组召开第十八次会议。研究审议健全落实社会治安综合治理领导责任制、实施能效“领跑者”制度、加快发展青少年校园足球工作、乡村教师支持计划、元江县退出科级领导岗位干部管理办法等相关改革方案和事项。12日，玉溪市召开第三次全国农业普查工作会。研究部署全市农业普查工作，要求各级各有关部门全力以赴做好第三次全国农业普查各项工作。13日，五届市委理论学习中心组进行第三次暨2016年第九次集中学习。学习贯彻省委九届十四次全会精神和省委书记陈豪调研玉溪讲话精神。27日，中国共产党玉溪市第五届委员会第二次全体会议召开。深入贯彻落实党的十八届六中全会、省第十次党代会和市第五次党代会精神，认真总结2016年工作，深刻分析面临的形势任务，研究部署2017年工作。28日，市委经济工作会议召开。认真贯彻落实中央和省、市委相关会议精神，总结2016年经济工作，分析当前经济形势，部署2017年经济工作。29日，全市脱贫攻坚工作会召开。总结2016年脱贫攻坚工作，分析存在的突出困难和问题，研究部署2017年工作。

【市委常委会议】 2016年1月4日，市委书记罗应光主持召开四届市委第126次常委（扩大）会议。传达学习中共中央政治局专题民主生活会精神和《中共云南省委办公厅关于认真学习贯彻中央政治局专题民主生活会和习近平总书记重要讲话的通知》文件；传达省委经济工作会议精神，研究玉溪市的初步贯彻意见；传达九届省委第135次常委（扩大）会议精神，研究玉溪市的贯彻意见；研究全市2015年经济社会发展主要指标预计完成情况及2016年经济社会发展预期目标的建议；研究市委经济工作会议相关事宜。同日，市委书记罗应光主持召开四届市委第127次常委（扩大）会议。开展2015年度县区委书记，市直机关工委常务副书记、市工业和信息化委党委书记、市教育局党委书记、市国资委党委书记、玉溪高新区党工委书记抓基层党建工作述职评议。11日，市委书记罗应光主持召开四届市委第128次常委会议。专题研究通海县城镇保障性住房安居工程补助资金使用情况的核查报告及问责意见。18日，市委书记罗应光主持召开四届市委第129次常委（扩大）会议。传达学习习近平总书记在中央政治局“三严三实”专题民主生活会上的重要讲话精神；传达学习十八届中央纪委六次全会和省纪委九届八次全会精神，研究玉溪市的贯彻意见；听取市人大常委会党组、市政府党组、市政协党组和市法院党组、市检察院党组有关工作情况汇报；研究《中共玉溪市委党委（党组）意识形态工作责任制实施细则（送审稿）》；传达学习省委党委（党组）意识形态工作责任制座谈会主要精神，研究玉溪市的贯彻意见；研究机构编制有关事宜；研究玉溪市2015年度党风廉政建设责任制检查考核结果；研究违纪干部问题。

2月4日，市委书记罗应光主持召开四届市委第130次常委会议。传达学习全省组织部长会议、州市县乡村换届工作会议主要精神，研究全市贯彻意见；审议《关于认真做好县（区）、乡（镇）领导班子换届工作的通知》、《关于认真做好全市村级组织换届选举工作的通知》。14日，市委书记罗应光主持召开四届市委第131次常委会议。专题研究干部人事议题。17日，市委书记罗应光主持召开四届市委第132次常委会议。传达学习省委书记李纪恒在省扶贫办调研座谈会上的讲话精神，研究玉溪市的贯彻意见；传达学习全国、全省统战部长会议主要精神，研究全市的贯彻意见；传达学习中央、省委政法工作会议主要精神，研究玉溪市的贯彻意见；传达学习全国、全省宣传部长会议主要精神，研究全市的贯彻意见；审议《关于进一步强化稳增长工作的实施意见（送审稿）》；研究“争先创优跨越发展”大讨论、大行动工作方案及其实施意见；研究江川撤县设区发展大会工作方案；审议《市委常委班子2015年度工作总结（送审稿）》和《市委常委会2016年工作要点（送审稿）》及其分工方案；研究干部人事议题。29日，市委书记罗应光主持召开四届市委第133次常委会议。传达学习全省“五网”建设暨滇中城市经济圈一体化发展推进会精神，研究全市的贯彻意见；传达学习习近平总书记在党的新闻舆论工作座谈会上的重要讲话精神，研究玉溪市的贯彻意见；传达学习云南省推进文艺繁荣发展座谈会精神，研究全市的贯彻意见；传达学习全省精神文明建设表彰大会精神，研究全市的贯彻意见；传达学习中央对台工作会议和省委对台工作领导小组（扩大）会议精神，研究全市的贯彻意见；传达学习省委农村工作会议精神，研究玉溪市的贯彻意见；审议《中共玉溪市委常委会议2016年度议题计划（送审稿）》；研究市委副书记工作分工相关事宜；研究干部人事议题。

3月18日，市委书记罗应光主持召开四届市委第134次常委（扩大）会议。传达学习全国“两会”精神，研究玉溪市的初步贯彻意见；研究全市稳增长工作，持续深入推进“争先创优跨越发展”大讨论、大行动，确保实现一季度经济社会“开门红”；研究干部人事议题。31日，市委书记罗应光主持召开四届市委第136次常委（扩大）会议。传达学习中央有关文件精神；传达学习贯彻云南党政代表团赴广西、贵州学习考察有关精神；传达全省基层党建工作会议和全省党校工作会议精神，研究全市的贯彻意见；研究违纪干部问题。

4月8日，市委书记罗应光主持召开四届市委第137次常委（扩大）会议。传达学习云南省“两学一做”学习教育工作座谈会精神，研究全市的贯彻意见；听取全市2016年一季度经济运行情况。27日，市委书记罗应光主持召开四届市委第139次常委（扩大）会议。传达学习云南党政代表团赴上海江苏浙江考察学习有关精神，研究全市的贯彻意见；传达学习全省旅游产业发展推进会议主要精神，研究全市的贯彻意见；传达学习全省易地扶贫搬迁推进工作会议主要精神，研究全市的贯彻意见；研究加快生物医药产业发展有关事项；审议《关于全面加快江川区发展的意见（送审稿）》；审议2015年度全市综合考评结果和2016年度全市综合考评办法；研究全市信访积案化解攻坚及信访工作；审议《玉溪市实施“基层党建推进年”总体方案（送审稿）》、《中共玉溪市委党的建设工作领导小组2016年工作要点（送审稿）》；听取关于召开中国共产党玉溪市第五次代表大会有关情况汇报；研究玉溪市人民政府驻北京联络处有关事项。

5月20日，市委书记罗应光主持召开四届市委第142次常委会议。审议《关于加强和改进新形势下党校工作的实施意见》；审议《玉溪市人大常委会2016年工作要点》；审议《政协玉溪市委员会2016年工作要点》《玉溪市政协年度协商计划制定办法》《政协玉溪市委员会2016年度重点协商活动计划》；研究玉溪市审计局申请退出有关议事协调机构事宜；传达学习全省党委系统秘书长、办公厅（室）主任会议精神，研究全市的贯彻意见；研究2015年度市管领导班子和领导干部考核情况；研究干部人事议题。

6月5日，市委书记罗应光主持召开四届市委第144次常委会议。专题传达省委严肃换届纪律的集体谈话会议精神，研究和部署玉溪市严肃换届纪律工作。8日，市委书记罗应光主持召开四届市委第145次常委（扩大）会议。专题传达学习省委书记李纪恒到玉溪调研时的重要讲话精神，研究部署贯彻落实工作。15日，市委书记罗应光主持召开四届市委第146次常委会议。专题研究干部人事议题。20日，市委书记罗应光主持召开四届市委第147次常委会议。研究全市稳增长及供给侧结构性改革工作；传达学习全省城市工作暨城乡人居环境提升行动推进会议精神，研究全市的贯彻意见；传达学习全省脱贫攻坚暨县域经济发展推进会议精神，研究全市的贯彻意见；研究县乡人大换届选举工作；听取市人大常委会党组关于立法工作办法、立法规划、计划情况报告；听取《云南省抚仙湖保护条例修正案（草案）》修订情况汇报；研究召开玉溪市庆祝中国共产党成立95周年大会有关事宜；研究干部人事工作。30日，市委书记罗应光主持召开四届市委第148次常委会议。玉溪市委换届考察工作组对市委换届有关工作作安排部署；研究干部人事议题。

7月7日，市委书记罗应光主持召开四届市委第149次常委会议。专题研究市委、市纪委领导班子成员换届人选考察对象和江川区委书记人选。12日，市委书记罗应光主持召开四届市委第150次常委会议。研究承办云南省第三届宗教界体育运动会暨文艺汇演有关工作；审议《中国制造2025玉溪行动计划（送审稿）》；审议《玉溪市工业结构调整去产能去库存降成本补短板工作方案（送审稿）》；研究《玉溪·顺义产业园合作开发协议》有关工作；审议《玉溪市2016年党风廉政建设责任制检查考核实施办法（送审稿）》；传达学习省政府第89次常务会议精神，研究玉溪市的贯彻意见；传达学习全省基层党建分类推进工作会议和全省组织部长工作会议精神，研究全市的贯彻意见；研究省委组织部关于市委干部选拔任用工作民主评议结果反馈情况；研究干部人事议题；研究违纪干部问题。19日，市委书记罗应光主持召开四届市委第151次常委会议。传达学习全省2016年上半年工作汇报会精神，研究全市的贯彻意见；审议《玉溪市贯彻落实〈中共云南省委云南省人民政府关于加快建设我国面向南亚东南亚辐射中心的实施意见〉的工作方案》；传达学习全省第四轮禁毒防艾人民战争动员大会精神，审议《玉溪市第四轮禁毒人民战争实施方案（送审稿）》《玉溪市开展第四轮防治艾滋病人民战争工作方案（送审稿）》；研究干部人事议题。

8月1日，市委书记罗应光主持召开四届市委第152次常委会议。研究提出市委、市纪委换届人事安排方案，上报省委、省纪委审批；研究干部挂职事宜。5日，市委书记罗应光主持召开四届市委第153次常委会议。研究省管干部调整涉及的市管干部职务任免。5日，市委书记罗应光主持召开四届市委第154次常委（扩大）会议。宣布省委对玉溪市人民政府主要领导职务调整的决定。8日，市委书记罗应光主持召开四届市委第155次常委会议。研究关于推选玉溪市出席省第十次党代会代表工作。同日，市委书记罗应光主持召开四届市委第156次常委（扩大）会议。专题传达学习省委九届十三次全会精神，安排部署玉溪市的近期重点工作。19日，市委书记罗应光主持召开四届市委第157次常委（扩大）会议。传达学习中央文件精神；传达学习全省重点州市稳增长抓落实座谈会精神，研究全市的贯彻意见；审议市委联系专家调整建议人选名单；研究当前全市意识形态领域情况；审议《中共玉溪市委2016年政党协商计划（送审稿）》；听取追加迪庆州德钦县对口帮扶预算资金和大理州剑川县一次性帮扶资金的情况汇报；听取全市2016年上半年安全生产工作情况汇报；审议《玉溪市坚决打赢“直过民族”脱贫攻坚战的实施方案（送审稿）》；审议《玉溪市公路交叉路口安全隐患

2016年7月26日，市委书记罗应光在新平县戛洒镇青树社区凉风台村调研“直过民族”脱贫攻坚和易地扶贫搬迁工作　　（曾永洪　摄）

治理工作方案（送审稿）》；研究加强灭火救援车辆装备建设有关工作；传达学习全省州市纪委书记座谈会议精神，研究全市的贯彻意见；听取脱贫攻坚等六项重点工作专项纪律检查情况汇报；听取中国共产党玉溪市第五次代表大会筹备工作情况汇报；研究市委四届九次全会有关事宜，审议四届市委《工作报告（讨论稿）》；研究市纪委四届八次全会有关事宜，审议四届市纪委《工作报告（讨论稿）》；听取市第五次党代会有关材料准备情况汇报；审议玉溪市出席省第十次党代会代表候选人初步人选建议名单。30日，市委书记罗应光主持召开四届市委第158次常委会议。专题听取市委四届九次全会分组讨论情况。

9月2日，市委书记罗应光主持召开四届市委第159次常委会议。传达学习云南省严肃换届纪律二次集体谈话会议精神，研究玉溪市的贯彻意见；传达学习全省人才工作会议精神，研究全市的贯彻意见；传达学习省委伊斯兰教经文学校（班）规范管理工作专项会议精神，研究全市的贯彻意见；研究荷花池片区城市综合体建设项目A—2地块土地供应相关事宜；研究玉水金岸项目建设相关事宜；研究促进航空产业发展相关事宜。12日，市委书记罗应光主持召开五届市委第1次常委会议。研究市委书记、副书记和市委常委工作分工相关事宜；审议《关于落实市第五次党代会会议精神的任务分工方案（送审稿）》；研究宣传贯彻落实市第五次党代会精神相关事宜；对新的市委常委班子明确“六个严格执行”。25日，市委书记罗应光主持召开五届市委第2次常委（扩大）会议。听取省考察组通报推荐省十届省委委员、候补委员和省纪委委员人选情况。26日，市委书记罗应光主持召开五届市委第3次常委（扩大）会议。研究玉溪市十届省“两委”委员考察对象建议人选。30日，市委书记罗应光主持召开五届市委第4次常委会议。传达省扶贫开发领导小组第三次全体会议及省直和中央驻滇单位“挂包帮”定点扶贫暨驻村扶贫工作队经验交流工作推进会精神，研究全市的贯彻意见；传达学习全省宗教工作会议精神，研究全市的贯彻意见；审议《关于进一步加强和改进离退休工作的实施意见（送审稿）》；研究因违反报告个人有关事项规定被取消或暂缓任用人员拟重新任用问题的有关情况；研究市“两湖”试验区产业督导协调组和市“三湖”水污染综合防治督导组有关情况；研究部署当前重点工作。

10月12日，市委书记罗应光主持召开五届市委第5次常委会议。审议《玉溪市2016年度市级土地储备计划（送审稿）》；研究玉溪市融资担保有限责任公司增加注册资本金有关事项；研究设立玉溪市政府投资基金（母基金）有关事项；审议《关于在全市公民中开展法制宣传教育的第七个五年规划（2016～2020年）（送审稿）》；审议《“点亮玉溪”行动计划（送审稿）》；研究干部人事议题。20日，市委书记罗应光主持召开五届市委第6次常委会议。传达全省2016年前三季度经济形势分析会议精神，研究全市的贯彻意见；审议《玉溪市贯彻落实〈中国共产党问责条例〉实施办法（送审稿）》；研究组建市委巡察机构，审议相关配套制度；研究玉溪市网安综合业务平台二期升级建设有关事项；研究“玉溪精神”表述语提炼培育事宜；安排部署当前重点工作。31日，受市委书记罗应光委托，市委副书记、代市长张德华主持召开五届市委第7次常委（扩大）会议。专题传达学习党的十八届六中全会精神，研究玉溪市的初步贯彻意见。

11月12日，市委书记罗应光主持召开五届市委第8次常委会议，研究副厅级领导干部考察对象建议人选。25日，市委书记罗应光主持召开五届市委第9次常委会议。审议《关于协助各民主党派做好市级组织换届工作的实施意见（送审稿）》《关于市县区工商联（商会）2017年换届选举工作的实施意见（送审稿）》；传达学习全省信访工作约谈暨进京访专项治理工作会议精神，研究全市的贯彻意见；听取全市防范处理邪教工作情况汇报；听取全市2016年经济社会发展主要指标预计完成情况及2017年经济社会发展预期目标建议；审议《2016年度全市目标任务绩效综合考评新奖励方案（送审稿）》；研究机构编制有关事宜；研究玉溪市四届人大五次会议相关事宜；研究政协玉溪市四届五次会议相关事宜；研究玉溪市反腐倡廉警示教育中心建设有关事宜；研究违纪干部问题；传达学习省纪委九届九次全会精神，研究全市的贯彻意见；传达全省国有企业党的建设工作会议精神（书面）；研究干部人事议题。

12月9日，市委书记罗应光主持召开五届市委第10次常委会议。观看警示教育片《警钟》；传达学习省委书记、省长陈豪同志调研玉溪重要讲话精神；听取市人大常委会党组、市政府党组、市政协党组和市法院党组、市检察院党组有关工作情况汇报；研究玉溪市新平哀牢山县级自然保护区条例（草案）；研究增加玉溪市家园建设投资有限公司资产降低负债率有关事项；研究全市安全生产工作；研究2016年度党风廉政建设责任制年终检查考核方案；研究干部人事议题。14日，市委书记罗应光主持召开五届市委第11次常委会议。研究县区人大、政府、政协换届人事安排方案。26日，市委书记罗应光主持召开五届市委第12次常委（扩大）会议。传达学习省第十次党代会精神，研究玉溪市的贯彻意见；传达学习省委党员负责人会议精神，研究全市的贯彻意见；听取市委五届二次全会及市委经济工作会筹备情况汇报，审定全会及经济工作会相关事项；研究《市委常委会2016年党的建设工作专题报告》（书面）；研究《玉溪市法治政府建设实施方案（2016～2020年）（送审稿）》及其《任务措施分工方案》；传达学习云南省出席党的十九大代表选举工作部署培训会议精神，研究全市的贯彻意见；研究违纪干部问题。27日，市委书记罗应光主持召开五届市委第13次常委会议。专题听取分组讨论情况汇报。

【上级领导视察调研】 2016年1月14日，国家卫生计生委统计信息中心主任孟群以“互联网+医疗健康”为题，为全市各级领导干部和医疗机构相关人员举行讲座。市委书记罗应光主持讲座并讲话。28日，中国红十字会常务副会长徐科一行到玉溪市开展“红十字博爱送万家”活动，调研理顺县级红十字会管理体制等相关工作。省政府副省长、省红十字会会长高峰陪同调研并主持座谈会。省红十字会党组书记、常务副会长董和春，省红十字会副会长潘晓玲，市委常委、统战部部长方志鸣，市政府副市长杨洋等随同调研并参加座谈。

2月20日，中国三峡集团公司党组成员、副总经理毕亚雄一行到玉溪市，就溪洛渡水电站移民安置和后期扶持相关工作进行调研，并高度赞许玉溪市的移民工作。市政府副市长蔡四宏陪同调研。

3月1日，中国联通集团公司副总经理姜正新一行到玉溪市调研，了解中国联通玉溪分公司工作情况和玉溪市网格化社会服务管理信息系统建设使用情况。市委书记罗应光，市委常委、市委政法委书记明正彬，市政府副市长解仕清，中国联通云南省分公司总经理季绪浩陪同调研。3日，武警云南省总队强军文化建设推进会在玉溪市召开。武警云南省总队司令员李志刚少将出席会议并讲话。同时，实地检查调研了玉溪武警支队指挥中心和部分基层中队全面建设情况，并与市委书记罗应光座谈。市领导保明顺、李洪云、明正彬、朱家伟出席座谈会。10日，中华见义勇为基金会常务副理事长李顺桃一行到玉溪市对“海航·见义勇为英模安居工程”进行考察验收，并慰问见义勇为先进个人。市委常委、市委政法委书记明正彬陪同考察验收。15日，省政府副省长和段琪率调研组到玉溪市督查调研稳增长工作及国家专项建设基金争取使用、中央预算内投资项目相关情况。要求进一步抢抓机遇，强化措施，突出“三去一降一补”重点，全力以赴稳增长、促转型，确保玉溪经济社会实现跨越式发展。省政府调研督查组有关部门负责人，市委书记罗应光，市委常委、常务副市长陈勇，市政府副市长左广及市直相关部门负责人陪同调研并参加座谈。19日，甘肃省人大常委会副主任、省总工会主席李慧率队到玉溪，对玉溪市文化企业发展和文化项目建设等情况进行考察调研，并就如何推进文化事业发展进行交流。在省委宣传部副部长、省文明办主任鲁永明，市人大常委会副主任叶本功的陪同下，考察团一行先后到江川区、华宁县考察调研玉溪市古滇文化、陶文化等发展情况。20日，国家民政部行政区划管理立法工作座谈会在玉溪市江川区召开，民政部副部长宫蒲光出席会议并讲话。市委副书记、市长饶南湖出席会议并致辞。

4月21日，国家安全生产监督管理总局副局长孙华山一行到易门县，对玉溪市安全生产大检查长效机制管理系统运行情况进行检查调研。省安委会副主任、省安监局局长杨亚林，市安委会副主任、市政府副市长解仕清陪同检查调研。

5月17日，省政府副省长丁绍祥到玉溪市调研以滇中环线为重点的综合交通建设工作，了解并解决目前项目推进过程中存在的问题和困难。强调省市两级及相关部门要加强协调统筹，全面加快高速公路的基础工作，全面推进项目建设，实现滇中环线年内全线开工，确保完成全省交通基础设施五年大会战目标任务，为云南全面建成小康社会打牢坚实的基础。市委副书记、市长饶南湖陪同调研并参加座谈。20日，国家统计局副局长许宪春、省统计局局长张云松一行就营业税改增值税试点工作到玉溪市进行调研，并对玉溪市推进“营改增”工作给予充分肯定。市委书记罗应光，市委副书记、市长饶南湖，市政府副市长解仕清陪同调研。

6月1日，第十届全国人大常委会副委员长、中国关工委主任顾秀莲调研玉溪关工委工作，并向玉溪的少年儿童致以节日的祝福。省人大常委会副主任卯稳国，省关工委主任张宝三，市委副书记、市长饶南湖，市人大常委会主任谢兴荣，市政府副市长杨洋陪同调研。7～8日，省委书记李纪恒到玉溪市督察调研重大项目建设、重要工作推进情况，为玉溪经济社会更好更快发展进一步理清思路、明确目标。强调要主动服务和融入国家发展战略，解放思想、抢抓机遇，咬定目标不放松，顽强拼搏闯新路，进一步加快跨越式发展步伐，率先实现全面建成小康社会。省委常委、省委秘书长李邑飞，省政府副省长丁绍祥等一同调研。市委书记罗应光，市委副书记、市长饶南湖全程陪同调研。14日，老挝副总理宋赛·西潘敦率代表团到玉溪进行友好访问，畅叙友谊，共话发展，开启双方交往交流新篇章。省委常委、省纪委书记张硕辅陪同前往。市委书记罗应光对宋赛·西潘敦一行表示热烈欢迎。市领导保明顺、李洪云、陈勇、赵基等参加了接待活动。28日，中国人民武装警察部队副政委姚立功中将一行到玉溪调研指导，并对驻玉武警部队建设管理及玉溪市“双拥”等工作给予充分肯定。市委书记罗应光向姚立功介绍了玉溪经济社会发展和支持武警部队建设情况，感谢驻玉武警部队长期以来对玉溪工作的支持。市委常委、市委政法委书记明正彬等陪同调研。

7月5～6日，中共中央政治局委员、广东省委书记胡春华，广东省委副书记、省长朱小丹率广东省党政代表团到云南考察，云南省委书记李纪恒，云南省委副书记、省长陈豪陪同参加有关活动。胡春华强调，要进一步加强务实合作，共同落实好国家部署和《“十三五”粤滇战略合作框架协议》，推动两省合作不断上新水平。广东省徐少华、任学锋、邹铭、李锋等领导，中国南方航空集团公司总经理王昌顺，中国南方电网有限责任公司总经理曹志安，省领导李江、程连元、李小三、李邑飞、张百如、和段琪、丁绍祥、刘慧晏、何金平，市领导罗应光、饶南湖、李洪云、解仕清、孙云鹏、朱家伟等参加有关活动。20日，省纪委理论学习中心组“两学一做”学习教育专题学习（扩大）会暨全省州市纪委书记座谈会在玉溪市召开。会议认真学习贯彻习近平总书记“七一”重要讲话精神、王岐山书记7月19日在《人民日报》发表的署名文章和《中国共产党问责条例》，贯彻落实全省上半年工作汇报会精神，总结交流上半年全省纪检监察工作，部署安排下半年工作任务。省委常委、省纪委书记张硕辅要求，强化监督执纪问责，用担当的行动诠释对党和人民的忠诚。各州市纪委书记作了交流发言。与会人员现场观摩了通海县九龙街道加强农村“三资”监管工作、秀山街道大树社区以家风促社风带民风以及华宁县党风廉政建设责任制考核系统平台建设运用情况。21日，省政协主席罗正富到玉溪市调研政协工作及“两烟”产业发展。强调要进一步增强发展信心，做好“两烟”调结构保市场稳增长工作，促进“两烟”持续健康发展，为全省经济社会发展作出应有贡献。座谈会上，市政协主席夏立洪汇报了市政协今年以来的履职情况。省政协副秘书长、办公厅党组副书记丁仕凯，三届市政协主席冷明德、市政协原主席黄宪庭、副市长蔡四宏等参加调研座谈会。

8月10日，省政府副省长张祖林到玉溪就供销社综合改革和电子商务发展等工作进行调研。省供销社主任李琳玻参加调研。市委书记罗应光，市委副书记、代市长张德华，市政府副市长蔡四宏等陪同调研。18日，省政府副省长丁绍祥到玉溪市调研铁路建设工作并主持召开调研座谈会，研究昆玉铁路建设收尾工作、全力推进玉磨铁路建设以及呈贡至澄江至江川至红塔城际铁路前期规划工作。省政府铁路和高速公路建设工作督导组组长李春林，市委书记罗应光，市委副书记、代市长张德华，市委常委、常务副市长王力参加调研。24日，武警云南省总队政委王洪斌在市委书记罗应光陪同下到武警玉溪市支队检查指导工作。市委副书记、代市长张德华，市委常委、市委政法委书记明正彬，市政府副市长朱家伟等陪同检查。25～26日，全国政协常委、经济委员会副主任、中央农村工作领导小组原副组长陈锡文率队到玉溪市专题调研健全现代农业科技推广体系工作。调研组对玉溪市健全现代农业科技推广体系建设，发展高原特色现代农业所取得的成就给予了充分肯定。全国政协常委、中国科协副主席陈章良等农科专家参加调研。市委书记罗应光陪同调研，市委副书记、代市长张德华作汇报。市政协主席夏立洪主持工作座谈会。市领导李洪云、蔡四宏、朱家伟、郭亚钢、贺光明等陪同调研。

9月21日，由省委统战部、省民族宗教事务委员会、省体育局主办，玉溪市委、市政府承办的云南省第三届宗教界体育运动会暨文艺汇演在我市隆重开幕。省委常委、省委统战部部长、组委会名誉主任黄毅宣布开幕。省政协副主席、组委会名誉主任马开贤等出席开幕式。市委书记、组委会主任罗应光致辞。省委统战部副部长、省工商联党组书记、组委会主任马春讲话。省体育局副局长吴亚敏主持开幕式。省级相关部门领导，各州市有关领导，省佛教协会、省道教协会、省伊斯兰教协会、省天主教“两会”相关人士等出席开幕式。市领导保明顺、谢兴荣、夏立洪、李洪云、王力、叶本功、朱家伟、黎晓英、马良昌出席开幕式。23日晚，云南省第三届宗教界体育运动会暨文艺汇演颁奖晚会暨闭幕式在聂耳大剧院举行。中央委员、国家宗教事务局局长王作安出席并讲话。省委常委、省委统战部部长黄毅出席。省政协副主席马开贤宣布闭幕。省民宗委主任李四明致闭幕词。省委统战部副部长、省工商联党组书记马春出席。市委书记罗应光出席，市委副书记、代市长张德华致辞，市委副书记、市委统战部部长保明顺宣布运动会及文艺汇演获奖名单。

10月13日，省委常委、省纪委书记张硕辅到所联系的民营企业云南滇雪粮油有限公司进行调研，了解企业的现状和发展计划，帮助解决生产经营和项目建设中存在的困难和问题，督促落实民营经济发展政策。强调要以创新驱动发展为核心，进一步明确企业发展定位，推动民营企业更快更好发展，为地方的脱贫攻坚、县域经济发展等作出更大贡献。市委副书记、代市长张德华陪同调研并参加座谈。21日，全省公安信息化工作推进会在玉溪市召开。省政府副省长、省公安厅厅长张太原，省公安厅党委副书记、常务副厅长董家禄出席会议，公安部科信局副巡视员吴恒出席会议并讲话。省公安厅副厅长陈忠文主持会议。玉溪市委、省财政厅、省工信委有关领导出席会议。

11月8日，省委常委、省委高校工委书记李培到所联系的民营企业云南蓝晶科技有限公司进行调研。市委书记罗应光参加调研座谈。省工信委、省教育厅、省科技厅等省级相关部门负责人参加调研。市领导李洪云、尚建华、解仕清等参加调研。8～9日，省委常委、省委组织部部长李小三到玉溪市，就学习宣传贯彻党的十八届六中全会精神、“两学一做”学习教育、党的基层组织建设、扶贫攻坚与基层党建整乡“双推进”和重点产业发展等内容进行调研。市委书记罗应光，市委常委、市委组织部部长晏森陪同调研。17日，省委常委、省委宣传部部长赵金到玉溪市宣讲党的十八届六中全会精神，市委书记罗应光主持报告会，市委、市人大常委会、市政府、市政协领导班子成员，市法院院长、市检察院检察长，其他厅级领导，部分老干部同志，市级各部门领导干部，师生代表等聆听了宣讲报告会。报告会结束后，省委常委、省委宣传部部长赵金深入社区与老百姓面对面交流，积极解答干部群众关心的问题。18日，国家林业局副局长李树铭率调研组到玉溪市就南方航空护林总站江川直升机场暨南方森林航空消防训练基地建设项目进行实地调研。国家森林防火指挥部办公室副主任、森林公安局局长王海忠，南方航空护林总站站长史永林，全国部分省区的森林防火指挥部领导参加了调研。市委书记罗应光陪同调研并向调研组介绍玉溪经济社会发展情况。市委常委、市委秘书长李洪云，市委常委、常务副市长王力等陪同调研。23日，省人大常委会副主任王树芬到玉溪调研云南猫哆哩集团。市委副书记、市委统战部部长保明顺，市人大常委会主任谢兴荣、副主任周继武，玉溪高新区管委会主任吴伯平陪同调研，并为解决云南猫哆哩集团存在的问题出谋划策，为推动民营企业发展提出意见建议。

12月6～7日，省委书记、省长陈豪到玉溪市调研经济稳增长、产业发展、城乡规划建设、棚户区改造和民生保障等工作，检查指导六中全会精神宣传贯彻、“两学一做”学习教育和基层党建工作。省委常委、省委秘书长李邑飞，省政府副省长和段琪参加调研。市委书记罗应光，市委副书记、代市长张德华，市委常委、市委秘书长李洪云陪同调研。市领导王力、晏森、张小良、蔡四宏、孙云鹏、吴伯平等分别就调研点情况作工作汇报。9日，由云南省国际商会、玉溪市贸促会共同主办的中国玉溪·孟加拉国投资贸易推介会在玉溪举行。孟加拉国投资管理局理事、秘书长塔赫达·拉赫曼·汗，市委常委、市政府副市长尚建华出席会议。

【办文、办会】 2016年，市委办公室公文处理认真贯彻落实《党政机关公文处理工作条例》《云南省贯彻〈党政机关公文处理工作条例〉实施细则》，制定加强市委文件审核、文件合法合规性审查等方面的意见和办法，进一步完善公文收发、传阅、档案管理、文件审批等制度。坚持“把握政策、求真务实、严谨规范”的原则，按照“统筹性、协调性、精准性”的要求，把好公文审核关。一年来共对近100件不符合规范的文件进行退文并指导修改。加快信息化建设，强化科技支撑，在全市党政机关推广运用电子政务协同办公系统（OA系统），除中央、省委文件和涉密文件外，其余文件均通过OA系统办理和流转，正式启用OA系统发文平台交换市委非涉密公文，大幅度压缩办公成本，极大提升工作效率。制发《公文处理工作督促检查办法（试行）》，将公文处理工作纳入全市综合考评重点督查项目。紧扣文件贯彻落实做好跟踪评估，突出抓好建立公文处理跟踪督促落实机制。开展公文办理“月督、季检、年考”，建立中央、省委文件办理工作台账，每月列出清单督促提醒、季度开展检查通报、年终进行考核，适时组织文件贯彻落实评估调研，定期研判拟办意见、领导批示落实情况，分析思考提高拟办意见的科学性，推动以文辅政工作上水平。加强保密宣传教育，发放各种保密知识读本，层层签订保密责任书，定期开展党政机关办公设备保密安全检查，适时组织对办公室各保密要害部位及人员作巡检提醒，夯实保密安全意识。严格公文收发登记手续，认真做好文件收集、立卷归档、档案利用、清退销毁工作。开展档案数字化建设，对2016年以前的11 984件室藏文书档案进行扫描整理；对文印室、收发室、档案室等涉密重点部位进行了安全改造，安装了防盗门、防盗栏和电子监控设备，实行24小时摄像监控；按照省委办公厅部署，接入省电子政务内网，已正常接收办理省委网络发文，并按要求进行翻印、分发。严格执行中央八项规定精神，切实按要求做好精简文件工作。年内制发“玉发”文件41个，制发“玉办发”文件62个，有效控制了发文数量。办会工作，严格按照中央、省、市委规定，以服务市级重要会议为重点，严格控制会议规模和数量，控制压缩会议经费，努力提高会议的组织协调服务工作水平和质量。年内，圆满完成了市委全会、“争先创优跨越发展”大讨论大行动、第五次党代会、市委民主生活会、市委理论中心组学习以及市委名义召开的大中型会议110余次，筹办四届市委常委会议及五届市委常委会议43次。各项会议工作圆满完成，未出现任何差错。

【信息工作】 2016年，紧紧围绕“千里眼、顺风耳”重要职责，“快、准、全、深、广”做好信息服务工作，切实为上级和同级党委准确及时掌握情况、科学决策、推动工作发挥了应有的作用。选派1人到省委办信息综合室顶岗学习，对县区及市直部门进行信息业务培训21次，安排19人到市委办信息综合室培训学习。各县区、市直各单位共向市委办报送信息8 309条，被市委办采用2 389条；共编辑出刊《玉溪重要信息》55期、《工作情况交流》10期、《信息专报》5期；全年共向省委办公厅上报信息6 828条（含红塔区、易门县2个直报点），被省委办采用320条、中办采用34条。未出现重大紧急信息迟报、漏报、瞒报情况。

【信息化工作】 严格按照《中共玉溪市委办公室电子政务协同办公系统使用管理办法（试行）》规范OA系统管理，2016年，市委办OA系统共签收外单位报送文件材料3 556份，对外分发文件186份，共办理各类文件5 819份。做好市委机关党务公开平台日常巡检维护、内容更新，大屏共更新信息52期（次），平台触摸网站共更新信息436条。协调做好全市高清视频会议系统保障及升级工作，全市高清视频会议系统保障正常，未出现责任事故。配合做好电子政务内网管理工作，信息报送、收文、督查（考评）、值班系统运行正常。

【督查工作】 2016年，市委督查室围绕全市重要决策部署、重要工作、重大项目分解立项督查事项1 000多项次，下发督查通知54期；编发督查专报、通报、工作共165期；办理领导批示164件次，办结率100%。构建玉溪大督查工作体系，突出党委领导核心，着力整合各方力量，构建“党委统一领导、各方合力推进、工作网络健全、运行机制完善、保障措施有力”的大督查工作格局。充分发挥综合考评“指挥棒”和“风向标”作用，健全考评机制，完善考评办法，突出考评重点，引导各级领导干部树立科学发展观和正确的政绩观，推动玉溪“干在实处、走在全省前列”。

（市委办　提供）

组织工作

【全市“两学一做”学习教育】 2016年，市委把开展“两学一做”学习教育作为头等大事，落实加强党员教育管理要求，突出经常性教育特点，超前谋划，创新载体，精心组织实施。抓住“关键少数”，以上率下作示范。省委座谈会召开后第二天，市委即召开座谈会部署启动，并专门对50个党员“一把手”未参加座谈会的单位进行“补课”，从一开始就体现从严从实要求。市委书记罗应光主持9次理论中心组学习并亲自领学，带头参加支部学习、落实“党费日”制度、到支部和基层联系点上党课，为全市党员干部作出示范。市、县四套班子和市直单位党委（党组）普遍开展了4轮集中学习研讨，县处级以上党员领导干部参加支部学习8 767次，到基层讲党课2 031场。抓实“学”这个基础，推动教育常态化。以“每月一次集中学习、每季度参加一次党课”等“十个一”学习、利用新媒体开展“党章党规知识有奖竞答”、“微心得微评论征集”和“让我感动的身边党员随手拍”等为载体，不断增强学习教育的实效性和吸引力。突出学习重点，“七一”前以党章党规、习近平总书记系列重要讲话为重点；“七一”后，把重点转到习近平总书记在纪念建党95周年庆祝大会上的重要讲话上来；十八届六中全会召开后，第一时间组织学习宣传贯彻六中全会精神。各级党组织累计开展集中学习8.9万余次，每个支部普遍开展讲党课3次以上。扭住“做”这个关键，推动边学边查边改。抓实基层党组织按期换届、党费收缴工作、“三会一课”制度落实、党员组织关系集中排查、软弱涣散基层党组织整顿等基础党务工作整治。开展“作风转变年”，整治“为官不为”“为官乱为”现象，问责干部59人。规范“党员示范窗口”、“党员先锋岗”创建管理，引领党员亮身份、亮承诺、作表率，争做合格党员、服务先锋。

【县乡党委和村级组织换届选举】 2016年，市委组织部紧紧围绕形成一个好报告、配出一个好班子、选出一批好干部、形成一个好风气目标，坚持把党的领导贯穿换届全过程，市县乡党委召开专题会议研究制定方案，成立领导小组，派出工作指导组、巡回督查组开展巡回督查指导；市委组织部班子成员每人联系1个县区及1个乡镇并指导到村，全覆盖培训了参与换届工作的同志。把严肃换届纪律贯穿全程，运用多种媒介广泛宣传“九严禁”换届纪律规定，制发12 000张宣传挂图和6 000张提醒卡，30 787人次观看了“一片一书”，各级党委书记和纪委书记、组织部长开展严肃换届纪律谈心谈话6 376人次，1万余名干部签订承诺书、责任书，营造了风清气正的换届环境。4月2日在全省率先完成乡镇党委班子换届，50个乡镇选举产生班子成员450名、纪委委员242名，选拔48名“三类人员”进班子；5月25日完成全部702个村级组织换届选举；完成9个县区党委换届，选举产生党委委员311名、候补委员62名，纪委委员209名。做好市委换届人事安排有关工作，推选产生市党代会代表481名，党代会胜利召开，省委批复人选全部顺利当选。

【“四类干部”培养选拔】 2016年，市委共提拔使用40岁以下年轻市管干部21人、35岁以下7人、女干部41人、党外干部29人、少数民族干部44人。

【后备干部储备】 在2015年开展后备干部人选推荐、专题调研等工作的基础上，2016年，市委组织部按程序对专题调研中群众公认度不高、廉政上有反映、档案查核中有问题的35名干部，调整出人选名单；根据调研了解的情况和干部群众推荐意见，新增45名干部纳入人选名单，储备市管后备干部499名。其中正县后备干部124名、副县后备干部276名、中长期培养对象99名；女干部116名、占23.2%；少数民族干部121名、占24.2%；党外干部57名，占11.4%；大学及以上学历485名、占97.2%；正县后备干部平均年龄44.7岁；副县后备干部平均年龄41.8岁；中长期培养对象平均年龄32.9岁。

【市管领导班子和干部年度考核】 2016年，按照市委部署，市委组织部成立13个考核小组，分别对9个县区、92个市直单位市管领导班子和市管干部开展了定性考核和定量考核工作，完成2015年度101个市管领导班子、1 162名市管干部的考核工作。县区314名市管干部中，评定为优秀等次的52名（含16名挂职干部），称职等次的258名，不称职等次的1名，不定等次的3名。市直单位848名市管干部中，评定为优秀等次的139名（含1名挂职干部，3名驻村帮扶队员），称职等次的705名，不定考核等次的5名。根据市纪委调查处理情况，对4名不定等次干部补定了2015年度考核等次。

【干部教育培训】 2016年，市委组织部认真贯彻《干部教育培训工作条例》，突出十八届五中、六中全会精神和习近平总书记系列重要讲话精神这个重点，纳入党校、行政学校主体班次培训内容，举办“争先创优跨越发展”大讨论大行动专题研讨班，依托省外优质培训机构举办15期专业化能力培训重点班次；牵头市直部门在市委党校举办各类培训班34期，培训干部6 500余人次；举办第15期中青年干部培训班，对60名中青年优秀干部进行为期两个半月的集中培训。选派622名干部参加省级及以上127个班次的培训。

【干部挂职锻炼】 2016年，市委组织部围绕干部队伍建设的需要，搭建年轻干部实践锻炼平台，选派1名厅级、6名县处级领导干部到省直机关及省外挂职锻炼，选派12干部到北京顺义挂职锻炼，下派49名市直机关年轻干部到县区、乡镇挂职锻炼，发现、培养和锻炼了一批优秀年轻干部。接收了中央、省及省外选派到玉溪市交流挂职锻炼干部16名。

【干部管理监督】 2016年，市委组织部加强干部日常监督管理，推动从严管理监督干部常态化，着力解决平时管理不严的问题。组织2015年度有干部选拔任用的9个县区党委和36个市直单位党组（党委）开展“一报告两评议”工作，对4名同志履行干部选拔任用责任情况进行离任检查。深化“违反党的组织人事纪律”专项整治，整改消化超职数配备干部2 657名，整改消化率达100%；严防干部“带病提拔”，暂缓或取消任用“带病”干部8人；认真开展“裸官”清理整治和领导干部在社会组织、企业兼职清理整顿工作；干部档案专项审核工作全面完成，审核18 241人。查核领导干部个人有关事项报告606人；开展市管干部经责审计69人，问责或党政纪处分3人；提醒380人、函询125人、诫勉11人。完善干部监督管理制度，进一步强化纪律约束，制定实施《玉溪市推进领导干部能上能下实施办法（试行）》，按照“下”的渠道调整、处理干部232人；制定实施《玉溪市党政领导干部生态环境损害责任追究实施办法（试行）》，立案查处71件，约谈225人、问责64人。

【市管干部出国（境）备案审批管理】 2016年，市委组织部认真贯彻中央、省关于特岗人员出国（境）管理相关规定，坚持联审制度，注重流程规范，严格特岗人员因公、因私出国（境）备案审批管理。办理因公出国（境）人员备案手续65人次，因公赴台备案21人次，代市委审查审批因私出国（境）82人次。报备厅级领导因私出国3件、3人次。报备新增特岗人员51人，撤控54人；集中管理新增因私护照、大陆证、港澳通行证103本。

【干部档案专项审核】 2016年，全市干部档案专项审核工作全面完成，共审核18 241人。

【健全党建工作责任体系】 2016年，市委把党建工作列入市委常委会年度工作要点，建立党员领导干部基层党建联系点，市委主要领导认真履行党建“第一责任人”职责，先后13次主持召开常委会研究党建工作，35次到基层调研党建重点工作，主持召开基层党建现场推进会等重要会议，带动了各级党组织书记聚精会神抓党建、履职尽责抓落实。出台《玉溪市2016年度县区委书记抓基层党建工作责任清单》《玉溪市委基层党建工作责任制》等规定，组织开展抓基层党建工作述职评议考核，构建了纵向到底、横向到边的抓基层党建工作述职体系。立项实施县乡党委书记抓基层党建创新项目92个，形成人人都有党建项目、年年都抓党建实事的良好氛围。制定党建工作责任追究办法，做到工作同述、业绩同考、责任同担，实现了党建工作由“软任务”向“硬指标”转变，层层传导党建工作压力。

【“基层党建推进年”创建】 2016年，市委组织部制定实施“基层党建推进年”总体方案和六个分领域方案，扎实推进14项基层党建重点工作，统筹提升各领域基层党建工作水平。

【党员固定活动日活动】 2016年，市委组织部通过推广定时间、定计划、定主题、定经费、定考核“五定”工作法，确保基层党组织做到“每月一主题、月月有活动、人人有任务”，推动党员活动经常化、实施规范化、内容多样化。

【在职党员到社区报到服务】 2016年，全市972个机关事业单位2.9万名在职党员到社区报到服务群众，开展参与一次公益活动、认领一个服务项目等“五个一”服务，促使“八小时党员”成为“全天候党员”。

【村民小组党员活动室建设全覆盖】 2016年，市县财政共投入资金9 000万元，整合各类资金8 700万元，新建村民小组党员活动室450个。

【“空壳村”集体经济增收全覆盖】 2016年，市委组织部安排专项资金5 000余万元，采取一点一策、整合资源、分类指导等措施，在503个“空壳村”“薄弱村”开展强基惠农股份合作经济，实现了村集体经济收入“空壳村”全部摘帽，其中收入1万元以上的村（社区）占94%，集体经济收入10万元的占12.3%。此经验做法先后在中央、省级媒体刊发，并得到了中组部、省委领导的肯定。

【党员积分制管理】 2016年，市委组织部采取与党员固定活动日、党员志愿服务、党员民主评议有机结合的方式，推动从严治党要求在党员日常管理中落地生根，引领8.14万党员亮身份、亮承诺、亮积分，争做“合格党员”，争当服务先锋。该做法得到省委肯定，并在全省推广。

【综合服务平台建管用情况】 2016年，市委组织部投入建设资金1 785万元，建成“云岭先锋”服务站点796个，建成市级综合服务平台管理维护站（监控中心）。整合职能部门业务进平台，目前9县区可办理服务事项均达到90项以上，最多的达135项。出台《玉溪市党员干部现代远程教育和基层服务型党组织综合平台运维管理考核办法》，在易门县举办全市综合服务平台建设规范提升现场培训班，全市共举办业务培训71期4 390人次，运用综合服务平台发布党务信息10 782条、政务公开信息9 933条，办结为民服务事项21.7万件。依托平台建立电商服务站29个，开办农村淘宝等网店180个。

【“互联网+党建”行动计划】 2016年，玉溪市在全省率先启动“互联网+组织”工作，市委组织部制定印发《玉溪市推进美丽玉溪服务先锋行动“互联网+组织”工作实施方案》，成功举行玉溪市“互联网+组织”启动仪式，“互联网+党建”经验做法在全省基层党建分类推进工作会上交流。建设开通玉溪先锋APP，搭建玉溪“互联网+党建”综合性平台，发布信息资讯2 810条。打造“美丽玉溪服务先锋”网络党建品牌，玉溪先锋党网联盟累计发文17 171余篇，美丽玉溪服务先锋手机报累计发送234期，2 000余名党员干部订阅；美丽玉溪服务先锋微信易信公众号推送学习专题656期、图文信息3 936条，18 000余人关注订阅。

【党员干部现代远程教育】 2016年，市委组织部对全市1 408个远程教育站点定期督学，制定下发“3+X”重点学习计划11期，向基层党组织和党员干部推送学习视频和图文资讯79条，利用远程教育网络同步向基层直播重要会议、农村党员冬春训、专题讲座等19次，累计培训党员群众17万人次。加强党员教育资源建设，推荐上报第三届全国党员教育培训展示教材3套，遴选22部视频、微电影、漫画等作品参加第十三届全国法制宣传评比，遴选上报基层党组织“三会一课”、脱贫攻坚创新工作案例14个。

【党建促脱贫攻坚工作】 2016年，市委组织部组织实施扶贫开发与基层党建整乡“双推进”，在“双推进”乡镇中新建修缮村组活动场所212个，实施股份合作经济项目91个。深化“挂包帮”“转走访”工作，调整选派434名驻村扶贫工作队员和130名第一书记，组建130支驻村扶贫工作队驻村工作。深入开展“基层党员带领群众创业致富贷款”工作，发放贷款2.9亿元，带动3 100余名党员群众创业致富。

【“两新”组织党建工作】 2016年，市委组织部健全市、县、乡“两新”组织党建工作管理体制，实施“百日攻坚、素质提升、后进整顿、先锋引领、强化保障”五个行动，全市非公企业党组织覆盖率提高到82.35%，社会组织党组织覆盖率提高到94.50%，新建规范化活动场所483个、党群活动服务中心35个，“两类”组织党建工作走在了全省前列。全省园区非公企业党建工作座谈会暨非公企业党组织覆盖提升行动工作推进会在玉溪召开，26批2 000余人到玉溪考察学习。

【整顿软弱涣散基层党组织】 2016年，市委组织部认真落实“五个一”工作法（制定一个整改方案、选好配强一个班子、健全完善一批制度、谋划一条发展思路、解决一些实际问题），整顿转化软弱涣散党组织712个。

【党员发展工作】 市委组织部制定了2016年玉溪市发展党员工作规划和年度党员发展计划，细化发展指标，规范发展程序，实行动态管理和监测，对入党志愿书进行编号管理，重视在生产一线青年工人、农民、知识分子等群体中发展党员，不断提高新发展党员的质量。2016年全市共发展党员1 750名，完成全年计划数的100%。

【庆祝建党95周年表扬大会】 2016年6月27日，市委召开全市庆祝中国共产党成立95周年大会，表扬优秀共产党员50名、优秀党务工作者50名、先进基层党组织50个。

【关怀困难党员、老党员、老干部工作】 2016年，市委组织部组织开展走访慰问困难党员、老党员，领导干部讲党课忆党史等活动，营造浓厚氛围。继续实施“农村党员关爱行动”，开展春节期间走访慰问困难党员、老党员、老干部活动，慰问1.5万余人。开展“农村困难党员关爱行动”，继续对60岁以上的农村老党员每月给予不少于20元补助。

【全面推行乡镇党代会年会制】 2016年，市委组织部在全市50个乡镇全面推行党代会年会制，积极推行乡镇党代表任期制，组织党代表开展学习培训、提案建议、调研视察、联系服务党员群众等活动，促进代表发挥作用。

【健全人才发展体制机制】 2016年，玉溪市召开全市人才工作会议，出台《玉溪市深化人才发展体制机制改革的实施意见》《玉溪市引进高层次人才绿色通道服务办法》《玉溪市柔性引进人才实施细则》等15个政策文件，加快构建具有玉溪特色的人才政策体系，优化人才发展环境。

【本土人才培育工程】 2016年，市委组织部组织申报高层人才系列评选8项，获国家“万人计划”科技创新领军人才2人，入选“西部之光”访问学者培养对象2人，获“云岭首席技师”2人、“云岭教学名师”9人，是全省入选最多的州市；获“国贴”1人、“省突”2人、“省贴”4人；获评正高1人，副高162人。从全市29个申报单位中评审认定6个高层次人才创新创业示范基地，其中一类基地1个、二类基地2个、三类基地3个，分别给予每个基地15万元至30万元的一次性补助，共计115万元。推荐两批95名基层专技人才到市级对口单位跟班培养，选派20名到省级专业进修，拨付培养经费60万元。发放600名优秀贫困学子奖励资金180万元。

【引进各类人才】 2016年，全市各用人单位共引进急需紧缺人才6 000余人，其中公务员招考录用500余人，企事业单位公开招聘5 700余人，柔性引进100余人。市医院、玉溪师院刚性引进博士8人，市委组织部面向北京高校招录3名选调生；红塔区柔性引进院士1人，高新区引进国家“千人计划”特聘专家1人，吸引了10名国家“千人计划”专家到“玉溪行”；专家基层科研工作站引进高技能人才6人，其他新兴产业引进各类人才64人。建立院士工作站1个（李德发院士），申报省级专家基层科研工作站6个，新增省级重点实验室、工程技术中心、企业技术中心各1个、市级工程技术研究中心5个，新增创新创业园区（创客空间）12个。

【专家人才智力扶贫行动计划】 2016年，市委组织部组织开展专家人才智力下基层活动，组织种养殖、医疗卫生专家45人，开展培训讲座14场次，培训农科专技人员和村组干部2 500余人次。先后组织了沃森、维和、太标等12家专家企业参与“春风行动”招聘会，1 200多人实现就业；组织4家职业院校面向边远地区实施特殊政策招生和就业技能培训，招收“直过民族”贫困地区青年55人，帮助26人实现自主创业。

【公务员职务与职级并行】 2016年，市委组织部继续抓好县以下机关公务员职务与职级并行制度，全市共有2 910人晋升职级，其中：晋升正处级35人、副处级1 424人、正科级407人和副科级972人。

【大学生村官招聘管理】 2016年，全市共招聘大学生村官140名，举办2016年新聘大学生村官和新录用选调生岗前培训班，对140名新聘大学生村官和17名新录用选调生进行岗前培训。推荐12名正在创业和有创业意向的大学生村官参加中组部、农业部举办的2016年农村实用人才带头人和大学生村官示范培训班，推荐16名大学生村官参加2016年全省大学生村官骨干培训班。落实考核管理制度，对在岗的418名大学生村官开展年度考核。97名大学生村官通过换届进入村级班子任职，其中专职专选任村级党组织副书记89人，换届选举进入村级班子（占职数）8人（书记1人、副书记6人、党总支委员1人）。

【市级机关统一公开遴选（选调）】 2016年，市委组织部出台规范市直机关公务员交流转任和事业单位人员选调工作规范，完善公开遴选工作机制，探索开展市级机关统一公开遴选（选调）工作，对公开遴选（选调）的人员范围、资格条件、程序办法等进行规范，市直单位补充工作人员原则上实行公开遴选（选调），选调计划2人以上的，公开遴选（选调）比例原则上不低于50%。

【党的建设制度改革】 2016年，市委组织部制定年度党的建设制度改革计划，突出重点分步实施，探索建立领导班子配备结构模型，应用现代信息技术手段，研发结构模型管理系统，构建“班子模型要素维护、模型定制、模型查询、模型研判分析、班子模拟配备”五大模块，在集中换届中得到初步应用。探索建立干部容错免责机制，明确免责情形、程序、结果运用等，在澄江县试点后在全市推开，营造了支持改革、鼓励创新、宽容失败、允许试错的干事创业环境。制定《2016－2020年玉溪市党政领导班子建设规划纲要》《关于在全市深化国有企业改革中坚持党的领导加强党的建设的实施意见》等制度30余项。

【组织工作宣传】 市委组织部制定了2016年组织工作新闻宣传计划，策划推出了“两学一做”学习教育、基层党建推进年、党的建设制度改革、县乡村集中换届、纪念建党95周年等一系列的主题宣传报道，推出了“云南玉溪深入推进党员积分管理取得新成效”“‘互联网+组织’的玉溪新鲜事儿”“通海县农村‘三资’晒在阳光下”“峨山县富良棚乡双推进纪实”“澄江县试水建立干部容错免责机制”等41篇有影响力的新闻稿件，中央、省市新闻媒体刊发反映全市党建工作稿件360余篇，发表影响力网评文章615篇。

【组织部门自身建设】 2016年，市委组织部抓好部机关“两学一做”学习教育，组织开展手抄党章、支部学习讨论、专题党课、“组工讲坛”微党课等活动，举办组工干部“两学一做”暨党性教育专题培训班2期、理论中心组学习5次、支部学习研讨25次，教育引导干部争当合格党员、过硬组工干部。落实“作风转变年”具体要求，深入推进扶贫攻坚“挂包帮”“转走访”工作，建立“一挂两包两联两个全覆盖”长效机制，实施产业扶持、基础设施建设扶持、智力扶持、技能扶持、民生扶持五个行动计划，整合力量推动元江县因远镇脱贫攻坚取得实效。开展“云岭先锋”党员志愿服务活动，组织干部职工义务植树、集体劳动，持续推进作风转变。加强工作谋划督查，召开组织部长会、组织部长工作会和务虚会等总结谋划工作，制定组织工作要点及任务分解方案，坚持按月、季度、半年督查通报，推进工作落实。积极抓好组织工作宣传，出台《市委组织部信息宣传管理和考核办法》，编发组工信息59期129篇，中组部采用2篇，省委组织部采用37篇。严格机关内部管理，深化党员积分制管理，制定实施公车管理办法，严格规范经费管理。加强部机关干部培训锻炼，选派部机关干部37人次到省外培训学习，推荐4人到省委办公厅、省委组织部帮助工作，抽调16名干部到部机关跟班学习。

（詹道斌　文天娥　吴　刚　杨　刚）

宣传工作

【全市宣传思想工作会议】　2016年2月26日，市委召开全市宣传思想工作会议。市委副书记保明顺出席会议并讲话，市委常委、宣传部长杨兴荣主持会议，市领导叶本功、杨洋、黎晓英出席会议。会议总结了2015年全市宣传思想工作，研究部署当前和今后一个时期全市宣传思想工作重点。会议强调，要充分认识贯彻落实“四个全面”战略布局、决胜在全省率先全面建成小康社会对宣传思想工作的新要求，以及意识形态领域面临的复杂情况，深刻认识宣传思想工作的形势使命，更好地担当时代责任，不断为玉溪“十三五”开好局、起好步，谱写好中国梦玉溪篇章提供强有力的思想保证、精神力量、道德滋养和文化条件。各县区委书记、宣传部长，乡镇宣传委员，市直各单位、中央、省驻玉单位党员主要领导参加会议。

【理论学习教育】　2016年，全市理论学习教育工作在做实、做广和做深上下功夫，理论武装进一步夯实。坚持统一思想，强化实践，用马克思主义中国化最新成果武装思想、教育群众、引领发展。制发《玉溪市县级以上党委（党组）中心组2016年理论学习安排意见》《2016年全市在职干部理论学习安排意见》，把习近平总书记系列重要讲话精神、“两学一做”、供给侧改革、“争先创优跨越发展”大讨论大行动等列为专题学习内容，全市各级党委（党组）开展中心组学习510余次，组织在职干部学习培训340余次。编印《中共玉溪市委中心组学习参阅》《市委中心组成员发言材料汇编》890余册，发放学习书目9 000余套。向市、县区中心组成员赠阅《学习型党组织建设丛书》七个系列8 750册，征订《全面小康热点面对面》12 417册，《习近平总书记系列重要讲话读本（2016年版）》125 583册，发放《习近平总书记在文艺工作座谈会上的重要讲话学习读本》《习近平谈治国理政》3 000册，与组织部联合下发《关于认真组织学习〈习近平总书记系列重要讲话读本（2016年版）〉的通知》，把学习贯彻习近平系列重要讲话精神进一步引向深入。理论宣传进一步拓展。组织开展十八届六中全会、省委九届十二次全会和市委四届七次全会精神宣讲工作，全市各县区和市直各单位开展宣讲704场，42 656人次参与。举办云南省“十三五”规划纲要玉溪宣讲电视电话会，全市共计2 000多人参加。组织开展《习近平总书记系列重要讲话读本（2016年版）》“走基层”宣讲活动，邀请专家学者作专题宣讲报告。下发《习近平总书记系列重要讲话读本（2016年版）宣讲工作的通知》《关于开展习近平总书记“七一”重要讲话精神宣讲工作的通知》，全市各县区市直各单位共开展宣讲1 092场，112 920人次参加，下发《关于组织开展中国共产党玉溪市第五次代表大会精神宣讲工作的通知》，全市各县区和市直各单位共开展宣讲864场，59 980人次参加听讲。7月5日，市委书记罗应光到玉溪农业职业技术学院，为师生就如何认识理解习近平总书记“七一”重要讲话精神以及市委、市政府对推动玉溪跨越式发展的谋划和部署等内容作形势政策报告，1 200名师生现场聆听了报告。10月27日，市委副书记、代市长张德华来到玉溪师范学院，以“博学慎思厚积薄发——在跨越式发展宏图伟业中谱写青春乐章”为主题，为500多名师生作专场报告。在中宣部党建网刊载《云南易门：小喇叭传递正能量》《云南玉溪市红塔区：好家风引领道德新风尚》等10篇经验材料。继续办好《今日玉溪》学习栏目，依托玉溪宣传“理论学习”微信平台，选登290余篇重大理论热点文章。理论研究进一步加强。完成“玉溪精神”表述语提炼工作，10月20日，市委召开第六次常委会议，同意把“玉汝于成、溪达四海”作为玉溪精神表述语，积极推动“玉溪精神”学习宣传教育工作。收集整理各县区、市直宣传文化系统上报的21篇调研报告，编印《玉溪市宣传思想文化工作调研成果选编（2016）》。高质量完成省委宣传部委托调研课题和2016年重点调研课题，形成《加强意识形态阵地管理调研》《家风家规家训在基层道德建设中的现实意义》2篇高质量的调研报告，得到省委宣传部肯定。我部报送的《培育践行核心价值观重在落小落实》被评为2015年度优秀部刊稿件，《玉溪市小广场变身大阵地构筑群众文化大舞台》荣获中宣部《党建》杂志社“基层工作加强年”主题征文活动二等奖，《把核心价值观种子种进百姓心》在《云南思想政治工作研究》杂志刊登。加强全市9个学习贯彻习近平总书记系列重要讲话和考察云南重要讲话精神示范点调研指导工作，下拨15万元资金补助。成功组织“云南省社科专家玉溪行”调研咨询活动，形成调研成果汇编《社会科学专家话玉溪》。

【舆论推动工作】　2016年，全市舆论推动工作在推动跨越发展和营造良好舆论氛围上下功夫，对内宣传凝聚跨越发展力量。深入学习贯彻习近平总书记在党的新闻舆论工作座谈会上的重要讲话精神，围绕中央、省委和市委重要决策部署，省委主要领导到玉溪调研重要讲话精神，统筹开展好形势政策、主题宣传。制发全年四季度宣传报道意见，制定纪念建党95周年、云南省第三届宗教界体育运动会暨文艺汇演、玉溪市第五次党代会、纪念红军长征胜利80周年、市“两会”、玉溪市“争先创优、跨越发展”大讨论大行动、城乡人居环境整治三年行动计划、“六城同创”工作、党章党规进媒体、市县乡领导班子换届、“两学一做”学习教育等专项宣传工作的方案，并跟踪问效。玉溪市聂耳大众文化小分队“精神的力量”主题文艺巡演深入县区演出20余场。加强典型宣传，江川区国税局李正坤同志荣获2016年“最美税务人”称号，云南电视台新闻联播报道其先进事迹，澄江县法院刑庭庭长杨爱斌被评为2015年云南十大“最美人物”。舆论引导营造跨越发展氛围。以互联网为重点不断夯实舆论引导能力建设，通过采取制定《舆情日报及分类报送制度》，制发信息需求要点、预约稿件等方式，完善网络舆情信息监控网，形成严密可靠的信息监测、报送和预警体系，舆情信息监测进一步常态化。加强对全市互联网舆论引导工作的统筹、协调和督查，初步建立起市委领导、领导小组指挥、领导小组办公室协调指导、责任主体主动应对，工作覆盖市、县、乡（街道）三级及各部门“横向到边、纵向到底”的舆论引导和舆情处置体系，形成了舆情监测—舆情研判预警—舆情处置和舆论引导“三位一体”的工作网络，建立了“启动预案+协同配合+全方位监测”立体应对模式，实现日常监测“不掉线”、重大突发事

件监测“不缺位、不失职”，社会热难点问题和突发事件舆论引导科学有序有力有效，回应了社会关切，疏导了社会情绪，维护了社会稳定，网上舆论保持良好态势。全年制发《网上玉溪动态》262期、《舆情分析专报》24期、重点舆情专题分析20期，向市委和部领导报送涉玉舆情信息2 316条。向省委宣传部报送舆情信息4 223条，被采用489条，报送和采用数比上年增幅达167%和103%。

【对外宣传工作】 2016年，全市对外宣传在展示跨越发展形象和新媒体运用上下功夫，持续加强与主流媒体合作力度。围绕“创先争优、跨越发展”大讨论大行动，充分调动市内外媒体资源，以“记者下基层精品上版面”等宣传活动为载体，累计开展采访活动40余次，刊登、播出涉及我市经济社会发展的稿件、节目200篇（幅、条），《玉溪开展创先争优大讨论大行动》相关新闻报道在云南电视台、云南广播新闻头条播出，活动不断深入人心。持续加强与《人民日报》《云南日报》等中央、省级媒体合作力度，先后与CCTV7“美丽中国乡村行”、“致富经”等栏目组联合摄制《抚仙湖纯净之旅》《通海味道》等节目；新华社通讯整版刊登“生态玉溪”主题稿件，充分展示我市生态旅游产业、民族文化风情和特色农业经济等发展的喜人成果；《抚仙湖畔驱“石魔”》在光明网“多彩神州”专栏专版刊登，《经济》杂志对我市“智慧城市”建设发展情况进行深入报道，《香港文汇报》《中国经济导报》分别刊登了《跨越发展玉溪再谋新篇》《耕耘五载硕果飘香开创改革新局面》《凝心聚力谋发展真抓实干谱新篇》等稿件；《开展“争先创优跨越发展”大讨论大行动》《抚仙湖生态文明位列前茅》《玉溪工业建设》等多篇稿件在《云南日报》头版刊登，《云南日报》特刊“云关注·幸福玉溪”，每月一期，每期四个版面，刊登了《玉溪开启绿色发展新途》《高原特色农业赢得市场》《美丽乡村的玉溪样本》等100余篇文章，全面聚焦玉溪发展；与云南卫视《你是我的旅伴》栏目组联合制作并播出节目：“热带水果之旅”“风情戛洒”“玉溪美食之旅”“探秘全国第二深水湖泊——抚仙湖”等多期节目，极大提升全市优势旅游资源知名度；在《风光》杂志上连续多期专版刊登《玉溪凝心聚力铿锵跨越》等5篇稿件。今年以来，省级以上媒体刊发宣传报道我市的稿件达2 246篇（幅、条），其中省级媒体1 153（幅、条），中央级媒体93篇（幅、条），上级媒体对云南日报社玉溪分社、玉溪日报社、玉溪人民广播电台采稿率进一步增加。完成“幸福玉溪”宣传片制作，借助长水机场等大平台开展推广宣传。组织省、市媒体记者90余人次参与“云南省职业教育技能大赛”“云南省农业科技三下乡”“收获今秋共谋发展玉溪投资峰会”等大型活动的宣传报道工作，省级、市级各类媒体刊登、播出稿件节目400余条（篇、幅）；成功举办了美丽玉溪名博行第三季活动，借助微博、微信、搜狐新闻客户端、优酷、今日头条、乐途旅游等新媒体等平台，实现阅读量1 097.65万。新媒体运用增强跨越发展活力。按照《玉溪市关于推动传统媒体和新兴媒体融合发展的实施意见》的精神，我市“互联网+宣传”格局的构建得到落实和形成，“玉溪发布”微信公众号、掌上玉溪、玉溪日报等App客户端影响力持续扩大，6月20日建设开通了以“玉溪宣传”为名的玉溪市委宣传部官方微信公众号，将包括网站、客户端、微博、公众号、政务生活服务等系统在内的全市现有优质宣传资源优化改造，整合进后台，形成以“玉溪宣传”官方微信公众号为入口和门户，后端有众多互联网平台做支撑的玉溪市“互联网+宣传”大构架格局。

【精神文明建设】 2016年，全市精神文明建设工作在广泛培育和拓展载体上下功夫，公民思想道德建设成效显著。组织召开全市精神文明建设工作会，命名第八届玉溪市文明村（行业、单位）、第四届文明社区（小城镇）和第四届道德模范。继续开展好文明示范村建设，按照工作方案抓好创建工作并及时下拨补助资金，文明示范村成效显现，辐射带动作用明显。深入打造“玉溪道德讲堂总堂”品牌，实现县区道德讲堂总堂建设全覆盖，开展“道德讲堂”总堂19期，指导县区、单位开展道德讲堂100余期，开展玉溪市“道德讲堂”骨干（主持人）培训班，“道德讲堂”移动客户端用户增长迅速，目前已达到12 000余人。下发《关于广泛开展先进模范巡讲活动的通知》，成立市级宣讲团，开展市级巡讲4场，县区及市级单位700余场。制定《玉溪市中华传统美德教育示范基地建设实施方案》，明确“十个一”活动的具体要求，确定首批21个中华传统美德教育实践示范基地，成功举行玉溪市中华传统美德教育实践示范基地建设启动仪式，拍摄宣传片《最美风景》，承办全省中华传统美德教育实践示范基地建设工作推进会暨公民道德宣讲员培训班。社会主义核心价值观社会面阵地宣传稳步推进，以中国梦、讲文明树新风、中华传统美德为主要内容，完成聂耳广场“爱国”园设计和建设工作；制发《关于进一步做好公益广告宣传的通知》，实施5座公交车站台、2辆公交车车身、7座

2016年6月13日，由市委宣传部、市文明办组织的玉溪市中华传统美德教育实践示范基地建设启动仪式在玉溪第一小学举行 （市文明办　提供）

阅报栏公益广告投放，做好全市公益广告作品展播宣传和征集工作，全年刊播25 410篇（条）；举办公益广告设计大赛，促进户外公益广告宣传形成制度化、常效化。未成年人思想道德建设重点突出。未成年人思想道德建设重点突出。组织开展“清明祭英烈”、“向国旗敬礼”、学习宣传美德少年、“童心向党”歌咏等“我们的价值观，我们的中国梦”主题教育系列实践活动。完成2015年度乡村学校少年宫项目建设，组织开展全市乡村学校少年宫才艺大赛并召开现场推进会。配合省文明办有效开展2016年“心理健康直通车进乡村学校少年宫”公益活动，并在省市级媒体做好乡村学校少年宫的宣传报道。群众性精神文明创建活动丰富多彩。扎实做好文明城市创建工作，制发《关于印发〈玉溪市创建云南省文明城市工作2016年度考核办法〉的通知》《玉溪市创建云南省文明城市2016年宣传工作细化方案》等文件，将创建省级文明城市的各项工作纳入全市年度目标任务综合考评，强化创文工作指导督促。印发《关于开展玉溪市创建云南省文明城市2016年主题月实践活动的通知》，定期开展创建文明城市主题月实践活动。编印宣传教育材料，在全市范围内征集、制定《市民公约》，组织编修完善《玉溪市文明市民手册》。联合国家统计局玉溪调查队开展了文明城市实地模拟测评，找出我市创建文明城市中存在问题和差距。制发《玉溪市精神文明建设“十三五”规划》，对全市未来五年精神文明建设工作作出统筹安排部署。学雷锋志愿服务活动形成常态。命名42家单位和部门为学雷锋活动示范点，46名同志为第二批岗位学雷锋标兵。以3.5学雷锋纪念日、12.5国际志愿者日为契机，组织各县区、各单位开展内容丰富、形式多样的志愿服务活动。对全市34个乡镇（街道）志愿服务站进行经费补助，推动基层志愿服务工作开展。督导各县区深入做好关爱高原湖泊志愿服务活动，开展了“保护母亲湖·环湖健步走”“保护杞麓湖建设美丽通海”公益快闪、“小手拉大手共同创建美丽家园”“保护母亲湖（河）志愿在行动”等系列活动。筹备玉溪市志愿者协会换届工作事宜。

【文化建设】 2016年，全市文化建设在产业培育和繁荣发展上下功夫，注重规划引领。指导县（区）开展文化产业发展规划编写。开展云南省文化企业贷款担保补助企业推荐工作，推荐企业项目十五个，申请贷款担保补助资金3 875万元。圆满完成2015年度省级文化产业发展专项资金扶持项目开展项目绩效再评价实地核查工作。推进产业园区建设。夯实产业发展基础，易门滇鉴陶文化创意产业园完成园区总体规划，投入2 800多万元完成生产线技改扩建和入园道路建设，被省文产办列入全省十个重点扶持文化产业园区；新平县民族文化产业园建设稳步推进，累计完成投资8亿元，成功命名“第二批云南省文化创意产业园区”，入驻企业74家，其中文化企业34家；华宁陶瓷建材园区引入企业4家，投产3条生产线，正在新建设3条新型陶瓷建材生产线，共计投资4 000万元；红塔区“瓦窑驿站——玉溪陶文化交流中心”投资2 580万元建设以陶瓷器展示交流为依托，打造以玉溪窑青花瓷为代表，融合其他特色文化元素的文化交流中心；华宁陶文化创意园、碗窑村保护与开发等项目有序推进，磨盘山樱花庄园、哈尼罗槃王宫、红河谷太阳城等文化旅游项目正策划实施。经过努力，2016年全市陶瓷产业实现产值约33.1亿元，江川青铜产业实现产值约2.2亿元，通海银饰产业实现产值约3.5亿元，石雕石刻、民族刺绣等文化产业也呈现较好发展势头。对外交流合作态势良好。拓展企业营销渠道，引导文化企业“走出去”，承办“云南周末文博会·玉溪专场”，组织市内文化企业参加中国艺术品产业博览交易会、“西博会”、深圳文博会、上海“七彩云南（国际）民族赛装文化节（季）”产品展销活动、创意云南文化产业博览会、昆明泛亚国际民族民间工艺品博览会、“云南周末文博会·玉溪专场”、玉溪市文化产业博览会等展会，突出展示玉溪本土独具特色的“金木土石布”等民族民间工艺精品，实现以展示促销售，以销售促合作，为玉溪文产企业与全国各地的交流合作提供了广阔的平台，在澄江县举办了“2016年玉溪中秋国庆大型灯会”活动。重视人才培养，带动产业发展。组织开展全市陶瓷拉坯技能大赛，“工美杯”铜工艺大赛，刺绣、竹编培训等技能培训，组织参加云南多民族染织刺绣布艺品企业负责人培训班，通过以赛代训、以训促赛、交流学习等方式全面提升我市文化产业手工业从业者技能水平和管理水平。积极组织开展省市工艺师评选，推出名家名师，着力改善文化创意产业创业环境和创作环境，吸引陶瓷、金属、刺绣等省内外名家大师设立工作室，有效提升文化产品知名度和影响力。充分发挥全市各级各类职业院校的资源优势，在各县区职业院校中开设陶瓷、铜艺、刺绣等课程，加大传承培训力度，筑实人才队伍基础。截至目前，全市共有省级工艺美术大师28人，市级民族民间工艺师78人，云岭首席技师2人，全市文化产业人才队伍呈现出基础广泛，梯次合理，传承有序的特点。公共文化服务体系进一步完善。玉溪市2016年文化、科技、卫生“三下乡”集中示范活动启动仪式在红塔区北城街道古城社区举行，28家市直部门和单位为古城社区群众送去文艺演出、科普知识和270多万元资金、物资。起草《关于加快构建玉溪现代文化服务体系的实施意见》，不断推进公共文化基础设施建设配套工程；“广播影视传媒中心”建设取得突破性进展，完成概念性规划、项目建设用地调规方案、规划选址方案，取得《规划选址意见书》、可研批复、地灾、矿压等批复，完成项目场地清场，开始“三通一平”。2个县文化馆搬迁建设和10个乡镇（街道）文化站新建项目推进顺利；落实“两馆一站”免费开放工作，文化信息共享工程实现市县区全覆盖，率先在全省实现全国文化先进县全覆盖；完成省级下达的26个文化惠民示范村创建任务；各项文化惠民工程成效显著，组织业余文艺队组织演出10 000多场，广场文艺演出500多场，放映广场电影2 000多场，惠民演出1 140余场，“文化大篷车·千乡万里行”演出10场任务；713个农家书屋全部免费开放，补充更新172.8万元的图书，荣获“全国双服务”先进集体。完成市区首个“自助图书馆”，4台“电子图书借阅机”建设；成功创建“中国楹联文化市”，实现“中国楹联文化县（区）”全覆盖；持续推进广播电视“户户通”工程，完成中央节目无线覆盖省级试点项目建设；成功举办“2016玉溪中秋国庆大型灯会”及中国共产党建党95周年歌咏比赛和文艺晚会；争取中央和省级项目资金4 363.83万元。文学艺术繁荣发展。起草《市委关于加强文艺工作的实施意见》《玉溪市文艺精品创作扶持专项资金管理办法》，加大对文艺精品的创作扶持力度。加强文学艺术人才队伍培养，推荐2名青年作家参加鲁迅文学院西南六省区第五届青年作家培训班，推荐1名少数民族作家参加鲁迅文学院第二十四期少数民族文学创作培训班；散文《一棵青菜在长大》荣获第七届冰心散文奖单篇散文奖，科幻剧本《无忧世界》荣获2016年中国科幻原创大赛第五届“光年奖”最佳科幻剧本一等奖；《玉溪你好》《玉溪好在》两首歌曲录制工作接近尾声；《水莽草》入选“2016年度国家艺术基金滚动资助项目”并成功举办研讨会，“西南地方戏曲联盟表演艺术人才培训”和花腰傣舞蹈“裙儿摆摆秧箩情”立项成为国家艺术基金2016年度资助项目，新滇剧《贵妇还乡》、玉溪花灯《南疆丹娘》、舞蹈《祭鼓》获省级文艺精品创作专项扶持资金资助，国家艺术基金扶持立项项目大型跨界融合舞台剧《秘境云南》成功首演。

（鲁俊秀）

2016年3月1日，玉溪市委政法工作会议召开　（市委政法委　提供）

政法工作

【平安玉溪建设】 2016年，全市政法机关持之以恒防范风险，千方百计破解难题，妥善化解了一系列矛盾纠纷，保持社会和谐稳定。强化源头治理，坚持重大事项科学决策、民主决策、依法决策，使决策建立在符合客观实际、体现群众意愿的基础上，努力从源头上减少社会矛盾。建立健全玉溪市社会稳定风险评估专家库，制定出台《玉溪市第三方机构开展社会稳定风险评估管理办法（试行）》，第三方机构参与社会稳定风险评估工作初见成效。构建阳光、责任、法治信访工作新模式，扎实做好信访积案化解工作，信访积案和重点矛盾纠纷由市级领导带头包案化解攻坚，层层传导压力，压实主体责任，88件信访积案实现“清仓见底”。健全完善矛盾纠纷多元化解机制，排查各类矛盾纠纷3万余件，调解成功率达99%，未发生个人极端事件和影响全市社会稳定的重大群体性事件。牢固树立富民与安民共进的理念，以平安“细胞工程”建设为抓手，组织开展纵向平安县区、平安乡镇、平安村（社区）和横向平安家庭、平安文化市场、平安医院、平安校园、平安旅游等平安创建活动，形成了平安创建横向到边、纵向到底，实现由治安“小平安”向社会“大平安”提升。扎实开展社会治安重点地区排查整治和校园周边环境整治等专项工作，切实消除治安隐患和治安盲点，全力维护公共安全和人民群众生命财产安全。着力抓好反恐维稳、缉枪治爆等工作，严厉打击各种违法犯罪活动，努力为全市人民群众营造良好的安居乐业环境。实现刑事立案数、八类重点刑事案件数、经济案件数、毒品案件数、治安案件数全面下降，社会治安形势持续向好，人民群众安全感满意度调查达90.48%，位居全省第一。玉溪市第五次上榜中国最安全城市。

【创新社会治理】 2016年，市委政法委坚持科技引领创新驱动，社会治理网格化、精细化、智能化水平迈上新台阶。坚持人防、物防、技防相结合，整体防控与重点防控相结合，健全街面巡逻、城乡社区、单位场所、区域警务协作、技术视频、网络社会防控“六张网”建设，全市社会治安防控体系日臻完善。落实重点部位定点武装执勤、公安特警屯警街面动中备勤、人员密集场所高峰勤务和公安武警联勤武装巡逻“四项机制”。深入推进城市报警与监控系统和“三位一体”卡口系统建设，完成7 000路高清视频监控探头建设，建成“三位一体”及普通卡口129个，打造了全市立体化社会治安防控体系升级版。强化网格化社会服务管理信息平台深度运用，全面实施“互联网+社会治理”，深度推广“6995”语音公众服务平台，全市配备8 446名网格员，采录人口信息242.5万人，运用信息系统排查化解矛盾纠纷2.65万起，实现社情民意及时收集、矛盾纠纷就地化解、问题隐患全面整治、互助联防便捷高效。强化寄递物流企业管理，严格落实收寄验视、实名收寄、过机安检“三个100%”安全生产制度。强化平安智慧物流工作，全市完成462辆危货运输车辆视频卫星定位监控车载设备的安装（全市危货运输车辆共489辆），13家危货企业全部使用车辆视频卫星定位监控系统，对车辆24小时实时监控。3 000多辆货车安装了车辆卫星定位装置，车载终端数据与运输企业监管平台、玉溪市网格化社会服务管理综合信息系统无缝对接，解决了监管部门“看不见、管不了”的问题，交通事故和货物盗抢案件大幅下降。

【依法治市工作】 2016年，市委政法委深入推进依法治市工作，法治保障和服务经济社会发展的措施更加扎实有力，法治环境更加优化。坚持依法治市、依法执政、依法行政共同推进，坚持法治玉溪、法治政府、法治社会一体建设。玉溪市获省人大常委会授权批准为第一批行使地方立法权的州市之一。强化地方立法工作，健全地方立法配套制度，围绕地方立法工作开展立法项目公开征集建议29件，吸纳28名法律专业人才进入地方立法专家库，审议通过了《玉溪市新平哀牢山县级自然保护区条例》。全市各级政府及其部门共聘请法律顾问543人，在全省率先实现法律顾问全覆盖。在全市范围建成9个法治文化主题广场或公园、25条法治文化街、75块法治文化墙，营造浓厚的法治宣传氛围。抓牢“关键少数”，健全落实领导干部和国家工作人员学法用法述法制度和评价机制。深入推进行政机关负责人出庭应诉工作，全年被诉行政机关负责人出庭应诉率达97.2%。推进“应援尽援”法律援助惠民工作，建立法律援助便民服务窗口84个，办理法律援助案件2 647件，受援对象3 733人，玉溪市法律援助中心被司法部授予“全国老年法律维权工作先进集体”。市委市政府研究审议通过“七五”普法规划并启动“七五”普法工作，引导全民自觉守法、遇事找法、解决问题靠法。玉溪市被中宣部、司法部评为“2011～2015年全国法治宣传教育先进城市”。

【司法体制改革】 2016年，市委政法委以提升执法司法公信力为目标导向，以解决制约执法司法公正深层次矛盾为问题导向，以推进严格执法、公正司法为重点，统筹谋划，主动作为，制定和完善了司法体制改革工作实施方案及相关配套措施，优化、融合资源，全面铺开司法体制改革工作。按照司法工作规律和工作岗位职责，将司法人员划分为法官、检察官以及司法辅助人员和司法行政人员，对法官、检察官实行员额制管理并调整到办案一线。通过网站、微博、微信等媒介，向案件当事人、社会公众提供案件信息查询及自助诉讼服务，推行“阳光司法工程”，提升司法公信力。加强执法监督，建立健全内部监督制约和纠错机制，用倒逼机制促进执法司法水平提升；严格执行司法机关内部人员过问案件记录和责任追究制度。推行政法机关与人大代表、政协委员、人民群众的民意沟通机制，发挥好人民陪审员、人民监督员和执法监督员作用，拓宽群众有序参与司法渠道，依法保障群众的知情权、监督权。

【政法队伍建设】 2016年，市委政法委紧紧围绕“信念坚定、执法为民、敢于担当、清正廉洁”目标，以更严的标准、更实的措施，切实抓好思想政治、业务能力、纪律作风建设，打造忠诚可靠、执法为民、务实进取、公正廉洁的政法队伍，努力营造风清气正、干事创业的良好生态。全市政法部门认真履行党风廉政建设“两个责任”，扎实开展“两学一做”学习教育、“争先创优，跨越发展”大讨论大行动，政法干警的理想信念更加坚定。严格贯彻落实中央八项规定精神，驰而不息纠正“四风”，深入开展“六个严禁”、“为官不为”和“不作为乱作为”集中专项整治，强化“四个意识”，干警作风明显好转。深入贯彻落实全面从严治党要求，认真学习和严格遵守党章、《中国共产党廉洁自律准则》、《中国共产党纪律处分条例》，坚持把纪律和规矩挺在前面，强化监督执纪问责，以零容忍态度，严肃查处发生在群众身边的不正之风和腐败问题，解决了一批群众关注的热点难点问题。一批政法先进典型获得人民群众点赞，254名政法干警受到表彰奖励。

（刘志华）

统一战线工作

【云南省第三届宗教界体育运动会暨文艺汇演】 2016年9月20～24日，在省委统战部和省民族宗教事务委员会、省体育局的大力关心支持下，由省委统战部、省民族宗教事务委员会、省体育局主办，玉溪市委、市政府承办的云南省第三届宗教界体育运动会暨文艺汇演在玉溪市成功举办。在省组委会的有力指导下，玉溪市筹委会各工作组严格按照省委统战部《关于举办2016年云南省第三届宗教界体育运动会暨文艺汇演的通知》和玉溪市委、市政府关于印发《玉溪市承办云南省第三届宗教界体育运动会暨文艺汇演工作方案》的通知要求，认真履职尽责，积极主动作为，坚持想在前、谋在前、干在前。参加宗运会的运动员、演员、来宾、裁判员和有关工作人员1 700人；玉溪市筹委会组成人员、各工作组人员、演员、抽调的裁判员、联络员、安保人员等1 300人，总人数达3 000人。是迄今为止比赛项目最多、参赛人员最多、赛事规模最大的一届宗教界运动会。中央委员、国家宗教局局长王作安，省委常委、省委统战部部长黄毅，省政协副主席马开贤以及部分省、市领导出席了宗运会。王作安局长作了重要讲话，对玉溪市成功承办宗运会给予充分肯定。省委统战部还寄发了《致中共玉溪市委市人民政府的感谢信》，玉溪市代表团荣获运动会2金3银9铜和书法二等奖1幅、三等奖1幅、绘画三等奖1幅的优异成绩，并荣获“优秀组织奖”。

【多党合作和政治协商制度建设】 2016年，市委统战部坚持和完善中国共产党领导的多党合作和政治协商制度，积极发挥各民主党派参政议政和民主监督作用。协助市委研究制定《中共玉溪市委关于推进政党协商的实施意见》、《中共玉溪市委2016年政党协商计划》，市委组织和委托统战部门召开党外人士协商会、情况通报会、座谈会、学习会6次，市委书记罗应光对全市统一战线工作提出了做好“556”文章的具体要求。召开统战系统学习贯彻习近平总书记“七一”重要讲话精神、党的十八届六中全会精神座谈会，解读政策、答疑释惑、深化共识。鼓励和引导各民主党派、工商联和无党派人士发挥特点优势、广泛调查研究、积极建言献策，完成重点调研课题8个，向市政协四届四次全会提交提案164件，占提案总数的48.9%，其中七个民主党派联合提出的《关于将推进海绵城市建设纳入玉溪“十三五规划”的建议》等4件提案被列为重点督办提案，市工商联提交的《关于“十三五”期间加快玉溪现代物流发展的建议》等2件提案被列为视察督办提案。继续推进华宁县“同心示范点”建设工程，累计协调计划投入资金7.53亿元，实施项目262个。积极支持民主党派加强自身建设，选派民盟省委1名同志到民盟市委挂任副主委，推荐1名民主党派干部列入正县级后备、2名干部列入副县级后备，输送1名党派机关干部到省级机关工作，选调2名基层干部到市级党派机关工作，民主党派办公条件得到明显改善。充分发挥党外知识分子联谊会平台作用，积极组织开展各类活动，全市党外知识分子工作取得新成效。健全党外知识分子联谊会工作机构，在市民主党派服务中心加挂市党外知识分子服务中心牌子，增加事业编制2名；召开党外知识分子联谊会会长扩大会议，组织58名会员参加市委统战部举办的党外干部培训班；市知联会首次代表无党派人士参加各民主党派、工商联、无党派人士重点课题调研协商，发挥自身作用积极向市委、市政府建言献策。

【党外代表人士队伍建设】 2016年，市委统战部坚持大胆创新、积极探索，努力造就一支政治上靠得住、关键时刻用得上、人民群众信得过、真

2016年9月21日，云南省第三届宗教界体育运动会暨文艺汇演开幕式

（市委统战部　提供）

心实意跟党走的党外代表人士队伍。在年内开展的市管后备干部推荐工作中，确定了57人的党外县处级后备干部名单，占全市县处级后备干部总数的11.42%。在制定换届文件时，对各级人大、政府、政协领导班子安排党外干部提出明确的比例要求。目前，全市党外干部中，4人担任市人大、市政府、市政协副职，市政府工作部门有3个单位由党外干部担任行政正职、12个单位有党外干部担任副职，市法院、市检察院领导班子各配备了1名党外副职，9个人民团体、8所市级学校、3个市属国有企业领导班子中共配备党外干部10名，9个县区法院领导班子中有4个配备了党外干部，县区检察院领导班子中有5个配备了党外干部。建立了市委组织部、市委统战部联席会议制度和“六个共同”工作机制，严格执行中央、省委有关政策，在市、县区人大常委会、政协领导班子中任职的党外代表人士享受同级职务的党内干部待遇。积极拓展新的社会阶层人士统战工作，针对不同群体特点，坚持深入调查研究探索工作模式、加强教育引导提高综合素质、建立联席机制形成工作合力、主动沟通交流凝聚聪明才智，引导他们为全市经济社会发展贡献力量。目前，全市有新的社会阶层人士3 709人，其中私营企业和外资企业管理技术人员1 497人，中介组织和社会组织从业人员1 627人，自由职业人员537人，新媒体从业人员48人。

【维护民族宗教领域和谐稳定】 2016年，市委统战部突出“共同团结奋斗、共同繁荣发展”两大主题，坚持“不保民族工作就不足以谋全局”理念，推动全市民族工作再上新台阶。将市委民族工作领导小组和市宗教工作领导小组合并为市委民族宗教工作领导小组，先后召开专题会议3次，研究涉及民族宗教领域的重大问题。协助市委、市政府制定出台《关于加快建设民族团结进步示范区的实施意见》，年内争取到省级示范县1个、示范乡镇3个、示范社区1个、示范村13个；在省对市2015年工作考核中，玉溪分值位居全省第一，12个示范点被国家民委挂牌命名为“中国少数民族特色村寨”；全力打造民族文化精品工程，新平花腰傣电影《花腰恋歌》在世界民族电影节上荣获“最佳文化电影”奖和“最佳服装设计”奖；采取差别化政策和超常规举措，助力6 522名“直过民族”拉祜族群众脱贫攻坚。加强综治维稳工作，深入开展《反恐怖主义法》主题宣传和“综治维稳宣传月”活动，加强对联系点峨山县综治维稳工作的联系指导，协助开展矛盾纠纷和不稳定因素排查调解工作，补助小街街道专项工作经费3万元。全力维护宗教领域和谐稳定，扎实开展民族政策法规宣传教育“六进”活动，指导伊斯兰教协会开展清真寺经文学校（班）教学评估，深入开展基督教私设聚会点治理和违法违规设立功德箱等借佛敛财专项整治工作。

【非公有制经济人士教育】 2016年，市委统战部认真落实习近平总书记在全国两会民建、工商联委员联组会上关于“清”“亲”新型政商关系的重要论述，积极促进非公经济健康发展和非公经济人士健康成长。召开市工商联四届五次执委会议暨玉溪市光彩事业促进会二届五次理事会议，举办“玉溪民营企业转型升级模式创新培训班”，安排15名非公经济人士赴清华大学等名校参加民营企业创新发展培训。组织全市196个商会组织、472户非公企业、920名非公经济代表人士参加理想信念教育实践活动，推动市、县区建立联系点306个；举办全市民营企业家争做优秀社会主义事业建设者承诺签名接力活动启动仪式，192名民营企业家面向社会现场作出“守法诚信、坚定信心”承诺。召开非公经济代表人士综合评价工作联席会议，制定《玉溪市关于加强和改进非公经济代表人士综合评价工作的实施意见》，启动非公经济代表人士综合评价工作新模式。充分发挥工商联党组的领导核心作用，发挥工商联对商会组织指导、引导、服务职能，实现了组织体系全覆盖；全市共有各类商会组织196个，会员总数达到24 791个，居全省工商联系统首位；成立玉溪市民营企业投诉中心和民营企业法律维权委员会，协调解决了温州商会会员企业投资3 000万元建设的生态养鸡场环境整治问题。引导统一战线成员广泛开展社会服务，深入推进“光彩事业”“万企帮万村”等活动，10名非公经济人士参加“全国光彩事业德宏行”活动捐款9万元，玉溪市川渝商会、湖南商会2个异地商会向5所学校的贫困学生捐助价值6万余元的钱物，22家民营企业与22个建档立卡贫困村确定结对帮扶关系，涉及贫困户3 581户。开展上规模民营企业调研，在“2016年云南省上规模民营企业调研及非公企业100强排序”活动中，全市有12户企业入围，比2015年增加3户，其中3户入围“制造业20强”，1户入围“服务业20强”。

【港澳台海外统战工作】 2016年，市委统战部坚持以争取人心为出发点和落脚点，以云台会、南亚博览会、昆交会、东盟华商会等有实效、有影响力的活动为依托，不断拓展港澳台海外统战工作空间。成功承办第五届云台会“云台科技创新及电子信息产业合作对接会”，省、市20多家企业代表与台湾企业进行项目对接洽谈，2家企业作了项目推介；广泛开展交流交往活动，先后接待台湾“中华擎天”协会等3个团组65人到玉溪参观访问交流，23人和1家企业赴台湾考察学习；积极鼓励、引导广大港澳台侨人士开展捐赠活动，台盟云南省委、云南省台联携手台湾慈济慈善事业基金会向华宁县青龙镇21个村委会7 187名贫困人口发放价值350余万元的冬令物资，香港仁丰慈善会深入玉溪开展“蒲公英助医工程”项目，香港应善良基金会捐建的甸中镇甸头村卫生室已投入使用；积极协调相关部门帮助企业和归侨侨眷解决生产生活中的困难和问题。春节前夕由部领导带队深入各县区向全市黄埔同学、黄埔同学遗孀、台胞、台资企业负责人、重点台属等69名统战人士发放慰问金34 500元；协助市外侨办、市侨联走访慰问175户归难侨、散居贫困归侨侨眷，发放慰问金92 500元；向5名农村生活困难的黄埔同学发放生活困难补助18 500元。

【统战部门自身建设】 2016年，市委统战部认真贯彻落实中央、省委统战工作会议和《条例》精神，推动统一战线各领域工作蓬勃发展，构建大统战工作格局。研究制定《统一战线凝心聚力“十三五”行动实施方案》、《贯彻落实中央、省委统战工作会议和〈中国共产党统一战线工作条例（试行）重点工作规划（2015～2017）年〉》，采取“市级统领、分块细化，县区主抓、因实定措，明确责任、督导落实”相结合的方式，确保各项工作落到实处。结合“两学一做”学习教育，深入贯彻《党章》、《廉洁自律准则》、《纪律处分条例》、《党委（党组）意识形态工作责任制实施办法》，研究制定《党风廉政建设工作计划》、《党风廉政建设主要任务分解》，层层签订《党风廉政建设责任书》、《党员承诺书》，积极开展“学习善洲精神、争做合格党员”和“观看警示影片、长鸣廉政警钟”系列警示教育活动，坚持党员领导干部带头讲党课、共产党员带头谈心得，确保教育活动与党风廉政建设两推动、两促进。深入开展扶贫攻坚“挂包帮”“转走访”活动，21名机关干部与23户贫困户结对帮扶，协调补助资金124万元加强新平县扬武镇马鹿寨村项目建设。加大机关干部培养力度，选派35人赴中央社院、国家行政学院、浙江大学参加培训，依托市委党校组织全市统战干部开展2次集中培训，从统战部机关推荐使用了2名副县级领导干部，配齐了市侨联党组班子成员，为市工商联争取了1名副科级职数，进一步优化了干部队伍结构，推动了干部的成长进步。

（范　罡）

侨台事务

【走访调研】 2016年，市侨联认真开展调研活动和走访慰问。组织县区侨联开展贫困归难侨家庭情况调研，及时将“玉溪市农村、城镇贫困归侨侨眷家庭情况统计表”上报省侨联。全市城镇贫困归侨侨眷家庭有30户98人，农村贫困归侨侨眷家庭214户828人。利用侨场传统节日“花街”节，深入元江县两个华侨农场调研侨场文化、安居房、基层侨联组织建设，提出针对性意见建议。参加市政协组织对全市贯彻实施《侨法》情况巡视，提出贯彻实施《侨法》的意见和建议。开展侨资企业基本经营情况调研，共走访侨资企业5户，听取企业负责人情况汇报，积极采纳意见建议，完成基本情况调查表22份，撰写调研报告并上报市委统战部、省侨联。玉溪市现有侨资企业27户，正常经营的有22户，主要分布在红塔区7户，高新技术开发区4户，通海县3户，江川区2户，峨山县2户，新平县2户，华宁县2户。22户侨资企业拥有总资产451 273.2万元，员工总数6 622人。春节来临之际，争取全国总工会、中国侨联慰问金6万元，慰问110户归难侨、65户散居贫困归侨侨眷。红塔区、元江县、峨山县区侨联分别慰问归侨侨眷30户1.5万元、80户4.5万元、30户1.5万元。先后三次深入“挂包帮”“转走访”联系点——新平县扬武镇马鹿寨村委会住村蹲点，开展“关爱民生寒冬送暖”和扶贫回访，市侨联机关干部捐款1 200元，对所联系的困难户进行慰问，每户发放慰问金300元，发放大米和食用油等物资。认真开展“贫困村”、“贫困户”回访工作，了解和掌握社会经济和个人生产生活情况，进一步明确扶贫攻坚的方向，支持扶贫经费3万元。深入“千村整治”点——元江县那诺乡戈期垤小组查看整村推进情况，支持项目经费5万元。

【维护侨益】 2016年，市侨联共收到侨界群众来信来访42件次，涉及社会保障、社会救济、三侨生证明、房产纠纷等问题。起草并印发《关于在归侨侨眷中开展法治宣传教育的第七个五年规划》，积极开展《侨法》宣传活动，发放宣传材料3 600余份，提供咨询服务90人次，举办涉外法律知识讲座，200多名乡镇、街道、社区干部参加讲座。红塔区、峨山县、元江县侨联设立侨法宣传角大力宣传《侨法》。配合致公党玉溪市委开展送医送药下乡义诊活动，发放价值6 000多元的药品，近百名侨界群众接受义诊。争取致公党省委“致福助桥”爱心奖学金5万元，为部分贫困归侨子女解决了上学难问题。与市委统战部联合聘请云南识骏律师事务所的律师为法律顾问，将每年聘请法律顾问作为一项常态化工作，为侨联事业发展保驾护航。

【内引外联】 为贯彻落实中共中央《关于加强和改进新形势下侨联工作的意见》文件精神，2016年市侨联组织市、县区19名侨联干部赴普洱、版纳学习交流，就基层组织建设、服务侨资企业、海外联谊等工作进行了深入的座谈交流，与版纳州侨联签订“友好侨联”协议。参与接待旅港云南同学会副理事长赵长海先生等回乡观光考察的香港同胞70余人，参与筹备市海联会三届二次会议，应邀参加第四届南博会、第十四届东盟华商会、云台科技创新与电子信息产业合作对接会，协助接待李仪祉水利发展基金会主席任平一行7人赴玉溪开展项目座谈和经贸考察，参与省第三届宗教界运动会服务工作。

【参政议政】 2016年，各级侨界人大代表、政协委员深入基层调查研究，掌握实情，认真撰写好议案提案，在市“两会”上共提出提案、建议13件，涉及经济、社会、民生等方面，为党委、政府科学决策提供依据。全市侨联组织和归侨侨眷在各自岗位上积极履职，积极参加各类协商、听证、监督等活动，谏诤言、献良策，发挥个体作用，彰显独特优势，做好党委、政府的助手和参谋。

（许真生）

【侨务工作】 2016年，市政府外事侨务办充分发挥桥梁纽带作用，把海内外中华儿女的力量凝聚起来，把他们的积极性培育好、保护好、发展好。认真做好归侨侨眷访贫救济和慰问工作，深入各县区访贫济困，慰问生活特别困难的归侨侨眷以及侨务工作重点对象家属200户，共发放慰问金100 500元，向各县区精准扶贫建档立卡归侨侨眷74户发放困难补助金133 200元，向9户困难归侨侨眷发放产业扶持经费116 800元，向元江甘庄东山脚小组拨付华侨事务经费30 000元，体现了党和政府对侨界群众的关心和爱护。认真做好侨务信访工作，全年共受理省侨办转来的侨务信访件3件，通过深入调查、积极协调，对3件信访件都及时做了反馈，回复率达到100%，办结率100%，维护了归侨侨眷的合法权益。积极为侨企排忧解难，借助省人大党委会调研玉溪市侨资企业的机会，走访了多家侨资企业，了解他们生产经营和投资权益保护情况，现场解决企业提出的人力资源、税务、融资等方面问题。继续组织开展“侨法宣传月”活动，不断营造依法护侨工作氛围，通过开展侨法知识宣传、侨法进侨企、中秋联谊、走访慰问等系列活动，在社会上营造了良好的知法、用法、守法、护法氛围。采取以侨招商、网络招商、借力招商、跟踪招商等方式，与市招商部门协调联系，捕捉项目信息，倾心尽力抓招商。有计划、有重点地联络、邀请、接待来玉溪市考察的海内外客商，组织他们与有关企业进行项目对接洽谈，寻求合作创业，积极做好第十四届东盟华商会的相关工作，组织3个工业园区的招商部门到东盟华商会活动现场招商引资。努力提升玉溪市华文教育工作水平，构筑与云南周边国家及重点国家民心相通的桥梁。举办了华裔青少年中国寻根之旅七彩云南玉溪夏令营2期，海外华文教师培训班2期，共有100多名华裔青少年和100多名海外华文教师来玉溪参观学习，培养了海外华裔师生的爱国情怀。第一次成功组织了马来西亚华裔青少年来玉溪开展夏令营，东南亚地区发行量和影响力最大的华文报纸《星洲日报》和《南洋商报》对此活动进行了详细报道，在当地社会引起了广泛反响。建立和完善玉溪市华文教育外派老师资源库，继续选派高素质教师赴外任教，共选派外派教师4名赴缅甸任教，目前全市有8名教师在外任教。

（潘翠华）

市直机关工委

【思想政治建设】 2016年，市直机关工委认真学习贯彻落实党的十八届六中全会精神，开展学习习近平总书记“七·一”重要讲话精神和纪念红军长征胜利80周年大会重要讲话精神的专题研讨活动。领导和指导市直机关453个基层党组织举办党的创新理论培训46个班次，召开理论中心组学习党的十八大六中全会精神148次，教育和引导广大党员干部在政治上思想上行动上与中央、省委和市委保持高度一致，形成聚精会神抓党建、齐心协力促发展的良好态势。以“跨越发展当先锋，机关党建走前头”为主题，广泛动员市直各级党员干部积极参与到“争先创优跨越发展”大讨论、大行动中来，推动玉溪经济社会跨越发展。开展“两学一做”学习教育，突出以党支部为基本单位，以“三会一课”为基本形式，突出抓好“十个一”活动，多措并举推进学习教育。开展党章党规“进党校、进课堂、进媒体”学习教育活动，丰富学习教育形式，组织市直机关单位5 468名党员参加全市“两学一做”学习教育知识竞赛和党章党规党纪网络知识测试，选送市直代表队参加全市党章党规党纪知识竞赛，取得了优异成绩。

【党员教育服务和管理】 市直机关工委坚持党员发展计划和要求，集中举办了3期发展党员工作培训班，2016年共发展党员81名，培训入党积极分子、党员发展对象和预备党员共计471人次。采取“请进来”“走出去”等多样形式，加大党员干部教育培训力度，组织2期共100名党组织书记到延安开展“两学一做”党性专题教育。春节期间从代市委管理的党费中划拨慰问金额12.15万元，走访慰问老党员及生活困难党员243名，“七一”期间划拨党费2.4万元走访慰问老党员和生活困难党员12名。采取自下而上，上下结合，反复酝酿、逐级遴选的办法，提名推荐出席省第十次党代会代表初步人选13名。召开市直机关代表会议，选举出席市第五次党代会代表119名。受全市表扬先进基层党组织5个、优秀共产党员5名、优秀党务工作者5名，受全省表彰优秀共产党员1名。

【基层党组织规范化建设】 2016年，市直机关工委严格落实党费日和党费证制度，进一步规范党费收缴管理工作。严格落实“三会一课”制度，对382个党员活动室制度上墙和挂牌标识进行规范和统一。实行机关党建责任清单制度，制定党组织书记抓基层党建工作责任清单33项，市直各机关党组织及负责人列出了抓党建责任清单，并在一定范围内公开，接受监督。开展基层党组织基础工作集中整治，采取分类排查、建立台账、专项检查等多种措施，大力开展集中整治，把全面从严治党要求落实到各个基础环节之中。对排查出未按期换届26个党组织实行挂牌督办，对12个执行“三会一课”不到位的党支部实行限期整改到位；145名党员补交党费20 401元，规范管理党员档案7 705件，补齐完备党员档案151件；排查出失联党员52名，对已取得联系的50名失联党员，纳入组织管理49人，退党除名1人，对未取得联系的2名失联党员进行自行脱党除名处置，逐一落实320名未收到回执党员的组织关系；对11个软弱涣散基层党组织限时集中整改提高。开展“两类”组织党组织覆盖提升行动，集中组建市社会组织党委和市“小个专”党委，采取单独建、联合建、挂靠建等方式，组建“两类”组织党支部75个。

【强化党组织服务功能】 按照党建带扶贫、扶贫促党建的工作思路，2016年，市直机关工委组织市直机关基层党组织和广大党员干部开展“双联系一共建双推进”活动，实施党建扶贫行动计划。共有210个党支部与230个贫困村组党支部开展结对共建；2 430名党员干部与1 516户6 815名贫困群众结上对、挂上钩，全力确保挂包点如期脱贫摘帽。广泛开展云岭先锋党员志愿服务活动。深化“美丽玉溪服务先锋”行动，拓展和延伸在职党员到社区报到服务群众活动，开展“组织工作联做、共商社区党建，社区管理联抓、共筑社区和谐，基础设施联建、共享社区资源，公益事业联办、共兴社区服务，文体活动联谊、共建社区文化”的“五联五共”活动，组建“云岭先锋”党员志愿服务队或分队82个，注册“云岭先锋”党员志愿者3 475名，开展党员志愿服务10 034人次。开展党员挂牌亮身份上岗活动。组织开展亮身份、亮承诺、亮服务活动，在市直26家窗口单位和服务行业，推行党员挂牌亮身份上岗活动，积极创建党员示范岗、党员先锋岗、党员责任区，涌现出大批立得起、叫得响的先进基层党组织和先进个人，极大地调动和激发党员的积极性和主动性。

【落实党建主体责任】 2016年，市直机关工委推行述职评议考核机制。召开市直机关党组织书记抓基层党建工作述职评议会议，对10个单位党组织书记抓基层党建工作情况进行述职评议。建立党建工作巡察制度，选取15个部门和单位的基层党组织，对落实“三会一课”、组织换届、党员发展、党费收缴等 4 项制度以及开展“两学一做”学习教育、“双联系一共建双推进”活动、“云岭先锋”党员志愿服务等 3 项重点工作进行专项巡察，及时发现和纠正问题，形成抓责任落实的倒逼机制。认真贯彻落实《中共玉溪市委关于加强和改进机关党的建设的意见》，严格执行《玉溪市党建工作责任追究实施办法（试行）》有关规定要求，完善党建责任落实，将党要管党要求进一步落到实处。建立市县区机关工委上下业务指导关系，加强对县区直属机关工委业务工作的联系和指导，积极开展随机调研和研讨交流，加强机关党组织间横向交流联动。围绕中央及省委、市委关于党建工作的部署和要求，积极推行重点工作联推、重大活动联抓、重要载体联建的“三重三联”工作机制，努力形成全市机关党建上下联动、条块结合、整体推进的工作格局。

【深化机关党建创新研究】 2016年，市直机关工委坚持以问题为导向，不断创新形式、载体、方法和路径，围绕党的建设的重大理论和实践问题，结合单位机关党建实际，深入调查研究，总结典型经验，研究和分析制约机关党建工作发展的深层次问题，深刻把握机关党建工作的特点和规律，组织课题组撰写《关于提高机关党组织履职能力的研究》《市直机关党务干部队伍建设研究》等理论文章，形成了一批有水平有质量的理论研讨文章，不断推动成果转化和运用。运用“互联网+”创新机关党建工作。主动适应党建工作新常态，把机关党组织的政治优势与互联网技术优势有机融合起来，不断创新机关党建工作的路径和方法。积极运用玉溪市“互联网+组织”应用平台，发挥网络微信微博“空中课堂”“拇指课堂”等党建宣传、党员教育新阵地作用，积极开展“微党课、微心得、微评论”活动，不断推动机关党建工作创新发展。

【加强机关工委自身建设】 2016年，市直机关工委通过内增合力、外树形象，努力强化自身建设，着力建设一支作风优良、纪律严明、业务精通的高素质工委干部队伍，为推进市直机关党建工作打下坚实的组织基础。工委领导班子带头把纪律和规矩挺在前面，从严执行中央“八项规定”精神和省、市委实施办法，严格落实“一岗双责”，层层签订党风廉政建设责任书，厘清主体责任清单，制定班子集体责任和领导班子成员个人责任清单46条，进一步将“两个责任”落实到实处。通过固定周五学习日，采取集中组织学习、举办报告会、召开座谈会、专题研讨等方式，及时传达上级文件精神和学习党务、业务知识及习近平总书记系列讲话精神。开展集中学习22次，撰写心得体会、反思、理论文章42篇。认真开展“三重一大”集体决策“四个不直接分管”制度和防治“小金库”工作落实自查工作，进一步完善工委制度建设。扎实抓好“挂包帮”“转走访”工作，开展“关爱民生、寒冬送暖”活动，积极向扶贫联系点捐款捐物。做好工委2名领导挂钩联系“百村示范、千村整治”工作。坚持科学决策和民主集中制原则，着力提高执行力，高质量完成上级交办的各项任务。

（高发红）

政策研究

【重要文稿起草】 2016年，市委政研室充分发挥以文辅政作用，立足全市发展大局，紧贴市委中心工作，以起草高质量文稿为载体，积极主动为市委决策部署服务。圆满完成了市第五次党代会、市委五届二次全会、经济工作会、“争先创优跨越发展”大讨论大行动动员大会、玉溪市庆祝中国共产党成立95周年大会等重大会议报告、讲话及中央、省委重大调研汇报材料60余篇。

【调查研究】 2016年，市委政研室充分发挥调查研究职能，积极参与市委重大工作调研，牵头组织了全市“三农”工作、提升城乡人居环境和改革开放等专题调研，形成了调研报告。紧扣市委中心工作，聚焦玉溪跨越发展，以破解玉溪市经济社会发展重点难题为着力点，积极主动谋划重点领域调查研究，开展了抚仙湖径流区统一托管、开放型农业发展、过剩产能转型升级、现代服务业发展、信息产业发展、文化旅游产业发展等课题调研，编印《调查研究》6期，为推进市委相关工作发挥了积极作用。《滇中城市经济发展比较研究——新形势下玉溪实现跨越发展的路径探索》被列为2016年玉溪市社会科学立项课题。积极为各民主党派、工商联、无党派人士提供调研选题，全力支持好民主党派和无党派人士开展考察调研、社会服务。两次更新编印《玉溪》宣传小册子17 000册，加大玉溪对外宣传力度。

农业农村工作

【美丽宜居乡村省级重点村建设】 市委政研室制定了《2016年美丽宜居乡村省级重点建设村实施方案》，组织实施2016年云南省美丽宜居乡村省级重点建设村项目45个，总投资11 127.209万元（其中，省级补助资金2 025万元，市级配套资金1 141.25万元，县区配套资金210.94万元，一事一议财政奖补资金339.75万元，农村危房改造884.395万元，整合其他项目资金4 772.9万元，社会帮扶资金45万元，群众集资投工投劳折资830.75万元，村集体投入资金155.224万元，信贷资金722万元），硬化道路48条72 573平方米，修建道路挡墙18 596立方米、排水沟45条5 792立方米，新建村内文化活动室9 453平方米、场地14 288平方米，新建垃圾池（房）22个256.11平方米、公厕26个1 121.2平方米，安装路灯578盏。14个村已完成全部建设项目，27个村大部分建设内容已经完成，4个村正在组织招投标等前期工作。完成了2015年美丽宜居乡村省级重点村和2014年美丽家园建设项目检查验收工作。

【农村重点领域改革】 市委农村工作领导小组办公室认真履行职能，扎实抓好深化农村改革工作。2016年3月11日筹备召开市委农村工作会议，安排部署2016年和“十三五”时期全市农业农村工作。6月6日筹备召开农村工作领导小组会议，安排部署全市农村改革发展相关工作。聚焦重点领域和关键环节出台系列改革新举措，制定出台《玉溪市深化农村改革综合性实施方案》，提出了29项可操作、有特色的改革举措，确定了42项重点改革任务（其中7项被列为市委重大改革任务），将改革具体任务落实到相关责任单位，明确任务完成时限和要求，力促涉农部门相继出台了现代农业、供销社综合改革、农村基层党建、脱贫攻坚、美丽宜居乡村等一系列改革政策措施。完成了城市周边永久性基本农田划定工作，出台改革方案推进落实的19项，制定实施意见待会议审议的7项，调研准备的15项。

【其他涉农领域工作】 2016年，市委政研室协同市住房与城乡建设局等部门完成2016～2017年“百村示范、千村整治”行动59个示范村及603个整治村建设选点工作。与市住房与城乡建设局、市规划局共同举办玉溪市美丽宜居乡村规划建设与管理专题培训班。积极配合市委组织部、市扶贫办做好驻村扶贫工作队组建、驻村帮扶工作队员选派工作。认真组织各县区完成了2015年第九批新农村建设工作队及指导员年度考核工作。

全面深化改革

【重点领域改革】 2016年，市委全面深化改革领导小组按照中央和省委全面深化改革的决策部署，着力增强改革的系统性、整体性和协调性，召开领导小组会议11次，传达学习中央和省委全面深化改革领导小组会议精神，制定《市委重要改革举措实施规划（2015～2020年）》，确定2016年深化改革工作要点，研究审议《玉溪市党政领导干部生态环境损害责任追究实施办法（试行）》等99个重大改革方案或意见，全面推动全市各领域深化改革工作。

加快经济体制改革，出台《推进供给侧结构性改革总体意见》和去产能、去库存、去杠杆、降成本、补短板5个实施意见，促进产业转型升级，提高经济发展效益和质量。加快政府职能转变，设立“玉溪市中介超市”，“三证合一”“一照一码”登记工作全面实施。加大商事制度改革力度，民营企业增加6.5万户。整合工商、质监、食药监机构和责任，建立县级市场监督管理局。深化财税体制改革，启动权责发生制政府综合财务报告制度试点工作，“营改增”顺利推进。出台《市属投融资公司改革发展方案》，完成市属投融资公司“7变3”的改革重组。玉溪商业银行更名提升为云南红塔银行。在全省率先启动实施州市公务用车制度改革。

加快开放型经济体制改革，制定《玉溪市人民政府关于加快内外贸易发展的实施意见》《关于把玉溪建设成为面向南亚东南亚国际内陆港经济试验区的实施意见》，有力推动全市内外贸易持续增长，全年实现外贸进出口总额20.19亿美元，增长6.5%，连续7年创新高。在泰国（曼谷）、老挝（万象）、越南（胡志明市）、柬埔寨（金边）设立了4个境外商务代表处，在联通信息、加强服务、促进发展等方面发挥积极作用。制定《玉溪市综合交通运输“十三五”发展规划》，加快推进通往东南亚、南亚国际大通道建设。制定《玉溪市推进综合保税区申报建设工作方案》和《玉溪市综合保税区申报线路图和时间表》，有力有序推进综合保税区申报工作。

稳步推进民主法治改革，出台《关于加强县乡人大工作和建设的实施意见》和《市人民代表大会及其常务委员会制定地方性法规实施办法》等12项地方性法规的立法办法规定。制定《关于推进政党协商的实施意见》，出台《中国人民政治协商会议玉溪市委员会委员履职工作规则（试行）》《中共玉溪市委关于加强社会主义协商民主建设的实施意见》和《加强人民政协协商民主建设的实施意见》，加强和规范政协委员履职工作，规范政协协商的内容和程序，完善人民政协制度体系。市中级人民法院积极推进“阳光司法”工程，广泛实行人民陪审员制度、坚持疑罪从无原则、立案登记制度改革等司法体制改革，切实解决“立案难”问题。

大力推进文化教育卫生体制改革，确定“玉汝于成、溪达四海”为玉溪精神表述语，印发《玉溪市精神文明建设“十三五”规划纲要》，出台《做好政府向社会力量购买公共文化服务工作的实施意见》《市级重点文物保护单位文物保护工程审批管理暂行规定》《加快构建玉溪市现代公共文化服务体系的实施意见》，玉溪人民广播电台、电视台、有线电视台“三台”于2016年1月1日开始整合运行。“互联网+教育”模式引擎驱动教育现代化发展，全市统一建设了集教学、管理、评价“三位一体”的教育云平台，在全省率先推出“IPTV+教育频道”，有效打破信息壁垒。出台《加快发展现代职业教育的意见》及4个配套方案，深入推进职业教育集团化办学，积极争取国开行融资建设资金31亿元用于玉溪职教教育改革和职教园区建设。在全省率先实现义务教育均衡发展目标，出台《进一步促进民办教育发展的意见》，每年安排250万元用于促进民办教育发展，积极争取将玉溪市列为全省中小学职称改革试点区，成功争取同济大学教育教学改革实验基地落地玉溪一中。积极推进DRGs支付方式改革，自主研发玉溪市DRGs—PPS付费系统，启动9个县区人民医院DRGs付费工作。全面实施分级诊疗制度，探索建立完善基层首诊、双向转诊、急慢分治、上下联动的分级诊疗制度，在全省率先制定《玉溪市关于推进家庭医生签约服务的实施意见》，全面启动家庭医生签约服务工作。稳步推进提高重大疾病保障水平试点工作，探索开展门诊慢病统筹管理，全面推行新生儿“母婴共享”保障制度。推进城乡居民基本医疗保险统一意覆盖范围、统一筹资政策、统一保障待遇、统一医保目录、统一定点管理、统一基金管理。

全力推进社会体制改革，推进落实中央《关于严格规范减刑、假释、暂予监外执行切实防止司法腐败的意见》《司法机关内部人员过问案件的记录和责任追究规定》，深入推进以司法责任制为核心的四项改革试点，健全法官、检察官、人民警察统一招录、有序交流、逐级遴选机制。深入推进公安机关管理体制和人民警察管理制度改革，建立以案释法制度，完善社区矫正系统信息建设，扎实推进户籍制度改革。健全完善安全生产监督管理体制，出台《关于加强社会治安防控体系建设的实施办法》。加快构建信用信息共享平台，建立健全信息披露机制、共享机制和联合奖惩机制。出台《玉溪市社会稳定风险评估责任追究暂行办法》《玉溪市第三方机构开展社会稳定风险评估管理办法（试行）》《玉溪市健全落实社会治安综合治理领导责任制实施办法》，压实维稳“第一责任”和层级责任。

积极推进生态文明体制改革，出台《抚仙湖资源管理体制改革总体实施方案》，合理划定抚仙湖开发建设生态红线，出台《环境污染第三方治理的实施意见》《领导干部自然资源资产离任审计试点实施方案》等办法，实施“四退三还”工程。制定《玉溪市大气污染防治行动实施方案》等一系列文件，在全省率先对中心城区开展污染现状调查，建成县级空气自动监测站。制定《玉溪市关于加强环境监管执法的实施意见》，全面推进环境保护违规建设项目清查整改工作。制定《玉溪市能效“领跑者”制度实施方案》，推动节能减排产业发展。

强力推进党的建设制度改革，出台贯彻《中国共产党地方委员会工作条例》《中国共产党党组工作条例（试行）》的具体措施，制定《2016～2020年玉溪市党政领导班子建设规划纲要》《推进领导干部能上能下实施办法（试行）》，探索建立领导班子配备结构模型、干部容错免责机制，制定《关于深化人才发展体制机制改革的实施意见》《玉溪市高层次人才创新创业示范基地认定实施办法》《玉溪市人才扶贫行动实施方案》等一系列文件，全面推行乡镇党代会年会制，在红塔区开展区管领导班子和领导干部综合考评末位管理试点。

从严推进纪律检查体制改革，出台《关于落实全面从严治党主体责任把纪律挺在前面实践运用“四种形态”的实施意见》《玉溪市纪检监察机关实践监督执纪“四种形态”实施办法（试行）》等制度，建立谈话函询的暂行规定，出台《县级纪检监察机关内设机构调整工作方案》，统一推行“7+N模式”。出台《加强村务监督委员会工作的意见》，进一步规范村监委各项工作。贯彻落实三个《提名考察办法》，结合县区、乡镇党委换届，切实把县区纪委班子配齐配强。建立江川区委主要领导约谈常委班子成员及其他区领导制度试点工作，探索对领导干部的监督管理新路子。

【改革试点工作】 2016年，市委大胆探索改革试点工作，澄江县全国农村生活污水治理示范县、杞麓湖国家湿地公园建设试点、抚仙湖资源环境综合行政执法体制改革试点、海绵城市建设试点、国家中小学教育质量综合评价改革实验等17项国家授权试点的改革事项顺利推进。建立领导班子配备结构模型、省政府公共服务标准化试点、省级城市规划示范试点、自然资源资产负债编表试点、省级水利综合执法示范点建设等22项省级授权试点的改革事项取得成效。结合实际确定的“仙湖卫士”行动计划、抚仙湖资源环境管理体制改革综合试点、党员干部干事创业容错免责机制等22项市级改革试点的改革事项成效明显。公立医院改革、领导班子结构配备模型等改革工作得到了国家、省委的肯定。

【市委改革办工作】 2016年，市委改革办认真履行工作职能，按照市委全面深化改革领导小组的决策部署，有效服务各项改革。建立全面深化改革《提请审议办法》《督查办法》《考评办法》等6项制度，规范和完善全面深化改革议事干事的程序和规则。按照市委全面深化改革领导小组2016年工作要点，建立工作任务挂号台账，完成一项销号一项。及时对中央、省委和市委出台的重大改革方案落实情况进行督办，按季度进行跟踪督查，逐一对照督查各县区、各部门贯彻落实、方案制定、跟踪问效等情况。切实加大改革宣传力度，与玉溪日报社签订合作协议，设立专版及时宣传报道全市全面深化改革工作。积极做好改革信息收集采编工作，全年印发《玉溪改革简报》61期260篇稿件、专刊22期，被省委改革办采用4篇、中组部采用1篇。

（孔繁怡）

保密工作

【保密教育】 2016年，市保密局以提升全员保密意识和保密常识为核心，坚持有的放矢、因人施教，努力提升保密宣传教育水平。深入学习贯彻中央文件精神。把中央《关于加强和改进保密工作的意见》作为理论学习的重中之重，在认真学习、领会精神、把握实质上下功夫。市委领导带头学习文件精神，市委书记罗应光和市委常委、秘书长李洪云分别作出重要批示，要求各级领导深刻认识学习贯彻中央文件精神的重要意义，切实把学习贯彻落实中央文件精神作为推进保密事业发展的重要工作，抓紧抓实抓出成效，确保中央关于保密工作决策部署落地生根。组织开展宣传教育系列活动。以开展保密法制“宣传月”活动为抓手，10月1～7日，在玉溪电视台黄金时段播放保密宣传标语，扩大了保密知识宣传范围。期间，开展专题党课208余场次，组织保密教育培训33场次，播放保密宣传标语52条，发送手机保密短信85条、微信115条、保密提醒信428封，走访调查55余次，制作宣传专栏（板报）83版，编辑简报（信息）380条，网站专栏发布工作动态信息30余条。普遍组织各县区和80余家市直单位，共12 000余位保密干部、涉密人员观看《以案释法》宣传教育片，全面提升全体公民保密意识和保密常识。组织参加各类保密培训。组织全市机关单位110余名保密专（兼）职干部分两批赴西北工业大学国家保密学院参加保密培训。组织县区和市直相关单位共15人参加青岛保密技术交流大会暨产品博览会，进一步了解了保密技术方面的前沿知识和保密产品。组织开展各类保密培训。认真组织编撰《玉溪保密工作》简报，做到每月编印1期，共编印《玉溪保密工作》简报12期，通过工作简

报的形式，及时反映我市保密工作动态，起到了互相交流，互相学习，促进工作的作用。为市民宗局、市移民局、市委党校、市地震局、高新区管委会、红塔区、江川区、华宁县、峨山县、澄江县等单位讲授21次保密知识专题辅导，受教育人数达2 100余人。组织全市440余名专兼职保密干部开展定密和涉密人员管理培训，重点讲解定密的权限依据、涉密载体各环节管理的要求和涉密人员确定的标准程序等，为按时完成涉密人员分类确定、保密审查和推进定密规范管理奠定了坚实的理论基础。

【保密管理】 2016年，市保密局在定密管理、网络管理和涉密人员管理“三大管理”上持之以恒上下功夫、见成效。持续抓好定密管理。认真组织传达学习省保密局《关于进一步加强定密管理工作的通知》，持续抓好《国家秘密定密管理暂行规定》和《云南省党政机关和涉密单位定密工作规定》的贯彻落实，认真指导全市规范定密管理，全市共82个机关单位取得定密授权，并完成定密责任人确定与备案工作。持续抓好网络管理。认真学习贯彻落实《关于切实加强计算机及其网络保密管理具体事项的通知》要求，继续抓实网络分类核查，准确界定涉密网络、非涉密网络工作。9月份，市保密局2名技术干部全程参与全市编办系统涉密信息系统分级保护测评，配合贵州测评组对全市10个点位10个涉密终端的涉密网络分级保护情况进行全面测评。按照计算机自检自查要求和政务信息公开制度，全年共组织开展计算机及其网络保密自检自查8次，检查计算机4万余台；开展信息公开保密审查12次，审查发布信息27 657余条，确保了各项工作的顺利开展。持续抓好涉密人员管理。根据中保委和省保委通知要求，按照涉密人员分类确定标准，全面开展调研，及时组织业务培训，结合定点联系制度，深入一线面对面、点对点指导县区和市直单位准确确定涉密岗位和涉密人员。全市共127个机关单位涉密人员分类确定工作已初步完成，共确定2 017个涉密岗位、2 160名涉密人员。7月份，国家保密局和省国家保密局对全市涉密人员备案管理工作进行检查调研，检查组对玉溪市此项工作开展情况给予高度评价，并被作为唯一州市经验材料在全国转发学习借鉴。

【保密科技】 2016年，市保密局持续推进涉密计算机安装使用“三合一”保密管理系统，全市已安装511台保密管理系统。配齐配强保密技术检查设备，全市已配备512套保密检查工作，提高发现问题和解决问题的能力。筹备成立保密科技测评分中心。充分调研论证成立国家保密科技测评中心玉溪分中心的相关事宜，选派得力人员参观学习，调研了解人员编制、装备配备、任务分工、工作开展等情况。积极主动参加国家涉密信息系统培训，2名同志获得涉密信息系统测评培训结业证书。市保密局有4名同志培训合格，具备参加涉密信息系统测评任务的资格。研究制定《玉溪市涉密信息系统测评分中心建设方案》，完成采购技术装备和使用培训等工作，筹备工作有序开展。按照市委编办批复，积极与组织部、人社局对接联系，招聘3名专业技术人员，充实测评分中心力量。涉密会议保障装备配备。按照省保密局通知要求，根据保密设施设备专项经费拨付情况，按涉密装备采购程序，从北京军信安科公司采购涉密会议保障装备，有效提升了全市涉密活动保障能力。完成“两个平台”建设。根据年度专项经费拨付情况和省国家保密局要求，组织开展“重要涉密单位互联网接入口保密监测平台”和“互联网及社会网站保密检查平台”建设工作，研究制定建设方案，组织具有系统集成资质企业进行建设，实现对重要涉密单位互联网窃密泄密行为的实时监控提升发现和处置互联网失泄密事件的能力。

【检查查处】 2016年，市保密局对全市重点涉密单位要害部门、部位、涉密载体、计算机网络及涉密信息系统加强督促检查，开展了国家秘密载体印制保密管理专项检查、重要军事设施周边保密安全检查和卫星导航定位基准站安全专项整治。通过检查，督促领导干部责任制的落实，督促机关单位加强自检自查和保密管理台账落实，达到以查促改，以查促防，以查促教，进一步消除泄密隐患，提高机关单位保密管理水平。认真学习《关于组织开展保密自查自评专项督查的通知》要求，全面部署全市保密自查自评专项督查工作，突出计算机网络管理和信息公开保密审查工作，保密自查自评专项督查期间，全市共检查计算机19 386台，其中涉密计算机667台，非涉密计算机18 719台，审查发布信息27 657条。坚决查处失泄密事件，针对通海县和华宁县发生涉密文件丢失事件，立即组织人员，先后多次赴通海县和华宁县对案件发生情况进行详细调查了解，查清案件发生的原因，对责任人违反保密规定，按照保密法律法规进行严肃处理。目前，通海县涉密文件丢失事件已处理完毕，已在全县进行通报。华宁县涉密文件丢失事件已移交市纪委处理完毕，并将处理结果上报省保密局。

【保密服务】 2016年，市保密局持续落实保密工作定点联系制度，根据人员调整变化，完善机关单位定点联系工作制度，加大保密业务指导力度。全力保障涉密活动和各类考试。主动

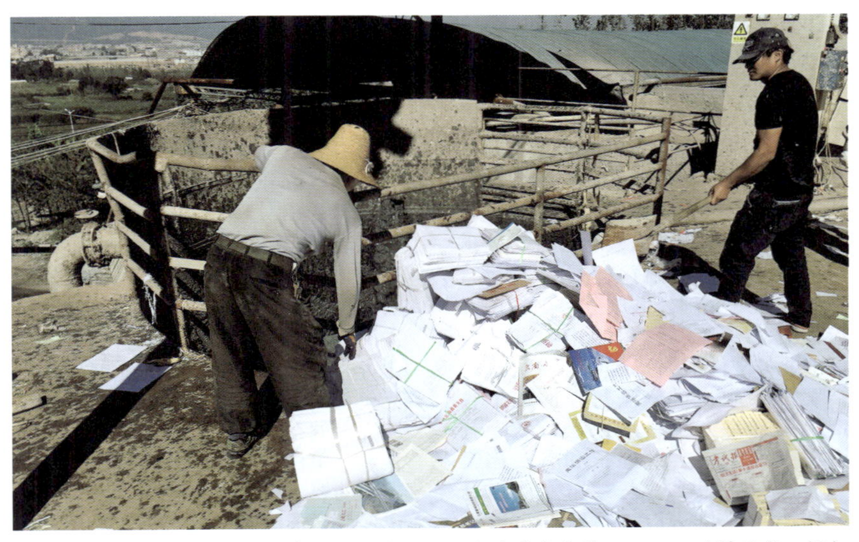

2016年11月18日，市保密局组织销毁2015年度涉密文件 （瞿星宏 摄）

与主办单位密切配合，先后保障了市委办、政法委、宣传部、统战部等单位22场次涉密活动。主动抓好各类统一考试的保密工作，按照“谁主管谁负责、谁组织谁负责”的原则，进一步细化责任，分级管理，责任到人。参与了市教育局、市委组织部、市人社局、市卫生局等多个单位组织的48场次、171 757人参加的各类考试保密监督检查工作，确保了市内各类统一考试的安全保密、顺利进行。加强涉密载体清退销毁。坚持涉密文件、内部资料的“统一回收、统一押运、统一销毁”，严格执行涉密载体销毁管理规定，认真抓好全市涉密载体的清退销毁管理工作，共清退销毁2015年度涉密文件25 963份（其中机密级文件4 617份、秘密级文件21 346份）、内部文件22 093份，清退存储或处理过涉密信息的计算机硬盘、移动硬盘、光盘、录像带、电话加密机等352台（件）。服务地方经济建设。了解到云南腾达机械制造有限公司和云南太标数据机床有限公司有申请武器装备科研生产意向，主动作为，积极帮助指导两家企业开展武器装备科研生产单位保密资格的申报准备工作。充分发动组织指导玉溪本土企业积极申报涉密信息系统集成资质，通过精心组织、悉心指导，积极向省局争取，玉溪市拓普科技有限公司、玉溪三和系统集成有限公司、玉溪市天马科技发展有限公司等3家公司分别通过系统集成、运行维护和安防监控3项5个资质的现场审查，实现玉溪市该类涉密资质零的突破。

（瞿星宏）

档案管理

【档案法制建设】 2016年，市档案局不断强化档案行政执法监督，积极推进依法治档工作。完成了《玉溪市档案局权力清单和责任清单》《玉溪市档案局行政执法主体职权职责清理清单》的编制，并经市政府审批、公示后执行；编制完成行政许可事项、政务服务大厅办理公共服务事项指南和流程图；编印了《档案工作法律法规标准业务文件汇编》1 400本。为提高档案专兼职人员依法行政的水平，市档案局举办了一期依法行政专题讲座，局全体干部职工和有关档案专兼职人员共278人参加。认真开展档案行政执法检查，联合市人大办、市司法局、市保密局组成档案行政执法检查组，对市政府办等22个单位进行档案行政执法检查，及时反馈了检查结果。

【开展“国际档案日”宣传活动】 为更好地宣传档案工作、增强社会档案意识和档案法制观念，在2016年“6·9国际档案日”宣传周期间，市、县区档案局紧紧围绕“档案与民生”为主题，分别在人流量较为集中的聂耳文化广场、县城中心广场、公园、社区等地，通过设立咨询点、悬挂活动横幅6条、散发6 000份自制档案宣传资料、利用1 200块气象预报显示屏登载宣传口号等形式，着力宣传档案法律法规、档案管理违法违纪处分规定、档案与社会和公民关系等知识，为档案工作创造了良好舆论氛围。编制并发布档案工作信息，共编印《档案工作简讯》27期75篇稿件，在网上发布工作动态、政策法规、图片新闻等86篇。

【档案规范化管理】 2016年，市档案局围绕中心工作开展档案业务指导。紧紧围绕市委、市政府的中心工作和经济社会发展的需要，不断强化各单位、各领域档案工作的监督和指导，特别是强化对重点建设项目、重点工作档案的业务监督、指导和跟踪服务，确保重点建设项目和重点工作档案的规范管理。市档案局先后深入玉溪市东片区暨“三湖”生态保护水资源配置应急工程、易——峨——高公路指挥部等重点项目一线进行档案收集整理工作的指导，帮助培训档案人员30余人；与市工信局、市农业局、市工商联联合下发了《民营企业档案管理办法细则》，明确了民营企业档案收集范围、保管期限、管理办法；强化对机关、团体、企事业单位的档案业务指导，各单位档案工作管理规范化水平进一步提高。先后对市委办等59个单位开展了档案业务指导。其中：市级机关单位27个，企业6个，重点项目2个，县级单位及乡镇、村委会（社区）24个，各县区档案局深入各机关、团体、企事业单位和乡镇（街道）、村（社区）进行档案工作业务指导共478个。认真开展档案规范化管理示范认定工作。按照省档案局提出的在全省开展档案馆、机关、企事业单位档案规范化管理示范认定工作的要求，年初下达了示范单位认定任务。通海县、峨山县、易门县档案馆加强领导，采取措施，积极开展规范化管理示范档案馆的各项整改工作，经过努力，于10月16～18日顺利通过了省档案局认定小组的认定，获得了云南省规范化管理示范档案馆称号；市档案局对5个机关单位、4个企业进行了档案规范化管理示范认定；各县区档案局对48个机关、事业单位进行了档案规范化管理示范认定。开展农村土地承包经营权确权登记颁证工作文件材料的收集、整理、归档。为做好全市土地确权登记颁证档案工作，市档案局与市农业局联合转发了《云南省农村土地承包经营权确权登记颁证档案管理办法》；在全市各县区档案局分管档案业务工作的领导及业务人员参加的全市档案业务工作研讨会上，对全市土地确权登记颁证工作进行了培训及工作安排；向各县区档案局发送了土地确权登记颁证档案工作材料100余本；对红塔区、江川区、通海县、澄江县、峨山县、新平县、元江县、易门县开展了土地确权登记颁证档案工作的收集、整理、归档调研和业务指导。

【档案资源体系建设】 按照建立覆盖人民群众的档案资源体系要求和到2020年馆藏档案翻一番的目标，2016年，市档案馆和各县区档案馆根据《档案馆收集档案范围细则》的规定，认真制定接收计划和实施方案，多措并举，大力推进档案资源建设。市档案馆按照市委、市政府印发《玉溪市人民政府职能转变和机构改革实施意见》的通知精神，对玉溪市广播电视局、玉溪市文化局、玉溪市计生委机构改革单位档案进行接收，共接收档案2 589卷、13 789件，门类包括文书、会计、照片、音像、印章等。接收市委编办、玉溪糖业（集团）有限公司破产清算组档案12卷。征集《支那省全志云南省》资料1册、梁耀武著书手稿68份和《刘氏家谱》《桂氏宗谱》（复印件）26份、整理钟宽洪捐赠个人档案资料3卷。完成4个“百村示范、千村整治”村庄和2个老街道建筑的拍摄收集工作和245盘录像带、录音带和光盘的技术措施保护，修补破损霉烂档案218卷588页。各县区档案馆积极加大依法接收征集力度，不断丰富馆藏，其中：元江县档案馆强化哈尼族档案抢救与保护工作力度，共征集哈尼族口述历史人物4人的访谈资料、豪尼支系的男女服饰及其配饰2套、哈尼文化音像资料6盒、民风民俗和祭祀等照片200

张、哈尼文化书籍10册等，现已全部送往云南省档案馆永久收藏；澄江县档案馆到上海图书馆征集了柳正芳编修的《澂江府志十六卷》（康熙版）和赵士麟编撰的《寄園七夕集字詩别韻倡和》《敬一録》《武林草》4本古籍影印本共24卷，征集了雷金流的《云南澄江罗罗的祖先崇拜》（民国二十八年）、光绪十五年的《澄江府关于速修郡城祖山鸡脖子踏陷，培補凤山一线龙脉的谕》等资料入馆，填补了澄江县档案馆馆藏无澄江古籍资料的空白；峨山县档案馆征集双江街道“魁星阁香灯田碑记”石碑1块、民间工艺师非物传承人徐宝安制作的四弦1把、县民宗局资产托管石碑4块等。通过努力，市、县区档案馆全年共接收征集档案1.97万卷、9.99万件。

【数字档案馆建设】 根据《玉溪市档案馆数字档案馆建设规划（2013～2020年）》的规定，市、县区档案馆全力推进数字档案馆建设进程，数字档案馆建设取得明显进展。市档案馆完成了48个全宗81个目录档案数字化扫描，共计9 348卷、190 828件、165.01万页；县区档案馆完成了178.17万页。

【档案资源开发】 为充分发挥档案资政参考、传承文化、服务民生、教化民众作用，2016年，市、县区档案馆通过接待查阅、举办展览、开发档案文化产品、档案编研、项目申报等形式和手段，积极提供档案利用服务，进一步增强社会档案意识，扩大档案工作的社会影响力。积极提供查阅利用，市档案馆接待查档者362人次、档案904卷次、101件次，复印档案2 907页；各县区档案馆共接待查档者1.38万人次、档案33 351卷次、复印档案31 348页。华宁县档案馆按有关规定向社会开放档案511卷、13 007件。编研成果显著，市档案馆编印了《一阳初动—玉溪十年留梦》《发展实录〈人民日报〉、〈云南日报〉》玉溪文汇，发送市直有关领导和单位参阅；通海县档案馆汇编了《通海县综合档案馆建设大事记》《即将消失的村庄—兴义村照片图集》《2013年杞麓湖大旱照片集》《民国河西县志》《通海老戏台照片集》；华宁县档案馆续编了《华宁县党代会汇编》《华宁县人代会汇编》《华宁县大事记》《华宁柑桔节》等资料；峨山县档案馆编制了2007～2015年峨山县档案大事记汇编及《档案利用效果实例汇编》《党代会工作报告汇编》。在市、县区档案局的共同努力下，完成了全市11万条民国档案文件级条目的采集工作，对2017年国家重点档案保护与开发项目进行了申报。

【综合档案馆建设】 为进一步改善全市档案基础设施，逐步解决制约玉溪档案事业发展的瓶颈问题，2016年，市档案局抓住国家实施中西部地区县级综合档案馆项目建设的机遇，在市委、市政府的关心重视支持下，全力推进县级综合档案馆建设。在原已建成投入使用3个新馆的基础上，峨山县新馆已搬迁投入使用，通海县、易门县新馆已建成将投入使用，红塔区、新平县档案馆新馆已开工建设，华宁县档案馆新馆建设规划用地已调整落实到位，即将开工建设。

【全省档案系统先进集体和先进工作者表彰】 2016年2月16日，由省人力资源和社会保障厅、省档案局联合对全省档案系统先进集体50个和先进工作者100名进行了表彰。玉溪市共有3个先进集体（玉溪市档案局馆、新平彝族傣族自治县档案局馆、元江哈尼族彝族傣族自治县档案局馆）和7个先进工作者（红塔区大营街街道办事处李树萍、通海县档案局馆文伟、江川县档案局馆叶春、澄江县档案局馆郭奎、华宁县档案局馆李志萍、峨山县档案局馆杨开富、玉溪市委办公室杨曼华）受到了表彰。

【召开全市档案局（馆）长会议】 2016年，市档案局组织召开全市档案局（馆）长会议，深入学习贯彻习近平总书记系列重要讲话特别是考察云南重要讲话精神和党的十八大和十八届三中、四中、五中、六中全会及省、市有关文件精神，回顾总结了“十二五”时期全市档案工作，审议了《玉溪市档案事业发展“十三五”规划》，表彰奖励了《云南档案》征订先进单位和《档案与您相伴》征文获奖作者。市委常委、秘书长李洪云出席会议并讲话，各县区档案局局长、副局长；市直和中央、省驻玉单位档案工作协作组组长、副组长；市城建档案馆馆长、副馆长；红塔集团档案科科长；市档案局全体干部职工共54人参加了会议。

【开展档案业务知识培训和档案学会工作】 2016年，为认真贯彻落实《归档文件整理规则》《会计档案管理办法》等新修订的有关档案规范，市档案局举办了三期档案业务培训，市直各单位办公室主任、档案专兼职人员，各县区档案局分管档案业务的领导及业务指导人员，红塔区、新平县所属单位的档案专兼职人员共600余人参加培训。市档案学会积极组织全市档案专兼职人员参加省档案局举办的档案系统书法摄影绘画大赛，“档案与民生”、省档案学会年会论文征文活动。参加书法摄影绘画大赛投稿作品98件，其中：书法类获奖作品5件，摄影获奖作品9件，绘画获奖作品5件，征文活动获奖33篇，1篇进行了交流。

（何昆琳）

老干部工作

【离退休干部管理】 截至2016年底，全市共有离退休干部21 077人，其中：离休干部434人，退休干部20 643人，年龄最大的96岁，离休干部平均年龄86岁。全市已建立离退休干部党（工）委10个、党总支24个、党支部643个（其中离退休支部444个，与在职党员合编支部191个，社区支部8个），离退休干部党员9 921人，实现离退休干部党组织全覆盖。

【走访慰问老干部】 2016年春节期间，市委书记罗应光等市领导带头走访慰问71名担任过副厅级以上领导职务及享受副厅双项和副厅三项待遇的离退休干部，向他们推荐了市老干局编印的《幸福养老》手册。市委副书记、代市长张德华，市委副书记、统战部长、市老干部工作领导小组组长保明顺等到玉溪工作后到部分老干部家中看望了老干部。市老干局全年走访看望慰问老干部、老八路、老干部遗孀、生病住院离退休干部和重病、生活困难的离退休干部905人次。

【迎春送福联欢会】 2016年2月1日，玉溪市2015年经济社会发展情况通报会暨2016年老干部迎春送福联欢会在市老干局举行，市委常委、组织部长晏森通报了全市2015年经济社会发展情况，副市长、市公安局长朱家伟主持会议，杨振华、文元有、刘邦元等部分老领导参加会议。老干部们通过歌舞表演、剪纸作品展、根雕精品展、游园活动等形式喜迎佳节。

①2016年10月21日，全省老年大学工作会议在玉溪召开（市委老干局　提供）
②2016年6月27日，市委副书记保明顺到江川区看望慰问建国前老党员和生活困难党员（市委办　提供）

【全市老干部工作会议】　2016年3月4日，全市老干部工作会议召开，市委常委、组织部长晏淼出席会议并讲话。会议学习了习近平总书记系列重要讲话精神和中办、国办发《关于进一步加强和改进离退休干部工作的意见》以及全国、全省老干部局长会议精神，总结全市2015年老干部工作，研究部署2016年工作。

【离退休干部健康体检】　2016年4月21～22日，市老干局组织原担任过副厅以上领导职务和享受副厅级双项、三项、单项待遇以及抗日战争时期享受副厅级医疗待遇的离退休干部共91人进行一年一度健康体检，认真落实老干部的生活待遇。

【组织老干部参观考察】　为认真贯彻落实老干部参观考察的政治待遇，2016年5月5日，市老干局组织段毓华、文元有、普朝和等22位厅级老领导到市防震减灾科普馆、维和制药有限公司和华为企业云计算展厅开展“走基层看变化献良策”活动；6月14日，第四届中国——南亚博览会暨第24届中国昆明进出口商品交易会公众开放日期间，组织21位地厅级老领导赴昆参观南博会；10月30日～11月4日，组织厅级老领导赴怒江考察民族团结进步示范区建设和独龙江精准扶贫工作。

【老干部党支部书记读书班】　2016年5月19～20日，市老干局举办全市第十八期老干部党支部书记读书班，对玉溪医改、海绵城市建设、“两学一做”学习教育、老干部党支部工作和增添正能量活动等课题交流研讨。杨振华、文元有、董诗强、刘邦元等厅级老领导，全市离退休干部党支部书记、骨干、老干系统全体干部职工190多人参加了学习。

【保障离退休干部公务用车】　2016年5月，市委公务用车制度改革领导小组研究决定，划拨了12辆公务用车交由市老干局统一管理使用。市老干局及时组建了离退休干部服务车队，制定了管理制度，加强规范管理，强化热情服务。5～12月，共出车535天、1 717人次，行驶里程78 183公里。

【老干局有了“社工师”】　2016年6月，市老干局有3名干部通过全国社会工作者职业水平考试，取得国家社会工作者职业资格，填补了全省、全市老干系统“社工师”空白。目前，市老干局有国家二级心理咨询师2名，国家中级社工师3名。

【荣获省级示范校】　2016年8月，市老年大学获评首批“省级示范校”，澄江县老年大学被评为首批“省级示范校”。10月21日，全省老年大学工作会议在玉溪召开，玉溪市交流了老年大学示范校创建经验和做法，市委书记罗应光等市领导出席会议并讲话。

【庆祝建党95周年】　2016年“七一建党节”期间，市老干局结合“两学一做”学习教育，深入开展庆祝建党95周年系列活动。举办专题党课，收看庆祝建党95周年大会，走访慰问46名老干部、老党员，到“挂包帮、转走访”联系点讲专题党课，组织老干部参加“颂歌献给伟大的党”全省离退休干部文艺汇演，取得了一金三银的好成绩，老干部聂耳合唱团参加全市庆祝建党95周年文艺晚会，市干休所举办“唱红歌、感党恩”文艺演出，市老年大学开展“重温入党誓词、不忘入党初心”活动，市老干部摄影协会举办“光辉历程·玉溪老干部看党建”摄影展。

【最美老干部评选】　2016年9月，市老干局率先在全省老干系统组织开展“最美老干部”评选活动，让受表扬的16名“最美老干部”把玉溪“最美老干部”这一精神文化品牌在全省唱响，不断开创玉溪市老干部工作新局面。

【退休生活适应性培训班】 2016年11月9～11日，市老干局举办玉溪市第三期退休生活适应性培训班，从六中全会解读、退休意义与规划、养老政策、心理调适、养身保健、运动锻炼等方面对68名同志进行了培训，组织学员到市老年大学观摩现场教学，到老年公寓感受衰老体验课程，填写幸福人生百岁规划表，进行小组互动交流，引导大家智慧养老、健康养老、科学养老。

【党工委全覆盖】 2016年11月25日，中共玉溪市委批准成立中共玉溪市委离退休干部工作委员会，在全省率先实现市、县区离退休干部党（工）委全覆盖，开创了离退休干部党建工作的新格局。目前，全市有离退休干部党工委4个，党委6个。

【“四就近”工作】 2016年，市老干局积极探索推进“四就近”服务工作。在红塔区葫田、玉龙两个社区，按照“六有”标准，规范推进“四就近”工作，建立“云岭爱心敬老服务站”，整合利用社区资源和社会力量，为离退休干部搞好服务。

【“挂包帮”“转走访”工作】 2016年，市老干局深入开展“挂包帮、转走访”工作。派出驻村扶贫工作队员，协助联系点做好精准扶贫工作，多次与澄江县养白牛社区研究产业结构调整，村庄规划布局，易地搬迁等工作，组织开展送文化、送医下乡活动，积极联系交通、林业部门解决联系点的道路硬化、核桃提质增效等问题，为联系社区协调居家养老服务中心、老年人活动中心、便民服务站建设，局机关全体干部职工捐款，为养白牛小学全体学生每人购置一套运动服和书籍，为两个村民小组党支部捐赠电视机、桌椅等。

【宣传信息工作】 2016年，市老干局与玉溪日报和玉溪电视台等新闻媒体合作，紧紧依托玉溪老干部工作网、微信公众号、易信公众号、老干系统QQ群、宣传栏等渠道进行学习宣传，全年共发布老干部工作信息308条，发布微信67期288条，刊出宣传栏8期10版，在中国老年报、老干部之家、云南老年报等省级及以上媒体刊登报道63篇。

（杨　琴）

老龄工作

【老年人口基本情况】 截至2016年底，玉溪市有60周岁以上老年人35.2万人，占户籍人口总数的16.2%，其中60至69周岁19.5万、70至79周岁11万、80至89周岁4.3万、90岁以上0.44万人、100周岁以上57人。老年人口呈现出老龄化、高龄化、空巢化发展特点。

【困难老年人救助】 2016年，全市城乡基本养老保险参保人数达152万人。完善了以城乡低保为主，临时救助、医疗救助、住房救助为补充的社会救助制度。39 364名老年人纳入城乡最低生活保障，城镇低保补助水平从去年的月均304元增加到332元，农村低保人均补助水平从去年的月均143元提高到172元，农村五保集中和分散救助供养标准由原来的630元和243元，提高到目前的645元和456元，分别提高了3%和87%，全年为4 051名特困人员支出救助供养资金1 976万元。对生病的和有临时性困难或受自然灾害影响的老年人，给予医疗救助和临时救助。

【老年人医疗保障】 2016年，全市城乡初步形成了以城镇职工基本医疗保险制度、城镇居民基本医疗保险制度、新型农村合作医疗制度为主体，大病医疗保险、企业补充医疗保险、商业医疗保险和大病临时救助为补充的医疗保障体系。全年共资助7.3万名老年人参加医疗保险；提供老年医疗保健服务的医疗机构数1 331所，对参加新型农村合作医疗的70岁以上老年人，住院医疗费用减免补偿比例增加3%；对60岁以上的老年人，由属地的市、县（区）人民医院每年对其免费常规体检一次；以乡镇（街道）卫生院为重点的农村卫生基础设施建设进一步加强，健全了县、乡、村三级医疗机构网络，老年人就地、就近就医更方便。

【养老服务基础设施建设管理】 2016年，全市完成5个农村敬老院、20个居家养老服务中心和70个农村幸福院建设任务。目前，建成和在建的城市公办养老机构10个，市、县城市养老服务设施覆盖率100%，床位1 286张；民办养老机构5个，床位334张；农村敬老院66所，床位3 320张；建成居家养老服务中心项目110个，床位近1 600张；现有养老床位数6 540张，平均每千名老年人拥有床位18.6张，养老服务设施和功能进一步改善。对2013年、2014年补助的66个居家养老服务中心和140个农村幸福院进行了项目绩效评价，制定了居家养老服务中心运营等级评定意见、评定标准和补助办法，并对6个社会福利服务中心、60个农村敬老院和140个居家养老服务中心进行了运营补助。

【老龄事业投入】 2016年，市、县（区）财政共投入老龄事业和老龄工作专项经费8 654.1万元，比上年度投入的6 067万元增加2 587.1万元。市财政投入3 308.6万元，其中投入养老服务设施建设经费1 608.6万元、高龄补助经费800万元、养老服务机构运营补助经费800万元、工作经费及其他经费60万元；县（区）财政投入3 336.5万元，其中投入老龄事业发展资金65.4万元、老年人补助经费2 281.4万元、居家养老服务中心配套建设经费594万元、百村建设经费19.7万元、敬老节活动经费53.8万元，工作经费89.2万元，其他投入153万元。市级福彩公益金投入养老服务设施建设2 009万元，其中投入1 088万元补助179个基层老年协会新建或修建老年活动场所、添置活动设施，投入250万元补助福利院、老年公寓等城市公办养老机构建设，投入640万元补助农村敬老院进行改扩建。福彩公益金投入养老服务体系建设的资金占全年留存总数3 023.9万元的68.3%。上级投入养老服务体系资金3 538.53万元，其中投入农村敬老院建设633.96万元，投入公办养老机构建设1 102.82万元，投入居家养老服务中心建设1 142.68万元，投入民办养老机构建设140.37万元，投入老年活动室建设100万元，投入高龄津贴补助418.7万元。

【老年人优待】 2016年，全市为17 837位60岁以上老年人办理了《云南省老年人优待证》；为25名百岁寿星挂了百岁匾。老年人凭《优待证》免费进公园、旅游景点、风景名胜区、纪念馆、博物馆等，挂号、就医、交费、检查、取药等享受优先服务。为65岁以上老年人建立健康档案，为老年人免费常规体检一次。老年人凭“爱心卡”免费乘坐市内公交车，全年老年人免费乘坐公交车1 124.8万次。

【高龄老人保健（长寿）补助发放】 2016年，全市共发放高龄老人补助金3 500万元，80周岁以上老人领取人数45 729人，发放金额2 917.5万元，70至79岁领取人数20 201人，发放补助金582.6万元。除市财政补助的800万元和省级补助的418.7万元外，县（区）共承担2 281.4万元。市、县老龄办完成了80周岁以上老年人口信息录入工作，部分县（区）实现了高龄补贴申报审批信息化管理。

【老年人意外伤害保险】 为推行老年人意外伤害保险工作，市民政局、市老龄办与中国人寿保险玉溪分公司合作，在全市启动老年人意外伤害保险工作，鼓励商业保险公司提供多样化、规模化的产品和服务，逐步建立政府引导、市场运作、适度优惠、个人自费投保相结合的老年人意外伤害保险机制，形成政府、社会、家庭和个人应对风险的合力，健全多层次、多元化和多项目的老年保障体系，增加社会养老保障渠道，减轻政府和个人负担，提高老年人抵御风险能力，保护老年人身心健康。2016年，全市共有105 969位老年人投保，参保率达31.6%；共计赔付674人118.45万元，其中：死亡赔付18人共36万元，意外医疗赔付656件共82.45万元，切实保障了老年人的生命安全。

【老年协会建设】 截至2016年底，玉溪市共成立机关、企事业单位老年协会101个，社区基层老年人协会254个，占267个社区总数的95.1%，成立村级基层老年协会428个，占435个村委会总数的98.3%，有老年人协会分会3 694个。老年协会施行“选好一个协会带头人、建立一个团结务实的协会班子、建立一套规章制度、培养一批文体骨干、办好一个经济实体、办好一个活动中心（室）、创办一所老年学校、建好一支服务队伍”为主要内容的“八个一”规范化建设工程。将老年协会的组织建设、场所建设、队伍建设、制度建设有机统一。

【爱老助老工程】 截至2016年底，全市已成立市、县（区）、乡镇（街道）、村（社区）小组老龄事业发展促进会57个，其中市级1个，县级7个，即华宁县、峨山县、新平县、澄江县、易门县、红塔区、元江县，占县区总数的77.8%，筹集资金142万元。各级老龄事业发展促进会，积极开展助医、助养、助乐等活动，全年共助医助养3 560人，支出助医助养资金118.5万元。围绕“敬老爱老、全民行动”宣传主题，在玉溪日报开辟“敬老爱老从我做起”专栏，对典型的和睦家庭、为老服务志愿者、先进基层老年协会、孝亲模范、敬老养老好村组、孝心少年、老有所为典型事迹进行了宣传，在玉溪日报登了30多篇稿件，营造尊老敬老助老社会氛围。年内社会各界爱心人事捐款566.7万元，捐物约1.5万件，价值84.7万元，分别送给养老机构老人及农村困难老人。

【老年法规政策宣传】 2016年，市老龄委在玉溪中心城区、聂耳文化广场、各县（区）所辖街道（乡镇）、村（社区）开展老年法规宣传、咨询活动，印发宣传资料2.6万多份；通过玉溪日报、玉溪电视台、各县区电视台、玉溪人民广播电台等媒体和村、组板报、宣传栏，大力宣传《老年法》、《云南省老年人权益保障条例》等老年法规、政策。

【老年人生活服务】 2016年，全市县、乡镇（街道）全部成立了老龄工作机构，机关、村（社区）共成立老年协会775个，老年服务网络进一步健全。建立老年人信息系统，及时掌握老年人的动态情况和服务需求。社区为老年人开展生活、文化、教育、体育、医疗、康复、护理、日托服务。部分村（社区）利用居家养老服务中心的书画室、体育健身室、医疗护理室、日托聊天室、棋牌娱乐室等场所为老年人开展教育、休闲、娱乐、助餐等服务。全市共有老年人服务志愿者7 426人，志愿者、青年团员和妇女定期不定期地为孤寡、残疾老年人提供生活照料和服务，做好困难老人家庭生活救助的申请、调查、审核、上报等方面的工作。实施政府购买为老服务，全市共招聘政府购买养老服务人员200多人。借助“爱心通”助老服务信息平台为老年人提供服务，截至2016年底，已有12 046多位老年人加入了爱心通助老服务网络，累计为老年人提供呼入服务26.3万余人次，接通19万余人次，平均每天200多人次，为老年人提供了紧急救援和其他便捷服务。“爱心通”信息平台整合社区资源，围绕老年人生活照料、家政便民、餐饮服务、医疗保健、心理慰藉、法律咨询、娱乐学习、应急救助、爱心护理、代购代缴等服务需求，利用中国电信移动通信网络平台、卫星定位系统和客服声讯系统为老年人提供各种服务。

【老年人维权服务】 全市共有老年人法律援助工作站80多个，基层老年法律援助覆盖率达100%。2016年，法院受理涉老案件189起，基层司法调解涉老纠纷312起，基层老年人协会调

庆祝建党95周年老年文艺展演

（市委老干局 提供）

解涉老纠纷1 030起，涉及老人1 624人。在办理过程中加大宣传力度，引导老年人依法维权，提高老年人的维权意识和维权能力；简化老年人申请援助程序，降低援助门槛，及时审批和指派；拓展援助工作渠道，扩大老年人法律援助范围，为老年人提供更加方便、快捷的法律援助服务，不断提高老年人法律援助的质量。

【老年文体休闲服务】 2016年，市委、市政府将公益文体设施、公园等建设纳入城市建设规划，全市各县（区）现有的公益性文化设施向老年人免费或优惠开放，各演出场所免费或优惠为老年人团体提供演出场地，各文化广场为老年人开展广场健身活动优先提供场地。全年共投入老年活动场所建设资金1 388万元，已建立老年活动中心（室）3 753个，市、县（区）、乡镇（街道）、村、组都建有老年活动中心（站、室），其中共有市级老干部活动中心和老年文艺体育活动中心2个，县区级老年活动中心10个，乡镇（街道）老年活动中心35个，社区及村委会老年活动中心（室）512个、村民小组老年活动中心（室）3 960个，建有门球场、地掷球场近140块，老年服务设施基本普及。成立老年文艺团（队）1 670支，有队员3.7万人；成立老年体育锻炼团队1 816多个，队员5.8万人。各地利用现有的老年活动场地、设施，适时组织老年人开展教育、文化和体育健身活动，促进老年人身心健康。

【老年教育】 2016年，全市共有老年大学（学校）400所，其中市、县（区）老年大学10所，乡镇老年学校27所，村（居）委会老年学校199所，村（居）民小组老年学校164所，学员4.8万人。形成了市、县（区）、乡镇（街道）、村（居）委会、村（居）民小组五级学习网络。

【老年人慰问活动】 2016年春节和敬老节期间，全市各级党委、政府广泛开展走访慰问送温暖活动。春节期间，市委、市政府将全市56位百岁寿星和100名空巢、失能老人纳入春节走访慰问范围，敬老节期间，市委、市政府将全部百岁寿星和部分高龄困难老人作为重点走访慰问对象，市领导组成九个慰问组分别到各县（区）慰问了54名百岁老个、183名困难老人，支出慰问金40万元。各县（区）党政领导在春节和敬老节期间共慰问困难老人、高龄老人4 119人，支出慰问金132万元，其中慰问困难老人1 189人，支出慰问金47.1万元，慰问五保老人2 930人，支出慰问金84.9万元。慰问养老机构7个，支出4.1万元。

【“十三五”规划编制】 2 016年，市老龄委完成了《玉溪市老龄事业“十三五”规划》和《玉溪市养老服务体系建设“十三五”规划》编制工作，规划分别明确了“十三”五期间的目标、任务和重要项目体系。

（李琼华）

关心下一代工作

【思想道德教育】 2016年，全市各级关工委大力开展“党史、国史”教育，开展党的十八届五中、六中全会精神学习宣传活动。6月，市关工委召开了全市关工委党史国史教育工作座谈会，要求各县（区）关工委要帮助青少年把建党建国以来各时期重大历史理清，以当地革命和建设中的史实变化教育青少年，树立远大志向，以各个历史阶段、各地的英雄模范、优秀共产党员为榜样，教育广大青少年听党话、跟党走，以有力的措施，保证党史国史教育的常态化。各县（区）关工委积极主动与教育部门、学校及相关部门配合，把党史、国史教育与思想道德教育、法制教育、养成教育结合起来，与“经典诗文诵读”、“中华魂”主题教育活动结合起来，编写讲稿，配合宣传、教育等部门，广泛开展思想道德教育。年内，全市各级关工委成立思想道德宣讲团295个，有宣讲员2 037人，作报告1 841场，受教育人数达471 947人。

【关心下一代年度工作会议】 2016年1月28～29日，市关工委在红塔区召开全市关心下一代工作会议。会议主要任务是，贯彻落实习近平总书记对关心下一代工作的重要指示精神，总结市关工委2015年工作和“十二五”规划执行情况，安排部署2016年工作和编制“十三五”规划要点，以更强的责任感、更高的工作热情，推动全市关心下一代工作再上新台阶。市、县（区）关工委全体驻会老同志和办公室全体人员，市关工委顾问杨振华，市关工委全体委员，市委机关关工委、市政府办关工委、市教育局关工委、玉溪师范学院关工委的领导等共112人参加会议。省关工委秘书长樊建平、市政府副市长杨洋出席会议并讲话，红塔区委副书记罗盛勇代表区委、区政府向大会致辞。会议由执行主任刘邦元主持。

【市、县（区）关工委主管领导工作会议】 2016年10月25日，市委副书记、统战部长保明顺主持召开市、县（区）关工委主管领导工作会议。参加会议的有市委、市政府有关副秘书长，市关工委顾问、执行主任、副主任、秘书长，各县（区）委主管关心下一代工作的领导，共23人。会议由市关工委执行主任主持。市委副书记、统战部长保明顺作重要讲话。会议对市、县（区）关工委今后的工作提出三点要求：一要强化战略思维，充分认识关心下一代工作的重大意义；二要改进工作方法，积极探索关心下一代工作的有效途径；三要加强组织领导，着力营造关心下一代工作的良好氛围。

【“中华魂”主题教育活动】 2016年，市关工委与市文明办、市教育局、市司法局、市文化广播电视局联发《关于开展2016年“中华魂”（遵纪守法从我做起）主题教育活动的通知》，共同开展“中华魂”主题教育活动。共投入88 977元征订《遵纪守法从我做起》读本17 610册，红塔区、通海县关工委筹资自购8 863册。分别发放全市248所中小学、工业财贸学校、市民中近10万名中小学生及监所3 000余名学员手中相互传递学习。由于此次“中华魂”主题教育活动扎实有效，红塔区关工委、新平县关工委及3所学校、6名先进个人、19名优秀学生分别受到省关工委和全国“中华魂”主题教育组委会表彰奖励，2名代表参加中关工委在北京召开的表彰大会。

【法制教育与帮教】 2016年，各级关工委以制定“七五”普法规划为契机，主动与司法、公安、综治、法院、检院、教育等部门协调配合，积极争取党委和政府的支持，把青少年普法教育纳入重要议事日程，深入开展“关爱明天、普法先行”教育活动，组织宣传学习国家的相关法律法规，以预防青少年犯罪研讨会、法制教育骨干培训班、以案释法、现身说法、“阳光司法”巡回法庭、“法院开放日”、模拟法庭、警示教育、法律知识竞赛、黑板报、广播、征文、演讲比赛、建立法治教育基地等形式，加强对青少年的法治教育，提高法制教育的针对性和实效性。全市各级关工委有法制教育讲解团285个，参加法治宣讲1 556人，宣讲场742次，受教育人数达524 356人次，发放宣传材料120 430份，投入经费39.565万元。积极发动“五老”开展“结对一帮一”、“亲情面对面”等帮教失足青少年活动，红塔区、新平、易门、元江等县区关工委与政法委、公安局、检察院、法院、司法局等部门，亲临云南省少年管教所开展帮教活动。全市各级关工委成立帮教小组1 495个，有帮教员3 961人，帮教对象4 023，有转变的3 396人。

【第十二届“关爱”夏令营】 2016年7月24～29日，市关工委、市教育局、共青团玉溪市委、市民族宗教事务局、市妇联在江川区江城中学共同举办了以“学党史、感党恩”为主题的“关爱”夏令营活动。营员来自全市七县二区37所学校四至六年级的少先队员，共130名。活动通过唱红色歌曲、讲党史故事、看红色电影、外出参观游览、学校内务整理、手工创作实践、心理健康团队辅导等内容，对孩子们进行党史、国史教育，让孩子们做一名听党话，跟党走，有能力的好少年。

（昂子艺）

【中国关工委领导视察调研玉溪关工委】 2016年6月1日，第十届全国人大常委会副委员长、中国关工委主任顾秀莲调研玉溪关工委工作，向玉溪的少年儿童致以节日的祝福。省人大常委会副主任卯稳国，省关工委主任张宝三，市委副书记、市长饶南湖，市人大常委会主任谢兴荣，副市长杨洋，市关工委执行主任刘邦元陪同调研。在玉溪一小，顾秀莲观看并肯定了玉溪市“互联网+教育”云平台的建设成果，她希望玉溪市继续探索创新，深化应用，让“互联网+教育”云平台深入推动全市各级教育均衡发展。在红塔区凤凰街道萌田社区调研过程中，顾秀莲查看了社区关工委工作台账，翻看了社区印制的家规家训等宣传册，她认为玉溪市各级党委、政府十分重视青少年健康成长，关工委工作开展得很好，给孩子们创造了良好的成长环境。顾秀莲要求各级关工委组织要以争创“五好”关工委为抓手，加强领导，构筑网络，搭建载体，为青少年健康成长创造条件。

【老同志读书班】 2016年10月26～28日，市关工委举办2016年市、县（区）关工委老同志读书班。旨在深入学习党的十八大和十八届三中、四中、五中全会精神，学习贯彻习近平总书记系列重要讲话、“七一”重要讲话精神。读书班邀请省级先进模范巡讲，请市委党校副教授魏旭萍作题为《永葆初心、继续前进-学习习近平总书记“七一”重要讲话精神》专题辅导。市关工委执行主任刘邦元传达了省关工委工作会议精神，并结合工作实际提出了下一步工作意见。

【少年军校】 2016年是中国共产党成立95周年和红军长征胜利90周年，为学习解放军“团结紧张、严肃活泼”的精神和作风，7月29日至8月3日，市关工委、市教育局、共青团玉溪市委、市民宗局4个单位共同举办的玉溪市少年军校第二十二期军政训练，历时6天。本期少年军校的主题是“心系国防、爱我中华”，旨在通过军训、拉练、走进军营、实践体验、英雄报告会等系列活动，培训一批思想品质好、行为习惯好、自律能力强、国防意识强的学生骨干。参加本次军政训练的学员主要是玉溪市初中一、二年级的优秀学生代表，共129人。军训期间，开展了体验式团队心理辅导；接受了紧张而艰苦的队列训练及走进军营、徒步拉练、评选优秀

①

②

①2016年6月1日，在玉溪第一小学，中国关工委主任顾秀莲与玉溪市市长饶南湖亲切交谈（李雪梅 摄）②2016年7月24～29日，举办第十二届“关爱”夏令营（张 翼 摄）

学员活动；参观了玉溪市博物馆。通过军政训练，增强了同学们的集体观念、培养了同学们的团队精神，锻炼坚强的意志品质。

【农村山区中小学教师心理健康教育培训】 2016年2月8～11日，市关工委、市教育局共同举办了玉溪市农村山区中小学教师心理健康教育培训。旨在通过学习培训，使受训教师基本掌握心理辅导的基础方法及实用技巧，并将这些方法和技巧应用到针对中小学生（尤其是留守儿童）心理健康教育的实际工作中。参加本次培训班的学员主要是全市七县二区边远山区中小学教师、市关工委示范学校和已建立“留守儿童之家”的14所学校、5所民族团结教育示范校的教师，共90所中小学校121人。培训主要采用面授加体验式团体辅导的教学方法，学习了唤醒觉察、NLP12条、破除固有模式和记忆，视觉、听觉、感觉在咨询和授课中的运用，如何有效沟通、如何补充心理营养，如何情绪管理、如何做一个有影响力的好老师等。

【捐资办学济困助学】 2016年，全市各级关工委认真落实困难家庭未成年人救助工作，共发放省、市财政救助金31万元，救助613名特困中小学生。全年市关工委投入爱心救助款29 695元深入江川县、澄江县、易门县、峨山县、元江县、新平等县慰问及帮扶344名（贫困）留守儿童。各级关工委协调财政、民政、团委等相关部门，重点关注农村（社区）留守儿童、孤儿、单亲家庭子女、孤残青少年、贫困生、刑释青少年、外来务工人员子女等特殊弱势青少年群体的成长，配合有关部门做好“爱心圆梦大学”、志愿者服务活动、牵线搭桥解决就医、就学和生活困难等突出问题。全市各级关工委参与捐资办学、济困助学487个单位，捐资468万元，捐物2万件，捐图书1.7万册，受助学校670所次，资助困难学生2.7万人次。

（李雪梅）

【全市残疾少儿困难家庭“生产自救”暨帮扶工作经验交流会】 为推动81户残疾少儿困难家庭“生产自救”和帮扶工作的开展，市关工委于2016年5月24日，在峨山县召开了全市残疾少儿困难家庭“生产自救”暨帮扶工作经验交流会。市、县（区）关工委、市残联领导和各县（区）残疾少儿困难家庭“生产自救”先进代表共67人参加会议。会上，新平县、红塔区、江川区以及峨山、澄江、通海、易门、元江等县区关工委领导和生产自救搞得好的农户代表作了交流发言。市关工委副主任白爱民对全市各级关工委开展此项工作作了全面总结，并对今后工作提出了五点意见、建议。市关工委执行主任到会并作重要讲话。

【第三批创建“五好”关工委活动考评验收】 2016年是全市第三批创建“五好”活动的考评验收之年。市、县（区）关工委组织考评组对基层创建“五好”工作进行考评验收，重点考评班子、骨干队伍建设情况，查看规章制度及硬件建设情况，以及开展活动、发挥作用的情况。经市关工委考评验收，决定命名全市87个基层关工委为市级“五好”关工委，其中乡镇（街道）“五好”关工委17个，村（社区）“五好”关工委70个，并颁发了“五好关工委”扁牌。

（白爱民）

党史研究

【《2015中共玉溪市委执政纪要》编撰工作】 2016年，市委党史研究室认真组织编撰《2015中共玉溪市委执政纪要》，按照编撰方案明确责任分工，科学制定编撰时间进度表，每个步骤按照时间进度表有序推进各阶段编撰任务。全书计100余万字，于2016年10月由云南人民出版社公开出版发行。书籍的编撰出版，为全市各级党组织总结执政经验、探寻执政规律积累了宝贵资料，为实现执政资源共享开辟了重要渠道，为推进全市干在实处、走在全省前列提供资政服务。

【市委书记罗应光对《浴血滇中》（暂定名）党史专题片拍摄方案作出批示】 2016年11月，为有效推进玉溪党史宣传教育工作，市委党史研究室在广泛征求意见的基础上，撰写《〈浴血滇中（暂定名）党史专题片拍摄方案〉》，市委书记罗应光就拍摄方案作出重要批示：“滇中革命斗争英勇悲壮，艰苦卓绝，可歌可泣。拍摄制作一部具有较强政治性、史实性、思想性和艺术性的党史专题片，是贯彻落实习近平总书记认真学习党史、国史指示精神的具体举措，是用好用活玉溪丰富的党史资源，讲好党的故事，大力推进党史宣传教育、凝聚社会正能量的现实需要，对教育和引导全市干部群众围绕市委提出的‘5577’总体发展思路，干在实处，走在全省前列具有重要的意义。市委党史研究室和市电视台要以对历史高度负责的精神，深入挖掘党史资源，精心构思策划，抓紧启动拍摄工作，力争拿出精品力作。”12月，市委党史研究室围绕落实罗应光书记批示精神，召开拍摄工作座谈会，确定专题片的创作方向、主题定位、表现手法、主要架构、时间安排等拍摄环节。专题片的拍摄工作按照拍摄方案有条不紊地推进。

【“玉溪党史网”改版升级】 2016年，为充分利用信息技术展示党史建设历程，市委党史研究室与云南锦绣山河电子商务公司合作启动“玉溪党史网”改版升级工作。改版后的“玉溪党史网”融知识性、时政性和资料性为一体，利用文字、图片、视频等多种形式，增强了网站吸引力，提高网站点击率，使“玉溪党史网”成为广大干部群众以及社会各界了解党史、学习党史、宣传党史的重要平台。同时开通“玉溪党史”微信公众号。

【“玉溪党史讲堂”活动】 2016年，市委党史研究室创新开展“玉溪党史讲堂”，在专家授课、参与面、内容选定等方面有了新突破。授课采取邀请党史研究、党史宣传教育资深学者亲临授课，听党史专家授课录音课件的方式进行，授课对象为全市党史系统全体干部职工，全年共举办4期，先后在易门、华宁、新平等地举办，其中第2期结合党史骨干培训在市委党校举行。易门、华宁、新平县区进行工作经验交流。“玉溪党史讲堂”的创新开展，在提高广大党史工作者业务能力中发挥积极作用。

【党史信息】 2016年，市委党史研究室信息工作取得好成绩。全年在“玉溪党史网”发布市县党史工作信息70余条；被市委采用信息4条，得分70分，超额完成信息报送任务；被省委党史研究室采用信息35条，其中县区信息16条。在全省州市党史系统信息采用量排名第一。启动《党史工作信息》编撰工作，于12月初编发第一期。积极为市委组织部“党建手机报”提供党史资料，全年共提供12期

①2016年第一期党史讲堂在易门县开讲（市委党史研究室　提供）②2016年6月30日，市委党史研究室牵头，联合市直机关工委、市保密局和市妇联在玉溪金钟山革命烈士纪念园开展“缅怀先烈、重温入党誓词”系列活动（李　冉　摄）

48条，对扩大党史宣传教育覆盖面起到积极作用。

【革命遗址保护利用】 2016年，市委党史研究室争取省室革命遗址保护补助资金15万，市财政革命遗址保护专项经费50万元，选择历史地位重要、意义重大，具有开发利用价值的9个革命遗址点进行修缮保护。至年末，9个革命遗址点的修缮保护工作扎实推进，有的已完成80%。完成向省室申报2017年度革命遗址保护项目工作。按省室安排，接受昆明市委党史研究室对市委党史研究室2013～2015年度革命遗址保护项目及专项资金管理使用情况的交叉检查。参加全省革命遗址保护利用工作总结推进会，并在会上作经验交流。

【档案归档及档案数字化加工】 2016年，市委党史研究室将档案归档及档案数字化加工工作纳入重要议事日程，与具有档案整理资质的玉溪兰台公司合作，启动档案归档整理工作。整理档案内容涉及图书档案、文书档案和音像档案，时限为1996～2015年共计20年，归档、加工内容为档案文件级目录3 886件、案卷级目录39卷（667件），档案原文图像扫描2 715件、12 675页，所有档案资料全部通过录入、扫描、刻录光盘等方式，通过档案归档软件进行逐一归档管理。同时，将《档案库房管理制度》《档案保密制度》《档案借阅制度》《档案鉴定、销毁制度》及《档案库房人员分布图》等制度牌上墙，并配备温（湿）度计、灭火器等必需设备，按照档案室建设标准进行配置。此次档案归档是市委党史研究室成立以来最为全面、完整、科学的一次归档，利用档案软件开展归档工作，有效改变了市委党史研究室多年来手工管理档案的弊端，达到了对档案科学、规范、有序、高效运用的管理目的。

【《制度修编》工作】 2016年，市委党史研究室依据上级有关规定，参照省委党史研究室和有关部门工作制度，对2013年制定的《中共玉溪市委党史研究室制度》进行全面梳理、修改、补充和完善，形成《中共玉溪市委党史研究室制度汇编》（送审稿），报市纪委派出第五纪工委廉政审查，报市人社局和市审计局进行意见征求，主任办公会审定通过，于9月修编完成。新修编的制度分为工作职责、工作制度、管理制度、建设制度和上级有关规定五个部分，职责和制度共计34项，与2013年修订的版本相比，在内容、条块划分上都有较大的完善和提高。制度的修编和执行，使全室上下形成更为严谨有序的管人、管事、管权机制。

【党史骨干培训班】 2016年6月，市委党史研究室在市委党校举办2016年第一期全市党史骨干培训班。市县（区）党史干部职工共计34人参加了培训。市委党史研究室主任孔施祥主持开班仪式并作动员讲话。举办这期培训班，是市委党史研究室在探索党史干部教育培训上的第一次尝试。市委党史研究室主要领导高度重视，提前安排布置，亲自审核培训方案及课程设置，并对做好培训的各项服务工作提出明确要求。培训班紧扣提高党史干部业务素质这一目标，邀请了省委党史研究室、玉溪师院和市委党校的专家教授授课，围绕《学习习近平总书记系列重要讲话精神》《关于地方党史正本编写的若干问题》《坚持党史姓党原则反对历史虚无主义》《滇桂黔边纵队马克思主义大众化的实践经验及现实启示》等内容进行专题辅导。除此之外，还组织全体学员开展分组讨论，并采取随机抽签、现场答题的方式对学习效果进行检测，对进一步巩固培训成效有着积极促进作用。培训班的举办，对于拓宽工作思路、明确方向掌握知识、提高素质，促进交流、增强合力有着重要意义。

【“红色记忆、红色传承”宣传报道】 为纪念中国共产党成立95周年，贯彻落实省委党史研究室《关于深入开展“讲好党的故事”主题宣传活动的通知》精神，市委党史研究室与玉溪日报社合作开展“红色记忆、红色传承”宣传报道。宣传报道采取记者重走革命老区、寻访红色传承和面向社会各界征文相结合的方式。通过记者走访我市革命老区，采访历史事件当事人、知情人，讲述他们的亲历、亲闻、亲见，真实呈现革命先烈们前赴后继、浴血奋战的革命历史；通过采访红色遗迹、遗址保护状况，了解革命老区红色文化传承现状，向读者反映革命老区的新风貌、新风尚；通过发出通知，向社会各界征集“讲好党的故事，讲好玉溪故事”文章，讲述滇中革命斗争中涌现的动人故事，追忆滇中革命先驱的英雄事迹，缅怀革命先辈的丰功伟绩。宣传报道时限从2016年7～12月，由市委党史研究室向玉溪日报社提供资金支持，玉溪日报社每周在《玉溪日报》刊发2～3篇稿件。至年末，共计刊发56篇。该项工作的开展，在全市持续营造了浓厚的红色文化氛围。

【党史专题评审暨《玉溪社会主义时期党史专题研究文集》编撰工作】 2016年，为进一步加强党史干部业务研究能力，提高党史研究成果质量，市委党史研究室创新启动党史专题评审工作。成立了以室主要领导为组长，分管领导为副组长，外聘专家及相关科室领导为成员的党史专题评审领导小组。制定《中共玉溪市委党史研究室党史专题评审工作方案》，对各编辑负责编撰的1950～1978年间的16个党史专题资料开展评审。评审分4次进行，每次评审4个专题，历时6个月完成，评审采取先将每次要评审的专题发给评审专家组成员和专题撰稿人，然后召开评审工作会对专题进行逐一评审，由撰稿人汇报专题撰写的详细情况和内容，其他同事提出合理化意见和建议，再由评审领导小组办公室梳理综合意见反馈撰稿人。撰稿人接到书面意见建议进行修改后，送评审小组专家逐一审定。玉溪开展党史专题评审的开展，提高了党史工作者的业务素质和写作能力，营造学习和干事创业氛围，为及时启动《中国共产党玉溪历史》（第二卷）的编纂夯实了基础。至3月，市委党史专题评审工作已建立长效机制。同时，为巩固党史专题研究成果，将党史专题评审合格后的16个党史专题作进一步编辑校对后，汇编成《玉溪社会主义时期党史专题研究文集》（第一辑）一书，该书于4月下旬以内刊方式出版。该书的出版为《中国共产党玉溪历史》（第二卷）编撰工作打下坚实基础。

【建立“学习日”制度】 2016年，为提高全室干部职工政治理论和业务素养，市委党史研究室建立了周五“学习日”制度。学习采取个人自学与集中学习、领导带学与科室领学相结合的形式。每季度不少于1次，由主任主持，分管领导、副调研员、各科室负责人参加，每次集中研讨1至2个问题，以个人自学、调查研究、重点发言等方式进行。每周五下午为集中学习时间，全体干部职工参加，学习重要文件、重要讲话、党史业务知识等，采取听专题讲座，看专题教育片等方式进行。负责领学的同志要在每周四前将学习主题向分管领导汇报，并准备好学习材料和发言提纲。“学习日”制度的建立和执行，为建设一支政治强、业务精、作风正、纪律严、更好适应新形势下党史工作的高素质党史干部队伍打下了坚实基础。

【党风廉政和反腐败】 2016年，市委党史研究室领导班子始终把党风廉政建设和反腐败工作作为首要工作抓牢，建立健全室党风廉政建设工作领导小组，印发《中共玉溪市委党史研究室2016年党风廉政建设责任分解方案》，出台室领导班子、“第一责任人”和班子成员三个责任清单，形成人人肩上有担子，个个身上有责任的工作局面。同时，加强思想教育，增强廉洁从政意识，认真参加省、市组织的专题党课教育。利用周五学习日，分专题组织党员干部原文学习《党章》《中国共产党廉洁自律准则》《中国共产党纪律处分条例》《中国共产党问责条例》和《关于新形势下党内政治生活的若干准则》等党内制度法规。在“玉溪党史”微信群里每天摘发相关内容，组织大家学习。深入开展警示教育。观看反腐倡廉警示教育片。以身边违法违纪案件为教材，由室主要领导为全体干部职工上廉政党课。结合纪念建党95周年，与市直机关工委、市妇联、市保密局联合到玉溪金钟山革命烈士纪念园开展“缅怀革命先烈，重温入党誓词”活动。强化换届纪律教育。把中央、省委和市委有关换届纪律要求，纳入干部职工学习内容，利用干部职工会、党员学习会，不断强调换届纪律，为换届工作正纪立规。坚持廉政谈话提醒制度。采取室主要领导与班子成员谈、班子成员与分管科室负责人谈、科室负责人与科室干部职工谈的方式，层层进行廉政谈话提醒，提出不足，明确努力方向。做好元旦、春节、“五一”、端午、中秋、国庆等重大节日期间党风廉政建设各项规定的传达学习。积极推进党务政务公开，公开接受社会各界群众监督。严格落实“三重一大”集体决策制度。对全年各项工作目标进行分解立项，明确目标任务和工作责任，目标任务到科室，工作责任到干部。

【党建工作】 2016年，市委党史研究室严格落实党建工作责任制，按时完成党支部换届工作，增强支部凝聚党员干部合力、向心力的重要作用；组织开展“两学一做”学习教育，有序推进各项学习教育任务，做到“规定动作”不走样，“自选动作”显特色，查找问题与落实整改紧密结合，有效确保学习教育取得实效；组织各类学习活动、征文活动、考察培训等，推进学习型党组织建设向广度深度拓展；切实抓好“三会一课”、党员党性定期分析、党员积分制管理、民主评议等制度的贯彻落实；开展体现支部特色的建党95周年、“重走长征路”、纪念中国工农红军长征胜利80周年等主题活动；开展党员结对服务活动，为离退休老党员做一些力所能及的服务工作，让老党员同志感受到支部的温暖与关心；开展“宪法日”学习活动，组织“七五”普法考试，增强法治意识，为推进平安玉溪、法治玉溪建设作出应有的贡献；开展意识形态工作专题研究，明确意识形态工作职责，增强抓意识形态工作的履职自觉，强化使命担当，真正把主体责任抓在手上。

（适丽招）

党校工作

【干部教育培训】 2016年，市委党校与市委组织部联发《关于2016年度干部培训工作的通知》，与市政协、市委统战部联发《关于深入推进统一战线和人民政协理论政策进党校、行政学校、社会主义学院（校）工作的通知》，确定计划内班次，组织实施干部教育培训。不断创新培训方式，推进案例式、情景模拟式、互动式、体验式、结构化研讨等教学方式，在科级干部进修班首次开设公共选修课，在第十五期中青班中首次采用行动学习研讨法教学，打造固定现场教学点6个：革命传统教育现场教学点——峨山县觅耻冲村，易门小街孙兰英纪念馆，经济建设现场教学点——易门陶瓷工业园区、研和工业园区，美丽乡村现场教学点——大营街、黄草坝。全年共举办主体班次（计划内班次）15期，培训2 209人次。与省委党校、云南大学、昆明理工大学联合开办成人大专班、本科班、硕士研究生班，有在读学员196人，已经毕业107人。

【第十五期中青班】 2016年10月20日至12月30日，市委党校从全市各县区、市直部门和单位科级年轻干部中择优选取60名干部，举办了玉溪市第十五期中青年干部培训班，学员平均年龄为35.1岁，全部为大学本科以上学历。市委书记罗应光出席开班式，市委副书记、统战部长保明顺，市委常委、组织部长晏森出席开班式和毕业式。

【宣讲工作】 2016年，市委党校深入宣传“两学一做”学习教育、习近平总书记“七一”重要讲话、十八届六中全会、第五次党代会等精神。组织教师深入市直、县（区）、乡镇（街道）、村（社区）宣讲党的路线方针政策，较好地发挥了党校理论宣讲的主阵地作用。全年共宣讲164场次，听课人数达19 747人次。

【科研成果】 2016年，市委党校共完成市级以上科研成果79项，其中：国家级刊物3项，省级刊物15项，省级研讨会2项，省级获奖成果8项，省级课题13项；市级刊物27篇，市级以上课题11项（含市领导批示2项）。

【全市党校工作会议】 2016年6月21日，市委召开全市党校工作会议，市委书记罗应光出席会议并讲话。会后，市委下发了《中共玉溪市委关于加强和改进新形势下党校工作的实施意见》。

【基础设施建设】 2016年，市委党校完成校园改扩建后续工程四项，总投资约420万元，其中，清风岗区域绿化提升改造工程投资103万元，明德楼、明志楼设施设备配置投资238万元，学员食堂上下围栏杆安装投资25万元，教职工食堂外景改造工程投资50万元。下拨项目经费1 000万元专项用于县级党校建设，3个县的县委党校计划在老校区实施改扩建工程，其中1所党校已基本完成改扩建工程；5个县区决定将县区党校搬迁重建，其中2所党校已开工建设。

（彭燕洁）

玉溪市人大常委会

【概 况】 2016年，市人大常委会主动适应经济社会发展新常态，忠实履行宪法和法律赋予的职责，一年来共听取和审议“一府两院”专项工作报告21项，开展专题询问1次、执法检查5项，组织视察5次、专题调研12次，有力推动了经济发展，回应了社会关切，充分发挥了凝聚力量、服务大局、保障发展、促进和谐的重要作用，各项工作取得新进展，为全市“十三五”发展开好局起好步作出了积极贡献。

【四届人大四次会议】 市第四届人民代表大会第四次会议于2016年1月31日至2月4日在玉溪聂耳大剧院举行。会期5天。应出席本次会议的代表318名，实到代表300名，符合法定人数。会议由大会主席团主持。大会议程有8项：听取和审议市人民政府工作报告；审查和批准玉溪市国民经济和社会发展第十三个五年规划纲要；审查和批准玉溪市2015年国民经济和社会发展计划执行情况与2016年国民经济和社会发展计划草案的报告，批准玉溪市2016年国民经济和社会发展计划；审查和批准玉溪市2015年地方财政预算执行情况和2016年地方财政预算草案的报告，批准玉溪市2016年市本级财政预算；听取和审议市人大常务委员会工作报告；听取和审议市中级人民法院工作报告；听取和审议市人民检察院工作报告；选举事项。会议表决通过了关于玉溪市人民政府工作报告的决议、关于玉溪市国民经济和社会发展第十三个五年规划纲要的决议、关于玉溪市2015年国民经济和社会发展计划执行情况与2016年国民经济和社会发展计划的决议、关于玉溪市2015年地方财政预算执行情况和2016年地方财政预算的决议、关于玉溪市人大常委会工作报告的决议、关于玉溪市中级人民法院工作报告的决议、关于玉溪市人民检察院工作报告的决议。大会选举李伟为玉溪市第四届人民代表大会常务委员会秘书长、陈昌为玉溪市中级人民法院院长。

会议期间，共收到10人以上代表联名提出的议案22件，经大会议案审查委员会审查，建议主席团将新平县代表团刘振华等16名代表提出的《关于加快纸糖产业转型升级打造玉溪存量产业提升发展新亮点的议案》、元江县代表团张颖仙等15名代表提出的《关于市人大常委会对全市三个民族自治县自治条例执行情况进行执法检

2016年1月31日至2月4日，玉溪市第四届人民代表大会第四次会议在聂耳大剧院举行

（曾永洪 摄）

查的议案》、峨山县代表团陈爱军等11名代表提出的《关于完善农村宅基地管理的议案》、元江县代表团陈晓静等11名代表提出的《关于划定玉溪市林业生态红线并出台林业生态红线保护管理办法的议案》作为议案处理，其余18件议案转为建议、批评和意见处理。会议期间，共收到建议、批评和意见272件。闭会期间，收到代表建议18件，合计308件，其中：工业交通类60件、占19.5%，财税金融类8件、占2.5%，农林水类91件、占29.5%，城建环保资源类57件、占18.5%，教科文卫旅游类54件、占17.5%，内务司法类37件、占12%，其它1件，占0.5%。按照《云南省县级以上地方各级人民代表大会代表建议、批评和意见处理办法》，308件代表建议交由36个市级单位和9个县区人民政府承办。所有建议已在2016年10月底前答复完毕。

【人大常委会会议】 2016年，市四届人大常委会举行常委会会议9次，其主要内容：

1月15日，市四届人大常委会举行第二十次会议，市人大常委会主任谢兴荣主持会议。会议听取和审议了市人大常委会关于调整市四届人大四次会议召开时间的决定（草案）；审议了市四届人大四次会议议程（草案）；听取和审议了市四届人大四次会议主席团和秘书长建议名单（草案）；听取和审议了市四届人大四次会议列席人员名单（草案）；审议了市人大常委会工作报告（讨论稿），决定报告人；听取和审议了《玉溪市人民政府关于玉溪市万裕生态城保障性住房项目借款本息偿还资金纳入市级财政预算的议案》；审议了人事任免事项。会议通过了相关决议、决定和人事任免事项。

3月16日，市四届人大常委会举行第二十一次会议，市人大常委会主任谢兴荣主持会议。会议听取和审议了《玉溪市人大常委会2016年工作要点》；听取和审议了《玉溪市人民政府关于提请审议批准2015年全市和市本级政府债务限额的议案》；听取和审议了《玉溪市人民政府关于玉溪市2015至2016年农村公路建设项目委托代建政府购买服务协议资金列入财政预算的议案》；审议了人事任免事项；颁发当选证书，举行宪法宣誓仪式；传达学习省委书记、省人大常委会主任李纪恒在省十二届人大四次会议闭幕大会上的讲话精神（书面）。会议通过了相关决议和人事任免事项。

4月20日，市四届人大常委会举行第二十二次会议，市人大常委会主任谢兴荣主持会议。会议听取和审议了玉溪高新技术产业开发区发展情况的报告；听取和审议了市人民政府贯彻实施三个民族自治县《自治条例》情况的报告；听取和审议了市人民政府关于开展《玉溪市城市总体规划（2011～2030）》修改工作有关情况的报告；听取和审议了《玉溪市人民政府关于火车西站片区土地征收补偿费折价入股股息列入市级财政预算的议案》；审议了人事任免事项；颁发任命书，举行宪法宣誓仪式；传达学习习近平总书记在全国“两会”中共党员负责人会议上的讲话精神和张德江委员长在十二届全国人大四次会议结束时的讲话精神（书面）；传达学习云南省加强县乡人大工作和建设座谈会精神（书面）。会议通过了相关决议和人事任免事项。

6月29日，市四届人大常委会举行第二十三次会议，市人大常委会主任谢兴荣主持会议。会议听取和审议了市人民政府关于贯彻实施《中华人民共和国水土保持法》情况的报告；二、听取和审议玉溪市职业教育改革发展情况报告；听取和审议了《玉溪市人民政府关于2016年玉溪市棚户区改造建设项目（一期）政府购买棚改服务资金列入财政预算的议案》；听取和审议了《玉溪市人民政府关于农村危房改造及配套设施建设项目（二期）政府购买服务采购资金纳入市级财政预算的议案》；听取和审议了《玉溪市人民政府关于元江县滨江片区棚户区改造项目政府购买安置服务采购资金纳入市级财政预算的议案》；听取和审议了《玉溪市人民政府关于荷花池片区城市综合体建设项目C地块拆迁安置政府购买服务采购资金纳入市本级财政预算的议案》；审议了人事任免事项；颁发任命书，举行宪法宣誓仪式。会议通过了相关决议和人事任免事项。

8月8日，市四届人大常委会举行第二十四次会议，市人大常委会主任谢兴荣主持会议。会议听取和审议了市人民政府《关于玉溪市2016年上半年国民经济和社会发展计划执行情况的报告》；听取和审议了市人民政府《关于玉溪市2016年上半年地方财政预算执行情况的报告》；听取和审议了市人民政府《关于玉溪市2015年市本级财政决算情况的报告》，审查和批准了玉溪市2015年市本级财政决算；听取和审议了市人民政府《关于2015年度玉溪市市级地方预算执行和其他财政收支的审计工作报告》；听取和审议了市人民政府《关于玉溪市2016年新增地方政府债务限额及市本级财政专项预算调整方案（草案）的报告》；听取和审议了市人民政府《关于玉磨铁路玉溪段征地拆迁政府购买服务采购资金纳入市级财政预算的议案》；听取和审议了市人民政府《关于将龙泉园区第一自来水厂建设项目股权回购资金及基金投资收益列入财政预算的议案》；听取和审议了市人民政府《关于将玉溪市东片区暨“三湖”生态保护水资源配置应急项目股权回购资金及基金投资收益列入财政预算的议案》；审议了人事任免事项。会议通过了相关决议、决定和人事任免事项。

8月26日，市四届人大常委会举行第二十五次会议，市人大常委会主任谢兴荣主持会议。会议听取和审议了市人民政府《关于玉溪市2016年上半年国民经济和社会发展计划执行情况的报告》；听取和审议了市人民政府《关于玉溪市2016年上半年地方财政预算执行情况的报告》；听取和审议了市人民政府《关于玉溪市2015年市本级财政决算草案的报告》，审查和批准了玉溪市2015年市本级财政决算；听取和审议了市人民政府《关于玉溪市2015年度市级预算执行和其他财政收支的审计工作报告》；听取和审议了市人民政府《关于玉溪市2016年新增地方政府债务限额及市本级财政专项预算调整方案（草案）的报告》；听取和审议了市人民政府《关于政府购买玉磨铁路玉溪段征地拆迁服务资金纳入市级财政预算的议案》；听取和审议了市人民政府《关于将龙泉园区第一自来水厂建设项目股权回购资金及基金投资收益列入财政预算的议案》；听取和审议了市人民政府《关于将玉溪市东片区暨“三湖”生态保护水资源配置应急项目股权回购资金及基金投资收益列入财政预算的议案》；审议了人事任免事项。会议通过了相关决议和人事任免事项。

10月31日，市四届人大常委会举行第二十六次会议，市人大常委会主任谢兴荣主持会议。会议听取和审议了市人民政府关于《玉溪市民族地区旅游文化产业发展情况报告》；听取和审议了市人民政府关于《玉溪市2016年市本级财政收支预算调整方案（草案）的报告》；听取和审议了市人民政府关于《玉溪市“六五”普法工作开展情况暨“七五”普法规划制定情况的报告》；听取和审议了《玉溪市人民政府关于提请审议〈玉溪市新平哀牢山县级自然保护区条例（草案）〉的议案》；听取和审议了《玉溪市人大常委会代表资格审查委员会关于个别代表的代表资格审查的报告》；听取和审议了《玉溪市人大常委会关于确认许可对市四届人民代表大会代表李有富采取强制措施的决定（草案）》；审议了人事任免事项。会议通过了相关决议、决定和人事任免事项。

12月8日，市四届人大常委会举行第二十七次会议，市人大常委会主任谢兴荣主持会议。会议听取和审议了市人大常委会关于召开市四届人大五次会议的决定（草案）；审议了市四届人大五次会议议程（草案）；听取和审议了市人大财经委关于市四届人大四次会议主席团交付审议督办的代表提出的议案审议督办结果的报告；听取和审议了市人大常委会民外侨工委、内务司法工委关于市四届人大四次会议主席团交付审议的代表提出的议案审议督办结果的报告；听取和审议了市人大常委会城建环资工委关于市四届人大四次会议主席团交付审议督办的代表提出的议案审议督办结果的报告；听取和审议了市人大常委会农工委关于市四届人大四次会议主席团交付审议督办的代表提出的议案审议督办结果的报告；听取和审议了《玉溪市人民政府关于购买病险小坝塘除险加固服务项目政府所需资金纳入市级财政预算的议案》等十个议案；审议了人事任免事项。会议通过了相关决议和人事任免事项。

12月23日，市四届人大常委会举行第二十八次会议，市人大常委会主任谢兴荣主持会议。会议听取和审议了市四届人大五次会议主席团和秘书长、列席人员、调整议案审查委员会组成人员等相关名单（草案）；审议了市人大常委会工作报告（讨论稿），决定报告人；听取和审议了市人大常委会代表资格审查委员会关于个别市人大代表的代表资格审查的报告；审议了《玉溪市新平哀牢山县级自然保护区条例（草案修改稿）》；听取和审议了市人民政府关于市四届人大四次会议代表建议、批评和意见办理情况的报告；听取了市人民政府关于2015年度玉溪市市级地方预算执行和其他财政收支审计查出问题整改情况的报告。会议通过了相关决议、决定和人事任免事项。

【主任会议】 2016年，市四届人大常委会共举行主任会议19次，其中专题主任会议7次。

5月31日，市四届人大常委会举行第三十八次主任会议，专题听取新平县老厂乡扶贫攻坚、精准脱贫工作情况，督促检查扶贫攻坚工作任务落实情况。市人大常委会主任谢兴荣主持会议。会议听取了新平县老厂乡精准扶贫精准脱贫工作汇报、市国土资源局关于新平县老厂乡马房村省级投资土地整治项目申报进展情况报告、市人大常委会关于“挂包帮”联动推进新平县老厂乡精准扶贫进展情况的调研报告。市人大常委会与会领导围绕提高思想认识、加快产业发展、推进项目建设等方面，就加快推进老厂乡扶贫攻坚工作提出意见建议。市级挂钩帮扶部门及新平县主要领导作了表态发言。市人大常委会主任谢兴荣指出，各级要进一步认识精准扶贫精准脱贫的重大意义，增强责任感、紧迫感、危机感，进一步统一思想，拿出过硬办法，抓好各项工作落实。要各尽其责、各尽所能，恪尽职守，形成合力，推动工作落实和目标达成，确保2017年如期完成全乡精准脱贫任务，让广大贫困群众提高幸福指数。

8月11～16日，市四届人大常委会分别在市公安局、市检察院、市法院举行第四十二次、第四十三次、第四十四次主任会议，专题听取市公安局上半年公安工作及打击经济犯罪工作情况报告，市检察院上半年工作情况报告及司法体制改革工作进展情况报告，市法院上半年工作情况及司法体制改革工作进展情况报告。主任会议成员对市公安局、市检察院、市法院的工作表示满意，对进一步做好公、检、法工作及解决存在困难提出了意见和建议。

11月24日，市四届人大常委会举行第四十八次主任会议，专题听取市政府关于全市狠抓开放型农业发展促进农民收入增长工作的情况的报告。在听取市政府工作报告和市人大常委会农工委相关调研报告后，市人大常委会主任会议对玉溪市狠抓开放型农业发展促进农民收入增长工作表示满意。与会主任会议成员就加快热区产业经济带建设、发展循环经济、强化教育培训扶贫等，进一步做好“三农”工作，促进农民增收提出意见和建议。市人大常委会主任谢兴荣要求，充分认识抓好“三农”工作特别是农民增收工作对于玉溪在全省率先全面建成小康社会的重大意义，汇集各方力量，发挥各地优势，挖掘增收潜力，狠抓各项措施落实，确保农业增效、农民增收，促进农村和谐稳定。

【监督工作】 2016年，市人大常委会着眼全市工作大局，立足改革发展实际找准切入点和着力点，切实增强监督的针对性和实效性，着力推动宪法、法律法规在全市的有效实施，保证市委重大决策部署贯彻落实，促进事关群众切身利益重大问题的解决。

注重法律监督，促进法律法规深入贯彻实施。检查峨山、新平、元江三个民族自治县自治条例贯彻实施情况，促进民族地区经济发展、文化繁荣、民生改善。检查水土保持法贯彻实施情况，督促强化齐管共治措施，提高科学治理水土流失水平。检查安全生产法贯彻实施情况，防止和减少生产安全事故，保障人民群众生命和财产安全。检查道路交通安全法贯彻实施情况，推进从源头上、根本上管控交通安全隐患工作深入开展。积极配合省人大常委会调研检查云南省司法鉴定管理条例贯彻实施情况，开展食品安全法执法检查，开展云南省林木种子条例、云南省农村扶贫开发条例立法调研，保证了法律法规在本行政区域内的有效实施。

注重经济工作监督，着力推进稳增长调结构促转型。充分发挥监督服务发展的职能作用，切实加强对经济指标、年度目标任务和市委重大经济工作决策部署推进落实情况的监督。认真执行预算法和云南省预算审查监督条例，加强对国民经济和社会发展计划及财政预算执行情况的调研和视察，专题听取审议计划执行、财政预决算、审计工作和审计查出问题整改情况报告、2016年新增地方政府债务限额及市本级财政专项预算调整方案报告，促进计划和预算依法落实，提高财政资金使用绩效。支持政府依法实施重大项目融资建设，督促强化债务规模限额管理，降低债务风险。高度关注经济运行质量，常委会领导带

队开展“稳增长调结构促转型”专题督查调研，督促把握宏观经济形势，切实转变经济发展方式，推进经济结构转型升级。督查重点招商引资项目，调研高铁新城、德胜家居广场、红星商业广场、玉水金岸、红龙路改扩建、五脑山风电项目等重大工程建设，专题调研园区建设和侨资企业，督促创新思路、加快发展。围绕推进落实“五网”基础设施建设，组织驻玉全国人大代表、省人大代表专题视察红河（元江）干流戛洒江一级水电站、大戛高速公路、市应急气源储备中心工程、中心城区排水管网改扩建工程及地下综合管廊项目建设情况，千方百计推进固定资产投资、完成年度目标任务。

注重农业、农村、农民问题，促进强农兴农政策惠及民生。主任会议专题听取各项强农惠农政策落实情况报告，专题调研和听取全市中小型水库移民安置区扶助工作和市人民政府实施开放型农业促进农村居民家庭收入增加的情况报告。高度重视粮食生产和粮食安全，检查烤烟生产收购、农资储备供应、高原特色农业发展、政府十件惠民实事实施情况，督促落实各项惠农政策措施，努力实现农民增收目标。组织代表视察全市扶贫攻坚推进情况，主任会议专题听取新平县老厂乡扶贫攻坚、精准脱贫和马房村土地整治项目申报进展情况报告，想方设法推进联系的省级贫困乡镇精准全面脱贫，探索扶贫攻坚与党建工作共促发展新模式，指导整顿软弱涣散基层党组织7个，以点带面推进全市精准脱贫工作，促进农村贫困人口稳定脱贫。全年争取协调投入扶贫联系点水利、道路、土地整理、产业发展、新农村建设等资金3 000多万元。

注重生态环境保护，助推美丽玉溪建设。召开市人大常委会联组会议，专题询问城乡人居环境综合整治三年行动计划实施情况，督促落实年度目标任务，调研指导和主动参与城乡脏乱差整治工作，推动建设生态宜居文明幸福的魅力之城。听取和审议玉溪市城市总体规划（2011～2030）修改工作情况报告，按照市委城市建设发展总体部署和培育发展滇中城市经济圈等课题开展专题调研，促进城市建设与经济社会融合发展。推动海绵城市与地下综合管廊建设，督查棚户区改造、农村危房改造、美丽乡村建设，促进完善基础设施建设，提高城乡管理水平，巩固“创园”“创卫”成果，推进“六城同创”。持续关注“三湖两库”生态环境保护和湿地建设，督促抓好节能减排、低碳发展。实地调研哀牢山国家级自然保护区、高鲁山水源地保护区和杞麓湖国家湿地公园项目建设情况，组织代表视察森林防火工作，督促制定林业生态红线保护管理办法，配合开展云南省2016年“环保世纪行”活动，组织玉溪“环保世纪行”记者采访活动，大力推进绿色玉溪、森林玉溪、生态玉溪建设。

注重民生改善，努力增进人民福祉。组织代表视察数字化校园、远程互动教研、云借阅数字图书馆和校园安全监控等教育信息化建设情况，推动教育均衡发展和优质教育资源普及共享。听取和审议职业教育改革发展情况报告，促进整合资源，优化发展环境。调研督查文化广电事业改革发展，不断满足和丰富群众精神文化生活，大力弘扬社会主义核心价值观。调研检查城市公立医院、乡村卫生院（卫生室）改革发展及创建卫生县城等工作，专题听取公立医院综合改革情况报告，推动实施分级诊疗等卫生惠民工程，满足广大群众就医需求。跟踪问效食品安全，确保人民群众舌尖上的安全。调研全民健身运动开展情况，推进“活力玉溪、运动之城”建设。督促做好以大学生就业创业为重点的服务工作，着力营造顺畅、平等、公正的创业就业环境。调研旅游市场综合监管、特色文化旅游村项目、民族民间工艺传承保护开发情况，听取和审议民族地区旅游文化产业发展报告，促进挖掘民族文化资源，做大做强特色旅游产业。督促提

①滇中城市经济圈五州市人大工作合作机制第一次会议 ②市人大常委会开展城乡人居环境综合整治三年行动计划专题询问
（杨　辉　摄）

高地质灾害搬迁民生工程建设质量，改善人民群众安居乐业条件。关注居家养老服务发展，推动构建以居家为基础、以社区为依托、以机构为补充的养老体系。

【立法工作】 2016年，市人大常委会遵循经济、自然、社会发展规律和立法规定，科学立法、民主立法，确保地方立法权接得住、用得好。按照党委领导、人大主导、政府依托、各方参与的立法要求，建立健全立法机构和工作机构，加强立法队伍建设，编制立法计划并认真组织实施。积极探索建立地方立法工作机制，制定法规立项、实施、评估、清理、审议、论证、听证、公开等12项办法规定。建立地方立法研究评估咨询服务基地，聘请地方立法咨询专家顾问，为立法工作提供智力支持。建立地方立法民主协商制度，邀请人大代表和政协委员参与立法，广泛征求社会各界意见建议，拓宽公民有序参与立法工作的渠道。审议通过了玉溪市新平哀牢山县级自然保护区条例（草案），并报省人大常委会审批。该条例成为我市获得地方立法权后制定的第一部地方性法规，标志着玉溪地方立法工作迈出实质性步伐。配合省人大制定云南省澄江化石地世界自然遗产保护条例，参与审查修订抚仙湖保护条例，为自然遗产资源、抚仙湖保护提供了法制保障。配合开展云南省玉溪市元江哈尼族彝族傣族自治县民族民间文化保护条例、革命遗址保护条例立法项目调研。指导民族自治县立法工作，推进民族事务治理法治化。

【人事任免】 2016年，市人大常委会坚持党管干部和依法任免干部的有机统一，着力加强对人大常委会任命干部的任前审查和任后监督。严格执行组织部门介绍情况、党组专题研究、主任会议讨论、常委会集体审议和投票表决、颁发任命书、举行宪法宣誓和媒体公告等制度，全年共任免国家机关工作人员73人次，保证了玉溪市地方国家机关的有序运转。加强任后监督，督促整治乱作为、不作为、慢作为，强化“一府两院”被任命人员由人大产生、对人大负责、受人大监督的意识。

【决定重大事项】 2016年，市人大常委会紧紧围绕市委中心工作、全市经济社会发展重点和人民群众关心的热点问题，依法行使重大事项决定权，推动玉溪跨越发展，维护人民群众根本利益。一年来，依法对2015年全市和市本级政府债务限额、2015年市级财政预算、2016年市本级财政收支预算调整方案、2016年新增地方政府债务限额及批准设立市政府投资母基金、市本级财政专项预算调整以及农村公路建设、危房改造、棚户区改造、水利脱贫攻坚和相关政府购买服务采购资金纳入财政预算等重大事项适时调研、审查，作出决议决定31项。

【代表工作】 2016年，市人大常委会高度重视代表工作，全力支持保障代表依法履职，不断提升代表工作水平。坚持和完善常委会组成人员联系基层人大代表、各级人大代表联系人民群众、县乡人大代表向选民述职接受群众监督的制度，加强代表与选民的联系和选民对代表的监督。扩大代表对常委会工作的参与，邀请市人大代表参与“一府两院”重大改革事项的视察、调研和民意调查、旁听案件审理、听证等活动，邀请人大代表列席、公民旁听常委会会议，组织好闭会期间代表活动，拓宽知情知政渠道，激发履职热情。抓好代表履职培训。组织代表学习宪法、法律和业务知识，把握党和国家的大政方针，不断适应履职新要求。高度重视代表联络活动阵地建设。落实三年建设计划，新建31个乡镇（街道）代表联络活动室，指导建设村级代表联络活动阵地，拓宽了代表联系选民和群众的渠道，发挥了反映社情民意的“直通车”作用。建设代表工作信息平台。建成代表信息公开、代表与人民群众交流互动、代表议案建议工作、代表知情知政获取信息、代表学习培训等五个平台，提升了代表工作信息化水平。认真督办代表议案、建议、批评和意见。坚持交办前合理分类、办理中牵头督办、答复后督促落实、办理后强化问效，组织代表视察重点建议办理工作，对涉及急难险问题的代表建议办理给予专项补助，代表建议办理质量不断提高，逐步从答复型向落实型转变。市四届人大四次会议主席团交付审议的4件议案以及308件代表建议已全部办结并答复代表，交办率、面商率、答复率、办复率均为100%，满意、基本满意率达100%，解决率为53.3%、比上年提高3.5个百分点。

【全国人大、省人大常委会领导调研、视察】 2016年6月1日，第十届全国人大常委会副委员长、中国关工委主任顾秀莲到玉溪调研关工委工作，并出席在玉溪市举办的“‘苗’绘太空开启梦想”云南省青少年太空作物科普实践系列活动。

10月25日，省人大常委会秘书长白保兴率调研组一行到玉溪，就全市各级人大及其常委会对辖区内各类开发区（园区）开展监督工作情况进行调研。

11月23日，省人大常委会副主任王树芬到玉溪，就民营企业发展、党建工作进行调研。

（杨　辉）

玉溪市人民政府

【市政府常务会议】 2016年1月15日，市第四届人民政府召开第52次常务会议。主要议题为：1. 研究《政府工作报告（讨论稿）》《玉溪市2015年国民经济和社会发展计划执行情况与2016年国民经济和社会发展计划草案的报告（讨论稿）》《玉溪市2015年地方财政预算执行情况和2016年地方财政预算草案的报告（讨论稿）》《玉溪市国民经济和社会发展第十三个五年规划纲要（讨论稿）》；2. 传达学习党中央、国务院会议精神；3. 研究《中共玉溪市委玉溪市人民政府关于加快发展现代职业教育的意见（送审稿）》及4个配套方案；4. 研究红塔区李棋街道大矣资社区搬迁安置补偿方案有关事项；5. 研究市森林防火目标管理责任考核和市级森林防火管理人员薪酬保险有关事项；6. 研究《玉溪市“就业创业玉溪”行动计划（2016～2020年）（送审稿）》。

2月15日，市第四届人民政府召开第53次常务会议。主要议题为：1. 研究《玉溪市人民政府关于进一步强化稳增长工作的实施意见（送审稿）》；2. 研究《玉溪市五大基础设施网络建设行动计划（2016～2020年）（送审稿）》；3. 研究《玉溪市加快开放型高原特色农业发展的实施意见（送审稿）》；4. 研究《关于在全市开展“争先创优、跨越发展”大讨论大行动的实施意见（送审稿）》及七个行动计划；5. 学习党中央、国务院有关会议精神；6.研究《江川县撤县设区发展大会暨揭牌仪式工作方案（送审稿）》。

3月18日，市第四届人民政府召开第54次常务会议。主要议题为：1. 传达学习十二届全国人大四次会议和全国政协十二届四次会议精神；2. 研究《玉溪市人民政府关于加快内外贸易发展的实施意见（送审稿）》；3. 研究《玉溪市劳动模范评选服务管理办法（送审稿）》；4. 研究贯彻落实省政府2016年固定资产投资稳增长工作调研座谈会议精神有关事项；5. 研究《中共玉溪市委 玉溪市人民政府关于全面加快江川区发展的意见（送审稿）》；6. 研究玉溪市东片区暨“三湖”生态保护水资源配置应急工程建设运营及玉溪市生态环保产业基金设立运作有关事项；7. 研究《玉溪市人民政府拟定地方性法规草案和制定政府规章程序规定（试行）（送审稿）》；8. 研究《玉溪市地方立法有关费用管理规定（试行）（送审稿）》；9. 研究《玉溪市人民政府关于进一步落实粮食安全行政首长责任制的实施意见（送审稿）》；10. 研究其他事项。

4月1日，市第四届人民政府召开第55次常务会议。主要议题为：1.传达学习中央、省有关会议精神；2.研究《玉溪市关于完善国有资产管理体制的实施意见（送审稿）》等六个文件；3.研究玉溪市审计局申请退出相关议事协调机构有关事项；4.通报国道213线改建等基础设施建设工程PPP项目社会投资人招标工作情况；5.通报澄川、元蔓、大戛三条高速公路建设项目投资合作有关事项；6.研究《玉溪市关于调整城镇职工基本医疗保险单位缴费费率的方案（送审稿）》；7.研究加快玉溪生物医药产业发展有关事项；8.研究《玉溪市城市（镇）周边永久基本农田划定工作方案（送审稿）》；9.研究《玉溪市进一步提高用地保障能力促进跨越发展的意见（送审稿）》；10.研究进一步完善被征地农民养老保险政策有关事项；11.研究马料河流域主要河流水污染综合整治与生态修复工程调整变更有关事项；12.研究划分建设项目环境影响评价分级审批权限和承接取消下放调整部分行政职权有关事项；13.通报下一代卫星移动物联网产业基地项目有关事项。

4月25日，市第四届人民政府召开第56次常务会议。主要议题为：1.传达学习中央、省有关会议精神；2.研究《玉溪市水资源综合规划（送审稿）》；3.研究玉溪市学习和贯彻落实全省旅游产业发展推进会议精神有关事项；4.研究2015年度全市综合考评结果及2016年度综合考评有关事项；5.研究《玉溪市人民政府关于贯彻落实“四再”要求促进外来投资的意见（送审稿）》等3个文件；6.研究《玉溪市人民政府关于促进全市房地产业平稳健康发展的实施意见（送审稿）》；7.研究《玉溪市防震减灾管理办法（送审稿）》；8.研究玉溪市人民政府驻北京联络处有关事项；9.研究红塔区荷花池片区城市综合体项目有关事项；10.研究市政府领导工作分工调整；11.通报市政府与美中投资基金有限公司通用航空项目合作有关事项。

5月23日，市第四届人民政府召开第57次常务会议。主要议题为：1. 传达学习中央、省有关会议精神；2. 研究《玉溪市社会信用体系建设规划（2016～2020年）（送审稿）》和《玉溪市社会信用体系建设两年行动计划（2016～2017年）（送审稿）》；3. 研究《玉溪市贯彻落实〈中共云南省委云南省人民政府关于加快建设我国面向南亚东南亚辐射中心的实施意见〉的工作方案（送审稿）》；4. 研究《关于把玉溪建设成为面向南亚东南亚国际内陆港经济试验区的实施意见（送审稿）》；5. 研究《玉溪市产业发展基金使用规范（试行）（送审稿）》；6. 研究《玉溪县级联社分批改制组建农村商业银行工作方案（送审稿）》；7. 研究《关于加快建设民族团结进步示范区的实施意见（送审稿）》；8. 通报《云南省抚仙湖保护条例》修正情况；9. 通报武警玉溪市支队迁建项目推进情况；10. 通报设立玉溪市境外商务代表处有关事项；11. 通报江川区通用航空产业项目推进情况；12. 研究违纪干部处理问题。

6月3日，市第四届人民政府召开第58次常务会议。主要议题为：1. 传达学习中央、省有关会议精神；2. 研究《玉溪·顺义产业园合作开发协议》有关事项；3. 研究玉溪检验检测认证机构整合工作有关事项；4. 研究《推进简政放权放管结合优化服务激发经济社会跨越发展活力的实施意见（送审稿）》；5. 研究玉溪市2016～2018年立法规划和2016年立法工作计划有关事项；6. 研究调整《玉溪市市级机关差旅费管理办法》有关事项；7. 研究《玉溪市人民政府关于项目建设融资成本控制的意见（试行）（送审稿）》；8. 研究《玉溪市开展“以奖代补”落实严重智障患者监护人责任试点工作方案（送审稿）》；9. 听取打击走私有关工作情况汇报。

7月4日，市第四届人民政府召开第59次常务会议。主要议题为：1. 传达学习中央、省有关会议精神；2. 传达学习省政府第89次常务会议精神，研究贯彻落实意见；3. 研究供给侧结构性改革总体意见及五个配套文件；4. 传达学习全省第四轮禁毒防艾人民战争动员大会精神，研究《玉溪市第四轮禁毒人民战争实施方案（送审稿）》及《玉溪市开展第四轮防治艾滋病人民战争工作方案（送审稿）》；5. 研究《玉溪市工业结构调整去产能去库存降成本补短板工作方案（送审稿）》；6. 研究《中国制造2025玉溪行动计划（送审稿）》；7. 研究《玉溪市关于推进信息资源互联共享的意见（送审稿）》；8. 研究2016年玉溪市棚户区改造建设项目（一期）政府购买棚改服务资金列入财政预算有关事项；9. 研究元江县滨江片区棚户区改造项目融资有关事项；10. 研究红塔区荷花池片区C地块297户拆迁安置项目融资有关事项；11. 研究玉溪市农村危房改造及配套设施建设项目融资有关事项；12. 通报红塔区红塔大道地下综合管廊等三个建设项目有关事项；13. 通报红塔区老城片区城市棚户区改造项目调整至澄江县广龙片区有关事项；14. 研究市政府领导工作分工调整。

7月13日，市第四届人民政府召开第60次常务会议。主要议题为：1. 传达学习中央、省有关会议精神；2. 学习《云南省重大行政决策程序规定》；3. 研究《玉溪市装备制造业发展规划（2016～2025）（送审稿）》；4. 研究《玉溪市贫困乡镇贫困行政村脱贫摘帽退出实施方案（送审稿）》；5. 研究《玉溪市坚决打赢“直过民族”脱贫攻坚战的实施方案（送审稿）》；6. 研究《玉溪市“十三五”高原特色现代农业发展规划（2016～2020）（送审稿）》；7. 研究玉溪市与华西希望特驱德康公司项目合作有关事项；8. 研究《玉溪市国有林场改革实施方案（送审稿）》；9. 研究玉溪市“八一”建军节期间双拥活动有关事项；10. 研究《玉溪市公路交叉路口安全隐患治理工作方案（送审稿）》；11. 研究玉溪市公安消防支队关于加强灭火救援车辆装备建设有关事项；12. 研究冠名开行“玉溪号”文化旅游列车有关事项；13. 通报组建玉溪市抚仙湖旅游文化开发投资有限责任公司有关事项；14. 通报玉水金岸项目建设有关事项。

7月20日，市第四届人民政府召开第61次常务会议。主要议题为：1. 研究澄江县广龙旅游小镇项目推进有关事项；2. 研究《玉溪市开展质量强市战略的实施方案（送审稿）》；3. 研究玉溪市城市公共信息导向系统建设有关事项；4. 听取2016年上半年全市安全生产工作情况汇报；5. 通报下一代卫星移动物联网产业基地项目推进情况和推广运用新能源汽车有关事项；6. 通报解除玉溪西南国际医院暨健康产业园项目投资协议有关事项。

8月29日，市第四届人民政府召开第62次常务会议。主要议题为：1. 传达学习中央、省有关会议精神；2. 研究市政府领导工作分工；3. 通报2016年上半年副市长组长负责制重点项目协调推进情况；4. 研究提高机关事业单位改革性补贴有关事项；5. 研究航空产业发展有关事项；6. 研究《玉溪市医疗投资运营有限责任公司组建方案（送审稿）》；7. 研究《玉溪市城乡居民基本医疗保险实施办法（送审稿）》和《玉溪市城乡居民大病保险实施办法（送审稿）》；8. 研究筹措江通高速公路征地拆迁资金有关事项；9. 研究追加迪庆州德钦县对口帮扶预算资金和大理州剑川县一次性帮扶资金有关事项；10. 研究《玉溪市建立市级公益林生态效益补偿机制的实施意见（送审稿）》；11. 研究《玉溪市困难残疾人生活补贴和重度残疾人护理补贴制度实施方案（送审稿）》；12. 研究《玉溪市精准救助与精准扶贫有效衔接的实施方案（送审稿）》；13. 研究星云湖保护治理PPP项目实施有关事项；14. 研究《玉溪市人民政府实行宪法宣誓制度实施方案（送审稿）》；15. 研究《玉溪市“十三五”扩大就业发展规划（送审稿）》；16. 研究玉水金岸项目建设有关事项；17. 研究荷花池片区城市综合体建设项目A-2地块土地供应有关事项；18. 研究《玉溪市加强公务支出和公款消费审计实施意见（送审稿）》；19. 研究《关于进一步加强基层治安保卫委员会建设的指导意见（送审稿）》。

9月30日，市第四届人民政府召开第63次常务会议。主要议题为：1. 传达学习中央、省有关会议精神；2. 通报全市1～9月经济运行情况；3. 研究《玉溪市新平哀牢山县级自然保护区条例（草案）》；4. 研究《玉溪市人民政府关于加强和规范开放合作工作的方案（送审稿）》；5. 研究《玉溪市林业发展“十三五”规划（送审稿）》；6. 研究设立玉溪市政府投资基金（母基金）有关事项；7. 研究玉溪市融资担保有限责任公司增加注册资本金有关事项；8. 研究玉溪城市建设投资集团有限公司划转工作有关事项；9. 研究《“点亮玉溪”行动方案（送审稿）》；10. 研究《关于在全市公民中开展法制宣传教育的第七个五年规划（2016～2020年）（送审稿）》；11. 研究《玉溪市市级储备粮管理办法（送审稿）》；12. 研究取消红塔区西河水库饮用水水源地保护区划有关事项；13. 研究《玉溪市2016年度市级土地储备计划（送审稿）》；14. 通报化解玉溪华盛钢铁有限责任公司96万吨粗钢产能有关事项；15. 研究补助县区均衡性转移支付及县级基本财力保障有关事项。

10月17日，市第四届人民政府召开第64次常务会议。主要议题为：1.传达学习中央、省有关会议精神；2.研究《玉溪市加强财政科研项目和资金管理实施意见（送审稿）》；3.研究《玉溪市深化科技体制改革实施意见（送审稿）》；4.研究《玉溪市人民政府关于推进大众创业万众创新政策的实施意见（送审稿）》；5.研究玉磨铁路玉溪段“三电”及管线迁改工作有关事项；6.研究玉溪市提升城乡人居环境五年行动计划及城乡违法违规建筑治理行动等3个方案有关事项；7.研究《玉溪市人民政府关于推进残疾人小康进程的实施意见（送审稿）》；8.研究《玉溪市抚仙湖流域水环境保护治理“十三五”规划（送审稿）》；9.研究《星云湖流域水环境保护治理“十三五”规划（送审稿）》、《杞麓湖流域水环境保护治理“十三五”规划（送审稿）》；10.研究其他事项；11.研究2016年市本级预算调整及平衡有关事项；12.通报申报和争取2016年第三批专项建设基金有关事项。

11月1日，市第四届人民政府召开第65次常务会议。主要议题为：1. 常务会集体学习《云南省抚仙湖保护条例》；2. 各位副市长通报赴县区开展稳增长督导工作情况；3. 听取2016年“收获金秋共谋发展”玉溪投资峰会有关情况汇报；4. 研究水利项目融资贷款有关事项；5. 研究玉溪市重点水利项目建设合作协议有关事项；6. 研究《玉溪市人民政府关于先照后证改革后加强事中事后监管的实施意见（送审稿）》；7. 研究《关于深化人才发展体制机制改革的实施意见（送审稿）》；8. 书面通报经济责任审计报告有关事项，研究整改落实工作。

11月14日，市第四届人民政府召开第66次常务会议。主要议题为：1. 传达学习中央、省有关会议文件精神；2. 通报全市安全生产工作情况；3. 研究全市2016年经济社会发展主要指标预计完成情况及2017年经济社会发展预期目标的建议有关事项；4. 研究《玉溪市乡村教师支持计划实施办法（2015～2020）（送审稿）》；5. 研究《玉溪市加快发展青少年校园足球工作的实施意见（送审稿）》；6. 研究规范性文件立改废及规范制定主体工作有关事项；7. 研究《玉溪市“十三五”生物医药产业发展规划（2016～2020）（送审稿）》；8. 研究市属国有酒店及企业管理职能调整有关事项；9. 研究关于玉溪国有资本投资集团有限责任公司发行小微企业扶持债券有关事项；10. 研究市政府过渡性办公用房有关事项；11. 通报关于缴纳红塔区2016年度第三批城市建设用地（玉溪职教园区第一批）社保安置补助费和2016年全国、省人大代表视察反馈意见有关事项。

11月28日，市第四届人民政府召开第67次常务会议。主要议题为：1. 研究《玉溪市“十三五”服务业发展规划（送审稿）》；2. 研究《玉溪市“十三五”现代物流业发展规划（送审稿）》；3. 研究筹措澄川、大夏高速公路征地拆迁资金有关事项；4. 研究《玉溪市体育产业发展规划（2016～2025）（送审稿）》；5. 研究《关于进一步加强体育工作的意见（送审稿）》；6. 研究荷花池片区城市综合体项目整体风险化解方案有关事项；7. 研究增加玉溪市家园建设投资有限公司资产降低负债率有关事项；8. 研究玉溪市火车西站市政道路及站前广场工程PPP项目合同有关事项；9. 研究《玉溪市林业生态保护红线划定原则方案（送审稿）》和《玉溪市林业生态保护红线监督管理办法（送审稿）》；10. 研究《玉溪市中心城区智能交通管理系统二期项目建设方案（送审稿）》；11. 研究违纪干部处理问题；12. 通报2016年全省保障农民工工资支付工作督查会议有关情况；13. 通报玉溪市2016年度反恐怖工作有关情况。

12月11日，市第四届人民政府召开第68次常务会议。主要议题为：1. 传达学习省委书记陈豪同志调研玉溪重要讲话精神；2. 研究《玉溪市重大行政决策责任追究暂行办法（送审稿）》和《玉溪市重大行政执法决定法制审核暂行办法（送审稿）》；3. 研究《玉溪市法治政府建设实施方案（2016～2020年）（送审稿）》；4. 研究《玉溪市市级专项资金管理暂行办法（送审稿）》及三个配套办法；5. 研究《关于全面深化财税体制改革加快建立现代财政制度的实施意见（送审稿）》；6. 研究《玉溪市深化市本级非税收入管理改革实施方案（送审稿）》；7. 研究《开办玉溪广播电视台第二套广播节目交通旅游频率方案（送审稿）》；8. 研究《关于加快构建玉溪市现代公共文化服务体系的实施意见（送审稿）》；9. 研究追加2016年基本公共卫生服务项目市级配套补助经费有关事项；10. 研究《玉溪市安全生产“十三五”规划（送审稿）》；11. 研究云南沃森生物技术股份有限公司贴息补助资金有关事项；12. 研究《玉溪市综合防灾减灾“十三五”规划（送审稿）》；13.《玉溪市“十三五”生态建设与环境保护规划（送审稿）》；14. 研究《玉溪市旅游业“十三五”发展规划（送审稿）》；15. 研究《抚仙湖资源环境管理体制改革总体实施方案（送审稿）》。

12月29日，市第四届人民政府召开第69次常务会议。主要议题为：1. 研究《政府工作报告（讨论稿）》《玉溪市2016年国民经济和社会发展计划执行情况与2017年国民经济和社会发展计划草案的报告（讨论稿）》《玉溪市2016年地方财政预算执行情况和2017年地方财政预算草案的报告（讨论稿）》；2. 研究《玉溪市市本级财政资金审批管理办法（修订）（送审稿）》；3. 研究《玉溪市综合交通运输“十三五”发展规划（送审稿）》；4. 研究玉溪职教园区规划建设及土地收储、玉溪科教创新城（职教园区项目）征地拆迁资金筹措有关事项；5. 研究江川区城市市政基础设施建设项目有关事项；6. 研究《玉溪市房屋建筑和市政基础设施建设项目招标投标管理规定（送审稿）》；7. 研究《玉溪市县区统筹整合使用财政涉农资金推进脱贫攻坚的实施方案（试行）（送审稿）》和《玉溪市资产收益扶贫试点的实施方案（送审稿）》。

【专题会议】 2016年，市政府召开了玉溪市通用航空产业发展专题会议、快递物流企业入驻太标商贸物流园区座谈会等专题会议，会议纪要见下表：

标　　题	签发人	日　　期
玉溪市通用航空产业发展专题会议纪要	陈　勇	2016年1月4日
快递物流企业入驻太标商贸物流园区座谈会专题会议纪要	解仕清	2015年12月23日
红塔大道综合管廊专题会议纪要	陈　勇	2016年1月5日
特色旅游小镇规划建设专题会议纪要	饶南湖	2016年1月6日
玉苑小区周转房项目建设专题会议纪要	陈　勇	2016年1月5日
武警玉溪市支队迁建项目推进工作专题会议纪要	朱家伟	2016年1月7日
加快玉溪高新区发展专题会议纪要	饶南湖	2016年1月7日
促进2016年一季度经济平稳增长专题会议纪要	陈　勇	2016年1月27日
全市生物医药及信息产业发展工作领导小组会议纪要	饶南湖	2016年1月28日
玉溪市现代物流业发展规划编制工作专题会议纪要	陈　勇	2016年2月1日
玉溪市航空产业发展专题会议纪要	解仕清	2016年2月4日
全市矿冶装备制造产业发展工作小组第一次会议纪要	解仕清	2016年2月3日
玉水金岸小区电梯安全隐患整改协调会会议纪要	解仕清	2016年2月6日
抚仙湖高原深水湖泊研究中心建设及环保监测执法用房建设项目有关事宜专题会议纪要	孙云鹏	2016年2月25日
全市高速公路建设前期工作推进专题会议纪要	左　广	2016年2月29日
玉溪市抚仙湖径流区实行统一托管工作领导小组会议会议纪要	孙云鹏	2016年3月2日
玉溪市生物医药产业发展专题会议纪要	饶南湖	2016年3月4日
关于举力措施加快高原特色农业产业发展专题会议纪要	蔡四宏	2016年3月4日
天然气管道支线建设及推广利用专题会议纪要	陈　勇	2016年3月7日
公立医院改革国家联系试点城市玉溪市综合改革工作第二次领导小组会议纪要	饶南湖	2016年3月8日
玉溪市新能源汽车推进工作专题会议纪要	解仕清	2016年3月21日
玉溪高新区高龙潭片区搬迁工作协调会议纪要	解仕清	2016年3月21日
太标集团精密数控机床铸件项目用地协调会会议纪要	陈　勇	2016年3月24日
全市统计核算培训工作会会议纪要	陈　勇	2016年3月24日
市委常委会2016年工作要点责任分解专题会议纪要	陈　勇	2016年3月24日
贯彻落实省政府2016年固定资产投资稳增长调研座谈会精神专题会议纪要	陈　勇	2016年3月24日
澄江广龙旅游小镇项目现场推进会会议纪要	饶南湖	2016年3月28日
玉溪高新区生物医药产业发展专题会议纪要	饶南湖	2016年3月28日
关于2016年烤烟生产专题会议纪要	蔡四宏	2016年3月30日

（续表）

标　　题	签发人	日　　期
中石油安宁——玉溪——蒙自成品油管道工程穿越哨坡考试场现场协调会议纪要	朱家伟	2016年3月30日
银河化工公司停产后续工作专题会议纪要	解仕清	2016年3月30日
关于研究高原特色农业产业发展相关问题专题会议纪要	蔡四宏	2016年3月31日
玉溪生物医药产业园概念性规划审查会议纪要	饶南湖	2016年4月8日
下一代卫星移动物联网产业基地项目洽谈会议纪要	饶南湖	2016年4月8日
关于加强水利基础设施建设有关事宜会议纪要	陈　勇	2016年4月8日
全市棚户区改造工作推进专题会议纪要	左　广	2016年4月8日
武警玉溪市支队迁建项目专题会议纪要	陈　勇	2016年4月11日
2015年全市保障性安居工程审计整改工作会议纪要	左　广	2016年4月19日
澄江县广龙旅游小镇项目推进会议纪要	左　广	2016年4月20日
关于全市招商系统申报参公管理单位有关事项专题会议纪要	孙云鹏	2016年4月21日
市属投融资平台公司工作专题会会议纪要	陈　勇	2016年4月23日
关于物流产业园区发展专题会议纪要	解仕清	2016年4月28日
玉溪市检验检测机构整合工作专题会议纪要	陈　勇	2016年5月4日
市政府领导调研当前重点工作专题会议纪要	左　广	2016年5月5日
关于美国美中投资基金有限公司通用航空项目洽谈会议纪要	尚建华	2016年5月9日
玉溪生物医药产业园项目推进协调会议纪要	解仕清	2016年5月9日
新玉江线道路交通事故黑点整治专题会议纪要	朱家伟	2016年5月13日
公立医院改革国家联系试点城市玉溪市综合改革工作领导小组第三次会议纪要	饶南湖	2016年5月13日
玉溪市公务用车制度改革领导小组会议纪要	饶南湖	2016年5月17日
关于广龙旅游小镇项目规划推进专题会议纪要	饶南湖	2016年5月18日
新能源汽车推广使用工作协调会议纪要	解仕清	2016年6月1日
抚仙湖北岸生态调蓄带项目专家咨询会议纪要	孙云鹏	2016年6月2日
玉溪市推进简政放权放管结合优化服务改革专题会议纪要	陈　勇	2016年6月2日
全市机场建设工作推进会会议纪要	陈　勇	2016年6月2日
关于玉溪师院学生公寓教师周转房艺术教学楼建设项目BOT融资建设方案的专题会议纪要	杨　洋	2016年6月3日
广龙旅游小镇项目推进专题会会议纪要	蔡四宏	2016年6月6日
玉溪市永久基本农田划定工作领导小组会议纪要	陈　勇	2016年6月7日
玉溪市抚仙湖旅游文化投资开发有限责任公司组建工作协调推进会议纪要	孙云鹏	2016年6月7日
关于专题研究启动运作农业产业发展基金的会议纪要	陈　勇	2016年6月13日
泷水塘老工业片区改造项目专题会议纪要	陈　勇	2016年6月13日
东片区暨三湖生态保护水资源配置应急工程后续工作调研会议纪要	孙云鹏	2016年6月13日
关于专题研究绿汁江流域综合开发的会议纪要	蔡四宏	2016年6月30日
“玉溪号”文化旅游宣传列车开通相关事宜专题会议纪要	孙云鹏	2016年7月6日
玉溪市农村危房改造及配套设施建设项目、荷花池片区城市综合体建设项目C地块拆迁安置项目贷款融资工作推进会会议纪要	蔡四宏	2016年7月7日
加快推进红龙路建设专题会会议纪要	蔡四宏	2016年7月7日
玉溪中心城区金水河（即东风大沟南段）黑臭水体治理项目专题会议纪要	饶南湖	2016年7月7日
关于玉溪市公安局青龙厂毒品检查站建设项目专题会议纪要	朱家伟	2016年7月8日
玉溪市华宁县龙观新村项目调研协调会会议纪要	解仕清	2016年7月11日
全市高速公路暨农村公路建设推进会专题会议纪要	王　力	2016年7月12日
“玉水金岸”项目建设风险化解方案审议专题会会议纪要	饶南湖	2016年7月14日
元江县洼垤乡脱贫攻坚工作推进会会议纪要	王　力	2016年7月15日
玉磨铁路（玉溪段）征地拆迁工作推进会议纪要	王　力	2016年7月15日
玉溪市公务用车制度改革领导小组会议纪要	孙金会	2016年7月15日
云南维和药业有限公司贷款协调会会议纪要	葛庆民	2016年7月18日
简政放权放管结合优化服务工作会议纪要	饶南湖	2016年7月19日
玉溪大河上游汇水分区海绵城市建设项目及玉江大道改扩建工程专题会议纪要	蔡四宏	2016年7月20日
玉溪市人民政府关于政府信息公开网与政府门户网合并建设专题会议纪要	瓦庆超	2016年7月26日
市政府领导调研西横七路、西横十三路道路工程建设专题会议纪要	蔡四宏	2016年7月28日
高铁新城暨红龙路建设推进专题会会议纪要	蔡四宏	2016年7月28日
全市农村危房改造和抗震安居工程推进会议纪要	蔡四宏	2016年8月2日
玉溪师范学院成教学院异地重建项目专题会议纪要	杨　洋	2016年8月4日
“点亮玉溪”投资座谈会专题会议纪要	蔡四宏	2016年8月4日
玉溪职教园区和文化广播影视传媒中心项目建设专题会议纪要	饶南湖	2016年8月5日

（续表）

标　　题	签发人	日　　期
玉溪市钢铁行业化解过剩产能工作专题会议纪要	解仕清	2016年8月8日
中心城区道路交通管理系统设施优化工作专题会议纪要	朱家伟	2016年8月8日
关于军转干部安置、军人子女入学入托、随军家属随调就业和退役士兵安置工作专题会议纪要	蔡四宏	2016年8月11日
峨山县工业企业融资工作专题会议纪要	王　力	2016年8月12日
公立医院改革国家联系试点城市玉溪市综合改革工作领导小组第四次会议纪要	饶南湖	2016年8月12日
中心城区黑臭水体（玉溪大河下段）整治项目及火车西站片区排水系统项目建设方案研究专题会会议纪要	蔡四宏	2016年8月15日
玉溪市海绵城市建设专题研究会议纪要	蔡四宏	2016年8月16日
红星国际广场项目推进会专题会议纪要	蔡四宏	2016年8月16日
合润奇瑞新能源汽车项目协调专题会议纪要	解仕清	2016年8月22日
全市棚户区改造推进会会议纪要	蔡四宏	2016年8月24日
玉溪市“五网”建设、工业园区建设和招商引资工作汇报会会议纪要	张德华	2016年8月31日
关于研究水利工作有关问题的专题会议纪要	蔡四宏	2016年9月6日
玉溪中心城区金水河（即东风大沟南段）黑臭水体治理项目推进会会议纪要	蔡四宏	2016年9月6日
玉溪市公务用车制度改革领导小组会议纪要	孙金会	2016年9月9日
支持红塔银行发展专题座谈会会议纪要	王　力	2016年9月20日
玉溪大河以北及老城片区海绵项目建设方案专题研究会会议纪要	蔡四宏	2016年9月12日
中心城区地下综合管廊和海绵城市建设协调专题会议纪要	蔡四宏	2016年9月14日
关于云南省玉溪市大中型水库移民后期扶持“十三五”规划报审成果征求意见专题会议纪要	蔡四宏	2016年9月29日
玉磨铁路玉溪段征地拆迁推进会会议纪要	尚建华	2016年10月10日
雪域飞鹰公司航空旅游项目推进专题会议纪要	黎晓英	2016年10月10日
元江县洼垤乡扶贫工作推进会会议纪要	王　力	2016年10月11日
市政府主要领导调研交通工作专题会议纪要	张德华	2016年10月11日
关于红塔区看守所武警中队营区“9·15”暴雨灾情处置专题会议纪要	朱家伟	2016年10月13日
红塔大道地下综合管廊和红龙路道路及地下综合管廊项目专题会议纪要	蔡四宏	2016年10月19日
关于研究民政相关工作专题会议纪要	蔡四宏	2016年10月20日
关于研究玉溪市东片区暨“三湖”生态保护水资源配置应急工程有关工作专题会议纪要	蔡四宏	2016年10月21日
玉溪市儿童医院建设项目移交专题会议纪要	杨　洋	2016年10月27日
玉溪市现代物流产业发展会议纪要	王　力	2016年10月24日
新平县建兴乡扶贫攻坚工作协调推进会纪要	张德华	2016年10月29日
市属国有酒店及企业管理职能调整专题会议纪要	解仕清	2016年10月31日
玉溪市人民政府与云南电网有限责任公司新能源汽车充电站桩建设交流座谈会议纪要	解仕清	2016年11月2日
抚仙湖保护治理工作推进会议纪要	张德华	2016年11月2日
中心沟、玉带河黑臭水体整治方案专题研究会会议纪要	蔡四宏	2016年11月15日
玉溪市“百村示范千村整治”工程推进会会议纪要	蔡四宏	2016年11月10日
新能源汽车产业发展专题会议纪要	解仕清	2016年11月11日
玉溪市2017年第二批棚户区改造贷款项目推进会会议纪要	蔡四宏	2016年11月12日
玉溪市人民政府与上海浦东发展银行昆明分行合作座谈会会议纪要	张德华	2016年11月15日
玉溪生物医药产业园项目建设推进专题会议纪要	解仕清	2016年11月14日
民航云南监管局玉溪调研座谈会会议纪要	张德华	2016年11月17日
龙泉工业园区改革发展专题会议纪要	解仕清	2016年11月17日
玉溪市应急指挥中心小型移动平台改装恢复及增添设备专题会议纪要	孙金会	2016年11月18日
中心城区交通环境综合整治专题会议纪要	张德华	2016年11月21日
安全生产专题会议纪要	张德华	2016年11月29日
玉溪市聂耳文化广场片区景观照明方案专题研究会会议纪要	蔡四宏	2016年12月5日
支持云南沃森生物技术股份有限公司发展专题会议纪要	王　力	2016年12月6日
关于研究农业工作有关问题的会议纪要	蔡四宏	2016年12月9日
昆玉铁路（玉溪段）保开通工作协调会议纪要	王　力	2016年12月13日
“三湖”保护治理项目信贷资金争取工作专题会纪要	孙云鹏	2016年11月7日
元江县洼垤乡脱贫攻坚工作推进专题会议纪要	王　力	2016年12月16日
云南沃森生物公司发展专题会议纪要	张德华	2016年12月22日
关于高原特色农业产业发展基金相关问题的会议纪要	蔡四宏	2016年12月22日
滇中高速环线经济带规划建设专题会议纪要	王　力	2016年12月23日
玉溪市土地利用总体规划调整方案专题汇报会会议纪要	张德华	2016年12月27日

【重要决定】 2016年，市政府下发的重要决定文件见下表：

标　　题	签发人	日　　期
玉溪市人民政府关于划分建设项目环境影响评价审批权限和承接取消下放调整部分行政职权的决定	饶南湖	2016年4月13日
玉溪市人民政府关于兑现2015年度安全生产目标责任书考核奖惩的决定	解仕清	2016年1月25日
玉溪市人民政府关于2015年度科学技术奖励的决定	张德华	2016年9月22日
玉溪市人民政府关于中石化集团西南石油局通海储备站“6·15”一般液化气爆燃事故调查处理的决定	解仕清	2016年11月10日
玉溪市人民政府关于公布保留的市政府现行有效规范性文件的决定	张德华	2016年11月16日

【重要报告】 2016年，市政府就2015年度最严格水资源管理制度考核、化解钢铁过剩产能实施方案等有关问题向上级有关部门报告，重要报告见下表：

标　　题	签发人	日　　期
玉溪市人民政府关于2015年度最严格水资源管理制度考核的自查报告	饶南湖	2016年2月29日
玉溪市人民政府关于化解钢铁过剩产能实施方案的报告	解仕清	2016年3月15日
玉溪市人民政府关于开展高尔夫球场清理整治全面核查工作情况的报告	陈　勇	2016年3月25日
玉溪市人民政府关于整改落实2015年保障性安居工程跟踪审计存在问题的情况报告	饶南湖	2016年4月29日
玉溪市人民政府关于2016—2018年立法规划和2016年立法工作计划的报告	陈　勇	2016年6月14日
玉溪市人民政府昆明市人民政府关于玉溪市与昆明市行政区域界线联合检查工作情况的报告	张德华	2016年11月21日
玉溪市人民政府关于中小学校在用D级危房情况的书面检查报告	饶南湖	2016年1月19日
玉溪市人民政府关于2015年度粮食安全行政首长责任制考核的自评报告	饶南湖	2016年1月28日
玉溪市人民政府关于消化库存商品房和保障房工作情况的报告	饶南湖	2016年1月28日
玉溪市人民政府关于2015年度最严格水资源管理制度考核的自查报告	饶南湖	2016年2月28日
玉溪市人民政府关于玉溪市2015年度低碳发展考核自查报告	陈　勇	2016年3月18日
玉溪市人民政府关于对玉溪市城市总体规划（2011–2030）实施评估的报告	饶南湖	2016年4月7日
玉溪人民政府关于寒武纪乐园和广龙旅游小镇项目推进情况的报告	饶南湖	2016年4月27日
玉溪市人民政府关于向平安信托融资用于置换晋红高速公路项目部分征地拆迁费用相关事项的报告	饶南湖	2016年5月19日
玉溪市人民政府关于开展环境保护大检查和环境监管网格划分工作情况的报告	饶南湖	2016年6月21日
玉溪市人民政府关于玉溪市澄江老鹰地旅游度假村高尔夫球场和玉山城高尔夫球场停工完工情况的报告	饶南湖	2016年6月22日
玉溪市人民政府关于玉溪市澄江老鹰地旅游度假村高尔夫球场和玉山城高尔夫球场核查结果进一步复核情况的报告	饶南湖	2016年7月14日
玉溪市人民政府关于2016年森林防火目标管理责任状执行情况的报告	蔡四宏	2016年6月30日
玉溪市人民政府关于江川区撤镇设街道行政区划调整有关情况的报告	饶南湖	2016年6月30日
玉溪市人民政府关于贯彻落实省政府第89次常务会议精神的情况报告	饶南湖	2016年7月7日
玉溪市人民政府关于消化库存商品房和保障房工作情况的报告	饶南湖	2016年7月11日
玉溪市人民政府关于贯彻落实省长交办件（2015）68号情况的报告	饶南湖	2016年7月15日
玉溪市人民政府关于对云南省人民政府教育督导委员会办公室2016年学前教育工作专项督导检查情况通报的整改报告	杨　洋	2016年8月24日
玉溪市人民政府关于全面改善贫困地区义务教育薄弱学校基本办学条件督导整改报告	杨　洋	2016年8月24日
玉溪市人民政府关于省领导对澄江县立昌旅游小镇项目重要批示精神落实情况的报告	张德华	2016年9月17日
玉溪市人民政府关于完成玉溪玉山城高尔夫球场自行取缔工作的报告	王　力	2016年10月21日
玉溪市人民政府关于2015年度实行最严格水资源管理制度工作考核结果的整改方案的报告	张德华	2016年10月28日
玉溪市人民政府关于玉溪市本级2015年至2016年6月医疗保险基金审计整改报告	杨　洋	2016年12月21日
玉溪市人民政府关于2016年计划生育工作情况的报告	张德华	2016年12月22日
玉溪市人民政府关于饶南湖同志任期履行经济责任情况审计发现问题的整改报告	张德华	2016年12月27日

【重要请示】 2016年，市政府就市内有关情况向上级相关部门做了请示，重要请示见下表：

标　　题	签发人	日　　期
玉溪市人民政府关于转报易门县恳请帮助解决易门县现代高原特色农业示范区建设项目资金的请示	饶南湖	2016年2月19日
玉溪市人民政府关于审批玉溪市公务用车制度改革实施方案的请示	饶南湖	2016年3月25日
玉溪市人民政府关于转报新平县恳请帮助解决云南省农业科技“三下乡”暨赶街活动经费的请示	饶南湖	2016年4月28日
玉溪市人民政府关于转报新平县恳请帮助解决全省春季农业生产工作现场会议经费的请示	饶南湖	2016年4月28日

（续表）

标　　题	签发人	日　期
玉溪市人民政府关于澄江县恢复"澂"字为今县名用字的请示	饶南湖	2016年5月13日
玉溪市人民政府关于请求省人民政府协调中国证监会优先安排云南创新新材料股份有限公司上市的请示	饶南湖	2016年6月15日
玉溪市人民政府关于晋宁至红塔区高速公路收费立项及联网收费的请示	饶南湖	2016年6月17日
玉溪市人民政府关于请求协调省领导出席2016云南企业100强发布会暨大企业高峰论坛的请示	饶南湖	2016年6月28日
玉溪市人民政府关于报请审批星云湖流域水环境保护治理"十三五"规划（2016～2020年）的请示	张德华	2016年10月31日
玉溪市人民政府关于报请审批杞麓湖流域水环境保护治理"十三五"规划（2016～2020年）的请示	张德华	2016年10月31日
玉溪市人民政府关于报请审批抚仙湖流域水环境保护"十三五"规划（2016～2020年）的请示	张德华	2016年10月31日
玉溪市人民政府关于申报创建国家农业可持续发展试验示范区的请示	蔡四宏	2016年11月11日
玉溪市人民政府关于公布《云南省江川李家山古墓群文物保护总体规划（终稿修改）》的请示	张德华	2016年12月9日
玉溪市人民政府关于申请国道213线昆明至玉溪二级公路改扩建工程杯湖路段国家补助资金的请示	张德华	2016年9月30日
玉溪市人民政府关于上报玉溪市促进科技与金融结合试点方案的请示	解仕清	2016年1月15日
玉溪市人民政府关于批准我市招商合作局和移民开发局参照公务员法管理的请示	孙云鹏	2016年1月25日
玉溪市人民政府关于统一城乡居民基本医疗保险省级财政补助标准的请示	饶南湖	2016年2月7日
玉溪市人民政府关于玉溪至江川高速公路取消收取车辆通行费的请示	饶南湖	2016年2月18日
玉溪市人民政府关于转报易门县恳请帮助解决易门县大龙口水源保护区生态防护林造林项目资金的请示	饶南湖	2016年2月19日
玉溪市人民政府关于转报易门县恳请帮助解决易门县护林员定位管理系统建设资金的请示	饶南湖	2016年2月19日
玉溪市人民政府关于转报易门县恳请帮助解决易门县丰收水库引水工程建设资金的请示	饶南湖	2016年2月19日
玉溪市人民政府关于转报易门县恳请帮助解决易门县团结水库省级补助资金的请示	饶南湖	2016年2月19日
玉溪市人民政府关于转报易门县恳请将易门县农业综合开发项目纳入2016年实施计划的请示	饶南湖	2016年2月19日
玉溪市人民政府关于转报易门县恳请帮助解决易门县救灾物资储备库建设资金的请示	饶南湖	2016年2月19日
玉溪市人民政府关于上报玉溪九龙池风景名胜区总体规划的请示	饶南湖	2016年2月21日
玉溪市人民政府关于给予补助森林消防专用车辆购置资金的请示	饶南湖	2016年2月26日
玉溪市人民政府关于给予补助森林防火视频监控系统建设资金的请示	饶南湖	2016年2月26日
玉溪市人民政府关于将澄江寒武纪化石联合研究中心纳入中国科学院与云南省政府合作项目库并列入2016年实施项目的请示	饶南湖	2016年2月28日
玉溪市人民政府关于玉溪德商农业投资有限公司境外罂粟种植相关事宜的请示	饶南湖	2016年2月28日
玉溪市人民政府关于请求确认云南红塔塑胶有限公司股权变动所涉国有资产管理事宜及本次股权变动有效性的请示	饶南湖	2016年3月1日
玉溪市人民政府关于玉溪市红塔区研和工业片区低丘缓坡土地综合开发利用试点项目用地（一期）第二批的请示	饶南湖	2016年3月1日
玉溪市人民政府关于给予易门县稀贵金属循环经济产业发展扶持的请示	饶南湖	2016年3月2日
玉溪市人民政府关于申请独立运行玉溪中介超市的请示	饶南湖	2016年3月4日
玉溪市人民政府关于推进玉溪市商业银行更名为云南红塔银行股份有限公司相关事项的请示	陈　勇	2016年3月10日
玉溪市人民政府关于帮助解决华宁工业园区环境整治及综治维稳工作经费的请示	解仕清	2016年3月14日
玉溪市人民政府关于修改玉溪市煤炭产业结构调整转型升级方案的请示	解仕清	2016年3月23日
玉溪市人民政府关于《抚仙湖径流区区域总体规划》编制和广龙旅游小镇项目规划建设工作推进情况的报告	饶南湖	2016年4月5日
玉溪市人民政府关于无偿移交玉溪红塔体育森林公园高尔夫球场的请示	饶南湖	2016年3月2日
玉溪市人民政府关于武定至易门高速公路项目使用易门县多划基本农田的请示	饶南湖	2016年4月3日
玉溪市人民政府关于将玉溪市推荐上报为国家海绵城市建设试点城市的请示	陈　勇	2016年4月6日
玉溪市人民政府关于请求支持与国家信息中心共同打造国家"一带一路"大数据中心云南分中心的请示	饶南湖	2016年4月9日
玉溪市人民政府关于抚仙湖径流区区域总体规划编制和广龙旅游小镇项目规划建设工作的请示	饶南湖	2016年4月11日
玉溪市人民政府关于将玉溪市列为开展政策性农房地震保险试点工作的请示	饶南湖	2016年4月14日
玉溪市人民政府关于帮助协调解决澄江县寒武纪乐园项目用地的请示	饶南湖	2016年4月24日
玉溪市人民政府关于帮助协调解决广龙旅游小镇项目用地事宜的请示	饶南湖	2016年4月25日
玉溪市人民政府关于借用失业保险基金结余补充创业担保贷款担保基金的请示	张德华	2016年8月27日
玉溪市人民政府关于对易门县县域义务教育发展基本均衡工作进行督导评估的请示	饶南湖	2016年5月6日
玉溪市人民政府关于支持我市建设云南省两亚丝路大数据中心的请示	饶南湖	2016年5月17日
玉溪市人民政府关于增加中国食用菌协会为第十二届云南野生食用菌交易会主办单位的请示	饶南湖	2016年5月2日
玉溪市人民政府关于申请命名云南省玉溪市为中国楹联文化城市的请示	杨　洋	2016年5月27日
玉溪市人民政府关于帮助解决玉溪市教育医疗卫生基础设施建设资金投入的请示	陈　勇	2016年5月29日

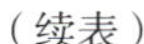
（续表）

标　　题	签发人	日　　期
玉溪市人民政府关于请求对玉溪市创建国家节水型城市工作进行审核并上报国家住房城乡建设部和国家发展改革委考核验收的请示	蔡四宏	2016年6月1日
玉溪市人民政府关于上报云南省玉溪市电子商务示范城市创建工作方案的请示	解仕清	2016年6月17日
玉溪市人民政府关于提请省人民政府常务会议听取玉溪市重点工作推进情况汇报的请示	饶南湖	2016年6月22日
玉溪市人民政府关于申报云南省第二批国家食品安全城市创建试点的请示	饶南湖	2016年6月24日
玉溪市人民政府关于江川区撤销江城等4个镇设置江城等4个街道的请示	饶南湖	2016年6月30日
玉溪市人民政府关于帮助协调玉磨铁路元江双线特大桥设计方案与桥头水电站坝址相互干扰影响问题的请示	饶南湖	2016年7月8日
玉溪市人民政府关于对玉溪市创建国家节水型城市工作进行考核验收的请示	饶南湖	2016年6月27日
玉溪市人民政府关于组建玉溪卫生康体职业技术学院的请示	杨　洋	2016年7月14日
玉溪市人民政府关于昆明绕城高速公路东南段建设项目（澄江段）用地的请示	饶南湖	2016年7月14日
玉溪市人民政府关于上报国有林场改革试点方案及实施方案的请示	蔡四宏	2016年7月19日
玉溪市人民政府关于协调省政府主要领导分管领导出席玉溪市与上海五家联合体战略合作框架协议签约仪式的请示	饶南湖	2016年7月24日
玉溪市人民政府关于将玉溪市华宁县列为云南省风电设备制造产业基地的请示	解仕清	2016年7月28日
玉溪市人民政府关于补助玉溪公安基层所队道路修缮经费的请示	朱家伟	2016年8月8日
玉溪市人民政府关于红河（元江）干流戛洒江一级水电站项目使用新平县多划基本农田额度的请示	张德华	2016年8月12日
玉溪市人民政府关于上报国家全域旅游示范区创建单位的请示	孙云鹏	2016年8月24日
玉溪市人民政府关于上报玉溪市易地扶贫搬迁三年行动计划中符合因地质灾害搬迁避让项目的请示	王　力	2016年9月8日
玉溪市人民政府关于武定至易门高速公路项目使用易门县多划基本农田额度的请示	张德华	2016年9月13日
玉溪市人民政府关于澄江县2016年度第三批城镇建设农用地转用及土地征收的请示	张德华	2016年9月22日
玉溪市人民政府关于明确新平县大红山矿区资源税政策的请示	张德华	2016年9月22日
玉溪市人民政府关于上报北山林场等三个国有林场改革试点方案的请示	蔡四宏	2016年9月30日
玉溪市人民政府关于设立国家工商总局商标局玉溪商标受理处的请示	解仕清	2016年10月17日
玉溪市人民政府关于补助玉溪市治保组织建设经费的请示	朱家伟	2016年10月25日
玉溪市人民政府关于申请验收玉溪市国有林场改革试点的请示	蔡四宏	2016年11月11日
玉溪市人民政府关于解决受灾群众今冬明春生活救助资金的请示	张德华	2016年11月11日
玉溪市人民政府关于昆明绕城公路东南段项目使用澄江县多划基本农田额度的请示	张德华	2016年11月11日
玉溪市人民政府关于上报澄江县土地利用总体规划（2010—2020年）修改方案的请示	张德华	2016年11月11日
玉溪市人民政府关于玉溪汇溪金属铸造制品有限公司年产120万吨钢材生产线项目备案进行认可的请示	解仕清	2016年11月18日
玉溪市人民政府关于给予增加玉溪市烟叶收购量计划指标的请示	张德华	2016年11月19日
玉溪市人民政府关于澄江县2016年度阳宗镇第三批次城镇建设农用地转用及土地征收的请示	张德华	2016年11月21日
玉溪市人民政府关于江川区2016年第一批次城镇建设农用地转用及土地征收的请示	张德华	2016年11月26日
玉溪市人民政府关于峨山县2016年度第二批城镇建设农用地转用及土地征收的请示	张德华	2016年11月26日
玉溪市人民政府关于澄江县2016年度第四批城镇建设农用地转用及土地征收的请示	张德华	2016年11月26日
玉溪市人民政府关于红塔区土地利用总体规划（2010～2020年）修改方案的请示	张德华	2016年11月28日
玉溪市人民政府关于新建玉溪至磨憨铁路（玉溪市境内）建设项目农用地转用及土地征收的请示	张德华	2016年11月29日
玉溪市人民政府关于调整2014年抚仙湖水污染防治省级补助资金用途的请示	张德华	2016年12月3日
玉溪市人民政府关于新建玉溪至磨憨铁路使用玉溪市红塔区等4个县区多划基本农田额度的请示	张德华	2016年12月22日
玉溪市人民政府关于出席华为玉溪云计算数据中心运营启动仪式的请示	张德华	2016年12月27日
玉溪市人民政府关于上报玉溪市土地利用总体规划（2006—2020年）调整方案的请示	张德华	2016年12月29日

【重要通知】 2016年，市政府下发了有关通知，重要通知见下表：

标　　题	签发人	日　　期
玉溪市人民政府关于做好鼓励引导社会资本参与农田水利设施建设运营管理的通知	饶南湖	2016年9月6日
玉溪市人民政府关于撤销江川县设立江川区的通知	饶南湖	2016年1月11日
玉溪市人民政府关于印发玉溪市机关事业单位工作人员养老保险制度改革实施方案的通知	孙云鹏	2016年1月11日
玉溪市人民政府关于进一步做好防范和处置非法集资工作的通知	陈　勇	2016年1月8日
玉溪市人民政府关于印发玉溪市机关事务管理办法的通知	饶南湖	2016年1月13日
玉溪市人民政府昆明市人民政府关于印发玉溪市与昆明市行政区域界线联合检查及共建平安边界实施方案的通知	饶南湖	2016年1月27日
玉溪市人民政府关于开展投资类公司清理整顿工作的通知	陈　勇	2016年2月2日
玉溪市人民政府关于抚仙湖北岸湿地安置房龙润园一期建设项目有关问题的通知	孙云鹏	2016年2月6日

（续表）

标　　题	签发人	日　　期
玉溪市人民政府关于调整市人民政府领导工作分工的通知	饶南湖	2016年3月2日
玉溪市人民政府关于印发玉溪市非煤矿山转型升级实施方案的通知	解仕清	2016年4月5日
玉溪市人民政府关于下达2016年国民经济和社会发展计划主要指标的通知	陈　勇	2016年3月14日
玉溪市人民政府关于成立“玉溪·顺义产业园”项目协调小组的通知	解仕清	2016年3月21日
玉溪市人民政府关于切实抓好2016年烤烟生产工作的通知	蔡四宏	2016年3月30日
玉溪市人民政府关于印发玉溪市国民经济和社会发展第十三个五年规划纲要的通知	饶南湖	2016年3月22日
玉溪市人民政府关于印发进一步落实粮食安全行政首长责任制实施意见的通知	蔡四宏	2016年3月31日
玉溪市人民政府关于印发玉溪市人民政府拟定地方性法规草案和制定政府规章程序规定（试行）的通知	蔡四宏	2016年3月31日
玉溪市人民政府关于公布第四批市级非物质文化遗产代表性项目名录的通知	杨　洋	2016年4月12日
玉溪市人民政府关于调整市人民政府领导工作分工的通知	饶南湖	2016年4月27日
玉溪市人民政府关于印发玉溪市重大招商引资项目工作管理办法（试行）的通知	解仕清	2016年5月3日
玉溪市人民政府关于印发玉溪市招商引资中介奖励办法（试行）的通知	解仕清	2016年5月3日
玉溪市人民政府关于印发玉溪市贯彻落实“四再”要求促进外来投资的意见的通知	饶南湖	2016年5月3日
玉溪市人民政府关于行政复议案件处理程序若干问题的通知	饶南湖	2016年5月10日
玉溪市人民政府关于调整设置江川区国土和公安管理体制的通知	陈　勇	2016年5月10日
玉溪市人民政府关于印发玉溪市加快乡村旅游发展行动方案的通知	孙云鹏	2016年5月17日
玉溪市人民政府关于明确2016年度市长副市长“一岗双责”安全生产责任的通知	饶南湖	2016年5月10日
玉溪市人民政府关于印发玉溪市产业发展基金使用规范（试行）的通知	饶南湖	2016年5月29日
玉溪市人民政府关于印发玉溪县级联社分批改制组建农村商业银行工作方案的通知	饶南湖	2016年5月29日
玉溪市人民政府关于印发玉溪市社会信用体系建设两年行动计划的通知	饶南湖	2016年6月7日
玉溪市人民政府关于调整土地利用总体规划指标的通知	陈　勇	2016年6月10日
玉溪市人民政府关于调整市人民政府领导工作分工的通知	饶南湖	2016年7月6日
玉溪市人民政府关于盘清我市工业企业现状促进县域经济健康发展的通知	饶南湖	2016年7月25日
玉溪市人民政府关于印发中国制造2025玉溪行动计划的通知	饶南湖	2016年8月3日
玉溪市人民政府关于市政府领导工作分工的通知	张德华	2016年8月31日
玉溪市人民政府关于玉溪市纳入国家考核地表水断面1至8月份水质情况的预警通知	张德华	2016年9月7日
玉溪市人民政府关于公布玉溪市第四批民族民间工艺师人员名单的通知	杨　洋	2016年9月18日
玉溪市人民政府关于印发加强和规范开放合作工作方案的通知	张德华	2016年10月7日
玉溪市人民政府关于印发北山林场等三个国有林场改革实施方案的通知	蔡四宏	2016年10月28日
玉溪市人民政府关于公布县区人民政府和第一批市级行政机关规范性文件制定主体的通知	张德华	2016年11月6日
玉溪市人民政府关于印发玉溪市市级储备粮管理办法的通知	蔡四宏	2016年11月17日
玉溪市人民政府关于清偿政府债务退出融资平台的通知	王　力	2016年11月23日
玉溪市人民政府关于印发玉溪市加快发展青少年校园足球工作实施意见的通知	杨　洋	2016年12月14日
玉溪市人民政府关于张萌萌同志工作分工的通知	张德华	2016年12月21日
玉溪市人民政府关于印发玉溪市体育产业发展规划（2016～2025）的通知	杨　洋	2016年12月22日
玉溪市人民政府关于公布第四批市级非物质文化遗产项目代表性传承人的通知	杨　洋	2016年12月30日

【重点督查】　2016年，市政府督查室扎实开展了2016年《市政府工作报告》任务分解及“市政府20项重要工作和10件惠民实事”的督促落实工作，每个季度将工作完成情况整理形成专报上报，并对第三季度工作完成情况进行了研判，将任务难度较大的13项工作呈报给市政府领导参阅。按月开展市政府常务会议决定事项、玉溪市稳增长工作、全市经济发展主要目标任务完成情况、副市长组长负责制重大建设项目、市政府10件惠民实事、市委“八要”、市政府办牵头承办的市委常委会议决定事项、市委主要领导讲话精神、全市工业投资和规上工业增加值完成情况、工业企业纳规等工作进行跟踪督查。年内，市政府召开常务会议14次，研究议题111项，督查办结105项。对各县区、市直有关部门完成市人代会和市政府全会确定的主要经济指标情况做到一月一督查、一月一通报、季度未完成进行预警。印发了通报18期，发出预警通知128次，按时间节点做好中心工作的督查落实。开展了全市天然气管道支线建设及推广利用、玉溪市二手车市场建设和管理有关情况、全市森林防火、高速公路和农村公路建设进度、玉磨铁路征地拆迁、规上工业停厂关停厂复厂达标、市政府四届六次全会分解的任务落实、张德华市长红塔区调研安排部署工作、农村危房改造和抗震安居工程、“三湖”流域农业高效节水减排、市政府挂牌督办的峨山小街街道乐德旧村非法采砂、不动产登记等12项工作督查，确保各项工作全面推进落实。

【督查落实和反馈】　2016年，市政府督查室开展各类综合督查、专项督查、跟踪督查、书面督查活动54次，形成重点工作督查专报88期；下发全市经济目标任务预警通知128期；完成督查落实市委、市政府领导交办批示督查件292件，其中市委主要领导批示件60件，市政府主要领导批示件232件，整理上报领导重要批示督查专报19期；完成上级部门要求督查落实事项21件。

【改革工作】 2016年，按照市全面深化改革领导小组的要求部署，市政府办高度重视各项改革工作，切实加强组织领导，加大宏观调控和科学指导，以改革破解发展难题、厚植发展优势，深化经济体制改革、农村综合改革、开放型经济体制改革、文化教育卫生体制改革、社会体制改革、生态文明体制改革、公务用车改革及市政府研究室、市政府法制办、市金融办涉及改革事项、内部改革和信息等11个方面的重点改革工稳步有序推进，上报市委深改办情况汇报61期，撰写改革发展信息26期164条，在玉溪网上开办玉溪供销网宣传综合改革情况，在《玉溪日报》刊发玉溪发展改革等方面文章54篇，委托玉溪日报社制作了《水润玉溪，泽被民生》等电视专题片，向主流媒体推介推广改革经验和典型。

【建议、提案办理】 2016年，市政府坚持把人大代表建议、政协委员提案办理工作作为份内职责，积极探索集中交办、重点领办、日常督办等方式，着力解决人民群众普遍关心的重点难点问题，办理效率和质量明显提升。市政府系统共承办建议286件、提案331件，占建议提案总数的92.86%和96.22%，全部按时限要求办复完毕。各承办单位认真贯彻落实建议提案办理协商和持续深化作风建设的新要求，不断探索实践协商办案方式，积极采取电话协商、上门协商、调研协商、网络协商、邀请代表委员当面协商等多种方式，主动增强与代表委员的沟通交流，达成办理共识，促进了办理工作的落实。市政府系统承办的建议、提案中，已经解决或基本解决的分别为143件和169件，占承办总数的50%和51.06%，解决率为历年最高。

【会务服务】 2016年，市政府机关事务管理局以“提高效率、提升质量、规范服务”为目标，由会堂管理科统筹协调机关会议室的管理使用，认真搞好会务服务工作。全年共召开各类会议500余场次，参会人员2.5万多人次，制作名称水牌6 000余个。

【政务信息】 2016年，市政府办公室政务信息工作按照“三个围绕”，即围绕领导关心的中心工作，围绕重大项目、重点工作、重要决策，围绕经济发展、社会稳定，及时撰写、收集、整理、上报信息，在“新”“深”“精”上下功夫，健全完善政务信息通报、考核制度，定期对各县区、各部门政务信息报送情况进行考核通报，年底将考核情况提交市综合考核办，政务信息工作取得明显成效。全年共收到全市各部门、各县区上报信息9 617条，共采编2 109条，采编率22%。其中：编辑发刊《玉溪政务信息》73期，《信息专报》15期，《市长专报》7期；编辑上报省政府办公厅信息1 403篇，被采用107篇，得分928分，获全省政府系统政务信息工作一等奖。

【信息公开】 2016年，市政府办公室切实做好政府信息公开工作，充分发挥协调、督促、指导职能，各县区、各部门坚持“以公开为原则，不公开为例外”的总体要求，进一步加大公开力度、扩大公开范围、优化公开形式、细化公开内容，依法、主动、及时、准确公开政府信息。2016年1月1日至12月31日，市政府网（不含县区）共发布信息9 650条，比上年同期增长2.4%；市政府信息公开门户网站（含全市县区单位）共发布信息84 704条，比上年同期增长6%；公开政府规范性文件12条，与上年同期持平。要求各县区、各部门抓好政务公开工作落实，制定下发了《玉溪市人民政府办公室关于调整市政务公开领导小组组成人员的通知》《中共玉溪市委办公室玉溪市人民政府办公室关于全面推进全市政务公开工作的实施方案的通知》《玉溪市人民政府办公室关于印发2016年政务公开工作要点的通知》《玉溪市人民政府办公室关于2015年政府信息公开第三方评估发现问题整改工作的通知》。根据省政府办公厅信息公开办要求，为更好地整合资源力量加强两网建设，切实提高政府网站政务公开栏目工作实效性、权威性，于7月26日完成了政府信息公开网与政府门户网合并建设工作。做好政府网站管理工作，对各县区政府、市直各部门72个政府网站进行了检查，并督促整改。

【计算机安全保密管理及OA系统运用】 2016年，市政府办坚持“谁上网、谁负责”原则，认真抓好计算机系统保密管理工作。每季度对办公室内部计算机进行逐台检查，没有发现涉密信息的计算机上互联网，凡上互联网的计算机也没有存放任何涉密信息。同时，凡涉密计算机与局域网禁止连接，架设了系统防火墙，实行专人管理和授权控制使用，有效防止了信息泄密。网上发文均由保密人员专人负责操作和管理，做到涉密文件不上传，使计算机网络安全保密管理制度得到进一步健全落实，有力保障了信息网络安全。通过精简公文办理流程，督促公文办理等方式，提高公文办理效率，确保政令畅通。利用OA系统签批流程提高公文流转速度，及时办理各单位发给市政府和市政府办的各类公文简报，对重要公文的办理情况进行跟踪督促，确保高效有序流转。全年共收到各级各类公文14 883个，市政府及市政府办发文1 006个，OA系统运行情况良好。

【应急管理】 2016年，市政府应急办（总值班室）认真履行“应急值守、信息汇总、综合协调、督促检查”的职责职能，稳步推进应急管理各项工作顺利开展。强化政务值班，提高服务水平。牢固树立“政务值班无小事”的思想，严格落实各项值班规章制度，做到不脱岗、不离岗，坚持24小时值班制度，及时搞好上情下达、下情上报，确保了市政府、办公室的政令畅通和政务信息迅速、准确地传递，为领导提供了便捷、高效的服务。加强应急管理，提高处置能力。围绕“一案三制”，不断完善应急预案体系建设，建立健全应急管理体制，进一步理顺规范应急管理机制，严格执行应急管理相关法律、法规。及时做好突发公共事件处置工作，全年共协助市政府、市政府办领导处置各种突发事件83起，上报省政府应急办值班报告15期。稳步做好市应急指挥中心各项工作。全力推进市应急指挥中心平台提升改造工程项目，积极做好小型移动平台改装恢复及增添设备工作，做好市应急指挥中心后勤保障，确保市应急指挥中心正常运转。

【市政府办人事工作】 2016年，市政府办公室根据市委组织部、市人社局的相关要求，在市政府办公室党委的领导下，着力在加强业务建设和服务上下功夫，日常工作做到规范、严谨、精细，努力提人事工作水平。参与完成办公室及所属部门2016年度6名下派挂职干部的组织安排工作。继续做好市政府办公室、法制办、机关事务管理局、接待办、地方志办、烟办共89名乡科级及以下职级公务员的档案审核工作；协助做好厅级、县处级干部档案差缺材料的收集上报工作。完成市政府办公室、机关事务管理局、烟办县处级、乡科级以下公务员和工勤人员2015年度的考核工作及2016年度平时考核材料的收集、审核、审查工作。办理厅级领导干部任免职（含挂职）7名。完成了市政府办公室、机关事务管理局2016年度劳动保障执法年审工作。完成了2015年度年休假未休工资报酬的核算、上报审批工作。配合市委组织部，完成2014～2016年度6名下派挂职科级干部的挂职鉴定工作。参与配合完成市委组织部组织的县处级干部民主推荐、提拔任用工作，提拔为正县级干部1名，副县级干部2名。参与配合市委组织部县处级干部试用期满考察5人次。组织完成了办公室、法制办科级干部民主推荐工作各1次，办公室及所属部门提拔为正科级干部17名，提拔为副科级干部7名。办理科级干部内部轮岗工作2次共5名。办理16名干部调入手续，办理7名干部调出手续，办理4名干部退休手续；办理市政府驻京联络处招聘1名工作人员手续，参与办理市公务用车服务平台招聘31名驾驶员手续；办理办公室及所属部门2名同志辞职手续。协助完成县处级及以上职级领导干部个人有关事项报备工作。办理市政府办公室145人430余人次（含机关事务管理局、烟办）的正常增加薪级工资、正常晋升级别（档次）工资和工资标准调整上报审批手续，建立应用云南省工资福利信息管理决策支持系统。配合市政府机关事务管理局参与做好公车改革补贴工作。参与、协助配合做好2015年度目标任务综合考评奖填报及2016年度综合考评奖的预发填报工作。根据省市相关文件精神，做好办公室干部职工公休假相关工作；做好干部职工其他请休假的登记备案工作，共登记备案职工请休假92人次。全年到医院看望生病住院的在职干部职工19人次。根据市委组织部相关文件要求，及时做好市政府办公室及所属单位的特岗人员出国（境）管理监督工作，协助做好出国（境）人员办理相关手续。做好清理党政领导干部在社会团体、企业兼职清理整顿工作。

【财务管理】 2016年，市政府机关事务管理局严格执行各项财经纪律，认真落实各项经费管理规定，不断健全相关管理制度，完善审批报销程序，从严控制行政运行成本，压缩“三公”经费支出。相继完成了市政府办公室及所属9个财务单位的财务收支、单位国有资产清查、2015年度部门决算公开等工作，按时按质报送相关报表、资料、数据，做到证证相符、账证相符、账账相符、账表相符、表表相符，市政府办2015年度部门决算工作被市财政局评定为二等奖。全年发生因公出国（境）10人次，支出经费32.61万元，与上年同期增158.19%；公务接待费51.81万元，与上年同期压缩21.68%；车辆运行费110.96万元，同比压缩29.83%。圆满完成向上争取资金1 834万元的目标任务。

【公务用车改革和管理】 2016年，市公车办严格公务用车审批，全市审批特种公务用车34辆。按照市委、市政府要求，认真落实《玉溪市公务用车制度改革实施方案》及配套文件精神，完成了市级公务用车改革各项工作。共组织5场专场拍卖会，处置车辆546辆，总成交金额2 881.63万元，溢价率达42.21%。对市级参改单位保留的213辆公车，按照要求统一喷涂了“公务用车”标识，指导9个县区车改工作有序推进。成立了玉溪市机关公务用车服务中心，制定下发了《玉溪市级综合服务保障平台管理规定（试行）》。自5月20日市级涉改单位取消车辆进行封存停驶以来，完成了中心61辆车的选调及31名驾驶员的选聘工作；完成市级公务用车综合服务信息化平台建设并开始运行，实现全程有效监督，确保规范合理使用留用公车。加强办公室机关公务用车管理，车队始终强化安全意识，严格遵守安全法规，认真执行车辆保险、维修、加油、派遣、停放、保养等规定，13辆留用车辆全年未发生任何交通责任事故。全年配合相关部门圆满完成了中国—东盟国家外长特别会议、第4届南博会暨第24届昆明商品交易会玉溪分会场、全市城市工作会、玉溪市“收获金秋·共谋发展”投资峰会等大型会议、活动的会务用车服务工作。

【公共机构节能管理】 2016年，开展节约型公共机构示范单位的创建工作。按照国务院《关于开展第二批节约型公共机构示范单位创建工作有关事项文件的通知》和省《关于印发云南省“十二五”节约型公共机构示范单位名单的通知》要求，组织申报澄江县行政中心、玉溪一中、玉溪师院附中作为第二批示范单位。澄江县行政中心于2016年3月被授予国家级第二批节约型公共机构示范单位荣誉称号；大力开展了“节能领跑、绿色发展”主题和低碳日“绿色发展，低碳创新”主题宣传活动，采取多种形式普及节能常识，推进资源综合利用，组织市直单位15名公共机构节能工作人员参加远程培训；开展能耗统计工作。认真汇总全市各公共机构水、电、油等消耗统计情况，进行能耗统计分析，分别完成了2015年全市1 482个公共机构完成能耗数据和2016年全市上半年1 364个公共机构能源资源消费统计上报工作。实现市政府下达的公共机构人均能耗下降目标，2016年全市公共机构人均水、电、车均油耗同比分别降低3%。

【办公用房和资产管理】 2016年，按照中央、省、市办公用房管理相关要求，进一步巩固超标准使用办公用房、豪华装修办公室整治成果，将清理出的885.2平方米办公用房进行科学管理、合理配置使用。严格管理市政府办公室、管理局国有资产，做好清查盘点登记工作，做到“三个一”，即：一物、一卡、一照片，账卡物相符。

【干部职工教育培训】 2016年，市政府办公室扎实搞好干部职工培训工作，制定了《2016年玉溪市政府办公室公务员在职培训实施方案》《2016年市政府办公室干部职工培训计划》，参加培训人员约480人次。修改完善了单位《干部职工学习培训制度》，安排干部职工参加各种学习培训，市政府办公室及办公室党委所属机关事务管理局、法制办、接待办、烟办、地方志办127名干部参加学习培训3 932学时，人均30.9学时。组织符合条件的2名工勤人员参加2016年举办的技术工人职业资格培训鉴定。组织市政府办公室、机关事务管理局全体干部职工参加普法考试，做好“宪法日”相关法律法规宣传普及工作，制定了市政府办公室“七五”普法规划和普法要点。组织安排了27名不同级别的干部职工参加全省政府系统公文办理培训、第十五期中青年干部培训等不同各类的专项业务工作培训。组织市政府办公室、机关事务管理局、烟办全体干部职工开展以通用能力为重点的在职培训工作。组织全体干部职工学习《干部任用条例》《干部教育培训工作条例》《国家安全法》，组织相关领导及业务科室学习《云南省机构编制监督检查办法》，着手推广应用国家工作人员网络在线学法考试系统。做好干部职工学历教育的有关基础性服务工作。

【机构编制工作】 2016年，市政府办公室认真开展机构编制的相关工作，完成了市政府办公室、市政府机关事务管理局控编减编工作。督促完成了办公室所属4个事业单位的基础情况登记、机构编制执行情况评工作。完成了市政府办公室机构改革“回头看”自检自查及评价工作。完成了市政府办公室、市政府机关事务管理局、地方志办、市政府驻京联络处2017年进人计划上报工作。

【党建工作】 2016年，市政府办党委按照中央和省委、市委的安排部署，完成了以下主要党建工作任务：在市政府党组、市政府办党委两个领导班子、14个党支部、192名党员中开展了“两学一做”学习教育，推动党内教育从“关键少数”向广大党员拓展，从集中性教育向经常性教育延展；以“基层党建推进年”为统领，持续推进“争先创优跨越发展大讨论大行动”、深入推进扶贫攻坚“挂包帮、转走访”和“双联系一共建双推进”工作，为联系乡镇（街道）和村（居）委会、村（居）民小组解决脱贫攻坚项目、综治维稳“四无”创建、美丽乡村建设等工作经费80万元，帮助当地群众协调解决困难56个，参与镇、村易地搬迁整乡推进等重点工作18件，关爱慰问贫困困难群众34户，发放大米128袋，食用油128桶；以“美丽玉溪服务先锋”为引领，组织167名在职党员到红塔区文化社区等14个社区开展“在职党员到社区报到为群众服务”工作；继续推进党员积分制管理，年内完成6个党支部支委会换届选举和部分支委补选、改选工作，严格按程序发展党员2名；完成46名人事关系变动的组织关系转接、党员管理信息系统数据采集的录入及交换工作；做好党员信息管理系统的维护、统计上报等工作；规范开展以“三会一课”为主的党内政治生活，深入推进党务公开；筹备并服务好市政府党组会议、市政府办党委会议各11次，年度民主生活会和专题民主生活会各1次。

【“农转城”工作】 2016年，市城乡统筹办按照省委、省政府的安排部署，高位统筹，全面推动农业转移人口市民化工作，着手编制城乡建设规划，加强城乡基础设施建设，聚力推进产城融合发展，聚力落实转户居民权益，不断完善城乡基础设施，努力抓好城市精细管理，逐步扩大城镇建设规模，扎实开展城乡环境整治，强化城乡居民素质教育，着力推进农业转移人口市民化进程，取得明显成效。全市“农转城”人口43.8万人，全市户籍人口城镇化率由转户前的18.1%提高到38.35%，提高20.25个百分点。

【老干部管理服务】 2016年，市政府办公室有离退休人员45人，其中：厅局级老领导5人，县处级干部16人，乡科级以下干部12人，工勤人员12人。办公室党委历来十分重视老干部工作，明确了老干部工作由市政府秘书长亲自抓，办公室主任直接抓，办公室党委副书记协助抓，人事老干科专人负责具体事务性服务工作，为做好老干部工作奠定了坚实基础。指导离退休老同志加强政治理论学习，充实他们的政治文化生活。坚持每月15日的学习制度，重点学习邓小平理论、“三个代表”重要思想和科学发展观，学习党的十八大报告及十八届四中、五中、六中全会精神，积极组织老干部开展“两学一做”学习教育，从精神上关爱老同志。为老干部活动室订阅报刊、杂志、学习文件资料，为副县级以上领导每人订阅《晚霞》和《云南老年报》各一份，为其他老同志每人订阅《云南老年报》一份，为老同志提供精神食粮，丰富了他们的文化生活。认真落实老干部政策。落实好老干部“两个待遇”，认真办理离休干部的特需费，老干部健康疗养费等，从未出现拖拉。坚持走访慰问老同志，一年来，到医院看望生病住院的离、退休老同志16人次，参与办理去世离退休老干部丧事并慰问其家属1人，及时办理发放老同志或去世老同志家属的相关费用。以走访慰问、召开座谈会等方式，认真组织做好2016年春节、敬老节等相关活动，办公室领导出席并对老干部们表达了办公室对节日的祝贺和对老干部的关心问候。及时请老干部对办公室相关工作提出意见和建议，为办公室今后不断改进和提高老干部管理服务工作提供了方向和动力。经常深入了解老同志在实际生活中存在的困难和问题，在政策范围内尽量解决。对老同志多问候，多关怀，做好思想工作，化解各类矛盾，把党和政府的关怀和温暖传递给办公室的每一位老同志。根据市委老干局通知要求，做好老干部网络宣传员、老干部先进集体和先进个人、最美老干部申报工作和2016年度离退休老干部的统计上报工作。

【关工委工作】 市政府办公室在册户口221户、542人，有青少年儿童159人，其中：3岁以下34人，3至14周岁89人，14周岁以上36人。2016年，市政府办公室关工委本着“为青少年健康成长服务、为孩子的家长服务、为社会治安服务”的宗旨，围绕“进行社会主义核心价值观”的学习教育这个根本任务，开展了丰富多彩的“六·一”儿童节活动、以感恩为主题的“大学生读书演讲比赛”活动、到新平县建兴乡开展“送温暖”活动等内容丰富、形式多样、生动鲜明的爱国主义、革命传统、社会主义法制教育和道德教育。通过开展各种活动，孩子们的思想道德素质、明礼诚信、遵纪守法、团结友善等方面有了很大变化，为创建文明机关和文明社区打下了良好的基础。办公室关工委成为了学校、家庭和社会的连接点，精神文明共建的场所，社区未成年思想道德建设和培养社会主义接班人的阵地。

（秦文伟）

决策咨询

【重要文稿起草】 2016年，市政府研究室围绕市委、市政府的中心工作，集中精力，全力以赴提高文稿服务水平，较好地完成了各项文稿起草工作。按照市政府领导的安排，与政府办协力完成了政府工作报告、报告起草说明、报告修改情况说明和市政府四届五次、六次全会等重要会议的材料起草。积极参与市委、市政府主要领导在市委经济工作会、经济分析会、上半年工作汇报会、固定资产投资工作暨滇中城市经济圈一体化发展推进会、城市工作暨城乡人居环境提升行动会、重点产业发展领导小组会议、市政府党组扩大会等50多个会议上的讲话起草。高质量完成了玉溪市2015年工作情况自查报告、玉溪市落实陈豪省长重要批示情况报告、市长在中丹地方政府合作论坛上的演讲稿、玉溪市重点工作推进情况、玉溪市经济社会发展情况、玉溪市经济发展和城乡规划建设情况、玉溪市全面推进脱贫攻坚执行专项纪律工作情况汇报、玉溪市关于稳增长促改革强创新惠民生工作自查报告等30余个市委、市政府重要材料。参与完成了玉溪市加快开放型高原特色农业发展的实施意见、玉溪市关于加快推进高原特色绿色生态循环农业发展的意见、玉溪市关于加快推进农村一二三产业融合发展的实施意见、玉溪市供给侧结构性改革总体意见、关于在全市开展“争先创优跨越发展”大讨论、大行动实施意见等一批市委、市政府重要政策文件的起草修改工作。完成了云南经济年鉴玉溪专题宣传版等多篇外宣材料起草，为推介玉溪、扩大玉溪知名度发挥了重要作用。

【调查研究】 2016年，市政府研究室超前谋划调研工作，建立部门联系制度，聚焦全市经济社会发展的热点难点，围绕产业发展、生态环保、城镇建设、民生改善积极开展专题调研，选取了事关全市经济社会发展大局的热点、难点问题进行调研。为市委、市政府重大决策建言献策，全年组织开展专题调研20余次，形成玉溪开放型高原特色农业发展调研报告、玉溪提高城镇化水平和推进农业转移人口市民化进程调研报告、玉溪创新城市管理方式的调研报告、玉溪破解农业企业设施用地瓶颈的调研报告、玉溪建筑业发展现状调研报告、新平戛洒镇南蚌社区发展变化情况的调查报告等一批专题调研报告，调研成果在推进全市经济社会发展中得到广泛应用。

【课题研究】 2016年，市政府研究室始终把课题研究摆在重要的位置，针对玉溪市经济社会长远发展，主动开展前瞻性的战略研究，完成了《玉溪在云南开放型经济中的地位和作用课题研究玉溪开放型经济研究》和《玉溪市四化同步五位一体推进美丽玉溪建设政策研究》两个重点课题研究工作，研究成果在玉溪产业培育、规划“四带多园”经济发展、城乡建设、生态建设等领域得到采纳应用。

【决策咨询服务】 2016年，市政府研究室以提升决策咨询服务能力为重点，充分发挥决策参谋服务全局的作用，抓重点、抓热点、抓难点，积极开展对策性和战略性研究，创新服务方式，丰富决策咨询内容，多领域、多渠道拓展咨询工作发展空间，提供了许多具有实用价值的信息参考，决策咨询的影响力不断扩大。购买了国研、安邦等智库信息，及时为领导决策提供咨询服务。全年共编辑提供《领导参阅》34期，编辑印发全市《政府工作报告汇编（2015～2016）》600册。及时更新研究室政务信息公开网数据资料，扩大决策咨询服务的范围。搭建市政府研究室资料数据平台，为市政府领导及部门提供便捷的信息资料服务。

（雷庆文）

2016年8月16日，代市长张德华到易门县铜业有限公司调研 （曾永洪 摄）

政府法制

【建设法治政府】 2016年，市政府法制办围绕到2020年基本建成法治政府的目标，全面加快法治政府建设。3月14日召开了全市政府法制工作会议，对2016年全市政府法制工作进行安排部署。在出台《玉溪市人民政府关于深入推进依法行政加快建设法治政府的实施意见》《玉溪市县区政府法治政府建设指标体系和玉溪市政府部门法治政府建设指标体系》的基础上，率先在州市出台了《玉溪市法治政府建设实施方案（2016～2020年）》暨任务措施分工方案。从法治政府建设的7大方面提出了52项工作任务，将其细化为279项针对性、实效性较强的改革和法治举措，逐一明确了牵头单位、责任单位和完成时限，为做好法治政府建设工作提供重要遵循。坚持市政府常务会议、市委常委会议、市委深改会议专题研究法治政府建设工作。涉及政府立法、重大行政决策责任追究、重大行政执法决定法制审核等事项均通过市政府常务会议、市委常委会议、市委深改会议研究。坚持市政府常务会议集体法制学习，市政府常务会议组织对《云南省重大行政决策程序规定》《玉溪市抚仙湖保护条例（修正）》进行了集体学习，切实提高领导干部学法尊法守法用法意识。坚持法治政府建设考核评价机制，推进依法行政、建设法治政府纳入市委、市政府一年一度的目标任务综合考评，纳入政绩考核指标体系，并占一定的分值和权重，法治政府建设成效成为衡量各级领导班子和领导干部工作实绩的“硬指标、硬实绩和硬约束”。市政府法制办被省政府表彰为2013～2015年云南省依法行政工作先进单位。

【依法科学民主决策】 2016年，市政府法制办认真贯彻落实省、市重大行政决策程序规定，出台了《玉溪市人民政府办公室关于认真贯彻落实云南省重大行政程序规定的通知》，要求重大行政决策必须遵循公众参与、专家论证、风险评估、合法性审查和集体讨论决定的法定程序，强化决策程序的刚性约束。全年市、县区政府和市直部门共作出重大行政决策事项332项，举行重大行政决策听证事项106项。对《玉溪市人民政府关于促进全市房地产业平稳健康发展的实施意见》《玉溪市重大招商引资项目管理规则（试行）》《中共玉溪市委玉溪市人民政府关于整合城市执法力量加强城市管理的指导意见》等202件涉及市政府重大决策、重要项目建设的事项进行合法性审查。

【政府法律顾问工作】 在2015年底率先在全省实现市、县区政府及其工作部门法律顾问全覆盖的基础上，2016年，市政府法制办不断巩固提升政府法律顾问的服务质量和水平，严格落实《玉溪市人民政府关于进一步加强政府法律顾问工作意见》，推动政府法律顾问全面介入政府依法行政、依法决策和行政执法各领域、各环节。全市共聘请法律顾问543人（次），市政府法律顾问共参与审查重要合同（协议）69件，办理复议诉讼法律事务19件，参与信访接待11次，切实发挥法律顾问在政府工作中的“护航”作用。

【地方立法】 2016年，市政府法制办抓住玉溪市从2016年3月起享有地方立法权的契机，全面推进地方立法工作。制定出台了《玉溪市人民政府拟定地方性法规草案和制定政府规章程序规定（试行）》和《玉溪市地方立法有关费用管理规定（试行），规范政府立法程序和立法经费使用。会同市人大常委会编制了玉溪市2016～2018年立法规划和2016年立法工作计划并组织实施。《玉溪市新平哀牢山县级自然保护区条例》作为玉溪享有地方立法权后的第一部地方性法规已通过市人大常委会审议，报请省人大常委会批准。《玉溪市抚仙湖保护条例（修正）》获得省人大常委会通过，从2016年9月29日起实施。《云南省澄江化石地世界自然遗产保护条例》已通过省人大常委会一审审议。《玉溪市城镇绿化条例》立法工作顺利推进。

【规范性文件监督管理】 2016年，市政府法制办组织全市开展行政机关规范性文件制定主体资格和现行有效规范性文件清理。市政府确认了9个县区政府和第一批58个市级行政机关的规范性文件制定主体资格并向社会公布。对符合经济社会发展要求、未与法律法规规定冲突的40件市政府规范性文件，继续保留；对不适应市场经济和社会发展要求，主要内容与新的法律、法规等政策措施不相适应，以及已被新的法律、法规等政策措施所代替，或所依据的法律、法规和规章已被废止的20件市政府规范性文件，予以废止；对部分内容不适应市场经济和社会发展要求，与法律法规等政策措施不一致的12件市政府规范性文件进行修改完善，并将清理结果向社会进行了公布。对县区政府和市政府部门报送登记的15件规范性文件进行了审查登记备案。市政府发布的6件规范性文件按规定向省法制办报送登记备案，同时报送市人大常委会备案，从源头上防止行政行为违法，切实维护法制统一。

【行政复议、诉讼和调解】 2016年，市政府法制办继续推进行政复议规范化建设，组织对全市行政复议工作规范化建设进行考核验收。认真办理行政复议案件，全年共受理行政复议案件22件，通过审理，维持12件，终止（纠正）10件，纠错率达45.5%。认真执行新《行政诉讼法》和《玉溪市行政机关负责人行政诉讼出庭应诉规定》，年内法院开庭审理的36件行政诉讼案件，行政机关负责人出庭应诉36件，行政机关负责人出庭应诉率100%，涉及以市政府为被告的案件，市政府分管副市长蔡四宏到省高院出庭应诉并发言，主动接受司法监督，杜绝“告官不见官”。加强行政调解工作，年内全市以调解方式结案13 505件，其中调解治安案件9 485件，民事纠纷案件3 810件，劳动人事争议仲裁案件210件。积极推进行政执法与刑事司法相衔接的工作机制，市级17家重点行政执法单位全部按要求接入信息平台，并进行行政处罚案件、工作信息、法律法规等内容录入。市两法衔接信息平台共录入行政处罚案件1 179件，市检察机关监督行政执法机关移送案件2件，监督公安机关立案10件6人。

【行政执法监督】 2016年，市政府法制办大力推进县区市场监管、卫生计生、文化广电、抚仙湖管理等综合行政执法。统一在县区组建市场监督管理局，全面清理行政执法职权职责。在省级部门清理的基础上，对市级43个行政执法部门报送的行政执法依据、职权职责进行审核，并公示清理结果。全面清理行政执法主体和行政执法人员，组织各级行政执法部门对行政执法主体信息、执法人员基本情况及持证情况进行全面清理。清理出全市共有行政执法人员15 552人，其中14 268人持有执法证，持证率为91.7%。组织开展2016年全市行政执法案卷评查工作，抽取了许可、处罚和复议三类共96卷行政执法案卷进行评查，评出优秀案卷66卷，合格案卷26卷，不合格案卷4卷，案卷优秀合格率达95.8%。严格实行行政执法人员持证上岗和资格管理制度，共组织对1 900余名行政执法人员进行行政执法培训（轮训），切实规范行政执法行为，提高行政执法水平。

【仲裁工作】 2016年，市政府法制办进一步健全和完善玉溪仲裁委员会各项制度，制定出台《玉溪仲裁工作财务管理办法》《玉溪仲裁委员会秘书处工作人员聘用管理办法》《玉溪仲裁委员会重大仲裁案件报告制度》和《玉溪仲裁委员会仲裁员管理办法》，年内玉溪仲裁委员会共受理民商事案件80件，涉案标的额2亿元，为促进玉溪经济社会和谐发展发挥了积极作用。

（刘桂华）

人事工作

【人才工作】 2016年，市人力资源和社会保障局紧紧围绕《玉溪市中长期人才发展规划（2010～2020年）》，以落实各项人才政策为抓手，研究出台了《关于玉溪市深化人才发展体制机制改革的实施意见》《玉溪市引进高层次人才绿色通道服务办法》《玉溪市柔性引进人才实施细则》，进一步完善人才服务工作，营造引才、留才的良好环境。全市现有“国务院特殊津贴”32人、“云南省有突出贡献的优秀专业技术人才”47人、“云南省政府特殊津贴”49人、“科技兴乡奖”75人，“云岭首席技师”5人、“拔尖乡土人才”34人，建立“技能大师工作室”5个，引进“长江学者”1人、“国家级百千万工程人才”3人。获准“云南省专家基层科研工作站”第二批6个，第三批2个，全市达14个，位居全省前列。积极申报“中国博士后科技服务团”项目，并获中国博士后科学基金会批准在玉溪市开展“中国博士后科技服务团云南玉溪行”博士后科技服务活动，13位博士围绕玉溪市三湖保护工作，实地调研、出谋划策，取得了良好效果。

【人才招聘】 2016年，市人社局认真做好高校毕业生就业服务工作，制定下发了《关于认真做好2016年离校未就业高校毕业生实名登记工作的通知》，切实做好对离校未就业高校毕业生的后期跟踪管理工作，登记在册离校未就业高校毕业生1 748人。健全完善人才市场服务体系建设，共举办现场招聘会13场次，进场招聘单位233家次，提供岗位6 074个；办理网上人才招聘信息发布90家，提供岗位1 126个，职位226个。继续做好高校毕业生就业见习工作，制定出台了《玉溪市高校毕业生就业见习工作实施意见》，鼓励企业吸纳更多的高校毕业生参加就业见习，全市36个见习基地运行情况良好。全市高校毕业生就业见习人数672人，完成目标任务500人的134.4%。做好事业单位公开招聘工作，完成第一批医疗卫生事业单位、第二批教育事业单位及第三批其他事业单位的公开招聘工作，三批招聘涉及岗位1 033个，报名参考人员22 910人。规范办事程序，提升人事代理服务和档案管理工作。代理单位169家、累计1 468人，个人代理379人，管理户口344人、保管人事关系档案6 200册。

【人事考试】 2016年，全市共提供“大学生村官”岗位140个，“特岗教师”岗位48个，“三支一扶”岗位69个，“西部志愿者”岗位45个。同时，为“三支一扶”“大学生村官”“西部志愿者”“特岗教师”四类农村基层服务项目期满人员提供定向招聘岗位60个，通过笔试和面试环节，实际聘用34人。规范考试工作程序，全力做好考试工作，组织职称外语、公务员笔试、计算机、二级建造师、药学等各类考试14 940人30 446科目，完成各类资格考试、职业资格考试的资格初审4 706人次，资格复审574人次，发放各类资格、职业资格考试合格证1 246本，计算机考试合格证615本。

【公务员队伍管理】 2016年，市人社局认真做好公务员考录工作，科学设置考录岗位，严格工作程序，圆满完成了2016年9 793名考生笔试和564名考生面试的公务员录用考试工作，首次采用云南省公务员考试面试评分系统进行计分，进一步提高了公务员录用面试的效率。积极开展公务员培训，组织2015年新招录374名公务员开展初任培训，2015年内新任职321名科级干部开展任职培训。抓好全市各单位公务员能力提升在职培训，共12 756名公务员参加培训并完成考试，实现了考试全覆盖。组织70名三级考官及20名初级考官培训，考核全部合格。选派9批次13名干部到北京、上海、广东、西安、延安、香港等地进行提升素质培训。切实做好公务员日常管理工作，审批公务员登记318人、任免500人、调配88人，辞职2人，办理提前退休5人。继续推行公务员平时考核制度，将平时考核作为年度考核的重要依据，进一步规范公务员的日常管理。配合市委组织部做好县级以下机关职务与职级并行工作，审批职级晋升57人（其中：晋升副科职级50人，晋升副处职级7人）。严格执行省委、省政府清理规范评比达标表彰项目的要求，切实做好清理规范工作，报批省级以上先进集体40个，先进个人67名，劳模1名。做好公务员表彰奖励工作，对2013至2015年度市直部门及参照公务员法管理单位连续三年考核为优秀等次的76名同志记三等功，对2015年度考核确定为优秀等次的621名同志给予嘉奖。

【事业单位人事管理】 2016年，市人社局切实加强岗位管理，做好《聘用合同》的鉴证和《岗位卡》的核发，受理了156个单位《聘用合同》的鉴证，续签596人，新签313人，解除44人；对196个事业单位的岗位设置方案进行了调整核准，核发“岗位卡”2 848张（其中：高级473张、中级2 310张、初级65张）；办理各类岗位等级晋升聘任手续341批次1 415名。进一步深化职称改革，做好职称评审权下放后的各项工作，首次组建农业技术高级职称评委会，重新调整和组建评审委员会9个，顺利完成市属27个评委会的评审工作，经职称资格审查同意提交各级评委会评审通过4 777人（其中：正高57人，副高1 827人，中级1 877人，初级1 016人）。全面开展中小学职称改革工作，新增高级教师的推荐评审数额239个。按期发放终身享受国务院政府特殊津贴人员17人，金额12.24万元。加强事业单位工作人员继续教育培训工作，组织知识更新培训1万余人次，组织2016年全市事业单位1 341名新聘人员开展初聘培训，组织12名副高级以上专业技术人员参加全国高级专业技术人员研修班。做好了公务用车制度改革司勤人员安置分流工作，制定出台了《玉溪市公务用车制度改革司勤人员安置方案》，明确了转岗安置，通过开辟新的就业岗位、提前退休、提前离岗分流的方式进行安置办法。配合做好抚仙湖托管后的人员移交和上划工作，处理好三县抚仙湖执法大队上划市抚管局的岗位设置和职称改革工作。

【职业技能人才培养】 2016年，市人社局大力实施“云岭首席技师”培养工程，获批云岭首席技师2名。加强技能人才评价工作，着力构建制度完善、程序规范、质量可靠、评价科学的企业技能人才评价机制。大力培养和造就具有精湛技艺、高超技能和较高技能人才队伍，共培训高技能人才5 327人，鉴定合格3 506人（其中：高级工3 286人、技师178人、高级技师42人），完成目标任务3 238人的108.3%。积极开展职业技能培训鉴定，共开展培训176期，培训22 868人，参加职业技能鉴定19 768人，获证17 226人，获证率达87.1%。全市技校招生录取人数2 346人，完成目标任务2 200人的106.6%。

【收入分配】 2016年，市人社局积极探索符合公立医院改革的薪酬制度，完成市直3个公立医院2016年工资总额的核定。进一步规范事业单位绩效工资管理，有效发挥绩效工资分配的激励导向作用。落实机关事业单位养老保险制度改革“增不抵缴”问题，实行临时性补贴政策。稳步实施县以下公务员职务与职级并行制度，全市共有2 833人晋升了职级，月人均增资470元。落实提高改革性补贴，涉及全市85 979人，机关事业单位在职人员提高改革性补贴月人均增资977元，离休人员月人均增资800元，退休人员月人均增资560元。实施机关事业单位工作人员调整基本工资和增加离休人员离休费，涉及全市63 768人，月人均增资356元。顺利完成市直机关事业单位工作人员正常晋升工资工作，审批晋升级别工资926人，月平均增资46元。继续执行2015年最低工资标准，从2015年9月1日起，市级和红塔区执行二类地区月最低工资标准1 400元/月，小时最低工资标准14元/小时；江川区，通海、华宁、澄江、峨山、新平、元江和易门县执行三类地区月最低工资标准1 180元/月，小时最低工资标准12元/小时。及时发布玉溪市2016年企业工资指导线，明确2016年企业货币平均工资增长上线、基准线、下线分别为13%、8%、3%。

【军转干部安置】 2016年，市人社局切实抓好军转安置工作，完成了10名计划安置军队转业干部、2名随调家属和8名随军家属的安置任务，接收安置28名自主择业军队转业干部。

【出国培训与外国专家管理】 2016年，市人社局扎实做好出国培训和外国专家管理工作，加强与玉溪市外事侨务办合作，选派19名中青年优秀公务员赴香港培训，成功申报5个因公出国培训项目。执行国家、省取消“聘请外国专家资格许可”，为玉溪实验中学、云南卓尔教育咨询有限公司、玉溪弘志教育咨询有限公司三家单位办理了“聘请外国专家备案”。加强对聘外专家和玉溪市人民医院等5家“玉溪市引进国外智力成果示范推广基地”的管理工作。

【人事档案管理】 2016年，市人社局认真做好干部档案管理工作，共接收入档案零散材料26 665份，档案转出270卷、接收108卷，查借阅档案892卷，档案专项审核出入库3 753卷次，协调指导77家市直单位进行干部人事档案专项审核，初审、复审3 293份，认定归档2 677份。

（方　翔）

外事工作

【因公出国（境）管理、审核】 2016年，市政府外事侨务办在全省率先试点启用因公出国网上预审批系统，有效提高因公出国（境）的工作效率和管理服务水平。严格遵照中央和省、市有关因公临时出国（境）文件精神，做到“五不批、一落实”，从六个方面加强对全市因公出国（境）活动的管理。加强因公出国（境）计划的审核，严格执行省政府外事办公室批复的玉溪市2016年因公出国（境）计划，对计划外的团组不予报批；严格执行公示制，要求出访团组出访前须公示相关人员信息，出访前不公示的团组，坚决不予报批；严格审查出访内容，对无实质性内容，一般性地出访和考察坚决不予报批；加强对因公出国（境）活动经费的管理和审核，外事、财政、审计等部门联合，对经费来源不明、预计所需经费不符合规定、经费没有列入预算的团组坚决不予报批；建立健全联审机制，组织、纪检等部门从职能出发，加强对出访团组人员廉政情况的审核和相关情况报备，对廉政情况不明、没有及时履行报备手续等情况的坚决不予报批。严格落实出访报告制度，要求各出访团组结束出访后一个月内报送高质量的出访报告，对未按时上交出访报告的团组暂停该团组成员所在单位的年度因公出国（境）活动。年内，全市共审核报批因公临时出国（境）团组28批107人次，没有出现违反规定的因公出国（境）现象，既促进了玉溪市对外交流与合作，又符合中央、省关于对出国团组实行按计划审核团组和经费预算双总量控制。

【重要出访】 应越南海防市邀请，云南选派红塔区文工团于2016年5月赴越南参加“解放海防61周年纪念庆典暨第五届凤凰花节”庆祝活动。红塔区文工团的精彩展演受到了越南观众的广泛好评。此次赴越南演出，展示了玉溪多元的少数民族文化，对提升玉溪对外形象，推动双方关系发展起到了积极作用。

5月，组织玉溪市的部分干部赴港澳交流学习，这既是玉溪市培养“忠诚、干净、担当”好干部的探索和尝试，也是干部培训方式的有益补充。通过与特区政府的沟通交流，推动玉溪与港澳的友好往来，为两地的务实合作搭建桥梁，促使两地的公务员增进友谊、增强了解。

6月，市长饶南湖带团赴美国、加拿大，进行经贸交流和项目招商洽谈活动，了解掌握全球生物医药研发及产业发展情况，寻求玉溪市与美国生物医药产业和相关基金会、协会的战略性合作机会，加速玉溪生物医药产业国际化进程，进一步推进生物医药产业招商引资和招才引智取得新突破。

10月，市委书记罗应光率玉溪市代表团赴英国、冰岛，对伦敦米尔顿·凯恩斯镇、雷克雅未克市的城市规划建设和城市文化融合发展工作进行交流访问。此次出访，对指导玉溪市城市规划建设及文化融合等工作具有重要的意义。

12月7～16日，以市政府副市长解仕清为团长的玉溪市经济合作交流和招商引资活动代表团，出访了俄罗斯、波兰、保加利亚3个国家。对推进产能国际合作、寻求农产品出口俄罗斯商机、加强装备制造产业招商引资工作、加快农产品转型升级等工作取到了积极作用。

【外事接待】 市政府外事侨务办树立“外事+”的新理念，务实推进经济外事、农业外事、科技外事、文化

2016年10月，市委书记罗应光率玉溪市代表团赴英国、冰岛，就伦敦米尔顿·凯恩斯镇、雷克雅未克市的城市规划建设和城市文化融合发展进行工作交流访问

（市政府外事侨务办　提供）

外事、旅游外事、教育外事、金融外事等，切实做好外国重要代表团的来访接待工作。外事接待工作立足于宣传推介玉溪，在外事接待中，根据来访外宾的目的和国别，有针对性地安排参观点，着重展示玉溪生态城市建设、基层党组织建设、经济建设、新农村建设、教育、旅游发展等方面的成果，展现玉溪的区位优势和良好的投资环境，重点宣传介绍与外方可能合作的领域和内容，积极牵线搭桥，力促实现成果。2016年，全市共接待缅甸、美国、新西兰、日本、荷兰、德国、巴基斯坦、东帝汶、尼泊尔、乌兹别克斯坦、加纳、赞比亚、萨摩亚、泰国、菲律宾、新加坡、文莱、印度尼西亚、马来西亚、越南、老挝、柬埔寨、法国、伊朗、阿塞拜疆、白俄罗斯、俄罗斯、古巴、哈萨克斯坦、吉尔吉斯斯坦、蒙古、孟加拉国、墨西哥、南非、塞内加尔、斯里兰卡、塔吉克斯坦、土耳其、乌克兰、印度、英国、加拿大、爱尔兰、西班牙、澳大利亚、比利时、瑞典、意大利、保加利亚、斯洛伐克、阿尔巴尼亚、马其顿、波黑、波兰、爱沙尼亚、立陶宛、斯洛文尼亚、匈牙利、塞尔维亚、捷克、克罗地亚、香港、澳门63个国家和地区的外宾28批次674人。

【重要外事活动】 2016年6月14日，中国——东盟国家外长特别会议在玉溪市澄江县举行，会议由中国外长王毅和中国——东盟关系协调国新加坡外长维文共同主持。此次中国——东盟国家外长特别会议是2016年双方外长首次集体会晤，也是在中国——东盟建立对话关系25周年大背景下举行的一次会议，具有重要和特殊意义，“是一次及时、重要的战略沟通”。王毅外长指出，会议巩固扩大了中国与东盟之间的合作共识，发出了中国与东盟国家致力于维护地区和平稳定的共同声音。外长们一致认为，中国——东盟建立对话关系25年来取得了巨大成就，已成为东盟与各对话伙伴关系中联系最广泛、成果最丰富、交往最密切的一组关系，有力促进了各自经济社会发展和东亚区域合作，成为地区和平稳定与发展繁荣的重要支柱。在国际、国内引起了广泛关注和强烈反响。

【重要来访团组】 2016年3月30日，缅甸曼德勒私立学校青少年代表团一行18人到玉溪市交流学习，代表团参观访问了玉溪四中、抚仙湖禄充风景区、澄江化石地展览馆、澄江动物群首发点。

7月28～31日，老挝教育体育部长塞登·腊占塔奔率教育考察团一行7人到玉溪市进行交流访问，市委书记罗应光，市委副书记、市长饶南湖出席7月30日下午举行的座谈会和签约仪式，与考察团一行进行了深入交流。考察团仔细了解了玉溪教育文化发展情况，见证了玉溪市与老挝占巴塞省教育合作项目签约。

7月13日，以老挝外交部党委委员、领事司司长西沙瓦·因帕占为班长的2016～2020年第一期老挝领导干部培训班学员到玉溪市参观考察。

【对外友好交流】 市政府外事侨务办始终坚定不移地贯彻执行中央“与邻为善、以邻为伴”和“睦邻、安邻、富邻”的周边外交方针政策，突出体现“亲、诚、惠、容”周边外交理念，把周边工作作为玉溪市开放发展的重要内容，以周边工作带动全方位对外开放。切实利用好玉溪市与东南亚、南亚地缘相近、人缘相亲、商缘相通、文缘相融的优势，积极推动与周边国家政策沟通、设施联通、贸易畅通、资金融通、民心相通。进一步巩固和加强与周边国家的交往，拓展与南亚东南亚国家交流合作，提升对外合作交流水平。

5月25日至6月2日，玉溪党政代表团赴老挝占巴塞省进行友好交流和访问。市委书记罗应光与老挝中央党委员、占巴塞省委书记、省长本通·迪威塞进行会谈，双方就教育、经贸等领域的合作进行了广泛的交流沟通。本通·迪威塞希望占巴塞省与玉溪市进一步加强在教育方面的交流与合作，希望通过委派学生到玉溪学习，与玉溪进行实质性的交流。玉溪党政代表团在万象与老挝副总理宋赛·西潘敦等老挝政要进行了会谈，玉溪市和友好城市占巴塞省在经贸、文化、教育等领域达成了交流合作的共识。

6月14日，老挝副总理宋赛·西潘敦率代表团到玉溪进行友好访问，双方畅叙友谊，共话发展，开启了交往交流新篇章。省委常委、省纪委书记张硕辅陪同。市委书记罗应光对宋赛·西潘敦一行表示热烈欢迎。双方就老挝学生本科学历教育等涉及教育领域的合作项目进行了实质性会谈。根据会谈精神，为进一步巩固和深化玉溪市与老挝占巴塞省的友好关系，推动双方务实合作，玉溪市红塔区委、区政府决定在玉溪第二职业高级中学用3年时间为老挝占巴塞省培养40名中等职业专业人才，培养对象3年的费用由红塔区政府全额资助。

9月，玉溪第二职业高级中学迎来了来自老挝占巴塞省、沙湾拿吉省的40名学子。玉溪师范学院迎来了来自老挝占巴塞省的5名学子。

10月，老挝教育体育部长塞登·腊占塔奔率教育考察团到玉溪进行交流访问后，玉溪市收到了一份来自老挝教育和体育部颁发的奖状和一封来自老挝占巴塞省的感谢信。在感谢信中，老挝中央党委员、占巴塞省委书记、省长本通·迪威塞代表占巴塞省领导及人民，向玉溪市在促进两地教育合作中给予的大力支持表示衷心感谢，占巴塞省将把玉溪市提供的助学资金和教育援助金发挥最大作用，进一步推动两地教育合作取得实效。

年内，玉溪分别揭牌成立了玉溪市政府驻泰国、老挝、越南、柬埔寨商务代表处。这些驻外商务代表处的揭牌设立，将在联通信息、加强服务、促进发展方面发挥积极作用，切实当好玉溪市对外交流与合作的“信息员”“联络员”“宣传员”和“服务员”，为企业抱团发展、共赢共享创造条件，为玉溪市建成国际大通道和现代物流重要枢纽、辐射南亚东南亚重要基地夯实基础。

【涉外管理】 2016年，市政府外事侨务办加强与有关部门协调，及时通报有关情况，协调外事活动，沟通外事信息，建立了有效的部门联动机制。进一步加强对发生在玉溪市内突发事件的对外宣传和涉外案件的应急处置，维护了外国人在玉溪的合法权益。积极与市公安局出入境管理处配合，做好常住玉溪的外国人和临时来玉外国人的管理及涉外工作。协助市教委、玉溪师院做好在玉溪外籍教师、留学生的管理工作。加强对境外非政府组织在玉溪活动的管理，在玉溪活动的境外非政府组织全部实行了双备案管理。积极协助市外专局做好聘请外国专家工作。

【玉溪网英文版管理】 市政府外事侨务办认真改版完善中国·玉溪英文网

网站，力争将英文网打造成为对外宣传交流、招商引资、提升玉溪国际形象的重要载体。2016年，中国·玉溪英文网共编撰发布信息63条，涉及玉溪招商引资、生态文明建设、重大活动、矿电、生物制药信息等，为世界了解玉溪和玉溪通往世界起到了积极的作用。

（潘翠华）

抚仙湖保护和管理

【抚仙湖获江河湖泊生态环境保护项目2015年度绩效评价审核第一名】 2016年3月10～11日，国家财政部、环保部在北京中国环境科学研究院分批召开了水污染防治专项水质较好江河湖泊生态环境保护工作绩效评价审核会议（第三批）。财政部、环保部、中国环境科学研究院有关领导和环保部卫星环境应用中心、华南环境科学研究所等相关专家组成评审组，对第三批的14个省、市、自治区共39个湖泊进行了绩效审核。云南省的抚仙湖、洱海、泸沽湖、万峰湖作为第三批被审核湖泊参加了此次绩效评价审核会议。会议通过现场汇报和专家查阅相关资料及现场提问方式对抚仙湖生态环境效益、投融资效率、管理效力进行了绩效审核，专家组对玉溪市水质改善、植被覆盖率及长效机制建设等有关问题进行了详细询问。玉溪市针对审核组专家提出的问题分别进行了答疑，抚仙湖2015年度生态环境保护项目绩效评价结果获得了与会领导和评审专家的充分肯定，抚仙湖绩效评价审核得分为93.5分，获绩效评价审核第一名。

【抚仙湖“十二五”规划项目成效显著】 “十二五”期间，玉溪市采取最严格的截污治污措施、最严格的保护措施、最严格的预防措施、最严格的流域监管制度，尽最大努力、下最大决心、花最大力气，重点实施了抚仙湖环湖生态修复、流域截污治污、农业面源防治、入湖河道综合整治、管理体系与能力建设5大工程27个项目建设，总投资35.52亿元，到位资金34.96亿元。2016年底，27个项目全部完工，其中完成竣工验收14项、设计变更工作12项、水保专项验收14项、环保专项验收12项，项目全部正常运行后，入湖削减量超过“十二五”规划污染物入湖总量控制目标。根据《云南省九大高原湖泊水污染综合防治目标责任书（2011～2015年）》和《云南省九大高原湖泊水污染综合防治“十二五”规划目标责任书考核办法（修订）》，省九湖办组织有关专家对阳宗海、抚仙湖、星云湖、杞麓湖、异龙湖、洱海、程海、泸沽湖流域水污染综合防治“十二五”规划（2011～2015年）执行情况进行末期考核，抚仙湖总体评价为优秀。

【《云南省抚仙湖保护条例》修正】 2016年9月29日，云南省第十二届人大常委会第29次会议表决通过《云南省抚仙湖保护条例（修正案）》，新修正的《条例》条文逻辑性强，规范实用，立法指导思想明确，保护措施针对性强，具有可操作性，解决了现阶段抚仙湖保护管理中的突出问题。体现了从严保护要求。修改后条例按照环境保护法和水污染防治法的相关规定，在抚仙湖保护原则中增加了“优先保护”的规定，增加了抚仙湖保护和开发利用总体规划、水量年度调度计划由省人民政府批准的规定，补充完善了在一级保护区内禁止性行为的规定，增加了“经批准的开发项目，不得破坏和污染地下水系”的规定。完善了城乡环境保护和污染治理方面的内容。增加了预防、控制生态退化，实行退耕还林还草，实施水环境综合治理等方面的规定对市、县区人民政府在水污染治理方面的职责作出规定，并增加了建设项目、住宿、餐饮等经营者应当配套建设污水和垃圾处理设施，以及对达标污水进行循环利用和净化处理的规定。解决了当前处罚标准过低的问题。修订后条例对处罚标准做了调整，加大处罚力度。例如，原条例规定，向抚仙湖及其入湖河道排放、倾倒工业废渣、垃圾、残油、废油的，可以处1 000元以上1万元以下罚款，修订后条例规定，此类行为将“处5万元以上10万元以下罚款”。“按日计罚”写入条例。《条例》规定，对拒不改正的违法排放污染物的行为，可以实行按日计罚，大幅度提高了违法成本。这是云南省第一次将新环保法“按日计罚”的严格规定，用于环保方面的地方性法规中。加大了对企事业单位和其他生产经营者违法排放污染物的处罚力度。建立生态补偿机制。根据中央生态文明建设的精神，坚持“谁受益、谁补偿”的原则，在总结抚仙湖保护多渠道筹集资金的基础上，首次在条例中提出抚仙湖保护生态补偿机制，明确经市政府批准的开发项目，开发项目方应当进行生态补偿。加强对地下水的保护。明确规定在抚仙湖保护范围内，经批准的开发项目，禁止开采（取用）地下水；不得破坏和污染地下水系。这项规定对于抚仙湖这种降水补给型湖泊，控制地下水使用，是保障湖泊水源和防止污染的重要措施，对抚仙湖水资源的保护具有重要的现实意义。

退田还湖

（曾永洪　摄）

【抚仙湖径流区实现统一托管】 为构建抚仙湖全流域集中统一管理的体制机制，促进抚仙湖径流区经济社会的协同发展、可持续发展，从2016年1月1日起，玉溪市对抚仙湖径流区实行统一托管。托管区域内党务、行政、经济、社会事务等各项工作逐步理顺，改变了抚仙湖由澄江、江川、华宁三县多头管理的局面，有效解决了“分县而治、九龙治水”的诸多弊端，同时，三县抚管局上划直管，解决了执法标准、执法力度不一的问题，抚仙湖保护管理及综合行政执法等工作进一步加强，为加快推进抚仙湖资源环境管理体制改革奠定了基础。

【开展抚仙湖增殖放流】 市抚仙湖管理局采取综合措施，不断改善渔业生态环境。严格执行禁渔和休渔制度，划定土著鱼禁渔区，进行明确标识，加强禁渔期管理。2016年，封湖禁渔期确定渔船集中停放地点31处，停放渔船1 621条；开湖期间共办理捕捞许可证657个，收取渔业资源增殖费62.6万元。开展抚仙湖土著鱼人工增殖放流工作，云南省渔科院编制的《鱇浪白鱼增殖放流绩效调查研究报告》显示，连续10年组织大规模的人工增殖放流工作，累计投放土著鱼苗782万尾，抚仙湖抗浪白鱼种群在水体中得到初步恢复，年产量达到了11吨以上，有力维护了抚仙湖渔业生态平衡。

【抚仙湖100吨级渔政船建成并通过验收】 2016年5月9日，省农业厅、玉溪市海事局等相关单位专家对抚仙湖100吨级渔政船（中国渔政53217号）进行了验收。该船于2015年7月开工建造，总投资600万元，总长35.85米，型宽6.6米，吃水1.15米，配备两台主机，单机功率258千瓦，设计最大航速大于24Km/h，排水量100吨，定员60人。经上海渔业船舶检验局检验合格，已发船舶检验合格证书，并正式移交市抚仙湖管理局使用。该船的建成、使用，将对开展抚仙湖渔政执法和水上救援工作起到重要作用。

【规划编制工作取得新进展】 2016年，市抚仙湖管理局加大力度开展抚仙湖保护项目的规划编制工作，取得了新的进展。抚仙湖流域水环境保护治理“十三五”规划通过了专家论证会、听证会、风险评估、市政府常务会研究决策等程序，已上报省政府审批；完成了环湖路三角梅项目合同签订和方案编制工作；完成了《抚仙湖径流区植被恢复及岸线修复方案》编制工作，由试验区管委会办公室印发实施；抚仙湖生态环境监测系统及抚仙湖高原深水湖泊研究中心建设项目前期工作、可行性报告和初步设计均获批复，PPP建设方案已通过专家审查，正筹备组建SPV公司开展项目建设；推进抚仙湖生态环境变化趋势研究项目完成了研究单位招标工作。

【抚仙湖非工程管理措施全面加强】 2016年，市抚仙湖管理局采取各种非工程管理措施，不断加大抚仙湖的保护和管理力度。扎实推进抚仙湖一级保护区水政、环保、渔政、水运及海事等综合行政执法工作，年内共出动执法车辆7 652车次、执法船艇4 346船次、执法人员51 317余人次，组织开展专项检查21次、渔政专项整治行动10次，对违法违规行为立案调查306起、结案50起，劝阻游客不文明行为40余起，现场处置定置大漂网45张，收缴网杆2 250公斤、地笼7 000余个、电瓶235组、电动推进器165个，先行登记保存渔船10条。拆除抚仙湖一级保护区临违建筑36宗，拆除面积2 312.5平方米，沿湖违规捕捞现象和不文明旅游行为大幅减少。切实履行抚仙湖水上安全监管职责，年内打击非法违法、治理纠正违规违章行为132起，排查治理事故隐患生产经营单位273家（含渔业企业，其中企业20家，个体户253家），覆盖率达100%；排查出一般事故隐患74项，已整改74项，整改率100%；组织开展水上救援工作10次，共援救游客900余人，全年未发生人员伤亡事故。扎实推进资源保护费征收工作，全年共征收抚仙湖资源保护费802.95万元，完成全年目标任务的100.4%。巩固环境卫生管理市场化运作，继续推行市场化运作管理模式，形成科学规范、高效运转的管理机制，有力促进抚仙湖环境卫生保洁质量的极大提升。持续开展“四清”保洁活动，年内共组织开展活动47次，出动车辆1 083车次、人员30 357人次，清理垃圾2 964吨。完善巡查制度，提升管理水平，市、县共巡查1 438次，出动管理人员4 594人次，清运垃圾22 694车次、55 482吨，有效减少了垃圾入湖污染。实行最严格的水资源管理制度，年内减少从抚仙湖取用水达300万立方米。积极开展争当“仙湖卫士”行动、“8.26”抚仙湖保护日、小手拉大手等宣传教育实践活动，通过每月召开1次新闻发布会、集中培训、主流网站、公众微信平台、电视广播、执法车辆广播等方式，使广大干部群众爱湖护湖、保湖治湖蔚然成风。年内共开展保护母亲湖主题服务活动406次，环境综合整治70 356平方米，面山绿化美化43 202亩，发展优质高效生态农作物4 998亩，举办护湖知识讲座6次，开展以案释法宣讲4次，开展“四清”保洁亲子体验活动30次，开展护湖誓词宣读活动75次，举办展板、多媒体巡回展243次，印发《保护抚仙湖致学生家长的一封信》6 000多封，开展护湖征文活动3次，形成全社会共同参与保护抚仙湖的良好氛围。强化生态文明理念教育，2016年3月28日至4月4日，在清华大学成功举办“玉溪市抚仙湖湖泊保护管理暨流域生态文明建设领导干部专题研修班”，通过培训和互动研讨，进一步明确抚仙湖保护战略定位，明确流域生态文明建设和绿色经济发展的思路方式，加快推进抚仙湖国家级生态文明特区建设。

【试验区生态文明建设全面推进】 2016年，市抚仙湖管理局启动了智慧抚仙湖——玉溪市抚仙湖生态环境监测系统及抚仙湖高原深水湖泊研究中心项目建设工作，完成了抚仙湖渔政码头工程招标工作和54棵界桩修复工作。按照《云南省抚仙湖——星云湖生态建设与旅游改革发展综合试验区建设项目审查管理办法（试行）》规定，组织完成了抚仙湖流域14个项目前置审批和5项重大旅游项目建设规划审查工作。试验区16个重点推进项目（包括2个旅游小镇），竣工1个，在建6个，停工2个，开展前期工作7个，年内完成投资29.3亿元，累计完成投资136.7亿元。加大项目建设监管力度，督促建设方严格执行相关法律法规及批准的项目规划，开展巡察检查30余次。

（徐明汉）

政务服务管理

【调整完善行政审批网上服务大厅】 2016年9月，市、县区两级机构编制、政务服务管理部门完成了网上行政审批及其相关服务事项的梳理和规范工作，与省级同步实现了市、县区两级行政审批标准化，建立了全市统一、互联互通的网上审批平台。全市行政审批网上服务大厅入库事项2 660项，其中行政许可2 423项，管理服务事项1 169项；市级审核录入网上大厅的事项共237项，其中行政许可193项，管理服务事项44项。标准化后的审批服务事项公开透明、标准明确，行政审批机关之间实现审批信息共享，减少对申报材料的重复审查，压缩了自由裁量空间，为办事企业和群众提供更规范、更高效的网上审批服务。年内全市行政审批网上服务大厅共受理通用审批事项3 839件，办结3 817件，按时办结率100%，其中市级受理事项1 660件，办结1 645件，按时办结率100%。全市受理并回复咨询投诉318件，其中市级受理回复136件。

【投资项目审批】 按照省政府的统一安排部署，对照国家发改委发布的技术标准，市政务服务管理局于2016年12月完成了全市投资项目在线审批监管平台与国家平台的审批项目信息标准化录入和对应工作，共计完善43类656项投资项目审批事项办理流程、申报材料、办理时限、法规依据及中介服务事项的对应关系，并逐一配置了每一类项目在可研、初设、实施等各个阶段所需审批事项，玉溪市的审批平台如期与国家审批平台实现无缝对接，全市投资项目网上审批转报工作驶入了快车道。2016年，市、县区政务服务中心受理投资项目审批事项1 966个项目、3 144件事项，投资概算2 158.34亿元，准予审批3 043件，按时办结率99.93%。其中，市政务服务中心13个窗口办理投资项目审批401个项目、563件事项，投资概算1 298.44亿元，准予审批536件，按时办结率100%。

【政务服务中心业务办理】 2016年，市、县区政务服务中心共受理办理业务1085 640件，办结1085 640件，办结率100%。其中，市政务服务中心38个窗口共受理办理业务270 881件，办结270 881件。

【玉溪“中介超市”系统】 2016年1月，玉溪“中介超市”系统终端覆盖全市各县区（易门县除外）。系统现有59个子库，包括节能评估报告、方案编制机构、可行性研究报告编制机构等21个类别的1 030家中介服务机构入驻网上超市。本着自愿的原则，企业自主投资项目业主可在玉溪“中介超市”免费选取中介服务机构。2016年，全市各级公共资源交易中心共抽取选用中介1 269次，估算中介费用18 847.48万元，通过库中竞价，实际成交价9 158.22万元，节约资金9 110.01万元，综合节约率48%。“玉溪中介超市”在获得国家版权局软件著作权的基础上，获得了玉溪市2015年科技进步三等奖。

【“中介库及专家库管理系统”项目验收】 “中介库及专家库管理系统”项目包括玉溪市公共资源交易网、玉溪市中介库竞价系统、玉溪市综合评标专家库管理系统。2016年11月2日，按照玉溪市公共资源交易管理局的统一部署，由市公共资源交易中心组织，邀请市信息化建设工作的专家组成验收组，对“中介库及专家库管理系统”项目组织验收。验收组认为，“中介库及专家库管理系统”项目依照合同规范合理建设，符合国家有关规范、标准，系统自2014年11月试运行，通过逐步调试与完善，目前运行稳定，具备交付运行条件，同意项目通过验收。

【玉溪市政府采购和出让中心成立】 2016年1月25日，经市机构编制委员会研究决定，同意成立玉溪市政府采购和出让中心（简称市政采中心），与玉溪市公共资源交易中心实行“一个机构、两块牌子”。市政采中心成立以来，完成政府集中采购目录内的市级政府采购项目采购交易211个，成交金额117.253亿，节约资金53.01亿元，节约率31%；完成市级国有建设用地使用权出让交易项目7个，成交金额48 877万元，溢出资金362.67万元；完成市级国有产权、罚没财物等相关公共资源的出让转让处置交易项目7个，成交金额416.78万元，溢出资金109.2万元。

【公共资源交易】 2016年，市、县区公共资源交易中心共受理交易项目2 447个，完成交易项目2 308个，成交金额250.67亿元，节约资金58.54亿元，溢出资金1 273.05万元。其中，市中心受理交易项目410个，完成交易项目424个，成交金额144.65亿元，节约资金54.76亿元，溢出资金471.87万元。

（张正云）

信访工作

【概　况】 2016年，全市各级信访部门紧密结合实际，切实把信访工作作为维护社会和谐稳定，促进玉溪经济社会跨越发展的重要工作来抓，始终坚持以“减存量、降增量”为目标，积极回应群众利益诉求，着力在拓宽信访渠道、压实工作责任、推进事要解决和推动信访工作法治化和信息化上出实招、下功夫、抓落实，全市信访工作水平得到了进一步提高，全市信访总体形势保持平稳可控，为玉溪经济社会发展营造了更加和谐稳定的社会环境。年内，全市各级信访部门共办理群众来信来访件14 402件人次。其中，来信711件939人次；集体访535批7 847人次，同比批次、人次分别上升34.76%和13.05%。市内群众到省信访局上访178批452人次，同比批次下降9.2%，人次同比上升19.9%；进京非正常上访17人次，同比上升41.7%和25%。全市共受理网上信访件347件次，其中，省信访局转交件81件，市信访局自收件52件，各县区、市直部门自收件102件，共办理《人民网》网民给省委书记、省长留言事项39件，省信访局直接转送的国家投诉受理办公室受理的投诉事项73件。已办结322件，办结率93%。市长热线办公室共接听热线电话13 538件次，直接答复12 813件次，电话办理346件次，交相关部门办理379件次。书记、市长信箱共收到各类邮件673件次，直接答复167件次，电话办理154件次，交相关部门办理352件次。3位市政府领导接听电话，共接听办理29件次。全市各级领导干部接访2 154批7 811人次，约访804批1 618人次，下访2 463批7 219人次，解决问题3 572件；市级领导接访156批441人次，约访103批210人次，下访170批378人次，解决问题380件。全市共排查矛盾纠纷466件，化解297件。

【群众信访】 2016年，群众信访呈现五个特点：一是信访上行趋势明显。全市信访总量、来信、来访，以及集体访和越级访都出现大幅反弹，信访形势严峻，工作任务繁重。二是投资融资领域问题凸显。非法集资融资问题增量明显、呈上升趋势，尤其是互联网金融机构的不稳定风险已较为明显。三是信访热点、难点问题相对集中。反映农村农业、城乡建设、国土

①2016年6月15日，市委书记罗应光到新平县调研信访积案化解工作 ②2016年3月20日，省委省政府信访局副厅级信访督察专员、副局长李勇和到玉溪对省级领导包案信访积案进行调研 （市信访局 提供）

资源、劳动社保约占到全市信访总量的50%。四是部分重点群体串联聚集上访活动频繁。重点领域、重点群体信访问题依然突出，重点群体组织串联活跃。有的甚至积极参与全国性串联，意图给各级党委政府施压，满足其过高要求。五是集体访组织化、规模化倾向突出。从2016年发生的集体上访事件看，每次集体上访之前，上访人都作了比较周密的准备。其所提出的诉求得不到及时解决，便采取一些较为过激的行为，围堵政府机关大门、堵塞交通、打标语横幅、越级上访等。

【“12345”市长热线】 2016年，市长热线办公室紧紧围绕市委、市政府的中心工作，牢固树立“群众利益无小事”观念，认真接听市长热线电话“12345”，及时处理书记、市长电子邮件，切实解决了一大批群众生产、生活中的具体困难和问题，赢得了群众的信任、领导的肯定和社会的好评。12月16日，市委副书记、代市长张德华到市长热线办，通过热线听民声、解民忧，并充分肯定了市长热线工作。6月30日，市长热线办公室被市委宣传部、市精神文明建设指导委员会办公室命名为玉溪市第二批学雷锋活动示范点。

【信访积案攻坚化解】 2016年是信访积案化解集中攻坚年，按照中央和省委、省政府的总体部署，4月19日下发了《关于印发〈玉溪市市级领导包案化解信访积案和重点矛盾纠纷工作方案〉的通知》，全面组织开展信访积案化解。4月27日，市委第139次常委会议专题研究部署信访积案化解攻坚工作，要求各级各部门集中力量、集中时间、集中攻坚，全面开展积案排查化解，努力实现信访积案“清仓见底”。通过梳理排查，全市共排查梳理信访积案85件，省级交办的重点信访积案3件。针对排查出的信访积案，明确32位领导分别包案负责38件重点矛盾纠纷的稳控化解工作。6月15日，市委书记罗应光到新平县包案联系点进行实地调研，并接访当事人。6月11日，市长饶南湖到通海县杨广镇落凤村委会，就其包案的水源纠纷问题进行实地调研。为确保积案化解工作取得实实在在的成效，市委、市政府先后整合1 944万元资金，切实帮助群众解决老大难问题。目前，全市88件信访积案已全部成功化解，化解率为100%。在开展信访积案化解工作中，市信访局组织撰写调研报告37篇，典型案例13篇，整理上报信访专报、简报48篇。

【三级联动视频接访系统建设】 2016年，市信访局继续加强对视频接访系统功能的再挖掘、再完善，制定了《视频接访系统管理制度（试行）》，强化接访系统的日常管理和应用，并将管理工作纳入年度考核。建立健全了联合督办制度，对市级领导视频接访件的办理、督办、通报、考核、奖惩各个环节作了明确规定，实行跟踪问效，市级领导视频接访的信访件办结率达100%。玉溪市三级视频接访系统实现了与新建的全市信访信息系统有效整合，9个县区、74个乡镇（街道）的视频接访系统可以在同一时间上线互动，从而发挥了视频接访系统更大的作用。让干部多跑路，群众少跑腿，逐步成为玉溪市信访工作的新常态。年内，共开展书记、市长视频接待11期，接待处理各类信访案件39件88人次，全市三级视频接访系统共接访信访案件441批745件次。

【全市信访信息系统建设】 2016年，玉溪市的信访信息系统横向已开通至72家市直有关部门和中央及省驻玉有关单位，纵向开通至全市9个县区、74个乡镇（街道），实现了云南信访信息系统建设应用的“全覆盖”，实现了全市各地群众信访反映问题和各级信访机关办理群众来信、来访、来电、邮件的“一网通”，有效提高了信访事项及时受理率、按期办结率和群众满意率，玉溪市“三率”水平明显提升，及时受理率达98.01%，按期办结率达78.86%，群众满意率达100%。

【信访工作秩序规范】 2016年，市信访局着力规范信访秩序，不断加大解决越级上访、进京非正常上访等突出问题的重视程度和推动力度，多次召开全市信访专题工作会议，研究部署全市群众越级上访、进京非正常上访等突出问题的整治和处置工作，将此项工作纳入年度综合考评内容。全国、省、市“两会”、南博会、十八届六中全会、省委第十次党代会等重大活动期间，玉溪市没有发生大规模集体上访和个人极端事件，尤其是党的十八届六中全会期间，玉溪市实现了进京“零”非访，受了到省委信访工作联席会议的通报表扬。

【信访“第二研究室”发挥作用】 2016年，市信访局紧紧围绕改革、发展和稳定大局，注重从大量的来信、来访、来电、邮件中发现和掌握带有政策性、全局性、普遍性、倾向性的问题，及时向党委、政府及有关部门提供更多有情况、有分析、有对策、有建议的信息，为党委、政府制定完善政策、检验工作得失当好参谋。年内共整理上报信息620条，向市委办报送信息123条，向市政府办报送信息110条，其中《2016年三季度群众致信书记市长信访件摘报》和《七月份书记市长电子信箱及市长热线电话（12345）受理情况通报》得到市长张德华的批示肯定。

【信访工作对外宣传】 2016年，市信访局充分发挥信息网络和新闻媒体作用，与云南法制报、玉溪日报、玉溪电视台达成宣传工作深度合作协议，借助媒体平台，加强信访宣传工作，有效引导社会舆论。10月26日，市信访局组织召开信访宣传工作座谈会议，市信访局领导班子成员、各科室负责人及各县区信访局分管信访宣传工作的领导，云南法制报、玉溪日报、玉溪电视台3家媒体的部门负责同志参加了座谈会。9月9日，市、县区信访局集体入驻“今日头条”，开启了玉溪市“互联网+信访宣传”工作新局面。市信访局信访宣传稿件被《人民信访》采用1篇，《云南信访》采用33篇，《玉溪日报》采用5篇，《云南法制日报》采用3篇。

【信访岗位锻炼公务员工作】 2016年，市信访局为到信访岗位锻炼的公务员搭建平台，帮助公务员在信访接访、督办一线的实践中锻炼提升群众工作能力。4月30日，为提升新录用公务员应对和处理复杂问题的能力，市信访局组织开展2016年市直机关新录用公务员到信访岗位培养锻炼信访案例情景模拟学习活动。到信访部门培养锻炼的9名公务员共参与接待群众来访93批1 070人次，接听处理市长热线电话和书记、市长电子信箱邮件3 090件次，撰写各类信访信息75期、调研报告3篇、督查报告3篇。

【信访干部心理健康辅导】 2016年3月31日，为提升信访干部队伍的心理健康素质，掌握必要的心理辅导知识和技巧，增强自我疏导和疏导他人的能力，切实做好新时期的信访工作，市信访局举办了心理健康辅导专题讲座，邀请省委党校教授、云南行政学院公共管理教研部副主任钱素华为全市信访干部讲授题为“信访工作者阳光心态与心理调适”专题讲座。市直相关部门及各县区、乡镇（街道）的信访干部近600人通过视频系统聆听了讲座，这是玉溪市第一次就信访干部心理健康问题作专题辅导。

（高玲艳）

志鉴工作

【第六次全省地方志工作会议召开】 为认真贯彻落实《全国地方志事业发展规划纲要（2015～2020年）》和《云南省地方志事业发展规划纲要（2016～2020年）》精神，确保如期完成全省二轮修志工作任务，2016年11月4日，省政府组织召开了第六次全省地方志工作会议。会议以电视电话会议的形式进行，主会场设在省政府视频会议室，各州市、各县区分别设立分会场，组织相关人员参加会议。省政府副省长高峰和中国地方志指导小组办公室副主任邱新立分别作了重要讲话，省地方志办主任任玉华作了工作报告，省财政厅、省军区、曲靖市地方志办分别作了交流发言。会议通报了近年来全省地方志工作取得的成效，分析了目前存在的困难和问题，对下一步的工作做了全面、系统的安排部署，对促进全省地方志事业健康发展有重要意义。

【年鉴编辑出版】 2016年，市地方志办认真学习贯彻第六次全省地方志工作会议精神，紧紧围绕市委、市政府的中心工作和各撰稿单位的工作实际，广泛收集稿件、精心设计编排，编辑出版了《玉溪年鉴》（2016卷）。该书首次采用全彩印刷，书籍的印刷质量有了较大提升。各县区史志办也加快工作进度，不断提高各县区综合年鉴的编纂水平和书籍质量，按时编纂出版了9部地方综合年鉴。

【二轮修志工作】 2016年，为进一步加快《玉溪市志》（1978～2005）的编纂速度，确保不拖全省二轮修志工作的后腿，市地方志办多次召开专题会议，分析研究目前存在的困难和

2016年11月4日，第六次全省地方志工作电视电话会议召开　（李晓媛　摄）

问题，逐一梳理、逐步解决。同时，返聘了5位退休干部，明确分纂、总纂任务，倒排时间表，加班加点快速推进，有力地推动了编纂工作。尚未完成编纂工作任务的6个县，积极采取超常规的措施，想方设法加大力度推进。市地方志办多次派人，深入峨山、新平、元江、易门、澄江、通海县指导编纂工作，与县史志办人员一起共同研究存在的困难和问题，多方寻找突破口，确保全市的二轮修志任务能够顺利完成。

【党风廉政建设】 2016年，市地方志办始终把党风廉政建设工作作为首要任务抓牢抓实，建立健全了相关的规章制度，进一步规范会议、接待、公务用车、外出学习培训等制度，确保党风廉政建设工作不留死角。切实加强思想教育，有效增强干部职工的廉洁意识，认真组织党员干部学习《党章》《中国共产党廉洁自律准则》《中国共产党纪律处分条例》《中国共产党问责条例》和《关于新形势下党内政治生活的若干准则》等党内制度法规。做好元旦、春节、“五一”、端午、中秋、国庆等节日期间党风廉政建设各项规定的传达学习，认真执行好相关的规定制度。积极推进党务政务公开，严格落实“三重一大”集体决策制度，公开、透明地使用好每一分财政资金。

【党支部建设】 2016年，市地方志办严格落实党建工作责任制，圆满完成了党支部换届工作，不断增强了党支部凝聚党员干部合力和向心力的作用；组织开展“两学一做”学习教育，有序推进各项学习教育任务，做到“规定动作”不走样，“自选动作”有特色，查找问题与落实整改紧密结合，有效确保学习教育取得实效；组织各类学习活动、考察培训等，推进学习型党组织建设向广度深度拓展；切实抓好“三会一课”、党员积分制管理、党员民主评议等制度的贯彻落实，党支部的作用得到有效发挥。

【成果展示】 近几年来，全市地方志系统的干部职工认真贯彻落实国务院《地方志工作条例》和《云南省地方志工作规定》精神，不断开拓创新、埋头苦干，积极主动拓展业务，扎实有效开创工作新局面，编辑出版了市、县区的综合年鉴和内容丰富的地情资料书籍，有效发挥了地方志“资政、存史、育人”的作用，得到了社会各界的充分肯定。具体编纂出版的书籍情况见下表：

2010年以来玉溪市地方志系统编纂出版书籍一览表

序号	书 名	编纂单位	类 别
1	《玉溪年鉴》（2010～2016卷），7部	玉溪市地方志办公室	综合年鉴
2	《红塔年鉴》（2010～2016卷），7部	红塔区史志办公室	
3	《江川年鉴》（2010～2016卷），7部	江川区史志办公室	
4	《通海年鉴》（2010～2016卷），7部	通海县史志办公室	
5	《澄江年鉴》（2010～2016卷），7部	澄江县史志办公室	
6	《华宁年鉴》（2010～2016卷），7部	华宁县史志办公室	
7	《易门年鉴》（2010～2016卷），7部	易门县史志办公室	
8	《峨山年鉴》（2010～2016卷），7部	峨山县史志办公室	
9	《新平年鉴》（2010～2016卷），7部	新平县史志办公室	
10	《元江年鉴》（2010～2016卷），7部	元江县史志办公室	
11	《玉溪市粮食志》	玉溪市粮食局	部门志
12	《玉溪市卫生志》	玉溪市卫生局	
13	《玉溪电力工业志》	玉溪电力公司	
14	《玉溪第一幼儿园志》	玉溪市第一幼儿园	
15	《玉溪市土地储备志》	玉溪市土地储备中心	
16	《玉溪市金融志》	玉溪市金融志编纂办公室	
17	《玉溪市妇联志》	玉溪市妇女联合会	
18	《玉溪市医药有限责任公司志》	玉溪市医药有限责任公司	
19	《红塔集团志》	红塔集团	
20	《云南省烟草科学研究所志》	云南省烟草科学研究所	
21	《红塔区财政志》	红塔区财政局	
22	《红塔区军事志》	红塔区人民武装部	
23	《红塔区档案志》	红塔区档案局	
24	《红塔区林业志》（续志）	红塔区林业局	
25	《红塔区检察志》	红塔区检察院	
26	《红塔区建设志》	红塔区建设局	
27	《云南红塔农村合作银行志》	云南红塔农村合作银行	
28	《江川县军事志》	江川县军事志编委会	
29	《江川县纪检监察志》	江川县纪委　江川县监察局	
30	《江川县法院志》	江川县法院	
31	《江川县纪检监察志》	江川县纪委　江川县监察局	
32	《江川县农村信用社志》	江川县农村信用合作联社	
33	《通海县军事志》	通海县人武部	

（续表）

序号	书　名	编纂单位	类　别
34	《通海县检察志》	通海县检察院	部门志
35	《澄江县交通志》	澄江县交通局	
36	《澄江县农村信用社志》	澄江县农村信用社	
37	《华宁县电力工业志》（2004～2014）	华宁供电有限公司	
38	《华宁县农村信用联社志》(1954～2013)	华宁县农村信用联合社	
39	《华宁县水利志》	华宁县水利局	
40	《易门县财政志》（二轮）	易门县财政局	
41	《峨山县人民法院志》（续编）	峨山县人民法院	
42	《峨山县司法志》（续编）	峨山县司法局	
43	《峨山县农村信用社志》	峨山县农村信用联社	
44	《峨山县军事志》	峨山县人武部	
45	《峨山县烟草志》（续编）	峨山县烟草公司	
46	《峨山电力工业志》（续编）	峨山县供电公司	
47	《新平彝族傣族自治县森林公安志》	新平县森林公安局	
48	《新平彝族傣族自治县人民代表大会志》	新平县人大常委会	
49	《新平电力工业志》	新平县供电有限公司	
50	《新平彝族傣族自治县农业志》	新平县农业局	
51	《新平彝族傣族自治县检察志》	新平县检察院	
52	《新平彝族傣族自治县公安志》	新平县公安局	
53	《新平县农村信用社志》	新平县农村信用合作联社	
54	《元江县电力工业志》	元江县供电有限公司	
55	《元江县水利志》	元江县水利局	
56	《元江县军事志》	元江县人武部	
57	《元江县农村信用社志》	元江县农村信用合作联社	
58	《李棋镇志》（续志）	李棋镇党委、政府	乡镇志
59	《汉邑自然村志》	通海县汉邑村	村志
60	《新兴州志》（清乾隆）	红塔区史志办	旧志整理
61	《玉溪地名大典》	玉溪市地名办	其它地情资料书籍
62	《玉溪烟草逸记》	市政府烟草产业办公室	
63	《秀山志》	玉溪市地方志办　通海县史志办	
64	《杞麓湖志》	通海县史志办	
65	《通海生态美食》	通海县餐饮行业协会	
66	《峨山县政区大典》	峨山县民政局　峨山县史志办	
67	《峨山彝族一甲子》	峨山县民宗局	
68	峨山县“一五”至“十一五”计划资料汇编	峨山县史志办	
69	《元江傣族文化》	元江县傣族协会	
70	《元江彝族文化》第三辑	元江县彝族协会	
71	《元江哈尼族史略》	元江县哈尼文化学会	
72	《滇南革命武装斗争的摇篮——元江》	元江县史志办	
73	《范嘉乐纪念文集》	元江县史志办	
74	《走进太阳城——元江》	元江县委宣传部	
75	《元江山河》	元江县史志办	

（市地方志办）

政协玉溪市委员会

【概　况】 2016年，政协玉溪市委员会共举行主席会议13次，常委会会议6次（其中，常委会专题协商3次），全体会议1次；开展专委会对口协商9次、界别协商23次、提案办理协商13次、立法协商1次；开展专题调研视察20余项，形成调查报告7份，视察报告13份，提出意见建议600多条，紧扣跨越发展履职尽责，关注民生促进和谐，发挥优势汇集力量，为推动全市经济社会持续健康发展作出了积极贡献。

【政协四届四次会议】 政协玉溪市四届四次会议于2016年1月30日至2月3日在玉溪举行。应到会委员315名，实到296名，符合规定人数。大会议程有9项：听取和审议《政协玉溪市第四届委员会常务委员会工作报告》；听取和审议《政协玉溪市第四届委员会常务委员会关于四届三次会议以来提案工作情况的报告》；列席玉溪市第四届人民代表大会第四次会议，听取并协商《政府工作报告》

2016年1月29日至2月3日，中国人民政治协商会议玉溪市第四届委员会第四次会议在聂耳大剧院召开 （雷锦敏 摄）

《玉溪市国民经济和社会发展第十三个五年规划纲要（草案）》及其他报告；协商《玉溪市中级人民法院工作报告》和《玉溪市人民检察院工作报告》（书面）；选举政协玉溪市第四届委员会主席、副主席、常务委员；通过《政协玉溪市第四届委员会提案委员会关于四届四次会议提案审查情况的报告》；审议通过《政协玉溪市第四届委员会第四次会议关于常务委员会工作报告的决议》《政协玉溪市第四届委员会第四次会议关于四届三次会议以来提案工作情况报告的决议》《政协玉溪市第四届委员会第四次会议决议》。听取了黄宪庭主席代表常务委员会所作的工作报告、陈志芬副主席受常务委员会委托所作的提案工作情况报告、提案委员会主任杨惠存所作的《政协玉溪市第四届委员会提案委员会关于市政协四届四次会议期间提案审查情况的报告》。与会委员列席了玉溪市第四届人民代表大会第四次会议，听取并协商讨论了政府工作报告、十三五规划纲要和其他报告。大会选举夏立洪为政协玉溪市委员会主席，李平为政协玉溪市委员会副主席，陆永泽、董云勇为政协玉溪市委员会常务委员会委员。表决通过了政协玉溪市第四届委员会提案委员会关于四届四次会议提案审查情况的报告、政协玉溪市四届四次会议关于常务委员会工作报告的决议、政协玉溪市四届四次会议关于四届三次会议以来提案工作情况的报告的决议、政协玉溪市四届四次会议决议。会议期间，市委、市政府领导和市直有关部门的负责人到会，参加小组讨论，听取大会、界别联组会和《政府工作报告》《十三五规划纲要（草案）》协商会发言。市委副书记、市长饶南湖在会议上作了关于政府工作报告的说明。市委书记罗应光、新当选市政协主席夏立洪分别在本次会议的中共党员大会、界别联组会和闭幕大会上讲话。会议收到提案331件，经审查立案329件。

【常务委员会会议】 2016年，市政协举行四届十三次至十八次常务委员会会议。

1月12日，召开政协玉溪市四届十三次常委会议。市委常委、市政府常务副市长陈勇通报市政协四届三次会议以来提案办理情况。会议原则通过《政协玉溪市第四届委员会第四次会议议程（草案）》《政协玉溪市第四届委员会第四次会议日程（草案）》《政协玉溪市第四届委员会常务委员会工作报告（草案）》《政协玉溪市第四届委员会常务委员会关于四届三次会议以来提案工作情况的报告（草案）》《政协玉溪市第四届委员会常务委员会工作报告》和《政协玉溪市第四届委员会常务委员会关于四届三次会议以来提案工作情况的报告》报告人建议名单（草案）。通过《政协玉溪市第四届委员会第四次会议大会执行主席及主持人建议名单（草案）》《政协玉溪市第四届委员会第四次会议大会秘书长、副秘书长建议名单（草案）》《政协玉溪市第四届委员会第四次会议特邀及列席人员名单（草案）》《关于授权主席会议审定政协玉溪市四届十三次常委会议未尽事宜的决定（草案）》《关于召开政协玉溪市第四届委员会第四次会议的决定（草案）》。同意免去朱莉市政协联络委副主任职务，免去刀彦伟、王华、王军、朱莉、李永云、何永平、何树桐、余莉、赵琼、柳斌、钟光汉、都宁四届市政协委员资格。同意王辉、田国、冯以春、杜善兴、李平、杨玉光、杨志文、何国斌、陆永泽、罗绍国、施忠诚、夏立洪、徐勇、高培洪、褚军龙、潘宝华任四届市政协委员。

1月29日，召开政协玉溪市四届十四次常委会议。市委常委、组织部长晏森作人事事项说明。会议表决通过夏立洪提名为政协玉溪市第四届委员会主席候选人建议人选，李平提名为政协玉溪市第四届委员会副主席候选人建议人选，陆永泽、董云勇提名为政协玉溪市第四届委员会常务委员候选人建议人选，提请政协玉溪市第四届委员会第四次会议酝酿讨论后，举行大会选举。

5月6日，召开政协玉溪市四届十五次常委会议。市政府副市长左广参会，会议邀请市环境保护局、市发展改革委、市国土资源局、市规划局、市住房城乡建设局、市农业局、市林业局、市水利局、市中心城区水资源调度管理局、红塔区政府、江川区政府、市供排水有限公司领导出席。邀请4名省市政协委员、3名公民旁听。会议听取市水利局工作情况通报，审议通过《我市中心城区饮用水源地保护及其水资源配置情况的调查报告（草案）》，以“我市中心城区饮用水源地保护及其水资源配置”为主题开展协商议政。市环保局局长张金翔、市水利局副局长杨云华、市发展改革委总工程师黄丽、民建玉溪市委专职副主委王丽文、江川区政协主席罗跃岗、玉溪师范学院政法学院院长罗家云、市农业产业办主任矣胜荣、市发展改革委副主任付春飞作会议发言。同意谢光平任市政协经济委主任、韩龙任办公室副主任，免去杨建敏经济委主任职务、何有昌教科文卫体委副主任职务（兼），免去汪子新市政协副秘书长（正县级）职务（退休），免去王云平市政协常委、民宗法制委主任职务（退休），免去高家永市政协常委、人资环委副主任（正县级）职务（退休）。

8月22～23日，召开政协玉溪市

四届十六次常委会议。会议听取了市委常委、市政府常务副市长王力关于玉溪市今年以来经济运行情况的通报、市食品药品监督管理局局长王军工作情况通报，副市长杨洋应邀出席会议并讲话。邀请2名省、市政协委员，1名市党代表，1名市人大代表和5名公民代表列席会议。中玉酒店餐饮部经理李玫、通海斯贝佳食品有限公司总经理普绩作承诺发言。审议通过《玉溪市食品安全监督管理工作的调查报告》《政协玉溪市委员会委员履职工作规则（试行）》，同意陈志芬辞去市政协副主席职务，莽成柱任市政协副秘书长（正县级）、张国华任市政协人口资源环境委副主任、张德华任市政协文史委副主任、李金秀任市政协联络委副主任。

11月8日，召开政协玉溪市四届十七次常委会议。副市长解仕清通报了全市2016年以来工业经济发展及工业园区建设情况，听取了市工业信息化委主任康凌华通报工作情况。邀请了2名省市政协委员、部门代表、新平、易门工业园区管委会领导和2名公民代表参会。易门工业园区管委会主任肖维春、新平工业园区管委会主任普红青、市国土资源局耕保科科长孙康杰和市工业信息化委副主任孙汝泽作会议发言。审议通过《我市工业园区建设发展的调查报告》，同意侯坤任市政协副秘书长。

12月21日，召开政协玉溪市四届十八次常委会议。会议审议通过政协玉溪市第四届委员会第五次会议的有关事宜，决定2017年1月9～12日召开政协玉溪市四届五次会议。副市长杨洋通报了市政协四届四次会议以来提案办理情况。因严重违纪，撤销石伟市政协委员资格；因工作调动，免去王美华、褚军龙市政协委员资格；因逝世，免去肖天洪市政协委员资格。

【主席会议】 2016年，市政协举行四届二十一次至三十三次主席会议。

1月7日，召开政协玉溪市四月届二十一次主席会议。讨论通过人事事项、《政协玉溪市第四届委员会常务委员会工作报告（讨论稿）》《政协玉溪市第四届委员会常务委员会关于四届三次会议以来提案工作情况的报告（讨论稿）》和关于召开政协玉溪市第四届委员会第四次会议的有关事宜，听取政协玉溪市四届四次会议大会发言材料和界别联组会发言材料准备情况的通报，审定市政协四届三次会议提案办理工作考评情况，研究确定市政协2016年调研视察课题计划、《政协玉溪市四届十三次常委会议筹备工作方案》。

1月29日，召开政协玉溪市四届二十二次主席会议。市委常委、组织部长晏森同志作人事事项说明。会议表决同意夏立洪提名为政协玉溪市第四届委员会主席候选人建议人选，李平提名为政协玉溪市第四届委员会副主席候选人建议人选，陆永泽、董云勇提名为政协玉溪市第四届委员会常务委员候选人建议人选。

2月2日，召开政协玉溪市四届二十三次主席会议。听取各组召集人对“三个决议”（草案），选举办法（草案），总监票人、监票人名单（草案），市政协主席、副主席、常务委员候选人建议人选名单（草案）的讨论情况汇报；审议“三个决议”（草案），选举办法（草案），总监票人、监票人名单（草案）；会议确定夏立洪为政协玉溪市第四届委员会主席正式候选人，李平为政协玉溪市第四届委员会副主席正式候选人，陆永泽、董云勇为政协玉溪市第四届委员会常务委员正式候选人，提交全体会议选举；审议《政协玉溪市第四届委员会第四次会议期间提案审查情况的报告（草案）》。

2月24日，召开政协玉溪市四届二十四次主席会议。学习传达玉溪市“争先创优跨越发展”大讨论、大行动动员大会暨2016年市委理论学习中心组第一次集中学习精神，研究确定市政协2016年调研视察课题和重要会议活动计划（讨论稿），通过《政协机关食堂管理办法（讨论稿）》，确定市政协领导联络员名单，研究讨论市政协网站建设相关事宜。

3月22日，召开政协玉溪市四届二十五次主席会议。讨论通过人事事项、《政协玉溪市委员会2016年工作要点（讨论稿）》《政协玉溪市委员会常务委员会2016年会议计划（讨论稿）》《玉溪市政协年度协商计划制定办法（讨论稿）》《政协玉溪市委员会2016年度重点协商活动计划（讨论稿）》，研究确定市政协四届四次会议重点督办提案和委室对口督办提案，听取市政协党风廉政建设工作会议准备情况和2016年市政协党组理论学习中心组第一次集中学习筹备工作情况汇报。

4月28日，召开政协玉溪市四届二十六次主席会议。讨论通过《我市中心城区饮用水源地保护及其水资源配置情况的调查报告（讨论稿）》《市政协四届十五次常委会专题协商实施方案（讨论稿）》，研究确定政协玉溪市四届十五次常委会议的会期及议程，讨论市政协机关2016年公务经费包干数额、2016年驻县区市政协委员活动经费安排、2016年补助县区政协改善办公条件资金分配、2016年县区政协委员活动组联络补助经费。

5月5日，召开政协玉溪市四届二十七次主席会议。讨论通过市政协副秘书长汪子新，市政协常委、民宗法制委主任王云平，市政协常委、人资环委副主任高家永退休免职人事事项。

5月30日，召开政协玉溪市四届二十八次主席会议，研究部署深化改革工作，审议四届四次政协会议提案办理专项补助资金分配。

7月27日，召开政协玉溪市四届二十九次主席会议。讨论通过人事事项、《政协玉溪市委员会委员履职工作规则（试行）（讨论稿）》《关于玉溪市食品安全监督管理工作的调查报告（讨论稿）》《玉溪市食品安全监督管理工作专题协商方案（讨论稿）》和关于“评选表扬四届市政协优秀提案、先进提案工作者和提案承办先进单位”的相关事宜，听取各专委会汇报2016年上半年工作情况和下半年工作计划，研究确定政协玉溪市四届十六次常委会议的会期及议程、《玉溪市政协系统第十四届职工运动会实施方案（讨论稿）》。

8月23日，召开政协玉溪市四届三十次主席会议。研究市政协主席会议成员分工，审议市政协四届四次会议提案办理专项补助追加资金分配方案，对江川区安化彝族乡脱贫攻坚有关资金扶持工作进行安排部署。

11月2日，召开政协玉溪市四届三十一次主席会议。讨论通过人事事项、《政协玉溪市第四届委员会第五次会议筹备工作方案（讨论稿）》《全市县区政协主席工作座谈会筹备工作方案（讨论稿）》《市政协提案办理协商实施办法（试行）（讨论稿）》《玉溪市工业园区建设发展的调查报告（讨论稿）》《工业园区建设发展专题协商方案（讨论稿）》，研究确定政协玉溪市四届十七次常委会议的会期及议程。

11月21日，召开政协玉溪市四届三十二次主席会议。传达省委书记陈豪在省委改革会上的讲话精神，听取各委室汇报2016年工作总结及2017

工作计划，研究确定2017年重要会议活动、调研视察课题和协商议题，审定市政协四届四次会议提案办理工作考评。

12月16日，召开政协玉溪市四届三十三次主席会议。讨论通过人事事项、《政协玉溪市第四届委员会常务委员会工作报告（讨论稿）》《政协玉溪市第四届委员会常务委员会关于四届四次会议以来提案工作情况的报告（讨论稿）》和政协玉溪市第四届委员会第五次会议的有关事宜（9项），通报政协玉溪市四届五次会议大会发言材料和界别联组会发言材料准备情况，讨论通过《玉溪市政协2017年新年茶话会筹备方案（讨论稿）》《政协玉溪市委员会常务委员会2017年会议计划（讨论稿）》《政协玉溪市四届十八次常委会议筹备工作方案（讨论稿）》，研究确定市政协2017年重要会议活动、调研视察课题和协商议题计划安排，研究讨论办公室购置空调有关事宜。

【协商议政】 2016年，市政协始终坚持发展第一要务，主动融入全市发展大局，自觉在大局之中找准位置，在助推玉溪改革发展中贡献政协力量。

围绕中心工作协商议政。坚持把围绕中心、服务大局作为重要原则，贯穿到协商议政全过程，着力构建多层次、宽领域、常态化的协商议政格局，为促进全市改革发展稳定提供了及时有效的决策支持。围绕“中心城区水源地保护及水资源配置”“食品安全监督管理”和“工业园区经济发展”议题，召开专题议政性常委会议，深入协商议政，提出意见建议36条。其中关于玉溪市食品安全监督管理工作的协商意见，市委书记罗应光作出重要批示，要求市政府专题研究，认真吸纳建议，确保全市人民舌尖上的安全。针对传统村落保护、精准扶贫脱贫、现代物流产业发展等重点问题，把调研视察和协商议政结合起来，开展对口协商、界别协商，提出意见建议，得到了职能部门的重视和采纳。选择重点提案《关于着力培育玉溪医药企业品牌，大力支持玉溪市生物医药企业服务地方医疗的建议》，由主席会议成员领衔，组织政协委员、民主党派和企业代表召开协商座谈会，开展提案办理协商，促成市政府制定出台了《关于加快推进生物医药产业跨越发展的指导意见》，促进了全市生物医药产业发展。组织政协委员就《玉溪市新平哀牢山县级自然保护区条例（草案）》开展立法协商，取得了积极效果。

开展调研视察建言献策。紧扣玉溪跨越发展的重大问题，精心选择课题，科学制定方案，深入开展调研视察，努力提高建言质量。2016年，共组织开展专题调研视察20余项，召开各种协商议政会50余次，形成了推动全市公立医院改革、海绵城市规划建设、城乡人居环境综合整治、中心城区停车场建设和新能源新材料、柑橘产业发展等一批调研视察报告，提出意见建议150多条，为促进全市经济社会发展提供了及时有效的决策支持。针对抚仙湖径流区统一托管工作开展多次视察、调研，并将基层干部群众反映的意见建议通过市政协《社情民意动态》作了反映，得到市政府和澄江县委、县政府的高度重视，市政府代理市长张德华作出批示，要求抚管局组织有关单位对群众提出的问题逐一研究，提出解决意见，市政府专题审议，推动了相关工作落实。

强化民主监督跟踪问效。坚持市委、市政府领导牵头领办，市政协主席会议成员领衔督办提案，推动一大批事关民生的热点难点问题得到有效解决。市政协四届四次会议以来，共收到提案346件，经提案审查委员会审查，并案处理2件，立案344件，在承办单位的共同努力下全部办复完毕，解决率达51.2%。积极跟踪提案《关于在我市中心城区开设自行车公共交通的建议》办理情况，通过开展调研视察和面商活动，主动为提案落实建言支招。连续3年开展星云湖保护治理专题民主监督活动，有效推动流域内污染控制、农业面源污染防治、生活污水及垃圾污染治理工作。组织开展《中华人民共和国归侨侨眷权益保护法》贯彻落实情况专项视察，维护了归侨侨眷的合法权益。以“新形势下履行政协民主监督职能”为课题，认真组织开展调查研究，与县区政协进行广泛交流和深入探讨，促进了政协履职能力的提升。

【团结各界广泛凝心聚力】 2016年，市政协充分发挥政协联系面广、包容性大、代表性强的优势，调动一切积极因素，为玉溪改革发展与和谐稳定凝聚智慧和力量。注重加强与各民主党派、工商联、人民团体和无党派人士的团结合作，通过安排大会发言、召开界别联组会、联合开展调研视察等形式，支持各党派团体发表见解主张，推动了多党合作和政治协商制度的巩固发展。参加滇中五州市政协合作机制第八次（楚雄）会议，围绕发展滇中文化旅游产业提出意见建议。发挥政协优势，为民族地区经济社会发展和宗教事务管理出谋划策，推动民族宗教人士在促进社会稳定中发挥积极作用，切实把群众的思想和行动引导到维护民族和睦、宗教和顺、社会和谐上来。联合各方力量，广泛征集史料，以“玉溪历史名建筑”为主题，编辑出版第十六辑文史资料，发挥了“存史、资政、团结、育人”的社会功能。

【关注民生福祉献计出力】 2016年，市政协围绕“精准扶贫、精准脱贫”，认真组织开展调查研究、咨询论证和建言献策活动。市政协领导多次带领机关干部职工深入挂钩帮扶联系点调研，积极帮助协调争取项目、资金，为联系点脱贫找病根、理脉络、献良策、出实招。牵头组织开展江川区安化彝族乡脱贫攻坚“挂包帮”“转走访”工作，强化组织领导，完善帮扶措施，加大精准扶贫力度。派出1名副县级领导驻村协调组织实施扶贫攻坚推进工作，从市政协机关工作经费中挤出60万元支持基础设施建设。对全市基层治保调解工作情况开展专题调研，为维护农村社会和谐稳定建言献策。对全市有线电视进村入户网络全覆盖工作开展专项视察，促进惠民工程落实。认真用好300万元提案办理专项资金，有效解决20件民生提案，产生了良好的社会反响。

【重要会议】 2016年1月14日，市政协召开《政府工作报告》征求意见协商会。市政协主席黄宪庭主持会议。市长饶南湖，市委常委、常务副市长陈勇，副市长解仕清、左广、蔡四宏、孙云鹏、朱家伟，市政府秘书长孙金会，市长助理葛庆民，以及市政府有关部门负责人和报告起草组成员参加会议。市政协党组书记夏立洪，市政协副主席汪燕平、马良昌、郭亚钢、贺光明、李少华，党组成员李平，秘书长张卫出席会议。座谈会上，市政协班子成员，各委室主任，各民主党派、工商联负责人就《政府工作报告》积极发表意见和建议。

8月9日，市委到市政协召开党代会工作报告征求意见协商座谈会。听取市政协对《中国共产党玉溪市第四届委员会工作报告（征求意见稿）》、《中国共产党玉溪市纪律检查委员会工作报告（征求意见稿）》的修改意见建议。市委书记罗应光主持座谈会。市政协主席夏立洪、副主席李平、汪燕平、马良昌、郭亚钢、李少华，秘书长张卫，三届市政协主席冷明德、副主席张炜，民主党派、工商联负责人，市政协副秘书长、各委室负责人参加座谈会。罗应光对《报告（征求意见稿）》的形成过程、框架内容、主要特点作了简要说明。罗应光指出，党代会报告的起草过程，是统一思想、形成共识、凝聚智慧的过程，报告起草组将认真梳理、研究、吸纳大家提出的意见建议，进一步修改和完善好报告，使报告更加顺应发展大势、符合玉溪实际、体现人民愿望，成为引领全市人民实现今后五年奋斗目标的纲领性文件。

12月29日，市委副书记、代市长张德华率市政府领导班子和市直相关部门负责人到市政协，专题协商《政府工作报告》。市政协主席夏立洪主持协商会。副主席李平、汪燕平、郭亚钢、贺光明、李少华，秘书长张卫，各民主党派、工商联负责人，市政协各委室负责人参加会议。市委常委、常务副市长王力，副市长朱家伟，市政府秘书长孙金会参加会议。大家围绕经济指标的制定，聚焦供给侧结构性改革、科教创新城、新型城镇化、产业转型升级、脱贫攻坚等提出了意见和建议。张德华表示，将认真吸纳市政协提出的意见建议，把《报告》修改好、完善好，市政府及相关部门将一如既往、自觉主动地接受市政协的民主监督，多渠道、多方式听取政协意见建议，切实抓好转化落实，不断提高市政府依法科学民主决策水平。

11月7日，市政协召开全市政协主席座谈会。加强对县区政协的联系和指导，认真总结实践经验，人民政协报以《工作如何自己评评》为题进行了宣传报道。

11月9日，市政协召开玉溪市政协系统新闻宣传工作会议。传达了全省政协系统秘书长办公室主任会议、全省政协新闻宣传工作暨2017年度《云南政协报》发行工作会议精神，总结了2016年度全市政协系统新闻宣传工作，安排了2017年度新闻宣传工作和“两报一刊”征订发行任务。表彰2016年度《云南政协报》征订发行工作先进单位、政协信息工作先进单位及先进个人。

【重要活动】 2016年3月23日，市政协主席夏立洪走访各民主党派、工商联机关，看望慰问干部职工，并主持召开专题调研座谈会，就市政协2016年工作要点和重点协商计划听取各民主党派、工商联负责人意见建议，与大家沟通交流。

8月19日，第六届“百名贫困学子大学圆梦”资助和山区民族地区优秀教师表彰奖励活动在红塔区举行，50名优秀山区教师得到表彰奖励，110名贫困优秀学子受到资助。

6月8日，玉溪市海外联谊会召开三届二次理事会。市海外联谊会名誉会长、市政协主席夏立洪，市委常委、市委统战部长方志鸣出席会议。市政协原主席、市海外联谊会第三届理事会会长黄宪庭作工作报告；市政府副市长黎晓英通报玉溪市经济社会发展情况；市招商局有关负责人介绍全市招商引资工作情况。三届市政协主席、市海外联谊会名誉会长冷明德，市政协副主席、市海外联谊会第三届理事会副会长陈志芬，市政协副主席、民革玉溪市委主委李少华，市政协秘书长、市海外联谊会第三届理事会秘书长张卫及理事会部分副会长和理事出席会议。

9月7日，玉溪市政协网站和微信公众号建成上线，标志着大数据时代“互联网+政协”迈出了重要步伐，为全市各级政协、民主党派工商联和委员搭起了新一座团结民主、交流互

①2016年6月8日，玉溪市海外联谊会召开三届二次理事会（雷锦敏　摄）②市政协主席夏立洪到易门县十街乡走访慰问困难群众（侯　坤　摄）

动的信息桥梁。

9月26～30日，市政协系统第十四届职工运动会在江川区举行。运动会设篮球、乒乓球、羽毛球、中国象棋、扑克双扣5个竞赛项目，全市政协系统10支代表队近300名运动员参加。

12月29日，市政协举行2017年新年茶话会。市领导罗应光、张德华、保明顺、谢兴荣、夏立洪等与各界人士代表欢聚一堂，喜迎佳节，畅叙友情，共谋发展。市委书记罗应光作新年致辞。市政协主席夏立洪主持茶话会。民盟玉溪市委副主委蔡家俊代表民主党派、工商联发言，共青团玉溪市委书记朱莉代表各界人士发言。市党政军领导、离退休老领导，市法院院长、市检察院检察长、各民主党派、工商联、人民团体、无党派、归侨侨眷和各界人士代表、驻玉部队，驻玉省政协委员、市政协常委和委室领导出席茶话会。

【上级领导调研、视察】 2016年6月7日，全国政协民族和宗教委员会副主任王正福、王学仁带队到玉溪市考察少数民族文艺繁荣发展情况。省政协副主席杨嘉武，市委副书记保明顺、市政协主席夏立洪、副市长黎晓英、市政协副主席马良昌等领导陪同考察。考察组深入到峨山县双江街道摆依寨村、玉溪市花灯剧院、聂耳故居、聂耳大剧院等地参观考察，详细了解玉溪市少数民族文化传承与保护、基层群众文化阵地建设等情况。

7月21日，省政协主席罗正富到玉溪调研政协工作及“两烟”产业发展情况。市政协主席夏立洪、三届市政协主席冷明德、市政协原主席黄宪庭、副市长蔡四宏等参加调研座谈。座谈会上，夏立洪主席汇报了市政协2016年以来的履职情况。副市长蔡四宏、红塔集团副总裁朱学成汇报了玉溪烟叶生产情况及卷烟生产、销售情况。罗正富就政协工作发展和玉溪市“两烟”产业持续健康发展作了讲话。

8月25～26日，全国政协常委、经济委员会副主任、中央农村工作领导小组原副组长陈锡文率队，全国政协经济委员会组织部分全国政协委员到玉溪市专题调研健全现代农业科技推广体系工作。全国政协常委、中国科协副主席陈章良等农科专家参加调研。调研组对玉溪健全现代农业科技推广体系建设，发展高原特色现代农业所取得的成就给予了充分肯定。市委书记罗应光陪同调研，市委副书记、代市长张德华作汇报。市政协主席夏立洪主持工作座谈会。市委常委、市委秘书长李洪云，市政府副市长蔡四宏、朱家伟，市政协副主席郭亚钢、贺光明等陪同调研。

9月21～23日，全国政协原副主席李金华一行到玉溪调研生态文明建设和烟草产业发展情况。省政协副主席杨嘉武、省人大常委会原副主任程映萱参与调研。市委书记罗应光，市委副书记、代市长张德华，市政协主席夏立洪，市政府副市长孙云鹏、蔡四宏等分段陪同，介绍有关方面情况。市政协副主席贺光明全程陪同调研。李金华一行实地视察了红塔集团卷烟生产车间、烟事文化馆、抚仙湖——星云湖出水口公园、聂耳山、聂耳音乐广场，澄江禄充笔架山、抚仙湖生态展示中心、烟草庄园、抚仙湖北岸湿地、抚仙湖调蓄带建设情况，听取了市委、市政府有关领导和基层单位有关负责人的现场介绍。李金华对玉溪市经济社会发展取得的成就给予高度肯定。

【改革工作】 2016年9月26日，市委全面深化改革领导小组召开第十六次会议，研究审议通过了《中国人民政治协商会议玉溪市委员会委员履职工作规则（试行）（送审稿）》。制定委员履职工作规则是2016年市委全面深化改革工作的要点之一，目的是加强和规范政协委员履职工作，为政协委员履行职能提供更好的服务和保障。5月26日，经市委同意，市政协办公室印发《玉溪市政协年度协商计划制定办法》，进一步规范政协协商的程序，增强协商实效，提升人民政协作为协商民主的重要渠道和专门协商机构的作用。9月12日，市委组织部、市委统战部、市政协办公室、市委党校、市行政学校、社会主义学院印发《关于深入推进统一战线和人民政协理论政策进党校、行政学校、社会主义学院（校）工作的通知》，有力地推动统一战线和人民政协理论的学习贯彻。9月26日，市政协办、市司法局印发《政协玉溪市委员会办公室玉溪市司法局关于选派律师为市政协委员提供法律服务的通知》，全市159名政治素质高、业务能力强的律师，为311名市政协委员提供无偿法律服务。

【“两学一做”学习教育】 2016年，市政协扎实开展“两学一做”学习教育，党内教育进一步常态化。坚持突出问题导向，把解决问题贯穿学习教育全过程，深入查找政协组织、政协工作中存在的问题，逐一列出清单，强化整改落实，促进问题解决。

（黄海东）

纪检监察

【落实“两个责任”】 2016年，市委全面推行主体责任约谈、责任清单、履责报告、责任追究等制度。市委常委会多次专题研究党风廉政建设和反腐败工作。市委领导带头落实“四个亲自”“六个表率”要求，自觉做到“八要”“八不要”，督促市委常委班子成员、县（区）和市直部门党政主要负责人认真落实主体责任。市委、市纪委领导带头践行“三严三实”，带头约谈下级党组织负责人，逐级抓牢、抓紧管党治党政治责任。2016年以来，市委主要领导约谈干部380人次，市政府主要领导约谈干部123人次，市纪委主要领导约谈干部36人次。市委常委带队，对各县区和市直责任单位进行严格的检查考核，表彰优秀责任单位23个，通报批评6个基本合格单位和2个不合格单位；对工作不到位的2名市管干部、连续两年被考核为基本合格和不合格的两个县党政主要领导和纪委书记进行责任追究。27名市管党政“一把手”向市纪委四届七次全会述责述廉，实现应述对象全覆盖。全市82个市直单位全部纳入考核范围，主体责任责任书、“一岗双责”责任书和监督责任责任书的签订实现全覆盖。加大责任制考核在2016年度目标任务综合考评中的权重。成立市委巡察工作领导小组，建立市、县（区）党委巡察制度，巡察工作全面启动，市、县（区）共对55个党组织开展巡察，发现各类问题244个、问题线索81条，形成专题报告13个，工作成效显著。组建49个换届风气及监督工作巡回督查组，从严从实加强对县（区）党委换届风气的监督。

【深化专项纪律检查】 2016年，市纪委监察局围绕脱贫攻坚、“争先创优跨越发展”大讨论大行动、五大网络基础设施建设、稳增长等重大决策部署的贯彻落实，对县区脱贫攻坚等六项重点工作落实情况，制定工作方案，开展专项纪律检查，并形成专题报告报市委、市政府。主动承接省纪委监察厅检查组对全市“五网”建设、稳增长、脱贫攻坚等专项纪律检查，协调做好检查组反馈意见的整改工作，实现了省、市、县三级专项纪律检查统筹推进、有序衔接、同频共振。深入开展县区和市直部门“三重一大”集体决策、“四个不直接分管”制度和防治“小金库”工作落实情况监督检查，抓好缉枪治爆专项行动、抗旱防汛等纪律监督工作，确保中央和省市重大决策部署的贯彻落实，强化监督的再监督、检查的再检查。

①2016年4月22日，玉溪市开展“党章党规系列讲话做合格党员”知识竞赛 ②2016年7月1日，玉溪市纪检监察系统开展“两学一做”主题演讲比赛

（施立慰　摄）

【党章党规“三进”工作】 2016年，市纪委科学谋划、精心部署，在全市集中开展党章党规“进党校、进课堂、进媒体”学习教育活动。在全市广大党员干部中开展党章党规知识网络测试活动；通过玉溪党风廉政网刊载《中国共产党党章》等党内法规，为党员干部学习提供方便；在《玉溪日报》开辟“玉溪党风”专栏，广泛宣传各级各部门学党章党规的做法和成效，同时刊登党员干部学习体会；以“明准则、知条例、守纪律”为主题，组织宣讲报告会；以杨善洲、高德荣、陶应全等先进典型为榜样，编印“三严三实”和“忠诚干净担当”学习材料；以玉溪市查处的典型腐败案例为内容编印警示教育读本。通过工作明细化、责任化，力促全体党员干部学深学透，真正把党内法规内化于心、外化于行，争做守纪律、讲规矩、敢担当的表率。全市开展《中国共产党廉洁自律准则》《中国共产党纪律处分条例》《中国共产党巡视工作条例》《中国共产党问责条例》《中国共产党党内监督条例》专题宣讲36场，专题学习活动100余场次，3.5万余名党员受到教育；组织开展党章党规知识竞赛活动，13.6万名党员参加网上党章党规知识测试。对145名市管干部进行了任前廉政谈话；对新任的97名县级领导干部进行廉政教育。

【持续推动作风建设形成新常态】 2016年，市纪委认真落实中央八项规定精神，扭住“四风”不放，紧盯重要时间节点，抓住关键环节，尺子不松，目标不变，力度不减，持续释放越往后执纪越严的强烈信号。通过节前教育提醒、节中监督检查、节后问责通报的常态做法，一个节点一个节点地抓，不断强化落实中央八项规定精神和纠正“四风”的浓厚氛围。全市纪检监察机关共组成260余个检查组，对2 322个单位、商场、餐馆进行了集中检查，查处违反中央八项规定精神问题13起，处理了25人，通报曝光4起典型问题。持续抓好“六个严禁”专项整治。对规范津贴补贴和各类奖金发放、领导干部在社会组织和企业兼职、领导干部配偶和子女经商办企业等问题进行专项整治，发现问题线索46个并进行了核查处理。深入开展“作风转变年”和“工作落实年”活动，认真开展“不作为乱作为”专项整治。对遵守纪律不严、作风不扎实、稳增长不力、工作进展缓慢等问题实施问责，全市问责干部255名，其中，县处级22名，乡科级98名。营造了“敬业有功、怠业必惩”的干事创业环境。

【积极运用“四种形态”】 2016年，市纪委制定实践运用“四种形态”实施意见，出台谈话函询工作规定、纪律检查机关实践监督执纪“四种形态”实施办法等，切实把“四种形态”作为全面从严治党的重要抓手，挺纪在前，转变执纪理念和方式，加大谈话函询力度，红脸出汗逐渐成为常态。全年全市纪检监察机关谈话函询478件（次），同比上升6.2倍；组织处理220人，同比上升6.1倍。第一、二、三、四种形态占比分别为63.1%，20%，14.9%，2%。以“零容忍”态度惩治腐败，有效遏制腐败蔓延势头，全市纪检监察机关共受理信访举报860件（次），同比上升

1.4%；立案319件，同比上升27.1%，其中，县处级17件，乡科级36件；给予党政纪处分330人，同比上升20.4%。移送司法机关26人。挽回经济损失984.69万元。严肃查处了玉溪市统计局党组书记、局长周映海，易门县原县委副书记徐卫明、原副县长许绍宏等一批严重违纪案件。

【基层党风廉政建设】 2016年，市纪委召开全市基层党风廉政建设工作座谈会。按照“统筹推进、突出重点、抓好关键、呈现特色、务求实效”的工作思路，各县区结合实际抓出了一批有特点亮点的工作。如红塔区有效规范村组干部权力的村级权力清单三十八条，江川区运用“大数据”开启在线监督新模式的“互联网+纪律监督”平台，通海县推行“广电网络＋三资管理”信息公开入户工程建设模式，澄江、峨山县依托民族特色建设廉政文化长廊，华宁县建设廉洁乡村推动“四种形态”落实在基层，易门县积极探索运用“四种形态”压实基层主体责任管理办法，新平县实施促进“小微”项目工程规范化管理的农村小型公共基础设施建设工程管理办法，元江县抓实村组公务“零接待”等。2016年7月，全省州市纪委书记座谈会在玉溪召开，现场参观和听取了通海县农村“三资”监管、社区以家风促社风带民风情况、华宁县党风廉政建设责任制考核平台建设。充实加强基层党风廉政建设力量。以乡镇党委、村级组织换届为契机，加强基层纪检组织建设，全市74个乡镇（街道）纪委均配备了1名专职副书记。加强村（居）务监督机构建设，推行村（社区）党总支（支部）纪检委员担任村（居）务监督委员会主任，全市674个村监委主任由党总支纪检委员兼任的有651人。开展反映扶贫领域涉嫌违纪问题信访举报督办工作，严肃查处侵害群众利益的不正之风和腐败问题。全市共查处农村基层党员违纪违法案件207件，同比上升68.3%；处分212人，同比上升60.6%。

【巡察工作】 2016年，经省编委批准，玉溪市成立了巡察工作领导小组，领导小组下设办公室，为市委工作部门，核定行政编制7名，设在市纪委，加挂中共玉溪市委巡视联络工作办公室牌子。巡察办成立后，建立了巡察人才库，出台了《中共玉溪市委巡察工作实施办法》《中共玉溪市委巡察工作规划（2016～2020）》，成立了7个市委巡察组，于2016年11月1～28日由市委授权，抽调了37名巡察人员，对市总工会、市司法局、市科技局、市住建局、市民政局、市招商局、市融资担保有限责任公司开展了五届市委首轮巡察工作。首轮巡察共发现问题108个、问题线索23个，形成专题报告13个。各县区也成立了巡察办，成立41个巡察组，对44个县直部门4个乡镇（街道）16个村（居）委会进行了巡察，共发现各类问题114个，问题线索64个。

【全面谋划今后五年工作】 2016年9月，市纪委向市第五次党代会提交了题为《坚定不移推进党风廉政建设和反腐败斗争为在全省率先全面建成小康社会提供坚强纪律保障》的工作报告。报告全面总结了过去五年玉溪市党风廉政建设和反腐败工作取得的成效和主要经验，深入分析当前面临的新形势，从“严明纪律加强监督，确保中央、省、市委重大决策部署落实到位；坚持全面从严治党，层层压实管党治党的责任；深化纠正‘四风’成果，让中央八项规定精神落地生根；保持反腐高压态势，实践运用监督执纪‘四种形态’；扎紧筑牢制度笼子，强化对权力运行的监督制约；加强基层党风廉政建设，着力解决发生在群众身边的腐败问题；推进纪检体制改革，巩固深化‘三转’成果；聚焦职能职责定位，建设忠诚干净担当纪检监察队伍”八个方面对今后5年工作进行了部署。

【制度建设】 2016年，市纪委先后起草并报市委下发了《玉溪市贯彻落实中国共产党问责条例实施办法》《关于落实全面从严治党要求加强基层党风廉政建设的实施意见》《关于加强村务监督委员会工作的意见》《市委2016～2020年巡察工作五年规划》《关于落实全面从严治党主体责任把纪律挺在前面实践运用“四种形态”的实施意见》等文件。出台了《玉溪市纪委监察局贯彻监督执纪问责总承包工作实施办法》《玉溪市关于进一步加强农村集体“三资”管理工作的意见》《玉溪市谈话函询工作暂行规定》《玉溪市纪律检查机关实践监督执纪“四种形态”实施办法》等规定。

【“挂包帮”“转走访”工作】 2016年，市纪委积极主动做好联系点易门县六街街道铁厂和白邑2个村委会挂钩帮扶工作，制定了“挂包帮”“转走访”工作实施方案和年度扶贫攻坚工作计划，组织全体干部对贫困户开展了两轮深入细致的遍访调研、捐款为贫困户购买了化肥以及为学校、农村书屋购买了图书。把基础设施建设作为重要内容，实行山、水、林、田、路、居等综合治理，完善基础设施条件，推动经济社会全面发展。全年实施白龙河流域新建取水闸及配套沟渠工程、双龙潭抗旱应急人饮工程、铁厂村民俗文化广场建设项目

2016年，玉溪市聂耳大众文化小分队“精神的力量”主题文艺巡演深入县区演出20余场（李忠福　摄）

等基础设施建设项目16个，争取资金1 953万元。积极推广无公害绿色蔬菜产业，培育发展经济林果产业，发展生态畜牧业，实施“稳粮、增烟”工程，促进贫困群众增收。

【不断加强自身建设】 2016年，市纪委稳步推进纪律检查体制改革，不断巩固深化“三转”成果。制定了监督执纪问责总承包实施办法，进一步理顺纪检监察室、派出纪工委、党风政风监督室之间的工作关系。建立主要领导与各委部室负责人个别听取意见、向全体干部职工征求意见建议制度，年内共听取和征求意见建议210条。按照“7+N”模式完成县（区）纪检监察机关内设机构调整工作。深入贯彻执行“三个提名”考察办法。以市、县、乡党委换届为契机，配齐配强纪委领导班子，全市74个乡镇（街道）纪（工）委均配备了1名专职副书记。全市纪检监察系统共交流、提拔使用干部167人，其中，厅级1人，县处级21人。巩固炼好“五气”争当“纪律卫士”成果，开展全市纪检监察系统“‘两学一做’铸忠诚”主题演讲比赛，提振精气神。选派65名纪检监察干部参加上级纪委组织的相关培训，组织328名纪检监察干部参加市级纪检监察业务培训班。坚持信任不能代替监督，立案审查了3名纪检监察干部，坚决防止“灯下黑”。

【重要会议、活动】 2016年1月14日，市委召开专题通报会，市委常委、市纪委书记赵基代表市委向市级各民主党派、工商联和无党派代表人士通报2015年度全市党风廉政建设和反腐败工作情况并听取意见建议。20日，赵基约谈各县区委书记。20～21日，中国共产党玉溪市第四届纪律检查委员会第七次全体会议召开。市委书记罗应光出席全会并讲话，市委常委，市人大常委会、市政府、市政协领导，市法院代院长、市检察院检察长出席了会议，有关方面的负责同志参加了会议。罗应光强调，要深入学习贯彻十八届中央纪委六次全会精神特别是习近平总书记重要讲话精神，学习省委书记李纪恒的讲话和省纪委九届八次全会精神，坚决把全面从严治党主体责任压紧压实，切实把纪律和规矩挺在前面，保持正风反腐力度不减，坚定不移推进全面从严治党，坚定不移开展党风廉政建设和反腐败斗争，为实现“十三五”良好开局营造风清气正的政治环境。会上，传达学习十八届中央纪委六次全会和省纪委九届八次全会精神；表彰了2015年度党风廉政建设责任制优秀单位；罗应光与市委常委、市人大常委会党组书记、市政协党组书记和市管干部签订党风廉政建设“一岗双责”责任书，与72名党委党组负责人签订党风廉政建设主体责任责任书；赵基代表市纪委常委会作了题为《严明党的纪律　强化监督执纪　为玉溪干在实处在走前列提供坚强的纪律保证》的工作报告，与9县区纪委书记和21个市直单位纪委（纪检组）负责人签订党风廉政建设监督责任责任书；27名市管党政领导班子主要负责人向全会述廉述责并接受质询、测评；会议讨论了罗应光在在大会上的讲话和市纪委常委会工作报告，审议通过了《中国共产党玉溪市第四届纪律检查委员会第七次全体会议决议》。

2月29日，由省委常委、省委政法委书记孟苏铁带队，省纪委常委、省监察厅副厅长孔荣华为组长的省委检查考核组到玉溪，对玉溪市2015年度党风廉政建设责任制工作进行检查考核。汇报会上，孟苏铁对检查考核工作进行了动员、安排和部署；市委书记罗应光代表市委领导班子向考核组作了工作汇报；罗应光和市委副书记、市长饶南湖分别向大会作个人述廉述责；对市党政领导班子落实党风廉政建设责任制和党政领导干部述廉述责情况进行了民主测评。市党政领导，各县区、市直单位负责人，部分党代表、人大代表、政协委员及民主党派人士、老干部和群众代表200余人参加了汇报会。

3月22日，市纪委牵头召开落实党章党规“进党校、进课堂、进媒体”学习教育工作协调会，对“三进”学习教育工作进行安排部署。31日，市政府召开第四次廉政工作电视电话会议，总结政府系统党风廉政建设和反腐败工作，研究部署2016年工作任务，市委副书记、市长饶南湖出席会议并讲话。市政府领导出席会议，市委常委、市纪委书记赵基应邀出席会议。市直各单位主要负责人，中央、省驻玉有关单位主要负责人，市政府特邀监察员等在玉溪主会场参加会议，各县区设分会场组织参加会议。

4月11日，市纪委监察局召开全市基层党风廉政建设工作座谈会和全市纪检监察机关纪律审查工作座谈会。19日，市纪委理论学习中心组举行集中学习会，专题学习毛泽东同志《党委会的工作方法》文献。20日，市纪委监察局召开“两学一做”学习教育座谈会。21～22日，在玉溪师范学院人文讲堂举行了玉溪市“学党章党规、学系列讲话，做合格党员”学习教育和党章党规“进党校、进课堂、进媒体”学习教育的重要活动——党章党规知识竞赛复赛和决赛。

5月5日，市纪委监察局举行第一期道德讲堂。12～13日，省委常委、省纪委书记张硕辅率省第一检查组到玉溪市就“五网”建设进行专项纪律检查。张硕辅一行先后前往易门县、

2016年1月20日，中国共产党玉溪市第四届纪律检查委员会第七次全体会议召开
（施立慰　摄）

红塔区、江川区、澄江县，实地检查了禄脿至易门天然气支线管道工程、武易高速公路项目、玉磨铁路建设、玉溪高新区互联网产业园、云南合美通用航空实业有限公司通用航空项目、江通高速公路项目、抚仙湖北岸生态调蓄带及抚澄河河道综合整治项目。16日，市纪委理论学习中心组开展2016年第二次集中学习。30日，市委对41名新任市管领导干部开展任前廉政谈话，市委常委、市纪委书记赵基出席会议并就纪律、作风、廉政、责任等方面的问题，对新任职市管干部提出要求。30～31日，赵基到易门县六街街道铁厂、白邑村开展调研，并以《怎样做一名合格的共产党员》为题，为两个村的全体党员上了一堂“两学一做”专题党课。

6月22日，省纪委检查组一行到玉溪开展贯彻落实推进供给侧结构性改革、推进重点产业发展和稳增长的决策部署等情况专项纪律检查。24日，玉溪市纪检监察系统“‘两学一做’‘铸忠诚’”主题演讲比赛的预赛在市委党校举行，28位选手参加比赛，13位选手进入决赛。

7月1日，举行了玉溪市纪检监察系统“‘两学一做’‘铸忠诚’”主题演讲比赛决赛，庆祝中国共产党成立95周年，推动“两学一做”学习教育深入开展。20日，全省州市纪委书记座谈会在玉溪举行，与会人员现场观摩了通海县加强农村“三资”监管、社区以家风促社风带民风和华宁县党风廉政建设责任制考核平台建设运用情况。27日，市纪委理论学习中心组专题学习（扩大）会暨全市上半年党风廉政建设和反腐败工作汇报会举行，市委常委、市纪委书记赵基出席会议并讲话。

8月17日，市纪委召开常委（扩大）会议，传达学习省纪委派驻机构改革工作动员部署会议精神，并结合玉溪实际提出贯彻落实意见。24日，市委常委、市纪委书记赵基代表市委对市直40个单位党政正职作专题谈心谈话，强调要深入学习贯彻习近平总书记关于换届工作特别是换届纪律的重要指示精神，严格落实中央、省、市委对换届工作的部署要求，营造风清气正的换届环境。29日，中国共产党玉溪市第四届纪律检查委员会第八次全体会议召开。会议全面贯彻落实党的十八大和十八届三中、四中、五中全会精神，深入学习贯彻习近平总书记系列重要讲话精神，认真总结市第四次党代会以来的全市党风廉政建设和反腐败工作，研究部署今后五年的主要任务，审议市纪委提请市第五次党代会审查的工作报告。赵基代表市纪委常委会就《中国共产党玉溪市第四届纪律检查委员会向中国共产党玉溪市第五次代表大会的工作报告（讨论稿）》形成过程和主要内容作了说明。会议分组讨论了《工作报告（讨论稿）》和《全会决议（草案）》，并审议通过《全会决议（草案）》。30日，赵基对2016年上半年重点工作推进缓慢的部分县区和市直单位主要负责人进行提醒谈话。

9月9日，省纪委召开“贯彻落实中央八项规定精神切实加强中秋国庆期间纪律作风建设”电视电话会议，玉溪设分会场组织收听收看，赵基出席分会场会议并讲话。10日，中国共产党玉溪市第五届纪律检查委员会第一次全体会议举行，会议选举产生了中共玉溪市纪委第五届委员会常委、书记、副书记并报市委五届一次全会通过。赵基、张伟、蒋光厚、陈世雄、王辉、施纯律、李家富、解永辉、杨红当选为市纪委常委。赵基当选为市纪委书记，张伟、蒋光厚、陈世雄当选为市纪委副书记。赵基代表新一届市纪委领导班子讲话。14日，市委常委、市纪委书记赵基深入扶贫联系点易门县六街街道白邑村、铁厂村，向基层党员干部宣讲市第五次党代会精神。22日，市纪委召开实践运用“四种形态”工作调研座谈会。

10月13日，省委常委、省纪委书记张硕辅到玉溪调研民营企业发展等工作。张硕辅强调，要明确企业发展思路、提升自主创新能力，加强民营企业党的建设，做好服务保障工作，推动民营企业更快更好地发展。省粮食局、省工信委有关负责同志一同调研。市委副书记、代市长张德华，赵基等领导同志陪同调研。17日，市纪委理论学习中心组举行2016年第四次集中学习。26日，市纪委监察局召开全市反映扶贫领域涉嫌违纪问题信访举报督办工作部署会议。27日，玉溪市召开五届市委第一轮巡察工作动员部署会，安排部署市委首轮巡察工作。

11月7日，市纪委理论学习中心组举行2016年第五次集中学习，专题学习党的十八届六中全会精神。18日，以宣传党的十八届六中全会精神为主题的聂耳大众文化小分队文艺巡演活动在玉溪市聂耳文化广场举行启动仪式，赵基出席活动启动仪式并致辞。29日，市纪委召开县区纪委执纪审查工作约谈会。

12月7日，市委常委、市纪委书记赵基为玉溪市第十五期中青年干部培训班学员作党风廉政教育专题讲座，并寄语他们知识要广博、事业要拼搏、名利要淡薄。13日，玉溪市召开2016年度全市党风廉政建设责任制检查考核动员视频会，市委书记罗应光强调，高标准、严要求圆满完成考核任务，为深入推进全面从严治党，开创玉溪跨越发展新局面提供坚强的政治保证。市委副书记、代市长张德华主持会议，并对贯彻落实会议精神提出要求。市委、市人大常委会、市政府、市政协领导班子成员等在主会场出席会议。各县区设分会场，各县区党政领导班子成员，人大常委会、政协主要负责人，纪委领导班子成员，县区委组织部、宣传部相关负责人参加会议。

（施正林）

青山绿水·碧玉清溪

（市抚管局　提供）

民主党派

DEMOCRATIC PARTIES FEDERATION

责任编校：李晓媛

民建玉溪市委

民革玉溪市委

民盟玉溪市委

九三学社玉溪市委

民进玉溪市委

农工党玉溪市委

致公党玉溪市委

民建玉溪市委

【思想建设及学习培训】 2016年，民建玉溪市委重视思想建设工作，通过召开市委全委（扩大）会、座谈会、支部组织生活会、参加专题活动、参加学习培训及发送刊物等多种形式，推动会员理论学习扎实开展，为履行参政党职能奠定坚实的思想政治基础。民建玉溪市委认真组织选派民建市委副主委、民建中青年会员参加民建省委及市委统战部组织的各类学习培训，系统学习理论知识、参政议政、统一战线政策与党派自身建设等内容。认真举办80余人参加的民建领导班子、骨干会员培训大会。

【“坚持和发展中国特色社会主义”学习实践活动】 2016年，民建玉溪市委通过有序稳步开展此活动，进一步提高会员的政治把握能力，增强会员接受共产党领导的自觉性、坚定性，切实提高履行参政党职能的能力和水平，引导会员不断增强中国特色社会主义的道路自信、理论自信、制度自信，切实承担起中国特色社会主义事业亲历者、实践者、维护者、捍卫者的政治责任，不断推进会员的自身发展。

【组织建设】 2016年，民建玉溪市委坚持注重质量、保持特色、优化结构的组织发展原则，结合本会联系经济界的特色和优势，积极稳步发展会员，会员结构得到优化，会员整体素质明显提升，全年发展会员13名。截至2016年12月，民建会员人数达到330名，其中：男会员188名，女会员142名，会员平均年龄45.8岁；具有大专以上学历的会员304名，占会员的92.1%；具有中高级以上职称的会员155名，占46.9%。

【参政议政】 2016年，民建玉溪市委在政协云南省十一届四次会议上，省政协常委、市委主委郭开堂向大会提交《关于“十三五”期间海绵城市建设的建议》等5件提案；在政协玉溪市四届四次会议上，民建玉溪市委向大会提交《关于研究制定实施〈玉溪市关于推进供给侧结构改革方案〉的建议》等14件集体提案。与其他民主党派提出《关于将推进海绵城市建设纳入玉溪“十三五规划“的建议》（该提案被列为重点提案）等2件联合提案。民建市政协委员、市人大代表向大会提交《关于支持地方生物医药企业更好的服务地方医疗，加速玉溪新兴支柱产业发展的建议》（该提案被列为重点提案）等个人提案、议案19件。政协玉溪市四届四次会议期间，市委专职副主委王丽文在大会上作了《关于加快推进海绵城市建设的建议》的大会发言，在界别联组会上作了主题为《积极推进供给侧结构性改革》的专题发言。

【调研活动】 2016年，民建玉溪市委紧扣市委、市政府的中心工作，组织调研组人员深入市、县区有关部门，开展了《关于推进我市供给侧结构性改革，促进经济转型升级的问题研究》《玉溪市“五网”（公路网）建设情况》及《玉溪市海绵城市建设》的专题调研，为玉溪供给侧结构性改革、玉溪市公路网建设及玉溪海绵城市建设提出对策和建议。

【社会服务】 2016年，民建玉溪市委充分发挥自身优势，积极引导和鼓励会员、会员企业家奉献爱心，回报社会。2016年9月，民建宁波市委慈溪基层委员会向峨山县大龙潭乡捐赠30万元资金，援建峨山县大龙潭乡林业站建设，缓解了该站建设资金紧缺的问题；民建玉溪市委领导高度重视“挂包帮”“转走访”工作，市人大副主任、市委主委郭开堂，市委专职副主委王丽文于7月深入易门县铜厂乡里士村委会开展调研工作，同时，民建机关领导干部积极协助市财政局认真开展此项工作。春节前夕，民建机关领导干部深入易门县铜厂乡里士村沙河5组开展慰问贫困户工作，个人赠送棉被4套，每套199元；3月，会员张丽华率医疗专家13人赴峨山县甸中镇觅池冲开展“送医送药送文化”三下乡活动，免费为100余名群众看病，免费发放价值约3 000元的药品。

（马国富）

民革玉溪市委

【思想建设】 2016年，民革玉溪市委召开了4次全体党员大会，结合民革自身建设和履行职能，从贯彻“四个全面”战略布局的高度和意义，就争先创优跨越发展、反腐倡廉、依法治国，从国情、省情、市情，对十八大、十八届三中、四中、五中、六中全会和习近平总书记系列重要讲话精神进行解读，要求全体党员在思想上、政治上、行动上同中共中央保持高度一致，凝聚共识，为全市经济、政治、社会、文化、生态建设贡献力量。同时，对2017年换届工作进行了动员，严肃换届纪律，树立风清气正换届氛围；以民革玉溪市委委员、支部委员为重点，抓好领导班子思想政治建设和干部队伍执行力建设，把守纪律讲规矩摆在更加重要位置，肃清不良影响，解决突出问题，严肃党纪，完善制度机制，以改革精神和法治思维推进高素质干部队伍建设。

【组织建设】 2016年，民革玉溪市委遵循“巩固与发展相结合”的组织发展原则，按照德才兼备的标准发展党员，坚持严把关、细考察、重培养的要求，吸收年轻的优秀人才加入民革组织。截至12月，有民革党员128人，民革玉溪市委下设6个支部，5个专门工作委员会。每年召开4次全体党员大会，专门委员会每年活动2次，每个季度召开一次市委委员（扩大）会议，每季度各支部组织1次活动，不定期召开主委会议研究工作。

【参政议政】 2016年，民革市委领导班子牢固树立参政议政是民革履行参政党职能第一要务的思想，始终坚持把搞好调研及以提案、市政协全会大会发言、界别联组会发言、重要协商会发言为主要形式的参政议政当作看家工作来抓。市政协四届四次全会上，市民革委提交集体提案7件：《关于抢抓大机遇，建美新农村的建议》《关于文化玉溪建设中重视和加强文艺人才队伍建设的建议》《关于对我市抗战遗址遗迹保护的建议》《关于在中心城区棚户区改造中重视历史建筑和特色民居保护的建议》《关于合理配置教育资源，解决“择校热”现象的建议》《关于加强中心城区建筑风貌管控的建议》《关于提高美丽宜居乡村规划设计水平和质量管理的建议》。与其他党派和政协专委会联合提案2件：《关于加快中心城区绿道网络建设的建议》《关于将推进海绵城市建设纳入“十三五”规划的建议》。提交统战部调研报告1篇：《抢抓大机遇 建美新农村》。在市政协四届四次全会界别联组会上，冯咏梅代表民革作了《关于文化玉溪建设中重视和加强文艺人才队伍建设的建议》的发言。

【社会服务】 2016年，民革玉溪市委以服务地方党委政府中心工作为核心，坚持量力而行，尽力而为，持之以恒的工作原则，整合党内人才资源、智力资源、政治资源，运用自身的专业知识和技能、社会协调能力，鼓励党员发挥自身优势，积极参与民革玉溪市委的社会服务活动。2016年民革玉溪市委先后6次深入扶贫联系点新平县水塘镇大口村委会、旧哈村委会开展入户调查、走访调研，协调和帮助联系点解决项目资金208万元，动员党员帮助6户建档立卡贫困户解决生产急需资金1.5万元，春节、中秋节慰问7 200元。从主委工作经费中挤出2万元支援华宁青龙镇办好年度春节文艺调演。社法支部到新平县者竜中学、水塘中学，对品学兼优家庭困难的10名学生每人发放500元奖学金；赴峨山县岔河乡开展送法下乡活动，发放法制宣传材料1 000余份。市委会接待了范石生将军之子范伦等一行5人到云南寻根祭祖活动。

【表彰先进】 2016年，民革玉溪市委荣获“民革全省先进地方组织”和年度《团结报》发行征订工作先进集体（地市级）三等奖；社会与法制支部、文化与艺术支部、经济支部分别被评为“民革全省先进基层组织”。以民革党员为骨干演职人员的原创大型滇剧《水莽草》荣获中宣部“五个一”工程奖、优秀作品奖，入选国家艺术基金扶持项目和文化部第十一届中国艺术节展演，入选东盟南宁戏剧周荣获“朱槿花”奖。党员李沅遥荣获民革云南省委颁发的“思想宣传工作”先进个人、优秀女党员；获省级个人表演二等奖、优秀表演奖、“山茶花”奖、“云南省优秀青年表演艺术家”称号；获亚洲国际艺术节导演金奖、韩国国际艺术节表演最高奖“大金奖”、新加坡国际艺术节表演最高奖“大金奖”。党员李钟发被民革中央评为优秀宣传干部，撰写的5个剧本2个获奖励，3个剧本演出或刊载。党员潘亚洁主演的大型滇剧《选才记》荣获云南省文化厅展演、表演一等奖，云南省花灯滇剧艺术周演唱金奖。党员明震云、冯联周入选玉溪市第四批市级非物质文化遗产项目滇剧代表性传承人。党员康保坤被国家司法部评为2016年第五届全国法律援助工作先进个人。党员李雁获实用新型专利1项。党员黄明结合抗战胜利70周年系列活动，撰写理论文章15篇，被多种报刊采用登载，其中《军事史论（海军）》被市政府评为玉溪市哲学社会学科学界优秀成果论文类三等奖。党员王文智撰写的《月季新品种选育及集成技术推广应用》获2 014～2016年度全国农牧渔业丰收奖二等奖。党员钱开祯、施忠平、冯咏梅、李沅遥、杨雪松5人在“中国特色社会主义学习实践活动”中表现突出，被评为“优秀党员”。

（张杰贤）

民盟玉溪市委

【组织建设】 2016年，民盟玉溪市委发展盟员23人，年发展率6.8%；有盟员360人，其中正高职称8人、副高职称134人，副高以上职称占39.4%。5月14日，民盟玉溪市委召开市委扩大会议，贯彻学习民盟云南省委第十三届委员会第五次全体会议精神和民盟中央参政议政会议精神，传达《民盟云南省委领导班子建设年活动方案》，安排坚持中国特色社会主义学习实践活动和2016年民盟玉溪市委参政议政工作。3月28日，民盟玉溪市委第二人民医院支部在玉溪市第二人民医院召开成立会议。会议按照《中国民主同盟章程》相关规定，选举产生了民盟玉溪市第二人民医院支部委员会（主委：梁文珍；副主委：善耀萩；支委：靳青、吴世荣）。截至12月，民盟有基层支部18个，直属小组3个。12月1日，召开市委扩大会议，对民盟市委进行届中调整，通过民主推荐和民主投票，对民盟市委空缺的4名市委委员和专职副主委提出了建议人员。拟提名白洪峰、陈佳、杨红坚、董晓娟为市委委员建议人选，拟提名杨志文为民盟玉溪市委专职副主委建议人选。

12月28日，民盟玉溪市第十五中学支部“盟员之家”揭牌仪式暨思想宣传工作调研座谈会在玉溪市红塔区马桥中学进行。这是民盟玉溪市委建立的第1个“盟员之家”，也是云南省第20个“盟员之家”，将盟史、盟务、履职奉献、践行社会主义核心价值观等盟组织的学习教育活动以“家”的氛围体现，提升了盟员的归属感和支部的凝聚力，发挥示范带头作用。

【参政议政】 2016年，玉溪市、红塔区四届四次人大、政协会议上，盟员人大代表、政协委员，深入学习贯彻中共十八大、十八届五中全会和习近平考察云南重要讲话精神，紧扣玉溪市委“干在实处、走在前列”要求，围绕玉溪跨越式发展中心，认真履行职能，积极建言献策。在市政协四届四次会议上，杨志文委员代表民盟市委在界别联组会上作《关于玉溪市科技创新发展情况的建议》交流发言；提出集体提案21件、联合提案4件，委员个人提案23件。在红塔区人大四届四次会议上，盟员人大代表季红燕提出代表建议3件，在红塔区政协四届三次会议上，盟员政协委员徐恒义、张忠明等提交提案31件，市、区两级政协委员个人提案共54件，全部都立案。

年内，民盟玉溪市委通过召开市委会、各专委会负责人会议的形式，征集盟市委调研课题，根据民盟界别和人才优势，最后确定4个调研课题，分别形成《玉溪市海绵城市建设情况的调研》《玉溪市农村人居环境整治情况的调研》（与政协联合开展）《玉溪市基础教育供给侧结构改革的调研》《玉溪市医养结合情况的调研》4个调研报告，提出了民盟玉溪市委关于加快全市经济社会发展的意见建议。

【同心工程】 2016年，民盟玉溪市委以文教委员会和各学校支部为主开展的农村教育烛光行动，2016年与“烛光行动初中语文教师专业成长共同体”相结合，先后前往马桥中学、后所中学、北城中学、小石桥中学、杨武中学等学校开展活动。盟内以张忠明、汤开科、郭永明、杨建明、郑敏、白绍琼、黄波等为代表的一批盟员教师，热心服务于农村教育烛光行动，积极参加各项听课、评课活动。“烛光行动初中语文教师专业成长共同体”这一活动得到了红塔区和新平县农村中学领导的一致好评，进而扩大了民盟的社会影响力。

【“黄丝带”帮教活动】 2016年3月25日，民盟玉溪市委一行16人到元江监狱，为服刑人员开展“法律援助进高墙・优秀文化进狱园”的“黄丝带”帮教活动。帮教活动现场，来自民盟玉溪市委律师支委的10名律师就服刑人员关注的离婚财产分割、财产继承、刑事诉讼、判决异议、撤迁补偿等法律问题开展法律咨询、法律帮助，为服刑人员排忧解难。中国青少年文学艺术家协会常务副会长、云南省作家协会会员、著名青年作家宋健强以及市政协研究室副主任白洪峰，结合新闻写作及监狱新闻报道工作的特点为服刑人员带来了一场形式生动、内容精彩的讲授。民盟玉溪市委还向服刑人员捐赠了200册国学文化书籍，以送文化进狱园为切入点，解决服刑人员的特殊需求。

4月21日，在元江监狱举行“黄丝带帮教基地”揭牌仪式。揭牌仪式上，民盟玉溪市委与云南省元江监狱签订了帮教协议，拟定了今后双方合作的方向与内容。揭牌仪式后，开展了以法律专题讲座、心理专题讲座及心理辅导为内容的帮教活动。

民盟玉溪市委应云南省元江监狱邀请，协同市公安局禁毒支队流动禁毒站，市科协牵头组织玉溪花灯剧院、市心理学会等单位，于6月24日下午在元江监狱开展以“抵制毒品·预防艾滋·拥抱美好人生”为主题的禁毒宣传和科普进监狱等系列活动。在社会服务“帮教”活动中，市公安局禁毒支队流动禁毒站站长李浏华为服刑人员做了《拒绝毒品·让爱相伴》专题讲座；玉溪花灯剧院李沅遥等4位导演、演员为服刑人员带来了精彩的禁毒宣传小品《定亲》；市科协的工作人员安排了3D科普展板和有奖知识竞答，组织服刑人员观看禁毒展板和科普3D展板，发放各类禁毒、科普宣传手册，通过有奖竞答的方式，寓教于乐，提高服刑人员参与活动的积极性，丰富了禁毒活动的内容和形式；市心理学会安排6位心理咨询师为服刑人员中涉毒人员做心理咨询和辅导。民盟玉溪市委与元江监狱“黄丝带帮教基地”受到民盟云南省委社会服务部与省监狱管理局的肯定。

（陈　佳）

九三学社玉溪市委

【思想建设】 2016年，九三学社玉溪市委认真落实社中央的统一部署，深入开展坚持和发展中国特色社会主义学习实践活动，利用全委扩大会议、社员大会、班子学习和各支社学习活动等多种形式，专题学习中共十八大、十八届三中四中五中六中全会精神，学习习近平总书记系列重要讲话特别是考察云南重要讲话精神，学习中央、省市统战工作会议精神；学习中共云南省委十次党代会、玉溪市委五次党代会议精神；组织机关干部参加市政协、市委统战部举办的学习培训活动；推荐4名社员参加年度九三学社省委骨干暨新社员培训班，推荐3名社员参加红塔区统战干部、统战六支队伍成员培训班学习，推荐1名社员参加玉溪市妇女干部浙江大学培训班，推荐1名社员参加社中央第二期省级以下机关专职干部培训班学习；积极开展坚持和发展中国特色社会主义学习实践活动，组织24名专委会委员赴保山市善洲林场、腾冲爱国主义教育基地——国殇墓园、滇西抗战纪念馆考察学习；组织机关干部前往九三学社省委、昆明市委社会主义核心价值体系理论学习实践基地——昆明市东川区拖布卡镇格勒村考察学习。通过一系列的学习活动，进一步提升广大社员的政治意识，增强对参政党性质、地位和历史使命的认识，自觉拥护中国共产党的多党合作和政治协商制度，坚定走中国特色社会主义道路的信念。

【组织建设】 2016年，九三学社玉溪市委共发展新社员11名，截至目前，有7个支社167名社员，社员中具有高级职称86名，占社员总数的51.50%，中级职称的71名，占社员总数的42.51%，其他10名，占社员总数的5.99%；硕士以上学历的25名。社员结构进一步优化，整体素质进一步提升。

【成果表彰】 2016年，施立安负责的《高产抗病广适小麦新品种国审“云麦53”的选育及应用》荣获2016年度云南省科学技术奖一等奖，滕玉芬参与的《优质香米新品种云粳26号、云粳29号的选育及应用》获2016年度云南省科学技术奖二等奖。施立安、鲁伟、滕玉芬、周丽梅、代玉华、张立猛6名社员主持或参与的7个项目荣获2015年度玉溪市科学技术奖励，其中，4个项目荣获二等奖，3个项目荣获三等奖。施立安负责的“小麦种质资源引进创新及应用研究”、鲁伟负责的“瓷嵌体改良修复Ⅱ类洞的临床应用研究”、滕玉芬参与的“香软米新品种云粳29号选育及应用”、周丽梅参与的“生态养猪关键技术研发与推广”获二等奖，代玉华负责的“红塔区主要作物病虫发生状况调查研究与应用”、张立猛参与的“丽蚜小蜂防治烟粉虱生物防治研究与推广应用”、代玉华参与的“玉溪市小菜蛾、斜纹夜蛾发生规律及性诱剂集成技术研究与应用”获三等奖。郭亚钢荣获九三学社中央2016年度先进组工干部表彰；张培清撰写的《九三影响我，伴我成长》荣获九三学社省委“纪念九三学社创建七十周年”优秀征文二等奖；谷桂华撰写的《抚仙湖水温特征及趋势分析》发表在《人民珠江》并获云南省水利学会三等奖论文，受到市人民政府市长饶南湖批示赞扬；鲁伟被昆明医科大学海源学院聘任为专业暨实践教学课兼职教授，任期6年。九三学社玉溪市委被市政协表彰为“信息工作先进集体”。

【议政建言】 2016年，九三学社玉溪市委向市政协四届四次全会提交《关于推进我市生态文明建设的建议》等17件集体提案，提交《加快办好人民满意的医疗卫生事业，努力打造“健康玉溪”的建议》等7件委员提案，在界别联组会上，提交《关于加强禄充旅游景区旅游秩序治理的建议》发言材料；向市人大四届四次会议提交个人建议案1件。充分彰显了担任市政协委员和人大代表的九三学社社员们的责任感和使命感。

【专题调研】 2016年，九三学社玉溪市委组织社员到中心城区主要饮用水源地东风水库和红塔区水利局，就水源地保护与建设工作开展调研；组织界别政协委员，参与市政协重点调研课题——《玉溪市中心城区饮用水源地保护及其水资源配置情况》的调研活动；参与市政协组织的峨山县保障安居工程建设推进和江川区九溪镇的云南农业科技园科技创新推广工作、抚仙湖统一托管工作实施情况等专题视察工作；深入通海、江川、元江等地就农村垃圾处理情况开展调研；深入红塔区洛河乡，就集镇污水处理、河道治理等情况进行调研；深入“同心工程联系点”华宁县华溪镇开展调研3次；8次深入到“挂包帮”“转走访”扶贫点华宁县宁州街道火特村委会，就精准扶贫项目的实施方案、项目实施进展情况、存在困难和问题等进行调研；深入“百村示范千村整治”联系点华宁县盘溪镇小龙潭村委会就农村环境综合整治情况开展调研。完成并上报《云南省农村垃圾污染调查研究与治理策略》和《滇中引水工程中心城区受水区水资源分配的建议》等调研报告；5个在职支社完成《公立医院在新医改中面临困境调查研究》等5篇调研报告。

【社会服务】 2016年，“沪滇合作——百名专家科技下乡活动”在易门县、华宁县、市人民医院三地同时开展，来自上海的3位专家、教授在2天的时间里，开展了8场次知识讲座和业务指导，受众人数高达4 000余人次；组织医卫支社的专家到易门县十街彝族乡老吾村、新平县扬武镇马鹿寨村开展义诊活动，2次活动共接待就诊咨询村民320余人次，发放疾病预防和健康宣传资料600余份，免费赠送价值7 500余元的药品，为看病不方便的山区彝族群众送去了温暖；到“挂包帮转走访”联系点开展“春暖童心”公益行动，下拨扶贫联系点文化室建设经费3万元，春节送慰问品和慰问金2 000元；帮助“同心工程联系点”解决小寨村卫生室建设资金5万元，帮助小寨村、曲江大路竜段河堤水毁修复工程建设协调资金20万元。

【宣传工作】 2016年，九三学社玉溪市委共编辑信息61条，其中：社省委网站录用61条，社中央网站录用51条，编辑《玉溪九三》简讯12期，以电子邮件形式发放社员，及时向全市社员通报工作情况；社市委年刊《玉溪九三》第三期顺利刊印，内容除了报道2014、2015年的工作外，增加了九三学社玉溪市委纪念九三学社创建七十周年纪念的相关内容。通过不断地对外宣传，扩大九三学社的影响力。

（周海琼）

民进玉溪市委

【思想建设】 2016年，民进玉溪市委以坚持开展学习实践活动为契机，进一步加强学习型参政党建设。先后组织学习了中共十八大、十八届三中、四中、五中、六中全会精神，习近平总书记系列重要讲话精神，学习民进中央、省委会议精神，积极撰写专题教育学习心得体会，把学习贯彻十八届四中、五中、六中全会精神、习总书记系列讲话精神和习总书记考察云南重要讲话精神以及践行“三严三实”加强作风建设工作与党派工作紧密结合；组织会员认真学习、深刻领会中国特色社会主义理论体系的科学内涵、精神实质和根本要求。学习新时期统一战线和多党合作理论政策，深刻认识多党合作制度的理论基础，准确把握多党合作的基本特征，始终坚持多党合作的政治准则。引导广大会员自觉遵守民进章程，继承和弘扬老一辈领导人与共产党风雨同舟、团结合作的优良传统，增强接受中国共产党领导的自觉性。年内，民进玉溪市委编辑、编办《玉溪民进》会刊三十期（总第380期～409期），分别被《云南民进》、市委统战部网站采用，有效扩大了社会影响，树立良好的社会形象。

【组织建设】 2016年，民进玉溪市委结合坚持和发展中国特色社会主义学习实践活动，加大了后备干部队伍建设力度，积极做好发现、选拔、培养工作。先后组织和选派骨干会员40余人次参加民进中央、省委和云南省委、市委统战部、组织部及市政协组织举办的专题和培训班学习。全年发展新会员10名，有9个基层支部，会员199人，其中，男会员89名，女会员110名，会员平均年龄42岁；具有中高级以上职称的会员164名，占82.4%。

【参政议政】 2016年，在市政协四届四次会议上，民进玉溪市委提交调研报告2份，政协会议交流发言材料2份，集体提案14件，委员个人和联名提案11件，民主党派联合提案2件，共计27件提案，全部立案。内容涉及滇中经济圈和地方经济社会发展、农村基层实施建设、医疗卫生、城市管理、环保、文化教育等方面内容；其中民进玉溪市委领衔的集体提案《关于着力培育玉溪医药企业品牌，大力支持我市生物医药企业服务地方医疗的建议》列为市政协四届四次主席会议领衔督办的唯一重点提案，得到了市政府领导和相关部门的充分肯定和高度重视，市政府分管副市长及相关的3个部门，对此提案进行了专题协商和督办视察，促成市政府制定出台了《关于加快推进生物医药产业跨越发展的指导意见》，促进了玉溪市生物医药产业发展。年内，民进玉溪市委顺利完成省、市级调研课题《关于大力发展林下经济协调推进脱贫致富的建议》《关于在旅游开发中更加突出文化元素的建议》和《关于加速推进我市脱贫攻坚工作的建议》等课题，形成调研报告3篇，呈送民进省委和市委、市政府及相关单位工作参考。民进玉溪市委积极配合参与联动合作调研。年内，全国政协副秘书长、民进中央副主席朱永新，全国政协委员、民进中央常委、秘书长高友东，玉溪市委副书记、市委统战部部长保明顺，以及民进河南省委、民进昆明市委、民进楚雄州委，民进曲靖市委一行分别到玉溪开展专题调研和走访民进玉溪市委。民进玉溪市委领导高度重视，积极协调配合，圆满完成各项了工作。

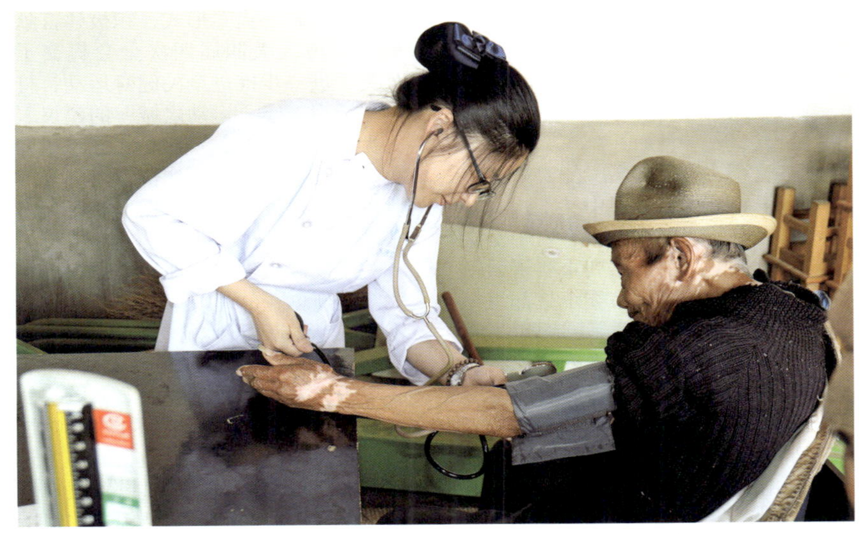

2016年4月16日，民进玉溪市委赴易门县小街乡普厂村开展义诊活动

（民进玉溪市委　提供）

【社会服务】 2016年，民进玉溪市委配合协调民进省委做好联系点宁州街道的帮扶工作。年内协调划拨了工作经费3万元用于帮助宁州街道普茶寨村委会建设科技文化活动室，配置相应的设备和科技文化活动宣传设施，同时赠送了会员孙军的《光影梦画》两件（34本）价值8 840元。按照玉溪市《关于做好扶贫攻坚挂包帮转走访有关工作的通知》要求，民进玉溪市委先后6次组织机关干部深入“挂包帮”“转走访”联系点——易门县普厂村，走访村民和慰问联系的贫困户。在政协四届四次会议上，民进玉溪市委通过深入调研，将普厂村道路交通、水利、河道治理和卫生室医疗环境等问题以提案的方式提交会议，得到了相关单位的重视和认真办理。年内，民进玉溪市委划拨工作经费5万元用于帮助易门县小街乡普厂村村级活动场所建设。4月16日，民进玉溪市委联合市招商局组织医卫界成员20余人到普厂村开展“同心·义诊·疾病预防宣传”活动，义诊村民180余人，进行B超检查30人，发放高血压、心脑血管疾病等20余种疾病预防宣传单200余份，发送66个品种共计价值4 500余元的药品及价值1 000元的计生用品。

【表彰先进】 2016年，民进玉溪市委退休支部被评为“民进云南省委社会服务先进集体”，获民进省委表彰。会员蔡炯辉、张立继、沈玉仙、黄蕊仪被评为“民进云南省委社会服务工作先进个人”。

（黄蕊仪）

农工党玉溪市委

【思想建设】 2016年，农工党玉溪市委班子成员认真学习中共十八大、十八届三中、四中、五中、六中全会精神，习近平总书记系列重要讲话精神，积极参加市委、市委统战部组织的统一战线法制理论学习、习近平总书记系列重要讲话学习系列会议，积极撰写专题教育学习心得体会，把学习贯彻十八届五中、六中全会精神、习近平总书记系列讲话精神和习近平总书记考察云南重要讲话精神以及践行“三严三实”加强作风建设工作与党派工作紧密结合，努力开创工作新局面。学习新时期统一战线和多党合作理论政策，深刻认识多党合作制度的理论基础，准确把握多党合作的基本特征，始终坚持多党合作的政治准则，自觉抵御西方两党制、多党制和议会制的影响。认真学习农工党章程，深入了解多党合作和农工党历史，引导广大党员自觉遵守农工党章程，继承和弘扬老一辈领导人与中国共产党风雨同舟、团结合作的优良传统，增强接受中国共产党领导的自觉性。

【组织建设】 2016年，农工党玉溪市委结合坚持和发展中国特色社会主义学习实践活动，加大了后备干部队伍建设力度，积极做好发现、选拔、培养工作。认真贯彻落实农工党中央《关于加强后备干部队伍建设的决定》精神，建立了50余人的后备干部队伍人才库，为后备干部提供学习、锻炼的机会。按照组织发展工作的各项方针政策，全年发展新党员4名，在坚持发展主体界别的同时，重点在经济、法律、文艺等非重点界别发展新党员，进一步改善了组织结构。全年共有12个支部，4个党小组，党员222人。

【参政议政】 2016年，农工党玉溪市委组织开展了“玉溪市建设活力玉溪，运动之城”调研，参与了市政协组织的调研视察和提案协商督办工作、市委统战部组织的调研视察活动。积极履行参政议政和民主监督职能，组织广大农工党员深入调查研究，了解社情民意，广泛收集相关信息，认真进行分类整理、提炼。以人大建议、政协提案形式，积极建言献策。向市人大四届四次全会提交了《关于进一步推进全民健身运动，打造“活力玉溪，运动之城”的建议》人大代表建议1件。向市政协四届四次全会提交了《关于加快玉溪陶瓷产业发展的建议》《关于在玉溪各大停车场、加油站安装充电桩的建议》《关于发展众创空间加快推进玉溪市大众创新创业的建议》《关于加快对澄江帽天山化石地旅游项目建设的建议》等政协集体提案17件；提交了《关于开发红塔区灵照寺海会塔院公墓的建议》政协委员提案1件。向红塔区政协四届二次全会提交了《关于在抚仙路与南祥路交叉口设置红绿灯的建议》《关于按进度足额拨款红塔区卫生监督局和疾控中心业务用房的建议》政协委员提案2件。在政协玉溪四届四次全会期间，周爱华代表农工党市委在界别联组会上作关于加强市域农村小型水利工程管理的建议的发言，受到了社会各界的广泛关注。

【社会服务】 2016年5月6日，农工党玉溪市委组织直属一组省、市、区知名教师，玉溪市物理名师工作室优秀教师原会兰参加“送教下乡”活动。5月20日至6月20日，组织直属二组党员律师到市、区所属中、小学进行“法律进校园”普法宣传教育活动。农工党党员分阶段到师院附中、春和中学、小石桥中学、黑村小学等15所学校进行法律讲座，向中小学生进行了法律方面的宣传教育，参加讲座的师生近5 000人次，取得了良好的社会效果。此外，为丰富山区小学生的课余生活，为孩子们的成长提供精神食粮，农工党市委分别于9月1日到澄江县龙街镇提古村小学、9月8日到红塔区春和镇波衣小学、9月28日到通海县河西镇河西小学、9月29日到华宁县宁州镇岔纳小学、10月20日到北城街道大石板小学、10月21日到洛河乡中心小学开展捐赠图书活动，共计捐赠优秀图书3 500余册，总价值7万余元，受到了山区小学师生的热烈欢迎，为山区小学生健康成长尽了一点绵薄之力。

5月16日和9月13日，农工党玉溪市委两次组织第十二支部（红塔区疾控中心支部）党员到红塔区洛河乡清水河麻风病康复院慰问麻风畸残患者。在助残日邀请了蒙恩艺术团的3位文艺演员，向麻风病康复院14位畸残患者送上了节日问候；并发放慰问金400元/人；在中秋节前为畸残患者送上价值3 000余元的慰问品。12月11日，农工党市委第十二支部及红塔区防艾办、红塔区共青团区委、红塔区卫计委、红塔区疾控中心、红塔区市场监督局、红塔区“同心小组”等部门在人群流量较大的聂耳公园开展了“12.1”防艾宣传活动。活动展出防艾知识宣传展板8块，发放各种艾滋病防治知识宣传折页2 000余份，2017年日历2 000余张，防艾宣传购物袋200余个，防艾抽纸560盒，防艾宣传围裙200条，安全套2 000余只。

年内，农工党市委分别于9月8日和10月13日组织本党医疗专家到红塔区春和街道波衣村委会和江川区江城镇三百亩村委会开展送医送药活动，把优质的医疗服务带给山区群众。2次送医送药活动针对不同疾病免费发放了17 000元的相关药品，同时提供各种常见病、慢性病的诊疗，并开展健康知识科普宣教，惠及群众500余人，缓解了偏远山区看病难、就医难的问题，受到了群众的一致好评。

积极参与“百村示范、千村整治”和“挂包帮、转走访”工作，组织全体机关干部到“百村示范、千村整治”联系点华宁县宁州街道上村社区青龙潭小组，对该小组的村容村貌、基础设施建设进行了全面走访查看，对该村在村庄整治规划推进工作上存在的困难和问题交换了意见，全年协调资金2万元用于该小组村内道路挡墙整修工作。按照全市“挂包帮转走访”联席会议办公室的文件安排，组织全体机关干部到“挂包帮、转走访”联系村委会华宁县宁州街道红坡村慰问联系的贫困户。与村委会负责人进行座谈，听取相关情况介绍，根据定点挂钩的4户贫困户存在的困难和问题，积极开展入户走访。全年协调资金3万元用于该村房屋改造工作。12月22日，农工党玉溪市委深入“挂包帮、转走访”联系点华宁县宁州街道红坡村委会石门坎小组开展“关爱民生，寒冬送暖”走访慰问活动，让困难群众感受到党和政府及民主党派的关怀和温暖。

【表彰先进】 2016年3月，农工党玉溪市委被中国农工民主党中央委员会评为中国农工民主党2013～2014年社会服务工作先进集体。4月，农工党员、市环境监测站工程师杨文明被市人民政府授予“玉溪市劳动模范”光荣称号。8月，农工党市委圆满完成年度党刊发行任务，被农工党中央评为年度《前进论坛》发行工作市级先进单位。12月，农工党员、农工党市委机关专职干部黄晓薇撰写的《充分利用新兴媒体助推农工党自身建设》被农工党中央评为理论研究优秀论文三等奖。

（黄晓薇）

致公党玉溪市委

【思想建设】 2016年，致公党玉溪市委以坚持开展学习实践活动为契机，进一步加强学习型参政党建设。先后组织学习了《中国共产党统一战线工作条例》《中共中央关于加强政党协商的实施意见》《中共中央关于加强社会主义协商民主建议的意见》、中共十八大、十八届三中、四中、五中、六中全会精神，习近平总书记系列重要讲话精神；组织支部党员学习了《中国致公党第十四届中央常务委员会工作报告》、万钢同志在致公党组织工作会议开幕式上的讲话《求真务实、与时俱进、努力开创组织工作新局面，全面推进中国特色社会主义参政党建设》等重要文件。通过学习，进一步凝聚了共识，增强了对中国特色社会主义的道路自信、理论自信、制度自信和文化自信，增强了政治意识、大局意识、核心意识、看齐意识，切实承担起中国特色社会主义亲历者、实践者、维护者、捍卫者的重要职责。

【组织建设】 2016年，致公党玉溪市委组织党员订阅云南致公微信，关注致公发展，加大致公宣传工作力度。致公党员对微信公众号的订阅量达到了党员数量的80%。

5月19日，中国梦·侨海情——云南致公宣讲团玉溪宣讲活动举行。通过宣讲活动，营造学习氛围，宣传先进事迹，树立正面典型，传播正能量，活动的开展得到了党员的欢迎认可。

致公党玉溪市委积极组织党员参加致公党省委与致公党中央宣传部、中国致公摄影社、致公党北京市委、致公党上海市委联合主办的“侨海情·丝路美——致公党第二届摄影大赛”。

年内，组织7名党员参加了致公党省委新党员培训班，组织党员6人参加了致公党省委中青年党员培训班，组织党员10余人次参加了玉溪市委统战部、红塔区委统战部等部门举行的讲座和学习培训班。

致公党玉溪市委下设7个基层支部，有党员148人，其中，归侨侨眷共37人，占22.3%，获高级职称者31人，占21%，获中级职称者73人，占49.3%。

【参政议政】 2016年，在市政协四届四次会议上，致公党玉溪市委提交集体提案3件，委员提交个人提案6件，联合提案1件。提案涉及医疗卫生、城市绿道建设、公立医院改革、海绵城市建设、建设特色城市等方面内容。

年内，致公党玉溪市委积极配合致公党省委搞好“云南省涉侨社区医疗保障情况调研”课题的调研工作。按照省委的统一安排，起草了省涉侨社区医疗保障情况调研方案，会议同意该调研方案，并上报省委。在致公党省委参政议政工作研讨会上致公党市委作了《整合资源、扎实调研——致公党玉溪市委2016年重点课题调研开展情况交流》的调研情况汇报，交流致公党市委在调研中的主要做法和经验、提出存在的问题与不足、向省委的专家和各地州市县的同仁取经，倾听解决办法和工作建议。

【社会服务】 2016年，致公党玉溪市委继续配合致公党省委和市委统战部做好“同心”工程。致公党玉溪市委了解到华宁十中学生课桌椅老旧的情况，向华宁县第十中学捐赠了价值3万元的课桌椅。

支持精准扶贫联系点江川区安化乡早谷田村委会烂泥塘村民小组公房建设。江川区安化乡早谷田村委会烂泥塘村民小组是致公党玉溪市委的对口帮扶对象，了解到村民活动场所（公房）由于资金难以筹措，未安装门窗这一情况后，市委协调了3万元经费，帮助村民活动场所（公房）进行改造，加装门窗。

支持“百村示范·千村整治”美丽家园建设工程。峨山县小街街道永昌村委会八街窝小组为致公党玉溪市委的“百千工程”工作对口联系点。由于该小组近年来建设项目较多，致公党玉溪市委整合经费筹集3万元用于八街窝美丽家园附属工程建设的费用补助。

做好服务侨情、医疗义诊工作。致公党玉溪市委组织医卫界的党员30余人，到元江县甘庄街道甘坝社区、精准扶贫联系点江川区安化乡早谷田村委会开展送医送药活动，接诊群众500余人次，发放药品价值10 000余元。

继续实施“致福助侨”奖学金计划。致公党玉溪市委向元江县甘庄华侨农场、红侨华侨农场2个华侨社区被各级各类大学院校录取的三本（含三本）以上家庭困难、品学兼优的12名应届高中毕业生提供了5万元奖学金资助。

【表彰先进】 2016年，致公党玉溪市委被评为“参政议政先进集体”“宣传思想工作先进集体”，9名党员被评为“参政议政先进个人”“宣传思想工作先进个人”，获致公党云南省委表彰。

（赵皖婷）

青山绿水·碧玉清溪

（市抚管局　提供）

人民团体

MASS ORGANIZATIONS

责任编校：李晓媛

总工会

【概　况】 2016年，市总工会在市委和省总工会的坚强领导下，深入学习贯彻党的十八大、十八届三中四中五中六中全会和习近平总书记系列重要讲话精神，认真贯彻落实中央、省委、市委党的群团工作会议精神，按照市总工会全委会议的工作部署，结合“两学一做”学习教育，抓实“五大主题行动”，凝聚力量助发展，不忘初心为职工。广泛开展好“实现中国梦・建功十三五”为主题的建功立业活动，深入推进玉溪职工跨越发展先锋活动和玉溪职工素质建设工程。在工会干部队伍建设，扩大组织覆盖面，壮大职工会员队伍，创新工作机制和方式，打造服务职工品牌，服务地方发展，普惠职工群众等方面都取得了新成效，全心全意为职工群众服务。

【一活动一工程】 2016年，市总工会通过广泛开展职工技能培训、技术交流、技术讲座、技术技能竞赛、名师带徒等活动，不断把“一活动一工程”引向深入。制定实施“创先争优跨越发展大联合大练兵职工素质提升行动”，牵头组织了全市工业园区维修电工、陶艺拉坯、家政服务、美食烹饪、社区医生、中医医药、教师教学等7场17个工种的职工技能技术大赛。带动全市各级工会组织开展58个工种、320场比赛，体现了“三百六十行，处处设赛场，行行出状元”活动宗旨。组织5县（区）14个企业14个项目参加全省职工创新创意展览会，受到省总工会和社会一致好评。扎实推进劳动竞赛，377家企事业单位、68 614名职工参与活动。全市共创建省市“劳模工作室”13个、省市技师工作站5个、职工创新工作室16个。开展“素质提升、学历提升、技能提升”活动，全年投入资金275万元，实施玉溪职工素质建设工程，使5 225名职工取得了专项能力证书或职业资格证书，完成了农民工引导性培训21 304人。开展全国、省“五一”劳动奖状、奖章、工人先锋号和玉溪市第五届劳动模范的推荐评选工作，推荐评选全国“五一”劳动奖章1人，省“五一”劳动奖状单位2个，省“五一”劳动奖章3人，省工人先锋号1个，玉溪市劳动模范60人，开展劳模先进事迹宣讲活动，在全社会形成了尊重技术、尊重创新、争当先进的良好氛围。

【工资集体协商】 2016年，市总工会落实协调劳动关系三方制度，培育工资集体协商示范企业55个，开展集中要约、档案评查、第三方评估，促进工资集体协商规范化建设。全市已建会企业3 456户，签订工资集体合同数1 281份，覆盖企业3 394户，合同签订率达98.2%。做好企业工资集体协商档案评查工作，完成第三方评估工作。

【困难职工帮扶】 2016年，市总工会开展困难职工解困脱困精准帮扶工作，全市建档立卡困难职工4 803人，通过元旦春节送温暖、春风行动、中秋国庆送温暖等活动，共帮扶人数24 224人次，发放帮扶资金876.06万元。开展“金秋助学”活动，共救助困难职工子女613名，发放帮扶资金130.95万元。

【劳模服务管理】 2016年，为发挥劳动模范创新带动作用，市总工会规范劳动模范服务管理工作，制定出台《玉溪市劳动模范评选服务管理办法》，于6月1日起施行。全市创建省市劳模工作室13个、省市技师工作站5个、职工创新工作室16个。同时，关心关爱劳动模范生产生活，对21名全国劳模发放春节慰问金、生活困难补助金、特殊困难补助金共计33万元，对54名省级劳模发放生活困难补助金、特殊困难补助金共计41.09万元，对107名市级劳模发放春节慰问金、困难补助金8.46万元，并组织劳动模范疗（休）养42名。

【职工医疗互助】 2016年，市总工会推进职工医疗互助活动，第十二期职工医疗互助活动参加单位1 915家17.06万人，收取互助金1 389.75万元；第十二期职工医疗互助活动共补助人数达3.06万人次，发放补助金1 599.04万元。互助金申请审批发放工作做到规范标准，加强专项审计，相关资料齐全、有效，补助计算准确，资料上报、存档和保管规范有序，无错补多补，无弄虚作假或骗取补助现象发生。

【宣传教育】 2016年，市总工会大力推进文化文明主题行动，保持工人阶级先进性，启动“职工心理健康大讲堂”活动，组织讲座135场次，参与职工8万余人次，着眼职工精神文化需求的新特点，充分发挥职工文化阵地优势，引导职工做遵守社会公德、职业道德、家庭美德、个人品德的模范。同时，全面推进企业文化“五个一”工程和学习型企业创建，创建职工书屋示范点23家，20家单位创作了歌曲，30家单位创办了企业报刊，30家单位建立了文艺队，50家单位建立了篮球队或足球队等，27家单位建立

①2016年，玉溪市工业企业暨工业园区职工技能大赛 ②2016年，玉溪市工资集体协商现场培训班 （市总工会　提供）

了书法或创作协会等，职工文化体育活动丰富多彩；开展“职工道德讲堂进企业”活动37期，参与职工2 615人次；以“和谐家庭”创建为统领，“家和万事兴”为主线，开展好妻子好邻里、和谐家庭评选活动，征集好家训，宣讲好家风，促进了职工家庭素质提升、家庭发展扶助、家庭文化建设。

【民主管理】 2016年，全市已建工会公有制企事业单位818家，厂务公开、民主管理和职代会建制率100%，保持已建工会公有制企业职工代表大会、厂务公开全覆盖；非公有制企业2 111家，厂务公开建制率97.9%，职工代表大会建制率95.2%，百人以上非公有制企业职工代表大会、厂务公开建制率动态在85%以上。

【法律援助】 2016年，市总工会贯彻落实《云南省工会劳动法律监督条例》，建立和推行工会劳动法律监督意见书和建议书制度，建立工会劳动法律监督组织881个，法律监督员1 881人。全年处理劳动法律监督案件共21件，实施困难职工法律援助51件。

【“安康杯”竞赛活动】 2016年，市总工会以“安康杯”安全生产劳动竞赛为突破口，扎实推进全市劳动竞赛，377家企事业单位6.87万名职工参与“安康杯”竞赛活动，参赛单位比上年增加51家，增长15%，参赛班组3 329个，班组100%参赛，参赛职工达到6.86万人，比上年增加了6 635人，增长11%。年内举办20场安全生产技能比武、知识竞赛、演讲比赛，把“安康杯”活动推向高潮。

【工会组织建设】 2016年，市总工会继续加大对基层工会服务指导和督促力度，依法推动企业普遍建立工会组织，全国工会基层组织建设工作管理系统中，已建会企业达3 456家，建会率97.32%；会员数达123 828人，入会率达98.85%。完成抚仙湖径流区工会组织统一托管工作，48家基层工会由江川区、华宁县移交给澄江县托管。同时，规范基层工会工作，激发活力，发挥作用，开展“六有”基层工会考评验收，共达标2 692家，达标率为73.12%。继续加强农民工入会和服务工作，积极发展农民工入会，新增农民工会员18 804名，农民工会员总数达14.40万名，增长15.01%。

（普开明　张　荻）

妇　联

【概　况】 2016年，市、县、乡、村、组五级均建立了妇联组织，配备专兼职妇联工作人员7 611人。市妇联实有干部13人：党组书记、主席1人，副主席2人，保留原职级待遇1人，副处级调研员1人，科室领导职数4人。县（区）妇联有专职妇联干部56人；乡镇有专、兼职妇联干部142人，村级妇委会主任702人，村民小组妇代小组长6 707人。同时，在机关、企事业单位均建立有妇联组织。市妇联以“巾帼建功”“巾帼维权”“巾帼脱贫”“巾帼关爱”“巾帼家庭文明”和“巾帼共建美丽家园”六大行动为推手，更好地促进了妇女全面发展、更好地维护了妇女儿童合法权益，团结带领全市广大妇女为建设生态宜居文明幸福玉溪作出贡献。

【巾帼建功行动】 2016年，市妇联围绕全市产业发展重点，组织实施贷免扶补1 400人，发放资金13 226万元；完成创业担保贷款995人，发放资金9 942万元；完成劳动密集型企业贷款5户共1 000万元；完成“两个10万元”微型企业培育工程100户。元江县探索“妇联+银行+女商户”的合作模式推出“便民惠农利民”服务点建设项目，改善农村妇女创业支付结算金融环境。举办“春风送岗·巾帼行动”大型公益专场招聘会，吸纳了216家企业参展，提供岗位2 000余个，求职人数4 000余人，达成就业意向1 300余人。积极争取省妇联支持，先后在4个县开展4期253人参加的健康养老护理培训并积极推荐就业。积极推动以刺绣为主的妇女手工编织业，组织刺绣培训14期954人参加，推动妇女居家就业。创建命名市级巾帼文明岗30个、巾帼建功标兵40名，创建命名市级巾帼创新业示范基地30个。

【巾帼维权行动】 2016年，市妇联加大男女平等基本国策“进机关、进党校、进学校、进社区、进家庭”活动力度，在市委党校开展国策培训2期240人。云南高校性别平等促进小组《TA》剧组走进玉溪师范学院，以舞台情景剧的方式传播性别文化，倡导男女平等。同时，继续深化“四送一创”项目，以“百万妇女学法律”“建设法治玉溪·巾帼在行动——万家联动·送法到家”“三八维权周暨综治维稳宣传月”等为主题，以维权骨干培训、知识讲座、文艺演出等形式宣传《反家庭暴力法》《未成年人保护法》《婚姻法》等政策法规，广泛开展禁毒防艾、反邪教宣传教育活动60多场次，编印发放维权宣传手册6万余份。全市建立妇女儿童权益纠纷人民调解委员会10个，乡镇（街道）妇女维权站75个，妇女儿童维权法律工作站 2 个，妇女庇护所2个，维权机构不断完善。充分利用“12338”妇女维权公益热线和来信来访接待制度，全年市、县（区）

2016年10月10～12日，由市委组织部、市妇联联合举办的市科级女干部暨女村干部培训班在市委党校开班。来自51个市直单位、9个县（区）的科级女干部及全市村（社区）女书记、女主任共180余人参加培训　（市妇联　提供）

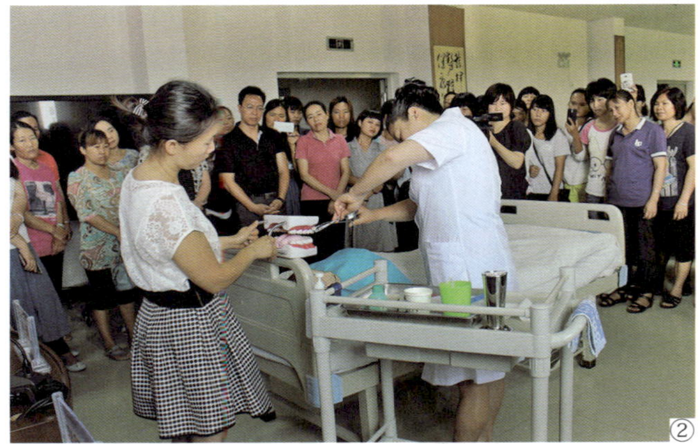

①2016年，市妇联培养了13名“女童保护”骨干讲师，深入55所学校、3个儿童之家为7 290名儿童开展防性侵课程 ②2016年5月，市妇联开展健康养老服务专业人员培训 （市妇联　提供）

两级妇联共接待妇女群众来信来访来电623件，结案率达100%。主动参与农村土地承包经营权确权登记颁证工作，确保登记证妇女名字不缺漏，有效维护农村妇女合法权益。红塔区修订村规民约试点工作取得了阶段性成效。对“两规”重难点指标进行任务分解，对峨山县、澄江县、华宁县“两规”实施情况及“儿童之家”建设工作进行督导，全市共建设69个儿童之家。继续实施全国妇联、联合国儿基会社区儿童保护项目，建立了多部门合作的宣传预防、预警报告、危机干预三级预防儿童保护机制。启动由中华儿慈会、中国教育学会主办的青爱工程，建成云南省首批以妇联部门承接为主的青爱小屋19家。在多所中小学、幼儿园、社区开展“我爱我家·我与孩子共成长”亲子阅读活动，携手云南省网上家长学校，举办“我与孩子共成长”家校共育公益讲座16场，为5 450名家长讲授家教知识。

【巾帼脱贫行动】 2016年，市妇联按照中央、省委和市委扶贫开发工作会议精神，把脱贫攻坚作为重大政治任务来抓，下发《玉溪市妇联“巾帼脱贫行动”实施方案》，针对贫困妇女开展强志、强技、强资“三强”服务，为贫困妇女脱贫致富提供全面帮扶。全市妇联共开展种植养殖、家政服务、手工编织等各类培训班664期，6万余人次参加。举办第一期“巾帼创新业带头人”培训班，9县（区）各行业50位女性小微企业主和个体经营者参训。创建命名市级巾帼脱贫示范基地17个，通海县洋丽人洋桔梗专业合作社现代花卉试验示范基地被认定为“全国巾帼脱贫示范基地”。

【巾帼关爱行动】 2016年，市妇联实施“关爱妇女儿童健康行动”计划，开展农村妇女“两癌”免费检查暨宫颈癌HPV基因分型免费检测项目，为18 000名妇女提供了免费“两癌”检查，19 660人提供了免费宫颈癌HPV检查。同时，争取中华慈善总会贫困母亲救助项目、方正基金、中央彩票公益金等资金56.23万元救助264名“两癌”贫困患者；争取中国妇基会“母亲健康快车—德昌祥温暖半边天”女性健康知识宣讲公益项目，为农村妇女送健康知识；争取中国妇基会母亲水窖项目1个，资金49.5万元，校园安全饮水工程项目2个，资金20万元，分别为峨山县大龙潭乡司城村委会麻栗树村民小组、易门县十街中学、铜厂中学解决了人饮问题；争取中国妇基会“贝因美与爱同行公益项目”价值50万元的婴幼儿食品，免费发放给贫困婴幼儿家庭及孕产妇家庭；争取省妇联妇女儿童关爱救助及维权项目21.4万元，开展了“两癌”贫困救助、单亲贫困母亲住房援建、困难“三八”红旗手生活补助、维权宣传培训4个项目。倡议向贫困地区中小学校捐赠“爱心包”活动，19个爱心单位、企业捐赠价值17.92万元的爱心书包1 422个。并推荐9名优秀女生到省春蕾高中班就读，让特困妇女儿童群体感受到更多的关爱和温暖。

【巾帼家庭文明行动】 2016年，市妇联坚持把家庭文明建设作为培育和践行社会主义核心价值观的重要载体，围绕“六城同创”加强妇女儿童思想道德教育。市、县（区）两级妇联组织积极构建互联网+妇联工作模式，“玉溪市妇联”“元江凤凰社”等各县（区）微信服务平台相继上线，有效将妇联工作与新媒体深度融合。各级妇联组织充分利用电视广播、网站、微信平台等新媒体开展五好文明家庭评选活动和寻找“最美家庭”活动，展播家庭风采及感人故事，征集好家风好家训，全市共评选出五好文明家庭200户，市级最美家庭30，县级最美家庭181户，网民互动总数达100多万人次，广泛传播了正能量。举办“相聚红塔山·梦缘火箭军”大型军地联谊活动，推进和谐家庭建设。

【巾帼共建美丽家园】 2016年，市妇联按照“清洁卫生美、整齐有序美、低碳节能美、特色农家美、文明行为美”的“五美”要求，发挥妇女独特作用，在全市农村开展“百村妇女争创秀美庭院”创建活动，建成示范点100个，助推农村人居生态环境改善。峨山县妇联创建活动与党建带妇建等工作相结合，通过“三项制度”“两种条件”规范评比制度，授予“五美”流动牌，充分调动了妇女参与积极性。打造“巾帼志愿者”服务品牌，积极组织广大妇女参与人居环境综合整治行动，开展生态环保宣传系列巾帼志愿服务活动。红塔区黄草坝巾帼护林队获全国优秀巾帼志愿服务队称号。

【基层组织建设】 2016年，市妇联加强基层基础建设，建成妇女之家768个，在两新组织中建立妇女组织783个，妇联组织的覆盖面进一步扩大。与市委组织部联合组织全市60名处级女干部到浙江大学开展能力提升培训，在市委党校举办科级女干部暨女村干部（书记、主任）培训班，180名科级、村级女干部队伍素质不断提高。切实履行党风廉政建设主体责任，进一步增强党员干部政治意识、大局意识、核心意识、看齐意识，扎实开展“两学一做”学习教育，全市妇联干部通过抓学习、转作风、强服务，承诺践诺，努力把妇联组织建成党开展妇女工作的“坚强阵地”和广大妇女信赖和热爱的“温暖之家”。

（张　娟）

共青团玉溪市委

【共青团玉溪市四届四次全委（扩大）会议】　2016年3月24日，共青团玉溪市四届四次全委（扩大）会议在市委党校召开，市委副书记保明顺出席会议并作讲话。会上全面总结全市2015年共青团工作，研究部署2016年共青团工作重点和目标任务。同时召开了全市团干部和团员青年“争先创优跨越发展”大讨论、大行动动员大会暨2016年团市委理论学习中心组第一次集中学习。

【干部队伍建设】　2016年，各级团组织严格按照《团章》要求，全面做好基层团组织换届工作。七县二区的702个村级团组织严格按照换届选举工作程序完成换届，选举产生团总支书记669名，副书记528名，委员2 219名，在村“三委”中任职数682名。

【“青年之声”平台建设】　2016年，团市委搭建和推广玉溪“青年之声”互动社交平台，已搭建好“青年之声・玉溪”PC端Web3.0平台、“网上共青团・玉溪”V4.0平台、手机WAP端、手机微邦即时通讯APP，“青年之声・玉溪”现有成员1 240个，下级组织87个，专家545名，其中直属下级组织22个，成员320名，总联盟数27个。实现共青团工作线上与线下融合。

【构建清朗网络空间】　2016年，团市委通过共青团、青联和青年志愿者网站，青年之声、微博、微信、QQ群、玉溪青年手机报、“12355”青少年服务台等新媒体运用，开展“构建清朗网络空间做中国青年好网民”活动。其中，团市委新浪官方微博发布微博4 658条，腾讯微博发布1 394条，微信公众平台共发布信息260期。运用网络平台进行主题宣传活动22次。拍摄“云南向上向善好青年”先进事迹—《紫马黑汉》人物专题纪录片，引导青少年学习先进，做向上向善好青年。

【精准扶贫】　2016年，团市委深入到“挂包帮转走访”联系点华宁县宁州街道火特村委会开展扶贫工作。下派一名职工到联系帮扶点作为工作队联络员，组织全体干部职工多次赴扶贫联系点开展慰问工作，并多方筹措资源和资金20.7万元。

【引导团员青年实现绿色发展】　2016年，团市委持续开展“仙湖卫士・青年行动”。通过团市委的积极争取和协调，保护母亲河行动绿色长征解放军青年林落户澄江。联合市抚管局、玉溪日报社开展抚仙湖生态保护与发展宣传教育工程系列活动。

【“春风行动”招聘会】　2016年3月11日，团市委与市人社局等单位联合举办了“春风行动”大型专场招聘会。协调企业提供就业岗位6 960个，共有2 848人达成就业意向。

【创业创新创优青年事迹分享会】　2016年5月4日，团市委在玉溪师范学院举办“奋斗的青春最美丽”优秀青年创业先进事迹分享会，5位创业青年现场分享创业经验。同时，与市委宣传部联合在《玉溪日报》、玉溪网、玉溪电视台和玉溪人民广播电台连载了10名青年创业故事。

【开放日活动】　2016年8月12日，团市委举办“青年之声”团干部直接联系青年“1+100”工作暨团的领导机关专题开放日活动，来自不同领域50余名团员青年代表参观了团市委办公场所、青少年事务社会工作服务中心、市禁毒展厅、市生态环保展厅。

【“贷免扶补”“创业担保贷款”和“两个10万元”工作】　2016年，团市委于11月完成年度“贷免扶补”工作，共帮助700名创业青年获得农信社免息贷款6 831万；完成了年度“创业担保贷款”工作，共帮助180名创业青年获得低息贷款1 655万；完成了年度“两个10万元”微型企业培育工程600家的扶持任务，已拨付480户配套资金共1 299万元，带动就业人数达1 764人。

【团干部培训活动】　2016年9月，为学习上海共青团改革经验，团市委托上海团校举办玉溪市团干部培训班暨青年马克思主义培养工程培训班，全市七县两区和15个市直单位团组织的48名团干部参加培训。

【看望帮扶玉溪籍未成年犯】　2016年1月17日，团市委牵头市综治维稳预防青少年违法犯罪专项组的24家成员单位组成帮教团，到省未成年犯管教所看望帮扶玉溪籍未成年犯，并送去价值1万余元的慰问品。

【市青联召开三届五次常委（扩大）会议】　2016年9月12日，市青联三届五次常委（扩大）会议在玉溪召开，会上总结了市青联2015年的工作，安排部署了2016年的工作任务。同时，对部分市青联指定席位常委、委员进行了卸职调整和替补。

【市少工委三届六次全会】　2016年4月8日，市少工委三届六次全会在聂耳小学召开，会议进行了委员卸职递补，传达学习了省少工委五届五次全会精神，安排部署2016年少先队工作。

【市第四次少代会】　2016年5月31日至6月1日，中国少年先锋队玉溪市第四次代表大会在聂耳大剧院召开。来自全市的346名少先队员和少先队工作者代表参加了会议，选举出市少工委主任2人，副主任3人，委员60人，圆满完成了各项换届选举工作。

【少先队辅导员培训班】　2016年9月17～22日，由团市委、市教育局、市少工委联合主办的市少先队辅导员培训班在共青团中央北戴河培训基地举办。来自全市各条战线的64名少先队工作者和少先队辅导员参加了培训。

【少先队理论研究成果】　2016年，团市委有24个少先队工作课题获得立项，并完成结题论证，另外23个课题完成研究目标，5项课题获省少工委立项。同时，编撰印制《飘扬的红领巾》理论文集，受到广大读者的赞誉。并出版《玉溪少先队》期刊2期。

【中国少年先锋队建队67周年座谈会】 2016年10月13日，团市委、市少工委召开庆祝中国少年先锋队建队67周年座谈会暨倾听日活动。会议传达学习了习近平总书记对少年儿童和少先队工作的系列重要讲话精神，听取各县（区）“红领巾相约中国梦”主题队日活动开展情况，安排部署下一阶段的少先队工作，宣读关于聘请少先队市总辅导员、副总辅导员的决定。

【青少年社会组织】 2016年，团市委扶持建立市青少年事务社会工作服务中心、萤火虫青少年事务社会工作服务中心等多个青少年事务社会工作机构，并积极开展社工培训、志愿项目申报和社工督导等工作，其中，玉溪市青少年事务社会工作服务中心“‘童·画’关爱流动人口子女绘本自创项目”荣获第十一届中国青年志愿者优秀项目。

【青年志愿者网上注册】 截至2016年12月，全市共完成84 500名志愿者注册，131支志愿者队伍。

【3·5雷锋志愿日主题活动】 2016年3月5日，团市委联合市委文明办组织全市各级团组织在东风广场开展以“做好事做善事做志愿者，争做新时代活雷锋”为主题的青年志愿服务系列活动，来自全市的30余家企事业单位及200余名志愿者为广大市民提供志愿服务。

【志愿者工作】 2016年，团市委开展“春暖童心”公益活动，动员全市74家团组织参与活动，活动直接覆盖青年2 329名，共收集心愿1 096个，解决心愿1 061个，帮扶资金近10万元；六一前夕，联合玉溪路政管理支队到新平县水塘镇波村小学开展“做好事做善事做志愿者”活动，共捐赠价值4万余元的生活学习用品；开办“小桔灯”夜校，团市委联合教育社区、玉溪师院团委、市萤火虫青少年事务社会工作服务中心共同发起“小桔灯夜校”夜间作业辅导活动，为教育社区内适龄学生免费提供家庭作业、兴趣班辅导和图书阅读等服务，截至10月31日，已有26名学生和20名志愿者报名参加了“小桔灯”夜校。

【公益项目】 2016年4月24～27日，云南希望工程“徒步傣乡新平”公益筹款活动在新平县举行，筹集爱心善款14万余元。5月20日，云南青基会“希望心·生命救助计划”玉溪专家义诊活动在市青少年宫一楼演艺厅举行，50个先心病患儿家庭参与义诊活动。团市委为易门县六街街道旧县小学、华宁县阿路本小学、新平县水塘镇波村小学协调争取到3个希望小学援建项目，已落实捐建资金129.83万元。8月23日，团市委与大尔多超市联合举办了“8.12我有爱”大型公益活动捐赠仪式，活动所筹集善款用于开展爱心圆梦大学、关爱抗战老兵，关注留守儿童等公益活动。开展“希望工程爱心圆梦”活动，对125名建档立卡贫困家庭大学新生进行资助，资助金额达50.58万元。

【市青少年发展基金会第一届理事会第一次会议召开】 2016年11月15日，市青少年发展基金会召开第一届理事会第一次会议，经第一届理事会审议、表决通过了《玉溪市青少年发展基金会章程（草案）》，选举产生了市青基会第一届理事会成员、理事长、副理事长、秘书长、监事会成员及监事会主席。

【国际社工日活动】 2016年3月15日是第10个国际社工日，市青少年事务社会工作服务中心与玉溪师范学院政法学院共同举办实践教学基地揭牌仪式，玉溪师范学院政法学院代表及市青少年事务服务中心代表共同签署“实践教学基地协议书”。

【“聂耳杯”青少年才艺大赛、英语口语大赛】 2016年1月23～26日，由团市委、市教育局、市文化局共同主办，市青少年宫承办的第十三届“聂耳杯”青少年才艺大赛（钢琴类）在市青少年宫演艺厅举行，全市七县二区681名少年儿童报名参赛。7月22～27日，团市委、市教育局主办，市青少年宫承办的第十三届“聂耳杯”青少年“希望之星”英语口语大赛在市青少年宫举行，来自七县二区的2 257名选手参加比赛。

【法治文化园】 2016年12月4日，由红塔区依法治区领导小组办公室与市青少年宫共同建设的法治文化园在玉溪市青少年宫建设落成，整个法治文化园共投资8万余元。

【聂耳少儿艺术团赴泰国交流演出】 2016年，市青少年宫聂耳少儿艺术团编排的舞蹈《哈尼娃娃》受邀参加第十一届泰国世界“金象奖”音乐、舞蹈、器乐、美术艺术大赛，并获得了最高荣誉。

（严　辰）

社科联

【社科研究】 2016年，市社科联围绕市委、市政府提出的“四大战略”“三区一港”发展定位、“342”产业布局、“七个行动计划”等重大决策部署，研究提出了45个方向性参考选题，组织年度市级社科课题申报，收到课题申报书60项，经专家评审和社科联研究、向社会公示，予以资助立项13项，准予自费立项6项。课题研究聚焦中心、重点突出，在供给侧结构性改革方面，立项开展了《玉溪市推进供给侧结构性改革研究》《玉溪民营企业应对供给侧结构性改革的路径和对策研究》；在统筹城乡发展方面，立项开展了《玉溪城市历史文化保护与利用》《职业教育有效参与玉溪市精准扶贫的策略研究》《农民工市民化进程中的获得感研究》等；在创新驱动发展方面，立项开展了《滇中城市经济发展比较研究——新形势下玉溪实现跨越发展的路径探索》《“一带一路”战略背景下玉溪市“地缘经济”发展研究》；在金融服务实体经济发展方面，立项开展了《基于资产负债视角的金融精准扶贫的可持续性机制研究》；在党的建设方面，立项开展了《玉溪市各级党委（党组）严格履行全面从严治党责任研究》等。

【省社科专家玉溪行】 2016年7月11～15日，市社科联围绕市委、市政府确定的15个调研咨询课题，共同组织19名省内外社科专家深入八县（区）和高新区的50个调研点开展为期3天的实地调研。成功承办了“云南社科专家玉溪行”调研咨询暨玉溪发展高端论坛。11位专家代表在高端论坛上提出的53条意见和建议，具有较强的针对性、可操作性，得到市委主要领导的充分肯定。

【学会管理服务】 2016年，市社科联召开市属社科类社会组织秘书长联席会暨党建工作推进会，指导市属社科类社会组织采取单独组建、联合组

①2016年7月11～15日，云南社科专家玉溪行大型调研咨询活动 ②2016年8月，玉溪精神表述语社科专家座谈会 ③2016年9月2日，中国社科院经济问题国际青年研修班（第五期）学员28人，在中国社科院和云南省社科院的带领下，分别到红塔集团和玉溪庄园进行考察调研

（市社科联　提供）

建、挂靠组建、党群共建4种方式建立党组织，年内完成了9个社科类社会组织党建工作任务，社科类社会组织党组织覆盖提升行动有序进行。积极参加市属学会（协会、研究会）的有关会议、活动，积极做好服务学会的工作。

【社会科学知识普及】 2016年，市社科联积极做好省级社科普及示范基地申报工作，成功将通海县秀山历史文化公园申报为省级社科普及示范基地。在全省州市一级首家开展了市级社科普及宣传示范基地建设工作，全市9个单位参加申报，经过实地评估、组织专家委员会认真审核和票决评定、向社会公示，授予4个单位市级社科普及宣传示范基地，为社科普及向基层延伸奠定了坚实基础。充分发挥市图书馆、市博物馆、江川青铜器博物馆省级社科普及示范基地的示范作用，成功承办“云岭大讲堂·玉溪讲坛”8讲，受众3 000余人次，向干部职工、高校师生宣传了中华民族优秀传统文化，普及了人文社会科学知识、科学思想、科学精神。探索将玉溪讲坛与反腐倡廉警示教育相结合，与市纪委派出第五纪工委合作，共同承办了《公职行为的刑事风险认知及防范》讲座，300余名副科以上干部听取了讲座，收效显著。召开了社科专家提炼“玉溪精神”表述语座谈会，听取社科专家对“玉溪精神”表述语的意见建议，为“玉溪精神”表述语的确定建言献策。完成市委宣传部安排的《关于〈贯彻落实习近平总书记哲学社会科学工作座谈会重要讲话精神主要任务分工方案〉的实施方案》的起草工作。编辑社科研究成果专报，进一步拓宽社科普及阵地。

（靳　雨）

工商联（商会）

【贯彻落实党代会精神】 2016年，市工商联确定“服务两个健康抓基础、助推转型升级调结构、普及惠企政策转动力、创新服务方式补短板、浓厚法治氛围防风险”的贯彻落实措施，研究制定“增强素质大培训、培育微企大服务、发挥优势大招商、务实作风大调研”的基本工作思路。

【学习贯彻习近平讲话精神】 2016年，市工商联第一时间组织民营企业家、工商联干部和商会负责人召开学习座谈会，学习贯彻习近平在全国政协民建、工商联界联组会上的讲话精神，让民营企业吃上“定心丸”。11月初在全市范围内开展构建亲、清新型政商关系调研和案例收集活动，推动民营企业和相关部门牢记“亲”“清”政商关系准则。

【“争先创优跨越发展”大讨论大行动】 2016年，市工商联研究制定《关于在玉溪市工商联开展“争先创优跨越发展”大讨论、大行动的实施意见》，围绕“争先创优跨越发展，工商联干部该做什么、能做什么、要做成什么”进行讨论，并以“促进非公经济人士健康成长争先创优两年行动计划”“助推大众创业、万众创新两年行动计划”和“引导商会组织‘争先创优服务跨越发展’两年行动计划”为抓手抓好工作落地。

【“两学一做”学习教育】 2016年，市工商联扎实开展“十个一”活动，组织集中学习46次、党课教育9次、专题讨论3次，组织机关干部职工18人赴省廉政教育基地、善洲林场及滇西抗战纪念馆参观学习。

【非公经济人士理想信念教育实践活动】 2016年，市工商联以“守法诚信、坚定信心”为重点，以信心稳企、依法治企、诚信兴企、服务强企、责任荣企、党建领企六大工程为实践载体，启动民营企业家“守法诚信、坚定信心”争做优秀社会主义事业建设者承诺签名接力活动，192名企业家现场宣誓签名作出承诺。

【党组中心组和机关干部理论学习】 2016年，市工商联制定下发《市工商联党组中心组（扩大）2016年度理论学习计划》《2016年市工商联在职干部理论学习计划》，完成全年10个专题规定内容和规定篇目的理论学习任务。

【宣传工作】 2016年，市工商联在《中华工商时报》上稿9篇，《全国工商联网站》上稿2篇，《云南经济日报》上稿1篇，《玉溪日报》上稿5篇，《商会工作简讯》刊发信息362条。

【“五好”县级工商联建设】 2016年，市工商联研究制定《玉溪市工商联2016年“五好”县级工商联建设工作实施方案》，统筹做好“五好”县级工商联创建工作。截至2016年底，全市已有红塔区、通海县、华宁县、易门县、新平县5县（区）被评为全国“五好”县级工商联。

【会员发展】 截至2016年底，全市工商联会员总数达到25 641个，比上年增加1 461个，增幅达6%。其中企业会员5 451个，团体会员203个，个人会员19 987个；共有各类商会组织197个，其中，行业组织（商会、同业公会、协会）107个，乡镇商会50个，街道商会24个，园区商会1个，异地商会11个，其他4个；全市74个乡镇、街道全部建立了工商联组织。

【商会组建和活动】 2016年，市工商联指导成立湖北商会，指导川渝商会、湖南商会换届；与湖南商会共同开展捐资助学活动，向新平彝族傣族自治县建兴乡冒盒小学和盘龙小学捐赠价值3万多元的文具、体育用品；举办民营企业转型升级模式创新培训班，邀请北京解放老板管理咨询集团董事长、褚橙庄园“点石橙金”项目落地总顾问刘大卫为全市民营企业家作转型升级模式创新培训。

【非公有制企业和社会组织党建】 2016年，市工商联开展摸底调查，组织召开社会组织和非公有制企业党建工作座谈会，通过单独建、联合建、挂靠建等多种方式圆满完成市委组织部安排联系指导的商会组织建立党组织的工作。

【拓宽融资渠道】 2016年，市工商联考察推荐17户民营企业进入云南民营企业融资优选项目名录，由省工商联组织相关金融机构进行一对一跟进服务对接。同时，组织举办会员企业资本市场运作培训班，邀请云南华泰证券总经理尹天水分析经济形势，指点民营企业如何通过资本市场动作进行融资，破解民营企业融资难、融资贵、资本市场门槛高等问题。

【搭建维权平台】 2016年，市工商联成立会员服务与法律维权科；聘请云南恩奇律师事务所律师担任市工商联（商会）常年法律顾问；与市政府法制办、市政府督查室联合成立市民营企业投诉中心；牵头组建市民营企业维权委员会，切实维护好民营企业合法权益。

【服务民营经济发展】 2016年，市工商联深入全市27户成长型企业和商会实地调研，收集梳理重点企业亟待解决的困难问题，形成调研报告，报送市委、市政府分管领导。在“2016年云南省上规模民营企业调研及非公企业100强排序”活动中，玉溪有12户企业荣登“2016年云南省非公企业100强”，比去年增加3户，其中3户入围“非公企业制造业20强”，1户入围“非公企业服务业20强”。

【贷免扶补】 2016年，省工商联下达到市工商联的“贷免扶补”指标任务2 200人，占全省工商联系统的14.7%。截至12月30日圆满完成全年任务，发放贷款金额21 032万元，扶持大中专毕业生239人，占扶持人数的10.9%，带动吸纳就业人数5 087人。

【两个10万元】 2016年，省工商联下达到市工商联“两个10万元”小微企业培育工程指标500户，截至12月30日，全市工商联系统受理企业申请623户，初审538户，会审通过500户，圆满完成全年任务，37户小微企业获得“第二个10万元”贷款370万元。

【劳动密集型小企业贷款】 2016年，省工商联下达到市工商联劳动密集型小企业贷款指标任务50户，截至12月30日全部完成，向符合条件的劳动密集型小企业发放贷款9 700万元。

【参政议政】 2016年，市工商联向市政协四届四次会议提交《关于推动新兴产业发展的建议》《关于“十三五”期间加快玉溪现代物流发展的建议》等7个提案，其中《关于“十三五”期间加快玉溪现代物流发展的建议》被列为重点提案督办。

【调查研究】 2016年，市工商联拟定装备制造业发展、民营企业执行《劳动合同法》情况、民营企业自主创新等调研课题，围绕民营企业产业发展和转型情况、目前面临的困难及原因、企业采取的措施、建议等内容开展实地走访调研，为市委、市政府提供有力决策依据。

【招商引资】 2016年，市工商联根据年度招商引资0.5亿元的任务安排，大力发挥行业商（协）会、异地商会、执（常）委企业在招商引资工作中的独特优势和独特作用，扎实做好以商招商、以诚招商、以情招商工作，与吉林省吉林市工商联缔结友好工商联合作关系。截至10月底，完成招商引资项目3个，金额7 360万元，完成年初目标任务的147%；上报储备项目5个，其中4个列入全市招商引资项目册，圆满完成全年招商引资考核数的相关任务。同时，争取上级资金990.68万元，完成全年目标任务943万

2016年12月14日，由市工商联牵头的玉溪市民营企业法律维权委员会正式成立并召开第一次联席会议，会上进行了“玉溪市民营企业法律维权委员会”和“玉溪市民营企业投诉中心”授牌仪式，讨论通过了《玉溪市民营企业法律维权委员会工作制度》

（市工商联　提供）

元的105%。

【深入基层一线】 2016年，市工商联深入基层商会、乡（镇）、村（组）开展大走访，截至12月底补助基层乡镇、基层乡村和基层商会工作经费21万元，切实为基层解决难点问题。

【光彩事业】 2016年，市光彩会共接收12户（次）企业、单位捐赠，过户公益性资金31.5万元。转出捐赠项目5笔（次），金额合计47.5万元。5月，捐资30万援建的鲁甸县龙头山镇沿河村卫生所投入使用。

【精准扶贫】 2016年，市工商联结合扶贫联系点新平县平甸乡磨皮村实际，为扶贫联系点直接协调到位资金28万元，办实事好事6件，历年在建、当年新增“急、难、小”项目全面落实。年内，全村实现经济总收入和农民人均纯收入均达到脱贫标准，实现脱贫出列。

（刘亚丹）

残 联

【概 况】 2016年，市残联围绕市委、市政府的重点工作，围绕“四个全面”战略布局，解放思想、开拓进取，积极推进“创新、协调、绿色、开放、共享”五大发展理念，始终坚持残疾人“保基本、补短板、兜底线、惠民生”为目标，以全市开展“争先创优跨越发展”大讨论、大行动为契机，持续深入开展“两学一做”学习教育，强化责任，真抓实干。按照“突出主线、突击中心、突破瓶颈、突围平台”的工作思路，加快推进全市残疾人小康进程，圆满完成了全年各项工作任务。

【组织联络工作】 2016年，市残联牵头拟制全市加快推进残疾人小康进程的实施意见，并由市政府于11月15日发文《玉溪市人民政关于加快推进残疾人小康进程的实施意见》，争取上级资金1 545.49万元。年内，成立专门协会50个，残疾人专职委员764人，村（社区）残协571个，乡（镇）残联75个，举办县级培训班27期，培训177人，乡镇级培训39期，培训903人，建立残疾人人才库195人，助残疾志愿者1 073人，受助残疾人4 318人，建立残疾人活动室513个。同时，完成省残联组联处“信息库建设”机关工作人员录入工作。6月，全国残疾人基本服务状况和需求信息数据动态更新登记工作启动，9月21日圆满完成全市残疾人人口基础数据库中65 293名（持证61 649名、注销3 644名）残疾人基本服务状况和需求信息数据动态更新工作。开展2016年统计工作培训，填报统计台账，年报快报、并审核上报。年内办理残疾人证13 535本，注销8 401本。

【康复工作】 2016年，市残联超额完成市政府惠民实事助残工程，完成重度残疾人居家托养1 550例，机构托养409例，残疾人辅助器具适配1 162例。同时，完成“复聪行动”项目200例，补助150名智力残疾儿童贫困家庭252.1万元，完成肢体康复训练80例，安装普及型假肢80例，装配矫型器30件，供应辅具用品3 000件，轮椅500辆，争取上级助听器适配项目400例，实施白内障复明手术473例，免费验配助视器470例，开展为期3天100名盲人定向行走训练，免费为1 350例精神病患者提供救助服务，为10名聋儿、40名肢残儿童、120名贫困智力残疾和孤独症儿童真提供康复训练，完成聋儿人工耳蜗手术6例，适配助视器200例，智力残疾儿童社区康复训练120名，进行聋儿康复训练24名、聋儿家长训练36名，智力残疾儿童康复训练150名，真正满足残疾人生活生产需求，让残疾人得到实惠。开展中挪脑瘫儿童康复与教育促进项目，家庭康复训练1 000余次、家长培训678人次，共投入资金159.04万元。开展“社区康复及融合与机构康复项目”，村残协、互助组活动共62次，为30户残疾人提供生产滚动资金货款12.6万元，建立70名残疾人个性化档案，完成9个示范村村残协活动规划制定和70户个性化服务对象的筛查及首次跟踪服务。开展“爱耳日”“爱眼日”宣传教育活动，发放宣传资料3 218份。

【扶贫工作】 2016年，市残联加大扶持帮困力度，组织干部职工走访15户贫困残疾人，圆满完成惠民实事贫困残疾人家庭无障碍改造100户，争取上级配套资金60万元。年内，走访慰问贫困残疾人6 293户，发放慰问金246.7万元。争取上级资金20万元，扎实推进残疾人扶贫示范基地建设。逐年打造一批特贫困残疾人实现人均年收入不低于1万元的残疾人家庭，实现真脱贫的目标，每年不低于5户的目标实施，落实财政贴息贷款700.00万元，贴息35.00万元，项目贷款扶持残疾人39人，结对帮扶残疾人2 654人。残疾人扶贫基地15个，安置118名残疾人，扶持带动879残疾人户。

【教育工作】 2016年，市残联着力推进残疾人教育，并完善残疾人基础数据，加强对265名未入学残疾儿童的调查，入学54人，3人已毕业，死亡7人，未入学200名，不在范围4人，聘用兼职教育234名，送教上门864人次，发放生活补助12万元。同时，采取奖励、补助、救助等形式，为370人贫困残疾人家庭解决实际困难，补助资金18.34万元；补助174人大中专院校学生，补助资金达24万元。落实云南省残疾人事业专项彩票公益金助学项目，资助贫困残疾人学生及残疾人子女就读高中、大学219人，补助资金达28万元。以市特殊教育学校为依托，对学龄前残疾儿童提供免费教育，对义务教育阶段的残疾学生全面实行“三免一补”政策，确保全市残疾儿童入学率达到85%以上。年内，落实残疾人“两项补贴”资金2 601.18万元，市级财政配套260.12万元，县（区）投入2 341.06万元。完善25 443人贫困残疾人基础数据核实工作，已纳入建档立卡2 574人，符合建档立卡但未纳入的14 496人，已纳入低保的13 044人，符合条件但未纳入低保的231人。开展爱心图书进校园活动，募集资金42万元。年内，全市残疾人考生分别考取研究生1名、本科生12名、专科生9名。

【文体宣传工作】 2016年，市残联健全和完善盲文及盲人有声读物图书阅览室2个，利用助残日开展“文化周活动”30场次，4 890人参加。加强与广播电台、电视、玉溪日报协作，充分发挥新闻媒体的先导作用，在市残联门户网站发稿574篇。巩固和发展“手语新闻”栏目，以第二十六个“全国助残日”活动为契机，以“关注孤残儿童，让爱洒满人间”为主题，开展形式多样宣传教育活动。年内，广播电视宣传26次，黑板专栏宣传341块，粘贴标语321条，发放宣传材料2 786份，咨询服务672人次，营造了全社会“理解、尊重、关心、帮助残疾人”的良好氛围。

【维权信访工作】 2016年，市残联完善保障措施，把残疾人法律体系建设纳入各级人大、政协和政府的执法检查工作范围，一批优秀残疾人和残疾人工作者、残疾人家属进入当地人大代表、政协委员参政议政，市级政协委员1名，县乡级人大代表2名。同时，积极推行法律援助卡，为残疾人提供法律咨询、代理诉讼等服务，维护了残疾人的合法权益。年内，市残联提供法律援助13人次，接待来信来访245人次，其中，市级接待处理各类来信来访案件32件，回复率100%。12月30日，开通“12385”残疾人服务热线。

【就业工作】 2016年，市残联投入资金71万元开发适宜残疾人的就业岗位，新增了残疾人自主创业60户，创建6家市级残疾人创业就业示范点，申报1家省级残疾人创业就业示范点，带动扶持100余名残疾人实现创业就业，推动35名残疾人在社区服务业和城市便民服务网点实现就近就便就业，鼓励190名中重度残疾人实现灵活就业和居家就业；走访登记残疾失业人员家庭504户，登记失业残疾人817人，组织专场招聘会5次，实名制纳入年度培训计划1 142人，帮助残疾人登记失业人员实现就业242人，其中社会用人单位按比例吸纳就业人数40人，帮助残疾人享受专项扶持政策184人。推荐15名社区就业指导员参加2016年“清华大学”远程培训工作。年内，全市城乡残疾人就业21 029人，就业率65%，落实《残疾人职业技能提升计划（2016－2020年）》，开展城镇残疾人职业技能培训1 500人次，组织3位残疾人作者、3类26件作品参展第十届昆明泛亚国际民族民间工艺博览会。9月28日，全市首家盲人保健按摩机构规范化建设形象店——善境堂盲人按摩院正式揭牌。完善登记在册的49家盲人保健按摩机构，安排从业人员155名。年内，市残联组织参加云南省残联在昆明举办的全省残疾人岗位精英职业技能竞赛暨全省残疾人就业服务机构工作人员职业指导竞赛，玉溪市代表队荣获团体一等奖；承办云南省届盲人按摩技能竞赛及首届盲人展能节，玉溪市代表队荣获团体一等奖。全市征收残疾人保障金3 556.16万元，其中市本级1 700万元。

（刘祥松）

红十字会

【总会领导调研】 2016年，中国红十字会党组书记、常务副会长徐科，副会长王汝鹏先后到玉溪就理顺县级红会管理体制、人道资源动员和筹资工作进行调研，充分肯定玉溪市红十字工作的同时，对新形势下各级红十字会如何更好地围绕中心、服务大局、当好助手提出更高的要求。红十字总会领导的调研，进一步明晰了红十字工作的目标和方向，增强了基层红十字会干事创业的信心，各级红十字会及时传达总会领导调研的讲话精神，认真谋划，开拓创新，推动各项工作向前发展。

【三届三次理事会】 2016年6月22日，市红十字会召开第三届理事会第三次会议，市政府副市长、市红十字会会长杨洋出席会议并讲话。市红十字会党组书记、常务副会长王红代表理事会作了题为《开拓创新砥砺前行——扎实推进玉溪红十字事业健康发展》的工作报告。会议审议并通过了《玉溪市红十字会2015年度财务收支情况报告》，按程序更换了3名常务理事和8名理事。

【项目化筹资工作】 2016年，市红十字会为响应中央、省委、市委坚决打赢脱贫攻坚战役的决策部署，汇聚人道力量，助力脱贫攻坚，对特困人群进行精准帮扶和救助，积极探索以项目化筹资方式推动红十字公益事

①2016年，中国红十字会理顺县级红十字会管理体制工作调研座谈会在玉溪中玉酒店举行 ②2016年，中国红十字会党组书记、常务副会长徐科（中）在云南省副省长高峰陪同下到峨山县双江镇宝山村委会摆依寨村看望慰问困难群众

（曾永洪 摄）

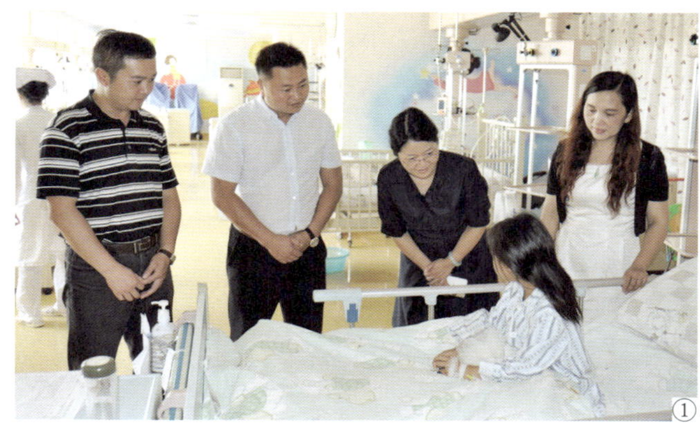

①2016年，市红十字会党组书记、常务副会长王红（右一），市政府副秘书长张丽（右二），云南云端药业有限公司总经理全礼太（右三），市卫计委副主任史勇（右四）看望彩云端贫困患儿救助项目救助患儿 ②2016年12月9日，元江县造血干细胞捐献志愿者杨良忠（中）在云南省第二人民医院为省外一名血液病患者捐献造血干细胞，成为玉溪市第2例、云南省第139例捐献者

（邬　娴　摄）

业。在深入调研基础上，制定实施方案，整理出符合贫弱人群需求的玉禾助学、博爱助医、生命接力、博爱救急、博爱家园、“七色花微心愿”6个救助项目，并制定相应管理办法，成立专项资金管理委员会。同时，通过报纸、电视、网站、微信、手机短信等媒体进行宣传发动，动员社会资源参与到爱心活动中来，倡导大家参与“新年献爱心　博爱一日捐”活动，得到社会各界爱心单位和人士的积极响应。

【募捐救助】　2016年，市红十字会广泛动员汇聚爱心力量，积极开展筹资募捐工作，共筹集款物629.9万元，通过开展宣传筹资募捐活动，提高了各级红十字会的救助实力，为更广泛地对贫困人群实施救助打下坚实基础。年内，通过“博爱送万家”、天使阳光基金、滇苗助学、彩云端贫困患儿救助、贫困先心病患儿救助、微心愿征集等项目，救助贫疾人员和贫困学生8 000多人，发放救助金119.9万元，帮助261个孩子实现他们的微心愿。

【应急救护培训】　2016年，市红十字会结合5·8红十字博爱周、世界急救日、防震减灾日等重要纪念日在群众密集的公众场所开展宣传活动，现场教授徒手心肺复苏、创伤包扎等急救知识和技能，传播了红十字精神，扩大了红十字的影响力和宣传面，深受群众的欢迎。同时，选派优秀师资到机关企事业单位、大中专院校、中小学校，为干部职工、离退休老年朋友、在校学生开展急救知识公益培训12场。由于针对性强、通俗易懂、讲练结合，深受干部职工、学生和群众的欢迎。年内，全市开展宣传活动98场（次），受益群众2.2万人（次），完成应急救护员培训702期46 940人（次）。

【“三献”宣传】　2016年，全市各级红十字会积极开展无偿献血、造血干细胞捐献及人体器官捐献宣传工作，在广大市民中宣传“三献”相关知识，发放宣传画册、折页等资料3.5万份，张贴宣传画1.2万张，接受群众咨询500多人次，提高群众对“三献”知识的知晓率。通过宣传，全年共采集入库造血干细胞捐献志愿者血样533人份。年内，一名志愿者成功捐献造血干细胞，挽救了一名11岁白血病患者的生命；一名人体器官捐献志愿者捐献器官组织，挽救了3名重症患者的生命，使2名眼疾患者重见光明，充分彰显了“人道、博爱、奉献”的红十字精神。

【人体器官捐献工作推进会】　2016年3月11日，市红十字会在《云南省人体器官捐献条例》颁布实施之际，及时召开工作推进会，邀请省级专家作专题培训，市直有关部门及红十字团体会员单位分管领导、市红十字志愿服务队负责人、市县（区）综合医院分管业务副院长及急诊科、ICU等重点科室负责人100余人参加培训，有力推动了全市人体器官捐献工作深入开展。

【红十字“博爱送万家”活动】　2016年，市红十字会举行“红十字博爱送万家”活动启动仪式，发放棉被、保暖服等物资价值40万元。同时，各级红十字会还积极自筹资金和物资，开展贫疾救助送温暖活动，送去物资及慰问金31.9万元，惠及5 000多户贫疾群众。

【红十字志愿服务】　2016年，市红十字会为巩固发展志愿者队伍，规范管理志愿者，最大限度地调动志愿者积极性，引导他们发挥特长，参与红十字精神宣传、筹资宣传、人文关怀、应急救援、环境保护等领域的活动，年内发展新登记志愿者822人，其中造血干细胞捐献志愿者533人，红十字精神宣传志愿者289人。同时，开展骨干志愿者培训2期，培训骨干187人；组织开展志愿服务活动12次，700多名志愿者参加服务活动。

（杨　梅）

青山绿水·碧玉清溪

（曾永洪　摄）

军　事

MILITARY

责任编校：刘仕荣

玉溪军分区

77208 部队

预备役三团

武　警

人民防空

玉溪军分区

【中共玉溪市委议军会暨县（区）人武部党委第一书记述职】 2016年2月5日，玉溪市召开2016年度市委议军会暨县区人武部党委第一书记述职会，传达学习省委议军会暨省国动委第十一次全会精神，安排4个县人武部党委第一书记大会述职，军分区政治委员金志达讲评党管武装工作情况，军分区司令员冯潜报告国防后备力量建设情况，部署2016年度工作任务，玉溪市委书记、军分区党委第一书记罗应光提出具体要求。会议提出：2016年要围绕坚决服从国防和军队调整改革大局，确保国防后备力量建设的正确方向；加强国防动员体系建设，不断提高支援保障“打赢”的具体能力；深化拓展“玉溪模式”辐射效应，努力夯实国防后备力量的建设基础；充分发挥骨干突击作用，着力形成助推玉溪跨越式发展的整体合力四个方面推动全市国防后备力量建设发展。会议强调：新形势牵引新理念，要坚定不移用改革强军战略凝聚思想共识；新挑战倒逼新突破，要坚定不移用改革创新精神提速国防动员效益；新使命催生新作为，要坚定不移用改革法治理念推进军民深度融合；新格局呼唤新保障，要坚定不移用改革担当作风健全排忧解难机制。会议由玉溪市人民政府市长、市国动委主任饶南湖主持，全市党政军共108人参加会议。

【玉溪军分区党委十四届六次全体（扩大）会议】 2016年3月15日，玉溪军分区党委召开十四届六次全体（扩大）会议，传达学习南部战区、军委国防动员部和省军区党委扩大会议精神，总结部署年度工作，通报表彰先进单位和个人。会议指出：新年度工作要深入贯彻习主席政治建军、改革强军、依法治军重大战略思想，牢牢抓住改革强军带来的新机遇，积极探索领导关系转隶的新特点，主动适应全面深化改革的新要求，始终坚持高举旗帜铸军魂、围绕改革抓统筹、紧贴主业谋打赢、着眼大局保稳定，在新起点上推动分区部队和国防后备力量建设迈上新台阶。会议强调，分区各级要强化看齐追随意识，把“核心意识”强起来，把“四铁标准”立起来，把“纪律规矩”严起来；要强化使命担当意识，坚持战斗力根本标准不动摇，履行“五部”重要职能不懈怠，承担管党治党政治责任不含糊；要强化精准发力意识，听从号令从严从紧抓落实，着眼全局围绕中心抓落实，把握特点遵循规律抓落实，突出安全守住底线抓落实，切实以严明的纪律、严实的作风、昂扬的状态、务实的举措狠抓各项工作深度落实。

【思想政治建设】 2016年，玉溪军分区开展“两学一做”学习教育，完成4个专题内容。扎实组织党委中心组带机关四个季度的理论学习，深入学习贯彻习近平主席系列重要讲话精神，系统学习“四个全面”战略布局和新发展理念，重点学习习主席国防和军队建设重要论述特别是政治建军改革强军依法治军战略思想，跟进学习习主席创新驱动发展战略等治国理政新理念新战略，均做到推进有计划、学习有体会、专题有辅导、资料有汇编、情况有上报。全年军分区党委常委为官兵辅导授课16场次。开展坚决服从改革大局、忠实履行职能使命专题教育，认真开展改革强军主题教育，完成3个专题授课，组织新体制新职能新使命大讨论、政治工作发挥生命线作用大讨论和坚定改革强军意志投身改革强军实践主题实践活动。不断深化核心价值观培育，广泛开展向程俊辉烈士学习活动，号召官兵争做“四有”新一代革命军人。及时更换更新营区横幅、展板、灯箱，营造浓厚的政治环境氛围，有效强化官兵拥护支持服从改革的坚定信念和政治自觉。紧贴使命任务，加强宣传报道工作，开展微电影、微课堂、微动漫、微广播、微阅读创作展示活动，玉溪军分区全年在《解放军报》《中国国防报》《云南国防》和政工网等上稿260篇。

【党风廉政建设】 2016年，玉溪军分区规范统一党员承诺书和党员践诺日记，对2008年4月份以来全区的党费收缴情况进行专项清查、督促3名已转业干部补交党费，对2016年收缴党费进行公示，每月下发组织生活计划，严肃党内政治生活，开展群众性讨论辨析，认真学习党的十八届六中全会通过的《关于新形势下党内政治生活的若干准则》和《中国共产党党内监督条例》，组织全区党员到省级国防教育基地滇中地委觅池冲旧址参观见学，自上而下组织召开专题组织生活会，查摆思想组织作风纪律等方面存在的问题，制定整改措施，作出整改承诺。坚持把法纪挺在前，不断加强教育巩固、整风整治、革弊鼎新，推动部队政治生态实现根本好转。及时传达学习《中共中央关于郭伯雄严重违纪违法案及其教训的通报》《关于徐远林同志严重违纪问题的通报》《关于17起作风方面违规违纪问题的通报》等文件精神，组织全面彻底肃清郭伯雄徐才厚流毒影响、深入推进党风廉政建设和反腐败斗争工作。集中6天时间开展全面彻底肃清郭徐流毒影响专题教育，组织全区10名团级单位党委书记或副书记

2016年5月20日，玉溪军分区组织机关带人武部参观中共滇中地委觅池冲旧址
（李 涛 摄）

围绕12个重大是非问题进行是非观大辨析。紧贴实际纠治倾向性问题和整风肃纪，紧盯违规喝酒、乱交往等具体问题，直插末端开展常态化巡视监督、及时通报、从严处理，进一步打消侥幸、形成震慑、立起规矩。深入基层、沉到一线开展执纪情况监督检查活动，11月份专门组织工作组对大项政治工作、纪委工作以及廉洁征兵工作、征兵退兵情况进行调研检查，对各县（区）廉洁征兵情况进行电话回访，进一步确保了严格守纪、从严执纪的高压态势。

【战备训练建设】 2016年，玉溪军分区坚持从规范作战值班秩序入手，严格落实值班员考核认证上岗、值班员24小时值守、值班兵力全时备勤等制度，完善指挥保障要素建设，确保上下之间指挥通联顺畅、情况掌握报告及时。采取集中会审、演练检验的方式，组织修订会审重大突发事件预案，组织检验性演练，补充完善各类战备物资器材300余件（套）。全区累计出动民兵7 800余人次，共扑灭森林火灾32起，参与军警民联合武装巡逻153次，有效维护了驻地社会稳定和人民群众生命财产安全。坚持按纲施训打基础、依法治训促规范，组织10个团级单位、412名官兵职工进行徒步拉练，开展针对性强化训练和竞赛性训练考核，开展民兵应急、支援、储备队伍训练12期，累计参训人数1 098名，全区消耗手枪弹2 080发、步机弹21 720发，进一步巩固和提高了训练水平。2016年11月28日至12月2日，军分区组队参加“云南省第九届农民运动会”，获得两项个人一等奖、一项个人二等奖、三项个人三等奖，同时取得团体总分第二名的优异成绩。

【天宫二号与神舟十一号载人飞行陆上应急搜救演练】 2016年10月25～27日，玉溪军分区组织天宫二号与神舟十一号载人飞行陆上应急搜救演练，采取分区带人武部的形式，对所属8个人武部带相关任务分队，分三个批次组织了实案化应急搜救演练，着重在检验各指挥机构和任务分队“5种能力”上作文章、见成效，在检验中促进任务理解、促进备勤工作向深层次落实。不设预案、不搞脚本，以神舟十一号实际发射时间为节点，指挥导调组组长临机宣布演练条件，突出预先工作安排部署、日常备勤与集中备勤转换、1小时紧急出动、现场观察报知、警戒搜索与特情处置、医疗救护与装载转运6个环节，重点检验各级指挥机构的组织指挥和军地协调能力；以省军区下发的《天宫二号与神舟十一号载人飞行陆上应急搜救任务备勤参考资料》为蓝本，采取现场提问、随机抽点的方式，重点检验各级指挥员和任务分队备勤应知应会知识学习掌握能力；采取到位清点、个人询问的方式，重点检验搜救物资和社会车辆预先配置和装备能力；多地形选择瞄准点和预定落点作业区域，重点检验任务分队机动、搜索能力，特别是重型起吊设备进场能力；采取临时诱导起吊设备无法起吊、群众围观等情况，重点检验任务分队特情处置能力。

2016年8月17日，国家国防教育办公室郭增奎专职副主任（中）率工作组来玉溪检查调研国防教育工作（李 涛 摄）

【年度军事训练检查考核】 2016年11月22～25日，玉溪军分区采取统一组织、分对象实施的方式，分区党委班子成员率先垂范、全程参考，人武部主官全员参与、同步参评，除1名干部、2名战士远离驻地休假外，在位人员100%参考。考核组织上坚持按规范考、按大纲评，用军语指挥部队、用条令规范行为、用标准统一衡量，坚持摄像机无声监考，对考核过程存在的问题和不足，现场纠治整改，确保考核成绩公平、公正、真实。考核评判上，个人考核分批组织、同台竞技、多人评判、量化打分、综合成绩、拉榜排名，单位成绩取所属人员综合成绩平均值与应急拉动考评成绩相加之和，确保了考个人与考单位相衔接、评单项与评综合相结合，使考核结果既能验证单位与个人军事训练开展效果，又能发挥考核结果的绩效评估作用。针对考核时间跨度长、涉及人员广、动用枪弹车辆多的实际，牢固树立“底线意识”，严格落实安全行车制度规定，确保了考核安全顺利。

【队伍建设】 2016年，玉溪军分区开展热爱政治工作、忠诚本职岗位经常性教育，组织学法规、学文件、学传统，着力强化事业心责任感。坚持按军队好干部“五条标准”育人选人用人，优化干部队伍结构，安排17名干部转业和3名干部交叉代职，调整使用各级各类干部16名，完成2名退休干部移交。多措并举做好改革期间干部思想稳定工作，将解决后顾之忧作为保持干部思想稳定助力工程抓紧抓实。突出抓好人武部、干休所主官队伍建设，严格落实《军分区部队干部管理若干规定》《干部请销假规范》等制度措施，进一步完善“两个以外”领导全程监管、机关跟踪促管、家庭助力协管的工作机制，加强在位、履职和执纪情况的监督检查，促使干部履职尽责。

【安全稳定工作】 2016年，玉溪军分区广泛开展学法规、用法规、守法规活动，认真学习贯彻军委国防动员部17条规定和部队管理6个法规，邀请国安局、网监大队、交警支队等地方专家专题授课，增强官兵职工遵法守法的内在自觉。扎实开展安全稳定集中学习教育整顿和“百日安全”活动，严格落实营门验证、盘查、出入登记等制度，严格定期汇报、视频点名、离队请假、双向监督等措施，重点整治“四个秩序”不正规、执行纪律不严格、车辆运行不守法、消除隐患不彻底、军容风纪不严整“五不”现象，部队秩序更加正规。采取自查自纠、普查抽查、整改落实等方式，先后集中组织拉网式隐患大排查和安全大检查，对各类库室进行反复清理，对武器弹药进行开箱核验，对线路设施进行调整更换，对涉密载体进行严格登记，有效防范了安全问题发生。

【大学生征兵工作会议】 2016年5月19日，玉溪市集中市、县（区）两级教育系统、兵役机关和全市2所高校、17所普通高中分管领导共77人，在军分区国防训练基地召开了全市大学生征兵工作会议，传达学习上级相关指示精神，明确了任务和要求，为所属2所高校授予了征兵工作站牌匾。会议要求，各县（区）兵役机关要加大大学生征集宣传力度，突出在校大学生、应届高中毕业生两个群体，灵活宣传形式与手段，依托教学管理队伍和学校社团，在全市大中学校组织开展“五个一”活动：开一次主题班会、上一堂国防教育课、组织一次集中宣传报名、向每名学生发放一份宣传手册、播放一期军旅题材影视作品，同时规范高校征兵工作站运行制度，实现机构、人员、经费、场地、职责“五到位”，为完成年度大学生征兵任务奠定了基础。

①2016年10月24日，国务院军转办陆振兴副巡视员（左三）带队对玉溪市军转工作进行调研 ②2016年10月10日，玉溪军分区协同市文联举办纪念红军长征胜利80周年主题书画展 （李 涛 摄）

【夏秋季征兵】 2016年的征兵工作坚持以《兵役法》《征兵工作条例》和《成都军区征兵工作流程规范》等政策法规为依据，贯彻省征兵工作电视会议精神，牢固树立一季征兵、全年准备的思想，以向部队输送优质兵员为目标，以“征兵五率”为抓手，加强组织领导，科学统筹规划，严密组织实施，完成了新兵征集任务。其中男性大学生400名，占征集任务数的54.1%；高中生（含中职）326人，占征集任务数的44.1%；初中生13人，占征集任务数的1.8%。男性大学生征集比例较之2015年提高了24.1%。

【双拥共建】 2016年，玉溪军分区扎实开展双拥在基层活动，积极协调玉溪市委、市政府召开双拥工作座谈会，参加市涉军安置动员部署会以及工作推进会，对驻玉部队和老红军、军烈属、残疾军人等进行走访慰问，推进干部转业安置、随军家属就业、子女入学等工作落实。协调组织并派出3人赴德宏考察双拥及涉军安置活动，向市委、市政府写出专题调研报告，推动相关部门出台加强双拥工作和随军家属安置工作两个文件。高标准迎接国务院军转办、全军转业办工作组到玉溪检查调研，积极向工作组建言献策。协调解决10名军转干部安置、7名随军家属就业安置、6名子女入学入托，为121名驻玉部队随军家属申请未就业补助，推荐表彰30户（名）“情系国防好家庭”“立功官兵光荣家庭”好军嫂，协调7家驻玉军警部队出版《玉溪日报》“双拥专栏”5期。主动做好参与打赢脱贫攻坚工作，协调市政府专项经费560万元、军分区拿出60万元帮助路居镇扶贫联系点红石岩村、牛摩村修建道路、改造基础设施、改善村办公学习条件，组织军分区机关和干休所干部与28户贫困村民开展结对帮扶、助学扶贫，与路居镇中心小学建立对口支援关系，开展送图书活动1次。

【学生军训工作】 2016年，根据国防动员部下发的《部队承担学生军训人员管理办法（试行）》，结合市学生军训工作实际，发挥军地协调的职能作用，玉溪军分区与市教育行政部门共同研究贯彻落实办法和措施，统筹调配军训任务，完成了2016年学生军训工作，全年共军训学生18 300人，参训率达93%以上。

【纪念红军长征胜利80周年系列活动】 2016年，玉溪军分区在纪念红军长征胜利80周年系列活动中组织一次学讲话精神·铸坚定信念专项教育，开设“网上忆长征”专栏，制作专题展板，收看阅读有关纪念活动的电视节目、新闻报道和解读文章，抓好讨论交流；进行一次研长征战例·读长征故事·学长征英雄读书评书活动，撰写体会文章；举办一次牢记光辉历史，弘扬长征精神主题书画作品展；开展一次重温长征史，共筑强军魂展播展评活动；组织一次传承长征精神，当好红色传人微课创作，重点创作《军魂》《红色传承》两部微电影及《榜样·丰碑》微广播；进行一次话长征、谈奉献，拥改革主题党日活动，围绕“传承精神靠什么、军人样子怎么立、面对改革如何做”进行讨论辨析；开展一次不忘初心，矢志强军比武竞赛，评选“精武强能标兵”，激发备战打仗热情。

（李　涛）

77208部队

【思想政治教育】 2016年，部队按照“1+1+4”模式和“六有”要求，每月汇编习近平主席讲话、每周集中学习最新讲话，制订自学计划，坚定“四个自信”、强化“四种意识”。紧跟改革强军形势，一体推进改革强军主题教育和“两学一做”学习教育，把“两个大讨论”主题实践活动等动作搞活搞扎实，3篇经验做法被战区陆军《政工交流》转发；及时开展“合编合心合力”专题教育，引导官兵真正做到形联神联心联。

【文化宣传】 2016年，部队坚持用习近平主席话语浓厚营区政治文化氛围，完成军史馆荣誉室改建升级，抓好红色基因代代传、纪念建党95周年、红军长征胜利80周年等系列活动。开展强军风采系列文化活动，承办集团军“陆军杯”业余足球比赛并荣获冠军，迎接战区陆军、云南省委省政府、红塔区等军地慰问演出，丰富官兵文化生活。推进红色基因代代传工程，编印《红色基因代代传知识读本》，工作经验在战区陆军做了交流发言，累计在中央级媒体上稿605篇，站稳意识形态领域主阵地。

【战备训练】 2016年，部队坚持中心居中、主业主抓，严格规范战备值班秩序，培训值班执勤人员，完善战备方案体系，规范单兵携行和单装配载标准，推进战备物资“三化”建设，常态组织首长机关带分队战备演练，时刻做好战略战役拉动准备。落实军委、陆军关于实战化训练指示要求，制订加强实战化训练措施，抓好强化训练、夜间训练和“三实”训练，组织野外驻训，参加各类联演联训，掀起实战实训热潮。抓好各级各类集训培训，开展创先争优破纪录活动，建立训练成绩档案，夯实训练基础。派员赴巴基斯坦参加第一届国际陆军体能与战斗技能竞赛并夺得战斗技能测试个人第三名。

【国际维和】 2016年5月19～27日，根据中央军委命令和国防部维和事务办公室通知，部队完成第十四批、十五批赴黎巴嫩维和工兵分队任务轮换交接。第十四批维和分队自2015年5月赴黎巴嫩，共维护清排雷场通道75条、27 519.9平方米，栽设蓝桶13个，修筑掩体62个，搭建板房38间，运送建材4 587吨，救治病人15 400余人次，援建当地基础设施30余次，组织各类外事招待会8次，高标准通过5次装备核查。黎巴嫩国防部为指挥长孙志颁发军队勇士银质奖章，建筑分队受到联黎司令特别嘉奖，医疗分队队长毛屏荣获黎巴嫩政府颁发的“杰出维和女性军人奖”。第十五批维和分队截至2016年底，共新建24人掩体14个、观察哨1个、装甲车掩体2个、防护墙401米，吊装T型墙139块、岗亭1个，翻修维护高塔3个，更换架设铁丝网、防护网649米，累计完成18项防卫工程建设和4个蓝桶栽设等任务，被联黎司令贝瑞少将盛赞为“联黎冠军”，11月16日接受军委副主席范长龙现地视察，现仍在黎巴嫩执行任务。

【救援力量建设】 2016年8月，部队派出2名军犬训导员和2条搜救犬赴泰国参加“10+8”防长会人道主义援助救灾和军事医学联合演习。11月10日至11月19日，派出65名官兵赴昆明参加2016年中美两军人道主义救援减灾联合实兵演练和第十二次研讨交流，主要进行研讨交流、装备展示、混编联训、指挥所推演和生命搜救实兵联演，期间，迎接了战区陆军司令员刘小午、美军太平洋陆军司令罗伯特·布朗上将以及24个国家40名军官的观摩。12月30日，参加由云南省地震灾害紧急救援队联席会议办公室主办的地震救援考核，武警云南省总队、省公安消防总队一起参考，部队地震救援队获得综合优秀奖，并夺得高空救援、木支撑2个单项课目第一名。

【外事访问】 2016年6月8日，联合国副秘书长苏和一行莅临部队参观访问，听取维和工作情况介绍，观看维

2016年，中美两军人道主义救援减灾联合实兵演练进行指挥所推演

（77208部队　提供）

和及地震救援历史资料介绍、扫雷及地震救援器材展示和人道主义扫雷作业演示，对维和工作给予“中国维和部队无论是人员素质还是工作态度都很优秀，是我见过最好的维和部队”的评价。驻联合国代表团军事参谋团团长、集团军参谋长全程陪同。10月31日至11月4日，部队长孙志随军委维和专家组赴越南参加维和交流活动，并向越方维和人员介绍维和分队安全保障的经验做法，得到各方高度评价。

【基层建设】 2016年，部队依法按纲精准抓基层打基础，全面规范基层场所设施，制订5个层级依法开展工作和党委机关服务基层流程，制订《连队正规化建设秩序手册》等，使各项工作硬化细化具体化。建立党委机关挂钩联系帮带基层制度，抓好分析排队、制订计划、蹲点指导、重点整顿、跟踪帮带和效果评估，安排机关干部下连当兵、蹲连住班。投入144万元为基层办实事，开展帮战友活动，抓好“二十个互相”活动，官兵归宿感、荣誉感、责任感和主人翁意识增强。

【安全稳定工作】 2016年，部队坚持稳中求进工作总基调，确保“三个决不发生”。持续开展“正规化建设条令月”“学法规用法规守法规”“百日安全”“三责”活动，用好“八个三”抓手，培育官兵法治理念。系统推进安全大讨论、安全隐患大排查和安全大检查，坚持安全管理日督导、周通报、月讲评，推动安全管理进脑入心、进言入行、进岗入责。坚持管人靠制度、管事靠流程、管物靠责任，突出人车枪等十个方面重点常态进行安全形势分析、风险评估、检查督查和隐患排查整治，实现管好、守住、不添乱、不出事，全年无等级事故、失泄密问题和刑事案件。

【后勤建设】 2016年，部队围绕保障打赢抓后勤建设，巩固财务大清查成果，坚持定期分析检查基层财务和司务长集体办公，严格资金“双限额”管理，确保经费管理正规有序。开展基层文体活动平台建设、屋面防水整治、炊事班线路改造、太阳能热水器维护等，抓好营房营产配套设施建设。停止有偿服务，关停空余房地产租赁项目。抓好后勤战备演练、野战炊事比武竞赛、战勤编组训练，周密组织等级厨师、卫生员等集训培训，提升综合保障能力。

【装备建设】 2016年，部队开展“学装、知装、用装”活动，编写新配发装备组训教案，组织主战装备操作训练，组织主战装备操作手、驾驶员技能星级评定和修理工职业技能鉴定以及统训、集训活动，安排官兵送学培训和进厂学习，装备人才队伍不断夯实。集中开展装备五项重点工作，装备完好率始终保持在规定比例以上。制订机车场组织实施规范、分队装备管理办法，编写装备知识手册和建设标准等，提高装备管理精细化水平。

【党组织建设】 2016年，部队党委贯彻全面从严治党要求，努力建设“五有”党委班子和忠诚干净担当的干部队伍。统筹推进“两学一做”学习教育，扎实抓好学习辅导、承诺践诺等规定动作及“四个起来”、手抄《党章》100天等自选动作，立起军队“五讲五有”合格党员样子。制订《党委机关加强和改进作风十项措施》《党委决策部署督导落实及反馈机制》，以上率下落实组织生活制度，严肃党内政治生活，建强党的各级组织。

【作风建设】 2016年，部队彻底肃清郭徐流毒影响，走深走实思想清理、组织清理，持续开展基层风气10个常见问题专项检查，官兵对单位风气建设满意度保持在95%以上。抓好主题廉政文化建设，观看《永远在路上》等警示片，编印《廉政漫画口袋书》，培塑崇廉尚洁政治品格。用好监督执纪“四种形态”，深入开展执纪情况监督检查和常态化明察暗访，有效整改采购价格虚高、干部超编等问题，基层风气持续向上向好。

【双拥共建】 2016年8月，部队与玉溪市红塔区大营街居委会甸苴社区结成帮扶对子，采取逐人逐户“过筛子”、一点一滴“解麻雀”的方式，走访40余户，座谈20余人，围绕道路修缮、水利设施修整、环境美化等方面，从单位家底经费中拿出20万元开展精准扶贫。5个营级党委分别挂钩1个贫困户，9名常委分别资助1名贫困在校学生，量化指标进行结对帮扶。开展知识进校园活动，先后为玉溪六中、玉溪二小免费赠送国防政策法规宣讲手册、国防教育知识读本、疾病防治知识读物、防震减灾知识宣讲图册、防震减灾知识系列海报等1 500余册（份），进一步增进了军地友谊。

（高　扬）

2016年，77208部队组织战备拉动演练　（77208部队　提供）

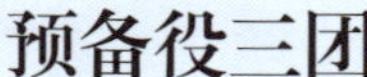

预备役三团

【双拥共建】 2016年，预备役三团坚持把打赢脱贫攻坚战作为政治任务，与地方共同研究制订脱贫方案，常委分工负责，专人跟进落实，常态化开展送温暖、献爱心活动，落实了团职干部“1+1”助学行动，结对帮扶3名贫困家庭子女就学，组织1名贫困户子女劳务输出，投入约4.8万元帮助

①2016年，预备役三团分队成建制训练 ②2016年，预备役三团组织实弹射击 （预备役三团 提供）

软尖山小组修建机耕路，向贫困村所在地小学捐赠价值约2万元的学习用具、文体用品500余件套和爱心公益图书100套；连续第九年开展爱心圆梦大学活动，截至2016年，已资助18名困难大学生顺利入学。

【实现跨区编兵】 2016年，预备役三团作为师跨区域编兵试点，通过向玉溪市委、市政府和玉溪军分区报告，第一政委出面协调，较好的进行了跨区域编组。分别是步兵三营八连由通海九龙街道向华宁县宁州街道进行拓展；通信连由玉溪市移动、联通、广电三家公司承担调整为由移动一家公司承担，连部和一排设在中国移动玉溪分公司，二排设置在中国移动澄江分公司，三排设置在中国移动华宁分公司；汽车连由玉交集团拓展一个排到华宁驾驶学校，较好地解决了驾驶员出动难，特别是大车驾驶员问题；警卫侦察连由红塔区研河街道调整至澄江县凤麓街道。

【2016年整组工作】 2016年5月至6月，预备役三团认真贯彻师《2016年度整组工作指示》，按照宣传教育、组织准备，调整布局、编组实施，组织点验、总结验收的步骤实施，基本实现了编制落实、制度健全，组织巩固、官兵相识的目标。在地方党委政府、团党委和机关各部（处）的指导帮带和各级的共同努力下，于6月圆满完成了年度整组任务，实现“三率”大幅提升的目标，其中，复转军人比例达到51.0%，专业对口率达到90.4%，党团员比例达到80.7%，大专以上学历达到37.2%，高中及中专学历达到60.1%。

【战备设施建设】 2016年8月，团机关集中整治规范“三室两库”，维修保养应急救援设备器材，始终保持了规定完好率；投入12万余元资金，维修改善澄江训练基地硬件设施，平整清理训练场地，购置书籍、电脑、模拟枪、弹袋、望远镜等物资资料，完善应急救援器材，为遂行任务打牢了硬件基础；投入10余万元维修改造营门值班室，完善配套设施，组织开展安全常识、操作技能、自救互救、紧急避险等训（演）练，明确程序方法，提高了官兵应对突发事件的能力。

【分队成建制训练】 2016年8月底至9月下旬，按照抓规范、打基础、提能力、立形象、促安全的思路，预备役三团分五个批次、五个点位、四个时段，组织了681人的分队成建制训练，动用各类武器112支（挺、具、门），消耗各类弹药15 490发。训练重点突出队列、武器操作、班战术和连综合演练等内容，组织严密、组训灵活、考核严格、全程安全，基本达到了塑造军人样子、掌握武器操作、提升战术水平的目的，为部队遂行任务打下了坚实基础。

【新《大纲》试训论证】 2016年9月，预备役三团接到大纲试训论证任务后，及时成立试训论证领导小组，召开任务部署会，分工明确试训任务，研究展开课目研究，编写评审试训教案，形成了一套具有理论与经验支撑的教案集。结合分队成建制训练，抽调精干力量，足员足时组织指定课目试训论证，及时采集分析论证数据，确保了试训论证的科学性。

【参加云南省范围内飞船运行段陆上应急搜救】 2016年9月至10月，我国天宫二号航天飞船发射后，根据上级要求，预备役三团在师的编成内做好滇中搜救准备，共计编配三个批次的搜救力量，其中首批力量50人，后续力量100人，支援力量200人，在观摩省军区关于搜救行动演练的基础上，着眼团队实际，研究探索组织指挥行动程序，2次组织全要素、全过程的实员实装实车模拟演练多次组织搜救演练，全面做好了搜救飞船的准备工作。

（王坤鹏）

武 警

玉溪支队

【概 况】 2016年，武警支队用强军目标引领各项建设，发扬好的传统，坚持问题导向、以上率下、问计官兵、抓文抓武、奖惩分明，注重扬正气、正风气、带士气，确保官兵绝对忠诚、绝对纯洁、绝对可靠，各项任务完成圆满，支队建设步入内涵式发展轨道。支队党委被武警党委表彰为“武警部队先进师（团）级党委”，支队被武警部队表彰为“连续20年安全无事故单位”和“百日安全竞赛活动优胜单位”，14个单位和21名个人受到上级表彰，218名官兵受到支队嘉奖。

【思想政治建设】 2016年，武警支队把思想政治教育贯穿部队建设始终，把学习习近平主席系列重要讲话作为重大政治任务，引导官兵领会政治建军、改革强军、依法治军战略思想。学习宣传十八届六中全会精神，拥护习近平主席核心领导地位，官兵核心意识、看齐意识牢固。深化改革强军

①2016年3月3日，武警总队强军文化推进会在支队召开（柏少波　摄）②2016年6月28日，武警总部副政委姚立功中将（前右二）到支队检查调研（武警支队　提供）

主题教育，开展重温红色经典、讲好强军故事、唱响革命歌曲、学习身边典型活动和八一双拥晚会；组织官兵参加公祭活动，传承滇中游击队红色血脉，宣扬聂耳爱国主义精神，用红色基因浇铸精神支柱。组织纪念五·四运动97周年、建党95周年、长征胜利80周年活动。开展行业风气教育整顿，坚决防治可能发生在士兵身边的不正之风，时刻保持正风反腐寸步不让。开展官兵大谈心、情感大交流、矛盾大化解活动，有针对性做好一人一事工作和心理教育疏导，管控转化1名重点关注对象，解决2名官兵家庭涉法问题，为22名家庭困难官兵发放补助金5万元，确保官兵心理健康、思想稳定。

【能力建设】 2016年，武警支队牢记习近平主席全力干好维稳这件大事政治嘱托，坚持重打基础，注重提质强能，加强军事能力建设。开展执勤安全教育整顿，组织大（中）队军事主官执勤集训，规范执勤基本制度、基本方法和基本手段。强力推动“五防一体化”建设，在红塔中队和二中队完成执勤优化改革试点任务，协调2个监狱将目标智能报警监控系统接入中队，10个看守所安装红外、断电报警和人脸识别系统。实现12个监门哨全部上勤、3个看守目标巡视道实体墙改造。推进总队战备集训试点任务。按照“两个不经、一个保持”标准，落实一句话命令加补充指示，规范首长机关带实兵紧急出动演练程序。做好情报搜集研判，及时将公安社会面监控网和公文交换系统接入支队，加强与地方防火、地震、气象等单位联系，创建资源共享、应急协作机制。针对玉溪反恐通道交汇点的实际，细化战备方案，严格落实编携配装要求，7次有针对性地组织首长机关带部分实兵紧急出动演练，提高了部队快速反应和应急处置能力。年内，共出动兵力1 553人（次），完成中国—东盟国家外长特别会议临时驻地警卫、“南博会”安全保卫、武装押解等临时勤务21起。总队教练员比武竞赛获团体第三名，总队新训干部骨干集训获第二名，6名官兵被总部、总队表彰为“优秀教练员”，参加版纳片区“魔鬼周”集训竞赛获团体第二名，滇中片区“魔鬼周”集训竞赛获团体第三名，4名特战队员通过武警部队新组建特勤分队初选。

【基层建设】 2016年，武警支队落实《军队基层建设纲要》及武警党委有关文件精神，把工作重心放在基层，把主要精力用在基层。坚持宁缺机关不缺基层，按照强弱互补、新老搭配的原则，选准配强大队、中队主官；针对新任书记队伍能力素质偏弱的实际，组织2期《纲要》培训和大练基本功活动，抓好培训帮带；指导基层制订党日活动计划，规范组织生活，抓自查自纠，增强党支部书记统班子、带队伍、抓党务的能力，所属15个基层中队自主抓建能力都有明显提升。深入开展帮建支部、帮带干部、帮解难题、带优良作风活动。关心关爱官兵“后路、后院、后代”问题，激发官兵干事创业的动力。

【后勤建设】 2016年，武警支队围绕保任务、保基层、保建设、保改革，努力打造“六型”后勤。结合驻地和支队实际，修订完善8类后勤保障预案，购买帐篷、折叠桌椅、野战折叠操作台等战备物资，补充一次性出动300人战储物资；加强“一组五队”建设，每月组织后勤干部和司务长业务培训、工作讲评，每季度开展装备操作、维护修理、食品烹饪、医疗救护等专业技能训练，结合“卫士-16”演习和首长机关实兵抽组演练，抓好兵力投送、野炊宿营等应急力量编携配装模块演练，完成遂行任务后勤保障。5月，完成机关、一中队、教导队和元江中队整体搬迁，建成峨山、元江、华宁中队和二中队训练场，维修新平中队营房。坚持“三个服务”，集中财力物力人力为基层办实事，抓好伙食管理精细年活动，严格落实“1126”和“6211”保障模式，官兵对伙食满意度进一步提高。开展医疗巡诊暨心理咨询服务活动，4次到基层送医送药送温暖。

【党委班子建设】 2016年，武警支队党委坚持用思想凝聚、用制度规范、用能力率领、用品行征服、用官兵支撑，抓能力建设和先进性建设，采取书记领学、任务逼学、讨论导学、定期查学、调研促学等方式，每周五上午组织中心组或班子成员集中学习，每月公布学习内容，展示学习笔记和心得，每半年报告学习情况和成果，强化提升理论思维层次。坚持理论与实践相统一，注重在学而信、学而用、学而行上下功夫，努力把学到的思想观点、思维方式，转化为推动工作的思路方法。把民主集中制作为班子建设的组织原则，严格执行“十六字”方针，在重要工作部署、干部调整使用、士官选改晋级、官兵立功受奖、大项工程建设、重大经费开支等方面，严格按政策、按原则、按程序决策，做到“阳光作业”。

【党委扩大会议】 2016年3月11～12日，武警玉溪支队召开党委扩大会议，支队党委成员、机关部门以上领导、各股长、各大（中）队主官参加会议。会议传达总队党委三届十次全体（扩大）会议精神，听取支队党委工作报告、纪委工作报告；司、政、后三部门分别安排2016年工作。会上，支队党委书记、政治委员赵银桂代表支队党委作题为《保持定力、落细落小，在建设全面过硬云岭维稳劲旅中再创先进》的工作报告；支队党委副书记、支队长马虎以《从严从实、锐意进取，锻造全面过硬云岭维稳劲旅标兵》为题作重要讲话；表彰先进集体和个人。玉溪市副市长、公安局长、支队党委第一书记朱家伟出席会议。

【联合演练】 2016年7月29日，武警支队承办玉溪市多警种反恐联合演练，此次演练由公安、武警、消防共1 200余人参加，动用武器装备上万件（套），演练采用实战化背景，展示群体性事件的处置战法、暴恐事件的处置行动。

【视察、调研】 2016年1月3日，省武警总队司令员李志刚带工作组检查调研支队新机关建设。2月3日上午，玉溪市委副书记、市政府市长饶南湖率市委、市政府相关部门领导，到玉溪支队慰问官兵。6月14日，云南省民政厅副厅长卢振义到武警支队检查指导工作。6月25日，武警总部政治工作部宣传局局长刘军到武警支队调研。6月26日，武警部队副政委姚立功到武警支队检查调研工作。8月11日，武警部队参谋部装备局局长王德成率工作组到武警支队检查调研武器装备弹药管理情况。8月24日，省武警总队政委王洪斌率工作组深入武警支队检查调研。9月26日，武警部队管理局局长丁福建到武警支队检查安全工作。12月18日，武警部队副政委张瑞清到武警支队检查指导工作。

（王文富）

消防支队

【班子建设】 2016年，消防支队逐步完善干部“一推双考”机制，推荐提拔调整团职领导干部5人，提任营职领导干部10人，进一步配齐配强支队、大队两级党委班子。建立重点工作督办机制，明确党委成员挂钩联系制度，自上而下帮助基层单位解决实际问题。

【文化育警】 2016年，消防支队依托通海大队召开了警营文化建设现场会，建成3D红门影院8个，与昆明新知集团共同组建“火凤凰书屋”，拍摄学老兵、赞老兵微视频12部，编创《金色芒果绿橄榄》《彝山情、花鼓魂》等融入民族特色的文艺节目11个，创作《十里送红军》《抬头望见北斗星》等歌颂红军丰功伟绩的文艺节目10个，红军长征胜利80周年文艺晚会，开展赠送红色书籍入支部、重走长征路等活动。

【廉政建设】 2016年，消防支队下发了《党风廉政建设工作意见》，与机关各部门、各大队签订《党风廉政建设责任状》，明晰责任清单。吸取周永康、徐才厚、郭伯雄和吴长奉等违纪违法案件教训，肃清影响，划清界限；执行公安部“三项纪律”和公安消防部队“四个严禁”，整合纪检、审计、督察“三支队伍”，出台《关于进一步加强消防监督执法廉政建设实施办法》，强化内部管控，最大程度压缩违法违纪空间。持续开展“三清”、干部工作大检查“回头看”、财务清查、深化消防执法腐败问题集中整治等专项教育整顿活动。叫停对外有偿服务项目，整改纠治发票不合规、手续不完善问题1 000余条，对24名干部的205名亲属从业情况进行了核查。全年未发生警民纠纷、违纪案件、责任事故、消防执法诉讼和涉消舆情，消防执法公信力和群众满意度明显提升。

【立功受奖】 2016年，消防支队获公安部“夏季消防安全检查先进单位”和“安全管理先进支队”称号，支队党委和主官连续两年被省公安厅政治部、总队党委表彰为“好班子”“好主官”，绩效考核获全省第一并被总队表彰为“全面建设先进支队”。支队政府责任制考评连续十年位居全省前列，综治考核连续4年获一等奖。1名战士在总队大比武中荣立三等功，红塔中队被公安部消防局表彰为“全国执勤训练工作先进单位”。高新区大队被部消防局评为“全国执法示范单位”。

【部队管理】 2016年，消防支队吸取既往事故案件教训，修订《玉溪市公安消防支队督察工作实施办法》，建立常态化督察机制，全年督察队共开展督察12次，通报整改问题145项。推进正规化建设，在江川大队召开了正规化建设现场会，90%的大（中）队正规化建设达标。深化“五无”创建活动和《条令》《条例》学习月活动，先后部署开展安全工作专项教育整顿和纪律作风教育整顿活动，“四风”“三松”等问题得到整治，部队内部安全稳定。

【实战化训练】 2016年，消防支队建立全新训练质量评价机制，强化以考促训、以赛检训，按照专业化、实战化练兵要求，结合整建制中队、班组项目训练，持续举办季度练兵比武活动，将比武成绩与官兵评先评优、单位绩效考核成绩挂钩。强化素质培育，分期组织基层指挥员和攻坚组队员培训，开展士兵职业技能鉴定和执勤中队干部、中队长助理能力素质考评工作，33名战士通过灭火救援攻坚组预备队员考核，26名中队干部通过助理指挥员考核。锻造专业救援力量，结合玉溪本地实际组建了石油化工灾害处置重型作战编队和高层建筑专业救援队，按标准完成地震救援分队和重型救援队建设。坚持实战实训，紧盯高层、地下建筑、大型城市综合体、石油化工等灭火救援难题，不间断开展实战化拉动演练。年内，共开展熟悉演练722余次、跨区域演练10次，修订完善预案506份，建立数字化预案156份，组织典型战例研讨11次，部队攻坚作战能力提升。

【信息化建设】 2016年，消防支队规范作战指挥中心功能和运行机制，投入500余万元改造升级支队信息指挥中心，在全省率先完成支队至大中队指挥调度网扩容建设和IPSTAR卫星便携站配备，建成支队及应急通信保障分队，市县两级指挥中心全部建设达标，所有中队全部配备海事图传设备，推广消防无人机系统运用，信息服务支撑部队实战能力提升。

【新增政府专职队员】 2016年，全市共新增政府专职队员47名，改扩建政府专职队22个，专职消防队数量达50个，人员达612人，消防车辆达51辆，形成了覆盖城乡的灭火救援体系。

【火灾和接警出动情况】 2016年，全市共接警出动842次，出动消防车1 133辆次，官兵6 940人次，抢救被困人员308人，疏散人员2 266人，抢救财产价值5 405万元。完成了G20杭州峰会、中国·东盟外长会、南博会、云南省第三届宗教界体育运动会等重大消防安保任务，成功处置了“7·20”“7·29”抗洪排涝抢险救援、“9·6”山体滑坡灾害事故等急难险重任务。全年共发生火灾126起，火灾四项指数“三降一升”，连续21年未发生重大以上火灾事故。发生亡人火灾6起，死亡7人，同比上升130%，所有亡人火灾都发生在农村，农村防控基础薄弱、小火亡人的顽疾仍在。

【消防基础建设】 2016年，消防支队新建市政消火栓392个，全市29处国家级、省级文物古建筑和14处传统村落建设达标。年内，7个大队启动了营房建设项目，高新大队、华宁大队、元江大队已搬迁进驻，新平大队主体工程已封顶，易门大队主体工程即将完工，澄江大队新建项目已开工，红塔大队建设项目已完成征地。年内，累计投入装备建设经费3 763.3万元，新增消防车辆14辆、器材4 800余件套，装备建设实现提档升级。

【提升执法服务水平】 2016年，消防支队从执法公开栏建设、窗口规范化管理、网上便民服务建设、禁令制度建设等方面强化民服务窗口建设工作，向社会公开承诺优化合并办事环节、缩短行政审批周期、开辟项目绿色通道、搭建沟通交流平台四项便民利民措施，不定期开展消防窗口暗访活动，有效规范执法行为。在全省率先为所有监督干部配备移动执法终端，为10个基层大队全部配置执法记录仪和数据采集站，使执法行为全程记录、执法流程规范运行、执法信息可考可查。组建消防执法服务队，加大服务性回访指导，主动下基层为大队提供执法复核服务，对全市46名消防监督干部进行全员培训。承办了全省第一、第三季度消防监督执法工作例会，执法规范化建设成效在现场会上做了经验交流。

【创新社会治理模式】 2016年，消防支队推行“互联网+消防”工作模式，制作消防行政审批业务微信公众服务平台，实现网上申报办理。全面落实常态化消防安全检查治理六项制度，加大源头治理，加大对工程设计、施工、检测和监理单位的监管、处罚力度。进一步完善网格化管理组织，乡（镇、街道）全部落实消防网格化管理。提请市政府出台了《关于进一步加强农村消防工作的通知》，将农村消防工作纳入精准扶贫、“五网”建设、“百千工程”统筹推进。

【火灾隐患整治】 2016年，消防支队将专项行动与基础防控有机结合、相辅相成，部署开展了夏季消防检查、今冬明春火灾防控、劳动密集型企业、易燃易爆场所专项整治等多个专项行动。结合市情梯次开展了“三合一、多合一”场所、纸制品包装行业、招商引资建设项目整治等10余个“自选动作”。全年共检查社会单位2万家次，督促整改火灾隐患3.9万处，临时查封96家，责令“三停”106家，提请市、县（区）政府对24家重大火灾隐患单位实行挂牌督办，督办整改率达100%，推动辖区10处区域性火灾隐患整改完毕，消除了一大批火灾隐患。

【群防群治】 2016年，全市共召开消防安全委员会联席会议44次，与41个市直部门、554家消防安全重点单位全部签订消防安全目标责任状。出台《行业部门消防工作标准》，开展行业部门消防安全知识竞赛活动，联合安监、民政、教育等部门开展强制性认证消防产品专项治理、社会福利机构规范管理专项整治、学校消防安全大检查等专项督导16次，形成齐抓共管的工作合力。

①2016年10月14日，玉溪消防支队召开全市消防部队正规化、警营文化建设现场会 ②2016年5月17日，玉溪市举行地震救援分队运兵运装车及装备配发仪式

（消防支队 提供）

2016年4月27～29日，玉溪消防支队举办冬春执勤岗位练兵比武竞赛

（消防支队　提供）

重点单位建立“户籍化”管理工作档案，消防安全宣传“三提示”和员工“一懂三会”知晓率达100%，1 124个一般单位“四个能力”建设全部达标，335名消防控制室操作人员持证上岗，持证率达94%。推进“派出所消防警组、微型消防站、独立式感烟报警器”三大建设。76个公安派出消防警组建设全部达标，554家重点单位、254个社区全部组建微型消防站，安装独立感烟报警器1 553个。

【消防宣传培训】 2016年，消防支队印发《玉溪消防》杂志四期30 000册、中小学消防安全教育读本40 000册，“七进”宣传册80 500册，制作家庭防火知识门牌73 800余张，发放各类宣传资料50余万份，举办消防安全培训班400余期，消防安全演练2 000余次，建成科普教育基地7个，评选社区消防宣传形象大使79名，1人被省委宣传部表彰为“最美社区消防宣传大使”。与玉溪电视台、玉溪人民广播电台、《玉溪日报》、玉溪“高古楼论坛”等媒体建立宣传机制，开设消防宣传专栏、设立火灾隐患曝光台，集中公布了一批火灾高危单位、重大火灾隐患单位和区域性火灾隐患情况，播出消防新闻（广告）596条。

（朱　静）

8752部队

【概　况】 2016年，部队党委围绕全力干好维稳这件大事总要求，着眼打造精锐尽干、能战善战的团队，全面抓基础、紧贴形势解难题、赶队补课补短板、群抓群防保稳定，完成海关执勤任务，部队全面建设水平有了新的提升。部队被武警部队表彰为“百日安全竞赛优胜单位”“士官队伍建设先进团”，生活服务中心被武警部队表彰为“先进生活服务中心”，71分队班长徐友乐被中央军委联合参谋部、政治工作部、后勤保障部、装备发展部、训练管理部联合表彰为“全军士官优秀人才奖一等奖”，宣传股长吕从潇被武警部队表彰为“优秀‘四会’政治教员”，61分队指导员王侃侃被总部表彰为“优秀基层主官”。

【军事工作】 2016年，部队贯彻战斗力标准、聚焦能打胜仗保中心、突出战训一体强能力、坚持依法从严促正规、围绕提质增效抓建设，持续改作风、抓经常、打基础、攻难点、补弱项，执勤工作任务完成圆满，训练工作成绩稳步提升，军事保障建设有效推进，安全管理的薄弱部位和环节在从严整治中得到巩固加强，推动了军事工作的全面建设和发展。一是聚焦中心抓战备。贯彻广东会议精神，制订执勤期间抓学习、撤勤返营抓建设的两步走规划。4月返营后，立即抓会议精神落实，修订战备方案，建立“一营一队”应急处置力量；按照“4+1+4”模式改造作战勤务值班室，2次整顿作战值班秩序；投入350余万元推进编携配装工作，改造车辆、战备库室，购置货架和托盘、战备箱（柜）；按照“两个不经，一个保持”要求，规范一句话命令加补充指示流程，组织全要素战备演练。7月接抗洪抢险预先号令后部队连夜做好增援准备，10月通过了总部战备工作检查。二是贴近实战抓训练。依据军事训练“八落实”要求，做好赶队补课工作。先后4次邀请昆明民族干部学院教员到部队授课，培养教练员，组织示教示范。坚持首长机关周三业务学习制度，抓好室内作业、战术计算、识图用图等强化训练，张榜公示考核成绩，培育合成参谋队伍；设立训练标兵龙虎榜，2次组织建制连比武，把70%的奖励表彰名额投向中心工作，激发官兵练兵热情；创新“六种组训模式”，针对重难点课目总结推广了5种训练方法，夯实部队训练基础，2次参加武警部队对部队“军事训练一级单位”达标考核均成绩优异。组织手榴弹实投、火箭筒实射等训练，使官兵体验硝烟战味。组织训练督导组日检查周通报月考核，纠治偏训粗训漏训等问题；投入10余万元修整了射击场、处突训练场、单兵综合演练场等，为实战化训练提供保障；用活“考比拉抗”载体，10月到野外生疏地域野营驻训，在近似实战环境中砥砺和提高部队战斗力。三是依法从严抓管理。抓好学法规、守法规、用法规和安全教育整顿活动成果转化，2次邀请通海县公安局、司法局专家宣讲法纪，强化官兵条令意识和守纪观念。建立安全责任倒查机制，开展群众性创安活动，印发《安全工作应知应会》和《安全常识手册》，把安全工作人人有责的理念深入人心。按照师“双十二条禁止”规范手机、互联网使用，组织网德网纪专题教育，从严执行使用微信“十不准”规定，引导官兵过好网络关，筑牢“防火墙”。着眼实现三个根本性转变，高举条令条例这个标尺，从纠治“土规定”“土办法”入手，制定《安全管理规定》《野营驻训管理规定》等规定，营造按纲要建、按条令管、按大纲训、按职责抓的法治环境。健全团营连排四级安全组织，组建纠察队开展执纪检查，4次组织作风纪律教育整顿。完善技防设施手段，安装监控设备，完成加油站围墙封闭改造和营房安防设施建设。结合安全大检查和百日安全竞赛活动，对60余处安全隐患挂账销号、限期整改，确保了部队内部安全稳定。

【政治工作】 2016年，部队政治工作深入贯彻落实习近平主席政治建军、改革强军、依法治军重大战略思想，围绕打造过硬善战的团队的思路，强化看齐意识提升忠诚度、紧跟深化改革汇聚正能量、围绕练兵备战增强贡献率、着眼全面建设突出打基础、蓄积发展后劲大力育人才，为部队全面建设提供了坚强政治保证和强大精神动力。一是紧跟统帅步伐聚共识。学习贯彻习近平主席系列重要讲话精神，落实基层官兵理论学习制度，组织宣讲辅导、组织体会交流、组织板报评比。深化对习近平主席政治建军、改革强军、依法治军重大战略思想的学习领会，不断强化官兵“四种意识”。采取大课宣讲、小课串讲等方式，开展改革强军主题教育，组织点赞改革强军先锋故事会引导官兵服从拥护支持改革。二是回归打仗职能砺血性。发挥政治工作服务保证作用，建成团史馆、网上史馆和营连网上荣誉室，装甲车连传承“勇如猛虎连”精神建连育人的做法受到总部秦天参谋长肯定。制订政治工作“八个到现场”落实细则，组织野营驻训思想鼓动会，编辑《杞麓砺剑》战地小报，在重大演训中砥砺官兵血性胆气。10月手榴弹实投训练中，官兵临危不惧，2次果断正确处置险情。三是注重张弛有度过思想。针对任务接踵而至、官兵连续作战的实际，依托“三互”“双四一”“三帮一带”等有效载体，过细做好经常性思想工作，跟进开展心理服务，先后组织2期思想心理骨干培训。丰富官兵文化生活，组建了锣鼓队、舞龙队等4支特色文化队伍，3次组织节日军事体育竞赛，4次组织“兵演兵”文艺晚会，开展野营驻训战地文化建设。统合力量排忧解难，协调办理子女入学入托、处理家庭涉法问题，消除了官兵后顾之忧。四是响应大政方针有作为。贯彻习近平主席扶贫开发战略思想，制订《精准扶贫五年规划》，在通海县水塘村建立扶贫联系点，援建农田水利灌溉系统，慰问困难群众16户。投入1万余元。援建水塘村委会党员活动之家，打牢水塘村党员学习活动基础。与驻地九龙小学联建武警爱民学校，捐赠餐桌50张、学习用品144套。采取团职干部1+1、营职干部2+1、连队1+3的模式，资助通海县、巧家县72名贫困中小学生，展示了部队的良好形象。五是推进基层建设见成效。推进新修订《纲要》和《三十条》学习贯彻，抓好师《基层秩序相关规范》落实，制订部队《党委机关按纲抓建措施22条》，提高机关按纲指导和基层按纲自建能力。3次召开基层建设形势分析会，5次组织现场会规范基层工作，进一步整合指导力量，正规抓建秩序。修订双争评比活动实施办法，设立双争情况公示栏，坚持月自评、季讲评，激发基层自建动力，督导八项经常性工作末端落实。建立常委包片、委员结对、股办包连挂钩帮建制度，运用“三帮一提高”抓手，分4批组织团领导、机关干部下连当兵、蹲连住班，实施面对面指导、手把手帮带，增强后进连队建设活力，促进了基层均衡发展。

【后勤工作】 2016年，部队后勤工作贯彻总部后勤变前勤的工作思路，围绕部队中心工作，认真抓好后勤战备训练，深化后勤规范化管理，完善配套四项设施，抓后勤队伍素质提高，推进“六型”后勤建设，确保了各项后勤保障任务的圆满完成。围绕“四保”方向，推进“六型”转变，不断提升综合保障水平。一是围绕中心建力量。规范后勤战备、遂行任务的保障标准和方法，完善后勤指挥、力量编成、装备配备、物资储备体系。健全团营连三级保障机制，加强“一线五队”建设，采取在职培训、选送入学等方式，培训驾驶、军械、卫生等专业多名后勤骨干。常态开展综合保障训练，推进野战服务中心试点建设，提升应急保障能力，完成了拉勤、演习、驻训等千人百车输送任务。二是持续整改转行风。制订部队《经费使用管理办法》，严格执行财经制度和物资采购归口管理规定，节约经费近90万元。巩固财务大清查成效，推进重点领域问题整改，组织财务、军需专项检查和行业风气清理整顿，从严监管大宗物资采购、大项经费开支、大项建设工程的立项、预算和实施，整改10项资料不齐全建设项目、5次对投标文件不完善的招标现场废标。开展伙食管理精细年、医疗服务“三好一满意”活动，落实“6211”“1126”工程，提升服务质量，确保官兵满意。三是心系官兵办实事。结合换发新式标志服饰，组织被装服务“大篷车”活动，拆改服装1.7万余套。针对营区水源含钙量高的老大难问题，协调自来水公司为营区接通管路，配发饮水机34台，让官兵喝上放心水。采取军工自建方式修缮30个营连谈心亭，协调通海县文体局在公寓房小花园安装16套健身器材。创建官兵到地方医院就诊绿色通道，联系通海县人民医院、四街骨科医院建立绿色就医通道，联系四街骨伤医院，为部队官兵免费手术22台次，免费检查156人次。定期组织干部和炊管、公勤人员健康体检，安排部分执勤官兵参加了总部组织的疗养。四是突出重点抓规范。通过认真编制年度经费预算，严把经费审批、审计关口，确保了经费的投向投量。抓好资金集中支付和公务卡结算，经费使用效益明显提升。严格执行动态、静态条件下枪弹管理规定，4次迎接武警部队枪弹安全整治检查，达到规范要求。严格车辆动用审批权限，落实

2016年，部队官兵帮助群众转移危险物品 （王进福 摄）

"五位一体"联管责任制，坚持保养制度不放松，确保车辆始终处于良好状态。通过组织12次安全行车教育、聘请交警大队教导员来团进行新《交通法》学习、驾驶员签订《安全责任书》、开展一期交通违法驾驶员集中整训等措施，车勤人员安全行车意识进一步增强。严格按照依法采购、公开透明、安全保密的要求实施采购，全年共采购多个项目，无一起违规采购行为。

【杞麓湖入湖河道专项整治活动】 2016年5月，根据县政府请求，团派出官兵参与县政府组织的杞麓湖入湖河道清理保洁周专项行动。期间，官兵不怕脏，不怕累，严格按照地方要求，高标准完成入湖河道清理行动中最困难的部分，此项工作受到地方监察部门肯定。

【抢险救灾】 2016年9月28日，通海县连续降暴雨，部分乡（镇）河水超越警戒水位。通海县杨广镇云龙村因过村河道水位剧增出现漫堤，约40户村民受灾。应通海县政府请求，报上级批准，部队立即出动官兵参与抗洪抢险任务。挖运土方200余立方米，搬运沙袋1 000余袋，清理河道300余米，清淤200余立方米，排除险情危房4处，煤气罐10瓶，转移被困群众80余名，抢出摩托车、电冰箱、洗衣机等家电若干，挽回经济损失100余万元，圆满完成了转移受困群众、抢救重要物资、修筑堤坝、灾后清淤等多项任务。

【精准扶贫】 2016年，部队持续开展精准扶贫工作，改善水塘村村委会办公条件。协助加强村级组织活动场所和配套设施建设，投入建设经费7 000元，制作党旗、制度牌、领袖像等，完善基层党组织活动场所配套设施。9月30日，在通海县九龙小学开展武警爱民学校揭牌仪式。捐赠餐桌椅50套、赠葫芦丝、笛子、吉他、快板等教学器具200余套、各类书籍537本，给144名家庭困难的学生提供学习用品144套。开展"1+1""2+1"助学工程，为通海一中32名、九龙小学27名建档立卡的贫困学生每人每年捐赠1 000元助学金，继续为13名鲁甸受灾学生每人捐赠1 000元助学金。为群众义诊50余人次，发放常见疾病预防资料130多份，发放1 300余元药品。利用国庆时机，开展送温暖献爱心活动，给16户贫困户赠送价值8 000余元生活用品。

（张志强）

人民防空

【概　况】 2016年，玉溪市人民防空工作围绕新时期人防应急斗争准备，贯彻长期准备、重点建设、平战结合的方针，提高人民防空的整体抗毁能力、快速反应能力、应急救援能力和自我发展能力，以应付现代战争及自然重大灾害事故、有效地保护国家和人民生命财产的安全，做好城市防空袭斗争准备。完成了人防工程建设、人防通信警报设施建设、人防宣传教育、人防行政审批、人防监督检查、人防法治建设，人防队伍建设、党风廉政建设等职能职责目标任务和市委市政府安排的各项工作任务。玉溪市人防办被国家人防办评为"全国人防先进单位"；澄江县、易门县、新平县人防办被评为"全省人防先进单位"；全市人防系统和部队共7人被评为"全省人防先进个人"。

【人防工程建设】 2016年，市人防办推进玉溪市人防指挥所项目建设，完成了项目选址、土地预审、地质灾害评估、环境影响评价、矿产压覆评价、工程项目地质勘察、建设工程设计等前期工作，国家人防办已批准项目立项并批复了可行性研究报告；年内，市人防办执行《中华人民共和国人民防空法》和《云南省实施办法》，坚持以建为主，以收促建的原则，人防工程面积稳步增长，城市防护能力逐步提高；人防行政审批进一步规范，按照时限规定完成每一个项目的审批，聘请法律顾问，制定了权责清单，行政审批办事指南，开通了网上审批系统，落实审批服务承诺和责任追究制度，有效提高行政审批的效率，所有审批事项均在向社会承诺的时限内办结，服务对象满意率100%；严格行政执法，在全市组织了两次全市人防行政执法检查活动，规范了人防工程建设工作。

【人防指挥通信建设】 2016年，投资400多万元的玉溪市人防机动指挥所项目通过省人防办组织的验收并交付使用。玉溪市人防机动指挥所项目由一辆指挥通信车和一辆信息采集车、地面固定卫星站组成，整个指挥所具有信息采集和处理、通信保障、指挥调度协同、卫星视频会议、定位导航等功能。根据国家和省人防部门的统一安排，市人防办投资30多万元建成了市级人防短波电台，现已开通运行，正常值守。为加强对防空警报设施的管理和维护，规范防空警报信号的传递和发放，玉溪市中心城区的防空警报设施设备维护维修实行社会化管理，维护单位每月对警报器设备终端接收机、电源线路、扬声器等设备进行1次巡回检查，每季度1次对警报器内部终端设备的供电系统和信号控制系统进行电压和信号检测，检查情况形成月报表每月底报送市人防办，对发现的问题及时修理，确保了人防警报系统的正常运行。9月18日，市中心城区和八个县（区）城区同时进行防空警报试鸣，基本达到了城区全覆盖，鸣响率达到97%，音响覆盖率达90%以上。

【人防宣传教育训练】 玉溪市人防办组织5人参加云南省人防办于2016年9月28日在德宏州芒市组织的"滇西天盾—2016"防空演习，较好地完成了此次防空演习交给的各项任务；开展机动指挥所训练活动，市人防办组织人员进行机动指挥所操作训练演练。征订《云南人防》《中国人民防空》杂志发放到各级政府和部分学校，向《云南人防》杂志投稿，被采用10篇。结合九一八防空警报试鸣演练，开展了人民防空知识宣传周活动，利用《玉溪日报》、玉溪电视台、广播电台、政府新闻网等主流媒介刊播市政府公告、相关人防知识、法规政策等广泛进行宣传，在全市初级中学开展以防原子、化学、生物武器为主要内容的人防知识教育，通过播放人防知识光盘《永远的蓝天》，观看《居安思危、备战人防》人民防空电影科教片，学习人防知识宣传手册，国防知识读本，举办专题讲座等进行了人防知识的教育，开课学校达62所、受教育学生达41 125人。

（周克金）

青山绿水·碧玉清溪

（市抚管局　提供）

法　　制

LEGAL SYSTEM

责任编校：刘仕荣

公　安

检　察

审　判

司法行政

公 安

【概　况】 2016年，全市公安机关围绕争创全国“长安杯”的奋斗目标，聚焦防控风险这一主题，紧扣服务发展这一主线，突出提升能力这一核心，紧抓改革创新这一关键，坚持创新引领、改革驱动，推进“四项建设”和公安改革工作，推动社会治理体系和社会治理能力现代化，完成了各项公安工作任务，公安工作和队伍建设保持良好的发展态势，全市社会治安形势持续向好，公安机关驾驭社会治安局势和社会治理能力进一步增强，有效确保了新形势新常态下社会政治和治安大局的持续稳定。根据中国城市竞争力研究会公布的2016年度中国最安全城市排行榜，玉溪市排名全国第11名，成为云南省唯一上榜城市。在2016年度云南省公众安全感满意度调查中，玉溪市名列全省第一。在云南省公安厅对全省州市公安公安机关2016年度工作综合考评中，玉溪市公安局取得了年度综合考评第二名、“四项建设”第二名的好成绩。

【维护国家安全和政治稳定】 2016年，全市公安机关牢固树立底线思维，围绕反恐维稳中心工作，加强风险研判和风险评估，围绕重点群体、重点领域和重点场所，强化源头防范和应对处置，不断增强对敌斗争的敏感性、主动性，以深化专项打击整治为重点，按照打早打小、露头就打的方针，开展反渗透、反颠覆、反恐怖、反邪教斗争，严密防范、依法打击境内外敌对势力的渗透颠覆分裂破坏活动，坚决预防和打击危及国家安全和政治稳定的案事件，专案侦办和个案侦查取得了重大战果，受到了省委610办、市委防范办的通报表扬，全市未发生影响国家安全和政治稳定的重大案事件。深入排查化解供给侧结构性改革重点矛盾隐患，完善应急处置体系和情报预警体系，依法妥善处置了“泛亚”“e租宝”“拓农”以及房地产等领域引发的社会矛盾等重大稳定风险，查处了一批金融诈骗、非法集资等涉众型经济犯罪，完成了南博会、旅交会、G20峰会、十八届六中全会等重要会议和重大活动的安保维稳任务。

【完善应急防范体系】 2016年，全市公安机关探索建立情指一体、合成作战的警务运行模式，加强应急处置能力建设，研究制定了重大警务活动分级响应机制，修订完善了多项应急处突预案；探索推进反恐重点目标分级分类防范管理工作，分层级确定了一批反恐防范重点目标，并逐步推行落实相关防范标准；组织了全市反恐处突综合演练、高铁站反恐实战演习、多警种跨区域拉动应急增援等活动，在全市初步搭建起应急处突“1小时增援圈”的基本框架，增强了公安机关应对处置重大突发案事件的能力。

【打击刑事犯罪】 2016年，全市公安机关以人民群众平安愿望和要求为导向，以开展防命案、打盗抢、反暴恐、保民安等专项打击整治为重点，保持主动进攻态势，打击各类违法犯罪，破获了大批案件，取得了全年刑事立案持续下降，破案绝对数持续上升，命案全破，八类刑事案件发案下降的好成绩。年内，全市共立各类刑事案件13 954起，同比下降7.5%，破获现行刑事案件5 550起，同比上升1.5%，破获年前积案4 102起，破案绝对数9 652起；通过破案，抓获作案成员2 603人，打掉犯罪团伙68个309人。其中，立命案42起，命案破案率100%；立八类严重刑事案件581起，同比下降13.7%，破406起，破案率69.9%。及时侦破了红塔区“5・10”特大绑架案、通海县“1・29”重大持枪抢劫案、红塔区大广场系列抢劫案等大要案件，以及红塔区聂耳公园“3・16”故意杀人案和玉溪民中“3・23”、元江“5・27”故意杀人案等社会影响恶劣的命案。

【打击侵财犯罪】 2016年，全市公安机关坚持“破大管小”理念，针对入室盗窃、盗窃车内财物、盗窃“两车”以及电信诈骗等侵财案件，开展专项打击整治行动。按照公安部的部署，全市公安机关自2016年4月起开展为期三年的打击“盗、抢、骗”犯罪专项行动，至2016年末，全市共立“盗、抢、骗”案件8 108起，破5 055起，抓获犯罪嫌疑人917人，打掉犯罪团伙116个，缴获赃款赃物折合人民币610.6万元。针对全市盗窃摩托车、电动自行车案件日趋突出的实际，市公安局于2016年8月15日至11月20日，在全市开展了为期3个月的防范和打击盗窃“两车”犯罪专项行动，在“打”上下功夫，在“防”上加力度，在“管”上求突破，在“控”上做文章，加强综合治理，努力实现打击效果与社会效果双赢，专项行动期间，全市共立盗窃“两车”案件966起，同比下降34.5%，破获1 994起，任务完成率达156%，抓获犯罪嫌疑人318人，打掉犯罪团伙33个139人，追缴赃车584辆，返还车辆422辆，专项行动达到预期“三升一降”的工作目标。

【“黑、枪、拐”专项打击整治】 2016年，全市共打掉黑恶势力犯罪团伙9个，抓获团伙成员102名，破获各类刑事案件86起，缴获各类枪支12支。针对网络贩枪案件突出的新情况、新

2016年5月15日，玉溪市公安局在全市组织开展了主题为“防范风险、护航发展”打击和防范经济犯罪的宣传日活动 （市公安局　提供）

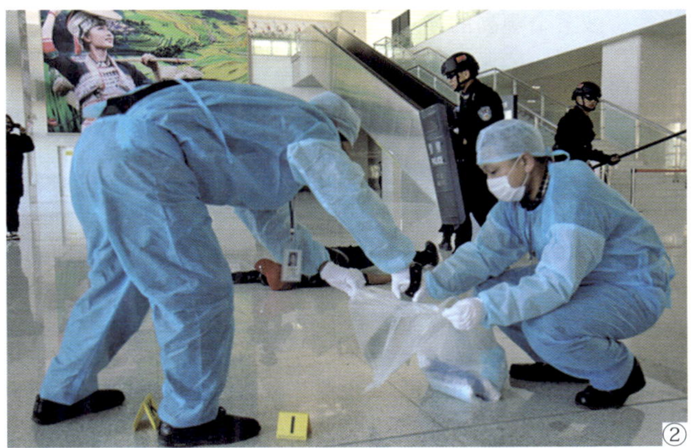

①2016年，玉溪市反恐处突综合演练 ②2016年12月26日，玉溪市公安局在高铁玉溪站举行反恐实战演练（市公安局 提供）

特点，全市各级公安机关突破传统打法，主动出击，最大限度获取网上涉枪线索，严厉打击涉枪犯罪，共立涉枪案件27起，破获27起，抓获犯罪嫌疑人51名，收缴各类枪支58支（其中制式枪支2支），及时消除社会安全隐患。落实侦办拐卖儿童案件“一长三包”责任制、失踪儿童快速查找等打拐工作机制，打击拐骗儿童犯罪，年内，全市未发未破涉拐（拐卖妇女、儿童，拐骗儿童）案件，各县（区）组织了以关爱妇女儿童，反对拐卖为主题的宣传活动6场次，发放宣传资料2万余份。

【打击电信网络诈骗】 2016年，全市公安机关共立电信网络诈骗案件977起，涉案价值3 383.58万元，破获38起；通过银行阻截电信诈骗案件数8起、价值26.9万元；银行系统协助公安机关查询银行账户1 705个，冻结资金62万元。

【禁毒工作】 2016年，全市公安机关按照公安部、省公安厅对禁毒工作的总体部署，以公安部、省公安厅组织的“5·14”毒品查缉行动、春夏缉毒破案攻坚、堵截二号、堵截三号和全市禁毒百日攻坚等专项行动为契机，突出重点、细化方案、明确目标任务、落实工作责任、强化工作措施。年内，全市共破获毒品刑事案件613起，抓获毒品犯罪嫌疑人542人，缴获各类毒品420.04千克（其中缴获海洛因50.93千克、冰毒368.61千克，鸦片0.49千克，吗啡0.01千克），破、抓、缴与2015年相比分别下降13.7%、18.6%，8.5%。其中，破获万克大案5起，抓获犯罪嫌疑人9名，缴获毒品165.78千克；破获省级毒品目标案3起，抓获犯罪嫌疑人21人，缴毒16.93千克；通过公开查缉共查获毒品案件243起，抓获犯罪嫌疑人219人，缴获毒品418.94千克；破获零星吸贩毒品案件337起，占毒品刑事案件数的56.8%，缴获毒品26.51千克，抓获犯罪嫌疑人356名，捣毁吸毒窝点27个。

【禁毒百日攻坚专项行动】 2016年1月1日至4月20日市公安局在全市开展以打击毒品违法犯罪、收戒吸毒人员、查处非法种植毒品原植物为重点的禁毒百日攻坚行动。专项行动期间，全市共破获毒品刑事案件301起，抓获犯罪嫌疑人284人，缴获毒品163.19千克（其中，破获零星贩毒案件202起，抓获零贩人员209人，缴获毒品23.04千克），收戒吸毒人员996人，打掉吸贩毒窝点18个，查处非法种植毒品原植物案件40起，铲除罂粟15 142株。

【春夏缉毒破案攻坚专项行动】 2016年3月20日至6月20日，市公安局在全市开展为期3个月的春夏缉毒破案攻坚专项行动。专项行动期间，全市共破获毒品刑事案件190起，抓获犯罪嫌疑人182人，缴获各类毒品93.46千克，缴获制式手枪2支、子弹200发和弹夹4个，摧毁零星贩毒团伙3个，捣毁吸贩毒窝点12个，抓获成员66人，收戒吸毒人员708人，破获市级目标案件2起，确立省级目标案件3起，铲除毒品原植物5 899株，协助湖北警方破获部级目标案件1起。

【禁吸戒毒工作】 2016年，全市公安机关全面排查收戒管控吸毒人员，进一步开展吸毒人员见面核查，落实重嫌必检、涉网查处要求，依法加大对吸毒违法行为的打击力度，通过巡逻盘查、排查深挖、网上布控、场所清查等措施，最大限度地把吸毒人员纳入强制隔离戒毒、社区戒毒、社区康复、药物维持治疗等管控环节，全面提升发现率、查处率、收戒率，基本做到了应收尽收，防止了吸毒人员漏管失控。年内，全市共核查、录入维护吸毒人员信息8 106条，注销吸毒人员驾驶证266本，查处吸毒人员1 550人次，新发现吸毒人员524人，收戒吸毒人员2 034人。其中：强制隔离戒毒949人、社区戒毒643人、社区康复442人，全市新收戒吸毒人员信息录入率达100%，社区戒毒康复执行率98.4%，吸毒人员失控脱管率低于1.1%，均达到了省考标准，全市未发生吸毒人员肇事肇祸案事件。

【打击经济违法犯罪】 2016年，全市公安机关以维护经济安全和市场经济秩序为着力点，适应经济发展新常态，密切关注涉及群众切身利益、社会影响恶劣、党委政府关注的经济犯罪问题，及时采取专案侦办、集中攻坚等有效措施，针对假币、假银行卡、假冒伪劣、虚开增值税专用发票、非法集资、涉烟等群众反映强烈、常见多发的经济犯罪，适时开展专项打击和集中整治。年内，全市共立经济案件349起，破216起，抓获犯罪嫌疑人201人，挽回经济损失3 737.9万元。其中：破获涉税案件19起，挽回损失279.85万元；破获涉烟刑事案件38起，抓获犯罪嫌疑人33人，协办涉烟行政案件635件，处罚595人，共缴获价值2 390.93万余元的假、私、非卷烟1 938.45件，烟叶475.02吨。立案侦办了一批社会影响大、涉案金额高的涉众型经济犯罪案件，其中，泛亚有色授权服务机构非法吸收公众存款案涉案资金达6亿元、涉及投资群众3 900余人，立案2起，抓获犯罪嫌疑人2人；玉溪“拓农”生猪养殖专业合作社非法吸收公众存款案涉及资金2.48亿元、涉及投资人员3 395人，抓获犯罪嫌疑人17人，查封、扣押了一批涉案财物。探索建立防控涉众型经济犯罪新机制，市政府下发了《关于进一步做好防范和处置非法集资工作的通知》，进一步明确相关部门职责任务，合力开展防范打击以非法集资为重点的涉众型经济犯罪，开展全市投资类公司清理整顿工作，防止了全市经济领域违法犯罪苗头隐患聚集发酵。

【矛盾纠纷排查化解】 2016年，市公安局完善市、县（区）、派出所三级情报信息预警研判机制和矛盾纠纷排查化解机制，围绕重点群体和可能引发群体性事件的苗头隐患，深入走访排查，及时做好化解疏导工作，最大限度把矛盾纠纷化解在基层，解决在萌芽状态。年内，共排查民间矛盾纠纷7 528起，化解7 089起，排查敏感性、涉众性矛盾纠纷478起，化解110起，调解治安案件5 395起，收集掌握内幕性、预警性情报信息116条，全年未发生因排查化解不及时、处置不当而导致矛盾激化、事态扩大的“民转刑”案件、个人极端暴力案件和社会影响较大的群体性事件。接待办结群众来信来访191件次，办结率100%，深入开展集中化解信访积案活动，全市21起涉法涉诉信访积案全部化解；密切关注掌控非访重点人员动态，落实属地责任和包保稳控措施，排查化解涉访不稳定隐患69起，配合相关部门劝返接离云南籍进京非法信访人员431人次。

【立体化治安防控体系建设】 2016年，市公安局进一步完善升级全市社会治安防控体系，在全市设立1个一级检查站，10个二级检查站，16个三级检查站，建立起严密的市、县、乡三级防控圈；健全落实重点部位武装定点执勤、公安特警屯警街面动中备勤、人员密集场所高峰勤务、公安武警联勤武装巡逻“四项机制”，固化公安、武警联勤武装巡逻工作长效机制，制订了社会面巡逻防控分级响应实施办法，提高了社会面治安管控能力。年内，全市公安检查站共出动警力37 769人次，车辆8 134辆次，检查各类车辆100万辆次，检查人员364余万人次，查获违法犯罪嫌疑人273名，查缴被盗抢机动车18辆，管制刀具512把。推动基层治保会建设，进一步理顺治保会组织，不断健全和完善各项工作机制；加强对各单位内部保安队伍管理的督促指导，督促落实各项安全防范措施，完善单位内部各项安全保卫制度和应急预案，不断提升内部单位安保工作能力。建立落实公交安保工作机制，将城市公共交通安保纳入客运公交单位治安防控体系建设的重要内容，依托保安企业成立公共交通安保大队，全年共开展固定站点检查6万余次，分时段、有重点和不定时对公交车进行跟车检查4万余次，对公交车驾驶人员检查10万余次，检查可疑人员26 785余人，检查可疑物品28 930件，调解纠纷43次，制止乘客不文明行为18 770余次。

【人口管理】 2016年，全市共办理落户登记1 759人；办理出生落户25 636人、死亡注销12 993人、迁入10 445人、迁出9 574人，补录遗漏人口1 796人；全市登记户籍人口2174 897人，其中城镇人口834 015人，比2015年底新增25 842人，户籍人口城镇化率为38.34%。全市登记录入16周岁以上流动人口205 052人（含在玉溪就读的学生57 393人），办理居住证120 501本，办证率达81.61%，登记出租房屋18 975户，并按要求开展了入户访查。开展便民利民服务，全年通过户政E网办证厅户籍窗口受理预约316件，通过绿色通道办理居民身份证64 953人；探索“互联网＋”治安管理新模式，在微信玉溪政务平台“玉溪发布”上相继推出新生儿重名网上查询功能、户籍审批查询、身份证办理查询便民功能模块，通过微信玉溪政务平台开展新生儿重名网上查询25 613人次，开展身份证办理查询2 289人次，开展户籍审批查询1 451人次。

【枪爆物品管理】 2016年，全市公安机关共侦办涉枪刑事案件77件，采取刑事强制措施86人；收缴各类枪支4 427支，子弹48 630发，炸药7 903.53千克，雷管32 473枚，索类爆炸品5 429米，管制刀具2 288把，烟花爆竹1 668件；检查涉枪涉危涉爆单位企业1 702家次，发现整改安全隐患535处；清理爆破作业人员1 705人，注销处理不符合继续从事爆破作业的人员326人；销毁各类枪支4 398支、子弹7 991发、手榴弹25枚、各类炮弹24发、地雷22枚、TNT炸药8.6千克、各型雷管13 361枚、导火索543.6米，各种管制刀具4 948把。

【扫黄禁赌】 2016年，全市共出动警力7 120人次，车辆1 560台次，检查旅店8 215家次、歌舞娱乐场所1 098家次、棋牌室1 135家次、出租房屋4 652家；侦办涉赌刑事案件23起，刑事拘留37人，逮捕11人，治安处罚35人；查处涉赌治安案件311起，铲除赌博窝点56个，收缴赌资124.15万元，行政处罚989人。侦办涉黄刑事案件11起，治安处罚1人，刑事拘留16人，查处涉黄场所2家；查处涉黄治安案件322起，行政处罚420人，其中行政拘留322人，罚款98人，查处涉黄场所8家次。

【打击食药环境违法犯罪】 2016年，全市共出动警力980人次、警车207车次，检查摊点、门市、市场、作坊等场所2 413家，发现整改隐患55起；侦办食品药品案件35起，刑事拘留3人，取保候审23人，逮捕2人，起诉7人，查获有问题的冷冻肉类制品80余吨，假化肥20吨，缴获假冒香烟2 721条，参与集群战役线索核查18起；侦办环境污染刑事案件3起，抓获犯罪嫌疑人5人，查处环境污染行政案件14起，行政拘留违法人员21人。

【公共公安管理】 2016年，全市共发生一般程序处理的交通事故250起，造成217人死亡、197人受伤、经济损失119.8万元，四项指标同比分别下降13.2%、3.1%、19.6%、16.7%。深入开展高层（地下）建筑、商场市场、石油化工等7类消防安全专项治理活动，全面加强火灾隐患排查整治，依托派出所消防警组，健全消防安全三级网格管理体系，落实消防安全网格管理和区域联防工作要求；年内，全市共发生火灾事故126起，同比下降39.7%，共造成7人死亡、1人受伤，经济损失270.3万元，完成了通海县“6·15”液化石油气储备站泄漏爆燃事故等一批急难险重的抢险救援任务。执行大型活动审批和报备制度，严密各类文艺演出、展览、展销、游园、节庆等群众性活动的跟踪管控，加强对活动现场重要部位、危险路段的值守和引导，及时将事故苗头隐患消灭在萌芽状态，确保了全市93场大型群众活动的安全。

【优化行政审批和行政管理服务】 2016年，全市公安机关共清理行政执法主体3个，行政执法依据112部，行政许可16项，行政处罚751项，行政强制53项，行政检查29项，行政奖励4项，其他执法行为28项，编制《玉溪市公安局行政执法职权职责清单》，实现执法权力进清单、清单之外无权力。开展行政审批中介服务清理，共清理行政许可中介服务事项6项，管理服务中介事项3项，统计政务服务中心窗口单位公共服务事项13项，中央指定地方实施行政许可事项39项。消防部门压缩行政审批时限，简化行政审批环节，建设工程消防设计审核和验收审批时限由法定的20个工作日缩短为6个工作日。完成了全省出国（境）证件受理下放改革试点工作，推广网上办证预约、咨询服务，全面实行出入境证件异地办证、免提交户口簿、身份证明复印件、免费邮寄证件等一系列便民措施；启动驾驶员考试制度改革、统一社会信用代码等工作，户籍制度改革和居住证制度得到深化完善。车管部门推出了窗口错时服务、延时服务工作制度，有效解决了上班族办事难的问题，在全省率先实行考试费分科目收取、机动车异地检验、寒暑假师生学驾绿色通道等便民措施。紧跟玉溪市政府城市服务的建设步伐，开通了玉溪公安微服务公众服务号，在全省率先实现了新生儿重名查询、驾驶员考试微信缴费等服务，并提供微信交通违规查询、出入境业务办理指南等“互联网+城市服务”便民措施，深受群众欢迎。

【公安信息化建设】 2016年，全市公安机关构建以“警务云计算”为主要特征的新型公安信息化体系，加快推进“1+4”全警基础应用平台和与之配套的云计算规模建设应用，提前完成了公安信息化三年规划建设任务。警务数据资源池扩容增量，整合了37家50类社会信息数据进入资源服务平台，数据中心存储数据达10亿余条，信息支撑实战的作用进一步显现。放眼未来公安业务需求，完成了350兆数字集群PDT系统建设、主干网和局域网万兆网络扩容升级等基础建设。开展全省警综平台提档升级、移动警务、合成作战平台、4G执法记录仪等4项工作试点，做好平台功能测试、系统修改完善等工作，为全省公安信息化建设积累了经验。深入推进城市报警与监控系统和“三位一体”卡口系统建设，全市已建设完成7 000路高清视频监控探头，建成“三位一体”及普通卡口129个、建成加油站出入口视频抓拍系统216个，初步构建了“点、线、面”结合，全时空、全覆盖、立体式的视频监控网络。年内，全市公安机关利用视频监控系统协破刑事案件1 458 件、协破治安案件592 件、抓获各类违法犯罪嫌疑人613 人，服务社会管理事务2 669件（次），应用成效明显。

【警务实战化建设】 2016年，全市公安机关推进情报信息主导的警务指挥机制建设，建成市局情指中心，各县（区）成立了合成作战中心，通过资源、人员、机制、职责融合的方式，进一步调整和改进现有情报、指挥工作模式，提升了全市公安机关处置警情指挥调度和协调掌控日常勤务能力，初步实现了情指对接、情勤对接、情行对接。进一步健全完善“四侦合一”同步上案机制，各级情报中心开展24小时信息查询工作，为侦查破案提供了支撑。依托可视化执法记录仪，建立了可视化视频传输指挥系统，确保科学用警，精准发力。坚持轮训轮值、战训合一常态化教育训练，对全市50岁以下男民警和45岁以下的女民警开展集中训练，开展轮训轮值培训班14期，培训民警2 156人。围绕提升全市公安机关领导干部的素质能力，分3批组织全市公安机关领导干部赴浙江大学培训，拓宽了视野，提升了能力。

【执法规范化建设】 2016年，全市共组织执法培训40次3 117人，组织旁听庭审25次910人；继续开展好民警执法资格等级考试工作，确保在编在职民警全部取得基本级执法资格，确保担任执法勤务类机构负责人、主办侦查员以及案件审核人员均取得中级以上执法资格。全面推进受案立案制度改革，利用信息化建设成果，实现接报案和受案、立案、办案、结案全过程可溯式管理；完善刑事案件法制部门统一审核、统一出口工作机制，启动了执法过错责任终身追究机制。健全法律顾问工作机制，全市共聘请法律顾问18名，为公安机关提供法律建议、法律支持和法律服务250余次。严格落实执法管理委员会工作机制，共召开执法管理委员会议24次，提交执法管理委员会研究疑难案件91起，研究重大执法问题24次。

【队伍正规化建设】 2016年，市公安局坚持政治建警，深入开展“两学一做”学习教育活动和争先创优跨越发展大讨论、大行动，牢固树立“四个意识”，确保队伍绝对忠诚、绝对可靠、绝对纯洁。坚持科学用警，完善了中层领导干部评价、民警交流轮岗等工作机制，补齐配强公安领导班子。坚持从严治警，抓好《准则》和《条例》的学习，不断夯实党风廉政建设主体责任链条，配合有关部门严肃查处了队伍中出现的11起违纪违法案件，对相关人员分别给予党纪政纪处分。坚持形象树警，加强公安典型

“互联网+智慧警务”启动仪式 （市公安局 提供）

宣传，共在省级以上主流新闻媒体刊播稿件885篇（条），通过玉溪警方官方微信共发布信息528条、官方微博发布信息764条；通过新闻发布会、新闻通稿、通气会等多种形式发布新闻35次。开展争先创优，及时发现、选树、培养、表彰先进，展现了玉溪公安队伍的良好形象。年内，全市公安机关共荣获集体荣誉称号1个，荣立集体二等功3个、集体三等功27个、集体嘉奖6个；个人荣立三等功98人、个人嘉奖159人。切实维护民警正当权益，依法查处侵害民警正当执法权益案（事）件8起，查处侵权行为人16名，为相关民警恢复了名誉并给予经济补偿。

（陈　刚）

检　察

【概　况】 2016年，玉溪市检察机关共受理移送审查批捕案件1 379件2 084人，同比件数上升4.10%，人数下降3.34%，批准、决定逮捕1 187件1 719人，不批捕183件357人，不捕率17.20%；受理移送审查起诉案件2 194件3 340人，同比案件上升4.83%，人数下降2.54%；其中提起公诉1 856件2 831人，决定不起诉123件237人，附条件不起诉16件40人，不起诉率为8.91%，同比不起诉人数上升31.9%；共受理初查贪污贿赂案件146件，立案62件87人，同比分别下降28.74%和26.27%；侦查终结73件99人（含上年积存），移送审查起诉72件97人；通过办案挽回经济损失4 168.83万元；受理初查渎职侵权案件24件，立案14件25人，同比件数下降26.32%，人数上升13.62%，全部侦查终结移送审查起诉；通过办案挽回经济损失464.5万元。全市刑事执行检察、民事行政、控告申诉、职务犯罪预防、环保检察、纪检监察、队伍建设、宣传调研、人民监督、检务保障、检察技术、案件管理、司法警察等工作持续平稳健康发展。

【批准、决定逮捕】 2016年，玉溪市检察机关侦查监督部门共受理各类案件1 379件2 084人（其中受理自侦部门移送审查逮捕案件23件24人），同比件数上升4.10%，人数下降3.34%；经审查批准、决定逮捕1 187件1 719人，不批准逮捕183件357人，不捕率为17.20%，同比下降1.73%。其中，不构成犯罪不捕17件32人，证据不足不捕101件205人，无社会危害性不捕56件110人，其他不捕9件10人。不批准逮捕未成年人44人，占受理审查逮捕未成年人总数231人的19.05%。捕后不诉24人，同比下降40%，其中，相对不诉17人，存疑不诉7人。无捕后绝对不诉、捕后判无罪、捕后撤案情况，逮捕案件质量平稳发展。受理复议、复核案件22件29人，审查后改变原决定1件1人。

【立案监督】 2016年，玉溪市检察机关侦查监督部门共向公安机关发出《要求公安机关说明不立案理由通知书》34份，公安机关已立案26件37人，同比分别上升44.44%和94.74%。监督立案的案件中已起诉10件18人，判决生效10件20人，其中被判处有期徒刑以上刑罚13人，占生效判决的65%。对公安机关不应当立案而立案进行监督38件，公安机关全部作撤案处理，同比上升40.74%。开展破坏环境资源犯罪专项立案监督活动和危害食品药品安全犯罪专项立案监督活动，共监督行政执法机关移送案件2件，监督公安机关立案10件6人，经监督的案件提起公诉3件3人，作出有罪判决4件4人。

【侦查活动监督】 2016年，玉溪市检察机关共纠正漏捕犯罪嫌疑人44人，同比上升12.82%。纠正漏捕后起诉46人，判决36人，其中：被判处十年以上有期徒刑5人，三至十年有期徒刑10人，三年以下有期徒刑21人。追诉漏犯61人，纠正遗漏起诉罪行79起。侦查监督部门对刑讯逼供、暴力取证、违反法定程序取证等侦查活动违法发出书面纠正意见93件，侦查机关已纠正84件，同比上升78.72%；向侦查机关（部门）提出检察建议5份，被采纳4份。公诉部门书面纠正侦查活动违法68件次，发出检察建议10件次。健全公诉案件非法证据审查和排除机制，排除侦查机关讯问未成年犯罪嫌疑人不通知其法定代理人或合适成年人到场等非法证据11份，补证瑕疵证据70余份，要求侦查机关进行合理解释20余件次。以审查判断证据为依托，进一步强化侦查监督，对事实不清、证据不足的案件一次退回补充侦查410件862人，二次退回补充侦查123件347人。市院办理延长侦查羁押期限案件21件69人，均做出批准延长侦查羁押期限决定。

【审查起诉、提起公诉】 2016年，玉溪市检察机关公诉部门共受理各类一审刑事案件2 194件3 340人，同比件数上升4.83%，人数下降2.54%；审结1 995件3 108人，其中，提起公诉1 856件2 831人，决定不起诉123件237人，附条件不起诉16件40人，不起诉率为8.91%，同比不起诉人数上升31.9%；出席一审法庭支持公诉1 868件次；人民法院一审作出有罪生效判决1 399件2 058人。市院公诉处办理二审刑事案件23件56人，同比分别下降61.02%和57.89%，其中，上诉案件15件29人，抗诉案件8件27人。

2016年4月8～10日，元江县检察院举办云南检察历史上首次跨昆明、曲靖、玉溪、大理、丽江五个州市基层检察院的公诉练兵赛　（陈　军　摄）

【刑事审判监督】 2016年，玉溪市检察机关公诉部门坚持抗诉前请示制度，各县（区）院抗前请示26件，提出抗诉9件，市院支持抗诉6件，市院检察长列席同级法院审委会讨论抗诉案件8次，已获法院改判7件（含上年积存），维持原判3件，抗诉采纳意见率为116.67%。对审判活动中存在的违法情形，向法院发出纠正违法通知书12件。依法开展量刑建议工作，强化对法官自由裁量权的监督与制约，共对交通肇事等15类案件提出量刑建议990人，法院采纳752人，采纳率为75.96%。坚持“三书会审”、职务犯罪案件裁判上下级检察院同步审查等制度，两级院共精细化审查刑事裁判文书1 399份，市院公诉处同步审查县（区）院职务犯罪案件一审判决67件88人。

2016年5月27日，云南省人民检察院党组书记、检察长李宁到玉溪市检察院调研（宋城春　摄）

【打击刑事犯罪】 2016年，玉溪市检察机关履行批捕、起诉职能，突出打击重点，深入推进平安玉溪建设。依法严惩危害人民群众生命财产安全犯罪，依法批捕放火、危险驾驶等危害公共安全犯罪嫌疑人46人，起诉545人；依法批准逮捕故意杀人、故意伤害等侵犯公民人身权利、民主权利类犯罪嫌疑人306人，起诉494人；批准逮捕盗窃等侵犯财产类犯罪嫌疑人754人，起诉832人。参与社会综合治理、重点地区整治、缉枪治爆、禁毒禁赌、反恐、反邪教等专项行动，批准逮捕涉枪涉爆犯罪嫌疑人21人，起诉73人；批准逮捕毒品类犯罪嫌疑人332人，起诉422人；批准逮捕利用邪教、迷信活动犯罪嫌疑人9人，起诉3人。依法打击破坏社会主义市场经济秩序犯罪和危害民生民利犯罪，维护经济运行安全和公民合法权益。起诉生产、销售伪劣商品犯罪案件4件10人，起诉集资诈骗案件3件3人，起诉非法经营案件16件29人，起诉合同诈骗案件12件20人。对涉案金额高达1 015万元和5 147万余元的李秀琼、李洪萍两件集资诈骗案件严格审查并提起公诉；参与并办理了涉案金额巨大、受害人众多的“泛亚”系列案件。

【未成年人刑事检察】 2016年，玉溪市检察机关落实高检院《关于进一步加强未成年人刑事检察工作的决定》，进一步加强未成年人刑事检察工作。依法打击与保护并重，做到宽严相济，受理未成年人犯罪审查逮捕案件119件231人，受理审查起诉案件166件329人；对未成年人实施的故意杀人、强奸、抢劫等严重暴力刑事犯罪嫌疑人，批准逮捕184人，起诉279人；对社会危险性小的轻微刑事犯罪嫌疑人，作出不批准逮捕44人，不起诉21人。健全完善未成年人犯罪案件办理机制，红塔、通海、元江三县（区）院成立了专门的未成年人案件办理机构；对涉案未成年犯罪嫌疑人开展社会调查并制作社会调查报告179份；根据未成年犯罪嫌疑人的犯罪性质、情节及悔罪表现等，对其中40人作附条件不起诉，附条件不起诉考验期满后不起诉17人。开展对未成年人的法制宣传教育，从源头上遏制未成年人违法犯罪，市院公诉处在办理峨山民中高二学生葛某某故意杀人案中，聘请云南省知名心理咨询师为其作心理疏导，并对其进行普法教育。

【环保检察】 2016年，玉溪市检察机关两级环保检察部门（包括未设环保检察科的县级检察院公诉、侦监部门）共受理破坏环境资源类批捕案件28件30人，其中批捕19件22人，不捕9件10人（含上年积存）；受理移送审查起诉破坏环境资源类案件83件113人，其中起诉58件73人，不起诉9件13人（含上年积存），其余正在办理中；办理了玉溪有较大社会影响的被告人杜家良等四人通过网络非法收购、出售珍贵、濒危野生动物（猕猴）一案。办理抗诉案件2件6人（含上年积存）；办理立案监督案件4件4人。针对违法行为向公安机关发出纠正违法7份、向负有管理监督职责的行政执法部门发出检察建议5份。加强对环境资源行政违法案件的监督，开展破坏环境资源犯罪专项立案监督活动，排查环保、林业、国土等行政执法部门行政执法及行政许可案件83件，针对所发现的执法程序不规范、法律文书制作瑕疵等轻微违法问题提出工作意见及改进建议。加强与相关行政执法机关的联系会商，与玉溪市森林公安局建立检察官联系森林公安联络工作制度。加强对环境违法行为的监督检查，单独或联合市环保局对红塔区周边大气污染源、垃圾填埋场治理、重点污染企业、全市范围相关企业环评手续欠缺等违法行为进行现场检查，有针对性地提出工作意见及改进建议。

【反贪污贿赂】 2016年，玉溪市检察机关反贪部门共受理初查各类贪污贿赂犯罪案件146件，立案62件87人，同比下降28.74%和26.27%，其中贪污30件49人，贿赂30件36人，挪用公款1件1人。所立案件中，大案32件45人，要案4件4人；立案金额2 607.57万元，扣押冻结款物1 803.6万元。侦查终结73件99人（含上年积存），移送审查起诉72件97人，侦查终结金额7 488.77万元，挽回经济损失4 168.83万元；已提起公诉65件86人，法院已作出生效判决69件97人。坚决惩治发生在群众身边、损害群众利益的职务犯罪，针对虚报冒领、克扣侵占惠农扶贫资金等严重问题，开展集中整治和加强预防扶贫领域职务犯罪专项工作，查办扶贫领域职务犯罪21人。加大对农村基层组织职务犯罪的查处力度，查办乡（镇）站（所）、村支书、村委会等农村基层组织人员职务犯罪32人，占全部立办人数的36.8%，同比上升68.4%；围绕重大项目投资、重点工程建设、重点领域开发等，坚决查办危害经济投资、发展环境、影响重大经济政策实施等系统领域职务犯罪，共查办民生领域案件24人，涉农领域案件16人，工程建设领域案件11人，土地开发领域案件16人。

2016年12月6日，玉溪市两级检察院举行首个“检察开放日”活动（宋城春　摄）

【反渎职侵权】 2016年，玉溪市检察机关反渎职侵权部门共受理初查各类渎职侵权案件24件，立案侦查14件25人，同比件数下降26.32%，人数上升13.62%。其中，滥用职权类案件9件20人，玩忽职守类案件2件2人，徇私枉法案2件2人，帮助犯罪分子逃避处罚案1件1人。14件25人中，要案1件1人，占立案人数的4%；特大案件7件10人，重大案件1件1人，重特大案件占立案人数的44%。所立办案件全部侦查终结移送审查起诉，法院作出有罪判决20件21人（含上年积案），其中判处实刑13人，缓刑3人，免予刑事处罚5人，实刑率61.9%，案件质量平稳发展。通过办案挽回经济损失464.5万元。所立办案件中公安及协勤系列案件4件10人，国土领域案件2件2人，医疗领域1件1人，城市管理综合执法领域1件1人，查处领域进一步拓展。

【职务犯罪预防】 2016年，玉溪市检察机关结合职务犯罪案件查办开展预防调查41件，发出预防检察建议38件，开展案例分析40件，制作预防报告16件。采取以项目立项和典型案例两种方式开展扶贫领域职务犯罪预防，其中，项目立项4件，型案例立项5件。峨山、新平、易门、元江等县院以各县确立的整乡推进等项目为重点立项开展预防。积极推动社会信用体系建设，受理行贿犯罪档案查询9 960件，对有行贿犯罪记录的单位处置13次。结合网络技术，依托微博、微信和新闻客户端等新媒体技术，开展警示宣传教育及专题讲座537场（次），受教育人数15 292人。

【刑事执行检察】 2016年，玉溪市检察机关刑事执行检察部门把刑罚交付执行纳入常态化监督，及时监督纠正应当交付执行而不交付执行或者不及时交付执行，应当收押、收监而拒不收押、收监等行为，共检察判决书、裁定书、执行通知书、拘留证、逮捕证、释放证等法律文书11 722份，发现并纠正错误67份。开展集中清理判处实刑未执行刑罚专项检察活动，清理出判处实刑未交付执行刑罚及暂予监外执行条件消失应收监执行人员12人，已全部纠正并收监执行。强化对减刑、假释、暂予监外执行案件提请、审理、裁定、决定、执行等各个环节的同步监督，继续加强对服刑人员中“有钱人”“有权人”刑罚变更执行活动的监督，全年共审查减刑提请3 284件，减刑裁定2 888件；审查假释提请88件，假释裁定87件；审查暂予监外执行提请20件。出席减刑案件开庭审理1 526件，假释案件庭审87件，书面监督纠正减刑、假释、暂予监外执行不当44件，提出书面检察建议44份。针对社区矫正存在的问题发出书面检察建议69份，口头建议60次，提出收监执行检察建议23件均得到采纳。依法保障被执行人合法权益，受理被监管人员控告、申诉案件22件22人；加强刑事羁押期限监督，依法向办案部门提示催办案件225件293人，保持超期羁押“零记录”；纠正刑罚执行和监管活动中的违法情形122件；开展羁押必要性审查113件118人，提出变更强制措施建议114件114人，办案机关采纳109件109人。开展指定居所监视居住监督13件13人，发现并纠正错误1件1人。开展财产刑执行检察专项行动。

【民事行政检察】 2016年，玉溪市检察机关民行检察部门全面贯彻落实修改后民事诉讼法、行政诉讼法和《人民检察院民事诉讼监督规则（试行）》，推进民事行政诉讼多元化监督向纵深发展，共受理审查案件436件，同比上升22.5%，其中受理生效裁判、调解监督申诉案件37件，提出抗诉1件，提请抗诉2件，均与上年持平；提出再审检察建议11件，同比上升10%，已采纳8件；受理执行监督案件89件，同比上升21.9%；发出检察建议79件，已采纳74件；提出督促履行职责检察建议80件，采纳75件。加强对审判活动违法行为的监督，办理审判活动违法监督案件88件，同比上升31.3%。办理支持起诉案件56件，采纳56件。积极探索行政执法监督，办理行政执法监督案件171件，提出督促履行职责以外检察建议或纠正违法被采纳或被纠正38件。元江县院支持多名农民工起诉讨薪维权，有效地维护了弱势群体的合法权益。初查线索移送后作党政纪处理或刑事立案3件。重视并依法开展息诉服判工作，促成和解4件。全面落实“一案一听证”工作机制，邀请人大代表、政协委员、人民监督员、特约检察员参与听证70件，增强民行检察工作的公开性、透明度。开展查办虚假诉讼专项监督活动，查办虚假诉讼案件3件，涉案金额2 100多万元，已提出检察建议，人民法院经审判委员会讨论后均采纳检察建议，已启动再审程序。其中市院查办的1件虚假诉讼案涉案金额达2 000多万元。开展民行检察基层推进年活动，开展多举措、多渠道、多形式的宣传工作，广辟案源渠道，初步建立了覆盖全市的基层民行联系点、联系人网络体系。

【公益诉讼试点工作】 根据云南省人民检察院工作要求，从2016年5月起公益诉讼工作扩大至全省。玉溪市检察院组织摸排案件线索并深入基层院指导办案。通海县院制订了《通海县人民检察院关于贯彻落实开展公益诉讼的实施方案》，并邀请县政法委、法院、政府办、法制办、财政局、国土局、环保局、林业局、市场监管局、住建局等多家单位召开公益诉讼工作座谈会。经省院批准，全市受理审查公益诉讼案件21件，已经履行诉前督促程序20件，相关部门采纳并提出整改落实意见18件。澄江县检察院对抚仙湖径流区内的三丰、八哥、烂山、荣鑫采砂厂违法经营4件案件向县水利局、环保局、国土局等单位发出诉前督促检察建议已被上述单位采纳整改。

【控告申诉检察】 2016年，玉溪市检察机关控告申诉检察部门完善检察机关执法办案各环节化解社会矛盾工作机制，建立健全来信、来访、网络、电话信访一体化信访机制，及时妥善解决群众合法诉求，通海县检察院推出“通海民生在线”手机客户端，为群众反映问题提供畅通便捷的渠道。共受理各类来信来访291件（控告类118件，申诉类94件，举报类79件），审查处理291件，同比下降3.3%。坚持检察长接待日制度，全市检察长接待日接待案件27件93人，批办案件17件，已结9件。严格落实首办责任制，坚持“两见面”制度，依法规范办理刑事申诉案件，受理刑事申诉案件49件，同比下降9.3%；立案复查刑事申诉案件37件，办结35件，其中提出检察建议5件，不予抗诉28件，维持原决定2件；未立案件其他处理12件。办理国家司法救助案件27人，同比上升8%，发放救助金26.68万元。受理民事行政监督案件63件，同比下降4.5%。开展以加强举报人保护，惩治群众身边腐败为主题的举报宣传活动，发放宣传资料17 800份，利用广播、电视及其他新兴媒体新闻宣传1 045次，接受宣传人数3 232人，接待咨询群众79次，受理举报9件，控告3件，民事申诉7件。贯彻落实中央政法委《关于建立律师参与化解和代理涉法涉诉信访案件工作制度的意见（试行）》和省委政法委《关于律师参与化解和代理涉法涉诉信访案件实施办法》，开展律师参与化解和代理涉法涉诉信访案件工作，律师共参与处理涉法涉诉信访案件4件6人，均已息诉罢访。积极推进控申工作信息管理系统上线运行，推进远程视频接访系统的应用，实现信访信息化。

【案件管理】 2016年，玉溪市检察机关案件管理部门规范统一受案工作，对管辖不当、卷宗装订不规范、移送材料不齐等问题及时予以纠正，防止“带病”案件进出检察机关。共受理各类案件4 137件，接收卷宗7 937册，共送案审核3 190件，移送案件2 339件；针对办案活动中的不规范情形，口头提示214次，发出流程监控通知书26份，对发现有错误情形的通知有关办案部门进行了纠正。加大涉案财物监管力度，共接收、登记并入库涉案款3 186万余元，登记并入库涉案物品49 469件，登记出库涉案款2 467万余元，登记出库涉案物品29 101件。规范辩护人、诉讼代理人接待，共接待律师阅卷和当事人查询994次，安排律师阅卷883次。开展案件评查，共评查案件99件。深化案件信息公开，公开案件程序性信息3 244条，公开法律文书1 316份，发布重要案件信息161条。加快无纸化办公，制作电子卷宗1 819件4 439册。

【检察技术】 2016年，玉溪市检察机关技术部门以“智慧检务”建设为突破口，强化科学技术与检察技术工作的深度融合。以服务办案为中心，为案件侦破提供有力证据和侦查方向。完成电子物证实验室的功能升级，受理办结各类检察技术案件211件，同比减少36.8%，其中法医临床21件，法医病理15件，文件检验专业类4件，电子物证及数据恢复10件，司法会计类3件，同步录音录像144件，录制时长1 561.46小时，其他类案件14件（其中勘验检查1件、技术协助4件、检验鉴定1件、文证审查8件）。以履行法律监督职能为重点，强化司法鉴定和文证审查工作，纠正错误鉴定结论案件1件，避免了错捕、错诉案件的发生。以分级保护建设为依托，加强信息化安全保密管理，严格按照省院部署和涉密信息系统分级保护等标准，落实安全保密工作各项要求，做好计算机及网络的定期检查、台账登记。提升移动办公运用水平，全面完成了移动办公平台的两级院统一部署，通过移动互联网，实现了两级院同步通讯办公，有效提升了检察办公系统的安全、高效、便捷。市院技术处为各部门提供软硬件技术支持500余次，为高检、省、市三级院召开电视电话会议做好技术保障工作52场次，及时处理市院程控电话交换机故障12次，维护电话设备故障23次，保障了全院通信顺畅。

【接受外部监督】 2016年，玉溪市检察机关进一步加强与人民监督员的联络，定期不定期向人民监督员通报检

2016年，玉溪市人民检察院被高检院检察理论研究所确定为检察理论实证研究联系点，1月14日，揭牌仪式暨“以审判为中心诉讼制度改革的检察应对”研讨会在玉溪市检察院举行 （宋城春 摄）

察工作、认真听取人民监督员的意见建议，组织人民监督员参与未成年人审讯、道德讲堂、庭审观摩监督评议、举报宣传、信访案件答复、案件回访、案件听证、规范执法行为专项活动座谈等各种重要会议、重大活动60余次。人民监督员共监督七类案件16件18人，其中拟不起诉案件11件13人，拟撤销案件5件5人。开展特约检察员工作，组织特约检察员参加庭审观摩、举报宣传、道德讲堂、案件听证、工作情况通报、座谈，听取特约检察员规范执法行为专项活动意见建议等活动30余次。邀请人大代表、政协委员视察检察工作、案件听证、观摩案件庭审、道德讲堂等活动50次。做好“两会”期间听取人大代表、政协委员意见、建议的收集、整理工作以及各县（区）院、市院各部门整改措施的贯彻落实。开展以加强侦查监督、维护司法公正为主题的检察开放日，邀请人民监督员、特约检察员、人大代表、政协委员等社会各界代表走进检察机关了解、监督检察工作。

【表彰奖励】 2016年，玉溪市检察机关共有24个集体、122名干警受到省、市、县（区）的表彰奖励。其中，红塔区人民检察院被高检院表彰为“全国先进基层检察院”，玉溪市人民检察院被云南省人民检察院授予“2015年度全省检察机关案件管理示范窗口”称号；红塔区人民检察院未成年人检察科被云南省人民检察院授予“云南省检察机关未成年人检察工作优秀团队”称号；峨山县人民检察院司法警察大队原大队长向伟被授予“2015年度云南十大法治新闻人物”特别奖；市院计划财务装备局副局长吴秀芬被最高人民检察院授予“全国检察机关检务保障工作先进个人”称号。

【队伍建设】 2016年，玉溪市检察院认真抓好干部选拔培养工作，配合市委组织部，对试用期满的两名部门领导进行了考察任用，选拔市院副检察长1名。市院下派3名干部分别到红塔区、江川区、峨山县3个基层检察院挂职任副检察长；选派5名干部到江川县前卫镇、九溪镇担任驻村扶贫工作队员；从江川、易门、峨山3个基层院抽调3名干部到市院进行为期一年的跟班锻炼。录用检察人员13人，上报省院批准调入检察人员6名。对通过国家司法考试且符合检察官任职条件的2人及时上报省院进行了初任检察官审核，对省院审核通过的2人办理了检察官任命手续。招录30名政府购买服务岗位人员。完成对口援藏工作，江川区、峨山县、新平县、元江县检察院选派4名业务骨干前往维西县检察院进行为期3个月的挂职锻炼。

【司法体制改革】 2016年6月，玉溪市院、红塔区院、澄江县院被确定为云南省检察机关司法体制改革第二批试点单位。8月19日，省委政法委召开全省全面推开司法体制改革试点工作动员会，决定在全省各级检察机关全面推开司法体制改革工作。全市两级院按照中央、省委、省检察院关于司法体制改革的部署，有序稳步推进司法体制改革。按照检察官员额必须控制在中央政法编制39%以内的要求，全市检察机关两批次共有314人次报名参加入额检察官遴选，通过初选报名、资格审核、党组研究并检察长签批、考核、笔试等程序，经云南省法官检察官遴选委员会确认、遴选并公示，分两批遴选出入额检察官198人，其中市检察院45人，县（区）院153人。12月6日，全市两级检察院举行了入额检察官宣誓仪式。健全完善司法责任制。根据最高人民检察院《关于完善人民检察院司法责任制的若干意见》《云南省司法体制改革试点方案》及相关司法体制改革文件精神，全市两级院均制定了各自的《检察官权力清单（试行）》，明确了试点工作期间，检察委员会、检察长（副检察长）及得到检察长授权的员额内检察官在办案中的职责权限。按照只减不增原则，两级检察院进行了内设机构改革和办案组织建设。其中，市检察院将内设机构整合为9个部，其余县（区）院根据各自实际整合为5～8部，内设机构改革基本完成。人财物省级统管改革稳步推进，完成人员、机构编制、办公办案经费、工资福利待遇、资产统计上报工作；对全市198名员额检察官单独职务系列进行了套改和员额检察官工资套改，并经过人社局审批后层报省院。

【教育培训】 2016年，玉溪市检察机关以提升专业水平为核心，以能力建设为重点，抓实教育培训，组织51人次参加高检院组织的各类培训，组织1人参加省委组织的部厅级领导干部进修班，12人参加玉溪市科级公务员干部进修班。同时以会代训，突出解决实践难题，全年反贪、反渎、公诉、侦监、案管、民行等业务部门共开展全市检察业务工作会、座谈会、推进会、经验交流会等10次，覆盖了主要检察业务。利用现代科技手段，实现远程培训共享，提升培训层次和针对性，共有3 263人次参加各种层次的网络培训。针对性开展业务培训和岗位练兵。依托各业务部门组织243人次参加司法警察业务技能培训、反贪侦查人才“两化”培训、全市监管场所职务犯罪案件线索发现与侦查业务培训等。结合“两学一做”学习教

2016年4月15日，“2015年度云南省十大法治新闻人物”颁奖典礼在昆明海埂会堂举行，峨山县检察院司法警察大队原大队长向伟获特别奖 （雷 红 摄）

育，开展党员和党务干部教育培训。加强人才培养。新增2名全国检察调研骨干人才，1名全省系统内人才。现有全国检察业务专家2人，均通过年度复审，全国检察理论研究人才3人，全国检察调研骨干人才2人，高检系统内人才3人，省院系统内人才5人，市院系统内人才21人。

【检察宣传】 2016年，玉溪市检察机关在各种报刊、杂志、网络发稿490篇（条）。其中：在省级媒体见稿92篇（条）、在市级媒体见稿147篇（条），在检察局域内网见稿251篇（条）。共编发《玉溪检察简报》26期，《检察院情况反映》1期，迅速反映、宣传检察机关职能和检察工作取得的成绩。《玉溪检察》出刊四期，制作电子版四期，共计30万余字；《峨山检察》出刊2期，《红检文苑》《元江检察》《通海检察》分别出刊1期。应用微信、微博等媒体，进一步拓宽检务公开渠道。主动与媒体沟通，加强涉检网络舆情监测，认真核查涉检舆情反映的问题。召开反贪污贿赂工作新闻发布会，邀请《云南日报》《云南法制报》《玉溪日报》、玉溪电视台、玉溪网等新闻媒体参加，公布全市检察机关反贪污贿赂部门围绕中心、服务大局，严肃查处职务犯罪案件的突出成效，提高全社会对检察机关反贪污贿赂工作的认知，主动积极回应社会各界关注。

【检察调研】 2016年，玉溪市检察机关在省以上刊物发表或获省级以上表彰奖励的检察理论研究成果共27篇，获市级表彰奖励的检察理论研究成果12篇，其中柏利民撰写的2篇论文发表于《人民检察》；两篇论文入选第十七届全国检察理论研究年会论文集并作大会交流，第三次包揽云南入选全国检察理论研究年会论文；柏利民撰写的《检察委员会组织体系之完善》，获云南省第十九届哲学社会科学优秀成果（论文）三等奖。玉溪市检察院成功申报最高人民检察院理论所实证研究联系点并举办揭牌仪式暨以审判为中心诉讼制度改革的检察应对研讨会。设置年度检察理论研究课题方向15个，共有31个课题组参加课题竞标，经审查公告确定重点调研课题立项11个，由16个课题组分别承担调研任务，16个课题组按时结题提交论文16篇，经过专家组双向匿名评审和院领导终审，最终评出一等奖2篇，二等奖3篇，三等奖8篇，合格3篇。

【检察委员会工作】 2016年，玉溪市检察委员会规范化建设进一步加强，检委会委员力量进一步充实。截至12月25日，全市共有检察委员会委员128名，比上年年末减少2名，其中非专职委员110名，占委员总数的85.9%，专职委员18名，占委员总数的14.1%。全市两级检察院共召开检察委员会会议91次，同比上升2.2%，审议议题159件，同比上升18.7%，其中审议案件132件，审议事项27件；执行检察委员会决定159件，检委会审议决定案件均无法院判决无罪情况。配备检委会专职委员的单位均做到对提请审议案件进行实体审查并作出审查意见。全市检察机关检察长列席同级人民法院审委会48次，组织检委会集体学习80次，同比上升77.8%。2016年7月，玉溪市 5 名检察官被选任为首批省院检委会专业研究小组成员，入选人数位居全省地州市级院第二位。

【检务保障】 2016年，玉溪市检察院按照上级和本级财政部门的相关要求，认真研究检察工作新形势新任务对经费保障的新需求，协调有关部门，争取中央和省级转移支付资金及时足额到位。实现经费总收入3 943.72万元，同比增加756.68万元，增幅为23.74%。实现经费总支出4 935.5万元，同比增加1 553.91万元，增幅为45.9%。加强和规范“三公”经费的管理，有效降低行政成本，“三公”经费支出83.68万元，其中，接待费支出16.82万元，同比下降29%；公务用车运行费66.86万元，同比减少69.48万元。推进“两房”建设。，市院“两房”项目房屋土建部分开工建设，电梯采购、综合布线及计算机房招投标已经完成；易门县院“两房”项目主体工程已封顶，正进行室内装修；红塔区院“两房”项目已动工，进入主体工程建设阶段。配合上级检察院推动财物统管改革工作，加强与地方财政部门的沟通协调，妥善处理好改革过程中出现的新情况、新问题。做好公务车辆改革工作，加强留用车辆使用管理，确保市院机关办公、办案及其他各项检察业务的有序开展。

【司法警察办案】 2016年，玉溪市检察机关司法警察共执行传唤262人次，执行拘传9人次，参与搜查22人次，协助执行监视居住强制措施924人次，提押犯罪嫌疑人和被告人821人次，送达有关法律文书835人次，看管犯罪嫌疑人出警4 551人次，协助维护接待群众来访场所秩序429人次，参与处置突发事件141人次，协助追捕犯罪嫌疑人16人次，保护出席法庭检察人员安全19人次，完成法律法规规定的其他职责1 249人次，完成检察长交办的其他任务770人次，没有发生办案安全事故，有力地保障了自侦办案安全。协助完成维护涉检信访安全及秩序178余人次，并开展反恐业务、保安业务指导、消防安全、综治维稳等工作，为服务检察中心工作提供有力警务保障。

（杨 菲）

审 判

【概 况】 2016年，全市法院坚持以审判执行工作为中心不动摇，开展办案“提速保质增效”专项活动，共受理各类案件28 341件，办结23 284件，同比分别上升16.45%和13.01%。其中，中院受理各类案件5 203件，办结4 660件。全市法院一审服判息诉率91.51%，一审判决案件改判发回重审率0.92%。

【刑事审判】 2016年，全市法院共受理一、二审刑事案件2 485件，审结2 243件，同比分别上升10.84%和6%。在刑事审判中，强化人权司法保障理念，贯彻疑罪从无原则，严格执行非法证据排除制度，严把刑事案件事实关、证据关、程序关和法律关。依法严厉打击危害群众安全的犯罪，审结涉黑、故意杀人、强奸、抢劫等严重暴力犯罪案件99件144人。依法严惩侵害人身财产安全犯罪，审结故意伤害、交通肇事、盗窃等案件879件1 394人。加大对经济犯罪的打击力度，审结集资诈骗、非法吸收公众存款、合同诈骗等案件54件87人。严厉打击毒品犯罪，审结涉毒犯罪案件327件425人。贯彻落实“两高”关于办理贪污贿赂刑事案件的司法解释，审结贪污、贿赂、渎职等职务犯罪案件79件101人，审结行贿、介绍贿赂犯罪案件14件15人。强化生态环境司法保护，审结盗伐林木、污染环境等案件33件51人。切实保障被告人的诉讼权利，对依法应当指定辩护人的案件，一律为被告人指定辩护人。加大刑事附带民事诉讼案件调解力度，促使被告人赔偿受害人及其亲属损失1 981万元，有效缓解和减少社会矛盾。审结未成年人刑事犯罪案件169件251人，落实对未成年被告人社会背景调查和犯罪记录封存制度，参与未成年罪犯回访帮教工作。严格规范减刑、假释、暂予监外执行工作，全年共对确有悔改或立功表现的2 698名罪犯依法裁定减刑、假释；对法定情形已经消失的12名罪犯决定收监执行。

【民事审判】 2016年，全市法院共受理一、二审民商事案件16 186件，审结13 429件，同比分别上升22.03%和24.68%，结案标的金额56.43亿元。加大调解力度，一审民商事案件调撤率为52.99%。对不宜调解或调解不成的案件，依法及时作出裁判。重视弱势群体权益保护，对追索赡养费、抚养费、抚育费和农民工讨薪案件优先立案、快速审判、高效执行。审结婚姻家庭、继承纠纷等案件2 560件，依法保护妇女儿童合法权益，维护家庭关系和睦。依法处理劳动争议、医患纠纷、相邻关系纠纷等案件528件。公正快捷审结机动车交通事故责任纠纷案件858件，被告主动履行650件，给付赔偿金额5 179万元，切实减少当事人诉累。审结金融借款纠纷案件1 258件，注重规则治理，努力化解金融风险。审结民间借贷纠纷案件1 570件，严格制裁高利贷等不法行为，促进民间融资健康发展。审结买卖、物流、租赁、经营等合同纠纷案件1 324件，注重平等保护，促进各类所有制主体公平竞争。审结知识产权案件11件，依法保护智力创新和权利人的合法权益。依法妥善审理股权确认、股权转让等公司纠纷案件，规范公司经营行为和内部治理。重视土地承包经营权等涉农案件的审理，维护土地承包关系稳定，促进农村经济发展。

【行政审判】 2016年，全市法院共受理一、二审行政案件143件，审结119件，同比分别上升5.15%和5.31%。严格执行新修订的行政诉讼法，发挥行政审判维护行政相对人合法权益、监督行政机关依法行政的职能作用，推进法治政府建设。运用协调、和解等工作方式，推动行政争议实质性化解，促使当事人主动撤诉9件。组织参加人民法院与行政机关联席会议，协助行政机关开展执法案件评查活动。深入推进行政机关负责人出庭应诉工作，全年被诉行政机关负责人出庭应诉率为97.2%。

【执行工作】 2016年，全市法院全力推进用两到三年时间基本解决执行难问题，全年共受理执行案件6 689件，执结4 670件，执结标的金额30.46亿元。加大执行信息化建设力度，建成覆盖全市两级法院的执行网络查控系统，实现对银行存款、机动车辆、人员身份等多类信息的查控，与国土、住建及不动产登记管理部门的数据联网工作也正在进行中。全市法院通过执行网络查控系统查询案件7 595件次，查询银行存款2.35亿元，冻结被执行人银行存款2 862万元。依法惩治规避执行行为，司法拘留126人，对2名拒不执行裁判涉嫌犯罪的被执行人移送公安机关立案侦查。推动失信被执行人信息共享机制建设，对3 037名失信被执行人信息予以公布，让失信被执行人在市场准入、融资信贷、交通出行等方面受到限制。

【司法为民】 2016年，全市法院在让人民群众有更多获得感上下功夫，不断满足人民群众多元司法需求。全面落实立案登记制，对依法应当受理的案件，做到有案必立、有诉必理，全市法院当场登记立案率达98.47%。

作为全省智慧司法服务型试点法院，玉溪中院全面推进诉讼服务窗口、门户网站、官方微信、玉溪法院APP“四位一体”的诉讼服务中心升级版建设，提供网上立案、网上查询、网上监督等服务，并与市司法局联合设立玉溪市法律援助中心中级人民法院工作站。努力推进矛盾纠纷多元化解机制建设，分别与保险行业协会、工商行政管理部门、消费者协会共同制定行业调解工作制度。加大司法救助力度，为经济困难的当事人减缓免诉讼费86.74万元，发放司法救助金483万元。举办全市法院司法为民研讨活动，探索司法为民新举措。

【信息化建设】 2016年，全市法院坚持信息数据引领，探索建设智慧法院。加大硬件建设力度，在全省法院率先部署使用“云桌面”，并完成服务器虚拟化建设；全市法院数据信息容灾备份系统搭建完成，实现法院电子数据异地备份；向玉溪华为云计算中心申请计算和存储资源，主动融入玉溪智慧城市建设。推进软件应用，中院微信企业号覆盖全市法院全体干警，实现两级法院工作联动的扁平化；中院探索采用微信等移动互联技术办理出差审批、车辆申请、财务报销等业务，提高了办公办案效率；全市法院顺利完成应用软件升级和司法统计并轨试点工作，司法统计和审判运行态势分析工作实现数据化、自动

2016年9月30日，玉溪市法律援助中心中级人民法院工作站在玉溪市中级人民法院诉讼服务大厅挂牌成立。玉溪市人大常委会法制工作委员会主任杨正昌、市政协民族宗教法治委员会副主任易长生、市中级人民法院副院长李志明、市司法局副局长刀建岗、市政法委员会执法监督处主任马应涛、市律师协会会长赵明贵、市法律援助中心主任张琦参加揭牌仪式

（徐斌玲 摄）

化，科学服务领导决策。2016年，玉溪中院被省高院表彰为全省法院信息化先进法院和系统应用先进单位。

【司法公开】 2016年，全市法院加大“三公开平台”建设力度，着力构建开放、动态、透明、便民的阳光司法机制。通过网站向当事人提供立案、庭审、结案等流程节点信息的查询服务；推进裁判文书上网，在互联网公开裁判文书12 622份，同比增长66.74%；加大科技法庭的建设和应用力度，全市法院共建成科技法庭63个，全年庭审同步录音录像案件4 960件，占开庭案件数的64.86%；探索“互联网+”时代的司法公开模式，通过网络视频直播庭审；审理“阳光司法工程”案件130件，邀请7 780位人大代表、政协委员、民主党派人士和社会各界群众旁听案件庭审。推进司法民主，全市基层法院人民陪审员共参审案件2 820件，占基层法院适用普通程序审理案件的90.82%。全市法院通过网络公开拍卖执行标的物258件，成交率70.93%，成交金额5 058万元，平均溢价率591.05%，为当事人节省佣金208万元。网络拍卖成交标的数、成交率、溢价率均居全省法院第一。加大司法宣传力度，全市法院通过网站、微博、微信等新媒体和广播、电视、报刊等传统媒体发布信息2 000余条，切实将司法活动置于社会公众的监督之下。

【司法体制改革】 2016年，全市法院把握改革的正确方向，遵循司法规律、坚持实事求是，扎实推进司法体制改革。

推进人员分类管理，遴选首批员额法官。将法院工作人员划分为法官、审判辅助人员和司法行政人员，法官按单独职务序列管理。在员额法官遴选工作中，将思想政治工作贯穿于改革始终，严格执行法官遴选程序和标准，经初选、笔试、业绩考核、省遴选委员会审核批准等环节的严格选拔，全市法院232人被确认为首批员额制入额法官，占总编制数的33.43%，法官队伍建设向正规化、专业化、职业化方向迈出了坚实的一步。

落实司法责任制，规范审判权力运行。按照让审理者裁判，由裁判者负责的改革要求，构建权责明晰、权责统一、监督有序、制约有效的审判权力运行新机制。改革案件定案和裁判文书签署机制，明确院长、庭长不再签发本人未参加审理案件的裁判文书，让独任法官、合议庭真正成为审判主体；转变院长、庭长职能定位，将院长、庭长编入审判团队办理重大、疑难、复杂案件；改革审判委员会工作机制，限缩提请审判委员会讨论案件的范围，倒逼独任法官、合议庭依法独立履职；探索新型审判团队组合模式，按照“322”模式配置员额法官、法官助理、书记员；设立刑事、民事、行政等专业法官会议，为合议庭正确理解和适用法律提供咨询意见；完善审判权运行监督制约机制，规定院长、庭长对个案进行管理、监督、指导时应全程留痕；完善违法审判责任追究机制，界定追究法官违法审判责任的情形和法官审判责任的豁免事由。

强化法官履职保障，做好统管前期工作。严格落实《领导干部干预司法活动、插手具体案件处理的记录、通报和责任追究规定》与《司法机关内部人员过问案件的记录和责任追究规定》，积极做好省以下地方法院人、财、物省级统管改革相关准备工作，对当前全市法院机构设置、人员配备、固定资产等情况进行清理统计。

【法院队伍建设】 全市法院按照习近平总书记“五个过硬”的总体要求，坚持抓党建、带队建、促审判，为公正廉洁司法提供坚强有力的队伍保障。

深入开展“两学一做”，加强理想信念教育。建立“两学一做”工作制度，实行台账式管理和全过程督导，运用法院内网和微信推送学习内容，采取集中培训、专题报告、研讨交流等形式认真学习规定内容，全年开展党组中心组专题集中学习研讨5期137人次。认真组织学习党的十八届六中全会精神，引导干警强化政治意识、大局意识、核心意识、看齐意识，筑牢司法为民的宗旨理念，坚定公正司法的价值追求。创新党建工作机制，不断健全完善机关党建工作责任制和党员积分管理，规范“三会一课”和民主生活会制度，完成中院机关党委换届工作。抓紧抓实扶贫攻坚工作，深入元江县澧江街道莫郎村和南昏村开展“挂包帮、转走访”工作，协调各项资金100余万元用于扶贫联系点水利设施、农产品交易市场等项目建设。

推进法院文化建设，发挥文化育人功能。开展全国文明单位争创工作，推动摄影、徒步、游泳等11个兴趣活动小组开展活动。成功举办以诚实守信为主题的玉溪市第二十二期道德讲堂总堂玉溪中院专场活动，培育社会主义核心价值观；举办全市法院首届道德经典诵读和诗歌朗诵比赛，抓好中华传统美德教育实践示范基地建设。

加大教育培训力度，培养清廉优秀法官。抓好队伍素质提升，选派干

2016年11月12日，玉溪市中级人民法院首次举行员额法官宣誓。玉溪中院经过组织报名、资格审查、考试、考核、遴选委员会审议、公示等程序遴选的53名员额制法官在党组书记、院长陈昌的带领下，身着法袍，手持宪法，面向国旗庄严宣誓，郑重承诺为维护社会公平正义而奋斗。玉溪市人大常委会内务司法工作委员会主任杨正昌应邀出席并监誓。宣誓活动由中院党组成员、副院长李翌明主持　（徐斌玲　摄）

警参加各级各类培训31期186人次；继续推行与高校联合办学的教育培训方式，举办全市法院执行业务、调研宣传业务、少数民族法官和业务骨干培训班，共276人参加培训。建立青年法官导师制度，以师带徒、以案促学、结对互动，实现法官品格和司法素养代际传承。大力实施“一线磨砺计划”，分批选派15名优秀干警到基层一线磨砺意志、增长才干。加强人才选任，优化队伍结构，玉溪中院面向基层遴选优秀法官3名。开展学习型法院、学习型法官、办案能手、优秀干警等八项评选活动，树立先进典型，提升干警司法能力。

贯彻从严治党要求，强化党风廉政建设。坚定不移落实全面从严治党主体责任，坚持不懈推进党风廉政建设和反腐败斗争。严格履行监督执纪问责职责，实践运用好监督执纪“四种形态”，做好反腐倡廉防范工作；通过纪律检查、工作约谈、司法巡察和审务督察等方式，强化监督执纪问责，严明党的政治纪律和政治规矩，确保党的路线方针政策和决策部署贯彻落实到位；开展党风廉洁宣传教育和廉洁司法集中教育；深入开展不作为、乱作为专项问题整治和纠正“四风”问题“回头看”工作，利用科技法庭、视频监控等信息化手段对案件庭审、信访接待、值班出勤等情况进行检查。

【主动接受监督】 2016年，全市法院进一步健全联络工作机制，拓宽自觉接受监督渠道，主动接受监督。建立定向结对联络制度，中院领导班子成员实行“一对一”联系辖区内全国、省人大代表和政协委员。主动邀请代表委员视察法院工作，参加法院开放日活动。落实全盘工作定期报告、专项工作专题汇报、重点工作及时报告机制，将法院工作自觉置于人大、政协的监督之下。通过寄送报刊、杂志、开通微信、微博等方式，向代表委员通报法院工作动态及重大案件审判情况。虚心听取代表委员对法院工作的意见和建议，及时梳理并认真整改。2016年，共办理代表委员意见建议2件，办理交办、转办信访件6件，办结率100%。2016年5月，玉溪中院办公室被最高人民法院评为“全国法院联络工作先进集体”。落实同级检察长列席法院审判委员会会议制度。重视加强与新闻媒体的沟通联系，构建司法与媒体良性互动关系，虚心接受社会各界监督。

【李云波等涉黑犯罪案】 自2013年以来，被告人李云波先后纠集被告人钱勇、李航等人，逐渐形成了以被告人李云波为组织领导者的黑社会性质组织。该组织先后实施了聚众斗殴、故意伤害、开设赌场、寻衅滋事、强迫交易、非法拘禁等一系列违法犯罪活动，造成重大社会影响，严重破坏了通海县经济社会和谐稳定。通海法院一审以被告人李云波犯组织、领导黑社会性质组织罪、犯故意伤害罪、聚众斗殴罪、寻衅滋事罪、强迫交易罪、开设赌场罪，判处其有期徒刑十九年零六个月；分别判决被告人钱勇等8名被告人犯参加黑社会性质组织罪、强迫交易罪、非法持有枪支罪、聚众斗殴罪、寻衅滋事罪、非法拘禁罪、故意伤害罪、开设赌场罪、盗窃罪，根据各人所犯罪行的不同，分别判处有期徒刑四年零六个月至十二年不等。玉溪中院二审对李云波、钱勇、李航等9名被告人涉黑犯罪案作出终审判决，维持一审判决的定罪量刑部分，对部分涉案财产处理不当进行了改判。

（张　坤）

司法行政

【基础设施建设】 2016年，市司法局依托全省司法行政省、市、县（区）三级视频会议系统，玉溪市与各县（区）司法局联通了应急指挥视频电话，增强了司法行政系统应急指挥能力和水平。推进司法业务用房建设，在易门、澄江县的司法业务用房建设项目即将完成的基础上，争取其他县（区）司法业务用房项目。《云南省发展和改革委员会关于印发云南省政法基础设施建设“十三五”规划方案的通知》已经把市司法局、红塔区、江川区、峨山县、华宁县、元江县、新平县、通海县司法业务用房建设列入云南省政法基础设施建设“十三五”规划。

【法治宣传】 2016年，市司法局围绕深入推进全民守法和依法治市新要求，结合全市实际情况制订《2016年玉溪市普法工作要点》《贯彻落实2016年玉溪市普法工作要点实施意见》《玉溪市媒体公益普法管理办法（试行）》《玉溪市以案释法制度实施方案》和《玉溪市司法局关于建立健全新闻发布制度的实施意见》等，指导全市深入开展法治宣传教育工作。在总结“六五”普法工作经验基础上，履行法治宣传教育职责，起草了《玉溪市法治宣传教育第七个五年规划（初稿）》。经过广泛征求意见后，8月，召开了专家研讨会。在充分调研、征求意见、专家论证、合法性审查的基础上，市政府第63次常务会、五届市委第5次常委会通过了《“七五”普法规划（送审稿）》，并以市委、市政府文件下发。10月31日，市第四届人大常委会第26次会议听取了市司法局局长李卫华《关于“六五”普法工作情况暨制订“七五”普法规划情况的报告》，并作出《关于开展第七个五年法治宣传教育的决议》。11月10日，召开了全市第八次法治宣传教育工作会议，不断创新载体，动员社会力量参与普法宣传工作，建立了普法多元化网络，在充分利用广播、电视、宣传栏等载体的同时，开展法治宣传月活动，配合相关部门在“三下乡”、三八妇女维权周、科技活动周、综治维稳宣传月、“6·26”国际禁毒日等节点，开展法律法规宣传。围绕烤烟育苗、移栽等环节，组织全市司法干警和人民调解员，深入田间地头开展涉烟法律咨询和法治宣传教育活动。组织江川区、峨山县申报全省青少年法治宣传教育基地建设项目，向上争取建设经费补助，二县（区）基地建设项目正按计划有序推进。年内，共组织学习法律法规204场次，开展法律“六进”活动50场次，刊出法制宣传栏105期，编发烤烟种植收购专刊11期，出动宣传车270辆次。在玉溪电视台《与法同行》栏目，播出司法行政法治类新闻22条，播出法治公益广告432次，拍摄专题片、微电影8部。

【人民调解】 2016年，市司法局在巩固原有人民调解组织的基础上，抓好专业性、行业性调解组织建设。按照司法部要求，构建全市遍布城乡人民调解组织网络体系。在重点推进和完善物业小区、妇联、医疗、保险、道路交通等领域人民调解组织建设基础上，指导红塔区司法局在全市县（区）中率先建立劳动争议人民调解委员会，为有效解决劳资纠纷、用工纠纷提供了新的渠道。举办了全市基层司法所长暨乡（镇）调解主任培训

2016年9月8日，红塔区高仓街道高仓社区举办妇女儿童维权服务主题公益讲座

（市司法局 提供）

班，提高人民调解队伍政治业务水平。人民调解员围绕全市争创全国社会治安综合治理“长安杯”工作，开展矛盾纠纷排查化解“百日会战”专题活动，对重点行业领域、重点地区和场所部位的矛盾纠纷进行拉网式集中进行排查化解，将调解案件情况录入人民调解案件管理系统。加强村级组织换届中人民调解组织建设，把那些素质好、能力强、威信高的人员补充到调解组织中。抓好流动人口均等化服务管理，从法制宣传、法律咨询、法律援助及矛盾纠纷化解等方面开展工作，化解矛盾纠纷，维护了流动人口的合法权益，市司法局在全市社会管理综合治理考核中，被评为“2015年度流动人口均等化服务管理一等奖”。调解员徐家清当选“2015年度云南十大法治新闻人物”，这是自2009年此项评选活动启动以来，全省基层人民调解员获此殊荣的第一人。年内，全市人民调解组织共排查矛盾纠纷5 326次，预防纠纷4 390次，调解矛盾纠纷19 806件，调解成功19 720件，成功率达99%，司法确认44件。防止民间纠纷引起自杀事件5件9人，防止民间纠纷转化为刑事案件77件242人，防止群体性上访110件13 771人，防止群体性械斗22件569人。落实矛盾纠纷“以奖代补”“一案一补”经费，对全市符合条件的17 457件矛盾纠纷进行兑现，共兑补经费1376 450元。

【基层法律服务】 2016年，市司法局制定下发《2016年全市司法行政基层工作要点》，落实《基层法律服务所管理办法》《基层法律服务工作者管理办法》，开展一乡一所、一村一法律顾问、一村一公示牌为主要内容的基层法律服务，在巩固原有红塔区、澄江、元江、通海、新平5个县（区）“三个一”基层法律服务工作基础上，全面推进江川区“三个一”基层法律服务建设。按照省级规范化司法所创建标准，帮助红塔区李棋司法所等4个司法所成功创建省级规范化司法所。组织9个检查组对各县（区）人民调解案卷和基层法律服务案卷进行了相互交叉评查，抓实人民调解案卷质量提升。以“三湖治理”为抓手，重视抚仙湖径流区托管工作，制定下发《玉溪市司法局关于抚仙湖径流区司法行政工作统一托管实施办法》，明确抚仙湖径流区司法行政工作托管范围、托管内容、托管原则、工作职责及具体工作措施，确保托管工作有序开展。年内，全市65个基层法律服务所、187名基层法律服务工作者共担任法律顾问680家，代理诉讼969件、非诉讼383件，调解纠纷242件，解答法律咨询18 152人次，办理法律援助667件，办理其他法律事务1 458件，避免和挽回经济损失2 072万元。

【社区矫正】 2016年，市司法局社区矫正工作形成制度化、规范化，制定社区矫正信息化管理流程，建立健全了社区服刑人员日常管理、检查考核、奖惩激励等工作制度。强化监督管理，建立政法各部门间的协作联动机制，对新入矫的社区服刑人员，进行量化分析，对审前拟适用社区矫正的被告开展社会调查评估，为委托机关裁量提供参考依据。在全市范围内清理判处实刑未执行刑罚专项活动，规范社区服刑人员档案，加强社区矫正信息平台建设，对社区服刑重点人员的活动轨迹实施手机定位监控。在重大节假日、重点时段、敏感时期对重点人员开展走访，及时排查不安全因素和隐患，确保社区服刑人员不脱管、不漏管。

【安置帮教】 2016年，市司法局按照信息准确、无缝对接的要求，完善了帮教组织、家庭成员之间无缝对接工作机制。发挥刑释解矫人员信息管理系统作用，开展信息核查，重点查清“三假”“三无”和人户分离人员情况。加强与监狱、看守所沟通协调，做好刑释人员特别是重点对象的衔接工作，重点人员衔接率达100%。开展安置帮教工作专项调查，掌握全市社会组织参与帮教刑满释放人员工作情况，建立了辖区刑释人员信息库。全市县（区）司法局远程探视系统已按要求建成投入使用。加强了刑释人员过渡性安置帮教基地建设，解决刑释人员的教育管理、帮扶场所建立存在的问题。

【律师工作】 2016年，全市45个律师事务所、321名执业律师共担任法律顾问918家，办理刑事辩护1 784件，民事、经济代理2 938件，法律援助1 229件，代写法律文书1 973件。

【公证工作】 2016年，全市10个公证处、28名公证员、14名公证员助理共办理各类公证17 534件。其中：民事公证11 767件，经济公证4 246件，涉外公证1 484件，涉港澳台公证37件，公证涉及标的250亿元。

【法律援助】 2016年，全市10个法律援助机构、14名法律援助律师、3名法律援助工作者共办理法律援助案件2 984件。其中，办理民事法律援助案件1 748件、办理刑事法律援助案件1 235件、办理行政法律援助案件1件。办理法律咨询2 588人次。受援对象4 076人，其中残疾人353人、老年人1 079人、未成年人955人、妇女811人、农民工1 744人。

【司法鉴定】 2016年，全市8个司法鉴定机构、118名司法鉴定人共办理各类司法鉴定案件4 371件，援助鉴定42件，出庭作证11件。

（王 丹）

青山绿水·碧玉清溪

（曾永洪　摄）

民族·宗教

NATIONALITIES

责任编校：刘仕荣

民族工作

【《加快建设民族团结进步示范区的实施意见》出台】 2016年6月19日，玉溪市委、市政府出台《加快建设民族团结进步示范区的实施意见》，提出2019年要全面建成小康社会，争当全省民族团结进步示范区。《意见》围绕推动经济跨越发展、保障和改善民生、促进民族文化繁荣、振兴民族教育、加强少数民族人才队伍建设、推动民族团结进步示范创建、促进民族宗教关系和谐、推进民族宗教工作法制化、加强城市和散居民族工作等9项重点工作，提出了27项子任务和具体措施；明确市财政每年安排新一轮民族团结进步示范创建工程专项资金1 500万元，重点支持民族地区经济社会发展，民生改善，繁荣发展少数民族文化，协调民族宗教关系和做好民族宗教代表人士工作，加快推进示范区建设；要求各级各部门要牢固树立抓示范区建设就是抓全面建成小康社会的思想，顺应各族群众过上美好生活的新期待，突出民族、农村和贫困地区三个重点，补短板、兜底线、促跨越，组织和带领各族群众共同参与建设、共享建设成果。

【国家民委调研组到玉溪调研】 2016年9月7~10日，国家民委调研组到玉溪市专题调研联合国开发计划署少数民族文化产业可持续发展示范项目落实情况。调研组到新平县和峨山县，对傣族刺绣、箩卡叠、土陶、服饰及彝族服饰等少数民族传统手工艺品进行重点调研，向当地少数民族传统手工艺品企业家、国家和省级非物质文化遗产传承人及从业人员进行面对面交流，了解少数民族传统手工艺品产业化、人才培养、技艺传承、产品创新、市场培育、品牌发展存在的主要困难和问题，肯定玉溪市在少数民族传统手工艺品保护与发展工作方面开展的探索和取得的成效。此次调研成果将为摸清全国少数民族传统手工艺品保护与发展现状，“十三五”期间采取有效措施促进少数民族传统手工艺品保护与发展打下基础。

【民族团结进步示范区建设】 2016年，玉溪市完成对省第一轮“十县百乡千村万户”示范创建玉溪“四个一”工程的验收工作，打造了一批特色宜居宜业、民富村美人和谐的示范村镇，有12个特色村寨被国家民委命名挂牌为中国少数民族特色村寨。启动实施省新一轮“十县百乡千村万户”示范创建玉溪“1544”工程，共投资2.08亿元实施1个示范县、3个示范乡（镇）和14个示范村（社区）建设，初步形成了峨山富良棚乡塔冲村等一批类型多样、亮点纷呈、各具特色的典型。

【民族团结进步示范区建设省对市考核】 2016年3月14~17日，省民族团结进步示范区建设考核组到玉溪，通过实地查看、走访农户、召开座谈会、查阅资料、听取汇报等方式，对玉溪市2015年度示范区建设目标责任制落实情况进行检查，并委托第三方对示范区建设“十县百乡千村万户”示范点创建工程、“3 121工程”、世居少数民族文化精品工程、民族团结保障工程等6个民族专项资金项目实施及效果进行了绩效评价，玉溪市考核得分名列全省第一，考核结果为一等奖。

【省民族宗教委副主任陆永耀调研新平示范县建设】 2016年9月7～10日，省民族宗教委副主任陆永耀对新平创建示范县工作进行了调研，认为新平县经济社会发展态势良好，主要经济指标位居全省29个民族自治县前列，创建规划紧扣建设率先发展、全面小康民族团结进步示范县的目标，突出民族经济发展、民族文化繁荣、民族宗教关系和谐三大重点，着力解决城乡之间、山坝之间、民族之间发展不平衡的问题，符合新平实际。陆永耀要求新平县要以实施规划为平台，以更高的目标，更大的魄力，推

①2016年4月1日，玉溪市第一次城市民族工作会议召开 ②峨山富良棚乡塔冲民族特色村

（市民宗局　提供）

电影《花腰恋歌》荣获第13届世界民族电影节“最佳文化电影”奖和“最佳服装设计”奖

（市民宗局 提供）

进示范县建设；要进一步落实责任，加大整合资源力度，突出特色产业发展，着力打造民族经济升级版，争当全省民族自治县经济社会发展和民族团结进步的排头兵。

【扶持人口较少民族（支系）发展】 2016年，市民族宗教局加大对6种人口较少民族（支系）的帮扶力度。按照《玉溪市坚决打赢“直过民族”脱贫攻坚战的实施方案》，会同有关部门实施拉祜族帮扶工作，采取特殊政策，对6种人口较少民族（支系）代缴新农合个人承担费用750万元，并对在定点医疗机构发生的住院费起付标准降低200元。落实市委、市政府有关少数民族学生学历培养政策，对在玉溪师院、玉溪农职院就读的37名6种人口较少民放（支系）学生给予每生每年5 000元的资助，对考入省内、外高等院校的182名少数民族贫困学生给予2 000～3 000元的困难补助。加强少数民族人才培训，在玉溪市委党校举办了为期5天的村组干部综合知识培训，250名以人口较少民族（支系）聚居区为重点的村组干部参加了培训。落实普及国家通用语言教育工作，在不通汉语地区小学低年级推行双语教育，实现小学三年级少数民族学生通过汉语关。

【民族文化】 2016年，市民族宗教局加强民族传统文化的挖掘、保护和传承，市级安排民族文化抢救保护经费50万元，实施了元江县因远白族语言、易门县民间皮影戏、华宁县苗族芦笙舞等抢救保护和传承。协调安排项目资金99万元，实施了4个省级少数民族传统文化抢救保护项目和2个“百名人才”培养工程项目。抓好省级少数民族文化精品工程项目，实施完成花腰傣电影《花腰恋歌》公开放映和花腰傣歌舞剧《皇竜勐傣》创作评审，《花腰恋歌》荣获第13届世界民族电影节“最佳文化电影”奖和“最佳服装设计”奖。组团参加全省少数民族传统体育锦标赛取得较好成绩，获体育道德风尚奖。

【民贸民品】 2016年，市民族宗教局落实国家和省扶持民族贸易和民族特需用品生产企业的优惠政策，抓宣传，强服务，搭平台，重实效，培育发展民族特色优势产业，以通海银饰、工艺刀具、石雕、木雕品牌等为代表的民族民间工艺品影响力和产业实力逐步提升。争取到中央、省级民贸民品贴息资金510万元，七县（区）64家企业受惠，实现了3个民族贸易县民贸民品政策业务全覆盖。在被国家民委确定为全国“百家壮大”企业的15家云南企业中，玉溪有峨山源天生物集团有限公司、元江万绿集团生物股份有限公司、元江县金珂集团糖业集团有限公司、新平县南恩糖纸有限公司等4家企业入选。

【城市民族工作】 2016年4月1日，玉溪市召开第一次全市城市民族工作会议，部署城市民族工作。建立健全由市民族宗教局牵头，公安、民政、教育、工商、人力资源等部门参加的城市民族工作协调联系机制和市、区、街道、社区四级工作网络，发挥城市社区和基层群众的作用，推进少数民族流动人口服务管理和清真食品管理工作。以示范社区创建为切入点推进城市民族工作，实施红塔区玉带路街道玉龙示范社区创建取得初步成效。

【团结稳定】 2016年，市民族宗教局加强宣传教育，深入持久开展民族宗教政策和法律法规“六进”活动，形成贯穿全年、覆盖全面的常态化工作，编印《民族宗教政策法规知识宣传册》发放到社会各界。开展矛盾隐患排查调处，健全完善民族关系协调机制、监测机制和应急机制，制订了处置涉及民族宗教因素突发事件应急预案，完善市、县、乡同步监测监管涉及民族宗教领域团结稳定问题长效机制，建立属地管理、受理接访和化解纠纷的联动机制；抓好矛盾纠纷排查化解，坚持以回族聚居区、行政接边地区和中心城区为重点，定期开展民族宗教关系分析研判，稳妥化解各类矛盾纠纷隐患，维护了全市连续20年没有发生因民族宗教问题引发群体性事件的团结稳定局面。

宗教工作

【和谐寺观教堂创建】 2016年，玉溪市开展以规范为主题的和谐寺观教堂创建活动，评选出通海县河西圆明寺、华宁县盘溪北门清真寺等10个玉溪市和谐寺观教堂场所；推荐上报的红塔区大营街玉泉寺、峨山县双江基督教堂等6个场所被命名为“云南省和谐寺观教堂”，推荐上报的通海县河西镇下回村清真寺被中央统战部、国家宗教局授予“第三届全国创建和谐寺观教堂先进集体”称号。市政府明确将和谐寺观教堂创建调整为每三年命名一批，并适当提高创建工作补助标准，推进和谐寺观教堂创建工作深入持久开展。

【宗教活动场所管理】 2016年，民族宗教工作部门加强宗教活动场所制度建设，各宗教活动场所建立健全了管委会的职权与义务、财务、会计、治安、消防、文物保护、卫生防疫等各项管理制度。进一步巩固伊斯兰教经文学校（班）规范管理成果，市委督

云南省第三届宗教界体育运动会暨文艺汇演颁奖晚会暨闭幕式　（市民宗局　提供）

查室对县（区）开展工作情况进行了专项督查，未出现外省籍师生回流反弹的情况，规范工作取得明显成效。加强宗教活动管理，严格实行开展宗教活动审批程序，各宗教活动场所举办宗教活动做到及时申报、安全有序。抓好宗教活动场所民主管理组织的换届工作，公开、公平和公正推选出民主管理组织，完成主要教职人员备案工作，对新任的主要教职人员严格进行备案。落实《玉溪市宗教活动场所主要教职人员生活费补助办法》等政策，安排宗教活动场所主要教职人员生活补助资金90.6万元，安排全市性宗教团体工作经费和副秘书长以上人员生活补助资金40万元，安排全市宗教活动场所修缮补助经费90余万元。

【宗教团体建设】 2016年，市民族宗教局协调服务好全市宗教团体，指导宗教团体加强自身建设，红塔区、通海县成立了伊斯兰教协会。加强对宗教教职人员的教育培训，11月22~25日举办了宗教界人士培训班，全市130余名管委会负责人、主要教职人员参加了培训；指导帮助各宗教协会开展各类培训班，组织7期82人参加伊斯兰教经文学校（班）教师资格证认定培训，选派5人参加省民族宗教委和国家宗教局举办的培训班。

【专项整治】 2016年，玉溪市开展整治违法违规设立功德箱等借佛敛财问题专项工作，对各佛教活动场所、民间信仰场所进行了核查处置，依法取缔或自行拆除违规设立的488个功德箱，查处假僧假道11人次。开展治理基督教私设聚会专项工作，依法取缔5所，合并13所，纳入规范管理1所，保留家庭聚会点7所。

【依法行政】 2016年，中国公民民族成份变更登记职权收归并列入市民族宗教局权力清单和责任清单，年内，共办理《中国公民民族成份变更登记》行政确认事项100件。市民族宗教局行政审批事项《设立宗教活动场所审批》变更为《筹备设立宗教活动场所审批》，新增《在宗教活动场所内改建或者新建建筑物审批》《地方性宗教团体成立、变更、注销前审批》，依法批准江川区前卫镇牌坊、大街街道星云路、江城镇左卫基督教临时活动点变更设立为基督教活动点。

【朝觐组织服务】 2016年，市民族宗教局做好朝觐事务组织服务工作，稳妥应对中东呼吸综合征疫情，全市238名朝觐人员安全、有序完成了朝觐功课，被评为2016年度云南朝觐组织工作“优秀组织单位”。

【承办省第三届宗教界体育运动会暨文艺汇演】 2016年9月21～23日，云南省第三届宗教界体育运动会暨文艺汇演在玉溪举办。来自全省16个州市、5个全省性宗教团体、3所省级宗教院校组成的24个代表团约1 500人参加，主要有体育、文艺汇演、书法绘画摄影三大类项目，玉溪代表团由50余名宗教界人士组成，参加了所有体育项目和书法绘画摄影比赛。总成绩名列第三，荣获优秀组织奖；体育项目共获奖14个，其中团体8个，个人6个；书法绘画摄影获二等奖1个，三等奖2个。

（张云萍）

（曾永洪　摄）

青山绿水·碧玉清溪

（曾永洪　摄）

经济管理

ECONOMIC MANAGEMENT

责任编校：刘仕荣

计划管理

审　计

价格管理

工商行政管理

质量技术监督

食品药品监督管理

国土资源管理

矿产资源管理

统　计

计划管理

【概　况】 2016年，玉溪市生产总值完成1 311.9亿元，按可比价计算增长7.6%，增速较前三季度回升1.6个百分点，低于全省1.1个百分点，高于全国0.9个百分点。从三次产业看，第一产业完成增加值135.0亿元、增长6.1%（增速全省第一），对GDP的贡献率达8.2%，拉动GDP增长0.6个百分点；第二产业完成增加值685.3亿元、增长4.4%，对GDP的贡献率达32.1%，拉动GDP增长2.4个百分点；第三产业完成增加值491.5亿元、增长12.9%（增速全省第一），对GDP的贡献率达59.7%，拉动GDP增长4.5个百分点。工业完成增加值632.0亿元、增长3.0%；建筑业完成增加值53.8亿元、增长25.4%（增速全省第一）。

（马庆凯）

【大丫口风电场建成发电】 2016年9月9日，华宁大丫口风电场建成发电机组通电，试运行生产，累计完成投资47 697万元。大丫口风电场为火特规划风电场的大丫口片区，工程装机容量40MW，拟布置20台单机容量2 000kW的机组，估算风电场年上网电量为9 421万kW·h，年满负荷小时数2 413h，产值5 747万元。

【将军山风电场建成发电】 2016年9月9日，华宁将军山风电场建成发电机组通电，试运行生产，累计完成投资42 608万元。将军山风电场为火特规划风电场的将军山片区。工程装机容量48MW，初拟布置24台单机容量2 000KW的机组，估算风电场年上网电量为12 234万kW·h，年满负荷小时数2 546h，产值7 463万元。

【五垴山风电场建成发电】 2016年8月3日，通海五垴山风电场建成发电首台风机并网发电，2016年08月15日，24台风机全部并网发电。五垴山风电场是通海县第一个风电场，位于玉溪市通海县东侧与华宁县交界区域，场址西侧距通海县城直线距离约9千米，东北侧距华宁县城直线距离约10千米，场区范围主要涉及通海县杨广镇，工程装机容量48MW，安装24台单机容量为2MW的双馈式风力发电机组，配套建设一座35千伏汇流站，项目总投资42 255万元，年设计发电量约11 170万千瓦时。

（高　丽）

【公务用车制度改革】 根据党中央、国务院和省委、省政府的部署，玉溪市制订了《玉溪市公务用车制度改革实施方案》及4个配套文件，经市政府常务会议审查、市委常委会研究同意，报省车改领导小组审批。2016年5月9日，省公车改革领导小组批准了玉溪市车改实施方案，成为第一批获省批准实施方案的州市。2016年5月18日，召开了玉溪市公务用车制度改革动员会，5月23日，中共玉溪市委办公室、玉溪市人民政府办公室印发了《玉溪市公务用车制度改革实施方案》及配套文件。2016年5月20日，市级参改部门（单位）取消的公务用车全部封存停驶。5月25日，市级公务用车综合服务保障平台车辆调配到位并启动运行，实现了新旧公务出行保障制度的顺利转换和无缝对接。7月20日，市级第一批取消的公务用车公开拍卖。7月、8月完成了市级参改单位和县（区）公务用车制度改革实施方案的批复，发放了公务交通补贴，全市党政机关经批准保留的机要通信和应急用车、公务用车综合服务保障平台车辆、离退休干部服务用车统一喷涂了公务用车标识。

全市党政机关共有18 891人参加改革，公务用车数量从4 760辆压缩到2 137辆，缩减比例53.2%，其中：市级机关从1 369辆压缩到393车，缩减比例71%。司勤人员通过竞聘上岗、内部转岗、开辟新的就业岗位、提前离岗等措施得到了妥善安置，全市党政机关每年可节约公务交通支出1亿元以上。

（杨姝春）

审　计

【概　况】 2016年，玉溪市审计机关完成审计项目932个。查出主要问题金额1619 933万元，其中违规金额70 199万元、损失浪费金额698万元、管理不规范金额1549 036万元；上缴财政金额27 123万元，归还原渠道资金329万元，核减工程投资额79 188万元。为国家增收节支106 640万元，人均425万元。审计发现非金额计量问题320个。移送司法机关、纪检监察机关和有关部门处理事项47件，涉及18人，金额8 475万元。出具审计报告和专项审计调查报告1 001篇；提交审计信息297篇，被批示、采用220篇次。推动完善规章制度9项。向社会公告审计结果810篇。年内，获国家审计署2016年课件及教学案例甲等案例1篇，审计工作信息被国家审计署采用1篇、被省政府采用1篇，计算机技术应用被省审计厅评为二等奖，审计项目获全省优秀1项、表彰1项。

【政策跟踪审计】 2016年，玉溪市审计机关共完成全省财政存量资金情况、城市棚户区和农村危房改造情况、食品安全法规政策执行情况、农村小型水利建设项目完工情况、民政系统预算执行情况、地方债券安排使用及绩效情况、精准脱贫政策落实情况跟踪审计等12个稳增长等政策跟踪审计专题。

【经济责任审计】 2016年，全市共审计领导干部79人，其中市本级23名、县（区）56名。完成了市属7个投融资公司领导经济责任审计，探索了江川区原县长履行自然资源资产管理责任首个试点项目审计，推开全市七县二区村（社区）主要负责人经济责任试点审计。分别向省审计厅、市委组织部回复了对963人/次领导干部的审计廉政意见。

【固定资产投资审计】 2016年，市审计局对晋红高速公路、新三公路、泷水塘老工业片区改造项目、荷花池片区城市综合体土地收储项目、东片区暨“三湖”生态保护水资源配置应急工程、“三湖”十二五水污染治理项目等重大项目开展审计。全市固定资产投资审计730项，其中：结算审计422项，前置审计308项，核减工程投资79 188万元（市本局核减41 184万元，县级核减38 004万元）。

【民生资金审计】 2016年，玉溪市审计机关对七县二区保障性安居工程进行了跟踪审计，开展了江川区财政扶贫资金审计、全国医疗保险基金审计等社会保障项目审计，同时按照市委市政府安排，对玉溪市本级和七县二区城镇居民基本医疗保险基金、新型农村合作医疗基金及相关资金收支结余和债权债务进行了审计。

【信息化建设审计】 2016年，市审局

结合经济责任审计、财政审计及公共投资审计，对玉溪市高速公路联网收费信息系统、玉溪市房产管理信息系统、澄江县基于居民健康卡互联互通试点及全市推广应用项目信息系统等实施了审计。在全省率先建立了玉溪市审计局审计对象数据库。1人考获全国审计数据分析师、1人考获国际注册信息系统审计师。

（段旭晖）

价格管理

【价格举报工作】 2016年全市共受理各类价格举报、投诉、咨询147件，办结147件，办结率100%，查处价格违法案件5件，实施经济制裁30.93万元，其中，退还消费者14.94万元，罚款15.99万元。

【能源价格专项检查】 2016年，市发改委重点对当地中石油公司、中石化公司、燃气公司、自来水公司、水利工程供水单位等55家能源经营企业违反价格政策的行为进行检查。全市共查处价格违法案件28件，实施经济制裁金额为60.31万元，其中：退还用户27.05万元，没收违法所得13.19万元，罚款20.07万元。

【药品价格专项检查】 2016年，市发改委对全市药品生产经营企业、医疗机构、疾病预防控制中心、血站、药品采购机构等进行药品价格专项检查，检查重点是价格出现异常波动的原料药、药品品种等。从药品价格检查及调研情况看，全市各级公立医疗机构、非营利性医疗机构及零售药店能较好地执行国家规定的药品价格政策，除部分药品价格涨幅度过大外，药品总体价格水平趋稳。

【商品房销售明码标价专项检查】 2016年，市发改委对全市79个在售楼盘和按照“双随机”要求随机抽取的50家房地产中介机构进行了检查。经检查，大部分楼盘都在交易场所的醒目位置放置明码标价公示牌、价目表或者价格手册，对在售商品房进行明码标价，做到了“一套一标”，一次性公开全部销售房源，并按规定标示了套内建筑面积及单价、优惠折扣、容积率等相关内容，标明买方承担的房价以外的税费等相关费用，对已售的商品房予以标注。房地产中介机构也都对销售商品房价格进行了明码标价，并在经营场所公示了中介费收费标准。经查全市的商品房销售明码标价总体执行情况较好。

（张玉良）

【调整医疗服务价格】 2016年，按照国家和省级有关城市公立医院医药价格改革试点指导意见的要求，为配合做好玉溪市城市公立医院综合改革工作，结合玉溪实际，并报请市人民政府批准，自2016年1月20日零时起，市发改委对玉溪市级三家公立医院的医疗服务价格进行调整。合理提高体现医务人员技术劳务价值的门诊诊查费、住院诊查费和部分床位费、中医及民族医治疗费、手术费，降低部分大型医用设备检查检验费。并通过药品耗材招标采购、医保付费方式改革和落实政府办医责任等综合措施及联动政策，减轻群众医疗负担。

（陈　玲）

【价格监测预警】 2016年，市发改委重点对民生、生活必需品、肉禽蛋农副产品、农业生产资料以及成品油、建筑材料价格、药品价格、重要涉农收费进行监测，共上报主要商品价格监测表75份，其中粮油副食品价格监测表52份、重要商品价格监测月报表12份、服务项目价格监测季报表4份，药品价格监测季报表4份，建材价格月报表3份，监测分析55篇。

【价格认定】 2016年，市发改委办理市级价格认定案件325件，比上年的268件增长21.3%，其中涉烟财物价格认定315件，比上年的256件增长23%，认定金额2 726.34万元，比上年1 292.65万元增长1.11倍，认定收费22.86万元，比上年12万元增长90.5%，未出现复核案件。澄江县发展和改革局被评为“全国价格认定机构先进单位”。玉溪市发展和改革委员会李兴武被评为“全国价格认定工作法治建设年活动优秀个人”。

【农产品成本调查和监审】 2016年，市发改委完成了中籼稻、粳稻、玉米、油菜籽、烤烟、甘蔗、生猪等7个品种，共计70家农产品成本调查户农产品成本收益情况的调查，认真审核、汇总、分析，及时、准确完整地通过网络、电子邮件上报上级业务主管部门，8篇分析材料被单位的门户网站采用。

（李兴武）

工商行政管理

【概　况】 2016年，全市工商部门查办行政处罚案件738件，其中一般程序处罚案件391件，简易程序案件347件。年末，全市共有内资企业内资企业3 120户，外商投资企业118户，私营企业23 598户，个体工商户144 691户，农民专业合作社1 505户，各类市场经济主体稳步发展。年末，全市有效注册商标总量10 623件，其中：中国驰名商标9件、地理标志证明商标8件、云南省著名商标217件、玉溪市知名商标314件。

【企业注册】 2016年，市工商局继续深化商事制度改革，促进大众创业万众创新。一是巩固“三证合一”推进企业“五证合一、一照一码”登记改革暨个体工商户“二证整合”改革。全年共核发“三证合一、一照一码”营业执照16 260份；2016年10月1日起实施“五证合一、一照一码”企业登记，核发“五证合一”企业营业执照2 781份；12月1日实施“二证整合”个体工商户登记，核发“两证整合”个体工商户营业执照1 341份。二是加快推进电子营业执照和企业注册全程电子化。2016年4月1日实施企业名称核准全程电子化办理，核准网上申报企业名称2 410个。三是推进简政放权，全面优化服务。落实注册资本登记制度改革，严格执行资本认缴制；放宽经营场所登记条件，允许经营场所“一址多照”“一照多址”；不断推行企业登记注册权限下放，将特殊的普通合伙企业和有限合伙企业的登记权下放至县（区）。年末，全市共有内资企业3 120户，注册资本4450 911.85万元，其中：国有企业483户、集体企业682户、公司1 810户，其他企业145户。

【民营经济发展】 2016年，全市工商和市场监管部门落实惠民惠企政策措施，发展民营经济。一是严格落实工商登记前置设立审批34项、变更注销30项和后置告知事项278项，营造良好的市场准入环境。二是扎实推进小微企业创业扶持工作，完成市政府下达的“两个10万元”小微企业培育工程720户的目标任务，带动就业4 506人。其中，通过省微型企业创业扶持平台向工商和市场监管部门申请办理数903户。三是做好“贷免扶补”工作，全年完成130户，发放贷款1 300万元，带动就业人员370人。四是办理企业动产抵押物登记163份，抵押登记金额375 084万元，贷款金额176 660万元。年末，全市私营企业23 598户，投资者人数39 608人，雇工人数268 172人，注册资本6953 785.88万元，户数比上年同期增长24.06%；个体工商户144 691户，从业人员344 430人，资金数额177 536.78万元，户数比上年同期增长9.39%；农民专业合作社1 505户，出资总额145 276.71万元，成员总数34 129人，户数比上年同期增长9.09%，其中发展农民专业合作联社18户；家庭农场292户。

【企业监督管理】 2016年，全市工商和市场监管部门加强事中事后监管工作。一是认真做好企业信息公示工作。建立起了市工商、县（区）市场监管局、科、分局（所）长三级负责制，工作督查制、重点环节专人负责制、每周工作通报制等企业信用信息公示制度，全方位多层面宣传企业信用信息公示工作。2015年度，全市应公示企业16 533户，实际公示14 443户，公示率为87.36%；个体工商户应公示124 017户，已公示90 909户，公示率73.3%；农民专业合作社应公示1 323户，已公示1 084户，公示率81.93%。二是开展违法行为信息纳入社会信用记录工作。全市共录入一般程序案件102件，录入率100%，公示102件，公示率100%（其中通过执法软件在互联网上公示87件，通过“信用玉溪”网站公示15件）。三是实施对严重违法失信企业名单管理。严格执行国家工商总局《严重违法失信企业名单管理暂行办法》。主持草拟《玉溪市人民政府关于“先照后证”改革后加强事中事后监管的实施意见》，市政府常务会讨论通过已下文实施。制订《玉溪市工商行政管理局推行“双随机一公开”规范事中事后监管实施方案》（试行）《玉溪市工商行政管理局“双随机一公开”工作实施细则》《玉溪市工商行政管理局企业信息抽查实施细则》，对市工商局随机抽查的24项清单进行了公示，落实好企业经营异常名录及严重违法失信企业名单管理制度。三是推行“双随机一公开”工作，委托第三方机构抽查企业610户，均按“双随机一公开”要求落实；抽查个体工商户2 146户，其中正常经营户数2 115户，抽查后确认失联31户；农专抽查22户，全部正常经营，在年报期间移出经营异常名录户数10户，全部按照规定的程序和时限进行公示或列入经营异常名录处理。

【市场管理】 2016年，市工商局一是开展守合同、重信用企业评审公示活动。确定205户企业为玉溪市2 014～2015年度星级守合同、重信用企业；推荐12户企业申报国家工商总局守合同、重信用企业，56户企业申报云南省守合同、重信用企业。二是开展平安市场和农村文明示范集市创建活动。全市创建县（区）级平安市场10个，市级平安市场2个；省级农村文明示范集市1个，市级农村文明示范集市1个。三是开展各类市场秩序规范整治。先后开展了节水型城市创建及用水器具市场、烟花爆竹、成品油、报废汽车拆解等涉安全产品市场专项整治。下架不合格节水产品及国家明令淘汰的用水器具185件，下发整改通知书31份；抽样检测93号、97号汽油和0号柴油40个批次。四是开展红盾护农活动。全市检查农资经营户4 439户次，农资市场286户次，检查农资网店294户次。抽检农资商品数73批次，合格67批次，合格率91.7%，立案查处农资违法案件18件，案值17万余元，罚没金额18.6万元；抽检肥料80批次；全市创建市级农资经营示范店22个。五是加强旅游市场整治、规范旅游市场秩序。全市出动执法人员1 066人次，执法检查旅行社及其分支机构230户次，景区景点156个次，旅游购物商店413户次，检查旅游合同415份，旅游广告136条。六是推行汽车买卖合同（示范文本）和二手车买卖合同（示范文本），联系汽车行业协会和二手车行业协会，做好宣传、推广工作，引导、鼓励汽车经营企业使用合同示范文本。

【经济检查】 2016年，市工商局继续强化反垄断和反不正当竞争执法，以打击传销创建无传销城市，打击走私贩私和扫黄打非等为重点，开展专项行动。年末，全市共立案查办各类经济案件全年查办行政处罚案件738件，其中一般程序处罚案件391件，简易程序案件347件。一是开展打击传销创建无传销城市工作，全市共出动执法人员1 672人次，执法车辆450台次，检查出租房屋、宾馆等人员易聚集场所2 228家次，发放宣传资料17 000余份，发布警示信息2期；江川、澄江、峨山、新平、元江五县（区）已争创为全省无传销城市（县级）。二是严厉打击流通领域走私违法行为。在全市范围内开展了针对大米、白糖、冻品的综合治理专项行动5次，共出动执法人员591人次，车辆179台次，检查仓库、冷冻库72个，检查超市、农贸批发市场271个次，检查停车场、物流货运场38个次，检

2016年1月25日，玉溪市召开全市工商质监工作会 （市工商局 提供）

查冻品经营户315户次，查获走私冻品12.927吨。三是开展投资类公司清理整顿工作。成立玉溪市工商局清理整顿投资类公司工作领导小组，开展排查摸底工作，全市范围内在工商注册登记的投资企业共计875户，共清理投资类公司468户，占应清理总数的62.8%。其中查无下落131户，入户检查337户。下发整改通知3户，已完成整改1户；涉嫌偷税漏税1户；立案查处1件，刑事拘留2人。四是“扫黄打非”等专项整治工作，开展元旦出版物市场、网络文化环境、非法销售使用伪基站、窃听窃照专用器材及非法地面卫星设施工作非法电视网络接收器设备专项整治行动3次，“清源2 016”专项行动1次，整治活动共出动执法人员2 010（次），执法车辆1 050（次），检查印刷企业、复印店、各种书摊点、音像制品店等各类367户，取缔关闭印刷企业40户，收缴淫秽色情出版物182件，侵权盗版出版物123件。五是开展打击侵犯知识产权和制售假冒伪劣商品专项行动，共出动执法人员1 082人次，执法车辆415辆次，立案查处案件3件，涉案金额1.03万元，罚款3.3万元。六是开展“两烟”打假打私工作，共查处无证销售卷烟案311件，涉案金额1042 801.9元，罚款14 391.1元。七是组织全市市场监督管理局执法办法人员做好行政处罚案件录入和信息公示工作，全市用工商行政法规处理的一般程序案件104件，已录入104件，录入率100%，已公示104件，公示率100%（其中系统内公示89件，其他途径公示15件）。八是开展公用企业限制竞争突出问题专项整治工作。立案调查1件，涉及消费者456户，违法金额15 932.4元，罚款50 000元。九是开展濒危物种非法贸易专项行动，共出动执法人员399人次，出动执法车辆94台次，检查集贸市场31个，检查餐饮经营户992户、宾馆365户，物流经营户6户、花鸟市场5个、种植户14户、养殖户19户。

【网络市场监管】 2016年，市工商网络市场监管工作，一是开展互联网领域侵权假冒行为治理工作。玉溪市辖区内共有网络经营主体703个，其中：网络交易平台网站10个、自营网站332个、网店49个、其他312个；共申领电子标识198个。二是开展网络市场巡查工作。实地检查网站、网店经营者1 570个（次），其中发现涉黄、涉赌网站5户，涉及广告用语使用绝对化用语11户。三是开电子标识申领发放工作。全市共有183家网络经营户申领了电子标识，年内新增24个，申领率达提升了5个百分点。四是开展网络市场专项整治行动。共检查网站、网店（网上）342个（次），实地检查网站、网店经营者204个（次）；删除违法商品信息1条；责令整改网站6个（次）；已提请关闭网站10个（次）；责令停止平台服务的网店4个（次）。五开展专项行动督查工作。全市行政指导涉经营主体108个，平台40个，网站73个，网店47个；行政约谈涉经营主体12个，平台17个，网站20个；网络商品交易投诉22件，挽回消费者经济损失2.7万元；网络监管工作达到2个100%，即百分之百认领，百分之百巡查监管。

【消费者权益保护】 2016年，市工商局继续推进12315行政执法体系“四个平台”建设，强化消费维权的效能和水平。一是12315行政执法平台建设得到深化，建立统一指挥、实时调度、全程督导的12315统一指挥调度平台，全年12315平台共接听消费者咨询、举报、投诉电话6 297个。其中，咨询4 935件，投诉1 204件，解决1 171件，调解成功率为97.2%，为消费者挽回经济损失约103.6万元；举报158件，办结158件，办结率为100%；接待消费者来人来访2 874人次。二是开展投诉案件回访工作。年内，回访咨询120件，投诉571件，举报127件，共计回访818件。电话接通率达100%，对工作人员服务态度的满意度达97.9%，对消费纠纷解决的处理结果满意度达96.2%；对举报案件查处力度的满意度达97.2%，四项满意度继续保持在90%。三是开展消费教育、引导工作发布消费警示、提示。通过广播播报消费维权典型案例、消费警示、提示、相关法律法规，加强宣传教育引导，拓展消费维权投诉渠道，共发布消费警示13条，消费提示11条。四是开展12315消费维权服务站建设工作，完成24户12315消费维权服务站工作。五是加强商品质量监管，强化商品质量抽样检测，开展家用电器、床上用品、电动自行车、化肥、电线电缆等9种318组商品质量的抽样检测，检出不合格商品114组。立案查处30件，已办结16件，罚没金额18.53万元。

【广告监督管理】 2016年，市工商局开展新《广告法》宣传培训工作，加大虚假违法广告整治工作力度。一是开展虚假违法广告整治工作，全市共出动车辆255辆次，出动人员608人次，检查户外广告经营户286户，检查集贸市场23个，总计检查广告1 610条（张），责令纠正128条，停止发布640条，查处虚假违法广告案件9件，罚款5.94万元。二是加强监测，及时掌握广告发布动态，共监测广告73 869条次。三是加大对户外、印刷品广告的专项整治行动，全市检查医疗广告条次117条，责令纠正的6条、停止发布的15条；检查药品广告217条，责令纠正1条，停止发布的1条；检查医疗器械广告47条，停止发布5条，立案查处1条；检查食品保健食品广告147条；检查化妆品广告102条，检查美容服务广告64条，责令纠正2条。

【商标监督管理】 2016年，市工商局商标监督管理工作：一是抓好基础商标培育发展和高知名度商标的培育指导，确保商标申请和注册数量稳步增长。全市共指导市场主体申请商标注册207件，超额完成了省工商局下达36件的目标任务数；全市新认定玉溪市知名商标25件，续展申报玉溪市知名商标79件，续展认定玉溪市知名商标79件；共向省工商局推荐上报新申报云南省著名商标21件，续展申报云南省著名商标39件，超额完成了省工商局下达13件的目标任务数。年内，全市有效注册商标总量达到11 768件，比2015年底7 661件增长53.6%，位居全省第二，争取到全省唯一直接承接国家事权的云南商标受理处设在玉溪，2017年3月1日实施。二是开展打击侵犯知识产权和制售假冒伪劣商品工作。共查处商标侵权案件7件，罚款8.16万元，案件信息公示7件。

【个私协会】 2016年，市个私协会履行协会自我教育的职能，一是加强对会员的思想道德教育。以会员服务周、学雷锋服务日、光彩服务日等活动形式加大新修订的《中华人民共和国消费者权益保护法》、企业信息公示条例等法律法规的宣传，提高广大会员的法律意识。全年共举办各类活动25场次，参加人员14 000余人，印发宣传材料50 000余份，培训会员近5万人，接受群众咨询1 000余人次。二是做好“贷免扶补”工作。完成130户目标任务，发放贷款1 300万元，扶持创业人数130人，带动吸纳就业人数240人。其中，扶持农村人员创业89人，占比69%；扶持城镇登记失业人员37名，占28%；扶持高校毕业生创业4人，占3%；到期贷款还款率99.2%。三是抓好非公党建工作。年末，全市协会共有非公经济组织4 600个，按基层组织建设规范年覆盖主率达82.35%的要求，已建立党支部1 133个，党组织覆盖的企业数3 778个，党员数（含流动党员）8 824人。

（何志兵）

质量技术监督

【质量强市工作】 2016年，玉溪市质监局草拟了《玉溪市开展质量强市战略的实施方案》上报市政府，成立了由市长任组长的玉溪市实施品牌和质量强市战略领导小组。由市政府组织召开了全市质量强市推进大会，代市长张德华就如何做好当前和今后一个时期全市质量工作，深入推进质量强市战略作出安排部署，并为获得2015年云南名牌产品称号的企业代表颁发了证书。市政府设立了玉溪市人民政府质量管理奖，协调高新区管委会进行生物医药全国知名品牌示范区创建工作。

【实施名牌战略】 2016年，玉溪市质监局向省实施品牌和质量兴省战略领导小组办公室推荐2016年云南名牌产品初选，申报了53家企业的60个产品，对全市申报2016年云南名牌初选推荐名单在玉溪市质量技术监督局网站上公示。完成2015年全市17家企业20个产品2015年云南名牌现场评审相关审查资料汇总。2016年，玉溪市云南名牌产品初选申报45家企业的51个产品。

【质量宣传】 2016年，玉溪市质监局联合高新分局、红塔区市场监管局在聂耳文化广场举办了质量月宣传活动，悬挂了质量月宣传标语横幅，摆放了食品相关产品、名牌战略、标准化、计量、特种设备安全小常识等展板15块。通过发放宣传材料、向群众解答疑难问题等方式开展宣传咨询活动。共制作发放宣传资料3 000份，向群众解答质量咨询24个。质量月期间，各质量兴市成员单位、各县（区）开展质量宣传活动，全市共设置展板、标语120余块，发放宣传资料12 600余份。玉溪市质量技术监督综合检测中心、玉溪市粮食质量监测中心实验室向全社会开放实验室，向公众宣传质量安全鉴定检测知识，通过质量检验室参观、样本对比展示、咨询讲解、发放宣传资料等方式，向社会公众普及质量安全知识。开展质量月企业座谈会和质量知识讲座，提升全民质量意识。

【标准化工作】 2016年，玉溪市质监局对《华宁柑桔综合标准》地方规范的16项内容进行了技术审查。继续推进新平高原王子甜橙省级农业标准化示范区建设工作。启动了第一批市级农业标准化示范区6个项目建设，推动通海云秀花卉做为2016年省级农业标准化示范项目向省局进行申报。玉溪红塔烟草劳动服务有限责任公司作为省级首个劳动服务业标准化试点项目以优异成绩通过评估验收。筹备申报玉溪映月潭温泉娱乐有限公司为省级服务标准化试点项目。起草了《关于规范玉溪市城市公共信息导向系统建设工作的报告》上报市政府。《云麦53栽培技术规程地方规范》等8项地方规范已通过技术审查并备案。《玉溪市红皮洋葱栽培技术规范》等11项地方规范的立项、审查、发布、备案工作正在有序进行。“华宁陶”通过国家地理标志保护产品技术审查，“江川大头鱼”国家地理标志保护产品的申报已经省级立项。

【计量管理】 2016年，玉溪市质监局对1家电视台、2家报社进行了法定计量单位使用情况的现场检查，并下发整改通知。对全市6家快递公司在用的强制检定计量器具进行了检查，经检定调试后，合格率达到100%。新增重点用能单位13家。组织开展了计量日系统宣传活动，“5·20”世界计量日计量知识讲座在市局开讲，到玉溪第二职业高级中学开展动态世界中的计量计量宣传进校园活动，共制作计量知识展板14幅，发放宣传单及彩页3 000多张，参加活动的师生人数达到5 000余人，为加强能源计量管理打下好的基础。确定了13家企业作为2016年能源计量数据平台建设的重点督促、服务企业，在节能宣传周和低碳日期间加大宣传、督促、服务力度。完成了80个企业的诚信计量示范单位创建工作。对辖区内的集贸市场及集贸市场内的计量器具进行了监督检查，共检查集贸市场36个，当场检定校准各种结算用计量器具3 476台（件）。开展烟叶收购监督执法检查，采用随机抽取烟站的工作方式，共检查烟站16个。自玉溪市人民政府下发《玉溪市人民政府办公室关于贯彻落实计量发展规划实施意见2016年任务细化的通知》后，党组高度重视计量工作，把计量发展规划纳入到地方经济和社会发展的总体规划中，及时制订支持计量发展的政策措施，为推动全市计量工作迈上新台阶再做贡献。

【认证认可工作】 2016年，玉溪市质监局配合市政府开展了检验检测机构整合的前期准备工作，对4家拟整合检测机构的人员编制、机构类别、资产负债、隶属关系等有关情况进行上报，对加快推进玉溪市检验检测机构整合工作起到了促进作用。草拟了《省质监局、玉溪市人民政府合作整合建设玉溪综合检验检测认证院框架协议》，待玉溪市政府领导和省局领导修改后签订。

【特种设备安全监察】 2016年，玉溪市质监局对全市范围内的特种设备开展安全生产大检查。检查共出动执法人员2 119人次，车辆823台次，检查特种设备生产、使用单位和气体充装、气瓶使用单位979家，收到企业自查报告1 183份，发现安全隐患261条，已督促使用单位对安全隐患进行了整改。在云南率先开发了全省首套移动式压力容器（气瓶）网络管理系统，投入使用后，实现了特种设备网络化、全覆盖的动态监管，管理成效显著。对辖区内高速公路、铁路等重点工程102个施工项目的226台件特种设备进行检查，查出安全隐患44个，下达安全监察指令书18份。开展了涉氨制冷企业专项整治，106座冷库已经完成检验100座，检验覆盖率达到94%。有效防范涉氨制冷企业特种设备安全事故的发生。全面完成全市七县二区特种设备安全监察人员培训工作，组织技术骨干到各县（区）市场监管局开展培训11次，共培训监察人员580人。在全市选取了三家单位开展了移动式压力容器气瓶二维码查询试点，在气瓶上贴上统一二维码，社会用户可以通过手机扫一扫进行实时查询，为全市移动式压力容器监管系统提档升级迈出坚实的一步。组织实施了玉溪市锅炉严重缺水导致爆管事故应急救援演和玉溪市管道天然气泄漏导致燃烧事故应急救援演练，旨在督促企业围绕“安全第一、预防为主、节能环保、综合治理”的安全生产方针，落实特种设备使用单位安全主体责任，增强企业事故防范意识，提高事故处置能力，确保特种设备安全运行。

【质量安全监管】 2016年，玉溪市质监局以质量安全监管为首要职责，抓好重点领域监管。制订了2016年市级工业产品质量监督抽查工作计划，对22类产品267个市级监抽批次产品进行安排，截至10月31日，抽检产品116个，抽检合格率88%，抽查化肥24个批次，合格率63%，食品用纸包装产品36个批次，合格率为66.7%，抽检烟花爆竹45个批次，合格率74%，食品用塑料包装产品34批次，合格率为79.4%，食品相关产品抽检合格率85%，建筑钢管脚手架扣件18批次，合格率100%。

【打假治劣】 2016年，玉溪市质监局共出动执法人员2 670人次，检查企业1 161家次，立案查处案件8件，办结7件，涉案货值金额15.5万元。开展了2016年春季农资专项打假工作，出动执法人员170余人次，检查生产企业14家次，抽取样品10批次。继续组织“进千村，入千户，抽千样”行动，各县（区）局将农资打假行动深入乡（镇）36个，现场向农民群众发放各类宣传资料2 160余份。12 365热线受理咨询338人次，受理举报投诉12件，所有来电、咨询、投诉均已全部完成。开展10类重点消费品执法打假工作，共出动执法人员790人次，检查企业144家次（含销售），检查范围涵盖了空气净化器、电饭煲、智能马桶盖、智能手机、儿童纸尿裤、儿童玩具、婴幼儿童装、厨具、床上用品、家具等消费者普遍关注10类消费品。

①农贸市场计量器具执法检查 ②质量月宣传活动 （市质监局 提供）

【法制质监建设】 2016年，玉溪市质监局对全局行政执法职权职责进行了清理。全局共有7类106项行政执法行为，其中，行政许可6项（其中一项委托玉溪市质监局高新区分局行使），行政处罚71项，行政强制措施6项，行政检查14项，行政奖励2项，行政裁决1项，其他行政职权5项。认真梳理了自2013年以来，行政审批事项的承接、下放、取消和调整的情况，特种设备使用登记、特种设备作业人员考核发证等6个行政审批项目的审批时限在法定审批时限基础上压缩了三分之二。年内，共办理行政审批事项2 827件，均在规定时限内办结。与滇玉律师事务所签订了协议，制定了法律顾问工作相关制度。严格案件审理工作，召开案审会2次，审理案件8个。抽取了20个卷宗进行集中评查，优秀案卷占抽查总数的60%。参加市政府案件评查，市局共2个行政执法案卷、1个行政许可案卷参加评查。

（陶 丽）

食品药品监督管理

【食品安全监管】 2016年，市食品药品监督管理局接受了省人大受全国人大常委会委托的《食品安全法》和国家总局行政执法检查；市政协常委会专题协商了食品安全监管工作形成专题报告上报市委；完善324家获证食品生产加工企业、13 140户食品流通经营者、10 424家餐饮服务单位、900家保健食品生产经营单位监管档案、诚信档案；加强食品生产加工小作坊和食品摊贩日常监管，按照三个阶段推进政府规章落实；编印《食用农产品市场销售质量安全监督管理办法及相关文件资料汇编》2 000册；学校食堂持证率100%，居全省第一；继续推进学校食堂食品安全责任保险试点工作，制订《玉溪市食品安全责任保险试点工作实施方案》，学校食堂参保率达96.4%，居全省第一；启动餐饮服务单位、旅游景区、学校食堂明厨亮灶改造工作，全市实施明厨亮灶

5 719户，覆盖率达61%；加强重点时段、部位安全监管，完成中国—东盟国家外长特别会议和全省职业技能大赛、全省第三届宗教界运动会等重大食品餐饮保障49次；开展食品安全事故（Ⅲ级）应急演练，强化应急处置意识和应急作战能力；调增市食安委成员单位3家，现共计24家，明晰了部门职责，发挥食安办统筹、协调、监督、指导职责。

【食品安全专项整治】 2016年，市食品药品监督管理局强化“两节”“两会”期间餐饮食品安全专项整治，组织元旦、春节期间食品生产大检查，中秋、国庆期间食品安全专项检查；开展农村食品安全“扫雷”行动，依法查处无证无照食品经营行为，打击“一非两超”、经营腐败变质或超过保质期等食品经营违法行为；对节日和旅游度假消费集中区域、农家乐等节日聚集活动场所及年夜饭供餐单位等进行重点监督检查，抓好重点旅游景区餐饮服务食品安全专项整治工作；持续加强学校食堂及周边地区专项治理、药店经营保健食品专项整治，散装白酒质量安全监管专项监督检查，打击走私冷冻肉专项行动等食品安全专项整治。

【药械安全监管】 2016年，市食品药品监督管理局抓好药品日常监管，完善了21家药品生产企业、940家药品流通企业、1 458家化妆品生产经营单位、509家医疗器械生产经营单位监管档案、诚信档案；强化特殊药品日常监管，对经营、使用特殊药品企业和单位实现日常监管全覆盖；加大对使用麻醉、精神药品原料药用于普通药品、食品生产的企业的监督检查；做好医疗机构使用高风险医疗器械监管工作，及时掌握了解全市县级以上医疗机构使用植入、介入、大型医疗设备等高风险医疗器械情况，建立了在用高值耗材资料库；指导医疗机构健全完善在用高风险医疗器械产品的可追溯制度，并定期检查执行情况；全市完成71户新开办药品零售企业GSP认证，完成22户药品零售企业GSP专项认证；全年完成药品零售企业GSP检查46家，收回GSP证书5家。

【药械安全专项整治】 2016年，市食品药品监督管理局首次组织草乌等28类毒性中药材专项整治，工作成效受到《中国质量新闻网》《中国医药报》专题报道；对全市9家药品生产企业、异地中药前处理和提取车间开展了中药提取物生产和使用专项监督检查；开展疫苗专项整治，在全市对山东省庞某非法经营疫苗案件进行了30天的拉网式排查，出动执法人员889人次，执法车辆292辆次，检查疫苗生产单位4户次、疫苗配送单位51户次、疫苗接种单位748户次；开展药品流通领域违法经营行为集中整治；开展医疗器械专项检查，先后开展了定制式义齿生产使用环节专项整治和医疗器械经营企业冷链管理专项整治。

【保健食品、化妆品安全监管】 2016年，市食品药品监督管理局开展42批次面膜类、防晒类不合格化妆品查处工作；对使用银杏叶提取物生产保健食品的企业开展执法检查；对保健食品配制酒、玛咖制品等三类食品问题进行专项治理。

【监督抽验】 2016年，市食品药品监督管理局完成食药抽检2 318批次，其中：食品国抽483批次、合格率95.03%，省抽550批次、合格率96.7%，首次开展野生菌快检1 656批次，风险监测抽检158件；完成食用农产品抽检实验室检验1 010批次、检验合格率99.7%；完成蔬菜、水果农药残留快速检测24 916个，合格率98%；完成风险监测样品检测158件，食源性疾病主动监测169例；完成药包材抽检8批次、合格率100%；完成药品抽检590批次、合格率92.9%；完成医疗器械抽检66批次、保健食品45批次、合格率100%；完成化妆品抽验51批次、合格率86.3%。

【行政许可】 2016年，市食品药品监管理局受理行政审批事项申请1 248件，时限内办结率100%；按时开展新《食品生产许可证》换发证工作，完成食品流通许可证、餐饮服务许可证二合一为食品经营许可证。

【案件稽查】 2016年，全市食品药品监督管理部门共检查食药生产、经营、使用单位60 867家次，下达责令整改通知书317份，查处案件196起，罚没款200万元，其中市局查处37起、罚没款55.35万元；协助红塔区市场监管局查处来源不明冷冻肉12 890盒，合计12.89吨；联合公安部门办理云南静脉堂生物科技有限公司涉嫌制售假药案和陈华锋未经许可经营药品案；配合公安部门侦办食品、药品等打假刑事案件32起，查获鸡翅、鸡脚筋、鸡爪等冷冻肉类制品货物81余吨，捣毁两家销售假药的窝点，查扣疑似假药60余种66余件，假冒伪劣保健品30余种300余件；加大12 331食品药品投诉举报电话宣传力度，发挥12 331投诉举报平台主渠道作用，受理投诉举报78个，受理率、限时办结率均为100%。

【案卷评查】 2016年，市食品药品监督管理局出台《关于推广随机抽查规范事中事后监管工作的实施方案》，执行案件查、审、定分离和合议制度，围绕食药监管适用的104部法律法规，共梳理行政许可10项、行政处罚408项、行政强制12项、其他执法行为31项，共计461项，形成清理报告向社会公告；做好案件审查合议工作，共审查行政处罚案件37件（其中重大案件3件），合议37件，受理行政复议案件3件，办结3件。

【信息公开】 2016年，市食品药品监督管理局公开权力清单，建立“双随机一公开”的“一单两库”，门户网站公示信息2 072条，其中：餐饮许可41条，食品生产许可40条，麻醉药品和精神药品证明3条，药品GSP认证1 058条，三类医疗器械许可29条，食品监督抽检信息450条（含12条不合格），黑名单1条，转载公示县（区）公示信息439条；在信用玉溪平台公示许可公示信息708条、行政处罚案件9条；答复信息公开申请1件；省、市主流媒体共播出（刊发）食药新闻146条；LED大屏宣传23条3 000余次；发放宣传单（册）20万余份。

【技术支撑】 2016年，市食品药品检验所共承接并完成“四品一械”检验1 323批次。其中，省级食品抽检550批次、合格率98.2%；药品监督抽验440批、合格率90.9%；基本药物抽验150批次、合格率98.7%；化妆品检验35批次、合格率100%；保健食品检验37批次、合格率100%；各种委托检验108批次；能力验证3批次。

【创新监管】 2016年，市食品药品监督管理局在全省率先以奖代补60余万元，在高新区及红塔、澄江、江川、通海、华宁、易门六县（区）的15个市场试点建设快检室（站）；在全省食药信息化建设规划的框架下，探索推进互联网+食品药品安全监管信息化建设，投入145.6万元建成玉溪市食品药品安全监管综合应急指挥中心，配备了161部一线执法人员智能执法终端；采取租赁回购模式投资238万元招标开发第一期系统软件并通过初验；开展澄江现代农庄食品安全示范建设；食品安全县级以上地方政府负总责比全省提前一年实施整市推进。

（自星馀）

国土资源管理

【规划管控】 2016年，玉溪市国土局完成《玉溪市土地利用总体规划（2 006—2020年）调整方案》，将耕地保有量350万亩、基本农田保护面积259.7万亩、新增建设用地规模9.08万亩等各项指标分解到县（区）。完成26个县、乡土地利用总体规划评估修改和玉溪至化念天然气管道、玉溪至华宁天然气管道、新平哈科迪梁子风电场等3个项目涉及的土地利用总体规划修改。

【耕地保护】 2016年，玉溪市国土局完成城镇周边永久基本农田划定工作，全市新划入永久基本农田15 812亩，基本农田保护比例达65.65%。完成全域永久基本农田布局和数据库建设，为土地利用总体规划调整完善和保障地方经济发展夯实了基础。持续推进土地整治项目建设，完成投资3 244万元、实现新增耕地5 905亩的7个补充耕地项目，开工建设预算投资5 878万元、建设规模25 156亩的4个中低产田地改造项目，投资2 170万元在元江县洼垤乡、新平县老厂乡两个省级扶贫攻坚乡实施建设规模8 850亩的2个土地整治项目。全市耕地面积保持了总体平稳、动态平衡。

【用地保障】 2016年，玉溪市国土局重点做好“五网”建设、农村人居环境综合整治、易地扶贫搬迁、地质灾害避让搬迁、园区建设、“三湖”保护和“四个一百”重点项目用地保障工作。全市受理农用地转用及土地征收报件55件51 015亩；办理建设项目用地预审报件10件20 115亩；统筹安排使用2016年年度新增建设用地计划指标12 720亩，核拨39个项目新增建设用地计划指标10 110亩；及时上报“四个一百”64个、“五网”建设56个、旅游行动三年计划9个、滇中经济圈69个、易地扶贫搬迁307个安置点等重点建设项目进展情况，保障重点建设项目用地。全市上报省国土资源厅批准土地征收农用地转用面积4 619亩，供应建设用地290宗9 796亩，收取土地出让价款22.76亿元。争取资金4 000万元推进低丘缓坡试点项目建设。盘活存量建设用地，全市2 009~2015年共批准建设用地77 702亩，已经供应建设用地49 881亩，供地率64.2%。全市闲置土地从清理前的338宗17 599亩减少为34宗1 468亩。

【地灾防治】 2016年，玉溪市国土局落实地质灾害防治责任，健全完善地质灾害防治综合体系，严格执行地灾防范24小时值班制度和领导带班制度。开展“拉网式”地质灾害隐患巡查排查，发现并登记在册各类地灾隐患点1 138处，确定监测点510个，落实监测员851名、资金11 260万元。制作电视专题片、报纸专版，宣传地灾防治工作；发放防灾明白卡、避险明白卡和预防通知书及各种宣传资料80 000余份。开展地质灾害应急避险演练186次，参加演练人数18 187人；举办地质灾害防治专业知识培训98次，参加培训人数5 611人。全市共发生地质灾害灾情12起，直接经济损失120.6万元，无人员伤亡。开工建设地灾治理工程项目4个（含2个特大型），预算总投资5 408.7万元。下达涉及72个村民小组2 223户8 848人的因地灾避让搬迁资金10 980万元，完成17个村民小组526户2 171人避让搬迁；上报2 016~2018年玉溪市易地扶贫搬迁三年行动计划中符合因地质灾害避让搬迁项目3 852户15 917人。

【地籍管理】 2016年，玉溪市国土局启动易门县房地一体农村集体建设用地和宅基地使用权确权登记颁证试点工作。推进农村建设用地使用权确权登记发证，调查宗地419 872宗，完成权属审核97 227宗，发布登记公告19 956宗。完成2015年度土地变更调查与遥感监测图斑1 216个，监测面积1 031.9公顷。

【不动产登记】 2016年，市、县、区成立了不动产登记管理机构和经办机构，形成了“一局、一科（股）、一中心”的工作格局。全市共落实资金1 180.45万元，到位人员151人，所有县、区在2016年7月1日前实现不动产统一登记发证。全市全年共办理不动产登记业务29 618件，其中，颁发不动产产权证书7 817本、不动产登记证明5 760份、办理查封登记519件、注销登记4 458件、档案查询11 064件。11月，全省第一家完成所有县、区接入国家信息平台，共成功汇交数据5 308宗，上报成功率达99.81%。

【执法监察】 2016年，玉溪市国土局加强动态巡查，从源头上防范和减少国土资源违法行为的发生，做好土地矿产卫片执法检查工作，立案查处违法用地案件58件657.37亩，收缴罚款1 009.73万元，没收违法建筑物4.76万平方米，拆除违法建筑物997.1平方米，全市违法占耕比例为9.8%。立案查处非法采矿28宗，落实行政处罚金额35.6万元，没收违法所得20.5万元。开展集中整治矿产资源违法行为和“打非治违”专项行动，坚决制止各类违法违规行为。

【信息化建设】 2016年，玉溪市国土局推进政务信息网上公开，严格执行网上信息的发布、审批程序，及时发布、更新网站信息709条。执行全省三级联网报批制度，调整、优化联网审批流程，保障全市土地、矿产、测绘等网上报批857件，公文流转4 397件；协调使用市政府信息化专项资金341万元，统一租用华为玉溪云计算资源，搭建全市不动产登记信息管理基础平台。

（胡继昆）

土地储备

【概　况】 2016年，玉溪市土地储备中心完成土地收储103亩，支付土地收储资金1.72亿元；供应土地134亩，实现土地供应收入3.19亿元；置换土地储备贷款35.4亿元；累计库存储备土地8 322亩，土地储备成本58.8亿元。

【土地收储】 2016年，玉溪市土地储备中心围绕重点，结合玉溪经济社会发展的实际和需要，围绕重点项目和重点片区开展。荷花池片区城市综合体项目已完成全部255.35亩土地收储工作，并完成项目一期139.24亩土地供应。泷水塘老工业片区改造项目累计完成土地征收320亩（2016年征收45亩），累计拨付征地补偿费、土地一级开发整理费等费用共计17.08亿元

（2016年拨付1.07亿元）。市土投公司已取得回迁安置地块的国有土地使用权，并完成地块内所有建（构）筑物的拆除工作，已开展回迁安置房主体工招标。王家庄片区1 652亩征地补偿工作完成，共支付征地补偿费用5.89亿元，片区内尚有970亩农用地未报批。玉枕山片区除玉溪市建筑公司和红塔区农资公司两家企业土地总计47亩未签订收购协议外，已收储完成片区土地2 600余亩。完成玉溪文化广播影视传媒中心项目用地征收和玉溪市规划展览馆项目用地范围内储备土地上青苗、附着物清场工作。

探索合作储备项目。一是与华宁县人民政府合作储备青龙镇海镜社区集体土地项目，计划收储土地不少于200亩，2016年完成土地收储50.84亩，拨付补偿资金1 584.67万元；二是与江川区合作储备九溪润特仓储中心项目，拟收储总面积960亩，土地收储成本约6 808.94万元，其中一期计划收储565.77亩，江川区人民政府已基本完成一期土地的征收工作，中心于2016年8月拨付江川九溪润特仓储中心项目土地收储资金5 800万元，支付征地费用4 789.81万元。二期收储面积394.23亩，待条件成熟后双方协商启动。

推进玉溪科教创新城项目。项目被列为云南省“四个一百”重点项目，是玉溪市委、市政府确定的重点项目，玉溪科教创新城项目选址于玉枕山片区，规划占地总面积2 680亩，其中一期工程规划用地约1 338亩，二期工程规划用地约1 342亩。中心已收储183.56亩。根据《第四届市人民政府第69次常务会议纪要》，由中心通过政府购买服务的方式，依法确定玉溪市教育投资有限公司进行土地前期开发整理的资金筹集和建设工作，项目有序推进。

【土地供应】 2016年，玉溪市土地储备中心委托供应土地共11宗，面积963亩；完成市医院改扩建、泷水塘工业片区回迁安置、李棋中学扩建、市环保监测执法业务用房项目、彩虹路中段改扩建工程项目5宗土地供应，供应收入为3.19亿元。针对相当部分储备土地因功能区划被规划为道路、公园绿地和边角零星地致使无法单独划宗供应的实际。按照市委、市政府的决策，市土地储备中心依法将梳理出的800余亩储备土地在债务划转的前提下划拨供应至市住建局，支持中心城区园林城市提质扩容项目建设，进一步扩大家园公司融资能力。

按照市委、市政府的决策，市土地储备中心与红塔区政府签订协议，将原车立方项目以100万元/亩、将原子墨、原林产品项目以30万元/亩的价格和武警教导队106亩等4宗602亩土地移交红塔区政府自主组织供应，为红塔区产业布局、项目建设提供土地支持。

【土地管护】 2016年，受经济及房地产市场下行的影响，储备土地供应缓慢，大量储备土地闲置，复耕、非法租赁侵占储备土地、倾倒生活及建筑垃圾、偷盗及损坏管护设施等行为屡禁不止，给国有资产、人居环境卫生、社会治安管理带来一系列问题。市土地储备中心探索储备土地管护方式，公开有序开展了5宗802亩闲置土地管护利用工作，每年减少管护成本支出约17万元，为财政增收65.8万元。

【储备土地前期开发整理】 2016年，玉溪市土地储备中心加快对历年收储项目开发整理的验收、结算、审计等工作，完成了康井路道路工程、五金机电贸易物流城片区、玉枕山片区储备土地前期开发整理工程（一期）、新西河路二期道路工程、大坝路以西地块的滇中传统民居办公室修缮加固工程等项目的审计工作；正在开展抚仙路南延长线道路工程的审计；秀山路延长线道路工程（二期）待竣工验收后开展审计，聂耳东路改扩建工程正在组织收尾工作。拨付了玉溪市东升纸业有限责任公司土地收购款1 500万元。跟踪、督促泷水塘老工业片区改造回迁安置房建设和王家庄片区、玉溪大河二期以北片区等土地一级开发整理项目。

【土地储备贷款置换】 2016年，玉溪市土地储备中心加大力度进行土地储备贷款置换，降低融资成本。共置换土地储备贷款35.4亿元，占2014年甄别认定债务69.71亿元的51%，融资年利率由8.3%下降为3.5%。通过2 015~2016年对土地储备贷款的置换，已置换的51.9亿元贷款每年可节约利息支出约2.49亿元，由于还本期限延长，改善了债务结构，缓解了市土地储备中心的偿债压力。

【扶贫攻坚】 2016年，玉溪市土地储备中心下派1名干部常驻洼垤社区及时帮助解决项目推进中遇到的困难和问题，筹措60万元帮扶资金。帮助洼垤乡建设群众科技文化活动中心和哨上小组提水工程，解决39户129人饮水问题，实现17户54人的脱贫摘帽。

【批示和督办件、议案办理】 2016年，玉溪市土地储备中心收到市委、市政府主要领导批示、批办文件和相关部门的督查督办件30件，对每个批示、批办文件都按要求及时办理。市政府共交办人大代表提出议案6件，办结6件，满意率为100%。

（李　磊）

矿产资源管理

【矿政管理】 2016年，玉溪市国土局制定矿山企业高效和综合利用信息公示制度、矿业权人“黑名单”制度、矿产资源开发利用水平调查评估制度，强化矿产资源规划引导作用，规范矿业权出让转让行为。各县、区挂牌出让采矿权（县级发证）2个、收取价款74.54万元；协议方式出让采矿权6个、收取价款543万元；审批转让县级发证采矿权2个，转让金额774万元；审批县级发证采矿权20个；完成100个勘查项目探矿权和229个矿山采矿权年检及报备；做好省级发证矿业权三级联网审批，完成42个省级发证矿业权申请报件的形式审查、复审工作；过期矿业权清理及规范登记信息管理工作取得阶段性成效，公告注销探矿权38个；严格准入标准，推进全市煤矿产业及非煤矿山转型升级工作。进一步规范涉及各类保护区、建设项目压覆区、矿产资源规划禁止区和限制区的矿业权管理，落实矿山地质环境保护工作，推进矿产资源综合利用示范基地和绿色矿山建设，加强矿山环境恢复治理和土地复垦监管，全年恢复治理矿山64个，恢复治理面积121 789亩，累计投入治理资金8 699.34万元。

【安全生产】 2016年，玉溪市国土局健全完善一岗双责、党政同责、齐抓共管的安全生产责任体系，层层落实安全生产责任。开展安全生产隐患排查和整治，排查探矿权和采矿权371个、地质灾害隐患点1 171个、土地开发整理项目65个。开展矿产资源“打非治违”专项行动，坚决制止各类违法违规行为，查处无证开采矿产资源

26起（立案查处21起），持过期证开采10起（立案查处9起），越界勘查开采12起（立案查处9起），取缔关闭违法矿点5个，限期整改矿山1个，下发《停止勘查/开采行为通知书》37份，立案查处罚款41.8万元。配合安监、公安、工商等部门开展尾矿库专项检查、缉枪治爆、打击无证照经营、输油气管线隐患治理等专项工作。

【储量监管】 2016年，玉溪市国土局对179个矿山开展储量动态（开采现状）测量。办理建设项目用地压覆矿产资源查询115次/件，办理出具矿产压覆备案证明60份，审批压覆矿产资源10件，办理“五网”建设项目用地前期矿压查询17项。矿产资源补偿费征收入库2 767.87万元。

（胡继昆）

玉溪矿业

【主产品产量】 2016年，玉溪矿业公司生产铜精矿含铜3.32万吨，完成年度计划的114.7%；铁精矿40.41万吨，完成年度计划的99.28%；铁球团40.23万吨，完成年度计划的100.59%、锌精矿含锌0.5万吨，完成年度计划的305.39%；电积铜101.5吨。主要产品产量超计划完成。

【职业健康安全环保指标】 2016年，玉溪矿业公司主体责任范围内实现无工亡、无重伤、无一般设备、交通、火灾事故；发生轻伤事故1起，轻伤1人，千人负伤率0.24‰；呼吸性粉尘合格率96.7%；有效风量率77.6%；风速合格率77.1%；急性职业中毒事故为零，职业病发病率为零；环境污染事件为零。

【综合能耗及节能量指标】 2016年，玉溪矿业公司综合能源消费量完成2.7万吨标煤，节能量4 741吨标煤；原矿综合能耗完成1.76千克标煤/吨，较计划下降7.37%；选矿综合能耗完成2.37千克标煤/吨，较计划下降5.2%。完成考核目标。

【提质增效】 2016年，玉溪矿业公司制订提质增效专项工作方案，将提质增效工作细化分解为十个方面56项可量化可考核的具体措施，结合公司实际制订了提质增效督战模版，对各项具体措施按周、月、季进行跟踪、落实、督查督办和考核奖惩。通过全司上下联动的贯彻落实，共实现1.6亿元提质增效目标，完成率125%，为全面完成公司“0 232”目标奠定了基础。

【成本费用控制】 2016年，玉溪矿业公司对各二级单位成本进行工序成本管理，对大额物资的单价、单耗、单位成本、工序单位成本作环比、同比分析，不断调整和控制生产工序环节的成本投入，部分工序成本取得显著的成果。铜选矿单位成本较上年下降3.69元/吨；采矿炸药单价较上年下降0.6元/千克，钢球单价较上年下降189.23元/吨。通过电力市场化交易，电价较上年下降0.09元/度，节约成本3 701.46万元。加强三项费用的管控工作，管理费用、财务费用、销售费用较上年分别下降39.84%、31.72%、5.46%，其中管理费用中的可控费用下降58.07%。

【标准化建设】 2016年，玉溪矿业公司启动标准化建设工作，制订了《玉溪矿业有限公司标准化工作推进方案》；深入推进模范矿山（工厂）建设，固化大红山铜矿、狮子山矿、思茅山水公司取得的成效。实施持续改进项目4个，实现收益223.82万元。开展精准辨识、消除浪费活动，查找出浪费1 405条，消除1 148条，实现收益54.28万元。参加精益管理诊断比武大赛2期5个参赛队，获二等奖4次，三等奖1次，优秀组织奖1次。获最佳实践案例二等奖2个，三等奖2个，优秀奖1个。

【“三率”劳动竞赛】 2016年，玉溪矿业公司继续开展提高铜金银选矿回收率、精矿含铜品位和降低采矿损失率及矿石贫化率劳动竞赛，优化“三率”指标取得实效。采矿综合损失率完成15.04%，较考核指标23.10%降低8.06个百分点，较上年完成值13.83%上升1.21个百分点；贫化率完成12.80%，较考核指标15.41%降低2.61个百分点，较上年完成值12.98%降低0.18个百分点；铜选矿回收率完成91.73%，较考核指标90.50%提高1.23个百分点，较上年完成值90.96%提高0.77个百分点；铜精矿品位完成19.90%，较考核指标19.42%提高了0.48个百分点，较上年完成值19.40%提高了0.50个百分点。

【巡回监督检查整改】 2016年，玉溪矿业公司根据企业管理规范性及依法治企的工作要求，结合云铜巡回监督检查及中铝延伸巡视工作所揭示的问题，公司在健全完善制度、落实财务管理制度、严格执行中央八项规定精神和中铝八项规定要求、规范招投标管理、选人用人工作等方面进行深入查找，对存在的问题立即整改，公司专业基础管理工作得到了进一步规范。根据云铜巡回监督检查反馈的意见，公司对照，举一反三，全面查摆问题，深刻剖析问题根源，制订具体整改落实方案，严格落实整改。

【全面风险管理】 2016年，玉溪矿业公司持续完善全面风险管理，强化风险防控体系建设，深入查找风险点，制订有效防控措施，做到风险可控，避免出现风险盲点；对重要决策、经济合同等进行法律审查，提高依法治企、合法经营、合规运作水平；综合纪检、监察、法律等手段，形成经营风险大防控格局，提高风险管控能力。坚持“三重一大”集体决策原则，加大对重点领域、重点环节的监督检查力度。

【安全环保】 2016年，玉溪矿业公司落实党政同责、一岗双责、失职追责责任体系，按照梳理工作岗位、明确业务范围、注重问题导向、形成责任清单的工作流程，完善全员1 236个岗位HSE责任清单，并严格履职考核。通过全员识别查找、违章行为督查纠察、经验交流等方式开展扭掉安全生产五个坏习惯行动。持续推进安全生产标准化建设，开展标准化现场对标管理，深化安全标准化班组创建工作。强化现场管控、隐患排查治理，公司全年开展8次专项安全环保大检查及系统安全状态评价等检查工作，共查出隐患567项，针对各项隐患及问题，均按要求制订整改方案，及时组织闭合整改。严查违章行为，严格安全教育培训与考核，推进承包工程职业健康安全环境管理综合整治。结合贯彻落实《班组长安全履职百字守则》，深入开展领导进班组全员查隐患专项安全活动，公司职业健康安全环保管理基础进一步夯实。

【扭掉安全生产五个坏习惯】 2016年1月，玉溪矿业公司制订《玉溪矿业有限公司扭掉安全生产五个坏习惯强化作业现场违章综合治理实施方案》，经公司二届六次职工代表大会审议通过后下发执行。动员全公司各级领导干部、管理人员、职工，识别、查找安全生产五个坏习惯，根据识别、查找出的五个坏习惯，形成坏习惯清单，逐级对照检查，纠正坏习惯行为。公司及各单位分别成立督察队、纠察队，深入生产一线开展违章行为督查、纠察；建立曝光台，专门开通安全环保网站，对各单位查处的违章行为或坏习惯进行通报，各单位在办公楼、生产、生活区域醒目位置设置曝光栏或者通过内部网络、手机短信等形式对查处的违章行为进行曝光；开展扭掉安全生产五个坏习惯经验交流，每季度组织召开安全生产警示教育会，由机关部门、各二级单位、承包单位对扭掉安全生产坏习惯工作进行经验交流，并按上级公司要求参与集团范围内的经验交流。

【瘦身健体】 2016年，为进一步压缩管理层级减少法人户数、“僵尸企业”治理、低效无效资产处置、剥离国企办社会职能等工作，玉溪矿业公司在深入分析调研的基础上，制订“瘦身健体”工作方案，明确3户企业（洪鑫矿业公司、红山球团公司、景谷矿冶公司）的处置工作目标、低效无效资产处置措施、剥离企业办社会职能工作实施方案，从2017年开始全面开展工作，以进一步提高公司管理效能、优化资产质量，推动公司稳健发展。

【项目建设】 2016年，玉溪矿业公司完成思茅山水公司三选厂碎矿系统扩能改造项目，并成功进行了联动带负荷试车；大平掌低品位资源综合利用选矿工程项目初步设计通过中铜专家组评审，现已制订项目前期推进实施方案；大红山铜矿西矿段采矿工程于9月26日启动试生产，中后期生产废石堆场完成实物竣工，龙都尾矿库中期中线法堆坝项目通过中铝公司组织的竣工验收和云南省档案局组织的档案验收；狮凤山铜矿者拉母箐尾矿库闭库治理工程通过云南省安监局验收；狮子山深部持续工程按进度稳步推进，已完成18中段水仓安装工程建设；玉矿大厦已完成整体移交，现已启动内部装修及外部招商招租工作；云铜技校“国家级高技能人才培训基地建设项目”建成，新增设施设备达500万元，新增工位217个，为公司高技能人才培养奠定了坚实的基础。

【科技创新】 2016年，玉溪矿业公司完成科研项目17项，取得科技成果11项，实现成果推广创效2 704万元；获得专利受理2项。加速推进研究成果生产运用，重点开展“磁选流程增加磁扫选可行性研究”成果在大红山铜矿一选厂的推广运用，技改项目于10月投入运行。开展技术创新提质增效项目实施，狮子山矿节约采矿成本项目实现增效9.84万元；大红山铜矿降低充填成本项目实现增效43.09万元。思茅山水公司细粒尾矿模袋法堆坝安全技术及工程示范成果获中国有色金属工业科学技术一等奖；以公司为依托的云南省铜矿物加工工程技术研究中心通过省科技厅组织的3年目标任务完成情况全面考核；获红塔区“高新技术企业复审奖”，奖励10万元，申报并获得省企业研发经费补助30.71万元。

【分配制度改革】 2016年，玉溪矿业公司按“六位一体”生产组织与考核模式要求，强化过程管控，组织“月考核、月兑现、季平衡、年结算”绩效考核工作；制订了《玉溪矿业有限公司关于实施2016年提质增效专项考核和总经理特别奖励》考核办法，将提质增效目标完成情况纳入绩效考核；建立健全以深化改革、本质脱困、提质增效、科学发展为主题，坚持按照公司深化精益生产组织模式和市场化改革的方向，发挥绩效考核的杠杆激励作用，构建效益和价值导向型工资总额考核机制，营造了全员作贡献、全员增效益的环境氛围。

【宣传思想文化建设】 2016年，玉溪矿业公司围绕提质增效、“瘦身健体”“两学一做”学习教育、重点工程项目建设、“三供一业”移交等工作，讲好玉矿故事，精心策划系列重大主题宣传，发出“好声音”，弘扬正能量。《砺剑十载今出鞘》《玉溪铜人的逆袭》等多篇文章被《中国有色金属报》《中国铝业报》刊发。《玉溪日报》刊发公司各类文章24版。在公司以外的报刊杂志共刊登稿件110余篇。《玉矿经济》和文学刊物《山之恋》合刊为《五色凤》；《玉溪矿业》报荣获省企业新闻工作者协会“云南省优秀企业报”称号。以庆祝建党95周年、纪念长征胜利80周年为契机，召开党员座谈会、老干部座谈会、慰问老党员和困难党员、进行“三优一先”评比表彰等活动，推动社会主义核心价值观落地，使文明创建活动向纵深发展。狮子山矿选厂党支部获国资委和中铝公司“先进基层党组织”称号。以云铜成立二十周年为契机，组织参与“我与云铜二十周年”征文、篮球赛、羽毛球赛、职工书画摄影展、“感动云铜十大人物”评选等系列活动；落实HSE“党政同责、一岗双责”，把安全工作纳入党委工作重要议事日程，公司党委委员带头深入基层讲安全、抓安全，营造了安全文化氛围；开展精品党课和扭掉安全生产五个坏习惯征文评选、表彰。

（薛美蓉）

统　计

【统计服务】 2016年，市统计局围绕经济发展抓实统计工作，履行“计分员、监测员、服务员”角色。一是组织培训。3月4日，市政府召开各县（区）分管领导、市直相关部门领导参加的GDP核算专题培训会，市统计局业务人员对GDP的含义及核算方法作详细讲解；7月25日，市委组织召开由各县（区）委书记、县（区）长、市直相关部门主要领导参加的统计专题培训会。二是抓好统计信息报送工作。全年撰写并报送统计信息125期、统计快报35期、统计简报120期、统计专报18期。其中：《确保一季度投资高位开局的有利条件和不利因素分析》《我市近年非烟工业纳规入库和库内企业情况形势严峻》《我市下半年完成固定资产投资目标任务难度增大》《2016年玉溪市固定资产投资将实现高开稳走的良好态势》等多篇专报得到市委书记罗应光、市长张德华的批示。市统计局获“中国信息报社2015~2016年度统计宣传工作先进单位”称号。三是建立定期经济运行分析研判机制。牵头召开部门联席会议17次，到九县（区）召开座谈会，分析研判经济运行情况，变统计“数库”为“智库”。四是加大统计数据资料整理开发力度。通过成立统计数据资料开发领导小组，集中力量组织全市统计系统业务骨干撰写了《玉溪领导干部手册（2016）》《玉溪统计年鉴2015》《玉溪市2015年国民经济和社会发展统计公报》《玉溪小康之路》《玉溪市第三次全国经济普查论文集》《玉溪市第三次全国经济普查年鉴》《2015年玉溪市1%人口抽样调查主要数据公报》和季度主要经济指标等。

【第三次全国农业普查】2016年，市统计局推进全市三农普各项工作，形成了主要领导亲自抓、主管领导具体抓、统计部门牵头抓、相关部门配合抓、市县（区）乡村层层抓的工作格局，12月12日，市人民政府召开第三次全国农业普查工作会议，副市长、市第三次全国农业普查领导小组组长蔡四宏代表市政府与各县（区）政府签订目标责任书，对农普工作提出要求。9月1日至10月10日在新平县进行了综合试点工作；11月7日至12日举办了农业普查方案暨PDA操作培训班；12月21日在江川区召开了全省三农普宣传月启动仪式；12月27~30日对各县（区）三农普工作开展情况进行了督查。

【统计改革】2016年，市统计局围绕统计改革，创新服务方式，提升服务质量。一是及时传达学习中央深改组第二十八次会议通过的《关于深化统计管理体制改革提高统计数据真实性的意见》精神，强化责任担当，提高统计数据质量。二是运用“互联网+”便利，建立“数据玉溪”手机客户端，打造经济社会的“晴雨表”、决策管理的“参谋部”和服务公众的信息窗，将传统的主观服务方式提升为需求导向型的服务方式，让统计更“接地气”，为全市各级党政领导和社会各界提供了更加优质的统计服务，年内，“数据玉溪”手机客户端下载使用人数1 600余人，访问超过25 000次，查看条目超过44 000条。三是通过成立工作领导小组、制订工作方案、加强与部门协调配合、开展专题培训等方式做好“五证合一、一照一码”改革工作。四是做好五大产业、重点产业扩规监测工作，定期发布统计数据。五是采取调整样本库、完善指标体系、完善调查方法、增加专人负责人力资源监测分析等“四举措”推进“三新”企业统计工作。六是完成自然资源资产负债表试点工作，并于11月11日在市委全面深化改革领导小组第十七次会议上作了专题汇报；落实建立生态文明目标体系要求，收集基础数据，为后续工作打下坚实基础；全年共有3篇简报被市委深改办采用；配合有关单位做好统计服务，为全市深化改革提供数据支撑。

【统计基础建设】2016年，市统计局坚持从抓好培训、提升数据质量入手，夯实统计基础。一是多措并举抓好统计业务基础工作，市统计局严格按照统计工作制度要求，坚守统计“四条红线”，提高基层数据质量，分析报表指标间因果关系，建立企业、乡、县（区）、市四级数据审核制度，定期召开业务培训，加强县（区）数据评估、监测、分析工作，提高报表数据质量。二是突出重点抓好统计调查，把农业、工业、服务业、固定资产投资、人口社会等统计调查工作作为重中之重来抓，并抓好名录库建设，科学纳规纳限、入库退库，做到“先入库再有数”。三是高度重视各专业培训质量，市统计局月度、季度、年度组织召开生产总值基础指标联审会、工业统计培训及数据联审会、非公有制人才资源统计培训、群众安全感满意度预调查业务培训、固定资产投资统计业务培训、服务业贸易统计报表业务和数据处理程序培训、101-1表年度审核验收业务培训、文化产业和人口统计培训、能源管理和统计培训、依法行政依法治统业务培训、政务信息培训等。四是组织县（区）基层统计人员14人参加国家、省统计局组织省外培训5次，覆盖了七县二区。五是梳理完善《玉溪市统计局制度汇编》，健全工作制度，下派6名年轻干部到乡（镇）统计站挂职。

【统计法制建设】2016年，市统计局一是以“五种意识”及时贯彻落实中央、省、市领导批示精神，5月，中央、省、市领导对统计造假作重要批示，6月13日，市统计局召开党组（扩大）会议，提出树立大局意识、看齐意识、法治意识、责任意识、服务意识等贯彻落实好批示精神。二是及时落实省统计局数据造假、以数谋私专项治理工作，组织六个督查组对全市七县二区开展了督查，共检查县级统计机构9个，检查面为100%；检查乡、镇（街道）统计站20个，检查面为27%；深入“四上企业”18家，检查面为2.5%；督查组共组织召开县（区）、企业座谈会36场次，访谈人员达135人次。三是做好统计执法推广随机抽查工作，制订了《玉溪市统计局统计执法检查推广随机抽查实施方案》，在7月28日召开工作会议基础上于8~9月对全市随机抽取的34户联网直报企业开展执法随机抽查，并建立执法检查卷宗。10月13日召开的全省加快推进“双随机一公开”监督工作电视电话会议上，市政府把市统计局统计执法推广随机抽查工作作为经验进行交流，给予充分肯定。四是加强法制学习，强化执法队伍建设。3月22日，邀请省统计局法规处领导作依法行政、依法统计，为全面提升统计调查数据质量保驾护航的专题讲座；5月23日，就《统计上严重失信企业信息公示暂行办法》组织全局职工学习；11月就依法行政及统计法律法规知识做了专题讲座。

（何　洋）

国家统计局副局长许宪春到玉溪市调研，省统计局局长张云松、市委书记罗应光等领导陪同（市统计局　提供）

青山绿水·碧玉清溪

（曾永洪　摄）

园区经济

PARK ECONOMY

责任编校：刘仕荣

园区宏观管理

高新技术产业开发区

特色园区

园区宏观管理

【园区规划建设】 2016年，全市批准设立的工业园区11个，其中，玉溪高新技术产业开发区是国家级高新技术产业开发区，红塔工业园区、研和工业园区、通海五金产业园区、新平工业园区、易门工业园区、华宁工业园区是省级工业园区，玉溪大化工业园区、澄江工业园区、江川工业园区、元江工业园区是市级工业园区。全市初步形成了多层次并存的工业园区（高新技术产业开发区）等级规模体系。随着各地对工业集中、集群发展认识的深化，各地政府积极推动工业园区开发建设。各地发挥园区在地理位置、交通条件、硬件设施人力资源等方面的比较优势，培育产业，基本形成了烟草及其配套、钢铁有色金属、装备制造、生物医药、新能源新材料、电子信息、磷化工、新型建筑建材、生物资源加工、现代物流等10大特色主导产业及产业基地，园区产业发展框架已具雏形。工业园区的空间布局进一步调整和优化，全市园区规划面积达371.85平方千米，并不断加大土地收储和园区开发建设力度，建成面积达71.6平方千米，建成率为19%。

【园区经济运行】 2016年，全市工业园区保持增长势头，累计实现工业总产值1 509.6亿元，增长6.3%；完成工业增加值620.9亿元，增长5%，占全市工业增加值的98%；入园工业企业户数达820户（其中规模以上企业316户），就业人数达14.4万人。

【园区规划调整修编】 2016年，玉溪市围绕“三区一港”发展定位、“5 577”经济社会发展总体思路和“四带多园”产业总体布局，启动了易门、澄江、大化、华宁等园区总体规划的调整修编工作，《华宁工业园区总体规划修编（2016～2030）》于1月28日通过了专家评审；《澄江工业园区总体规划修编》于8月12日通过了专家评审；《玉溪洛河高原特色农产品加工产业园建设项目可行性研究报告》《红塔工业园区北城片区生物产业园可行性研究报告》于12月26日通过评审；完成了《元江工业园区总体规划修编》环境影响评价报告的审查工作，通过一系列的编制和修编，提高规划的指导性和科学性，更好的指导全市工业园区的发展。

【园区综合考核评价】 2016年，市工信委开展园区综合考核评价，加快推进园区提档升级。按照省工信委的要求，开展工业园区发展的综合考核评价工作，并按照考核评级体系和相关程序审核后上报了2015年各园区发展的相关数据和自查报告。2015年在全省7个国家级考核中，红塔工业园区（含高新区）排名第3名，在62个省级工业园区考核中，易门园区排名第6名、华宁园区排名第23名、通海产业园排名第27名、新平园区排名第31名、研和园区排名第48名。市工信委与各园区管委会签订了2016年度玉溪工业园区目标任务责任书。并每月按指标体系对全市工业园区进行考核排名。

【园区实体化管理改革】 2016年，市工信委落实《玉溪市工业园区实行实体化管理指导意见》，全面推进全市园区管理运作向企业化、市场化转变。探索创新园区管理运作模式，转变园区管理职能。澄江、元江、大化3个市级园区启动了实体化管理改革的相关工作。2016年12月，澄江、元江、大化3个市级园区实体化管理方案经市政府研究同意批复，进入试行实施阶段。

【园区标准厂房建设】 2016年，各园区突出重点，以工业园区为载体，按照科学化布局、规范化建设、功能化配套、市场化运作的要求，推行标准厂房建设，各工业园区采取多种模式建设标准厂房，统筹规划，多渠道筹措建设资金，用于园区标准厂房建设、基础设施建设。截至12月底，建成标准厂房75.33万平方米。

【园区土地收储及开发】 2016年，园区土地收储及开发力度不断加大，改善工业投资环境，构筑良好招商引资平台，促进园区跨越式发展。全市各园区利用PPP模式融资2.33亿元，园区完成水、电、路等基础设施投资78.06亿元，土地收储13 117.64亩，开发平整11 352.46亩，园区承载能力逐步提升。

【园区招商引资和项目建设】 2016年，园区产业带动招商引资和项目建设取得突破。园区要向前发展，做大规模，提升质量，必须靠大量新项目、好项目来支撑。2016年完成招商引资351.4亿元，园区新开工工业投资项目136项，其中：5 000万元以上的项目53项；新竣工工业投资项目106项，其中5 000万元以上投资项目50项。

（周凤琴）

高新技术产业开发区

【概　况】 2016年，玉溪国家高新区园区共有企业2 503户，其中：规模以上工业企业53户（2016年新纳规企业18户）、高新技术企业24户、私营企业2 053户；个体工商户4 746户，民营经济从业人员4.2万人。园区拥有13个国家级、省级科研单位和技术中心，先后承担了268个国家级和省级科技计划项目，年内，成功申报国家火炬玉溪高新区生物医药特色产业基地，也是云南省第一批省级生物产业示范基地和云南省高层次人才创新创业示范基地。

【生产总值】 2016年，园区完成生产总值475.84亿元，同比增长1.8%；规模以上工业总产值582.57亿元，同比减少3.5%；规模以上工业增加值417.67亿元，同比减少3.2%；规模以上固定资产投资46.77亿元，同比增长33.3%。不含玉溪卷烟厂，完成生产总值71.7亿元，同比增长16.8%；规模以上工业总产值98.7亿元，同比增长4.5%；规模以上工业增加值30.14亿元，同比增长14.7%。在非烟经济中，第一产业增加值1.29亿元，同比增长6.2%；第二产值增加值37.22亿元，同比增长9.3%，其中工业增加值33.97亿元，同比增长16.4%；第三产业增加值33.17亿元，同比增长27.8%。截至12月底，园区内共有企业2 503户，同比增长43.4%，个体工商户4 746户，同比增长4.2%；不含卷烟厂，园区完成技工贸总收入271.05亿元，同比增长17.1%。

【招商引资】 2016年，园区立足招大引强，创新招商方式，聘请招商代理13名，产业发展和投融资顾问9名，组织42次点对点精准招商活动。签约项目27项，估算投资124.9亿元；新开工项目30项，概算投资35.1亿元；续建项目19项，预算投资91.5亿元；竣工项目15项，完成投资22.5亿元。大健康及生物医药在建项目10项；望

2016年12月，玉溪大数据中心上线仪式并启动运营　　（高新区　提供）

子隆、玉药、嘉和生物公司项目试生产，全年规模以上生物医药企业工业产值同比增长18%。华为玉溪云计算数据中心启动运营，云南联通玉溪数据中心开工建设；电子信息产业运营项目12项，储备项目5项，在建项目14项，总投资约100亿元。玉溪高新技术产业孵化中心设计方案通过市规委会审议。韵雅生物黄腐酸、九州生物马免疫球蛋白、实建果业柑橘深加工、泽润生物宫颈癌疫苗、汇龙科技电动汽车动力系统、众创国际加速孵化公园等项目建设提速。中国西南航空货运枢纽项目落户龙泉园区，玉溪支线机场前期工作有序开展。年内，园区招商引资到位资金65.67亿元，同比增长30.5%。

【财政运行】 2016年，玉溪高新区实现财政总收入15.8亿元，同比增收2.3亿元，增长16.5%。实现公共财政预算收入5.9亿元，同比增收1.2亿元，增长25.0%，财政收入再创历史新高。其中：完成税收收入4.6亿元，占公共财政预算收入的78.0%，同比增收1.1亿元，增长31.3%。完成非税收入1.2亿元，占公共财政预算收入的22.0%，同比增收760万元，增长6.4%。完成政府性基金预算收入1.9亿元，同比增收9 570万元，增长94.3%。地方公共财政预算支出5亿元，同比增长14.5%，完成年度预算的117.5%。社会消费品零售总额实现56.49亿元，同比增长15.3%。年内，外贸总额首次突破5 000万美元。截至12月底，园区完成进出口总额5 148万美元，同比增长32.5%，其中出口总额3 466万美元，同比增长157.9%。

【融资管理】 2016年，高新区着眼于投融资体制改革，破解企业融资难题，加大与浦发银行、建设银行、红塔银行的合作，不断为企业提供贷款贴息等金融服务，帮助企业解决发展资金12.6亿元。截至12月底，园区金融机构存款余额162.45亿元，同比增长27.9%；金融机构贷款余额107.54亿元，同比减少68.2%。

【园区建设】 2016年，高新区加速推进南片区龙潭路延长线和创新路延长线建设，启动生物医药产业园1号、2号道路建设；完成九龙片区主干道三经路延长线建设；龙泉园区龙腾路B标段和江义街完工，江滇路部分路段完成路基工程，江源路、龙滨路、江鼎街正抓紧施工，路网建设取得新成效。

高新区融建集团投资有限公司与广东龙浩集团签署组建玉溪民用运输机场投资建设管理有限公司合作协议，在高新区注册成立合资公司，航空网建设取得新突破。

完成华为云计算数据中心10千伏双回路外电配套工程建设和九龙片区高压电力走廊迁改专项方案并启动配套工程。在三经路延长线、创新路延长线配套建设高压电缆沟、弱电管网设施，完善市政道路配套工程，电网、能源网配备取得新进展。

完成飞井水库截污沟工程，二次加压供水工程完成总工程量的80%。投资500万元完成高龙潭片区二次加压项目，解决了南片区公租房、生物医药产业园生产生活用水，水保障网建设有了新发展。

华为玉溪云计算数据中心完成投资2.3亿元，开始承接玉溪智慧城市、教育、医疗、公安、众创空间等17个单位业务，平台价值初显。

对部分路段的人行道地砖进行“海绵”改造。将原有的人行道地砖更换为透水砖，并修建了地下排水暗沟，改造后的人行道加大了含水能力，能缓解内涝现象。

【产业培育】 2016年，高新区以培育产业为支出重点，完成财政总支出24.4亿元，同比增长228.5%，其中财政资金支出6.4亿元，同比增长24.3%；银行融资支出18亿元，同比增长173.6%，产业发展资金15 515万元，同比增长61.33%。扶持生物医药企业16户，拨付9 612.8万元支持华为、华唐、亿赞普、融创天下、慧达万里、中磷磷资源、中国联通数据中心等企业。

加快产业转型升级，培育规上企业，壮大新兴产业。截至12月底，园区规上工业企业增加到53户，同比增长65.6%。不含玉溪卷烟厂，年内，高新区完成工业总产值111.17亿元，同比增长12.9%；工业增加值33.97亿元，同比增长16.4%；工业主营业务收入104.67亿元，同比增长15.2%。卷烟配套产业完成工业产值19.53亿元，同比增长0.8%，占规上工业产值的19.8%；大健康产业完成工业产值26.4亿元，同比增长15.8%，占规上工业产值的26.7%；高端装备制造业完成工业产值11.05亿元，同比增长15.4亿元，占规上工业产值的11.2%；其他产业完成工业总产值10.08亿元，同比增长20.0%，占规上工业产值的10.2%，产业培育迈上新台阶。

【创新创业】 2016年，玉溪高新区坚持创新驱动发展战略，着力科技创新、打造平台、优化环境，园区经济呈现快速发展态势。成功申报国家火炬玉溪高新区生物医药特色产业基地，5户企业被新认定为高新技术企业，高新技术企业达24户，占全市的28%。推荐自强集团申报省级企业技术中心获批。全年共计向上申报项目70余项，已争取到位扶持资金1.27亿元。完成云科玉溪高新众创空间的创新创业环境建设，加强了孵化器、互联网产业园、互联网产业创新管理。玉溪高新技术产业孵化中心设计方案通过市规委会审议，正在开展工程地质勘查。玉溪高新电子商务产业园入园运营项目27项，实现销售收入1.5亿元，带动就业2 000人。完成“两个10万元”微型企业培育工程45户扶持款的发放，助推了“互联网+”的融合创新。引进阿里巴巴、腾讯、华为、

高新区维和新厂区（高新区 提供）

融创天下、亿赞普等世界知名互联网企业落户高新区，汇聚全国互联网行业的顶尖人才，在发挥高端人才引领作用、培养创新型人才、产学研究和院校合作等方面树立了典范。

【土地收储】 2016年，高新区根据《玉溪市2016年工业园区发展目标责任书》和《关于印发〈玉溪市市直单位2016年度综合考评智能目标评分表〉的通知》要求，玉溪高新区在九龙片区、龙泉园区分别成立由分管领导为责任人的指挥部和征地领导小组，抽调素质高、业务精的干部长期驻守，协调红塔区和江川区相关部门，超额完成了2016年土地收储任务。年内，配合南片区“退二进三”进程，将长时间闲置的高新区南片区IIB地块土地68.92亩（原德恒光电地块）土地进行挂牌拍卖，及时盘活土地资源，回笼资金11 680万元。收回云锡同乐工业用地437亩，新征收储九龙片区用地540亩、龙泉园区1 002亩，市级下达高新区土地收储任务为950亩，实际收储1 979亩，完成目标任务的208%；三通一平任务为1 200亩，实际完成1 702亩，完成目标任务的142%。

【实体化改革】 2016年，高新区落实市委、市政府关于破除园区经济社会发展体制机制障碍，加快推进园区机构、人事、收入分配制度等为主要内容的实体化改革，创新体制机制，为园区发展注入新动力。一是推行人事制度改革，加强制度建设，制订出台《玉溪高新区人事管理办法（试行）》《玉溪高新区绩效考核管理办法（试行）》《玉溪高新区编外人员管理办法（试行）》《玉溪高新区绩效考核管理暂行办法实施细则》等制度。实行区管干部全员聘任（用），按照身份不变、以岗定薪、同岗同酬模式实行岗位管理机制。二是推行绩效考核管理，建立了以绩效考核为主要内容，目标考核、专项考核为辅助措施的考评奖励办法，结合日常考勤、学习、工作目标完成情况，全面客观公正考核评价各工作机构和工作人员的工作实绩。三是推行收入分配制度改革，根据岗位职责、工作业绩、实际贡献，确定各岗位薪酬，受聘期间按所聘职务（岗位）享受相应的薪酬。设立专项考核奖，给予在招商引资、项目建设、产业发展等方面做出突出贡献的有关部门适当奖励。四是推进县（区）深度合作，组建玉溪高新区龙泉园区管委会，明确主要职责、办事机构和人员组成方案。该管委会以玉溪高新区管理为主，管委会主任由高新区副主任担任，副主任由玉溪高新区、江川县选派。同时组建玉溪高新区龙泉园区开发公司，实行公司化运作、实体化管理。五是推进行政体制改革，制订完善党工委、管委会工作规则、议事规则、会议制度，理顺管理关系，完善运行机制，构建高效、规范、开放的新型管理体制。

【大数据基地建设】 2016年5月，玉溪华唐大数据服务外包产业基地在高新区正式运营。作为全省首家大数据外包产业基地，为玉溪建设面向南亚东南亚大数据聚集区和国家云计算产业西南高地奠定了坚实基础。项目基地依托华为云服务，打造以云南为中心面向南亚、东南亚的首个大数据服务外包产业基地，并在玉溪各职业与技工院校建设2 000坐席的产业人才培养及实训基地，开展人才培养合作。项目运营后，将通过购买服务的方式与行政机关、企事业单位开展合作，提供大数据处理、电子商务呼叫中心等服务。预计项目达产后可实现营业收入过亿元，带动就业2 500人。

【投资服务】 2016年7月，高新区推进简政放权放管结合优化服务改革，行政审批事项“一个窗口对外”和“一站式”服务，提高了投资服务效率。高新区办理行政审批业务职能部门公章一律不再对外使用，所有行政审批件的办理统一加盖《玉溪高新区管委会行政审批专用章》，更新优化政务服务中心运行流程，各职能部门对原有的行政审批申请表进行修改，依据新的流程进行行政审批申请件的办理，政务服务中心做好行政审批申请件的接件、初审、送件、取件等业务，并做好行政审批件办理情况登记汇总及资料收集工作。

（向致林）

特色园区

【红塔工业园区】 2016年，红塔工业园区形成规划面积57.59平方千米“一园八片区”的发展格局，由红塔集团片区、高新区片区、九龙片区、高仓片区、大营街片区、观音山片区、北城片区、洛河片区组成。园区为云南省重点培育的10个国家级园区和10个销售收入超千亿园区之一，被工信部认定为国家新型工业化产业示范基地，被省政府认定为云南省高新技术产业开发区。

2016年，园区主营业务收入完成894.31亿元，比上年同期增长6.6%；工业增加值完成455.98亿元，比上年同期减少1.0%；固定资产投资额完成149.71亿元，比上年同期增长52.0%；完成招商引资市外国内资金71.34亿元；完成土地收储1 537亩，开发平整874亩；新开工投资5 000万元以上的工业投资项目有8个，竣工8个；标准化厂房建设完成14.46万平方米。

2016年底，观音山片区入园一、

二批次19个项目计划总投资15.15亿元，累计完成12.35亿元，完成计划总投资的81.5%。9月，观音山片区重点项目举行集中开工典礼，集中开工的8个项目计划总投资9.06亿元，累计完成投资1.85亿元，完成计划总投资的20.08%。年底，园区10个项目进入生产和试生产，9个项目在建设。活发物流产业园仓储区A项目和物流加工区已备案；仓储区A项目施工图设计文件正在审查；东恩示范区建设项目已完成项目备案；荣盛科技特色玻璃深加工项目已备案，正在做施工图设计；通禹电力正在办理项目备案手续；渠成机械项目已备案，正在进行土地招拍挂；吉宝商贸已开工建设，正在开展基础工程。

年内，推进观音山片区新兴产业园、玉溪洛河高原特色农产品加工产业园、北城片区生物科技创新产业园、北城片区光电子产业园、红塔工业园区信息产业园五个产业园的规划建设。至年底，新兴产业园正在谋划前期工作；玉溪高原特色农产品加工产业园通过到四川成都及区内通海县进行参观考察的基础上，委托云南省农业科学研究院编制可行性研究报告及基础设施建设方案，开展控规编制及基础设施建设初设、招商引资等工作；北城片区生物产业园已完成可研报告的编制；北城片区光电子产业园已完成产业规划的编制并通过评审；红塔工业园区信息产业园完成信息产业园项目方案、优惠政策梳理、通用协议文本编制等前期工作，积极开展信息产业园相关项目引进。

2016年，园区实施市外国内招商引资项目33项，实际到位市外国内资金71.34亿元，完成53.16亿元目标任务的134.2%。其中：省外项目25项，到位资金57.24亿元；市外省内项目8项，到位资金14.10亿元。工业项目14项，实际到位市外国内资金17.47亿元，新引进项目13个，到位市外国内资金39.34亿元。年内，招商引资新增在谈项目25个，重点在谈项目20个，计划投资总额40.27亿元，计划用地1 229亩。

（王德莉）

【研和工业园区】 2016年末，玉溪研和工业园区实现企业主营业务收入116.25亿元，同比减6.17%；工业总产值70.71亿元，同比减0.01%。其中：规模以上工业总产值68.26亿元，同比增5.24%；工业增加值12.28亿元，同比增10.44%；工业和基础设施固定资产投资21.67亿元，同比增3.48%；招商引资实际到位市外国内资金44.02亿元，同比增139.24%；地方财政收入0.97亿元，同比增20.70%。土地收储1 505.26亩，同比增7.88%，三通一平土地877.69亩，同比减0.24%；新开工5 000万元以上工业投资项目5个；新竣工工业投资项目7个，同比增40.0%；标准厂房竣工1.85万平方米。截至年底，入园企业212户，聚集规模以上工业企业21家，拥有玉溪新兴钢铁有限公司、云南太标集团、云南正成工精密机械有限公司等一批知名企业。

2016年，园区分区规划《总规》已完成；完成“海绵型”生态园区建设项目编制待评审；完成园区三个片区给排水、电力路径建设方案。加快推进基础设施项目建设，其中中小企业创业园道路、中石油进场道路项目、大坡头土地整理主干道、商住二期3条道路工程进展顺利；玉溪市第二污水处理厂及配套管网工程项目，管网一标段已完工，二、三标段正在施工，厂区按计划正常施工，厂区水网和电网完成招标。

年内，园区有重点前期工作项目6个（玉交物流、金腾物流、德胜门窗、蓝屋自动门、洪源物流、朝元物流），各项工作进展顺利。重点在建项目16个，分别是：云南太标数控机床有限公司新建1万台数控机床光机生产线项目，项目计划总投资2.53亿元，自建设累计完成投资2.63亿元。项目于2014年1月开工建设，2015年已建成投产，后续配套设备的安装调试正在如期推进。

太标新建年产30万辆新能源电动车生产线项目，项目计划总投资0.5亿元，累计完成投资0.51亿元，成套电动车流水线和部分设备已经完工。

玉溪市再生资源回收利用加工体系建设项目，项目计划总投资2.37亿元，自建设累计完成投资1.94亿元。一期工程已完工，二期工程正在办理前期手续。

云南金岭材料科技有限公司年产20万吨公路波形护栏产品生产线建设项目，项目计划总投资2.63亿元，累计完成投资2.97亿元，2015年1月一期建成投产，二期正在办理相关前期手续。

中国石油云南成品油管道工程配套玉溪油库项目，项目计划总投资2.2亿元，完成投资2.2亿元。项目已经完工，正在验收。

云南高原特色油料油脂精深加工综合全价利用项目，项目计划总投资0.84亿元，累计完成投资0.99亿元，正进行内部装修。

研和中心幼儿园新建项目，项目计划总投资1 246万元，完成投资1 246万元，已完工。

玉溪市中民丰华燃气有限公司液化气储备库建设项目，项目计划总投资0.33亿元，累计完成投资0.39亿元，已完工。

云南省玉溪轴承有限责任公司技改搬迁项目，项目计划总投资0.75亿元，累计完成投资0.84亿元。已试生产。

东风商用车4S店建设项目，项目计划总投资0.46亿元，累计完成投资0.46亿元。已完工。

玉溪复观瓷文化创意有限公司玉溪瓷文化创意产业园项目，项目计划总投资3.12亿元。已完成前期手续，完成挡墙砂浆砌毛石、配电房建设、高压线埋地工程，现因项目后续资金问题已暂时停工，待资金问题解决后复工。

玉溪市福旺物流有限公司仓储物流及配套设施建设项目，项目计划总投资0.69亿元，累计完成投资0.35亿元。正在进行钢结构安装，办公楼主体结构已完成，厂房钢结构安装中。

云南三缘电缆有限公司年产1.5万千米电缆电线项目，项目计划总投资0.49亿元。已完成勘测定界，毛石挡土墙修建工作。项目用地报件已批，待供地。

云南玉溪市瑞达经贸有限公司矿渣建筑垃圾综合利用成套设备制造项目，项目计划总投资0.65亿元。已完成勘测定界，毛石挡土墙修建工作，待供地。

红塔区家国红木家具厂红木家具成套生产项目，项目计划总投资0.45亿元。已完成勘测定界，毛石挡土墙修建工作。项目用地报件已批，待供地。

研和2011～2012年4 200套公租房建设项目，怡璟花苑于2016年12月14日启动第一批选房配租工作，共1 680套，户型包括一室户、一室一厅户、两室一厅户，租金执行市发改委批复的最高政府指导价每平方米4.5元/月，再由园区管委会根据楼层、日照等系数按要求定制。

年内，组织外出招商5次，累计签约项目2项。抓好招商项目的包装储备，重点开发新能源新材料、装备制造、钢铁延伸、物流综合市场和基础设施配套等项目，完成项目包装开发11个，申报省级重点项目1个，申报市级重点项目5个；参与项目开发包装与代办项目行政审批工作，已包装项目30个，代办项目审批2个。

年内，园区有高新技术企业3户，企业共投入研究开发费用约6 278万元，R&D占GDP（工业增加值）比重为5.78%；专利授权数97余件；注册商标102个，拥有省级工程技术中心2户，市级技术中心1户；国家重点新产品1个。

（赵雪如）

【江川工业园区】 2016年，江川工业园区实现工业总产值9.74亿元，同比增31.8%；实现主营业务收入8.93亿元，同比增32.9%；实现生产总值2.13亿元，同比增30.3%；园区企业从业人员850人。完成固定资产投资8.66亿元，同比增110.2%。其中：工业投资5.21亿元，基础设施建设投资3.46亿元。完成招商引资额10.28亿元，同比增92.2%，其中省外国内资金9.21亿元，完成区责任目标8亿元的115.1%。

2016年5月，建设成立园区网站（网址：www.jcgyyq.cn），提高园区吸引力、承载力和知名度，加大园区宣传和推介力度。与航空产业园、双招饮片生物医药、中国联塑电商、昆明信从电气设备有限公司、中丹红制药、神州航天汽车、电动车、北京嘉寓门窗、北京申华电梯、四川禾邦实业集团、大禹节水高效特色农业制造示范项目11家企业进行洽谈，与云南宏程物流集团、江川鑫有铜器制造、龙泉彩印扩建、云南合美直升机组装4个项目成功签约。完成云南宏程物流集团、江川博能能源投资有限公司、江川巨鹏燃气经营开发有限公司、云南合美直升机组装4个项目开工建设。

年内，完成1 002亩（赵官村委会265.38亩、三街社区居委会736.62亩）的征地工作，兑付征地资金8 796万元。取得2015年江川县城镇第一批次用地省批复，取得核心区林地征用省批复；调整317亩用地指标。完成宏程物流供地和博能燃气、巨鹏燃气、鑫有铜制品项目供地，江滇路、龙腾路、江源路等6条道路供地勘测定界报告。完成3个火炮厂、2个饭店、2个葡萄园、1个有机肥厂、1个红砖厂的场地平整工作。完成李世光农家乐、赵官龙泉红砖场拆迁工作，兑付资金121.12万元；配合三街6组完成6个果园合同的解除，兑付资金25万元。

2016年，完成龙泉大道、仙水大道、4号、5号、6号路绿化亮化工程规划设计。完成园区标准化厂房建设二程的可研、立项、环评、水保工作。2016年10月开始启动JTC-2 016-6号地块土地平整工程，11月，启动660亩土地平整工程。完成核心区电力、给水、排水方案的制订，完成看守所搬迁方案的制定和选址；于2016年12启动核心区排水工程。5月28日，云南合美直升机项目开始投产组装，3月25日，博能燃气、巨鹏燃气2家企业实现开工建设；11月，新天力农业机械有限公司建成投产；截至12月底，完成福达钢构、欣宇机械、德兆环保厂房主体结构建设。9月，江义街建成通车；10月，龙腾路建成通车；12月，园区6号路建成通车；其余5条在建道路即江滇路、江源路、龙滨路、江鼎街、龙尚路工程进展顺利。

2016年，江川工业园区共为企业解决各类问题43个，投入资金59.74万元。为联塑公司解决一期规划、环评、消防、安全、竣工验收和质检备案以及房产证办理，为福达钢构、欣宇机械、德兆环保解决水电路问题，让入园企业有归属感。

（徐凡青）

【澄江工业园区】 2016年，澄江工业园区入园企业35户，投产企业26户，其中规模以上企业20户。园区完成主营业务收入23.65亿元，同比下降0.46%；完成工业投资6.2 883亿元，同比增长113.84%；实现规模以上工业增加值7.28亿元，同比增长31.7%；全年完成招商引资5.05亿元，同比增长103.41%。

2016年，完成《澄江工业园区总体规划（2 012～030）》修编文本编制工作。园区形成规划面积14.96平方千米的蛟龙潭片区、东溪哨片区、提古片区“一园三片区”布局。蛟龙潭片区规划面积7.10平方千米，定位发展仓储物流、生物资源加工及其他科技含量高、附加值高，环境污染影响较低的轻工产业；提古片区规划面积1.75平方千米，主要发展高新科技及生物医药为主的现代化高新产业；东溪哨片区规划总面积6.11平方千米，利用现有的工业基础优势，推进现状的磷化工产业向下游延伸发展，同时鼓励高耗能、高污染传统产业向高新产业转型升级，打造成为磷化工精深加工及转型升级的示范区。园区逐步构建起一个片区一个特色、一个产业一个集群的发展格局。

年内，加快推进蛟龙潭片区土地收储开发整理及水网、电网、路网建设，全年收储土地478.99亩，完成3号、4号市政道路主体工程及沥青路面铺设工程，全面启动供水项目净水厂及清水池建设，清水池全面竣工，供水厂配套管网及污水处理厂等相关配套设施建设也在有序推进中。

一年来，争取上级资金7 722万元。先后与云南红塔银行、浦发银行等金融部门进行沟通对接，实现融资1.2亿元。同时推进土地作价入股，完成土地作价入股801万元，有效缓解了园区的资金支付压力，保障了项目的建设。

园区管委会把招商引资工作作为建设发展重点，总结易门广东产业园、高新区顺义产业园和红塔区东恩产业园的经验，策划探索“园中园”建设，瞄准昆明“退二进三”产业转移，紧扣主导产业转型升级和新兴产业培育，选准重点产业、重点企业、重点区域，走出去与请进来相结合，开展以园招商、以商招商，真正使园区成为产业招商的主战场和生力军。2016年，云南华潮实业有限公司、云南电缆集团、恒泰物流、云南泉力实业有限公司、云南赣滇轻型材料有限公司等企业到园区进行实地考察，其中云南泉力实业有限公司希博瑞啤酒生产线建设及工业体验观光项目、云南赣滇轻型材料有限责任公司年产36 000吨水泥制品2个5 000万元以上项目落户园区。

2016年，实现澄江县磷化工华业有限公司余热发电装置技术改造项目、云南澄江志成磷业化工有限公司技术改造项目、云南澄江莲心食品有限公司年产1 500吨颗粒速溶型藕粉建设项目、云南昊海蓝莓科技有限公司年产800T蓝莓酒建设项目4个1千万元以上项目全面开工建设。澄江县磷化工华业有限公司余热发电装置技术改造项目、云南澄江志成磷业化工有限公司技术改造项目、云南德春绿色食品有限公司异地技术改造项目3个1 000万元以上项目顺利竣工。实施园区绿化美化整治工程，抓好以华荣水泥厂21项技改项目为重点的改造提升工程，天辰磷肥技改、志成广龙黄磷尾气发电等技改项目顺利竣工，东溪哨片区磷化工企业黄磷尾气利用率达90%。进一步推动了园区产业转型升级。

（澄江工业园区管理委员会）

【通海五金产业园区】 2016年，通海五金产业园区建设围绕“一县一城三基地”发展战略，按照县“十三五”规划纲要，落实地方工业经济转型升级和工业布局调整举措，持续打造园区投资环境。推进园区实体化改革，明确14项改革内容，申报纳入国家开发区名录库上报材料已经国家发改委初审。落实2009年省政府杞麓湖水污染综合治理工作会精神，根据县域经济发展和生态建设布局，以及曲陀关开发、大石山低丘缓坡试点、食品及生物科技片区选址工作需要，园区最新规划为“一园四片”，规划总面积20.89平方千米。完善基础设施配套工程，推进筹融资工作。统筹资金调度，全面理清债权关系，积极争取上级资金支持，协调金融部门实现到期贷款续贷，争取向社会融资、村组借款转债券。新启动园区重点基础设施项目全部采用垫资模式进行建设。至当年底，园区共有入园企业89户，实现工业总产值81.91亿元；主营业务收入73.5亿元；工业增加值10.3亿元；新增固定资产投资7亿元；完成招商引资及融资20.98亿元；土地收储551.6亩，土地开发平整340亩；新增投资5 000万元以上开工项目3个，竣工3个。

（张永伟）

【华宁县工业园区】 2016年，华宁县工业园区为云南省省级工业园区，发展定位为：以滇中及全省市场为依托，面向全国和东南亚等国际市场，以磷化工、陶瓷建材、装备制造、生物资源加工四大产业及相关配套产业为主导，建成云南省重要的磷化工产业基地、主要的陶瓷建材产业基地，滇中特色生物资源加工基地，同时发展冶金铸造和加工制造等产业，建设多业并举的现代化特色工业园区。

年内，华宁县工业园区完成工业总产值64.1亿元，同比增长20.8%；完成主营业务收入46.9亿元，同比增长8.5%；完成工业增加值17.56亿元，同比增长9%；完成招商引资14.84亿元，同比增长19%；完成固定资产投资13.46亿元，同比增长18.6%；新开工项目10个，协议总投资148 316万元，年内完成投资85 564万元。竣工项目8个，计划总投资100 353万元，累计完成投资112 151万元。新增入园企业7户，入园企业75户，从业人员5 902人。

园区在建项目20项，计划总投资27.3亿元，2016年完成投资13.5亿元，累计完成投资21.1亿元。华宁金振磷化科技有限公司年产2.2万吨泥磷无害化装置暨年产2万吨精细磷酸盐、华宁凯烽陶业有限公司年产6 000万块新型建材等项目顺利推进；华宁长新新型建材有限公司年产8 000万块页岩砖生产项目、新庄片区2号标准厂房等项目竣工投产（运）；总投资2.8亿元的云南金晨纸业有限公司年产4万吨高档生活用纸和1万吨特种纸、总投资2亿元的中复连众（玉溪）复合材料有限责任公司年产400套风力叶片、总投资7.5亿元的华宁玉珠水泥有限公司日产5 000吨水泥熟料生产线等项目开工建设。

利用园区融资平台，多渠道吸引银行资金、企业资金、社会资金参与园区开发建设。2016年，园区基础设施建设完成投资10 640万元，总投资7 356万元的新庄片区2号标准厂房建设项目于1月开工建设，用地112亩，完成投资8 350万元，12月中旬竣工移交中复连众建设年产400套风电叶片项目。新庄1号、2号标准厂房西侧边坡防护及滑坡治理工程顺利实施，主体工程完工，完成投资4 380万元。新庄片区供水管网及片区绿化工程计划总投资1 200万元，安装管道11.2千米，主体工程完工，完成投资1 270万元。完成土地收储平整643亩。完成融资4 595万元。

加强与省市相关部门及工业园区的对接沟通，吸引项目入园。与省内外客商签订了项目投资合作协议，重点围绕园区基础设施建设、装备制造、陶瓷建材、生物加工、磷化工、新能源等特色产业，建立园区项目库。华宁金穗食品有限公司年产1.2万吨挂面系列产品、华宁县华都食品有限公司年产2万吨酱菜产品、华宁县宁海包装工贸有限责任公司年产10 000吨新型农用地膜生产线等项目前期工作有序推进。商务洽谈项目有：山西天宝风电法兰制造加工、赣南低速汽车制造、年产200万吨钢铁板材等，洽谈总投资额超过12亿元。

2016年，对工业园区总体规划进行第三次修编，在上版总规基础之上结合新增冲麦片区，规划布局为“一园五片区”，规划总面积为14.93平方千米。冲麦片区规划面积为3.85平方千米，新庄片区3.6平方千米，莲花片区1.34平方千米，盘溪片区4.69平方千米，青龙片区1.45平方千米。主要发展装备制造、磷化工、陶瓷建材三大主导产业。现建成区面积5.66平方千米。

（张　兰）

【易门工业园区】 2016年，在国内经济下行严峻的形势下，易门工业园区实现工业总产值150.35亿元，同比增27%；实现工业增加值38亿元，同比增13%，完成市下达任务36.8亿元的103%；实现主营业务收入105.25亿元，同比增26%，完成市下达任务90.9亿元的116%；完成招商引资及融资资金50.75亿元，增41%。其中招商引资额48.05亿元，完成市下达42.7亿元的113%；固定资产投资完成41.04亿元，同比增4%，完成市下达任务39.8亿元的103%。其中：工业投资完成21.42亿元，同比减30%；新开工1 000万元以上项目32个，比上年同期多2个，增7%；新开工投资5 000万元以上项目14个，同比增27%，完成市下达任务的175%；新竣工投资5 000万元以上项目13个，完成市下达任务的163%；标准厂房竣工17.48万平方米，完成市下达任务的208%。四项重点工程完成融资3.7亿元，完成向上争取项目资金550万元。

（朱　涵）

【大化工业园区】 2016年，玉溪大化产业园区总体规划“一园三片区”，即：化念片区、金水片区、甸中片区。规划面积43.35平方千米，其中，化念片区28.2平方千米，建成区面积为1平方千米；金水片区13.1平方千米，建成区面积为1平方千米；甸中片区2.05平方千米。

2016年末，共有47户企业落户园区发展。纳入园区统计的23户规模以上企业全年实现工业总产值486 160万元，同比增16.8%，工业增加值151 000万元，同比增25.9%。2016年完成固定资产投资43 000万元，完成目标任务40 000万元的108%，招商引资30 839万元，完成目标任务30 000万元的103%。围绕产业定位，大化产业园区已初步形成装备制造、新型建材、生物资源开发、现代物流等产业为支撑的循环经济产业体系，产业聚集发展初显成效，辐射带动功能显著增强。

2016年，累计筹资9.45亿元用于组织实施园区土地收储、主干道、低丘缓坡一期和二期、供水、输变电等基础建设，加大对园区基础设施建设。化念片区1号路、2号路、3号路建成投入使用，新建的10条道路总里程17.07千米。完成金水片区轻工产业园场地平整160亩，新建380伏供变电设施一组，10千伏供电线路4 206米。新建生产用水供水管线1 326米，架设生活用水管线1 771米。搬迁移动、电信、广电网络公司通讯光缆6 980米。

（龙旺生）

【新平矿业循环经济特色工业园区】 2016年园区实现营业收入（含三产）170亿元，比上年增长8.79%，完成市政府下达目标任务数169.54亿元的100.27%。完成工业总产值180亿元，同比增5.3%；完成工业增加值43.97亿元（现价），同比增4.59%；完成固定资产投资29.8亿元，同比增长5.6%。招商引资及融资到位22.5亿元，完成任务数22亿元的102.27%。收储土地1 080亩，完成任务数1 000亩的108%；开发土地1 150亩，完成任务数1 000亩的115%。新开工5 000万元以上工业项目6个，全部竣工。

2016年，园区启动了扬武田房组团水、电、路工程，并继续推进桂山片区斗戛土地平整，至年底，累计完成基础设施建设投资14 000万元。其中：扬武片区实施田房片区大沙坝道路工程、场地平整工程一期建设项目工程、田房组团大沙坝道路路面工程和田房道路路基工程，共完成投资6 300万元；桂山片区实施斗戛低丘缓坡土地开发整理、斗戛标准化厂房建设工程（LED显示器研发及生产线项目）、斗戛基础设施项目区内电力建设迁改工程和小横山片区道路建设工程等，共完成投资7 700万元。

2016年，园区完成滚动储备生物资源加工、农业机械加工、装备制造和医疗器械等各类项目31项，概算投资436 401万元；在谈项目13项，概算投资348 161.5万元；全年共签订汉康联合生物科技（云南）有限公司工业大麻综合利用建设项目、云南新平恒泰新型材料科技有限公司环保生态透水路面砖建设项目及云南品益生物科技有限公司1 000吨生物提取项目等24个招商引资项目合同，签约资金达37.43亿元，当年实际到位5.46亿元。

2016年，园区共有在建项目42个，总概算投资为125.35亿元，计划完成投资33.46亿元，项目自建设以来完成投资66.66亿元。至年底，完成投资29.8亿元，完成市级目标任务数29.4亿元的101.36%。其中：22个工业续建项目概算投资104.72亿元，计划完成投资19.83亿元，自建设以来完成投资58.16亿元，至年底，完成投资21.57亿元；20个工业新建项目概算投资20.63亿元，年内计划完成投资13.63亿元，项目自建设以来完成投资8.5亿元，至年底，完成8.23亿元。

2016年，园区共完成融资26 000万元，超额完成县政府下达11 500万元的融资任务；完成向上争取资金1 443万元（向云南省国土资源厅争取低丘缓坡开发整理补助资金1 000万元；向市财政、市工信局争取工业园区建设专项资金437万元，向市人大争取斗戛片区部分绿化工作经费6万元），超额完成财政下达275万元任务的524.47%。

（范馑文）

【元江县镍产业工业园区】 2016年，元江县镍产业工业园区完成了园区总规修编工作，园区按照“一园三片区”区域格局规划，即元江县工业园区，甘庄青龙厂新兴产业和热区特色资源加工及仓储物流片区、江东大健康产业及热区特色资源加工片区、安定循环经济片区。总规划用地25.93平方行千米，其中：甘庄青龙厂新兴产业、热区特色资源加工及仓储物流片区规划用地13.51平方千米，以一类工业用地、二类工业用地和物流仓储用地为主，以高新技术为特色，发展新兴产业，包括物流、新材料产业等主要功能；江东大健康产业及热区特色资源加工片区规划用地8.30平方千米，该片区以商业服务业设施用地及一类工业用地为主，以特色生物资源为特色，发展大健康产业、旅游业、特色加工业等绿色产业；安定循环经济片区位于规划用地4.12平方千米，该片区以二类工业和二类居住用地为主，以循环经济为特色，利用矿产资源就近发展矿产资源综合深加工产业。

2016年，工业园区入驻企业37户，其中规模以上企业17户。完成主营业务收入24.89亿元，比上年同期增34 789万元，同比增长21%，完成市下达目标20.09亿元的124%；工业总产值19.25亿元，比上年同期增4.186亿元，同比增长28%；规模以上工业增加值4.35亿元，比上年同期增4 944万元，同比增长13%，完成市下达目标4.3亿元的101%；招商引资资金77 983万元，比上年同期增22 783万元，完成市下达目标7.78亿元的100%；固定资产投资77 983万元，比上年同期增22 783万元，完成市下达目标7.78亿元的100%。土地收储1 014.91亩，完成市下达目标500亩的203%；三通一平土地760.28亩，完成市下达目标250亩的304%。新开工工业投资项目5个，完成市下达目标4个的125%；新竣工工业投资项目2个，完成市下达目标2个的100%。标准厂房竣工面积1.6 064万平方米，完成市下达目标1.6万平方米的100%。

年内，甘庄工业聚集区干坝项目区低丘缓坡土地综合开发利用基础设施项目完成10千伏双回线路架通、施工用水管线已架通、水厂建设基本完成；项目区主干路1道路硬化工程与玉溪马桥建设集团合作建设，于3月20日开工建设，已完工待验收。元江吉宝工贸有限公司年生产160万平方米石材加工项目分三期建设，一期120亩项目用地平整，食堂、办公用房、职工宿舍等主体工程已建设完成，正在开展厂房建设，2016年完成投资2 917万元，累计完成投资15 217万元。工业园区标准厂房建设项目土地平整已完成，正在开展厂房建设，累计完成投资5 500万元。元江羽楠农业有限公司火龙果精深加工项目完成地勘、环评、通水、通电等工作，共完成投资2 100万元。元江年产50吨艾粉及1万吨艾渣综合利用项目完成土地平整、项目备案、企业注册登记，以及开展环评和安评报告工作，累计完成投资500万元。

启动现代物流园区建设，依托“昆玉—玉元经济带”“红河谷—绿汁江热区产业经济带”建设机遇，打造立足元江辐射“两州一市”及南亚、东南亚大型果蔬交易市场，形成有名的高原特色农副产品交易市场。年内，由中广核公司做好元江县物流园区产业发展策划方案和总体规划方案的规划编制，元江县工业园区跟踪推进。同时，园区积极和甘庄街道协调配合，做到物流规划、集镇规划、园区规划“三规”相统一，做到产城融合，园区发展，物畅其流。2016年，园区为破解工业园区发展与资金短缺难题，积极调研民间融资模式，通过调研及参照相关模式，拟订元江县工业园区民间融资方案，园区本着降低融资成本，采取与待建方共担利率的模式利用民间融资登记服务机构向社会融资，完成民间融资1.5亿元，有效破解了融资难、融资成本高问题。

（李红兰）

（曾永洪　摄）

（曾永洪　摄）

农　业

AGRICULTURE

责任编校：刘仕荣

农业管理

【概　况】 2016年，全市完成第一产业固定资产投资501 781万元，比上年增长12.9%；完成中低产田地改造20.44万亩（其中农业部门实施2.2万亩），完成投资24 567.58万元，建成坝塘7件57.84万立方、水池370件10.29万立方米、小水窖15 729件24.76万立方米、提灌站12座装机447千瓦、沟渠300件242.7千米、管网73件90.79千米、机耕路139件139.82千米、取水坝2座，土地平整0.67万亩、地力培肥0.47万亩。新增节水灌溉面积7.67万亩（其中喷灌2.34万亩、滴灌3.37万亩、膜下滴灌0.64万亩、水肥一体化1.32万亩）。新增农机总动力6万千瓦，农机总动力达到270.1万千瓦，农机作业611万亩次，耕、种、收综合机械化水平达49.8%。建成蔬菜、水果等农产品出口备案基地44万亩，无公害农产品产地认定规模247万亩、畜禽养殖基地475户、水产养殖基地17.11万亩，实现无公害标准化生产整体推进县（区）全覆盖。培训新型职业农民2 025人。

年内，实现农林牧渔业总产值233.6亿元，按可比价增长6.1%，其中：农业总产值134.5亿元，增6.4%；牧业产值88.1亿元，增5.8%；渔业产值2.96亿元，增4.7%；农林牧渔服务业产值2.45亿元，增8.9%。实现农林牧渔业增加值136.7亿元，按可比价增长6.2%（增加值增速全省排名第一）。其中：农业（种植业）增加值88.97亿元，增5.8%；林业增加值3.8亿元，增4.0%；牧业增加值40.2亿元，增7.1%；渔业增加值1.97亿元，增4.6%；农林牧渔服务业增加值1.67亿元，增11.0%。实现农村居民人均可支配收入11 968元，增长9.0%。

【督办督查】 2016年，玉溪市农业局督查事项56件（次）。办结省政府、市委、市政府主要领导批示件13件，其中：省政府领导批示件1件、市委主要领导批示4件、市政府主要领导批示8件，办结率100%。通过政府门户网站公开政务信息125条，其中：公文及工作动态116条、财政预算公开1条、建议提案办理2条、服务指南6条，通过其他政府类网站公开信息5 256条。发布重要事项公示12件，重点工作通报39件；办理电话来访218件、网上咨询1件，办理信访案件3件。

【建议、提案办理】 2016年，玉溪市农业局承办人大代表建议5件和政协委员提案23件，其中主办21件、协办会办7件，《关于调整种植业结构，发展生态农业，削减农业面源污染的建议》在市人大主任会议上确定为重点处理建议，《关于我市畜牧业发展的几点建议》在市政协主席会议上确定为重点提案，续办市人大2015年主任会议上确定为重点处理建议《关于建立玉溪市防控粮食安全风险种植区规划的建议》。市农业局在办理重点处理建议过程中，成立发展生态循环农业调研领导小组，制订办理《关于调整种植结构发展生态农业消减农业面源污染的建议》工作方案；在续办市人大2015年主任会议重点处理建议《关于建立玉溪市防控粮食安全风险种植区规划的建议》过程中，市农业局在2015年办理工作的基础上，通过申请、公开招标、委托设计、系统开发等，完成《玉溪市防控粮食安全风险种植区规划（中长期）》《玉溪市防控粮食安全风险种植区规划图（初稿）》，制订《玉溪市防控粮食安全风险种植区规划的应急预案（初稿）》，2016年9月30日召开《玉溪市防控粮食安全风险种植区规划（中长期）》汇报会；《玉溪市防控粮食安全风险种植区规划（中长期）》《玉溪市防控粮食安全风险种植区规划图（初稿）》《玉溪市防控粮食安全风险种植区规划的应急预案（初稿）》报送市委、市人大、市政府、县（区）政府及市直相关职能部门征求意见后，报市委、市政府研究通过后，印发执行。在办理重点提案过程中，先后制订办理工作计划、召开局长办公会和交办会，与市政协提案委和市政府办议案提案科协商了重点提案办理的具体事宜，9月1日，市政协副主席贺光明等领导率市政协提案委、经济委和提案者民盟玉溪市委对玉溪市畜牧业发展情况进行视察，视察组先后实地视察了玉溪凤凰生态食品有限责任公司、玉溪新广家禽有限公司，听取了市农业局办理情况汇报，参加协商办理的市政协领导和有关人员对提案的办理和玉溪市发展畜牧业发展发表了意见建议，提案者民盟玉溪市委对提案的办理表示满意。

【中低产田地改造】 2016年，玉溪市实际到位中低产田地改造资金25 415.28万元，其中：中央9 935.14万元、省11 309.78万元、市773.0万元、县（区）1 074.03万元、农民投劳279.65万元、农民筹资1 025.23万元，中央、省、市、县（区）资金实际到位率均为100%。实际完成投资24 567.58万元，其中：水利配套投资14 159.28万元、土地平整投资707.09万元、坡改梯投资62.0万元、机耕路投资2 571.37万元、农艺措施投资189.21万元、其他投资1 068.21万元。完成中低产田地改造20.44万亩，完

2016年3月11日，在中共玉溪市委召开的市委农村工作会议上，市委副书记保明顺宣布玉溪正式启动“互联网+农业”，并与市人大副主任周继武，市政府副市长蔡四宏，市政协副主席贺光明共同开启玉溪“互联网+农业”启动球，玉溪在全省首家启动“互联网+农业”工作
（杨旭东　摄）

成目标任务19.7万亩的103.8%，完成投资24 567.58万元，完成计划投资24 333.11万元的100.96%。建成坝塘7件57.84万立方、水池370件10.29万立方米、小水窖15 729件24.76万立方米、提灌站12座装机447千瓦、沟渠300件242.7千米、管网73件90.79千米、机耕路139件139.82千米、取水坝2座，土地平整0.67万亩，地力培肥0.47万亩。

【农产品出口占全省份额的四成】 据海关统计，2016年，玉溪市出口农产品领跑全省，出口120.9亿元，比上年增17%，占全省农产品出口额296.5亿元的40.8%，比昆明出口76亿元、楚雄出口24.8亿元、曲靖出口18.6亿元总和的119.4亿元还多1.5亿元，是红河出口7.8亿元的15.5倍。

（周文忠）

【"十三五"高原特色现代农业发展规划】 2016年，《玉溪市"十三五"高原特色现代农业发展规划（2016~2020）》通过专家评审及市政府常务会审查，印发实施。规划在总结玉溪"十二五"高原特色农业发展的基础上，分析玉溪发展高原特色现代农业发展面临的形势、存在的困难问题，明确了"十三五"期间玉溪高原特色现代农业发展的思路、目标任务，从产业布局、支撑体系、保障措施等方面对玉溪市"十三五"高原特色现代农业进行了规划指引。

【现代农业重点建设项目储备】 2016年，玉溪市农业局进一步完善农业重点建设项目储备，编制完成《玉溪市现代农业重点建设项目（2016~2017年）计划表》，涵盖"四个一百"、专项基金、产业基金、储备项目4类77项，项目概算总投资220.9亿元（"四个一百"项目11项、专项基金项目32项、产业基金项目17项、储备项目17项）。

（李鸿俊）

【现代农业庄园】 2016年，玉溪市新发展省级现代农业庄园3个、市级现代农业庄园24个。获省级现代农业庄园项目扶持资金220万元，其中：云南澄江竹海箐乐万家庄园建设项目60万元、云南源天庄园建设项目100万元、云南新平桔荔庄园建设项目60万元，项目资金主要用于园区基础设施建设、农产品加工设施设备更新。截至2016年年底，全市建成现代农业庄园60个，其中省级庄园14个，市级庄园46个，涵盖了农业、养殖业、渔业等多种类型，辐射带动农户近10万人，实现销售收入超9亿元。

（李鸿俊　王宏伟）

【农业专项扶持资金】 2016年度，中央、省、市投入全市农业部门专项扶持资金4.89亿元元，其中：中央级2.74亿元、省级8 628.18万元（含价值1 988.09万元的物资）、市级1.28亿元。

【农资综合直补】 2016年，中央从农资综合补贴中安排20%的资金，用于支持粮食适度规模经营，其余80%的农资综合补贴资金按照原政策执行。玉溪市对种粮农民农资综合直补1.01亿元，资金通过"一折通"兑付种粮农民，用于生产资料的购买。

【农业保险补贴】 2016年，全市农作物（水稻、玉米、油菜、小麦）保险补贴746.01万元，其中：中央350万元、省级153.38万元、市级242.63万元；养殖业（能繁母猪、奶牛）保险补贴348.33万元，其中：中央244.34万元、省级47.05万元、市级56.94万元。

【中央农业生产救灾项目】 2016年，中央农业生产救灾资金210万元，主要用于小麦"一喷三防"面积22万亩，资金110万元；重大农作物病虫害防治面积10万亩，资金100万元，其中水稻6万亩、资金60万元，小麦4万亩、资金40万元。

【畜禽渔业标准化养殖和园艺作物标准化创建】 2016年，中央补助畜禽渔业标准化养殖和园艺作物标准化创建项目资金450万元。其中：畜禽标准化健康养殖项目5个，补助180万元，主要用于推进畜禽良种化、养殖设施化、生产规范化、防疫制度化、粪污无害化等"五化"建设；畜禽良种推广220万元，主要用于生猪良种补贴；中央园艺作物标准园创建1个，资金50万元，建成露地1 000亩连片（设施200亩）标准化基地，项目资金主要用于标准化生产基地建设、应用标准化生产技术、改善生产条件、实施全程质量安全管理、完善田间工程、温室大棚、集约化育苗、田头预冷等基础设施条件，配置防虫网、粘虫色板、杀虫灯，喷（滴）灌、水肥一体化等设施设备。

【测土配方施肥重点县及耕地保护与质量提升项目】 2016年，通海县、元江县获得中央测土配方施肥项目重点县补助资金320万元（其中元江县60万元、通海县260万元）。整乡推进测土配方施肥2个、整村推进测土配方施肥20个、推广测土配方施肥技术面积135万亩。项目资金主要用于测土配方施技术推广、试验等，通海县续建手机信息服务试点县，智能配肥网点建设试点。新平县实施中央耕地保护与质量提升项目，补助资金200万元，完成部级化肥使用量零增长行动试点工作，布置化肥减量增效试验、建立化肥使用量零增长行动示范区，有机肥、有机无机复混肥试验示范。

【农民培训项目】 2016年，玉溪市获中央新型职业农民培训项目资金补助资金360万元，培训任务1 200人，其中：生产经营培训680人（人均补助标准3 000元），专业技能型培训150人（人均补助标准3 000元），社会服务型培训370人（人均补助标准3 000元）。项目由八县（区）财政局、农业局及市农广校实施，以当年有外出就业意愿的农村劳动力和返乡农民工为主要培训对象，针对用工需求量大的机械制造、电子电器、服装缝纫与加工、保安、家政、餐饮服务、建筑装饰等行业和工种，开展引导性和转移就业培训1 700人，举办示范性劳务招聘会10场。年内，市级安排新型职业农民培育工程项目补助经费75万元，培训计划任务15 000人、转移8 000人、组织招聘会10场。

【省级农业发展专项资金】 2016年，玉溪市获省级农业发展专项资金3 577.7万元，其中，红塔区440.5万元、江川区328.4万元、澄江县258.4万元、通海县349.5万元、华宁县267.8万元、易门县437万元、峨山县453.1万元、新平县494.8万元、元江县387.9万元。资金主要用于粮食生产、经济作物生产、农场经济信息统计、畜牧业生产发展、草地畜牧业生产发展与生鲜乳及饲料安全监管、动物疫病防治及防疫体系建设、农业科技推广与可持续农业技术创新、现代农业产业技术体系建设、渔业技术推广与资源保护、新型职业农民培训、农产品质量安全、农机技术推广与购置补贴、农业信息化与市场推广等扶持。

【省级发展生物产业项目资金】 2016年，玉溪市获省级生物产业发展专项资金320万元，其中：红塔区73万元、江川区2万元、澄江县32万元、通海县33万元、华宁县33万元、易门县83万元、峨山县2万元，元江县62万元，资金主要用于生物医药产业领域设备购置等扶持。

【农业面源污染治理项目】 2016年，市级安排农业面源污染治理补助资金1 120.67万元。全市农业面源污染治理重点在2013年拆除的基础上“四个重点区域”各向前延伸拆除100米范围内塑料大棚4 289亩，其中：红塔区拆除414.1亩、江川区1 132.5亩、澄江县2 453.3亩、华宁县12.3亩。

【种植业结构调整项目补助】 2016年，为抓好抚仙湖径流区种植业结构调整及全市柑橘黄龙病防控任务，以蓝莓、樱桃、青枣、石榴、杨梅以及种养结合示范点进行种植业结构调整，补助资金570.92万元。其中：华宁县54万元，用于玉溪市鑫达现代农业发展有限公司的粪污处理设施建设、灌溉系统建设投资和抚仙湖径流区新发展种植杨梅15亩、青枣10亩、石榴25亩。江川区216.924万元，用于江川县义程果木庄园、江川县艾林水果专业合作社、江川县江城镇五湖养殖场、江川林辉农业发展有限公司的粪污处理设施建设、喷灌管网建设和抚仙湖径流区新发展种植樱桃879.74亩、蓝莓13.14亩。澄江县300万元，用于澄江县森海农业发展有限公司、澄江县晨华商贸有限公司、澄江县鸿道农业科技开发有限公司、澄江县春涛水果种植基地、澄江县宋氏大樱桃开发有限公司和澄江县云盘果木种植有限公司的粪污处理设施建设、灌溉系统建设、羊厩改造及场地硬化等。全市柑橘黄龙病防控防治资金363.54万元、防治面积17.66万亩、挖除病树1503 205株。

【高原特色冬季农业示范项目】 2016年，市安排高原特色冬季农业示范项目资金300万元，主要用于马铃薯新品种繁育及高产高效种植技术研究与示范、连片土壤质量提升技术集成研究与示范、花卉自动化设施化种植研究、生物药品种筛选及优质高效生产技术集成研究、山地蔬菜高效栽培技术研究与示范、葡萄简化栽培技术示范、温带水果优质丰产栽培技术研究与示范、沃柑标准化生产技术适应性研究、农药减量增效技术研究与示范、鲜食冬玉米品种筛选及配套高产高效栽培技术研究与示范、化肥减量增效技术应用。项目实行首席专家负责制。

【扶贫攻坚项目】 2016年，市级安排扶贫攻坚农业项目资金200万元，主要用于易门县铜厂乡当归中药材种植项目、易门县铜厂乡芭蕉箐马铃薯专业合作社机械采收推广示范项目、易门县十街乡大村、老吾山地鸡养殖项目、新平县平掌乡仓房村委会亿金核桃烘烤加工、元江县曼来镇红旗村委会大西蒿村（直过民族）山地养鸡脱贫项目、因远镇扶贫开发农业产业秋冬蔬菜种植冷库建设项目、洼垤乡坡垤村建档立卡贫困户人畜分离建设项目。

（王宏伟）

【农业龙头企业】 2016年11月，玉溪市云南磨浆农业有限公司、云南福慧科技股份有限公司、通海宝顿果蔬有限公司、澄江森海农业发展有限公司、玉溪市鑫达现代农业发展有限公司等5户企业被认定为云南省第十一批农业产业化经营省级重点龙头企业，至此，全市省级以上重点农业龙头企业达63户。

年内，玉溪市酱丰圆食品有限公司、云南贡润祥茶产业开发有限公司、玉溪德商农业投资有限公司、云南环泰进出口有限公司、云南通海沣野农产品有限公司、通海金裕果蔬进出口有限公司、通海天一星棋农业发展有限公司、通海县宝云蔬菜有限公司、通海留云进出口有限公司、云南尚呈生物科技有限公司、华宁秋晨阳光蔬果种植有限公司、云南云果果业有限公司、新平彝族傣族自治县平掌供销社玉碗茶厂、云南三友食品有限公司、云南农商经贸有限公司、云南腾鹏果蔬进出口有限公司、云南元江大有为食品有限公司、元江呈达智能配肥有限公司等18户企业被认定为第九批玉溪市农业产业化龙头企业。

【开放型高原特色农业专项资金】 2016年，玉溪市安排财政市级开放型农业发展专项资金1 710万元，对72个项目进行扶持。其中：国际道路运输许可证奖励2个，市内出口备案基地29个，冷藏保鲜加工设施9个，市外生产基地建设15个，市内生产基地建设16个，市场开拓1个。

【重点龙头企业产品销售】 2016年，玉溪市159户市级以上农业产业化经营与农产品加工重点龙头企业实现销售收入174.8亿元，上缴税金3.48亿元。云南猫哆哩、云南茂源、云南万绿等38户企业年销售收入上亿元，其中玉溪滇雪粮油食品工业有限公司、云南达利食品有限公司等2户企业年销售收入超过10亿元。

2016年3月22日，2016年度云南省农业科技“三下乡”暨赶街活动启动仪式在玉溪市新平县戛洒镇举行。省委副书记钟勉、副省长张祖林、市委副书记保明顺，副市长蔡四宏等领导出席了启动仪式。省、市有关涉农业部门和农业企业领导、专家共500多人参加活动

（杨光荣　摄）

【农业境外投资注册企业】 截至2016年年底，玉溪市的云南茂源果蔬进出口有限公司、云南聚宝源生物科技有限公司、云南省玉溪市甜馨食品有限责任公司等16户企业以独资或合资的方式在境外投资注册企业17户，投资主要流向泰国、老挝、越南等国，主要生产水稻、蔬菜、水果及木薯等农产品。

【农产品出口】 2016年，玉溪市农产品自营出口17.71亿美元，同比增8.3%，占全市出口额的88.94%。其中：水果14.93亿美元，同比增7.6%；新鲜蔬菜1.60万美元，同比增15.6%；冻猪分割肉4 092万美元，同比减13.4%；干果4 144万美元，同比增2.8%；熟制萝卜丝1 209万美元，同比增45.8%；洋葱酥1 149万美元，同比增273.1%。2户企业农产品自营出口额超过1亿美元，分别是云南胜品果蔬进出口有限公司1.10亿美元、云南恒甲进出口有限公司1.0亿美元。

（李连兴）

【参加中国—南亚博览会】 2016年6月12～17日，第四届中国—南亚博览会暨第二十四届中国昆明进出口商品交易会在滇池国际会展中心举办。玉溪市以跨越发展玉溪高原特色农业，拓展生态优质农产品市场为主题，组织22家农业企业参展，产品涉及肉制品、腌制品、果品、野生菌、蔬菜、藕粉、茶叶等。展会期间，现场销售40.4万元，签订协议金额338万元。

【云南高原特色农产品（上海）推介展】 2016年8月26～29号，云南省政府在上海农业展览馆举办2 016云南高原特色农产品推介系列活动，玉溪市有9家农业企业参加，现场销售2.3万元，签订协议金额100万元。

【参加中国国际农产品交易会暨昆明国际农业博览会】 2016年11月5～8日，第十四届中国国际农产品交易会暨第十二届昆明泛亚国际农业博览会在昆明国际会展中心举行。玉溪市20家农业企业建设玉溪形象馆1个，产品涉及食用油、腌制品、果品、野生菌、藕粉、茶叶等。现场销售84万元，签订协议金额19.7亿元。云南滇雪粮油有限公司、云南新平金泰果品有限公司、云南云曲坊生物科技有限公司、华宁县新村柑橘有限责任公司的产品获金奖。

【云南高原特色农产品（北京）展示推介活动】 2016年12月16～20日，云南省人民政府主办的“云品之夜”云南高原特色农产品专题推介会在北京举行。玉溪市13家农业企业准备的蔬菜、褚橙、鲜花、野生菌备受首都市民的喜爱。

【名牌农产品】 截至2016年年底，玉溪市认定为省级名牌农产品的有20家企业33个产品，其中新获得认证的有4家企业4个产品，分别是云南源天生物集团有限公司的“蜜恋”菜籽油、华宁县新村柑橘有限责任公司的“华宁柑橘”、云南玉溪凤凰生态食品有限责任公司的“滇绿”猪肉、云南易门山里香食品有限责任公司的“浦贝山里香”泡红椒。

【“一村一品”建设】 2016年，玉溪市建成“一村一品”专业村23个、专业乡（镇）6个。其中：水果类专业村14个、蔬菜类专业村9个；水果类专业乡（镇）2个、蔬菜类专业镇3个、五金加工专业镇1个。

【农村电子商务】 2016年，玉溪市有31家农业企业开展电子商务贸易，农产品电子商务交易额超过6.4亿元。

（梁雪峰）

【清理农业行政审批事项】 2016年，玉溪市农业局清理行政权力311项，其中：行政许可3项、行政处罚243项、行政强制24项、行政检查12项、行政确认5项、行政奖励15项、行政征收2项、其他行政权力7项；下放行政审批事项3项：水生野生动物防疫检疫合格证书核发、种子生产经营许可证核发和种畜禽生产经营许可证核发；取消1项：原由市农业局所属农经站具体承办的市政府乡筹集资金审查批准，改为市政府的正常工作管理事项；更名1项：种畜禽引种检疫证书核发项目名称调整更名为跨省引进乳用种用动物检疫审批。精减下放后，市农业局只保留3项法律法规授权办理的行政许可审批事项。2 014～2015年，行政审批延伸绩效管理工作被省农业厅评为优秀单位。清理上报中介服务机构及社团组织，中介服务机构1个：云南玉溪市玉禾农业工程咨询有限公司；社团组织6个：农学会、农牧会计学会、畜牧兽医学会、园艺学会、花卉产业联合会、绿特产品流通协会。

【农业行政执法案卷评查】 2016年10月10日，玉溪市农业局组织执法人员、法律顾问组成案卷评查组，开展农业行政执法案卷评查。参加评查行政处罚案卷18件，全部按照一般程序实施。其中：种子类案卷5件、农药类案卷5件、兽药类案卷4件、动物卫生监督类案卷2件、农产品质量安全案卷1件、农机管理服务案卷1件。经评查，优秀案卷11件，合格案卷7件。选送3件优秀案卷参加省农业厅

2016年10月26日～28日，玉溪市副市长蔡四宏率农业、水利、林业、扶贫、供销社等部门负责人赴元江县调研农业发展及脱贫攻坚工作。深入元江县洼垤乡、龙潭乡、因远镇等地督查脱贫攻坚工作。元江县政府领导及有关部门负责人参加调研

（杨旭东　摄）

执法案卷评查，3件均获省农业厅优秀案卷，1件获农业部优秀案卷。

（李云坤）

【农业执法人员办案技能培训】 2016年8月1～2日，玉溪市农业局举办全市农业综合执法人员办案技能培训班暨全市农业综合执法推进座谈会，市直农业系统10个执法科室、12个执法单位及七县二区农业（畜牧兽医）局分管领导、法规股长、执法大队大队长、执法骨干等115名执法人员接受培训。培训班邀请云南省农业厅政策法规处副处长陆金全、市中级人民法院民一庭黄延林进行授课，讲解执法案例，传授执法技能。

（李云坤 张 明）

【农资市场监管】 2016年，玉溪市农业部门围绕重点产品、重点环节及重点农时，抓好关系到农业生产和农产品质量安全的农业投入品监管，开展春秋两季农资打假专项治理行动工作。年内，全市出动农业执法人员12 135人（次），检查规模种养生产基地（场）3 798家（次）、农民专业合作经济组织217家（次）、兽药生产经营单位1 277家（次）、饲料生产经营单位1 932家（次）、农药种子肥料经营网点8 101家（次）、农机具等1 939家（次）。

【农业监督抽查】 2016年，玉溪市农业部门开展种植业产品、畜禽产品、水产品等农产品质量监督抽查，完成现场抽样327批（次）。开展农业投入品质量监督抽查，完成现场抽样518批（次），其中：农作物种子380批（次）、农药42批（次）、肥料10批（次）、兽药61批（次）、饲料25批（次）。3～4月初，重点组织对草莓等时令水果质量开展拉网式检查，完成现场抽样34批（次）。

【立案查处案件】 2016年，玉溪市农业部门立案查处违法案件121起，结案121起，其中：种子32起、农药29起、肥料1起、兽药38起、农产品4起、其他17起；查获劣质农资数量2 544.7千克，案值金额10.41万元。全市受理纠纷投诉42件，协议赔偿7.93万元。

【处罚案件评为全国、全省优秀】 2016年，玉溪市农业局选送到云南省农业厅参评的玉溪市农业综合执法支队承办的雷冬经营擅自修改标签内容农药案、澄江县承办的云南朝阳净菜有限公司澄江县分公司销售农药残留不符合农产品质量安全标准的农产品案、通海县承办的不按规定处置经检疫不合格动物产品案3件农业行政处罚案卷，被评为“云南省2016年农业行政处罚优秀案卷”。其中澄江县承办的云南朝阳净菜有限公司澄江县分公司销售农药残留不符合农产品质量安全标准的农产品案，被省农业厅选送到农业部参评，评为“农业部2016年农业行政处罚优秀案卷”，填补了玉溪市无全国农业行政处罚优秀案卷的空白。

【“平安市场”创建】 2016年，为提高广大农民识真辨假能力、科学使用农资方法和维权意识，玉溪市各县（区）以“3·15”消费者维权日和农业部开展的“放心农资下乡进村宣传周”活动为契机，采用新闻媒体、宣传单（画、手册、车）、悬挂宣传横幅、科技培训、送法下乡等宣传方式，举办生产经营从业人员培训120期6 347人（次），全市发放农业执法宣传资料19.48万份。澄江县凤麓市场获省级示范“平安市场”命名表彰。

（张 明）

【农业部例行监测】 2016年，农业部对玉溪市农产品质量安全例行监测4次，检测样品236个批次，综合合格率97.5%。

【农产品检测】 2016年，玉溪市完成农产品质量安全定量检测352个，其中：蔬菜178个、水果132个、畜禽肉20个、水产品10个、蛋类10个，其它样品2个，抽检总合格率98.3%。完成蔬菜、水果农药残留快速检测2.49万个，其中：蔬菜2.31万个、水果1 829个；总合格率98.0%，其中：蔬菜98.7%、水果97.0%。

（林姣姣）

【“三品一标”认证】 2016年，玉溪市政府确定全市“三品一标”认证目标任务数为10个，省农业厅下达玉溪市的目标任务为受理认证“三品一标”任务10个。年末，全市受理“三品一标”认证申报12家企业16个产品，有7家企业10个产品获得证书，其中：绿色食品5个企业8个产品、无公害农产品1个企业1个产品、地理标志农产品1个单位1个产品。截至年末，全市持有效证书的“三品一标”有75个企业125个产品，其中无公害农产品38个企业71个产品、绿色食品30个企业47个产品（含绿色食品生产资料1个）、有机食品1个企业2个产品、农产品地理标志产品5个单位5个产品。全市用标“三品”总产量32.1万吨，总产值8.15亿元。年内，完成25个到期“三品”的保持认证工作，其中绿色食品7个，无公害农产品18个；完成74个用标“三品”的年检工作。年内抽检用标产品125个，用标产品抽检率100%，合格率100%。

（朱林立 林姣姣）

农村经济管理

【家庭农场】 截至2016年年底，玉溪市有家庭农场666个，比上年增加142个，增27.1%，其中50个新认定为市级示范家庭农场，全市共认定市级示范家庭农场200个、县级示范家庭农场37个；从事种植业的239个，占35.9%；畜牧业的298个，占44.7%；种养结合的112个，占116.8%；渔业的11个，占1.7%，其他6个，占0.9%。市级对认定的50个家庭农场示范场每个给予1万元扶持，澄江县扶持12万元，全市家庭农场共获扶持资金62万元，获贷款支持家庭农场137个，贷款总额3 310万元。家庭农场经营的土地为5.24万亩，其中耕地3.17万亩、草地454亩、水面553亩、其他1.97万亩，比上年增加125亩（新平县比上年减少1.20万亩），增0.2%，平均每个家庭农场经营78.65亩；从业劳动力2 297人，比上年增加244人，增11.89%；其中家庭成员劳动力1 916人，比上年增加313人，增19.53%；常年雇工劳动力381人，比上年减少69人，减15.33%。年内，家庭农场销售农产品总值3.7亿元，比上年增加1 018万元，增3%；购买农业生产投入品总值2.65亿元，比上年增2 633万元，增11%；拥有注册商标的家庭农场4个。

（常 林）

【农民负担水平】 2016年，玉溪市农民负担总体稳定在较低水平。全市上交集体各种款项2 854万元，比上年增661万元，增30.1%。其中：土地承包金1 943万元，比上年增加649万元；其他款项231万元，比上年增加10万元，增4.5%，主要原因是集体土地承包金普遍提高，上交集体的承包金增加明显。“一事一议”筹资筹劳负担减少。年内，全市212个村开展“一事一议”筹资筹劳，比上年减少106个村；筹资266万元，较上年减少174万元，涉及人数11.39万人，人均23.35元，没超过省规定的人均40元的标准；筹劳43.24万个，比上年减少26万个，涉及筹劳劳动力劳均负担4.3个，没有超过劳均10个的标准，筹资酬劳总规模和人均筹资酬劳均比上年有所下降，主要原因是经过多年的财政奖补政策实施，大部分地方农村公益事业建设基本得到解决，需要农民筹资酬劳的项目减少，同时国家实施扶贫政策，加大了对农村的投入，减少了农民投入。农业生产性收费有所下降。全年风调雨顺，使用小型水利减少，费用下降，全市农业生产性收费1 633万元，比上年减少92万元，减6.0%，其中灌溉水费766万元，比上年减少98万元，减14.7%。行政事业性收费等其他负担项目保持低负担或无负担。年内，全市行政事业性收费3 526万元，比上年减少151万元，减4.5%，主要集中在摩托、农机等农用车辆收费上。全市共收费3 249万元，比上年减少201万元，减6.6%，主要原因是免征拖拉机行驶证、登记证、驾驶证、安全技术检验费等。全市全面执行农村义务教育“三免一补”政策，学校没有发生收费现象，辅导材料、保险等都采取学生自愿购买；集资摊派没有再发生，需要建设的项目均纳入了“一事一议”管理。全年农民共得到政府补贴5.24亿元，比上年增加8 409万元，增19.1%，其中农民合作医疗收费2.25亿元，比上年增加4 966万元，增28.3%。全年上缴税金9.52亿元，比上年增加6 837万元，增7.7%。

【农民专业合作社】 2016年年底，玉溪市在农业部门备案的农民专业合作社817个，比上年增加84个，增11.46%，完成计划任务数40个的210%。合作社中，按行业划分：种植业562个、畜牧业109个、林业51个、渔业8个、服务业72个、其他15个，主要分布在种养业；按区域划分：红塔区89个、江川区52个、澄江县40、通海县167个、华宁县88个、易门县121个、峨山县74个、新平县96个、元江县90个。参加农民专业合作社的成员7.68万户，占全市承包农户的16.38%，比上年增加5.32个百分点；带动非成员农户18.8万户，参加和带动农户占全市总农户的47.2%。全市有各级示范社总数161个，比上年新增20个，其中国家级示范社16个、省级示范社59个、市级示范社86个。年内，全市合作社统一销售农产品总值19.25亿元，统一购买生产投入品4亿元，全年实现经营收入4.46亿元，盈余6 332万元，比上年增加1 318万元，增26.3%；按交易量返还给社员3 684万元，比上年增加643万元。年内，77个合作社拥有注册商标，比上年增加5个；获质量认证合作社19个，比上年增加3个；注销合作社26个。

（曾应春）

玉溪市2016年市级农业产业化龙头企业培训及工作推进会于8月9日～10日召开。全市七县二区农业局分管领导、项目管理人员及统计人员、2015年新认定省市级农业产业化重点龙头企业负责人、市农业产业办、市农业局相关科室及市国新投资基金管理公司负责人等70余人参加会议。市农业产业办主任奚胜荣讲话，会议由市农业产业办副主任夏宁主持

（李连兴 摄）

【农村土地经营流转】 2016年末，玉溪市家庭承包耕地流转总面积31.40万亩，比上年增3.96万亩，增14.4%。其中：转包3.45万亩，比上年增2 110亩，增6.5%；出租27.18万亩，比上年增35 413亩，增15%；转让2 040亩，比上年增947亩，增86.6%；互换1 377亩，比上年增615亩，增80.7%；股份合作2 658亩，比上年增229亩，增9.4%；其他形式流转1 589亩，比上年增238亩，增17.6%。流转形式以出租、转包为主，两种方式占总流转面积的97.5%。

家庭耕地流转入农户的16.03万亩，比上年增2.79万亩，占流转面积的51%；流入专业合作社的1.87万亩，比上年增2 052亩，占流转面积的6%；流入企业的11.08万亩，比上年增1.65万亩，占流转面积的35.3%；流入其他主体的面积2.41万亩，比上年减6 904亩，占流转面积的7.7%。

农户间自发流转家庭承包耕地14.19万亩，比上年增2.0万亩，占流转面积的45.2%；乡村组织提供信息流转的12.96万亩，比上年增1.15万亩，占流转面积的41.3%；委托乡村组织流转的4.21万亩，比上年增7 751亩，占流转面积的13.4%；其他方式流转的360亩，占流转面积的0.1%。在已流转的土地中，用于种植粮食作物的4.07万亩，比上年增6 912亩。流转出耕地的农户数13.06万户，比上年增8 579户。

【农村土地适度规模经营】 2016年末，玉溪市土地规模经营50亩以上面积20.72万亩，比上年增2.76万亩，增15.3%，其中：50～100亩的4.28万亩，100～300亩的7.49万亩，300～500亩的3.77万亩，500～1 000亩的2.07万亩，1 000亩以上的3.11万亩。

（缪丽润）

【农村经济增长】 2016年，玉溪市农经站对全市74个乡（镇、街道）、666个村（居）民委员会、6 223个村

（居）民小组的农村经济运行情况进行调查统计。全市实现农村经济总收入1 379.68亿元，比上年增78.04亿元，增长3.2%，农村经济总收入稳步增长。从经营层次看：乡（镇、街道）办企业收入168.06亿元，村组集体经营收入67.62亿元，农民家庭经营收入1 129.55亿元，农民专业合作社收入4.46亿元，其他经营收入9.99亿元。从行业划分看：农业收入161.48亿元，比上年增16.20亿元，增长11.2%。林业收入5.45亿元，比上年增8 465万元，增长18.4%。牧业收入72.32亿元，比上年增6.30亿元，增长9.6%。渔业收入5.11亿元，比上年增4 564万元，增长9.8%。工业收入530.25亿元，比上年增13.404亿元，增长2.6%。建筑业收入158.33亿元，比上年增16.43亿元，增长11.6%。运输业收入102.19亿元，比上年增6.14亿元，增长6.4%。商饮业收入248.44亿元，比上年增11.40亿元，增长4.8%。服务业收入61.37亿元，比上年增4.73亿元，增长8.4%。其他收入34.73亿元，比上年增2.14亿元，增长6.6%。从产业划分看：农村一、二、三产业收入分别是244.36亿元、688.58亿元、446.74亿元，与上年相比，各个产业分别增长10.8%、4.5%、5.8%。其中一产业发展加快，增长势头强于二、三产业。各个产业收入在农村经济总收入中所占比重分别为17.7%、49.9%、32.4%，其中一产业中占农村经济总收入比重最大的是农业、牧业，分别为11.2%、5.2%；二产业中占农村经济总收入比重最大的是工业，为38.4%；三产业中占农村经济总收入比重最大的是商饮业，为18.0%。

2016年1月21日，云南滇橙柑橘产业集团公司成立暨农业招商合作会议在新平召开。中国柑桔研究所常务副所长陈善春、云南省农业厅副巡视员毕虹、玉溪市副市长蔡四宏、市农业局局长杨正祥、新平县委书记李永忠、该集团成立倡导人褚时健等参会。图为褚时健与省农业厅副巡视员毕虹共同为云南滇橙柑橘产业集团公司揭牌

（杨光荣　摄）

【农村经济总费用增加】 2016年，玉溪市农村经济总费用1 133.97亿元，比上年增59.57亿元，增长5.4%。其中：生产费1 004.13亿元，比上年增37.90亿元，增长3.9%；管理费108.33亿元，比上年增10.41亿元，增长10.6%。成本费用率为84.4%，与上年84.8%相比下降了0.4个百分点。

【农民收入增加】 2016年，玉溪市农村经济可分配净收入总额252.45亿元，扣除上交国家税金22.38亿元、上交国家有关部门1.66亿元等，农民所得总额为224.68亿元。农民人均所得达1.21万元，比上年增1 303元，增长12.1%。

【农民人均所得突破13 000元乡（镇、街道）】 2016年，玉溪市20个乡（镇、街道）农民人均所得突破13 000元：通海县纳古镇21 834元；通海县九龙街道17 531元；通海县秀山街道16 818元；通海县四街镇16 225元；华宁县华溪镇15 679元；红塔区李棋街道15 389元；红塔区玉兴街道15 003元；红塔区春和街道14 792元；通海县河西镇14 681元；澄江县九村镇14 638元；红塔区玉带街道14 590元；红塔区凤凰街道14 417元；通海县杨广镇14 287元；澄江县凤麓街道14 076元；峨山县双江街道13 749元；红塔区北城街道13 381元；红塔区大营街道13 379元；红塔区洛河乡13 152元；澄江县海口镇13 058元；红塔区研和街道13 027元。

【农民人均所得突破13 000元村（居）委会（社区）】 2016年，玉溪市174个村（居）委会（社区）农民人均所得突破13 000元。其中：红塔区46个、江川区13个、澄江县12个、通海县46个、华宁县24个、易门县3个、峨山县11个、新平县19个。

【农民人均所得突破20 000元村（居）民小组】 2016年，玉溪市39个村（居）民小组农民人均所得突破20 000元，分别是：峨山县甸中镇昔古牙村委会小法竜组43 471元；易门县六街街道办事处柏树社区十八组33 836元；澄江县九村镇九村村委会麦田坡小组31 274元；澄江县龙街街道办事处广龙社区五组30 880元；通海县秀山街道办事处城郊社区二组29 686元；峨山县双江街道办事处柏锦社区安逸组29 503元；澄江县九村镇九村村委会三家村小组26 503元；红塔区大营街街道办事处大营街社区一组26 047元；红塔区大营街街道办事处大营街社区二组26 047元；红塔区大营街街道办事处大营街社区三组26 047元；红塔区大营街街道办事处大营街社区四组26 047元；红塔区大营街街道办事处大营街社区五组26 047元；红塔区大营街街道办事处大营街社区六组26 047元；红塔区大营街街道办事处大营街社区七组26 047元；红塔区大营街街道办事处大营街社区八组26 047元；红塔区大营街街道办事处大营街社区九组26 047元；红塔区北城街道办事处梅园社区一组25 480元；红塔区凤凰街道办事处葫芦社区十组24 912元；新平县古城街道纳溪社区窝尼寨小组24 459元；澄江县龙街街道办事处广龙社区六组24 390元；通海县秀山街道办事处城郊社区六组24 039元；通海县秀山街道办事处城郊社区八组23 855元；红塔区高仓街道办事处桃源社区四组23 710元；通海县秀山街道办事处城郊社区四组23 636元；江川区前卫镇小街村委会张家边小组

22 333元；峨山县双江街道办事处柏锦社区小新寨组22 315元；峨山县双江街道办事处柏锦社区小坝心组22 229元；红塔区春和街道办事处刘总旗社区七组21 895元；红塔区玉兴街道办事处荷花社区四组21 462元；通海县秀山街道办事处东村社区十一组21 462元；新平县漠沙镇龙河社区下谷田小组21 182元；通海县秀山街道办事处城郊社区三组20 962元；新平县古城街道纳溪社区旧城村小组20 768元；红塔区玉兴街道办事处新兴社区五组20 725元；通海县秀山街道办事处东村社区九组20 579元；新平县漠沙镇曼蚌村下坝竜小组20 454元；通海县秀山街道办事处东村社区八组20 450元；红塔区玉兴街道办事处新兴社区二组20 236元；江川区大街街道办事处伏家营居委会伏家营小组20 189元。

（刘　英）

【农村集体经济收益分配】 2016年，玉溪市农村集体经济组织实现收入17.65亿元，比上年增加9 962万元，增长6.0%。其中经营收入3.48亿元、发包及上交收入2.70亿元、投资收益2 612万元、补助收入6.95亿元、其他收入4.26亿元。总支出11.23亿元，其中经营支出1.42亿元、管理费用4.84亿元、其他支出4.97亿元。总收益6.42亿元，比上年增加3 360万元，增长5.5%。加年初未分配收益2.35亿元和其他转入4 817万元，全年实现可分配收益9.25亿元。提取公积公益金4.07亿元、应付福利费836万元后，农户分配2.06亿元，年末未分配收益3.01亿元。全市户均收入3 132元，人均收入951元；户均收益1 139元，人均收益346元。

【农村集体经济组织资产负债】 2016年，玉溪市农村集体经济组织资产总额115.05亿元，其中流动资产47.81亿元、农业资产284万元、长期资产67.21亿元。负债15.63亿元，其中流动负债14.16亿元、长期负债1.47亿元。所有者权益99.42亿元。全市村组负债中，兴办公益事业负债1.34亿元，占8.6%。全市村均负债235万元，人均负债843元，比上年有所增加，负债面广、量大，有效化解债务和制止新的债务产生刻不容缓。

【农村集体“三资”管理】 2016年末，玉溪市代管农村集体资金34.11亿元；农村集体资产731万件，资产原值52.17亿元；耕地4.9万块，面积25.9万亩；林地72.6万块，面积642万亩；果园428块，面积7 086亩；建设用地1.5万块，面积5.6万亩；水面84.4万块，面积2万亩；矿山2 667宗，面积8.5万亩；道路28万条，长度34 183千米；沟渠701.9万条，长度25 679千米；其他农用地226.5万块，面积20.6万亩。

按照《玉溪市农村集体“三资”管理工作考核办法（试行）》，玉溪市农村集体“三资”管理办公室组织县（区）开展农村集体“三资”管理考核。考核坚持客观、公正的原则，采取逐级考核汇总的方式进行，考核综合得分80分以上的有8个县（区），分别是新平县92分、峨山县90分、通海县88分、红塔区87分、江川区87分、华宁县85分、元江县84分、易门县83分，考核等级为合格；80分以下有1个县，为澄江县79分，考核等级为基本合格。

【村（社区）干部任期和离任经济责任审计】 2016年，按照省委组织部、民政厅、农业厅《关于认真做好村（社区）干部任期和离任经济责任审计工作的通知》要求，玉溪市农经部门组织开展村（社区）干部任期和离任经济责任审计，投入审计人员1 221人，已审单位6 889个，其中村（居）委会694个、村（居）民小组6 201个，审计村组干部14 238人，已审单位资金总额33.25亿元，发现违纪单位18个，违纪金额625.6万元。

（廖树琼）

【农村土地承包经营权确权登记颁证】 2016年，玉溪市全面启动农村土地承包经营权确权登记颁证工作，全市成立确权登记颁证工作领导小组5 025个，抽调工作人员2 888人，66个乡（镇、街道）、602个行政村、5 574个村民小组开展部署。市确权登记颁证工作领导小组于2016年10月20日召开第三次领导小组会议，市确权办分别于3月1日、7月13日召开县（区）确权办公室主任会议。4月6～15日，市确权办抽调人员分3个组对县（区）确权登记颁证工作进行了督促检查。争取中央补助资金2 797万元、省级补助资金2 403万元、市级财政配套资金3 103.92万元，9个县（区）到位工作经费1 170万元，投入确权登记颁证工作的资金达到9 473.92万元，中央、省、市补助资金已足额拨付到县。收集二轮延包和“国土二调”相关资料，逐户摸清土地承包现状和土地承包档案，清理土地承包档案4 268卷；完成47个乡（镇、街道）、505个行政村、4 449个村小组的权属调查任务，调查承包方36.70万户，实测承包地块198.64万块、承包土地面积288.58万亩。除红塔区外，八个县（区）航拍基本结束，各县（区）作业公司进入现场开展测绘的工作人员559人。完成23个乡（镇、街道）、270个行政村、2 162个村小组的地块审核公示任务。受理因确权引发的纠纷3 798件，已调处3 391件，其中：村级调解3 313件、乡镇调解66件、县级调解12件，调处率达89.3%。全市经公示农户签字确认耕地面积140.8万亩。

（周文忠）

种植业

【种植结构调整】 2016年，玉溪市完成农作物播种416.46万亩，同比增加1.1万亩，增0.26%。其中，粮食170.05万亩，经济作物246.41亩，粮食作物与经济作物比为40.8：59.2，粮食作物比重提高0.1个百分点。调减甘蔗2.1万亩、药材1.5万亩、油料0.12万亩，增加蔬菜4.69万亩、烤烟0.07万亩、鲜切花0.08万亩。

【粮食生产】 2016年，玉溪市完成粮食作物播种170.05万亩，同比增1.18万亩，增0.7%；粮食单产367千克，同比增加3千克，增0.8%；总产量6.24亿千克，同比增880万千克，增1.4%，粮食产量实现自“十一五”来恢复性“十一连增”。其中：小春粮食51.65万亩，同比减少0.24万亩，减少0.5%；总产8 625万千克，增加66万千克，增长0.8%。大春粮食118.41万亩，同比增加1.45万亩，增1.2%；总产量52 962万千克，同比增加814万千克，增1.5%。

（李顺德　孙　钺　张志军）

【经济作物生产】 2016年，玉溪市蔬菜、烤烟和鲜切花卉面积增加。蔬菜129.14万亩，同比增加4.69万亩，增长3.8%；产量229.67万吨，同比增加10万吨，增长4.6%。烤烟58.71万亩，同比增加0.07万亩，增长0.1%；

产量8.02万吨，同比减0.051万吨，减少0.6%。鲜切花2.46万亩，同比增加0.08万亩，增长3.4%；鲜切花产量16.5亿枝，与上年持平。甘蔗、油料和药材面积减少。甘蔗16.58万亩，同比减2.1万亩，减少11.2%；产量75.53万吨，同比减10.46万吨，减少12.2%。油料25.86万亩，同比减0.12万亩，减少0.5%；产量3.904万吨，同比增加0.11万吨，增长2.9%。药材3.25万亩，同比减1.5万亩，减少31.6%；产量1.708万吨，同比增加0.488万吨，增长40%。

（李顺德　孙　钺　陈云瑞）

【冬季农业开发】 2016年，玉溪市冬季农业开发111.53万亩，同比增加2.6万亩，增长2.4%。总产量124.38万吨，同比增加11.07万吨，增9.8%；产值29.3亿元，同比增加5亿元，增20.6%；平均亩产值2 626元，同比增加396元，增17.8%。

【晚秋作物生产】 2016年，玉溪市种植晚秋作物61.3万亩，完成省农业厅任务数的103.9%，其中，晚秋粮食29.06万亩、晚秋蔬菜32.24万亩。晚秋粮食中，种植秋玉米12.98万亩，占44.7%；秋大豆2.64万亩，占9.1%；秋马铃薯1.89万亩，占6.5%；秋荞2.27万亩，占7.8%；晚稻2.72万亩，占9.4%；其他6.55万亩，占22.5%。晚秋粮食产量6 216万千克。

【科技增粮】 2016年，玉溪市继续推广粮油作物高产创建、农作物间套种、地膜覆盖栽培三大科技增粮措施。完成省、市、县三级粮油作物高产创建34片，其中，省级29片，市、县级5片，示范区面积38.57万亩，粮食作物示范区平均亩产640.5千克，比非示范区亩增产80.8千克，增产14.4%；油菜示范区平均亩产167.1千克，比非示范区亩增产26.8千克，增产19.1%。完成农作物间套种288.6万亩，其中，粮食作物间套种243.98万亩，占农作物间套种面积的84.5%，平均每亩增加粮食产量84千克。完成粮食地膜覆盖栽培48.95万亩，其中，地膜玉米42.98万亩，平均每亩增产53千克。

（李顺德　孙　钺）

【小春作物受冰雪霜冻灾害】 2016年1月23～26日，玉溪市先后受西南暖湿气流、北方强冷空气南下影响，全市出现强寒潮、强降温、降雨降雪天气过程，大部分县（区）出现小雪至中雪，全市除红河河谷地区气温在5℃左右外，其他大部分县（区）气温降至-2℃～-4℃间，高海拔地区局地降至-5℃～-8℃，致使降雪区农作物不同程度受灾。据农业部门统计，小春作物受灾82.47万亩，占小春作物在田面积的53.9%，其中，成灾46.46万亩，占30.4%，绝收14.94万亩，占9.76%。受灾作物中，粮食作物受灾17.72万亩，占在田粮食面积的35.44%，其中，成灾9.372万亩，占18.74%，绝收3.252万亩，占6.5%；经济作物受灾64.75万亩，占在田经济作物面积的62.86%，其中，成灾37.29万亩，占36.01%，绝收11.69万亩，占11.35%。造成农作物直接经济损失3.95亿元，其中粮食作物损失0.14亿元，经济作物损失3.81亿元。

（张志军　孙　钺）

【中央农业支持保护补贴】 2016年起，全国全面推开农业“三项补贴”改革，即将农作物良种补贴、种粮农民直接补贴和农资综合补贴合并为农业支持保护补贴。玉溪市获中央农业支持保护补贴（耕地地力保护资金）项目预拨165万亩，预拨补贴资金1.01亿元，加上2015年各县（区）遗留的良种补贴资金和农资综合直补资金105.26万元，2016年实际补贴资金10 245万元，实际完成补贴172.03万亩，比省预拨下达数多7.03万亩；实际兑付补贴资金10 242万元，结余补贴资金3.09万元。中央农业支持保护补贴涉及74个乡（镇、街道）、653个村委会、5 845个村民小组、45.70万户农户，受益人口153.64万人。

【农作物保险】 2016年，云南省农业厅下达玉溪市种植业保险计划面积72万亩，其中：水稻17万亩、玉米40万亩、油菜15万亩。参加种植业保险的6个县（区）实际签单承保面积80.70万亩，其中：水稻14.98万亩、玉米51.53万亩、油菜14.19万亩，比计划多8.70万亩。保费总额为1 338.11万元，其中：水稻292.07万元、玉米850.29万元、油菜195.75万元。种植业保险保费由中央、省级、市级和县级分别按40%、13%、25%、22%的比例承担，其中：中央承担535.25万元，省级承担173.96万元，市级承担334.53万元，县级承担294.39万元。

2016年，玉溪市投保农作物生长期间，不同程度地发生了霜冻、干旱、冰雹、雨雪和大风等自然灾害，受灾农户达3.45万户，受灾农作物1.71万亩。通过保险公司和农业部门现场勘查定损、理赔公示等程序，保险公司赔付给受灾农户322.32万元，其中：水稻18.40万元、玉米192.99万元、油菜110.9万元。

【全省春季农业生产工作现场会在玉溪召开】 2016年3月21～22日，云南省春季农业生产工作现场会在玉溪市新平县戛洒镇举行。省委副书记钟勉出席会议并讲话，副省长张祖林作工作部署。钟勉就抓好2016年全省春季农业生产工作提出四点要求，一要抓好农业结构调整。要认真落实全省优势主导产业规划和产业基地重点县建设要求，推进农业供给侧结构性改革，增加农产品有效供给，增强产业竞争力，提高商品率，增加农业效益，促进农民增收。二要抓好高标准农田建设和产业基地建设。要围绕主导产业规划和产业基地建设，整合各类项目资金，大规模推进高标准农田建设，打造高产稳产高效的现代农业产业基地，形成农业产业结构调整的平台和现代农业发展的窗口。三要抓好适度规模经营和培育引进新型农业经营主体。要按照依法、自愿、有偿原则推进土地经营权流转，健全完善新型主体与农户的利益联结机制，发挥好新型主体的带动作用，提升农业生产经营社会化服务水平。四要抓好农业科技创新转化推广。要坚持需求导向，加强农业科技成果转化和集成推广应用，大力发展设施农业，强化科技对农业产业结构调整和基地建设的支撑作用。

与会代表观摩学习了新平县鱼塘万亩生态柑橘产业园、戛洒稻田养鱼立体开发示范区及褚橙庄园等3个现代农业示范点。市委副书记保明顺出席会议，市政府副市长蔡四宏代表玉溪市作交流发言。

（张志军）

【自主知识产权花卉】 2016年，玉溪市花卉企业自主研发的自主知识产权品种28个，比上年增加10个，增55.6%，其中：玫瑰鲜切花品种22个、玫瑰盆花品种4个、百合鲜切花2个。花卉自主知识产权品种的不断突破和取得，标志着玉溪市花卉企业的科研能力提高，花卉产业走上了一条自我完备、转型升级的健康发展之路。

①元江羽楠农业科技有限公司紫心火龙果丰收 ②玉溪滇之极农业发展有限公司草莓规范化种植基地（杨旭东 摄） ③元江金水泉葡萄园（舒 波 摄） ④玉溪紫艺花卉公司盆栽微型月季（饶 敏 摄）

【花卉种球种苗生产】 2016年，玉溪市从事花卉种球种苗生产企业12户，建成花卉优质种球种苗生产基地7个，生产玫瑰（鲜切花、盆花、食用加工）种苗6 500万苗、百合种球2 700万粒。生产的花卉种球种苗除满足市内生产需要外，还销往省内外生产企业并出口东南亚周边国家从事花卉种植企业。玉溪市先后被云南省花卉产业办公室、云南省科技厅、云南省农业厅列为花卉优质种苗重点生产区，玉溪市花卉种球种苗生产在全省的核心地位日趋突显。

（夏 宁 陈云瑞）

【蔬菜生产】 2016年，玉溪市发挥生态环境优美和气候资源禀赋的优势，继续调整优化蔬菜品种结构，推广蔬菜新品种、配方施肥、绿色防控等技术，发展高山夏秋蔬菜和低热河谷地区冬春早菜，建立外销型出口蔬菜基地。年内，全市蔬菜种植127.01万亩，完成目标任务数的115.5%，超计划数17.01万亩，比上年增加8.34万亩，增7.03%；蔬菜总产量225.46万吨，比上年增加22.66万吨，增11.1%；蔬菜产值45亿元，比上年增加2.72亿元，增6.4%，蔬菜生产成为全市农民增收的主渠道。

【水果生产】 在“褚橙”“华宁柑橘”品牌的示范带动下，玉溪市水果生产已发展成为继粮、烟、菜之后的一大特色优势产业。2016年，全市新植果园6.58万亩，其中新增芒果31 655亩、柑橘15 725.6亩、苹果4 078亩、香蕉3 715亩、草莓809亩、枣子2 416亩、桃1 101亩、李子420亩、蓝莓342亩、樱桃233亩、葡萄200亩、柿子150亩、其他4 945亩（西番莲、猕猴桃、石榴、荔枝等）。全市水果在园面积57.4万亩，比上年增加6.14万亩，增12.0%；水果产量62.81万吨，比上年增加5.24万吨，增9.1%；水果产值24.46亿元，比上年增加3.55亿元，增17.0%。

（杨云光）

【甘蔗生产】 2016年，玉溪市甘蔗种植18.98万亩。其中：糖料甘蔗16.58万亩、水果甘蔗2.40万亩，完成目标任务数17万亩的97.5%，比上年减少1.03万亩，减5.1%；甘蔗产量77.9万吨，比上年减少8.6万吨，减9.9%；甘蔗产值35 055万元，比上年减少8 080万元，减18.7%。

【茶叶生产】 2016年，玉溪市有茶园80 604亩，其中采摘面积77 564亩。茶叶产量510.37万千克，比上年增2.07%。茶叶综合产值4.01亿元，比上年增100万元，增0.3%。其中，农业产值1.41亿元，比上年增3.7%，加工产值1.75亿元，比上年增1.7%，流通和销售等产值8 588.04万元，比上年减6.9%。

【芦荟生产】 2016年，玉溪市芦荟种植1.1万亩，比上年减3.1%，其中已投产11 000亩；芦荟产量43 939.5万千克，比上年增10.2%；芦荟产值2 636.37万元，比上年增8.3%。

【除虫菊生产】 2016年，玉溪市除虫菊种植3 448.9亩，比上年增13.2%；除虫菊产量38.53万千克，比上年增23.7%；除虫菊产值731.6万元，比上年增10.9%。

【茉莉花生产】 2016年，玉溪市茉莉花种植7 800亩，比上年增122.9%；茉莉花产量470.9万千克，比上年增

36.5%；茉莉花产值8 150.1万元，比上年增20.2%。

【三七生产】 2016年，玉溪市三七种植1.78万亩，比上年减11%；三七产量295.04万千克，比上年减9.6%；三七产值15 629.43万元，比上年减11.9%。

【重楼种植】 2016年，玉溪市重楼种植1 424.7亩，比上年增9.3%；重楼产量2.64万千克，比上年减73.6%；重楼产值330万元，比上年减73.6%。

（杨云光 马东锦）

【葡萄园套种蚕豆示范】 2016年，玉溪市经作站承担省级科技增粮项目，与红塔区经作站联合在红塔区建立葡萄园套种以蚕豆为主的粮食作物核心示范区1 740亩，完成目标任务数的174%；套种蚕豆亩产量226.80千克（鲜重）；亩新增复合种植收益716.12元，折合总产量33.34万千克，新增复合种植收益105.27万元。在红塔区的春和、北城、李棋、高仓、研和等建立中心示范片5 080亩，实现间套种作物亩产量116.82千克（鲜重），亩新增复合种植收益296.72元，超额完成目标任务。

【葡萄简化栽培技术示范】 2016年，玉溪市经作站承担玉溪市高原特色冬季农业开发科技项目，在红塔区、江川区不同生态区域开展葡萄简化栽培关键技术集成展示101亩，完成技术示范545亩，示范区通过实施葡萄简化栽培集成技术，有效提高了产品品质，葡萄商品单价7.52元/千克，与非示范区比较葡萄销售单价提高0.95元；项目区葡萄亩产值14 238.27元，比非示范区增收2 537.23元，增21.7%。通过采用机械化作业、实施简化栽培管理技术后平均每亩降低人工成本816.2元，节约用工11.6个；创新种植模式、实施水肥药一体化灌溉系统后平均每亩节约农药、化肥等成本投入403.4元，合计每亩节约成本投入1 219.6元；示范区实现葡萄种植亩纯收益6 274.87元，高于非示范区3 756.83元。同时，示范区通过发展复合经济，在葡萄行间套种蚕豆、青花及番茄，套种作物平均亩产量749.67千克，亩产值1 977.38元，扣除每亩成本投入1 041.74元，实现纯收益935.65元/亩。

（杨云光 胡冬梅）

【温带水果引种试验示范】 2016年，玉溪市经作站与峨山县经作站承担玉溪市高原特色冬季农业开发科技项目，在峨山县、江川区建立温带水果新品种展示区20亩和示范区510亩，辐射带动峨山县新增温带水果5 225亩，超额完成目标任务数。召开温带水果科技培训会43期，受训科技人员、农户1 806人次。开展猕猴桃、冬枣、软籽石榴等种植规格、施肥、病虫害防控等关键栽培技术试验研究7组，集成相应的高产优质栽培技术措施。

（杨云光）

【沃柑新品种引进试验示范】 2016年，玉溪市经作站承担玉溪市高原特色冬季农业开发科技项目，引进晚熟柑橘新品种沃柑，在新平县、元江县选定不同区域海拔高度5个试验点，每个点试验面积2亩，开展不同区域沃柑引种适应性观察试验。在新平者竜乡建立沃柑标准化生产示范基地500亩，完成示范任务数100亩的5倍，超额完成目标任务数。举办科技培训2期，培训橘农256人次，通过拉枝整形定干、浇水施肥、树盘覆盖有机肥、病虫害综合防治等技术措施，苗木成活率达100%。

（杨云光 王有生）

【园艺作物标准园创建】 2016年，澄江县有能蔬菜种植农民专业合作社申报的露地蔬菜标准化创建项目被列为农业部蔬菜标准园，获补助资金50万元，项目采取先建后补，财务报账制管理。

（杨云光 肖文俊）

【经作技术培训】 2016年，玉溪市经作站开展水果、蔬菜等技术培训48期，培训农户2 747人次，印发技术资料2 683份。其中，蔬菜技术培训5期419人次，印发技术资料332份；柑橘、猕猴桃、桃、芒果、葡萄等水果培训43期2 328人次，印发柑橘、芒果等技术资料2 351份。

（杨云光 肖 梅）

【品牌农业研讨会】 2016年11月20日，“一、二、三产业融合时代的品牌农业研讨会”在新平县桔荔庄园召开。来自浙江、上海、安徽、新疆、河南、苏州、广州、昆明等地嘉宾、专家和客商，以及玉溪市农业系统科技人员及部分获得省级名牌产品称号的企业代表150余人应邀参加研讨会。与会代表共同探讨一、二、三产业融合、品牌农业建设。台湾神农科技发展协会会长廖树宏，浙江大学智慧农业发展研究院执行院长张洪，浙江大学CARD农村电商研究中心主任助理杨巧佳等专家学者和成功企业主围绕产业融合和农产品品牌建设发表主题演讲，缔结品牌农业《哀牢山宣言》，同时签订了多个合作协议。

【柑橘技术讲座】 2016年7月21～22日，玉溪市经作站邀请广西特色作物研究院邓明学副研究员到新平县作技术指导并举办玉溪市柑橘栽培管理技术讲座。在柑橘技术专题讲座上，邓明学副研究员结合多年的实践经验，从柑橘主栽品种市场前景分析到管理技术创新讲起，介绍赣州市超奇

新平“褚橙”种植基地硕果累累 （张子伟 摄）

士果业有限公司等全国知名柑橘基地管理经验，特别是柑橘病虫害防治做法，详细讲解了柑橘黄龙病、柑橘溃疡病、柑橘褐腐疫霉病、木虱等防治要点。

【冰糖橙技能大赛】 2016年11月22日，新平县举办第一届冰糖橙技能大赛，产自哀牢山不同区域的66个冰糖橙样品同台竞技。由中国柑橘研究所、云南农业大学、西南林业大学、云南省农科院、玉溪市农科院、玉溪市经济作物工作站、玉溪市种子管理站等单位组成的评委团，经过现场打分，评选出品质最优冰糖橙奖1个，最大冰糖橙、果肉特别奖、最佳果面奖各2个，以及根据参赛样品果面提早转色、成熟期提前或延迟、最易剥皮等特异性状评选出特异奖3个。另外，评出组织奖4个。

【芒果高接换种项目获奖】 玉溪市经济作物工作站与元江县经济作物工作站共同完成的“元江县芒果高接换种关键技术研究与应用”项目获玉溪市人民政府2016年度科学技术三等奖。项目针对元江县芒果生产中存在品种结构不合理、品种老化、市场竞争力不强、种植效益低下等突出问题，于2008年开始，以调整优化元江县芒果品种结构、提高芒果品质、延长销售期、提高生产效益为主要内容，开展芒果高接换种关键技术研究。通过8年实施，筛选出台农1号、贵妃、帕拉英达和凯特4个早、中、晚熟良种，建成良种采穗圃82亩，示范园656亩，集成品种搭配、最佳嫁接时间及方法、整形修剪、节水灌溉、绿色防控、果实护理等高接换种的综合配套技术。先后组织科技培训28期，累计培训果农22 655人次，印发《芒果栽培技术》《芒果病虫害防治》等技术资料3万余份。至2015年，累计推广完成高接品种改良56 612亩，品种改良率达65%以上，实现总产量3 217.8万千克、总产值1.87亿元。

（杨云光）

畜牧业

【概　况】 2016年，玉溪市以生猪、家禽为重点，发展适度规模养殖，开展种养结合循环养殖示范，加强动物疫病防控，加强兽药、饲料和屠宰场（点）监管，保障畜牧业健康发展和畜产品质量安全，促进畜牧增产、农民增收。全市肉蛋奶总产量47.96万吨，比上年增加0.47万吨，增长1.0%；畜牧业现价产值88.09亿元，比上年增加5.26亿元，增长6.3%，占农业总产值的37.7%。

【生猪生产】 2016年，玉溪市生猪存栏174.54万头，比上年减少0.4万头，减0.3%；其中能繁母猪存栏16.75万头，比上年减0.2万头，减1.5%。肉猪出栏275.28万头，比上年减4万头，减1.4%，肉猪出栏率157.3%。

【畜禽生产】 2016年，玉溪市家禽存栏2 064.62万只，比上年增加77.5万只，增长3.9%，家禽出栏3 931.52万只，比上年增加61.8万只，增长1.6%，家禽出栏率197.8%。生产禽蛋13.37万吨，比上年增加0.47万吨，增长3.7%。全市牛存栏28.41万头，比上年减0.7万头，减2.3%。肉牛出栏17.69万头，比上年减0.1万头，减0.4%，肉牛出栏率60.8%。全市山绵羊存栏49万只，比上年增加2.5万只，增长5.4%。肉羊出栏30.08万只，比上年增加1万只，增长3.5%，肉羊出栏率64.7%。

【“智慧动监”建设】 2016年，玉溪市在生猪定点屠宰场（点）全部实现检疫电子出证的基础上，开展“智慧动监”建设，推进“互联网+动物卫生监督”模式发展，提高全市动物卫生监督信息化水平，市级投资35.2万元补助县（区）购置安装屠宰电子监控设备，至年底，已有6家县级屠宰场采购和安装了屠宰电子监控设备，其他县级屠宰场正在落实。澄江县生猪定点屠宰场屠宰电子监控设备率先使用并联网，市、县动物卫生监督所上网就可察看屠宰监控视频。

【动物检疫电子出证】 2016年，全市出具机打动物检疫证明24.94万张（其中动物2.99万张，畜产品21.95万张），为666.39万头（只）畜禽、13 858.48吨畜产品出具了检疫合格证明，有效杜绝了涂改、伪造、倒卖、转让检疫证明的违法行为，提高了检疫监管信息化管理水平。

【肉品品质检验技术及屠宰管理信息培训】 2016年5月，玉溪市农业局举办肉品品质检验技术及屠宰管理信息培训班，全市38个生猪定点屠宰场（点）及县（区）动物卫生监督所的技术人员共86人参加培训，为促进肉品品质检验工作开展，落实企业是产品质量安全第一责任人奠定基础。

（郭丛荣）

【动物诊疗机构清理整顿】 2016年，玉溪市开展动物诊疗机构清理整顿，查处违法诊疗机构。年内，对16个动物诊所开展执法检查20次，取缔无证经营诊所1个，没收违法所得3 732元，罚款3 000元；对辖区内注册执业兽医师53名、备案执业助理兽医师17名进行检查，未发现出让、出租、出借兽医执业证书情况。全年注销执业兽医师7名。

【兽药监管】 2016年，玉溪市有兽药

玉溪市绿源康养殖有限责任公司现代化养殖基地　　（杨旭东　摄）

经营门店233个，全部通过兽药GSP认证。年内，动物卫生监督机构对兽药经营门店采取经常性与突击性相结合的监督检查方法，累计出动执法人员1 339人次，监督检查兽药门店1 518个（次），占现有233个兽药门店的651.5%（1年内平均检查每个兽药门店6.5次），抽检兽药20.46万盒（包），检出不合格兽药1 382盒（包），货值0.8万元，没收1 196盒（包），立案查处29件，结案26件，罚款3.8万元。开展兽药质量安全监督执法抽查，年内共抽取54家兽药生产企业样品61个，涉及8个县（区）39个兽药经营企业，兽药生产企业确认样品35个，不确认样品26个，样品确认率57.4%；对企业回函确认非该企业产品进行处罚，对确认样品进行送检，送检样品35个，符合标准24个，不符合标准11个，合格率68.6%；对不符合标准的11个样品，结合农业部通报的十批假劣兽药清单依法进行了立案处罚。

（郭丛荣　杨晓橙）

【中央基层动物防疫工作补助】 2016年，省级下达玉溪市中央基层动物防疫工作补助经费175.42万元，下达到各县（区）。其中强制免疫工作补助经费159.32万元，专用器械、消毒药品及疫苗冷藏、防护用具等购置补助16.10万元，市级配套基层动物防疫工作补助经费9万元。全市村防疫员人均年补助1 537元。

【动物防疫员补贴】 2016年，玉溪市9个县（区）74个乡（镇、街道）696个村委会（居委会、社区）有村级动物防疫员1 200名，村级动物防疫员工资补贴每人每月300元，其中市级承担200元、县级承担100元。新平县把村级动物防疫员工资补贴由每月300元提高到500元。全市统一为村级动物防疫员办理人身意外伤害保险，保险保费100元/人，费用由市县（区）各承担50%。

对年老退岗的村级动物防疫员按照每在职一年给予1个月补贴的标准，一次性给予退岗补助。年内，红塔、江川、澄江、华宁、峨山和新平6个县（区）兑付了村级动物防疫员退岗补助费。

给予动物检疫协检员每人每月300元补贴，其中市级承担200元、县级承担100元，列入年度财政预算支出。全市动物检疫协检员933人，市级财政补贴224万元。

【能繁母猪保险】 2016年度，玉溪市由中保财险公司开展畜牧业保险业务，承保能繁母猪100 456头，能繁母猪保险金额为1 000元/头，保费60元/头，其中：中央财政补助50%即30元/头，省财政补助6%即3.6元/头，市级财政补助10.67%即6.4元/头，县（区）财政补助13.33%即8元/头，养殖户承担20%即12元/头。

【草原生态保护补助】 2016年，易门县纳入中央第二轮草原生态保护补助奖励机制实施范围，实施中央草原补奖面积56.29万亩，其中禁牧9.81万亩、草畜平衡46.48万亩。新平县新增草畜平衡0.3万亩。全市澄江、华宁、峨山、新平、元江和易门6个项目县实施中央草原补助奖励921.98万亩，其中禁牧124.83万亩、草畜平衡797.15万亩；6个项目县获补助奖励资金2 929.10万元，其中：澄江县82.55万元、华宁县241.08万元、峨山县511.97万元、新平县1 218.83万元、元江县684.90万元、易门县189.77万元，补奖资金全部通过“一折通”的形式兑付到户，受益农户108 371户。组织澄江、华宁、峨山、新平和元江5个项目实施县对上年度草原生态保护补助奖励机制政策项目进行绩效评价，5个项目县均通过了省级的审查考核，峨山县和新平县考核为优秀，澄江县、华宁县和元江县考核为良好。

【草原畜牧业发展方式转变项目】 2016年1月，云南省农业厅和云南省财政厅批复峨山县和新平县上报的2015年中央草原生态保护补助奖励机制绩效考评奖励资金草原畜牧业发展方式转变项目实施方案，两县按照实施方案进行施工，至9月底全部完成建设任

新平县者甸村人工改良草山牧场　（胡文格　摄）

务。峨山县在大龙潭乡鱼塘村、班德村、绿溪村，岔河乡河外村，双江街道总果村建设牛圈1 773平方米，在大龙潭乡鱼塘村、绿溪村、司城村、各雪村，甸中镇小河村，岔河乡河外村，双江街道沐勋村，小街街道乐德旧村建设羊圈2 720平方米，在大龙潭乡鱼塘村建设多年生人工草地250亩、改良草地6 176亩，总投资286.32万元，其中中央资金200万元、农户自筹及投工投劳86.32万元。新平县在老厂乡转马都村建设牛圈2 600平方米、羊圈2 100平方米、多年生人工草地1 100亩、改良草地5 000亩，总投资309.75万元，其中中央资金200万元、农户自筹及投工投劳109.75万元。

【畜牧良种补贴】 2016年，红塔区、江川区和易门县继续实施中央生猪良种补贴项目，补助对象为项目区内使用良种精液开展猪人工授精的养殖场（户）。补贴标准：每头能繁母猪每年使用4剂精液，每剂精液补贴10元。3个县（区）生猪良种补贴5.5万头，中央财政补贴资金220万元。其中：红塔区补贴0.5万头，补贴资金20万元；江川县补贴3万头，补贴资金120万元；易门县补贴2万头，补贴资金80万元。通海县继续实施中央奶牛良种补贴项目，补贴对象为项目区内的奶牛养殖场（小区），补贴标准：每头荷斯坦奶牛每年使用2剂冻精，每剂冻精补贴15元，全县荷斯坦奶牛良种补贴0.3万头，中央财政补贴资金9万元，由省级组织招标确定奶牛供精单位，并拨付补贴资金，供精单位向养殖者提供冻精。

【畜牧贴息贷款】 2016年，玉溪市继续实施畜牧专项贴息贷款扶持政策，贷款规模4亿元，贷款利率按年息6.9%向养殖户发放贷款，贷款利息由市级财政承担2%、县级财政承担1%、养殖户承担3.9%。市级财政贴息800万元，贷款养殖户3 502户，县乡农业部门派畜牧兽医技术人员入户指导，从饲养技术、疫病防治、经营管理等环节进行全程跟踪指导服务。

【种养结合循环养殖示范项目】 2016年，玉溪市确定10个种养结合循环养殖示范项目，分别是红塔区王保林肉羊养殖场、江川瑞强蔬菜种植园（养肉牛）、澄江县家恩种植基地（养肉鸡）、通海县海辉养猪场、云南华宁鑫辰食品有限公司（养蛋鸡）、易门县德源科技有限公司（养猪）、峨山县姜头金果园农场（养肉牛）、玉溪市民族中学实验农场（养猪）、新平田诚种养家庭农场（养猪）、元江县安洁山羊养殖场。每个项目市级补助20万元。10个项目实际完成投资906.64万元，完成计划数的158.6%，其中市级投资200万元，养殖场自筹资金706.64万元。完成沼气及污水处理2 378.8立方米，完成批复工程量的145.8%；猪舍标准化改造2 359平方米，完成批复工程量的184%；牛舍标准化改造1 254平方米，完成批复工程量的298.6%；鸡舍标准化改造1 600平方米，完成批复工程量的272%；羊舍标准化改造760平方米，完成批复工程量的101%；水、电、路、防疫、灌溉等配套设施建设完成批复工程量的110%；水果、蔬菜、牧草等经济作物种植1 843.9亩，完成批复工程量的100%。

【畜禽标准化养殖项目】 2016年，玉溪恒康养殖有限公司（蛋鸡）、玉溪瑞丰农业科技开发有限公司（生猪）、易门仙仙佳源养殖有限公司（肉牛）、新平高粱冲山羊养殖基地（肉羊）、元江县万象庄园生物科技有限公司（肉牛）5家养殖单位实施畜禽标准化养殖项目通过考核验收。项目由中央投资180万元，其中：生猪项目每个补助50万元，蛋鸡项目每个补助40万元，肉牛、肉羊项目每个补助30万元。玉溪新广家禽有限公司创建国家级畜禽标准化示范场通过验收；玉溪瑞丰农业科技开发有限公司生猪养殖场、易门仙仙佳源养殖有限公司（肉牛）和新平县高粱冲山羊养殖基地创建省级畜禽标准化示范场通过验收。

【引进生猪和肉鸡生态循环经济养殖项目】 2016年3月29日，玉溪市政府与成都华西希望特驱德康公司签订100万头生猪和2 000万只肉鸡生态循环经济养殖暨生猪肉食品加工项目意向协议，该项目计划由华西希望投资19.7亿元，计划在峨山县和新平县建设存栏1 000头祖代种猪场2个，在易门县建设年存栏20万羽父母代肉种鸡场1个，通过“公司＋家庭农场”的“五统一”模式在峨山、新平、元江和易门4个县发展1 000个标准化生猪养殖家庭农场、400个标准化肉鸡养殖家庭农场；建设年屠宰量适度规模的肉食品加工厂一座；建设年产30万吨的饲料厂1个。该项目推进后，玉溪市将新增畜禽年产值30亿元、饲料年产值20亿元、食品加工产值50亿元，可带动1 400多户农户增收致富，合作农户年收益预计达3亿元，创造4 000个就业岗位。

到年底，峨山德康希望生猪养殖有限公司已注册，祖代种猪场和选育场已完成测量、勘测定界及土地流转，与棚达村民小组签订了土地经营权流转合同，共流转土地386.93亩，兑付土地租金及补偿资金154.95万元，其中土地流转租金62万元、地上附着物补偿资金92.95万元。峨山祖代种猪场土地平整已完成60%，综合楼施工砌砖已完成一层，公司投入建设资金近3 000万元。峨山县完成了家庭农场建设的宣传动员工作，参会养殖户1 140户，报名申请意向合作98个家庭农场，经选址确定可建50个家庭农场。新平县、易门县和元江县已做好前期土地摸底排查工作，易门已出台家庭农场实施指导意见。

（郭丛荣）

【动物免疫】 2016年，玉溪市动物免疫由政府保免疫密度、部门保免疫质量，推行防疫整村推进，推广生猪“321”免疫技术。全市调拨动物疫苗30种5 860.51万毫升（万头份），其中重大动物疫苗4 931.26万毫升，羊痘、羊传胸、狂犬病等其他常规疫苗929.25万毫升，支出疫苗费1 770.04万元，其中重大动物疫病疫苗费1 731.74万元、常规疫苗费38.30万元；累计发放免疫畜禽疫病23种22 290.98万头（只）次，其中重大动物疫病免疫7 955.93万头（只）次、常规疫病免疫14 335.05万头（只）次；免疫畜禽疫病23种18 555.02万头（只），其中重大动物疫病免疫6 697.05万头（只）、其他常规疫病免疫11 857.97万头（只）。全市高致病性禽流感、牲畜口蹄疫、猪瘟和高致病性猪蓝耳病等重大动物疫病免疫密度均达到了应免数的100%。同时，按照省级要求，建立了免疫档案。

【动物疫病监测】 2016年，玉溪市监测28种畜禽疫病，监测样品47 185份，其中免疫抗体监测26 537份、病原学监测及疫情监测20 648份，重大动物疫病免疫抗体合格率均在70%以上。其中：口蹄疫免疫抗体监测牲畜

2016年10月15日，玉溪市农业局召开玉溪市马传染性贫血病消灭工作验收会。通过看现场、听汇报和查资料等方式，验收组认为玉溪市马传贫消灭工作领导重视、资金保障、工作有力、效果明显，一致同意通过省级考核验收，玉溪市马传贫消灭工作取得历史性成果。云南省农业厅副厅长寸强、兽医处处长欧茶海、兽医处副处长刘亚林、省动物疫控中心副主任张文东等领导出席会议　（李敏华　摄）

3 215头只，抗体转阳2 803头只，转阳率87.19%；高致病性禽流感免疫抗体监测禽6 091只，免疫合格5 813只，合格率为95.44%；猪瘟免疫抗体监测1 256头，抗体转阳1 054头，转阳率83.92%；高致病性猪蓝耳病免疫抗体监测1 256头，抗体转阳1 002头，转阳率79.77%。小反刍兽疫免疫抗体监测1 217只，抗体转阳868只，转阳率71.32%。

【兽医实验室通过省级考核认证】 玉溪市有市、县（区）两级兽医实验室10个，2016年5～10月，经省农业厅组织专家进行考核验收，10个兽医实验室分两批全部通过了省农业厅的考核（复核）认证，成为全省首家兽医实验室100%通过省级考核认证的州（市）。市级新增兽医实验室建设补助费45万元，每个县（区）5万元，专项用于兽医实验室仪器设备添置、人员培训、资料收集归档和考核验收等工作。

【消灭马传染性贫血病通过省级验收】 玉溪市马传染性贫血病（简称马传贫）的防治工作始于1978年，1978年，全市马属动物存栏44 582匹，采集马、驴、骡血清38 658份用马传贫琼脂扩散法进行检疫，检出阳性12匹，1 979～1982年，检疫马属动物27 130匹，检出阳性10匹，对检出的阳性动物全部作扑杀无害化处理；1983～2013年，检疫马属动物2 982匹，未检出阳性。1983年至今，全市辖区内均没有马传贫临床病例发生。2014～2016年，全市9个县（区）组织专人对辖区内马传贫开展流行病学调查，每年按马属动物存栏数的2%抽样采集血清，不少于100匹份，马属动物不足100匹的全部采样，并于每年8月31日前送市动物疫病预防控制中心检测，2013～2016年分别采样监测70份、1 149份、1 009份、1 010份，均未检出阳性，至2016年已34年无临床病例。全市9个县（区）均达到消灭标准，2016年7月通过市级考核验收；2016年10月通过省级考核验收。

（郭丛荣　逯　强）

【省农业厅对玉溪市动物防疫工作进行检查】 2016年10月18～20日，省农业厅检查组对玉溪市的秋季重大动物疫病防控与延伸绩效管理工作进行检查，检查组通过查文件、听汇报、看现场和现场采血等方式对市级和华宁县的重大动物疫病防控整体安排、秋防完成情况及绩效管理工作进行检查，抽查了华宁县的4个中小规模饲养场、生猪屠宰场、宁州街道右所社区斗嘎、黑箐哨和盘溪镇富民村委会白云箐，采集猪、牛、羊、鸡血清样品200余份带回省动物疫控中心检测抗体合格率。检查组对玉溪市的动物防疫工作给予高度评价。

【农业部秋防检查组对玉溪市进行检查】 2016年11月14～16日，玉溪市代表云南省接受农业部秋防检查组的检查，检查组抽查了红塔区的2个规模养猪场、2个规模养鸡场、高仓街道和洛河乡的散养户、百信屠宰场和窑头集贸市场，采集猪、牛、羊、鸡血清样品200余份带回中国动物疫控中心检测抗体合格率。检查组对玉溪市的动物防疫工作给予高度评价。

【畜禽疫病死亡率控制】 2016年，玉溪市采取“免、检、监、驱、治、消”等综合防疫措施，全市畜禽疫病得到有效控制。10月，市级组织抽样调查9个县（区）18个乡（镇、街道）36个村（居）委会981户农户，全市畜禽疫病死亡率为：猪0.32%，大牲畜0.18%，羊0.89%，禽2.46%，均控制在省市下达的猪3%、大牲畜1.5%、羊2%、禽6%的任务指标内。全市未发生区域性重大动物疫情。

（郭丛荣）

【蜂业养殖】 2016年，玉溪市蜂群数32 953群，其中中蜂32 203群、西蜂750群，中蜂科学饲养推广5 200群，蜂蜜产量145 440千克。江川区利满园中蜂养殖场养殖蜂群1 000多群，系云南省内最大中蜂基地。

（柴　宁）

【牛冻精改良】 2016年，玉溪市畜禽改良站加大牛冻精改良点的建设、宣传和培训力度，年内，培训108人，完成全市53个牛冻精改良点的建设和改造，其中新平县18个、华宁县8个、易门县7个、峨山县6个、元江县和通海县各5个、红塔区2个、澄江县和江川区各1个。年末，完成牛冻精改良配种4 412头，受胎3 133头，产犊3 053头，受胎率为71%。

【畜禽养殖技术培训】 2016年，玉溪市畜禽改良站开展畜禽养殖技术培训4期，培训人员385人，分别是：4月27日，举办提高母猪繁殖性能专题培训，玉溪市各县（区）畜禽改良站（畜牧站）相关科技人员、部分规模猪场负责人及技术人员115人参加培训；4月27～28日，在易门县十街乡大村和老吾村委会举办精准扶贫山地鸡养殖技术培训举行，培训130人（户），其中：大村50人、老吾80人；9月28～29日，举办牛冻精改良及牛场管理技术培训，市、县（区）牛冻精改良技术人员及牛冻精改良点输精员90人参加培训；10月12～13日，在易门县开展山羊养殖技术培训，培训养殖大户50人。

【育肥猪铜减排技术中期试验示范】 2016年，玉溪市畜禽改良站在红塔区、江川区开展育肥猪铜减排技术中期试验、示范。示范猪场2个，示范养殖264头。该技术是在育肥猪出栏前两周停用铜，在不降低育肥猪生产性能的前提下，减少粪铜的排放量及肝、肌肉铜的沉积量。技术的示范，对环境保护及食品安全有很大的现实意义。

【水虻引进及示范养殖】 2016年，为探索水虻在玉溪市生存的适应性和畜禽粪污的无害化处理新方法，玉溪市畜禽改良站指导玉溪市红塔区坤红养殖场引进水虻示范养殖，建成水虻养殖舍100平方米，并引入一定数量的水虻开展养殖。通过养殖显示，水虻在玉溪市养殖适应性良好，被处理的粪污无臭味。

【育肥猪生产性能及肉品质试验】 2016年，玉溪市综合试验站与江川区域推广站合作开展"提高育肥猪生产性能及肉品质试验"，集成了提高育肥猪生产性能及肉品质配套技术。10月21至11月23日，玉溪市畜禽改良站在玉溪市瑞丰农业科技开发有限公司启动"提高育肥猪生产性能及肉品质"中期试验，通过不同试验体重和饲养天数比较，测定育肥猪生产性能及肉质，测定20头。该技术的运用，是通过营养调控，提高育肥猪生长性能，改善猪肉品质和风味，提高DLY育肥猪市场竞争力和养殖经济效益。

【种畜禽场生产】 2016年末，玉溪市8个良种猪繁育场（括1个供精站），存栏种猪2 903头，其中纯种猪存栏1 239头；全年销售纯种猪463头、LY母猪2 403头、商品仔猪21 837头，销售种猪精液239 903头份。2个种禽场存栏祖代种禽1.68万羽、父母代种禽27.97万羽，全年销售种禽74.7万羽，销售商品禽2 464.2万羽。

（王红琴）

【饲料产品抽检】 2016年，玉溪市草山饲料站随机抽检饲料产品质量25批，其中：配合饲料3批、浓缩饲料2批、养殖环节猪配合饲料6批、禽配合饲料5批、水产料3批、牛羊自配料6批，样品送省兽药饲料检测所统一检测，全部合格。

【畜产品例行及风险监测】 2016年，受云南省农业厅委托，红河州兽药饲料监察所对玉溪市红塔区、澄江县、华宁县畜产品质量安全例行监测样品160批次，其中养殖场（户）37个73批次、屠宰场4个52批次、农贸市场6个32批次、超市1个3批次。检测结果是158批样品合格，1批鸡蛋样品不合格（药残超标），1批猪肉样品不合格。年内，云南省兽药饲料检测所对玉溪市103批畜产品质量安全风险监测，样品来自峨山、江川、通海、新平、易门5个县（区）养殖场、农贸市场，鸡肉22批、猪肉20批、猪尿51批、蜂蜜10批；检测内容分别为氟喹诺酮类、磺胺类药物、11种B-受体激动剂；检测结果全部合格。

【生鲜乳专项整治】 2016年，玉溪市草山饲料站对通海县生鲜乳收购站和运输车辆进行监管，抽样1批样品合格；对生鲜乳收购站进行现场检查和判定，总体判断达标。因法人登记变更，经现场审核合格，同意通海县生鲜乳收购站重新换证。

【新增易门县为草原补奖县】 2016年，是实施新一轮草原生态保护补助奖励机制政策之年，玉溪市上一轮实施的是新平、元江、峨山、澄江、华宁5个县，经云南省农业厅批复同意，新增易门县为新一轮草原生态保护补助奖励项目实施县。

【草原监测】 2016年，玉溪市农业局对新平和元江2个县开展常规草原监测和物候期监测；对澄江、华宁、峨山和易门4个县开展草原生态保护补助奖励监测，在草原禁牧区和平衡区草原内实施监测，完成牧户调查180户。

【青贮、氨化饲料推广和牧草种植】 2016年，玉溪市完成推广青贮氨化饲料48.01万吨，其中青贮饲料39.36万吨、氨化饲料8.65万吨，种植牧草2.09万亩。

【全省草原监测技能培训】 2016年8月22～28日，云南省草原监督管理站在新平县举办全省生态补奖任务实施县技术人员的业务培训班，培训内容为牧草科（属）种辨认识别；样地、样方设置及监测实作；监测样地景观照、样方俯视照及植株形态照的拍摄。来自全省70多个县的技术人员153人参加培训。

（刘双玲）

【跨省引进乳用种用动物检疫审批】 2016年，玉溪市动物卫生监督所办理引种审批27批，引进种畜禽37 093头（只）。

【动物产地检疫】 2016年，玉溪市动物卫生监督机构对全市372个规模化养猪场（小区）、89个规模养牛场、104户规模养羊户及389户规模养禽全部开展产地检疫。对报检的1 087.79万头（只）畜禽全部实施产地检疫，其中检疫生猪219.04万头，检出病猪1 393头；检疫牛4.35万头，未检出病牛；检疫羊13.48万只，检出病羊1只；检疫家禽850.92万只，检出病禽1 360只。对检出的病畜禽按相关规定进行处理，有效防止动物疫病传播蔓延。

【动物屠宰检疫】 2016年，玉溪市动物卫生监督机构对全市38个生猪定点屠宰场、11个牛羊屠宰场（点）实施100%屠宰检疫。全年共屠宰检疫畜禽512.58万头（只），其中检疫生猪82.38万头，检出病害猪408头；检疫牛羊13.76万头（只），未检出病牛羊；屠宰检疫禽类425.44万只，检出病害禽4 124只。对检疫合格的畜禽产品，加盖检疫验讫印章，出具了动物检疫合格证明。对检疫不合格的动物及其产品，开具检疫处理通知单，监督畜主进行了无害化处理。

【病害畜禽及其产品无害化处理】 2016年，玉溪市动物卫生监督机构监督屠宰厂（点）无害化处理病害猪636头、病害禽类4 901只、有害产品8 277千克；全年监督372户规模养殖户无害化处理病死猪11 253头，有效防止了动物疫病传播，保障了畜禽产品和生态环境安全。

【规模养殖场监管】 2016年，按照"双随机"要求，玉溪市动物卫生监督所对9个县（区）85个畜禽规模养殖场进行监督抽查，共检查存栏生猪1.86万头，口蹄疫免疫密度达94.1%，猪瘟、猪高蓝耳免密度达99.4%；共检查存栏牛2 753头，全部进行了口蹄疫免疫；存栏羊1 970只，小反刍兽疫密度仅达82.74%；存栏禽103.24万羽，禽流感免疫密度94.5%。对免疫密度较低的养殖户，当场下达书面补免通知要求限期补免。

【动物疫病可追溯体系建设】 2016年，玉溪市动物卫生监督机构在74个乡（镇）100%推广使用了动物标识，共佩戴动物标识143.09万个，其中佩戴猪标识123.88万个、牛标识5.94万个、羊标识13.27万个。

【畜禽规模养殖场动物疫病风险评估】 2016年，玉溪市动物卫生监督所首次应用德尔菲法，随机抽取9个县（区）29户猪、28户禽规模养殖场口蹄疫及禽流感发生风险进行综合评估，评估表明，玉溪市有约五分之一的养殖场存在发生重大动物疫病的危险，针对存在的问题，玉溪市动物卫生监督机构及时出具书面意见要求加以整改。通过评估，为下一步确定对规模养殖场的监管濒次及重点提供了参考依据。

【肉品品质检验员培训】 2016年5月，玉溪市动物卫生监督所举办肉品品质检验技术及屠宰管理信息培训考核班，全市38个生猪定点屠宰厂（场）负责人及品质检验技术人员、9县（区）动监所相关人员共86人参加培训，为帮助企业解决技术人员不足的困难，促进肉品检验工作开展，落实企业是产品质量安全第一责任人奠定了基础。

【执法办案】 2016年，玉溪市动物卫生监督及兽药监管立案41件，结案37件，其中动物卫生监督案件立案12件，结案11件；兽药监督执法立案29件，结案26件。2016年9月，对其中15件案卷进行交叉评查，集中点评。

【生猪屠宰监督管理】 2016年，玉溪市开展生猪屠宰监管“扫雷行动”，共发放宣传材料5 504份，开展专项检查235次、出动执法人员3 172人次，联合执法41次，出动执法车辆74车次，检查发现问题20起，对其进行了责令整改，处理群众举报线索2次，办理简易行政执法案件2起；瘦肉精抽检4 770头（份），全部为阴性。监督屠宰环节无害化处理病害动物247头、0.35吨。年内，9个县级屠宰厂实现视频监控管理，各县（区）公布了屠宰监督举报电话。调整了生猪定点屠宰管理工作领导小组成员，市政府印发了《玉溪市人民政府办公室关于调整生猪定点屠宰管理工作领导小组的通知》。

（杨晓橙）

【“瘦肉精”检测】 2016年，玉溪市加强对养殖场（户）“瘦肉精”的日常监督检查和抽检，检查全市规模（猪、牛）养殖场63个，其中：育肥猪养殖场58个，肉牛养殖场5个，监测378批次的养殖环节瘦肉精样品。监测项目为克仑特罗、莱克多巴胺、沙丁胺醇。样品未检出瘦肉精，全部合格。市、县（区）动物卫生监督机构抽检监测屠宰环节瘦肉精1 972头份，结果均为阴性。红塔区百信屠宰场、江川区大街和江城屠宰场、澄江县屠宰场4家企业开展瘦肉精自检工作，全年自检219头份。

（刘双玲　杨晓橙）

【动物防疫抽查】 2016年，玉溪市动物疫病控制中心抽查9个县（区）18个乡（镇）26个自然村215户农户饲养生猪1 349头的免疫情况，猪口蹄疫免疫密度为93.18%，蓝耳病免疫密度为93.18%，猪瘟免疫密度为93.18%；饲养牛51头的免疫情况，口蹄疫免疫密度为92.16%；羊1 715只，口蹄疫免疫密度为93.7%；存栏家禽1 558羽的免疫情况，禽流感免疫密度为94.93%。

【村级动物防疫员技能鉴定】 2016年4月，新平县、通海县开展村防疫员技能鉴定培训，共有422人参加培训并取得了人力资源社会保障部、农业部颁发的《中华人民共和国职业资格证书》，至此，全市9个县（区）村级防疫员技能鉴定已全面完成。

【新发小反刍兽疫综合防控技术研究与应用获奖】 由玉溪市动物疫病预防控制中心主持完成的“玉溪市新发小反刍兽疫综合防控技术研究与应用”获玉溪市人民政府2015年度科学技术奖三等奖。

（逯　强）

乡镇企业

【乡镇企业主要指标】 2016年，玉溪市乡镇企业实现总产值1 342.96亿元，同比增长6.52%；实现营业收入1 490.58亿元，同比增长6.84%；实现利润总额69.04亿元，同比增长46.7%；上缴税金34.45亿元，同比增长6.35%，发放劳动者报酬90.02亿元，同比增长2.8%。年末，全市乡镇企业发展到104 058个，其中：集体企业60个、私营企业3 482个、个体户100 482个，港、澳、台商投资企业1个，外商投资企业6个，从业人员47.8万人。

2016年3月29日，在由玉溪市委、市政府主办，市招商合作局承办的“2016相约春天　共筑梦想——百户客商进玉溪”招商活动的签约仪式上，玉溪市人民政府与华西希望四川德康农牧科技有限公司签订100万头生猪和2000万只肉鸡生态循环经济养殖暨生猪肉食品加工项目协议，预计投资19.7亿元。图为签约仪式现场

（赵艳丽　摄）

【农产品加工业】 2016年，玉溪市农产品加工企业6 934户，比上年增6.9%，其中企业462户、个体6 934户；从业人员5.04万人，完成产值235.42万元。营业收入222.70亿元，同比增长11.5%；实现利润总额17.02亿元，同比增长22.24%；支付劳动者报酬11.69亿元，同比增长21.3%，原材料采购支出108.48亿元，比上年增长4.3%。带动农户23.11万户，带动农户增收9.71亿元。全年，规模以上农产品加工业带动突出，全市有规模以上农产品加工业131户，从业人员2.14万人，完成总产值153.96亿元，同比增长11.7%，占全部农产品加工业总产值的65.7%；实现营业收入142.71亿元，同比增长6.82%，占全部农产品加工企业营业收入的64.1%。利润总额11.64亿元，占全部农产品加工业利润总额的68.4%，上缴税金4.97亿元，占全部农产品加工业上缴税金的79.1%。

【休闲农业】 2016年，玉溪市休闲农业经营户350户，其中农家乐296户、休闲农庄24户、休闲农业园6个、民俗村1个、其他类型27户；从业人员6 760人，比上年增11.6%；接待人次651.11万人次，比上年增5.2%；营业收入5.79亿元，比上年增7.6%。

【农产品加工及统计监测项目】 2016年，玉溪市推荐云南宏斌绿色食品集团有限公司云南风味酱腌菜深加工生产线技术改造，玉溪市酱丰圆食品有限公司绿色农产品深加工项目，云南省通海县酱菜厂年产2万吨酱菜、泡菜生产线技术改造，云南鑫瑞食品有限公司年产650吨休闲食品加工项目，峨山县鑫紫薯农业发展有限公司年产1 500吨紫甘薯颗粒全粉建设项目（一期工程），云南易门山里香食品有限责任公司年产3 900吨蔬菜及食用菌罐头深加工生产线新建项目，云南元江大有为食品有限公司大有为1.5万吨果蔬汁、植物蛋白饮料项目，新平县农业局统计监测培训8个项目申报省级农产品加工及统计监测项目，8个项目共获得省级农产品加工及统计监测项目203万元资金扶持。

【中央农产品产地初加工补助】 2016年，玉溪市红塔区、通海县获中央农产品产地初加工项目资金补助，获500万元的资金扶持。红塔区补助资金300万元，补助新建组装式冷库31座，其中100吨26座、50吨4座、10吨1座，涉及农户16户、专业合作社4个。通海县补助资金200万元，补助新建组装式100吨冷库19座，涉及农户9户、专业合作社1个。

【乡村旅游接待单位星级认定】 2016年底，玉溪市共有134户乡村旅游经营主体被玉溪市乡村旅游质量等级评定委员会评定为星级乡村旅游接待单位。其中四星级单位17户、三星级单位94户、二星级单位23户。

（聂红英　阮　波）

渔　业

【水产品总产量】 2016年，玉溪市水产品总产量1.68万吨，比上年增321吨，增1.9%。其中：养殖产量1.48万吨，占总产量的88.2%；捕捞产量1 980吨，占总产量的11.8%。

【水域水产品产量】 2016年，玉溪市池塘（含坝塘）养殖产量7 313吨，平均亩产375千克，比上年增155吨，增2.2%；养殖湖泊产量3 488吨（其中星云湖2 288吨、杞麓湖1 200吨），比上年增30吨（其中：星云湖增30吨）；水库产量3 350吨，比上年的3 271吨，增79吨，增2.4%；稻田养鱼产量624吨，比上年增26吨，增4.3%。

【水域捕捞水产品量】 2016年，玉溪市水域捕捞水产产量1 980吨，占总产量的11.8%，比上年增31吨，增1.61%。其中：抚仙湖捕捞产量1 872吨，比上年增31吨，增1.7%；江河捕捞产量108吨，与上年持平。

【渔业经济】 2016年，玉溪市渔业总养殖16.0万亩，比上年增193亩。渔业经济总产值5.94亿元，比上年增6 240万元，增11.74%。其中：渔业产值（含养殖、捕捞、苗种）2.68亿元，比上年增171.58万元，增0.64%；渔业工业和建筑业1.03亿元，比上年增4 645万元，增81.79%；渔业流通和服务业2.227亿元，比上年增1 423万元，增6.83%。

（刘　蓉）

【稻田养鱼】 2016年，玉溪市稻田养殖鱼3.39万亩，比上年增3 585亩，增11.8%。稻田养鱼产量624吨，比上年增26吨，增4.3%，平均单产18千克。市级安排稻田养鱼项目补助资金100万元，主要用于红塔、峨山、易门、新平、元江5个县（区）的200亩稻田建设永久性鱼凼；在红塔、江川、通海、易门、峨山、新平、元江县7个县（区）组织养鱼户开挖符合标准的鱼沟、鱼溜、加高、加固田埂2 500亩；开展稻田养鱼技术培训；提供合

2016年5月26日，玉溪市水产工作站站长夏黎亮从省农产品质量安全中心副主任丁永华手中接过抚仙湖抗浪鱼农产品地理标志登记证书，标志着由市水产工作站作为登记申请人的抚仙湖抗浪鱼农产品地理标志登记申报工作经过3年多的努力画上了句号。抚仙湖抗浪鱼成为云南省第一个成功申报农业部农产品地理标志登记的水产品

（梁用本　摄）

2016年5月12日，珠江流域江川区星云湖大头鲤人工增殖放流活动在星云湖畔举行。本次增殖放流活动由玉溪市农业局、江川区人民政府主办，江川区农业局江川区星云湖管理局承办。省、市、区相关领导参加活动。该活动首次采用体外标记法进行增殖放流，也是玉溪市首次采用标记法进行增殖放流土著鱼类　　（梁用本　摄）

符稻田养殖标准鱼种；开展稻田养鱼鱼病、稻病防治。

（刘　蓉　王宏伟）

【增殖放流】 2016年6月6日，玉溪市向抚仙湖投放规格5厘米以上的抗浪鱼20.1万尾，7月28日投放48万尾，8月26日投放41.3万尾。5月12日，向星云湖投放规格10～20厘米的大头鲤8.2万尾，6月30日投放规格5～8厘米的大头鲤92万尾。5月23日，向杞麓湖投放规格5～7厘米的杞麓鲤20.65万尾，12月22日，向杞麓湖投放大头鲤15万尾。8月19日，向红河流域元江段投放规格3～7厘米元江鲤20万尾。

（梁用本）

【渔业科技成果】 2016年，由玉溪市水产工作站实施的“抚仙湖杞麓鲤人工驯养繁育技术研究”项目获2015年度云南省人民政府科学进步三等奖、玉溪市人民政府科学进步二等奖、玉溪市农业局农业技术推广奖二等奖。

【知识产权保护】 2016年，由玉溪市水产工作站和通海县水产工作站共同组织申报的《一种光诱水花培育网箱》《一种清洗便捷的光诱水花培育清洗网箱》《一种新型光诱水花鱼苗培育网箱》《一种带增氧功能的网箱光诱水花鱼苗培育网箱》4项知识产权获实用新型专利。

（王宝云）

【抗浪鱼通过国家农产品地理标志登记】 抗浪鱼是抚仙湖特有鱼类的典型代表，也是高原湖泊鱼类的典型代表，其肉质细嫩、肉味鲜美，具有较高的经济价值和生物学研究价值，其独特的渔文化“车水捕鱼”和“铜锅煮活鱼”又使其成为抚仙湖旅游文化的典型。2016年1月，抚仙湖抗浪鱼农产品地理标志通过农业部登记，依法实施保护，历时三年的申报，成为云南省第一家通过国家农产品地理标志登记的水产品。

【渔业标准化健康养殖示范场通过认证和复查】 2016年12月，江川护源生态养殖有限公司通过农业部（第十一批）渔业标准化健康养殖示范场认证，江川县的江川大众渔业有限公司和华宁县的云南阿穆尔鲟鱼养殖有限责任公司2家水产健康养殖示范场（第六批）通过农业部复查。

【地方养殖技术规范通过审查】 2016年12月，《元江鲤鱼池塘养殖技术规范》《元江人工驯养繁殖技术规范》地方规范通过技术审查，提交云南省质量技术监督局标准化处备案。

（张忠祥）

农村能源

【农村能源建设】 2016年，中央、省、市下达玉溪市农村能源建设任务为：节能改灶8 414眼、太阳能热水器项目4 735台、养殖小区联户沼气工程项目6个、大中型沼气工程一处。年内，实际完成节能改灶任务8 414眼，其中红塔区500眼、江川区800眼、澄江县596眼、通海县938眼、华宁县2 324眼、易门县1 000眼、峨山县1 079眼、新平县1 177眼，完成计划的100%；完成太阳能热水器4 735台，其中江川区931台、澄江县200台、通海县604台、华宁县700台、易门县1 400台、峨山县200台、新平县700台，完成计划的100%；完成养殖小区联户沼气建设任务6个点，均在江川区5个点，完成计划的100%；完成大中型沼气工程1处，为华宁县华大牧业有限责任公司1 000立方米沼气池建设工程，完成计划的100%。实现项目投资1 100.61万元，其中：中央投资627.64万元、省级投资338.28万元、市级投资134.69万元。

（朱林立　马艳敏）

【农村能源建设补助】 2016年，全市农村能源建设项目获得中央、省、市投资1 100.61万元，其中中央投入项目资金627.64万元、省级投入项目资金338.28万元、市级投入项目资金134.69万元。中央投入项目资金中，退耕还林节柴改灶任务3 414眼，补助资金34.14万元；退耕还林太阳能项目3 535台，补助资金353.5万元；养殖小区或联户沼气工程6处，补助资金60万元；大中型沼气工程一处，补助资金180万元。省级投入项目资金中，节柴改灶项目5 000眼，补助资金150万元；配套中央退耕还林项目3 414眼，补助资金68.28万元；太阳能热水器1 200台，补助资金120万元。市级投入项目投资中，沼气管护资金116.59万元；中央大中型沼气工程配套资金18万元；中央6处养殖小区或联户沼气工程配套资金10万元。

【农村能源综合效益】 2016年，全市沼气池统计数据为233 384口，按80%使用率186 700口计算，推广省柴节煤灶280 283眼，推广太阳能热水器61 234台，通过农村能源项目建设，年累计形成开发和节约能源55.38万吨薪柴，折合标煤36.93万吨，年累计产值28 684万元，年减少森林砍伐2.46万公顷；年减少化肥施用量5.83万吨；减少砍柴工日10.68万个；减少二氧化碳排放96.76万吨；减少二氧化硫排放0.31万吨。

【外来入侵生物调查】 2016年，玉溪市农村能源环保工作站在2015年的基础上针对52种《国家重点管理外来入侵物种名录》（第一批）在全市范围内继续开展外来入侵生物物种调查，全市发现18种外来入侵物种（入侵植物8种、入侵动物10种）；在通海、澄江、新平、元江4个县采集入侵植物标本9个，即通海县2个（水花生、水葫芦）、澄江县2个（水花生、水葫芦）、新平县3个（大薸、假臭草、假高粱）、元江县2个（紫茎泽兰、飞机草），完成对薇甘菊、空心莲子草（水花生）、凤眼莲（水葫芦）3种外来入侵物种情况摸底调查，形成《玉溪市2016年外来入侵生物情况摸底调查报告》，将调查结果上报云南省农业环境保护监测站。

【农业野生植物资源保护】 从2013年开始，玉溪市农村能源环保工作站每年跟踪监测评估元江县野生稻国家级保护点资源环境状况。2016年，完成"元江县野生稻国家级保护点"农业野生植物（普通野生稻）原生境保护点生态保护红线的划定工作并跟踪监测评估元江县野生稻国家级保护点资源环境状况，形成《农业野生植物保护点资源状况监测评估报告》，监测评估结果上报省农业环境保护监测站。

（马艳敏）

种子管理

【编印种子法规选编】 新修订的《中华人民共和国种子法》自2016年1月1日起施行，与其配套新修订的《农作物种子生产经营许可管理办法》《主要农作物品种审定办法》自2016年8月15日起施行，《农作物种子标签二维码编码规则》自2016年9月18日起施行，《农作物种子标签和使用说明管理办法》自2017年1月1日起施行。为做好宣传贯彻工作，玉溪市种子管理站收集相关材料，编印《种子法规选编》1 000余册分发各县（区），组织全市种子执法人员82人学习，打好用法执法基础。

（董云武）

【查办种子违法案件】 2016年，玉溪市种子管理部门出动执法人员1 398人（次）、执法车辆317余台（次），检查9个县（区）、73个乡（镇、街道），检查集贸市场215个（次）、种子企业28次、种子经营门店3 125个（次），检查种子包装、标签19 728个（次）。年内，立案查处违法案件16起，没收违法种子630千克，罚款1.7万元；调处种子质量纠纷案件18起，调处金额14.7万元。

【转基因农作物种子监管】 2016年，玉溪市种子管理站成立市农业转基因生物安全监管领导小组，负责全市农业转基因生物安全监管工作的组织实施，玉溪市种子管理站站长为组长，各县（区）种子管理站站长为副组长。年内，市内3个种子销售企业及1 240个种子经营户列入重点监管对象，分别签订了不生产经营转基因农作物种子承诺书；分发转基因快速检测试纸条到各县（区），督促企业执行种子生产转基因成分检测制度，严查转基因种子非法生产。

【种子质量监管】 2016年，玉溪市种子管理部门开展种子质量监督抽查。全市春季种子市场监督抽查经销商户156户，抽取样品380份，其中杂交玉米种子样品258份、杂交水稻种子样品40份、常规水稻种子样品47份、蔬菜种子样品35份，检测合格率97.9%。秋季农作物种子市场监督抽查种子经销户54户，抽取样品99份，其中油菜15份、小麦10份、大麦2份、蚕豆1份、豌豆34份、蔬菜37份，检验合格率100%。

【清理种子经营户及品种备案】 2016年，玉溪市对种子经营户进行全面清理，全市合法种子经营企业6家，分别以经营玉米、油菜和蔬菜3类为主；种子经营户1 240户，培训合格的种子从业经营人员1 452人。全市主要农作物品种备案691个，备案数量118.5万千克；非主要农作物品种备案32个，备案数量2.59万千克。

【种子企业监督】 2016年，玉溪市种子管理站组织市（县）种子管理执法人员和种子检验员，对辖区内云南秋庆种业、云南正大种子企业杂交玉米制种基地进行巡查和田间花期质量抽检，检查云南正大种子有限公司杂交玉米制种基地1 568亩、云南秋庆种业有限公司杂交玉米制种基地680亩。对辖区内云南秋庆种业、云南盛衍种业、云南正大种子3家种子生产企业进行种子质量监督检查，抽查杂交玉米种子样品8份，送省5份进行净度、水分、发芽率、纯度检验及品种真实性、转基因成分检测；经云南省农作物种子质量监测检验中心检验检测，5份样品均符合国家种子质量标准要求，品种真实，不含转基因成分。

【"两杂"种子品种纯度田间小区种植鉴定】 2016年，玉溪市种子管理站对"两杂"种子品种进行纯度田间小区种植鉴定。其中，杂交水稻种子纯度田间小区种植鉴定20个样品17个品种，杂交玉米种子纯度田间小区种植鉴定42个样品27个品种。鉴定结果：品种纯度指标全部达到国家《农作物种子质量标准》（GB4 407.1-2 008）的规定或种子标签标准值符合《农作物种子标签通则》（GB20 464-2 006）的要求。

【引进展示新品种】 2016年，玉溪市种子管理站引进、展示审定种子品种60个。推荐应用常规水稻云粳43号、云粳37号、云粳39号等3个品种，杂交水稻丰优香占、宜香优1 108、冈优140、龙香450、晶两优1 125等5个品种；玉溪中海拔区域内展示杂交玉米地宠1号、林新6号、华兴单7号、会单888、渝单8号、林新4号、金秋32、金秋玉35、丁单988等9个品种，低海拔区域内展示杂交玉米地沃2号、广玉1号、正大719、云优78、丁单6 789、昭黄11、秋硕玉6号等7个品种，收到良好效果。

【省级科技增粮项目】 2016年，玉溪市种子管理站完成省级科技增粮项目——晚秋作物种植76 338亩，其中在易门县种植菜豌豆40 041亩，在新平县新化乡、老厂乡种植秋玉米36 297亩。完成冬季农业开发项目——品种筛选及高产栽培配套技术措施的研究，组织区域试验、冬季筛选试验及播期试验，辐射带动2万亩鲜食玉米种植。

【救灾备荒种子储备】 2016年，玉溪市种子管理站完成市级救灾备荒种子食粒豌豆2.61万千克、油菜6 400千克储备及管理。年内，动用救灾备荒种子2.625万千克，其中食粒豌豆种子2.61万千克、油菜种子150千克。完成2 016～2017年度市级救灾备荒种子采购申报审批工作。

（秦　婧）

农业机械

【农机购置补贴】 2016年，玉溪市完成农业机械购置中央补贴资金2 117.67万元，其中：深松补贴295.87万元（每亩补贴40元）完成7.4万亩、机具补贴1 821.80万元，拉动农民投入购机资金6 110万元，直接新增农机总价值7 932万元，受益农户8 512户，购置补贴农机9 823台（套）、设施设备数量1 224台（套）。

【农机总动力】 2016年，玉溪市农机总动力共270.11万千瓦，比上年增6万千瓦，增2.27%；全市拥有拖拉机5.76万台，比上年增307台，增0.54%；拥有耕整地机械9.47万台，比上年增7 373台，增7.78%；拥有联合收获机械161台，比上年增14台，增9.5%。

【农业机械作业】 2016年，玉溪市拥有农机从业人员14.56万人，农机专业合作社38户，农机维修网点769家，农机经销企业和网点239家；完成农机化作业618.92万亩，比上年减0.38万亩，减0.06%。其中：机耕246.93万亩，比上年增6.69万亩，增2.78%；机播13.32万亩，比上年减2.61万亩，减16.38%；机收35.16万亩，比上年增1.56万亩，增4.64%；水稻机械化插秧5.15万亩，比上年减1.35亩，增20.76%。

（祝琳静　普文学）

【农机备耕】 2016年，玉溪市各县（区）成立农机具、配件、油料供应协调组，农机具调度组，农机修理组3个工作组，开展农机抗旱和春耕备耕工作。参加农机春耕备耕工作的11.51万人次，其中农机部门工作人员1 301人次，检修农机86 978台次。投入农机15.51万台套，其中：拖拉机3.01万台、配套农具2.9万台套、联合收割机161台、排灌机械2.98台、微耕机8.9万台；完成农机机耕94万亩、机耙94万亩、农机抗旱灌溉81万亩。

【农业安全生产监管】 2016年，玉溪市农业局组织农业安全生产大检查5次，玉溪市农机安全监理所与各县（区）农机监理站签订《农机安全监理工作目标责任书》，结合农机安全生产“打非治违”执法专项行动，着重排除农业机械及驾驶操作人员违法行为，重点对农机安全生产违法行为进行检查、违法行为处罚、农机道路交通安全违法计分等情况进行检查、整改。出动检查车辆740车次，出动检查人员2 685次，检查农业机械1.84万台次，查出农机无牌行驶62起、无证驾驶129人次、未检作业116起、证件到期未审59人次、农机违法载人398人次，进行批评教育429次。农机安全生产事故隐患排查农业机械1.84万台次，排查驾驶人员1.83万人次，查出一般隐患2 300项，其中已整改2 300项，整改率100%。年内，全市农业安全生产事故无死亡，受伤1人。

（祝琳静　李　翔）

【农用机械及驾驶人员管理】 截至2016年年底，玉溪市拖拉机在册数5.29万台，在册联合收割机75台；年内，注册登记拖拉机156台，注册登记联合收割机9台；拖拉机挂牌率85.8%，比上年增加0.3个百分点；全年检验拖拉机1.98万台，拖拉机检验率78.7%，比上年增加0.2个百分点。

全市共举办拖拉机驾驶员培训考试19期，合格发证748人，到期换证2 546人；截至2016年12月底，全市拖拉机驾驶员在册数为41 278人，持证率达92.5%，与上年持平。

【启用农机安全监理网络办公系统】 2016年1月5日，玉溪市市、县（区）两级农机安全监理部门启用“云南省农机安全监理网络办公系统”，该系统可以办理各项农机监理业务，做好拖拉机驾驶人的考试、发证和拖拉机驾驶证的审验以及上道路行驶拖拉机的安全技术检验、道路行驶牌证的核发等工作，从源头上抓好农机安全生产工作。

【停止征收5项农机行政事业性收费】 自2016年5月1日起，玉溪市各级农机部门按照国家发改委、财政部要求，停止征收拖拉机号牌（含号牌架、固定封装置）费、拖拉机行驶证费、拖拉机登记证费、拖拉机驾驶证费、拖拉机安全技术检验费5项涉及农机监理行政事业性收费。

【变型拖拉机信息登记录入】 2016年9月23日，玉溪市农机安全监理所举办全市农机系统变型拖拉机信息登记录入培训班并传达省农机安全监理总站会议精神，各县（区）农机安全监理站按照时间要求，于10月26日完成辖区内变型拖拉机的清查整治及系统录

2016年5月19日，玉溪市农机事故应急救援演练现场培训会在通海县秀山街道大树社区举行，市农业局、市安监局、各县（区）农机监理站，通海县农业局、安监局、交通警察大队、卫生局、保险公司等相关部门领导和人员参与实训

（杨旭东　摄）

入，全市完成录入登记在册变型拖拉机20 303台。

（李 翔）

【水稻生产机械化】 2016年，玉溪市农机技术培训推广站在峨山县召开水稻生产机械化育插秧技术现场培训会，引进、示范和推广新型适用的育插秧机具、植保机具和收割机具，促进全市水稻生产机械化发展。全共拥有水稻机械化插秧机93台，完成水稻机械化插秧3.3万亩。

【机械化深松】 2016年，玉溪市农机技术培训推广站在江川区、华宁县、易门县召开机械化深松现场培训会，推广机械化深松整地作业技术，完成深松整地作业面积12.8万亩。在全省首家引入云南移动提供的位置通车辆定位系统对全市参加农机深松整地作业的作业机具进行统一安装，全市安装187台套位置通车辆定位仪，监管平台已正常运行。

【马铃薯机械化收获】 2016年，玉溪市农机技术培训推广站加大马铃薯机械化收获的示范、推广力度，推广手扶拖拉机和中型四轮拖拉机挂接马铃薯收获机械，引进青岛洪珠农业有限公司生产的东方红404主机挂4U－83、山东费县华源农业装备公司生产的HF101型手扶拖拉机配4UMS-600型、新天力101手扶拖拉机配套4US型马铃薯收获机在易门县、江川区进行示范推广，缓解农民劳动强度，提高农机使用范围。全市推广马铃薯收获机械25台套，累计试验、示范0.8万亩。

【玉米机械化收获】 2016年，玉溪市农机技术培训推广站加强与农机生产企业、农机经销企业的合作，引进艾禾4LZ-5.0、4YZP-2全喂入履带式收割机在易门县进行示范推广，在易门县召开全市玉米机械化收获现场培训会，利用联合收割机进行玉米收获、秸秆还田作业，机具工效高，作业成本低，能满足玉米收获的要求，适宜玉溪农业生产的需要。全市推广艾禾4LZ-5.0、4YZP-2玉米收割机10台，完成作业面积5 000余亩。

【农业机械化培训】 2016年，玉溪市举办各类农业机械化培训班184期，完成各类农机人员培训1.13万人次。其中在职人员培训47期233人次、农民实用技术培训133期10 229人；完成拖拉机驾驶培训748人；完成农机职业技能鉴定5期476人，其中农机操作手2期301人、拖拉机驾驶员3期175人；考试合格取得资格证书348人，其中农机操作手176人、拖拉机驾驶员172人。举办新型职业农民8期320人，使用项目资金32万元。

（普文学）

土肥植保

【测土配方施肥】 2016年，玉溪市获各级测土配方施肥扶持资金352万元，其中中央财政投入320万元（通海县260万元、元江县60万元），省级财政投入32万元。全年在水稻、玉米、油菜、烤烟、蔬菜、马铃薯、柑橘等作物实施测土配方施肥256.28万亩次；配方肥施用面积99万亩，配方肥施用总量达5.88万吨；完成省土肥站统筹安排3 414试验5组、其他试验149组；创建各类示范样板64个，示范面积13万亩；项目区总增产19.62万吨，总减不合理施肥量7 108.09吨（纯量），总节本增效2.98亿元，平均亩节本增效116.45元。全年组织采集土样1 739个、植株样15个，分析化验土样1 849个、植株样69个。

【测土配方施肥培训】 2016年，玉溪市举办各类测土配方施肥培训班551期，培训技术骨干、培训营销人员及农民16.86万人次，发放培训技术资料20.0万份，科技赶集55次，召开现场会81次；土壤信息施肥建议书上墙公示710个村（含自然村和集市）；发放施肥建议卡38.36万份，研究确定配方65个，为41.19万户农户提供测土配方施肥服务。

【省级玉米高产创建项目验收】 2016年，玉溪市土壤肥料工作站承担省级玉米高产创建项目，在易门县十街乡老吾、大村、金田村委会和浦贝乡苗茂、罗苔旧村委会实施玉米高产创建项目，完成12 650亩。项目实施“三化”“五统一”措施：种植规格化、栽培规范化、管理科学化，统一品种、统一整地、统一播种时间、统一施用玉米配方肥和精制有机肥、统一防治病虫草害。9月30日和10月8日，易门县农业局组织有关专家对项目进行测产验收：百亩核心区完成270亩，平均单产734.2千克；千亩片完成1 000亩，平均单产687.7千克；万亩区完成11 380亩，平均单产597.4千克；非示范区13 075亩，平均单产为575.6千克。示范片区共完成12 650亩，加权平均单产607.4千克，比非示范区亩增产31.8千克，增5.5%，比示范区涉及的5个村委会前3年加权平均亩产量445.2千克，亩增产162.2千克，增36.4%，超额完成省级下达的玉米高产创建计划面积和产量指标，起到良好的辐射带动作用。

【新型肥料推广】 2016年，玉溪市土壤肥料工作站按照《玉溪市化肥农药使用量零增长实施方案》，依托中央财政农业重大农技推广项目，在蔬菜作物上组织实施32组由缓控释肥、生物有机肥、水溶性肥料、腐殖酸肥料、叶面肥料等新型肥料搭配组成的套餐肥料试验，全市推广新型肥料176.86万亩，其中：推广缓控释肥21.3万亩、生物肥料11万亩、水溶性肥料10.22万亩、叶面肥料63.42万亩、中微量元素肥料70.92万亩。

【农作物秸秆还田减施化肥试验示范】 2016年，玉溪市土壤肥料工作站承担省农业科技推广与可持续农业技术创新项目——农作物秸秆还田减施化肥试验示范推广项目，在红塔区洛河乡法冲村委会1组实施。项目区采用JH-180型秸秆切碎还田机对小春作物油菜秸秆进行田间直接切碎翻犁还田后再进行机械旋耕、开沟，种植鲜食玉米，示范面积300亩，化肥使用量（控释配方肥{24-6-10}）从原来的65千克/亩减少到亩用60千克/亩，减少肥料用量8.3%，完成肥效对比试验3组，完成20个点示范前后土样采集化验。示范区鲜食玉米经进行田间测产验收，平均单产1 009.56千克，比不施秸秆的常规单产943.64千克，亩增产65.92千克，增6.98%。按每千克2元计算，亩增产值131.84元，起到良好试验示范效果。

【耕地保护与质量提升】 2016年，玉溪市实施耕地保护与质量提升14万亩，其中：华宁县实施11万亩，技术模式为秸秆还田；新平县实施3万亩，技术模式为土壤改良培肥。项目投资210万元，采购各种物资1 743吨，其中秸秆腐熟剂220吨、商品有机肥500吨、钙镁磷肥411吨、土壤调理剂生石灰612吨。

【启动化肥使用量零增长行动】 2016年，玉溪市在“三湖两库”径流区启动实施化肥使用量零增长行动，全年“三湖两库”径流区累计推广测土配方施肥58.91万亩，推广新型肥料54.11万亩，推广商品有机肥3.75万亩，推广农家肥25.98万亩，推广秸秆还田29.80万亩，废弃菜叶沤化还田12.50万亩，分别占全市总数的22.99%、30.59%、11.50%、24.57%、36.68%、56.51%，实现总减不合理施肥2 578吨。

【退耕还林成果基本口粮田建设】 2016年，玉溪市农业局实施“巩固退耕还林成果基本口粮田建设”项目1.70万亩，项目投资1 213.38万元为中央专项资金。项目分布在江川区、易门县、元江县3个县（区）的6个乡（镇、街道）8个退耕还林村，受益农户2.38万人。建设内容包括配套水利沟渠27件32.619千米、蓄水池（窖）建设57个容积蓄水1 250立方米、抽水泵站1座、引水管道2.8千米、农耕路建设12件18.345千米、增施有机肥4 870亩、施用配方肥3 100亩。

【省级资金中低产田地改造】 2016年，玉溪市农业局实施省级资金中低产田地改造项目5 500亩，项目总投资550万元，为省级财政资金。项目在江川区、澄江县、新平县3个县的3个乡（镇）实施。项目建设内容包括建设水利沟渠28件11.165千米、机耕路建设10件6.793千米、土地平整300亩。

【肥料市场监管】 2016年，玉溪市土壤肥料工作站发放宣传资料1.8万份，出动执法人员646人次，检查肥料生产企业12家、肥料市场73个、肥料经销户994户，查处经营不合格肥料经销商1户，查获伪劣肥料数量1.5吨，罚款0.12万元，随机抽取7家肥料生产企业进行监督抽查，抽取7个肥料样品，抽检结果全部为合格，合格率100%。配合农业部肥料监督抽查工作组，针对复混肥料、掺混肥料，在辖区内抽检3家肥料生产企业及1个乡镇的1家农资经销店。

（何飞逾）

【农作物病虫害监测预警】 2016年，玉溪市农业有害生物灾害发生715.84万亩次，防治1 386.61万亩次，其中：水稻病虫害发生40.54万亩次，防治91.27万亩次；玉米病虫害发生102.84万亩次，防治142.15万亩次；小麦病虫害发生26.95万亩次，防治43.76万亩次；油菜病虫害发生25.78万亩次，防治46.03万亩次；马铃薯病虫害发生2.25万亩次，防治5.6万亩次；蔬菜病虫发生185.38万亩次，防治377.91万亩次；其他经作病虫害发生79.31万亩次，防治193.42万亩次；柑橘病虫发生33.39万亩次，防治101.25万亩次；其他果树病虫发生14.51万亩次，防治25.9万亩次；农田鼠害发生77.6万亩次，防治179.74万亩次；农田草害发生142.12万亩次，防治积177.78万亩次；农田螺害发生4.48万亩次，防治5.27万亩次。

市、县（区）两级植保站发布主要病虫害发生趋势预报、简报、防治警报123期，其中小春29期、大春94期，在玉溪农业信息网发布信息177条，通过市、县（区）电视报道11期次，《玉溪日报》报道3条；向省植保站报送大小春周报28期，报送资料311份次。

【绿色防控技术推广】 2016年，玉溪市在蔬菜、水果、粮食、烤烟等作物推广绿色防控及专业化统防统治272.66万亩次，其中“性诱、色诱、光诱”防控技术推广78.07万亩次（性诱剂19.75万亩次、色板27.11万亩次、杀虫灯31.21万亩次）。

【农村农田鼠害防治】 2016年，玉溪市农田鼠害发生77.6万亩次，防治179.74万亩次，室内农田灭鼠效果分别达到84.65%和82.08%，全市投入资金129.49万元，挽回粮食损失733.22万千克，折合人民币1 880.31万元，达到农村防害、减灾、增收的目的。

（王田珍）

【农药市场监督】 2016年，玉溪市出动执法人员829人次，依法检查农药经营门店2 212户次，检查农药产品3.38万个（含重复），抽查农药标签720个。对发现的违法经营行为，按照简易程序对4家农药经销商进行了处罚；按一般程序立案查处25个案件，涉及违法经销商25家、农药产品26个。其中，已作出行政处罚决定的案件19个，涉及违法农药数量266.13千克、货值21 968元，没收违法所得4 979元，并处罚款1.40万元，两项合计1.90万元。开展农药市场检查108次，开展宣传44次，出动车辆215台次，发放宣传材料1.85万份。

（旃庆全）

【植物检疫】 2016年，玉溪市实施植物和植物产品产地检疫52.87万亩次，涉及的植物和植物产品主要有水稻、玉米、蔬菜、水果等。调运检疫签证239批次，涉及苗木1批次1.06万株，种子238批次239.84万千克，植物产品19批次180吨。调运检疫签证的苗木主要是茉莉花、木瓜、柑橘、玫瑰等，种子主要是水稻、玉米和烤烟，植物产品主要是玉米、蔬菜。

（普　群）

【红火蚁疫情普查防治】 2016年，玉溪市红塔、澄江2个县（区）红火蚁疫情发生总面积3 405.7亩，其中农田发生1 495亩、绿化地发生1 485.8亩、荒地发生424.9亩，防治4 684.9亩次，防治蚁巢22 132个，防治率达100%。

【柑橘黄龙病防控】 2016年，玉溪市采取多种方式开展柑橘黄龙病防控工作，全市举办技术培训335期，培训桔农2.45万人次，发放技术资料3.57万份，科技书刊（光盘）3 032本。全市木虱统防统治101.56万亩次，木虱防治效果达95%以上。挖除柑橘病树16.6万株，推广无病苗413.8万株，在华宁、新平、元江3个县建立5个监测点，为黄龙病防控奠定基础。

（范桂萍）

农业科研

【油菜综合试验站核心示范区受冻】 2016年1月24日，玉溪市遭遇降雪冷冻低温天气，玉溪油菜综合试验站实施的百亩核心示范区油菜正处于抽薹期至初花期，处于初花期的油菜品种受冻相对较重，植株受冻率61%，冻害指数15.25%；处于抽薹期的油菜品种受冻相对较轻，植株受冻率18%，冻害指数4.5%，个别植株主茎受冻折断。玉溪油菜综合试验站及时进行分类指导，因地制宜采取减除冻死主茎、绑扶倒伏植株、看苗情追施氮肥和钾肥等措施，最大限度地减轻冻害损失。

【科研项目通过验收】 2016年2月15日至3月2日，玉溪市农业科学院的“香软米新品种云粳29号选育及应用”“灯盏花高产高效生产集成技术研究与应用”“小麦种质资源引进创新及应用研究”“抚仙湖径流区水稻

控氮减磷技术研究与应用”4个科研项目通过验收。

【冬农科技项目检查】 2016年3月3日，玉溪市农科院组织相关科技人员对承担的玉溪市2 015～2016年度市级财政扶持高原特色冬季农业开发科技示范项目及小春类基础科研课题的实施情况开展检查。院长张钟带领检查组到项目实施地红塔区、江川区、通海县、峨山县检查冬马铃薯高产高效栽培技术研究与示范、玉溪连作土壤质量提升技术集成研究与示范、玉溪草莓优质生态集成技术研究与示范、玉溪生物药种植技术研究与示范等项目的实施进展情况，在红塔区贾井科研基地集中检查了油菜、小麦、豆类、灯盏花、除虫菊等小春类基础科研课题。

【无人机防控马铃薯晚疫病示范现场观摩会】 2016年3月24日，玉溪市农业科学院、江川区农业局联合云南绿飞农业科技有限公司在江川区前卫镇小石河村实施的玉溪市冬马铃薯高产高效栽培技术研究与示范项目区，共同举办马铃薯晚疫病无人机防控示范现场观摩会。通过田间现场示范，无人机农药喷洒作业具有轻简便捷、安全高效、省工省时的效果。本次植保无人机农药喷洒作业在玉溪市马铃薯晚疫病防控上尚属首次。

【冬马铃薯机收现场会】 2016年5月4日，玉溪市农科院和玉溪市农机技术培训推广站在江川区前卫镇小石河村举办冬马铃薯高产高效栽培技术研究与示范机收现场观摩会。现场进行了马铃薯机械收挖作业。马铃薯采用机械收挖具有收获效率高、薯块破损小、省工省时、降低劳动强度及减少劳动力投入成本等优点。同时，项目实施负责人向参会人员介绍了马铃薯丽薯6号新品种、起垄双行栽培、黑白双色地膜覆盖、马铃薯膜下滴灌水肥一体化节水节肥等高产高效栽培技术措施。

【调研高原特色农业科研示范基地】 2016年7月29日，玉溪市委组织部组织全市相关专家组成的专家团队等一行20人到红塔区研和贾井的玉溪市高原特色农业科研示范基地进行随机调研。玉溪市农科院院长张钟向调研组介绍了玉溪市高原特色农业科研示范基地建设现状、存在问题以及对策措施；专家团队实地察看了云南省水稻新品种耐旱性试验、云南省水稻新品种叶瘟鉴定试验、玉溪市水稻新品种展示、水稻优异种质资源鉴定圃、稻田养鸭、养鱼、养蟹等绿色高效种养模式示范、饲用型玉米新品种筛选试验、优质玉米选种圃以及特色蔬菜（洋蓟、绿笋、紫秋葵、观赏瓜类、观赏辣椒等）、特色水果（草莓、葡萄、食用桑果等）、特色花卉（鲁冰花、锦屏藤等）和特色生物药（灯盏花、除虫菊）的生长情况。

【国际水稻专家考察玉溪市农科院水稻项目】 2016年9月2日，国际水稻多年生栽培及育种专家、国际粮农组织FAO（DebraTurner）、美国山地研究所（Timothy-Crews，Brandon-Schlautman）、澳大利亚昆仕兰大学（Leonard-Wade）学者一行4人在张钟院长的陪同下，考察了玉溪市农科院贾井基地、水稻多年生栽培试验及水稻育种进展。

【韩国水稻栽培学家考察水稻育种】 2016年9月20日，韩国农村振兴厅水稻栽培学家李文熙博士在云南省农科院粮作所杨从党博士的陪同下，到玉溪市农业科学院考察指导水稻选育种工作。

【山地食粒豌豆和青蚕豆高效栽培现场观摩暨技术培训】 2016年11月29～30日，玉溪市农科院组织澄江县

①2016年3月3日，玉溪市农科院组织贾井科研基地内高原特色冬季农业开发科技示范项目—油菜课题检查（饶 敏 摄） ②云南爱必达园艺有限公司应用物联网技术种植花卉（杨旭东 摄）

农技站、澄江县海口镇农科站、易门县农技站、易门县十街乡农科站、华宁县农技站、华宁县宁州镇农科站、峨山县经作站、峨山县塔甸农科站等项目相关承担单位的科技人员和乡村干部到澄江县海口镇海口1组和易门县龙泉街道蔡营社区等地开展山地食粒豌豆和青蚕豆高效栽培田间现场观摩和技术培训。

【草莓现场观摩及技术培训会】 2016年12月21日，玉溪市农科院举办草莓现场观摩及技术培训会。与会人员参观了市农科院贾井基地的草莓建设和栽培示范，鉴评了展示的10个草莓品种并填写《不同草莓品种的品质鉴评表》，从果实香气、果形、适口性和田间栽培情况等方面作出评价。12月28～29日，玉溪市农科院举办草莓推广项目田间现场观摩及技术培训，与会人员到红塔区贾井基地、红塔区孙井和江川区九溪科技园草莓种植示范点进行现场观摩，云南省农业科学院研究员陶磅和副研究员阮继伟分别作《草莓实用栽培技术》《草莓种苗繁育与栽培技术概况》专题技术培训。

（杨天艳）

【农牧渔业丰收奖】 2016年，由玉溪市农业科学院主持完成的“月季新品种选育及集成技术推广应用”获农业部2 014～2016年度全国农牧渔业丰收奖农业技术推广成果奖二等奖；玉溪市江川区水产技术推广站张四春、通海县九龙街道农业技术农机工作站王正福2人获农业部2014～2016年度全国农牧渔业丰收奖农业技术推广贡献奖。

【农业成果获市政府科学技术奖】 2016年，玉溪市13项农业成果获玉溪市人民政府科学技术奖，其中一等奖1项、二等奖5项、三等奖7项。由通海锦海农业科技发展有限公司、玉溪市农业科学院等单位共同完成的“切花月季种质创新及技术集成与应用”获一等奖；由玉溪市农业科学院等单位完成的“香软米新品种云粳29号选育及应用”、玉溪市水产工作站等单位完成的“抚仙湖杞麓鲤人工驯养繁育技术研究”、云南快大多畜牧科技有限公司和玉溪市红塔区动物卫生监督所共同完成的“生态养猪关键技术研发与推广”、玉溪市农业信息中心等单位完成的“玉溪市农村劳动力转移培训管理信息系统研发与推广应用”、玉溪市农业科学院等单位完成的“小麦种质资源引进创新及应用研究”获二等奖；由玉溪市元江哈尼族彝族傣族自治县农业技术推广站等单位完成的“水稻新品种‘云资粳41号’选育及应用”、玉溪市红塔区植保植检站完成的“红塔区主要作物病虫发生状况调查研究与应用”、玉溪市植保植检站等单位完成的“玉溪市小菜蛾斜纹夜蛾发生规律及性诱剂集成技术研究与应用”、玉溪市农业科学院等单位完成的“灯盏花高产高效生产技术集成研究与应用”、玉溪市动物疫病预防控制中心完成的“玉溪市新发小反刍兽疫综合防控技术研究与应用”、玉溪市经济作物工作站等单位完成的“元江县芒果高接换种关键技术研究与应用”、玉溪市农业科学院等单位完成的“抚仙湖径流区水稻控氮减磷技术研究与应用”获三等奖。

【3人获玉溪市中青年学科技术带头人称号】 2016年，玉溪市农业科学院张军云、通海县水产工作站王春勇、元江县植保植检站姚万福3人入选第

通海县六一村蔬菜标准化生产示范基地 （钱本磊　摄）

五批玉溪市中青年学科技术带头人。

（李艳兰）

【基层农技推广体系改革与建设】 2016年，中央基层农业技术推广体系改革与建设补助资金780万元，每个县（区）中央补助70～110万元。建立试验示范基地19个、培训技术指导员320人、农业科技示范户3 180户、辐射带动示范户63 600户、科技示范村8个。项目资金主要用于农业技术推广服务补助、农业科技示范补助、农业技术人员能力建设补助。

（李艳兰　王宏伟）

【农业专业技术人员培训】 2016年，为提高农业专业技术人员围绕"三农"中心任务开展科研和推广工作的能力，玉溪市农业广播电视学校利用农村远程教育平台，组织广大农业科技人员学习贯彻创新、协调、绿色、开放、共享发展新理念，贯彻中央强农惠农富农政策，了解掌握现代农业科技新知识新方法，全年培训80期2 439人次，为发展现代农业提供人才支撑。

（刘学芬）

【新型职业农民培育】 国家启动新型职业农民培育工程以来，玉溪市以农业广播电视学校为主体，整合部门资源优势，开展新型职业农民培训，培训按理论教学、实践操作和参观考察3个环节进行。新型职业农民培育属国家支农惠农项目，国家补助培训经费：生产经营型每人3 000元、培训不少于15天，专业技能型和专业服务型每人1 000元、培训不少于7天，培训后跟踪指导服务1～2年。2014～2016年，玉溪市开展新型职业农民培训4 590人。

【农业学会联合体】 2016年9月30日，玉溪市首家学会联合体——玉溪市农业学会联合体在市农业局挂牌成立。玉溪市农业学会联合体是由市农学会、市园艺学会和市畜牧兽医学会3个市科协成员单位自愿、协商、联合组建的非法人联合议事机构，挂靠在市农学会。学会联合体的成立，旨在为学会改革和发展探索新路子。

（黄莲英）

①通海出口蔬菜标准化生产基地（钱本磊　摄）②金黄的稻谷（吴　根　摄）

青山绿水·碧玉清溪

（潘　泉　摄）

林　业

FORESTRY

责任编校：王竹能

林业管理

【概　况】 2016年，全市林业系统争取上级资金36 385万元，占任务数36 271万元的100.31%，其中，中央资金20 745万元，省级资金15 640万元；争取资金数比上年32 974万元增加3 411万元，增长10.34%；完成招商引资任务0.5亿元，完成任务数0.5亿元的100%。全市完成营造林26.6万亩，完成年初市人代会确定的营造林任务26.4万亩的100.7%，其中，完成新一轮退耕还林工程6.18万亩、巩固退耕还林成果林业项目7.76万亩、省级陡坡地生态治理项目1.5万亩、石漠化综合治理工程项目10.36万亩、防护林工程0.8万亩；完成义务植树517.75万株，完成率112.6%；完成上年度核桃竹子种植20万亩，举办各类技术培训321期（次），发放资料8.65万份，培训1.88万人次。全市林业产业总产值达57.58亿元。森林防火取得了连续两年无森林火灾、零伤亡的好成绩，2016年度森林防火目标管理责任状被省政府考核为优秀。首次组织开展了“无火清明”武装巡护行动。资源林政管理完成林业生态红线划定方案和监督管理办法制定，划定第一批林业生态红线，完成新一轮森林资源规划设计调查工作。全市林业有害生物成灾率1.74‰，防治率97.8%，并完成全市全国第三次林业有害生物普查工作。全市森林公安机关查处各类森林案件1 015起，为国家挽回经济损失700余万元。国有林场积极推进林木权登记发证工作，进一步规范林权流转工作。全市积极开展湿地保护管理和国家湿地公园申报工作，组织开展水鸟同步调查、野生动物驯养繁殖利用调查，开展野生动物保护执法疫源疫病监测和宣教工作，做好野生动物公众责任保险。同时，积极做好林业生态扶贫工作。

【致敬自然——中国生态文明促进计划走进玉溪研讨会】 2016年10月25日，致敬自然——中国生态文明促进计划走进玉溪研讨会在红塔大酒店召开。市委副书记、代市长张德华向到会专家和企业家介绍了全市生态文明建设情况。自“十二五”以来，全市坚持“生态立市、环境优先”战略，不断加大生态建设和林业投入力度，森林资源稳步增长，森林覆盖率达57%，森林蓄积量达5 000万立方米。并荣获国家园林城市、国家卫生城市、中国十佳休闲宜居生态城市、中国十佳低碳生态城市、中国十佳绿色城市、十佳和谐发展城市等称号。张德华指出，今后全市生态文明建设要在保护优先、协调发展，先行先试、创新发展，突出优势、绿色发展，以人为本、共建共享，生态脱贫、共享发展上下功夫。参会人员观看了全市林业“十二五”宣传片。澄江县林业局、新平县林业局做交流发言。来自国家林业局相关部门、中国林业产业联合会、中国绿色时报社、中国林业产业杂志社的专家以及江苏、香港、山东的林业企业负责人围绕林业生态建设和林业产业发展建言献策，并与市林业部门和林业企业进行了深入的对接交流。

（师红艳）

【编制《玉溪市林业发展“十三五”规划》】 《玉溪市林业发展“十三五”规划》编制工作于2015年1月正式启动，至2016年9月30日，《规划》（送审稿）经市政府第63次常务会议研究通过。《规划》由5个章节构成，包括“十二五”林业发展回顾、“十三五”林业发展面临形势、总体思路、主要任务及重点工程以及保障措施。“十三五”期间，全市林业发展将抓好构建生态安全屏障、发展绿色产业、繁荣生态文化、实施林业精准扶贫、全面深化林业改革、建设支撑保障体系6个方面的工作，到2020年，全市森林覆盖率达到60%以上，森林蓄积量达到5 500万立方米以上；绿色产业结构进一步优化，形成高效的林业产业体系，林业总产值超过85亿元，林农从林业中获得的人均收入达到3 000元以上；生态公共服务能力不断提高，绿色惠民、产业富民、文化亲民能力不断增强，森林年生态服务价值达到500亿元，基础保障和治理能力得到明显提高，生态承载力明显增强，建成更加稳固的滇中绿色生态安全屏障。

【林业投入持续增长】 2016年，中央、省、市各级投入林业资金47 671.22万元，其中，中央资金23 019.83万元，省级资金15 639.99万元，市级资金9 011.40万元。资金投入数比上年41 588.94万元增加6 082.28万元，增长14.62%。其中，中央资金比上年的23 200.30万元减少180.47万元，减0.78%；省级资金比上年的13 768.59万元增加1 871.4万元，增长13.59%；市级资金比上年的4 620.05万元增加4 391.35万元，增长95.04%。

（张丽慧）

【林业产业总产值首次突破50亿元】 2016年，全市林业产业总产值实现57.58亿元，比上年的49.71亿元增加7.87亿元，增长15.83%。其中，第一产业产值44.77亿元，比上年增长17.69%；第二产业产值7.91亿元，比上年增长12.68%；第三产业产值4.90亿元，比上年增长5.38%。

（聂　晶）

西黑冠长臂猿栖息地　（蒋志东　摄）

【林农专业合作社省级示范社】 2016年，全市有林农专业合作社省级示范社36户，出资总额5 136.67万元；入社成员合计3 405人，带动农户20 993户；经营林业用地面积69 872亩，带动基地面积124 591亩；总资产15 930万元，全年经营服务收入14 213万元，纯收益2 633.7万元，返还成员收益1 970万元。经营内容主要有核桃、甜柿、梨、蓝梅、板栗、药材、芒果、三七、石斛等种植、加工、销售。

（高兴忠）

【林权流转及林权抵押贷款】 截至2016年12月底，全市林权流转面积24.43万亩，比上年新增0.45万亩。全市累计林权抵押贷款面积32.01万亩，比上年新增1.04万亩；贷款金额9.16亿元，比上年新增4 900万元。

【林木权登记发证】 截至2016年12月底，各县（区）均制定了林木权登记颁证实施方案，启动了发证业务。全年颁发林木权证103宗本，颁证面积1.85万亩；抵押贷款6宗，贷款金额2 250万元。

（杨雨林）

植树造林

【种苗生产】 2016年，全市准备种子110 197千克，其中核桃种子109 000千克；育苗面积856.7亩，其中核桃育苗面积576亩；出苗圃合格苗木453.9万株，其中核桃苗木250.5万株，美国山核桃27万株，油橄榄30万株，旱冬瓜133万株，竹子13.4万株。同时，落实国家林木良种苗木补贴85万元，其中元江县20万元，新平县40万元，华宁县25万元。

【直干清香木培育】 2016年，市种苗站在实验基地组织开展直干清香木培育，完成移袋袋装苗木4 400袋，并对换袋清香木进行直干树形，还安装了配套滴灌设施，使用资金20万元。

（郭　斌）

【石漠化监测】 2016年，红塔区、江川区、澄江县、通海县、华宁县、易门县6个县（区）纳入云南省岩溶地区第三次石漠化监测范围，监测面积194 478公顷。

①高鲁山 ②梁王山 ③华宁石漠化治理　（蒋志东　摄）

【首个储备林林改培项目】 华宁县于2015年首次获国家储备林林改培建设任务0.2万亩，国家投资100万元，培育树种为桤木。截至2016年9月，项目建设按照《全国木材战略储备生产基地建设年度施工作业设计管理办法（试行）》《全国木材战略储备生产基地现有林改培技术规程（试行）》等相关规定和要求全面完成造林任务。

（陈桂芬）

【市直部门义务植树活动方案】 2016年，市绿化委办公室制定了《玉溪市直部门（驻玉单位）“十三五”期间（2016～2020年）义务植树活动工作方案》。方案提出“十三五”期间，市直机关、企事业单位、驻玉单位可以选择参加现场植树造林或参加捐资代劳植树的方式来履行义务植树每人3株的责任和义务。捐资代劳每人每年不低于30元（由单位统一交，市林业局代收）。

（杨春江）

【天然商品林停伐管护】 2016年，全市启动非天保工程区停止天然商品林商业性采伐，并实施管护工作。全部实施管护面积291.98万亩，管护补助资金4 118.41万元，其中国有林6.77万亩，管护补助资金54.16万元；集体和个人林285.21万亩，管护补助资金4 064.25万元。

（罗美英）

【公益林生态效益补偿】 2016年10月31日，市委办、市政府办联合印发《玉溪市建立市级公益林生态效益补偿机制的实施意见》，明确了市级公益林生态效益补偿政策。市级公益林补偿资金的补助范围是市级生态公益林林地中的有林地、灌木林地、疏林地和宜林地。补偿对象为市级公益林的所有者或者经营、使用者。市级公益林补偿资金参照省级公益林补偿标准，按林地权属实行不同的补偿标准，包括管护费和补偿费两部分。国有的市级公益林补偿标准为每年每亩6元，全部作为管护费；集体和个人的市级公益林补偿标准为每年每亩15元，其中管护费5元、补偿费10元。市级公益林补偿标准随省级公益林补偿标准同步调整，按调整后的标准执行，列入市级财政预算安排。市财政局和市林业局联合制订了《玉溪市市级公益林生态效益补偿资金管理办法》。

（师红艳）

林业科技推广

【林业技术培训】 2016年，全市发挥首批市级教育培训基地的作用，结合特色经济林、林业产业发展，采取办培训班、现场示范、专题讲座、发放资料等多种形式，全年举办林业技术培训321期，累计培训专业技术和林农18 824人次，发放《核桃栽培管理技术要点》《玉溪市核桃栽培管理措施》等8.7万份。

【核桃良种繁育推广示范项目】 2014年10月至2016年12月，市林业科技推广站、新平县林业局共同组织实施2014年度中央财政“漾濞大泡核桃采穗圃管理与繁育技术推广示范”项目。该项目在新平县建兴乡马鹿塘建成了200亩核桃采穗圃，2016年产接穗有效芽36.7万个；在新平县林业局中心苗圃、建兴乡挖窖村共建成41.5亩核桃良种繁育技术示范园，2015年培育苗木（出圃）17.3万株；在新平县平掌乡梭山村中山小组营造核桃良种示范林600亩，成活率92.4%；举办培训班18期，培训1 606人次，编印发放核桃栽培技术手册28.15万册；发表论文4篇，《核桃一年生砧移砧嫁接育苗技术应用与推广》获新平县2016年度科技进步奖（三等奖）；编制出版专著3 700册；创新集成“核桃移苗砧嫁接育苗技术”和“核桃幼树移植技术”。项目带动核桃良种繁育360万株，推广核桃良种栽培2.25万亩。2016年12月20日，该项目通过了省林业厅验收。

【首次完成全市核桃遗传资源调查编目】 2015年4月至2016年12月，市林业局组织开展全市核桃遗传资源调查编目。调查涉及5个县（新平、华宁、峨山、元江、通海县）11个乡（镇、街道）19个村（居委会、社区），调查核桃资源树129株，送检干果47份，采穗43份，拍摄照片320多张。核桃资源涉及2个属（胡桃属、山核桃属）、4个种（深纹核桃、普通核桃、薄壳山核桃、黑核桃），主要有漾濞泡核桃、大白壳核桃、大砂壳核桃、紫瓤核桃、新疆核桃、美国山核桃、美国黑核桃等43个类型。全面系统开展核桃遗传资源调查，在全市尚属首次。

【核桃栽培区划研究】 2015年4月至2016年12月，市林业局组织开展全市核桃栽培区划调查。调查涉及3个重点县（新平、华宁、峨山）11个重点乡（镇）36个重点村（居委会、社区），调查核桃栽培区划标准树182株，送检干果142份，拍摄照片440多张。调查结果显示，不同栽培区地形、地貌、立地条件、环境和经营管理水平均对核桃生长结果及产量有显

①云新系列核桃 ②漾泡核桃

（蒋志东 摄）

峨山县小街街道兴旺村板栗 （蒋志东 摄）

著影响。全面开展核桃栽培区划研究工作在全市尚属首次。

【启动核桃精准扶贫项目】 2016年11月，市林业局在峨山县塔甸镇大西村启动实施了2016年度中央财政林业科技推广示范项目——《峨山县核桃科技精准扶贫示范基地》。该项目是全市实施的首个中央财政核桃科技精准扶贫项目，中央财政投入100万元，实施期限3年；通过实施抚育管理和林下种植等综合科技措施，建立1 000亩核桃科技精准扶贫示范基地。预计到2018年收入115万元，项目区69户农户，户均实现年可支配收入1.67万元。

【出版《核桃移苗砧嫁接育苗技术》】 2016年9月，由市林业科技推广站、新平县林业局编著的《核桃移苗砧嫁接育苗技术》由云南科技出版社正式出版发行，首次印刷3 700册。该书结合全市多年核桃良种繁育实践和山地栽培生产实践编著而成，从影响核桃嫁接成活的主要因素入手，详细介绍了育苗技术特点、苗圃地选择与整地、砧木培育、穗条采集、嫁接方法、嫁接后土肥水管理、病虫害防控等一整套移苗砧嫁接育苗技术操作措施，并在关键技术操作环节插入66张图片，图文并茂、通俗易懂，集先进性、实用性、科普性为一体，是基层农林技术员和核桃种植户的实用技术手册。

【参加全省农业科技创新成果转化推介会】 2016年2月28日至3月5日，省委、省政府在昆明举办了全省农业科技创新成果转化推介暨招商大会。市林业局结合特色经济林、产业发展，从“十二五”取得的20多项林业科技成果中，筛选出5项参加农业科技创新成果转化推介会。这5项成果主要涉及木本油料良种繁育、林产品精加工和植物新品种等方面，并以文字、图片、音像、实物等方式，在大会上通过网上展示交易平台、产品现场展示进行推介。通过成果推介会，加快了成果转化，为高原特色农业转型升级、跨越发展提供强大科技支撑。

（蒋志东）

森林保护

【集中打击整治破坏森林资源违法犯罪行为专项行动】 2016年9月1日开始，全市开展了为期4个月的集中打击整治破坏森林资源违法犯罪行为专项行动和进一步规范集体林权流转工作。此次专项行动，全市出动警力2 498人次、其他林业执法人员4 599人次、车辆1 868台次。刑事案件立案25件，破案19件，正在侦办6件，行政案件398起，清理非法占用林地项目140个，清理木材、野生动物非法交易场所14处，检查野生动物活动区域225处，打击处理人员395人，其中刑事处理15人，行政处罚380人；并开展宣传教育活动353次，收回林地19.508公顷，收缴林木树木、木材88.049立方米。同时，对全市林权流转情况进行深入排查，全市林权流转累计2 897宗，流转面积累计25.24万亩，流转金额31 362.33万元；林权抵押贷款1 013宗，抵押面积22.88万亩，抵押贷款金额60 039.85万元，均为林业经营大户、林农流转和抵押贷款，没有发现套取贷款的现象。

（李翠华）

【森林资源规划设计调查成果通过评审验收】 全市自2014年启动森林资源规划设计调查工作，经过一年多的辛苦工作，圆满完成了外业调查和内业工作，调查成果于2016年9月通过省林业厅组织的评审验收。调查数据显示，全市有林地面积1 632.62万亩，占全市土地总面积的72.72%。其中有林地面积1 234.62万亩、疏林地面积9.19万亩、灌木林地面积276.63万亩、未成林造林地56.99万亩、无立木林地21.91万亩、宜林地33.2万亩、其它林地（苗圃地和辅助生产林地）0.24万亩。森林覆盖率为56.7%，林木绿化率为67.94%。

（李翠华 师红艳）

【林业生态保护红线划定】 2016年，市林业局研究制定了《玉溪市林业生态保护红线划定工作方案》《玉溪市林业生态保护红线划定原则方案》《玉溪市生态保护红线监督管理办法》，将国家级自然保护区纳入第一批林业生态保护红线划定范围。全市生态保护红线划定面积54.98万亩，占国土面积的2.45%。管控级别划分一级管控区面积37.9万亩，占红线面积的68.93%；二级管控区面积17.08万亩，占红线面积的31.07%。其中哀牢山国家级自然保护区（新平县部分）红线面积为21.41万亩，一级管控区面积16万亩，二级管控区面积5.41万亩；元江国家级自然保护区红线面积为33.57万亩，一级管控区面积21.9万亩，二级管控区面积11.67万亩。

（李翠华）

【森林防火】 2016年，全市森林防火工作按照“重预防、强措施，突重点、保安全”的思路，创新举措，重拳出击，形成了党政同责、高位推动、全社会齐抓共管的格局，做到了经费投入、查罚并举的野外火源管控、网格化管理和护林员巡山护林、高层次全方位督查、快速反应、重兵扑救前所未有，取得了连续两年无森林火灾、零伤亡的好成绩，实现了“三个力争”“三个确保”的目标，再次被省政府考评为2016年度森林防火目标管理责任状执行情况优秀奖。

【国家林业局副局长李树铭到江川直升机场调研】 2016年11月18日，国家林业局副局长李树铭率调研组到江川区就南方航空护林总站江川直升机场暨南方森林航空消防训练基地建设项目进行实地调研。市委书记罗应光陪同调研并向调研组介绍全市经济社会发展情况。调研组一行实地查看了停机坪、滑行道及训练基地建设，听取了相关工作情况汇报。李树铭充分肯定了南方航空护林总站江川直升机场暨南方森林航空消防训练基地建设取得的成绩。他指出，南方航空护林总站江川直升机场项目是《全国森林防火中长期发展规划》中的重点建设项目，建成后将填补滇中重点森林火线区域没有森林航空消防场站的空白，对提高滇中地区森林防火、灾害防控能力具有重大意义。在下一步的工作中，要加强机场后续发展规划和建设，进一步完善直升机场基础配套设施及绿化美化工程建设，把项目建设好、管理好、运营好。

【滇中五州市森林防火联防会在玉溪召开】 2016年12月22日，昆明、曲靖、玉溪、楚雄、红河五州市森林防火联防会议在玉溪召开。会上，玉溪市政府副秘书长杨胜代表联防值班州市全面总结了2016年的联防工作，深入分析了当前森林防火形势，并提出各联防州市要继续发扬“防火有界，扑火无界”的联防协作精神，全力做好森林防火联防工作。省防火办主任刘学文强调，各州市要认真研判今冬明春森林防火工作面临的严峻形势，借助“联防”这个平台，进一步完善联防机制，加强野外火源管控，强化宣传教育，深化州市之间的交流与配合协作，加大联防区域内基础设施建设力度，全力以赴打好2017年度森林防火攻坚战。

【森林防火通道建设】 2016年5月，全市2015年度森林防火通道建设项目全部完工。该项目布局在澄江县、通海县、易门县、新平县、元江县、玉白顶林场，于2015年8月20日启动。项目总投资228.2万元（市级100万元，县（区）配套128.2万元），设计新建森林防火通道65.13公里，实际完成108.458公里，占计划数的166%。

【森林火灾保险】 2016年，全市森林火灾保险投保总面积1 468.25万亩，其中公益林826.7万亩、商品林641.55万亩，保费总计587.3万元。全市审核获取理赔案件共5起，均为公益林，过火面积为3 702.19亩，损失面积为1 331.49亩，赔付金额为53.26万元。

（溥恩波）

【林业有害生物防治】 2016年，全市林业有害生物发生面积70.4 837万亩，防治作业面积74.4 452万亩，同病虫新防治面积68.9 542万亩，防治率97.8%。其中无公害防治面积72.91万亩，无公害防治率97.9%；成灾面积2.0 825万亩，成灾率1.74‰；测报准确率97%；种苗产地检疫率100%。

2016年11月18日，国家林业局副局长李树铭（左七）率队调研江川直升机场

（溥恩波 摄）

【第三次林业有害生物普查】 2016年，历时两年的第三次林业有害生物普查工作圆满完成，经省林业厅组织交叉检查验收，名列全省第一。全市投入资金211.89万元，其中市级安排了112万元专项资金；设置踏查线路1 130条、标准地3 915个、踏查面积1 125万亩，调查木材加工交易场所176个、苗圃（花圃）322个和种实、果品、花卉储藏加工交易场所9个，采集标本4 300份，制作标本2 068套，拍摄林业有害生物影像资料8 144张；发现林业有害生物152种，发生危害严重的林业有害生物主要有横坑切梢小蠹、纵坑切梢小蠹、云南松小蠹、华山松球蚜、华山松木蠹象、松墨天牛、桤木叶甲、萧氏松茎象、柏肤小蠹、拟松材线虫病、飞机草、紫茎泽兰等。同时，发现全国林业检疫性有害生物锈色棕榈象、红火蚁，全省林业补充检疫性有害生物桉树枝瘿姬小蜂、萧氏松茎象。并完成了全市2 014～2016年全国第三次林业有害生物普查工作总结报告和红火蚁、萧氏松茎象2种林业有害生物的风险评估报告和全市重要林业有害生物云南松小蠹类、红火蚁、萧氏松茎象分布图。

（倪海浪）

【林区治安】 2016年，全市森林公安机关查处各类森林案件1 015起，处理违法犯罪人员939人（次）。其中，侦破林业刑事案件114起，抓获犯罪嫌疑人140人（次）；查处林业行政案件901起，查处违法人员799人（次）；收缴木材346.58立方米、野生植物56株、野生动物283头（只）；收缴违法所得1.45万元，罚款317.72万元，为国家挽回直接经济损失700余万元。

【专项整治行动】 2016年，全市森林公安机关以“多破案、破大案”为目标，在全市组织开展了打击破坏野生动物资源违法犯罪专项整治行动、“滇绿”专项严打整治行动、严厉查处森林火灾、非法占用林地、非法贸易濒危野生动植物案件专项严打整治行动和治爆缉枪、危爆品整治和公务用枪清理、严厉打击非法占用林地等涉林违法犯罪专项行动及“净网行动”等10余次专项行动。行动期间，清理检查野生动植物培育驯养繁殖及其加工经营场所235处，检查野生动物活动区域167处；巡逻管控重点林区272处，清查开采作业单位、企业

136家，清理非法征占用林地项目21个，查处林地面积360余亩；巡逻检查自然保护区30次、湿地15次，收缴野生动物260头（只），其中收缴国家二级保护动物37只，查扣疑似象牙制品29件，收缴猎具15件，收缴各类枪支23支、军用子弹148发、猎枪弹3发，收缴木材32.6立方米、作案工具59件、车辆1台，为国家挽回经济损失200余万元。

【林地清理整顿】 2016年7月20日至10月31日，市政府继续在全市组织开展打击破坏林地资源违法犯罪专项整治行动。行动期间，全市出动人员2 605人次、车辆999台次，查处各类涉林案件445起（林地类案件376起，其他涉林案件69起），处理涉案人员327人、单位27个，采取强制措施13人，查处林地面积1 309.115亩，没收木材149.13立方米，罚款133.28万元，为国家挽回经济损失400余万元。

【林区禁毒】 2016年，全市森林公安切实履行林区禁种铲毒、禁毒宣传和堵源截流三大职能，积极开展禁毒宣传，铲除林区毒源，净化林区环境。全年清理林区出租屋667间，踏查可疑地块895块，铲除毒品原植物，开展禁毒宣传活动42场次，张贴禁毒宣传标语120条，到重点林区、集市发放禁毒宣传单13 787份。在全市“绿剑”专项行动中，查获毒品案件4起，查获疑似冰毒2.051千克，抓获犯罪嫌疑人4人。

【平安林区建设】 2016年，全市森林公安机关认真落实“平安林区”创建活动，推进林区治安防控体系建设，加强林区治安防控基础建设，做到底数清、情况明；加强林区治安防控，提升管控能力，扭转复杂治安形势；加强林区警务合作，建立警务合作机制，实现林区安全稳定。全市投入120万元资金在林区重点部位、重要路口建立视频监控，红塔区及红塔山自然保护区建设林区警务室3个，县（区）护林员纳入县级森林公安机关牵头管理3 000余人，市森林公安局开展“平安林区”专题业务培训3次，制作永久性“平安林区”宣传牌10块。

【“无火清明”森林防火武装巡护】 2016年3月26日，全市“无火清明”森林防火武装巡护启动仪式在聂耳文化广场举行。此次行动以森林公安为主，协调武警、专职森林消防、护林员等多方力量全面联动，开展联合武装巡护，全面加强重点林区、重点火险区、城市面山和坟山的巡逻防控。自3月26日至4月10日，全市森林公安机关共检查入山人员47 257人次，登记入山车辆5 805辆，检查执勤卡点737个，管控重点人员63人次，排除火险火情77次，处罚违规用火1起，劝诫警告教育277人次，处罚失火人员2人；在省级媒体报道13次，市级媒体报道12次，县级媒体报道46次，发放宣传资料36 700份；巡查坟山墓场508个（次）、城市面山50个、风景名胜区23个、国有林场10个、森林公园4个，自然保护区8个；积极深入林区开展禁毒宣传活动，发放禁毒宣传材料1 330份，张贴禁毒宣传画报近100份，踏查地块76处，清理房屋31处。

（冯建团）

【星云湖国家湿地公园试点获国家林业局批准】 2016年12月30日，国家林业局同意星云湖开展国家湿地公园试点工作，成为杞麓湖、抚仙湖国家湿地公园后又一个国家湿地试点公园。至12月30日，全市已有国家湿地公园3个，位列全省第二（红河州4个），湿地公园面积306.05平方千米，占全市国土面积2.05%，位列全省第一。

【《云南玉溪园林绿化植物图鉴》出版发行】 2016年3月18日，由市林业局组织，市、县（区）林业部门、园林绿化部门及市各园林绿化公司、苗圃协助编写的科普图书《云南玉溪园林绿化植物图鉴》正式出版发行。该书在全市林业、园林专业技术人员对市境内园林绿化植物及乡土绿化植物近两年的现地调查基础上，收录了部分观赏价值较好、保护利用价值较高的166科690属1 425种（变种、变形）植物2 100余幅图片。

【第二次野生重点保护动植物资源调查】 2016年，由国家林业局昆明勘察设计院、云南大学生命科学院和市林业系统广大专业技术人员经过两年多共同调查的全市市第二次野生重点保护植物调查和全市陆生野生动物资源调查工作圆满完成。全部调查国家重点保护植物和珍稀濒危植物38种，在野外调查到34种；市内陆生野生动物资源调查记录到的405种野生动物中有129种为目标物种，其中25种为兽类物种，79种为鸟类物种，15种为爬行类物种，10种为两栖类物种；各类珍稀濒危及重点保护野生动物229种。

【自然湿地资源数据核查】 2016年，以2015年自然湿地资源核查数据和全省第二次湿地资源调查为基准数据，市林业局组织各县（区）林业局对辖区内面积在120亩（含120亩）以上的自然湿地面积进行核查。核查结果，全市有湿地面积64.64万亩，其中自然湿地57.58万亩，人工湿地7.06万亩。新平县新增人工湿地1个，为2016年新建的马鞍山水库，面积304.5亩。

（汤镒帆）

“无火清明”森林防火武装巡护统一行动 （魏中红 摄）

青山绿水·碧玉清溪

（曾永洪　摄）

水　利

WATER CONSERVANCY

责任编校：王竹能

水利规划与建设

水利管理

防汛抗旱

水资源管理

水利规划与建设

【概 况】 2016年，市政府下达水利投资计划25亿元，年末实际完成投资25.24亿元，占目标任务的101%。其中水利基建投资完成141 793万元，农田水利投资完成110 600万元。全市新增有效灌溉面积2.08万亩，占全年目标任务2万亩的104%；库塘蓄水58 182万立方米，比上年多4 716万立方米，占目标任务的116.4%；完成招商引资0.55亿元，占全年目标任务0.5亿元的110%；争取上级资金78 809.4万元，占年度目标任务78 809万元的100%；征收水资源费1 505.9万元，占年度计划的107.6%。据市统计局数据，全市水利管理业固定资产投资全年完成30.17亿元，比上年增长16.3%，占全年目标任务32.9亿元的91.7%。

【水利前期工作】 2016年，市水利局坚持将规划作为发展指南，切实谋好篇、布好局，按照五大发展理念确定“十三五”发展思路，将水利发展与全市社会经济发展战略全方位融合，《玉溪市水资源综合利用规划》《玉溪市水利发展“十三五”规划》《玉溪市“水网”建设行动计划（2 016～2020年）》等一批综合规划先后经市政府批复或授权有关部门批复实施。为做好“十三五”水利建设项目储备，市级安排下达8 000万元水利前期工作经费，用于加快以华宁县矣则河、新平县洋发城水库等24件水源工程为主的46件重点项目前期工作。并与各县（区）签订目标任务责任书，按月对进度跟踪督查。全市完成2 017座小坝塘的病险排查和农业高效节水减排现状调查，编制上报《玉溪市病险小坝塘除险加固工程可行性研究报告》《玉溪市“三湖”流域农业高效节水减排项目可行性研究报告》等，已得到市发改委的批复，部分工程已开工。一批重点项目前期工作获得上级批复，新平县洋发城水库推进、华宁县矣则河水库扩建、滇中引水5个受水县（区）等前期工作进展顺利。洋发城水库扩建项目可行性研究报告于10月21日通过省水利厅评审中心审查，待报省发改委评审批复。矣则河水库扩建项目可行性研究报告于11月17日由省发改委批复。全年还组织完成了澄江县小冲、华宁县三家村、雨勒冲、元江县那诺一库扩建、峨山县下玉柞、新街河、新平县洋芋山等7件小（一）型水库工程的项目建议书和可行性研究报告的评审、审批、上报。澄江县梁王河—东大河水库连通工程、易门县岔河水库—县城引水连通工程可研评审已完成。

【水利项目合作】 2016年，为深入贯彻落实中央、省、市各级关于全面深化水利改革的各项要求，通过引入社会资本，构建多元化投融资平台，拓宽投融资渠道，加大水利建设投入，不断深化水利投融资改革，从根本上解决全市水利基础设施建设中投入不足的问题，经市政府第65次常务会议研究决定同意，11月4日，市政府与省建设投资控股集团签订重点水利项目合作协议。双方本着共谋发展、优势互补、互惠互利、平等自愿的原则，经友好协商，达成合作协议，共同出资组建玉溪市水利基础投资有限公司，合作双方共同筹集项目资本金。投资公司由建工集团公司控股，注册地点红塔区。市水利基础投资有限公司组建后，将全市已纳入西南五省（市、区）重点水源工程规划和全省水利发展“十三五”规划的重点水利工程项目作为重点，不断拓宽水利基础设施建设投融资渠道，为加快全市水利基础设施项目的建设注入活力。经市政府第65次常务会、市人大常委会第27次会议决定，由市政府委托市水利局作为购买主体，以单一来源采购的方式，向万生水利投资公司购买全市病险小坝塘除险加固等5个项目建设服务，并由该公司分别向云南红塔银行、市交通银行融资贷款12亿元，用于加快推进以上项目建设。这是全市水利建设史上首次采取以政府购买服务方式融资的一次尝试。

【水网规划】 2016年9月27日，《玉溪市水网规划（2 015～2030年）》（以下简称《规划》）通过由市水利局组织召开的评审会审评。该《规划》由市水利局委托中水珠江规划勘测设计公司负责编制。《规划》按照“节水优先、空间均衡、两手发力、系统治理”的新时期治水思路和全省“五大基础设施网络”建设之构建安全可靠水保障网的要求，从区域供水保障能力、防洪减灾能力、水生态环境现状、水系连通格局及水资源综合管理等方面对全市水网现状进行评价，针对水网建设存在的突出问题和薄弱环节，结合全市水系、地形、经济社会发展现状及其发展目标，提出建设防洪排涝网、城乡供水网、水系生态网等3大水网体系及相应的重点建设工程，并制定相应的保障措施和综合管理措施。《规划》基准年为2013年，近期规划水平年为2020年，远期为2030年。《规划》对促进全市水资源优化配置、提高水网安全、提升水环境质量、实现水资源高效利用具有重要意义，将作为规划期内全市水网建设和管理的基本依据，也是全市其他基础建设的重要技术依据之一。

【水源工程建设】 2016年，全市在建的11件水源工程，为全市水利发展“十三五”规划及水网建设行动计划

2017年1月7日，全市水网重点项目集中开工仪式　（市水利局　提供）

①东风水库上游九溪河治理二期工程 ②苗茂水库大坝帷幕灌浆施工 （潘 泉 摄）

建设项目。全年完成投资47 745.07万元，累计完成投资251 416.32万元。其中，东片区暨三湖生态保护水资源配置应急工程2015年5月30日主管建成通水，于2016年10月17日正式启动试运行，向星云湖补水，进行水体置换，向星云湖补水1 001.3 784万立方米，投入补水资金1 929.76万元；元江县鲁布中型水库已完成基础开挖；易门县苗茂中型水库大坝主体已完工；易门县团结、龙潭坝、新平县马鞍山、华宁县分水岭4件小型水库基本完工，正在进行工程扫尾。

【小（二）型水库除险加固竣工验收】 2016年1月14日，市水利局主持召开元江县2012年小（二）病险水库除险加固项目竣工验收会议，对那诺一库、那诺二库、旧寨二库、南洒水库除险加固工程进行竣工验收。验收委员会一致认为4座水库除险加固工程已按批准的设计内容建设完成，工程建设满足有关规范、规程要求，工程质量合格，投资控制较好，财务管理规范，竣工财务决算报告已按水利部编制规程进行编制并通过审计，试运行期间工程正常，同意全部通过竣工验收，交付运行管理单位管理使用。元江县那诺一库除险加固工程主体工程于2012年7月10日开工建设，2013年5月25日完工；那诺二库除险加固工程主体工程于2012年7月10日开工建设，2013年1月15日完工；南洒水库除险加固工程主体工程于2013年3月10日开工建设，2013年9月20日完工；旧寨二库除险加固工程主体工程于2013年3月10日开工建设，2013年7月20日完工。4座水库各阶段验收工作已完成，项目工程验收资料准备充分，具备竣工验收条件。根据《水利工程建设项目验收管理规定》和《水利水电建设工程验收规程》（SL223-2008）等相关规定，经工程建设管理局报请市水利局批准，同意对该工程进行竣工验收。1月18日，市水利局组织专家召开会议对红塔区2 012、2013年度小（二）型病险水库除险加固工程进行竣工验收。这次竣工验收的红塔区小（二）型病险水库除险加固工程共5件，分别为2012年批复实施的洛河乡烂泥箐水库、研和街道永利三坝水库、螃蟹箐水库及2013年批复实施的高仓街道团结坝水库和高顶坝水库。验收委员会委员通过现场检查，观看红塔区小（二）型病险水库除险加固工程建设管理局放映的工程声像资料，听取工程建设管理局、设计单位代表、监理单位代表、施工单位代表的工作情况汇报，从工程质量、财务开支等方面进行客观、公正的评价，并从建后管理等方面提出宝贵的意见和建议。验收委员会委员通过充分讨论后，一致同意红塔区2 012、2013年度小（二）型病险水库除险加固工程通过竣工验收。1月20日，峨山县自然坝、小麻栗树、大龙潭、亚尼、大西5件小（一）型病险水库除险加固工程竣工验收。1月21日，澄江县水利局召开会议，向海口镇、九村镇、右所镇政府工作人员递交8座小（二）型水库管理权移交书，并办理相应移交手续。此次移交的水库为2014年至2015年度实施病险水库除险加固工程的大平地、干海子、羊圈、代村河、新村、白竹塘、水箐、草格村等8座小（二）型水库。工程批复概算总投资1 240.7万元，累计完成总投资840.17万元。工程的实施让水库的灌溉、防洪功能得到恢复，改善农田灌溉面积5 984亩，保护耕地6 274亩，防洪保护人口3 850人，病险水库安全隐患消除，水库的防洪保安能力提高。1月21日，易门县2013、2014年度重点县项目竣工验收。1月22日，新平县2012、2013年度15件小（二）型病险水库除险加固工程竣工验收。1月25日，通海县鸡脖子、甸苴坝、三岔河三件小（一）型和秧田冲、琉璃河、洪水河、三密闸、大板桥五件小（二）型病险水库除险加固工程竣工验收。1月26日，华宁县登楼山、各纳甸小（一）型和下咱乐、路箐、舍阴寨、大栗树箐4件小（二）型病险水库除险加固工程竣工验收。1月27日，澄江县西大河小（一）型水库和2011、2012、2013年度8件小（二）型病险水库除险加固工程竣工验收。1月28日，江川区2011、2012年度9件小（二）型病险水库除险加固工程竣工验收。

【河道治理工程竣工验收】 2016年6月12日，清水河元江县城段治理工程一期通过竣工验收。清水河元江县城段治理工程一期竣工验收会由市水利局主持。竣工验收委员会按照《水利工程建设项目验收管理规定》《堤防工程施工质量评定与验收规程》等相关规定，在现场检查治理工程，观看工程建设声像资料，听取建设、设计、监理、施工等参建单位的工作情况汇报，分组查阅相关资料的基础上，一致认为一期治理工程已按批复的设计内容建设完成，工程建设满足有关规程、规范和设计要求，工程档案资料齐全，财务管理规范，投资控制较好，工程质量合格竣工决算已通过审计，通过两年的试运行，工程运行正常，已发挥其应有的社会效益和经济效益，同意通过竣工验收。清水河元江县城段治理工程一期属中小河流治理工程，2009年，被列入全国重点地区中小河流治理建设规划2011～2012实施项目。工程批复总投资2 558.85万元，治理范围为元江县阿竜水泥厂至南门桥段间河道，于2012年5月20日开工建设，2014年6月完工，完成治理河长7 589.02米，河堤总长14 691米，完成投资2 708.62万元。通过治理建设，使河道能够满足10～20年一遇洪水的排洪泄洪要求，河道防洪能力增强，改善了沿河生态环境，在保护沿岸集镇、村庄、耕地安全的同时，减少水土流失，为元江县的政治、经济、文化的发展奠定基础。6月13日，易门县扒河一、二期河道治理工程竣工验收。6月14日，华宁县龙洞河治理工程竣工验收。12月27日，易门县三乡河河道治理工程竣工验收。12月28日，新平县大春河、平甸河大开门段河道治理工程竣工验收。

【小型水库大坝注册登记】 根据《水库大坝注册登记办法》，为全面掌握水库大坝基础信息，进一步加强水库大坝安全管理，2015～2016年全市集中开展水库大坝注册登记和复查换证工作。峨山县小型水库大坝注册登记工作按照国务院《水库大坝安全管理条例》和水利部印发《水库大坝注册登记办法》，在2010年12月汇编成册的《峨山彝族自治县小型水库大坝注册登记表》基础上，结合峨山县现已完成的部分小（二）型病险水库除险加固处理情况，对照病险水库除险加固处理批复设计文件资料和实际情况进行采集、整理与数据填写。截至2016年11月，峨山县完成境内81座小型水库大坝注册登记。

【马鞍山水库大坝面板浇筑竣工】 2016年1月16日，新平县马鞍山水库面板浇筑工作顺利结束，比原计划提前11天完成。面板是该坝型施工的关键部位，是挡水防渗的核心，面板混凝土的按质顺利浇筑完成，为马鞍山水库年内实现大坝蓄水、发挥效益奠定了基础。马鞍山水库是全市第一座面板堆石坝，是一种稳定性和安全性都较高的坝型，按前堵后排的原则设计，从上游到下游坝体结构为防渗面板、挤压边墙、垫层料、过渡料、主堆料和次堆料，其透水性逐次增大，与其他坝型相比较，面板堆石坝的主要特点是坝坡稳定性好。水库坝高81米，总库容614万立方米，径流面积24.7平方千米，年可调节水量954.2万立方米。按施工进度计划，将进行坝面表止水安装，坝前粘土、任意料、坝顶防浪墙、过渡料回填，坝后量水堰、下游坝面岸坡排水沟、坝坡梯步施工和溢洪道收尾工作。5月底完成大坝枢纽工程施工任务，实现汛期蓄水。

【烟草薄片项目生产用水配套工程竣工验收】 烟草薄片属红塔区重点招商引资经济建设项目，烟草薄片项目的生产用水需Ⅱ类水质才能满足要求。为保证薄片项目的供水需求，经实地勘测选定在中所坝的上游箐新建粘土心墙坝作为净化调节库塘，对原水进行水质沉淀净化处理。项目生产用水配套工程净化库塘位于大营街街道办事处师旗居委会中所坝上游360米，坝址以上控制流域面积0.16平方千米。设计坝型为粘土心墙风化料坝，坝高23.17米，坝顶宽4米，坝顶长61米，总库容5.21万立方米，兴利库容4.3万立方米。输水涵管全长70米，设计输水流量0.2立方米/秒，日引水量可达1.1万立方米。工程于2015年3月2日正式开工建设，历时131天，7月10日全面完工，7月21日试运行供水。经过3个月的试运行，10月25日正式向市烟草薄片项目供水。截至2016年5月25日，已向烟草薄片厂供水44.76万立方米，初步发挥了正常的供水效益。2016年7月20日，由红塔区水利局主持对烟草薄片项目生产用水配套工程进行竣工验收。验收组按照《水利水电建设工程验收规程》（SL223－2 008）的要求，组建竣工验收委员会，经工程现场检查，查阅有关资料，听取参建单位的汇报，一致认为1个单位工程、2个分部工程、74个单元工程质量全部合格，其中优良单元工程有2个，同意通过竣工验收。

【东风水库九溪大河截流截污工程投入运行】 九溪河径流面积占东风水库总径流面积的45.23%，是东风水库最大的入库河流。九溪镇有人口30 463人，89%的人口生活居住在九溪河两岸的九溪坝子，各个村子的生产生活污水以及垃圾通过支沟排入九溪河进入东风水库。从2013年6月以来，有关部门每月对九溪河水质进行监测，结果表明，九溪河水质全年为劣Ⅴ类，是东风水库的主要污染源。为解决东风水库水质污染问题，2015年5月，市水利局、市中心城区水资源调度管理局决定在九溪大河1#闸处组织实施九溪河截流截污工程。工程于2015年8月完工，投入运行以来，基本做到九溪河枯期来水不再进入东风水库，截断了污染源。九溪河截流截污工程实施后，汛期九溪河水带来的大量垃圾必然沉积在1#闸处，堵塞泄流通道，影响出流改道工程的正常排流。由于垃圾量大，河道较宽，人力难于打捞。针对这一情况，2016年5月20日，水利部门又组织实施完成九溪河1#闸垃圾自动清捞工程，投资130万元，使用折叠式河道流动垃圾自动清捞机6台套，配备垃圾输送带2台套，实现垃圾打捞自动化。同时，为进一步解决九溪河来水污染东风水库水质的问题，确保中心城区供水安全，水利部门根据近几年东风水库供、蓄水情况，决定对东风水库来水入库水量进行调控。从2016年汛期起，当九溪河来水小于9.2立方米/秒，在1#闸截断后，通过出流改道工程直接排至玉溪大河，当超过9.2立方米/秒，超过部分再进入东风水库。实施这一调控措施后，九溪河来水约80%可通过出流改道工程旁通道直接排入玉溪大河，对东风水库的水质起到保护和改善作用，为中心城区饮用水安全提供安全保障。

【民生水利建设】 市政府第49次常务会决定，从2016年起，将每年的12月确定为全市农村小型水利工程“岁修月”，通过建立农村小型水利工程“维修月”“岁修月”等方式，按照“谁投资、谁所有、谁受益、谁负责”的原则，每年有计划地组织受益群众参与水利工程的维修养护和岁修工作。2 015～2016年度全市冬春农田水利基本建设计划完成总投资16.8亿元。据统计，在冬春修期间，全市累计完成冬春农田水利基本建设投资17.83亿元，新修和维护小型水源工程18 633件，修复水毁工程674件，完成干支渠防渗216.3千米、田间渠道309.7千米，疏浚河道104千米，清淤沟渠1 704.4千米，建设村镇供水工程18处，新增蓄水能力1 601万立方米，新增和改善灌溉面积39.9万亩，新增节水灌溉面积16.59万亩，年新增节水能力819.6万立方米，改造中低产田8.5万亩，新增供水受益人口10.48万人，治理水土流失面积129.2平方千米，为贫困地区抗御水旱灾害，保护和合理利用水土资源，保障经济社会持续、稳定、健康发展产生了重要的作用。全年还完成58座病险水库除险加固工程，完成投资9 149.6万元，

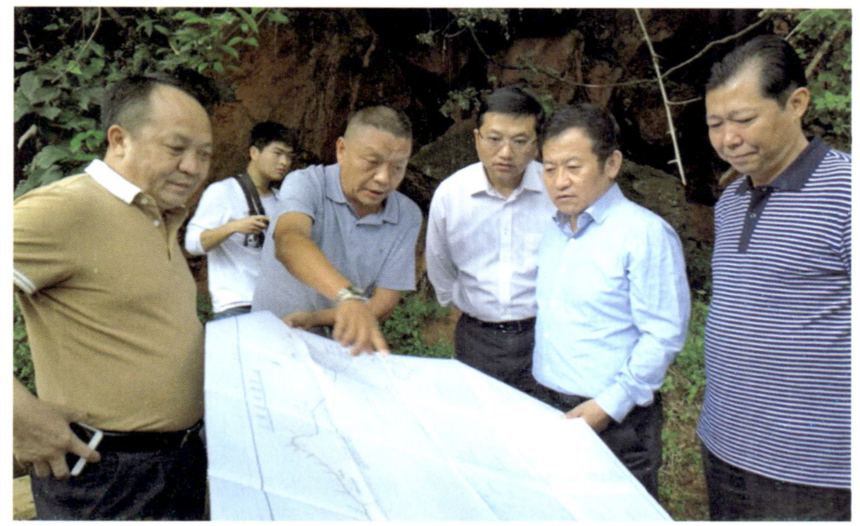

2016年10月11日，省水利厅厅长陈坚调研澄江县向杂龙潭调水工程

（市水利局 提供）

占计划的108.9%。2016年度中央小型农田水利在建重点县建设项目建成投入使用，批复总投资11 415.1万元，年度完成投资8 946万元，惠及5县（区）6.03万人。全市计划实施15万人农村饮水安全巩固提升工程，实际完成工程受益人口19.81万人，比计划增4.81万人，增32%，完成投资8 557.43万元；计划实施“三湖”流域农业高效节水减排14.07万亩，实际完成15.46万亩，总投资32 323万元。全年完成0.76万亩中低产田地进行改造，完成水库干支渠防渗支砌109.83千米。全市“五小”水利完成投资22 198万元，建成“五小”水利工程15 160件，其中小水窖13 160件，小水池744件，小坝塘25件，小渠道1 198件，小泵站33件。

【重点县小型农田水利建设项目开工建设】 2016年2月23日，中央财政小型农田水利重点县元江县2016年建设项目正式开工建设。该项目是2014年度中央财政小型农田水利第六批重点县项目，分2 014、2 015、2016年3年实施。项目建设方案于2015年11月27日由市水利局、市财政局批复，审定工程概算投资2 299.18万元，其中中央补助资金1 200万元，省级财政配套资金800万元，市级财政配套资金100万元，县级财政配套资金150万元，受益区农民自筹（包括投工投劳折资）49.18万元。项目主要建设内容为铺设PE输水管10条9.286千米、PE干管60条51.636千米、PE分干管5条2.827千米、PE支管230.559千米、灌桩2 972个、500立方米钢筋混凝土圆形调节水池11个、减压池90个、取水池16个、阀门井152个。建设工期为10个月。项目区地处甘庄街道西拉河村委会、干坝社区片区，是进行小型水源工程、渠道、倒虹吸管及输水管道建设的小型灌区水利工程改造与配套项目，设计灌溉面积1.59万亩，受益人口0.964万人。项目工程实施完成后，将改善灌溉面积0.73万亩，新增灌溉面积0.86万亩，年节水量为114.63万立方米，增加农业总产量682.24万千克，农业总产值800.67万元，农民年人均增收830元，使项目区的农田水利设施整体水平提高，为促进当地农业和农村经济的发展奠定基础。

（向小华 周 婧）

水利管理

【农业水价综合改革】 2016年，全市各级各部门认真贯彻落实中央和省精神要求，全力推进农业水价综合改革，统筹安排，精心组织，成效显著，既确保改革取得实效，又让群众乐于接受。全年对全市109件小（一）型及以上水库完成资产清查51件、资产划分50件、资产价值重估50件，9个中型灌区完成资产清查5个、资产划分5个、资产价值重估2个。并以中央、省安排的农业高效节水减排、小型农田水利重点县和山区水利整村推进等项目为重点和突破口，开展农业水价综合改革。全市先后开展16件重点工程的水价改革，部分已取得阶段性成效。市委、市政府多次召开专题会议学习传达中央、省的改革精神，研究制定改革方案，安排部署改革工作。市级相关部门紧紧围绕市委、市政府的决策部署，按照各自职能职责积极组织开展工作，多次召开工作布置会和现场推进会，研究制定贯彻落实措施和组织实施办法。县（区）党委、政府和职能部门也全力投入，确保各项工作按计划推进。全市严格按照省政府要求，建立省级统筹、市级协调、县级落实的责任落实机制，市、县（区）政府都建立由政府领导牵头，相关部门分工协作，改革事项与工程建设联动推进的组织领导和协调机制，及时研究解决推进过程中遇到的困难和问题。市政府成立由分管副市长任组长，水利、发改、财政、农业等部门为成员的改革领导小组，并将推进农业水价综合改革列为年度考核内容，强化督查督办，形成市县上下联动，部门分工协作，资源互通共享，多方合力并进的工作格局。为规范和指导改革工作，市政府组织制定《玉溪市人民政府办公室关于推广农田水利改革试点经验的实施意见》《玉溪市人民政府办公室关于贯彻落实〈云南省人民政府办公厅关于鼓励引导社会资本参与农田水利设施建设运营管理的意见〉的意见》《玉溪市人民政府办公室关于加快推进水利工程供水价格改革的实施意见》，并制定《玉溪市水资源费分类征收标准及调整方案》和《玉溪市农业水价综合改革实施方案》等配套文件。在农业水价综合改革当中，充分利用高西社区农业节水减排项目改革试点成果为指导，以点带面，全面展开，带动全市农业水价综合改革协调发展。开始阶段与用水户加强协商、议定建管机制，明确筹资方式，明晰工程产权，落实建设主体和管护责任主体。工程建设初期首先完成初始水权分配和用水指标核定、水价形成、节水激励约束等机制的建设，并以政府文件或合同、协议等方式明确下来，为工程设计、机构设置和运行管理等工作奠定基础，提供保障。政府统筹农业产业发展规划，农业、水利、发改、财政、质监、工商、环境等部门协调配合，做好农业种植结构调整、水资源管理、农村水利改革、水价改革、用水定额核定、工商注册登记、资金筹集、减排监测等工作。规范管理是统筹推进过程的一个重要手段，政府就水权分配、水权交易、用水总量控制、用水定额核定、水价改革等重要问题出台了一系列政策文件，同时通过协调磋商，采用合同、协议等方式以及制定章程、制度、管理办法等形式，明确政府和用水户的权利义务，规范市场主体经营行为。农户和企业是水价改革的主体，充分尊重用水户的知情权、参与权和决策权。在前期工作中，组织工作人员逐村、逐户、逐企宣传，解释改革的目的意义和工作思路；在机制建设和工程设计过程中，每个方案出台前，都征求群众、村组和企业的意见，多方协商，达成共识，并通过公告、公示、通报等方式及时发布改革进展情况，让参与主体准确掌握相关信息。政府部门通过与企业和用水合作社协商，分别签订《水价意向书》和《节水减排合同》，引导灌溉公司和农民用水合作社通过制定章程、制度和管理办法等方式来规范市场主体经营行为，通过合同、协议等制度化形式，确立供水、用水法人的合同关系，保证水费的征收，促进骨干工程和田间工程的良性运行。为确保改革工作顺利开展、高效推进，市水利局、市发改委组织县（区）水利部门开办农田水利改革、农业水价改革培训班，参训人员86人；还多次组织、安排各县（区）政府、水利局到陆良县、澄江县等试点项目和改革工作开展较好的地方进行参观学习，召开全市水利改革工作座谈会进行经验交流，并通过水利信息等途径总结、宣传改革中取得的好成绩、好经验、好做法。

【农业高效节水减排改革试点】 2014年，水利部将云南省作为南方农业高效节水减排改革先行先试省份，并确定在抚仙湖流域澄江县龙街街道高西社区开展农业节水减排试点工作。项目区包括小官庄、赵院、朱家山和后西山4个村民小组，涉及人口721户2 380人，其中农业人口710户2 349人，居民人口11户31人；以种植韭菜、豌豆、大葱、香菜等作物为主，2013年经济总收入19 387万元，农民人均纯收入4 340元，低于全县平均水平。实施试点建设之前，由于水利建设投资渠道单一、管护机制不健全、灌溉方式落后，农田水利基础设施薄弱，干旱洪涝灾害频发，造成用水保障率和用水效率低，农业面源污染严重。水利供给侧和需求侧面临双重改革的任务繁重，水利骨干工程年久失修，灌区田间工程设施不配套，灌溉和人畜饮水水源为虎山河小（二）型水库，为病险水库，建有一级提水泵站补给蓄水，但年久失修，效率低，难以满足用水需求，田间灌溉、排涝、泄洪均为同一条渠道，农田灌溉无计量设施，用水浪费；农业水权不清晰、水价不合理，用水未施行总量控制和定额管理，农业用水水价从2000年开始执行0.06元/立方米标准，每亩每年收费24元，远远低于供水成本，水利工程运行维护无以保障；重建轻管问题突出，虎山河水库和水库一级提水泵站由高西社区代管，社区经济薄弱，缺少管护，末级渠系管理缺位，水利工程设施不能正常运行，灌区内用水不能有效保障，农田水利“最后一公里”问题突出；灌溉方式粗放，用水效率低，农业用水采取大水漫灌的高耗水传统方式，灌溉水有效利用系数仅为0.49，用水浪费突出。该区域以种植大肥大水作物为主，群众施肥方式粗放，化肥使用量大，形成大量农业面源污染物直接排入梁王河，最终进入抚仙湖。据调查，试点区化肥、农药年施用量分别为351.3吨、194.5吨，入河污染物量为27.3吨。2013年梁王河入湖口处水质多为Ⅴ类、劣Ⅴ类，主要污染因子为总氮。试点区按照“先建机制，后建工程，群众参与”的改革思路，以促进农业节水减排为目标，以实现农业用水总量控制、用水定额管理和合理水价形成机制为核心，推进水权、水价机制改革，创新节水激励机制、农田水利工程产权明晰的自建自管自运营机制、农村用水合作组织建设，探索农田水利工程政府主导、社会参与及大户田间工程自建、自管、自运营和购买专业化服务模式，建立农田水利良性运行机制，为南方农业高效节水减排改革和水生态文明建设提供可复制、可推广、可持续的实践经验和体制机制的总要求，主要建立了用水总量控制的初始水权分配机制，落实最严格水资源管理制度，实行农业用水总量控制、定额管理、计量管理和计划用水制度；建立了节水农业的水价形成和激励约束机制，科学核定水价和用水定额，超定额用水实行累进加价制度，鼓励节水减排，实行节水奖励和水权转让制度；建立了政府主导、社会参与、群众投资的产权明晰的工程建设与运行管理机制；建立了节水减排监控评价机制；建立了节水减排合同管理机制。工程建设实施微灌高效节水灌溉面积2 510亩，建设内容包括水源工程、光伏泵站提水工程、输水工程、配水工程、田间工程、排水工程、计量设施、自动控制系统及监测设施。资金筹集采取PPP模式筹集资金，项目总投资995.72万元，其中政府投入资金498.33万元（中央350万元，省级100万元，市级

①南方农业高效节水减排澄江县改革试点农户蔬菜喷灌效果 ②澄江县高西片区农业高效节水减排项目试点工程——万家欢集团千亩蓝莓种植区

（市水利局 提供）

24万元，县级24.33万元），企业自筹资金497.39万元，农户田间设施建设资金群众自筹。至2016年底，试点改革系统建立了用水总量控制的初始水权分配机制、节水农业的水价形成和激励约束机制、产权明晰的工程建设与运行管理机制、节水减排监控评价机制、节水减排合同管理机制，扎实推进农业高效节水减排，取得可复制、可推广的“澄江经验”。通过抽样调查、跟踪走访、取样监测和估算评价，试点项目从群众、大户、政府三个层面来看，都取得显著成效，实现农民增收减负、企业增收增效、政府节水减排的多赢局面。农民未流转土地农户每年每户可增加收入12 400元，已流转土地农户每年每户可增加收入21 460元，比项目实施前平均每户增加收入1至1.5倍左右。万家欢公司1 780亩土地每年可增收1 188万元。项目区内每年农灌节水38.2万立方米，每年向抚仙湖补充清水38.2万立方米，节水率达49.9%；减少农药化肥施用量156.8吨，减少污染物入湖量12.2吨，削减农田面源污染物44.6%。因社会资本引入，试点项目政府减少水利工程投入489万元，每年收取水费29.48万元，除满足运行管理和维修养护支出外，结余5.05万元用于节水奖励，保障工程良性运行。通过澄江试点的实施，找准了削减农业面源污染负荷、加强高原湖泊和重要江河保护的切入点。按照“澄江做法”，在抚仙湖全流域推广“澄江经验”，整个抚仙湖流域总氮、总磷、有机磷、有机氯每年的入湖负荷总量（单位：吨）分别由4 985.25、1 246.31、18.01和4.72降低为3 312.93、846.64、14.88和3.90，削减率分别为33.5%、32.1%、17.4%和17.4%。

【水利扶贫】　2016年，市水利局在开展水利扶贫攻坚中，以解决广大贫困缺水山区生活生产用水为重点，推进“爱心水窖建设”，新建成“爱心水窖”44 000口，新增蓄水容积83.63万立方米，解决、改善11.71万农村人口的饮水条件和5.2万亩耕地的灌溉问题。同时以增加贫困地区农民收入为目标，以加快贫困地区高原特色农业转型升级推进现代化建设为重点，推进高效节水灌溉工程建设，探索贫困地区农村新产业、新业态和新模式发展途径，并结合特色经济农业、设施农业等产业规划，围绕蔬菜、甘蔗、柑桔、花卉、核桃、茶叶、经果等种植业发展，配套建设高效节水灌溉工程。至年底，已投资1.3亿元实施10件高效节灌溉项目，为高原特色农业发展、现代特色农业精品庄园建设和区域性节水灌溉示范产生积极的推动效应，为稳步提高农田灌溉水利用效率和效益，促进高原特色农业向规模化、集约化发展，实现“优质、高效、高产”的高原特色农业产业目标发挥了重要作用。还争取上级支持，筹集建设资金，推进水利专项扶贫工程建设，先后投资2 300元实施元江县洼垤乡水利扶贫整村推进项目、元江县甘庄街道路通引水灌溉工程、元江县洼垤、甘庄、龙潭和新平县老厂乡小坝塘除险加固试点工程、新平县老厂乡水利扶贫蔬菜基地高效节水灌溉示范工程等；积极配合扶贫部门完成江川区、华宁县、易门县、峨山县、新平县、元江县整乡扶贫开发项目的审查，组织完成全市易地扶贫搬迁新村集中供水规划。此外，围绕“精准扶贫、脱贫致富”目标，推进新平县老厂乡太桥村委会、保和村委会贫困群众脱贫致富。全年投入资金249.9 636万元，用于产业结构调整，帮助农民脱贫致富寻找渠道，所帮扶的贫困户已经从288户减少到221户，脱贫67户；先后组织3批102人深入老厂乡太桥村委会贫困户家中回访，落实扶贫攻坚“五个一批”（发展生产脱贫一批124户446人、易地搬迁脱贫一批35户134人、生态补偿脱贫一批2户6人、发展教育脱贫一批4户6人、社会保障兜底脱贫一批43户168人），帮助村组解决人畜饮水、水库坝塘除险加固、群众生产生活等实际困难，确保帮到点子上、扶到关键处。为解决贫困地区群众的用水问题，市水利局领导干部深入实地，查找问题，研究方案，制定措施，完成针对贫困山区的《玉溪市山区水利近期及远景规划》《玉溪市山区“五小”水利工程规划》《玉溪市“爱心水窖”建设规划》等30多个综合规划和专项规划，以及60多个总结分析资料和调查研究报告，为加快和规范贫困地区水利基础设施建设奠定基础，创造条件。先后组织完成新平县扬武丕且莫水利扶贫、峨山县大龙潭乡整乡扶贫推进水利项目、元江县甘庄街道办整乡推进扶贫开发水利项目、华宁盘溪民族团结进步示范区水利建设等重点水利扶贫项目，元江县龙潭乡大哨、新平县漠沙镇仁和、元江龙潭乡安乃等挂钩扶贫点和峨山县塔甸镇海味、塔甸、大西“四群”联系点的扶贫任务，为全市水利扶贫工作的开展发挥重要示范和带动作用。

【农村小型水利工程建设管理机制创新】　2016年，为进一步加强和规范农村小型水利工程建设管理工作，市政府出台《玉溪市人民政府关于加强农村小型水利工程建设管理的意见》，从先建机制，后建工程，强化农村水利规划计划管理；创新融资方式，鼓励和引导社会资本积极参与；研究制定优惠和扶持政策，建立和完善社会资本收益保障机制；加强法人管理，提高建设管理水平；坚持统筹规划，整村连片推进；强化群众参与，推行全程公示制度等六个方面创新农村小型水利工程建设管理机制。并提出了全市农村小型水利工程建设管理的总体要求、基本原则、目标任务、工作措施等。各地通过体制机制创新，探索农村小型水利工程建设管理新模式，调动了广大群众和社会力量参与的积极性，保障了工程安全运行，农村小型水利工程效益得到充分发挥。

【设立村级水利协管员】　至2015年底，全市已建成“五小”水利工程30余万件，工程蓄水总容积4 072.9万立方米，年供水量2.02亿立方米，供水人口30.13万人，控制灌溉面积126.67万亩。这些星罗棋布、数量众多的小型水利工程，为抗御自然灾害、改善群众生产生活条件、促进农村经济社会发展产生了极为重要的作用，深受群众欢迎。但长期以来，小型水利工程“重建轻管”现象普遍存在，已成为影响和制约农村水利事业持续健康发展的重要因素。特别是近几年来，随着全市经济社会的迅速发展和农村水利基础设施的大规模建设，农村小型水利工程建设管理不规范，运行管理主体缺失，管护责任不落实，工程老化失修，效益衰减，“国家管不了，集体管不好，农民管不到”的问题更加突出，严重影响工程安全运行和效益发挥。2015年市第四届人民代表大会第三次会议将市人大代表提出的《关于制定玉溪市“五小”水利工程建设管理指导意见的议案》列为大会议案，交由市政府办理。经广泛调研，多方征求意见，市政府拟定出台《玉溪市人民政府关于加强农村小型水利工程建设管理的意见》，按照中

2016年，红塔区完成分部工程验收的优秀水利工程——龙母箐水库
（市水利局　提供）

央“节水优先、空间均衡、系统治理、两手发力”的水利工作方针和“先建机制，后建工程”的农村水利改革思路，提出农村小型水利工程建设管理的总体要求、基本原则和目标任务、工作措施等。根据《意见》精神，为确保工程安全运行，充分发挥效益，市政府决定从2016年起在全市695个村（居）委会、社区中，每个村（居）委会、社区选聘1名基层水利协管员，专门负责涉及老百姓切身利益的农村小型水利设施的建设和建后管理工作。同时，为妥善解决协管员的待遇问题，确保协管员尽心尽责做好相关水利管理工作，在县、乡（镇、街道）、村根据承担的工作任务，确定相应报酬的基础上，市级财政每人每月补助200元。

（向小华　周　婧）

防汛抗旱

【江河治理及抗旱应急工程建设】 2016年，全市建成涉及5个县（区）的17眼抗旱应急备用井、8件引调提水工程，并完成104件水毁工程修复和江川县九溪河山洪沟治理工程。同时，开展绿汁江上游易门段、新平县戛洒江戛洒段大沐浴段、华宁县南盘江盘溪段3件干支流防洪工程治理，完成投资13 180万元，治理河长16.1千米，堤防治理长度22.8千米。

【抗旱工作】 2016年入春以来，随着气温升高，降雨偏少和土壤水分蒸发加大，以及受6年连旱及上年夏旱效应叠加和水资源地域上分布不均的客观实际影响，全市部分缺水山区、半山区已出现常态化干旱。进入5月，旱情逐渐扩大、加重。全市因旱灾造成4.36万人、1.51万头大牲畜饮水困难，因旱直接经济总损失约1.4亿元。市、县水利部门不辱使命，采取各种措施指导、帮助群众解决因旱出现的饮水困难，特别对学校等采取增加储水设施等办法确保校园用水安全。全年投入抗旱资金621.4万元，挽回经济总损失约1.26亿元。

【防汛工作】 2016年是自2009年以来降雨量最多的一年，全年降雨量达883毫米，因强降雨造成全市9县（区）46个乡（镇、街道）发生不同程度的洪涝灾害，造成11.764万人受灾，直接经济损失1.645亿元。为做好抗洪抢险救灾，确保全市人民群众的生命财产安全和各项水利工程设施安全度汛，市水利局围绕年初确定的目标任务，贯彻落实省防指、省水利厅、市政府的工作要求，全力组织抢险救灾。全市投入抢险人数2.1万人次，总物资消耗折算资金17.8万元，实现防洪减灾效益5.5亿元。7月20日，普降大雨到暴雨，中心城区部分街道积水严重，东风南干渠瓦窑段满溢。雨水致红塔区、通海县、江川区、华宁县5个乡（镇）3个街道办事处计103 554人受到影响（中心城区约10万人），4 206.9亩农作物受灾，91间民房倒塌，部分公路和水利设施受损，直接经济损失1 765.8万元。9月28日凌晨，通海县普降中到大雨，致4个乡（镇），22个村委会受灾，受灾人口13 220人，房屋进水58户290间，倒塌房屋3户15间，死亡人员1人，农作物受灾面积16 800亩，直接经济总损失2 480.3万元。

【防汛减灾基础设施建设】 2016年，全市降雨频繁，特别是持续大雨、暴雨、大暴雨强降雨天气过程突出，9县（区）均不同程度地出现洪涝灾情，但灾害损失只是1.0 841亿元，比上年减少2.4 549亿元，比前年减少2.6 508亿元，比大前年减少0.2 477亿元。究其原因，主要得益于长期以来千方百计增加投入，大干民生水建设，筑牢防灾减灾基础的结果。多年来，全市坚持不懈增加投入，大力开展水利工程建设，不断提高水库供水保障能力和水库的防洪减灾能力。截至2016年底，全市建成2 604件蓄水工程，其中，中型水库15座，小（一）型水库97座，小（二）型水库475座，塘坝2 017座，总库容7.8亿立方米，既为防汛减灾错峰调洪创造了条件，又为抗御防范超洪水和库区下游的防洪减灾打牢了基础；完成2座中型水库、33件小（一）型水库、232件小（二）型水库、8座病险水闸的除险加固工程，除险水库总库容2.09亿立方米，保护下游人口81.58万人，保护耕地48.81万亩，恢复和新增农田灌溉面积28.53万亩，保护水闸上下游近7万人、9.75万亩耕地的防洪安全，有效灌溉农田7.50万亩，恢复灌溉农田2.60万亩。在大江大河及中小河流治理方面，“十二五”期间，全市投入中央、省、市、县资金59 169.87万元，对新平县平甸河、元江县清水河等承担城市和乡（镇）、村庄、农田防洪任务的17条江河河段进行治理，治理河长142.72千米，新建河堤237.77千米，保护人口18.86万人，防洪保护耕地14.67万亩。通过重点江河支流治理、重点地区中小河流治理和山洪灾害防治的实施，使重点城镇和防洪保护区的防洪能力逐步得到提高，河网防洪体系得到巩固加强，河道生态环境得到改善，一改过去行洪不畅，有雨必有灾的局面。同时，全市开展水利信息化建设，防汛骨干信息网络由7县2区及市局出口带宽均不低于20M的专网组成，承载视频会议系统、东风水库高清视频监控系统，连接省厅—市局–9区县、市局–东风水库共11条10M电信专线。山洪预警平台由1台外网防火墙、2台全千兆三层交换机、6台服务器、1台IP-SAN存储组成；视频会议系统由1台专网路由器、2台全千兆三层交换机、1台多点视频会议控制单元、1台高清视频会议终端、2个高强摄像头、1套音响系统、1套大屏显示系统、1套会商室LED字幕显示系统、1台会控电脑组成。9县（区）和市级实施山洪灾害非工程措施项目，项目批复总投资9 715.7万元，建设自动监测雨量水位站195个、简易雨量站1 205个、简易水位站47个、广播预警站2 316个。这些设施建成投入运行后，实现危险区雨水情监测全覆盖，雨水情信息水利、气象、水文、国土部门共享，使全市水雨自然灾害应对能力得到提升。市防办还先后制定下发了《玉溪市防汛抗旱预案》《玉溪市水库防汛预案》《玉溪市湖泊防汛预案》《玉溪市抗旱预案》《玉溪市水库大坝安全管理应急预案》《玉溪市在建重点工程度汛应急预案》等，为科学防控洪旱灾害，提高预防和处置洪旱灾害的能力和水平奠定基础。

【库塘高水位管理】 2016年，由于雨季降雨丰沛，年末全市库塘蓄水达5.6 571亿立方米，创历史最高，达蓄水极值，水库坝塘普遍处于运行水位高，且维持时间长。有的水库坝塘管理单位对库塘高水位运行带来的安全管理问题认识不足，存在松懈麻痹思想，安全管理责任不具体，管理人员职责意识不强，巡查检查制度落实不到位，直接影响水库的安全运行管理。为切实做好汛后库塘高水位运行管理工作，强化水库坝塘安全运行管理，市水利局要求各县（区）水利局、中心城区水资源调度管理局立即组织对辖区内水库坝塘进行专门的巡视检查，强化县（区）、乡（镇）水库管理单位和人员的安全管理责任落实，克服松懈麻痹思想，强化非汛期库塘职守制度，督促水库管理单位及时处理检查中发现的问题；各水库管理单位要根据工程具体情况和特点，制定切实可行的巡视检查制度，明确检查的时间、部位、内容和要求，特殊情况要加密日常巡视检查的次数，并作好巡检记录。同时，对大坝等重要建筑物存在病害问题的库塘，尽快分析研究，制定完善控制运行方案和应急抢险预案。特别要充分调动发挥水利协管员监督管理作用，加强对村组管理的小坝塘的监管，确保库塘大坝安全。各水库管理单位要抓紧库塘设施水毁修复和工程的维修养护，要及时修补坝面坑洼等局部损坏的设施，清除坝坡的杂草和积水；及时修整、加固、清淤排水设施，保持排水畅通；要及时清理淤积物保持溢洪道畅通及消能设施的完好无损；要保证输水涵洞启闭设备开、关灵活，各连接件完好无损，特别是要做好机件润滑和防锈保养等工作；要确保供电、道路和通信畅通。为确保春季人饮供水安全和大春生产用水的供给，各县（区）须严格用水审批制度，算清水账，精准调度，提前制订供水计划，确保春季人饮和大春生产特别是以烤烟生产为重点的供用水，确保供用水安全。

【库塘蓄水创新高】 2016年，市政府高度重视和推动库塘安全蓄水工作，主要领导在县（区）长会议上多次强调蓄水工作，分管领导在汛前对蓄水工作进行细致安排和部署，有效促动各级将库塘蓄水工作作为重要工作抓好抓实。水利、防汛部门安排早，措施落实到库塘，为库塘蓄水任务奠定基础，并科学分析研判，加强跟踪问效检查、督查。市政府分管领导在汛期多次召集水利、气象、水文等部门进行实时会商，对雨情水情和工程情况分析研判，及时修订库塘安全蓄水调度方案，实现在确保水库安全的前提下，使库塘有效增蓄。市级组成督查组，每月对各县（区）安全蓄水工作进行一次督查。同时，改变常规的库塘调度管理方式，对库塘实施分类管理，采取“先蓄后排”的特别调度管理办法，对洪水进行科学管理，杜绝无章放水。截至12月30日，全市库塘蓄水总量达5.6亿立方米，提前完成省、市政府考核的蓄水目标任务，蓄水量比上年多0.8 967亿立方米，比正常年景多0.5 604亿立方米，创历年同期最好水平，为来年城乡居民生产生活用水奠定良好基础。

（向小华　周　婧）

水资源管理

【水资源“三条红线”管理】 水资源开发利用控制红线、用水效率控制红线、水功能区限制纳污红线称为最严格水资源管理的“三条红线”。2016年，全市结合实际，先后出台《玉溪市人民政府关于加强节水型社会建设的意见》《玉溪市实行最严格水资源管理制度意见》《玉溪市实行最严格水资源管理制度考核办法》，制定《玉溪市实行最严格水资源管理制度考核实施方案》，落实最严格的水资源管理制度，明确对七县二区的“三条红线”控制指标，认真开展考核工作，严格水资源“三条红线”管理与考核，积极推进水生态文明城市建设试点和节水型社会建设工作。6月，最严格水资源管理制度考核工作组的相关成员单位对七县二区进行考核，评价等级为良好。

【依法管水治水】 2016年，全市按照水行政执法工作职责要求，严格执法，查处水事违法案件，调解水事纠

元江鲁布水库　　（市水利局　提供）

纷，促进社会和谐、稳定。全年制止和查处水事违法案件6件，调处水事纠纷8件。对通海县与石屏县发生的小路南水事纠纷，及时掌握动态信息，全力做好协调维稳工作。

【水土保持生态治理】 全市国土面积15 285平方千米，主要分属珠江和红河两大流域。根据《云南省2004年土壤侵蚀现状遥感调查报告》显示，全市土壤侵蚀面积4 781.78平方千米，占土地总面积的32%。为有效遏制生态环境恶化趋势，建设生态文明，全市认真贯彻落实习总书记“绿水青山就是金山银山”的重要指示，积极实践党中央“绿色”发展理念，落实水保责任，把其作为全市生态文明建设的重要工作内容抓紧抓实，努力为生态文明建设增色添绿，促进全市人口、资源、环境和经济社会的协调发展。全年的水土流失防治目标任务为完成新增治理水土流失面积190平方千米，通过水利、林业、农业等部门和社会各界的共同努力，完成水土流失综合治理面积287.3平方千米，占计划数的151.2%；完成新实施生态修复面积72.4平方千米，占计划数的100.6%，完成资23 233万元。全年组织实施5件水土保持重点工程，包括续建2件2015年中央预算内投资水土保持工程（通海县里山乡象平村小流域水土流失综合治理工程、新平县班良河小流域坡耕地水土流失综合治理工程），新建1件省立项的清洁型小流域综合治理工程（通海县高大乡路南村下场生态清洁小流域治理工程）和2件2016年中央预算内投资水土保持工程（新平县曼干小流域坡耕地水土流失综合治理工程和易门县马头小流域坡耕地水土流失综合治理工程），完成水土流失治理面积4.63平方千米，完成投资2 485.28万元。5件工程均安排在民族自治县或者民族乡，项目的实施为促进民族地区经济社会发展和民族团结进步做出贡献，同时为全市面上的水土流失防治工作提供了学习样板，对全市年度防治目标任务的完成打下坚实的基础。在重点小流域治理工程中，根据水保小流域治理实际，采取工程措施、生物措施合理配置，山、水、田、林、路综合治理，兼顾经济、生态和社会效益，把治理水土流失、改善生态环境与改善农业生产条件、促进农民创收致富有机结合起来，使项目区群众听到看到增收的实例，亲身感受到生态致富的实惠，充分调动项目区群众参与水土保持生态建设的积极性，山区以水为主线的生产条件和生态环境得到有效改善，为改变山区生态环境恶劣面貌打下坚实的基础，受到群众的欢迎，促进了水土保持综合治理工作的顺利开展和重点工程的顺利实施。针对水保治理工程投资主要依靠政府投资，吸引社会资金困难，投资来源比较单一的实际情况，市、县两级水利部门加强与林业、农业、国土、烟办等有关部门的协作力度，形成多部门合力治理水土流失，各投其资、各计其功，有效提高了小流域的治理效果，保证了其生态、经济和社会效益的发挥。全年实施的重点水土保持工程，均成立项目领导小组或工程建设管理局，统一组织项目的实施，并明确各自职能职责，细化工作安排，责任到人，做到制度落实、责任落实。项目实施过程中，建立健全并落实管理机制，严把工程质量关：通过公开招投标择优选择施工单位；工作人员常驻守工地，依托监理单位严把工程质量关；由市水利局质量监督站对工程质量进行监督，确保工程建设质量。

【星云湖补水】 全市平均水资源总量为43.2亿立方米，人均水资源量为1 850立方米，低于全国平均水平，远低于全省平均水平，属于工程性、资源性缺水地区，水资源问题已成为地方经济发展的主要制约因素。星云湖和杞麓湖为劣Ⅴ类水，抚仙湖总体水质虽保持Ⅰ类水，但部分水质指标已接近Ⅱ类，保持Ⅰ类水质形势严峻。中心城区重要饮用水水源地东风水库等水源地保护任务繁重、综合治理难度大。在省政府领导的高位推动下，市委、市政府认真贯彻落实省政府领导的重要批示精神，计划投资18.96亿元，修建东片区暨“三湖”生态保护水资源配置应急工程，以水质优良的华宁县盘溪镇大龙潭为取水水源点（Ⅱ类水质，流域面积386平方千米，平均径流量16 872立方米，平均流量5.35立方米/秒），工程设计引水流量为2.5立方米/秒，年引水量为7 013万立方米，主要解决星云湖、杞麓湖补水净化和东片区红塔区、江川区、澄江县、通海县、华宁县的生活生产用水不足的问题，切实保护好抚仙湖。工程项目确定为全省“四个一百”重点建设项目，是重点实施的民生工程、生态工程、环保工程。工程于2013年8月23日开工建设，历时22个月，主体工程（华宁县盘溪镇大龙潭水源点至星云湖出流改道进水口）于2015年5月31日成功实现试通水。2016年1月15日，一次性圆满完成应急工程最后一个机组电气事故试验及24小时连续运行试验工作，具备按照设计标准向红塔区、华宁县调水及星云湖补水的功能。星云湖补水项目是在应急工程主体工程完成的基础上实施的又一项重要生态、环保工程，对星云湖污染治理及沿湖生态环境保护起着至关重要的作用。通过星云湖抚-仙湖出流改道工程，星云湖的部分劣质水排出后，使星云湖水位降低，依托应急工程，将华宁县盘溪大龙潭优质水源提至江川麦冲水库，通过大街街道大凹村入水口注入星云湖，以此置换星云湖水体。实施星云湖补水项目对水体进行置换，可有效稀释星云湖劣Ⅴ类水体，缓解枯水季节入湖水量不足、水位下降导致蓄水量减少、湖泊自净能力下降问题，对湖泊水环境质量和水生态改善起到积极的促进作用。2016年，市环境监测站对星云湖湖体3个断面6个测点进行月度例行监测，星云湖水环境功能Ⅲ类，水质综合类别劣于Ⅴ类（劣Ⅴ类指标为总磷），营养状态为中度富营养，水质状况为重度污染，水质综合类别不能满足水环境功能区划要求。但与上年相比，星云湖部分污染物浓度和污染指标数值有所下降（高锰酸盐指数、化学需氧量、总氮、叶绿素a、总磷、综合污染指数、综合营养状态指数分别下降了21.5%、18.9%、15.5%、14.4%、13.8%、13.6%、4.7%），特别是9月和11月出现了全湖平均Ⅴ类的情况。据测算，向星云湖每补1立方水成本在2元左右。2016年，市级财政已投入2 000多万元向星云湖补水。2017年，市委、市政府决定在上年度实施向星云湖补水1 001.3 784万立方的基础上，于3月23日上午9：00正式启动年度星云湖生态补水，全年计划补水3 000万立方，以改善星云湖水质。

【节水型社会建设】 至2016年底，全市建成提引蓄水工程8 918件，其中蓄水工程2 604件、引水工程4 485件、抽水站1 966座。蓄水工程有中型水库15座、小（一）型水库97座、小（二）型水库475座、塘坝2 017座，总库容8.5亿立方米，年供水能力13.5亿立方米；建成“五小”水利工程32.77万件、农村饮水安全工程5 478件，为全市社会经济的持续、快速、健康发展提供了坚实的水利支撑。但全市水利发展不平衡、不协调、不可持续的问题仍然比较突出，资源性缺水、工程性缺水、水质性缺水问题依然存在，水利设施不足仍然是影响全市农业稳定发展和粮食安全的最大硬伤，水利设施薄弱仍然是全市基础设施的一大短板，水资源供需矛盾突出仍然是可持续发展的主要瓶颈。为扭转全市工程性缺水严重、供水保障能力不足的局面，构建全面建设小康社会的水利保障网，全市规划“十三五”期间拟投资149.82亿，建设以防洪抗旱减灾安全体系、水资源合理配置和高效利用调控体系、水源地保护和河湖健康保障体系、水管理保障体系、水利发展能力保障体系为重点的五大体系。重点项目主要包括中型水库、水系连通、中小河流治理、新建中型灌区、水土保持、高原湖泊入湖河道生态治理等6个方面的140多个项目，投资57.77亿元，占总投资的38.6%；民生项目包括山洪地质灾害防治、小型水源、农村饮水安全巩固提升、抗旱应急水源、水库清淤增效、灌区续建配套与节水改造、病险水库除险加固、农村河道治理、农村水电建设等9个方面2万多个项目，投资92.05亿元，占总投资的61.4%。通过这些项目的实施，到“十三五”末，可新增设计库容1.04亿立方米，总库容从现在的8.5亿立方米，提高到9.5亿立方米，增长百分比12.24%；新增供水量1.13亿立方米，年供水能力从现在的13.5亿立方米，提高到14.6亿立方米，增长百分比8.37%，提高全市供水保障能力。同时，围绕“节水优先、空间均衡、系统治理、两手发力”的治水新思路，把节约用水、建设节水型社会作为破解水资源短缺问题的重要举措，全面深化用水需求侧改革，推进节水型社会建设。市政府制定了《玉溪市人民政府关于加强节水型社会建设的意见》《玉溪市实行最严格水资源管理制度意见》《玉溪市实行最严格水资源管理制度考核办法》《玉溪市实行最严格水资源管理制度考核实施方案》。全市按照最严格水资源管理“三条红线”的要求，严格落实水资源管理行政首长负责制，切实建立用水总量控制、用水效率控制和水功能区限制纳污，落实最严格水资源管理制度的考核，为建立资源节约型社会经济发展新格局提供制度保障。至年末，全市建设节水灌溉面积达到88.7万亩，灌溉水利用系数达到0.52，节水灌溉工程节水率提高到0.74。按照《重点工业行业用水效率指南》，指导工业企业开展节水达标行动，加强节水技术改造，提高工业用水重复利用率，工业用水重复利用率达87.6%。市政府出台了《玉溪市再生水利用管理办法》，规定再生水价格与自来水价格保持适当差价，按低于自来水价格的一定比例确定，并在澄江县、新平县开展农业综合水价改革试点示范，以试点示范经验助推全市农业水价的改革。并在成功创建省级节水型城市的基础上，申报全国节水型城市的创建。

（向小华　周　婧）

澄江县抚仙湖北岸600亩生态湿地景观　（市水利局　提供）

青山绿水·碧玉清溪

（曾永洪　摄）

烟　草

TOBACCO

责任编校：李晓媛

烟草管理

烤烟生产

卷烟生产

卷烟营销及专卖管理

烟草科技

烟草管理

【概　况】 2016年，市烟办坚定烟草产业支柱地位不动摇，着力在“稳定种植规模、稳定烟农收入、稳定支持政策、突出生态保护、突出特色优势”上下功夫，烟叶生产各项工作扎实推进，全面完成了年度各项目标任务。

【烤烟生产收购目标任务】 2016年，全市完成年度各项目标任务，实现了上等烟比例、均价、烟农总收入和烟叶税收入“四增长”。全市种植烤烟面积57.03万亩（含订单生产增加面积0.36万亩），完成种植计划的100%；全市累计收购烟叶153万担，占计划任务数的100%；均价31.96元/千克，比上年30.36元/千克增1.6元/千克；上等烟比例占69.84%，比上年增2.08个百分点。全年实现烟农总收入25.88亿元，比上年增0.74亿元；实现烟叶税5.38亿元，比上年增0.13亿元，在国家严控收购量比上年减4.1万担的情况下，玉溪市成为全省唯一一家实现“减量不减收”的州市。

【烟叶生产基础设施建设】 2016年，全市建成烟叶生产基础设施建设项目25 213件、完成计划100.03%，其中，建成小水窖19 708口、水池324件、管网20件、渠道33件、提灌站2件、小塘坝1件、机耕路10件、烤房4 198座（含维修1 516座）、烟夹600件、购置农机具229台（套）、可移动式育苗小棚88片。全市在建水源工程3件：红塔区平摊箐水库、新平县横山水库、华宁县核桃冲水库，截至2016年12月累计完成投资14 368.46万元；峨山尼期本水库完工；申报8件烟草援建水源工程项目顺利推进，概算总投资7.6亿元，其中峨山县笱川水库已通过国家局评审，澄江县小冲水库、元江县陆家店水库已通过省公司审查报国家局待评审批复，华宁县小箐水库、新平县阿者水库、华宁县三家村水库、峨山新街河水库、元江那诺一库已通过省公司评审，待国家局后续审查。

【向上争取资金】 2016年，市委、市政府下达市烟办向上争取资金目标计划数63 340万元，完成63 433.61万元（通过财政20 185.24万元、未通过财政43 248.37万元），完成计划的100.1%。

【基本烟田规划修编工作】 2016年，市烟办围绕市委、市政府提出的“十三五”期间建设150万亩基本烟田保护面积，烤烟年均种植规模稳定在60万亩以上、烟叶收购量在180万担左右的目标要求，玉溪市开展基本烟田规划修编工作。《玉溪市基本烟田规划修编（2016—2020）》已获专家评审通过。规划修编划定全市基本烟田保护区5 088片，总面积150.11万亩，其中单年种植2 578片，面积75.08万亩；双年种植2 510片，面积75.03万亩。种植面积规划到各县（区），形成22张玉溪市基本烟田分布图。

【稳定烟草产业投入】 2016年，市委、市政府高度重视烟草产业支柱地位不动摇，各级党委政府及相关部门高位推进，出台了一系列巩固提升烟叶生产发展的政策措施，红塔集团投入0.89亿元用于基地单元建设和特色优质烟叶开发，市烟草公司投入了2.23亿元的烟叶产前投入补贴，市政府预算安排3 000万元用于县乡村组烤烟生产组织奖励，县（区）财政烟叶税收入的10%安排用于扶持烟叶生产发展，有力保障了各项工作扎实有效推进。

2016年7月6日，中央政治局委员、广东省委书记胡春华（前中）到玉溪现代农业庄园考察调研
（曾永洪　摄）

【调优烤烟生产布局】 2016年，市烟办调优布局，连片规模持续提高。与上年相比，全市种烟村委会减少4个，种烟农户减少3 299户，全市户均种烟面积达到7.18亩，比上年的6.36亩增加0.82亩，全市100亩以上连片占总面积的94.6%。烤烟育苗管理水平持续提高。通过缩点扩容，2016年育苗点数量减少到371个，提高固定育苗点比例，固定育苗点占比达80%。膜下小苗抗旱移栽技术取得较大突破。2016年膜下小苗移栽技术面积达45.12万亩，占总种植面积的79.12%，山地烟基本实现100%膜下小苗移栽，成为烤烟抗旱早栽降本的一项关键技术措施。烟叶烘烤管理得到强化。以技术指导为着力点，以专业化烘烤为突破口，狠抓上部烟叶4～6片一次性成熟采烤，因地制宜推广烘烤服务新模式，强化管理考核制度，烟叶烘烤工作成效显著。

【烟草产业精准扶贫】 2016年，市政府下发了《玉溪市烟草产业精准扶贫实施方案》，在全市建档立卡的9个贫困乡镇、75个贫困行政村中，对种植烤烟的108个行政村实行烟草产业精准扶贫政策全覆盖，在既有的烤烟补助政策的基础上，市级增加补助35元/亩，市级下达烟草产业精准扶贫资金588万元。因地制宜实施“一乡一策、一村一策”提质增效精准扶贫措施，促进烟农增收，助力扶贫攻坚。年内，烤烟种植面积16.74万亩、收购烟叶43.48万担，实现烟叶收购均价31.42元/千克，比上年增加1.37元/千克，烟农售烟总收入6.8亿元。

（市烟办提供）

烤烟生产

【概　况】 2016年，全市烟草公司系统总资产69.03亿元、比上年增长10.31%，固定资产净值4.46亿元、比上年减少9.52%，流动资产61.19亿元、比上年增长12.59%，资产负债率13.48%、比上年下降5.10个百分点，三项费用率7.40%、比上年下降0.65个百分点。全年实现“两烟”销售收入74.09亿元，增长11.46%；“两烟”税利32.01亿元，比上年增长10.25%；“两烟”利润19.44亿元，比上年增长13.59%。种植烤烟56.67万亩，完成7 650万千克（153万担）烤烟收购任务。全市销售卷烟41.1亿支（8.22万箱），比上年减2.36%。实现销售收入24.07亿元、比上年减2.2%，单箱销售收入29 278.22元、比上年增幅0.16%。

【烟叶生产】 2016年，全市有种烟县（区）9个、乡镇（街道）66个、村（居）委会439个、村（居）民小组3 031个，签订烤烟种植合同79 446份、面积57.03万亩（田烟18.12万亩、地烟38.91万亩），其中种植“K326”品种56.81万亩、占99.61%，“KRK26”品种0.22万亩、占0.39%。收购烟叶7 650万千克（153万担），比上年减少4.1万担。烤烟生产呈现出“一快、两增、三高、四好”的特点：“一快”是烟叶收购进度快，收购用时51天，比上年缩短18天，为全省最快。“两增”是烟农售烟总收入和烟叶税增加。在收购总量减少的情况下，实现烟农售烟总收入24.45亿元、比上年增加2.54%，实现烟叶税5.38亿元、比上年增加2.54%，成为全省唯一一家实现“减量不减收”的州市。“三高”是单价高、增幅高、户均售烟收入高。全市烟叶收购平均单价31.96元/千克，全省排名第一，比上年提高1.6元/千克；增幅高是全市上等烟比例、均价、烟农售烟收入和烟叶税等指标增幅均高于全省平均增幅；烟农户均售烟收入30 776元，比上年增加11.75%。国家局收购检查等级合格率82.83%、工商交接检查等级合格率61.15%。

【特色品种“一市一品”】 2016年，全市除试验种植2 241亩（其中新平县2 162.8亩、澄江县78.2亩）“KRK26”红塔集团特需品种外，其余种植“K326”特色品种，占全市总面积的99.6%，实现“一市一品”品种布局，玉溪市已成为全国“K326”特色品种最大的地市级种植区。

【膜下小苗移栽保抗旱集中早栽】 2016年，全市推广膜下小苗移栽面积45.13万亩，占总面积的79.13%，较全省平均水平高23.8%，山地烟基本实现100%膜下小苗移栽。全市80%以上面积的烤烟集中在最佳节令内完成移栽，基本实现同一规划片区3～5天内集中移栽。

（代玉洁）

【推广特色优质K326品种】 2016年，市烟办除安排新平、澄江种植2 150亩KRK26品种外，其余全部种植K326品种，使玉溪成为全国最大的特色品种K326种植区，有力地支持了红塔集团高端卷烟品牌发展。突出K326品种价格政策宣传，引导烟农诚信栽烟。整合各相关职能部门力量，清除非规定品种种子、烟苗，切断种源苗源。加大政策扶持，出台了成熟采烤补助政策，推广商品化烘烤，为烟农种植K326品种完善政策、配套技术。

（市烟办提供）

【“2260”优质烟叶开发】 2016年，玉溪市根据云南省人民政府办公厅《关于印发云南省“2260”优质烟叶工程工作方案的通知》要求，按照“政府主导、工商协同、县负总责、乡村落实、补贴到户”的原则在峨山、华宁、易门、新平4县开展“2260”优质烟叶开发项目，涉及9乡、28村、233个村民小组、5 556户烟农。共种植烤烟3.1万亩，收购烟叶12万担，上等烟比例78.58%、较全市平均高8.7%，均价33.9元/千克、较全市平均高1.94元/千克。峨山县小街街道“2260”项目区管理成为全省典范。

①2016年8月29日，市委书记罗应光到新平县调研强调巩固烤烟传统优势产业，完成脱贫攻坚目标任务（曾永洪　摄）②2016年9月20日，红塔集团副总裁杨煜文（右二）到通海县、江川区调研烟叶收购工作（孔素仙　摄）

【优化烟叶结构】 2016年，全市累计清除下部不适用烟叶57万亩、占计划面积的99.94%，上部叶清除56.97万亩、占99.89%。经过深度优化结构，全市收购下部叶占8.04%、中部叶占77.28%、上部叶占14.2%、其他占0.48%，上等烟比例69.84%、比上年提高2.08%，均价31.96元/千克、比上年提高1.6元/千克。

【成熟采收和烘烤管理】 2016年，市烟草公司创新烟叶烘烤组织管理模式，推广专业化商品化烘烤1.87万座、占投烤密集烤房的89.36%，其中商品化烘烤1.01万座，占投烤密集烤房的50%。组织6个县（区）、1.8万户、3.1万座普通烤房推广“联户联烤”模式，覆盖面积15.6万亩，烤出烟叶35.4万担。同时，上部叶推广应用开片剂13.03万亩，上部叶4～6片一次性成熟采收面积53.14万亩，占种植面积的95.17%。全市烤坏烟叶比例从上年的11%降到了9.2%。

【绿色生态烟叶发展】 2016年，全市在烤烟上推广烟蚜茧蜂防治蚜虫57.03万亩，并向非烟大农业延伸推广160万亩，推广节水滴灌技术0.9万亩，实施秸秆还田1万亩、绿肥种植4 680亩，回收农药包装废弃物5.95万亩、烤烟残膜13.46万亩，推动了烟区生态文明建设。

【职业烟农培育】 2016年，玉溪市完成职业烟农认定3 811户，占全市烟农总户数的4.8%。职业烟农户均种烟面积16.3亩，是全市平均种植面积的2.26倍；交售烟叶16.84万担，占全市收购总量的11%；交售上等烟比例71.9%，比全市平均高2.06个百分点；交售均价32.72元/千克，比全市平均高0.76元/千克，职业烟农烤烟种植收益优势十分突出。

【烟农合作社建设】 2016年，全市有46个综合服务型烟农合作社，100%覆盖66个种烟乡镇153万担收购量，已有3家烟农合作社被国家局评审认定为行业示范社，5家被省局评审认定为省级示范社。年内，育苗、机耕、移栽、植保、烘烤、分级环节专业化服务覆盖率分别达94.1%、16%、1.3%、35.9%、40.8%、100%。积极引导合作社利用育苗工场、农机具、烤房等烟草设施设备开展多元经营。“节约一个工，增收一百元”效应明显，“种植在户、服务在社、机械作业、专业服务”的现代化生产方式日渐成熟。

【企业管理】 2016年，市烟草公司获年度购置计划1 586.9万元，实际执行1 424.6万元；获投资计划项目15个、917.26万元，年内开工实施；编制《2017年投资计划和购置计划》通过“三项工作”管理委员会审议。组织8个县（区）13个项目区18个标段的烟叶生产基础设施项目（烟水工程）招投标、涉及金额2 819.87万元；全市公司实施“三项工作”157项、涉及金额30 468.06万元，其中：公开招标154项、占98.09%，公开招标金额30 453.56万元、占99.95%。完善经济运行分析报告模块，统一数据采集分析口径，编制和发布《玉溪市烟草公司系统经济运行情况通报》12期。完成国家局一号工程（生产经营决策管理系统）数据采集及统计应用项目日报和商业统计月报，全年报送统计报表2 500余份。完成《玉溪市烟草公司对标情况报告》12期。持续抓好ISO9000质量管理体系建设，按照ISO90002015新要求完成体系更新，并通过第三方监督审核，保持ISO9000证书有效性。

【社会公益】 2016年，玉溪市局（公司）捐赠新农村建设及扶贫项目经费300万元。其中，江川区安化乡扶贫项目建设资金100万元、新平县老厂乡马房村洪流大沟扶贫建设项目资金150万元、德宏州陇川县户撒乡腊撒村委会非烟产业智力扶贫工作经费10万元、华宁县宁州街道岔纳村委会扶贫攻坚建设项目资金30万元、第一小学教育资金5万元、第一幼儿园教育资金3万元、红塔区第三幼儿园教育资金2万元。

（代玉洁）

卷烟生产

【概　况】 2016年，红塔集团以母分公司形式下辖云南省内玉溪卷烟厂、楚雄卷烟厂、大理卷烟厂、昭通卷烟厂4家不具有法人资格的卷烟生产厂；控股红塔辽宁烟草有限责任公司、海南红塔卷烟有限责任公司、香港红塔国际烟草有限公司、老挝寮中红塔好运烟草有限公司；参股吉林烟草工业有限责任公司、中烟国际欧洲公司。集团拥有总资产1 274.69亿，其中固定资产净值98.51亿，流动资产571.99亿，资产负债率为18.25%。集团省内企业在岗员工9 234人（含集团本部和玉溪、楚雄、大理、昭通卷烟厂），其中博士5人、硕士352人、学士1 327人；拥有专业技术资格人员3 750人，其中高职52人、中职1 260人、初职2 438人。年内，红塔集团面对前所未有的困难和挑战，集团将思想和行动高度统一到国家局、云南中烟对形势的判断和“稳增长”各项工作部署安排上来，坚持练内功、强基础、严规范、精管理，落实降本增效目标，积极主动融入改革完善工作，认真履行职能职责，集团内部管理各项工作扎实推进。年内，集团在中国企业联合会、中国企业家协会发布的“2016中国企业500强”中以1 033.88亿元的营业收入位列中国企业500强第139位、烟草行业第二位、滇企之首。

【卷烟生产经营】 2016年，红塔集团境内外卷烟总产量（包括集团省内四厂内销与出口、合作生产、境外生产）2 666.13亿支（533.23万箱）。集团省内4个卷烟厂共生产卷烟1 856.02亿支（371.2万箱），比上年下降4.15%。生产内销卷烟1 817.85亿支（363.57万箱），比上年下降4.35%，其中一类烟646.38亿支（129.28万箱），比上年下降18.33%；二类烟20.33亿支（4.07万箱），比上年下降10.72%；三类烟944.69亿支（188.94万箱），比上年增长39.54%；四类烟80.11亿支（16.02万箱），比上年下降70.26%；五类烟126.34亿支（25.27万箱），比上年下降9.67%。生产出口烟38.17亿支（7.63万箱），比上年增长6.68%。合作生产卷烟690.58亿支（138.12万箱），比上年下降25.35%。全年集团共销售卷烟（含集团省内四厂内销与出口、合作方销售、回购销售、境外加工生产销售）2 679.38亿支（535.88万箱），比上年下降9.15%。省内四厂内销卷烟1 803.48亿支（360.7万箱），比上年下降5.74%，其中一类烟652.76亿支（130.55万箱），比上年下降18.14%；二类烟19.54亿支（3.91万箱），比上年下降10.77%；三类烟927.23亿支（185.45万箱），比上年增长35.17%；四类烟83.50亿支（16.7万箱），比上年下降68.64%；五类烟120.44亿支（24.09万箱），比上年下降15.05%。出口卷烟37.97亿支（7.59万箱），比上年增长4.36%。全年红塔集团本部及省内四厂实现销售收入607.34亿，比上年减幅9.62%。实现税利516.35亿，比上年减幅13.44%，其中利润66.99亿。三项费用率为6.31%。全年万元产值综合能耗为5.77千克标煤/万元，万支卷烟综合能耗为2.18千克标煤/万支，烤片、滤棒、盘纸平均消耗分别为6.11千克/万支、1 667.98支/万支、600.17米/万支。水、电平均消耗分别为0.074吨/万支、6.57千瓦时/万支。

【主要产品】 2016年，红塔集团生产的卷烟品牌有“玉溪”“红塔山”“红梅”等。其中，生产“玉溪”品牌卷烟682.53亿支（136.51万箱），比上年下降20.63%，其中合作生产9.12亿支（1.82万箱）；销售“玉溪”705.02亿支（141.00万箱），比上年下降17.85%。生产“红塔山”品牌卷烟1 345.04亿支（269.01万箱），比上年下降11.57%，其中合作生产363.67亿支（72.73万箱）；销售“红塔山”1 423.63亿支（284.73万箱），比上年下降4.59%。“玉溪”一类烟在全国商业销量中居一类烟第三位，“红塔山”为全国卷烟销量第四的品牌。

【省内卷烟生产管理】 2016年，红塔集团面对市场需求波动幅度增大，尤其是新品数量增多、小规格卷烟月度间需求变化较大及软硬包不平衡等因素，给生产组织带来较大困难，通过积极探索、始终围绕“销售订单需求”这个中心，将精益生产管理思想融入到实际生产安排过程中，以踏实进取的工作态度，狠抓各项工作落实，夯实基础管理工作，在“快速有效市场反应能力、生产组织高度协同、生产制造保障能力”等方面做了卓有成效的工作，按质、按量、按时完成了集团省内全年生产任务目标。

【品牌合作生产管理】 2016年，红塔集团结合市场销售需求，进一步考虑参股及非资产关系企业，输出品牌结构以四类烟和三类烟为主。品牌合作生产省份由14个减少到11个，合作生产全年计划133.16万箱，比上年减少34万箱；品牌结构从三类以上向四、五类下移，红梅合作生产比上年增幅288%，占全年合作总量的50%。全年，集团以“服从大局，服从市场”为指导思想，努力适应规模大幅收缩，规格变化幅度大，计划调整突然，库存偏高及卷烟包装标识改版工作等不利因素和变化，加强严格规范和主动应对，切实抓好计划衔接、产销协调、原辅料供应、过程质量控制、回购业务等各项工作，以“生产过程质量隐患排查”为抓手，持续深化质量意识，加强基础管理，扎实推进品牌合作生产过程质量管理各项工作，确保产品质量稳定提升。较好地完成品牌合作生产任务，保障了营销订单需求。

【境外生产管理】 2016年，红塔集团组织省内卷烟厂及境外生产企业，按时按质按量地完成一般贸易出口卷烟、烟丝及境外生产所需辅料的生产组织和发运，在与各协作部门的共同努力下，较好地完成了境外生产相关的设备管理、成本控制、质量管理、安全管理以及人员管理等方面工作。

【出口卷烟】 2016年，红塔集团生产出口卷烟7.63万箱，比上年7.16万箱增加0.48万箱，增幅6.68%，其中：“玉溪”系列3.11万箱，“红塔山”系列0.46万箱，“MARBLE（马宝）”系列0.48万箱，“新兴”系列0.80万箱，“阿诗玛”系列品牌出口卷烟2.79万箱。

【境外加工质量控制】 2016年，红塔集团深入推进境外企业质量管理体系建设。完成老挝、香港两家境外企业体系文件评审、发布工作。帮助老挝建立打叶复烤质量体系，5月底完成（打叶复烤过程质量控制程序、复烤车间在线水份仪通道管理规定、工艺质量部检测仪校准操作规程、烘箱比对测试方案、生产过程杂物控制管理办法〔试行〕、打叶复烤工艺要求管理规定）6个文件的撰写工作。

【烟叶采购计划】 2016年，红塔集团与13省级烟区签订402.5万担烟叶采购计划，主要呈现“一调减、两提高”的特点。一是主动调减采购计划，比上年减少67.43万担，降幅为14.35%；二是优质产区原料需求满足度进一步提高，省内采购计划323.10万担，占采购总量的80.27%，比上年提高5.46个百分点，四大产区占比增幅高于全省平均值，省外采购计划79.4万担，比上年减少38.98万担；三是品种集中度有新提高，以K326为代表的特色品种和以特色基地单元为代表的特色烟进一步向优质产区聚集，原料品种构架更加清晰。

【精准采购】 2016年，红塔集团借助有利的气候条件，抢抓移栽节令，突出平衡生产，努力做到精养成熟度，积极倡导一体化采烤，更加突出提质增效。在满足质量标准的前提下，核心产区增加上等烟采购量，加大上部烟采购比例；重要产区控制上等烟采购比例，减少下部烟采购；一般产区以中等烟采购为主，严控下部烟，多争取上部烟，同时，上部烟和山地烟表现突出，烟叶质量和特色化水平明显提升。

【工业调剂与进出口购销】 2016年，红塔集团工业调剂调入烤片约15万担；工业调剂调出烤片约50万担，长

2016年，玉溪烟区工商交接现场 （红塔集团 提供）

①2016年，红塔集团原料工作会场 ②2016年，红塔集团原料工作现场 ③2016年，基地人员在玉溪烟区参与中耕管理工作 ④2016年，云南省级公司联合检查组对“2260”优质烟叶工程检查考核（红塔集团 提供）

烟梗11.3万担。采购进口烟10 156.6吨，其中，阿根廷烤片2 395.8吨，巴西烤片2 712.6吨，津巴布韦烤片2 989.8吨，马拉维烤片1 445.4吨，美国烤片612.6吨。集团委托云南烟草国际有限公司出口烟丝约8万担，烤片约2万担。同时，集团采取工业调剂的方式自红云红河集团分别调入曲靖和红河原烟17万担和13万担。

【薄片采购及原料销售】 2016年，红塔集团采购薄片15 475.09吨，其中，广东金科再造烟叶有限公司2 630.16吨，云南中烟再造烟叶有限责任公司6 053.35吨，中烟施伟策（云南）再造烟叶有限公司6 791.58吨。销售薄片原料21 378.58吨，其中，碎片2 720.013吨，烟末1 467.62吨，烟棒3 742.55吨，短梗7 692.332吨，长梗5 726.06吨，废弃烟叶30吨。

【原料现场会】 2016年8月9～10日，红塔集团在楚雄召开年度原料工作现场会，集团副总裁杨煜文，云南中烟技术中心红塔分中心、省内四厂、物流中心、原料部相关负责人及职工代表60余人参会。会议全面总结2015年原料工作情况，明确本年度任务目标和相关工作举措，促进烟叶原料保控能力持续提升。会议分组对年度烟叶采购、基地建设、仓储管理、复烤生产及对标管理进行了专题讨论，并组织与会代表参观了东华基地单元、子午“2260”优质烟叶工程及专业化烘烤现场。

【烟叶基地建设】 2016年，红塔集团基地工作紧扣“保”、“控”结合的总基调，以烟叶供给侧结构性改革为契机，不断增强烟叶品种纯度源头核查力、技术方案到位监督力和烟叶质量过程管控力，持续提高基地建设服务质量。截至2016年12月，集团在全国7省18市33县建设基地单元48个，其中，省内建设36个，省外建设12个。按照烟叶在组模配方中所起的作用，结合烟区生产技术水平、区域位置、生态类型等综合因素，进一步优化产区布局，将烟区细分为三大类型：核心产区、重要产区和一般产区，并有针对性地开展烟叶生产分类管理。2016年度，基地化采购率达到89.07%，其中，玉溪、楚雄、大理和昭通四大原料基地采购量为246.9万担，比上年提高8.20个百分点。

【“2260”优质烟叶工程】 2016年，红塔集团以省政府实施“2260”优质烟叶工程为契机，深度介入工程推进的各环节、各阶段：一是择优布局定试点，深化政、工、商三方协同，结合高端品牌发展需求和烟叶质量评价情况，择优选取10个县（区）开展试点，真正实现了好田好地种好烟；二是组织保障措施有力，推动成立“州（市）—集团—部门（工厂）”三级领导小组，并选派20名技术人员深度介入工程推进各环节，做到定位到田、对接到户、考核到技术员；三是方案落实监督到位，结合烟区特点和烟叶生产实际，分类制定工作方案、技术方案和考核方案，并着力提高宣传到位率和措施执行率，在省局（公司）和云南中烟联合开展的“2260”优质烟叶工程中期检查考核中，集团负责的峨山项目区排名第一，评价为“K326品种特性、品质特色彰显，是近年来最好的一年”；四是收调分级工作顺利完成，11月底全部完成18.91万担（含技术中心对新平增补的2.7万担）“2260”优质烟叶交接入库及工业分级工作；五是工程取得初步效果，部门分产区、分类别完成烟叶取样及报送工作，云南中烟技术中心评价认为："2260"试点烟叶的综合品质优于大面生产烟叶，集团负责的10烟区有3个一档、4个二挡，高于云南中烟平均水平。

【原料科研项目】 2016年，红塔集团以提高烟叶质量及与卷烟品牌发展需求符合度为切入点，以科研项目研究为载体，工商研联合攻关，出版专著1部，发表科研论文8篇，获发明专利2项；云南省人民政府科技进步二等奖1项、三等奖2项，云南中烟科技进步三等奖1项，集团科技进步奖2项。其中，集团5个主栽烤烟品种识别项目已结题，经反复探索，总结出一套科学有效、准确快速的品种识别方法，科技成果已广泛应用于大田期和工商交接环节品种纯度检验，有助于提升原料队伍品种识别能力，切实增强了科技在烟叶生产、采购中的支撑作用。

【烟叶分级】 2016年，红塔集团省内305.6万担烟叶分级任务全面完成，其中，玉溪177.1万担、楚雄53.1万担、大理45.0万担、昭通30.4万担，分选进度比上年提前21天，为后续复烤加工创造了条件，赢得了时间。分后烟叶实物得率、分选损耗率及吨烟劳务费用等关键指标均取得一定成效，确保了复烤指标提升率达到预期目标。

【复烤加工】 2016年，红塔集团完成426.01万担复烤加工任务，省内四厂复烤加工310.77万担，其中，玉溪183.02万担、楚雄56.57万担、大理44.83万担、昭通26.35万担。委托复烤加工115.24万担，涉及11个省16个复烤厂，省区比上年增加2个。监打人员全程跟踪，加大在线抽检力度，强化成品质量综合评价，更加关注均质化水平，更好地满足了品牌导向型原料加工需求。

【原料储备能力】 2016年，红塔集团玉溪地原料储备仓库（含货场）面积：91.01万平方米。其中仓库面积78.67万平方米（自有仓库71.95万平方米、外租仓库6.72万平方米）；货场12.32万平方米（自有货场5.27万平方米、外租货场7.07万平方米）。

【运输管理】 2016年，红塔集团多措并举，进一步提升运输管理水平。通过加大对运输数据的统计分析及宏观政策研究、开展省内始发运输招投标工作、制定完善承运商管理办法、编制及调整运输保险预算等措施，加强运输的宏观管理工作；本着"安全、及时、准确、经济"的运输配送原则，以提高运输服务质量、控制物流成本为重点，加强交通安全专项治理、加强在途运输过程管控和责任管理，优化区外原料与省外片烟采购运输车辆调配，安全高效地完成了原料、成品、物资的运输配送任务，运输保障能力进一步提升。全年，红塔集团玉溪生产点卷烟对外销售运输量为158.88万箱，转储运输量为73.83万箱；集团本部省内外采购、工业调剂及品牌合作生产加工原料、半成品运输周转总量14 979.91万吨·千米；配送玉溪卷烟厂生产原辅料13.24万吨，配送到位及时率100%。

【总体发展战略】 2016年，红塔集团围绕国家局"去产能、去库存、去杠杆、降成本、补短板"的重点任务，围绕云南中烟"完成一个预期目标、保持三个稳定、做到三个同步、实施七项举措"的总体要求，适应经济发展新常态，坚持规划引领，以品牌市场为先导，以改革为动力，以从严治党为保障，以严格规范和精益管理为主线，苦练内功，深挖潜力，厚植竞争优势，持续提升综合制造能力，着力打造一流卷烟制造基地。"玉溪"销量133.12万箱，比上年下降27.74万箱，降幅17.24%，单箱销售额5 113元，增加1 185元，增幅2.33%。"红塔山"销量273.23万箱，比上年下降19.71万箱，降幅6.73%，单箱销售额18 734元，增加271元，增幅1.5%。

【经济运行分析】 2016年，红塔集团定期编制《经济运行分析》12期。《经济运行分析》对行业经济运行中的数据、资料进行整理、归类和量化，用文字或图表描述行业基本情况，包括工业企业、商业企业、品牌情况。实时跟踪重点骨干品牌、一二三类分类别十大卷烟品牌、"15+15"品牌及存销比、工业企业产销规模与品牌规模等情况。经济运行部以周或旬为单位，实时监控集团品牌市场态势和竞争品牌发展情况，为集团领导决策提供参考。全年共编写12份集团经济运行简报，12份合作生产分析报告，12期统计应用项目数据质量分析，11期物耗能耗分析报告，及时为集团各级领导决策提供依据。

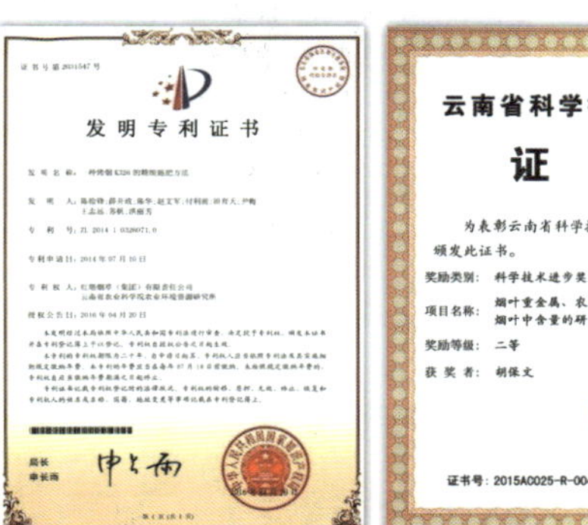

发明专利证书

专利申请日：2014年07月10日

授权公告日：2016年04月20日

云南省科学技术奖励

证 书

为表彰云南省科学技术奖获得者，特颁发此证书。

奖励类别：科学技术进步奖

项目名称：烟叶重金属、农残普查及其降低烟叶中含量的研究与应用

奖励等级：二等

获 奖 者：胡保文

证书号：2015AC025-R-004

2016年，红塔集团科研项目获奖证书及发明专利证书
（红塔集团 提供）

复烤加工现场
（红塔集团 提供）

【计划管理】 2016年，红塔集团有效承接中烟公司下达的年度、月度卷烟产销计划，将品牌发展规划与卷烟订货、实现效益相结合，编制下达卷烟生产经营、样品卷烟、合作生产计划59份。全年，集团省内内销卷烟计划基数为383.65万箱，中烟安排卷烟内销生产计划数为363.57万箱，比上年减少16.53万箱；品牌合作生产企业15家（包含红云红河集团加工7.77万箱），合作计划总量为141.72万箱；集团全年输出3个品牌，分别为“玉溪”1.82万箱，“红塔山”72.73万箱、“红梅”63.56万箱。一般贸易出口计划362 268万支，境外工厂加工计划695 334万支。

【运行调控管理】 2016年，红塔集团积极与国家局、云南中烟、集团产销部门沟通衔接，及时落实中烟调控政策，编制下达各类生产经营计划，从销售订货、补货计划、计划指标衔接、产销进度、品牌结构、提税顺价、低档卷烟、存销比、样品烟提取、新品上市、卷烟打扫码和效益实现、预生产等方面调控集团经济运行情况，加强预测预警，及时将市场、品牌发展信息传递到集团内部，实现产、供、销有效衔接，提升集团综合制造能力，及时满足市场需求，确保产销运行基本平稳。

【节能减排】 2016年，红塔集团大力推进精益能源管理实施，结合技术改进与管理创新手段，积极推广应用新工艺、新材料，推动节能减排工作的深入开展。集团能源利用效率大幅度提高，主要产品单位能耗进一步降低。通过天然气的使用、生物质颗粒燃料的替代和中水站的增建，污染物排放明显减少，促进经济效益、环境效益、社会效益进一步提高。全年能源消耗总量55 656.05吨标准煤，比上年减少3 213.76吨标准煤，降幅5.46%；集团卷烟万元产值综合能耗5.77千克标煤，比上年下降1.38%；卷烟万元增加值能耗7.13千克标煤，比上年上升2.91%；单箱卷烟综合能耗10.88千克标煤，比上年下降2.00%；卷烟单箱耗水0.37立方米，比上年下降14.09%；复烤吨烟综合能耗136.41千克标煤，比上年下降5.11%；复烤吨烟耗水3.54立方米，比上年下降13.99%；二氧化碳排放128 248吨，比上年下降27.74%；各项能耗指标及排放指标均完成云南中烟与玉溪市政府下达的各项目标。

【对标管理】 2016年，红塔集团省内四厂落实行业16项卷烟工厂对标指标，按照云南中烟考核计算口径，集团省内四厂卷烟工厂对标指标平均提升率为93.75%。玉溪厂有15项指标比上年提升（提升率93.75%）、15项指标达到行业平均值（达标率93.75%）；楚雄厂有15项指标比上年提升（提升率93.75%）、13项指标达到行业平均值（达标率81.25%）；大理厂有16项指标比上年提升（提升率100%）、13项指标达到行业平均值（达标率81.25%）；昭通厂有14项指标比上年提升（提升率87.50%）、13项指标达到行业平均值（达标率81.25%）。

（何俊伟）

【精益管理】 2016年，红塔集团以精益课题为主要载体，系统推进精益管理，突出成本费用控制，提高管理体系信息化水平，强化绩效管理，持续提升经济效益和管理效率。全年组织实施精益课题85项、精益六西格码项目60项。集团重点激励员工积极参与精益改善活动，营造良好的精益改善氛围，有效推动精益管理深入开展，对评审小组评出的2015年度63项精益六西格玛项目成果和2016年度50项职能部门精益课题成果进行奖励。

【合同管理】 2016年，红塔集团从合同合法性及条款完备性方面，审核各类合同2 252份。会同审计、纪检、财务等相关部门参与广告促销、工程投资、物资采购等商务谈判及招投标文件会审、招投标论证、评标，有效防范法律风险，妥善解决合同履行纠纷。为加强合同管理，建立了合同签订情况通报制度，每季度对事后合同及未按时签订合同情况进行通报。监督管理过程中，严格强调时限要求，采购实施部门、各合同审核部门须严格按时限完成相应工作流程。加强合同履行过程管理及合同验收，及时发现合同履行过程中存在的法律风险所有采购项目都需要对合同的履约情况进行验收，验收完毕才可以结算、支付尾款。通过加强管理，确保合同管理落实落细，并纳入绩效管理，实现合同闭环管理。

【专卖管理】 2016年，红塔集团继续加强优化专卖管理工作，通过管理流

①2016年7月21日，红塔集团党委举办庆祝建党95周年暨“两学一做”主题演讲比赛，通过中共建党95周年、“两学一做”学习教育、集团创业60周年3个主题共同讴歌党的丰功伟绩。图为演讲比赛颁奖现场 ②改造后的红塔集团展馆 ③2016年，直属机关首届青工技能竞赛现场

（红塔集团 提供）

程信息化，实现专卖管理透明化，夯实基础工作，进一步加强了专卖和废旧物资管理的源头控制。2016年，集团共向肥料厂家处置涉烟废弃原料6 203.83吨，向薄片厂家销售薄片原料21 378.58吨，处置废纸类948.3吨，废滤嘴棒、废丝束342.6吨，完成306台套烟草专用设备报废审批手续及销毁审批手续并积极组织开展销毁工作。

【废旧物资管理】 2016年，红塔集团进一步加强废旧物资管理，通过公开招标的采购方式，确定供应商，推进废旧物资放行系统建设。9月13日，废旧物资放行系统在正式上线，实现集团废旧物资管理规范化、工作流程化、管控透明化，同时，实现数据统计系统化，减少统计环节口径不一致及手工统计带来的失误及风险，降低手工开具废旧物资放行条的风险。

【“营改增”政策全面落实】 2016年4～7月，红塔集团多次组织培训以及下发业务操作指导意见，让业务部门及时了解“营改增”政策变动对业务操作带来的变化及应对措施；及时跟踪调整信息系统相应配置，保证了系统有效支持；积极与集团主管税务机关、税务代理机构沟通协调，组织开展税收政策辅导，全面吃透“营改增”政策。“营改增”试点工作正式运行以来，集团增值税发票认证、税收核算、纳税申报各项工作平稳、顺利开展。

【成本费用控制】 2016年，红塔集团在成本费用管控过程中，通过建立年度产品原料成本定额目标值控制机制，实现原料成本的预先规划；设置物资采购节支率，鼓励从采购招投标环节降低烟用材料采购成本、库存资金占用；对各厂生产消耗的比上年情况进行对比分析，加强财务分析数据对集团成本费用控制的提示、督促作用；对集团原料库存年份结构、库存均价、价格涨幅等进行分析，针对集团5年及以上陈烟的数量、均价、形成原因及可用性进行研究，提出改进措施，减少原料库存积压，加快陈烟使用，防止形成不良资产。全年，集团成本费用控制工作成效显著，超额完成降本增效目标任务。

【对外宣传】 2016年，红塔集团完成22家媒体的招标采购、合同签订、项目执行及合同验收工作，全年在外宣媒体共投放涵盖精益管理、规范管理、烟机竞赛、“两学一做”“最美班组长”、品牌宣传、集团创业60周年等专题的36组宣传报道。在集团创业60周年宣传方面，集团办公室完成《中国烟草杂志》“巍巍红塔”“山高人为峰”2篇文章共8个版面的专题报道、《红塔一甲子・我想对你说》红塔60年专刊编撰投放；完成《东方烟草报》8个版面专题报道；完成《云南日报》10个版面专题报道；完成新媒体“与中国制造并肩前行，看红塔60年峥嵘岁月”“匠心薪火传・甲子红塔情”2组新媒体H5页面宣传投放。在品牌宣传方面，完成《营销界烟草》《糖烟酒周刊》“玉溪”“红塔山”品牌2组宣传报道，促进了集团品牌的市场营销和品牌文化传播。

【建立自查自纠机制】 2016年4月，红塔集团下发《关于建立规范管理自查自纠机制的通知》，要求各部门组织开展自查自纠工作。5月，对收到各部门的自查自纠方案和自查自纠总结进行分析。5～6月组织调研小组到各部门和省内四厂进行调研，集团总裁夏开元参与了原料部、物资部、装备技术部和玉溪卷烟厂的调研工作，会上听取各部门、工厂自查报告，指出建立自查自纠机制的必要性，并对如何开展自查自纠工作提出具体的要求。通过上述工作，在集团范围内初步建立自查自纠机制，推进各业务、职能部门自我监督、自我管理、自我纠偏，完善集团规范管理改进机制，进一步发挥各中心、各厂、各部门规范管理自查自纠能力，筑牢集团风险防控第一道防线。

【展馆改造】 2016年7月，红塔集团对位于总部办公楼一楼的展馆进行全面改造和包装，经过近半年的设计、施工、布展、图文编辑和视频制作，展馆于12月底完成改造。整个展馆以探寻红塔发展之谜为主线，介绍红塔集团如何由一个西南边陲小厂发展壮大为今天的大型国际化集团公司的历程。展馆分为8个篇章：“人文红塔、品质红塔、创新红塔、荣誉红塔、品牌红塔、亲切关怀、责任红塔、今日红塔”，从不同维度展示红塔的发展与成就。新展馆以全新的视角和审慎客观的态度，运用珍贵翔实的图文资料，配合全息影像技术、体感技术、3D动画等现代科技手段，展现了鲜活的、立体的、有丰富人文内涵的红塔形象。

【青工技能月活动】 2016年8～9月，红塔集团为激励和引导广大青工立足岗位，学练技能，集团团委开展了以“挥洒青春，建功红塔”为主题的青工技能月活动。活动中，集团各级团组织充分带动广大青工积极学技术、钻技术，把提高青工技术素质与技能水平作为活动的出发点和落脚点，依托“青年文明号”及“青年岗位（创新创效）能手”的评选工作，有计划、有步骤地对活动进行组织实施，圆满地完成了各项活动的举办。其中，8月14日，玉溪卷烟厂团委举办钳工竞赛，来自厂内各车间及物业公司的67名青工参赛；楚雄卷烟厂团委举办钳工竞赛，来自厂内各车间的20

2016年，红塔集团董事长王勇（左一）回访贫困户 （红塔集团 提供）

名青年员工参赛；昭通卷烟厂团委举办电工竞赛，来自厂内各车间的28名青年员工参赛；集团直属机关团支部举办Excel软件精益运用竞赛，来自机关各部门的30名青年员工参赛。此外，集团各基层团支部也都紧紧围绕青工技能月活动主题，结合岗位特点，按计划开展了有针对性的青工技能竞赛活动。通过竞赛，集团团委评选出了集团级"青年文明号"集体18个，"青年岗位（创新创效）能手"个人25名。

【定点扶贫】 2016年，红塔集团扶贫领导小组多次赴扶贫点普洱市澜沧县南岭乡谦哲村进行实地查看，集团与县委、县政府开展座谈，分别于2月和8月，确定并启动了谦哲村烤烟种植、猪牛养殖、基础设施建设、教育帮扶相关的15个帮扶项目，共投入资金699.1万元。年内，根据省"挂包办""转走访"工作联席会议要求，红塔集团驻谦哲村扶贫工作队员增派至3名。5月和10月，红塔集团机关党委8个党总支、党支部完成年度回访工作，回访贫困户70户。

（曹晓军）

卷烟营销及专卖管理

【卷烟营销·品牌市场】 2016年，全市销售卷烟8.22万箱（41.12亿支），比上年减少2.36%；实现销售收入24.07亿元，比上年减少2.2%；销量实现卷烟税利6亿元，比上年增长3.6%；实现单箱销售收入2.93万元，比上年增长0.16%，高于全省平均水平283元。在全省"玉溪"、"红塔山"品牌下滑的情况下（全省"玉溪"品牌下滑17.1%，"红塔山"品牌下滑14.3%。），"玉溪（和谐）"比上年增长3.2%，"红塔山"品牌比上年增长3.17%；通过品牌培育实现结构提升，全市一类烟占比达20.27%，比上年提高0.31%，一类烟占比首次实现突破20%。

【卷烟零售客户管理】 2016年9月26日，全面上线运行省级营销平台，规范卷烟零售客户管理，以市场的力量牵引和推动卷烟营销稳定增长，实现市场资源有效科学合理配置。全年订货客户数10 697户，比上年增加5户，增长0.05%。

【卷烟物流】 2016年，全市分拣配送卷烟82 214箱，物流费用总额2 233.2万元；累计仓储卷烟破损率为零；分拣破损条数192条，分拣破损率0.008‰，卷烟送货破损率零；收到准运证971份，成功确认准确率100%；仓储入库总量85 978箱；卷烟差错率零，分拣效率12 000条/小时。通过开发软塑周转箱管理系统，实现软塑箱收、发、存的全流程可追溯；在全省率先实现软塑箱信息化管理；积极探索卷烟配送的整托盘运输工作，进一步提升卷烟接驳效率，降低物流成本。扎实开展烟箱回收循环利用，共回收烟箱25.66万只，其中红塔集团回收烟箱18.06万只，红云红河集团回收烟箱7.6万只。

【专卖管理监督】 2016年，全市查获涉烟案件1 224起，其中：烟叶案件70起，查获烟叶462.88吨，案值690.76万元；卷烟案件1 154起，查获卷烟2 153.05万支，案值1 434.23万元。移交公安机关案件64起，移送工商机关无证经营案件432起。拘留29人，逮捕7人，判刑8人。破获符合国家局标准的网络案件4起，其中有3起网络案件受到国家局表彰奖励。

年内，红塔区有持证零售户2 249户。查获违法违规案件355起（其中卷烟案件321起，烟叶案件34起），涉案卷烟55 020.9条，其中无证运输卷烟32 668条、无证经营卷烟977.5条、假冒卷烟15 998.1条、非渠道进货卷烟2 014.4条；查获烟叶案件34起，涉案烟叶、烟丝156.65吨。其中无证运输烟叶152.71吨，无证运输烟丝3.936吨。没收品牌卷烟43 879.9条、烟叶120.63吨、烟丝3.936吨。罚没款6.05万元，总案值735.87万元。

江川区烟草公司联合相关执法部门出动执法人员654人次，执法车辆142台次，检查工商经营户2 835户次。查获涉烟违法案件96起，合计涉案金额114.14万元。其中：一般案件13起，案值109.62万元（烟叶案件8起，案值92.32万元；未在当地烟草批发企业进货的卷烟案件1起，案值1.53万元；无证运输卷烟案件1起，案值3.05万元；假烟案件3起，案值12.72万元）；简易案件22起，案值0.56万元；无证经营案件61起，案值3.96万元。

通海县有持证卷烟零售户1 143户。年内查获涉烟案件138起（其中5万元以上大要案7起），查获卷烟6 003.3条、烟叶30 149千克、烟丝280千克，案值220.22万元，收缴罚没款2.63万元，变价款21.63万元。公安拘留12人，法院判刑4人。

新平县有持证卷烟零售户1 012户，全年联合出动执法人员1 758人次、出动执法车辆580台次，检查卷烟零售户9 876户次，查获涉烟案件106起，涉案卷烟3 962.6条，案值440 389元；涉案烟叶3 509千克，案值165 449元。其中：一般案件23起（包含大要案件3起），简易案件59起，移送工商案件24起，移送公安3起。

澄江县有持证卷烟零售户865户（其中托管区域157户）。出动执法人员2 453人次、车辆460辆次，检查涉烟经营户5 871户次，查获涉烟案件116起（卷烟案件112起，烟叶案件4

2016年11月25日，省烟草专卖局（公司）党组书记、局长、总经理陈卫东（右二），云南中烟公司总经理朱绍明（右一）在玉溪走访卷烟零售户 （朱光宏 摄）

起），违法卷烟7 066.7条、烟叶5 953千克，罚款7.3万元。查获5万元以上大要案8起（烟叶案件3起，卷烟案件5起），其中一起案件属于省局标准涉烟违法犯罪“网络案件”（涉案金额50.7万元）。

峨山县有持证卷烟零售户628户。年内查获涉烟案件83起，其中峨山县局联合县公安局破获大要案5起。查获烟叶70.66吨（案值233.8万元）、卷烟6 871条（案值52.5万元），收缴罚没款43.2万元。抓获犯罪嫌疑人员5名，刑事拘留5名，判刑1名。

华宁县有持证卷烟零售户843户。查处涉烟违法犯罪案件130起（烟叶案件10起，卷烟案件120起），查获烟叶123.31吨、卷烟22.39万支（非烟20.33万支、假烟2.06万支），罚没款43.84万元。查获5万元以上大要案8起。成功破获了1起国家局标准网络案件（不含托管区域海关、海镜数据）。

元江县持证卷烟零售户763户。实施市场检查206次，出动执法车辆297台次，公安、市场监督管理局联合执法人员193人次，专卖局2 318人次，检查零售户3 016户次；开展烟草市场专项整治行动4次，出动打假打私人员103人次。查获涉烟案件96起（大要案3起），查获卷烟2 830条、烟叶12.49吨，涉案金额80万余元。其中：涉案卷烟400条，案值7.9万；涉案烟叶12.7吨，案值50万；移交公安机关案件2起。比上年增加14起。

易门县烟草公司开展市场检查209天次，开展卷烟市场联合专项行动3批次，出动执法车辆269车次、执法人员1 150人次，检查经营户4 239户次。查获各类涉烟案件118起，查获卷烟18 173.5条、烟叶13.63吨，总案值460.25万元。追缴罚没款、烟叶变卖款1.29万元。其中：查获卷烟无证经营案件13起、卷烟119.2条；简易案件75起，查获卷烟331.8条；一般案件25起（其中卷烟23起，烟叶2起），查获卷烟3 386.5条、烟叶13.63吨；公安立案查处5起，查获卷烟14 336条，卷烟案值358.13万元。全年证件管理共受理各类申请586起，其中：新办103起（准予行政许可101起，不予行政许可2起），延续309起（均准予延续），停业2起，恢复营业1起、名称变更1户、歇业注销170起。截至12月31日，全县有有效烟草专卖零售许可证717份。

（代玉洁）

烟草科技

【科研成果】 2016年，市烟草公司实施科技项目32项，其中：主持承担科技项目16项（含国家局重点项目1项，待验收项目9项），与烟科院合作项目14项，云南省科技厅项目2项。年度科技计划项目总经费预算895.86万元，其中市公司自筹经费879.86万元、烟科院等合作单位拨款16万元。年内实际支付科技项目研发费用508.43万元。全年发表科技论文12篇。获得授权专利8项，含发明专利1项。获得专利受理7项，含发明专利6项。取得10项科技项目成果，其中2项通过中国烟草总公司鉴定，为国内领先水平。获得奖励7项，其中中国烟草总公司奖励2项、中国烟草总公司云南省公司奖励3项、云南省人民政府科技进步奖二等奖1项、玉溪市人民政府科技进步奖1项。制定企业标准6项。

【绿色植保技术研究取得新突破】 2016年，市烟草公司从云南常见的13种蚜茧蜂中筛选出一种可与烟蚜茧蜂配合放蜂，使田间防效达到70%以上的新蚜茧蜂种类——菜蚜茧蜂，并研究形成了烟蚜茧蜂与菜蚜茧蜂混合放蜂针对不同作物的最佳释放技术，对放蜂后田间综合效益进行科学合理的评价，为蚜茧蜂在烤烟及非烟作物上全面推广应用奠定了理论基础。同时研制出蚜虫人工饲料配方及饲养方法，初步研制出烟蚜茧蜂人工卵；研究出僵蚜收集技术、僵蚜筛选技术、僵蚜保存及运输技术及配套设施设备，为蚜茧蜂规模化生产提供了技术保障。《昆虫病原线虫生物防治根结线虫技术研究与应用》项目明确了玉溪昆虫病原线虫的优势种群，筛选出适合玉溪地区应用的线虫品系，进而制定昆虫病原线虫诱捕、扩繁、保种技术规程；研究昆虫病原线虫的复壮和储存技术，形成昆虫病原线虫防治烟草根结线虫技术规程。《烟草内源性抗烟草花叶病成分研究》项目分离鉴定了21个抗烟草花叶病活性成分，其中5个属新发现的化合物，10个为首次从烟草植物中分离得到的化合物。该项目开辟了内源物质抗烟草花叶病的新方向，为烟草花叶病绿色防控提供了新思路。

年内，全省推广烟蚜茧蜂控制烟蚜技术面积约580万亩，占全省计划种植面积622万亩的93%，其中该技术在玉溪市连续5年实现100%覆盖烤烟面积；蚜茧蜂控制蚜虫技术在全省主要烟区非烟作物推广1 500万亩，该项目为烟草及大农业生物防治开辟了新的路径；昆虫病原线虫生物防治根结线虫技术进行100亩的大田示范，突破了烤烟根结线虫难以控制的历史性难题。系列绿色防控技术的成功开发及推广应用，减少农药施用量，提高烟叶安全性，烟叶品质提升，为烟草病虫害绿色防控技术体系的构建提供了技术支撑。

（代玉洁）

2016年2月24日，省烟草专卖局党组成员、副总经理高体仁（中）到玉溪为病虫害生物防治工程研究中心挂牌 （方连海 摄）

青山绿水·碧玉清溪

（曾永洪　摄）

工业和信息化

INDUSTRY AND INFORMATION TECHNOLOGY

责任编校：王竹能

工业运行

工业产业

电力工业

信息化建设

工业运行

【基本情况】 2016年，全市工业完成全部工业总产值1 673亿元、增长6.8%；工业增加值632亿元，增长3.0%。规模以上工业完成总产值1 344.4亿元，增长6.4%；增加值597.3亿元，增长2.6%。全市规上工业增加值增速2.6%，比全省的6.5%低3.9个百分点，比昆明市的4.5%低1.9个百分点，比曲靖市的7.9%低5.3个百分点，比红河州的10.9%低8.3个百分点，在全省4个重点州市中连续11个月排名倒数第一，在全省排名第15位，比上年的第9名下降了6名。全市工业完成增加值632亿元，增长3.0%，占全市生产总值1 311.9亿元的48.2%，拉动GDP增长1.56个百分点，工业对GDP的贡献率为20.5%。工业经济运行稳中有进，保持了良好的发展势头。烟草产业受行业整体销售形势下滑影响，红塔集团商业销量下降，“红塔山”“玉溪”“红梅”品牌均不同程度下滑，“玉溪”品牌下滑幅度较大，卷烟结构大幅降低，尤其高端、高价卷烟下降更为明显。烟草制品业全年实现增加值391.0亿元，比上年增长6.3%减少11.1个百分点。全市非烟工业高速增长，新纳规企业96户，居全省16个地州之首，总量不断增大，实现增加值206.3亿元，增长19.4%，比上年增长4.4%提高4.4倍，比全省的非烟工业增长12%高7.4个百分点，拉动全市规上工业增加值增长3.4个百分点。非烟工业的高速增长与烟草工业持续下滑，加速了全市工业结构调整。全市非烟工业规上增加值比重达到34.6%，与上年相比增加4.4个百分点，烟草一枝独秀的格局正在改变。矿冶产业增加值占规上工业比重15.1%，比上年下降8.4个百分点。装备制造、生物医药产业和新能源新材料业占比达10.5%，提高2.3个百分点。全市固定资产投资完成893.7亿元，增长33.9%。全市工业投资完成169.4亿元，负增长6.5%，占全市规模以上固定资产投资19.0%。其中，非电工业投资140.5亿元，负增长7.5%，未能完成市政府确定非电工业全年投资190亿元、增长25%的目标任务。园区经济指标保持增长，编制了全市“十三五”工业园区建设发展规划，对产业布局进行了优化。同时，调整修编了华宁县、澄江县园区总体规划，推进了红塔区园区东恩产业园、华宁县风电产业园等园中园的建设；加快易门县、大化、新平县等园区基础设施建设和标准厂房建设，完成标准厂房建设50万平方米；投入园区基础设施建设近70.8亿元，收储土地9 625.6亩，土地开发平整7 799.5亩。全面贯彻执行国家、省稳增长和促进民营经济发展的各项政策措施，民营经济平稳增长。全年民营经济实现增加值457亿元，增长8%；户数达16.8万户，从业人员达65万人，增长9%。信息产业以国家信息消费、信息惠民、宽带乡村、智慧城市、宽带中国试点城市为契机，全力推进互联网基础设施建设，完成700个行政村4G覆盖、697个行政村通光缆、694个行政村通光纤宽带，建成使用覆盖全市842个党政机关、企事业单位的电子政务外网和420个免费WIFI热点。全年互联网基础设施建设和信息产业完成投资20.8亿元，其中网络基础设施完成投资8.87亿元，互联网+应用产业完成投资11.93亿元。工业用电量完成101亿千瓦时，比上年增加3%。其中重工业用电增长6%，轻工业用电减少28.3%。

①2016年4月15日，省调研组调研全市钢铁行业工作 ②2016年10月14日，省工信委副处长胡瑜华查看洛河钢铁厂设备拆除情况 （周凤琴 摄）

【化解钢铁行业过剩产能】 2016年，市政府下发了《玉溪市人民政府关于供给侧结构性改革去产能的实施意见》《玉溪市人民政府关于工业结构调整去产能去库存降成本补短板的实施意见》等政策文件，对全市去产能工作进行了安排部署。市政府和省钢铁煤炭行业化解过剩产能工作领导小组签订了《钢铁行业化解过剩产能实现脱困发展目标责任书》，制定了《玉溪市化解钢铁过剩产能实施方案》，明确了钢铁行业化解过剩产能目标任务。在坚决淘汰落后钢铁产能的基础上，进一步加大力度，通过积极引导，化解低效过剩产能，拆除玉溪华盛钢铁有限责任公司35吨炼钢转炉生产线1条，粗钢产能96万吨，企业整体退出。

2016年8月9日，工信部副司长辛仁周一行到华宁县工业园区调研

（周凤琴　摄）

【推进淘汰落后产能】 2016年，市级财政合计安排550万元专项资金用于推进化解过剩产能工作，专项用于年度淘汰落后产能达不到中央奖励门槛的6个项目拆除费用、职工安置补助和关闭的8户小红砖企业职工安置补助。全市淘汰落后炼铁产能145万吨，落后炼钢产能50万吨，落后平板玻璃60万重量箱，落后磷酸产能5万吨。

【开展“三个专项行动”】 2016年，全市落实国家严禁新增产能要求，对钢铁行业在建项目进行清理，形成《玉溪市贯彻落实国家钢铁行业违法违规建设项目清理专项行动的情况报告》上报，全市没有钢铁行业在建项目；同时加快推进4户依法依规淘汰落后产能钢铁企业淘汰工作，印发了《玉溪市钢铁行业淘汰落后产能专项行动实施方案》，及时组织4户淘汰落后产能钢铁企业编制淘汰落后产能项目资料和资金申报资料报省工信委，积极争取中央和省级落后产能奖励政策。市工信委开展联合执法行动，环保、质监、安监、节能部门积极配合，开展钢铁行业整治生产专项行动，确保全市钢铁企业符合规范要求。

【行业管理】 2016年，市工信委对应承担八大行业的市场准入、动态管理等职能，积极配合省工信委对八大行业相关企业开展了市场准入申报、现场核查、动态管理等工作，完成钢铁、水泥、平板玻璃、电解铝、焦化、铁合金、黄磷、电解金属锰8个行业摸底调查工作。对中瑞水泥、大椿树水泥、活发集团大营街水泥、刘总旗水泥生产线进行了产能核定，研究制定了大椿树水泥4 000吨生产线产能置换方案上报。同时，配合国家工信部完成产业转移调研工作，编制了产业转移调研报告；配合省工信委编制了《长江经济带产业发展市场准入负面清单》；组织3户企业申报了国家、省级工业设计中心，组织6户企业申报了省级制造业单项冠军示范（培育）企业。

（周凤琴）

工业产业

【卷烟及配套产业】 2016年，红塔集团生产卷烟363.6万箱，比上年减少16.5万箱，减幅4.4%；销售卷烟360.7万箱，比上年减少22.0万箱，减幅5.7%；库存卷烟12.3万箱（出口烟库存0.04万箱），比上年增加2.8万箱，增幅29.8%；完成工业产值523.2亿元，减4.6%；工业增加值401.2亿元，减4.9%。

【矿冶产业】 2016年，全市矿冶产业完成工业产值436.3亿元，增8.8%；工业增加值90.3亿元，增9.1%。其中，黑色金属采选业生产铁矿石1 522万吨，减7.0%，完成工业增加值25.4亿元，增12.5%；黑色金属冶炼及压延加工业生产生铁400.9万吨，增4.8%；钢材648万吨，增7.9%；完成工业增加值24.7亿元，增8.2%。有色行业生产铜选矿产品含铜量4.9万吨，减1.8%；精炼铜1 976吨，增13.4%；规模以上有色金属采选业完成工业增加值9.1亿元，增7.2%；有色金属冶炼及压延加工业完成工业增加值20.6亿元，增12.2%。全市化工行业生产黄磷16万吨，减0.4%；磷酸14.3万吨，增53.2%；规模以上化工行业完成工业增加值13.3亿元，增14.8%。建材行业生产水泥1 088万吨，增6.0%；完成增加值8.9亿元，增19.8%。

【装备制造业】 2016年，全市装备制造业完成工业产值75.0亿元，增5.5%；工业增加值19.1亿元，增25.7%。

【生物医药及食品产业】 2016年，全市生物医药及食品产业完成产值120.5亿元，增10.5%；工业增加值26.7亿元，增9.3%。

【新能源新材料节能环保产业】 2016年，全市新能源新材料节能环保产业完成产值35.6亿元，增14.6%；工业增加值16.8亿元，增18.2%。

【信息产业】 2016年，全市信息产业实现产值43.2亿元，增长13.6%；实现增加值14亿元，增长12.9%。

（周凤琴）

2016年全市分行业规上工业增加值增速表

	增长（%）		增长（%）
规模以上工业增加值	2.6	印刷业	5.6
分三大门类		造纸业	32.1
采矿业	12.1	化学原料和化学制品制造业	14.8
制造业	1.7	其中：基础化学原料制造	24.9
电力、热力、燃气及水生产和供应业	8.5	肥料制造业	–5.8
分经济类型		医药制造业	19.7
其中：国有控股企业	–1.4	橡胶和塑料制品业	25.4
其中：集体企业	10.6	非金属矿物制品业	33.0
股份制企业	2.2	其中：水泥、石灰和石膏制造	19.8
外商及港澳台商投资企业	1.5	黑色金属冶炼及压延加工业	8.2
主要行业增加值		其中：炼铁	–59.8
煤炭采选业	46.1	炼钢	–6.4
黑色金属矿采选业	12.5	钢压延加工	14.4
有色金属矿采选业	7.2	有色金属冶炼及压延加工业	12.2
农副食品加工	49.7	金属制品业	77.7
食品制造业	15.2	电气机械及器材制造业	9.7
其中：制糖业	–20.3	电力、热力的生产和供应业	6.0
烟草制品业	–4.8	水的生产和供应业	62.6
其中：卷烟制造	–5.5		

2016年全市重点工业增长情况表

指标名称	工业增加值（亿元）	增速（%）
全市规上工业	579.3	2.6
其中：烟草制品业	391.0	–4.8
非烟工业（不含烟草制品业）	206.3	19.4
钢铁业	24.7	8.2

2016年分县（区）规上工业总产值

单位：万元

县区名称	2016年工业总产值	2015年工业总产值	同比增长%
玉溪市	13 443 740	12 637 525	6.4
红塔区	1 958 525	1 728 744	13.3
江川区	530 571	450 341	17.8
澄江县	399 603	317 597	25.8
通海县	923 212	799 921	15.4
华宁县	331 285	269 403	23.0
易门县	1 078 223	806 556	33.7
峨山县	516 674	440 055	17.4
新平县	1 730 567	1 645 752	5.2
元江县	270 466	242 961	11.3
高新区	896 124	871 980	2.8

2016年分县（区）规上工业增加值

单位：万元

县区名称	2016年规上工业增加值	2015年规上工业增加值	同比增长（%）
玉溪市	5 972 680	5 911 081	2.6
红塔区	273 287	249 613	23.2
江川区	146 561	109 119	20.2
澄江县	117 223	76 810	14.8
通海县	195 196	155 561	16.4
华宁县	122 388	106 777	36.5
易门县	305 949	261 444	26.2
峨山县	203 621	133 130	14.5
新平县	431 844	404 295	9.0
元江县	76 950	65 577	25.2
高新区	282 071	278 044	14.1

2016年全市五大产业增长情况表

单位：万元

指标	2016年	2015年	±（%）
一、五大产业工业总产值	11 905 155	11 606 929	2.6
1、卷烟及配套业	5 232 141	5 486 018	−4.6
2、矿冶业	4 362 680	4 009 988	8.8
3、装备制造业	749 726	710 607	5.5
4、生物医药及食品业	1 205 082	1 090 101	10.5
（1）生物医药	223 346	175 014	27.6
（2）食品工业	981 737	915 087	7.3
5、新能源新材料业	355 525	310 215	14.6
二、五大产业工业增加值	5 540 744	5 602 224	−0.7
1、卷烟及配套业	4 011 741	4 216 763	−4.9
2、矿冶业	902 855	848 997	9.1
3、装备制造业	191 303	154 303	25.7
4、生物医药及食品业	266 918	243 280	9.3
（1）生物医药	64 993	55 256	18.0
（2）食品工业	201 925	188 024	6.8
5、新能源新材料业	167 927	138 881	18.2

2016年全市分行业增加值及占规上工业增加值比重情况

行业名称	2016年工业增加值（万元）	2015年工业增加值（万元）	同比增长（%）	2016年占规上工业增加值比重（%）	2015年占规上工业增加值比重（%）	占规上工业增加值比重增减（个百分点）
合　计	5 972 680.41	5 911 080.93	2.6			
烟草制品业	3 909 637	4 108 032	–4.8	65.46	69.50	–4.04
黑色金属矿采选业	253 826	250 504	12.5	4.25	4.24	0.01
黑色金属冶炼和压延加工业	247 243	228 478	8.2	4.14	3.87	0.27
电力、热力生产和供应业	226 853	221 693	6.0	3.80	3.75	0.05
有色金属冶炼和压延加工业	205 869	182 189	12.2	3.45	3.08	0.36
农副食品加工业	186 170	127 880	49.7	3.12	2.16	0.95
非金属矿物制品业	136 565	107 632	33.0	2.29	1.82	0.47
化学原料和化学制品制造业	132 543	122 278	14.8	2.22	2.07	0.15
通用设备制造业	102 562	72 233	50.1	1.72	1.22	0.50
有色金属矿采选业	91 343	92 763	7.2	1.53	1.57	–0.04
造纸和纸制品业	74 334	58 244	32.1	1.24	0.99	0.26
印刷和记录媒介复制业	52 151	51 663	5.6	0.87	0.87	0.00
酒、饮料和精制茶制造业	51 951	33 131	63.4	0.87	0.56	0.31
医药制造业	50 724	43 584	19.7	0.85	0.74	0.11
食品制造业	42 883	38 090	15.2	0.72	0.64	0.07
橡胶和塑料制品业	37 929	31 875	25.4	0.64	0.54	0.10
金属制品业	34 446	20 076	77.7	0.58	0.34	0.24
非金属矿采选业	30 176	27 658	19.2	0.51	0.47	0.04
电气机械和器材制造业	26 336	25 396	9.7	0.44	0.43	0.01
皮革、毛皮、羽毛及其制品和制鞋业	20 975	18 629	19.6	0.35	0.32	0.04
计算机、通信和其他电子设备制造业	12 118	12 551	2.7	0.20	0.21	–0.01
燃气生产和供应业	7 931	3 952	106.8	0.13	0.07	0.07
废弃资源综合利用业	6 960	4 579	56.8	0.12	0.08	0.04
木材加工和木、竹、藤、棕、草制品业	6 246	9 904	–33.0	0.10	0.17	–0.06
煤炭开采和洗选业	6 171	4 982	46.1	0.10	0.08	0.02
水的生产和供应业	5 246	3 270	62.6	0.09	0.06	0.03
石油加工、炼焦和核燃料加工业	4 916	3 387	62.1	0.08	0.06	0.03
文教、工美、体育和娱乐用品制造业	3 742	2 220	75.1	0.06	0.04	0.03
专用设备制造业	2 969	2 559	19.6	0.05	0.04	0.01
纺织业	1 046	644	67.5	0.02	0.01	0.01
仪器仪表制造业	501	318	62.4	0.01	0.01	0.00
其他制造业	322	685	–48.7	0.01	0.01	–0.01

2016年全市规上工业主要产品产量

产品名称	计量单位	2016年	2015年	增长%
糖	吨	73 720	101 532	-27.4
纸制品	吨	145 920	88 467	56.6
塑料制品	吨	86 699	67 339	28.8
其中：农用薄膜	吨	45 524	35 526	28.1
铁矿石原矿量	吨	15 215 254	16 410 188	-7.0
铜选矿产品含铜量	吨	48 824	50 328	-1.8
磷矿石（折含P2O530%）	吨	830 235	1 798 740	-53.8
硫酸（折100%）	吨	263 470	248 876	5.9
黄磷	吨	159 795	160 393	-0.4
磷酸	吨	143 174	93 469	53.2
化肥（实物量）	吨	90 413	149 738	-39.6
水泥	吨	10 880 687	10 515 309	6.0
生铁	吨	4 008 770	3 824 251	4.8
钢材	吨	6 482 933	6 061 573	7.9
精炼铜	吨	1 976	1 743	13.4
变压器	千伏安	3 608 833	2 979 607	21.1
发电量	万千瓦小时	1 037 538	963 400	12.6
供电量	万千瓦小时	1 070 195	997 025	12.4

2016年县（区）规模以上工业增加值排位表

单位：亿元、%

县　区	市考核目标完成情况				总量排名	按增速排位		
	目　标	完成数	目标完成率（%）	欠时间进度（个百分点）		县　区	增　速	排　名
全　市		597.3				全　市	2.6	
新平县	56.0	43.2	77.1	-22.9	1	华宁县	36.5	1
易门县	41.0	30.6	74.6	-25.4	2	易门县	26.2	2
高新区	34.8	28.2	81.0	-19.0	3	元江县	25.2	3
红塔区	37.1	27.3	73.6	-26.4	4	红塔区	23.2	4
峨山县	18.0	20.4	113.3	13.3	5	江川区	20.2	5
通海县	23.3	19.5	83.7	-16.3	6	通海县	16.4	6
江川区	16.8	14.7	87.5	-12.5	7	澄江县	14.8	7
华宁县	16.1	12.2	75.8	-24.2	8	峨山县	14.5	8
澄江县	10.4	11.7	112.5	12.5	9	高新区	14.1	9
元江县	9.4	7.7	81.9	-18.1	10	新平县	9.0	10

2016年全市工业增加值增速情况

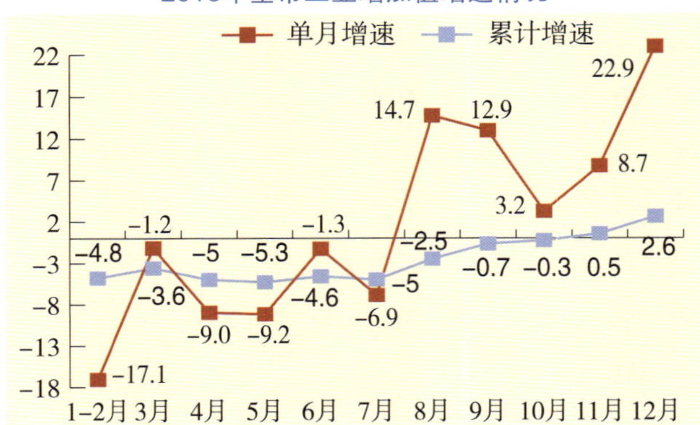

2016年全市工业增加值增速情况

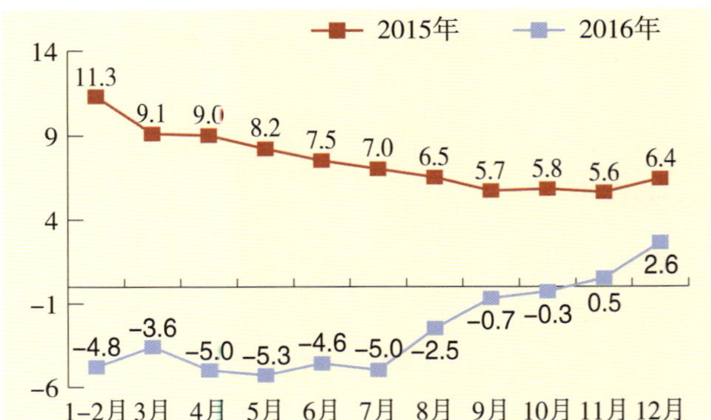

2015年～2016年全市工业增加值增长情况

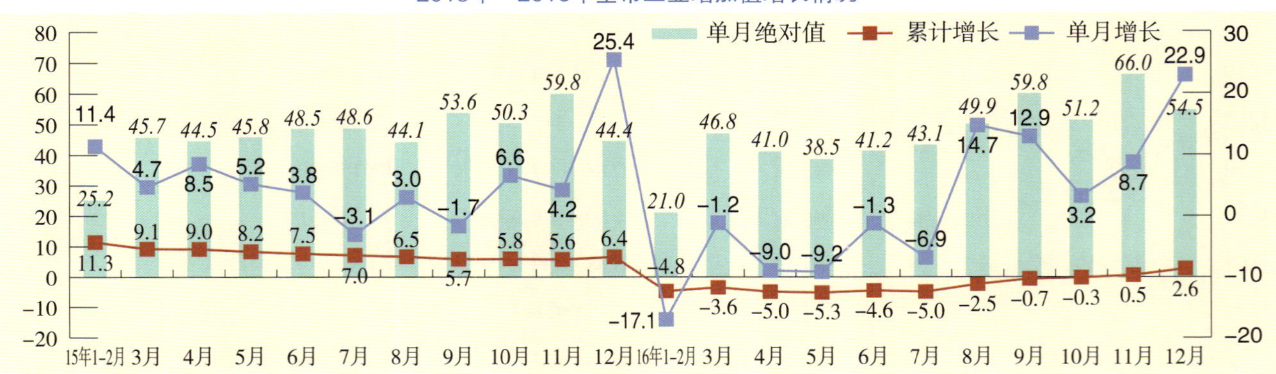

2016年全市烟草制品业增加值增长情况

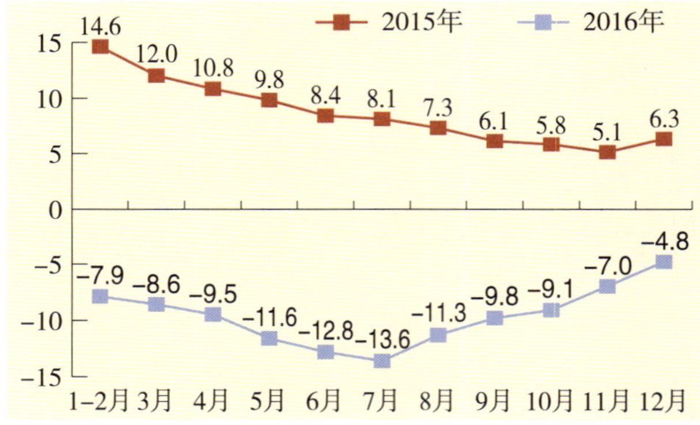

2016年全市非烟工业增加值增长情况

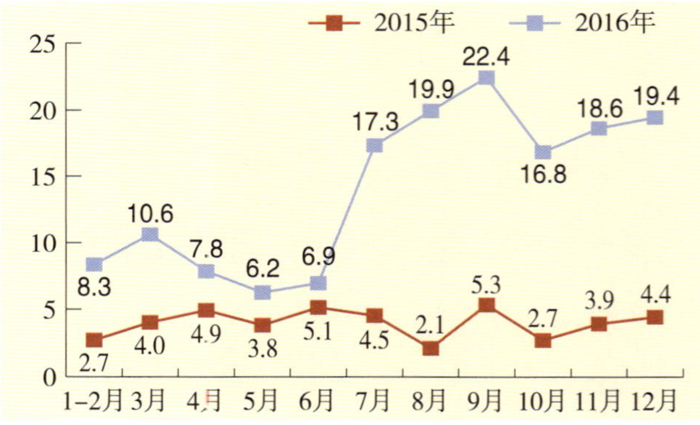

2016年全市矿业产业增加值增长情况

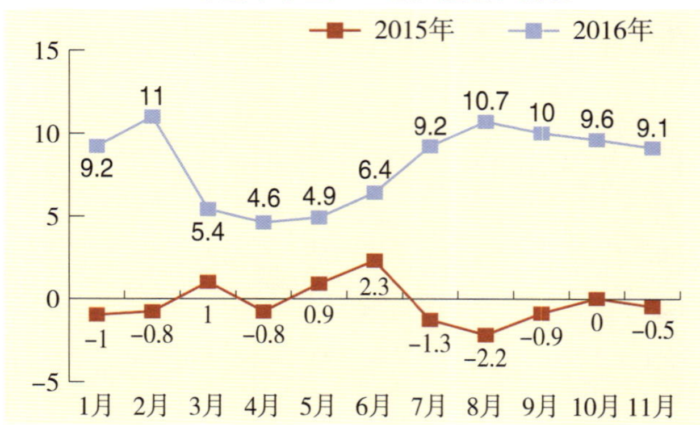

2016年全市钢铁工业增加值增长情况

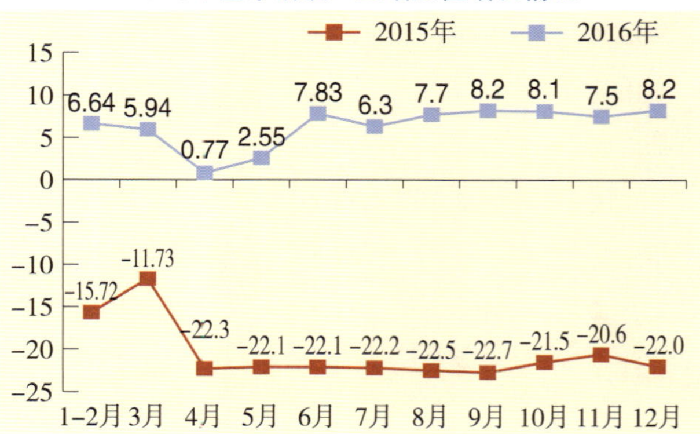

电力工业

【工业用电】 2016年，随着全市经济发展进入新常态，电力生产消费也呈现新常态特征，电力供应结构持续优化，电力消费增长减速换挡、结构不断调整，电力消费高速增长点呈现由高耗能向新兴产业、服务业和居民生活用电转换，电力供需形势持续宽松。全年累计全社会用电量为121.3亿千瓦时，比上年增长4.2%，其中工业用电量101.02亿千瓦时，比上年增加3.01%（重工业用电量94.8亿千瓦时，比上年增长6.04%；轻工业用电量6.2亿千瓦时，比上年减少28.25%）。

【用电结构】 2016年，为适应经济新常态，更加注重经济发展的质量，全市用电结构持续改善，服务、轻工等低电耗行业用电保持较好增长势头。分产业看，第一产业用电量1.35亿千瓦时，比上年增加9.95%；第二产业用电量102.50亿千瓦时，比上年增加3.01%；第三产业用电量7.55亿千瓦时，比上年增长14.85%；城乡居民生活用电量9.95亿千瓦时，比上年增长9.13%。全市电网安全健康稳定运行，为经济发展提供稳定可靠的电力支撑。全年最大瞬时负荷达174.5万千瓦，比上年增长6.34%。城市、农村网供电综合电压合格率为99.9 091%，位居全国第九、全省第一。

【电力交易】 2016年，全市在保证电力安全可靠供应的前提下，依托省交易平台进行电能资源的优化配置，按照遵循市场化、坚持公平竞争和确保电网安全的三项原则，积极执行电力市场化交易政策，促使企业多用电用好电，降低了企业用电成本、促进了产业结构调整，充分释放了改革红利，电力市场化交易政策成为降低企业成本最显著的手段。全市388家企业成功参与电力市场化交易，帮助企业降低用电成本10.3亿元，比上年增长194%，参与市场化竞价的企业用电成本比目录电价降低0.144元。

【电力生产】 全市电网是典型的受端电网，地方自发电仅作为补充用电。2016年，全市有中小水电站101座，总装机47.2万千瓦，工信委统计口径全年发电量18.3亿千瓦时，比上年增长6.8%；23家企业建设有余热余压利用电站机组33台套，总装机23.65万千瓦，工信委口径统计全年发电量8.1亿千瓦时，比上年增长10.6%；9个新能源电站投运，总装机42万千瓦，工信委统计口径全年发电量8.1亿千瓦时，比上年增长95.9%。针对全市电网的运行特点，为进一步提高电网的安全稳定水平，提高电压支持能力，使整个电网具有较高的灵活性，全年持续推进城市配电网建设和农网改造升级工程，完成1个220千伏、12个110千伏、3个35千伏共16个项目竣工投产，投产项目创历史新高，新增变电容量828兆伏安，新增输电线路212千米，有效推进玉溪市137个中心村、小城镇等新一轮农村电网改造升级项目的规划建设。至年底，全市中压配电网联络率达73%，中压配电网可转供电率达68.62%，为全市在全省率先全面建成小康社会提供可靠电力保障。

【电力安全】 2016年，全市先后组织开展小水电安全督查、重要电力用户安全隐患大检查等行动，提高电力供应保障，全年安全生产形势平稳，未发生重大人身、电网和设备事故。电力产业全年未发生重大生产事故。

（周凤琴）

【电力供应】 2016年，全市供电系统围绕“两精两优、国际一流”发展战略，保证安全守底线，稳定增长优服务，深化改革抓落地，转型升级促发展，练好内功强能力，助推企业实现改革发展目标，助力全市在全省率先建成小康社会。年底，全市电网资产总额55.08亿元，固定资产原值94.91亿元；管辖35千伏及以上变电站118座（2座500千伏，13座220千伏，55座110千伏，48座35千伏），总变电容量1 403.7万千伏安；运行维护35千

2016年6月1日，市供电局加强汛期特巡确保电网安全　（贺　璇　摄）

2016年全市电网主要经济技术指标

指标名称（全口径）	计量单位	本年完成	上年完成	比上年增减
供电量	万千瓦时	1 130 475	1 105 043	2.3%
最高日供电量	万千瓦时	3 551.13	3 404.03	4.32%
最高日负荷	万千瓦	174.5	164.10	6.34%
平均日负荷率	%	87.44	85.94	1.50个百分点
综合线损率	%	5.13	5.03	0.1个百分点
主设备可用率	%	99.99	99.99	0
综合电压合格率	%	98.897	99.356	–0.459个百分点
综合供电可靠率	%	99.9091	99.9844	–0.0753个百分点
电费回收率	%	100	99.99	+0.01个百分点
企业总资产	万元	550 789	509 938	8.01%
固定资产原值	万元	949 090	869 661	9.13%
固定资产净值	万元	442 940	408 224	8.50%
上缴税金	万元	37 177	36 981	0.53%
全员劳动生产率	万元/人年	71.21	74.11	–3.91%

伏及以上输电线路4 336.7千米，10千伏公用配电线路11 420.4千米；直供客户86.92万户。

【安全工作】 2016年，市供电局以确保可靠电力供应为目标，将电网安全稳定作为首要任务，构建横向全覆盖、纵向全贯通的安全生产责任体系，并针对性地开展城中村、古城镇、人员密集区人身触电事件及火灾事故隐患排查整治，确保电网和社会人民生命财产安全。全年排查输配电线路跨越铁路、公路、加油站等交叉点隐患25处，全部完成整改；健全完善安全生产大检查长效机制，开展春、秋季及专项安全监督检查，发现问题3 780项，整改完成率98.6%；建立全方位应急保供电体系，规范通信、调度、重要客户、应急电源车等应急管理，开展防汛、地震应急专项检查，立足实战开展各级应急演练377项；构建多维度山火信息网络，加强应急联动和防控，成功应对冰雪凝冻、“4·19”“4·21”大风暴雨极端天气、“9·20”新平县新化乡山体滑坡等灾害。

【供电工作】 2016年，全市供电系围绕当地经济社会发展目标，提升供电服务能力，将供电可靠性作为供电服务的核心，全年客户平均停电时间11.24小时，并建立故障抢修快速复电机制，提升抢修服务水平。配网“三分两自一环”项目完成842台智能柱上分段开关加装及10千伏主干线分段，配强配电线路硬件装备。新技术运用更加深入，开展带电作业1 192次、转供电399次。全年综合供电可靠率达99.9 091%，全省排名第一。同时，履行企业政治责任、经济责任、社会责任，做好电力保障服务。按照“优服务、稳增长、促发展”98项具体行动计划，全力增供扩销，售电量比计划超额完成7.25亿千瓦时；有效引导和释放用电潜能，组织361家用户参与电力市场化交易，成交电量67.5亿千瓦时，比上年增长167%；助推企业开工率从年初的30%提升至80%，比全省企业开工率62%高出18个百分点；靠前服务，围绕全市推进重大项目建设开展用电需求调研，确保640项重点业扩项目提前投产，业扩提速达11.7%，促使新建项目平均用电时间缩短25.4天，圆满完成各级保供电任务，以服务和业绩得到市委书记罗应光的高度肯定和市政府表彰。

①2016年12月7日，全省首个三方配售电业务合作框架协议在玉溪签约（周 围 摄）②2016年12月9日，省电网专家组到市供电局开展安风体系建设初审（贺 璇 施正德 摄）

【优质服务】 2016年，全市供电系以提升满意度为总抓手，落实客户全方位服务“三项机制”，打造服务“同心圆”，完善95 598服务热线、服务调度功能，优化电费集中核算，全面升级实体营业厅自动化水平，率先实现计量自动化四类终端全覆盖，全年非现金缴费比例达97.4%，全省排名第一，接近国际先进水平。同时，推进业扩投资界面延伸和客户资产接收，接收客户资产总额3 595万元，比上年增加113%；持续开展节能服务，完成两个千分之三需求侧管理目标，能源管理体系以全省第一名的成绩通过评审，为全系统首家；“十三五”电动汽车充电基础设施发展规划获批，省电网公司与市政府签署战略合作协议，全省首个样板充电站在开工建设。此外，积极服务光伏、风电并网，受理光伏发电项目78户，并网运行50家，并网负荷876.14千瓦。

【电网建设】 2016年，全市供电系按照电网发展“远中近”策略，运用配网规划平台，完成“十三五”配电网规划修编，形成涉网资产统一项目库。全系统以“优化主网、做强配网、升级农网”为目标，开展全市各区县主城区配网诊断、优化，逐步解决配网负载不均衡问题。通过规划实现现有电源馈线互联，10千伏配网联络率达73%；将39回客户线路纳入一张网考虑，有效整合配网资源配置；完成4.8亿元配网项目前期工作，充实项目投资储备库。同时，提升电网建设能力，与政府签订电网规划建设责

①2016年7月21日，首次使用“移动变电站”成功转供负荷（杨 柳 摄）②2016年7月12日，市供电局补齐短板推进输电线路运维提质增效（贺 璇 摄）③2016年1月1日，市供电局1秒快速连接新工具解决遥信雪崩测试难题（罗 燕 摄）④2016年6月15日，110kV辐照开关厂二期工程投产 ⑤2016年11月22日，110kV槟榔输变电工程建成投产（贺 璇 摄）⑥2016年5月6日，元江220千伏三期输变电工程成功投运（杨海洁 摄）

任书，建立里程碑节点管控和工程推进督导机制，完成3个110千伏及以上项目开工，16个35千伏及以上项目竣工投产，投资完成率100%；落实国家加大新一轮农村电网改造升级决策部署，完成小城镇、中心村农网改造升级和机井通电投资6 800万元。

【改革创新】 2016年，全市供电系落实县级供电企业“子改分”工作部署，10月注销江川区供电有限公司，成立江川区供电局。同时，落实创新驱动规划，着眼管理创新和技术创新，提升企业长远发展能力，将线损精益管理作为突破口和着力点，供电所规范化建设成效“千所千样到千所一样”获中央媒体采访报道。全省首个电力光纤入户工程、用户侧调控一体建设在玉溪市试点。全系统搭建全员创新平台，成立13个职工创新工作室、1个劳模工作室。全年承担网省公司重点科技项目2项，其中“国家863计划课题——基于分布式能源的用户侧智能微电网关键技术研究与集成示范”项目完成联调。全年获科技进步奖、技改贡献奖、职工技术创新奖等荣誉14项；取得专利授权14件，累计拥有专利54件，软件著作权4件。1月，市局获“中国南方电网有限责任公司集体二等功”。3月，市局“变电站综合自动化系统雪崩测试仪的研制”成果获“云南省第二届职工创新成果优秀奖”。4月，市局带电作业中心配电带电作业一班获“云南省工人先锋号”。7月，市局获2015年度全国“安康杯”竞赛优胜单位。7月，市局《供电可靠性“5PIus”管理模式构建与实践》获“2015年度云南省电力行业企业管理创新成果一等奖”。

（许晓云）

①

②

①2016年11月15日，首个电动汽车充电基础设施建设项目开工（叶　琳　摄）②2016年12月1日，元江县110千伏茶山变电站2号主变压器增容工程投运（杨海洁　摄）

信息化建设

【夯实互联网基础设施】 2016年，全市互联网基础设施日趋完善，市电信、移动、联通和广电网络公司积极推进光网行动计划，加快实施“光进铜退”改造工程，通过“宽带乡村”“宽带中国”国家试点城市建设，全光网改造和互联网接入能力得到大幅提升，光纤入户工作取得显著成果。至年底，全市通信光缆长度达到20.3万皮长千米，互联网通信出口总带宽从296G增加到596G，市、县骨干网从50G已升级到100G；新建光纤端口27万个，累计端口总数达82.3万个；移动通信铁塔从4 064座增加到4 658座，移动通信基站从9 401座增加到10 486座，移动电话用户从210.6万户增长为227.3万户，移动互联网业务每月数据总量从上年的800TB增长到1 380TB；城镇光纤宽带覆盖能力达到100%，农村建光纤宽带覆盖能力达到70%；全市宽带用户从38.6万户增长到39.5万户，家庭宽带普及率达到51.1%，城区家庭全面实现了20Mbps以上宽带接入能力；全市702个行政村已全部实现光纤宽带和4G网络全覆盖，并已开始向部分自然村延伸，基本实现全市宽带“村村通”的目标；由通信运营商投资建设，政府提供的公众免费Wifi（“I.YUXI”）热点从173个增长到412个，覆盖了全市党政办公场所、医院、车站、宾馆饭店和旅游区。云计算和大数据基础建设取得重大进展。市委、市政府把信息产业列为重点培育的战略性新兴产业，为全面支撑云计算、大数据产业发展，不断强化云计算数据中心等基础设施建设，着力引进国内知名互联网企业大型数据中心落户玉溪，全力推进华为玉溪计算数据中心（一期规模1 200平方米，1 000个机柜，20 000个云桌面端）、云南联通玉溪数据中心建设（一期规划1 200平方米，1 700个机柜，投资5亿元），积极争取阿里巴巴、腾讯等数据中心落地。12月29日，华为玉溪云计算数据中心运营启动，云南联通玉溪数据中心已经破土动工。

【云产业企业集聚发展】 2016年，全市着力推进互联网产业发展，加快构建以新一代电子信息技术为支撑，以互联网产业园为聚集平台的电子商务业态集群。全市信息产业实现产值43.2亿元，增长13.6%；实现增加值14亿元，增长12.9%。依托华为数据中心这个“玉云”工程核心项目，开始倾力打造跨境电子商务中心、小语种服务外包中心、大数据处理及离岸数据中心、信息备份数据备灾中心。这些项目的推进落实，成为全市顺利申报“信息消费”“信息惠民”“宽带乡村”“智慧城市”“宽带中国”国家试点城市的重要支撑，同时为展开与阿里、腾讯的合作奠定了坚实基础。阿里巴巴集团对高新区九龙片区、江川区龙泉山片区和澄江县片区三地数据中心备选地址进行了考察；与腾讯签订的合作协议中承诺积极协调腾讯云计算数据中心的落地；中国联通总部也批准将云南云基地（含区域国际出入口局业务）建设在玉溪，项目已于7月启动建设；省卫计委已招标确定将全省健康云平台暨云南省中医馆大数据中心落地华为玉溪云计算数据中心；与省商务厅、省国土厅等厅局的合作也在商务洽谈中。

【云产业应用初具规模】 2016年，随着云服务和互联网基础设施的完善，通过与阿里巴巴、腾讯等互联网行业明星企业的深度合作，一批依托于云计算、大数据的政企应用项目逐步落地建设并开始广泛应用，全市“互联网+”应用成效显著。玉溪教育云平台率先入驻华为云服务，一期工程2015年已经建设完成59所学校，完成投资1.02亿元，二期工程计划投资2.48亿元，于2015年5月14日正式上线，至2016年底已建成621所中小学云服务终端，集教、学、管、评、研五位一体的教育资源管理服务平台已全部建成，包括13大子系统，涵盖小、初、高的现有学科，不仅得到一线教师评价认可，教育部及省、市各级领导也给予了高度评价。伴随华为、融创天下、华唐教育、深圳永兴元、亿赞普等知名信息产业企业的落户，以市高新技术产业开发区为核心，以九龙片区和龙泉山片区2产业聚集区的“一核两片区”空间布局逐渐形成。高新区引进落户企业10家，在谈意向信息企业3家，储备、签约、开工、续建、运营的项目53项，概算投资100亿元、红塔信息产业园签约知名企业2家，在谈意向企业3家。重点推进的项目有华为玉溪云计算数据中心，位于高新区九龙片区电子信息产业园，总用地面积18亩，总投资12.5亿元。12月29日，华为玉溪云计算数据中心运营启动、云南中医药大数据中心上线。亿赞普跨境电子商务平台投资3.82亿元，跨境电商公共服务平台、“一带一路”大数据云南分中心、allinone创新支付卡项目和面向东南亚的“IBS跨境清结算中心”等建设正有序推进。华唐大数据服务外包基地投资1.55亿元，建设面向南亚东南亚的“大数据服务外包产业基地”，一期1 000席位于5月8日正式启动运营。同时，开展校企合作，建设2 000席位的产业人才培养及实训基地，规划建设3 000～5 000席位的大数据服务外包产业基地。中国联通云南分公司玉溪数据中心项目总投资8亿元，一期投资5亿元，用地面积20亩，建筑面积1.2万平方米，配置1 700个机柜，已经完成规划、可研、设计、环评等工作，于7月21日正式动工建设。高新区互联网产业园总建筑面积2.51万平方米，是全市发展信息产业空间布局的核心区域，重点发展移动互联网、电子商务、互联网+众创空间等，拟引进5～10户国内外互联网及信息服务领域领军企业，培育15～20户销售收入超过亿元的企业。高新电子商务产业园占地面积1.66万平方米，于2015年10月28日正式运营。园区集合“云”数据中心、全市名优产品特色馆、创客孵化中心，已经吸引中高端商家、创新潜力创业者、网商、金融、摄影策划等27户企业入驻，全年实现销售收入1.5亿元，带动就业2 000人。

（周凤琴）

2016年3月15日，市电信公司“3·15”开展“总经理客户接待日”活动

（张晓燕　摄）

【电信建维优一体化建设】 2016年，市电信公司融入和服务国家“一带一路”战略，贯彻落实“宽带中国”和“互联网+”行动计划，共同推进全市产业升级、经济转型、信息惠民和信息消费，塑造发展新局面。公司持续增强网络能力，打造行业领先的建维优一体的移动网络，全年新增光纤7 260皮长千米，新增4G基站459个，新增FTTH端口187 000个，实现城乡、风景区交通干线和高速公路全覆盖，优化和完善室内覆盖。全系统保持宽带优势，不断优化网络，组建建维优一体光网，实现了全市光口覆盖率72%，全市城市光网覆盖率达到96%，投资（含民资引入）超1.3亿。为提升客户感知，做好客户服务，服务支撑响应及时，提升客户可感知的服务质量，“您的时间您做主”：宽带装维预约上门，营业厅服务在线预约；“您的进度您做主”：服务全流程便捷查询，装维进度干预、交互；“您的价值您做主”：星级服务，提供无线组网、代装终端等多种增值服务选择；“您的问题您做主”：微信、QQ、欢GO等多种自助服务，宽带自助排障。为保障基础网络，确保通信安全畅通，组织完成峨山县石花村与玉景光缆1 500米、江川区龙泉山工业园区2 600米、江通高速公路段镇海4 500米、玉磨铁路段新平县扬武与玉景1 000米等架空光缆迁改项目；完成了23千米直埋线路的砍青，

150多块宣传牌的翻新，二干光缆的3次割接；排除本地网光缆隐患11处，排除二干光缆隐患4处。同时，积极构建平台共享，加快推进资源信息共享，持续推进实名登记工作，与代理商签订相关条款，厅店内配备二代身份证识别仪，并张贴相关海报，通过短信、电话、宣传海报等提醒方式告知用户到当地电信营业厅进行实名补登，至年底实现用户实名率100%。为有力支撑政府重要项目，推进互联网+产业落地，推进全市信息消费提升和产业转型，组织协调各相关部门完成“玉溪市I.YUXI免费WIFI二期租赁项目”前期热点的实地勘察，协调完成设备的采购和施工单位的招标工作，确保项目的实施；率先在全省引入电动车“物联网”监控项目，并在太标电动车厂完成安装测试；5月，物联网电力抄表项目完成测试，物联网金融POS机在红塔商业银行落地测试成功，并在运政部门及政法委的协助下，切入物联网货车定位项目，在2周内完成流程穿测，并在通海县、华宁县率先落地；支撑全市“移动护士站”项目推进，为市民健康安全提供有力保障；承接全省“精准扶贫大数据管理平台”的落地培训，现场指导参训人员进行数据录入，实现建档立卡贫困户信息的大数据管理，完成全市二区七县培训，以强有力的网络支撑保障精准扶贫大数据平台信息管理。

【全国质监E通项目经验交流会在新平县召开】 2016年1月22日，质监E通建设工程唯一性标识见证取样工作交流会在新平县召开。河北总站、广西总站、冶金工业工程质监总站、中国建研院等全国各地的工程质量监督站和检测单位参加了本次工作交流会。交流会上，市住建局和市质监站对全市建设工程唯一性标识见证取样工作开展以来的工作情况和工作效果进行了介绍。市电信公司在交流会现场向参加交流会的各位领导和来宾汇报了质监E通终端使用情况、简单办理流程、维护流程和信号盲区处理方法等服务事项。

【中标“I.YUXI”免费WIFI二期服务租用项目】 2016年，市电信公司成功中标二期“I.YUXI”免费WIFI二期服务租用项目。“I.YUXI”免费WIFI二期网络建设项目涉及238个热点，新增AP设备数为868个，主要分室内和室外两种场景；建设范围包括街道、广场、卫生所、医院、企事业单位、车站、文化馆、图书馆、社区服务中心、民营示范医院、示范村委会等；通过电信公司高速、优质光宽带，快速实现政府部门、服务机构、公共场所和旅游热点等区域的无线宽带覆盖，改善广大人民群众的信息化应用条件。

【签订玉溪教育云IPTV+频道开发协议】 2016年6月23日，市电信公司与市教育局签订玉溪教育云IPTV+频道开发协议。公司在充分整合现有优质视频资源的基础上为市教育局在全市上线教育专区，采用适合玉溪教育视频节目内容的定制化界面进行展现，方便学生查询适合自己的视频内容并收看，从而提高优质教育资源的普及，推进教育数字化建设，促进全市优质教育资源普及共享。

2016年7月13日，“互联网+食品药品安全监管”信息系统建设业务合同签字仪式暨移动执法终端配发仪式在市电信公司召开　　（张晓燕　摄）

【与玉溪师院签订校园WIFI建设运营协议】 2016年7月15日下午，市电信公司与玉溪师院举行校园WIFI建设运营协议签字仪式。玉溪师院王力宾院长、葛平副书记，市电信公司总经理何涛、副总经理冯绍文等相关领导及人员参加了本次签字仪式。该项目将积极推进玉溪师院的电子化、智慧化校园发展，全面满足师生们的多种上网需求。

【IPTV+玉溪教育频道发布会】 2016年9月28日，市教育局与市电信公司在新平县联合举办“玉溪市教育信息化应用现场会暨IPTV+玉溪教育频道新闻发布会”。由市电信公司负责开发建设的“IPTV+玉溪教育频道”在全省首家上线。市教育局、各县（区）教育局及中小学相关领导和代表，电视台及玉溪报社等媒体，市电信公司副总经理冯绍文及相关人员，厂家相关技术代表共计200余人参加了本次发布会。

（张晓燕）

【移动通信“互联网+扶贫”信息化项目建设】 2016年，市移动通信公司围绕助力全市跨越发展和脱贫攻坚两项工作，持续深化战略转型，强管理，促发展，加大基础设施建设，贯彻落实“提速降费”要求，全年累计实现运营收入9.6亿元，在网通话客户数达170万户，宽带用户数到达11万户。移动“互联网＋扶贫”综合服务站是移动“互联网+电商”助力脱贫攻坚的实体展现，互联网服务农村的“最后一公里”离不开移动宽带网络的支持。自2014年12月启动“宽带乡村”工程建设，市移动公司已实现702个行政村100%通光缆，4G覆盖率100%。围绕市委、市政府脱贫攻坚重点工作，市公司2016年已完成扶贫乡镇、整村搬迁区域4G网络和宽带覆盖，同时积极推出了“4G手机免费送、全光宽带免费装”等多项扶贫优惠活动。5月至6月，在全市扶贫乡镇免费发放4G致富信息手机1.3万余台，免费安装10M以上光宽带5 000余条。“互联网+扶贫”项目建设在峨山县富良棚乡取得实效。富良棚乡物产丰富，亚热带水果、高山优质蔬菜、野生菌类及彝文化旅游等理应成为当地的致富增收产业，但由于缺少有效宣传销售途径，老百姓们抱着“摇钱树”却仍在受穷。信息基础设施薄弱，信息闭塞成为制约当地经济发展的重要阻碍。为此，市移动公司与富良棚乡政府联合建设“富良棚乡脱贫攻坚综合服务站”来帮扶农户解决销售难题、增加收入。服务站内设置“富良棚乡特色农产品展示区、彩云优品专区、业务办理区、代客下单网购区”等功能专区。服务站向广大农户收购农产品进行二次包装，即可在“彩云优品”中上架销售，外省、外州市的客户通过手机就能购买；服务站也可以为乡内农户将需要的生活用品“买进来”，还可以开展其他信息化扶农、助农服务，从而实现信息化的便民服务。6月24日，全市脱贫攻坚与县域经济发展暨基层党建工作推进现场会在峨山县富良棚乡召开，市委书记罗应光与参会人员来到富良棚乡新修建的龙都广场，走进中国移动“互联网+扶贫”综合服务站了解“互联网＋扶贫”在基层的应用。参观过程中，罗应光对中国移动“互联网＋扶贫”综合服务站帮扶农户解决销售难题、增加收入的运作模式表示高度赞赏，并希望基层运用好“互联网+精准扶贫”这一重要抓手，充分发挥互联网在贫困地区资源配置中的功能，通过发展电子商务，把更多农特产品销出大山，助力山区群众脱贫致富。在“互联网+扶贫”的实践中，市移动公司逐步探索形成了“可持续、可结合、可复制”的扶贫开发模式，在未来的“互联网+”信息化建设和助力脱贫攻坚工作中，公司发挥在网络、服务、客户规模、信息资源、大数据分析等方面的优势，通过搭建便捷、开放、高效的信息化平台，坚定地把农村信息化建设进行下去，促进县域经济又好又快发展。

【“互联网+智慧警务合作”】 2016年4月，市移动公司与市公安局签署了《警务信息化战略合作协议》，搭建玉溪“互联网+智慧警务”信息化应用平台。“互联网+智慧警务”信息化应用平台包含了公安专网安全接入平台、视频专网安全接入平台，平台包含公安网办公自动化应用、视频网数据采集应用两个拓展移动应用项目，以及移动执法仪、APN专线、物联网、4G视频回传、LBS等融合信息化产品及业务，有效推进了公安信息化的发展进程，提升全市公安警务科技强警的整体水平，在全省公安行业形成了云（LBS报警定位为代表的“合成作战”数据化运用）、管（无线4G网、APN数据专线及其安全接入）、端（手机、电脑、可穿戴执法记录仪等物联设备）全面覆盖的行业信息化案例标杆。

【“互联网+教育合作”】 2016年，为提升教育质量，促进教育均衡发展，以“互联网＋”为发展先机，借助现代信息技术推动教育方式革命，整体推进全市教育信息化建设，市移动公司落实国家“宽带乡村”战略，按照既定目标，结合遍布市–县–乡（村）–街道四级网络资源，打造速度快、覆盖广、质量优、技术新的智能管道，为当地中小学开辟了解外界的信息化通道。公司还与市教育局签署《推进玉溪“互联网+教育”战略合作协议》，本着“政企联动、优势互补、支持教育、战略共赢”的原则，积极围绕教育基础设施建设等方面开展合作。市公司积极响应市教育局“三通两平台”的规划，为实现“宽带网络校校通”的目标，充分发挥“宽带乡村”全市702个行政村100%通光缆，4G覆盖率100%的优势，在全市开展宽带网络校校通行动。截至12月31日，已实现易门县66所、澄江县38所、新平县48所学校宽带互通，其他县（区）101所学校接入宽带，为全市253所学校提供了优质安全的网络。此外，市移动公司还依托云服务信息技术优势，与职业学校开展项目合作，构建全新的移动校园管理生态系统，其中包含了招生就业、学籍管理、教务管理、资源管理核心模块，囊括职业院校新闻动态、报考招生、在线投票、失物招领、招聘信息、入学及离校指南等多项功能，从而实现职业教育信息化管理的科学化、智能化与可视化，推进数字校园、智慧化校园建设进程。

（何焕菊）

【联通网络系统建设】 2016年，市联通公司在移动网络建设方面重点推进LTE网络建设优化。截至10月，公司已建成3G基站1 373个，4G基站474个，3/4G覆盖率已达96%；全市9个县（区）OTN系统实现了OTN节点覆盖、MSTP系统实现10G节点覆盖、分组传送系统实现10G节点覆盖，形成了较为稳定的传输网络。干线传输设备使用了较为先进的密集波分复用（DWDM）设备，而且各节点大量使用性能较为稳定的10G、2.5G、622M光端机，可根据用户需求灵活调配，提供不同速率和接口的电路。与其他运营商相比，传输网络具有覆盖面广，线路较新，设备技术先进，传输带宽大，网络性能稳定，具有完备的维护体系等优势。同时，公司为运输车辆提供基于北斗卫星的定位监控服务，监控人员可以实时掌控运输车辆是否存在超速、违停、脱离轨迹、疲劳驾驶等情况，保障货运客车安全驾驶，并通过集群对讲、E信通、

2016年4月21日，市移动公司与市公安局进行警务信息化战略合作协议签约仪式

（何焕菊　摄）

2016年6月24日，市委书记罗应光（左二）了解“彩云优品”线上运行情况
（何焕菊 摄）

4G视频监控等业务，为运输企业提供信息化服务，提升企业精细化管理水平。全市网格化社会管理综合信息系统按照“统一领导、统一规划、统一标准、分步实施、分级管理、网络互联、信息共享”的原则，以地理信息库为依托，将关联人口信息、法人信息、房屋信息、部件信息、目录信息的综合业务库与基础数据库相关联，并关联地图数据库与事件库，进行数据对接。该系统利用数据分析平台对海量的数据进行碰撞、分析、信息关联，更为直观快捷地反映社会全面综治情况、各类行业存在的重点问题、高发综治案件情况和重点人员基本情况，从而在实际工作中更好地发挥信息预警作用，提高打击和防控犯罪的作战能力，提高综治工作效率。红塔集团车辆管理信息系统可以实时掌握在网车辆当前位置、当前速度、当前方向，并对不同状态（行驶、静止）、不同车型使用不同可灵活设置的图标显示，在任意时刻通过发出指令查询车辆所在的地理位置（经度、纬度、速度、行驶方向等信息）。遵循横向到边纵向到底的原则，承接了全市电子政务外网（一期）建设项目20%的专线接入的工作。该项目为承载全市行政事业单位的信息化系统提供了一个良好德条件，可打破各单位信息孤岛的局面，为信息共享实现一站式惠民等项目提供了一个良好的载体。“互联网+扶贫”信息系统建设软件开发项目以全市网格化社会服务管理综合信息系统为基础，在全市9个县（区）75个乡（镇、街道）702个村（居）委会构建统一的扶贫信息网络系统，逐步实现全市扶贫统计数据的网络直报、在线审核、快速汇总、实时更新和网络查询；利用市网格化社会服务管理综合信息系统已有的GIS平台，将扶贫相关的基础数据、统计数据等在电子地图上直观展示，可与网格化系统已有的各类数据在地图上进行叠加显示，为各类决策分析提供图形化的数据支撑；通过数据共享平台将全市扶贫信息系统与市级其他系统建立有效连接，相互共享数据，为智慧城市建设提供精确的大数据基础；通过公共服务平台为扶贫对象开辟一条互联网+电子商务的模式，让扶贫对象利用互联网资源将自己的产品推出去，打破原有贫困地区地理偏僻、信息不对称的壁垒，形成健康长效的产业链，从而彻底摆脱贫困。网格化快递实名寄递管理系统的开发，实现了快递实名制系统基本模块的开发，实现全市快递寄递数据的网络直报、在线比对、快速预警和过程跟踪，并利用网格化社会服务管理综合信息系统已有的GIS平台，将快递企业、寄递数据等在电子地图上直观展示，还可与网格化系统已有的各类数据在地图上进行叠加显示，为各类决策分析提供图形化的数据支撑。并通过与网格化系统中已有的基础信息特别是特殊人群的信息进行关联比对，实现自动向相关管理部门发送预警信息，相关管理部门工作人员收到信息后经由规范流程处理后反馈至平台形成记录，为回溯及预防提供有力的数据支撑。

【数据中心建设】 2016年，市联通公司开工建设数据中心，依托中国联通强大的通信网络能力、一流的基础设施资源、优质的客户群和良好的品牌信誉，面向互联网、政府、金融、物流等行业客户，提供IDC、云计算、IT基础设施等建设与服务，帮助客户提高核心竞争力。市联通数据中心按省级数据中心、国际T3标准建设，一期用地20亩，建筑面积达11 000平方米，机房模达1 255个机柜，总投资5亿元。该项目预计2017年10月底投产，届时成为全省第一个运营商T3标准的IDC数据中心。数据中心将打造为面向全省以及南亚、东南亚信息辐射中心，并加快包含印度、斯里兰卡和孟加拉国等国家的跨境光缆建设和业务覆盖，最终将建设面向“孟中印缅”经济走廊的通信网络，打通所汇接8个国家的网络传输通道，加大面向“两亚”的跨境视频传播平台、跨境电子商务服务平台、跨境文化教育服务平台、跨境旅游服务平台、跨境IDC中心、对外增值业务服务平台和大数据中心建设，推动与周边国家的信息化应用交流，提升全省在国际通信网络中的地位，并借势周边国家信息化的发展，将全省打造成为面向“两亚”的通信枢纽和信息汇集重要节点中心。

（何志珍）

【通信基础设施建设】 2016年，市铁塔公司深入推进通信基础设施共建共享，共享提升至71.54%，相比3家运营商各自建站，约少建1 282个，节约投资4 271余万元，节约土地10 000余平方米。公司全力推进新建需求承接、存量资产清查注入、在建工程接收、商务定价构建等改革重点任务突破，改革成效初步彰显，“共享竞合的铁塔模式”得到了认可，在中国通信企业协议通信网络运营专业委员会决定面向各基础电信运营企业和铁塔公司组织开展的“2 015～2016年度通信网络运维管理先进单位”推荐活动中，市铁塔公司被评为全省唯一一家先进单位。2月23日，市政府发出《玉溪市人民政府关于玉溪市中心城区城市通信工程专项规划的批复》，同意市规划局、工信委上报的《玉溪市中心城区城市通信工程专项规划》，将通信基础设施建设纳入了全市的城乡规划体系。4月，省铁塔公司与市政府签署战略合作协议，市政府与各县（区）政府签署了支持通信基础设施建设责任书，并将疑难站址选址列入政府的专项督查内容。4月29日，红塔区政府与区规划局、环保局、教育局、工信局、交通局以及11个乡（镇、街道）签署了通信基础设施建设项目年度工作责任书，要求各部门、各乡（镇、街道）简化审批手续，将通信设施保护纳入社会治安综合治理和平安建设的内容，共建共享，开放资源，免费开放政府机关、企事业单位、公共场所等所属建筑物的楼顶、公共楼宇平台以及路灯、绿化带等公共设施，主动配合进行通信设施建设，确保项目尽快落地。5月上旬，各县（区）政府陆续完成与属地政府各部门、各乡（镇、街道）主体签署责任书，形成上下联动、合力共进推动铁塔等通信基础设施建设的工作新局面。市铁塔公司先后在七县二区建立了驻县办事处，通过与监理、设计、施工、运营商、代维协同办公，实现建设、维护100%与运营商对接。驻县经理直接在驻点办事处开展属地维护、建设及客户对接工作，直接对接属地运营商、政府及社会关系等协调工作，形成内部支撑、内外沟通协同机制，做到建设进度有分析、维护质量有管控、运营商服务有感知。雨季期间，暴雨强度大，强对流天气多，突发性灾害频繁，特别是3、4月，公司经受了大风的严峻考验，9个县（区）约4 300站址受到波及，累计停电8 134个。灾情发生后，公司第一时间与当地政府及电信企业全面对接，立即启动通信保障应急预案，科学调度资源，全力以赴抢修铁塔基站。全网累计投入抢修人员361人次，出动车辆181台次，投入油机821台次。昆玉城际铁路启动后，市政府要求通信基础设施建设与铁路建设同步施工、同步验收、同步开通，为铁塔高铁覆盖建设奠定基础。7月11日，红塔区政府要求各乡（镇、街道）积极支持和配合开展好晋红高速及昆玉城际铁路沿线通信基础设施建设工作。8月31日，在市政府与省铁塔公司的支持推动下，正式启动昆玉城际铁路公网覆盖项目。在市交通管理局帮助支持下，市铁塔与晋红高速公路投资公司沟通一致，提前规划通信基础设施，同步进场施工，确保在通车前开通信号覆盖。截至12月底，昆玉铁路公网覆盖项目已基本完工，完成投资1 140万元。

①2016年4月28日，省铁塔公司与市政府签署战略合作协议 ②2016年2月5日，副市长解仕清参观市铁塔公司全市监控维护展示 （张 迎 摄）

【化解电磁辐射纠纷】 2016年9月，存量移交的移动铁塔江川区国税局站点，塔型为美化水桶，主要满足大街街道周边居民的移动手机使用。当地居民担心基站辐射，希望租金到期后不续签，并将基站移出。市铁塔公司江川区办事处利用电磁辐射强度测试仪，针对40米范围内与业主及周边邻居对基站室内、室外、房屋各个楼层及电磁炉、电脑、电视、微波炉、手机等设备进行现场测试。经测试，基站电磁辐射强度在塔面前测试为0.6v/m左右，远远低于国家标准低于12v/m。而且，经过对比测试，电磁炉为基站20多倍达到13v/m，电脑为基站2倍，电视手机等跟基站持平。这一测试结果，用数据及实际测试事实说服了业主及周边邻居，让大家从科学的角度了解电磁辐射，用对比测试结果说话，最终大家同意基站继续通电运行，业主也同意续租。

【实施开关电源插框改造试点】 2016年，市铁塔公司对基站机房的插框电源采用在线式改造，改造过程中不需断交/直流电。通过试点4个基站，采用集团入围的整流模块和监控模块，结合休眠技术，使系统的工作效率达到95%以上，割接后投入运行的开关电源性能得到了极大提升。插框改造成本每站在0.5万元左右，每站节约成本1.3万元。市公司根据试点情况，对现网10年以上开关电源181套及24V开关电源31套进行插框改造，节约资金275.6万元。在共享改造容量无法满足的站点也可利用插框改造进行扩容，大大降低投资。插框电源改造获省公司优秀创新案例。

（张 迎）

青山绿水 · 碧玉清溪

（曾永洪　摄）

交通·邮政

TRANSPORTATION · POST

责任编校：王竹能

公 路

【概 况】 2016年，全市交通运输系统紧紧抓住国家建设“一带一路”“长江经济带”及全省加快推进滇中城市经济圈一体化发展和“五网”建设的重大战略机遇，立足全局，统筹兼顾，积极探索交通运输发展的新理念和新方式，千方百计加快交通基础设施建设，努力提高运输保障服务水平，呈现出公路建设稳步推进，运输事业有序发展，安全生产、应急维稳、科技创新以及党的建设和精神文明建设各项工作齐头并进、协调发展的良好势头。全市交通固定资产投资完成117.36亿元，比上年增加96.9%。全年招商引资到位资金1.5亿元，争取上级资金4.5亿元。至年底，全市公路通车里程为17 230.12千米，其中高速公路258.97千米、一级公路107.50千米、二级公路685.02千米、三级公路893.05千米、四级公路14 838.52千米、等外公路447.07千米。市到县实现了公路高等级化，通乡（镇）公路全部实现了油路化，建制村公路硬化率87.2%。围绕市委提出的在全省率先全面建成小康社会的目标要求，市交通运输局组织强有力班子，聘请省交通规划设计院，以公路路网建设为重点，编撰全市“十三五”综合交通发展规划，提出了“五纵两横七联”的高速公路网、普通国省道和重要县乡道改造、新改建农村公路等建设规划，并涵盖铁路、航空产业的布局，构建全方位、多层次、立体式大交通格局。《玉溪市综合交通运输“十三五”发展规划》于12月29日经市政府审议通过。

【高速公路建设】 2016年，全市在建高速公路10项，其中国家高速网项目4项（昆明绕城高速东南段、玉溪至临沧高速、弥楚高速弥勒至玉溪段、弥楚高速玉溪至楚雄段），建设里程687千米，估算投资996亿元（玉溪境内里程219千米，估算投资340亿元）；由市内主导建设的地方高速网项目6项（晋红高速、江通高速、武易高速、澄川高速、大开门至戛洒高速、永金高速S35元江至蔓耗玉溪段），建设里程343千米，估算投资498亿元（市境内里程257千米，估算投资370亿元）。截至12月31日，全市高速公路完成固定资产投资76.7亿元。2月2日，呈贡至澄江高速公路通车仪式在澄江县高西收费站举行，标志着呈澄高速公路正式通车。呈澄高速公路是澄江县第一条过境高速公路，使澄江县融入滇中经济圈一体化，形成了便捷畅通的快速交通格局。2月24日，弥楚高速弥勒至玉溪段、弥楚高速玉溪至楚雄段6个试验段先后开工建设。其中市境内有4个试验路段，分别为华宁县试验段7.9千米，通海县至红塔区象山试验段7.8千米，峨山县田心隧道试验段10.5千米，易门县西山箐试验段15千米。弥楚高速弥勒至玉溪段路线起点弥勒县新哨镇东风农场接国高G80广昆高速，止点红塔区多依树，接既有昆磨高速（G8511），路线全长122千米，估算总投资为227亿元（市境内80千米，估算投资120亿元）。该项目业主为弥玉公司。弥玉高速除矿产资源压覆外，其余工可支撑性报件已经完成。弥楚高速玉溪至楚雄段路线起点红塔区多依树，接国高网G8 012弥勒至楚雄高速公路弥勒至玉溪段，止点楚雄市大坝村附近接拟建项目滇中城市经济圈高速公路网楚雄至大姚县高速公起点，路线全长189千米，估算总投资为315亿元（市境内93千米，估算投资155亿元）。该项目业主为玉楚公司。玉楚高速除用地预审外，其余支撑性报件已经完成。4月15日，澄江至江川、大开门至戛洒高速公路试验路段开工建设。澄江至江川高速公路，路线起点澄江县山冲新村接昆明东南绕城高速，止于江川区大寨接江通高速，路线全长45.3千米，估算投资67.6亿元。项目投资主体为省公路开发投资有限责任公司。项目工程可行性研究报告已取得省发改委批复，初步设计已通过评审待批复。新平县大开门至戛洒高速公路，项目路线起于新平县大开门接国高G8511昆磨高速，止于戛洒镇，后期规划接国高G5615，路线全长67.71千米，概算投资108.34亿元。项目投资主体为省建工集团有限公司。项目工程可行性研究报告已取得省发改委批复，初步设计已评审待批复。7月21日，永金高速S35元江至蔓耗（玉溪段）高速公路试验段开工建设，路线起点位于元江县红光农场附近，接国高网G8511元磨高速，止点位于元江县与红河县交界处，接拟建项目省高网S35永仁至金水河高速公路红河州境内路段起点，路线全长40.27千米，估算投资57.69亿元。项目工程可行性研究报告已批复，勘察设计招标工作已经完成。

2016年4月15日，大开门至戛洒高速公路（试验路段）开工仪式在新平县举行
（王跃明　摄）

【农村公路建设】 2016年，市交通运输局围绕建设“四好农村路”的目标，加快推进农村公路新建、改善提升、农村客运等民生工程建设，新建和改建农村公路1 671千米，完成固定资产投资22.9亿元。其中建制村通村油路完成1 215.11千米，完成投资10.8亿元。华宁县被列为全省“四好农村路”示范县。市交通运输局对全市贫困自然村及直过民族村“脱贫攻坚”公路建设进行专题规划，与市扶贫办、市财政局联合下达2016至2017年30户以上贫困发生率在35%以

①江通项目文家山大桥（王　琦　摄）②晋红项目北城连接线（张　文　摄）③晋红项目昆阳立交（李浩杰　摄）④晋红项目大营街段路面沥青混凝土施工（张宏飈　摄）

上和“直过民族”户占30%以上自然村农村公路建设计划，共计1 318千米。全市75个贫困村，57个贫困村道路已实现硬化。

【国道213线改造】 国道213线改造项目市境内全长227.54千米，概算投资26亿。其中，过境段66.54千米由涉及的地方政府负责建设，其余由市公路局负责建设。截至2016年末，市交通运输局负责的前期工作已经完成；红塔区过境段完成投资4.77亿元；市公路局负责路段初步设计、施工图设计已批复，已全线开工建设，累计完成投资6.65亿元。

【公路养护管理】 2016年，全市公路养护管理立足实际，转变发展方式和理念，提高管理能力和服务水平，有效发挥路网整体功能，深化管理体制和养护运行机制改革，更加突出农村公路养护管理的基础性地位，积极适应当前公路养护工作标准化、专业化、专群结合化的要求，提高养护机械操作水平和养护设备的利用率，做到预防性养护、日常性养护、周期性养护协调发展。全年完成2015年下达的大中修项目28项，累计完成投资2 742万元；完成路安保工程项目13条，处置隐患里程215.74千米，总投资1 937万元；完成危桥改造工程项目4座，总投资252万元。2016年下达的大修计划为2项，中修计划为22项，中央财政补助金2 826万元。全市农村公路养护优良路率为县道67%，乡道46%，村道39.5%，逐步实现“有路必养、有路必管、管必到位、养必见效”的目标。

【路政管理】 2016年，全市路政管理严格执行公路巡查制度，做好路产路权保护工作；规范路政许可审批程序，制作并公示许可审批办事指南，完善了路政许可服务。全年发生路政案件445起，查处445起，查处率100%；索赔经济损失322.7万元，索赔金额319.62万元，索赔率99.05%；检查车辆323.26万辆，查处超限车辆违法行驶15.51万辆；办理路政许可审批13项。同时，完成江通一级公路的“五图六档”建设，完成澄江县、江川区、华宁县路政部门公路路产交接工作，将江川区抚仙湖径流区路居镇、江城镇辖区翠三路、老澄川路、江孤路、环湖东路、大铁线及华宁县防大线等县乡公路路产及路产资料进行移交，正式委托澄江县公路路政管理大队进行管理。市路政管理支队接管呈澄高速公路，推动“PPP模式”下高速公路路政管理工作机制的建立和完善；建立“统筹规划、政府主导、分级负责、社会参与”的农村公路路政协管机制，完善农村公路路政管理机构设置，配置了路政专管员，确保路政管理工作稳步发展。

【运政管理】 2016年，全市运政管理坚持稳中求进、稳中求好、稳中求快，坚守安全这根红线，紧紧围绕工作目标，以转变发展方式为切入点，以提高发展质量和效益为抓手，努力构建高效便捷、安全可靠、绿色环保、规范诚信的道路运输服务体系，全面推进道路运输业转型发展、安全发展和创新发展。全年新增道路运输经营从业人员6 534人，从业人员总数达115 369人，拥有营运车辆73 372辆，完成客运量1 765万人、客运周转量111 531万人千米、货运量9 307万吨、货运周转量1 469 237万吨千米，总周转量1 480 756.74万吨千米，分别比上年增长-3.76%、2.58%、5.26%、10.06%，10.03%。全市重型货运车辆启动卫星定位车载安装，12家企业进入经营车辆卫星定位装置安装及车辆动态监控，8 844辆重型货运车辆完成安装。全市推行省危险货物道路运输电子运单信息系统，13家危货运输企业603辆危货运输车辆全部纳入电子运单系统，车辆实行统一调派制度。从业资格培训监管及考试经市道路运输从业人员考试中心考核合格的从业人员达6 500余名。全市4家客运公司49条县际班线采取集中许可方式进行延续许可，新启用并签订了《玉溪市县际道路客运线路经营权合同》。同时，推进运政大数据标准化建设，对全市从业人员、营运车辆、经营业户、客运线路、管理机构、执法信息等共10大类59项业务919项数据进行清洗及整合，按照补录数量统计排名全省第三名，完成158 826项数据补录，其中客运车辆、12吨以上货车、危货车辆等相关数据的完善、清洗、补录工作均完成100%。运输市场秩序环境进一步规范，累计出动稽查人员19 786人次，检查车辆103 822辆，受理违章案件9 835件，查扣非法营运车辆176辆。新增驾校的监管实施从业资格无纸化考试，响应国家对小型车辆培训市场全面放开及市场化运作的要求，红塔区新增2户1级机动车驾驶培训学校，至年末，全市有34户驾校，其中一级5户、二级21户、三级8户。

【城市公交】 2016年，市交通运输局切实履行城市公共交通运输管理职责，落实“公交优先”战略，加大硬件投入，改善基础设施，紧紧围绕建设现代宜居生态城市的目标，倡导安全、便捷、绿色的出行方式；开展城市公共交通专项整治工作，优化公共交通线路，规范城市公共交通秩序，提高从业人员服务意识和服务质量；推动节能减排，购买新能源公交车62辆，规划在秀山西路保养场和师院东门分别建设充电站，已获发改委的投资备案许可证，师院东门充电站设计方案已通过市规划局审批并完成土建招标；推进“智慧交通”建设，利用电子站牌广告位和车内部分广告位10年的经营权，采取BOT模式完成了集智能调度与公交电子站牌为一体的“公交智能调度系统总体建设方案”招投标工作；推广交通“一卡通”的使用，贯彻惠民公交，市公共汽车服务公司与建设银行签订合作协议，通过建行发行交通“一卡通”卡。至年底，中心城区有公交线路27条，运营公交车辆275辆，其中国营线路16条，公交车辆168辆，民营线路11条，公交车辆107辆。公交线路已开通大营街、研和、高仓、北城、春和、李棋的城乡公交车，基本形成南至研和，北至北城、白龙潭，东至环山路、果木林厂，西至大营街的网络化运营格局。

2016年，运政部门开展“安全生产月”宣传咨询活动 （陈 健 摄）

【城市出租车】 2016年，中心城区全面强化出租车营运监管措施，交通执法人员轮班每日上路稽查，加大路检路查力度，严厉查处拒载、不使用计价器、无从业资格证等违章行为。全年出动稽查人员1 222人次，检查出租车辆5 610辆次，处理出租汽车驾驶员违章案件38起。7月，依据国家出台的深化出租汽车改革指导意见和网约车管理暂行办法，按照相关要求，成立深化出租汽车改革领导小组，组织召开专题会议讨论深化出租汽车改革相关问题，制定《玉溪市人民政府关于深化改革推进出租汽车行业健康发展的实施意见（送审稿）》《玉溪市网络预约出租汽车经营服务管理暂行办法实施细则（送审稿）》。

【公路质量管理】 2016年，全市公路质量管理以建立统一规范的交通运输基础设施从业单位评价体系为主线，进一步规范交通运输基础设施建设市场管理，按照权责一致的要求，创新工程质量监督和安全监管机制，坚持按现行的规范和标准进行工程质量安全监督，对出现施工质量缺陷的工程部位均要求进行返工处理，并做到检查有记录，整改有措施，结果有报告，针对现场检查发现的工程质量安全问题，均下发抽查意见通知书，确保工程质量安全处于受控状态。市公路工程质量监督站全年进行监督检查106次，涉及工程建设项目320个，填发《工程质量抽查意见书》30份，《工程质量安全督查痕迹记录》106份。

【农村客运】 2016年，市交通运输局进一步建立和完善农村客运网络，推进农村道路客运“路、站、运、安”和城乡公交客运一体化发展。全市已建成农村客运站64个，开通运行农村客运线路284条，从事农村客运的车辆1 873辆，其中公交线路49条，公交车421辆（不含红塔区）。全市75个乡镇客运车辆通达率100%，新增30条行政村客运班线，行政村通客运班线率达85.1%。

【道路运输安全】 2016年，全市交通部门把“质量是底线，安全是红线”贯穿于交通运输各项工作的全过程，落实安全监管责任，加强交通运输各领域安全执法，开展安全生产隐患排查治理、道路运输平安年活动、“平安交通”专项建设、危险化学品运输专项整治、公路隧道安全隐患专项整治、“安全生产月”“安全生产标准化建设”等专项行动，先后15次召开安全生产会议，制定下发安全生产各类文件69个，检查单位（企业）152户，查出存在一般隐患240项，整改240项，整改率为100%。客运领域开展“打非治违”，治理违规违章行为3 460起，处罚金额109.4万余元。全年交通运输系统发生9起一般营运事故，死亡人数2人。

【玉江高速取消收费】 按照江川撤县设区工作安排，2016年2月26日零时起，玉江高速公路收费站暂停收费。经报省政府批准，3月9日零时起，玉江高速公路正式停止收费。

（张　艾）

①玉溪南站铁路线路 ②运行中的火车 ③玉溪南站货场　（王兆平　摄）

铁　路

【铁路建设征地拆迁】 2016年，昆玉铁路玉溪段完成永久征地1 581.02亩，完成临时用地租用1 387.97亩，拆除民房621户（红线内涉拆民房475户，紧邻红线连体房148户，集体公房29户，企业12户，小学1所），拆迁建筑面积约23.21万平方米。玉磨铁路玉溪段完成永久征地5 217.14亩，已交付用地5 002.6亩，完成临时用地租用并交付4 871.79亩，拆迁面积95 854.23平方米，已基本完成征地拆迁工作任务。

【昆玉电气化铁路正式开通】 2016年12月15日，昆玉铁路电气化扩能改造工程正式通车运营，12月28日开行玉溪至昆明动车。玉溪西站站前广场及配套设施建设与通车运营目标同步完成。

【昆玉城际铁路正式纳入建设日程】 呈贡至澄江至江川至红塔区城际铁路新建正线长度为91.7千米，项目建设总工期按4年考虑，总投资约120.5亿元。2016年11月1日，省铁建办召开的呈贡至红塔区城际高铁可研汇报会确定将开工建设呈贡至红塔区城际高铁。

【环抚仙湖有轨电车前期规划研究】 2016年，为贯彻落实优先发展城市公共交通的战略，支撑并推动玉溪生态宜居城市建设的可持续发展，市发改委开展研究环抚仙湖有轨电车规划。环抚仙湖有轨电车规划线路全长81.8千米，全线共设站14座，估算总投资约98.2亿元。

（徐建军）

【昆玉铁路运营】 昆玉铁路为国铁Ⅱ级标准地方铁路，线路全长55.4千米，设大古城、莲池、玉溪、玉溪南4个车站，有桥梁50座、隧道10座。大古城、莲池、玉溪3个车站信号设备为8 082型色灯电锁器联锁，玉溪南站信号设备为DS6－60型计算机联锁。固定资产原值59 676万元。2016年，昆玉铁路公司完成货物运输量1 213.8万吨，比上年增加213.7万吨，增长21.3%。其中，发送货物116.1万吨，比上年增加39.6万吨，增长51.7%；到达货物460.8万吨，比上年增加59.5万吨，增长14.8%；玉河线通过运量636.9万吨，比上年增加114.6万吨，增长21.9%；货物周转量72 355万吨千米，比上年增加12 739万吨千米，增长21.4%；旅客发送30.2万人，比上年增加3.1万人，增长11.4%；经营总收入20 923.5万元，比上年减少1 265.5万元，减少5.7%。5月1日执行全路统一运价（除成品油运价不变），对公司运输收入影响巨大。12月15日，新昆玉铁路建成通车，老昆玉线客运业务停止办理。12月22日，老昆玉线货运业务也停止办理。至此，老昆玉线所有铁路运输业务停止办理。截至12月31日，公司实现无责任一般D类事故1 694天，公司行安、劳安、货装以及消防安全保持稳定，实现安全年。

（王兆平）

邮政管理

【概　况】 2012年11月6日，根据国务院办公厅《关于完善省级以下邮政监管体制的通知》和省政府办公厅《关于印发云南省完善省级以下邮政监管体制工作实施方案的通知》《关于加快完善省级以下邮政监管体制工作的通知》等文件精神，玉溪市邮政管理局正式挂牌成立，实行以中央为主、中央与地方双重管理的体制，在省邮政管理局的直接领导下，履行对本辖区邮政企业和其他从事快递业务的企业的监管职能。内设办公室和行业管理科（机要通信科）。市邮政管理局成立以来，认真履行职责，强化日常监管，通过不断清理、规范全市快递市场，保障全市寄递渠道安全平稳运行。2012年，全市许可快递企业18家（不含邮政EMS），登记备案的企业分支机构17家（不含邮政EMS）。截至2016年末，全市许可快递企业49家（不含邮政EMS），登记备案的企业分支机构138家（不含邮政EMS）。全市有22个品牌快递，即邮政EMS、圆通、申通、中通、汇通、韵达、顺丰、天天、全一、国通、品信、优速、宅急送、快捷、全峰、能达、唯品会、德邦、日益通、广通、瑞丰及其他。源畅速递有限公司被评为2016年全省邮政行业统计先进单位。全市邮政业累计完成业务收入17 199.06万元（未包括邮政储蓄银行直接营业收入），比上年增长28.88%；累计完成业务总量16 549.18万元，比上年增长44.51%。其中，快递业务收入累计完成8 010.05万元，比上年增长62.11%；累计完成业务总量401.41万件，比上年增长58.3%。

①2016年9月28日，国家邮政局副局长王梅等一行5人到市邮政管理局对党建工作进行调研、座谈。省邮政管理局党组书记、局长赵和玉陪同调研。王梅副局长一行5人到玉溪中通和玉溪申通进行实地调研，充分听取了快递企业就落实“三个100%”安全管理制度、绿色包装和农产品进城等方面工作开展情况 ②2016年11月20日，国家邮政局党组成员、副局长赵晓光等一行5人到玉溪市调研邮政普遍服务工作。省邮政管理局党组书记、局长赵和玉陪同调研。副局长赵晓光一行到澄江县分公司环城西路支局和右所邮政代办所进行实地考察，认真了解空白乡镇邮政局所补建情况、基层邮政网点业务开展情况和员工收入情况等，对空白乡镇邮政局所补建工作给予了充分肯定

（武映棣 摄）

【优化行业发展环境】 2016年，市邮政管理局继续加大《中华人民共和国邮政法》《快递市场管理办法》《中华人民共和国反恐怖主义法》《云南省邮政条例》等法律法规宣传培训，并与市综治办、市公安局联合制定下发了《关于贯彻落实邮件快件实名制信息化工作的通知》《玉溪市关于寄递行业实行实名制收寄的通告》，于2016年12月26至2017年1月3日期间在《玉溪日报》刊登《通告》，印制海报发放各企业在营业网点粘贴。全年举办邮政业安全生产知识、行业法律法规培训5次，举办全市邮政业特邀社会监督员培训1次，开展反恐演练1次。4月，市政府制定出台了《关于促进中心城区快递服务业健康发展的实施意见》，从政策、资金上对快递业的发展给予支持。中心城区太标快递物流园区改造完成。红塔区政府召开园区建设推进会，形成了《关于推进中心城区快递物流园区建设的会议纪要》，从政策、资金上对入驻快递企业给予支持。市邮政管理局积极引导快递企业入驻园区，实现产业集群发展、资源集约利用。同时做好全市邮政业“十三五”规划编制工作，与市规划局、市发改委等部门沟通联系，完成审核、评审工作。为提高全市快递服务水平，进一步规范市场经营秩序，引导快递产业向法制化、规范化、标准化方向发展，充分发挥协会在政府管理部门与企业、企业与市场之间的桥梁与纽带作用，着力推进行业协会建设，积极指导协会做好相关工作，促进行业自律。9月30日，玉溪市快递协会挂牌成立。源畅速递有限公司王彦鸿为首任会长。

【邮政普遍服务监管】 2016年，市邮政管理局依法开展了设立、撤销提供邮政普遍服务邮政营业场所审批、邮政企业停止办理或者限制办理邮政普遍服务业务和特殊服务业务审批经营

审批工作及普遍服务营业场所备案信息变更登记工作，邮政企业申请撤销营业场所审批1个，经现场核查、征求用户意见不同意撤消1个，停限办业务审批1个，备案管理3起、涉及备案网点5个。全年开展邮政普遍服务执法监督检查128人次，检查邮政营业场所33处，下发责令改正通知书4份。全年检查邮政机要通信网点46个/次，约谈邮政企业相关负责人1次，下达整改通知书1份。8位邮政特邀社会监督员开展社会监督255次，反馈监督报告255份，走访消费者233次，监督邮政网点234个/次，提出问题4个/次，提出建议3条/次。同时，配合国家邮政局完成机要邮件传递时限测试、信件传递时限测试和国家规定报刊时限投递情况调查工作。

【快递市场监管】 2016年，市邮政管理局依法办理快递企业分支机构备案工作，完成分支机构备案66个；做好快递企业分支机构委托核查和经营许可年度报告工作，完成快递业务经营许可变更及年度报告的受理、初审77份，委托核查30家。全年着力抓好重要节点安全保障及应急工作，突出做好“春节”、全国“两会”、G20峰会、南博会等重大活动期间和业务旺季期间寄递渠道服务与安全保障，扎实开展全市邮政业“扫黄打非”“反恐维稳”“行业禁毒”“缉枪治爆”及打击“假冒侵权”等工作，制定下发了《关于切实加强年末岁初全市邮政行业安全生产工作的通知》《关于做好全国“两会”期间全市邮政业服务和安全生产工作的通知》《关于切实抓好森林防火和安全生产工作通知》《关于做好第4届中国-南亚博览会期间全市寄递渠道安全保障工作的通知》《关于做好G20峰会期间全市寄递渠道安全保障工作的通知》《关于认真做好〈快递安全生产操作规范〉贯彻实施工作的通知》等文件。按照“全覆盖、零容忍、严执法、重实效”的总要求，加强日常监督检查和各种专项检查，全年与邮政企业和全市各快递企业主要负责人签订了《2016年玉溪市邮政业寄递安全保障责任书》《2016年玉溪市旺季服务和安全保障责任书》《玉溪市寄递企业落实“收寄验视+实名收寄+过机安检”“三个100%”承诺书》《玉溪市G20峰会期间寄递渠道安全保障承诺书》，做到一级抓一级，层层抓落实。全年实地检查邮政企业和快递企业及分支机构310家次，出检71天，检查1 144人/次，查处违法违规行为40起，下达书面整改通知40份，立案处罚2起，罚金1.3万元。并联合综治、公安对七县二区邮政及快递企业开展联合执法检查2次。

【“三个100%”安全管理制度】 2016年，市邮政管理局全力推进寄递安全“三个100%”管理制度的落实，采取会议部署、约谈、督查检查、定期通报、宣传教育等措施，全面贯彻落实三项安全管理制度。同时，要求各企业严格执行收寄验视制度，对收寄物品一律做到“先验视、后封箱”，做到100%验视收寄物品，100%加盖“收寄验视章戳”，严密防范枪支、弹药、爆炸物、危险化学品、易燃易爆物品和有毒物品等易引发社会安全问题的禁寄物品通过寄递渠道流通；要求企业严格执行实名收寄制度，在收寄过程中，认真核对客户有效身份证件，严格落实实名登记，做好客户信息安全管理，谨防寄递用户个人信息泄露，并与市综治办、公安局制定下发了《关于贯彻落实邮件快件实名制信息化工作的通知》和《玉溪市关于寄递行业实行实名制收寄的通告》；严格执行过机安检制度，要求各企业严格按照《邮政行业安全生产设备配置规范》规定，完善消防、监控、X光机等安全生产设备配置，全面落实邮件、快件100%过机安检，企业限期配置X光机，并对10家承担快件、邮件集中处理的分拨中心（处理中心）企业负责人进行了约谈，下达了整改通知书。至年末，全市6家快递企业按照要求配置了X光机安检设

①

②

①2016年9月30日，市快递协会成立 ②2016年10月25日，市邮政管理局举办全市邮政业特邀监督员暨业务培训会 （武映棣 摄）

备，2家快递企业实行委托安检。

【职业技能鉴定】 2016年，市邮政管理局为提升全市快递业务员的服务能力和技能水平，提高服务质量，按照国家邮政局和省邮政管理局的安排部署，认真做好全市快递业务员职业技能鉴定考试报名组织工作。全年组织开展了3批次的快递业务员职业技能鉴定考试报名，参加人数62人，通过人数33人，通过率达53.23%。

【用户申诉和满意度调查】 2016年，市邮政管理局为了维护邮政业消费者的合法权益，促进邮政业服务质量的提高，根据《中华人民共和国邮政法》《中华人民共和国邮政法实施细则》等有关法律、法规规定，认真做好消费者申诉处理工作，加强邮政业消费者申诉受理与市场监管的衔接和联动，及时妥善解决用户反映的问题和诉求。全年受理、处理消费者申诉9件，已全部妥善处理，消费者满意率为100%。为准确了解全市广大消费者对市内快递企业各项服务质量的实际感受，客观、及时地反映市内快递企业在快件（邮件）受理、揽收、投递、售后服务等方面的情况及存在的问题，促进全市快递服务质量提升及快递业健康发展，还开展了公众对部分快递企业满意度调查工作。

（武映棣）

邮政经营

【概 况】 2016年，市邮政公司深入推进集团公司“一体两翼”经营发展战略，紧紧围绕省邮政公司总体部署，有机结合地方经济发展及群众需求，主动适应经济发展新常态，以发展为中心，创新为驱动，努力实现“十三五”规划的良好开局。1月，围绕客户、产品、渠道，建立资源充分整合、部门分工协作的经营体系，撤销了市场经营部、电子商务局、金融业务局、函件局、集邮公司，设立了市场营销部、渠道平台部、服务质量部、代理金融部、文化传媒部。3月，将投递局和包裹中心合并成立包裹快递部。全市邮政业务总收入完成9 589.25万元，完成年度预算10 023万元的95.67%，比上年增长7.29%，净增651.25万元。全市实现邮政业务总量9 427.24万元。公司连续16年保持省级、市级文明单位称号。

【普遍服务】 2016年末，市邮政公司有邮政支局（所）88个，其中农村支局所69个，电子化支局75个，全部开办普遍服务业务、汇兑业务和报刊业务；开通邮路46条，城市投递段道1 447千米（单程），农村投递线路7 862千米（单程），其中自行车463千米（单程），电动三轮车941千米（单程），步班投递线路14千米（单程），摩托车6 439千米（单程全市51个乡镇、437个行政村通邮面达100%）。全年免费收寄义务兵函件和盲人读物550件，收寄国际国内及港澳台平常信件、印刷品26.63万件、给据函件7.65万件、邮资封片卡83.33万件、普通包裹3.31万件、快递包裹19.73万件、标快45.24万件、无名址函件92.32万件，投递国内平常函件543.61万件、给据函件37.28万件、快递包裹116.88万件、无名址函件56.95万件、普通包裹3.04万件、国际及港澳台函件包裹0.18万件、标快131.24万件，投递报纸杂志1 607.8万份，投递各类通知单5.12万件，处理进出口机要邮件1.94万件，开发、兑付汇票9.77万笔。

【邮务类业务】 2016年，函件业务实现收入383.07万元，比上年增长–45.48%。全年依托邮政数据库，开发地方和行业邮资封15.2万枚；积极推进区域无名址广告营销项目，参与国际禁毒日、交通安全宣传日相关宣传活动，开发制作了宣传手册、无名址信函76单115.8万份；积极开发形象年册5 130册。集邮业务实现收入1 176.27万元，比上年增长13.65%。报刊业务实现收入838.93万元，比上年增长–3.96%。全市113所学校春、秋两季教材发行配送187.85万册。同时，做好重点刊物、文化礼盒、形象期刊的宣传征订和市场营销，开展助学惠民图书巡展活动，完成2017年新邮预订工作，引导客户通过信息化手段提升预订质量，拓展预订渠道和方式，报刊大收订实现流转额1 960.62万元，增值业务实现收入747.94万元，比上年增长52.04%；发挥网点资源优势，利用全市85个营业局所、25个报刊亭、466个便民服务站、5个“三农”服务站等实体渠道，以及邮政网站、移动终端等电子渠道，为百姓提供邮政、金融、代收代付水电费、税费及代办证照、代售飞机票、火车票、长途汽车票等“一站式”综合便民、利民服务，代扣电费用户累计达12.93万户，代收话费及公共事业费45.17万笔，代理票务13.63万张。

【包裹快递类业务】 2016年，全市邮政以项目带动、团队营销为重要抓手，以质量为切入点深化网络运营和服务方式转型，实现包裹快递收入1 727.76万元，比上年增长3.86%。全市建成23个揽投站、13个社会加盟站。通过开展全市包裹快递业务劳动竞赛以及“双11、12”等时点的专项营销活动，做好银行凭证包、身份证、政务邮件、通知书和学生档案、交管车牌、猫哆哩、校园包裹、“云

2016年7月，邮政倾心服务抚仙湖灯会，为灯会制作邮资门票、提供门禁系统服务

（杨 坤 摄）

①2016年3月8日，市邮政公司承办新平县全民阅读读书月活动，捐赠书籍（汤镜平 摄）②“纪念中国工农红军长征胜利八十周年”全国青少年集邮教育实践活动进校园（段 娟 摄）

岭先锋”“褚橙”“花果飘香云邮送鲜”特色产品等寄递项目。

【代理金融类业务】 2016年，以提供普惠金融服务为出发点，以外拓走访、主动营销为基础，以项目营销、主题活动为抓手，以网点转型为引擎，通过各类主题营销活动以及跨年度营销PK赛，举办夕阳红专题讲座及金融防诈骗讲座活动，组建四大俱乐部，坚持走保存量、促增量的发展模式，转型经营成效显著。全市代理金融业务收入完成4 128.67万元，比上年增长13.88%，增收503.12万元；年度新增存款5.9亿元，余额规模为27.56亿元；代理保费7 974.08万元。全年新增电子银行客户11 691户，布放POS机具446台，发卡27 699张。

【助推农村电商发展】 2016年，市邮政公司积极落实中央一号文件以及电商精准扶贫工作要求，借助邮政网络平台发展农村电商，取得一定成效。全市建设邮乐购站点230个、农村电商运营中心1个、推广邮掌柜系统293个、注册激活邮乐小店268个。根据各县（区）的特色农产品开发农村电商项目，通过邮政线上线下渠道，累计销售新平县哀牢山橙8 095件逾40吨、茂谷柑4 264件逾21吨、澄江县渔山蓝莓2 500件、元江县依江风金芒果3 708件、易门县康源洋蓟茶7 260袋，实现农产品销售金额218.06万元，让政府满意，让农民受益，助力地方经济发展。通海县邮政公司主动契合地方政府开展农村电商扶贫示范县工作，配合当地政府率先在全市建成了电子商务孵化中心，做好农村电商仓储、运输和最后一公里配送服务。

【开展助学惠民图书巡展】 2016年，为响应“倡导全民阅读，建设书香社会”号召，3月8日，新平县邮政公司承办了“全民阅读、培育和践行社会主义核心价值观”读书月活动，组织正版图书以优惠打折价格面向读者销售，并向新平县第四小学捐赠了价值2万元的书籍。4月7日至4月17日，易门县邮政公司在易门县龙泉文化广场开展了为期10天的“全民阅读、提升素质，创文明县城”大型书报刊普及惠民助学活动，并向方屯中学和铜厂小学分别捐赠价值1万元书刊。两项活动均得到了当地宣传部、教育局、住建局、文化旅游广电和体育局等部门的大力支持。

【《把美丽玉溪寄出去》邮资封首发】 2016年3月20日，为纪念中国邮政开办120周年，让更多人了解中国邮政和这段不平凡的历史，同时把美丽玉溪通过邮资封寄出去，让更多的人了解玉溪、关注玉溪、喜爱玉溪，《中国邮政开办一百二十周年》纪念邮票首发式暨《把美丽玉溪寄出去》邮资封首发活动在红塔区、通海县、江川区、峨山县、易门县同时举行。全市各地近千名集邮爱好者参加了首发活动。《把美丽玉溪寄出去》邮资封的设计以出水口、红塔山、聂耳音乐广场、聂耳雕像等著名景点为主要元素，采用了简洁的设计风格，清新地展现出社会主义核心价值观的主题，也反映了本地特色文化。

【校园集邮活动】 2016年9月21日，由省集邮协会、市邮政公司主办，市第二高级职业中学、市第六中学承办的纪念“中国工农红军长征胜利八十周年”青少年集邮教育实践活动在市第二职业中学举行。活动以“弘扬长征魂同筑中国梦”为主题，分为唱一首长征歌曲、看一部长征电影片段、讲一个长征小故事、跳一个长征舞蹈、听一场集邮知识讲座4个单元，期间还举办了青少年集邮巡回展览，展出邮集11部、30框。此次活动进一步弘扬了“红军不怕远征难”的大无畏精神和艰苦奋斗不怕牺牲的民族精神，传承红色文化，以邮票为载体，将长征精神与集邮文化有机融合，再现波澜壮阔的长征历史画卷，让长征历史和长征精神在青少年之间广泛传播和弘扬。

【强化网络支撑能力】 2016年，市邮政公司完成所有县域转运、分拣和投递“三合一”优化作业流程，加大投递能力建设投入，累计配置投递用PDA189台、投递用车辆141辆、电动三轮车44辆，提升全市邮政网整体运行能力、效率和效益。同时，配合完成ERP系统投资项目计划管理子模块、金融网点win终端管理系统、邮储大数据平台客管系统、金融网点二代证身份核查系统、金融移动展业系统（MDM）、银行合规管理系统等工程上线及系统优化工作，并对15个电子化手工网点实施电子化联网网点改造及中心机房网络改造扩容，对全市8个网点实施了改造，配备生产用点钞机10台、清分机13台、身份证阅读器45台，提升营业平台的服务能力。

（段 娟）

青山绿水·碧玉清溪

（吴 垠 摄）

城建 · 环保

URBAN CONSTRUCTION · ENVIRONMENT

责任编校：王竹能

城乡规划

城乡建设

建筑业

房地产业

环境保护

城乡规划

【概　况】 2016年，市规划局按照建设生态幸福宜居城市及新型城镇化工作要求，主动融入国家“一带一路”发展战略，努力发挥城乡规划引领作用，不断提高规划服务水平和质量，规划管理工作取得实效。规划编制完成城市总体规划修编请示上报，并按照总规评估实施情况，结合江川撤县设区，启动了城市总体规划修编工作。同时，推进县级城市总体规划修编，县级总体规划已有6个县完成修编报市政府批复。通海县、易门县已完成规划编制并上报审查。“多规合一”是以协调国民经济和社会发展规划、土地利用总体规划、城乡规划以及生态环境保护规划等为基础，融合产业发展布局、基础设施建设、公共服务设施建设等政府工作事项，使政府在城乡建设中能够具有统一的空间规划和管理信息平台，推动国民经济和社会发展规划、城乡规划、土地利用规划、生态环境保护规划等多个规划的相互融合，实现一本规划、一张蓝图，以增强决策科学性，提高行政效率。红塔区、易门县已完成“多规合一”规划成果编制并已报省住建厅进行了审查。市规划局还组织编制了《玉溪市综合交通发展战略及改善提升行动规划》，系统分析研究了中心城区存在的综合交通问题，并以问题为导向，提出了措施和建议，以规划引领，解决城市道路交通拥堵。

【美丽乡村建设规划】 2016年，市规划局结合市委“争先创优、跨越发展”大讨论大行动工作要求和安排，进一步完善《美丽玉溪行动规划》，并组织开展美丽宜居乡村规划建设管理培训。市级相关部门、县（区）、乡（镇、街道）481人参加培训和考试。同时，积极做好2 016～2017年“百村示范、千村整治”行动村庄规划编制指导工作，下发《玉溪市规划局关于开展2016～2017年“百村示范、千村整治”行动示范村建设规划编制工作的通知》，制定《玉溪市“百千工程”行动示范村建设规划编制技术要点》，完成60个市级示范村规划评审，督促指导县（区）推进美丽乡村规划编制工作；组织县（区）成功申报2016年省级农村危房改造和抗震安居工程建设示范村46个；督促指导县（区）完成规划编制，组织完成省级示范村规划省、市专家联席评审；督促指导全市省级易地扶贫搬迁新村规划编制，完成对已编规划的市、县级联合技术审查；制作完成省级示范村、市级示范村、易地扶贫搬迁安置新村建设规划3本评审意见汇编。

【成功申报国家海绵城市试点城市】 2016年4月22日，玉溪市代表云南省参与国家海绵城市试点竞争性评审，以优良的整体设计能力、系统的生态发展战略、创新的海绵运作模式，获得全国第四名的好成绩，成为第二批国家海绵城市试点城市。全市将紧紧抓住建设“海绵玉溪”的契机，通过2 016～2018年3年时间，积极开展生态城市建设的探索和先行先试，在海绵城市建设模式、融资模式、标准制定、施工工艺、建筑用材等方面积极探索，大胆尝试，为全省乃至西部高原山地同类中小城市海绵城市建设工作打造样板工程。

海绵城市调研　　（市规划局　提供）

【开展“点亮红塔”夜景照明规划设计审查】 2016年，市规划局编制具有实施性及指导性的规划方案《点亮红塔—中心城区夜景照明规划设计方案》及《点亮红塔—中心城区公共产权建筑景观照明设计导引》。主要内容包括现状与问题、案例借鉴、上位规划梳理、照明规划、近期实施项目、公共区域夜景照明设计导引、灯具选型导引、实施管理要求等，为“点亮红塔”工程实施提供依据和指导。

【国家传统村落申报及规划编制】 2016年，市规划局在完成前三批14个传统村落保护发展规划编制报省级审查通过并全部获得了中央财政资金支持的基础上，成功申报第四批国家传统村落14个。至此，全市共有国家传统村落28个。

【城市设计突出特色风貌】 2016年，市规划局在城乡规划修编过程中，注重街区的空间美感与建筑的文化特色，加强城市建筑风貌的协调，从塑造城市的个性、提升城市品质、打造城市形象的要求出发，结合一地四乡、三大湖泊、四大文化、六大名山等资源禀赋和区位等，对城市建筑色彩、建筑风格等做出总体设计布局与构思。《玉溪中心城区城市设计》基于对城市形态地域的感知，对空间结构、山水格局、道路交通、景观体系、开敞空间、城市立面轮廓等要素进行设计控制，塑造山水田林城共生、可持续发展的城市形态。设计成果指标全部纳入规划内容，建立重点片区城市设计与控制性规划同步编制，将城市设计工作贯穿于城市规划管理全过程。已编制完成《新滇中新民族风格建筑研究及实施导则》《抚仙湖流域山城湖建筑风貌导则》《中心城区标识系统设计导则》等。还在省内率先出台了《玉溪市建筑设计控制导则》，包括了街区立面设计、建筑天际线、主要廊道控制、建筑色彩、风貌管控等细节要求，并将城市设计与控规有效结合，形成图文并茂的导则系统，指导各县（区）城市规划建设工作。

【强化技术规范】 2016年，市规划局围绕全面深化改革目标任务，积极强化技术规范建设，对2013年3月印发实施的《玉溪市城乡规划管理技术规定》执行情况进行了总结、评估，结合国家、省、市新出台的城乡规划管理政策要求对相关条款提出了修改意见和建议，完成修订并发布实施。为加强建筑风貌特色研究，开展了《中心城区建筑风貌导则》研究编制工作，完成编制并发布实施。还制定《关于进一步加强城乡规划建设管理工作的实施意见》，对应中央、省关于进一步加强城市规划建设管理工作的意见相关条款和工作重点，将中央和省的要求与实际相结合，着眼改革创新，提出具体措施。

（王宇飞）

城乡建设

【概　况】 2016年，面对错综复杂的经济形势，在市委、市政府的坚强领导下，全市住房城乡建设系统探索创新、迎难而上，较好地完成了年度工作目标。全市城镇保障性安居工程开工8 081套，基本建成12 515套，分配入住6 879套；农村危房改造开工40 613户，竣工33 131户。房地产业完成投资305.22亿元，比上年增长37.63%；销售商品房116.4万平方米，比上年增长32.57%。建筑业完成产值143.88亿元，增加值53.82亿元，比上年增长25.5%。同时，以海绵城市建设、地下空间开发、黑臭水体治理、城市提质扩容等为主要内容的一大批市政基础项目密集启动，城镇聚集辐射能力和综合承载能力不断增强；以夯实农村长远发展基础为目的"百村示范、千村整治"、提升城乡人居环境、城乡垃圾整治等行动深入推进，构建新型城乡关系、促进城乡协调发展取得新成效。至年末，全市常住人口城镇化率达到48.1%，比上年年提高1.2个百分点；全市城市道路总长达648.56千米；城市供水管网1 344.96千米，供水普及率达100%；建成城镇生活污水处理厂10座、污水管网760千米，城镇生活污水集中处理率由上年的88%提高到91%；建成城市生活垃圾处理厂9座、中转站14座、渗滤液处理设施8座，生活垃圾无害化处理率达到99%；累计启动84个建制镇"一水两污"项目建设，完工20个，开工建设12个，开展前期工作52个，有66个项目争取到省级补助资金11 450万元。乡镇（镇区）自来水供水设施覆盖率94.36%，污水处理设施覆盖率60.56%，生活垃圾处理设施覆盖率94.37%。自然村生活垃圾有效治理率58.18%。至12月末，全市住房城乡建设行业共完成招商引资任务10 000万元，完成率200%；争取上级资金完成76 013.56万元，完成率119%。

【海绵城市建设】 2016年，为贯彻落实《国务院办公厅关于推进海绵城市建设的指导意见》《云南省人民政府关于稳增长开好局若干政策措施的意见》精神，修复城市水生态环境，提高城市可持续发展能力和新型城镇化建设质量，成立了以市委主要领导为组长、市政府主要领导为常务副组长、相关副市长为副组长、市直相关部门主要负责人为成员的海绵城市建设试点工作领导小组。按照海绵城市建设"渗、滞、蓄、净、用、排"的功能要求，完成《海绵城市建设专项规划（2016～2030年）》，并制定出台配套政策文件、办法和制度53项，全力争取海绵城市省级试点和国家试点申报工作。4月22日，玉溪市在国家海绵城市试点竞争性评审中以第四名的好成绩脱颖而出，成为全国海绵城市试点，获得中央财政连续三年每年4亿元的专项资金补助。至年末，4亿元中央补助资金已到位，海绵城市建设专项规划已完成，并确定20.9平方千米试点区域，梳理290个建设项目，计划投资83.77亿元；16个海绵城市建设项目已完工，41个项目正在抓紧建设，完成投资11.16亿元，完成率13.32%，建成海绵区域4平方千米。

【六城同创】 2015年9月，市委、市政府召开动员大会，同步开展联合国人居环境奖、全国文明城市、国家环保模范城市、国家生态园林城市（2016年更换为国家海绵城市）、国家智慧城市和创新型试点城市创建工作，统称为"六城同创"。市住房城乡建设部门牵头负责联合国人居环境奖、国家海绵城市和国家智慧城市3项创建工作。至2016年末，联合国人居环境奖按年度创建目标有序推进，获得省级节水型城市称号，国家节水型城市通过国家部委考评验收，已列入全国第八批拟命名城市进行公示，待住房城乡建设部和国家发改委授牌命名。国家智慧城市创建工作完成顶层设计编制并通过专家评审。聂耳文化广场视频监控建设正在组织项目招投标。智慧社区、建筑智慧能源管理正在开展前期工作，并与东南大学洽谈合作推进创建智慧城市试点建设，引进华为、融创天下等知名信息产业企业，带动本地信息企业快速成长，新建移动基站1 100座，4G应用全面普及，702个行政村全部实现光缆通达，173个无线网点投入使用，"互联网+"运用不断深化，智慧生活触手可及。

【城市地下综合管廊建设】 2016年3月，全市成功申报省级地下综合管廊试点城市，获得省级奖补资金2 000万元。至年末，《玉溪市城市综合管廊专项规划》和澄江县、华宁县地下综合管廊规划编制完成，其余各县正抓

2016年11月17日，中国农业银行副行长王纬一行考察玉溪城市建设（马剑炜　摄）

①2016年已建成的海绵城市项目——冯家冲人工湿地（马剑炜　摄）②红龙路地下综合管廊项目施工现场（市住建局　提供）

紧编制。中心城区红塔大道、火车西站市政道路及元江县滨江路、新平县生态文化旅游示范区规划1号道路4个城市地下管廊项目共计19.04千米全面开工建设，建成综合管廊7.88千米，累计完成投资26 960.5万元，完成国家和省级下达任务。中心城区红龙路、玉江大道等城市地下综合管廊项目已完成社会投资人招投标工作。

【黑臭水体治理】 2015年11月，报经住房城乡建设部核准，中心城区玉带河、中心沟下段、玉溪大河下段、东风大沟南段（后更名为金水河）4条河道计6.26千米纳入黑臭水体整治项目。至2016年末，完成4条河道治理信息公示、招标代理抽取、设计招标公告发布等工作。金水河、玉溪大河下段黑臭水体治理及海绵工程已实现开工建设。金水河治理项目完成玉兴路截污管网约800米和秀山路截污管网工程。中心沟与玉溪火车西站建设同步实施，完成河道改造500米、污水箱涵680米，完成投资3 000万元。玉带河黑臭水体治理项目已通过可研评审，等待批复。

【城市规划馆项目】 2016年7月，玉溪市城市规划馆项目开工建设，至年末完成基础垫层、止水帷幕、桩基工程、基坑支护及工程桩施工。城市规划馆选址玉江大道与滨河北路交叉口东北侧，用地面积26亩，总建筑面积19 843平方米，地上4层，地下1层，总投资约1.99亿元。城市规划馆以“玉贝涎珠、溪懿万象”为核心主题，贝壳来源于水，内在同于山石，集中体现的是有山有水、人与自然和谐的城市愿景。项目采用政府购买服务方式融资建设，由市住房城乡建设局作为项目实施主体，政府购买服务采购所需资金分年度列入市本级财政预算。

【中心城区安全骑行系统】 2016年8月，为转变出行方式、改善交通环境、倡导低碳生活，实现开放、创新、生态、宜居、宜业城市发展目标，启动中心城区安全骑行项目建设。一期项目计划修建5条自行车道路段，全长38.67千米，设置公共自行车站点84个，配置自行车2 000辆（含电动自行车400辆），锁车器2 160套，估算投资9 300万元，采用PPP模式实施。至年末，一期项目已完成62%的工程量，启用站点50个，投放自行车577辆，开始试运营。试运营期间最高使用记录为一天内平均每辆自行车被租用9次，社会效益良好。

【天然气利用】 2016年，市住建局制定《玉溪市2016年中心城区公共服务用户天然气利用发展实施意见》。市级财政补助资金1 000万元。中心城区新增燃气管网管网55千米，全市新增加燃气管网111千米；新增居民用户5 000户，完成率100%；实现通气小区39个，居民5 938户；新增工业用户2家、公共服务用户60户。全年用气量593.25万立方米。华宁县、峨山县、易门县3条县际天然气支线已开工建设，完成管道建设67千米，累计完成投资1.5亿元。各支线CNG加气

①2016年12月26日，玉溪市人民政府与东南大学、亿阳通迅股份有限公司签署智慧城市建设投资合作意向书 ②2016年11月28日，首个黑臭水体治理项目——金水河（东风大沟）黑臭水体治理项目签约仪式（张　权　摄）

站、LNG气化站、末站等设施正在抓紧建设。

【中心城区其它重大项目建设】 2016年，玉江大道绿化提升工程全面完成，投入资金2 230万元；路面改造工程共26.04千米，配建部分地下综合管廊，估算投资12.85亿元，完成社会投资人招选，签订PPP合作协议，可研已获得批复。高铁新城站前广场核心部分及3条主要配套道路已于12月15日投入使用，累计完成投资2.5亿元。红塔大道下段、珊瑚路、朱槿路3条道市政道路管网改造全面完工恢复通车，完成投资7 235万元。中心城区垃圾焚烧厂完成三通工作，正在进行厂区平整，完成投资1.7亿元。中心城区垃圾收集转运系统建设项目启动，拟投资1.8亿元，在研和、北城、大营街、高仓、春和和李棋街道新建7座生活垃圾转运站，完成项目可研编制和李棋垃圾转运站选址意见书，其余前期工作正抓紧开展。

【城市供水管理】 2016年末，全市有供水企业9家，自来水厂15个，供水管网总长1 344.96千米。全市自来水厂供水能力25.37万立方米/日，城市供水普及率100%，水质合格率100%。

【城镇污水处理配套设施建设及运营管理】 2016年，省级下达全市城镇污水处理厂配套设施建设和运营管理任务为新建配套管网72千米，消减化学需氧量12 963吨，消减氨氮1 162吨。截至年末，全市新建污水管网77千米，完成率107%；完成COD削减量12 968吨，完成率100%；完成氨氮减削减量1 210吨，完成率104%。

【集镇一水两污项目建设】 至2016年末，全市启动建制镇“一水两污”设施项目84个，总投资8.09亿元，其中66个项目争取到省级补助资金11 450万元；已完工20个，开工12个，其余52个项目正在进行前期工作，完成投资2.93亿元。全市乡镇（镇区）自来水供水设施覆盖率94.36%，污水处理设施覆盖率60.56%，生活垃圾处理设施覆盖率94.37%；自然村生活垃圾有效治理率58.18%。

【美丽乡镇规划建设三年行动】 2016年8月，全市对2015年实施的18个美丽乡镇建设主体工程进行了市级考评验收。随后，对2016年12个美丽乡镇建设下达市级补助资金4 000万元，并完成方案评审，开工5个，开展招投标等前期7个。

①

②

①2016年12月3日，住建部城建司副司长朴凤兰率专家组考核验收玉溪节水型城市建设情况（张 权 摄） ②2016年10月20日，省住建厅副厅长赵志勇带队检查人居环境提升开展情况（吴灵通 摄）

【城乡垃圾整治行动】 2016年，市级继续补助资金1 000万元开展城乡垃圾整治，圆满完成三年整治行动任务。至年末，全市已有473个村（居）委会建设了垃圾收集设施，418个村（居）委会建设垃圾处置设施，保洁人员5 161人，垃圾池5 930个，垃圾房1 185个，垃圾桶22 462个，垃圾箱体7 182个，转运站74个，人力三轮车408台，电动三轮车52台，拖拉机138台。

【百村示范千村整治】 2015年至2016年，市级下达“百村示范、千村整治”行动村庄建设资金122 030.05万元，其中省级补助资金9 000万元，市级融资贷款113 030.05万元。2015年47个示范村、393个整治村建设完成。2016年～2017年60个示范村开工建设43个，605个整治村开工建设458个。

【点亮玉溪行动】 2016年，全市制定《“点亮玉溪”行动计划》，按照“一次规划、示范先行、分期实施”的原则，以七县二区4 663个尚无路灯的自然村组的村内户外、部分村寨人员密集区域道路等为对象，计划安装太阳能路灯50 000盏，以满足村民的出行需求。至年末，成功引进飞利浦照明、中国电子2家世界500强企业与本地企业合作，实现灯泡、芯片、电池、灯杆等一整套路灯照明设备的本地化生产，并建立完善、统一、高效和智能的后期运行管护体系，完成1 100盏太阳能路灯的安装工作。计划2017年全面完成50 000盏路灯安装工作。

【城乡公共厕所治理】 2016年，省、市两级共补助公厕建设管理资金2 290万元，全市开工建设城市公厕74座，完成建设68座，占省级下达任务54座的126%。其中新建23座，改建45座，正在建设的6座公厕预计2017年2月底建成投入使用。农村公厕建设纳入“百村示范、千村整治工程”一并实施，全年新建和改扩建农村公厕246座。

【传统村落保护】 至2016年末，全市已获批国家传统村落14个，其中第一批传统村落元江它克村基本完成建设，第二批7个国家级传统村落及第三批6个传统村落完成了规划编制并分别通过省级、中央审查。第四批传统村落组织申报，有21个传统村落通过省级审查并已上报国家住房和城乡建设部审批。全年争取到上级资金3 450万元，完成投资约300万元。

【提升城乡人居环境五年行动】 2016年，全市全面启动以城市治乱、治脏、治污、治堵，改造旧住宅区、改造旧厂区、改造城中村，拆除违法违规建筑，增加绿化面积为主要内容的“四治三改一拆一增”行动，在农村以改路、改房、改水、改电、改圈、改厕、改灶和清洁水源、清洁田园、清洁家园为主要内容的“七改三清”行动，全面建设生态宜居文明幸福的魅力之城和新房新村、宜居宜业的美丽幸福家园。至年末，市级领导机构已成立，领导小组办公室已设立在市住建局开始运转，并制定了《玉溪市提升城乡人居环境行动领导小组及办公室工作职责》《玉溪市提升城乡人居环境行动领导小组工作制度》，印发《玉溪市进一步提升城乡人居环境五年行动计划（2016～2020年）》及《玉溪市城乡违法违规建筑治理行动方案》《玉溪市农村生活垃圾治理及公厕建设行动方案》《玉溪市农村污水治理及镇供水设施建设行动方案》3个配套方案，编制《玉溪市提升农村人居项目建设实施方案》。同时，“六城同创”、地下综合管廊建设、棚户区改造、黑臭水体治理、增绿添色、城乡公厕建设、城镇“两污”项目建设及运营、“百村示范、千村整治”、美丽乡镇规划建设、集镇“一水两污”、城乡垃圾整治、农村危房改造、“点亮玉溪”等提升城乡人居环境的重大项目和专项行动全面推进。

【统筹城乡发展争先创优两年行动】 2016年，按照《玉溪市开展“争先创优跨越发展”两年行动计划》，市住建局牵头制定《玉溪市统筹城乡发展争先创优两年行动计划》，围绕“增强城市聚集辐射能力、提高城镇综合承载能力、夯实农村长远发展基础”三大行动目标，从城乡规划全覆盖、城乡基础设施提档升级、农村扶贫开发脱贫攻坚、城乡人居环境改善、农村潜力挖掘、城乡住房保障体系完善、房地产业建筑业提质增效、城乡管理体制创新八大工程着手，统筹住房城乡、农业、扶贫、水利、交通、公安、教育、卫生计生等部门职能和资源，全面构建新型城乡关系，促进城乡要素平等交换、合理配置和基本公共服务均等化，推动城乡共同繁荣、协调发展，并取得新成效。

【园林绿化】 2016年市，住建局实施中心城区“增绿添色”行动，对昆磨高速玉溪段5个立交节点及中心城区13条市政道路实施景观提升改造工作，栽种乔木3 756株、中层灌木9 478株，栽种地被植物77 858平方米，栽植植景草本植物13 805株，摆放盆花223 332盆，在高仓立交和三

①2016年7月21日，市委、人大、政府、政协领导和市直部门负责人参加玉溪市城市规划馆开工仪式 ②2016年6月23日，全市城市工作会召开期间，市级四套班子领导及各县（区）、市直各部门主要负责人调研城市建设情况 （张　权　摄）

2016年4月27日，国际风景园林学术报告会在玉溪召开，IFLA前任主席、博士戴安妮·孟塞斯（DianeMenzies），中国风景园林学会理事长陈晓丽，国务院参事、中国风景园林学会副理事长刘秀晨等有关专家、领导参加会议（张　权　摄）

角公园安放花箱220个，新增绿地面积22 708平方米，人行道地面透水砖铺改38 296平方米。同时，对申报市级园林单位、园林小区的项目组织考评；指导完成中心城区13条道路“增绿添色”景观提升改造，改造绿地面积11.28万平方米，增加绿地面积1.68万平方米；指导完成中心城区九龙池风景名胜区总体规划编制工作；指导元江县、新平县完成创建国家园林县城省级初审工作。至年末，全市建成区绿地率33.16%，绿化覆盖率37.92%，人均公园绿地11.29平方米。玉溪市获得国家园林城市称号。易门县和华宁县获得国家园林县城称号。峨山县、澄江县、元江县和新平县获得省级园林县城称。

【聂耳文化广场景区管理】 2016年，景区管理主要做好反暴恐、宣传接待、保洁、绿化、灯光及基础设施设备维修工作，维护好景区秩序，创建平安和谐景区；完成“春节”“五一”“国庆”“格兰芬多”国际自行车赛及灯会等节假日及重大活动场地保障工作；新建AA级旅游公厕2座，改造AAA级旅游公厕1座；完成海绵城市建设一期改造项目，建成下沉式雨水花园7个、植草沟8条、人工湿地1.5万平方米。

【城乡建设执法稽查】 2016年市，住建局开展城市管理执法人员业务培训3次、250人；依法查处住房城乡建设类违法违规行为488起，罚款384.7 348万元；按照全省开展城乡规划违法违规建筑治理要求，督促指导各县（区）完成全市违法建筑摸底调查。同时，落实《关于整合城市执法力量加强城市管理的指导意见》，完成各县（区）城市管理执法机构编制情况调查统计，为深入开展全市城市管理执法体制改革做好准备。至年末，全市各县（区）均设立了住房城乡建设执法稽查队伍，配备执法人员257人。

【落实市委、市政府决策部署情况】 2016年，市住建局办理落实市政府重点督查的“二十项重要工作”4件9项、“十件惠民实事”2件3项，各项工作均已完成既定目标。同时，办理落实市委、市政府领导批示件84件，办结率100%，其中市委书记罗应光批示13件，市长张德华批示22件，原市长饶南湖批示11件，其他市级领导批示38件；办理落实市委常委会决定事项4项、市政府常务会议决定事项20件、市委、市政府专题会议决事项3件，办结率100%；办理落实市委主要领导讲话要求事项65项，完成36项，阶段性完成18项，持续推进11项。

【人大建议及政协提案办理】 2016年，市住建局共办理人大建议33件（主办15件，重点建议1件；协办18件），政协提案39件（主办17件；会办22件，重点提案3件）。截至9月末，已全部完成办理，答复率100%，满意率100%。

（李绍伟）

建筑业

【建筑企业及产值】 至2016年末，全市有建筑施工企业212家，其中一级企业6家，二级企业101家，三级企业85家，不分等级企业19家，劳务资质1家；有勘察设计企业35家，监理企业10家；建筑业从业人员近10万人，有职称工程技术和管理人员9 341人，其中高级职称223人，中级职称2 274人。全年完成建筑业产值143.88亿元，比上年增长27.4%；完成建筑业增加值53.82亿元，比上年增长增速25.5%。

【建筑工程招投标监管】 2016年，市住建局出台《玉溪市房屋建筑和市政基础设施建设项目招标投标管理规定》，配套《玉溪市房屋建筑和市政基础设施建设项目招标代理机构管理办法》《玉溪市房屋建筑和市政基础设施项目招标投标活动投诉处理暂行办法》《玉溪市房屋建筑和市政基础设施项目投标专家咨询委员会制度》等3个管理办法，从压缩招标范围、简化招投标程序、推行总承包招标方式等方面进行改革规范，政府投资工程建设程序更加简便易行。全年完成限额以上工程招投标523个，招标工程造价421 229.32万元，中标造价390 537.45万元，节约造价30 691.87万元，工程造价降低7.29%，公开招标率100%；完成限额以下工程招投标248个，招标工程造价11 277.38万元，中标造价10 754.84万元，节约造价522.54万元，工程造价降低4.63%。

【国家标准员试点】 自2015年住建部和省住建厅确定玉溪市为云南省全国施工现场标准员岗位试点城市以来，住建局主持完成《云南省施工现场标准员管理规程》（DBJ53/T-73-2 015）编制，成为地方标准；主持开发标准查询系统“标准通”应用软件，参与中国工程建设标准化协会标准员课题研究，发布实施玉溪市工程建设标准化管理暂行办法，至2016年全面推进国家标准员试点工作。

【高强钢筋推广应用】 至2016年末，

①2016年12月5日，省政府联合督查组实地检查玉溪市建筑业安全生产工作 ②2016年8月9日，市住建局领导检查调研钢结构企业（李 伟 摄） ③2016年2月27日，市住建局召开全市建筑业安全工作会议，表彰上一年度先进单位和个人（张 权 摄）

全市通过政策推动、宣传培训、技术引导、工程示范、加强监管等措施，高强钢筋应用量占钢筋总用量的比例已达到94%，大型工程中的高强钢筋应用比例达到95%以上。

【建筑节能管理】 2016年，市住建局《玉溪市绿色建筑行动实施方案》出台实施，从节能标准、节能监管、可再生能源利用、新型建筑节能材料应用等方面推进建筑节能；施工图节能设计审查备案等制度启动实施，从项目立项、设计、施工、监理到竣工验收强化建筑节能监管。至年末，全市建筑节能已在商品住宅、公共建筑、保障性住房等项目实施。全年实施建筑节能建筑面积136.34万平方米，其中绿色建筑共37.35万平方米；对29个可再生能源建筑应用示范项目进行了测评，应用面积192.9 755万平方米，折合示范应用面积96.494万平方米。

【工程质量安全管理】 2016年，全市住房城乡建设系统继续开展工程质量治理两年行动工作，全年对554家企业、510个在建项目开展安全生产隐患排查治理，发现整治隐患问题1 355项，排查出重大事故隐患3项，挂牌督办3项，已按期整改销号；排查城市燃气、市政建设安全隐患84处，发放整改通知书91份，整改率达到100%；投入安全隐患整改资金1.25万元，实施处罚罚款7.43万元。全年实现无重特大质量安全生产责任事故、无重大自然灾害事故、无行业欺诈垄断、无行业执法违法违纪行为问题目标。

【标准化工地建设】 2016年，经企业申报、县（区）推荐、市级住建部门初验评定、省级专家组考评验收，红星国际广场-紫郡项目（7#8#楼）、玉水金岸（4号地块）等10个项目被授予“2016年度全省建筑施工安全生产标准化示范工地”称号。

【建设工程唯一性标识见证取样】 唯一性标识见证取样是在建设工程施工过程中，对进场的建筑材料利用二维码标签和“质监e通”手机终端进行见证取样，通过GPS定位见证员与取样员地理位置信息，确定取样员与见证员是否在同一工地现场；通过对取样过程、见证过程影像资料的实时上传，可对见证取样过程进行监控；通过对样品进行GPS定位与联网，有

效杜绝试件的代做代养护现象。2016年，全市全面推广唯一性标识见证取样工作。至年末，已经办理工程项目数量400个，办理“质监e通”手机终端1 102台，实体检测结果（混凝土强度）与现场二维码见证取样试块强度差值范围3MPa～6MPa之间；10家建设工程质量检测中心累计向省建设工程质量检测监管信息系统平台上传数据8万多条。

【应急力量建设】 2016年，市住建局修订完善《玉溪市住房和城乡建设局地震应急预案》《玉溪市住房和城乡建设局房屋建筑和市政工程事故应急抢险预案》《玉溪市住房和城乡建设局供水系统重大事故应急预案》《玉溪市住房和城乡建设局城镇燃气供气系统重大事故应急预案》《玉溪市住房和城乡建设局防汛抗洪抢险救灾应急预案》等一批专项预案和部门预案，并充实以房屋鉴定评估专家队、市政基础设施抢险队和大型机械抢险救援队为基础的3支抢险应急队伍，配备各类抢险应急装备，人数达450人。全年开展应急疏散、燃气泄漏应急、供水保障应急抢险等演练1次。

【城建档案管理】 自2009年成立市城建档案馆以来，档案管理制度建设、信息化建设、数字化建设全面推进。至2016年末，市城建档案馆实现馆藏工程建设档案16 284卷，为社会各界提供优质、高效、快捷的档案查询利用服务，充分发挥档案应有的作用和社会价值。

【建设领域保证金清理】 2016年，全市全面完成建筑行业保证金清理工作，清理退还农民工工资准备金项目274个，涉及缴费单位173家，涉及金额12 886.7万元。全市建筑行业保留执行的投标保证金、履约保证金、工程质量保证金、农民工工资保证金均为国家依法依规设置的保证金。

【建设领域工程欠款清理】 2016年，市住建局受理省、市拖欠工程款交办案件5件，受理来人举报6人次，涉及拖欠工程款644万元，实际清理付款144万元；受理来电举报1件，涉及拖欠工程款19万元，实际清理付款19万元；受理农民工举报7件，涉及人员500余人，涉及拖欠工资450多万元，均已及时解决。

（李绍伟）

房地产业

【房地产企业管理】 至2016年末，全市注册、经营房地产开发企业249家，其中一级资质1家，二级资质11家，三级资质17家，四级资质99家，暂定资质121家。1至12月，全市受理房地产开发企业暂定资质延期51家，新申报房地产暂定资质8家，三级换证3家，四级延期换证共23家，核定四级5家，核定3级4家，由二级降为三级2家，四级降为暂定资质4家，注销3家。

【房地产业投资】 2016年1～12月，全市房地产业完成投资305.22亿元，比上年增长37.63%；房地产开发投资完成98.69亿元，比上年增长50.47%；土地购置面积44.73万平方米，比上年增长7.65%。商品房施工面积810.29万平方米，比上年下降6.07%。其中住宅施工面积572.19万平方米，比上年下降7.93%。商品房竣工面积93.32万平方米，比上年下降48.22%。其中住宅竣工面积56.40万平方米，比上年下降61.89%。商品房开发到位资金79.35亿元，比上年增长31.72%。其中国内贷款6.18亿元，比上年下降16.40%；自筹资金48.22亿元，比上年增长28.76%。

【房地产去库存】 2016年，市政府制定出台《玉溪市住房公积金管理委员会关于调整住房公积金政策的通知》

①2016年1月26，住建部住房保障司副司长刘霞在省住建厅副厅长蔡葵陪同下调研全市保障性住房建设，市委常委、常务副市长陈勇汇报工作（张 权 摄） ②2016年，中心城区公共租赁住房摇号分房现场（沈 泉 摄）

《玉溪市人民政府办公室关于印发解放思想提升服务水平促进房地产开发项目顺利建设实施意见》《玉溪市人民政府关于促进全市房地产业平稳健康发展实施意见》《玉溪市人民政府供给侧结构性改革去库存的实施意见》等一系列具体举措，全力推进商品房去库存工作。1～12月，全市商品房销售面积116.40万平方米，比上年增长32.57%。其中住宅销售面积102.87万平方米，比上年增长55.43%，完成市政府确定全市四个季度商品房销售面积增速分别达到25%的工作目标。至年末，全市商品房待售面积81.27万平方米，比上年下降16.80%。其中住宅待售面积50.01万平方米，比上年下降14.49%。全市商品房库存面积总体可控，去库化周期处于合理区间。

①2016年7月21日，市委书记罗应光带队视察棚户区改造工作 ②2016年6月30日，市委副书记、代市长张德华调研玉水金岸房地产项目建设情况 （张 权 摄）

【二手房交易管理】 2016年1～12月，全市二手房成交6 064套，比上年增长17%；成交面积80.71万平方米，比上年增长29%；成交金额28.20亿元，比上年增长49%。至12月末，全市二手房交易资金监管3 033件，封存二手房交易资金147 439.29万元，交易成功后划转119 683.92万元，监管利息专户产生利息27.085万元。

【住宅维修资金管理】 2016年，中心城区共办理维修资金变更登记1 981件，受理12项老旧小区维修申请，全年维修支出81万元。至年末，中心城区142个小区交存住宅维修资金，累计交存金额31 183万元，累计支出240万元，余额35 844万元；八县（区）累计交存维修资金22 077万元，其中江川区交存3 749万元，通海县交存4 564万元，华宁县交存2 963万元，新平2 422万元，峨山县2 009万元，澄江县2 233万元，元江县2 180万元，易门县1 957万元。

【物业企业管理】 《玉溪市物业管理办法》于2015年12月31经市政府第51次常务会议讨论通过，以市政府第46号公告予以公布， 2016年3月1日起正式实施。至年末，全市有物业服务企业128家，其中物业服务企业二级资质企业4家，三级资质企业93家，三级（暂定）资质企业24家，外地企业备案7家。全年有53家物业服务企业申报《物业服务企业资质证书》，其中新申报资质及三级暂定转三级共22家，资质延期、变更27家，外地企业备案2家。全市30个小区被命名为首批市级“平安小区”。高新区科技创业园、澄江县行政中心通过了省级物业管理示范大厦复验。

【房地产中介企业管理】 至2016年末，全市有房地产中介机构98家，其中房地产评估机构9家，房产测绘机构19家，房地产经纪机构共70家。全年受理、审批房地产经纪机构4家，办理房产测绘新机构备案3家，延期房地产评估机构4家，变更2家，外来评估机构备案5家，办理房地产经纪机构延续换证手续20家。

【棚户区改造】 2016年，市政府制定《玉溪市政府购买棚户区改造服务实施办法（暂行）》《玉溪市棚户区改造货币化安置管理办法（暂行）》等措施。全市续建2015年改造任务13 236户，货币化补偿5 228户，建设安置住房8 051套，累计完成投资48.2亿元，占计划投资的62.1%；获得国家开发银行政策性专项贷款79.56亿元，已放款55亿元，使用43.53亿元；争取到国家开发银行发展基金5.79亿元；新建2016年改造任务8 081户，其中城市棚户区6 942户，国有工矿棚户区1 139户。至年末，各类棚户区已全部开工建设，开工率100%；货币化补偿5 521套（国有工矿棚户区货币化补偿1 139套，100%货币化安置），完成投资16.4亿元。全年向国开行贷款35.2亿，至12月底已放款10亿。

【公共租赁住房建设和运营管理】 2016年，全市2015年723套公共租赁住房续建任务全部完成主体工程，基本建成335套，竣工32套，累计完成投资1.2亿元；108套限价商品房已开始预售工作，累计完成投资0.4亿元。2016年1月至12月，基本建成棚户区改造和公共租赁住房15 320套，占12 515套基本建设任务的122%；全市公共租赁住房累计分配34 587套，新增分配6 879套。

【农村危房改造】 2016年，全市完成2015年31 000户改造任务，争取到中央和省补资金3.66亿万元，市、县（区）配套资金3.1亿元；新增实施农村危房改造40 613户。按照《云南省财政厅云南省住房和城乡建设厅关于下达2016年全省农村危房改造和抗震安居工程建设补助资金的通知》要求，农村危房改造完成时限为2016年底前全部开工，2017年6月30日前全部竣工。截至2016年12月末，全市开工农村危房改造40 613户，开工100%；竣工33 131户，竣工率81.58%。全市争取到中央和省级补助资金32 830.37万元，市级配套补助资金40 613万元。

【房屋租赁登记备案管理】 2016年，中心城区办理房屋租赁登记备案凭证794本，办证面积10.07万平方米；审验房屋租赁登记备案凭证32本，审验面积7.58万平方米。

【市直公房管理】 2016年，市直公房对外出租73套，面积5 712.38平方米，出租率70.4%；出租商铺53间，面积3 745平方米，出租率87.5%；出租办公用房13间（幢），面积1 658.89平方米，出租率79.7%。

【住房公积金管理】 2016年，市政府出台《玉溪市住房公积金管理委员会关于调整住房公积金政策的通知》，从提高贷款额度、降低首付比例、增加贷款途径、放宽贷款次数、降低贷款门槛、降低保证金、鼓励进城务工人员以及支持回迁安置户、个体工商户和保障性住房贷款等方面，全力满足职工购建房资金需求，刺激住房消费，推动全市房地产去库存工作。2016年1～12月，全市归集住房公积金22.21亿元，比上年增长38.15%；发放个人住房贷款5 463笔22.04亿元，比上年增长103.16%；向90 874人支取住房公积金14.81亿元，比上年增长36.4%。至年末，全市住房公积金归集余额59.01亿元，贷款余额57.25亿元，存贷比97.02%，逾期率0.001%。

（李绍伟）

环境保护

【概　况】 2016年，全市环保工作坚定不移地实施生态立市战略，以持续改善环境质量为核心，围绕中央环保督察及大气、水、土壤污染防治三大行动计划，突出总量减排、区域环境污染治理、生态文明体制改革及生态创建、农村环境整治、环境执法监管等重点，全面推动各项环保工作持续深入开展，“十三五”环境保护工作开局良好，环境质量总体呈现改善态势。市委、市政府把迎接中央环保督察作为一项事关全局的重大任务抓紧抓实，高位统筹、周密部署、密切配合，积极主动配合做好中央环保督察工作，圆满完成相关迎检工作；并制定实施《玉溪市水污染防治工作方案》，突出“三湖”流域保护治理，确保全市水环境质量得到阶段性改善。“十二五”规划66个项目完成总投资45.7亿元，完成率95.5%。抚仙湖水污染防治获得中央专项奖励资金和专项建设基金17 079万元。星云湖、杞麓湖2016年首次获得中央水污染防治专项资金4 700万元。《云南省抚仙湖保护条例》修正并颁布施行。全年出动929人次对湖泊径流区重点项目及新扩改建项目建设情况进行现场监察；继续实施沿湖县（区）生态建设目标任务考核办法，将生态环境保护与资源节约利用等内容纳入综合目标考核体系；加快推进抚仙湖环境资源保护管理体制综合改革试点，先期完成了抚仙湖径流区统一托管。同时，编制上报“三湖”流域水环境保护治理“十三五”规划，同步推进规划项目前期工作和建设，估算总投资192.3亿元的75个项目开展前期工作40项、在建22项，累计完成投资20.34亿元，抚仙湖总体水质稳定保持Ⅰ类，在全国水质良好湖泊绩效评价中排名第一，星云湖、杞麓湖水质恶化趋势得到遏制；统筹推进大气、土壤污染综合防治，污染物总量减排任务基本完成，并出台《玉溪市大气污染防治行动实施方案》，完成市中心城区大气污染物源解析及污染控制对策研究，累计建成39条机动车尾气检测线，环保检测机动车12 057辆，淘汰黄标车、老旧车11 279辆，在全省率先建成县级空气自动监测站，中心城区环境空气质量优良率达到99.7%。全市102个重点减排项目已完成99个。城镇污水处理厂按时间进度完成了COD和氨氮的减排任务，全面完成了省政府下达“十二五”减排目标任务，考核为优秀。全年出动环境监察人员6 076人次，检查企业2 347家次；立案查处各类环境违法案件113件，结案113件，罚款金额1 043.95万元；受理污染投诉583件，处理率100%；实施新《环境保护法》及配套办法的案件共21件，有效震慑了环境违法行为。市环保局制定落实《玉溪市环境保护违规建设项目整改方案》，强化分类指导，适时通报约谈问责，全面整治环保违法违规建设项目，582个环保违规建设项目整改完成率达97.42%；完成了《玉溪市生态文明建设规划大纲》《玉溪市“十三五”生态建设与环境保护规划（2016年～2020年）》的编制和评审；制定出台《玉溪市生态乡镇（街道）、生态村创建实施方案》，华宁县、新平县、峨山县省级生态文明县通过了省环保厅的考核验收、公示，红塔区小石桥乡、元江县甘庄街道等13个乡镇（街道）省级生态文明乡镇通过了省环保厅审核，并组织7个县（区）的22个乡镇开展年度国家级生态乡镇申报工作。全年完成列入市委改革台账的生态文明体制改革事项21项，出台了党政领导干部生态环境损害责任追究、领导干部自然资源资产离任审计、环境污染第三方治理、落实环境保护“党政同责”、能效“领跑者”制度实施方案等新举措新办法。此外，划分建设项目环境影响评价文件的审批权，除环境保护部和省环境保护厅审批权限以外，市级负责审批跨县（区）建设项目环境影响评价文件，其余建设项目环境影响评价文件继续由县（区）和高新区管委会审批。

【中央环境保护督察】 2016年7月15日至8月15日，中央第七环境保护督察组对云南省开展为期一个月的环境保护督察工作。7月26日至8月4日，对全市进行了下沉督察。在此期间，全市各级各部门高度重视、高位统筹、周密部署、密切配合，提前完成中央督察组转办件的办理工作，圆满完成了中央督察组下沉全市督察的各项工作。4月开始，全市各级各部门

2016年6月7日，省委书记李纪恒在澄江县抚仙湖生态调蓄带项目现场，详细了解抚仙湖保护治理情况（市环保局 提供）

按照市委、市政府的安排部署，认真查漏补缺，尽快补齐短板。市委、市政府适时调整成立了由主要负责人为组长的迎接中央环境保护督察工作领导小组及工作机构，负责组织领导、统筹协调、督促各县（区）党委和政府以及市级各部门，配合中央环境保护督察组下沉开展工作。市政府及时召开了迎接中央环保督察工作准备安排会，对迎接工作进行了安排部署。市环保局成立工作机构，抽调人员，专门负责做好中央督察材料准备，统筹环保督察相关工作。各县（区）高度重视，成立专门领导小组，专题研究，协调部署，梳理和完善基础数据资料，并对县（区）存在的各类热点、难点、敏感环境问题进行认真清理，及时整治。市直有关部门、各县（区）党委和政府及其有关部门按照各自在生态文明建设、环境保护工作中的职责，本着高度重视、认真负责的态度，全面完成了中央环境保护督察组下沉督察的各项准备工作。市委、市政府主要领导、分管领导和市督察工作领导小组成员在掌控全局、强力推进工作的同时，针对反映出的问题、上级的要求和实际工作的需要，密切关注各项工作任务的实施情况，及时安排落实相关工作。领导小组及其工作机构、县（区）和相关部门积极工作，根据情况变化及时做出调整安排，明确工作重点，改进工作思路、方式、举措，及时应对新情况、新问题。市委书记罗应光对环保督察工作做出重要批示。原市长饶南湖就环保工作、加快中央环境保护督察组转办案件查处和责任追究约谈了各县（区）长。市委、市政府召开全市环保督察工作推进会，迅速、坚决贯彻落实中央第七环境保护督察组及省委、省政府关于配合环保督察工作的系列决策部署，回顾总结工作、研究分析问题及对迎检工作进行再安排、再部署；对中央环保督察组交办和各县（区）排查出的环境保护问题，按照“属地管理”原则，举一反三，严格依照法律法规和政策要求，逐项明确办理时限、整改措施和责任人；抽调精干力量，采取联合执法等方式，完善案件联查联办机制，集中对辖区内存在的环境保护问题按照“零容忍、全覆盖、严执法”的要求进行重点整治，确保各类环境保护举报问题不折不扣得到查处、整改到位，各项措施落到实处；坚持把宣传引导、态势把控同整改整治工作高度融合，制定宣传工作方案，指导全市新闻报道与发布、网络舆情监测等工作，市县（区）宣传报道组联动配合，全面掌控舆情动态，积极传导正能量，在市、县（区）政府网、市环保局网站、玉溪网、玉溪电视台、《玉溪日报》开展中央环保督察组进驻开展环境保护督察宣传报道587条，并主动接受社会舆论监督。在督察期间，先后向中央环境保护督察组准时整理报送全市及县（区）调阅资料共计9批2 603个针对性文件材料，提前办结中央环保督察组交办投诉举报件91件，立案查处案件67件，立案侦查1件，行政拘留1人，罚款754.4 835万元，责令停止生产26件，责令停止建设4件，责令限产停产12件，关停取缔5件，责令立即改正15件，责令限期整改66件，约谈225人，问责87人次。

【“三湖”水污染综合防治】 2016年，市委、市政府坚决贯彻落实习近平总书记系列重要讲话精神及省委、省政府主要领导调研时的重要指示要求，始终把“三湖”保护治理作为实施生态立市战略、争当全省生态文明建设排头兵的重中之重，加倍重视“三湖”保护治理，召开常委会、常务会、“三湖”保护治理领导小组暨农业高效减排专题会、全市环境保护暨湖泊保护治理工作会等会议，研究部署“三湖”保护治理工作，层层签订目标责任书，制定考核办法，强化督查和跟踪问效；坚持高位统筹，强势推动，全力推进“四退三还”和控源截污，狠抓湖泊水环境风险管控，全面强化非工程措施管理，大力推进投融资体制创新，综合施策，标本兼治，狠抓保护治理各项工作落实，“三湖”保护治理工作取得了显著成效。抚仙湖总体水质稳定保持Ⅰ类，在全国81个水质良好湖泊绩效评价审核中抚仙湖与安徽太平湖并列第一。星云湖、杞麓湖水质恶化趋势得到遏制，特别是2016年9月，星云湖水质已达到Ⅴ类，这是自2009年4月以来水质首次出现好转。杞麓湖除总氮为劣Ⅴ类外，其余指标已达到Ⅴ类。通过系列工程的实施，完工项目削减化学需氧量9 241.7吨/年，总氮2 590.9吨/年，总磷350.6吨/年，氨氮322.3吨/年。省政府通报的“十二五”规划末期执行情况考核结果显示抚仙湖为优秀，星云湖、杞麓湖为良好。全力抓好“十二五”规划项目扫尾，66个项目完成总投资45.7亿元，完成率95.5%。2016年省政府重点督查20项重大建设项目中涉及“三湖”保护治理项目计划完成总投资3.16亿元，实际完成年度投资4.29亿元，完成率135.8%，超额完成省政府确定的年度投资任务。同时，编制上报了《抚仙湖、星云湖、杞麓湖流域水环境保护治理“十三五”规划》，着力推进“三湖”规划项目的实施，多个批次项目已陆续完成可行性研究、初步设计，规划75个项目，估算投资192.3亿元，在建22项，开展前期工作40项，未动工13项，累计完成投资20.34亿元，开工率29.3%；启动PPP模式试点研究，上报概算投资近130亿元的9

个项目参加国家财政部、环保部PPP项目推介；采取PPP模式实施了星云湖环湖截污治污、星云湖污染底泥疏挖及处置和东片区暨“三湖”生态保护水资源配置应急工程（Ⅱ期）；抚仙湖、杞麓湖PPP项目包装正在积极推进。抚仙湖“十三五”规划项目争取到国家专项建设基金6 800万元，并获得中央水污染防治专项奖励资金1.0 279亿元。星云湖、杞麓湖首次获得中央水污染防治专项资金4 700万元。经过多轮征求意见及论证，9月29日，省人大常委会表决通过了《云南省抚仙湖保护条例》修正版。市、县（区）环境监察部门共出动670人次对流域内364家次企业和7条主要入湖河道进行了现场监察，立案查处32户企业，收缴罚款145余万元，转办、调查处理各类污染投诉、信访214件。全年坚持召开新闻发布会，公告“三湖”水质状况及水污染综合防治情况，举办“8·26”抚仙湖保护日等活动，整合各方力量持续开展“四清”保洁活动，推行环境卫生管理市场化，实施争当“仙湖卫士”行动计划，广大干部群众爱湖护湖、保湖治湖蔚然成风。

【重点流域水污染防治】 2016年，市环保局制定实施《玉溪市水污染防治工作方案》，层层签订了目标责任书，以改善水环境质量为核心，全面实施四大防治任务、四大制度保障、13条工作措施以及7条组织保障措施，确保全市水环境质量得到阶段性改善；高度重视集中式饮用水源地水质安全和重点流域水污染防治工作，加大监测、监管力度，确实保障人民群众饮水安全，对辖区内10个国控断面15个测点、8个省控地表水断面14个测点，抚仙湖、星云湖、杞麓湖主要入湖河流共19个断面，市级城市集中式饮用水源地飞井海水库进行每月1次例行监测，对12个县级饮用水源地进行每季度1次例行监测，并完成了年度中心城区集中式饮用水源地水质全监测分析，109项指标全部达标。全市集中式饮用水源地水质达标率保持100%。

【大气污染防治】 2016年，市环保局出台《玉溪市大气污染防治行动实施方案》，实施“绿色玉溪行动计划”，开展蓝天玉溪工程，以中心城区为重点，加快淘汰落后产能，强化机动车污染防治，加强施工道路监管，全面实施大气污染防治行动，着力改善环境空气质量，并完成中心城区大气污染物源解析及污染控制对策研究工作。全市已建成39条机动车尾气检测线，环保检测机动车12 057辆，淘汰黄标车、老旧车11 279辆，并在全省率先建成县级空气自动监测站，实现全市空气质量实时监测，监测数据通过市电视台和《玉溪日报》等媒体和网站实时发布。中心城区全年环境空气质量一级231天，二级134天，超标1天，环境空气质量优良率达到99.7%，空气质量基本保持稳定。

【土壤污染防治】 2016年，市环保局充分利用电视、网站等各类媒体平台，加大“土十条”的宣传力度，努力形成全民参与治理土壤污染的社会舆论氛围。同时，开展土壤环境监测技术人员和环境执法人员技术专业培训，提高土壤环境监管水平；开展全市土壤污染风险源排查，对重点工业企业、工业园区、生活垃圾和医疗废物处置厂、采矿场、尾矿库、固废堆场、固废及危废回收利用企业、已搬迁或关闭工矿企业场地等开展全面排查，编制土壤重点污染风险源清单，做好土壤污染风险管控。

2016年9月12日，省九湖督导组一行由省人大常委会原常务副主任晏友琼带领，调研星云湖水污染综合防治工作（市环保局 提供）

【污染减排】 2016年，市环保局把污染减排工作作为“生态立市”的重要抓手，突出各级政府主体责任，全力推动，形成部门协调联动机制，采取目标倒逼机制、社会化购买服务等措施，严格考核奖惩，加大督查督办，着力抓好结构减排、工程减排和管理减排。全市筛选确定了年度主要污染物总量控制目标和省级重点减排项目102个（污水处理厂10个、农业源项目47个、工业项目45个），已完成减排项目99个，完成率97.06%，城镇污水处理厂按时间进度完成了COD和氨氮的减排任务，全面完成了省政府下达“十二五”减排目标任务，考核为优秀。

【环保管理改革】 2016年，市环保局坚持以改革统领全局，对建设项目环境影响评价文件审批权限进行了划分，除环保部和省环保厅审批权限以外，市级负责审批跨县（区）建设项目环境影响评价文件，其余建设项目环境影响评价文件继续由县（区）和高新区管委会审批。市级环保部门在推进“四个一百”项目和“五网”建设项目等重点工作、重大项目中，对属于上级环保部门审批的，积极协调，提前介入，推进项目环评报告技术评审和审批；对属于县（区）和高新区管委会审批的，加强指导，督促推进，为经济社会发展提供良好服务；并开展规范性文件、行政执法职权职责清理工作，完成14万余字的《玉溪市环境保护局行政执法主体职权职责清理清单》。全市环保部门全年审批建设项目环评文件753件（县级752件、市级1件），办理建设项目竣工环保验收601件（县级538件、市级63件），完成清洁生产审核企业87户，完成排污许可证换（发）51个，

①2016年10月18日，市委、市政府等四套班子领导在通海县委、县政府及相关部门领导陪同下，调研杞麓湖水污染综合防治工作 ②2016年8月27日，市委副书记、代市长张德华到杞麓湖调研，实地察看污水处理厂（市环保局 提供）

年检97家，办理危险废物转移申请128个，涉及企业804户，危废转移量22 345吨。全市征收排污费2 710.9万元，涉及企业301户。

【违规建设项目整改】 2016年，为认真贯彻落实国务院、环保部、省政府、省环保厅关于加强环境监管执法和加快推进环保违规建设项目整改工作要求，市环保局高度重视、积极行动，采取多项措施，全力推进全市环保违规建设项目整改工作，制定了《玉溪市环境保护违规建设项目整改方案》，及时部署违规建设项目清理整治工作，确保年底全面完成违规建设项目整改工作任务。并在环境安全隐患大排查和前期清理整改工作的基础上，认真总结，全面开展“查缺补漏、摸清底数”，做到“全覆盖、无遗漏”，深入一线，摸清底数，不留死角，全覆盖、零容忍地对辖区内各类环保违规建设项目情况进行排查。各县（区）政府和市直相关部门高度重视、积极行动，采取多项措施，全力推进全市环保违规建设项目整改工作。同时，采取召开不同层次会议，市政府约谈各县（区）长及相关部门负责人，进行分类指导，实行周报、通报、严肃问责制度等措施，确保全市环保违规建设项目整改工作进展顺利。至年底，全市环保违规建设项目582个，已整改完成567个，完成率97.42%；属于市、县（区）审批权限的项目已全部完成整改任务。

【生态文明建设】 2016年，市环保局编制完成《玉溪市生态文明建设规划大纲》《玉溪市“十三五”生态建设与环境保护规划（2016年～2020年）》，制定了《玉溪市生态乡镇（街道）、生态村创建实施方案》，对生态乡镇、村创建目标任务进行了梳理和分解。华宁县、新平县、峨山县省级生态文明县通过了省环保厅的考核验收、公示，等待省政府命名。红塔区小石桥乡、元江县甘庄街道等13个乡镇（街道）省级生态文明乡镇通过了省环保厅审核，待省政府待命名。还组织7个县（区）的22个乡镇开展2016年度国家级生态乡镇申报工作。全市完成列入2016年市委改革台账的生态文明体制改革事项21项，出台了《玉溪市党政领导干部生态环境损害责任追究实施办法（试行）》《玉溪市领导干部自然资源资产离任审计试点实施方案》《玉溪市关于推行环境污染第三方治理的实施意见》《中共玉溪市委玉溪市人民政府关于贯彻落实生态文明体制改革总体方案的实施意见》等新举措新办法。“创模”工作继续稳步推进，及时收集整理全市创模工作信息及档案资料，编制报送了《玉溪市创模简报》，制定了《玉溪市创建国家环保模范城市工作考核办法》，继续抓好曲江流域红塔区洛河至矣读可段农村环境连片整治工程、红塔区上牟溪冲村村庄污水处理及湿地建设、江川区安化乡董炳河流域大营村环境综合整治等创模资金安排项目的实施。

【环境监管执法】 2016年，市环保局加强环境监管执法，实施环境监管网格化，强化监管执法手段，提高监管执法能力，积极推进污染减排监管、环境安全检查、三同时监管、环境监察稽查、环境应急监管、生态环境监察等工作，着力解决群众关心的环境突出问题，并制定实施了《环境安全隐患排查整治方案》，全面开展了环境安全隐患排查整治工作。全市出动环境监察人员6 076人次，检查企业2 347家次，立案查处各类环境违法案件113件，结案113件，罚款金额1 043.95万元，实施新《环境保护法》及配套办法的案件共21件，有效震慑了企业的环境违法行为。全市受理污染投诉583件，处理583件，处理率100%，做到件件有落实，有效及时地化解矛盾，消除不稳定因素，维护和保障了群众的环境合法权益。同时，与市检察院、市中级人民法院、市政府法制办、市公安局、市国土资源局、市林业局、市抚仙湖管理局联合开展了全市环境资源保护执法协调联动工作；与市公安局、市水利局、市抚仙湖管理局深入开展打击环境污染违法犯罪“清水蓝天”专项行动；与市公安局建立了环境执法衔接配合机制。在环境监管领域建立和实施了“双随机”抽查制度，建立污染源动态数据库24个，市级纳入排污单位201户，县（区）纳入排污单位807户，建立环境监察人员信息库11个。坚持预防为主，防治结合，安全第一的方针，多措并举，严格管理，抓好全市辐射环境安全监管，全年对放射源、射线装置利用单位进行4次安全大检查，出动监察人员509人次，对186家核技术利用单位进行了现场检查，检查放射源180余枚、射线装置250台，收贮放射源7枚；新办理2家辐射安全许可证，对10家辐射安全许可证到期进行延续、变更、注销，全市未出现放射源失控、丢失和被盗，未发生辐射污染事故及安全隐患。市局还修订完善《玉溪市突发环境事件应急预案》《玉溪市环境保护局突发环境事件应急响应预案》，督促54户重点企业编制了应急预案并完成备案。

2016年6月5日，“六·五”世界环境日聂耳文化广场集中宣传现场

（市环保局　提供）

【环境监测与科研】 2016年，市环保局按时完成了“三湖两库”及入湖河流、玉溪大河、元江、南盘江、绿汁江等河流、地级城市集中式生活饮用水源地特定项目、县级城镇集中式生活饮用水源地水质监测工作以及上级下达的各种指令性监测任务，并完成了抚仙湖国家水质自动监测站比对、市中心城区地下水水质及中国环境科学研究院委托的抚仙湖湖体水质监测工作，完成了重点区域地表水重金属专项监测枯水期河流底泥重金属全分析。全年完成了各种监测项目227个，出具监测数据55 093个。污染源在线联网监控96户企业308台（套）设备，纳入考核的重点污染源自动监控数据传输有效率100%；具备监测条件的26户国控企业，企业自行监测公布率100%，监督性监测公布率100%。

【环保宣传教育】 2016年，市环保局认真落实《全国环境宣传教育行动纲要》，大力开展新闻宣传、舆论监督和环境宣传教育等工作，通过报刊、广电、网络等途径积极做好新《环保法》《大气污染防治法》的宣传教育工作，并在《中国环境报》地方环保专栏中宣传玉溪环境保护工作。同时，深入推进市级绿色学校、绿色社区的创建工作，命名32所绿色学校、24家绿色社区和表彰56名环境教育优秀教师和先进个人。全年围绕“六·五”世界环境日、节能宣传周、低碳日和“2016年环保·科普·法制进校园”进社区、进学校、进机关开展系列宣传活动，多渠道多途径开展“践行绿色生活”主题宣传，在市政府门户网站、局门户网站、公益微信、市广播电视台、《玉溪日报》、医院、学校等广泛传播和弘扬“改善环境质量、推动绿色发展”理念，营造人民群众对参与生态文明建设、改善环境质量、推动绿色发展、建设美丽玉溪的良好氛围。

（赖恒红）

青山绿水·碧玉清溪

（曾永洪　摄）

贸 易

TRADE

责任编校：王竹能

商 务

贸 促

粮油经营

供销合作

商　务

【概　况】 2016年，全市商务部门紧扣“扩内需、促消费、稳增长”主线，健全内贸流通发展体系，全力推进外经贸发展，积极探索电子商务，在克服国内外经济下行压力加大等不利因素的情况下，社会消费品零售总额增长强劲，对外贸易稳步增长，电子商务运行良好。全市实现社会消费品零售总额326.8亿元，比上年增长12.2%，排列全省第5位，完成年度目标任务323.42亿元的101.0%，高于年度增幅目标（11%）1.2个百分点；批发业销售额562.8亿元，比上年增长12.7%；零售业销售额330.5亿元，比上年增长13.8%。全市实现进出口总值20.2亿美元，比上年增长6.5%，全省排名第三，完成与省政府签定目标任务21.42亿美元的94.2%，完成市政府下达工作目标22.8亿美元的88.6%，进出口值和出口值均创历史新高。各县（区）进出口实绩均突破千万美元大关，其中，通海县实现进出口15.4亿美元，名列第一；红塔区实现进出口1.39亿美元，名列第二；峨山县完成进出口0.11亿美元，历史以来首次突破千万美元大关。全市稳步提升“引进来”与“走出去”工作水平，全年新备案境外直接投资项目12个，全省排名第二，对外投资额约6 270.9万美元；全市经国家商务部及省商务厅核准备案的境外投资项目共有36个，项目总投近3亿美元。全年新设立了驻泰国（曼谷）、老挝（万象）、越南（胡志明市）、柬埔寨（金边）4个商务代表处，为对外开放工作以及建设国际大通道迈出坚实的一步。全面启动了农村电子商务工作，入选创建国家电子商务示范城市；组团参加了首届阿里巴巴乡村文化节暨县域电商文化博览会，有序推进通海县全国电子商务进农村综合示范及阿里巴巴“千县万村”试点建设。元江县成功申报为全国第三批电子商务进农村综合示范县。淘宝特色中国·玉溪馆成功晋升为升级馆，培育了猫哆哩、实建、滇莓果业、最云南等一批电子商务骨干企业，并完成了中心城区太标快递物流园改造建设。

（乔　羽）

①2016年5月26日，市委书记罗应光为玉溪市驻泰国（曼谷）商务代表处揭牌（刘东红　摄）②市委书记罗应光率队到泰国考察（赵　琳　摄）

【进出口企业】 2016年，全市新增进出口实绩企业53户，新增进出口值4.49亿美元，占全市进出口值20.19亿万美元的22.2%，是上年进出口增加值1.23亿美元的3.6倍。红塔区、易门县、元江县、高新区不断强化“引进来”与“走出去”两手抓，通过强化协调服务，出台优惠政策，优化投资环境，吸引外贸龙头企业到当地投资建厂，并组织企业学习外贸发展成功经验，为当地外贸发展注入了新的活力，新增出口实绩企业15户，增加进出口值7 011万美元，是4个县（区）全年累计增加值3 268万美元的2.1倍。重点进出口企业显示强劲支撑力，胜品果蔬进出口有限公司和恒甲进出口有限公司2户企业实现出口值上亿美元；胜品果蔬进出口有限公司等49户年度进出口值上千万美元企业累计进出口值182 888万美元，比上年增长2.3%，占全市进出口总值的90.6%。

【出口产品】 2016年，全市94户进出口企业出口农产品17.7亿美元，比上年增长8.3%，占全市出口总值的88.9%。其中，水果出口14.9亿美元，占全市出口总额的75.0%；蔬菜出口1.6亿美元，占全市出口总额的8.0%；五金机电产品出口7 699万美元，比上年增长208.3%（手机出口0.52亿美元，占全市出口总额的2.6%，镀锌铁丝出口1 504万美元）。从出口国家、地区市场份额来看，泰国和越南仍然是全市对外贸易的主要对象。香港是第三大贸易对象，全年对香港出口值1.76亿美元，比上年增长37.5%，全年对东盟出口值16.49亿美元，比上年增长4.8%（泰国7.12亿美元下降0.1%，越南6.06亿美元下降0.5%，马来西亚1.48亿美元年增长11.6%，缅甸0.92亿美元增长94.9%）。

【商务代表处】 2016年，市政府分别揭牌成立了驻泰国、老挝、越南、柬埔寨4个商务代表处，将在联通信息、加强服务、促进发展方面发挥积极作用，切实当好全市对外交流与合作的“信息员”“联络员”“宣传员”“服务员”，为企业抱团发展和共赢共享创造条件，为全市建成国际大通道和现代物流重要枢纽、辐射南亚东南亚重要基地夯实基础。

【参展南博会暨昆交会】 第4届中国—南亚博览会暨第24届昆交会于2016年6月12日至17日在昆明举办。本届展会期间，全市内贸现场展品成交126.2万元，合同成交531万元，意向性签约成交338万元；外贸合同成交2 164万元；内资签约4项，总投资1684 000万元，其中省外资金1684 000万元；外资签约1项，总投资4 000万美元，拟利用外资4 000万美元。

（赵翠玲）

【成品油销售】 2016年，全市成品油市场总体运行平稳，供求稳定。中石油和中石化两大石油分公司累计购进汽柴油614 343吨，累计销售汽柴油615 235吨，比上年增长4%。其中汽油销售224 809吨，柴油销售390 426吨。中石化分公司的汽柴油累计销售量比上年增长5.6%，中石油分公司销售量比上年增长2%。两大石油分公司各类成品油库存10 546吨。至年末，全市持有《成品油零售经营批准证书》的加油站（点）213座，批准加油站原址改造33座，新建10座。

【汽车市场】 2016年，全市购进各种品牌汽车11 067辆，比上年增长12.2%；销售各种品牌汽车11 492辆，比上年增长13.2%；实现销售额17.51亿元，比上年增长15.5%。全市二手车交易19 434辆，比上年下降8.71%；成交金额60 735.03万元，比上年下降23.23%。

【拍卖市场】 2016年，拍卖市场竞争激烈，市内拍卖企业举行拍卖会34场，比上年减少43.3%；拍卖成交金额4 932.2万元，比上年减少21.56%。

【内贸项目】 2016年7月，嘉阳文化美食城一期项目完工。该项目以发展绿色餐饮业为目标，着力打造玉溪餐饮美食城，促进玉溪特色餐饮的聚集规模化发展。项目的实施改善了片区内的经营环境，带动了娱乐消费、茶行服务、酒行经营、美容养生等企业的进入，已形成整体形象统一、集高中低档为一体的餐饮休息聚集区。项目区域内已有代表玉溪餐饮特色的260多户企业入驻，经营面积范围达8万平方米。全省唯一一家本土连锁企业“中伸购物”在市内已开办12个连锁店，其中红塔区8个，新平县、通海县、华宁县、江川区各1个，并在昆明、红河、楚雄、大理、曲靖等地开办了22个连锁店。通力汽车运输有限公司物流项目是国家和省支持的重点商贸流通项目，项目占地面积82亩，计划投资1.23亿元，设计年吞吐量276万吨。6月，项目建筑工程完工，建筑面积4.5万平方米，完成投资1.5亿元，于11月投入试运营。

（阮于航）

【成功创建国家电子商务示范城市】 2016年，市商务局会同市财政局制定了《玉溪市促进电子商务发展专项资金补助政策实施细则》，对500万元电子商务专项扶持资金的适用范围和使用方向做了明确规定。市政府下发了《玉溪市人民政府办公室关于成立县区电子商务办公室相关工作的通知》，要求各县（区）组建电商办，负责组织协调电子商务各项工作，推进县（区）电子商务发展。5月，精心组织编制申报创建方案，组织申报创建国家电子商务示范城市。12月，国家发改委、商务部、中国人民银行、海关总署、国家税务总局、国家工商总局、国家质监总局7个部委联合发文，公布玉溪市被列入全国17个创建国家电子商务示范城市名单，为该批创建国家电子商务示范城市中全省唯一一个示范城市。

【电子商务交易平台】 2016年3月，元江县正式上线运营独立电商服务平台万益云品，同时整合淘宝、天猫、京东、诚信通、田觅觅等多家第三方电商渠道，拓展本地农产品线上销售渠道。11月11日，新平县水塘镇正式启动国家生猪市场——猪交所市场，实现生猪活体“线上+线下”交易。

【电子商务培训】 2016年10月12日至14日，市商务局委托淘宝大学举办了淘宝大学县长电商研修班（定制班），市直相关部门领导、各县（区）分管商务工作的领导及相关人员30人参加了培训学习。此次培训大幅度提高了领导干部对发展电子商务重要性的认识，对全市开展农村电子商务工作奠定了良好的理论基础。

【首届阿里巴巴乡村文化节】 2016年9月23日至25日，首届阿里巴巴乡村文化节暨县域电商文化博览会在昆明滇池国际会展中心举行。市商务局精心遴选猫哆哩集团食品有限责任公司、斯贝佳食品有限公司、凯添农业发展有限公司、七彩虹窑陶艺有限责任公司、玉碗茶厂、源天生物集团等16户企业参展。

【外商投资企业审批管理】 2016年，全市办理外商投资企业审批事项9项，其中股权变更3项，股权质押1

2016年10月12日，举办全市淘宝大学县长电商研修班 （郭艳波 摄）

项，经营范围变更1项，注册地址变更1项，投资者名称变更1项，董事会成员变更1项，注销1项。全市全口径统计到位外资116.5 347万美元，其中，康贝特生物科技有限公司110.9 925万美元，弗雷德餐饮服务有限公司5.5 422万美元。

【外商投资企业联合年报】 2016年7月，全市启动外商投资企业年度投资经营信息联合报告工作，应参报企业49户，其中合资企业23户（含股份公司1户），合作企业3户，独资企业23户，实际参报企业47户。47户参报企业中，投产经营的40户，处于筹建期的7户，吸纳从业人员5 347人，实现营业收入合计329 644.1万元，利润总额37 093.58万元，净利润30 298.39万元，纳税总额25 626.63万元。

（蔡　倩）

【市场建设】 2016年，全市商务部门按照统筹推进“四个层次”市场建设的工作要求，以扩大消费、完善市场流通体系、改善消费环境为目的，加快推进城区专业市场建设，扩大消费，以解决买难、卖难问题；以促进农民增收、农业增效为抓手，大力推进县（区）特色市场和乡镇农贸市场建设。为突出专业市场的引领作用，围绕消费热点和大宗消费和县域特色经济，着力推进红塔区得胜家具广场、新平县世豪大商城建材市场建设；完善农村流通网络，推进红塔区高仓农贸市场、江川区旱街农贸市场、峨山县富良棚丫勒农贸市场、新平县老厂太和等18个乡镇农贸市场建设。

【省级猪肉储备】 2016年12月22日，省财政厅、省商务厅联合行文下达年度省级猪肉储备任务及补贴资金，凤凰生态食品有限责任公司承储冻肉800吨，补贴资金104万元人民币。省级猪肉储备采取事后补助方式。

【酒类流通备案管理】 为贯彻落实国务院关于稳增长、促改革、调结构、惠民生的要求，进一步转变政府职能，深化简政放权、放管结合、优化服务改革，2016年11月3日，商务部公布《商务部关于废止部分规章的决定》《酒类流通管理办法》等16件规章自公布之日起废止，酒类流通备案管理工作画上了句号。截至2016年11月3日，全市累计酒类经营者备案登记4 074户，其中酒类批发业（批零兼营）287户，零售业2 372户，餐饮业1 268户，酒吧等娱乐业144户，其他3户。

2016年全市外经贸实务培训班　（市商务局　提供）

【特行管理】 2016年，市商务局重点开展了典当行业非法集资风险排查专项整治工作。通过开展专项整治工作，全市典当行业进一步建立健全并执行典当行业相关制度，在核准范围内开展正常经营活动，未发现违反《典当管理办法》《典当行业监管规定》违规行为，行业秩序总体良好。

【电子商务进农村综合示范】 通海县作为2015年全国电子商务进农村综合示范县，2016年完成县级电子商务服务中心、电商孵化中心、物流分拨中心建设，发展农村淘宝村级服务站73个、邮政村级服务站76个，12户企业入驻“特色中国·玉溪馆”，16户企业入驻通海县电商企业孵化中心，5户重点物流企业入驻通海县物流分拨中心。至年末，全县组织电商业务培训49场次4 376人次，电子商务交易额14 175.7万元，农村淘宝订单数642 874件，累计交易额5 891.93万元。“双11”通海县农村淘宝以交易额430万和2.88万笔订单的好成绩夺得了农村淘宝的全国第一。全国购买人数前100村点中，通海独占17个。通海县纳古镇纳家营村淘点以311 118.11元的交易额和2 132的单量，勇夺农村淘宝村站点全国第一的优异成绩。元江县成功申报为2016年全国电子商务进农村综合示范县，以示范项目实施为契机，出台农村电子商务扶持发展政策，引入万益云品等电商企业，以少数民族创客空间建设为起点，培育网商网军，启动县电子商务服务中心、乡镇、村服务站点建设，整合物流配送资源，构建线上线下融合的自生态县域电子商务发展格局，为全面加快建设元江县电子商务进农村综合示范服务体系与支撑体系夯实基础。

（苗　莉）

【对外经济合作】 2016年，全市认真贯彻落实“一带一路”战略和习近平总书记考察云南重要讲话精神，积极推进企业“走出去”，全市新备案境外直接投资项目12个，分别位于老挝、泰国、瑞士、印尼、新西兰、马来西亚，对外投资额约6 270.9万美元。全年新增境外投资企业户数创历史新高，境外投资积极性不断增强，至年末，全市经过国家商务部及省商务厅核准备案的境外投资项目共有36个，其中老挝13个，泰国9个，越南3个，柬埔寨2个，澳大利亚、瑞士、香港、澳大利亚、新加坡、印尼、新西兰、台湾地区、马来西亚各1个项目。

（杨红芳）

贸　促

【成功申报设立经贸摩擦预警点】 随着全市对外经贸快速发展，外经外贸企业不断增加，企业面临的经贸摩擦和纠纷也随之增多。为充分发挥贸促系统资源优势，切实加强全市应对经贸摩擦工作的主动性和有效性，更好地帮助外经贸企业参与国际竞争，增强预警防范能力，积极应对经贸摩擦，促进全市外向型经济的发展，在省贸促会的大力支持下，2016年，市贸促会积极向国家贸促总会申报设立中国国际贸易促进委员会（中国国际商会）玉溪经贸摩擦预警点，并获得成功，率先在全省成为全国100个预警点之一。玉溪经贸摩擦预警点实行单独挂牌，业务上接受国家贸促会和省贸促会指导。主要职责职能包括做好预警信息的双向传递工作，第一时间将从国家、省贸促会及其他权威渠道得到的预警信息发布给市内外经贸企业，并及时收集整理市内外经贸企业涉案信息上报省贸促会和国家贸促会；做好贸易摩擦的相关培训和宣传，强化企业的风险防范意识，提高企业参与国际竞争的能力以及应对经贸摩擦的能力；与省贸促会、市商务局形成长效互通的联络机制，上下联动，快速应对各项贸易摩擦；按照国家、省贸促会部署，在具体案件中积极指导市内企业参与应诉工作。

【举办中国玉溪·孟加拉国投资贸易推介会】 2016年12月9日，为积极响应国家“一带一路”和云南建设面向南亚东南亚辐射中心的重大战略，深化开放合作，帮助全市企业走出国门，拓展发展空间和深化国际产能合作，搭建企业走出去的平台和扩大对外交往的渠道，市贸促会与省国际商会共同主办中国玉溪·孟加拉国投资贸易推介会。孟加拉国投资管理局理事及秘书长塔赫达·拉赫曼·汗，市委常委、副市长尚建华出席会议并致欢迎辞。塔赫达·拉赫曼·汗介绍了孟加拉国的总体概况，并就经济增长、区域优势、劳动力优势等方面进行阐述。他说，孟加拉国是“孟中印缅”经济走廊起点，农业资源、人力资源、天然气资源等非常丰富，无论是地理位置、人口规模，还是市场潜力，孟加拉国都具有一定的优势。希望通过此次推介会，为双方企业交流搭建平台、创造机会，希望未来双方能发挥各自优势，实现共同发展。尚建华表示，玉溪市作为云南滇中城市经济圈建设的核心城市之一，既有共享省会城市商务行政、科教文化、人才技术、交通信息等资源的便捷，又有产业布局、物流运输、商贸流通的空间优势。玉溪市与孟加拉国在基础设施建设、贸易、农业、旅游业、生物医药、能源资源等产业合作方面互有需求和优势，希望通过此次推介会，双方能加深了解，加强合作。推介会还对“孟加拉国投资环境及政策”进行了解读。省国际商会介绍了企业“走出去”扶持政策。市商务局、市招商合作局、市农业局、市旅发委、市外事侨务办等市直部门，县（区）工信、招商、商务部门，相关进出口企业等单位企业130余人参加了此次推介会。

【实施“云南高特名品入京”计划】 2016年，为贯彻落实省委、省政府提出“加快云南省重点产业发展和提高云南高原特色名品（以下简称“云品”）在全国一线城市的覆盖面和知名度”的要求，省贸促会与北京市副食品销售主渠道之一的北京二商集团有限公司达成了战略合作协议，共同推进“云品”入京。行动计划是争取在年底推荐组织3～5个品种进入北京二商销售网络，并抓紧筛选品种，为云品进入2017年召开的全国两会和十九大食品供给作准备；通过前期合作的模式和经验，做好2022年北京（张家口）冬奥会食品供应的准备工作；借鉴“云品”进京的成功经验，着手实施“云品”入沪计划，以京沪市场为依托，让“云品”走向全国，树立品牌效应。市贸促会积极响应，第一批筛选了全市15个企业15个品种进行推荐上报，力争把市内更多绿色、环保、有机、健康的优质特色名品推进首都。

【举办第三届国际汽车博览会暨中秋美食嘉年华】 2016年9月14～20日，市贸促会与云南世博国际展览有限公司合作，依托“中国（昆明）国际汽车博览会”“昆明新春购物博览会”班底，在聂耳音乐广场举办了“第三届玉溪国际汽车博览会暨中秋美食嘉年华”。展会设汽车展位25个，精品商品及美食展位80余个，100余户商家参展。参展汽车品牌有宝马、凯迪拉克、雷克萨斯等；美食展区有来自台湾、马来西亚、越南等地特色美食以及玉溪本土美食。本届展会作为喜迎中秋、国庆双节的一次盛会，市贸促会从美食展区划分出20个展位，集中展示玉溪当地特色美食，并给予每户企业每个展位1 000元的展位费补助。猫哆哩集团食品有限责任公司、酱丰圆食品有限公司、唯美鑫生物科技有限公司、磨浆农业有限公司、黄师傅食品有限责任公司等20余家市内食品企业参加了展会，取得了良好效果。为期7天的展会，吸引1.5万余人次到场观展，现场签订汽车购销合同60余台，意向性购车合同113台。展会交易额3 000余万元。

【参展参会】 2016年1月21日至2月5日，市贸促会组织甜馨食品有限责任公司等30余家企业参加“第十届

①中国玉溪·孟加拉国投资贸易推介会上，市委常委、副市长尚建华与孟加拉国投资管理局理事及秘书长塔赫达·拉赫曼·汗合影 ②第三届玉溪国际汽车博览会暨中秋美食嘉年华现场

（市贸促会　提供）

2016年9月15日，省政府副省长高树勋看望慰问2016中国—东北亚博览会国际商品展参展企业（市贸促会 提供）

昆明新春购物博览会”，设置展位40余个，交易额2 400万元。4月13～16日，组织德商农业投资有限公司等3户企业参加“第26届越南国际贸易博览会”，通过产品展示、发放宣传资料、业务洽谈，有力宣传推介了玉溪的企业和产品。6月12～17日，组织水润生物科技有限公司等9家会员企业、福建商会等7家会员单位120余人参加第4届中国—南亚博览会暨第24届昆交会。期间，参加了省贸促会举办的第11届中国—南亚商务论坛、“新市场、新活力”中国-南亚企业家交流会、中国-南亚商事法律合作研讨会等系列活动，并到滇池国际会展中心展馆参观考察，寻找商机，使企业对南亚、东南亚国家的投资环境、政策、市场需求有了进一步了解，为下一步“走出去”，加强与这些国家的交流与合作奠定了坚实基础。9月14～20日，组织各县（区）工信局（商务局）、高新区管委会经发局有关同志及磨浆农业有限公司、地衡丰农业科技开发有限公司等区域内特色优势企业负责人组成经贸代表团随省贸促会赴吉林长春参加了“2016中国—东北亚博览会国际商品展”。全省16家企业参展，展出面积近200平方米。省政府副省长高树勋亲临展会现场看望慰问参展企业。

【外经贸实务培训】 2016年11月21～23日，市贸促会联合市商务局举办全市外经贸实务培训，邀请省政府研究室、省商务厅、市国税局、市外汇管理局、中信保云南分公司等单位企业相关业务负责人，就国家最新鼓励出口政策、出口退税及申报要求、外汇管理措施、出口信用保险、外经贸发展专项资金使用管理、农产品购进相关政策、跨境电子商务等进行解析，帮助外贸进出口企业更好地了解和掌握相关优惠政策，提高用好用活政策的能力。来自全市七县二区110家外经贸企业200名外经贸企业家和外经贸干部参加了培训。市委常委、副市长尚建华到会作了讲话，并对外经贸工作提出要求。他指出，当前全市外经贸发展中存在有实绩外经贸业务的企业还不多，规模还不够大，进出口结构不合理，企业融资成本高，优惠政策幅度还不够大等不足和问题，要实现“十三五”任务目标，必须做大做强农产品出口，进一步加大引进先进国家的技术、资金和管理经验；政府要继续完善优惠政策和措施，外经贸部门要继续做好为企业服务的工作；外经贸企业要了解并运用好国家、省、市的相关政策，积极参加各类展会，加强品牌宣传和营销，要在电子商务上下功夫，将企业做大做强。

（李勇明）

粮油经营

【概　况】 2016年，全市粮食系统深入贯彻落实习近平总书记视察云南时关于粮食生产和粮食安全的重要指示精神，按照中央、省、市的决策部署，以“稳增长、调结构、促消费、强改革、扩开放、惠民生、保供给、稳粮价、兴产业、抓特色”为工作重心，牢牢把握国家实施“粮安工程”这一重大发展机遇，加大粮食仓储基础设施提升改造，充实粮食储备，强化粮食安全保障能力建设，深化国有粮食企业改革，全力做好粮食购销经营，全市粮食流通工作迈上新台阶。全年购进粮食（原粮）63 638万千克，比上年增4.97%，其中国有粮食企业购进29 785万千克，比上年减3.93%；购进油脂31 310万千克，比上年增60.88%。全年销售粮食（贸易粮）51 469万千克，比上年增3.97%，其中国有粮食企业销售23 121万千克，比上年减7.09%；销售油脂32 877万千克，比上年增64.76%。全市国有粮食企业完成粮油销售收入82 832.7万元，比上年减2.19%；实现毛利1 065.1万元，比上年减18.11%；利润总额1 187.7万元，比上年增10.62%，11户购销企业全部实现盈利。

【粮食安全保障能力】 2016年，市政府制定出台了《玉溪市进一步落实粮食安全行政首长责任制实施意见》《玉溪市粮食安全行政首长责任制考核办法》，签订《玉溪市粮食安全行政首长责任制目标责任书》，并将粮食安全行政首长责任制考核纳入对县（区）年度综合考核目标任务，全市粮食安全行政首长责任制得到全面落实；制定《玉溪市人民政府办公室转发玉溪市粮食局等部门关于下达第一批成品粮储备规模的意见的通知》，将省级下达成品粮储备任务分解落实，补齐了全市粮食应急短板，粮食安全保障力度得到加强；新修订完成《玉溪市市级储备粮管理办法》，粮食风险金规模突破3 000万元，增强粮食储备保障能力，并按照“合理布点、全面覆盖、平时自营、急时应急”的原则对全市粮食应急网点建设工作进行了安排部署，依托现已建设完成的放心粮店、平价粮店，按照“三店合一”的建设思路开展应急供应门店建设，建成粮食应急供应网点57个、粮油应急加工企业13户。

【粮食购销】 2016年，在国有粮食企业购销大幅增长的带动下，全市粮食企业购销增量较大，粮食购销工作成效显著。年初，市粮食局结合收购工作实际制定下发《玉溪市粮食局关于认真做好2016年粮食收购工作的通知》，并认真组织开展大小春收购市场检查工作，确保全市粮食收购工作有序开展。同时，认真履行市政府同吉林省白城市政府签订的粮食产销合作框架协议，深化产销合作机制，与省外合作企业关系更为紧密，粮食采购做到货到付款，确保全市粮食质量和资金安全；积极开拓粮源，到外省实地走访调研产粮和粮食购销企业情况，为扩大与省外粮食主产区产销合作奠定基础。全年粮食企业（纳入统计范围）从省外、市外购进粮食（原粮）47 132.1万千克，比上年增8.42%；购进油脂29 628万千克，比上年增54.81%，保障了市场需求。政策性粮油供应确保质量安全，完成军粮和救灾救济粮供应。巩固提升现有平价粮油供应店销售水平，以推进“放心粮油”工程为契机，不断开拓学校、单位食堂等粮油供应市场，千方百计扩大平价粮油销售量。全市累计供应救灾救济粮243.2万千克，销售平价粮油1 787.2万千克。储备粮经营不断提高粮食企业精细化管理水平，积极探索储备粮的经营管理办法，在把好轮入质量关和提高科学保粮水平的基础上，尝试缩短储备粮的轮换周期，在提高粮食质量的同时获取更高经济效益。

【仓储基础设施建设】 2016年，按照国家实施“粮安工程”要求，市粮食局积极推动11个粮库建设和改造项目，新建粮库8 720万千克，大修和功能提升10 290万千克。市财政投入资金1 740万元。至12月底，江川中心库新建项目、元江库、峨山库大修及功能提升项目已竣工验收并投入使用；江川军粮站成品库、易门新建库、玉溪国家粮食储备库、华宁新建库、新平新建库、澄江新建库主体工程已完工；通海新建扩建项目进展顺利；玉溪军粮站成品库也已开工建设。项目建成后，能满足全市安全储粮需求。

【粮油精深加工】 2016年，全市认真贯彻执行《玉溪市人民政府关于加快发展现代粮食流通产业的实施意见》，粮食流通产业稳步发展，玉溪国家粮食储备库经营效益稳步提升，滇雪等本地知名粮油品牌的市场占有率和影响力大幅提升，粮油工业发展也呈现许多亮点。全市粮油加工企业完成工业总产值26.2亿元，实现销售收入29.9亿元，分别比上年增18.55%

①

②

③

①2016年7月21日，省粮食局副局长官悠房调研粮油销售情况 ②2016年8月25日，市委常委、常务副市长王力调研云南滇雪粮油有限公司 ③2016年7月31日，市军粮供应站揭牌正式运营

（市粮食局 提供）

和31.72%。玉溪国家粮食储备库销售收入达4.5亿元，工业产值实现2亿，利润突破500万元。滇雪粮油有限公司在全省食用油市场占有率达25%，销售收入16.78亿元，先后荣获国家食用油加工企业50强、省非公企业100强第36位、省非公企业制造业20强第17位。

【放心粮油】 2016年，全市粮食部门积极开展"放心粮油"工程，依托平价粮油销售平台着力推进"放心粮油"工程实施，并与教育等部门认真协商研究"放心粮油"进校园实施方案。同时，积极探索在"放心粮油"示范企业建立质量可追溯体系，加大对"放心粮油"收储、加工、销售各环节监管，规范经营行为，保证粮油质量。

【粮食质量监管】 2016年，全市粮食部门认真开展粮油库存检查，查清库存粮食数量、质量和储粮安全的底数。经检查，全市国有粮食企业的粮食库存数量账实相符，库存粮食储存安全、品质良好。市粮食质量监测中心整合质检能力建设项目配套资金新购置10台套粮食质检设备，并自筹44.1万元资金采购了相色谱-原子荧光联用仪、小麦粉加工精度测定仪等4台套检验仪器，提高粮食无机砷的测定水平，极大地增强了质量安全检验监测能力，确保检测工作在粮食质量管理中发挥效益。同时，对储备粮、军粮、学生粮、平价粮进行监督检验，开展新收获粮食的质量调查、品质测报和食品安全风险监测，全年抽检各类粮油样品552个，从源头上确保了全市粮食质量安全。

【爱粮节粮】 2016年，全市粮食部门积极组织粮油安全和爱粮节粮宣传，普及大众粮食知识。先后开展了粮食科技活动周、食品安全宣传周、世界粮食日宣传等活动，深入社区、学校、企业开展宣传；组织市粮食质量监测中心实验室开放日活动，向社会公众普及粮油质量安全鉴定检测知识，宣传粮油食品安全知识、粮油产品质量和卫生标准知识等；积极组织粮食企业开展丰富多彩的宣传活动，向广大群众普及科学购粮、存粮、烹饪、节粮知识和技巧，累计发放各类粮油宣传资料12 000余份，接受粮油食品安全咨询600余人（次）。

（王　薇）

供销合作

【概　况】 2016年，全市供销社系统始终坚持为农服务宗旨不动摇，紧密结合实际，着力推进供销社综合改革，狠抓各项工作措施的落实，切实发挥好党和政府联系农民的桥梁和纽带作用，各项工作取得明显成效。全年实现销售总额97.53亿元，增长9.43亿元，增10.67%；实现农副产品购进33.39亿元，增长4.19亿元，增14.18%；实现化肥销售73.13万吨，增长8.77万吨，增13.63%；实现电子商务销售额5 200万元，增长4 888万元，增1 566.67%；实现汇总利润6 221万元，增长447.3万元，增7.7%；实现净利润5 441.2万元，增长498.8万元，增9.2%；实现全资控股企业利润2 728.6万元，增长291.4万元，增11.96%；实现所有者权益10.56亿元，增长0.59亿元，增5.92%；实现资产总额29亿元，增长1.93亿元，增7.13%，其中实现10%以上参控股企业资产总额15.45亿元；实现社有资产总额5.23亿元，增长0.73亿元，增16.22%；上缴各种税费2 940万元，减613万元，降17.25%；争取上级资金839万元。全年举办各类培训班15期，培训1 534人；收集农资农产品价格信息9 265条，通过筛选发布市场信息6 848条，在供销网站发布农产品价格信息84期4 471条。

【农资供应】 2016年，全市供销社系统认真履行服务"三农"职责，加强领导，充分发挥供销合作社农资经营主渠道的作用，克服了化肥价格波动比较大、营改增后经营成本增加、市场供求信息不对称等困难，积极做好农业生产资料的供应工作。全系统农资经营单位及时搞好市场调查，主动与生产企业对接，签订购销合同，做到储供并举，不误农时。承担化肥储备任务的10户农资企业围绕生产需求，调整优化化肥储备品种结构，压缩氮肥类品种，加大复合肥、钾肥及专用肥的储备。在储备方式上，努力降低储备风险，采取市、县合作，县、乡联合，集中储备与分点储备相结合，实行购买自储、与生产企业联储、帮助生产企业代储等措施尽量降低化肥储备的成本和风险。全市供销系统千方百计筹措资金1.8亿元，其中贷款1.31亿元，自筹0.49万元，切实做好农业生产资料的储备，在大春到来前就购进各种化肥6.72万吨，比上年增长1.54万吨，增29.71%，其中尿素2.45万吨，钾肥0.29万吨，复合肥2.1万吨，其它肥料1.88吨，农药0.0 785万吨，确保了春耕农业生产需要。同时，通过加强连锁、配送销售网点建设，创新服务方式，改变单一农资商品经营模式，积极探索和推行全程托管、订单服务、按需供肥、技物结合等服务，不断提升服务能力，确保了农资供应不脱销、不断货。全年累计供应化肥73.13万吨，比上年增长8.77万吨，增13.63%，其中尿素30.74万吨，钾肥3.74万吨，复合肥17.67万吨，水溶肥0.26万吨，有机肥1.66万吨；供应农

2016年11月28日，市供销社、市财政局、市农开办视察通海农资公司农一网

（市供销社　提供）

药1.06万吨，比上年增长0.15万吨，增16.56%；供应农膜0.15万吨，比上年减少0.027万吨，降15.16%。

【“两社一会”稳步发展】 2016年，全市供销社按照强化合作、农民参与、为农服务的要求，密切与农民利益联结，以基层供销合作社、社有企业为载体，因地制宜引领和创办各类合作经济组织，采取合作制、股份合作制等多种形式，广泛吸纳农民和各类新型农业经营主体入社。澄江县供销社大力发展农资消费合作社，合作社自愿入会户数已达6 800多户，合作社社员持社员证到任意代销点购买农资商品，价格都低于市场统一零售价，全年销售农资1 600吨，社员消费金额达460万元，让利社员50万元。元江县供销社投资10万元，对专业合作社综合服务中心办公室进行装修改造，配齐设施设备及工作人员，为专业合作社提供会计核算、账务管理、信息咨询、项目申报等服务。澄江县供销社以领办创办的专业合作社为载体，联合相关部门参与举办蓝莓栽培技术、电子商务知识、理事长及财务人员培训，提高合作社社员的综合素质。澄江县星星蓝莓农民合作社、佰士富农民专业合作社、云冠农民专业合作社联合社、华宁泉乡早熟柑桔合作社4家农民合作社被评为“全国供销合作总社示范社”。至年底，全系统累计发展农民专业合作社765个、城市消费合作社26个、公共管理型专业合作社72个、农民专业合作社联合社16个，创办国家级专业合作社1个、总社示范社4个、省社示范社83个，合作社入社社员达到53 726人，带动农户16.5万户。同时，利用供销社信息网、气象信息平台，做好农资、农产品价格信息服务工作，指导农民购买农资、发展生产、销售产品，协助“两社一会”更好发展。全年收集农资农产品信息9 265条，通过筛选共发布了6 848条，在供销网站发布农产品价格信息84期4 471条，收集上报省社食用菌价格信息188期1 538条。

【项目建设】 2016年，市供销社加强项目建设，把项目管理、项目建设作为供销社转型发展的重要抓手，扎实推进各类项目的组织实施，组织申报项目5个。农业综合开发供销合作总社新型合作示范项目元江县热带水果产业融合项目申报并获批，项目概算总投资2 150万元，获得各级财政补助1 036万元，其中，元江县瑞丰民特食品有限公司投资929万元，元江县玉麦地荔枝专业合作社投资457万元，元江县龙洞荔枝专业合作社投资383万元，元江县甘庄热区水果专业合作社投资381万元。项目实施计划和实施方案已获省社批复，项目建设正在有序推进中。由市供销社、市财政局成立联合验收小组，分别对澄江县年产1 000吨“仙湖”牌藕粉生产线新建项目和元江县果洛垤年产1万吨优质油桃、柑橘生产基地建设项目进行了竣工验收。按照省直8个部门对财政扶持项目进行评估检查验收的要求，通过公开招标聘请中介机构对2013～2015年中央、省、市财政支持的129个项目进行了评估检查验收；按照财政部门的要求，认真组织和做好项目库的建立，经市、县财政审核，全系统有92个项目入库。全年争取上级资金839万元，完成市政府安排任务814万元的103.1%。

2016年11月28日，市供销社、市财政局、市农开办检查澄江县藕粉厂2014年农业综合开发项目 （市供销社 提供）

【基层社建设】 2016年，市供销社认真贯彻落实《中华全国供销合作总社关于进一步加强基层工作的指导意见》，把基层组织体系建设工作作为重点工作来抓，投入资金281万元，其中企业自筹228万元，市级财政资金补助53万元，对江川区大街镇供销社、元江县咪哩乡供销社、元江县龙潭乡供销社进行了恢复重组，对澄江县龙街乡供销社、易门县十街乡供销社等6个基层社进行改造提升，修缮经营门面2 860平方米，改造货架530个、水管1 154米、电路4 600米。自2014年以来，全系统投资1 916万元（省、市财政补助资金200万元）改造提升基层供销社26个，恢复重组了16个基层社，实现了全市范围内基层社乡镇全覆盖。2016年，基层社完成营业收入160 863万元，比上年增14.82%，完成年计划148 500万元的108.33%；完成基层社利润1 929万元，比上年增19.96%，完成年计划1 750万元的110.23%；完成基层社资产总额31 639万元，比上年增11.45%，完成年计划30 500万元的103.73%。

【电子商务】 2016年，市供销合作社主动适应商业模式新变革，把发展农村电子商务作为供销社综合改革的重要内容，多举措加快发展供销社农村电子商务，着力构建“玉溪网上供销”，提升为农服务的能力和水平。市供销社加强组织领导，统筹谋划“互联网+供销社”，把构建具有供销合作社特色的电子商务经营服务体系建设列为综合改革的重要内容，成立电子商务工作领导小组，及时出台《玉溪市供销合作社关于加快推进电子商务发展的实施意见》，制定电子商务发展工作方案并组织实施。同时，开展试点工作，确定红塔区供销合作社为总社电子商务示范区，通海县、澄江县供销合作社为省社电子商务试点县，按制定的试点工作实施方案，组织社属企业、农民专业合作社借助第三方电商平台，率先开展农产品、农资、日用消费品网销网购，发挥示范引领作用；以贯彻落实《中华

2016年12月9日，省、市两级供销社组织验收2015年元江县果洛垤年产1万吨优质油桃、柑橘生产基地建设项目太阳能泵站工程 （市供销社 提供）

全国供销合作总社关于推进农资企业转型升级创新服务的指导意见》为契机，把“互联网+农资”作为推进市县（区）农资企业转型升级创新服务的突破口，支持红塔区农资公司和曲靖金色乡村电子商务有限公司合作，共同创建“云农网”电子商务交易平台，实现交易额9 859万元。市农资公司、澄江县农资公司和通海县农资公司以自身的经营网络优势为依托，与“农一网”达成合作，分别在红塔区、澄江县、通海县开始了各自的“农一网”县域代购工作站，为当地的农村种植户、专业合作社、种植基地提供性价比优越的农资产品的同时，通过互联网来缩短销售链条，打破交易空间限制，提高交易效率，降低成本，拓展为农服务范围，并建成县域工作站4个、代销点102个。还支持有条件的县（区）供销社新组建成立电子商务公司，动员暂无条件成立电商公司的县（区）供销社通过合作、入股等方式参与组建电商公司工作。2015年2月，红塔区供销合作社联合市内5家涉农龙头企业率先组建成立百信电子商务有限公司，注册资本金1 000万元。2016年4月，澄江县供销合作社联合7家社属企业、农民专业合作社挂牌成立宝通电子商务有限公司，注册资本金70万元。2016年10月，市供销社牵头，组建成立的供销电子商务有限公司，已投入运营。红塔区供销合作社百信电子商务有限公司——阿里巴巴中国玉溪特色馆入驻商户186家，网上平台交易额4 000余万元，好评率达96%以上。澄江县供销合作社宝通电子商务有限公司投入运营8个月，实体店实现销售6.5万元，网点成交213单，销售额4.3万元，好评率达99.8%。此外，该公司还主动承担建设乡镇（街道）农村电商服务站、村（社区）电商服务点的工作任务，已完成7个电商服务站并投入运营。全市供销社系统电子商务全年销售额达5 200万元。

【食用菌产业发展】 2016年，市供销社认真贯彻落实市政府领导“要把发展食用菌产业作为贫困地区实施精准扶贫的产业来抓”的批示要求，制定了《玉溪市发展食用菌产业助推精准扶贫实施方案》，以市政府办公室文件下发。按照市委、市政府要

元江县果洛垤林果专业合作社示范基地（2015年供销社农业综合开发项目） （市供销社 提供）

（市抚管局　提供）

求，在省食用菌研究所的支持帮助下，完成了《玉溪市食用菌产业发展“十三五”规划》，并确定了13个食用菌产业发展项目进行扶持，项目已全部完成。至年底，全市发展野生食用菌人工促繁基地5 800亩、人工食用菌栽培种植基地56万平方米。

【综合配套改革】 2016年，市供销社在做好农资供应、项目建设、电子商务、食用菌产业发展、基层社建设等主体工作，加快综合改革的同时，强化社有资产监管，继续采取多种方式盘活低效、闲置资产，促进资产收益最大化，不断提升社有企业发展实力；抓好财政专项扶持资金“补改股”的落实，增加社有资产存量，增强各级社对社有企业的控制力。市供销社发挥社有资产管理公司作用，开展内部资金互助，分别拆借资金100万元给新平县农资公司置换到期贷款，300万元给漠沙供销社置换到期贷款，100万元给峨山县资管公司对化念供销社经营服务网络体系改造提升，300万元给澄江县藕粉厂用于申报项目存款准备金，350万元给市农资公司用于储备化肥，400万元给澄江县藕粉厂用于收购鲜藕及加工。在有力支持系统单位渡过资金难关的同时，公司存量资金已得到了盘活，扩大了公司的资金收益，取得了双赢。同时，加强协调沟通，指导帮助县（区）供销合作社和有条件的基层社按照供销合作社章程建立“三会”制度，逐步建立和完善上下贯通、联系紧密的管理运行机制。至年底，澄江县、元江县、易门县、峨山县供销社及通海县九街供销社、峨山县亚尼供销社、新平漠沙供销社已召开社员代表大会并建立了“三会”制度，其他县（区）供销社及基层社“三会”制度的建立正在积极筹建中。

【教育培训】 2016年，全市供销社通过各种途径，根据农民需要举办各类培训班，组织各类人员培训，提高劳动者素质。培训内容涉及农产品经纪人、庄稼医生、新化肥、新农药的科学施用技术及蔬菜、水果、茶叶栽培等。市供销社发挥合干校教育培训的平台作用，联合各县（区）供销社、企业及乡（镇），采取自办、联合等方式组织举办各类培训班，全年15期，培训1 534人，其中农资市场营销知识培训2期168人，电子商务培训1期199人，农产品经纪人培训4期453人（持证415人），新型职业农民实用技术培训8期714人（包括食用菌〈含野生食用菌〉培训3期242人，专业合作社理事长及财务人员培训1期88人，蓝莓栽培技术培训1期109人，金丝蜜枣栽培技术培训1期118人，油桃栽培技术培训1期75人，蔬菜及葡萄栽培技术培训1期82人）。通过培训，提高了农村基层干部和广大农民群众的科技意识和商品意识，对提高农产品质量，搞活农产品流通，助农增收有明显成效。

（何剑虹）

青山绿水·碧玉清溪

（市抚管局　提供）

财政·税务

FINANCE · TAXATION

责任编校：王竹能

财 政

【概　况】 2016年，面对错综复杂的经济形势和艰巨繁重的改革发展任务，在市委的坚强领导下，在市人大及其常委会的监督指导下，全市各级财政部门紧紧围绕市委的决策部署和市人大的决议要求，牢牢把握稳中求进的工作总基调，主动适应经济发展新常态，全力以赴稳增长、调结构、促改革、惠民生、防风险，依法加强收入征管，有效保障重点支出，完成年初确定的预算目标任务，财政运行健康平稳，财政改革全面深化，为全市经济社会发展提供了坚实保障。全市完成一般公共预算收入1 310 605万元，为年初预算的100%，比上年增收62 438万元，增长5%；完成一般公共预算支出2 333 523万元，为年初预算的100.5%，比上年增支100 534万元，增长4.5%。

【预算改革】 2016年，市财政局把新预算法的各项规定作为从事财政管理活动的行为准则，加强各项财税改革具体方案与新预算法的衔接，坚持以法治思维和法治方式推进财税体制改革，增强预算的法治性和约束力；健全预算管理制度，把政府所有收支全部纳入预算管理，提高预算编制的科学性和准确性，细化预算编制，加强预算审核，强化财政结转结余资金管理，加强对涉及财政资金管理重点岗位和关键环节的监督；牢固树立“过紧日子”的思想，抓好中央八项规定、相关管理制度的贯彻落实，严控“三公”经费支出，强化“三公”经费预算执行管理；推进整顿财经秩序、严肃财经纪律。同时，充分发挥人大、政协、社会公众及舆论的监督作用，着力构建覆盖所有政府性资金和财政权力运行过程的大监督格局，真正做到依法生财、依法聚财、依法管财、依法理财，努力打造为民服务务实清廉的财政机关。

【预算信息公开制度化】 2016年，市财政局建立统一规范的公开制度，并根据国家相关法规对涉密与非涉密单位做出合理认定，特别对国家秘密事项做出明确规定，避免其成为预算公开的挡箭牌，规定统一的公开内容，创新部门预算全过程的公开。同时，遵循便民的原则，搭建统一的预算信息发布平台，将财政部门和各部门、单位发布的预算信息集中到平台上，提高各部门和单位预决算信息公开的及时性和统一性；在政府信息公开门户网站上建立预算信息公开专栏，专门用于公开本部门和下属单位的预算信息，并通过《玉溪日报》进行公开。

【县乡财政综合改革】 2016年，市财政局认真落实加强乡镇财政管理办法，全面完成了全市乡镇财政所标准化建设五年规划，74个乡镇财政所完成了标准化财政所建设。红塔区和通海县在原乡镇预算管理方式改革的基础上，进一步深化了县对乡财政管理体制改革。红塔区实行“核定收入基数，收入全额上划，保障基本支出，收入超收分成”的乡（街道）财政预算管理体制。通海县实行“划分收入范围，明确支出责任，核定收入基数，收入超收分成”的乡镇（街道）财政预算管理体制。

【结构性减税】 2016年，为认真贯彻执行监狱劳教企业增值税先征后退政策，规范监狱劳教企业增值税先征后退申报资料，市财政局对有监狱劳教企业的县（区）和企业进行了增值税先征后退业务培训，并积极与市人行、市国税局进行了协调沟通，取得了支持和理解，保证了增值税退税政策的有效执行。至年末，对监狱劳教企业2015年的退税已完成，退增值税567万元，对调动监狱劳教企业的积极性和支持企业发展起到了重要作用。

【预算执行动态监控】 2016年，全市预算执行动态监控系统稳定运转，切实保障了财政资金安全可靠。全年监控财政授权支付54 048笔，涉及资金总额362 993.25万元。其中，预警监控支付4 974笔，占财政授权支付总笔数的9.20%；规范财政资金215 359.02万元，占财政授权支付总金额的59.33%。

【电子化支付】 2016年，市财政局办理电子支付业务39 949笔，金额3 072 200万元。其中，直接支付业务（含工资）30 255笔，金额122 100万元，均已完成支付和清算；实拨业务965笔，金额2 605 900万元，市人行已完成支付；下达授权支付额度8 729笔，金额344 200万元；预算单位开据授权支付凭证45 585笔，金额347 400万元，均已准确高效地清算完毕。

【财政专户管理】 2016年，市财政局进一步巩固财政专户清理整顿成果，不断规范财政专户管理，清理以地方制发的各类文件或有关会议纪要等为开户依据设立的财政专户，以及其他不符合《预算法》和国务院有关文件要求的财政专户。全市撤销不符合规定的财政专户8个，各项清理规范工作均已严格按上级要求落实到位。全市保留财政专户145个，其中市本级12个。

【库款调度】 2016年，市财政局科学统筹做好国库资金调度工作，省级调拨往来资金总计941 594.83万元，比

2016年12月14日，为切实推进预决算信息公开工作的进程，财政部驻省专员办到市财政局开展2016年度地方预决算公开工作　（何　雁　摄）

上年增长4.68%，有效缓解了全市资金紧张局面；进一步完善县（区）资金调度，更好地支持县（区）经济和社会事业的发展，调拨县（区）往来资金总计1 094 718.83万元，比上年增长18.10%，有力地保障了县（区）财政支出时效。同时，提高资金拨付效率，全年市财政局办理财政直接支付30 255笔，金额122 100万元；财政授权支付8 729笔，金额344 200万元；实拨支付965笔，金额2 605 900万元。

【编制综合财务报告】 2016年，为摸清部门家底，真实反映政府财务状况，全市开始全面试点权责发生制综合财务报告编制工作。除以往编制的政府综合财务报告外，新增加了权责发生制部门财务报告，并在全市范围内选取了市卫计委、市水利局等10家部门作为试点。通过精心组织，积极培训，及时指导，认真审核，全市顺利完成试编工作。同时，规范会计核算，完成了2015年度全市财政总决算和部门决算的编审上报。在2016年省财政厅对全省2015年财政决算工作考评中，市财政总决算获二等奖、部门决算获二等奖。

【争取省级转贷债券支持】 2016年，市财政局积极协调各相关债务部门、单位、公司做好省级转贷债券申报工作，争取到省财政厅预下达全市置换债券额度1 549 000万元（一般债券额度1 035 000万元、专项债券额度514 000万元），争取到新增债务额度134 000万元，为加快全市存量债务置换，促进经济社会健康发展起到了积极作用。

【政府性债务管理】 2016年，市财政局为做好地方政府债务预算管理工作，将一般债务纳入一般公共预算管理，专项债务纳入政府性基金管理，当年到期地方政府债务还本付息资金纳入年度预算安排，并积极做好政府债务偿还工作。按照“谁举借、谁偿还”的原则，分类落实偿债资金来源，全年安排财政资金偿还一般债务81 100万元，偿还专项债务32 200万元；加大存量债务置换力度，全年完成存量债务置换1 762 000万元，有效降低了融资成本，拉长了还款期限，改善了债务结构，切实缓解了财政支出压力。同时，严格实行地方政府债务限额管理，控制好政府债务规模。

2016年5月6日，全省农业财政工作会议在玉溪市召开，全面总结了2015年全省农业财政的各项工作，安排部署了2016年的工作（何 雁 摄）

【预算绩效管理制度】 2016年，市财政局制定了《玉溪市市级预算绩效管理暂行办法》等数个预算绩效管理制度文件，为深入推进“控制为主、绩效优先”的预算编审体系改革和预算绩效管理改革提供制度保证，以自评为主推进绩效评价提质扩面，推动工作规范运行。全年组织市文化局、教育局、科技局、农业局、林业局、水利局、扶贫办、卫生局、住建局、环保局、交通局、公安局等36个市级单位，完成了2015年度财政支出50万以上的95个部门预算项目绩效评价自评工作，评价财政资金总额为72 954.63万元；项目涉及文化、教育、科技、农业、林业、水利、扶贫、卫生、城建、环保、交通等多个领域，有效提高财政资金使用部门绩效意识，强化了预算支出责任。

【市级预算绩效管理试点】 2016年，市财政局以构建“预算编制有目标、预算执行有监控、预算完成有评价、评价结果有反馈、反馈结果有应用”机制为目标，全面推进好预算绩效管理扩面增点工作。全年市级纳入试点的50万元以上部门预算项目支出共383项，总金额228 000万元，试点项目规模比上年扩大了4倍。市级财政根据前三季度项目执行情况跟踪监控结果，强化绩效管理结果应用，提出200多条整改建议向预算部门反馈并督促整改，对财政支出行为过程和预期结果及时进行制约、反馈和修正，并根据项目绩效自评报告，对预算部门2015年项目绩效自评结果在一定范围进行了通报，同时将项目主要绩效完成情况通过政府信息网络等媒介向社会公开，接受各方监督。

【医药卫生体制改革】 2016年，全市医改试点工作得到原财政部部长楼继伟同志的重要批示和省委、省政府领导的高度关注，并列为财政部社保司改革试点联系城市，正按照医保、医疗、医药“三医”联动的总体要求加快各项改革政策的不断完善。市级3家公立医院从2015年12月1日起，取消医院药品加成（不含中药饮片），医院减少的药品差价收入，通过调整医疗服务价格弥补70%，财政补助20%，医院加强内部管理降低成本消化10%。根据市级3家医院减少的药品加成收入3 908.09万元计算（市医院2 824万元、市中医院774万元、市二医院310万元），市级财政年均增加补助781.62万元，其中市医院564.80万元，市中医院154.82万元，市二医院62万元。2015年和2016年市级财政新增补助资金已拨付市级3家医院。随着基本医疗保险、大病保险和临时医疗救助政策不断完善，实施“救急难”制度解决群众遇到的突发性困难保障水平不断提高，托底能力不断增强。

【新型农村合作医疗】 2016年，全市新型农村合作医疗保险覆盖农业人口1 635 024人，实际参合1 606 613人，参合率98.26%；年人均筹资标准540元，比上年提高了70元，其中各级政府补助420元，农民个人自筹120元。

全年实际筹集新农合基金88 578.71万元，比上年增加11 722.02万元，增长15.25%。主要是人均筹资标准提高。筹集到位的基金中，中央财政补助实际到位48 770.00万元，省级财政补助实际到位6 135.00万元，市级财政补助实际到位6 571.81万元，县（区）财政补助实际到位6 572.42万元，参合农民个人缴纳19 279.35万元，利息收入1 074.09万元，其他收入176.04万元。新农合补偿支出80 388.71万元，比上年增加5 378.99万元，增长7.17%。主要是补偿人次数增加。其中，住院补偿支出65 860.24万元，占总支出的81.93%；门诊补偿支出14 527.82万元，占总支出的18.07%；家庭账户基金支出0.65万元。年度基金使用率92.66%。全年新农合补偿5 562 184人次，比上年增加392 615人次，增长7.59%。其中，住院补偿240 606人次，占4.33%；普通门诊补偿5 153 411人次，占92.65%；门诊慢性病补偿168 167人次，占3.02%。参合群众受益面达346.21%。

【“三公经费”管理】 2016年，市财政局严格执行《预算法》和《党政机关厉行节约反对浪费》等有关文件精神，全力做好控制“三公”经费支出增长工作。全市“三公”经费支出13 484.63万元，比上年的15 612.18万元减少2 127.55万元，下降13.63%。

【行政事业单位资产管理】 2016年，市财政局按照财政部统一部署，开展了全市行政事业单位国有资产清查，清查基准日为2015年12月31日。通过资产清查，摸清了家底，建立了行政事业单位国有资产基础数据库。市级行政事业单位共处置国有资产130件，账面原值29 788.4万元。其中，土地处置1件，账面原值10 842.64万元；房屋及建筑物类处置14件，账面原值7 519.13万元；通用设备4 441.07万元；专用设备1 147.63万元；公务用车及执法执勤用车300辆（报废44辆、无偿划转231辆、拍卖25辆），账面原值5 837.93万元。

【外贷项目管理】 截至2016年底，全市已实施了12个外债贷款项目，其中世行贷款项目8个，外国政府贷款项目4个。项目总投资20 020万元，其中协议贷款金额2 812万美元（约合人民币14 058万元），实际使用贷款折合1 678.85万美元（约合人民币10 327.3万元）；累计归还到期本金893.05万美元（折合人民币5 469.44万元），年末外债贷款余额折合746.8万美元，约合人民币4 618.86万元。其中，疾病预防项目（计划免疫部分）世界银行贷款、市血液中心血站项目外国政府贷款已还清本息；韩国政府云南省水稻机械化项目贷款开始还本；国际农业发展基金新平农村综合发展项目贷款开始付息；世行贷款森林资源发展和保护项目（二期世行转贷）尚未进入还本付息期；世界银行贷款/英国政府赠款结核病控制项目、世界银行贷款/英国赠款云南省西部地区基础教育项目正按规定还本付息。

【国际金融组织和外国政府贷款】 新平县利用国际农业发展基金贷款实施贫困地区农村综合开发项目，项目估算总投资1 230万美元，实际利用国际农业发展基金贷款615万美元，国内配套615万美元。2014年起项目进入贷款使用期，截至2016年底已提款1 543.96万元（240.98万美元）。

【地方金融管理】 2016年，市财政局认真开展地方金融企业财务年度决算报表和季度报表的审核、汇总、确认和上报工作，及时掌握全市地方金融企业财务动态，确保财政对地方金融企业财务监管落实到位。同时，按照财政部《金融类国有及国有控股企业绩效评价暂行办法》《金融类国有及国有控股企业绩效评价相关事项的通知》精神，认真组织开展地方金融企业和财政厅委托的全市农村信用社绩效评价、薪酬审核备案和地方金融企业国有资产产权登记监督检查工作，及时掌握地方金融企业国有资产的变动情况。年底，全市地方金融法人机构11户（信用社类9户、银行类3户），年末资产总额12 599 200万元，比上年增长44.82%；吸收存款余额9 221 400万元，比上年增长36.86%；年末贷款余额5 164 200万元，比上年增长34.23%；实现营业收入313 300万元，比上年增长13.79%；实现利润总额82 600万元，比上年增长-16.83%；上缴税金45 700万元，比上年增长32.85%。地方金融业总体发展良好，不良贷款率保持在安全范围，风险可控。

【小额担保贷款贴息】 2016年，市财政局健全小额担保贷款贴息工作制度，完善担保和风险补偿机制，承担全市小额担保贷款财政贴息资金管理，发挥了财政资金的杠杆作用，引导金融资金投向民生，有力地支持了创业促就业工作。全年省财政厅拨付全市贴息资金12 173万元，市、县财政配套资金980.28万元，共投入资金20 224.03万元；支持全市5家承贷银行发放贷款146 000万元，完成目标任务101 000万元的145.04%，扶持12 620人（户），完成目标任务12 620人（户）的100%；受到贷款扶持的12 500名创业者和120户劳动密集型小企业共带动（吸纳）25 642人就业。

【县域金融机构涉农贷款增量奖励】 2016年，市财政局贯彻落实财政资金奖励政策，全年审核、申报2015年度符合奖励条件的9户县域金融机构应奖励资金1 058.8万元，鼓励县域金融机构加大对涉农领域贷款的发放，支持涉农经济发展。9户县域金融机构涉农贷款平均余额为746 300万元，比上年增长21.56%。

【定向费用补贴政策】 2016年，市财政局根据财政部《普惠金融发展专项资金管理办法》，对上年贷款平均余额比上年增长，上年末存贷比高于50%且达到银监会监管指标要求的澄江县中成村镇银行，组织审核上报了2015年度中央财政定向费用补贴130.44万元，支持了新型农村金融机构的发展。

【政策性农业保险】 2016年，市财政局贯彻落实中央强农惠农政策，全年安排下达农业生产保险保费补贴各级配套资金1 721.03万元，为全市开展的能繁母猪保险、水稻、玉米、油菜种植业保险和森林火灾保险实施保费补贴，并保障了年度投保保单的及时签署，为农业生产和森林火灾添保障。全年各类保险获得保险公司赔付金额41.8万元，获赔农户1.23万户次。政策性农业保险，为农户撑起了保护伞，有效降低了农户种养殖风险，提高了农户的生产积极性。

【民贸民品贷款贴息】 2016年，市财政局落实民族贸易和民族特需商品生产的相关支持政策，做好民族贸易和民族特需商品生产贷款贴息资金的管理工作，确保资金管理规范、专款专用、拨付及时。全年下达2015年四季度（清算）、2016年度民贸民品贷款贴息省级资金778.4万元，资金涉及7个县（区）20个金融机构，推动了民族贸易和民族特需商品生产的快速发展。

【政府和社会资本合作模式】 2016年，市财政局推行政府和社会资本合作（以下简称PPP）建设模式，推动PPP项目筛选、项目入库、项目论证、项目物有所值评价、财政承受能力分析等项目管理，推介、上报重点PPP项目。至年底，全市进入财政部PPP综合信息平台储备项目40个，总投资额851.8亿元，分别占全省的比例为10%和8.3%。PPP储备项目中，"路网"项目9个，"水网"项目3个。全市列入财政部PPP示范项目6个、省级PPP示范项目4个。在积极争取省级的专项建设基金支持的同时，经市政府同意，安排2亿元专项资金设立PPP引导支持基金，用于推动PPP项目实施，引导社会资金投入项目建设，有效扩大社会投资，有效防范和化解债务风险。

【道路交通事故社会救助】 2016年，市财政局积极开展道路交通事故社会救助基金管理工作，在交警、卫生、民政、保险公司等单位的协同配合下，审核垫付资金23.49万元，为9位交通事故受害人垫付抢救费用和丧葬费用，其中为8位丧者垫付丧葬费21.75万元，为1位伤者垫付抢救费1.74万元。对道路交通事故中的受害人进行及时救助，缓解了社会矛盾，体现了国家对民众的关心和爱护。

【美丽100校园行动计划暨校安工程】 截至2016年7月底，全市美丽100校园行动计划暨中小学校舍安全工程共整合项目建设资金201 500万元，完成实物工程量351 000万元，建成美丽学校160所，比计划数增加47所；拆除全部D级危房，新建、重建校舍73.82万平方米，加固改造校舍87.65万平方米，修建校门57道，绿化校园17.16万平方米，建设运动场126块30.65万平方米，硬化道路14.46万平方米，修建围墙1.55万米，建设校园景观141个。与2012年相比，全市小学、中学生均校舍面积分别由8.06平方米、12.34平方米增加到10.3平方米、13.3平方米，校舍安全能力明显提高。

【"互联网+教育"软硬件建设】 2016年，全市完成教育信息化项目建设任务，建设数字化校园680所，建设多媒体教室5 721间，安装触控一体机5 721台，建设计算机教室626间，安装计算机22 610台，校园网信息点32 677个，校园安全监控点14 372个，建设录播教室26间，完成投资34 542.65万元，实现数字化校园建设全覆盖。教育教学云平台已入驻学校749所，实名注册教师2.45万人，占全市教师的92%；实名注册学生数达18万人，约占学生总数的60%。IPTV电视频道和教育云APP移动端正式上线投入使用，平台有33万余条教学资源，涵盖从幼儿园到职业院校各个学段。

【"全面改薄"工程】 2016年，市财政局严格按照"保基本、兜网底、补短板、促均衡"工作思路，加强统筹协调，加大资金投入，快速推进工程实施，全市"全面改薄"工程项目开工率、竣工率均位居全省前列，实现了全市608所义务教育薄弱学校全覆盖。由于工程进展快、成效好，获得省财政厅、教育厅奖补资金1 331.9万元。至年底，全市"全面改薄"建成校舍381幢26.23万平方米、运动场138块27.71万平方米，占规划任务数的53.78%；购置设施设备29.55万台（套）、图书57.73万册，占规划任务数的55.77%；完成投资5.38亿元。

【市级财政支持创新驱动发展】 2016年，玉溪市高新区和易门县省级高新区获科技部高新技术园区创新体系建设立项。全市高新技术企业已达86户，在省内仅次于昆明市排名第二；创新型试点企业已达39户，年均增长36%；科技小巨人企业已达4户，科技型中小企业已达214户，连续两年实现翻倍。全市有院士专家工作站7个，有市级学科技术带头人150人，省学术和技术带头人3人，省学术和技术带头人后备人才7人，省技术创新人才4人，培养对象7人，国家级创新创业人才2人。市级重点实验室、工程技术研究中心已达39家。全年市级财政安排支持创新驱动发展的资金达2 145万元。

【公共文化基础设施建设】 2016年，全市争取上级资金3 000多万元，解决一批文化馆（站）基础设施建设，全市"两馆一站"全面免费开放。同时，落实各项文化惠民工程，完成26个省级文化惠民示范村创建，组织业余文艺队演出、广场文艺演出、广场电影、惠民演出、省"文化大篷车·千乡万里行"文化惠民演出、农村公益电影放映任务，713个农家书屋和668个文化活动室全部免费开放，并成功创建"中国楹联文化城市"。

【内控制度建设】 2016年，按照财政部关于在全国财政系统建立和实施内控制度建设的要求，市财政局把内控工作作为深化财税制度改革的重要抓手，加强组织领导，成立了内控委，由局长任内控委主任，下设内控办在监督检查科。各县（区）财政局也相应成立了组织机构。市财政局制定并下发了《玉溪市财政局内部控制基本制度（试行）》《玉溪市内部控制委员会议事规则》和7个专项风险防控办法，并编印成册。同时，开展业务培训，邀请省财政厅领导就建立内部控制的重要意义、方法、步骤等进行讲授；指导县级开展工作，以峨山县财政局为县级财政系统试点单位，抓点代面，点面结合，确保了全市财政系统内控工作的稳步推进。至年底，市、县财政部门均完成了内控组织体系和制度体系建设任务。

【财政资金安全检查】 2016年，根据财政部关于全面开展财政资金安全检查工作的通知要求，市财政局抽调业务骨干，组成联合检查组，对各县（区）财政局账户管理、财政资金收付管理、岗位与人员管理、会计核算管理、地方财政专户管理等五方面内容进行了检查。通过自查和抽查，找出了存在问题，明确了整改意见，并督促县（区）财政局认真整改，确保了财政资金安全、有效运转。

【非税收入收缴情况检查】 2016年，根据财政部在全国范围内开展非税收入检查的通知要求，市财政局组织非税收入收缴专项检查工作组对各县（区）财政本级、住建、国土、交通、林业等5个部门2014～2015年非税收入收缴情况进行专项检查。通过检查，收缴了应缴未缴收入106.89万元，并督促各县（区）完善了非税收入征管工作机制，防止了非税收入跑冒滴漏。

【农林水事务支出】 2016年，全市农林水事务支出316 226万元（含直拨"粮食风险基金专户"的农业支持保护补贴资金10 367万元），其中，农业支出77 556万元，林业支出46 882万元，水利支出67 939万元，扶贫支出30 567万元，农村综合改革支出51 645万元。

【惠农补贴】 2016年，全市兑付惠农补贴资金25 670.72万元，其中，中央对种粮农民补贴资金10 367万元、草原生态保护补助奖励资金2 929.10万元、农机购置补贴资金2 100万元、公益林生态效益补偿资金10 274.62万元。

【畜牧贷款贴息】 2016年，市财政安排贴息资金800万元，撬动银行畜牧小额信贷贴息贷款40 000万元（红塔区4 000万元，江川区3 000万元，澄江县1 000万元，通海县3 000万元，华宁县2 000万元，易门县4 000万元，峨山县6 000万元，新平县12 000万元，元江县5 000万元），促进畜牧产业健康发展。

【木本油料产业】 2016年，为贯彻落实《省政府办公厅关于加快木本油料产业发展的实施意见》文件精神，加快全市木本油料产业建设，把木本油料产业建成农民增收、林业增效、生态改善的重要产业，市财政安排2 850万元，用于扶持发展核桃、油橄榄等木本油料产业。其中，扶持木本油料基地建设1 000万元，提质增效1 600万元，扶持龙头企业和专业合作组织200万元，项目管理经费50万元。

【水利项目前期工作】 2016年，全市用省转贷的一般债券资金安排水利工程建设前期费8 000万元（红塔区400万元，江川区150万元，澄江县1 000万元，通海县600万元，华宁县1 200万元，易门县400万元，峨山县650万元，新平县2 150万元，元江县1 050万元，市级400万元），用于水源工程、江河治理工程及其他规划。

【中央财政小型农田水利重点县建设项目】 2016年，全市争取小型农田水利重点县资金10 000万元，用于补助峨山县、元江县、江川区、新平县、易门县。小型农田水利重点县建设期限为3年，每年中央财政补助每个县1 200万元，省级财政补助每个县800万元，有效改善全市的水利基础设施条件。

【对口帮扶迪庆州德钦县】 按照省委、省政府的安排，玉溪市对口帮扶迪庆州德钦县。2016年，为进一步加强项目资金管理，出台了《玉溪市对口帮扶迪庆州德钦县项目管理暂行办法》，市级财政安排帮扶项目资金2 000万元，比上年增加500万元。

【扶贫支出】 2016年，全市下达中央、省、市专项扶贫资金44 000万元，比上年增长2.5倍。其中，中央及省资金27 000万元，市级财政安排17 000万元。按照《云南省开展扶贫开发目标、任务、资金、权责到县工作方案（试行）》的要求，项目由县（区）确定，市级将资金及时下达各县（区）。

【一事一议财政奖补】 2016年，全市申报实施了一事一议财政奖补“普惠制”项目257个，项目覆盖260个自然村，涉及25 248户、92 193个农民直接受益。项目概算总投资1 113.45万元，其中村民筹资216.59万元，村民捐资5.93万元，村民投工投劳40.5万个，以劳折资2 430万元，以物折资17.41万元，村集体投入1 135.8万元，整合其他财政资金1 237.13万元，申请财政奖补资金6 090.82万元。项目建设内容包括村内道路硬化、文化体育设施、人畜饮水、小型农田水利设施、环卫绿化亮化等。

【农业综合开发】 2016年，全市完成土地治理项目19个，其中，高标准农田建设项目16个，治理面积6.18万亩；生态小流域治理项目3个，治理面积1.43万亩。项目总投资10 770万元，其中，中央财政资金5 111万元，省级财政配套资金2 626万元，市级财政配套资金1 276万元，县级财政配套资金1 294万元，自筹资金414万元，其他资金49万元。据统计，全市修建拦河坝1座，修建排灌站4座，开挖疏浚渠道1.38公里，开挖衬砌渠道158.74公里，埋设管道17.66公里，套渠系建筑物312座，新建小型蓄排水工程175座，修建机耕路27.56公里，改良土壤0.05万亩，修建田间干道50.33公里，修建田间支道13.68公里，实施造林0.73万亩，购置仪器设备140台，示范推广1.17万亩，技术培训1.89万人次。

【政府采购管理】 2016年，市政府采购需求预算355 645万元，实际采购金额340 789万元，比上年的111 490万元增加229 299万元，增长205.67%；节约采购资金14 855万元，节约率为4.18%。实际采购金额中，公开招标142 656万元，邀请招标600万元，竞争性谈判15 760万元，竞争性磋商151 531万元，询价11 989万元，单一来源采购14 764万元，协议供货2 751万元，定点采购738万元，分别占实际采购总金额的41.86%、0.81%、4.62%、44.46%、3.52%、4.33%、0.81%、0.22%。与上年相比，公开招标缩减了24.54个百分点，而竞争性磋商采购金额上升了42.16个百分点。由于来自于PPP项目的影响，采购方式发生了较为明显变化。全年采购国内货物、工程、服务336 084万元，采购进口货物4 705万元，分别占采购总金额的98.62%和1.38%。进口货物采购的主要是医疗设备和高清摄影摄像以及电视播出设备。

【会计队伍建设】 2016年，全市8人获全省先进（杰出）会计工作者，1人晋升正高级会计师，1人入围全国会计领军人才公示，2人获云南高级会计管理人才称号，5人取得注册会计师资格证，45人获会计专业技术高级资格证，377人获会计专业技术初级资格证，1 174名考生取得会计从业资格证，8人获得云南财经大学会计学院在职研究生硕士学位。

【查无工作】 2016年，市财政局落实依法查处取缔无证照经营工作。各县（区）财政部门组织人员出动检查30次，出动执法人员61人次，出动执法检查车辆10台次，检查经营户50户，针对监管对象开展宣传教育活动50户次。

【市属投融资公司改革】 2016年，按照《玉溪市市属投融资公司改革发展实施方案》的要求，市国资委及时研究制定了《玉溪市市属投融资公司清产核资及债权债务清理工作方案》，范围包括市国资委监管的7户市属投融资公司及其所属14户全资子公司共21户。同时，整合设立国有资本运营和国有资本投资两大集团，将市国资公司、市开投公司、市土投公司进行合并，组建市国有资本运营集团有限责任公司，主要承担国有股权经营管理，负责投融资公司政府性存量债务管理；将市高等级公司、市抚投公司、市城投集团进行合并，设立市国有资本投资集团有限责任公司，主要承担铁路、公路、城市基础设施、土地的一级开发整理等建设项目投融资和经营管理，吸引社会资金参与全市重要基础设施建设和优势产业建设。

（杨晓黎）

国家税务

【收入特点】 2016年，全市国税系统组织各项税收收入312.24亿元，比上年减收48.78亿元，下降13.51%，收入总量在全省16个州市中排名第二。征收的5个税种呈“四减一增”，即增值税入库86.91亿元，比上年减收0.23亿元，下降0.26%；消费税入库200.41亿元，比上年减收46.68亿元，下降18.89%；企业所得税入库21.21亿元，比上年减收2.04亿元，下降8.75%；储蓄存款利息所得税入库4万元，比上年减收1万元，下降20%；车辆购置税入库3.72亿元，比上年增收0.16亿元，增长4.56%。全年四级预算收入呈“三增一减”。地方级收入受“营改增”扩围和增值税分享比例调整的影响，累计完成45.75亿元，比上年增收13.15亿元，增长40.34%。其中省级收入完成5.71亿元，比上年增收1 330万元，增长2.39%；市级收入完成24.12亿元（未含财政5月调增的6 159万元），比上年增收5.64亿元，增长30.48%；县级收入完成15.92亿元，比上年增收7.38亿元，增长86.48%。受消费税大幅减收的影响，中央级收入完成266.49亿元，比上年减收61.94亿元，下降18.86%。10个征收单位比上年“九增一减”，除开发区局收入下降18.87%外，其余9个县（区）局收入均比上年增长，其中增幅最高的元江县增长62.68%，其次是峨山县增长43.65%，红塔区增长37.42%，易门县增长35.79%，澄江县增长27.86%，江川区增长24.01%，通海县增长21.75%，新平县增长17.97%，华宁县增长8.94%。

【工业卷烟税收】 2016年，全市入库工业卷烟税收258亿元，比上年减收60.50亿元，下降19%。其中增值税入库50.72亿元，比上年减收10.58亿元，下降17.26%；消费税入库197.74亿元，比上年减收47.50亿元，下降19.37%；企业所得税入库9.54亿元，比上年减收2.41亿元，下降20.19%。工业卷烟税收增减受“两红集团”的影响，红云红河集团入库税收比上年下降16.80%，其中增值税下降17.55%、消费税下降16.43%、企业所得税下降19.52%；红塔集团入库税收比上年下降21.78%，其中增值税下降18.7%、消费税下降22.13%、企业所得税下降35.94%。同时，销售数量下降和销售结构变化，红云红河集团仅甲类卷烟销量比上年下降10.03%，同时影响销售占比下降；红塔集团销量比上年下降9.51%，其中“玉溪”烟比上年下降21.11%，影响单箱“两税”比上年减少928元/箱，其中消费税减少641元/箱、增值税减少287元/箱。此外，红塔集团企业所得税从上年按月预缴调整为按季预缴，影响税收比上年减少。

【矿电行业增值税】 2016年，自8月份起，矿电行业结束前14个月持续下降的局面，连续5个月实现正增长。全年矿电业增值税入库11.34亿元，比上年增收9 194万元，增长8.82%。重点监控的7个品目呈“五增二减”，即钢材钢坯入库增值税9 959万元，比上年增长7.71倍；有色金属入库增值税4 904万元，比上年增长20.37%；煤炭入库增值税1 164万元，比上年增长93.68%；生铁入库增值税4 302万元，比上年增长2倍；矿产品入库增值税4.59亿元，比上年增长0.06%；电力入库增值税2.95亿元，比上年下降9.60%；化工产品入库增值税1.78亿元，比上年下降4.21%。

【增值税管理】 2016年，全市国税系统做好取消一般纳税人增值税发票认证工作，减轻纳税人办税负担，认真核对省局下发纳税信用A、B、C级纳税人清册，及时修改有误信息，提高基础数据质量，并根据纳税人纳税信用等级动态评定结果，及时、有序完成相应系统权限维护，并切实履行对服务单位的监管职责，积极开展对税控发行、取消发票认证、系统培训、纳税人端升级的督导工作。12月底，符合条件的纳税人全部纳入取消认证范围，在2015年的基础上继续推行增值税发票新系统，对纳入本次“营改增”的纳税人全面推行增值税发票新系统，以风险管理为导向，加强增值税发票数据应用。至11月30日，全市有8 437户纳税人纳入增值税发票新系统，其中小规模纳税人3 679户，一般纳税人4 758户；推行“营改增”纳税人纳入增值税发票新系统2 822户，其中小规模纳税人1 629户，一般纳税人1 193户。此外，充分利用增值税发票新系统选取风险指标，严格执行风险企业发票管理规定和异常发票核查处理机制，应对总局风险企业58户。

【营业税改征增值税】 2016年，全市国税系统积极融入国家财税体制改革大局，围绕“开好票、报好税、分析好、改进好”的目标打好“营改增”四大战役。市局建立“营改增”指挥中心，健全任务销号机制、国税地税联席会议制度、应急工作机制；组织开展迁移数据核实补录、内外培训演练等各项前期准备工作，增补服务人员、办税窗口，加大宣传辅导，优化纳税服务；开展纳税人身份标识工作，确定税负分析清单，建立运行分析、税负分析、效应分析“三位一体”的大分析格局，持续开展税负变动分析；加强督导调研，及时优化改

2016年12月30日，市委书记罗应光（右一）、代市长张德华（右二）等领导到市国税办税服务厅看望慰问干部职工 （杨有德 摄）

进，确保税制转换平稳。国务院督导组调研时对全市国税“营改增”工作给予了充分的肯定。“营改增”全面推开后，全市国税有四大行业“营改增”纳税人3.1万户。5月～12月，征收四大行业“营改增”税款7.1亿元，其中建筑业4.45亿元，房地产业8 977万元，金融业1.3亿元，生活服务业4 440万元。

【消费税管理】 2016年，全市国税系统加强成品油企业消费税管理，涉及成品油消费税纳税人1户，属于利用废弃矿物油生产润滑油。1月至12月免征其消费税194万元。同时，贯彻落实高档化妆品、超豪华小汽车消费税政策，并加强卷烟消费税管理。

【企业所得税管理】 2016年，全市国税系统组织开展好2015年度汇算清缴工作。2015年度企业所得税开业户数7 995户，比上年增加1 013户，增长14.51%；应参加汇算清缴企业7 868户，比上年增加959户，年增长13.88%，汇算面达100%。全市2015年度实际应纳所得税额22.9亿元，本年实际已预缴的所得税额22.36亿元，预缴率达97.68%。同时，深化国税、地税合作，联合开展核定征收企业所得税工作，即在国家税务总局规定的应税所得率幅度标准内，联合地税确定全市农林牧渔业、制造业、批发和零售贸易业、交通运输业、建筑业、饮食业、娱乐业及其他等行业核定征收企业所得税的应税所得率，配合商务、财政、统计部门共同完成2016年47户外商投资企业年度投资经营信息联合报告工作，配合科技、财政部门共同做好2016年37户高新技术企业认定推荐工作，会同财政、民政部门完成2户公益性捐赠税前扣除资格联合推荐工作，并组建专业管理团队，协同管理重点企业，推进企业所得税重点税源和高风险事项管理。市局成立企业所得税重点税源及高风险事项团队管理工作领导小组，从各业务部门和各县（区）局挑选22名业务骨干组成市局管理团队。各县（区）局也相应组建管理团队。全市国税系统所得税管理团队人数达113人。全市在省局下发的53户企业所得税重点税源企业的基础上，各县（区）局又自行补充本局重点税源企业不少于10户，确定了重点税源企业，多级互动推送风险，省、市、县三级共推送和开展风险应对重点税源企业46户。风险应对后，规范重点行业管理和开展企业所得税高风险事项管理，重点税源企业存在问题26户，识别出有效风险点23个，推送451户所得税连续亏损零申报企业进行风险提醒和纳税评估，推送高风险事项共计232户。

①2016年7月18日，市委常委、常务副市长王力（右一）到市国税了解营改增改革推进情况（余 娇 摄） ②2016年5月1日，市国税局局长黄永（左五）向省局领导报告“零点行动”开票情况（宋 寅 摄）

【车购税管理】 2016年，全市征收车辆76 215辆，比上年增长12.04%；车辆购置税共计入库3.72亿元，比上年增长4.58%；减免车辆购置税1.27亿元，比上年增加9 450.78万元，增长287.11%；涉及减免税车辆33 655辆，其中免税车辆323辆，减税车辆33 332辆，比上年8 334辆增加25 321辆，增长303.82%。车购税减免税出现数量增加、税额增加的“双增”局面，其中1.6升及以下排量国产乘用车减半征收车辆购置税33 332辆，比上年增加25 207辆，增幅210.24%；减免税额为1.18亿元，比上年2 693.64万元增加9 098.47万元，增幅达337.78%。

【深化国税地税征管体制改革】 2016年，全市国税系统加强学习，深入领会改革的总体要求，完善组织机构，制定改革工作安排及任务分解表，制发工作措施，建立文件会签、宣传培训、进度报告、联席会议、台账底稿、联合督查、工作汇报等7个工作制度和联合工作、信息互通、联合评价等3项工作机制；统筹推进便民办税春风行动、国地税合作、取消A级纳税人增值税发票认证等改革举措；抓实“总账、分账、明细账”，建立改革任务台账制度，健全督查考核机

制，把改革纳入督查督办，将所有任务纳入绩效管理进行考核，层层压实改革。截至12月底，国税部门涉及的61项改革任务已完成40项，正在开展20项，1项暂未开展，改革推进平稳有序。

【国税地税合作】 2016年，结合玉溪市被确定为全省市级合作示范区的工作要求，进一步强化组织领导，科学分解任务，选树示范典型，全面推进《国家税务局地方税务局合作工作规范（3.0版）》的贯彻落实，35项市级基本合作事项和9项市级创新合作事项均已完成，完成率达100%。市国税、地税联合共建2个办税服务厅，共同进驻1个政府政务大厅，国税、地税各有7个互设窗口的办税服务厅，国税有22个联合办税服务窗口，地税有20个联合办税服务窗口。全年市国税、地税联合办理设立登记21 133户、变更登记17 213户，协同办理注销登记3 887户，联合开展税收宣传33次、培训辅导52次、满意度调查5次，联合对5 643户纳税人开展信用评价，共同推进“银税互动”，共向4家银行推送纳税人信用信息5 704户，银行授信小微企业40户，贷款56笔，贷款7 162万元，联合为16户大企业提供个性化纳税服务措施，国税局代地税局累计征收5 575万元地方税费，地税局代国税局累计征收增值税1 077万元。

【深化分类分级管理改革】 2016年，全市国税结合征管改革推进情况，以《深化国税、地税征管体制改革方案》和纳税人分类分级管理办法为指引，持续完善7项配套措施；组织研发税源地理空间信息管理系统，利用公安电子地图信息和居民身份信息，关联税源地理位置信息与纳税人基础数据，建立起电子地图与税源的“一一对应”关系，已完成10 295户纳税人地理信息标注，采集2 802户企业影像资料；持续推广应用“税源管理任务信息系统”，不断夯实改革基础，至12月底，发起任务16 846个，已完成任务11 899个。

【抚仙湖径流区国税征管业务托管】 2016年，市国税局按照市委、市政府抚仙湖径流区托管“人心不散，秩序不乱，工作不断”的工作要求，以《全国税收征管规范》为标准，全面统筹推进国税管户及税收征管业务事项的托管工作，确保托管工作依法合规。通过开展税源状况实地调研，摸清管户征管现状，仔细梳理托管涉及的税收业务和征管信息系统，在充分论证合理可行的基础上，制定《玉溪市国家税务局抚仙湖径流区国税征管业务托管工作方案》，确定工作目标、划转原则、实施步骤、工作要求，为划转工作提供了坚强的制度保障。托管移交工作自3月初启动，历时30余天，划转管户533户，其中江川区向澄江移交管户367户，华宁县向澄江移交管户166户。533户托管户中包括企业62户、个体工商户471户。

【两证整合】 2016年，全市国税系统进一步深化商事制度改革，推进企业“五证合一”和个体工商户“两证整合”，全面落实简政放权和“放管服”各项举措，充分释放商事制度改革红利。市国税局、市地税局成立了“两证整合”工作领导小组，制定下发了《玉溪市国家税务局玉溪市地方税务局个体工商户“两证整合”实施方案》，加强内外协调，积极培训学习，提升服务效能。通过在企信通、微信公众号、QQ群发布信息、办税服务厅宣传屏滚动播放宣传资料等多种方式、全方位、多角度的宣传，营造良好改革氛围，1 508（次）纳税人享受了商事制度改革后“五证合一”“两证整合”的便利和快捷。

①

②

①2016年3月23日，为推进全市国税地税全方位、多层次、有特色、高效率的深度合作，市国税局、地税局召开深化改革推进合作工作联席会，促进“营改增”等重点工作的有效落实（余　娇　摄）②2016年9月19日，市公安局派驻国税、地税联络机制办公室揭牌仪式在市国税局举行（宋　寅　摄）

①2016年2月21日，国税税收宣传走进彝乡（普馨锐 摄） ②2016年5月1日，吉太房地产开发公司成功开具全市首张房地产业增值税普通发票 ③2016年4月11日晚，市国税局、地税局联合在聂耳文化广场开展税收宣传活动（宋 寅 摄）

【税收共治】 2016年，市国税局坚持市委、市政府主导，联合相关部门推动《云南省税收征管保障办法》在全市的对接落地，推动出台《玉溪市税收征管保障实施方案》，与39家单位签订税收征管保障合作协议、涉税信息交换保密承诺书，建立"政府主导、财税协调、部门负责、行政监督、信息共享"的税收共治格局。在市委、市政府支持下，依托"智慧城市"建设涉税信息交换平台，建立信息交换机制、联席会议机制，加大与党委、政府各职能部门的沟通协作，互通招商引资、重点项目、重点建设推进情况，共享涉税信息，强化风险管理，推动税源管理由传统的"以票管税"向多部门"合作管税"、"信息管税"逐步转变。1～12月，全市国税交换获取涉税信息27.13万条、补缴税款6 014万元。

【风险管理】 2016年，全市国税围绕"管事"和"管有风险事项"的工作主线，坚持扎口管理和闭环管理原则，统筹开展市、县（区）两级风险管理工作。先后下发《增值税一般纳税人风险管理指引》《风险识别及应对管理办法》《玉溪市银行业多发税收风险点指引》，加大对商贸企业、企业清税注销、农产品收购企业、欠税、非正常户管理；推进企业所得税重点税源和高风险事项管理，组织开展大企业税收风险管理；实施分级风控，充分整合市、县（区）两级征管资源，有效运用日常提醒、纳税评估、税务审计、税务稽查等多种手段应对风险，确保管住风险、管出实效。1～12月，全市开展3 946户次纳税人风险应对工作，风险应对率和风险应对真实率均为100%，有问题2 317户次（高风险140户、中风险152户、低风险2 025户），入库税款1.77亿元，调减留抵税款7 178万元，调减弥补亏损1 513万元，清理欠税899万元（往年陈欠12万元，本年新欠887万元）。

【出口退税】 2016年，全市国税系统全面贯彻落实《全国税务机关出口退（免）税管理工作规范（1.1版）》，有序开展出口企业分类管理评定工作，规范出口退税管理。市、县（区）两级主管部门紧密配合，本着客观公正、标准统一、动态调整的原则，根据企业的资产状况、纳税信用等级、海关及外管的分类管理、内部风险控制等情况，积极认真地开展出口企业的分类评定工作。全市办理出口货物退（免）税资格备案的出口企业253户，实际申报办理退（免）税业务的出口企业101户，包括生产企业91户、外（边）贸企业10户，仅占认定户数的39.92%。全市办理出口货物劳务退（免）税6.67亿元，与上年4.48亿元相比增长49%，全部完成总局下达的退税计划指标。其中，退税6.45亿元，与上年4.23亿元相比增长52%；免抵调库2 200万元，与上年2 508万元相比下降12%。

【国税稽查】 2016年，全市国税稽查围绕组织收入中心工作，以"两打一专"为重点，坚持依法稽查，开展重大税收违法案件公布及联合惩戒，并建立市公安局派驻市国家税局联络机制，联合公安部门全力查办"3.25专案"，持续加强取消进户执法项目的后续税收管理。全年查补入库7 985万元，比上年增3倍；对131户开展重点稽查，已经查结128户，正在稽查3户，查结有问题户128户，移送公安34件。全年曝光案件13件，公告重大税收违法案件信息3件。全市审批进户执法887次，其中稽查类194次，评估类271次，核查类422次。

【纳税服务】 2016年，全市国税系统以服务规范、征管规范、合作规范、出口退税工作规范为指引，规范纳税服务行为，健全办税服务制度，持续加强标准化建设；补充办税服务力量，增配办税服务厅设施，完善办税服务厅突发事件处理预案，联合市委宣传部、市公安局网监部门建立舆情防控机制，积极回应纳税人诉求，快速响应纳税人需求。同时，以"改革·合作"为主题，持续升级"便民办税春风行动"，开展纳税人大走访活动、满意度调查和需求分析，扎实推进二维码一次告知、全省通办和免填单、简并缴税申报次数、取消增值

税扣税凭证、服务企业“走出去”等44项便民举措；并结合全国第25个税收宣传月活动、“12·4”法制宣传活动，全方位、多渠道开展税收宣传。截至12月底，全市七县二区均实现“全省通办”，免填单业务量共计67 045件，落实首问责任工作量21 630件，提供预约服务2 000余次，提供延时服务5 000余次，走访纳税人25 444户，收集纳税人意见建议69条，已解决61条。

【税收执法】 2016年，全市国税充分发挥依法行政领导小组作用，召开4次领导小组会议，审议依法治税重要文件，专题研究案卷评查、法治税务示范基地建设、行政审批制度改革等重点工作；推行公职律师制度，加强内控机制建设；严格执行云南省税务行政处罚裁量权基准，组织开展税收执法督察重点检查，认真开展“一案双查”，及时纠正税收征管和执法中的违法违纪行为。全年办理行政许可事项1 437件，均无逾期办理情况发生；组织开展全市国税税收执法案卷评查抽查，抽查案卷630卷，评查优秀率达100%；审理重大税务案件35件，未发生税务行政复议和行政诉讼败诉案件；按期完成税收执法疑点实地核查工作，核查完结332条疑点数据，完结比率100%。

【落实税收优惠政策】 2016年，全市国税系统深入开展政策宣传辅导，全面落实税收优惠政策，大力扶持国家鼓励产业，支持大众创业万众创新；落实简政放权举措，规范备案程序、精简备案资料，提供便民服务；定期监控筛选数据，及时跟踪政策执行情况，确保税收优惠应享尽享。全年减免小微企业增值税29 502万元，为20余户安置残疾人企业退还增值税1 995万元，减免退税资源综合利用增值税税额2 443万元。1～3季度，全市有应享受小微企业所得税优惠政策企业1 602户，小型微利企业实际受惠面100%，减免企业所得税645.86万元；汇算2015年度全市享受所得税优惠政策的企业2 291户次，比上年1 971户次增加320户次，增长16.23%，税收优惠面达72.69%，实际减免企业所得税12.94亿元，免征消费税194万元，减免车辆购置税1.27亿元。

（李　媛）

地方税务

【地方税收入】 2016年，市地税局组织入库各项税费收入1 226 387万元，比上年下降5.28%，减收68 298万元。其中地方税收入库725 455万元，比上年下降10.41%，减收84 340万元，完成省局调整后全年预期目标784 000万元的92.53%；征收社会保险费423 249万元，比上年增长5.71%，增收22 849万元；征收地方教育附加、文化事业建设费、抚仙湖资源保护费、残疾人保障金、价格调节基金、工会经费77 683万元，比上年下降8.06%，减收6 808万元。考虑5月1日起全面推开“营改增”试点因素，剔除营业税后的其他地方税收收入比上年下降3.26%，减收21 425万元；扣除6～12月营业税减收影响，全市地方税收收入比上年下降0.08%，减收617万元。与全省-15.91%的增幅相比，全市地方税收增幅高于全省增幅5.5个百分点，增幅在全省18个征收单位中排第5位，分别比昆明市、曲靖市、红河州高5.8、2.35、10.56个百分点，总量规模比曲靖市少18 972万元，比红河州多133 962万元。

【税收分析】 2016年，受5月1日起全面推开“营改增”试点、卷烟生产销售大幅下滑、铁矿石资源税政策调整、较大一次性税源减收、其他各种结构性减税政策等多重因素叠加影响，全市地方税收收入比上年下降10.41%，减收84 340万元。全市11个征收单位呈现为“四增七减”，即澄江县增长12.91%，易门县增长7.17%，通海县增长5.27%，新平县增长2.21%，高新区下降30.27%，市局直征分局下降15.61%，江川区下降12.89%，红塔区下降8.74%，元江下降4.51%，华宁下降1.44%，峨山下降1.07%。11个征收单位，除市局直征分局、高新区、江川区3个征收单位未完成市局安排全年预期目标外，其余8个征收单位均完成市局安排全年预期目标。全年呈现耕地占用税、土地增值税、印花税、个人所得税高增长，营业税、资源税、企业所得税、城市维护建设税、教育费附加大幅下降。耕地占用税增长143.39%，增收19 566万元；土地增值税增长44.88%，增收4 976万元；印花税增长26.92%，增收3 019万元；个人所得税增长23.15%，增收16 214万元；营业税下降41.49%，减收62 915万元；资源税下降24.24%，减收5 540万元；企业所得税下降16.73%，减收10 590万元；城市维护建设税下降16.63%，减收39 770万元；教育费附加下降15.32%，减收16 094万元。全年中央级收入增长7.29%，增收5 836万元；省级收入下降14.40%，减收26 498万元；市级收入下降28.57%，减收64 062万元（剔除市级收入下划红塔区24 639万元影响因素，市级收入下降17.58%，减收39 423万元）；县（区）级收入增长0.12%，增收384万元（剔除市级收入下划红塔区24 639万元影响因素，县（区）级收入下降7.54%，减收24 255万元）。

2016年3月9日，抚仙湖径流区托管税（费）征管工作交接　　（张艺云　摄）

2016年全市地方税组织收入分税（费）种完成情况

单位：万元

序号	项目	2016年	2015年	增减额	± %
1	各项地方税收收入合计	725 455	809 795	−84340	−10.41
2	一、税收收入合计	636 504	704 748	−68244	−9.68
3	（一）增值税	1 279	0	1279	
4	（二）营业税	88 715	151 630	−62915	−41.49
5	（三）资源税	17 313	22 853	−5540	−24.24
6	（四）城市维护建设税	199 415	239 185	−39770	−16.63
6	（五）个人所得税	86 262	70 048	16214	23.15
7	（六）印花税	14 233	11 214	3019	26.92
8	（七）土地增值税	16 063	11 087	4976	44.88
9	（八）城镇土地使用税	21 939	20 553	1386	6.74
10	（九）房产税	19 186	19 260	−74	−0.38
11	（十）车船税	11 062	9 882	1180	11.94
12	（十一）企业所得税	52 707	63 297	−10590	−16.73
13	（十二）烟叶税	53 791	52 461	1330	2.54
14	（十三）耕地占用税	33 211	13 645	19566	143.39
15	（十四）契税	21 328	19 633	1695	8.63
16	二、其他收入合计	88 951	105 047	−16096	−15.32
17	（一）教育费附加	88 929	105 023	−16094	−15.32
18	（二）其他收入	22	24	−2	−8.33
19	附：1、地方教育附加	59 289	68 872	−9583	−13.91
20	2、文化事业建设费	31	83	−52	−62.65
规费收入					
1	规费收入小计	441 612.09	415 703.41	4791.58	44.02
2	（一）养老保险费	255 448.79	258 500.61	−3051.82	−1.19
3	（二）医疗保险费	125 510.82	113 357.63	12153.19	9.68
4	（三）工伤保险费	5 963.63	10 081.38	−4117.75	−69.05
5	（四）生育保险费	2 590.66	4 059.38	−1468.72	−56.69
6	（五）失业保险费	12 617.52	14 400.35	−1782.83	−14.13
7	（六）残疾人保障金	2 939.96	1 022.41	1917.55	65.22
8	（七）工会经费	14 706.10	13 614.49	1091.61	7.42
9	（八）价格调节基金	31.41		31.41	100.00
10	（九）抚仙湖资源保护费	686.10	667.16	18.94	2.76
11	（十）机关事业单位养老保险	11 040.14			
12	（十一）职业年金	10 076.96			

2016年与2015年全市税费收入完成情况比较图

单位：万元

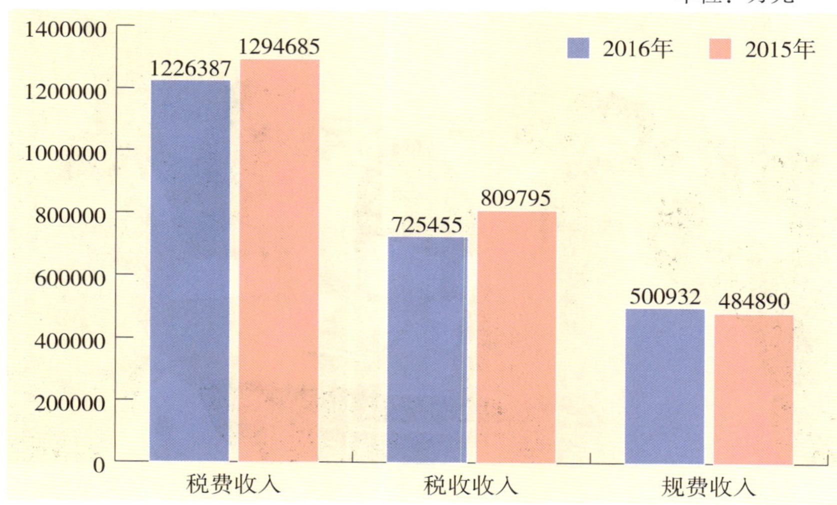

【地方税收减免】 2016年，市地税局认真落实各项税收优惠政策，按照法定权限加强优惠政策的事前、事中、事后管理，规范减免程序，简化减免手续，在营改增全面试点和资源税改革正式启动前，继续执行好各税种的减免税政策，累计减免各项地方税收96 194万元，其中增值税9 162万元，营业税16 333万元，企业所得税20 720万元，个人所得1 566万元，资源税6 242万元，城市维护建设税885万元，房产税1 190万元，城镇土地使用税1 269万元，土地增值税24 620万元，契税4 743万元，其他税收9 464万元。从减免项目看，改善民生减免45 018万元，鼓励高新技术减免3 016万元，促进小微企业发展减免5 835万元，转制升级减免92万元，节能环保

减免6 264万元，促进区域发展减免5 207万元，支持文化教育体育减免86万元，支持金融资本市场减免11 121万元，支持三农减免2 909万元，支持其他各项事业减免16 646万元。

【规费管理】 2016年，全市地税完成规费收入441 612.08万元，比上年增收25 877.28万元，增长6.22%。其中，社会保险费五险收入423 248.52万，比上年增收22 849.18万，增长5.71%，征收率99.99%；其他费种收入18 363.57万元，比上年增收3 028.10万元，增长19.79%。在规费征管过程中，不断探索税费同管同查工作措施，通过以查促管提高征收管理质量。从1月1日起，在全市稽查工作中全面推行税费同查，稽查和规费紧密配合，全年对70多户缴费单位进行了立案稽查，提前完成了全市企业养老保险历史欠费清收850万的任务，追缴收回历年欠费2 998.29万元，其中收回企业养老保险1 100万元，超额完成省地税局分配850万元的追欠任务。同时，根据省地税局和人行昆明中心支行的推广计划，市地税局作为第一批规费电子支付上线试点单位，推进规费工作实现网络化征管。从3月1～10日，全市11个征收单位都成功进行了多笔所收费款电子划账业务，累计进行电子划账147笔，费款5 436万元。为落实机关事业单位养老保险费和职业年金征收政策和探索征收方式，在全省率先启动职业年金征收工作，全年按照省地税局规范标准征收机关事业单位养老保险费和职业年金21 117.1万元；解决好建筑行业按照建筑项目征收工伤保险费征期问题，推出了“缴费承诺书”管理办法，及时化解矛盾，新开工项目百分百实现了参加工伤保险。

【税源监管】 2016年，市地税局按照属地管理、分片负责的原则，由税收管理员及时对责任区内纳税人的户籍、税基、税源管理按月进行调查分析，适时催报催缴，深入纳税户核实与监控经营状况；并落实税源分类管理办法，对重点税源实行重点监控管理，对中小企业实行分行业管理，将年缴纳地方税收50万元以上的纳税户纳入市局日常监控。全市地税系统缴纳地方税收50万元以上纳税户有665户，比上年度减少110户，缴纳地方税收64.16亿元，占全市地税收入的88.44%。同时，进一步完善大企业、大项目、大税源行业、大税源区、大税种“五大”税源管理长效机制，做好重点税源监控分析，实时掌握企业的税收增减变动和涉税诉求，主动提供纳税服务和政策咨询，抓好重点工程项目税收征管，实行专人动态跟踪管理，严格重点工程项目的营业税、耕地占用税等地方各税的代征代扣工作，并认真组织重点工程项目税收清算，确保税收征管到位。

【欠税管理】 截至2016年8月底，全市有欠税户72户，欠税总金额8 063.99万元，其中陈欠6 861.15万元，新增欠税1 337.84万元。为控制新增欠税和清缴陈欠，全市地税从欠税防范、欠税确认、欠税清缴和核销、欠税责任追究、监督考核等方面，全方位强化欠税管理。同时制定清欠措施，将各地清欠情况纳入绩效管理进行严格考核，对欠税户实施动态跟踪管理，明确专人负责，最大限度避免形成死欠；建立约谈机制，在约谈过程中，着重了解企业生产经营的实际困难，帮助其制定合理的清欠方案，有针对性地帮助企业制订按月还欠计划，并逐户限期及时催缴；实地巡查，强化动态监控与税源管理，推行“事前防范、事中提醒、事后追缴”的全过程监控欠税；加大当期税款的征纳力度，加强对异常纳税户管理，对逾期申报、逾期入库的纳税人，逐户进行催报催缴，对有欠税迹象的企业，实时监控，加大日常巡查力度。

【风控管理】 2016年，市地税局组建风险管理团队，强化风险管理，确认查补税款44 680.49万元。其中，通过第三方涉税信息的获取、分析、应用（含省局征纳处2015年推送风险事项的核查追缴），已核实、确认并补缴税款39 227万元；组织开展市局自行确定的风险管理日常监控事项8项，完成营改增行业税收风险排查，排查户数3 258户，查补入库税款3 802万元；开展农村信用社系统服务与监管试点工作，查补税款911万元；应对省局风控系统推送风险任务9 800条，查补税款740.49万元。

2016年5月1日，“营改增”首日红塔区地税局代开首张增值税发票
（杨茜然 摄）

【国际税收管理】 2016年，市地税局加强同工商、商务等相关部门的联系，强化对非居民纳税人的户籍管理、税源管理及对外支付证明的开具，切实做好对外商投资和外来投资（内资）企业的跟踪服务工作；开展调研工作和国际税收分析工作，对辖区内大型跨国集团公司和“走出去”企业情况进行摸底排查，并从日常征管、核心征管系统、企业所得税汇算清缴系统中提取数据，结合从商务、国税部门获取的数据信息以及涉外企业的资本跨境流动情况、所得实现情况，开展国际税收分析工作。7～8月，与工商、质量监督、外汇管理等部门联合对全市的涉外企业进行网上年检。全市应参检企业48户（有1户已办理注销手续），实际参检企业47户。通过对参检企业的生产经营、财务情况、纳税申报、发票的运用等涉

①2016年8月25日，省地方税务局党组书记、局长唐新民（右三）到澄江县地税局调研指导工作（胥泽娟　摄）　②2016年12月30日，市委、市政府领导看望慰问征收一线干部职工（谢金再　摄）

税事项进行了认真检验，47户参检企业顺利通过年检。

【税收检查】 2016年9月，全市地税系统对辖区内税源进行全面拉网式普查，制定了《税源普查工作方案》。截至9月15日，全市税源管户有113 740户，其中正常户105 007户，非正常户5 513户，外来经营报验登记户2 604户，停业户1户，漏征漏管户有615户；辖区内重点工程项目建设工程有79项，9～12月预计入库税款10 014万元，10 065户正常纳税人预计入库税款170 000万元。8～12月，市国税、地税局联合开展旅游、珠宝玉石及木材行业税收专项检查，运用日常税收征管、纳税评估、税务稽查等手段对纳税人开展重点专项检查，并加强户籍管理，逐步将旅游、珠宝玉石及木材行业纳税人全部纳入登记制度改革范围，按照登记信息逐户建档，防止漏征漏管。同时加强对未达起征点纳税人管理，加强国税、地税合作，建立信息共享机制，协同国税部门争取与旅游、珠宝玉石、林业等行业主管部门和行业协会协商建立信息共享常态化工作机制，充分应用第三方交换的行业生产、经营等数据信息，强化行业税源管理，有效防范税收风险。

【征管改革】 2016年，按照中共中央办公厅正式印发《深化国税、地税征管体制改革方案》（以下简称《改革方案》）以及国家税务总局、省地税局关于贯彻落实《改革方案》的安排部署，市国税、地税局深度合作，围绕“改革·合作”主题，以推动《国地税合作工作规范》落地为重点，立足全市税收征管情况，扎实推进国税、地税征管体制改革工作。市局定期召开联席会议，就深化改革、推进合作及全面推开“营改增”试点工作进行深入研讨，制定改革工作措施，细化任务分工，确定重点推进项目13项，创新改革项目5项，其他改革项目45项。市地税局已开展重点推进项目9项，创新改革项目4项，其他改革项目29项。同期，市国税、地税局联合制定《改革宣传工作方案》，双方充分利用电视、广播、报刊等传统媒体，引入“互联网+”思维，利用好互联网、微信、手机APP等新兴媒体，对深化国税、地税征管体制改革进行全方位、全覆盖的宣传报道，及时回应大众关切的问题，正确引导社会舆论，为深化国税、地税征管体制改革营造良好的社会环境。2015年12月26日，省政府办公厅正式印发了《云南省税收征管保障办法》。市国税、地税局为认真贯彻落实《云南省税收征管保障办法》，多次召开联席会议，研究、部署相关工作，并联合财政，积极争取市委、市政府支持，代政府联合起草《玉溪市税收征管保障实施方案》，自2016年7月1日起施行，用于指导全市税收协助、税收信息交换、税收服务和税收监督工作，并与全市近40家单位签订了税收征管保障合作协议和涉税数据应用保密协议，建立了全市税收征管保障机制。市地税系统通过第三方涉税信息的获取、分析、应用，查补入库税款23 093万元。

【“营改增”工作】 2016年3月，国家税务总局下文于5月1日全面推开“营改增”工作。3～4月间，市国税、地税部门积极沟通，统筹协调，共同推进税制改革工作，贯彻落实好“营改增”试点工作的部署和要求，建立工作机制，认真细致做好各项准备工作，落实具体操作相关事宜，联合开展干部业务培训、对外宣传辅导和管户清查核实及征管衔接工作，稳步推进“营改增”试点工作。同期，制定下发《玉溪市地方税务局全面推开营业税改征增值税试点工作实施方案》，切实抓好《实施方案》及相关改革任务的贯彻落实。经过清理、核实，5月1日前，市地税系统向国税系统移交管户23 950户。从

5月起，市地税系统切实履行委托代征职责。国税、地税共同开展营改增后，二手房及个人出租不动产由地税部门代征增值税、代开增值税发票，并开展了政策宣传、人员培训、税控装置安装及调试等工作，通过增设窗口、增配大厅工作人员、配备专门的导税人员、领导值班等措施，积极开展代征工作。5～12月，市地税部门代国税代开增值税发票2 898套，累计代征增值税1 298.82万元。与此同时，市国税、地税局联合开展政策宣讲和业务培训工作，抓实营改增后续管理服务。全年联合开展干部现场培训947人次、网络培训399人次，开展税收宣传37次，培训辅导纳税人55次（7 637人次）。另一方面，市地税系统切实落实首问责任、限时办结、延时服务、绿色通道、流动导税、领导值班等服务制度，确保纳税人业务有人办、咨询有人答、疑难有人解。通过局领导坐守办税厅靠前指挥协调，及时处理纳税服务工作中出现的问题和突发事件，并彻查办税厅不规范服务行为、相关服务设施等措施，确保营改增工作平稳运行。

【资源税改革】 2016年7月1日，资源税全面改革在全国推开。市地税局于5月就做好资源税全面改革前期准备工作，对全市资源税税源情况、企业经营和税费负担状况、资源禀赋等进行全面调查，在充分听取企业意见基础上，完成全市11个应税品目税率测算工作，并针对计征方式转换带来的改变，逐级争取到在省资源税税目税率表中增设“铁铜矿”税目。7月19日至22日，组织开展全市地税系统税政综合业务知识培训，重点对资源税政策、纳税申报及相关矿业知识、增值税双代业务进行培训讲解。9月，资源税改革首月征期结束后，建立改革贯彻执行情况和数据直报制度，并结合实际，对改革前后全市主要税目的税费负担变化表情况、清理收费情况、收入变化情况、减免税情况开展改革效应分析评估。10～12月，加强资源税纳税申报管理，积极落实大红山矿区适用“铁铜矿”税目税率新政事项，确保资源税改革在全市地顺利实施。

【纳税服务】 2016年，市地税局认真落实“双遵从”“双同等”的理念，以纳税人为中心，以合理需求为指引，以解决问题为导向，国税、地税服务深度融合、执法适度整合、信息高度聚合，全面贯彻落实《纳税服务规范》，完善服务举措，制定9类27项便民措施，持续开展“便民办税春风行动”，为纳税人提供更规范、更快捷、更经济的服务，并积极优化整合国税、地税办税服务厅资源，联合为纳税人提供办税服务。至年底，江川区国税、地税局已共建办税厅，易门县国税、地税局已共驻政务服务中心，其余县（区）局均实现国税、地税互设窗口互派人员进驻办税厅。全市11个办税厅均已实现国税委托地税代征功能，实现“前台一家受理、后台分别处理、限时办结反馈”的服务模式。同时，推行“二维码”一次性告知，并依托金税三期系统，在办税服务厅内设置“省内通办窗口”标识，配置“省内通办岗”，全面推行税务登记、纳税申报、发票管理、发放涉税表证单书、受理纳税咨询等业务全省范围内通办业务；推行办税双向预约，纳税人通过申报平台、手机APP等方式向办税服务厅预约办理涉税事项，地税机关主动预约纳税人实行错峰办税，并提供网上申报缴税费、POS机刷卡缴税费、现金缴税费等多元化缴税费方式，还在办税厅设置自助办税服务终端，以缩短纳税人的办税时间。全市发出“一照一码”证件5 812份，到地税机关办理涉税业务并补录了相关信息的有4 843户，有1 820户办理了纳税申报，有1 042户缴纳入库税款866.2万元；办理清税注销手续的有127户，有197户认定为非正常户。此外，认真贯彻落实国家税务总局和省地税局关于长江经济带发展战略的工作部署，落实简化跨省迁移、外出经营纳税人的管理手续，做好外埠纳税人经营地报验登记管理工作。全年长江经济带企业来进行报验登记的有316户，缴纳税款2 642.4万元。

2016年4月28日，市国税、地税联合开展营改增业务培训　　（阚璐蕊　摄）

【纳税信用管理】 2016年，市国税、地税局联合开展纳税信用管理工作，严格按照《税收征管规范》联合进行纳税信用评价。双方严格按照处理→确认→审核→核准的流程，经补评、复评后，截至12月28日，对5 667户纳税人进行评价，其中评价为A级纳税人309户，评价为D级纳税人442户。双方共同推进诚信联合激励，研究开展2015年度纳税信用等级评价工作，深入开展“银税互动”守信激励措施，认真执行与商业银行及银行监管部门签订的税银合作协议，共享纳税信用评价结果和其他信用信息。截至12月底，共向4家银行推送纳税人信用信息5 704户，为68户纳税人提供贷款8 906万元（小微企业有56户，提供贷款7 162万元）。双方及时共享传递联合惩戒信息，强化失信联合惩戒，协同发布税收违法“黑名单”，开展联合惩戒，即对税收违法“黑名单”当事人依法采取提高检查频次、列入异常对象名录库等惩戒措施。

【地税稽查】 2016年，市地税局严格依法治税，全面开展税务稽查工作，检查、督导企业自查241户，累计查补入库税款11 996.5万元。其中，立案稽查94户，查补入库税款1 565.9万元，滞纳金138.9万元，罚款116万元，合计1 820.8万元；督导企业自查147户，入库税款10 175.8万元；查补率1.53%，选案准确率100%，结案率100%，入库率100%。同时，做好税务稽查双随机抽查工作，制定随机抽查实施方案，首批入选市、县（区）两级重点税源企业名录库企业760户，建立县（区）级稽查检查人员分类名录库9个，市局稽查检查人员分类名录库1个，第一批共有80人进入名录库。全年检查80户次（含自查），行业包括房地产、水电、包装装潢、印刷业、建筑装饰业、服务业、制造业等。对18户企业纳入重点检查已结案，查补入库税款434.6万元；对房地产、建筑安装、生活服务业等32户纳税人开展营改增清理检查，其中，立案检查20户，已查结15户，查补收入合计140.69万元；对涉及营改增的173户企业开展自查辅导，自查补税金额2 666.3万元；对重点房地产业开展调研式、团队式协作检查，查补入库各税费3 987.8万元；对重点税源企业随机抽查的3户，查补税款932万元；对从事教育培训机构、建筑、装饰、包装业的26户企业开展检查，查补入库税款323万元。全市开展打击发票违法犯罪活动，企业自查137户，自查有问题27户，自查补税960.14万元；对83户企业开展检查，有自问题企业43户，查处违法发票319份，涉及金额698.17万元，查补税款168.75万元，罚款20.16万元，加收滞纳金4.4万元。

【行政执法】 2016年，市地税局在严厉打击税收违法的同时，依法提高行政执法透明度，认真开展行政审批事项清理。全市地税系统保留4项行政审批项目，其中由市局审批的项目1项、县（区）级地税局审批项目3项。同时，加强对取消和下放税务行政审批项目工作的后续管理，按照涉税事项前移的工作要求，认真推进“先办后审”和“先审后办”机制。1～12月，全市地税系统行政审批“对采取实际利润额预缴以外的其他企业所得税预缴方式的核定”1户，其他行政许可事项未发生申请办理。市局设立公职律师工作室，为全市地税系统公职律师管理职能机构，负责本区域内公职律师工作的统筹协调，主要职责为落实公职律师相关制度及工作部署，做好本区域内公职律师证书申请、日常管理和执业考核等工作。并设立公安派驻地税联络机制办公室。全市启动法治税务示范基地创建工作，以通海县地税局为创建主体，全面启动国家级法治税务示范基地创建活动，完成对红塔区局、元江县局法治税务示范基地创建工作的初评及推荐工作，最终红塔区局荣获省“法治税务示范基地”称号。全年开展重大税务案件审理，全市范围内初次提交的重大税务案件12件，采取会议审理定案方式和书面审理定案方式，受理案件12件，审结案件11件。此外，建立依法行政工作例会制度，原则上每季度召开1次；建立领导干部学法用法机制，建立以宪法为核心的各项法律法规的日常学习制度，要求每年开展4次以上领导干部法制学习，开展1次以上领导干部集中法制培训和1次以上普通税务干部的法制轮训。贯彻落实“双公示”工作，按照市发改委统一安排部署，各执法部门应在行政许可、行政处罚作出决定之日起7个工作日内在“信用玉溪”网站进行公示。4月26日，对市局直征分局、高新区分局、稽查局负责行政许可和行政处罚相关部门的工作人员进行了“双公示”网上系统录入工作的培训。截至12月，公开行政许可、行政处罚案件共计8件。

2016年4月13日，市国税局、市地税局工作人员在平掌乡赶集日开展税收宣传活动
（周洁莹　摄）

【税收信息化】 2016年，全市地税确保了ODPS公文处理系统、FTP服务系统、内网邮箱系统、网络考试系统、360桌面安全防护系统、门户网站、存量房交易管理系统等21个系统的正常平稳运行，并稳步推进了金税三期系统上线第一年的各项工作。全市地税系统计算机终端安全管理系统中“监控中心终端数据”终端数为987台，全面推广安装试运行360桌面安全管理系统，终端统计发现的终端数为919台，安装率达到100%。依据2015年9月30日税务总局印发《“互联网+税务”行动计划》，“互联网+税务”及大数据分析工作取得新进展，市地税局配合市政府在微信平台“玉溪发布”第一批上线了发票查询、车船税查询功能，通海县局、澄江县局等都上线了微信服务公众号，所有县（区）局都开展了“二维码”告知服务。至年底，全市地税系统已形成了网上办税、窗口办税、自助办税三位一体的服务格局，门户网站发布各类涉税信息445条，负责处理纳税人纳税咨询12 366条、税务人员违法举报及局长信箱等信件10件。

（阚璐蕊）

（潘　泉　摄）

青山绿水·碧玉清溪

（邓博仁　摄）

金融·保险

FINANCE AND INSURANCE

责任编校：王竹能

金融管理

银行业监管

商业银行

财产保险

人寿保险

证　券

金融管理

【概　况】 2016年，市人行牢牢把握“抓基础、强履职，抓创新、促改革，抓作风、严管理”工作主线，认真贯彻落实国家各项宏观调控政策和上级行工作部署，紧密结合全市实际，切实履行基层央行职责，凝心聚力，锐意进取，各项工作取得积极成效。截至年末，全市各项存款余额1 515.67亿元，比上年增加193.35亿元，增长10.60%；各项贷款余额903.50亿元，比上年增加57.27亿元，增长6.77%。

【货币信贷管理】 2016年，市人行发挥货币政策工具作用，疏通货币信贷政策传导渠道，促进货币信贷持续稳定增长，积极支持供给侧结构性改革。通过制定《2016年玉溪市信贷指导意见》，按季召开“金融运行分析会”，加强“窗口指导”等多种措施，着力引导全市银行业金融机构盘活存量，优化增量，提高资金使用效率，加大对符合国家产业政策的行业和企业的信贷支持力度，并贯彻执行人总行多次降息措施，有效降低社会融资成本。截至年末，全市地方法人金融机构贷款加权平均利率为6.67%，比降息前降低了1.64个百分点，为全市企业节约利息支出超过1.4亿元。同时，运用再贷款等货币政策工具，积极引导地方法人机构有效支持“三农”、中小微企业发展，支持金融助推脱贫攻坚工作以及农村危房改造和抗震安居工程的推进。截至年末，全市支农再贷款余额4.34亿元，比上年增0.66亿元，增长17.93%，推进了辖区利率市场化改革。云南红塔银行和云南红塔农村合作银行自2015年6月顺利通过全国市场利率定价自律机制的合格审慎评估，成为自律机制基础成员后，截至年末，已累计发行同业存单16亿元，大额存单9.66亿元，进一步丰富了金融机构负债工具，拓宽了资金来源渠道。市人行本着金融扶贫让利于“三农”的基本原则，市、县两级人行主动作为，积极发挥好金融在助推精准扶贫中的作用。市人行行长亲自到首个试点县峨山县，与政府沟通、协调，争取政府优惠政策，促成贷款风险补偿机制的建立和财政贴息资金的落地，为峨山县整体扶贫攻坚目标的实现筑牢基础，得到地方党委、政府的充分肯定；指导峨山县农村信用合作联社根据“支农再贷款+政府贴息+信用社让利+涉农主体+贫困户”的五加模式，充分发挥财政资金的杠杆效应，切实解决建档立卡贫困户贷款难题，发放精准扶贫定向贴息贷款268笔，金额1 108万元，主要用于农户的生产经营周转金，支持范围已基本涵盖峨山县8个乡镇（街道）的大部分行政村。全年积极推进政银企对接，向金融机构推介有融资需求的重点项目136个、工业企业49家、内外贸企业56家，缓解融资难题，并对融资情况进行持续监测推进。

【维护金融稳定】 2016年，市人行扎实推进“两管理、两综合、一保护”工作，对64家金融机构开展了综合评价工作，对6家金融机构进行了综合执法检查，组织对14家地方法人金融机构开展存款保险费率核定现场评级，开始实施存款保险差别费率制度。同时，做好金融消费权益保护工作，畅通投诉渠道，受理处置70余次金融消费投诉、50余件投诉咨询事项；积极支持和促进辖区金融机构改革，玉溪市商业银行深化改革成功更名为“云南红塔银行”，易门县农村信用社和通海县农村信用社顺利改制为农村商业银行，江川区兴福村镇银行和易门县兴福村镇银行正式开业；加强反洗钱工作，组织开展对云南红塔农村合作银行的检查，并加强金融风险监测，推动商业银行不良资产处置，维护辖区金融稳定。

【支付结算与金融科技】 2016年，市人行加大银行卡市场基础设施建设，年末辖区商户共有48 368户，POS终端52 140台，其中活动终端25 936台；全年发生POS交易1 056.73万笔，金额332.21亿元；借记卡活卡数43.50万张，贷记卡活卡数32.06万张。同时，规范惠农支付服务业务，全面提升惠农支付服务点功能，全市91个烤烟收购点通过行内转账模式办理非现金支付67.72万笔，金额24.25亿元，占全市烤烟兑付总额的比例达100%，受益农户8.09万户；2 015-2 016榨季，全市通过企业网银模式办理甘蔗收购非现金支付4.42万笔，2.64亿元，受益农户1.55万户；华宁县柑桔收购通过“全民付—易POS”、银讯通和惠农终端等模式办理非现金结算1.17万笔，3.31亿元；元江县茉莉花收购通过POS转账模式办理非现金结算0.15万笔，金额达0.05亿元。截至年末，全市累计建成509个惠农支付服务点，覆盖全市七县二区的71个乡镇（街道）、417个行政村、509个自然村，惠及113.48万农村群众，基本实现惠农支付服务点在全市有需求行政村的全覆盖；全年惠农支付服务点累计办理交易笔数28.54万笔，交易金额1.44亿元，办理查询业务23.16万笔，有效改善了农村地区银行卡市场硬环境和软环境，解决了农村群众对小额取款、小额现金汇款、转账、消费、缴费、银行卡查询的基本需求，让农村群众“足不出村”享受到了国家的惠农政策和现代化支付的便捷。市人行还通过加强与银行机构、政府及监狱部门的沟通协调，推动中国银

2016年12月31日，市委书记罗应光（左三）慰问进行年终决算的市人行干部职工
（市人行　提供）

①2016年4月27日，人民银行总行会计财务司司长杨伟中到人行澄江县支行调研指导工作 ②2016年3月8日，市人行《现代征信学》赠书仪式在玉溪师范学院举行 ③2016年12月21日，市人行牵头在易门县在白邑村委会建成易门首个诚信暨金融知识宣传教育基地 ④2016年11月25日，市人行联合公安、工商、银监及相关金融机构开展打击非法买卖银行卡、防范电信网络新型违法犯罪宣传活动

（市人行　提供）

行在玉溪监狱和元江监狱建立金融支付便民服务点，填补了辖区监狱系统金融服务空白，并向服刑人员发放借记卡6 136张，布放POS机25台，消费3.75万笔，金额745.83万元。

【经理国库】 2016年，市人行切实履行好经理国库职责，认真组织国库会计核算，准确、及时地办理国家预算收入收纳、划分、报解和退库。全年办理全市各级预算收入455.35亿元，比上年下降10.07%；办理各级预算支出602.51亿元，比上年增长12.45%。全辖区储蓄式国债发行20 225.70万元。全市营改增试点工作涉及22 277户纳税人，其中一般纳税人778户，小规模纳税人21 499户。

【反洗钱与人民币管理】 2016年，市人行加大反洗钱力度，加强对重点可疑交易的资金监测，全年接收辖区金融机构重点可疑交易报告11份，涉及人民币75 868.63万元，涉及美元1.18万元；开展反洗钱调查3次，并配合市国税局涉税案件的调查，对辖区涉税的1家企业及个人开展反洗钱调查。同时，加强货币发行工作，联合公安部门开展打击整治假币违法犯罪专项行动，联合地方相关职能部门组织开展以“爱护人民币、打击制贩假币”为主题的反假货币宣传活动，做好假币收缴、鉴定工作，收缴假币14 028张，金额103万余元；对辖区首次发现的2015年版100元假币认真进行鉴别分析，及时向辖区银行业金融机构发出预警提示，加大防堵力度。

【征信管理】 2016年，市人行不断加强征信管理，持续推进应用账款融资服务平台推广应用工作。年末，全市新增注册用户37户，成交121笔，融资额79.1亿元，新增注册用户数、成交笔数全省州市第一（昆明市除外）。同时，大力推进地方社会信用体系建设，促成全省首家出台《玉溪市人民政府办公室关于印发玉溪市社会信用体系建设规划（2016～2020年）的通知》《玉溪市人民政府关于印发玉溪市社会信用体系建设两年行动计划的通知》；不断扩大“三信”创建成果，推动农村信用体系建设，全辖区21个乡镇建成信用乡镇，采集农户信用档案43.96万户，评定信用户31.78万户、信用村167个、信用组1 171个；开展征信宣传教育，在全省首建企业和农村诚信宣传教育基地，建成11个诚信宣传教育基地，并行推动《现代征信学》在玉溪师范学院开设选修课，实现全省首家在高校成功开设征信课程。

【外汇管理】 2016年，全市跨境收支申报总额104 104万美元，比上年减少1 957万美元，减幅1.8%。其中，跨境收入申报总额98 590万美元，比上年减少225万美元，减幅0.2%；跨境支出申报总额5 514万美元，比上年减少1 732万美元，减幅23.9%；申报率均为100%。跨境收支顺差93 076万美元，比上年增加1 507万美元，增幅1.6%。全市银行结售汇总额44 702万美元，比上年减少218万美元，减幅0.49%。其中，银行结汇总额36 262万美元，比上年增加261万美元，增幅0.72%；银行售汇总额8 440万美元，比上年减少479万美元，减幅5.37%。结售汇顺差27 822万美元，比上年增加740万美元，增幅2.73%。市人行积极开展政策传导，为企业提供便利化服务，稳步推进货物贸易外汇管理改革便利措施，并加大货物贸易政策传导力度，简化货物贸易外汇业务手续，使改革政策的实惠真正落实到外贸企业，促进全市进出口业务稳步发展。年末，全市实现进出口报关总额201 113万美元，比上年增加11 414万美元，增幅6%。其中，出口总额198 099万美元，比上年增加12 829万美元，增幅6.9%；进口总额3 014万美元，比上年减少1 415万美元，减幅31.9%。

【调查统计与金融调研】 2016年，市人行加大调查分析和信息反馈力度，做好对辖区各金融机构、经济部门的金融统计数据信息披露工作；做好工业景气新老系统、银行家问卷、企业商品价格等制度性调查各月度、季度的数据、问卷报送以及分析材料。同时，结合辖区热点问题开展调研，围绕金融支持生物产业发展情况、全市P2P行业发展情况、农信社改制农商行存在的问题、绿色金融区域实践与探索、社会融资规模、中小城市商品住宅库存消化能力等情况开展了调查研究，并积极向上级行和市委、市政府主要领导及相关部门反馈信息，增强了调研信息的服务功能。

【金融宣传】 2016年，市人行开拓思路，整合支付结算、银行卡、反洗钱、征信、金融消费者权益保护等金融知识，统筹市、县两级人行内部资源以及协调各家金融机构，联合开展金融知识宣传活动，并推动商业银行网点成为金融知识宣传前线。市人行还到玉溪师范学院举办金融知识现场宣传讲座，开展金融知识“进课堂”。各县支行联合组织商业银行和惠农支付服务点特约商户，开展金融知识进乡村、进企业、进学校活动。元江县、峨山县人行联合当地信用社组成宣传工作组进入当地小学，以普通话和民族语言双语方式开展金融知识进民族地区。

（高宇恒）

银行业监管

【概　况】 2016年末，全市有银行业金融机构26家，营业网点383个。面对全年复杂的经济金融形势，市银监局着力稳增长、促改革、惠民生、防风险，引导银行业在推动供给侧改革、加大金融扶贫力度、有序完成自身改革转型及落实“双线”风险防控，促进全市经济金融平稳健康发展。年末，全市银行业金融机构资产总额2 002.8亿元，比上年增423.71亿元，增长26.83%；各项存款余额1 511.42亿元，比年初增加201.78亿元，增长15.41%；各项贷款余额903.51亿元，比年初增加57.18亿元，增长6.76%；银行业金融机构实现营业收入59.32亿元，净利润7.19亿元。

【服务实体经济】 2016年，市银监局配合市政府出台金融服务实体经济发展两年行动计划，持续推动和引导全市银行业科学配置信贷资源，向重点行业、重点项目、重点领域倾斜。年末，全市银行业对“四个一百”重点建设项目贷款余额128亿元，全年新增贷款81.32亿元，主要用于农村危房改造，高速公路、农村道路、铁路建设，水利及棚户区等项目建设。同时，联合市银行业协会促成全市银行业与江川区银政企座谈会，搭建政府、企业、银行间信息交流平台；支持结构性改革，推进“僵尸企业”治理；专题研究银行业“三去一降一补”专项落实措施，认真推进债权人委员会工作，成立债权人委员会6家，涉及授信50.55亿元，办理贷款展期或续贷8.66亿元，减费让利115.55万元。

【支持金融服务薄弱环节】 2016年，市银监局做实“三大工程”“村村通”等基础金融服务，辖区设乡镇及以下标准化网点145个，简易和流动服务点23个，各类电子机具5 679台，电子机具覆盖全部行政村；精准对接扶贫需求，加大信贷扶贫力度，累计发放小额扶贫和精准扶贫贷款16.33亿元，农村危房改造贷款36.75亿元；联合税务部门推动建立银税互动合作机制，促进小微企业融资便利性，年末银税合作授信余额8 260.85万元；持续推进续贷等小微企业优惠政策的落地实施，累计减免利息5 000余万元。全市银行业结合自身特色进行小微金融创新，推出林权抵押、机器设备抵押、存货抵押等一系列担保方式，初步形成小微企业成长金融产品框架。年末，小微企业贷款余额361.29亿元，比上年增加51.55亿元，增幅16.65%，比同期各项贷款增速高1.2个百分点，申贷获得率为94.48%；涉农贷款余额446.99亿元，比上年增加23.37亿元，增幅5.52%。

【银行业改革发展及创新】 2016年，市银监局大力推进金融主体多元化进程，引导云南红塔银行在全面完成增资扩股和更名工作的基础上，构建公司治理框架，调整市场定位，加快发展转型，加快培育核心竞争力和可持续发展能力。同时，探索农商行改制工作，全程参与、指导通海县、易门县2家农村信用合作联社改制成为农村商业银行，为下一步改革在清理股金、清产核资、健全内控、完善公司治理框架等方面积累有益经验；大力培育村镇银行，全年新开业村镇银行2家（江川区、易门县兴福村镇银行），获省银监局批复筹建2家（新

2016年3月5日，雷锋日向老人发放防走失黄手环　（市银监局　提供）

平县、元江县北银村镇银行)。全市村镇银行已在6县(区)设立机构(包括2个筹建),覆盖率67%。年内,中信银行市分行已获开业批复,还主动对接恒丰银行设立分支机构。

【金融风险管理】 2016年,市银监局认真落实“双线”风险防控责任制,突出重点机构、重点领域、重点部位;强化信用风险防控,建立风险监测和信息共享机制,召开市、县两级不良贷款风险防控推进会,约谈重点银行机构,并签订不良贷款控制承诺书,督促加大不良贷款处置力度,全年通过清收、核销、转让等方式积极化解盘活不良贷款41.59亿元;防范和化解区域性金融风险,全年向辖区银行业金融机构发出各类风险提示29次,并邀请市级相关政府部门召开煤炭钢铁行业运行情况座谈会,促进行业运营信息共享;保持案防高压态势,开展合规主题活动,开展案件、信贷、票据、柜面、大额存款和同业存款等重点领域风险排查及督导,持续跟踪督导“三项技防”推进工作,全市开展理财产品、代销产品销售业务的22家机构已全部实现“双录”全覆盖。同时,对辖区个别机构系统及网站存在漏洞情况及时风险提示,严防外部风险传染,开展打击治理电信网络新型违法犯罪专项活动;抽调专人配合市政府开展投资类公司清理整顿,协助公安部门处理7起非法集资事件;信访核查发现机构案件,迅速反应、快速处置,挽回全部损失。

【金融生态环境建设】 2016年,市银监局推动银行业合规化,督促各银行业金融机构定期开展案件风险排查,通过“平安银行”创建、案防工作考核评估强化银行业安全保卫工作,提高防范外部侵害及案件风险的能力,持续落实从业人员处罚信息登记查询制度,持续跟踪督导“三项技防”推进工作。全年组织银行业监管知识进网点巡讲活动,选派法律及现场检查业务骨干到辖区七县二区进行专题巡讲,增强基层银行业机构合规经营意识和法律风险防范能力;强化消费者权益保护工作“两个责任”,对4家银行机构开展消保工作考核评估;持续开展“送金融知识下乡”等公众宣传教育,与市人行、市保险业协会联合开展“金融知识进万家”宣传服务月活动,辖区383个银行网点全部参与,受众客户量过百万。经推荐参评,全市评选出25家省级宣传服务站、1家全国性宣传服务站。全年关注银行业声誉风险,成立银行业舆情监测队伍,适时关注网络舆情,及时查明事实真相,对事件进行迅速处理和正面引导,防止事件发酵。

【提升监管质效】 2016年,市银监局牢牢把握准入工作的导向性,改进监管服务,变后置审核为前置辅导;加强金融许可证管理,开展现场督导,针对存在问题下发文件督促机构整改;创新方式方法,探索向辖区大型银行、股份制银行等机构的上级行发出监管互动函,增进信息互通,形成工作合力;提升非现场监管质效,定期收集全市银行业金融机构主要经营数据,着手编制机构概览,提高非现场监管分析预警能力;用好高管约见谈话、审慎监管会谈等手段,督促银行合规经营;运用科技手段提升监管效能,大力推动EAST系统在现场检查、非现场监管、统计分析等领域的深度应用,对有条件的检查项目实现EAST运用直通现场,有效提升监管水平和检查成果的运用能力。同时,开展“民营企业融资难融资贵”“两加强两遏制”等专项检查,全年累计开展现场检查项目12个,检查机构数11个,累计投入工作日1 634个,查出问题339个,2家机构进入行政处罚程序,责成机构对39名责任人员进行问责,问责金额合计13.68万元。市银监局全年分别荣获银监会文明单位、银监会系统学习型组织标兵单位、被推荐评选银监会系统信访先进单位、获评全省银监局系统先进单位等多项集体荣誉。

(施丽珠)

商业银行

【市农发行经营概况】 2016年,市农发行充分将政策性金融优势与地方经济发展相结合,以扶贫攻坚统揽全局,积极拓展业务范围,不断强化内控管理,努力防范经营风险,切实加强队伍建设,全面提升服务功能,各项工作成效明显。截至年末,存款余额21.12亿元,比建行之初的1.11亿元翻了19.03倍;贷款余额26.55亿元,比建行之初的5.64亿元翻了4.71倍。同时,中间业务收入增幅明显,风险防控成效显著,无不良贷款。

【传统信贷业务】 2016年,市农发行围绕支持粮油收储这一基本任务,及时足额供应信贷资金,累计发放粮油收储贷款8 616万元。其中,发放粮油收购贷款2 870万元,支持企业收购粮油1 661万千克;发放地方储备粮油贷款5 746万元,支持企业收储粮油1 148万千克。同时,积极支持地方“粮安工程”项目建设,获批贷款4 000万元,已发放2 000万元,保证了全市粮食安全和种粮农民的利益,发挥了政策性资金的主渠道作用;发放省级以上储备肉贷款1 240万元,支持企业收储冻猪肉800吨;发放产业化龙头企业贷款2笔共11 600万元,支持企业收购三七33万千克、甘蔗27万吨,有效支持了地方特色经济发展。

【支持农村基础设施建设和易地扶贫搬迁】 2016年,市农发行针对全市无国家和省级贫困县,但存在贫困乡村和贫困户的实际,主动出击、积极作为,数次与当地党政对接政策,提出了易地扶贫搬迁信贷政策与产业扶贫、集镇建设等相结合的业务发展思路,全力支持县域基础设施建设。全年累计启动新型城镇化建设项目2个,获批贷款18亿元,已投放4亿元;支持贫困山区农村路网项目1个,获批贷款8亿元,已投放1亿元;支持“七通一平”建设项目1个,获批贷款1.7亿元,已投放1.5亿元;支持农民集中建房项目1个,获批贷款6亿元,已投放4.89亿元。

(李雨婷)

【市工行经营概况】 2016年,市工行根据经济金融发展的新形势,提出了“一年强基础,两年提质量,三年见成效”的总体部署,围绕管理、效率、质量、安全“四个重点”,着力打好资产质量攻坚战,着力打好竞争力提升攻坚战,转型发展迈出可喜步伐。截至年末,各项存款1031 009万元,各项贷款798 008万元,清收处置不良贷款55 683万元,实现中间业务收入10 464万元。

【支持“五网建设”融资】 2016年,市工行紧紧围绕全市经济社会发展战略布局,以“五网建设”和“四个一百”重点建设项目为抓手,筹集信贷资金,积极满足公路、水电、旅游文化和政府购买服务类项目融资需求,多渠道、多方式服务重大项目建设。全年先后集中资源做好江通高速项目前期贷款投放，通过银团贷款的方式支持武易高速、曲陆高速、大戛高速建设，全力支持站前广场改扩建、国道213线公路改扩建、红龙路改扩建等3个政府购买服务PPP项目建设，完成了新平戛洒江一级水电站项目贷款的前期工作，与“欢乐大世界”旅游项目方签订了业务合作协议，并积极关注新平磨盘山景区改造项目建设、抚仙湖径流区植被恢复治理工程、杞麓胡沿湖截污治污工程、新平县万亩柑橘园建设项目。

【支持海绵城市建设项目融资】 2016年，市工行抓住玉溪市成功跻身国家海绵城市试点的有利时机，结合实际进一步优选商业化运营项目，支持采取政府购买服务模式等方式运营的客户，突出支持海绵城市建设带动的产业升级、功能优化等基础设施配套项目，重点支持城市地下综合管廊、新城建设、旧城改造、环境治理、城市综合片区整理及配套基础设施建设项目，并提前开展项目储备，主动跟踪PPP项目进程，为海绵城市建设提供了有力支持。

【多维度支持小微企业发展】 2016年，市工行充分发挥自身优势，从履行社会责任、支持实体经济、服务小微企业出发，把完成“三个不低于”监管指标作为小微金融业务发展的重点工程，紧密结合全市小企业金融服务需求特点，组合推出网贷通、周转贷款、供应链融资等新业务，继续推进小微企业票据直贴、小微客户在线质押贷款、小微商户逸贷公司卡、小微企业财智账户卡透支和“银政通”等创新融资业务，主动走进高新区、研和工业园区、红塔工业园区及县（区）工业园区开展金融服务，通过多种金融方案与金融产品，拓宽小微企业融资途径，充分满足小微企业的不同融资需求。截至年末，小企业信贷余额114 656万元。

【防控外部欺诈风险】 2016年，市工行认真履行社会责任，将外部欺诈风险管控重心前移，加强驻点保安和大堂经理的现场巡视，加强营业网点现场观察，及时提示客户注重安全防范，时刻警示风险发生可能，特别是对大额汇款顾客、边接电话边办业务客户、老年人客户等重点群体主动做好安全提示，做到善于观察、善于发现、提示到位、帮助到位、异常情况甄别处置到位，严防诈骗风险事件。同时，不断加强外部欺诈风险信息系统“工银融安e信”的推广应用，深入社区广泛宣传防范诈骗常识，增强广大群众的防范意识。全年成功防范各类外部欺诈风险事件27件，涉及金额15.75万元，并成功处置了1起持刀暴力事件。

【金融消费权益保护宣传】 2016年，市工行结合实际，明确主题，精心组织开展金融消费权益保护宣传活动，以提高金融消费者的权责意识和风险意识，构建和谐的金融消费环境。一方面充分利用微博、微信、工行融E联等互联网渠道向金融消费者宣传消费者享有的八项法定权益和保护消费者权益的工作动态；另一方面，在辖区营业网点通过网点营销传播系统、LED显示屏和柜面渠道，介绍和宣传金融产品及金融知识，引导金融消费者理性投资，加强对金融消费者的风险意识和为自己决策承担责任的意识宣教。同时，通过大量数据图表、典型事例、影像图片资料，重点强化互联网金融产品的监督管理，宣传互联网金融产品的风险认识，加强对金融消费者互联网操作注意事项及网络诈骗风险防范教育，切实做好金融消费者权益保护工作。

【打造玉溪智慧旅游平台】 2016年，为打造玉溪智慧旅游，促进全市旅游业快速发展，市工行与市旅发委加强合作，借助工商银行“融e购”电商平台，打造“融e购”玉溪旅游商城平台。平台围绕“吃住行游购娱”六大服务主线，组织推动全市各大景区内符合双方入驻条件的酒店、客栈、特色餐饮、景点、特产、娱乐等商户，有计划、分批次入驻平台，搭建了客户网上预定、网下确认消费系统，构建了一个向上线商户提供全面、开放、直联、多元化的支付结算平台和标准化销售平台。客户以银行卡（含本行他行卡）为支付确认的唯一载体，通过网络支付定金，进行预定支付、全额消费，可实现在全市旅游商圈内“食、住、购、行、娱”一体化系统服务。一批独具地方特色的玉溪名牌、名品、名店纷纷入驻，全年新增上线“融e购”商户20户，拓展电商平台B2C注册客户数15 242户。

（瞿　敏）

【市农行经营概况】 2016年，市农行年末各项存款余额183.16亿元，比上年末新增存款29.95亿元，四行市场份额为32.09%；核心存款时点余额182.72亿元，比上年增加29.76亿元；各项贷款余额109.55亿元，四行市场份额为36.18%；实现中间业务收入（不含委托）9 233万元，比上年减少1 957万元，四行市场份额为27.74%。全行标准化导入完成率104%，6S导入完成率100%。

【重大项目营销】 2016年，市农行组织营销全市农村危房改造及配套设施项目（二期）建设政府购买服务贷款1笔，金额13亿元，于7月获总行审批。8月，向元江县城乡建设投资

2016年5月17日，市农行与市国税局、地税局举行“银税互动”合作协议签字仪式
（市农行　提供）

公司发放全省农行首笔“政府购买项目”融资贷款2亿元。12月，向新平县城镇建设投资公司成功投放政府购买服务项目贷款2亿元。

【支持“三农”经济发展】 2016年3月，市农行向红塔区支行发放首笔烟农订单贷1万元。至年末，全行发放烟农订单贷款281笔，金额791万元。红塔区支行在全省农行系统中率先推广了“个人理财产品自助质押贷款”及“网捷贷”2款自助型个人贷款业务。全省首笔个人自助质押贷款掌银申请、掌银放款于10月14日成功办理。3月，江川区支行发放首笔解放军军人住房公积金贷款26万元；发放首笔“农民安家贷”（一手房农民安家贷）43万元。4月，新平县支行发放首笔信用方式的“家装贷”贷款10万元。6月，华宁县支行成功发放全市农行首笔“薪保贷”贷款11万元。12月，首笔系统外国内信用证业务落地新平县支行，开证金额3 000万元，实现国际业务中间业务收入30万元。这是全省农行执行新的《中国农业银行国内信用证业务管理办法》以来办理的首笔信用证开证业务。3月，红塔区李棋街道支行成功办理2笔自助终端系统代理销售华夏人寿保险业务，合计金额5万元。此项业务的顺利落地，标志着自助终端渠道代理保险业务正式投产上线。

【网点运营优化】 2016年，市农行50个网点运营优化工作全部落地，68名高柜柜员实现转岗。优化后网点营销人员增加25人。电子渠道金融交易占比由88.46%提升到90.58%。超级柜台台均业务量从14笔增加到39笔。

【电子银行业务】 2016年11月11日，市农行首家电子商务核心商户——源天生物集团公司“农银E管家”在峨山县上线。全年新增“农银E管家”核心商户13户。

（柏存龙）

【市中行夯实发展基础】 2016年，市中行面对复杂多变的经济形势，按照“担当社会责任做最好的银行”的战略目标，深入挖掘综合效益，持续夯实发展基础，不断强化风险管控，努力“抓市场、增利润、控风险、防案件”。同时，积极支持全市大型重点项目建设，并充分发挥市中行经营外汇外贸的特色优势，为全市对外开放、扩大出口、引进外资以及烟草等行业的起步、成长和腾飞做出了重要贡献，有力促进了地方经济社会的快速发展。截至年末，市中行人民币各项存款余额78.14亿元，外汇存款余额2 615万美元，人民币各项贷款余额36.94亿元。

【加大基础设施项目支持力度】 2016年，市中行根据当前宏观经济形势和地方经济发展热点，结合实际情况，经过认真的市场调研，加大对基础设施建设支持力度，紧跟政府主导的项目，以及大型国有企业和央企项目，先后为全市房地产、公路、水电、钢铁、采矿业、烟草等行业领域的优质客户提供数十亿元信贷资金支持，有效支持地方经济建设。

【扶植中小微企业】 2016年，市中行积极创新中小企业信贷业务模式，大力推广“中银信贷工厂”，建立高效贷款审批机制，快速有效地满足中小企业融资需求。市中行中小企业中心针对当地中小企业经营特点，继续推进“快易贷”“押税通宝”“立业通宝”“网络通宝”“美石通宝”“应收账款质押+信用险”融资等特色金融产品，满足中小企业多样化融资需求。

【发展零售贷款】 2016年，市中行在支持城乡居民住房消费的同时，积极发展汽车消费、个人投资经营等贷款，并根据客户需求，推出随房贷、随借随还、车易贷、中银E贷等零售贷款，支持城乡居民在住房、消费、就业、教育等方面的金融需求。

【支持外向型经济发展】 2016年，市中行充分发挥在外汇业务和国际结算业务中的独特优势，通过丰富的结算产品和灵活的金融服务方案，支持企业发展外向型经济。全行国际结算量、市场占有率连续多年排名全市前列。

【跨境人民币结算业务】 2016年，市中行积极拓展跨境人民币结算业务，有力支持全市进出口企业的发展。截至年末，跨境人民币结算量10.60亿元，市场占有率继续排名全市前列。

（普　彬）

【市建行经营概况】 2016年，市建行年末一般性存款余额2 050 119万元，比上年末新增207 908万元，增长11.29%。其中，对公存款余额1347 030万元，比上年末新增140 892万元，增长11.68%；个人存款余额703 087万元，比上年末新增67 016万元，增长10.54。各项贷款余额806 454万元，比上年末减少34 298万元。其中，对公贷款余额427 553万元，比上年末负增50 975万元；个人贷款余额337 356万元，比上年末新增11 779万元。存贷比37.33%。全年不良贷款余额7 958万元，比上年末减少8 564万元，不良率0.99%；实现中间业务收入13 749万元；实现拨备前利润34 482万元，比上年减少972万元；住房资金归集余额达64.15亿元，比上年末新增11.48亿元；公积

2016年11月7日，建行与玉磨铁路玉溪段国开行进行资金使用推进恳谈

（市建行　提供）

2016年3月15日，市人行和建行到元江县第二中学开展征信知识讲座

（市人行　提供）

金住房贷款余额达51.59亿元，比上年末新增14.87亿元。

【支持地方建设】 2016年，市建行积极争取资金支持地方建设，多单业务首开全省先河——在全省成功发放第一笔政府购买服务贷款2.4亿元；全省第一笔住房公积金管理中心贷款4亿元授信获批，已投放贷款3亿元；全省第一笔公转商贷款3.22亿元授信获批，已投放贷款1亿元。同时，个人贷款业务异军突起，份额占比达42%；以“快贷”产品为主打，努力促进结构调整，委托性住房金融业务的传统优势和二手房交易资金托管业务得到进一步巩固。

【经营转型】 2016年，市建行认真组织开展由传统的经营模式向大资产大负债经营管理模式转变的活动，全力推进小微企业贷款、理财产品、对公黄金积存、PPP等业务的发展，加快轻型网点转型建设。

【信用卡业务】 2016年，市建行进一步加大力度开展信用卡宣传，推进ETC、公交一卡通的个人金融生态圈的打造，加大智慧柜员机的配置力度，持续推进全行渠道建设转型创新。全年ETC累计发卡4.35万张，信用卡新增10 845张。

（李竹青）

【市交行助力地方经济】 2016年，市交行紧紧围绕市委、市政府经济发展战略，全面提升金融服务水平，大力发展资产业务，助推地方经济发展。在上一年成功发放首笔农村危房改造项目贷款5亿元的基础上，继续加大对农村危房改造的支持力度，新增发放农危改项目贷款13亿元，惠及7.16万户农村危房改造、1 000个整治村、100个示范村的建设，较好地改善了农村人居环境，有力地支持了精准扶贫工作。同时，将省、市级“四个一百”名单、亿元以上重点项目、重点招商引资项目及全市名优企业重点客户列入项目储备。全年报批全市小型水库除险加固工程、高效农业节水灌溉工程、儿童医院建设工程等合计52亿多的信贷项目，新增发放党校改扩建项目资金1.95亿元。为落实金融支持小微企业的工作要求，提升金融服务水平，加大融资支持力度，帮助小微企业突破资金瓶颈，小微企业贷款余额比上年增加9.94亿元。至年末，全行人民币各项贷款余额39.99亿元，比上年增加7.13亿元，增幅21%，远高于全市金融机构各项贷款平均增幅。

【资产质量继续保持优良】 2016年，市交行高度重视全面风险管理工作，通过加大重点行业、领域、产品的风险监测和风险排查力度，强化风险客户名单制管理，加强贷后管理检查和考核等措施提升风险管理水平，一些迫在眉睫的风险问题得到化解和缓释，在风险形势极为严峻的情况下，取得了较好成绩。至年末，全行对公贷款继续保持不良率为零的记录，个人不良贷款余额37万元，不良率0.009%，信贷资产质量在系统内和同业中处于较好水平。

【开办公积金业务】 2016年，市交行为促进房地产去库存化政策的推进落实，更好地满足广大市民日益增长的个人住房消费金融的需求，积极争取信贷资源，报批了住房公积金管理中心一般短期流动资金贷款3亿元，并申请开办了公积金缴存、归集、支取、委托贷款等多项业务，丰富了业务品种，拓宽了服务市民的渠道，为推动全市公积金业务的发展做出积极的贡献。

【提升服务】 2016年，市交行作为全省唯一一家获得中国银行业协会文明规范服务“百佳”示范单位的地州网点，紧紧围绕“服务工作细致规范、态度热情周到、手段先进快捷、环境亮化美化”的目标，一如既往地按照“百佳示范单位”的标准，坚守服务理念，强化示范作用和服务细节，固化服务流程，努力保持最佳银行服务的品牌，并于7月顺利通过中国银行业协会文明规范服务“百佳”示范单位复检。

（乔艳梅）

【市广发行经营概况】 2016年，市广发行结合市场情况，围绕上级行业务布局，助力地方经济发展，大力推进个人信用贷款业务。全年面向全市机关事业单位、企业职工新发放541笔个人消费贷款，总金额6 294万元。同时，面向全市范围内的党政机关、事业单位、金融行业、优质企业等相关单位的干部、员工推出额度50万元的个人信用贷款产品“自信一贷”，无须任何担保、抵押，额度5年有效，审批快速，较好地解决当地干部、员工生活中的各种消费需求，为广大客户提供丰富贴心的金融服务，让每一位享受广发银行“自信一贷”产品的客户都自信满满，用实际行动将金融产品惠及民生。

【金融知识万里行】 2016年，市广发行开展“普及金融知识万里行、送金融知识下乡”宣传活动。全辖区所有网点组织员工进社区、企业、超市、集贸市场、学校、少数民族贫困区等地方，为干部群众发放咨询宣传个人征信、人民币知识、银行卡、防诈骗、非法集资、银行理财、贷款等金融知识。广发银行履行社会责任，将金融知识普及传导给广大市民，助推建设“信用玉溪”，进一步提升银行服务水平和质量，为建设美丽玉溪发挥银行职能作用。

（廖成海）

【市浦发行融资支持地方经济建设】 2016年，市浦发行积极顺应总、分行“大零售”转型的发展战略，抓住全市加快城镇化建设和加大招商引资的历史机遇，重点围绕“五网”建设、PPP项目、海绵城市、扶贫攻坚等领域，先后上报涉及环保、交通、棚改等基础设施建设项目及基金额度近300亿元，对纳入财政部PPP项目示范库的项目实现全覆盖营销，年内实现政府基础设施项目投放8 000万元。同时，加大对地方优质企业营销力度，通过与高新区工业园区、红塔区、易门县、新平县、江川区等工业园区的洽谈合作，重点支持上市公司、龙头企业、成长型科技企业以及涉及生产生活必需品、农业产业化项目的企业。在市浦发行的支持下，本土企业云南创新新材料股份有限公司首家在深交所上市。12月，市浦发行与市高新技术产业开发区管委会签署了银政产业引导资金战略合作协议，充分发挥政府和银行的整体优势，助力高新区经济快速发展。

【金融创新】 2016年，市浦发行成功推出互联网收单“浦发收银宝”，实现了微信创新收单模式，具有多功能合一和多码合一的特色优势，并成功推出了最高30万元“梦享贷”信用贷款系列产品，真正让客户“有梦·敢享”。同时，成功上线多银行集团资金管理系统，可为大型集团企业实现多银行资金管理服务，有效提升了浦发银行的综合金融服务能力。

【金融宣传】 2016年，市浦发行全面推进金融消费者权益保护工作，开展反洗钱、反假币、支付系统宣传及“信用玉溪行”等活动，开展了普及金融知识万里行、送金融知识下乡、金融知识进万家活动，并围绕春节、妇女节、儿童节、端午节、中秋节、重阳节等假日主题开展了个性化的活动十余场。5月，参加了全市第二届科技创新博览会，并2次与社区合作在广场开展了大型“金融知识进万家”宣传活动。11月，举办“关爱健康，无惧癌症”贵宾客户健康讲座等活动。全年开展的系列活动，增强了金融知识宣传，提升了广大客户防范金融诈骗的能力，以实际行动践行了浦发银行积极服务民生的社会承诺。

（李晓琳）

【市华夏行经营概况】 2016年，市华夏行以“着力推动结构效益转型发展”经营方针为出发点，围绕“化解不良、夯实基础、调整结构、提高效益”四个方面开展工作，进一步明确发展思路，转变、提升团队思想意识及能力，扭转、加强风险管理意识和能力，初步完善基础管理机制建设，改善执行力及工作效率，稳定了经营发展局面。至年末，全行实现本外币各项存款18.29亿元，其中对公存款14.87亿元，储蓄存款3.42亿元；各项贷款余额35.90亿元。全年实现拨备前利润0.75亿元，年末五级不良贷款为零。

【服务实体建设】 2016年，市华夏行围绕市委、市政府“稳增长、调结构、强基础、促改革、惠民生”的工作目标，进一步创新产品和服务。根据总行“中小企业金融服务商”战略的要求，紧紧抓住供给侧结构性改革、城乡建设升级、产业园区建设、生态建设等区域经济建设重点，以满足实体经济和客户需求为出发点，加快由单一的产品营销向综合金融服务解决方案和行业整体解决方案转变，提高竞争能力。坚持围绕政府、国企、地方主流经济开展业务，以调整业务结构，化解不良风险，夯实业务基础为目标，把项目储备作为工作重点贯穿全年，在维护、巩固优质存量客户的前提下，加大新客户的开发力度。同时，根据市委、市政府“三去一降一补”方略，加大对“三区一港”产业及“四带多园”规划建设的金融支持和信贷投放力度；加大对全市科技创新、节能环保、特色产业以及中小企业的信贷支持，在风险可控前提下加大新产品运用，积极拓展与文化传媒、高原特色农业等新兴领域的合作机会，逐步形成行业特色金融服务模式；加大对县域经济的信贷投放，主动调整大、中、小客户的比例结构，加大中小客户的占比，重视结构比例质量，增强发展的稳定性，实现业务筑底回升。

（唐纾乔）

【市民生行经营概况】 2016年，市民生行认真贯彻落实总、分行的发展战略和决策部署，迎难而上，攻坚克难，坚持稳健经营，调整内部组织架构，加强风险管控，不断夯实业务基础，各项存款保持了平稳增长，客户结构得到进一步调整。至年末，一般性存款余额11.9亿，比上年新增3亿。其中，对公存款9.46亿，比上年增加2.75亿；储蓄存款2.47亿，比上年增加2 500万。财富资产规模10.37亿，比上年增加1.06亿。其中，3家社区支行财富资产2.47亿，比上年增加了1 805万。

【金融服务】 2016年，市民生行认真履行金融教育责任，积极向大众普及金融知识，正确引导金融消费，组织开展形式多样的“金融知识进万家”活动。以社区支行为平台，积极开展反假币、银行卡、理财服务、个人贷款、信用卡等银行知识及风险防范措施等活动，强化社区金融服务，为广大社区居民提供更加方便、快捷、人性化的金融产品与服务，不断提升民生银行的品牌，3家社区支行金融资产新增到4 000万。

（廖　雁）

【市邮储行经营概况】 2016年，市邮储行51个网点本外币资产总额达42.57亿元，比比上年增长14.91%。各项存款余额39.03亿元，市场占有率2.7%，比上年提高0.3个百分点。其中，个人存款余额35.42亿元，新增6.57亿元；邮政代理存款28.32亿元，增5.94亿元；银行存款7.08亿元，增6 200万元；公司存款余额3.61亿元，比上年增长1.3万元。至年末，累计发放各类贷款8.92亿元，其中发放个人贷款7.22亿元，小企业贷款1.699亿元。各项贷款结余达13.18亿元，其中个人贷款结余11.45亿元，比上年增加1.57亿元；小企业贷款结余1.73亿元，比上年减少1亿元。贷款市场占有率1.53%，比上年提高了个0.04个百分点。通过团队清收、司法拍卖、减额续贷等方式，年末，市邮储行不良贷款余额4 074.39万元，不良贷款率3.09%，比上年下降0.25个百分点；逾期率3.12%，比上年下降0.83个百分点。

【贷款业务】 2016年，市邮储行投放再就业贴息贷款3 332户3.32亿元，超额完成政府下达计划指标，发放比占48%，是全市5家承贷行中最早完成且超计划指标的金融机构。全行累计投放再就业贷款11 904笔，金额9.23亿元，80%以上是农村再就业贷款，为农村经济的发展和脱贫致富提供了有效的资金扶持。市邮储行为缩小城乡贫富差距，帮助农村贫困人口脱贫致富，全年发放扶贫贷款2 872万元；着力推进“两个10万”等民生工程，发放贷款1 750万元，确保普惠金融落地，有力支持地方经济和社会的发展；保障房建设累计放款1.4亿元；农村危房改造13亿元项目贷款已到放款阶段。

【个人金融业务】 2016年，市邮储行紧紧围绕个金发展核心“服务+产品叠加”的经营理念，加大信用卡、POS、电子银行等业务的同步推进，通过与商家携手推出刷卡优惠活动，促进信用卡的发展。至年末，信用卡活动商家16家，发展信用卡4 792张，完成年计划5 134张的93.34%；电子银行业务个人网银激活率77.8%，全省排名第一；电子银行替代率综合全省排名第一。

【公司业务】 2016年，市邮储行将公司业务作为重点来发展，通过行领导带头对接政府需求，积极配套相应产品，完善金融服务方案等措施。至年末，公司业务对公账户655户，比上年增76户，活期占比为52.39%，存款余额3.63亿元，比上年增加1.31亿元。全市金融机构市场占有率0.61%。

【支持地方经济】 2016年，市邮储行积极融入地方经济，支持政府基础设施建设，为易武高速（易门-武定）提供的14亿建设贷款，已获总行审批；大夏高速（新平大开门-夏洒）38亿建设贷款和15亿资本金融资贷款均已获总行审批。同时，加大产品创新，积极融入地方经济发展，协同市工信委联合开展了金融服务实体经济县（区）行活动，由市工信委搭桥，通过与企业对接，为成长的中小企业提供金融服务支持；围绕核心产业链开发服务小微企业的信贷产品，创新保证、联保、质押等多种担保方式，推出了“互惠贷、增信贷、转期贷”等贷款业务，有效解决了企业融资难的问题，极大地丰富了小微企业贷款产品，形成了以易门县陶瓷、通海县种养殖、华宁县柑橘种植、元江县热带水果种植、澄江县蔬菜种植、红塔区商圈等为代表的特色金融服务。至年末，投放小微企业贷款近35亿元，惠及农户、小微企业2万余户，发放的小企业贷款100%投放于实体经济。由于受经济下行的影响，中小企业融资难的问题尤为突出，市邮储行采取减额续贷为企业提供信贷资金支持。为加快推进全市生态林业、民生林业的发展，市邮储行与市林业局于3月31日签署了《金融服务战略合作协议》，明确服务对象为各类林业经济主体，包括林业产业聚集区企业、林业产业龙头企业、林农、林业专业合作社、林业经济组织等。

（蔡迎春）

【市富滇行经营概况】 2016年，市富滇行围绕市委、市政府的工作部署，充分发挥决策半径短优势和服务特色，秉承“心以致远、行于维新”的企业精神，以加快发展地方金融业、促进地方经济发展为己任，积极为全市的经济社会发展和人民群众的金融、经济生活提供优质、便捷的服务。至年末，市富滇行各项存款余额287 880万元，其中，公司存款余额275 872万元，个人存款余额12 008万元；各项贷款余额414 753万元。

【助力地方经济发展】 2016年，市富滇行积极强化对全市“五网建设”、市政基础设施建设、政府产业基金、“三农”经济、“园区”经济、环保项目的支持，开创性的采用“政府购买服务”及“去库存”模式进行项目申报，取得了较好的效果。先后对“玉磨铁路”玉溪段征地拆迁项目投放贷款14亿元，对棚户区改造拆迁安置项目投放贷款2.4亿元，对高速公路征地拆迁项目投放贷款2亿元，对农村公路改造项目投放贷款3亿元，对工业园区建设项目投放贷款8 000万元，有力地支持了当地的基础设施建设。

【支持“三农”发展】 2016年，市富滇行大力支持蔬菜出口企业发展，针对贸易型企业轻资产，缺乏实物资产抵押的情况，找准切入点，运用出口退税账户质押贷款等产品成功支持了有出口退税业务的客户。同时，结合高原特色农业在全省地位举足轻重、规模较大的实际，市富滇行与省农业信贷担保公司、新平县政府合作推出“金果贷”升级版，实现投放贷款1 700万元，有力地支持了新平县的水果产业升级发展。

（殷良坤）

【市农信社经营概况】 2016年，市农信社围绕省联社总体工作思路和市委、市政府经济发展目标，不断提高金融服务“三农”水平，加大对地方经济建设支持力度，各项业务实现稳健发展。至年末，全市农村信用社各项存款余额545.22亿元，比上年增加57.62亿元，增幅11.82%；各项

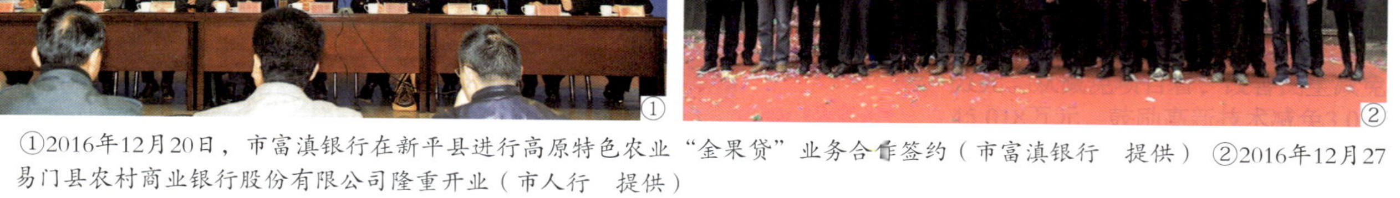

①2016年12月20日，市富滇银行在新平县进行高原特色农业“金果贷”业务合作签约（市富滇银行 提供） ②2016年12月27日，易门县农村商业银行股份有限公司隆重开业（市人行 提供）

贷款余额327.56亿元，比上年增加35.18亿元，增幅12.03%，高于全市同业增幅5.26个百分点；自助设备替代率82%，新增电子银行交易替代率84.83%，净增手机银行签约用户4.99万户，科技支撑能力得到进一步增强。

【服务“三农”经济】 2016年，市农信社深入推进服务“三农”发展及创新金融扶贫工作。至年末，为41.68万户农户建立了经济档案，建档面占全市农户数（55.53万户）的75.06%，核贷农户37.62万户，核贷金额130.56亿元；评定信用镇18个、信用村144个、信用组965个、信用户30.92万户；发放春耕备耕贷款24.13亿元，支持4.02万户农户购买化肥、农药、籽种、薄膜、农机具等农业生产经营资料；涉农贷款余额221.84亿元，比上年增加11.3亿元，其中高原特色农业贷款余额62.4亿元，农业产业龙头企业贷款余额7.45亿元，农户申贷满足率97.47%，为农业生产发展提供了坚强的资金保障。

【服务中小微企业】 2016年，市农信社主动出击，掌握中小微企业的融资需求变化情况和不同发展阶段的金融需求特点，加大对小微企业、实体经济的信贷支持力度。至年末，小微企业贷款余额137.37亿元，比上年增加21.26亿元，增幅18.3%，高于各项贷款6.27个百分点，贷款户数高于上年同期4 296户，申贷获得率高于上年同期0.29个百分点，顺利完成小微企业贷款“三个不低于”任务。

【服务地方重点项目】 2016年，市农信社积极落实省、市政府大力推进重点产业发展的相关要求，加大对“五网”建设的贷款投入，将“八大产业”列为重点扶持产业。至年末，省、市“四个一百”重点项目贷款余额17.18亿元，“五网”建设贷款13.92亿元，“八大产业”贷款17.53亿元。其中，发放峨山棚户区改造项目贷款2亿元，澄江县新城区路网建设项目前期工作费用贷款1亿元，市综合展览馆项目贷款0.4亿元，易门县基础设施建设贷款0.2亿元。

【服务民生金融】 2016年，市农信社倾力扶持脱贫攻坚及万众创业，做实普惠金融服务工作。至年末，基层党员带领群众创业致富贷款、贷免扶补创业贷款、创业促就业小额担保贷款、劳动密集型小企业贷款、畜牧贴息贷款、精准扶贫贷款、小额扶贫贴息贷款、双十万、危改贷、棚改贷等民生类贷款余额35.91亿元，惠及群众4.7万户。同时，代发20余种财政直补资金66.29万笔，做好全市95万张金融社保IC卡和14.06万张工会会员卡发卡（激活、迁移）工作，设立惠农支付业务服务点385个，有效解决了部分农村及偏远地区的金融缺失问题。

【完成首批农商行改革】 2016年，市农信社及首批改制的通海县、易门县联社严格按照省联社的安排部署，积极与市、县政府、人行、银监等部门加强沟通协调，采取“加强组织保障、突出工作重点、依法合规改革”工作措施，制定进度计划表，按时间步骤分解压实任务目标，保质保量做好相关工作，确保2家农商行于12月27日顺利挂牌开业。

（杨益民）

【红塔银行完成增资更名】 2016年，红塔银行按照“立足滇中、服务云南、辐射周边”的定位和“一年打基础、三年翻两番、五年争一流”的目标要求，顺利完成增资更名、“三会一层”搭建和组织架构调整，业务发展和机构布局提速，各类风险得到有效管控，实现良好开局，为持续发展壮大奠定了坚实基础。红塔银行于7月26日召开新闻发布会，正式宣告更名运营。增资更名后，注册资本扩大5倍增加到59.98亿元，资本总额100.12亿元，步入全国较大资本规模城市商业银行行列。股东大会选举产生了董事会、监事会，搭建起公司治理层，并按照省委组织部批复，成立党委、纪委。总行设立19个部室，按照市场化机制加强人才引进和队伍建设，吸引4 000余人次参与各类招聘，年末全行在册员工699人。

【规模快速增长】 2016年，红塔银行经营规模跨越式增长，实现总资产、总负债、贷款、存款翻番，年末资产总额616亿元、负债总额516亿元、贷款余额177亿元、存款余额358亿元，存款增幅是全省32家银行业金融机构平均水平的10.21倍，贷款增幅是全省平均水平的11.56倍。同时，盈利能力稳步增强，全年实现税利9.6亿元，比上年增加3.8亿元，增幅65.66%；经营风险得到有效管控，全年没有发生大的风险事件和案件，实现安全运营。

【服务能力提高】 2016年，红塔银行大力吸收烟草行业存款资金，在支撑自身拓展业务的同时，积极融入“五网”建设、滇中城市圈一体化发展战略，围绕各级政府重大项目、云南骨干企业、各地中小企业进一步加大信贷投放力度，支持地方发展。全年累计发放贷款159.6亿元，年末各项贷款余额176.9亿元，比上年末增加94.42亿元，增长114.49%；小微企业贷款余额余额81.23亿元，涉农贷款余额74.54亿元。全市辖区贷款余额82.94亿元，对市级重点建设项目贷款余额4.85亿元。全年缴纳各项税金

2016年7月26日，云南红塔银行举行新闻发布会正式宣告更名运营

（红塔银行　提供）

2016年12月6日，省委书记陈豪在省、市领导陪同下到红塔银行调研

（红塔银行　提供）

2.2亿元，比上年增加0.64亿元，增幅41.03%。此外，落实扶贫攻坚相关要求，累计向元江县因远镇北泽村委会的投入130多万元。

（龙　伟）

【兴和行经营概况】 2016年，红塔区兴和村镇银行实施“立足辖区、创新服务、打造特色”的发展战略，坚持支农、支小方向不动摇，不断改善金融服务，积极拓展业务和产品创新，加大信贷结构调整力度，竭力防范和化解经营风险，为“三农”、小微企业经济发展提供良好的金融服务。至年末，全行资产总额21.21亿元，负责总额19.17亿元；各项存款余额17.79亿元；各项贷款余额11亿元；资本充足率18.88%，核心资本充足率17.76%，流动性比例79.78%，存贷款比例54.64%，资本利润率7.69%。

【支持地方经济发展】 2016年，兴和行实施“三个制度”（联系走访制度，独立的支农、支小考核制度，村镇联络员制度）、“三个一服务”（一站式服务，一个工作日服务，一户/社一策服务）工作，重点把支持“三类群体”（农业产业龙头企业，农民专业合作社，涉农微小企业）作为支农的切入点，以“品牌兴农”、轮作示范、发展优特作物作为支农的突破口，进一步延伸支农的广度和深度。至年末，兴和行各项贷款比上年末增长22.23%；涉农贷款比上年末增长22.49%，高于各项贷款增幅0.26个百分点；小微贷款比上年末增长31.44%，高于各项贷款增幅9.21个百分点；小微贷款户数561户，高于上年同期97户；小微贷款获贷率89.18%，高于上年同期0.68个百分点。全年均按要求完成涉农“一个高于”、小微“三个不低于”任务指标。

【丰富金融服务产品】 2016年，兴和行着力打响“兴（农/业）贷”等系列贷款产品，有效解决传统农户贷款难问题，为支持农户和小微企业发展探索新的模式。全年推出“智能通知存款”“财富宝”新产品，代销红塔银行理财产品，为客户提供更加便利的存款服务，在满足客户对资金流动性要求高的同时，大大提高了个人客户储蓄存款收益，满足中小微企业、“三农”等客户日益增长的多元化需求。

【开展普惠金融】 2016年，兴和行继续支持美丽乡村建设，在总结向大营街居委会发放前三期旧村改造贷款工作的基础上，发放第四期旧村改造贷款，四期累计贷款1.38亿元，并执行人行发布的基准利率，优惠利息490余万元，惠及农户924户，为推进美丽新农村和城镇化建设，重塑云南第一村形象发挥村镇银行的特色和优势。兴和行全年减费让利惠民生，减免“新兴卡”转账、汇款、ATM机跨行取款、短信服务等相关业务费用，给予持卡人最大程度的优惠和便利；继续为农户、小微企业减免各类费用及实行相对优惠的贷款利率等措施，减轻客户融资成本及金融业务成本。为确保客户资金安全，实现安全支付，响应银监会支付密码器基本账户全覆盖的要求，兴和行免费为客户提供支付密码器355台，金额13.49万元。

（魏乔寿）

财产保险

【概　况】 2016年，市人保财险分公司以“突出一个核心，实现两个对标，提升三种能力，抓实四项重点”为工作思路，持续推进公司改革转型，克服了宏观经济下行和市场竞争加剧带来的压力和挑战，以问题为导向，对标市场谋发展，用发展解决发展中的问题；“三讲三不讲”“四个一流”“五个严抓续保”等观念和机制正逐步成为公司企业文化的重要组成部分，且成为各支公司的行动自觉；精细化管理、专业化运营的理念得到各级管理者的认同并付诸实践，全年主要经营指标分类评级结果为优秀，并荣获省公司综合经营管理三等奖。至年底，公司全险种实现保费收入68 873万元，比上年增长9.93%，增速达到0.96，全省系统由高到低排名第四位；市场份额46.25%，增量保费6 223万元，增量份额达到44.39%，位居行业第一，全省系统由高到低排名第三位；累计支付赔款35 707.98万元，综合赔付率59.87%，费用率36.89%，综合成本率96.76%，上缴国家税收5 114万元，为全市人民提供财产和人身保险保障4 398亿元。

【高原特色“县域长青”】 2016年，借助新“国十条”的东风，市人保财险公司统一思想、凝聚共识，结合高原山区地域特点，深化“县域长青”行动，狠抓县域网点布局，以网点星级评定为驱动，进一步完善县域网点运营管理机制，大力推进“三农”营销服务部标准化建设。同时，大力推进农村地区道路交通安全管理工作，与交警部门联合在全市七县二区建75个交通安全劝导站，健全完善农村道路交通安全防控体系，助力业务发展，提升了公司在农村地区的品牌形象。全年所辖39个“三农”网点全年实现保费收入8 689万元，超省公司下达的挑战目标499万元。4月，新平县戛洒镇“三农”营销服务部和通海县杨广镇、峨山县塔甸镇、易门县六街镇、华宁县青龙镇“三农”服务站获得总公司年度“三农”示范营销服务部及示范服务站称号。全市有五星级营销服务部1个、二星级3个、一星级16个。

【构建大车险发展格局】 2016年，市人保财险公司实施了积极的人力资源政策、销售费用政策、承保政策、理赔政策，强化顶层设计与综合治理，以问题为导向，全面系统研究制定和积极推行年度车险经营企划，做实车险发展委员会，稳新保强续保优转保，重夺增量市场第一。同时抢抓费改前的“窗口期”，大力开展提前续保工作，积极应对商车改革，在全辖区建立不同层面和渠道的市场观测点，理顺市场信息收集汇总机制，有效掌握市场动态，做到知己知彼；区分同城与县域的车商渠道专管专营运营模式，整合理赔资源，实施精准送修，推动渠道业务发展成效显著，被省公司作为先进经验在全省范围推广。全年实现车险保费收入56 763万元，比上年净增6 774万元，增量份额48.47%，不仅高居本地行业第一，而且在全省系统排名第一；车险业务增速创近5年来的历史新高，达到13.55%，增速在全省排名第三。

【拓展商业非车险】 2016年，市人保财险公司主动对接地方政府、企事业单位需求，围绕基础设施建设、产业结构调整，提升商业非车险专业化经营能力，突出重点、突破难点、聚焦热点、关注焦点，围绕民生领域、社会治理等方面的服务需求，围绕国家完善矛盾纠纷多元化化解机制的要求，努力创新拓展政策性业务和商业非车险业务。全市上报商业非车险创新项目41个，经分公司项目管理委员会审议通过项目37个，已达成项目24个，达成率59.46%，实收保费1 008万元。市人保财险公司推出的《玉溪市精准扶贫大病救助保险工作实施方案》得到市政府的批复同意，2017年2月前实现出单，保费收入达440万元。同时，高原特色农险、农村分散性业务、农房保险、巨灾保险等方面取得新突破，公司陆续开办了葡萄、柑橘、林木、大棚蔬菜、育肥猪、山羊、肉牛等高原特色商业农险业务，实现保费收入88.08万元，比上年增长109.4%；全年实现学幼险保费收入2 357万元，净增保费457万元，比上年增长24.03%；实现其他涉校业务保费收入206万元，净增保费56万元，比上年增长37.53%；全市政法系统执法人员意外险业务实现保费收入348万元。

【服务水平领先行业】 2016年，市人保财险公司全面对标保监会服务评级标准，将行业服务评价作为提升公司服务水平的一项核心工作来抓，在全市保险行业协会车险理赔服务满意度调查中连续四个季度排名行业第一；全年亿元保费投诉量仅0.3件，在省公司神秘人测评中全省排名第一，连续2年荣获总公司金牌服务标兵州市奖；在全省系统开展的年度金牌服务明星及金牌示范窗口评选中，以第一名的优异成绩被评为“客户服务管理先进单位”，高新区、江川区、新平县支公司被评为十大“金牌服务示范窗口单位”；在省公司《关于表彰2015年度“满意在人保”主题活动客户服务先进单位及服务明星的决定》中，新兴支公司以全省考核得分91.3分成绩，排名第一，获省公司年度“创建金牌服务示范窗口”称号，刘亚红同志获省级“服务明星”荣誉；新兴支公司营销业务一部、高新区支公司营销业务二部获总公司“2015～2016年钻石营销团队”称号；在市保险协会“保险服务明星”表彰会上，高新区支公司的董颖琳、江川区支公司的奎娇受到表彰，喜获“保险服务明星”荣誉称号。

【提升承保、理赔服务品质】 2016年，市人保财险公司持续强化承保、理赔队伍建设，制定各层级管理人员和各岗位员工的年度培训计划，全年收集并录入系统培训期数129期，培训达7 955人次，圆满完成省公司年度培训考核目标，并以总分530分的优异成绩，荣获一等奖。全年开展理赔专项培训6批次，培训基层理赔员工720多人次。全辖区理赔员工138人，持证率达88.41%，其中初级理赔员占27.54%，中级理赔员占23.19%，高级理赔员25.36%，助理核赔师占9.42%，中级核赔师占2.9%。公司调解工作室荣获市保险业人民调解委员会“优秀调解工作室”称号，调解员姚伟、余倩荣获“优秀人民调解员”称号，施建美、高蕊、张云荣获“先进人民调解员”称号。公司严格服务监督，联合有关部门对各类保险骗赔欺诈案件进行跟踪查找，杜绝骗保骗赔隐患，维护社会公德和保险公信力，提升服务品质。全年全险种有效报案量83 933件，比上年下降9.65个百分点；理赔稽查减损1 260万元，理赔追偿减损150万元；车险估损充足率100.04%，非车险估损充足率95.50%，直接赔款比上年减少525万元，未决赔款金额比上年下降13.91个百分点；查处骗保骗赔案件58起，挽回经济损失480万元，为保障和谐社会环境做出了应有贡献。

【创先争优】 2016年，市人保财险公司着力倡导“以人为本，和谐奋进”的企业文化，持续加强工会、群团组织建设，以员工幸福和组织绩效为导向，遵循人本管理的基本规律，探索人本组织建设的基本方法，在公司既有的学习型组织建设成果基础上，以基层团队建设为抓手，以构建长效体系机制为动力，以实现个人和组织的生命意义为目的，通过言教、身教、制教和精教四种方式，打造学习与成长机制，教化做人、做事、相处、求知的意识与能力，增强基层组织的幸福感和市场竞争力，致力构建基业长青型企业。在省公司举办的第五届理赔技能大赛中，市公司代表队个人和团队双双获得好成绩，理赔中心吴绍元获查勘定损比赛项目第二名，高蕊获责任险比赛项目第二名，公司荣获大赛团体第二名；在全省金融系统银行证券保险综合业务技能竞赛中，市公司参赛选手张红华获保险类车险一等奖，潘玉文、聂光庆获非车险三等奖；在省公司出单技能竞赛中，市公司参赛队获得团体一等奖、团体二等奖、组织推动奖，红塔区支公司李飞媛荣获个人二等奖，高新区支公司李英、杨艳云荣获个人三等奖，高新区支公司李英、红塔区支公司李飞媛荣获个人风采奖，为公司赢得了荣誉；在市委召开的全市精神文明建设工作会上，市公司作为保险系统“第八届市级文明行业代表”受到表彰，全系统11个创建单位，均荣获市、县（区）级文明单位，市公司机关、易门县公司、江川区公司荣获省级文明单位，全市人保财险创建率达92%。

【构筑坚实的保险保障壁垒】 2016年，市人保财险公司在全市范围内农房、葡萄、柑橘遭受不同程度的雷雨、冰雹、大风、洪水自然灾害等事故中，及时组织人员赴受灾点开展查勘定损工作，并迅速将赔款送到灾民手中，得到广大农民群众一致好评和认可。全年处理非车险案件19 459件，赔付金额7 310余万元；处理车险案件75 402件，赔付金额27 385余万元，充分发挥了保险职能，极大地维护了地区社会稳定和经济繁荣，为人民群众构筑了坚实的保险保障壁垒。

（樊艳萍）

2016年全市财产保险公司业务统计表

单位：万元

单位	险　种	保险金额	保费收入				赔款支出			
			本年累计	上年同期	同比(%)	份额(%)	本年累计	上年同期	同比(%)	简单赔付率(%)
人保财险	1.企业财产保险	3 445 206.32	2 574.87	2 628.61	−2.04%	51.40%	775.82	1 956.32	−60.34%	30.13%
	2.家庭财产保险	770 191.11	517.97	589.81	−12.18%	84.29%	412.09	296.58	38.95%	79.56%
	3.机动车辆保险	9 435 419.09	56 762.69	49 989.02	13.55%	45.90%	28 675.94	29 050.66	−1.29%	50.52%
	其中：交强险	2 621 963.00	15 288.22	14 052.74	8.79%	42.40%	6 156.84	6 147.23	0.16%	40.27%
	4.工程保险	24 185.22	70.12	123.35	−43.15%	14.58%	11.27	11.84	−4.77%	16.07%
	5.责任保险	1 813 681.03	927.27	1 013.12	−8.47%	30.51%	434.28	241.96	79.48%	46.83%
	6.信用保险	55 209.57	729.39	100.00	629.39%	30.65%	690.57	90.24	665.23%	94.68%
	7.保证保险	20 500.00	3.77	4.00	−5.66%	87.08%	–	1.02	100%	0.00%
	8.货物运输保险	5 869 534.31	1 572.34	2 451.09	−35.85%	76.29%	1 435.42	1 250.64	14.77%	91.29%
	9.农业保险	16 931.11	865.63	1 331.50	−34.99%	18.89%	736.39	784.57	−6.14%	85.07%
	10.健康险	1 005.08	3 363.22	2 868.70	17.24%	96.42%	1 918.38	2 106.63	−8.94%	57.04%
	11.意外伤害保险	11 534 332.35	1 485.76	1 550.89	−4.20%	39.32%	617.81	777.64	−20.55%	41.58%
	合　计	32 986 195.19	68 873.03	62 650.08	9.93%	46.19%	35 707.98	36 568.10	−2.35%	51.85%
太保产险	1.企业财产保险	2 128 603.44	1 332.78	1 324.00	0.66%	26.61%	162.44	113.00	43.75%	12.19%
	2.家庭财产保险	98 097.54	29.03	31.00	−6.35%	4.72%	12.33	10.00	23.30%	42.47%
	3.机动车辆保险	1 729 728.26	11 342.01	12 116.00	−6.39%	9.17%	5 704.70	5 447.00	4.73%	50.30%
	其中：交强险	438 309.40	3 296.29	3 652.00	−9.74%	9.14%	1 566.52	1 362.00	15.02%	47.52%
	4.工程保险	46 879.75	60.27	27.00	123.22%	12.53%	–	–	–	0.00%
	5.责任保险	272 085.04	286.62	362.00	−20.82%	9.43%	109.90	95.00	15.68%	38.34%
	6.货物运输保险	1 027 849.96	138.02	448.00	−69.19%	6.70%	125.41	129.00	−2.78%	90.86%
	7.农业保险	890.00	3.90	16.00	−75.63%	0.09%	–	2.00	−100%	0.00%
	8.意外伤害保险	434 511.34	460.92	589.00	−21.75%	12.20%	701.72	371.00	89.14%	152.24%
	合　计	5 738 645.33	13 653.55	14 913.00	−8.45%	9.16%	6 816.50	6 167.00	10.53%	49.92%
平安产险	1.企业财产保险	280 222.59	150.77	182.37	−17.33%	3.01%	55.89	66.02	−15.34%	37.07%
	2.家庭财产保险	55 294.71	23.26	25.77	−9.74%	3.79%	11.20	0.32	3400.00%	48.15%
	3.机动车辆保险	1 050 330.69	16 638.26	14 281.78	16.50%	13.45%	6 774.79	5 606.81	20.83%	40.72%
	其中：交强险	702 976.20	4 464.89	4 032.63	10.72%	12.38%	1 651.96	1 320.06	25.14%	37.00%
	4.工程保险	5 853.17	21.50	198.87	−89.19%	4.47%	0.05	0.03	66.67%	0.23%
	5.责任保险	259 870.98	915.68	963.04	−4.92%	30.13%	438.29	830.14	−47.20%	47.86%
	6.保证保险	–	−0.02	−0.04	−50.00%	–	–	0.09	−100%	–
	7.货物运输保险	794 073.12	96.61	39.70	143.35%	4.69%	28.93	6.24	363.62%	29.95%
	8.特殊风险保险	–	–	–	–	–	0.01	–	–	–
	9.健康险	138 576.15	101.74	77.58	31.14%	2.92%	72.64	45.61	59.26%	71.40%
	10.意外伤害保险	3 263 528.48	541.10	496.59	8.96%	14.32%	39.42	35.69	10.45%	7.29%
	合　计	5 847 749.88	18 488.90	16 265.66	13.67%	12.40%	7 421.22	6 590.95	12.60%	40.14%
天安产险	1.企业财产保险	152.00	1.98	–	–	0.04%	–	–	–	0.00%
	2.家庭财产保险	–	0.03	–	–	0.00%	–	–	–	0.00%
	3.机动车辆保险	95 009.00	631.32	392.70	60.76%	0.51%	335.67	148.33	126.30%	53.17%
	其中：交强险	–	211.80	192.93	9.78%	0.59%	90.23	68.69	31.36%	42.60%
	4.责任保险	105 640.00	49.00	68.86	−28.84%	1.61%	20.60	–	–	42.04%
	5.健康险	7 114.00	9.02	–	–	0.26%	0.65	–	–	7.21%
	6.意外伤害保险	9 210.00	4.11	12.16	−66.20%	0.11%	0.09	1.41	−93.83%	2.12%
	7.其他险	2 948.00	14.50	–	–	99.72%	0.08	–	–	0.57%
	合　计	220 073.00	709.96	473.72	49.87%	0.48%	357.09	149.74	138.47%	50.30%
华泰产险	1.企业财产保险	698 033.99	417.16	403.06	3.50%	8.33%	3.99	13.44	−70.30%	0.96%
	2.家庭财产保险	41.40	0.32	40.08	−99.20%	0.05%	–	1.93	−100%	0.00%
	3.机动车辆保险	89 820.21	1 410.28	1 237.63	13.95%	1.14%	727.33	590.00	23.28%	51.57%
	其中：交强险	66 325.96	420.17	388.99	8.02%	1.17%	162.39	124.67	30.25%	38.65%
	4.责任保险	29 270.00	125.04	155.10	−19.38%	4.11%	85.55	80.11	6.79%	68.41%
	5.货物运输保险	305 031.07	227.08	345.40	−34.26%	11.02%	103.30	88.94	16.15%	45.49%
	6.意外伤害保险	9 813.20	23.92	31.30	−23.57%	0.63%	6.94	3.88	78.83%	29.02%
	合　计	1 132 009.87	2 203.81	2 212.57	−0.40%	1.48%	927.11	778.29	19.12%	42.07%

（续表）

单位	险　种	保险金额	保费收入				赔款支出			
			本年累计	上年同期	同比（%）	份额（%）	本年累计	上年同期	同比（%）	简单赔付率（%）
大地产险	1.企业财产保险	298 925.10	176.54	167.23	5.57%	3.52%	19.81	13.13	50.88%	11.22%
	2.家庭财产保险	5 247.00	2.72	0.93	192.47%	0.44%	–	–	–	0.00%
	3.机动车辆保险	2 710 171.12	12 534.20	9 217.36	35.98%	10.14%	4 673.42	3 682.08	26.92%	37.29%
	其中：交强险	1 401 694.60	4 365.41	3 685.80	18.44%	12.11%	1 327.44	1 245.25	6.60%	30.41%
	4.工程保险	–	–	168.84	–100%	–	46.00	–	–	–
	5.责任保险	305 554.27	177.76	211.17	–15.82%	5.85%	22.79	40.35	–43.52%	12.82%
	6.保证保险	600.00	0.58	0.50	16.00%	13.38%	–	–	–	0.00%
	7.货物运输保险	5 768.00	1.24	68.43	–98.19%	0.06%	11.75	30.05	–60.90%	947.58%
	8.健康险	3 370.00	12.73	11.22	13.46%	0.36%	1.10	–	–	8.64%
	9.意外伤害保险	610 194.67	440.79	328.33	34.25%	11.67%	167.09	149.57	11.71%	37.91%
	10.其他险	1 110.00	–	6.85	–100%	0.00%	–	–	–	–
	合　计	3 940 940.16	13 346.56	10 180.86	31.09%	8.95%	4 941.96	3 915.18	26.23%	37.03%
永安产险	1.企业财产保险	–	4.69	17.23	–72.78%	0.09%	–	–	–	0.00%
	2.家庭财产保险	–16.00	–0.05	–0.05	0.00%	–0.01%	–	–	–	0.00%
	3.机动车辆保险	85 412.00	566.87	785.23	–27.81%	0.46%	465.00	682.74	–31.89%	82.03%
	其中：交强险	26 984.00	209.91	265.15	–20.83%	0.58%	178.48	272.06	–34.40%	85.03%
	4.责任保险	75 100.00	37.54	11.64	222.51%	1.24%	6.74	0.61	1004.92%	17.95%
	5.意外伤害保险	13 361.00	19.85	27.80	–28.60%	0.53%	3.79	29.99	–87.36%	19.09%
	合　计	173 857.00	628.90	841.85	–25.30%	0.42%	475.53	713.34	–33.34%	75.61%
安邦产险	1.机动车辆保险	22 707.64	130.45	101.37	28.68%	0.11%	48.57	68.78	–29.38%	37.24%
	其中：交强险	6 246.40	39.32	35.44	10.97%	0.11%	22.25	27.58	–19.33%	56.58%
	2.责任保险	21.98	21.34	–	–	0.70%	–	–	–	0.00%
	3.意外伤害保险	165.00	0.17	1.43	–88.13%	0.00%	–	–	–	0.00%
	4.其他险	–	–	–	–	–	1.13	0.81	39.08%	–
	合　计	22 894.62	151.96	102.80	47.83%	0.10%	49.70	69.59	–28.58%	32.71%
阳光产险	1.企业财产保险	84 641	1.19	0.10	1090.00%	0.02%	–	–	–	0.00%
	2.家庭财产保险	9 855.80	1.77	–	–	0.29%	–	–	–	0.00%
	3.机动车辆保险	52 430.54	3 480.19	2 454.37	41.80%	2.81%	1 039.19	1 008.51	3.04%	29.86%
	其中：交强险	–	1 349.28	984.95	36.99%	3.74%	269.44	337.92	–20.27%	19.97%
	4.工程保险	–	–	5.74	–100%	–	–	–	–	–
	5.责任保险	2 986.30	70.39	28.95	143.14%	2.32%	–	5.37	–100%	0.00%
	6.信用保险	4 594.52	1 650.60	–	–	69.35%	248.20	–	–	15.04%
	7.货物运输保险	281 720.00	20.37	19.06	6.87%	0.99%	–	1.23	–100%	0.00%
	8.农业保险	–	–	0.80	–100%	–	–	–	–	–
	9.意外伤害保险	262 222.97	74.32	59.92	24.03%	1.97%	–	4.92	–100%	0.00%
	10.其他险	70.01	0.04	1.52	–97.37%	0.28%	–	–	–	0.00%
	合　计	698 521.57	5 298.87	2 570.46	106.14%	3.55%	1 287.39	1 020.03	26.21%	24.30%
永诚产险	1.企业财产保险	203.87	0.38	0.10	284.60%	0.01%	0.53	81.76	–99.35%	138.30%
	2.机动车辆保险	132 718.82	450.85	132.56	240.11%	0.36%	92.92	20.21	359.76%	20.61%
	其中：交强险	31 036.80	139.70	40.20	247.51%	0.39%	24.91	5.14	384.67%	17.83%
	3.责任保险	500.00	0.31	0.40	–23.35%	0.01%	–	0.11	–100%	0.00%
	4.健康险	0.42	0.02	–	–	0.00%	–	–	–	0.00%
	5.意外伤害保险	318 180.15	31.91	50.04	–36.22%	0.84%	3.04	9.26	–67.13%	9.54%
	合　计	451 603.26	483.48	183.10	164.05%	0.32%	96.49	111.34	–13.33%	19.96%
渤海产险	1.企业财产保险	1 090.00	1.00	–	–	0.02%	–	–	–	0.00%
	2.机动车辆保险	198 465.00	983.00	811.00	21.21%	0.79%	319.00	403.00	–20.84%	32.45%
	其中：交强险	83 545.00	398.00	367.00	8.45%	1.10%	73.00	147.00	–50.34%	18.34%
	3.工程保险	9 062.00	29.00	–	–	6.03%	–	–	–	0.00%
	4.责任保险	7 565.00	25.00	31.30	–20.13%	0.82%	10.00	2.00	400.00%	40.00%
	5.健康险	2 221.00	1.00	–	–	0.03%	–	–	–	0.00%
	6.意外伤害保险	56 467.00	52.00	58.70	–11.41%	1.38%	25.00	23.00	8.70%	48.08%
	7.其他险	–	–	28.00	–100%	–	–	3.10	–100%	–
	合　计	274 870.00	1 091.00	929.00	17.44%	0.73%	354.00	431.10	–17.88%	32.45%

（续表）

单位	险　种	保险金额	保费收入				赔款支出			
			本年累计	上年同期	同比（%）	份额（%）	本年累计	上年同期	同比（%）	简单赔付率（%）
人寿产险	1.企业财产保险	453 002.56	277.88	214.36	29.63%	5.55%	108.00	771.63	-86.00%	38.87%
	2.家庭财产保险	59 346.60	38.95	2.10	1754.76%	6.34%	–	0.09	-100%	0.00%
	3.机动车辆保险	2 212 198.34	14 225.01	14 003.13	1.58%	11.50%	7 415.74	6 971.36	6.37%	52.13%
	其中：交强险	569 891.80	4 106.29	4 220.39	-2.70%	11.39%	1 635.46	1 500.52	8.99%	39.83%
	4.工程保险	59 779.39	199.35	21.90	810.27%	41.46%	0.52	0.89	-41.57%	0.26%
	5.责任保险	1075 719.70	274.54	164.22	67.18%	9.03%	123.77	74.01	67.23%	45.08%
	6.货物运输保险	3 635.00	4.10	9.59	-57.25%	0.20%	–	6.88	-100%	0.00%
	7.农业保险	600 999.56	3 711.95	3 237.64	14.65%	81.02%	2 734.20	1 756.00	55.71%	73.66%
	8.意外伤害保险	333 178.09	401.78	273.25	47.04%	10.63%	156.52	163.07	-4.02%	38.96%
	合　计	4 797 859.24	19 133.56	17 926.19	6.74%	12.83%	10 538.75	9 743.93	8.16%	55.08%
诚泰产险	1.企业财产保险	68 524.77	66.09	79.06	-16.41%	1.32%	4.06	7.29	-44.31%	6.14%
	2.家庭财产保险	2 940.00	0.18	–	–	0.03%	0.25	–	–	138.89%
	3.机动车辆保险	490 740.01	2 152.46	2 261.07	-4.80%	1.74%	927.16	1 168.63	-20.66%	43.07%
	其中：交强险	257 883.60	798.50	804.30	-0.72%	2.21%	242.72	293.56	-17.32%	30.40%
	4.工程保险	–	–	4.71	-100%	–	–	–	–	–
	5.责任保险	41 704.72	100.08	90.67	10.38%	3.29%	0.15	1.89	-92.06%	0.15%
	6.货物运输保险	1 141	1.29	–	–	0.06%	–	–	–	0.00%
	7.健康险	699.60	0.36	0.31	16.13%	0.01%	–	–	–	0.00%
	8.意外伤害保险	145 844.70	128.78	125.33	2.75%	3.41%	78.30	47.92	63.40%	60.80%
	合　计	751 594.86	2 449.24	2 561.15	-4.37%	1.64%	1 009.92	1 225.73	-17.61%	41.23%
太平产险	1.企业财产保险	1 975.01	3.99	3.63	9.94%	0.08%	–	–	–	0.00%
	2.家庭财产保险	901.00	0.32	0.30	6.90%	0.05%	–	–	–	0.00%
	3.机动车辆保险	564 776.04	2 024.74	1 377.72	46.96%	1.64%	676.48	324.76	108.30%	33.41%
	其中：交强险	353 885.40	894.76	705.75	26.78%	2.48%	261.49	162.16	61.25%	29.22%
	4.工程保险	23 134.88	100.58	35.03	187.13%	20.92%	87.20	0.02	435879.00%	86.69%
	5.责任保险	12 190.00	18.39	14.83	24.01%	0.61%	1.72	1.29	33.22%	9.32%
	6.货物运输保险	–	–	0.36	-100%	–	–	–	–	–
	7.意外伤害保险	114 670.06	113.27	89.58	26.45%	3.00%	13.73	4.53	202.87%	12.12%
	合　计	717 646.99	2 261.30	1 521.45	48.63%	1.52%	779.12	330.60	135.67%	34.45%
鼎和产险	1.机动车辆保险	268 892.28	333.91	338.50	-1.36%	0.27%	154.58	75.64	104.36%	46.29%
	其中：交强险	3 192.00	72.78	92.10	-20.98%	0.20%	39.41	68.30	-42.30%	54.15%
	2.责任保险	6 250.00	10.00	0.96	941.67%	0.33%	–	–	–	0.00%
	3.意外伤害保险	–	–	1.24	-100%	–	–	–	–	–
	合　计	275 142.28	343.91	340.70	0.94%	0.23%	154.58	75.64	104.36%	44.95%
行业合计	1.企业财产保险	7 460 581.07	5 009.33	5 019.75	-0.21%	100%	1 130.54	3 022.59	-62.60%	22.57%
	2.家庭财产保险	1 001 899.16	614.49	689.94	-10.93%	100%	435.87	308.92	41.10%	70.93%
	3.机动车辆保险	19 138 819.04	123 666.24	109 499.44	12.94%	100%	58 030.49	55 248.50	5.04%	46.93%
	其中：交强险	6 563 934.16	36 055.32	33 520.37	7.56%	100%	13 702.54	13 082.14	4.74%	38.00%
	4.工程保险	168 894.41	480.82	585.44	-17.87%	100%	145.04	12.78	1035.21%	30.16%
	5.责任保险	4 008 139.03	3 038.97	3 116.26	-2.48%	100%	1 253.78	1 372.83	-8.67%	41.26%
	6.信用保险	59 804.09	2 379.99	100.00	2279.99%	100%	938.77	90.24	940.27%	39.44%
	7.保证保险	21 100.00	4.33	4.46	-2.83%	100%	–	1.11	-100%	0.00%
	8.货物运输保险	8 288 752.52	2 061.06	3 381.63	-39.05%	100%	1 704.81	1 512.98	12.68%	82.72%
	9.特殊风险保险	–	–	–	–	–	0.01	–	–	–
	10.农业保险	618 820.67	4 581.48	4 585.94	-0.10%	100%	3 470.59	2 542.57	36.50%	75.75%
	11.健康险	152 986.25	3 488.09	2 957.81	17.93%	100%	1 992.77	2 152.24	-7.41%	57.13%
	12.意外伤害保险	17 105 679.01	3 778.69	3 695.55	2.25%	100%	1 813.46	1 621.89	11.81%	47.99%
	13.其他险	4 128.01	14.54	36.37	-60.02%	100%	1.21	3.91	-69.01%	8.34%
	合　计	58 029 603.25	149 118.03	133 672.59	11.55%	100%	70 917.34	67 890.56	4.46%	47.56%

（邹丽辉）

2016年全市财产保险公司经营管理情况表

单 位	综合赔付率		综合费用率		综合成本率	
	本 期	同 期	本 期	同 期	本 期	同 期
人保财险	59.87%	55.58%	36.89%	34.16%	96.76%	89.74%
太保产险	51.30%	49.37%	42.59%	39.21%	93.89%	88.58%
平安产险	48.17%	52.02%	42.96%	38.76%	91.13%	90.78%
天安产险	75.93%	23.06%	34.02%	45.21%	109.95%	68.27%
华泰产险	42.07%	35.18%	39.16%	46.86%	81.23%	82.04%
大地产险	47.24%	45.47%	45.03%	43.98%	92.27%	89.45%
永安产险	49.39%	51.15%	33.12%	31.92%	82.51%	83.07%
安邦产险	33.64%	34.92%	51.99%	37.66%	85.63%	72.58%
阳光产险	48.32%	45.91%	46.41%	45.28%	94.73%	91.19%
永诚产险	24.38%	56.72%	61.88%	78.55%	86.26%	135.27%
渤海产险	27.00%	32.00%	49.00%	45.00%	76.00%	77.00%
人寿产险	57.81%	54.57%	35.10%	38.13%	92.91%	92.70%
诚泰产险	50.98%	57.10%	56.00%	59.05%	106.98%	116.15%
太平产险	49.49%	27.61%	47.30%	43.09%	96.79%	70.70%
鼎和产险	46.85%	73.30%	31.26%	98.67%	78.11%	171.97%

（邹丽辉）

人寿保险

【概　况】 2016年，市人寿保险公司实现总保费收入5.17亿元，比上年增长14.61%；实现首年保费2.37亿元，比上年增长38.34%；续期保费2.8亿元，比上年增长8.8%；满期给付1.19亿元，赔款支出3 637.71万元，纳税总额992.06万元。全市行业市场份额24.32%。

【个险渠道】 2016年，市人寿保险公司有力推进业务发展，资源倾斜投入推动队伍驱动战略，以建设一支规模大、能力强的个险队伍作为目标定位，以队伍规模扩充增强队伍实力，以队伍实力带动业务发展提速；同时建立周单元经营模式，规范全辖区日常经营活动，提高工作成效，以周单元经营分析会，细化经营流程，提升经营管理能力，提升主管履职和自主经营能力，举绩面、有效人力、团队品质得到大幅提升。按照省公司队伍建设的指导思想，11家机构分别确定了人力发展岗岗位人员，独立运作队伍工作，做到有专人负责，队伍建设与业务发展循序渐进，全年实现多项历史性突破，“元旦秒杀”1天实现新单首年期交保费2 121万元，“决胜1.31”6天实现5年期保费465万元，“血拼3.31”35天实现10年期保费1 033万元，“五六联动”实现10年期保费1 723万元，“八九联动”20天全市实现10年期保费1 063万元。

【团险渠道】 2016年，市人寿保险公司确定重点，搭建平台，将团险渠道作为公司创费、创利的重要渠道来抓，积极与政府、行业主管部门、合作单位以及大客户进行沟通协调，为团险业务发展搭建良好外部平台。同时，确定了“以政保业务为基础，大力发展信贷保险、法人客户、公旅险等效益型业务”的发展思路，积极搭建以分公司为中心的服务销售模式，服务与业务拓展并举，在稳定老客户、吸引新客户上下功夫，重点提升服务品质和满意度，培育巩固团体大客户，提质增量。全年续保红塔集团补充医疗保险业务，新增规模402万元。江川区、通海县、峨山县公司成功入驻交运集团，独家办理乘意险。全市9家机构团险渠道短期险保费均超过300万元，提前达成省公司团险渠道全面消灭200万元以下县级机构的目标。市公司与市教育局联合召开学生保险安全工作会，与市计生协会联合召开计生保险工作启动表彰会，发挥引导和指导作用，提高了部分县（区）学校交费标准和保障，增长保费近700万元，实现计划生育家庭意外伤害保险保费1 045.47万元。

【银保渠道】 2016年，市人寿保险公司专门设立银邮渠道建设专人，对全辖各机构实施全预算管理，坚持会销平台，兼顾网点产能，全市42个银保营销网点实现期交举绩网点36个，举绩率85.71%。通过“百场会销”等项目动作，农行渠道保费规模、中收贡献度上半年排名第一。同时，积极拓展广发银行代理渠道，期交会销取得了一定进展，期交网点销售全省排第一。通过“鑫丰新A”高现价产品及“鑫项目”推广在四行一邮网点竞争上取得了突破，争取了农行专销时间，并制定了《“鑫体验、鑫征程、鑫收获”增员方案》，“先将后兵”，在各单位选拔了一批外勤主管给予7个月政策扶持，并按季进行考核，确保其增员、业务全面发展；在各职场实施每周固化增员动作、新人体验式培育，确保新增人员举绩，成为有效人力。

【幸福和谐晚年老年保险】 2016年，市人寿保险公司在充分评估老年人意外伤害保险风险和吸取兄弟公司开展老年人保险的经验后，成功开拓老龄渠道，与市民政局、老龄办联合推出“幸福和谐晚年老年人意外伤害保险”。老龄渠道成为团险第四大渠道，全市收取保费530.43万元。

2016年全市人寿保险公司业务统计表

单位：万元

单位	险种	保险金额	保费收入				赔款支出			
			本期	同期	同比（%）	份额	本期	同期	同比（%）	简单赔付率（%）
中国人寿	人身意外伤害险	4 463 164.57	3 417.36	2 541.70	34.45%	49.18%	934.02	1 132.84	−17.55%	27.33%
	健康险	1 174 960.65	3 918.79	3 357.63	16.71%	19.57%	2 703.69	2 486.91	8.72%	68.99%
	寿险	1 232 111.34	44 361.55	39 369.80	12.68%	23.90%	15 039.89	7 977.21	88.54%	33.90%
	合计	6 870 236.56	51 697.70	45 269.13	14.20%	24.32%	18 677.60	11 596.97	61.06%	36.13%
太保人寿	人身意外伤害险	843 565.49	1 528.58	1 230.39	24.24%	22.00%	270.46	136.64	97.94%	17.69%
	健康险	40 402.21	175.97	32.00	449.91%	0.88%	21.82	13.34	63.57%	12.40%
	寿险	985 180.32	11 734.00	8 480.56	38.36%	6.32%	2 559.39	2 654.87	−3.60%	21.81%
	合计	1 869 148.02	13 438.55	9 742.95	37.93%	6.32%	2 851.67	2 804.85	1.67%	21.22%
平安人寿	人身意外伤害险	76 208.59	356.25	265.50	34.18%	5.13%	162.23	30.34	434.77%	45.54%
	健康险	54 610.78	1 448.32	1 071.40	35.18%	7.23%	266.66	213.19	25.08%	18.41%
	寿险	108 660.02	7 446.01	6 600.37	12.81%	4.01%	1 333.56	1 646.93	−19.03%	17.91%
	合计	239 479.39	9 250.58	7 937.27	16.55%	4.35%	1 762.45	1 890.45	−6.77%	19.05%
泰康人寿	人身意外伤害险	173 741.00	292.95	584.40	−49.87%	4.22%	115.71	224.82	−48.53%	39.50%
	健康险	907 426.85	4 468.51	2 990.25	49.44%	22.31%	673.07	530.77	26.81%	15.06%
	寿险	227 270.65	31 471.82	26 672.89	17.99%	16.95%	14 517.42	15 856.83	−8.45%	46.13%
	合计	1 308 438.50	36 233.28	30 247.54	19.79%	17.04%	15 306.20	16 612.42	−7.86%	42.24%
新华人寿	人身意外伤害险	368 877.10	134.91	140.78	−4.17%	1.94%	111.69	89.09	25.37%	82.79%
	健康险	83 884.84	5 328.56	4 030.36	32.21%	26.61%	311.10	192.45	61.65%	5.84%
	寿险	38 484.67	23 591.66	22 623.00	4.28%	12.71%	954.77	580.08	64.59%	4.05%
	合计	491 246.61	29 055.13	26 794.14	8.44%	13.67%	1 377.56	861.62	59.88%	4.74%
平安养老	人身意外伤害险	1 084 197.00	399.55	341.43	17.02%	5.75%	452.86	364.67	24.18%	113.34%
	健康险	126 456.41	307.08	207.15	48.24%	1.53%	316.08	315.81	0.09%	102.93%
	寿险	–	17.63	24.74	−28.74%	0.01%	585.67	596.87	−1.88%	3322.01%
	合计	1 210 653.41	724.26	573.32	26.33%	0.34%	1 354.61	1 277.35	6.05%	187.03%
人民人寿	人身意外伤害险	632 006.85	486.51	422.60	15.12%	7.00%	40.06	141.45	−71.68%	8.23%
	健康险	42 534.03	2 333.62	3 402.28	−31.41%	11.65%	155.15	100.04	55.09%	6.65%
	寿险	80 136.76	22 900.63	16 563.44	38.26%	12.34%	3 067.01	3 770	−18.65%	13.39%
	合计	754 677.64	25 720.76	20 388.32	26.15%	12.10%	3 262.22	4 011.70	−18.68%	12.68%
太平人寿	人身意外伤害险	62 243.10	142.56	65.97	116.10%	2.05%	–	–	–	0.00%
	健康险	22 025.22	503.87	225.99	122.96%	2.52%	20.20	10.01	101.80%	4.01%
	寿险	41 422.16	2 982.47	2 199.55	35.59%	1.61%	293.56	173.87	68.84%	9.84%
	合计	125 690.48	3 628.90	2 491.51	45.65%	1.71%	313.76	183.88	70.63%	8.65%
阳光人寿	人身意外伤害险	57 049.74	124.24	110.17	12.77%	1.79%	5.49	0.88	523.86%	4.42%
	健康险	35 832.38	270.17	162.19	66.58%	1.35%	13.66	21.06	−35.14%	5.06%
	寿险	69 824.92	25 483.16	13 723.92	85.68%	13.73%	1 097.31	275.59	298.17%	4.31%
	合计	162 707.04	25 877.57	13 996.28	84.89%	12.17%	1 116.46	297.53	275.24%	4.31%
富德生命	人身意外伤害险	36 204.70	7.57	5.88	28.81%	0.11%	–	1.00	−100%	0.00%
	健康险	16 451.63	234.03	92.32	153.50%	1.17%	10.30	4.45	131.66%	4.40%
	寿险	33 162.78	5 761.67	4 449.99	29.48%	3.10%	299.33	178.52	67.67%	5.20%
	合计	85 819.11	6 003.27	4 548.19	31.99%	2.82%	309.63	183.97	68.31%	5.16%
华夏人寿	人身意外伤害险	121.31	57.50	50.80	13.19%	0.83%	26.02	11.10	134.41%	45.25%
	健康险	8 258.24	1 039.05	261.55	297.27%	5.19%	7.73	4.29	80.19%	0.74%
	寿险	13 599.68	9 881.81	12 029.46	−17.85%	5.32%	9.94	97.63	−89.82%	0.10%
	合计	21 979.23	10 978.36	12 341.81	−11.05%	5.16%	43.69	113.02	−61.34%	0.40%
行业合计	人身意外伤害险	7 797 379.44	6 947.99	5 759.62	20.63%	100%	2 118.54	2 132.83	−0.67%	30.49%
	健康险	2 512 843.25	20 027.97	15 833.12	26.49%	100%	4 499.46	3 892.32	15.60%	22.47%
	寿险	2 829 853.30	185 632.41	152 737.72	21.54%	100%	39 757.85	33 808.61	17.60%	21.42%
	合计	13 140 075.99	212 608.36	174 330.46	21.96%	100%	46 375.86	39 833.76	16.42%	21.81%

（邹丽辉）

【"微回执、微回访"及E宝账专项推广】 2016年，市人寿保险公司推进"微回执、微回访"的使用，有效降低运营成本，提升客户服务水平。截至12月，全市"双微"工作推广率达84.21%，同步推动新单首访率和犹豫期回访成功率比上年得到提升，续期短信微信通知成功率一直稳定在85.5%以上，比上年上升5.32%，有效降低了续期保单失效率。同时，通过加强与销售条线的沟通配合，加大理赔调查、医务核定工作的力度，赔付率管控工作初见成效，全市提转差赔付率为39.27%，比上年大幅下降；持续加大e宝账推广力度，实现注册绑定客户数的新突破，完成E宝账新注册用户8 378户。

（李跃辉）

证　券

【太平洋证券玉溪营业部创新业务】 2016年，在市场经历了大幅波动后，股市在低位徘徊。太平洋证券玉溪营业部在这样的市场大环境下，抓住机遇，在传统经纪业务的基础上，积极开展融资融券、约定购回、股票质押、沪港通、深港通、股票期权、资管产品、基金代销等各种新业务，努力维护老客户的稳定，不断拓展新客户。年末，营业部有员工15人，客户经理17人，经纪人5人。全年围绕公司近两年的新业务，如约定购回、股票质押、融资融券、沪港通、股票期权、资产管理、固定收益等进行了各种学习培训，为顺利营销客户和推出新产品打下了坚实的基础。年末营业部有客户资金账户41 000余户，全年交易量450多亿元；开立期权账户7户，累计成交17 470张；港股通开户25户，累计成交499.4万元；融资融券业务651户，融资余额101 000多万余元；普通股票质押600多万余元，销售公司资管产品104 000多万余元，代销基金100多万元。营业部推出的金融创新品种日益丰富，为客户提供了更多更全面的投资理财渠道，丰富了全市人民的投资品种，为地方证券市场的健康发展提供了更广阔空间。

（马丽波）

【大同证券玉溪营业部经营概况】 2016年，虽然宏观经济探底未果、行业监管从严趋紧导致企业经营的外部环境更加复杂，并带来了一定的经营压力，但大同证券玉溪营业部变压力为动力，化挑战为机遇，迎难而上，锐意进取，在顺利完成行业主导的证券公司"一司一县"结对帮扶、深港通业务上线的同时，以经营模式改革为先导，以综合金融业务全方位布局为主攻方向，扎实推动了各项经营和管理工作，并保持了良性健康的经营和发展态势。全年营业部从服务实体经济出发，参与了山西汾酒、山西焦化、中兴通讯等十几家公司的发行上市工作，为省内外的几十家中小微企业提供了资本结构完善、股份制改造、上市前持续辅导、新三板推荐挂牌等财务顾问及中介服务；同时从满足客户需求出发，通过线下的实体网点、线上的网上营业厅、大证金管家等互联网平台，为全国各地的客户提供实时开户、业务办理、综合理财等一揽子的投融资服务。

（薛　莲）

（潘　泉　摄）

青山绿水·碧玉清溪

（市抚管局　提供）

旅　游

TOURISM

责任编校：王竹能

景区建设与促销

旅游节庆活动

旅游行业管理

景区建设与促销

【概　况】 2016年，全市旅游产业发展出台促进政策多、专门会议多、研究项目多、招商活动多、落实任务多，从市到县（区），部门及领导对发展旅游产业的意识不断增强，整个环境对推进旅游产业发展的合力不断形成。全市旅游工作紧紧抓住全域旅游转型发展、旅游强省、滇中城市经济圈及昆玉红旅游文化产业经济带建设机遇，全面实施“文化旅游兴市”发展目标，推动旅游产业深化改革，推进全域旅游发展，促进旅游产业从景点观光旅游向全域休闲旅游转变，推动旅游资源优势向经济优势转变，主要旅游经济指标保持快速增长，实现了“十三五”旅游文化产业发展的良好开局。全市旅游产业以建成文化旅游大市为目标，以推进旅游业供给侧结构性改革为主线，充分挖掘“一地四乡”资源优势，协同推进“一核两翼”旅游发展，深入实施“12354”工程，全力推进旅游产业的转型升级和全面发展，研究出台了一系列政策措施，制定并下发了《玉溪市旅游产业转型升级三年（2016～2018年）行动计划》《玉溪市加快乡村旅游发展行动方案》《玉溪市旅游厕所建设与管理三年（2015年～2017年）行动方案》《玉溪市推进旅游产业重点工作实施意见》等政策文件，进一步明确了当前和今后一段时期的目标责任和工作重点。全市大干快上旅游文化产业的环境氛围加速形成。全年接待海外游客5 570人，比上年增长8.13%；接待国内游客2 710.67万人次，比上年增长17.37%；旅游总收入162.86亿元，比上年增长28.83%。春节黄金周接待游客127.493万人次，比上年增长25.73%；实现旅游收入4.902亿元，比上年增长25.75%。国庆黄金周接待游客133.31万人次，比上年增长27.4%；实现旅游收入5.63亿元，比上年增长16.32%。客源市场由昆明等周边主要城市向川、渝、黔等省外新兴市场不断拓展，旅游目的地的知名度显著提升。

【旅游重大项目建设】 2016年，市旅发委加大了太阳山、寒武纪乐园、仙湖山水、玉山城、通海古城、新平民族文化园、元江红河谷热海和山云华界等在建重大旅游项目的推进力度。全年纳入省市旅游统计的44个重大旅游项目完成投资42.22亿元，累计完成投资188.69亿元。旅游项目招商引资成效显著，成功引进了中旅总社云南公司投建抚仙湖山地公园，雪域飞鹰航空俱乐部投建低空飞行旅游，重庆美丽乡村营销策划公司打造“新平·中国冬季养生避寒度假花腰傣风情小镇”，云南建投集团在元江投建“果香四季国际旅游度假区”。

【乡村旅游建设】 2016年，全市认真落实中央提出的“推进乡村旅游富民工程”指示，以昆玉红旅游文化产业经济带建设和“百村示范、千村整治”及人居环境综合整治工程为契机，积极构建“农户为基础，村寨为主体，乡（镇）为重点，县（区）为依托”的四级乡村旅游发展格局，并按照“生活品质城市化，生活情调乡村化，看得见山水，记得住乡愁，留得住乡情”的要求，优化农（林）地流转，加大乡村旅游公共服务设施建设，深化投融资体制改革，推动全市乡村旅游向特色化、产业化、规模化、品牌化方向发展。全市有14个自然村落名列“住房城乡建设部”公示的《中国传统村落名录》。第一批传

抚仙湖景区

（市旅发委　提供）

①2016国际旅交会 ②2016海峡博览会玉溪展台 ③2016年玉溪旅游宣传营销活动 （市旅发委 提供）

统村落元江它克村已开工建设。第二批7个国家级传统村落开展保护与发展规划编制，其中5个正在申报中央资金支持，其余2个规划已通过省级评审。第三批6个传统村落正开展进一步调查核查，积极做好规划编制准备工作。第四批传统村落目前正在组织申报中。全市建成旅游景区（点）72个，省级旅游小镇3个，省级特色旅游村寨13个，省级休闲农业与乡村旅游示范企业11个，星级乡村旅游接待户126个。新平县戛洒镇成功申报全国示范镇试点，获得中央连续三年每年2 000万元的建设资金支持。国家第一批传统村落—元江县它克村保护和发展项目争取到350万元中央资金支持。此外，已争取了省旅游发展专项资金1 010万元支持4个民族特色村、“百村示范、千村整治”行动的3个示范村和5个整治村建设，主要用于基础设施和公共设施建设，改善民族特色村、示范村和整治村的旅游发展环境和条件，增加农民收入。

【旅游厕所建设】 2016年，全市扎实开展“厕所革命”各项工作，旅游厕所开工率、完工率等主要指标均居全省前列，并在群众及社会各界积极参与厕所革命、厕所文明宣传、游客和居民良好卫生习惯养成、自觉抵制不良如厕行为、旅游厕所文化形成和氛围营造等多方面取得了显著成效。市政府制定下发了《玉溪市旅游厕所建设与管理三年（2015～2017）行动方案》，对旅游厕所的建设和管理进行了责任目标安排，提出3年内全市投资4 000多万元，新建和改建旅游厕所106座的目标任务。市政府将旅游厕所建设管理工作纳入全市10件惠民实事进行督查，强化工作督促落实。市旅游产业领导小组办公室、市旅发委根据《旅游厕所质量等级的划分与评定》国家标准，深入县（区）和景区进行检查、督查，对每一座厕所填写《云南省2016年提升城乡人居环境行动和旅游厕所建设专项督查记录表》并对建设管理情况拍照留存，现场提出整改意见和要求，严格把好全市旅游厕所的建设管理水平关。全市投入旅游厕所建设资金2 089.61万元，其中旅游部门投入资金830万元。全年计划建设旅游厕所51座，实际建设59座，其中旅游部门建设30座，住建部门建设12座，交通部门建设9座，商务部门建设8 座；已开工59座，开工率115.68 %，完工52座，完工率101.96%，两项指标均居全省前列，得到省旅发委通报表扬。

【市场促销】 2016年，市旅发委先后组织旅游部门和企业到武汉、长沙等地进行玉溪夏季避暑休闲和冬季避寒养生产品推介，到广州、深圳、珠海举办玉溪旅游精品营销推介活动，逐步拓展珠三角客源市场；组织新平县、通海县、澄江县等旅游部门和企业赴大连、长春开展旅游市场宣传促销活动。同时，积极搭建对外推介平台，通过上海国际旅交会、北方旅交会、海峡旅游博览会、中国—南亚博览会等推介玉溪旅游产品；积极引进中国民族建筑研究会西南联络处、重庆花儿大学生艺术之旅公司考察玉溪民族文化、民族建筑和传统村落，并将通海县、新平县列入全国大专美术院校大学生艺术之旅接待点，有效地推动了新业态旅游产品建设；积极编撰《玉溪故事》，全方位展示玉溪丰富的历史文化，印制手绘《玉溪自驾游地图》，设计制作环保购物袋，丰富了旅游宣传品，提升了玉溪旅游品质，编辑《玉溪旅游摄影》画册，全面反映了玉溪旅游要素风采。

【会展宣传促销】 2016年5月4～8日，第十二届海峡旅游博览会在福建厦门国际会展中心隆重开幕。开馆伊始,花腰傣小仆少色彩靓丽的服饰和婀娜的舞姿就倍受参展商的青睐。博览会期间,代表团以“玉溪好在 旅所当然”为旅游宣传主题，重点宣传玉溪东、中、西三大旅游区域及“三湖”休闲度假旅游环线、“哀牢山-红河谷民族生态旅游环线”、“易—红—华特色旅游连接线”3条线旅游产品，推介玉溪智慧旅游、部分精品旅游线路、优秀旅游产品。5月26日至31日，市旅发委组织县（区）旅游部门及演职人员一行50余人到武汉市、长沙市开展玉溪旅游产品宣传营销活动，两地29家主要旅游媒体、62家旅行社应邀参与此次活动。活动采用旅游商品展示、旅游产品推介、民族歌舞表演、微信有奖互动相互穿插的方式进行。鲜艳亮丽的民族服装、婀娜多姿的民族舞蹈、独具特色的旅游商品，引起了武汉、长沙两地众多新闻媒体和旅行商的高度关注，纷纷向各宣传营销单位深入了解玉溪的山水人文资源和产品。参会人员表示，通过参加此次宣传营销活动，发觉原来玉溪也有很多符合当地市民需求的旅游线路和旅游产品，希望通过交流与合作，把玉溪的山水人文介绍给广大的市民，引导市民来玉溪避暑（寒）休闲。7月3日，第21届北方旅游交易会在河北唐山南湖国际会展中心隆重开幕。借助本届交易会的平台，玉溪展团以“玉溪好在 旅所当然”为旅游宣传主题，重点宣传玉溪东、中、西三大旅游区域及“三湖”休闲度假旅游环线、“哀牢山-红河谷民族生态旅游环线”、“易—红—华特色旅游连接线”3条精品旅游线路，发放“微信玩转玉溪”“玉溪自驾手绘地图”“昆曼自驾游手册”及各县（区）宣传资料2.6万多份，接待参展商、媒体及公众1.3万人次，有力宣传了玉溪，扩大了玉溪旅游的认知度和影响力。11月11日，由国家旅游局、中国民用航空总局、上海市政府共同主办的2016中国国际旅游交易会（CITM2016，以下简称“交易会”）在上海新国际博览中心隆重开幕。交易会期间,市旅发委的智慧旅游宣传品、峨山县云曲坊生物科技公司的甜白酒系列产品、易门的8G卡片宣传优盘、通海县推出的玩“赚”通海优惠册和花腰傣小仆少色彩靓丽的服饰开馆伊始就倍受参展商的青睐。历时3天的交易会，全方位、多角度有力地宣传了玉溪旅游资源和旅游产品，增进玉溪与旅行商、来宾、媒体记者的沟通、交流,扩大了玉溪旅游产品在市场的认知度和影响力。

【媒体宣传】 2016年，市旅发委继续在昆明长水机场、昆明火车站、大理火车站、入滇高速公路、玉溪康辉旅游大巴投放玉溪旅游形象广告，持续宣传“玉溪好在，旅所当然”形象，在昆明至广州列车开行“玉溪号”冠名列车，以列车为载体，通过放置宣传品、播放宣传音视频、组织县（区）举行专题活动等方式，向乘客推介玉溪旅游资源、民俗风情、名特产品。同时，全面开展与传统媒体和新媒体的有效合作，与《云南日报》玉溪分社合作，及时采访报道玉溪旅游；与玉溪网合作，加快推动玉溪旅游网、玉溪旅游微信平台的推广应用；利用手机报、玉溪网新媒体平台的掌上滇中与昆明、楚雄、曲靖、红河等州市搭建旅游信息互通、资源共享的互动宣传营销平台；借助云南旅游宣传平台（中国网中国视窗频道、新华网云南频道）进一步拓宽玉溪旅游新闻宣传渠道，创新旅游资讯传播方式，提升旅游信息推广效果。并加强与壹旅游（成都）科技公司、新云网科技公司合作，进一步加大智慧旅游项目建设力度，推动景区智慧化建设，构建VR旅游技术平台和VR玉溪旅游资源库。市旅发委还成立市旅游信息中心，加强专业队伍建设，以实现更加有效的统筹，更加精准的市场开拓、营销推广工作。

（徐晓秋）

旅游节庆活动

【米线节】 2016年2月21日至2月26日，为期6天的“2016年中国玉溪米线文化节”在汇龙生态园隆重举办。本次活动主要传承民间民俗传统文化，做亮民族民俗文化，做活商贸文化，打造生态旅游精品。本届米线节除了继续推出传统的大营街青松毛烤鸭、汇龙鸭全席、八大碗、米线宴套餐外，还增加了焰火晚会、互动抽奖等丰富的活动，精彩纷呈，迎接八方游客。

【迎春花街】 2016年2月22日至28日，通海县第十六届迎春花街在县城圆满举办。活动内容丰富多彩，花桩盆景展区展出具有地方特色的剑兰、山茶、杜鹃、牡丹、玉兰、海棠、香树桩、槐柳桩、桃桩、梅桩等精品花桩艺术盆景，并进行市场交易；展区内设赋诗台开展赋诗、书法、绘画、音乐演奏等文化活动，特色文化旅游商品展销当地海特色产品和文化旅游商品，以及各地名特优产品，琳琅满目；秀山历史文化公园还开展赏茶花、参加摄影大赛；名邦茶馆举办了通海县“首届民间艺术节”，邀请省内外戏曲艺术明星表演传统戏曲歌舞、变脸、魔术等精彩纷呈，游客们边欣赏节目，边品茗茶，乐此不疲；由斯贝佳食品公司组织的豆沫糖、糕点制作工艺参观、手工DIY制作体验、糕点品尝、亲子游戏、诗书画展等活动，吸引了大批游客前来体验。丰富多彩的活动，为广大游客奉上一个特色化的滇中人文旅游盛会，生动展现通海县“山·城·湖”特色及“礼乐名邦”品牌。游客量再次增长，酒店宾馆、民居客栈、小旅馆入住率增高，饭店、乡村旅游接待点、购物商店等经济收入上升，有效地带动全县第三产业经济发展。活动期间过夜游客2.75万人，客房出租率97%，比上届增加了13.23个百

2016年5月19日，“5·19”旅游日宣传活动（市旅发委 提供）

分点，收入2 005.12万元，比上届增8.75%；一日游游客45.69万人次，收入15 341.79万元，比上届增25.83%；接待旅游游客总数48.44万人次，比上届增33.41%；旅游总收入17 346.91万元，比上届增36.37%。

【铜锅美食旅游文化节】 2016年4月30日至5月2日，澄江县接待海内外游客23.83万人次，实现旅游总收入8 380.38万元，比上年分别增长49.64%和46.47%，均创历史新高。期间举办的抚仙湖铜锅美食旅游文化节暨首届乡村旅游美食大赛系列活动，由铜锅美食大王比赛、百名旅游达人推介会、千锅万人铜锅宴、全市乡村旅游美食大赛、千人大巴团等旅游文化活动组成，以节造势，以势引人，吸引了数十万游客到抚仙湖游玩，品尝美食。活动期间，禄充景区接待游客5.3万人次，铜锅宴接待500余桌，门票收入50.42万元，旅游总收入1 922.42万元；明星渔洞接待游客0.31万人次，铜锅宴接待140桌，旅游总收入104.09万元。游客井喷式涌入澄江县，全县各级严格实行24小时值班制，现场协调解决出现的问题，确保假日旅游健康有序发展。呈澄高速的开通，美食节的大力促销，旅游市场的逐步规范管理和服务质量的不断提升，使澄江县假日旅游空前红火、人气爆棚。

2016年抚仙湖嘉年华国际自行车节　　（市旅发委　提供）

【抚仙湖灯会】 2016年8月1日，抚仙湖灯会在抚仙湖畔正式启动，湖畔火树银花、流光溢彩，吸引了众多游客前来观灯游湖，为抚仙湖畔带来浓浓的节庆盛景。灯会于8月1日至10月20日在澄江县抚仙湖畔举办，历时81天。灯会布展范围主要包括灯展核心区、浪漫花海观光区、湖滨活动娱乐区三大区域，占地面积约600亩。其中，灯展区占地面积近300亩，共119组主灯，20组氛围灯，集中展示中华复兴盛世筑梦、品味经典走进玉溪、生命摇篮山水澄江、引领时尚潮流感悟大千世界、七彩趣童年欢乐无极限五大板块主题灯会；浪漫花海观光区面积275.7亩，分为锦绣仙湖、斑斓远古、欢乐渔家、缤纷乐园四个功能区，坚持天然生态理念，依托现有的地形起伏，合理选择时令花卉种植，用数十种各类花卉，打造各具特色的主题分区，将花与灯进行融合互补，营造如梦似幻的天堂美景；湖滨休闲娱乐活动区依托抚仙湖天然美景，围绕独特的玩法和新颖的观念，设置不同的主题活动，设置沙滩躺椅、帐篷、房车等新业态，让游人在怡然休闲中，梦在灯会，醉在花海，恋上抚仙湖。

【抚仙湖嘉年华】 2016年9月16日，澄江县在月亮湾湿地公园及尖峰山迎来了抚仙湖嘉年华活动。本次活动由市政府、中国旅行社总社主办，市旅发委及中旅总社云南公司承办，市级相关委办局及澄江县政府协办，并获得了多家企业和媒体的支持。活动内容有国际骑行节、湖滨山地半程马拉松、亲子露营、沙滩泳装跑4个项目，约500人参加。其中，国际骑行节比赛分为男子组、女子组和大师组。此次活动，注重了旅游、文化、运动、音乐的融合，增强了游客对抚仙湖的影响力和吸引力，从而提高了抚仙湖的知名度，促进了澄江县旅游融合发展。

【金芒果旅游文化节】 2016年6月16～19日，金芒果旅游文化节在元江县城举行。据统计，金芒果节期间，元江县接待省内外游客24.12万余人次，比上年增加6.85万人次，增40%；实现社会旅游收入9 377.04万元，比上年增加2 350.64万元，增34%。其中，一日游游客21.59万余人次，过夜游客2.53万余人次，分别比上年增40 %和36%。星级宾馆酒店入住率达到100%。全县涉旅部门、各景区和乡村旅游接待点进一步强化了旅游安全和诚信意识，加强了安全防患措施和提高旅游接待服务质量，为广大游客出行提供了更有力的保障。芒果节期间，未接到旅游投诉。此次金芒果旅游文化节以多姿多彩的民族民间优秀传统文化、浓郁的民族风情、淳朴的民风民俗、团结奋发的精神为主题，以各民族民间歌、舞、乐为依托，以民族民间音乐元素和旋律节奏为基调，通过民族歌舞晚会、最炫民族风、啤酒音乐嘉年华、青歌演唱会、万人泼水狂欢、狂欢阿拉搓、豪情乐作作、柔摆玛定情、喜庆霸王鞭民族热舞、欢乐美波情、民族民间斗介斗依比赛、欢乐金芒果七彩泡泡走等一系列文艺活动，在全县形成了上下联动、内外互动、全民参与的喜庆节日氛围，让广大群众从中充分享受到节日的愉悦，为游客盛上了一道道多姿多彩的民俗风情文化大餐，极大地丰富了群众的精神文化生活。同时，借助旅游文化节的举办，让本地的文艺工作者、业余文化爱好者和本土民间艺人得到了参与和同台亮相的机会，讲好民族故事，唱响民族声音，舞动民族炫舞，提升“红河谷中太阳城、彩云之南花果园、哈尼故里罗槃国”文化旅游品牌，全力将元江建设成为“云南最美热区、云南热区特色生物资源开发示范区、民族团结进步示范区、冬季避寒旅游胜地”，为创作更多的本地优秀文化奠定了坚实的基础。金芒果旅游文化节的成功举办，赢得了上级领导的高度赞扬和社会各界的一致好评，使省内外更多人了解、参与元江县旅游发展，扩大了对外开放程度，提升了旅游知名度，对进一步理清旅游发展思路、促进全县经济社会发展和对外开发将产生积极的影响。

【梯田人家“喋奢扎”活动】 2016年“十一”黄金周，元江县成功举办梯田人家“喋奢扎”活动，充分激活并释放“旅游+”的巨大能量，促进文旅、农旅产业融合，打响了哈尼人家“喋奢扎”民俗节庆活动旅游品牌。金秋十月，元江万亩梯田稻谷飘香，丰收景象美如画卷。10月1～2日，梦幻般的羊街阿朗邦克梯田人山人海，元江首届梯田人家“喋奢扎”活动，以“梯田人家 狂欢棕扇舞”为主题，根据哈尼族传统节日“喋奢扎”即“新米节”习俗，从文化活动、互动活动、展示活动、旅游活动等方面入手，积极组织策划了“梯田人家”实景演出，“泥巴也疯狂”和“田野趣味”体验活动，“从远古走来的秘密”哈尼文化展示与体验，“云上人间”哈尼长街宴，“梦幻梯田”专项旅游线路营销等丰富多彩的活动，让游客与当地哈尼族群众共庆丰收，一起狂欢，游客体验度高、参与性强、文化浓郁、特色鲜明，吸引了2万多游客，赚足了人气。大型实景演出“梯田人家”由当地群众自编自演，歌舞相融，演绎了哈尼人民与梯田生生不息的情感交融，体现了千百年来哈尼族天人合一、乐山乐水的生态文化，展现了哈尼棕扇舞、哈尼民歌等非遗文化精髓，以及哈尼族宗教观念、婚恋丧礼、生活习俗、农耕文化、服饰文化等文化内涵。“从远古走来的秘密”哈尼文化展示与体验，通过展示哈尼族服饰、生产生活用品等，让游客参与舂米、做粑粑、穿哈尼服装等体验活动，切身感受哈尼传统习俗和文化魅力。中央电视台《新闻联播》《新闻直播间》《东方时空》和云南电视台连续新闻报道，使元江哈尼族庆祝稻谷丰收的喋奢扎节深入人心，展现了元江多彩的民族文化和蓬勃发展的乡村旅游，进一步提升了元江旅游的知名度。“旅游＋”新模式是元江县积极转变旅游发展方式、推动旅游供给侧改革带来的喜人变化，将不断推动元江县全域旅游发展，让旅游产业真正成为保护一方山水、传承一方文化、造福一方百姓、推动一方发展的重要产业。

【梯田人家“哈尼狂欢十月年”活动】 2016年11月9～11日，元江县在国家级非物质文化遗产——棕扇舞之乡羊街举办梯田人家“哈尼狂欢十月年”活动。活动以哈尼族一年中最隆重、最热闹的传统节日“十月年”为载体，以多彩的民俗文化丰富节庆内容。通过长街宴、棕扇舞、转磨秋、荡秋千、射弩、打陀螺、舂粑粑等哈尼族民间习俗和趣味活动，让游客充分感受到了“十月年”古老纯朴的民风民俗；通过梯田鸭蛋、梯田红米、糯米、腊肉、哈尼服饰等哈尼特色产品展销，增加当地广大农民群众增收、创收渠道；通过沿途观光摄影、书画比赛、“两神山一水库一广场”自驾游等旅游活动，引进自驾车、房车露营和大巴团等游客，多层次向游客营销哈尼云海梯田民族风情旅游。2016年的“哈尼十月狂欢年”活动作为元江县“避寒养生，花果元江”旅游宣传推介会的重要内容，在昆明进行了宣传营销，同时通过电视、广播、网络、微信、报纸等平台，加大节前宣传力度，提前公布旅游线路、民俗客栈、农家乐食宿电话等内容，极大方便了游客，吸引了不少国内外游客。全县接待游客70 040人次，其中过夜游客13 060人次，一日游游客56 980人次，实现旅游社会收入2 529.69万元。

【柑橘文化节】 2016年9月9～13日，来自各地游客齐聚泉乡华宁，共度柑橘盛会，现场人山人海，热闹非凡。游客们品尝蜜橘美食，赏千年古陶，游澶泉风光，体验趣味活动，尽享橘乡之旅的种种乐趣。柑橘节以“泉润橘乡 陶冶华宁”为活动主题，旨在宣传和展示华宁县独特旅游文化资源，进一步提升华宁县“泉乡”“橘乡”“陶乡”的知名度和影响力，促进华宁县旅游文化产业发展。本届柑橘旅游文化节在华宁县城泉乡广场设主会场，在华溪镇、盘溪镇也结合当地实际，举办乡村民族民俗系列文艺节庆活动。节庆期间，县城和主会场举办了全省职工技能创新展华宁陶专场展示，开幕式及文艺演出，职工技能美食烹饪大赛，华宁柑橘旅游文化节中国象棋公开赛，华宁柑橘旅游文化节围棋比赛，陶瓷技工拉坯技能大赛，柑橘尝鲜和吃柑橘比赛，青龙镇精品文艺演出暨陶瓷技工拉坯技能大赛颁奖晚会，山地自行车爬坡赛，盘溪镇精品文艺演出，古龙窑开窑民俗活动，柑橘旅游文化节羽毛球邀请赛（冠名），“唱响泉乡”电视歌手比赛，“泉乡”文学艺术和民族民间工艺评奖暨颁奖晚会，陶艺、文学、美术、书法、摄影、楹联大赛，开窑及陶艺制作DIY体验活动，柑橘旅游文化节品牌汽车华宁展、淘宝街，古陶艺术展和古陶交易会，柑橘旅游文化节汽车营地旅游活动，特色炊锅宴等21项节庆活动。节庆期间，华宁县接待国内旅游者15 278人次，其中过夜游客6 484人次，一日游游客8 794人次，实现旅游收入768.05万元；与上年相比，游客总量增长11%，旅游收入增长26%。

【春节黄金周】 2016年春节黄金周，全市接待游客127.493万人次，比上年增长25.73%，其中接待过夜游游客15.79万人次，一日游游客111.70万人次；实现旅游收入4.902亿元，比上年增长25.75%。主要景区中心城市旅游核心区接待游客16.98万人次，比上年增长69.29%；旅游收入0.76亿元，比上年增长71.33%。“三湖”（抚仙湖、星云湖、杞麓湖）旅游区接待游客61.11万人次，比上年增长39.64%；旅游收入2.23亿元，比上年增长34.78%。哀牢山红河谷旅游区接待游客35.06万人次，比上年增长16.91%，旅游收入1.38亿元，比上年增长18.73%。旅游客源市场打破主要以昆明为主的省内城市及周边城市组成格局，四川、重庆、贵州等省外游客逐年增长，客源地也不断向外辐射，湖南、广东游客不断增多。春节期间，全市组织举办各类迎新春系列活动，积极开发乡村旅游、文化旅游、民俗旅游、自驾旅游、自助旅游、康体健身游等旅游产品，着力引导游客逐步由观光旅游向休闲、度假旅游转变，力推“哀牢山—红河谷民族风情特色精品自驾车旅游线路、环三湖休闲度假旅游线、易红华特色串联旅游线”等3条旅游线路。新业态旅游产品成为市场新宠，多年旅游产品打造，使传统景区魅力不减，新兴产品备受青睐。希尔顿酒店、抚仙湖北岸湿地、时光栈道、元江红河谷热海、通海古城等旅游产品，成为玉溪旅游市场的新宠。

【“五一”小长假】 2016年“五一”假期，全市接待游客63.83万人次，比上年增长21.73%，其中过夜游客10.15万人次，一日游客53.68万人次；旅游业总收入2.39亿元，比上年增长19.34%。各县（区）推出了丰富多彩的节庆活动，赢得了游客的青睐。特别是以“纵享澄江山水，品味铜锅美食”为主题的抚仙湖铜锅美食旅游文化节暨首届乡村旅游美食大赛，吸引了上万游客积极观摩、游览。主要景区抚仙湖接待游客12.64万人次,比上年增长10.06%；门票收入53.37万元，比上年增长78.55%。小长假期间，自驾车市场持续火爆，全市主要景区、饭店、餐馆的停车场爆满。自驾车游客主要来自昆明及周边县市。整个小长假期间，自驾游车辆650 698辆次，其中进入的337 153辆次，离开的313 545辆次。

【端午小长假】 2016年端午节小长假，受气候的影响及消费者节日观念的转变，接待游客较上年大幅增长，过夜游客及一日游游客增幅明显。全市接待旅游者22.7万人次，比上年增长19.17%，其中接待过夜旅游者6.8万人次，比上年增加14.32%；一日游游客15.9万人次，比上年增长21.26%；实现旅游收入0.93亿元，比上年增长16.95%。节日期间未出现旅游安全事故和服务质量方面的投诉。主要景区抚仙湖接待游客3.69万人次,比上年增长69.56%；门票收入33.54万元，比上年增长101.17%。端午小长假最后一天澄江县接待游客比上年多一倍，希尔顿酒店和非常阳光酒店爆满。通海县秀山接待游客0.43万人次，门票收入1.18万元。新平县磨盘山公园、龙泉公园、哀牢山景区、漠沙大沐浴、新化古州野林等景区接待游客0.64万人次，门票收入11.69万元。红塔区汇龙生态园、映月潭温泉、九龙池公园等景区接待游客1.42万人次，门票收入8.47万元。整个小长假自驾车辆541 045辆次出入，其中进入的285 893辆次，离开的255 152辆次。

【中秋小长假】 2016年中秋假期，全市接待旅游者18.30万人次，比上年增长24.47%，其中接待过夜旅游者5.64万人次，比上年增长8.36%；一日游游客12.66万人次，比上年增长33.29%；实现旅游收入0.74亿元，比上年增长23.39%。节日期间旅游秩序井然有序，未出现旅游安全事故和服务质量方面的投诉。小长假期间，主要景区抚仙湖接待游客1.51万人次,比上年增长43.31%；通海县秀山接待游客0.39万人次，门票收入0.89万元；新平县磨盘山公园、龙泉公园、哀牢山景区、漠沙大沐浴、新化古州野林等景区接待游客0.40万人次，门票收入6.26万元。整个小长假自驾车辆486 969辆次出入，其中进的237 686辆次，离开的249 283辆次。

【“十一”黄金周】 2016年国庆黄金周期间，全市接待游客133.31万人次，比上年增长27.4%，其中接待过夜游游客29.19万人次，一日游游客104.12万人次；实现旅游收入5.63亿元，比上年增长16.32%。主要景区“三湖”休闲旅游区接待海内外旅游者69.37万人次，比上年增长9.91%；中心城市旅游区接待海内外旅游者17.7万人次，比上年增长61.12%；哀牢山—红河谷旅游区接待海内外旅游者35.92万人次，比上年增长14.19%。期间进出的机动车总通行量1326 455辆次，比上年减少15.26%；进出的自驾车通行量858 974辆次，比上年增长9.25%。全市接到旅游投诉7起，已经处理6起，有1起涉及景区服务不到位、管理不规范的投诉正在协调中；接到领导批示1件，涉及哀牢山石门峡景区，因国庆前安全检查发现安全隐患而关闭维修，导致游客在网络上反映不满情绪的问题，正在处理中；无涉恐情况、无安全责任事故，秩序正常。

（徐晓秋）

真人秀节目——映月潭站 （市旅发委 提供）

旅游行业管理

【导游年检】 2016年，市旅发委认真开展导游年检培训工作，规定导游年检培训自学时间不少于20个课时，并统一制作《2015年度导游人员年检培训考试及日常监管情况统计表》，收齐导游IC卡上报省旅游培训中心参加年检。全市有191名导游参加了所在旅行社组织的自学培训， 191名导游全部通过年检。

【星级饭店评定复核】 2016年，市星评委积极推进新建酒店申报星级工作，鼓励现有星级饭店通过对硬件设施和软件服务的改造提升,提档升级。全年复核酒店34家，33家通过复核，一家取消星级（笔架山庄宾馆）。

【旅游市场监管】 2016年，市旅游

市场监管综合调度指挥部成立，由市长任总指挥，分管副市长任副总指挥，旅游、公安、交通、安监、工商、质监、食药、抚管等职能部门负责人为成员，下设旅游市场监管综合调度指挥中心。按照“统一领导、各司其职、统筹协调、属地管理”原则，实行24小时值班制，负责协调处置旅游突发事件、制定旅游市场综合监管责任清单、统一集中受理全市旅游投诉和举报等工作。同时，制定下发了《关于加强旅游市场监管工作的意见》《玉溪市推进旅游市场秩序监管随机抽查实施方案》等文件，全面加大部门间联合执法检查力度。全年组织开展旅游市场秩序检查行动52次，暗访10次，出动执法人员129人次，其中联合公安、工商等其他部门检查9次，参与联合执法单位7个，查处无证经营旅行社业务2家，罚款6万元，有效净化了旅游环境；开展“不合理低价”专项整治行动，召开动员大会，成立专项行动领导小组，制定下发《玉溪市整治“不合理低价游”专项行动方案》，与旅行社及网点签订了承诺书，作出了向“不合理低价游”宣战的庄严承诺；成立旅游联盟，交纳旅游质监保证金1万元，确保了全市旅游市场平稳、有序、可控。截至年底，市、县（区）旅游、公安、交通、安监、工商等部门进行联合检查23次，出动执法人员116人次，对全市旅行社及网点进行全面检查，尚未发现“不合理低价游”现象。

【旅游安全管理】 2016年，全市坚持“属地管理、部门联动、行业自律、各司其职、齐抓共管”的原则，按照“全覆盖、零容忍、严执法、重实效”的总体要求，将责任逐级分解，责任到人，做到一级抓一级，层层抓落实，在全市范围内开展了元旦、春节、五一、国庆“拉网式”旅游安全生产联合大检查。县（区）做到安全检查全覆盖，特别是加强了对景区道路交通、食品安全、大型游乐设施、旅行社、星级饭店、乡村旅游接待户的检查力度，坚决打击非法经营、强迫消费、不合理低价、虚假广告、领队导游司机不诚信经营服务等违法违规行为，切实维护游客合法权益。尤其对禄充等景区旅游环境扎实开展整治，对抚仙湖非机动船只水上旅游安全专项整治，全面落实安全监管主体责任。针对可能出现的游客高峰，制定旅游安全应急预案，做好分流限流准备，严防游客聚集场所出现拥挤踩踏事件。市级在县（区）全覆盖检查的基础上，旅游、公安、安监、工商、食药等部门联合，对红塔区、江川区、澄江县、通海县、新平县和元江县等5个旅游重点县区进行抽查，特别是对抚仙湖旅游交通、食品安全进行重点抽查。截至年底，市、县（区）两级各职能部门联合检查54次，出动检查人员231人次，为创造祥和的假日旅游安全环境奠定了良好的基础。

【旅游投诉管理】 2016年，市旅发委认真做好全国旅游投诉举报系统监管、省旅游市场监管系统推广应用，安排专人负责全国统一“12301”旅游投诉平台的监管、处理等工作，实行24小时值班制度。同时，大力宣传全国“12301”旅游投诉专线，保持“96927”投诉专线24小时畅通，确保所有投诉在第一时间有效处理。全年“96927”接听电话291次，其中受理投诉60件，办结60件，结案率100%，无一起行政复议案件；接受旅游咨询136人次。

【导游服务技能大赛】 2016年4月26日，全市第七届导游服务技能大赛在龙马大酒店鸣金开赛。按照“政府主导、协会运作、企业参与”的原则，为全面提升大赛的影响力和市场化水平，本次大赛由市旅发委主办，市旅游行业协会承办。大赛主题为“文明旅游、真诚服务”。本次大赛有8支代表队、30名选手参加角逐。参赛选手均是经过初赛复赛精心选拔的佼佼者。大赛评委由市委宣传部、玉溪师范学院、玉溪日报社等专家和学者组成。大赛设置了金牌导游奖、银牌导游奖、优秀导游奖、最佳才艺表演奖、优秀组织奖等奖项。来自红塔区代表队的张航伟获得金牌导游奖。参赛选手展示了良好的精神风貌，各自的技能和水平得到了很好的发挥，并通过相互交流、学习和促进，赛出了风格，赛出了水平，营造了一个创先争优、比学赶超的良好氛围，同时展示了导游队伍的精神风貌和良好形象，让社会公众了解、支持导游工作和旅游业的发展，为旅游业的发展营造良好的社会氛围和发展环境。

【乡村旅游美食大赛】 2016年5月1日，在市旅发委的指导下，由澄江县委、澄江县政府主办，澄江县旅发局、市旅游行业协会、花腰王子旅游文化传播公司等单位承办的“玉溪市首届乡村旅游美食大赛”在澄江禄充景区波息湾隆重开幕。大赛由各县（区）旅游行政主管部门组织区域内乡村旅游分会会员单位选手统一带队参赛。澄江县、江川区、红塔区、新平县、元江县各选送4户会员单位参赛，华宁县、易门县、峨山县、通海县各选送2户会员单位参赛，特邀红塔大酒店、龙马酒店、各派出1队参赛。经过激烈角逐，金银铜奖及十大特色菜品一一揭晓，通海县里山饭店、澄江县华业笔架山庄获金奖，通海老字号里山饭店、忠盛酒店、新平老纪酒楼获银奖，九溪蒋记菌子宴、新平傣家乐饭庄、戛洒龙源饭庄、江川大头鱼饭庄获铜奖，峨山鸽宴饭店、元江华芬雨农家乐、峨山彦五饭店、仙都鱼香、戛洒汤锅合作社、澄江县鱼故乡、明星鱼洞、澄江县小鲁鱼庄、澄江县香槟园获优秀奖。评出的十大特色菜品分别是野生菌茄子鲊焖鸡（玉溪红塔大酒店）、菌饼（九溪菌子园）、水晶鱼（江川大头鱼餐厅）、杂菌焖鸡（九溪菌子园）、彝家红烧肉（龙马大酒店）、烟熏蒙鸭（通海里山饭店）、脆皮鲊膜肉（玉溪市红塔大酒店）、干巴菌焖饭（九溪菌子园）、干巴菌炒鸡（新平傣家乐饭庄）、州城腐汁串香肉（玉溪红塔大酒店）。“乡村旅游美食大赛”为挖掘、整理全市民间风味佳肴，将抚仙湖禄充景区建设与美食创意文化发展相结合，让抚仙湖成为一个既好玩又好吃、让人流连忘返、印象深刻的地方发挥了积极的作用。

【《花腰恋歌》荣获“最佳文化电影奖”】 2016年5月24日，以新平县花腰傣题材为背景的电影《花腰恋歌》在人民大会堂举行全球展映发布会，央视CCTV6电影频道主持宣传营销活动，央视《晚间新闻》、新华社等150名记者出席发布会，报道了电影的全球展映发布会盛况和新平旅游文化资源。各种媒体宣传量达200万条（次）。该片在第13届世界民族电影节上荣获“最佳文化电影奖”及“最佳服装设计奖”2个国际奖项，使新平县丰富的旅游资源和独特的花腰傣文化在国际舞台上得到了展示。通过这部电影，更有效地提升了花腰傣民族文化资源的知名度和地方旅游形象。

（徐晓秋）

（曾永洪　摄）

青山绿水·碧玉清溪

（邓博仁　摄）

科学技术

SCIENCE AND TECHNOLOGY

责任编校：王　斌

科技管理

科技成果

科协工作

气象科研

防震减灾

科技管理

【概　况】 2016年，玉溪市科技管理工作围绕“创新强市”战略，加强创新驱动，努力优化创新环境，不断加大创新投入，深入实施创新型玉溪建设，创新亮点凸显：玉溪部分指标领跑全省，多项指标居全省第二，成为同时拥有国家高新区和国家农业科技园区的2个城市之一。国家农业科技园区、省级高新区数量均居全省之首；高新技术企业数量、知识产权申请量和授权量、工程技术研究中心数量均居全省第二。招商引资任务5 000万元，实际完成5 100万元，向上争取资金6 632.23万元，完成目标任务数6 132.59万元的108%。科普工作成效显著，玉溪市科技局获国家三部委认定的“全国科普工作先进集体”表彰。积极推进和做好各类科技型技术企业申报和服务工作，强化农业科技工作在农业产业发展中的引领作用，科技合作交流多层次全方位开展，强化专利工作，为经济发展提供强劲动力和后劲。2016年玉溪市科技进步贡献率达58.5%，比上年增加1.5个百分点，有力支撑了全市经济社会跨越发展。

【出台科技创新政策措施】 2016年，市委、市政府相继出台《玉溪市深化科技体制改革实施意见》《玉溪市关于加强财政科研项目和资金管理的实施意见》《玉溪市科学技术奖励办法（试行）》《玉溪市关于选拔培养中青年学科技术带头人的实施意见》等推进创新驱动发展的政策文件并制定相应实施办法，这些政策措施的出台，在玉溪科技发展上具有里程碑式的意义。至此，基本形成了国家、省、市关联配套的科技创新政策体系，通过相关政策措施的落实到位，科技创新协同发展机制日趋完善。

【科技创新平台建设】 2016年，玉溪新建成孙汉董院士工作站1个，专家工作站2个（累计7个），实现了创新平台建设工作的新亮点。以支柱产业、重点产业和高新技术产业发展为着力点，搭建工程技术研究中心和重点实验室等科技创新平台，有效提升了全市的科技创新水平。2016年，新增2个省级众创空间（累计4个），5个市级重点实验室和工程技术研究中心（累计39个），17个市级企业技术中心（累计52个），研发机构数量居全省第二位。

【创新型企业培育】 2016年，玉溪高新技术企业新增17户（累计86户）、创新型试点企业8户（累计39户）、科技型中小企业新增34户（累计210户）。易门铜业有限公司、云南玉溪中汇电力设备有限责任公司、云南云秀花卉有限公司、云南通海杨氏天然产物有限公司、云南磨浆农业有限公司、云南易门山里香食品有限责任公司、通海高原农产品有限公司等8户企业确定为云南省第十一批“创新型试点企业”。澄江县仙湖祥悦农业科技有限公司等34户企业被认定为“2016年第一批认定的云南省科技型中小企业”。云南中科物联网科技有限公司、玉溪玉药生物制药有限公司、云南绿光科技有限公司、云南猫哆哩集团食品有限责任公司等17户企业被认定为高新技术企业，玉溪共有高新技术企业86户，在云南省州（市）中名列第二，仅次于昆明市。

【国家农业科技示范园区建设】 2016年，玉溪建成2家国家农业科技园区（玉溪国家农业科技园区和易门国家农业科技园区），国家农业科技园区拥有量居全省第一。建成省级农业科技示范园2个。新平县被农业部认定为国家级现代农业示范区，通海和新平县被省委、省政府命名为全省第一批高原特色农业示范县。新认定省级农业科技示范园9家，省优质种业基地4家，农产品精深加工科技型企业4家，省科技型农村经合组织9家。省农村科技辅导员3人。依靠科技支撑、产业牵动，加快农业结构调整和经济发展方式的转变，形成烤烟、蔬菜、水果、花卉、药材和生猪、家禽养殖等一批具有玉溪特色的优势产业，为农业农村经济发展奠定了坚实基础，农业科技贡献率达57%。

【科学普及工作】 2016年，市科技局举办以“创新引领共享发展”为主题的2016年科技活动周和第二届玉溪科技博览会及首届玉溪市科普讲解大赛。选送4名选手参加云南省科普讲解员大赛包揽前三名；3位选手代表云南参加“2016年全国科普讲解大赛”，获1个三等奖，2个优秀奖。全市建成国家级科普（技）教育基地4个，省级科普（技）教育基地9个，拥有全国科普教育基地居全省第二位。市科技局被科技部、中央宣传部、中国科协表彰为2016年度全国科普工作先进集体，是云南唯一获此殊荣的州市级科技局。

【知识产权工作】 2016年，玉溪市成功申报为国家知识产权质押融资试点市，易门县成功申报为云南省知识产权强县试点县。自主创新能力明显提升，“十二五”期间，全市专利申请4 656件，专利授权3 414件，排名均稳居全省第二，分别是“十一五”期间的2.6和3.5倍。万人发明专利拥有量达2.7件，远高于全省1.6件的平均水平。截至2016年12月，全市专利申请量1 517件，其中：发明专利369件，实用新型专利938件，外观设计专利210件。专利授权量918件，其中：发明专利134件，实用新型专利614件，外观设计专利170件。专利有效量744件。专利申请量、专利授权量和专利有效量三项指标均全省排名第二。

【对外科技交流与合作】 2016年，市科技局深入开展同国内外、省内外的科技合作与交流，加大力度搭建创新驱动工作平台。与美国农业部研究局园艺研究所、新西兰皇家植物与食品研究院和深圳华大农业集团等国内外农业科技发达地区签订一系列合作协议，开展深层次合作；与东南大学、同济大学进行深度科技合作，开展“智慧城市”“工业4.0智能制造”研究与运用；积极做好“科技入滇”项目承接工作，组织企业参加“沪滇科技成果对接交流活动”，促进了沪滇科技合作深入开展；与国内高端研发机构开展科技孵化器建设、科技人员培训等高层次合作，借力先进地区科技资源，促进玉溪创新发展。

【科技人才与创新团队培养】 2016年，玉溪大力实施人才强市战略，完善多元化人才引进培养体系，突出柔性引智，依托科技计划，大力推广“人才+项目+基地”培养模式，人才工作和人才队伍建设力度不断加强。修订完善《玉溪市中青年学科技术带头人选拔培养管理办法》，全市选拔培养省级学术和技术带头人3人，省级学术和技术带头人后备人才7人，省技术创新人才4人，培养对象7人，市级学科技术带头人150人。2人入选国家科技创新创业人才，全省仅4人入选，玉溪占50%；4家企业入选为省级创新团队。组织开展科技特派员培

训，鼓励科技特派员深入农村围绕农村产业链创业。

【生物医药和大健康产业】 2016年，为推动玉溪生物医药和大健康产业发展，市科技局组织编写了《玉溪市生物医药产业发展情况报告》提交省科技厅。完成省科技厅组织开展的2016年中药材领域三项认定工作。初步形成了以高新区为核心区，其他县区较为聚集区的发展模式；建成了新型疫苗生产基地、中成药生产加工基地、三七优质种源繁育和示范种植及系列产品加工提取物基地、植物原料药生产基地、植物中间提取物生产研发基地的产业发展格局。

【通用航空产业建设】 2016年，市委、市政府印发《玉溪市促进航空产业发展的实施意见》，航空产业发展思路基本形成，发展初现雏形，发展框架基本构建，机场建设、飞机发动机制造、飞机组装、航空营运、航空教育培训、航空旅游、航空维修等全产业链项目全面展开，在全省呈现起点高、发展快、产业链长、聚集力强的良好发展态势。7月30日，云南合美通用航空实业有限公司飞机组装生产线正式落地玉溪，开始直升机组装生产。云南通用航空教育集团、雪域飞鹰航空运动公司通用航空项目、云南江川捷克轻型固定翼飞机项目签约，玉溪航空教育集团组建工作顺利开展。

【中国玉溪·美国柑桔农业专家科技合作交流座谈会】 2016年4月22日，市科技局在红塔大酒店召开“中国玉溪·美国柑桔农业专家科技合作交流座谈会”，美国专家与玉溪相关企业、科研单位、专家及相关部门就共同关心的云南柑桔产业发展问题进行沟通交流，形成了开展国际科研合作的一致意见。签订了“玉溪市科学技术局与美国农业部研究局园艺研究所科技合作协议”“玉溪金土地绿色产品开发有限责任公司与白晋和博士科技合作协议”“玉溪金土地绿色产品开发有限责任公司与弗莱德教授科技合作协议”。玉溪金土地绿色产品开发有限责任公司的“云南高原柑桔黄龙病检测防控研究中心”揭牌成立。

【玉溪与新西兰皇家植物与食品研究院达成合作意向】 2016年10月24日，新西兰驻中国西南区总领事馆在昆明翠湖宾馆举办云南—新西兰商务联谊会。会上，在新西兰国会议长戴维·卡特阁下、全国人大农业与农村委员会副主任委员、全国人大中国—新西兰友好小组副组长江帆、云南省人大常委会副主任杨树芬、新西兰驻成都总领事孔思达等领导的见证下，玉溪市人民政府副市长杨洋与新西兰皇家植物与食品研究院业务增长顾问AllanWhite（爱伦·怀特）代表双方签署了合作谅解备忘录，标志着玉溪与新西兰农业科技合作平台的搭建进入新阶段。

【新能源汽车推广及配套充电设施建设】 2016年，玉溪新能源汽车推广及配套充电设施建设迈出新步伐。市级匹配的地方补助采用“后补助”办法，在车辆上牌落户以后向市科技局提出书面请示，统一由市科技局向市政府呈报拨款请示，市政府批复后由市财政局拨付。截至2016年12月，玉溪市累计落户上牌新能源汽车231辆，其中：客车173辆，乘用车58辆。完成目标推广任务（300辆）的73.3%。2016年，新能源汽车项目完成市级补助资金共计1 000万元。为进一步加快促进玉溪市新能源汽车推广应用工作，按照充电基础设施样板先行的思路，市政府召开2次专题会议研究决定在全市新建7个样板充电站，2个样板充电站已开工建设，2个正在开展前期工作。样板充电站建成后，市财政将对每个样板充电站给予建设费补助200万元。

（张玉佳）

江川直升飞机组装生产线（市科技局　提供）

科技成果

【科学技术奖评审】 根据《玉溪市科学技术奖励办法（试行）》规定，2016年9月30日《玉溪市人民政府关于2015年度科学技术奖励的决定》对有力促进玉溪市科技进步和经济社会发展的50项优秀科技成果进行奖励。决定授予“新能源领域专用变压器关键技术研发及产业化”等5项成果为科技进步一等奖，授予“银/黑打孔除草驱虫地膜关键技术研究与应用”等15项成果为科技进步二等奖，授予“陶瓷过滤机性能提升新工艺研发及应用”等30项成果为科技进步三等奖。50项获奖科技成果中，工业类项目12项占24%，农业类项目16项占32%，卫生类项目17项占34%，教育文化类5项占10%。

【获省科学技术奖项目】 2016年度，玉溪市共有11项科技成果获云南省科学技术奖，其中技术发明二等奖1项，科技进步一等奖2项、二等奖2项、三等奖6项。玉溪紫昊生物科技有限公司金子辉、金子钟参与完成的“滇紫甘薯系列品种选育及产品开发”获技术发明二等奖。玉溪新兴钢铁有限公司牵头完成的“复杂高磷钒钛铁水、半钢冶炼关键技术开发及应用”，玉溪市农业科学院参与完成的“高产抗病广适小麦新品种国审‘云麦53’的选育及应用”获科技进步一等奖。玉溪云星生物科技有限公司参与完成的“低耗高效植物组培工程化关键技术构建及应用”，玉溪市红塔区农业技术推广站、玉溪市农业科学院参与完成的"优质香米新品种云粳26号、云粳29号的选育及应用"获科技进步二等奖。玉溪市水产工作站等单位完成的"抚仙湖杞麓鲤人工驯养繁育技术"、云南省玉溪市太标太阳能设备有限公司完成的"超高真空紫金太阳集热管关键技术研发及产业化"、玉溪市疾病预防控制中心完成的"黄胸鼠鼠疫自然疫源地鼠疫监测预警及防控关键技术研究应用"、玉溪大红山矿业有限公司牵头完成的"磨矿分级控制专家系统新技术及生产应用"、云南省烟草公司玉溪市公司参与完成的"优化烟叶等级结构的主要技术研究及应用"、玉溪紫昊生物科技有限公司参与完成的"水提紫甘薯色素残渣生物活性的研究及开发应用"获科技进步三等奖。

【新能源领域专用变压器研发及产业化】 新能源领域专用变压器研发及产业化项目，由云南通变电器有限公司冯民权、管云武、吴中英等人完成。2016年4月21日，通过省科学技术奖励办公室组织的科技成果鉴定，获2015年度市科学技术奖科技进步类一等奖。项目针对西南片区地处高原，日照资源丰富，光伏能及风能开发利用潜力大，结合国家政策独立设计光伏用电力变压器及风力发电用电力变压器。将光伏及风能发电单个机组逆变后的电压升高至10或35kV级，送至光（风）电场主变压器二级升压后进行并网。项目通过国家中低压输配电设备质量监督检验中心、国家电器产品质量监督检验中心的例行、型式和特殊试验，试验结果合格。获授权实用新型专利6件、外观设计专利1件，备案企业标准1项，云南省重点新产品1个。产品已在云南及非洲市场累计销售209台，实现销售收入5 662万元，主要技术指标达到国内先进水平。

【切花月季种质创新及技术集成与应用】 切花月季种质创新及技术集成应用项目，由通海锦海农业科技发展有限公司等单位张军云、董春富、张钟等人完成。2016年2月5日，通过省科学技术奖励办公室组织的科技成果鉴定，获2015年度市科学技术奖科技进步类一等奖。项目历时6年，引种、保存月季种质资源166份，建成两个月季种质资源圃。采用芽变、杂交、诱变等育种技术选育出一批优异种质，其中新品种"红唇"获得较好经济效益。通过品种适宜性试验和综合评价，筛选出适宜不同海拔、区域种植且经济效益较高的优良切花、食用庭院月季品种15个。建立流程清晰、系统性较强的无土种苗一次成苗繁育技术体系，种苗商品率86.7%，移栽成活率98.6%，种苗质量居国内领先，市场占有率由10%提升到14.6%。在国内首次提出月季枏中毒症及防治措施，采用棚内增加与膜和采后切花FLORADIPR处理等病病技术，提高了切花月季的产量、质量和效益。成果在国内外推广应用。共繁育种苗8 585.82万苗，累计种植面积3.50万亩，总产值12.38亿元，新增产值3.44亿元。培育具有自主知识产权新品种4项，获实用新型专利授权4项，发明专利受理4项，注册"锦海"商标2个，制定企业标准4个，研究成果总体达到国内先进水平。

【黄胸鼠疫源地鼠疫监测预警及防控技术研究应用】 黄胸鼠鼠疫自然疫源地鼠疫监测预警及防控关键技术研究应用项目，由市疾病预防控制中心李顺祥、张红强、姚颖波等人完成。2015年12月23日，通过市科学技术奖励办公室及市卫计委员组织的科技项目验收，获2015年度市科学技术奖科技进步类一等奖。项目通过分析31年的监测资料，自主研发了《黄胸鼠鼠疫疫源地鼠疫监测预警及防控综合分析系统V1.0》《传染病疫情管理通用系统V5.0》及《传染病综合分析系统V1.0》软件，建立了集发现、报告、调查为一体的鼠疫监测系统。基于GIS的黄胸鼠鼠疫疫源地鼠疫监测平台，实现了信息、数据自动收集、整合、分析及有效集成。研究成果在全市及省内部分州市推广应用，形成监测报告、预警信息1 758期。获国家版权局计算机软件著作权授权3个。社会经济效益显著，监测预警及防控关键技术达到国内先进水平。

【中小学学科教学资源开发利用与实践研究】 中小学学科教学资源开发利用与实践研究项目，由易门县教育科学研究所朱春贤、郁保安、賀万明等人完成。2016年1月19日，通过市科学技术奖励办公室及市教育科学规划办组织的科技项目验收，获2015年度市科学技术奖科技进步类一等奖。项目自2012年9月开始，通过"培训、研究、实践、修改、评审、完善"分五批次对小学语文、数学、思想品德，中学语文、数学、英语、思想品德、物理、化学等14个学科及高中、职中、幼儿园的教学资源进行研究开发。共完成教学设计2 846个、导学案2 745个、课件2 819个、参考资源包2 846个。复习教学设计142个、导学案123个、课件205个、配套练习249份，形成与课程标准和教材配套的一系列实用、优质、系统的教学资源库。2014年3月《在课改中前行在实践中绽放—易门县互动探究课堂教学模式的理论与实践》由晨光出版社出版。3年共计在国家、省、市论文评比中获一、二等奖909篇，在市级以上刊物发表论文190篇。教师课堂教学竞赛3人获国家级一等奖、1人获二等奖，2人获省级一等奖、5人获二等奖，27人获市级一等奖、32人获二等奖。课题的实施，使教师素质群体优化，学生学习能力明显增强，初中毕业班学业水平考试连续三年平均分、优秀率居全市第一。2016年1月，利用玉溪教育云平台将研究开发的中小学教学资源在全市范围共享。

【银/黑打孔除草驱虫地膜研发与应用】 银/黑打孔除草驱虫地膜研发与应用，由玉溪市旭日塑料有限责任公司王明显、刘建福、付艳梅等人完成，获2015年度市科学技术奖科技进步类二等奖。项目产品在具有普通地膜保温保墒保肥作用的基础上，通过集成创新，新增了除草、驱虫、耐候、打孔等功能比普通地膜有了质的提升。采用具有特定结构的铝矿石为基础原料制作银灰色母料，充分保证产品的反射光效果。研制的地膜苗孔定位打孔机，获发明专利授权，其结构紧凑合理，苗穴孔数、孔径、孔距可定置调节、穴孔光洁平整，既方便植物后期浇水、施肥和管理，又不会影响薄膜的覆盖性能和效果。2014年初投入生产应用，在广西南宁、玉溪、大理、丽江、曲靖等地多作物推广应用。2014年产品销售1 883吨、销售收入2 800万元、利税100万元；2015年销售量2 852吨、销售收入3 900万元、利税144万元。

【矿物管道输送物联网平台技术研发应用】 矿物管道输送物联网平台技术研发应用项目，由云南大红山管道有限公司普光跃、白建民、潘春雷等人完成。2016年3月2日，通过市科技奖励办公室组织的科技项目验收，获

2015年度市科学技术奖科技进步类二等奖。项目研发了复杂管网多现场云视频协同调度子平台，基于GIS地理信息、GPS定位、智能移动终端的巡检子平台，图形图像监控及预警视频监控子平台，构建了矿物管道输送物联网平台，实现了对云南大红山管道有限公司下属多条矿物输送管道的统一管理，2015年2月投入运行以来，稳定、可靠、完全达到预期指标。项目组入选云南省创新团队，项目申请发明专利5项，获实用新型专利授权5项，取得显著的经济社会效益。通过自主创新和集成创新研发的物联网平台，达到国内领先水平。

【超贫铁矿资源高效综合利用研发及应用】 超贫铁矿资源高效综合利用研发及应用项目，由玉溪大红山矿业有限公司徐士申、吴锡煌、蔡正鹏等人完成。2016年4月7日，通过市科学技术奖励办公室组织的科技项目验收，获2015年度市科学技术奖科技进步类二等奖。项目对超贫铁矿石综合回收赤铁矿选矿工艺、井下低品位矿与露天熔岩矿配矿混选、提高磨矿能力、清洁生产技术进行研究，使精矿产量增长35.41%，金属回收率从58.49%提高到71.18%。吨精矿生产成本下降17%。选矿处理能力提高26.32%，磨矿细度从80%-325目提高到89.6%-325目，并从废水中回收铜、铁等矿物，实现废水循环利用。使用国外大型塔磨机，研发了针对混合型超贫矿的选矿流程：半自磨—球磨—塔磨—弱磁—强磁。获授权发明专利3项、实用型专利8项，整体水平达到同类选矿的国内先进水平。

【大红山式铁矿难选、微细硅酸盐型次级精矿提质降硅技术研发应用】 大红山式铁矿难选、微细硅酸盐型次级精矿提质降硅技术研发应用项目，由玉溪大红山矿业有限公司徐士申、李金恩、吴锡煌等人完成。2015年8月14日，通过市科技奖励办公室组织的科技项目验收，获2015年度市科学技术奖科技进步类二等奖。项目针对大红山铁矿硅含量较高、铁矿物嵌布粒度较细，导致铁精矿品位偏低、杂质含量偏高问题，进行反浮选提质降硅和强磁、弱磁、摇床重选等试验研究，开发出“强磁-离心-摇床重选联合提质降硅新技术”。在大红山一、二、三选厂投入生产应用，有效提高了技术经济指标，铁精矿品位由60.34%提高到61.27%，提高了0.93%；杂质硅含量从9.49%降低到8.34%，降低了1.15%；精矿产量增加25t/h。2014年11～12月份新增利润2 353.39万元，2015年1～6月份新增利润5 986.23万元、新增税收1 417.73万元，产生了较好的社会和生态环保效益，成果达到国内先进水平。

【香软米新品种云粳29号选育及应用】 香软米新品种云粳29号选育及应用项目，由玉溪市农业科学院等单位沈祥宏、普双有、张钟等人完成，2016年1月29日，通过市科学技术奖励委员会办公室、市农业局组织的科技项目验收，获2015年度市科学技术奖科技进步类二等奖。项目针对高原稻作区温度不足对稻米优良品质形成不利的障碍，选用耐寒品种云粳12号与品质优良组合“云粳优3号/云粳优8号”进行杂交。经5年7代多点穿梭选育，育成综合性状优良的粳稻香软米新品种“云粳29号”。2009～2010年在云南省中部粳稻区试平均亩产683.7千克，2011年3月通过云南省植物新品种审定（审定编号“滇审稻2011015号”），适宜在云南省海拔1530～1840米粳稻区种植。2014年4月在“第十三届全国粳稻米大会”和“第二届全国优质食味米峰会”上，被评为“优质食味粳米”。2013～2015年间，在省内5个州市累计应用面积43.7万亩，新增稻谷总产量1 912.62万千克，累计新增产值6 464.6万元。经济、社会效益显著，在高原粳稻香软米新品种选育领域达国内领先水平。

【抚仙湖杞麓鲤人工驯养繁育技术研究】 抚仙湖杞麓鲤人工驯养繁育技术研究项目，由玉溪市水产工作站等单位王春勇、张四春、夏黎亮等人完成，2016年1月20日，通过市科学技术奖励委员会办公室、市农业局组织的科技项目验收，获2015年度科学技术奖科技进步类二等奖。项目通过收集原种人工驯化养殖成活后，进行人工繁殖。2009～2015年，共生产抚仙湖杞麓鲤受精卵372.5万粒，“水花”323.6万尾，孵化率达86.8%，培育鱼苗199.7万尾，苗种成活率达62%。培育出亲鱼（子代）500多组，增殖放流75.3万尾，推广养殖75.7万尾，为土著鱼保护和利用，维护湖泊水生态平衡产生积极作用。获实用新型专利授权1项，发明专利受理1项，制定了“抚仙湖杞麓鲤人工驯养繁殖技术规范”和“杞麓鲤鱼池塘养殖技术规范”2项地方规范，保护了地方物种，生态、经济、社会效益显著，总体技术水平达国内领先。

【生态养猪关键技术研发与推广】 生态养猪关键技术研发与推广项目，由云南快大多畜牧科技有限公司等单位袁明凤、张海鹏、程志斌等人完成，2015年11月13日，通过省科学技术奖励办公室组织的科技成果鉴定，获2015年度市科学技术奖科技进步类二等奖。项目历时5年，通过科学饲养试验与猪肉品质测定实验，确定“巴克夏+陆川猪”杂交猪为生态养殖特色猪种。针对生态养殖特点，研发生态养猪专用系列饲料新产品6个。集成示范推广适合集约化猪场的“综合环保减排”及适合散养户的“养殖-种植循环”的生态养猪模式。集约化猪场实现氮、磷元素综合环保减排9.9%和10.7%。在玉溪市26个集约化猪场推广应用，通过玉牧生猪养殖专业合作社，带动示范养殖户300余家。编写了《生态养猪生产技术手册》，制定了《生态养猪专用饲料原料管理规定》《生态养猪专用饲料生产工艺技术参数》《生态养猪专用饲料生产品控规范》等3个质量控制方案，“快大多”无公害猪肉2013年获得认证。2012～2014年，销售推广生态猪专用饲料6万吨，实现销售收入1.8亿元，利润1 500万元。获授权发明专利1项、实用新型专利3个。制定了6个生态猪专用饲料新产品的企业标准。项目研发的关键技术系统全面，具有显著的创新性、实用性，成果整体达到国内领先水平。

【农村劳动力转移培训管理信息系统研发与应用】 玉溪市农村劳动力转移培训管理信息系统研发与推广应用项目，由玉溪市农业信息中心等单位赵艳丽、黄莲英、张子伟等人完成，2016年2月2日，通过市科技奖励办公室、市农业局组织的科技项目验收，获2015年度市科学技术奖科技进步类二等奖。项目针对玉溪市农村劳动力转移培训管理工作采用SHS框架、Java语言、JSP、B/S等通用、成熟的软件开发技术研发相应的管理信息系统。运行以来，各功能模块运行正常、稳定，满足业务应用需求。2007年6月在全市农业部门、培训机构推广应用，至2015年12月共录入农村劳动力基本信息105.9万人，累计完成转移培训21.5万人次，新增转移劳动力19.7万人次，节约管理成本900余万元，实现市、县区、乡三级联动管理，有效促进了农村劳动力转移培训管理工作，探索了“互联网+劳动力转移”、线上线下相结合的农村劳动力转移培训管理工作新模式，应用效果好，经济社会效益突出。研发的软件于2010年10月获国家版权局计算机软件著作权登记，总体水平达到国内先进。

【小麦种质资源引进创新及应用】 小麦种质资源引进创新及应用研究项目，由玉溪市农业科学院等单位施立安、于亚雄、张钟等人完成，2016年2月26日，通过市科学技术奖励委员会办公室、市农业局组织的科技项目验收，获2015年度市科学技术奖科技进步类二等奖。项目针对现代种业发展需要和云南小麦生产实际，以提高小麦品种生产潜能和品质为目标，借鉴国外先进育种理念、育种方法和中间材料评价方法，与国际小麦育种中心合作，先后引进国内外小麦育种材料10 800余份，其中国际小麦育种中心材料4 000余份，配制杂交组合2 984个，种植不同世代材料2.7万余份，经多年鉴定、评价和创新利用，获得一批高世代材料，育成具有自主知识产权的小麦新品种（系）5个。“云麦53”通过国家和云南省品种审定，“云麦66”通过云南省品种审定，“玉麦4号”完成云南省区域试验于2016年进入省生产试验，“玉15-1”和“玉15-2”于2016年进入云南省区域试验，并配套研究制定了《云麦53栽培技术地方规范》（地方规范：DG5 304/T009-2015）。其中“云麦53”，2012年在丽江种植，经农业部组织专家对1.58亩进行现场验收，亩产达724.5千克，创西南片区小麦最高产量纪录，已推广至缅甸、老挝。2013～2015年在全省10个州市种植“云麦53”和“云麦66”197.94万亩，新增小麦产量6 401.52万千克，新增产值15 363.65万元，经济和社会效益显著，整体水平达到省内领先水平，在利用CIMMYT种质资源材料育成适宜云南种植小麦新品种的研究上居国内先进水平。

【月季新品种高效生产关键技术创新】 月季新品种“金辉”高效生产关键技术创新项目，由云南云秀花卉有限公司段金辉、王其刚、王丽花等人完成，2015年12月26日，通过市科技奖励办公室组织的科技项目验收，获2015年度市科学技术奖科技进步类二等奖。项目创建了月季种苗高效繁育技术体系，自主创新形成的覆膜式月季单芽扦插繁殖、高效营养枝培养、高桩栽培技术及土壤连作高效环保施肥技术体系，实现了“金辉”“金焰”鲜切花植株生长周期延长2～3年，病虫害防控成本降低10%～12%，鲜切花单茬生产周期缩短5天，瓶插寿命延长5～12天，产量比常规栽培增产65.74%。2014年“金辉”切花产品销售均价全省第一，进一步扩大了“云秀”品牌影响力。获发明专利受理2项，实用新型专利授权4项、受理2项；获新品种权2项、获云南省著名商标“云秀”1项，制定企业标准4项。成果在云南玉溪、通海、晋宁、红河、曲靖、建水、昆阳及广东、黑龙江、福建等地应用。2013～2015年推广5 100余亩，新增切花总产量5.03余亿支，新增总产值5.23余亿元。自主选育的“金辉”“金焰”产量高、商品性状优异，应用前景广阔，经济社会效益显著，技术总体达到国内领先水平。

【瓷嵌体改良修复Ⅱ类洞临床应用研究】 瓷嵌体改良修复龋齿Ⅱ类洞的临床应用研究项目，由玉溪市人民医院鲁伟、毛永惠、高玉萍等人完成，2015年12月18日，通过市科技奖励办公室、市卫计委组织的科技项目验收，获2015年度市科学技术奖科技进步类二等奖。瓷嵌体修复Ⅱ类洞（邻牙合面洞）能完整地恢复咬合关系，在尽量保护正常的牙体组织，保证牙体抗力的基础上，牙合面上增加两个翼以加强固位。深龋在垫底面设置固位型，瓷嵌体在体外制作，不会收缩变形，表面光滑，不易形成悬突，能较好地恢复邻接面，防止食物嵌塞。瓷嵌体是临床龋洞修复的有效方法之一，具有较好的临床实用价值，为临床提供了一种方便、有效的新方法，达到省内先进水平。

【老年糖尿病肾病预测数学模型建立与临床价值研究】 老年糖尿病肾病预测数学模型建立与临床价值研究项目，由玉溪市人民医院周红坚、李翠娥、冯磊等人完成，2015年12月18日，通过市科技奖励办公室、市卫计委组织的科技项目验收，获2015年度市科学技术奖科技进步类二等奖。项目根据糖尿病肾病不同阶段对212例观察对象进行分组，将NT-ProBNP、CysC及其他相关影响因素进行分析后得出结论：老年糖尿病肾病患者随着尿白蛋白排泄率的增加，NT-ProBNP逐渐升高，提示NT-ProBNP可作为反映老年糖尿病肾病的敏感指标；NT-ProBNP与UAER、Scr、CysC、年龄均呈正相关；通过建立数学评估模型可显著提升其在判断是否患老年糖尿病肾病的临床价值，该评估模型为NT-ProBNP+CysC。在老年糖尿病肾病患者中其最佳临界点为204.36，敏感性和特异性分别为0.826和0.784，曲线下面积为0.861。对老年糖尿病肾病具有较好的临床评估价值，达到省内领先水平。

【急性中毒患者脑损伤标志物临床研究】 急性中毒患者脑损伤标志物临床研究项目，由玉溪市人民医院林明、唐元旭、靳平燕等人完成，2015年12月18日，通过市科技奖励办公室、市卫计委组织的科技项目验收，获2015年度市科学技术奖科技进步类二等奖。项目针对急性中毒多依赖于神经电生理、影像学诊断、血流动力学监测、侵入性神经监测、临床病程辅助工具等来监测或评价中毒后脑功能，这些技术不同程度存在着滞后性、不能及时指导治疗，费用高、有创性等缺点。采用进口设备、化学发光免疫分析法，对较为公认的生物活性物质脑损伤标志物进行检测。用神经元烯醇化酶（NSE）及脑活性肽100β（S100β）来评价急性中毒后脑损伤的情况，具有灵敏度高、特异性强、准确性高，能客观反映患者脑损伤的严重程度，对临床抢救急性中毒患者具有指导意义，成果达到国内领先水平。

【新型毒品滥用现状及艾滋病性病感染因素研究】 新型毒品滥用现状及艾滋病性病感染因素研究项目，由玉溪市疾病预防控制中心赵金仙、李顺祥、陈良等人完成，2015年12月23日，通过市科技奖励办公室、市卫计委组织的科技项目验收，获2015年度市科学技术奖科技进步类二等奖。项目针对社区新型毒品滥用人群，依托社区多层面、多渠道工作平台，对社区新型毒品滥用现状及艾滋病性病感染危险因素进行调查研究，对443名

目标人群进行问卷调查、深入访谈及艾滋病、丙肝、性病的实验检测。对单独使用新型毒品与混合使用毒品进行分层研究，报道了两类人群的内在联系及组群之间新型毒品滥用的现状差异。发现单用为70.43%、混用为29.57%；单用人群的HIV感染检出率为1.92%、HCV6.82%、梅毒3.52%，混用人群的HIV感染检出率为7.63%、HCV50.38%、梅毒3.02%。另外对感染HIV、HCV和相关性病的危险因素进行分析，在社区新型毒品滥用现状及人群艾滋病、丙肝、性病感染现况及危险因素研究方面具有创新性，达到国内先进水平。

【彝药面瘫方联合针刺治疗风寒袭络型面瘫研究】 彝药面瘫方联合针刺治疗风寒袭络型面瘫研究项目，由玉溪市中医医院贾延涛、袁长春、景明等人完成，2015年12月24日，通过市科技奖励办公室、市卫计委组织的科技项目验收，获2015年度市科学技术奖科技进步类二等奖。项目根据袁长春治疗面瘫的临床经验，自拟彝药面瘫方口服，联合针刺治疗风寒袭络型面瘫，同时与口服牵正散加味联合针刺治疗作对照。实验过程制定了统一的标准和疗效判定标准，结果显示治疗组疗效优于对照组。同时采用肌电图进行诊断和疗效评定，具有一定的创新性，结果更具客观性，通过对比治疗面神经BR、NCV等指标，证实BR应用于面瘫早期诊断优于NCV。结合民族医药特色，简便易行、便于推广应用，为治疗面瘫提供了又一新途径，成果达到省内领先水平。

（连　梅）

科协工作

【概　况】 2016年，市科协围绕新时期科协工作的新定位、新职能，主动作为、勇于担当、创新发展，在为科技工作者服务、为创新驱动发展服务、为全民科学素质服务、为党和政府科学决策服务方面迈出了新步伐，提出了新举措，建立了新机制，开展了新实践，取得了新成效。

搭建学术展示交流平台，为科技工作者服务。全市科协系统共举办学术会议59次，交流学术论文418篇，3 190名科技工作者参加；9月30日，由市农学会、园艺学会和畜牧兽医学会三个市科协成员单位联合组建的非法人联合议事机构——玉溪市农业学会联合会在市农业局成立，这也是云南省第一个州市级学会联合体，学会联合体的成立，将克服州市级学会规模不大、资源分散，不利于大学科领域的集成创新、不利于承接政府转移职能和不利于承担更多社会化公共服务任务等弊端，有效提高科技社团的学术权威性，促进学科发展和原始创新。

加强科普项目监督实施管理，为创新驱动发展服务。7月21日，印发了《玉溪市科协规范科普类项目财务和业务档案管理工作指南》，实施科普项目资金转移支付管理改革，把科普项目管理纳入市科协2016年对县区科协党风廉政建设主体责任考核内容并签定了责任书。组织和开展各类科学技术普及宣传活动，为全民科学素质服务。开展全国科普日、科技周、三下乡等大型活动，深入推进科普进社区、进校园、进农村、进机关、进监狱“五进”区域活动，努力打造“玉溪科普展”“流动科技馆”“玉溪科普联合行动”“科普基层行”“百名专家科技下乡玉溪行”五个地方特色活动，全市科协系统共组织动员2 154人次科技人员，举办科普宣传教育活动350次，受众260 322人次，覆盖442个村办、258个社区。

2016年，市科协被中国科协办公厅表彰为“全国科普日活动”先进集体；被云南省科协表彰为“云南省首届科普奖”先进集体、学会工作先进集体、“学会会员日”先进集体；被云南省农函大考评为办学一等奖。

【争取上级资金】 2016年，玉溪科协共争取到上级科协资金448.85万元，其中，国家科普项目9个，资金135万元；云南省级科普项目17个，资金299.27万元；云南省科协资金14.58万元。

【青少年科技创新大赛】 在2016年的云南省第三十一届青少年科技创新大赛中，市科协共征集到参赛作品424件，其中：学生创新成果项目78项、科技实践活动11项、少年儿童科幻绘画244幅、科技教师方案设计35件、科技教师创新成果项目25项、教师论文31篇，市级评出获奖作品176件，推荐参加省级竞赛的作品147件，获奖作品57项，其中学生科技创新成果一等奖1项、二等奖3项、三等奖24项；科技实践活动二等奖2项；科幻绘画一等奖3幅、二等奖3幅、三等奖9幅；科技教师创新成果一等奖1项、三等奖6项；科技教师方案一等奖1项、二等奖1项、三等奖3项。新平县第一小学教师付春芬被评为云南省级优秀科技教师；玉溪第一小学教师曹梅的作品《角落里的“美”——“开心小农庄”创建科技实践活动方案》获得全国教师科技教育方案二等奖，同时荣获《中国科技教育》、《知识就是力量》杂志两个专项奖。

【青少年学科竞赛】 2016年，市科协组织玉溪一中272名高中生参加2016年全国中学生生物学联赛云南分赛，

2016年9月13日，以“创新放飞梦想，科技引领未来”为主题的“玉溪市2016年全国科普日暨首届科普展（峨山）”启动仪式在峨山县城民族团结广场启动。市、县相关部门领导和中小学生、群众共3500余人参加　（冷健康　摄）

在全省1 595名参赛者的角逐中取得优异成绩，共117人获奖，获奖人数连续两年蝉联云南赛区第一，同时包揽赛区成绩排行榜前三名，其中：获一等奖10名，占一等奖总数的40%；二等奖52名，占二等奖总数的32.50%；三等奖55名，占三等奖总数的23%。在代表云南赛区参加全国联赛的8名学生中，6名来自玉溪一中且全部获得全国三等奖。

【科普进校园活动】 玉溪市科协联合市教育局、市环保局、市中级人民法院于2016年6月5～8日，到元江、新平县的5所中、小学开展以“节约能源资源、保护生态环境、保障安全健康”为主题的2016年“环保、科普、法律进校园活动”，共举办科普讲座8场，巡回展出科普展板50块，互动科教展具25件，发放科普书籍、宣传资料6 000册（份），举办科普知识有奖竞答8场，发放奖品2 100份，参与活动的师生4千余人。

【流动科技馆玉溪巡展】 截至2016年12月，历时两年，涉及玉溪各县区9个站点的第一轮“中国科协流动科技馆玉溪”巡展全部结束，活动取得圆满成功，共接待参观体验14.1万人次。其中中、小学校师生11万人次，普通公众3.1万多人次。展馆周边10千米的中小学生覆盖比例达到98%以上，流动科技馆展品完好率100%。这次由中国科协和省、市、县科协联合参与、普惠基层公众的大型科普联合行动，是市科协有史以来最大规模的科学普及巡展活动，对丰富全市科普场馆展教内容，提升科普展具服务能力，提高科普宣传活动成效具有重要现实意义，有效弥补了玉溪市科普资源不足、科普阵地薄弱的现状，为更多公众参与科普、学习科技、体验科学搭建了平台。

①2016年6月6日，科普大篷车走进新平县漠沙中学，学生参观体验科教展具 ②2016年9月21日，红塔区锦程农民工子弟学校学生体验科教展具的神奇

（冷健康 摄）

【学会改革】 为落实科协系统深化改革工作，2016年，市科协积极做好改革前期调研准备工作，实施“学会专项”资助、“本土学术品牌培育行动”“科技类公共服务产品开发”“建立联合秘书处”“专家学者乡村行”“学会建立党组织试点”“严格和规范课题调研”等新举措，委托学会开发科普资源产品3项、形成调研报告8篇。开展“深化学会治理结构的改革”“科技人员在‘双创’中的作用”“学会承接转移职能可以承担的清单和必须具备的条件”等3个专题调研，开展调查收回问卷195份，会议座谈40人。

【专家服务团】 2016年12月，市科协建立专家服务团，首批入库专家52人，具有高级职称38人，主要来自市级农业、卫生、环保、气象等部门的推荐。市科协专家服务团将重点承担科普知识普及宣传、技术培训及咨询活动等任务。

【基层科普组织建设】 2016年，全市科协系统新发展、新成立各类基层科普组织45个，其中：农村专业技术协会26个、科普示范基地7个、科普示范社区8个、科普示范学校3所、企业科协1个。新平县被中国科协命名为“全国科普示范县”、澄江县被云南省科协命名为“云南省科普示范县”。在以“走进创客·体验创新”为主题的2016年全国青少年科学调查体验活动推广示范学校创建工作中，玉溪第一小学、第四小学获评全国优秀活动示范学校，玉溪第四小学管聪慧、杨征学、李绍波共同申报的《“创客在我身边”科技实践活动》获优秀教师作品奖；《创新小发明》《我的发明故事》《走进创客体验创新》获得优秀学生作品奖。2016年，玉溪市科协开展社区科普大学创建工作，制定《玉溪市科协2016年社区科普大学创建工作实施方案》《玉溪市社区科普大学创建条件及标准》，通

2016年6月27日，受市科协邀请，"卡林加科普奖"获得者，原中国科技馆馆长、中国自然科学博物馆协会理事长李象益教授在玉溪市委党校做了题为《全新思维与世界科普教育新走向》的科普讲座，来自全市全民科学素质工作领导小组成员单位的副科以上领导干部及全市科协系统干部、各学会、农技协、乡镇、社区专干的460名干部职工听取讲座　　（冷健康　摄）

过探索实践统一名称、统一标识、统一标准的"三统一"办学管理模式和"五步走"办学理念等措施，促进全市各县区启动并建立社区科普大学办学点11个。

【农函大办学】 2016年，市科协与市农科院合作，建立农函大办学实作基地，试验示范新品种21个；组织全市科技人员编写地方特色教材，开展地方特色专业科技培训，使科协有效地参与新型农民培训素质提升工程。全市农函大办学共投入72.2万元，在74个乡镇（街道）开办67个专业270个培训班，招收学员15 268人，全部学员通过结业考试。

（杨继林）

气象科研

【概　况】 2016年，玉溪市气象现代化建设稳步推进，全市236个区域自动气象站列入省气象局考核站点，各类观测资料传输质量均超过省局考核要求，全市气象现代化建设综合评分81.73分，气象服务"三农"综合评分84.34分，气象预报预警能力、气象设备运行保障能力、气象服务能力稳步提高；防灾减灾气象服务取得新成效，全市各县（区）防灾减灾工作机构健全率、气象协理员、气象信息员配置到位率均达100%，人工增雨为缓解旱情，增加蓄水及湖泊涵养水源，增强系统修复能力和生态系统循环能力起到积极作用，人工防雹保护烤烟和其它农作物面积81.7万亩；气象服务玉溪"七大产业"发展能力进一步拓展，"滇中烤烟气象服务中心能力建设"（一期）项目获得省气象局小型业务建设立项；防雷体制改革顺利推进，在原雷电灾害防御中心防雷中心基础上组建气象灾害防御中心；科技创新和人才队伍建设进一步强化，"褚橙土壤干旱监测和应用技术研究"获省气象局立项；依法行政和内部科学管理水平进一步提升。年度综合目标管理被省气象局考评为达标单位。

【地面气象观测】 2016年，市气象局对全市9个国家级自动气象站进行二维码标签和电子标签的制作、入库及粘贴工作；进行了省级运行监控系统（ASOM2.0省级版）的升级培训业务应用，确保该系统6月1日正式投入业务运行；对全市区域自动气象站进行信息核对和检修故障站点，提高数据传输率和可用率，全市236个区域自动气象站均列入省气象局考核站点，全年区域自动气象站传输率99.08%；观测资料传输及时率99.92%，数据可用率99.99%，反馈率97.70%，设备稳定运行率99.99%，土壤水分99.82%，无人自动站98.60%。1～12月农气测报质量基数16 595.0，错情0.0条。杜绝责任性事故，各类传输质量超过省气象局考核要求。

【气象监测预报服务】 2016年，市气象局组织进行了中国气象局业务系统"MICAPS4.0和SWAN2.0"在玉溪的应用推广，使气象业务人员制作天气预报，特别是短临天气预报更加得心应手。同时，开展相对湿度预报业务和修改完善短临天气预报工作业务流程细则，8：00～20：00实行每隔3小时滚动预报，夜间预报时效为12小时，并对预报结果进行质量评定，提高气象预报服务的针对性和有效性。年内，元江县气象局"那诺云海梯田旅游气象服务"项目获得省气象局创新项目表彰，市人工影响天气中心和红塔区气象局荣获省气象局重大气象服务先进集体表彰。同时，市人工影响天气中心，红塔区和元江县气象局有3人荣获重大气象服务先进个人表彰。

公共服务。市气象局公共气象服务中心适时更新做好每日常规天气预报制作发布，并加强重要天气过程信息和灾害性天气预警信息的发布，服务能力和服务质量都有提升。年内，市气象局公共气象服务中心发布大风、大雾、道路结冰、霜冻、雷电、暴雨、高温及寒潮等八种预警信号62次。市气象局推出"玉溪气象"微信公众号，让公众多了一个接收气象信息更为便捷的通道。各县（区）气象局通过手机短信、广播、电视、网站、微信、手机APP、电子显示屏、农村大喇叭、声讯电话、热线电话、专报、邮件、传真等渠道开展公共气象服务受到欢迎和好评。年内，经市气象局公共气象服务中心组织的相关调查统计显示，82.2%的农村调查对象对气象信息的发送和在气象灾害防御中所起到的作用给予了非常好或好的评价，为近六年来最评价高年份。

决策服务。市气象局制作发布寒潮、霜冻、大雾、高温、雷电、大风、暴雨、山洪地质灾害等预警信号67期，发布重要天气消息、重要气象专报、专题服务材料等63期；通过预警平台向有关部门和领导发送重要天气消息95期；发送手机短信21.5万人次；发送降水量实况信息9万人次。在"玉溪气象"和"玉溪农业气象"网站发布《重要天气消息》《山洪地质灾害气象风险预警》和雷电、暴雨等预警信息98期，及时提醒做好强降温防寒保暖、农经作物冷害防范，防范强降水带来的局地内涝、山洪、滑坡、泥石流和崩塌等地质灾害，以及防范雷电、冰雹和短时大风等强对流天气等均引起各级领导高度关注，及时加强和采取防范措施。由于预警及时、防范措施有力，年内几次出现的冰雹、大风、雷电、暴雨及低温雨雪冰冻天气，均未造成大的人员伤亡。特别是应对台风“妮妲”影响，市气象局于8月2日启动的重大气象灾害（暴雨）Ⅲ级应急响应命令，并联合市国土资源局发布的山洪地质灾害风险预警，各级采取措施加强防范，取得了应对防范好效果。

专业专项服务。配合“抚仙湖国家级旅游度假区”申报、“玉溪市海绵城市建设试点”申报、玉溪市生态园林城市创建、玉溪市通用航空机场建设等重点项目申报立项做好气象条件分析评估，及时提供各类气象评估报告和资料。制作并报送重要气象信息专报、气候预测、降水及趋势预测等服务材料14期；发布地质灾害、森林火险、干旱监测等专题服务材料31期；发布小春作物产量预报、农业气象灾害监测评估、预警评估、病虫害分析与预测等农业气象专题服务材料107期。与市环保局合作，建立了数据共享机制和业务系统，实现大气成分数据、环境空气质量监测信息、气象监测预报预警信息的实时共享共用。在做好烤烟常规专业服务产品“烤烟气候预测、烤烟气候影响评价、烤烟旬报”的基础上，新增“烤烟气象灾害预警信息”专业服务产品和县（区）24个气象站、烟区烤烟气象站各月累计降水和较强降水过程的累计降水等内容，对安排烤烟生产和防御烤烟气象灾害发挥了重要作用。

2016年5月13日，2016年中国气象局“气象科技下乡”活动在红塔区大营街街道举行。活动当天现场开展气象科普展览、农业气象服务咨询、气象科普图书赠送等形式多样的活动（褚二忠　摄）

【人工影响天气工作】 2016年，市人工影响天气中心按照年初制定的“人影工作计划”，进行了市级人工影响天气指挥中心改造建设和引进省、市、县三级一体化人影指挥系统，实现更为直观的雷达回波三维立体图像显示，进一步提升人影作业指挥的现代化水平；对市县两级无线通信网、区域自动气象站网进行全面的维护维修，并在已建成的数字化无线通信网的基础上，增加一条信道，使全市人影无线通信网形成双信道运行；对人影作业高炮、火箭发射装备进行性能检测、检查、检修，使人影工作相关设备设施进一步加强。

人工增雨。市人工影响天气中心围绕促进生态文明建设、缓解水资源短缺等问题，1月至10月上旬在抚仙湖、星云湖、杞麓湖等高原湖泊重点生态功能区及农业干旱频发区共[illegible]2个作业点开展了以生态保护为目的的人工增雨作业服务。实施地面人工增雨作业132点次，发射增雨箭弹451支，为缓解旱情，增加蓄水，增加湖泊涵养水源，增强系统修复能力和生态系统循环能力起到积极作用。

人工防雹。进入主汛期后，于6月1日开始组织各县（区）102个防雹点实施防雹作业，市、县（区）人影指挥、作业人员24小时值班坚守岗位，时刻关注天气变化，严防死守4个月，实施防雹作业1 012点次，发射各种类型防雹箭弹8 646枚，保护烤烟种植面积44万亩，其它农作物种植面积43万亩，粮食作物约51万亩。经统计，防雹期间防区外烤烟受灾率为12.2%，而防区内仅为1.66%，作业效果显著。

【防雷减灾工作】 2016年，玉溪市闪电定位监测网在全市范围内共监测到雷闪38 726次。其中，正闪1 19[illegible]次，负闪37 535次。强度在20–50千安的有21 622次，50–100千安有3 0[illegible]5次，100千安以上的强闪有565次。由于加强防雷科普宣传、防雷装置安全检测及雷电预警预报等工作，全市基本没有大的雷电灾害事故。

市雷电中心在雷雨季节前抓紧进行易燃易爆场所、烟草、红塔集团等防雷重点单位的防雷装置安全检测，全市防雷装置安全检测中心共完成10 000多幢（组、套）防雷装置安全技术年度检测。对检测后发现的雷击事故隐患，及时提出整改意见并督促整改。市防雷装置安全检测中心对受委托的35项建设项目开展防雷设计技术审核、分段检测等工作。受委托开展的防雷设计图纸、防雷装置竣工验收许可率达100%以上；易燃易爆场所检测面达100%；督促防雷隐患整改面达90%以上。汛期雷电观测稳定运行率≥99%；闪电定位资料传输到报率达98%以上。并积极研究开发雷电科研及技术服务项目，为社会提供雷电技术服务及在红塔集团开展闪电定位监测技术服务，向红塔集团100多人提供红塔集团玉溪卷烟厂3千米范围内雷电预警服务共计20多次。

【成立玉溪市气象灾害防御技术中心】 2016年9月，玉溪市气象局根据《云南省气象局关于印发〈云南省气象局深化防雷减灾体制改革实施方案〉的通知》要求，并经云南省气象局批准，成立玉溪市气象灾害防御技术中心（以下简称“中心”）。该“中心”的组建形式和规格为：在市气象局原雷电灾害防御中心基础上组建，为市气象局直属事业单位，机构规格为正科级，核定正式编制5名，设主任1名，副主任1名。所需人员编制、科级领导职数从市气象局原有防

雷事业编制及岗位职数中调剂。“中心”主要职责为：承担气象灾害与防护技术成果的推广与应用、气象灾害调查鉴定、气象灾害风险区划、气象灾害隐患整治督查、气象灾害风险评估，特定区域内短时临近雷电监测与预警，防雷设计审核和竣工验收许可的技术服务，提供防雷减灾安全监管、市场监管和行政审批的技术支撑，对下级台站进行相关业务技术指导等。

【气象法规建设与气象科普宣传】 2016年，市气象局建立三项防雷重点监管对象名录，认真开展全市辖区内易燃易爆场所、雷电易发区内的矿区和雷电易发区内的旅游景点等三项防雷重点监管对象名录清理统计；确定全市三项防雷重点监管对象有373个，为市局依法履行防雷监管职能提供了明确而翔实的数据。

依法做好防雷装置设计审核和竣工验收等行政审批工作，全市共发出执法通知书169份；依法办理施放气球活动审批11件；办理防雷装置设计审核52件；办理防雷装置竣工验收88件；推行权力清单和责任清单制度并实行动态管理，进行权责清单编制并通过政务信息公开网站向社会公布，纳入市政府权责清单平台统一管理；全市各级气象部门建立起以气象法制机构为依托，以气象法制机构人员为主体，吸收专家和律师参加的法律顾问队伍，不断健全法制机构和法律顾问列席有关会议、参与重大决策合法性审查工作机制，使部门气象法规建设进一步加强。

开展气象法制宣传教育，组织红塔区气象局和市雷电中心参加全市“安全生产月”宣传咨询活动，向全市各大工矿企业、乡镇、学校、社会群众散发防雷安全法律法规、科普知识、技术标准等宣传资料9 000余份，展出防雷科普、气象灾害防御等展板10块，发放《气象防灾减灾手册》《气象灾害应急避险》图书及干旱、暴雨、冰雹、气候变化等宣传册2 000多份；以全国气象科技下乡活动和纪念“3·23”世界气象日等活动为契机开展气象科普宣传，市气象局重要服务单位和条件较好的县（区）气象局均把气象台、人影中心和地面气象观测场作为气象科普教育基地（窗口）向公众开放，向前来参观学习的学校师生和公众讲解宣传气象科普知识达600多人。

【“三农”气象服务项目建设】 2016年，市气象局按照中国气象局下达玉溪的“三农”气象服务项目（以下简称“三农项目”）建设目标，进行了除已建成的红塔区和新平县外的通海、澄江、华宁、峨山、易门、元江、江川七个县（区）三农项目的可行性研究报告编制，实施方案及经费预算编制，使“三农项目”建设经费及时争取下拨到位，于8月下旬开始实施建设。市气象局业务科技科组织该七县（区）相关业务人员到红塔区气象局参观学习“三农项目”建设经验，实地考察建设地点的乡、村情况，为各县（区）实施建设奠定基础。各实施建设县（区）气象局按照要求进行相关办公设备和农气观测设备的采购和组织各乡镇（街道）申报标准化乡镇。年内已有峨山、易门、澄江的3个乡镇通过省气象局考核，峨山双江街道通过中国气象局认定。各实施建设县（区）健全完善组织领导机构和部门联动机制，成立了县（区）、乡镇（街道）气象灾害防御领导小组，印发了气象灾害应急预案，使“三农项目”实施第一年稳步推进。

【烤烟气象服务APP平台建设】 2016年，玉溪市气象局组织科技人员开发了“烤烟气象APP”手机客户端（以下简称“APP平台”）应用于烤烟专业气象服务，实现了对烤烟种植大户的直通式服务，使气象科技服务工作效率及服务用户认知及满意度大有提升。该“APP平台”设置有“中短期”天气预报、重要天气消息、县（区）气象站实时气象资料、旬月气象资料、烤烟生育期烟区气象站资料、烤烟气候预测、烤烟气象旬报、烤烟气候影响评价、烤烟气象灾害监测预警信息等9个查询栏目内容，可滚动更新和根据用户服务需求不断添加新内容，市烟草部门和烤烟种植大户可通过手机适时查询，使气象预报、预测、预警信息及烤烟气象情报服务的及时性比原有气象信息服务方式和渠道大有提高。

【人才培养与科技创新】 2016年，玉溪市气象局结合全市气象部门干部队伍情况，考察并选配了6个县级气象台台长，县级气象台台长选配率达67%，38周岁以下台长选配率达100%。市气象局举办涉及地面探测、预报预警、人工影响天气、农气观测预报、财务管理、网络运用技术等业务培训9期。使部门干部队伍和在岗业务人员的整体素质及综合业务技能有进一步提升。

在科技创新方面，围绕高原特色农业气象服务需求，设“褚橙土壤干

2016年7月20日，云南省高原特色农业气象服务中心和滇中烤烟气象服务中心在峨山县小街街道由义村建成新型农田小气候自动观测站　（褚二忠　摄）

旱监测和应用技术研究”项目，获云南省气象局立项，并在年内开展了部分项目研究，取得初步成效；“现代烟草气象预报服务”项目获市科技局立项，在年内完成结题。市气象学会申报的调研课题“玉溪市气象预警信息利用状况及存在问题调研”和学术品牌培育行动—“玉溪气象科技学术讲坛”得到市科协支持。气象学会围绕市气象预警信息发布的途径、覆盖面、接收对象和利用率，以及气象预警信息运用所起到的作用、效果开展了调研，并举办气象科技学术讲坛3期。

（褚二忠）

防震减灾

【概　况】 2016年是实施防震减灾“十三五”规划的开局之年，全市防震减灾系统干部职工齐心协力、锐意进取，认真学习习近平总书记在唐山调研考察时对防灾减灾救灾工作的重要指示精神，以开展“两学一做”学习教育为主线，以防震减灾三大工作体系建设为抓手，以玉溪市防震减灾专题工作会议为发展契机，加强作风建设，突出工作重点，狠抓工作落实，2016年全市防震减灾各项工作富有成效。市委、市政府高度重视防震减灾工作，1月27日组织召开了“2016年度全市防震减灾工作联席会议”，副市长解仕清代表市政府与各县区人民政府签订《玉溪市2016年度防震减灾工作目标考核责任书》，并将责任书纳入县区目标任务综合考评体系进行考核。市防震减灾局围绕市委、市政府中心工作，树立大局意识，主动服务，积极配合有关部门做好农危房、棚户区改造、异地搬迁、农村民居地震安全工程、校安工程以及应急避难场所的建设管理等工作。

2016年，全市防震减灾各项工作成果丰硕、富有成效，玉溪市防震减灾局荣获全国地市级防震减灾业务工作“先进单位”、云南省州（市）防震减灾工作综合考核第一名（已连续7年获得）及地震监测预报工作单项奖、地震趋势研究报告评比第二名、全省州市强震动台站质量管理考核一等奖，一项成果获2015年度云南省地震局防震减灾优秀成果奖二等奖。通海县荣获全国县级防震减灾业务工作考核“先进单位”、云南省县（市、区）防震减灾工作综合考核一等奖（已连续五年获得）。2人荣获全国市县防震减灾人员“先进工作者”，2人荣获全省防震减灾工作“先进个人”。1人荣获云南省第二届科普讲解大赛玉溪赛区优秀奖。

【地震活动】 2016年1月1日至12月31日，玉溪市7县2区境内共发生ML≥1.0级地震142次。其中1.0～1.9级131次，2.0～2.4级7次，ML≥2.5级4次。年内共发生3次有感地震：7月26日红塔区李棋街道发生2.3级地震、10月4日通海四街镇十街村委会苯家山附近发生2.7级地震、12月5日通海县九龙街道发生3.0级地震。最大地震为12月5日发生在通海县九龙街道的3.0级地震，震源深度约10公里，震时，通海县大部分人震感明显，红塔区、峨山县、江川区部分人有感。

2016年，玉溪的小震活动强度不高，活动频次显著减少，地震活动水平总体偏低。地震相对集中在曲江断裂与普渡河断裂交汇区域，红塔区与江川、通海交界一带小震增多呈北东向展布，易门境内武定—易门断裂南端地震明显减少。地震具体分布为：新平县59次，峨山县22次，元江县17次，通海县12次，红塔区10次，易门县7次，江川区6次，华宁县5次，澄江县4次。

【防震减灾“十三五”规划】 2016年11月28日，《玉溪市防震减灾“十三五”规划》由市发改委批复实施。规划由“十二五”期间取得的成绩、指导思想、发展目标、主要任务、重点项目、重要举措、实施保障7部分组成。围绕规划目标，重点推进防震减灾社会治理、拓展防震减灾公共服务、夯实防震减灾基础能力，强化地震科技创新支撑、人才队伍支撑、信息化支撑。结合玉溪严峻的震情形势和防震减灾任务的迫切需求，在“十三五”期间重点从地震监测预报、震灾防御、应急救援三大体系15个重点项目着手，力争到2020年，初步建成玉溪震情灾情形势与防震减灾任务相适应的防震减灾现代治理体系，提供惠及全民的防震减灾公共服务，全市城市初步具备综合抵御6级左右地震的能力，基本适应全市经济社会发展的需求。同时，各县区政府也制定了相应的防震减灾“十三五”规划。

【地震监测预报】 2016年，市防震减灾局进一步加大投入，完善地震监测台站建设。完成红塔区黄草坝地震综合观测站改扩建和四分量体应变仪器安装调试工作；元江热水塘、新平戛洒地下流体观测站水位、地温及强震观测仪器完成安装调试，并投入运行；澄江、峨山、元江、新平、华宁县“国家地震烈度速报与预警工程”5个基准台、3个基本台的野外台址勘选工作完成；更新华宁、元江、新平、峨山、易门5县地震前兆流体观测仪器；建成拥有11个地震监测台站的测震数据网，玉溪及邻区地震速

2016年6月16日，市政府召开全市防震减灾工作会议，进一步安排部署防震减灾重点工作。市抗震救灾指挥部部分成员单位领导、5县（区）政府分管领导和市县（区）防震减灾局长共40余人参加会议，副市长蔡四宏出席会议并讲话（市防震减灾局　提供）

报定位精度进一步提高。强化震情跟踪监视。针对玉溪被列为全国、全省地震重点危险区的实际，牢固树立“震情第一”的观念，统一工作思路，强化震情跟踪监视，制定工作方案和技术方案，落实地震监测及震情跟踪工作责任，密切监视震情发展，及时落实宏微观异常，适时召开震情会商分析研判。积极应对有感地震。2016年，红塔区、通海县共发生3次有感地震，防震减灾部门第一时间向市、县区党委、政府上报《震情速报》，及时收集数据进行会商研判。及时关注网络舆情，引导社会舆论，消除社会恐慌。

【震害防御】 2016年，市防震减灾局全面开展防震减灾科普示范学校和地震安全示范社区创建工作。创建市级防震减灾科普示范学校9所，市级地震安全示范社区3个、省级1个、国家级1个。市防震减灾局、发改委、工信委、教育局、交通运输局、水利局、质量技术监督局联合发文贯彻实施新一代《中国地震动参数区划图》，有效推进新版《中国地震动参数区划图》的实施和推广。修订《玉溪市防震减灾管理办法》于2016年6月1日起施行。完成澄川、江通、元蔓、弥—玉—楚、大夏高速公路等项目抗震设防审批工作。开展防震减灾行政执法案卷评查，对140件“建设工程抗震设防要求确定”行政许可案卷进行评查。深入开展“1·05”“5·12”“11·6”等主题宣传日防震减灾科普知识宣传活动。增加市防震减灾科普馆开放天数，加大对外宣传力度，全年累积接待参观者3 000余人次。面向基层，主动服务，做好防震减灾科普知识“七进”活动。利用《玉溪防震减灾报》和“玉溪防震减灾网”传播防震减灾科普知识。

【地震应急工作】 2016年7月27日，市防震减灾局牵头，组织市抗震救灾指挥部成员单位开展地震应急处置桌面推演和野外应急救援实战演练，强化全市地震应急准备工作，检验地震灾害应急指挥、抢险救援和协调联动能力，确保地震应急处置工作高效有序进行。各县区政府也先后组织开展了地震应急桌面推演或综合演练。由应急办、民政、住建、教育、防震减灾等部门组成联合检查组，代表市政府2次检查重点县区地震应急准备工作，进一步落实防震减灾工作有关要求和部署，强化地震应急准备工作。根据抗震救灾工作需要和指挥部成员单位人员变动情况，及时调整充实市抗震救灾指挥部成员及单位。市防震减灾局牵头，各县区配合，基本建成“玉溪市地震应急辅助决策系统”并投入使用，为抗震救灾指挥快速决策和应急处置提供科技支撑。进一步加强地震应急指挥平台管理，健全管理使用制度，常态化开展互联和集中联调工作。

（尹俊峰）

（吴 根 摄）

青山绿水·碧玉清溪

（曾永洪　摄）

教　育

EDUCATION

责任编校：王　斌

教育管理

【概　况】 2016年，市教育局紧紧围绕市委、市政府中心工作，争先创优、跨越发展，以提升广大人民群众教育幸福指数，实现教育现代化为目标，以促进公平为重点，以提升质量为核心，以改革创新为动力，着力改善教育民生，保障教育公平、提升教育品质，较好地完成了年初确定的各项目标任务。按照中央、省、市关于全面深化教育综合改革的总体要求，紧紧围绕数字校园、绿色校园、文化校园、平安校园、质量校园“五化校园”建设一条主线，大力推进教育综合改革，涵盖学前教育、义务教育、高中教育、职业教育、高等教育和队伍建设、投入保障、办学体制、评价机制共九大方面的改革重点领域，努力实现有学上到上好学、提升人民群众教育幸福指数的目标，经过努力，各项教育改革不断开拓创新，改革成效明显，全市教育综合实力、整体水平和各项发展指标继续位居全省前列。

截至2016年底，全市有各级各类学校929所，其中：幼儿园264所，小学535所，初中86所，普通高中21所，职业中学9所，普通中专3所，成人中等专业学校8所，普通高等院校1所，高等职业学校1所，特殊教育学校1所。全市在校学生总规模达388 652人，其中：幼儿园63 733人，小学154 082人，初中89 489人，普通高中38 397人，职业中学15 363人，普通中专7 786人，普通高等学校14 923人，特殊教育学校387人。共有教职工28 365人，其中，专任教师24 968人。全市学前儿童毛入园（班）率为94.51%，学前三年幼儿园毛入园率为75.92%；小学学龄儿童入学率为99.94%，巩固率为99.25%，辍学率为0.08%；初中学龄人口毛入学率为113.96%，巩固率为97.81%，辍学率为1.25%；残疾儿童入学率达98.77%；职业学校学生就业率达97.8%，职业资格取证率达86.3%。

【美丽100校园行动计划暨校安工程圆满收官】 玉溪创新提出统一建设、统一筹资、统一还款的“三统一”建设模式，有效破解长期困扰校安工程建设的多个难题，跨越了建设资金缺乏的鸿沟，打破审批繁琐的关卡，补齐规划管理的短板，有机整合各级资金和力量，极大地推动学校建设项目高质、高效实施。2016年7月，玉溪市美丽100校园行动计划暨中小学校舍安全工程圆满收官，全市共整合项目建设资金20.15亿元，撬动社会资金14.95亿元，完成实物工程量35.1亿元。建成美丽学校160所，比计划数增加47所；拆除全部D级危房，新建、重建校舍73.82万平方米，加固改造校舍87.65万平方米。修建校门57道，绿化校园17.16万平方米，建设运动场126块30.65万平方米，硬化道路14.46万平方米，修建围墙1.55万米，建设校园景观141个，与2012年相比，全市小学、中学生均校舍面积分别由8.06、12.34平方米增加到10.3、13.3平方米；由于普遍采用先进的减隔震技术，校舍抗震等级明显提高，实现了“小震不坏、中震可修、大震不倒”。

【“互联网+教育”模式建设】 2016年，玉溪继续抢抓“互联网+”战略机遇，全面实施“数字校园”建设，不断丰富和拓展教育云平台应用，实现信息技术环境与校园人文环境有机融合，信息技术应用在学校教学、管理的全面渗透，玉溪“互联网+教育”模式影响范围越来越广。实现数字化校园建设全覆盖。共建设数字化校园680所，建设多媒体教室5 721间，安装触控一体机5 721台，建设计算机教室626间，安装计算机22 610台，校园网信息点32 677个，校园安全监控点14 372个，建设录播教室26间，安装录播设备26套，完成投资34 542.65万元。不断扩大“互联网+教育”应用的广度和深度，全方位发挥教育云平台的最大效益。教育教学云平台已入驻学校749所，实名注册教师2.45万人，占全市教师的92%；实名注册学生数18万人，约占学生总数的60%。IPTV电视频道和教育云APP移动端正式上线投入使用，平台拥有33万个教学资源，涵盖从幼儿园到职业院校各学段，针对在线教学、名师工作室、网络备课、网络教研、在线教务、仿真实验、在线教学、学习系统原型等系统优化开发召开评审会7次，进一步改进完善。构建市、县、校三级培训体系，开展形式多样、内容丰富、面向全体教师的信息技术应用能力培训，培训教师8 415人次，培训规模覆盖200余所学校。让玉溪教育云的优质资源惠及偏远山区的农村中小学，名师课堂同步到乡村学校，有效打破了信息壁垒，有力促进教育均衡公平。

【职教园区建设】 2016年，市教育局按照市委、市政府提出的玉溪职教园区“一园多点”的建设思路，按照“一园五片”进行规划建设，规划占地5 625亩，总规模8.2万人，概算投资60亿元，围绕高级技能人才输出、科技成果转化孵化、城市新区三个功能，提出“园区管委会主导、学校主体、社会参与、市场运作”的思路进行建设。玉枕山片区已完成了园区概念性规划、可研报告的编制、项目建议书的批复工作，控制性规划、修建

2016年9月22日，玉溪市职教园区开工典礼　　（赵　恩　摄）

性详细规划以及用地、环评等前期工作，并于9月23日开工建设。峨山小街片区交通产业职教园区一期工程已完成建设，准备投入使用。

【“全面改薄”工程走在全省前列】 2014年国务院启动全面改善贫困地区义务教育薄弱学校基本办学条件（简称“全面改薄”）项目以来，玉溪紧紧围绕“保障基本教学条件、改善学校生活设施、办好必要的教学点、妥善解决城镇学校大班额问题、加快推进农村学校教育信息化、提高教师队伍素质”六大重点任务，严格按照“保基本、兜网底、补短板、促均衡”工作思路，加强统筹协调，加大资金投入，快速推进工程实施。到2016年项目开工率、竣工率分别为142.35%和111.21%，两项指标均位居全省第一，实现了全市608所义务教育薄弱学校全覆盖，由于工程进展快、成效好，获得省财政厅、教育厅奖补资金1 331.9万元。2016年全市“全面改薄”共建成校舍381幢26.23万平方米，运动场138块27.71万平方米，占规划任务数的53.78%；购置设施设备29.55万台（套）、图书57.73万册，占规划任务数的55.77%；完成投资5.38亿元。

【职业教育改革】 2016年，市教育局贯彻落实《关于加快发展现代职业教育的意见》及4个配套方案，高位推进职教改革，各项改革举措成效显现。推进职业教育集团化办学。11月玉溪工业与信息化、现代农业、卫生康体、现代服务4大职业教育集团举行授牌仪式，四大职教集团按照统一规划专业设置、统一招生、统一人才培养标准，实现全市职业教育资源的优化配置，形成“一县（校）一品，一县（校）一特”的中等职业教育新格局。改革中等职业学校招生办法。实行全市中等职业学校统一招生，由各职教集团统筹后将招生名额下达到各成员学校，与普通高中学校同步进行，实行“考试录取和注册入学”并轨的录取方式。打破地域限制，全市各中职学校可跨区域招生，县区职业中学可面向全市招生。更加注重“技能+文化”的升学方式，在国家、省级技能大赛中获奖选手可直接免试进入上一级学校。着力构建现代职业教育体系。向省教育厅上报滇西应用技术大学烟草学院、玉溪工业与信息技术学院、玉溪卫生康体职业技术学院、玉溪中兴服务外包职业学院的可行性报告，省教育厅已经原则同意滇西应用技术大学烟草学院落户玉溪，并在“十三五”期间组建玉溪工业与信息技术学院、玉溪卫生康体职业技术学院、玉溪中兴服务外包职业学院。省教育厅已同意将国开行融资建设资金31亿元的额度用于支持玉溪职教教育改革和职教园区建设，资金逐年拨付。组织玉溪各职业学校参加了云南省职业教育成果展，充分展示了玉溪职业教育的办学特色和实践教学成果，全市13所职业院校，1 500名教职工，20 000多学生，120家企业，30 000多人参与了职业教育活动周的活动。2016年，全市各职业院校共完成招生11 234人。

（杨　雪）

【举办省中等职业学校技能大赛】 2016年3月16日，由省教育厅和玉溪市政府主办的2016年云南省中等职业学校技能大赛在玉溪开赛，在为期4天的比赛中，来自全省414支参赛队的师生、裁判、相关企业等近5 000人在玉溪农职院、工财校、卫校、体校、二职中、通海职中等6个赛点参加比赛。本届大赛规格高、项目多、规模大，再次刷新了全省中职学校技能大赛的新纪录。大赛共设烹饪、演讲、学前教育、旅游、职业素养、信息技术、民族技艺、医护、信息化教学、电工电子、会计、汽车维修、农业13个技能赛项，82个竞赛项目。每个赛项设学生组和教师组两个组别，每个组别按常规项目和特别项目开展竞赛。另外，为充分展示职业院校师生的技艺，向社会广泛宣传职业教育，特别增设了技能、产品展演展示展销和统一开、闭幕式。

2016年，玉溪有中职在校生2.45万人，约占全省中职在校生总人数的5%；有29支代表队、316名选手参赛，占全省参赛总人数的10%。玉溪荣获团体一等奖14个，占总数的54%；单项一等奖81个，占总数的49%；团体二等奖、三等奖6个，占总数的1%；单项二等奖、三等奖62个，占总数的11%。玉溪以全省10%的选手，包揽了全省近20%的奖项，无论是获奖数量，还是获奖质量均名列全省第一。

【全省中小学勤工俭学现场会在玉召开】 2016年10月13日，云南省中小学勤工俭学现场会在玉溪召开，副市长黎晓英代表市政府致欢迎辞，市教育局、德宏州教育局等进行了勤工俭学经验交流，来自全省各州市、县区教育局和勤工俭学办公室的相关负责人230余人参加了现场会。参会人员先后参观了玉溪第一小学山水校区、江川区江城镇翠峰中心小学和江川区第二中学的勤工俭学基地和劳动教育实践基地。

到2016年底，全市有325所学校开展勤工俭学，比上年增加8所，覆盖面达51%，接纳学生劳动实践23.8万人次，全市勤工俭学销售收入及营业额达2 218万元，利润收益831万元，形成了“规模适宜、形式多样、内涵丰富、特色鲜明”的分类发展模

云南省中小学勤工俭学现场会与会代表到玉溪一小山水校区参观

（段正科　摄）

易门县张所小学学生在学校勤工俭学基地采收塔拉　（易门县教育局　提供）

式，构建了中小学勤工俭学工作发展的崭新空间。

【学前教育】 2016年，玉溪学前教育建设二期项目共下达13个，建筑面积29 302平方米，下达中央资金3 170万元，完工项目2个7 920平方米，开工面积比例、竣工面积比例和资金使用率均在全省排名第一。自启动学前教育三年行动计划以来，玉溪共争取中央学前教育校舍改建和增设小学附属幼儿园项目321个，投入使用147所幼儿园。建立了防止保教工作“小学化”长效机制，扎实做好幼儿园对口帮扶园工作，带动城镇与农村幼儿园在办园理念、教师培训、保育工作等方面共同发展，防止保教工作“小学化”倾向。年内，有3所幼儿园被省教育厅授予帮扶工作先进集体称号，红塔区三幼和通海县一幼被认定为省一级一等幼儿园，认定2所市级现代教育示范幼儿园。“洛河模式”“新平模式”“杨广模式”等多种学前教育举办模式得到省教育厅高度认可并在全省推广。

【义务教育】 2016年，市教育局出台了《玉溪市进城务工人员随迁子女报考普通高中学校审核细则（试行）》，切实保障义务教育随迁子女平等受教育权利。全市流动人口子女小学毛入学率达101.6%，初中毛入学率达99.9%；全市义务教育阶段学校就读的流动人口子女达24 930人，其中：小学阶段19 096人，在公办学校就读占92.3%；初中阶段5 834人，在公办学校就读占90.2%，流动人口子女在公办学校就读比例远高于全省平均水平。红塔区已认定为全国义务教育均衡发展县区，澄江县、江川区、易门县、新平县分别通过省级督导评估，全市所有县区将于2017年率先在全省实现义务教育均衡发展目标。9月11～13日，云南省义务教育均衡发展现场推进会议在玉溪召开，玉溪义务教育均衡发展工作得到了省教育厅领导和与会代表的高度评价。

【高中教育】 2016年，市教育局紧紧围绕国家中小学教育质量综合评价改革实验区的目标任务，积极探索评价制度改革，初步构建了面向全市、县区、学校、教师、学生“五位一体”的中小学教育质量综合评价体系。狠抓特色高中建设，高中质量整体提高较大，2016年玉溪高考多项指标较往年大幅提升，呈现出七大亮点：一是综合成绩明显提升。文科总上线率98.36%，比上年提高1.04个百分点；本科率56.98%，比上年提高0.49个百分点；原始成绩总平均分454.44分，比上年提高24.71分。理科总上线率93.11%；本科率61.88%，比上年提高1.84个百分点；原始成绩总平均分431.97分，比上年提高18.41分。二是一本上线率明显提高。文科一本率8.82%，比上年提高0.85个百分点。理科一本率18.76%，比上年提高1.26个百分点。三是尖子生人数大幅增加。玉溪一中在全省前20名1人，前50名3人，比上年增2人，前60名6人。全市700分以上1人，600分以上498人，比上年增235人，占全省600分以上考生人数的6.11%。四是县区高中发展水平不断提高。县区高中600分以上考生9人，较上年相比实现零的突破。县区、校际之间不均衡问题逐步改善，部分学校质量提升较快，如：易门一中文科总上线率100%，总平均分473.29分，比全市总平均分高18.85分。五是体育艺术类考生成绩进步较大。文科体育类、艺术类总上线率分别为95.77%、95.99%，理科体育类、艺术类总上线率分别为63%、65%。理科艺术类1名考生总分突破600分。六是德语班成绩较为突出。玉溪一中首届德语班30人中600分以上11人，全体学生均满足德国大学录取条件，可赴德国就读。德语单科平均分137.3分，成绩位居全国第一。七是民办高中高分人数大幅增加。玉溪一中分校600分以上考生12人，最高分达676分，一本上线共计38人。

【民办教育】 2016年，全市现有民办学校197所，在校人数35 801人，教职工2 777人，校舍建筑面积240 962平方米，资产42 175万元，教学仪器设备总值5 912.38万元，图书360 997册。另外，还有培训机构35所，教师240人，在校生4 943人，资产总值1 325万元。

【教育精准扶贫】 2016年，市教育局认真贯彻教育扶贫政策，制定《玉溪市教育精准扶贫工作实施方案》，对全市范围内的9个贫困乡镇、75个贫困行政村和1 100个贫困自然村及9.31万农村贫困人口建立了贫困村学校基本办学条件缺口台账、贫困生的资料数据库、贫困家庭劳动力数据库，并进行动态管理，建立教育精准扶贫督查督办月报制度。开展创业就业技能培训，以服务“三农”为基础，重点支持和提升面向农业、农村、农民的品牌特色专业，更好地服务地方产业特别是贫困地区产业发展。全市各职业院校先后在华宁、峨山富良棚、岔河、易门铜厂乡米苴村开展挖掘机、装载机驾驶、陶艺、竹编、烹饪、蔬菜栽培培训，培训人员330多人；开展新型职业农民培育、农村劳动力转移培训，培训人员6 518人。抓实“直过民族”教育脱贫工作，出台《关于进一步加快拉祜族聚居区教育发展的实施意见》，建立覆盖全市的“直过民族”教育发展工作机制，组织6名民间人士到校开展双语教学活动，确保更多直过民族学生能够进入学校就读。对全市9个扶贫攻坚乡的家庭经济困难学生实施单独统计，从学前教育到高等教育确保精准扶贫，特别是对孤儿、残疾学生等特殊困难学生，制定专项资助方案，做到“一生一案”，用“三个一点”（国家资助一点、自己承担一点、社会捐助一点）的办法为其解决问题。

【法治示范学校创建】 2016年，市教育局开展法治示范学校创建，组织市、县区专家对3所市直学校、22所县区学校进行评估，认定了第一批市级“法治示范学校”25所，下达创建补助资金50万元，对每所创建学校分别给予2万元的工作经费支持，并完成第二批25所市级“法治示范学校”申报工作，促进各级各类学校基本形成学校民主决策、民主管理和民主监督机制，学校和师生权益得到有效保护，规范办学、依法治理水平明显提高。把加强青少年法制教育、预防和减少青少年违法犯罪工作纳入德育教育、精神文明建设规划，坚持法制副校长、法制辅导员定期到校上法制课制度，配合重大节日采取多种形式开展法制教育，基本普及与学生生活、学习密切相关的法律法规。

【学校安全工作】 玉溪每年投入100万校园安全专项资金，学校应急处置专项经费50万元，构建起市、县、乡镇（办）“四级”校园安全管理网络。2016年，学校安全工作切实做到七个“进一步”：安全工作组织领导进一步加强，“一岗双责”责任进一步落实，综治安全目标任务进一步明确，安全管理目标责任量化考核进一步细化，管理制度建设进一步完善，全员安全责任意识进一步强化。落实学校安全“周检月查”，将学校日常安全隐患排查整治与各类专项检查相结合，重点从17个方面120余个防控点开展好全市学校安全大检查和专项整治工作，共开展专项行动12次，学校参与率100%，共排查交通、食品、消防、防恐爆等各类安全隐患7 973起，整改7 471期，当月整改率94%。结合玉溪已进入地质活跃期的实际，开展防震应急疏散演练4 361次、消防应急疏散演练3 681次、反恐防暴应急演练1 672次、其他演练565次，基本达到中小学每月一次、幼儿园每季度一次的安全演练要求。突出以防溺水、交通安全、网络安全为重点的宣传教育活动，全市共发放告家长安全书（信）45万份，全部回收家长签字回执。落实食品安全校方责任保险工作，下达学校保险工作3个规范性文件，对义务教育阶段和非义务教育阶段学校进行督促检查，截至2016年12月31日，全市学校食堂766个，参与保险748个，参保率达97.65%。2016年，全市教育系统未发生重大安全事故，没有发生被“一票否决”的案（事）件。学校及周边治安环境整治、学校防震应急疏散演练工作分别得到公安部、省政府督查组的肯定。

（杨 雪）

【师资队伍培训】 2016年，市教育局加大师资队伍培训力度，采取内外结合、市校合作和委托培训等方式，针对不同学段、不同层次的管理和教学要求，遴选中小学校长、班主任、学科骨干教师和教研员参加国家、省、市级业务培训，培训效果良好，专业提升较快。组织实施“国培、省培”计划项目工作，遴选9位中小学校（园）长、14位县级教师培训机构培训管理者参加“全国骨干校长高级研修班、教育部—联合国儿基会云南项目”学习培训，推选9 316位教师参加“乡村骨干教师访名校项目、中小学信息技术应用能力提升工程、名师工作坊坊主、紧缺领域骨干教师、一线优秀教师技能提升研修、”等项目的学习培训，推荐2位校长参加“云南省名校长工作室”成员遴选。开展“市校合作”委托项目培训，委托北京师范大学举办“教研员专业指导能力提升”培训班，51名市、县区、学校的教研员参加培训；委托杭州师大举办“玉溪市高中校长领航班——专业能力提升”，33名高中校长参加培训；委托云南师范大学举办“第10期校级后备干部培训班”、“班主任培训班”，全市60名学校中层干部、200名初中（小学）班主任参加培训；邀请南京市一幼与玉溪市幼儿教师进行现场上课与专题讲座研讨活动，参会教师400多人。利用地方优势资源进行本土培训，举办200人参加的山区中小学语文、数学教师的培训，48人参加的初、高中地理教师培训；委托玉溪教师进修学校举办“玉溪市小学、初中领航校长高级研修班·学区建设与教育领导力提升”培训，100人参加学习培训。协调教材编写出版单位，开展教材培训，举办170多位教师参加的初中七年级历史教材培训，206位教师参加的小学一年级《道德与法制》教材培训，900多人参加的小学一年级语文、数学、初中七年级语文教师教材培训。各级各类的培训，为提高教师综合素质、打造名师队伍创造了有利条件。

为充分发挥学科骨干的带头引领作用，建立骨干教师队伍建设机制，市教育局开展骨干教师资格认定工作。市、县区审核推荐培养骨干教师564人，经省市专家评审，最终认定市级学科骨干教师499人。推荐教师参加省级名师工作室“2016年基础教育云岭教学名师评选工作”，全省共评选出云岭教学名师60人，玉溪有5人。

【教育对外交流与合作】 2016年，玉溪市加强教育对外交流与合作力度，市委、市政府与老挝政府达成教育合作协议，实施玉溪师范学院和玉溪第二职业高级中学为老挝培养30名本科生和40名中等职业专业人才项目。支持省教育厅西部人才培养计划，市教育局与迪庆州教育局达成教育支持项目，连续三年为德钦县、香格里拉县培养150名普通高中学生。市教育局与昆明苗苗科技公司合作，引进实施“荷马教育—重庆艺考”项目，组织全市部分学校、县区教科所到重庆实地考察，协助合作方在玉溪一中、师院附中、市民中等5所学校举办“玉溪市首届高考艺考美术展”，为艺考学生搭建学习交流的桥梁。立足学校实际情况，稳步推进教育合作，推荐22所中小学、幼儿园向省教育厅申报“接受外国学生资格”，推荐12所中小学参加“2016中德交流年”项目申报。2016年德语DSD项目进展顺利，首届德语班参加全球统一的DSD德语语言证书考试，取得优异成绩，德国驻成都总领事亲自到玉溪颁发证书；德语班30名同学高考成绩优异，均收到德国知名大学的录取通知书，可免费到德国大学就读。玉溪一中和玉溪体育运动学校师生赴日本、越南交流参赛申请得到批准，玉溪三中国际班教育教学正常开展。2016年国家留学基金资助出国留学人员、西部地区人才培养特别项目人员、孔子学院总部及国家汉办外派教师报名选拔等工作得到落实。为充实教育对外交流与合作力量，举办玉溪市教育系统外事翻译人员培训班、玉溪市首批外事干部培训班，全市160人参加培训学习。

【语言文字工作】 2016年，市教育局创建了9所语言文字规范化示范校、1所省级汉字书写特色学校，申报省级示范校和书写特色学校获批准。按省语委规划和市语委工作安排，组织省市级专家组对新平县三类城市语言文字规范化达标评估进行验收。以示范校创建和三类城市达标为抓手，充分发挥峨山县、江川县、澄江县、通海县、红塔区二职中、玉溪工财校6个机辅测试点职能作用，启动新平县测试系统，组织全市学校师生、公务员、机关事业和社会人员参加普通话测试，全年共测试6 500人次。

（教科所）

【红塔区获“云南省教育先进县”称号】 2016年5月，红塔区顺利通过云南省第二轮“教育先进县”省级督导评估，获得“云南省教育先进县”称号。红塔区义务教育均衡发展、学区建设、园区建设、教育信息化建设等先进经验成为周边县区的学习交流热点。甘肃省、贵阳市、重庆市渝北区、泸州市、昆明、建水、镇沅、峨山等地来考察学习。在“十三五”规划的开局之年，为红塔区教育实现“全市示范全省领先全国同步”的“十三五”发展目标，开好了局起好了步。

（张仕光）

高等教育

【省委常委、高校工委书记李培到师院调研】 2016年11月8日上午，省委常委、省委高校工委书记李培，省委办公厅副主任何巍，省工信委副主任唐文祥，省教育厅副厅长邹平，省科技厅副厅长侯树谦一行到玉溪师院就转型发展、审核评估和基础设施建设等相关情况进行调研。玉溪市委常委、市委秘书长李洪云等相关领导陪同调研。李培指出，玉溪师范学院近年来的发展健康稳健，成效明显，发展思路清晰，人才培养和服务地方经济社会发展工作成效显著，并对学校的建设发展提出要求：要紧紧围绕转型升级、内涵发展、特色发展和服务地方经济社会发展等加快发展步伐；要在学校发展定位上进行深入思考研究，找准目标定位，围绕目标定位加强学科建设和学术研究，加强应用技术型专业建设、实训实习基地建设和教育教学模式的改革；要进行特色人才的培养，在优秀人才的引进和使用方面下大功夫；要增强学生的创业创新和适应社会和市场发展变化的能力。

（廖鹏飞）

【师院课题获国家自然科学及社科基金项目立项】 2016年，根据国家自然科学基金委下发的通知，玉溪师院两位教师主持申报的国家自然科学基金项目，获得2016年度国家自然科学基金项目立项。经全国哲学社会科学规划领导小组批准，2016年度国家社科基金项目评审结果正式公布。师院3项课题获准立项，其中一般项目2项，西部项目1项，总立项经费60万元。立项课题共涉及3个学科领域，具体是：中国文学（1项），语言学（1项），中国历史（1项）。

（仲一卉　张　帆）

2016年10月27日，中共玉溪市委副书记、代市长张德华到玉溪师范学院作“共筑中国梦·同绘彩云南”2016年云南省高校百场形势政策报告会玉溪师范学院专场报告，报告以“博学慎思　厚积薄发——在跨越式发展宏图伟业中谱写青春乐章”为主题

（玉溪师院　提供）

【农职院科研工作】 2016年，玉溪农职院2项课题获得省教厅科学研究基金立项；2项课题获得玉溪市第三批科技发展计划项目立项；云南省科研基金指导性项目立项3个；院级重点课题立项1个，一般课题立项3个。申报玉溪市“十二五”教育科研先进集体1个；先进工作者1人；申报优秀成果15份。发表学术论文15篇，其中核心期刊6篇。李明福教授入选2016年度云南省“三区”科技人才支持计划。承办了云南省高等院校实践教学研讨会、云南省农业教育研究会2016年学术年会、云南省醇基燃料研究与应用研讨会。

【农职院技能大赛成绩喜人】 2016年3月，玉溪农职院在云南省中职学生技能大赛中获得7个一等奖和团体一等奖。组织学生参加省级以上学生技能大赛，在“挑战杯—彩虹人生”职业院校创新创效创业大赛中获国家级二等奖1项、省级金奖1项、银奖1项、铜奖5项、优秀奖1项、学院获优秀组织奖。在云南省第二届“互联网+”大学生创新创业大赛中获银奖1项、铜奖2项。在云南省“创青春”创业大赛中获铜奖1项、优秀奖4项。

【玉溪现代农业职业教育集团成立】 2016年11月，玉溪现代农业职业教育集团在农职院挂牌成立，制定了集团章程，组建了教学工作指导委员会、社会服务工作指导委员会、创业创新就业工作指导委员，让政府、院校、企业参与到教育教学中来，校企、校校紧密合作，发挥集团优势，整合资源，探索集团化办学的模式。发挥玉溪烟草职教集团和现代农业职教集团的龙头作用，落实推进“烟草特色专业高职学院”滇中城市经济圈重大建设项目，着力打造玉溪烟草栽培学校品牌，配合市政府积极申报滇西运用技术大学玉溪华大生物技术学院。

【农职院毕业生就业工作】 2016年6月15日，玉溪农职院举办2016届大中专毕业生招聘会，参加招聘会的用人单位56家，提供就业岗位1 230个。同时，各系根据企业、学生的需求，还自行举办多场小型专场招聘会。做好毕业生创业求职补贴申请专项工

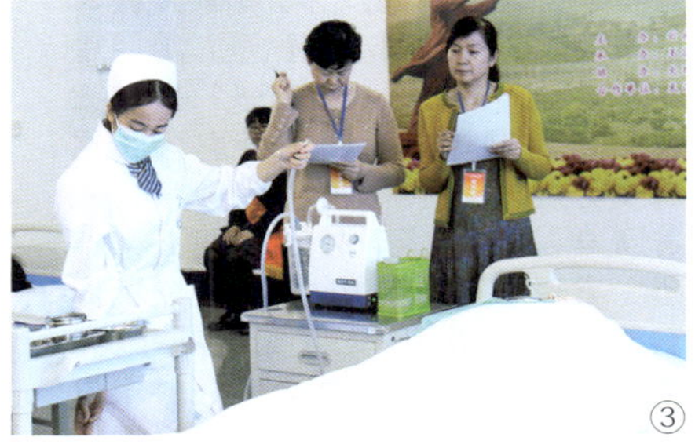

①2016年云南省中等职业学校技能大赛花卉类比赛作品展示 ②2016年云南省中等职业学校技能大赛会计类比赛现场 ③2016年云南省中等职业学校技能大赛护理类比赛现场 （吴 曦 摄）

作，207名毕业生获得求职补贴（每生1 000元），共计金额20.7万元。5月、11月学校与市人力资源和社会保障局联合举办SYB创业培训班，有260名学生接受创业培训。农职院有23个专业（方向）885名大专毕业生，就业率达到97.63%，由于工作突出荣获省高校工委、省教育厅颁发的"2016年度高校毕业生就业创业工作目标责任考核"二等奖、"2016年度高校毕业生就业创业工作质量提升奖"。

（农职院）

职业技术教育

【工贸学校强化师资队伍建设】 2016年，玉溪工贸学校着力加强师资队伍建设，推行全员进修制度，强化"硕士型""双师型""一体化"教师队伍培养，有硕士及在读硕士62人，"双师型"教师247人，技师、高级技师112人，云岭首席技师1人、云岭名师2人、云南省教学名师1人、省市级学科带头人及名师57人，中高级职称222人，高技能人才184人，中高级考评员101人。

【工贸学校举办中华经典诵读大赛】 2016年12月，玉溪工业财贸学校举办中华经典诵读大赛，全校6 000余名在校学生参赛，把经典诵读比赛与养成教育汇报表演结合起来，财经系荣获一等奖，计算机技术系、建筑与生物工程系荣获二等奖，机电技术系、汽车技术系、数控技术系荣获三等奖。玉溪工业财贸学校报送的《雅言传承文明，经典浸润人生——中华经典诵读活动案例》被评为2015年全省中小学社会主义核心价值观教育优秀案例。

【工贸学校开办"本科+预备技师"班】 玉溪工业财贸学校在2012年开办"专科+高级技工"专业的基础上，2016年开办"本科+预备技师"班，首次招生61人。工贸学校的"专科+高级技工""本科+预备技师"、高级技工学生已占在校生的40%。既优化了生源结构，又提升了办学层次，为培养高学历加高技能人才的目标奠定了坚实的基础。

（工贸学校）

【玉溪卫校迁建工作】 2016年，玉溪卫校开展迁建工作，初步确定学校的办学层次为高职，办学规模为8 000人、占地面积300亩、建筑面积206 000平方米。新校区建设规划设计工作已经完成，新校区建设已正式动工。同时，投入106余万元新建餐厅及进行教学楼、综合楼、学生宿舍、食堂的改造、修缮。

【玉溪卫生康体职业教育集团成立】 2016年11月4日"玉溪卫生康体职业教育集团"由市人民政府办公室式正式授牌成立。12月21日，玉溪卫校召开玉溪卫生康体职业教育集团专业建设和学科发展研讨会。来自省教育厅、省护理学会、昆明医科大学、市教育局、市人民医院的专家齐聚汇龙生态园会议中心，以职教集团专业建设和学科发展为题，就今后集团化办学的专业设置、开办、建设、招生、就业；学科的规划、建设、发展、教学、管理、评价、考核以及教师队伍的建设、培养和发展展开研讨。

（玉溪卫校）

普通高中教育

【玉溪一中高考工作】 2016年，玉溪一中学籍考生共计996名，文理科合计全省前20名2人，前50名3人，前100名12人；600分以上人数423人，理科303人，文科120人，占全省600分以上考生8 143人的5.19%；理科一本率为89.41%，文科一本率为87.1%。玉溪一中首届德语班30人参加高考，总分600分以上11人，一本率为94%。德语单科满分150分1人（全国第一名），149分1人（全国第二名），147分1人，140分以上共13人。德语科班级平均分137.3分，为德语科高考全国第一名，中德DSD项目全国第一。

【玉溪一中开通微信公众号】 玉溪一中于2016年10月13日开通“玉溪一中网校”微信公众号（微信ID：yxyz1925），成为云南省首家开通网校的中学。玉溪一中拟把优质的学科教育资源进行上网，将优质教学资源提供给全市高中、薄弱学校进行网络共享。

【玉溪一中第23届“求索杯”教学大奖赛】 2016年12月，玉溪一中举行第二十三届“求索杯”教学大奖赛，本届大赛邀请省外名校北京师大二附中、天津市新华中学、江苏无锡一中的骨干教师担任大赛评委，数学、物理及历史的8位教师同台竞技，评出优质课授课一等奖3人，二等奖3人，三等奖2人；8个参赛课件均为优质课件奖。玉溪一中、元江一中、元江民中、澄江一中、江川一中、玉溪三中、市民中等兄弟学校的教师共计600余人次到场进行课赛观摩活动。

【玉溪一中与同济大学开展合作】 2016年9月25日，为贯彻落实《云南省人民政府同济大学战略合作框架协议》《玉溪市人民政府与同济大学产学研合作备忘录》的精神，充分发挥玉溪一中在中等教育、同济大学在高等教育方面的优势，玉溪一中与同济大学签订了《玉溪一中——同济大学“教育教学综合改革试验基地”合作协议》。同济大学将玉溪一中列为教育教学改革试验基地，授予玉溪一中“同济大学教育教学改革试验基地”匾牌，指导帮助玉溪一中开展试验基地的成果转化，创新发展，提质增效。

（玉溪一中）

【玉溪民中高考工作】 2016年，玉溪民中学籍学生738人参加高考，100%上线，其中本科率达97.2%。一本上线人数262人，一本率达35.50%；二本上线人数379人，二本率达51.36%，一本、二本上线率达86.86%，600分以上人数达24人，占全省600分总人数的2.9‰，超额完成了市教育局下达的各项指标。

【玉溪民中教育科研】 2016年，玉溪民中教育科研取得了丰硕的成果。年度研究和结题的课题共22个（省级1个、市级7个、校级14个），其中，由杨强国主持研究的云南省教育科学规划办立项课题《提高少数民族学生高效阅读能力方法与途径研究》（立项编号BC14 017）已顺利结题，课题研究成果获“云南省基础教育课程改革典型案例”评审二等奖，玉溪市“十二五”教育科研优秀成果评选一等奖。教师在省级以上刊物发表论文56篇，教师参加市级以上课堂教学竞赛共13人获奖。

（杨强国）

【师院附中高考工作】 2016年，玉溪师院附中高考再创佳绩，稳居全市第二。应届生报考782人，100%上线，其中，一本324人，占41.43%；二本381人，占48.72%；三本62人，专科15人，本科率98.1%，二本以上（含一本）90.2%。尖子生人数有较大突破，600分以上39人（含借读生1人），一本率连续5年保持在40%以上。理科最高分679分（居全市第12名，全省第200名），文科最高分640分（居全市第21名）。2016年云南省教育厅一级高中教学质量考评获三等奖，列全省29名。

【师院附中招收迪庆籍学生】 2016年8月28日，玉溪师院附中热情接待来自迪庆州藏文中学的31名高一新生和3名跟班教师到校报到，这是玉溪市对口迪庆州教育帮扶任务招收的首届迪庆籍学生。10月25日下午，迪庆州教育局及迪庆州藏文中学领导到校看望31名迪庆籍学生及3名跟班教师，并召开了玉溪市对口迪庆州教育帮扶座谈会。

【师院附中教育科研】 2016年，玉溪师院附中教育科研成果取得突出成绩，学校荣获玉溪市“十二五”教育科研先进集体称号。学校教师在省级以上刊物发表论文17篇；教师公开课共计252节。组织5所捆绑体高中参与的每学期同课异构课堂教学竞赛；组织校级第16届“创新杯”课赛。组织8名教师参加玉溪市高中优质课堂教学竞赛，7人获一等奖，1人获二等奖。王永生获全国化学实验教学创新作品评选二等奖，周荣获省首届中小学民族团结教育说课比赛一等奖，潘华伟获得省生物实验教学说课二等奖，吴星熙获省体育优质课堂教学竞赛二等奖。在云南省“好声音”、“好身体”、“好手艺”音体美教师业务竞赛中，3人获省级一等奖、1人获二等奖；在“一师一优课、一课一名师”活动中6人获得省级优课名师称号。2016年度，顺利完成市级课题《高一新生学习适应性的问题研究》、国家级课题《普通高中特色化发展推进策略研究》结题。

（高　俊）

【玉溪新三中建设项目开工】 2016年4月11日，玉溪新三中项目建设开工仪式在红塔区高仓街道梁王坝社区玉山城内举行。新三中按照国家一级一等

2016年12月18日，玉溪师院附中代表队荣获云南省中小学卫生与健康知识竞赛高中组一等奖（李加云　摄）

高级中学的办学标准规划建设，按照54个教学班，2 700名学生（最大办学规模可达60个班3 000名学生），250名教职工的规模设计，能满足教师学生教学、生活的要求进行规划设计。项目总建设用地为13.33万平方米，项目投资估算55 242.99万元，计划2017年9月招生。

（张仕光）

特殊教育

【特殊学校获奖】 2016年4月，在中国教育学会特殊教育分会和《现代特殊教育》编辑部组织的全国第六届现代特殊教育论文评选中，玉溪特校2人获一等奖、7人获二等奖、6人获三等奖。7月在中国特殊教育分会组织的“2016年特殊教育学校职业教育教学视频评选暨办学成果展示活动”中，1人获视障教育组课堂实录作品评选二等奖，2人获听障二等奖，1人获听障三等奖；1人获听障教育组微课作品评选二等奖，8人获三等奖。

7月在福建省龙岩市举行的“放飞梦想，与爱同行”全国特殊教育学校学生美术书法作品展评活动中，国画《春色》《小荷才露尖尖角，早有蜻蜓立上头》《喜上枝头》获二等奖、国画《花开盛夏》《映日荷花别样红》获三等奖；书法《对联》获二等奖、《独坐敬亭山》获优秀奖；教师唐仕永获优秀指导奖。

（侯树平）

①2016年7月10～16日，由省教育厅主办、市特殊教育学校承办的云南省特殊教育送教上门师资培训在玉溪举行。来自全省16个州市129个县的教育局特教专干、特殊学校校长、教师共320余人参加培训。华东师范大学终身教授方俊明、北京师范大学教授肖非、上海市长宁区特教中心主任夏峰等国内特殊教育专家作专题讲座（黄晓彪　摄）②2016年6月1日，玉溪市第四届少儿文明交通训练营主题系列活动中，玉溪市二幼参加“警娃闪闪闪，交通安全一起走”活动，向孩子和家长宣传交通安全文明知识（市二幼　提供）

学前教育

【市一幼创新办园模式】 继南苑分园和万裕分园成功开园后，玉溪市一幼又积极探索“园企合作”这一新的办园模式。玉溪市一幼高新实验园于2016年9月开园，包括：市一幼高新园区国际部、市一幼亲子早教中心、玉溪市幼儿教育交流培训中心，社会效益开始显现。

【市一幼获奖】 2016年，玉溪市一幼获得省推进《指南》实验工作二等奖，第三次被评为云南省对口帮扶薄弱学校先进单位，荣获云南省节水型单位称号。《课程游戏化初探》在云南省学前教育改革会上作交流，被认定为“云南省幼儿园园长骨干教师培训基地”“云南省幼儿园课程游戏化试点园”。

（市一幼）

【市二幼与玉溪师院开展协同办学基地建设】 2016年，市二幼与玉溪师院签订协同办学基地建设协议。双方以“协同创新、深度融合”为基本原则，在教学研究、人才培养及优秀课程培训等多个方面建立长期稳定、优势互补的战略合作关系。将不定期开展教学研究，评估培养质量，重点在教育教学、师资培养、文化建设等方面开展交流合作，共建课程资源、共建教学团队，共同推动双方园校发展。

（市二幼）

青山绿水·碧玉清溪

（曾永洪　摄）

文　化

CULTURE

责任编校：王　斌

文化管理

文学艺术

群众文化

文物博物

图书电影

文化管理

【概　况】 2016年，玉溪市文化广播电视局争取上级资金7 000多万元建设一批公共文化基础设施。澄江、峨山两县文化馆及元江县澧江街道、红河街道和新平县建兴、古城街道四个街道文化站建设得到落实。全市“两馆一站”已全面免费开放。全市文化信息资源共享和农网校工程的支中心、站、点已经建成、免费开放并不断丰富。圆满完成26个省级下达的文化惠民示范村创建任务。落实各项文化惠民工程，组织业余文艺队演出10 000多场、广场文艺演出500多场、广场电影放映2 000多场、惠民演出1 140余场、省“文化大篷车·千乡万里行”文化惠民演出44场、农村公益电影放映任务5 600场。714个农家书屋和668个文化活动室全部免费开放，补充更新172.8万元图书，红塔区春和街道刘总旗农家书屋获评2016年“全国双服务”先进集体。2016年5月，红塔区、江川区、华宁县、元江县、峨山县5个县区成功创建“中国楹联文化县（区）”，玉溪市七县两区全部被授予“中国楹联文化县（区）”，至此，玉溪市成功创建“中国楹联文化城市”。推进外宣工作取得实效，完成《玉溪你好》《玉溪好在》两首歌曲创作及歌曲《玉溪好在》MV拍摄，扩大了宣传面。持之以恒开展“扫黄打非”专项工作，以“护苗”“清源”“净网”“秋风”四大专项行动为主要抓手，有力地肃清全市文化市场大环境。加大文艺创作，完成新文艺作品147个；在全市征集到花灯滇剧优秀剧本15个，甄选出9个剧本和1个花灯歌舞脚本投入编排。开展春节群众文化系列活动组织聂耳文化广场文艺演出12场、电影放映18场，各类展览7场；举办第五届青年演员大赛、建党95周年系列纪念活动、首届“富滇银行杯”广场舞大赛等活动。完成赴越南海防演出、“东盟10国外长会议”文艺晚会、全国政协委员赴玉溪调研“少数民族文艺发展现状”专题汇报演出、云南省第三届宗教界体育运动会暨文艺汇演的开幕式和闭幕式等重要演出任务。对市级非遗项目进行规划整理，录入数字库，规范管理。编写项目及工作资料集成，为国家、省编撰丛书提供大量资料。评出市级第三批非物质文化遗产项目和代表性传承人40人。继续组织国保、省保项目申报。为全市非物质文化遗产传承人落实市级补助，并将补助经费纳入年度财政预算。做好通海秀山、江川李家山、澄江金莲山、学山，新平陇西民族庄园、红塔区玉溪窑址等全国重点文物保护单位“十三五”项目申报。落实文物保护工作“五纳入”和“四有”管理。配合有关单位做好全市重点工程前期文物调勘，确保各工程项目顺利推进。做好秀山古建筑群、江川文庙、易门大营永宁寺等修缮工程的监管。督促和推进李家山考古遗址公园申报工作。推进通海兴义、澄江木棺山、江川甘棠箐、元江它当莫等遗址发掘和整理。江川甘棠箐遗址考古项目入选“2015年度全国十大考古新发现”。

【获奖文艺节目】 2016年，滇剧《水莽草》参加中国东盟南宁戏剧周荣获“朱槿花奖”，参加中国第十一届艺术节演出。大型滇剧《选才记》荣获云南省第十三届新剧目展演戏剧类综合银奖。大型花灯剧《山花》荣获云南省第十三届新剧目展演戏剧类综合优秀入选剧目奖，青年演员矣露荣获“山茶花奖”。花灯小戏《冤家亲家》、《回娘家》荣获贵州“墨韵茶香·福寿印江”省内外花灯小戏大赛一金一银的好成绩。在云南省第十一届青年演员大赛中获得1个优秀组织奖、1个育花奖、1个新艺表演一等奖、1个新艺表演二等奖、3个新艺表演三等奖、4个入选奖的好成绩。组织5个小戏、1个花灯歌舞、10位花灯、滇剧表演唱演员参加云南省滇剧花灯艺术周，分别获得一等奖、二等奖、三等奖各1个。

（尚　薇）

【云南省拉祜族文化传承与发展学术交流座谈会在新平召开】 2016年3月，新平县水塘拉祜文化节期间，云南省民族研究学会组织省拉祜族研究委员会委员来到水塘，一起体验水塘拉祜文化魅力，举行拉祜文化保护座谈。座谈立足文化本位发展理念，就拉祜族语言传承、民族骨干培养、民族村寨保护以及水塘旧哈拉祜文化传承保护过程中的先进经验和存在问题等开展讨论。各参会委员呼吁社会各界，在少数民族文化的传承和发扬中，应该回归文化本位思想，正确处理文化传承与经济发展之间的关系，避免文化的声音发展湮没在经济发展的洪流中。

（钟应生）

【国家艺术基金申报工作】 2016年3月，玉溪市2016年国家艺术基金申报工作结束，共申报大型舞台艺术作品项目3项，分别为花灯剧《山花》、民族管弦乐《古滇神音》、舞台剧《山水恋歌》；小型舞台艺术作品项目6项，分别为花灯小戏《买新牌》、群舞《三桩是鸟窝》、群舞《灯妹子》、群舞《山花烂漫》、群舞《磨盘鼓魂》、彝族群舞《祈福》；美术创作资助项目1项，油画创作《抚仙文明》；艺术人才培养资助项目1项，《西南地方戏曲联盟-云、贵、川地方戏表演艺术人才培训》；传播交流推广资助项目1项，

2016年6月29日，玉溪市纪念建党95周年文艺演出　（李万东　摄）

为《西南地方戏曲联盟——云、贵、川地方戏优秀剧目展演》。最终滇剧《水莽草》《西南地方戏曲联盟-云、贵、川地方戏表演艺术人才培训》、群舞《裙儿摆摆秧箩情》获国家艺术基金扶持。

（崔文俊）

【新增22个市级非遗项目】 2016年4月12日，市政府公布第四批市级非物质文化遗产代表性项目名录，《彝族唢呐艺术》等19个项目入选市级非物质文化遗产代表性项目名录，《彝族烟盒舞（架子乐）》等3个项目被列为扩展项目。此次入选的非遗项目涵盖传统音乐、传统舞蹈、传统技艺、传统医药、民间文学、民俗、民族传统文化生态保护区等类别，涉及面广。这些非遗项目充分展示玉溪丰富的传统文化积淀，将这些珍贵的非物质文化遗产加以保护和传承，对玉溪市文化的长远发展有着重要的意义。至年底，全市被列入国家级非物质文化遗产名录的项目有6个，省级项目25个，市级项目187个。

（王静霞）

【“玉溪花灯戏”传承人数字化采集工作】 2016年8月，市文广局完成国家级非遗项目“玉溪花灯戏”传承人数字化采集工作。采用数字多媒体等现代信息技术手段，全面、真实、系统地记录代表性传承人掌握的非物质文化遗产知识和精湛技艺，避免“非遗传承人老龄化，‘人走技失’”难题，为后人留下原真史料。陈克勤、李鸿源、朱丽云、李桂英、沈玉仙、奉桂仙6名代表性传承人通过口述、实物展示、教学等形式展示精彩技艺，讲述艺术人生。

（岳彩云）

【文化市场管理】 2016年初，玉溪市文化广播电视局开展为期3个月的县城乡镇互联网上网服务营业场所专项整治工作，整治灯光昏暗、环境脏乱的上网服务场所33家，上网登记不规范的上网服务场所5家，出动检查8 664人次，检查营业场所5 328家次，发现隐患33处，整改隐患33处，警告7家，责令改正24家，责令停业整顿1家，立案调查9家，县区查获网吧接纳未成年人9家，并给予行政处罚罚款，罚款5.6万元，改善营业场所环境24家。对12318受理的举报案件先后3次到被举报的网吧逐一进行督查落实，并对部分网吧业主采取集中约谈方式对其进行警示教育，加强信用监管。

3月15～17日，全市开展非法出版物专项检查行动，出动执法人员60人次，检查音像店7户，书店6户，收缴暂扣盗版音像制品130张。通过清查市场，严密监控网络，确保玉溪文化市场上没有销售政治性、淫秽色情和邪教等各类非法出版物的情况。

（马云祥）

【“扫黄打非”工作】 2016年，市文化广播电视局（新闻出版和版权局）联合市委宣传部、市委政法委制定2016年“扫黄打非”行动方案，制定印发“护苗”“清源”“净网”“秋风”四大专项行动方案，明确专项行动重点工作和相关责任部门，形成“扫黄打非”工作一盘棋、一张网工作格局；大力开展网上网下“扫黄打非”工作，持之以恒地开展日常监管与专项行动相结合的联合执法行动，查办以两项重大案件为代表的诸多案件，会同公安部门查处信访渠道举报案件，坚决打击利用云盘传播淫秽色情信息案，有力开展网络“扫黄打非”工作。全市出动执法人员2 735人次，检查个体摊点631个次，出版物市场327个次，印刷、复制企业、门店387家次，书报亭258个；共收缴违法出版物5 473件，处置网络有害信息1 378条，查办案件23起，有力提升全市“扫黄打非”办案能力和办案经验。

【公共文化阅览场所出版物清查】 2016年，市文广局还开展公共文化阵地服务窗口出版物清查及规范用语整治行动，对全市图书馆、文化馆、文化站、农家书屋、文保单位等875个部门的出版物、宣传图片、展览橱窗等重点部位进行全面清查，清理涉政、涉军、旧闻、医疗、教育类等非法报刊，过时的书刊、画册、宣传图片等共计524件。6月20日至7月20日，开展农家书屋等公共文化阅览场所出版物清查工作专项行动，对全市图书馆、文化馆、文化站、农家书屋、文保单位等875个部门出版物、宣传图片、展览橱窗等重点部位进行全面清查，严格清查农家书屋等出版物配置情况。检查各类书报刊近150万册，清理出涉及各领域的过时书刊、画册、宣传图片等共计1 524件、非法出版物5本，并按要求全部下架和收缴。与此同时，还对村委会（社区）的宣传栏、展板等进行清查，未发现与时政不相适应的情况。

（叶新英）

【净化暑期文化市场】 2016年7～8月，玉溪市文化市场综合行政执法支队从县区抽调部分执法人员，在全市集中开展暑期文化市场交叉执法检查行动，共出动180人次、检查经营单位20家次、其中网吧18家次，歌舞娱乐场所1家次，文化艺术考级机构1家次。此次执法行动，主要采取明察暗访的方式，重点围绕文化经营场所有无接纳未成年人、未核对有效身份信息、未按实名登记等违法违规行为；经营场所有无消防设施不齐、消防通道不畅、安全制度不落实等隐患，日常监管有无不到位等方面进行。检查过程中，共立案调查3件、移交案件1件、警告1家次。在检查的18家网吧中、涉嫌接纳未成年人进入网吧的有3家，涉嫌未按实名登记的有2家，另外1家歌舞娱乐场所曲库存在违禁歌曲，1家文化艺术考级机构资质不健全。

（杭　卫）

文学艺术

【参加省第十三届新剧目展演】 2016年1月15～27日，云南省第十三届新剧目展演在昆明举行，全省共有21台新剧目参展。市滇剧院大型古装滇剧《选才记》和市花灯剧院大型现代花灯剧《天边一抹云霞》参展，两剧目题材鲜明，具观赏性、艺术性、时代性为一体，艺术价值较高，得到社会各界的广泛关注与赞誉。经过精彩角逐，两剧共荣获7个奖项。《选才记》荣获戏剧类综合银奖，《天边一抹云霞》荣获戏剧类综合优秀入选剧目奖；市滇剧院青年演员潘亚吉荣获戏剧类表演一等奖，市花灯剧院青年演员夏毅媛荣获戏剧类表演二等奖，市花灯剧院副院长杨丽琼荣获戏剧类导演二等奖，《选才记》编剧乔嘉瑞荣获编剧三等奖，花灯剧《天边一抹云霞》荣获舞美、灯光设计三等奖的好成绩。

【参加省第十一届青年演员比赛】 2016年9月20～25日，云南省第十一届青年演员比赛在昆明举办。玉溪入选的9名优秀青年演员分别参加3个艺术门类比赛。市滇剧院陈莉依表演的滇剧

《劈棺》荣获新艺表演一等奖；市花灯剧院刘晋诺表演的花灯剧《江姐》选段、市滇剧院朱理智表演的滇剧《打神告庙》荣获新艺表演二等奖；市滇剧院樊敏表演的滇剧《金翅大鹏》，市文化广播电视局选送石羽涵演唱的歌曲《故乡巴勒莫》荣获新艺表演三等奖；市花灯剧院吴学臻演唱的《疼爱妈妈》、文化广播电视局选送孔祥伟演唱的《你在哪里啊，红莲》、市滇剧院罗晓刚表演的舞蹈《小草》、玉溪师范学院李芮萍表演的舞蹈《往日时光》荣获入选奖；市滇剧院指导教师刘芸指导的滇剧《劈棺》荣获育花奖。

【参加省花灯滇剧艺术周展演】 2016年11月10～16日，云南省"滇剧花灯艺术周"展演在文山州丘北县举办，玉溪共获13个奖项。云南省省属、州市、县级院团（校）共17支代表队，800多名演员参演比赛，展演比赛剧（节目）48个，51名花灯青年演员参加演唱比赛。市滇剧院滇剧《水莽草》受邀参加本届艺术周开幕式演出。艺术周设评小戏、歌舞、青年演员演唱三个展演类别的小戏类、歌舞类、青年演唱比赛、个人单项（含：编剧、导演、编导、音乐、表演）及组织工作等奖项。玉溪有4个花灯小戏、2个滇剧小戏、1个花灯歌舞，9位青年演唱演员入选参加比赛。经过7天的精彩角逐，市滇剧院潘亚洁荣获演唱一等奖，市花灯剧院刘丁玮荣获演唱二等奖，市花灯剧院赵孟荣获演唱三等奖，市滇剧院殷永萍荣获演唱优秀奖；市花灯剧院花灯小戏《演员与模范》和市滇剧院滇剧小戏《最美公仆》分别荣获小戏类二等奖；红塔区聂耳演艺有限公司花灯歌舞《灯妹子》荣获歌舞类三等奖；市滇剧院刘斌荣获最佳导演奖，市滇剧院杨婷荣获最佳编剧奖，市滇剧院严律荣获最佳音乐奖，市花灯剧院刘缙诺荣获表演奖，红塔区聂耳演艺有限公司李娟宇荣获最佳编导奖。玉溪市文化广播电视局被组委会授予"组织工作奖"殊荣。

（徐亚玲）

【舞台剧《秘境云南》演出获好评】 2016年10月15日，作为国家艺术基金2015年度资助项目和云南省文艺精品创作扶持资金资助项目的大型创新跨界融合舞台剧《秘境云南》在聂耳大剧院举行首场演出，至10月20日连续演出6场。《秘境云南》以云南独有的特色民族民间打击乐为主，创新性地将云南独一无二的民族民间器乐演奏及原生态民族歌舞融为一体。该剧由《林子》《寨子》《街子》《日子》四个篇章组成，通过运用大量各类特色民族竹乐的交响，配以歌声和舞蹈语言的叙述手法展现来自云南少数民族血脉中流淌的文化记忆和世代传承的艺术基因。该剧由玉溪市文化管理服务中心制作，玉溪聂耳竹乐团、玉溪师院音乐学院和玉溪市红塔区聂耳文化演艺有限公司演出。凭借独特的竹乐文化、民族文化和高质量的舞台呈现，《秘境云南》赢得广大观众好评。

（市文管中心）

【五县区荣膺"中国楹联文化县（区）"称号】 2016年5月26～29日，中国楹联学会顾问委员会主任孙本胜率队对红塔、江川区，华宁、元江、峨山县5个县区创建"中国楹联文化县（区）"工作进行实地考察验收。考察验收组通过实地考察验收、听取情况汇报、查阅相关资料、走访座谈等方式对5个县区进行全面考察验收，先后考察元江县太阳城广场"联石阵"、元江第四小学；峨山县摆依寨、岔河小学；华宁县宁州公园、泉乡广场楹联文化一条街；江川区星云铭城楹联文化一条街、孤山景区及红塔区"玉溪联墨展览馆"、玉溪三中、大营街下西古城等地的标志性楹联。考察验收组一致认为5个县（区）都符合"中国楹联文化县（区）"验收条件通过验收，并对5个县区进行授牌。同时，玉溪师院附中、玉溪三中、元江第四小学等16所中小学校获得"中国楹联教育基地"称号。至此，玉溪市"七县两区"全部获得"中国楹联文化县（区）"称号，成为全国第三个"中国楹联文化县（区）"全覆盖的地级市。

【赴越南海防市参演】 2016年5月4～9日，市文广局选派红塔区聂耳文化演出公司，21名演员携7个节目，赴越南海防市参加"解放海防61周年纪念庆典暨第五届凤凰花节"相关庆祝活动。玉溪代表团为越南海防市民带去精彩的花腰傣舞蹈《裙儿摆摆秧箩情》、傣族舞蹈《忆·傣乡》、哈尼族舞蹈《比蝴娅咪》、彝族舞蹈《嘿嘟本的姑娘》、女声独唱《花场玩歌》《打歌》、男生独唱《彝族酒歌》《哈尼情歌》、玉溪花灯舞蹈《灯妹子》7个具有地方民族民间特色的精品歌舞，在给越南海防市观众带来艺术享受的同时，进一步弘扬中华文化，促进海内外文化交流，扩大玉溪本土文化在海外的影响力。

（祝　罗）

《秘境云南》演出剧照　（李万东　摄）

2016年2月19日，昆明玉溪两地迎新春书画联展在昆明举行 （杨 勇 摄）

充分信任、创作上大力支持、生活上热情帮助，形成创新精神和创造活力竞相迸发、文艺精品和文艺人才不断涌现的生动局面。

【玉溪作家荣获多个文学奖】 2016年6月18日，第七届冰心散文奖评奖结果在河北承德揭晓，玉溪作家张丽萍的散文《一棵青菜在长大》荣获单篇散文奖，这是玉溪作家近年来荣获的最重要的文学奖项。7月23日，玉溪青年作家马玫的中篇小说《黑皮鞋、白皮鞋》荣获第十二届滇池文学奖。8月，玉溪作家钟云创作的科幻电影剧本《无忧世界》荣获北京市科学技术协会主办的2016年中国科幻原创大赛第五届"光年奖"最佳科幻剧本一等奖。

【昆明玉溪迎新春书画联展】 2016年1月28日至2月15日，昆明市、玉溪市文联共同举办"我们的中国梦"文化进万家——昆明玉溪迎新春书画联展在玉溪举行。展览共展出117幅书画作品，其中昆明57幅，玉溪60幅，这些作品都是昆明、玉溪著名书画家的代表作品，书体包括行书、草书、楷书和隶书，画种包括国画、油画、版画、水彩，题材丰富，形式多样，风格各异，或清新自然，或绚丽多彩，或浑然天成，或苍劲古朴，在艺术形式和内容上进行了有益探索，用生动鲜明的艺术形式展现了滇中大地的灵山秀水。

【王文襄刻字艺术展】 2016年4月10日，市文联、市博物馆在市博物馆共同举办"王文襄刻字艺术展"，展览共展出王文襄刻字艺术作品200多幅。王文襄是著名的民间雕刻艺术家，从事雕刻艺术40多年，精通木雕、石雕和瓷雕，尤其擅长书法石刻，被誉为"云南书画雕刻第一人"，是云南刻字艺术的重要代表之一。

【举办书法创作骨干培训】 2016年4月30日至5月2日，市文联、市书法家协会举办玉溪市书法创作骨干培训班，邀请中国书法家协会会员、南京艺术学院书法硕士、南京大学艺术文献专业博士刘东芹讲解草书字法。全市书法创作骨干40余人参加了为期三天的培训。此次培训开拓了书法爱好者的创作视野和创作思路。

6月9～13日，市文联、市书法家协会在红塔文体中心共同举办玉溪书法临摹与创作高级研修班。邀请李国胜、史焕全、陈明之、彭洪顺4位书法家到玉溪进行创作指导，全市60余名书法创作骨干参加培训。

【第五届青年演员比赛】 2016年6月14～16日，"逐梦青春——玉溪市第五届青年演员比赛"在玉溪举行。比赛由市文联、市文化广播电视局共同主办，市艺术创作研究所承办，玉溪花灯剧院协办。来自全市72名优秀青年演员的59个剧（节）目分别在戏曲组、舞蹈组、声乐器乐组里进行了激烈角逐，决胜出一等奖4名，二等奖8名，三等奖12名，同时评选出特别奖、育花奖和优秀组织奖。

【推进文艺繁荣发展座谈会】 2016年6月20日，玉溪市召开推进文艺繁荣发展座谈会。市委书记罗应光出席会议并讲话，市委副书记保明顺主持会议，副市长杨洋出席会议。各县区委宣传部部长、分管文化工作的副县区长、文化广电局局长、文联主席，市直有关单位负责人、市直宣传文化单位副处级以上干部和文艺家代表100多人参加座谈会。罗应光强调，全市广大文艺工作者要认真学习贯彻习近平总书记重要讲话精神，始终坚持正确的创作方向，弘扬社会主义核心价值观，努力推出更多思想精深、艺术精湛、制作精良的文艺佳作。罗应光要求，各级党委、政府要切实把文艺工作纳入重要议事日程，把文艺事业纳入经济社会发展总体规划和考核评价体系。要真心尊重文艺人才、热忱服务文艺工作，对文艺工作者政治上

【云南省第三届宗教界体育运动会书法绘画摄影展在玉溪举办】 2016年9月20～23日，云南省第三届宗教界体育运动会暨文艺汇演书画摄影展在玉溪举办。9月20日书法绘画摄影展开幕式在聂耳大剧院举行，省委统战部、体育局、民族宗教委员会、文联和玉溪市领导参加开幕式。展览共展出云南省19个代表团精心挑选的书法、绘画、摄影三个艺术门类的作品173幅，经省、市专家共同评选，共评选出书法类一等奖5名、二等奖8名、三等奖12名，绘画类一等奖5名、二等奖10名、三等奖13名，摄影类一等奖5名、二等奖10名、三等奖15名。

【举办红十字公益歌曲征集比赛】 2016年9月23日，玉溪市红十字公益歌曲征集比赛评奖结果揭晓。共有15首歌曲获奖，《我们的名字叫红十字会》获一等奖，《爱的图腾》《十字红》《伴随》获二等奖。自5月征集作品以来，共收到全国各地的作品200余件，其中符合征集条件的歌曲作品96件。经省、市专家的初评、复评和终评，共评选出一等奖1名，二等奖3名，三等奖4名，优秀奖7名。玉溪市红十字公益歌曲征集比赛由市红十字会、市文联主办，市音乐家协会、市文化馆协办。

【"中国梦"玉溪文学丛书出版发行】 2016年9月30日，玉溪市文联在新知（玉溪）图书城举办"中国梦"文学丛书首发式，作家李海明创作的长篇小说《抚仙湖之恋》，作家宋艳

①2016年6月16日，玉溪市第五届青年演员比赛颁奖晚会 ②2016年1月29日，玉溪市文联在聂耳文化广场举办“我们的中国梦”文化进万家——2016年迎新春文艺晚会。图为花灯戏《冤家亲家》表演（杨勇 摄）

珊创作的长篇小说《和泽人家》，以及玉溪市文联编辑的《“中国梦”散文诗歌作品集》3部“中国梦”长篇文学作品由云南人民出版社出版发行。为深入推进中国梦主题教育活动，用鲜明生动的文艺形式来宣传中国梦、阐释中国梦、弘扬中国梦，市文联从2014年开始安排“中国梦”长篇文学丛书创作活动，先后召开“中国梦”长篇文学作品创作题材规划会，举办“中国梦”散文诗歌大奖赛。

【纪念红军长征胜利80周年主题书画展】 2016年10月10～25日，玉溪市纪念红军长征胜利80周年主题书画展在聂耳大剧院举办。10月10日，玉溪军分区司令员冯潜，市委常委、军分区政治委员金志达，军分区政治部主任朱发江，副市长黎晓英出席开幕式并观看展览，市委宣传部、市文联、市文广局、老干局领导，市书法家协会、美术家协会、老干部诗书画协会和驻玉官兵代表近200人参加开幕式。展览由市委宣传部、玉溪军分区政治部主办，市文联、市文广局、市委老干部局承办，共展出作品160幅，其中书法作品87幅，美术作品73幅。

【文学创作笔会】 2016年10月17～19日，玉溪市文联主办、红塔区文联承办2016年抚仙湖文学创作笔会，邀请《滇池》主编张庆国，副主编李小松授课，红塔、江川区，通海、华宁、澄江县作者70余人参加笔会，并组织作者到红塔区太标公司生产厂区、彝族村黄草坝进行文学采风。10月27～29日，玉溪市文联主办、峨山县文联承办2016年哀牢山文学创作笔会，邀请《民族文学》编辑哈文、《滇池》编辑包倬授课，峨山、新平、元江、易门县文学爱好者60余人参加笔会，组织作者到岔河乡凤窝村、双江镇摆依寨进行文学采风。

11月4～6日，市文联、市作家协会在龙马酒店举办玉溪市2016年文学创作笔会。邀请《青年文学》主编张菁，《中国作家》编辑余胜，云南省作家协会副主席、《百家》主编胡性能授课，全市各县区的文学爱好者70余人参加笔会。

【首届“滇中艺术年展”】 2016年11月22日，首届“滇中艺术年展”在昆明云南陆军讲武堂开展。云南省文联党组成员、专职副主席黄映玲宣布开幕并参观展览，昆明、玉溪、曲靖、楚雄等四州市文联主要领导及书画爱好者共100余人参加开展仪式。展览由昆明、玉溪、曲靖市、楚雄州文联共同举办，共展出200幅书法作品，其中玉溪市50幅，所参展作品均为四州市知名书法家的近期新创作品。“滇中艺术年展”每年一届，由昆明、玉溪、曲靖、楚雄四州市文联轮流承办，以展示四州市书法、美术时代风采、创作实践、艺术成就为主旨，以抒发人民群众热爱党、热爱祖国、热爱家乡的高尚情怀为目的，通过书画艺术形式生动体现中国梦—云南篇章的崭新风貌和文艺创作实践成果。

【中国舞协、中国音协在玉溪举办专题研讨班】 2016年12月13～17日，中国舞协、中国音协深入学习贯彻习近平总书记文艺工作座谈会重要讲话精神专题研讨班在澄江县举办。中国舞协分党组书记、驻会副主席兼秘书长罗斌出席开班仪式并作专题讲座，云南省音协主席、教授陈勇作专题讲座，来自全国各地的著名舞蹈家、音乐家和艺术工作者近200人参加会议，玉溪的中国舞协会员、中国音协会员及舞蹈、音乐艺术工作者共61人参加培训。此次研讨班深入学习贯彻习近平总书记在文艺工作座谈会重要讲话和在中国文联十大、中国作协九大开幕式上的重要讲话，认真总结中国舞协、中国音协开展“送欢乐、下基层”“深入生活、扎根人民”主题实践活动的工作情况，深入研究优秀舞蹈、音乐作品和人才队伍的发展现

2016年11月5日，玉溪市文联举办文学创作笔会　　（杨　勇　摄）

状，探讨云南舞蹈、音乐创作的着眼点如何解决创作中存在的瓶颈和阻碍，文艺工作者如何学习贯彻中国梦等主题。

（杨　勇）

群众文化

【非遗项目进校园试点工作】 2016年3月，市文广局通过与中心城区重点小学对接，促成设立具有地域特征的非物质文化遗产校园传习基地，力争解决非遗保护后劲不足，传承人才队伍薄弱问题。3月3日、7日玉溪市文化馆分别授予玉溪第一小学山水校区、玉溪聂耳小学“玉溪花灯戏传承基地”、“玉溪市文化馆少儿文化活动示范基地”牌匾。基地建成后，市文化馆将通过派驻专业文艺教师定期辅导和邀请传承人到校授课“两条腿走路”的方式，积极探索通过馆校联合服务平台的建设开创一条文化传承、交流、融合与发展新途径。

（马一雄）

【通海县“者湾”书画展在新平展出】 2015年12月29日至2016年1月6日，新平县和通海县文化馆在新平县联合举办通海县省级非遗项目“‘者湾书画之乡’书画作品展”。者湾村地处通海县杞麓湖北岸小尖山与碧山脚下，山清水秀、人杰地灵，书画艺术源远流长，历史上素有“碧山墨庄”之美誉。2015年，者湾村已有中国农民书画研究会会员10人。村民们白天耕田种地，晚上挥笔弄墨、写字作画，把书画融入生活之中，歌颂党的领导、歌颂改革开放辉煌成就、赞美幸福生活。本次展览共展出者湾村农民书画作品101幅，书画功底深厚、主题鲜明，受到新平县书画爱好者高度赞誉。

（张　燕　刘　琦）

【第二届“晋福古园杯”广场舞大赛】 2016年1月16日，由市文化广电局、玉溪日报社主办，晋福古园文化传播有限公司赞助举办的玉溪市第二届“晋福古园杯”广场舞大赛在聂耳文化广场“大舞台”举行总决赛并颁奖。此届大赛发动面广，参赛队伍多，持续时间长。大赛在澄江县、峨山县和聂耳文化广场分设3个赛区，最终有229支队伍近5 000人参加10场复赛和决赛。参赛节目内容丰富多彩、形式多样，有传统的玉溪花灯、古朴的彝族“拙乐”，有蒙古、新疆舞，有现代的“的高”“健身舞”，还有“哈尼棕扇肚皮舞”等，节目整体表演水平较往届明显提高。参加表演的演员年龄最大88岁，最小7岁，更多年轻人参与大赛活动，广场舞“年轻化”趋向明显。由省、市专家现场评审打分，评出一等奖3名、二等奖7名、三等奖14名，优秀奖若干名，并评出优秀组织奖、特别奖和优秀大妈奖。

（徐亚玲）

【易门“二月二”戏会】 2016年3月10日，易门县“二月二”戏会在龙泉国家森林公园开幕。在系列文化活动中，市滇剧院进行了3天6场演出，上演新编历史故事剧《选才记》、新编滇剧《祝福》、滇剧折子戏《天宫甘露洒人间》《包公陪情》等优秀剧（节）目，吸引2万余人观看演出，让广大戏迷过足戏瘾；首届“中国梦·家乡情·广场美”广场舞大赛县级预选赛共有52支代表队、800多人参加比赛；6支表演队120名传承人举行了“龙狮献瑞·五谷丰登”非物质文化遗产项目龙灯舞、狮子舞、地会舞展演，让到场观众领略非物质文化遗产项目的迷人魅力；还举办为期3天的电影晚会和玉溪滇剧易门票友联谊会等文化活动。此外，来自易门县及周边县区的民间文艺爱好者表演的民族舞蹈、花灯歌舞等文艺活动也吸引了广大群众驻足观看。为期3天的“二月二”戏会系列文化活动既注重引进文化精品、又注重展示本土特色，群众广泛参与、内容丰富、精彩纷呈。

（易门县文化旅游广电和体育局）

【“生命摇篮·山水澄江”摄影展】 2016年5月27日，由云南省摄影家协会、中共澄江县委、澄江县人民政府和玉溪日报社联合主办，澄江县委宣传部、澄江县文化旅游广电和体育局、玉溪先锋数码影像制作有限责任公司承办的“生命摇篮·山水澄江”摄影展在市图书馆开展。本次摄影展共征集作品2 000余副，评选出一等奖1幅、二等奖2幅、三等奖3幅，优秀奖20幅，入选奖200幅。展出的200余件作品以反映澄江自然风光、城乡风貌、风土人情等为主题，以极高的艺术表现形式再现了澄江独特的自然风光，厚重的历史文化和经济发展、社会进步、生态建设等取得的成就。

（潘柯羽）

文物博物

【江川甘棠箐遗址项目入选“2015年度全国十大考古新发现”】 2016年5月16日，“2015年度全国十大考古新发现”项目在北京揭晓，由云南省文物考古研究所、玉溪市文物管理所、江川区文物管理所联合开展的“云南江川甘棠箐遗址”考古项目入选。这是玉溪文物考古第二次获此殊荣，首次入选项目是江川李家山古墓群获“1992年度全国十大考古新发现”。

江川甘棠箐遗址位于江川区路居镇上龙潭村西南约1.5千米处，抚仙湖南部。1984年文物普查时发现，1989年曾进行考古发掘。2014年10月至2015年2月，省文物考古研究所、市文物管理所、江川县文物管理所再次对其进行发掘。出土器物有石制品、骨制品、木制品、动植物化石及用火遗迹1处。其中石制品25 153件，含石核658件、石片564件、石器192件、废品（含断块、断片和碎屑等）23 739件，石制品以小型为主；出土骨制品28件，木制品30件；动、植物化石保存较好，种类丰富。

江川甘棠箐遗址是云南省继元谋人遗址之后发现的又一个非常重要的旧石器时代早期旷野遗址，遗址地层清楚且有多个文化层位，文化面貌原始而独特，文化和伴生动、植物遗存丰富。这些考古新发现对研究早期人类生存模式、人类起源与演化、古环境背景等具有重要价值。遗址发现的有机质遗物在我国和世界其它地区旧石器时代遗址中都非常罕见。遗址发现的木制品是目前世界上发现时代最早的木制品，填补了我国旧石器时代木器研究的空白，是我国乃至世界旧石器时代考古的新突破。该遗址的发现、发掘和研究无疑为东亚地区古人类本地起源的学说提供了新的佐证，再次证明了滇中高原是人类起源的关键区域。

【通海兴义贝丘遗址发掘获重大发现】 2015年9月，云南省文物考古研究所、玉溪市文物管理所、通海县文物管理所联合启动对兴义遗址开展考古发掘工作。2016年10月，兴义遗址田野考古发掘工作结束。

兴义遗址分布面积约5.2万平方米，此次发掘2个探方共200平方米。经发掘，1号探方堆积厚8.2～9.2米，区分出37个文化层、18个活动面共55个堆积层。2号探方堆积厚9.2～9.4米，区分出34个文化层、29个活动面共63个堆积层。两个探方共发现房屋18座、墓葬20座、瓮棺葬4座、灰坑6座、灰堆10座、道路4条、沟2条、护墙1道，出土陶器、石器、骨器、青铜器等标本器物1 460余件，采集各类样品600余份。根据地层堆积及出土物的不同，可以将遗存分为海东类遗存、兴义二期遗存、滇文化遗存三大阶段。兴义遗址是目前国内发掘最深的贝丘遗址，发现的海东类遗存、兴义二期遗存、滇文化遗存相互叠压的地层序列，构建了滇中杞麓湖区域距今约4 000～2 000年间的考古学文化序列，为探讨滇中地区新石器晚期至青铜时代的文化演变奠定了基础。

（张琼梅）

【峨山富良棚法嘎莫发现古人类居住洞穴遗址】 法嘎莫古人类居住洞穴遗址位于峨山县富良棚乡大寨村东南约2千米处。岩洞坐西向东，洞口宽大，洞内光线充足且空间高大宽敞。2016年7月，市文物管理所、峨山县文化馆及富良棚乡文化站组成联合工作组对该洞穴进行考古调查，并在现场采集到几件疑似石器和石化程度较高的动物骨骼等标本的基础上对洞穴内部分堆积进行了考古勘探。洞内堆积第一层为后期扰乱层，包含有大小不一的破碎砾石、动物骨骼、石器标本及陶瓷片和玻璃碎渣等现代垃圾，该层厚约0.3米，主要分布于洞口附近；第二层为原生堆积，局部堆积呈板结状，主洞及岔洞均有分布，局部厚度达1.5米以上，该层出土石器、动物骨骼等，亦发现零星灰烬层。该层下即为基岩。勘探工作获取7件刮削器、1件手斧、1件尖状器、12件砍砸器、1件石核及若干动物骨骼。综合勘探工作所获取的各种因素，初步判断该洞穴为一处古人类洞穴居住遗址，年代应属旧石器时代。

（李洪海）

【江川样板山文物调查】 样板山遗址位于江川区江城镇侯家沟村委会头嘴村后山，面向星云湖，北距李家山古墓群1千米。

2016年8月11～16日，市文物管理所和江川区文物管理所联合对该遗址进行调勘时，发现并出土一所房屋遗址。该房屋遗址坐西朝东，屋面开凿于砂岩上，较平坦，屋面四周有沟槽，东面有两级台阶，在第一级台阶上有一直径为15厘米的柱洞遗迹，南面墙也是开凿于砂岩上，北面被一条山间便道破坏。此外，还采集到大量螺壳和陶片，这些螺壳和陶片与路居光坟头遗址同地层出土相同。初步确定该遗址是一处青铜时代人类生活的遗址，为研究当地人口变化、生活状况，特别是李家山文化提供了强有力的支持。

（杨忠德）

【玉溪文物精品走进马鞍山】 2016年

2016年4月27日晚，国家艺术基金2015年度舞台艺术创作资助项目成都市川剧艺术研究院创排的川剧《尘埃落定》在玉溪聂耳大剧院上演

（李万东　摄）

1月22日，玉溪市博物馆携《穿越古滇文明之光——云南玉溪文物精品展》走进安徽省马鞍山市博物馆，开启2016年全国巡展第一站。此次展览展期为38天，展出包括古生物化石、新旧石器、陶器、青铜器、瓷器、书画、聂耳、“非遗”等玉溪文物精品151件。

【“酒瓶收藏精品展”】 2016年1月12日，由湖北省十堰市博物馆、玉溪市博物馆、玉溪市聂耳纪念馆共同主办的“酒瓶收藏精品展”暨“全国科普教育基地”揭牌仪式在市博物馆举行。此次展览为期80天，共展出十堰市酒瓶收藏爱好者黄绿林先生收藏的酒瓶118件套，展品包括永恒纪念、动物世界、人物风采、异彩纷呈、兵器世界、仿生等十余大类，反映出各个时代的文化艺术与工艺水平，折射出不同的民族习俗和审美情趣。玉溪观众从五彩斑斓的酒瓶中，品味博大精深的酒文化魅力。同时，玉溪市博物馆被中国科协授予“全国科普教育基地”的荣誉，这是对市博物馆在普及科学知识、传播科学思想、倡导科学方法、弘扬科学精神等方面工作给予嘉奖和鼓励。

【马鞍山市博物馆馆藏契约展】 2016年4月20日，为期两个月的契约中国——马鞍山市博物馆馆藏契约展在市博物馆开展，展览由马鞍山市博物馆和玉溪市博物馆联合主办，共展出契约作品89幅。分为明清、民国、新中国时期三部分，既有官契也有私契，含十余省份六十余县极具地方特色的文化信息。

【“穿越千古的云南大地之声”云南少数民族乐器展】 2016年7月29日，“穿越千古的云南大地之声”——云南少数民族乐器展在市博物馆开展。本次展览展出云南少数民族乐器200多件，展品涵括铜鼓和编钟等古代乐器及锣鼓、唢呐、二胡、三弦、月琴、木鼓、葫芦丝、象脚鼓等20余种现代民族民间乐器。

（杨 霏）

图书电影

【自助图书馆投入使用】 2016年4月23日“世界读书日”来临之际，玉溪市首个自助图书馆投入使用。市民凭二代身份证缴纳100元押金就可免费办理读者证，借阅纸质书籍、电子书、电子期刊。自助图书馆集图书阅读、信息交流等诸多便民、利民文化功能于一体，书籍包括了中外文学、人物传记、养生保健、育儿等，并定期更换以便满足读者需求。为更好地服务社区阅读，还通过无线射频以及网络远程监管，全面具备自助阅览、自助办证、自助借还、自助查询、电子图书下载等服务功能，是“互联网+”时代新型图书馆服务模式的尝试。至2016年底，全市已办理自助图书馆读者证百余张。

（潘柯羽）

【图书借阅服务】 2016年，玉溪市图书馆总藏量463 791册，其中图书408 245册，过刊合订本19 402册，报纸合订本29 976册，视听文献6 168件。完成书刊外借册次223 433，接待流通人次437 772，提供馆内读者阅览书刊1453 030册次，（其中：电子阅览15 802人次，总用时39 152.7小时，移动电子书借阅23 228册）。在对外服务工作中，市图书馆工作人员能够耐心、细致地对读者提出的咨询进行分类记录和解答，共记录读者咨询1 753条。全馆有借书证16 660个。向玉溪市五县一区和部队、监狱等23个汽车流通点及2个分馆配送图书4次，共计配送图书5 043册，累计行程4 000余千米。

【市图书馆注重开发展览功能】 2016年，玉溪市图书馆注重开发展览功能，共举办12次展览，参观人数27 408人。2月6日举办“我们的中国梦——文化进万家”玉溪市2016年迎新春楹联展，展出125幅楹联及中堂书画作品。3月1日举办李棋街道“传承与发展”文化艺术作品展，展出300余件精美的剪纸、绘画、书法、陶艺作品。4月1日举办“世界读书日”——玉溪市图书馆读者书画展，展出玉溪市书画研习社学员书画作品90余副。11月22日举办“美丽中国·美丽卡塔尔”——2016年中卡文化年·中卡摄影家作品联展，展出90幅中卡摄影家作品。

【少年儿童阅读推广活动】 2016年，市图书馆根据少年儿童自身特点，积极组织开展寓教于乐的少年儿童阅读活动72次，全市5 970名少年儿童参与活动。每逢周六、周日开展“书香悦读第二课堂”系列读书活动，组织少年儿童参观图书馆、分享绘本、亲子阅读等；开展“我是小图书管理员”公益体验活动，共28名小读者参与小图书管理员为期一个月的公益体验活动；六一节前夕，市图书馆深入玉溪市特殊教育学校和华宁县宁州镇普茶寨小学举办“六·一”系列读书活动。年内，组织播放119场少儿影片，所涉猎的内容包括经典名著改编电影、优秀国产儿童影片、世界地理探索等，接待观众达8 960人。

【免费培训活动】 2016年，市图书馆开展内容丰富的培训89次，参加人数6 111人。举办农民工免费电脑培训8期，培训学员414人次。少儿电脑免费培训6期，培训学员616人次。老年人免费电脑培训1次，培训学员62人次。免费电脑培训取得良好社会效益。7月15日红塔区校园心理热线志愿者27人进行为期两天的“心理热线志愿者培训”。4月6～8日，举办“云南省数字图书馆推广工程基层图书馆数字资源提升活动专题培训班”。9月27～28日，在华宁县举办“2 016玉溪市图书馆业务建设培训班”。

（雷 蕾）

【电影放映】 2016年，玉溪市按计划完成云南省新闻出版广电局下达的每个行政村每月放映一场电影的放映任务，同时完成好禁毒防艾、防范邪教宣传片、爱国主义影片等专题放映任务。围绕“为农村送国策、为农业送科技、为农民送文化”的公益服务目标，充分发挥出电影在新农村建设中的宣传教育作用，提高农村电影放映工程管理水平，稳定放映员队伍，提高队伍素质。全年放映农村电影5 600场，观众524 683人次；放映社区电影489场，观众63 452人次；放映广场电影284场，观众68 621人次；放映禁毒防艾、防范邪教宣传片2 446场，观众225 780人次。

【城市数字影院建设】 2016年，云南省新闻出版广电局兑现玉溪市城市数字影院建设扶持资金240万元，先征后返政策补助141万元。全市建成城市数字影院15家，共有51个厅，5 645个座位；2016年实现票房收入2 712万元，观众人数合计940 469人，有效解决县区群众看电影难问题。

（普 悦）

（曾永洪　摄）

新闻·广播电视

NEWS · BROADCAST AND TELEVISION

责任编校：王　斌

新　闻

广播电视

新　闻

【概　况】 2016年，玉溪日报社紧紧围绕年初党组确定的“报网提质、经营增效、管理规范、服务高效”总要求和各项目标任务，着力抓好重大项目建设，推进重点工作落实，改革创新发展各项工作取得了新进展、新成效。

围绕报网提质，提高宣传报道质量。按照省、市委和市委宣传部对新闻宣传工作的要求，全媒体联动，在报纸、网站和各新媒体端口开设专栏，扎实开展好重大宣传报道。进一步提升“深度报道”“经济观察”“时评”“印证·真相”等重点栏目质量，着力打造“时政深读”“红塔”“理论与实践”“看见”等品牌栏目，稿件质量和栏目影响力得到提升。开展玉溪日报文学奖、摄影奖评选。充分发挥各新媒体平台优势和特点，调整完善发布平台和内部运行机制，努力做到首创首发。继续完善玉溪网和各新媒体平台建设，实施玉溪网容灾备份系统建设，建立统一的玉溪日报全媒体采编平台，构建中央厨房，提升全媒体报道水平。完成玉溪图库建设，收集图片40万幅，行摄玉溪网正式上线，为构建玉溪影像历史迈出实质性步伐。建设完成网络舆情监测系统，做好网络舆情信息工作。

不断深化改革，推动企业发展。报社经营实现平稳发展，各公司、厂均圆满完成了年初确定的目标任务。抓好活动拓展，搞好品牌活动，弥补广告下滑的影响，举办ITF国际女子网球巡回赛玉溪站赛事、文博会、科博会、品牌汽车展、广场舞大赛、足球赛等活动，积极筹办2 017中国玉溪“哇家灯会”。做好网站、微信公众号的托管、运维和服务，努力增加收入。与诺德软件公司合作建设“淘玉溪”商务平台建设，以文创产品为重点加快推进电子商务。

加大对外联系，全力做好重点工作。继续加强与省内各高校的合作，拓宽人才培养渠道，先后与云南大学新闻学院、云南师范大学新闻学院、云南民族大学文传学院、玉溪师院美术学院和文学院签订合作协议，接收各高校47名学生到报社实习。按照省委宣传部安排，选派1名部室主任到师院文学院任教，选派7名骨干参与师院新闻专业建设指导委员会工作。加强与省内各州市报社合作，共同策划开展联合采访活动。加强与各县区合作，继续推进报社领导和各采编部门分别挂钩联系各县区通讯员工作，进一步规范特约通讯员、特约记者选拔、聘用、管理和培训。2016年为扶贫攻坚联系点元江洼垤邑慈碑村协调投入扶贫资金223.4万元，投入资金20万元用于“百千工程”联系点华宁县红甸乡村整治前期规划，投入资金4万元用于社会治安综合治理联系点峨山甸中开展相关工作。

【网络舆情监测系统建设】 2016年，玉溪日报社继续将舆情分析系统建设作为重点项目之一，在完善玉溪网和新媒体平台建设的基础上，完成网络舆情监测系统建设，先后向市委、市政府和市委宣传部信息中心报送了《七彩云南抚仙玉溪—2016年“收获金秋共谋发展”玉溪投资峰会系列活动广受全国媒体好评》等舆情专报6期，为上级领导和全市各级党委政府决策提供准确全面的信息，进一步发挥党报媒体的正确舆论引导和舆论危机化解作用。

【启动“记者下基层精品上版面”主题宣传活动】 2016年4月13日，玉溪日报社在江川区启动“记者下基层精品上版面”主题宣传活动，活动随后在其他县区陆续展开，全媒体集中对县域经济社会生态文化旅游人文民风民俗等进行全面宣传报道。截至2016年底，已在6个县区和玉溪高新区开展集中采访，累计刊发各类稿件548篇（幅），受到各级党委政府和上级媒体高度关注。

【“走进高鲁山”专题摄影活动】 2016年，玉溪日报社与红塔区委宣传部合作，开展“走进高鲁山”专题摄影活动。首批签约的39名特约摄影师先后进行了6次集中采风活动，收集了一批精美图片，丰富了玉溪图库资源。在报纸、网站和各新媒体端口撰写刊发《走进神秘幽远的高鲁山》《青山环抱中的骡马大地》《花香袭人的茶花箐》《高鲁山的“仙人脚”》《洛河乡倾力打造高鲁山旅游品牌》等一批反映高鲁山历史、地理、人文、经济社会发展的文配图稿件，为高鲁山旅游开发、招商引资做了大量宣传工作。

【“行走红河谷”全媒体大型联合采访活动】 2016年，玉溪日报社与红河日报社、楚雄日报社共同策划开展“行走红河谷”全媒体大型联合采访活动。通过3州市党报记者的笔触和镜头串联起红河流域的历史、经济、社会、文化等，让读者对红河流域各地的历史文化、经济社会发展现状有全面了解。自2016年12月6日启动以来，已组织4次采访，三家报社累计刊发稿件26篇、图片41幅，阅读量近1.4万人次。活动不仅增强了红河流域各州市党报横向联动合作，扩大宣传影响力，促进媒体融合发展，也受到了新华网云南频道、云南网、网易新闻、今日头条等20多家媒体的广泛关注。

玉溪日报社记者在江川区进行“记者下基层精品上版面”集中采访
（潘　泉　摄）

【"淘玉溪"电子商务平台上线运行】 2016年11月1日，由玉溪网新媒体发展有限公司与玉溪诺德软件开发有限公司合作开发的"淘玉溪"电子商务平台建成上线试运行。该平台致力走本土化路线，是玉溪首家展示销售本土文化创意产品的网上平台。截至年底，用户达8 203户，上线商品395种，订单数4 667单，完成交易额69 295元，实现了玉溪网电子商务零的突破。

【"两学一做"学习教育报道】 玉溪日报社把"两学一做"学习教育作为2016年宣传工作的重中之重，充分利用报纸、网络及微博微信、APP等新媒体平台，及时开设"学党章党规学系列讲话争做合格党员"栏目，以消息、通讯、图片、音视频、评论等形式，对市委、市政府和全市各级各部门开展"两学一做"学习教育进行动态报道，对专题教育过程中涌现出的典型经验、做法等进行总结报道，引导全市干部群众结合实际、典型引路，深化"两学一做"学习教育实效，形成宣传工作新格局。充分利用"时政深读"栏目，对中央和省、市"两学一做"学习教育的政策、要求进行全面解读，让"两学一做"学习教育更加贴近玉溪实际。联合市委组织部开展《"两学一做"学习教育知识问答》《党章党规知识竞答》等三个活动，丰富"两学一做"学习教育内容和形式，为深入开展"两学一做"营造浓厚氛围。

【开设"喜迎建党95周年"栏目】 2016年是中国共产党成立95周年。玉溪日报社及时在报纸、网络和各新媒体平台开设"喜迎建党95周年"栏目，对近年来在全市涌现出的先进党组织和优秀党员进行宣传报道，以先进引路、对标看齐，为全市党员干部在新时代如何立足实际充分发挥党组织的战斗堡垒和党员先锋模范作用提供了典型学习榜样，为全市"两学一做"学习教育的深入开展营造出良好舆论环境。

【"两会"报道】 2016年1月30日至2月4日，中国人民政治协商会议玉溪市第四届委员会第四次会议和玉溪市第四届人民代表大会第四次会议召开。玉溪日报社充分利用报纸、网络及各新媒体平台优势和特色，会前开设"代表风采"栏目，对部分优秀人大代表、政协委员进行采访报道，刊发市人大常委会工作综述、市政协常委会工作综述，采写报道各县区经济社会生态民生发展成就。会议期间，开设"图说两会""工作综述""提案点击""会外连线""建议聚焦""热议发展""观点.评论""履职故事""直面热点""两会现场""政府工作报告择登""县区亮点"等栏目，以消息、通讯、图片、音视频、言论等形式做好两会报道，以图片、图表等方式配合文字做好两会《计划报告》解读、《财政报告》解读、《两院报告》解读等，全方位、多角度做好宣传"两会"报道。以"网友论政""观点·声音"等栏目，畅通群众与两会代表之间的互动沟通，真正发挥出媒体作为群众参政议政的桥梁纽带作用。会后，刊登了相关工作报告。

【市第五次党代会报道】 2016年9月8～10日，市第五次党代会召开。玉溪日报社会前在全媒体矩阵平台显著位置开设"展示新成就、争创新业绩、喜迎党代会"专栏，对市委第五次党代会筹备情况、全市经济社会生态民生、全市各级各部门取得的成就等进行全面报道，配合刊发系列本报评论员文章，多形式营造喜迎党代会的浓烈气氛。会议期间，在充分利用报纸、网络和新媒体平台，对市第五次党代会开闭幕、代表团讨论、代表风采、代表发言摘要等进行动态报道的同时，积极探索新的宣传报道方式，对大会开、闭幕式进行首次手机直播，阅读量突破12万人次。会后，开设"贯彻落实市第五次党代会精神全面开创跨越发展新局面"栏目，以社论、评论员文章、时政深读、县区委书记访谈录等形式，对如何贯彻落实市五次党代会精神，何理解把握市五次党代会提出的"5577"总体思路，全市各级各部门如何结合工作实际贯彻落实市五次党代会精神等进行集中采访报道，让市五次党代会精神进一步深入人心，凝聚起争先创优跨越发展、率先在全省全面建成小康社会的强大精神动力。

【"争先创优跨越发展"大讨论大行动报道】 2016年2月22～23日，全市"争先创优跨越发展"大讨论大行动动员大会暨2016年市委理论学习中心组第一次集中学习举行。玉溪日报社及时开设"争先创优跨越发展"大讨论大行动栏目，对全市各级各部门如何结合自身实际开展"争先创优跨越发展"大讨论大行动进行全面报道，就如何实现县区"争先创优跨越发展"进行了县区委书记专访。并以经济社会发展、社会事业、文化旅游发展、城乡统筹发展、"三农"工作、生态文明建设、民主法治建设、民族工作、改革开放等系列报道方式，对全市经济社会各项事业跨越发展进行全面宣传报道，在全市掀起认真开展"争先创优跨越发展"大讨论大行动的热潮。

【继续加强扶贫攻坚报道】 为确保市委、市政府提出的"2015年强打基础，2017年消除贫困，2018年巩固提升，率先在全省全面建成小康社会"的扶贫攻坚目标，玉溪日报社继续开设"坚决打赢脱贫攻坚战"栏目，全媒体联动对全市各级各部门如何紧紧围绕市委、市政府扶贫攻坚工作目标、任务和要求，持之以恒抓好宣传报道，陆续刊登了《罗应光调研新平"直过民族"脱贫攻坚和易地扶贫搬迁工作强调锁定目标精准发力坚决打赢脱贫攻坚战》《饶南湖调研新平县扶贫工作时强调坚决打赢脱贫攻坚战》《党建带扶贫扶贫促党建富良棚乡扶贫党建双推进》《区域发展带动扶贫开发扶贫开发促进区域发展峨山精准扶贫加快推进脱贫攻坚》《平掌乡启动"直过民族"易地扶贫搬迁点建设》等一批稿件，切实发挥出党报媒体引导社会舆论的方向，激励民众意志的喉舌作用，有力促进了全市扶贫攻坚工作。

【"城乡环境综合整治行动"报道】 2016年，玉溪日报社充分利用报纸、网络、微博微信、APP等全媒体矩阵平台，开设"城乡环境综合整治行动"、"城乡环境综合整治行动曝光台"两个专栏，对全市城乡环境卫生整治情况进行跟踪报道，对存在的脏乱差和卫生死角进行曝光，先后刊发了《西家冲：把美丽乡愁留住》《右所镇强力整治进镇道路和梅玉到大坡头路段环境》《大街街道立行立改整治环境卫生》《莫让垃圾掩盖了乡愁——我市山区农村环境卫生管理现状观察》《十街乡着母旧小组环境卫生脏乱》等一批稿件，适时配发了《美好环境需要创造与坚守》等本报评论员文章，为在全市持续推进生态建设和环境保护，强化环境综合整治，持之以恒提升城乡居民文明素质，打造宜居生活环境营造出良好舆论氛围。

【“五网”建设报道】 为认真贯彻落实全省综合交通五年大会战、云南省五大基础设施网络建设规划（2016—2020年）精神，为全市“五网”建设营造一个争先创优跨越发展的舆论引导氛围，2016年玉溪日报社在全媒体平台开设专栏，紧紧围绕全市公路、铁路、航空、信息等重大项目工程建设进行全面深入采访报道，先后刊登《澄江三家村隧道左幅顺利贯通》《强力推进“五网”建设为玉溪跨越发展夯实基础》《五年投资2 422亿元实施319个项目玉溪“五网”建设按下“快进键”》《红龙路改扩建项目稳步推进》《加快“五网”建设突破发展瓶颈》《新平推进“五网”建设破解经济社会发展“瓶颈”》等一批来自工程建设一线稿件，充分展现了全市各级各部门在践行争先创优跨越发展中的精神风貌。

【海绵城市宣传报道】 2016年11月15日，玉溪市海绵城市建设正式启动。为让全市人民全面了解海绵城市理念，对玉溪建设海绵城市的理解和支持，推进玉溪海绵城市建设，玉溪日报社及时组织记者深入相关部门、建设现场等地方，对海绵城市及玉溪建设海绵城市的意义等展开全面宣传报道，先后刊登了《玉溪海绵城市“成长记”之一绿化景观提升改造工程稳步推进》《玉溪海绵城市“成长记”之二“海绵宝宝”初长成》《未来3年，国家海绵城市试点怎么建？》《我市召开海绵城市建设动员暨“六城同创”工作推进视频会建设生态宜居文明幸福的魅力之城》《我市全面推进海绵城市建设》《建设海绵城市让城市会“呼吸”》《“1+N”模式建设海绵城市多项措施全面提升人居环境》，有效发挥了党报媒体的舆论引导作用。

【开设“弘扬社会主义核心价值观”栏目】 2016年，玉溪日报社充分利用全媒体矩阵平台，开设“弘扬社会主义核心价值观”栏目，通过《晒身边好人好事为凡人善举点赞华宁“十佳百好”光荣榜传递正能量》《孝敬老人众人眼中的好儿媳——记峨山县岔河乡文山村委会茂林村民小组李红兰》《诚信经营微笑服务——记峨山慧玉彝文化传播有限公司总经理杜琼珍》《将爱心传递进行到底——记玉溪供排水有限公司职工张鹏》《身残志坚的最美村医——记峨山县大龙潭乡迭所村卫生所医生方富光》等一批典型人物报道，以身边人说身边事、身边事教育身边人的方式，引导全市广大人民群众向身边典型学习，在全社会努力培育践行社会主义核心价值观，为全市经济社会和谐稳定、持续健康发展提供重要精神保证。

【开设“奋斗的青春最美丽”专栏】 近年来，大众创业、万众创新支撑平台不断完善，相关扶持政策力度不断加大，许多有梦想、有能力、肯实干的青年积极投身创业浪潮中，用智慧和努力开启精彩人生。玉溪日报社及时开设“奋斗的青春最美丽”专栏，通过《创业路上再困难也要坚持——访云南腾达机械制造有限公司董事长杨艳春》《用心打造抚仙湖智慧旅游服务平台——记澄江映像咨询服务有限责任公司总经理陈于银》《在传承中创新在创新中发展——访宁州舒氏陶艺有限责任公司董事长兼总经理舒文照》《抓住商机实现创业梦——记新平光宇新能源有限公司总经理普兀城》《从一间小店到八家连锁超市的蝶变——记易门大掌柜超市有限公司董事长马海鹏》等一批创业典型人物的报道，配发《从劳模精神中汲取奋进的力量》《勇当时代先锋不做青春过客》等评论文章，与广大读者分享了市内青年创业典型的创业故事，展示他们的创业梦想，为激励更多青年主动作为、积极创业、成就梦想，发挥党报媒体的舆论引导作用。

【玉溪日报社获奖作品】 2016年，玉溪日报社多件作品获奖。消息《通海成立首个农村电子商务党支部——积极推进基层党建与“互联网+”相融相促》获第32届（2015年度）云南新闻奖三等奖。通讯《峨山三千二部大走亲启示录》获2015年度中国报业协会城市党报新闻奖二等奖；《仙湖波涛埋忠骨一腔热血写大爱——记“仙湖卫士”解晓峰》获2015年度中国报业协会城市党报新闻奖二等奖；《产妇大出血求救微信圈里爱心接力20名志愿者献血“6 200毫升”》获2015年度中国报业协会城市党报新闻奖二等奖；《电子商务给通海带来的发展新机遇》《让我们的坚守给你一片灿烂星空——玉溪自闭症儿童状况调查》《土地流转的玉溪热度》获2015年度中国报业协会城市党报新闻奖三等奖；《抢救哈尼“遗产”——元江保护哈尼云海梯田纪实（上、下）》获2015年度城市党报副刊奖一等奖。报纸评论《狠刹“走读风”留住干部“心”》获第32届（2015年度）云南新闻奖一等奖，2015年云南报纸副刊好作品奖三等奖，2015年度城市党报副刊奖一等奖；《莫让朋友圈“微商”变“危商”》获2015年度中国报业协会城市党报新闻奖三等奖。报纸副刊《再续通海女子洞经“爱乐”传奇》获第32届（2015年度）云南新闻奖一等奖，2015年云南报纸副刊好作品奖一等奖；《从传统手工艺到特色产业——江川铜产业的涅槃重生》获2015年度城市党报副刊奖二等奖。系列报道《“易门速度”如何实现》获第32届（2015年度）云南新闻奖三等奖，2015年度中国报业协会城市党报新闻奖三等奖。报纸漫画《莫让微信变“危信”》获第32届（2015年度）云南新闻奖三等奖。论文《从新闻采编谈地市党报的“边缘化”挑战》获2015年度中国城市党报论文奖一等奖；《副刊在新媒体形态下的守成与创新》获2015年度中国城市党报论文奖二等奖；《媒体也应发力供给侧改革》《尚用新媒体，实现报媒深读报道的更好拓展》《党报民生新闻的报道原则》《以全媒体意识传播“好声音”》《地市党报提升公信力初探》获2015年度中国城市党报论文奖三等奖；《大数据时代纸媒“文化焦虑”消除路径》获云南新闻奖论文奖二等奖。

（徐志强）

广播电视

【概　况】 2016年，玉溪市文化广播电视局完成“三台”改革合并，实现人、财、物统一管理。玉溪广播电视台新闻综合频道共播出新闻6 987条，自采新闻2 304条；公共频道播出新闻2 141条，自采新闻1 646条；两个频道在中央台播出新闻63条，云南台播出新闻751条。广播电台播出新闻10 520条，自采新闻4 080条，中央台采用50条，云南台采用501条。共编播《早新闻》《晚新闻》《新闻夜航》各224期；编播《玉广新闻》138期，重播276期，编播《新闻快报》

520期，重播2 080期。电视新闻外宣工作在全省名列前茅。广播电视节目创作取得可喜成绩，在云南新闻奖和云南广播电视奖的评选中，玉溪市共有16件作品获奖。其中，荣获云南新闻奖5件，荣获云南广播电视奖11件；电视新闻评论《两颗螺丝钉引发的讨论》、广播节目《锋行玉溪》《红河谷中太阳城——元江》3件作品获一等奖。广告经营以广告外包模式和节目创优为保障，全年创收730余万元。

广播电视事业建设稳步推进，扎实做好广播电视安全播出工作，全年播出安全无事故。加快推进高山台站基础设施建设，老尖山、龙马山和澄江县广播电视发射台列为“2016年广播电视无线发射台基础设施建设项目”，中央投入480万元资金开工建设；做好6个“2015年高山台基础设施建设项目”收尾工作；安装本地节目无线数字化覆盖设备37座，使全市90%以上的人口能免费收听收看本地节目；完成1 083套户户通后续行政置换工作，全市广播电视综合覆盖率得到保障。

进一步加强广告管理，整治虚假违法违规广告，净化荧屏声频。抓好公益广告展播，制作公益广告56条，时长39分钟；展播“图说我们的价值观”、道德榜样的力量等各类公益广告43 410条，播出时长达56 552分钟。规范播出机构管理，加强网络视听节目、电影行业管理，严厉打击治理“黑广播”和非法销售、安装、使用卫星电视广播地面接收设施行为，加大依法行政力度确保广播影视市场规范有序。

（尚　薇）

2016年中央无线覆盖工程建设试点——五脑山发射台安装建设完毕发射设备

（市文广局　提供）

【完成“三台”改革合并】 2016年，原玉溪电视台、玉溪人民广播电台、玉溪有线电视台三台合并改革工作圆满收官，实现人、财、物统一管理。并进行了广播新闻频率办公场所修缮改造、电视高清播出机房改造、电视演播室修缮改造等工程。高清电视转播车成功启用，高清电视播出系统、高清电视制作系统建设完成，广播频率迁入新址工作。与此同时，玉溪广播电视台通过与手机客户端“酷狗FM”“蜻蜓FM”合作，新闻综合广播听众群不断增加，在省内州市台中名列前茅。在推出微信公众号的基础上，加入云南广播电视台发起的新媒体联盟，媒体融合工作迈出新步伐。

（尚　薇　胡阳照）

【社教节目取得新突破】 2016年，玉溪广播电视台按照“广播电视同步走，新闻社教一盘棋”的思路，加强台内协调配合，努力推动社教节目创佳绩出精品。节目中心以《亮见》《见政》两个栏目为主阵地，制作播出一批反映玉溪当下改革发展最新成效的生动故事，收到较好宣传效果。公共频道坚持办好《警视窗》《法庭纵横》两个知名栏目，方言节目《哇家玉溪》以诙谐幽默的手法赢得更多观众的喜爱，新开办《红绿灯下》为法制宣传打开了一扇新的窗口。广播新闻频率通过《飞跃城市》加强玉溪与省内外的文化交流和地区产业特色交流，向中央人民广播电台上送稿件，在央广中国乡村之声《三农中国》《乡土乡情》《三农信息》等栏目播出社教稿件25篇，提升玉溪广播电视台的知名度。

【电视专题创作】 2016年，玉溪广播电视台完成电视专题片、微电影创作40余部。节目中心拍摄制作了江川撤县设区汇报片《江川起航》、高新区生物医药产业园宣传片《筑梦未来》、抚仙湖申报国家级旅游度假区申报片《生命起源地世界抚仙湖》、“模范好人一句话”系列公益短片，公共频道完成玉溪招商宣传片《中国·玉溪》（2016版）、澄江化石地立法保护汇报片《倾情守护》、玉溪信息产业汇报片《冲刺互联网+时代》等节目受到观众好评。与市司法局合作拍摄的五部法制微电影很好地配合全市普法宣传工作。玉溪形象宣传片《幸福玉溪》除完成中英文版的结集出版之外，还在旅交会、南博会、文博会、西博会等重要宣传场合播出，5分钟版《幸福玉溪》在云南电视台国际频道播出。

（尚　薇）

【《通海新闻》实现日播】 从2016年1月1日起，通海县广播电视台《通海新闻》实现日播。每晚20：00首播，重播3次，分别是晚22：00，次日10：00、12：00。《通海新闻》主要由“时政新闻”“民生新闻”“今日看点”等三个板块组成，“时政新闻”主要报道党和政府的方针政策在通海县贯彻落实情况；“民生新闻”主要贴近群众，关注群众的冷暖痛痒和喜怒哀乐；“今日看点”及时报道和群众息息相关的政策法规及杞麓湖水位变化情况；周末制作播出经过重新组稿、重新编排、重新主持的《一周要闻》节目。

（通海县文广体局）

【解决峨山长子河流域群众看电视难问题】 市文广局扶贫“挂包帮”“转走访”活动联系峨山县长子河流域的文山村和西就村，得知当地群众收看不到本地电视节目，局领导班子召开专题会议，制定精准帮扶计划，从有限的经费中挤出5万元专门解决这一问题。在有关部门大力配合下，安装50瓦广播电视地面数字发射机，发射玉溪电视台一、二套和峨山电视台节目，覆盖甸中镇西就村，岔河乡安居村、文山村、河外村。2016年春节前解决了长子河流域“两乡镇四个村”4 000多人口收看本地电视节目的难题。

【广播电视无线发射台基础设施建设项目】 2016年，市文广局多次深入到通海、澄江、江川等地选择地址，积极组织广播电视无线发射台基础设施建设项目申报工作。并完成建设用地、规划、环评等基础设施建设基本要素条件，反复修改整理上报材料，按时、按质、按量标准规范地向省上申报玉溪市广播电视局老尖山发射台、马山发射台，澄江县广播电视发射台、通海县广播电视发射台、江川区广播电视发射台5座建设项目。玉溪市广播电视局老尖山发射台、马山发射台，澄江县广播电视发射台建设

①

②

①2016年1月27日，玉溪广播电视台举办“魅力玉溪童心拜年”少儿迎春晚会现场（李俊义　摄）②2016年10月18日，云南农村广播扶贫攻坚在行动“广播惠农面对面”活动玉溪小分队走进峨山西就村（胡阳照　摄）

项目获国家发改委列项审批，并下拨480万元建设资金于年内启动建设。

【中心城区免费接收中央电视台数字化节目】 2016年7月，中央广播电视节目无线数字化覆盖工程试点玉溪市广播电视五脑山发射台，完成设备安装和调试工作，实现玉溪中心城区免费接收中央电视台数字化节目。

中央广播电视节目无线数字化覆盖工程是由新闻出版广电总局和财政部批准立项的公共文化服务建设项目之一。玉溪市按照广电总局规划和省广电局的要求，安装地面数字电视发射机，更新改造节目源、天馈线、塔桅、防雷接地、供配电等配套系统，一次性开机发射成功。顺利实现玉溪中心城区的观众只要使用AVS+机顶盒解码，用现有的电视机就可以免费接收到12套中央电视台的数字化电视节目。年内，全市还完成其它8个站点的设备安装和调试，完善玉溪市中央电视节目无线数字化覆盖体系。

（可春辉）

【直播卫星户户通后续建设工程】 2016年，市文广局组织实施户户通后续建设工作，全市建设安装户户通设备1 083套。根据《云南省直播卫星户户通后续建设工作方案》要求，直播卫星户户通后续建设工程于8月完成县级初验，9月底，由市文化广播电视局成立直播卫星户户通后续建设工作验收小组，对工程进行实地抽查验收，抽查8个乡镇、14个行政村、32个村民小组、168户用户，采取检查

用户信息资料、设备开通入户、安装质量、信号质量，农户满意度等方式进行抽查。经考核，1 083套直播卫星户户通后续建设安装工程达到省级要求标准，通过市级验收。

（白　波）

【广播电影电视监管】 2016年，市文广局以清查有害卫星电视节目信号和打击非法销售、安装和使用卫星电视地面接收设施违法行为为重点，扎实组织开展打击非法销售、安装和使用卫星电视地面接收设施专项治理、打击非法“网络共享”设备产品专项治理、户外电子显示屏等视听设施和网络视听节目专项治理等专项行动。进一步加强卫星电视市场日常监管，对“小锅盖”“电视棒”销售较为集中的家电销售和小商品批发市场等进行重点清理，积极探索新型非法广电设备的整治措施，实施“小锅盖”专项治理工作向郊区农村延伸。加大对涉外企业、大专院校和三星级以上宾馆酒店接收境外卫星电视节目的监管力度，严厉打击超范围接受与传输行为。做好户外电子显示屏等视听设施监管工作，坚决制止未经许可擅自播放包括新闻、影视剧、体育、科技和娱乐等各类影视与视听节目。加强与各部门的信息沟通与合作，积极打造有效的广电市场监管平台和监管机制。

【依法取缔一家非法广播电台】 2016年8月17日上午，市文广局通过监测，发现一个可疑广播电台正在播放低俗广告。经过对该频率进行追踪定位和排查，锁定该非法电台架设于龙马山半山腰的红塔区北城街道大营社区高石头村。18日，市文化市场综合行政执法支队、市工信委及市公安局红塔分局北城街道派出所联合查处、取缔一家仅开播两天的非法广播电台。经核实，该非法电台使用调频发射机发射信号，于15日开始运转，24小时循环播放一个号称《幸福驿站》的节目，内容十分低俗。

（市文广局）

①2016年4月29日，玉溪广播电视台“记者下基层精品上版面”走基层采访活动在通海县采访 ②2016年12月28日，云南广播电视台和玉溪广播电视台联合直播昆玉高铁通车

（廖　睿　摄）

【非法卫星电视广播地面接收设施整治】 2016年，市文广局继续推进全市卫星地面接收设施常态化清理整治，加大力度、保持高压态势，取得实效。各县区局针对辖区内地面卫星接收设施现状，对地面卫星接收设施的销售、安装人员和用户进行摸底清查，加大法律法规宣传力度，形成打击违法行为的强大声势。与公安、工商等部门紧密配合，多次开展打击违法私自销售、安装、使用卫星广播电视接收设施的行为。共出动107车次，440人次，开展联合执法26次，查处拆除接收设施64座，没收暂扣设施291件，取缔销售和安装点9个，发放和粘贴宣传单7 097份，广播电视广告宣传共1 649条，使全市非法使用卫星接收设施的现象得到有效遏制。

（普　悦）

青山绿水·碧玉清溪

（曾永洪　摄）

卫　生

HYGIENE

责任编校：王　斌

卫生管理

卫生监督

医疗服务

疾病预防

妇幼保健

农村卫生

血液管理

爱国卫生

卫生管理

2016年5月10日，国家卫生计生委副主任刘谦（二排右二）到玉溪调研医改工作
（杨燕梅　摄）

【概　况】 2016年，全市卫生计生系统围绕人民群众最关心、最直接、最现实的卫生问题，不断深化医药卫生体制改革，提高医疗卫生服务能力和水平，加快基层卫生队伍建设、公立医院改革、区域卫生信息化建设等工作走在全省前列，全市卫生计生工作和医药卫生体制改革工作取得显著成绩。

医药卫生体制改革是医药卫生事业发展的关键和核心。玉溪自2015年被列为第三批公立医院改革国家联系试点城市以来，始终坚持公立医院公益性质，以破除以药补医机制为关键，重点推进DRGs付费制度改革、建立分级诊疗制度、破除以药养医机制，着力推进管理体制、补偿机制、价格机制、人事编制等体制机制改革。成立了高规格的医药卫生体制改革领导小组，由市委书记担任组长，分管副市长兼任办公室主任，形成了高效的改革决策和推进机制；成立了药品采购、DRGs支付制度改革、分级诊疗等12个工作组，每个工作组制定了工作方案、明确了时间节点。经过两年多的努力，玉溪市医改工作及成绩受到了各级关注，财政部前部长楼继伟和省委书记陈豪先后作出重要批示，要求大力推广玉溪医改的做法和经验；国务院医改办、财政部、卫计委先后对玉溪医改进行了复核评价、专题调研和工作督导，省卫计委、人社厅、财政厅也多形式召开现场推进会，对玉溪医改的进展和成效给予充分肯定。

加大投入、积极争取，切实加快项目建设。加快推进市医院改扩建、市儿童医院、市急救中心等重大项目建设；市医院改扩建、市急救中心主体工程完工，市儿童医院开工建设；城市公立医院、县级公立医院、基层医疗机构改革，县乡村一体化管理持续推进；试点先行、加强规划，全面推进“互联网+医疗健康”建设；新农合稳步推进，持续惠民。2016年新农合参合人数达160.66万人，参合率98.26%，人均筹资水平提高到540元，全年共有556.22万人次享受到80 388.71万元的新农合基金补偿。建立和完善大病救助制度，住院补偿封顶线提高到不低于25万元，有6 337人次获得大病救助补偿，新农合补偿14 974.15万元。严防联控、突出治理，食品安全等工作不断加强。加快食品安全风险监测体系建设，制定《玉溪市2016年食品安全风险监测工作方案》，完成469件食品安全风险监测样品监测。开展食源性疾病监测工作，落实国家食品安全风险监测方案部署，进行了363条病原学检验，均未发现疑似食源性异常病例/异常健康事件病例。自4月1日起规范开展食品安全企业标准备案工作，共备案标准102个。人才队伍建设和科技创新力度不断加快，制定辖区卫生人才队伍培养规划并组织实施。实施住院医师规范化培训制度，2016年招收86名；9 834人参加继续医学教育；推荐省级科技人才1名，省级2011～2015年度卫生系统先进集体4个，先进个人7人。

【医疗业务与收治量】 2016年，全市医疗卫生机构诊疗人次数1 663.17万人次，比上年1 586.74万人次增加4.82%；入院病人39.5万人，比上年37.6万人增加5.1%；病床使用率为73.44%；出院者平均住院日8.5日。

【卫生机构及卫生队伍】 2016年，全市有医疗卫生机构1 394个，其中基层医疗卫生机构1 281个，市直单位8个、县区级单位44个、乡镇卫生院66个（含中心卫生院18个），街道卫生院1个，社区卫生服务中心6个，村卫生室640个；编制病床11 293张，实有病床13 238张；编制人数11 142人，实际在岗20 383人，卫技人员15 720人，占80%；有乡村医生1 955人。全市综合及专科医院61所，中医医院12所，卫生监督局10所，疾病预防控制中心10所，妇幼保健院10所，市级中心血站1所，急救中心9所，个体诊所499个，民营医院46所。市县区级卫生监督局共有职工136人，其中卫技人员119人；全市综合医院共有在岗职工8 874人，其中卫技人员7 409人，占职工总数的84.11%；中医医院在岗职工共2 095人，其中卫技人员1 795人，占职工总数的85.68%；乡镇卫生院和街道卫生院在岗职工共2 617人，其中卫技人员2 208人，占职工总数的84.37%；市、县区疾病预防控制中心共有职工551人，其中卫技人员451人，占职工总数的81.85%；市、县区妇幼保健院共有职工749人，其中卫技人员620人，占职工总数的82.78%；全市共有村卫生室乡村医生1 955人，卫生员141人，诊所、卫生所、医务室、护理站共558个，卫技人员1 551人。2015年末全市私营医院实有病床3 234张，全市基层医疗机构实有床位1 980张、综合医院7 928张、中医院2 046张、妇幼保健院261张、卫生院及社区卫生服务中心1 980张。

【卫生基础设施项目建设】 2016年，为切实履行政府举办公立医院的职责，坚持公立医院公益性，破解项目建设筹融资难题，经市政府常务会研究同意，率先在全省州市中成立玉溪医疗健康投资有限责任公司，主要负责承担卫生领域政策性重大项目的建设主体责任以及公立医院后勤服务保障任务。投资5.2亿的市人民医院改扩建项目于11月8日封顶，大楼主体工程自开工起到主体工程封顶共计用时986天，比原计划提前17天完成任务。市人民医院改扩建工程总建筑面积92 968.38平方米，占地约15亩，地下2层，地上21层，建筑高度94.1米。8月10日投资6.3亿的市儿童医院项目举行奠基仪式。澄江县九村卫生院、峨山县小街卫生院建成投入使用；10个村卫生室建设均已完工。

【破除以药养医机制】 2016年，除中药饮片外，全市公立医院已全部取消药品加成。同时，按照药品价格与质量6∶4的权重进行综合评审的方式启动药品集中联合限价采购，降低药品价格。与省平台相比，药品综合价格平均降幅约21%，全市每年至少节约采购资金1亿元左右，切实减轻了老百姓的就医负担。

【推行DRGs支付改革】 2016年，全市开展公立医院绩效考核，探索推行DRGs支付改革。强化考核结果的运用，将考核结果与财政补助、医院班子成员绩效工资挂钩。绩效分配向临床一线、业务骨干、关键岗位以及支援基层和有突出贡献的人员倾斜，合理拉开收入差距，最大限度调动医务人员积极性。玉溪自主研发了DRGs付费系统，启动9家县级人民医院新农合付费，积极探索新的医保支付制度和办法。2016年前三季度，市级三家医院医务性收入同比增长27.3%。医疗收入增幅减缓，9家县级综合医院实施DRGs付费制度改革后，次均住院费用由上年的4 131元降至3 630元，降低501元。

【分级诊疗】 2016年4月1日起，玉溪全面实施分级诊疗制度，积极探索建立完善基层首诊、双向转诊、急慢分治、上下联动的分级诊疗制度。市级医院与二级医院签订转诊协议，开辟转诊绿色通道。截至年底，全市累计上转患者22 753人次，累计下转患者933人次。

【“互联网+医疗健康”】 2016年，玉溪自主研发了市级卫生信息数据中心、市级卫生云平台，构建了玉溪“一个中心，一个平台，三大应用”的区域卫生信息化体系。截至年底，市平台已成功向省平台推送数据，与市属4家医疗机构、23家县区级医院数据中心实现对接；支撑全市75所乡镇卫生院和社区卫生服务中心、618个村卫生室等基层医疗卫生机构应用上线，综合上线率95.3%。每天登陆市级卫生云平台工作的医务人员达5 000多人次，基层医务人员使用系统年均诊疗近500万人次、入出院2万多人次、结算费用超过1.5亿元。继续加强健康医疗信息化建设，已编制完成可行性研究报告，确定了建设内容和投资规模，并启动澄江试点建设，积极构建县域全景医疗和远程协同，优化诊疗流程，为群众看病就医和加强自身健康管理创造更好条件。

【县乡村医疗服务一体化管理】 2016年，全市9个县区的17个县级医疗机构对43个乡镇卫生院进行整体托管，县区覆盖率达100%，乡镇覆盖率达64.18%。托管医院向被托管基层医疗机构派驻1 001人次，被托管医院上派512人次至托管医院学习。被托管的基层医疗机构门急诊人次增加6.37%，收入增加15.12%，住院人次减少5.7%，收入减少11.58%。

【基本公共卫生服务】 2016年，玉溪按照“组织保障、财政投入、技术指导”三到位工作机制，下达基本公共卫生服务项目资金9 874万元，人均基本公共卫生服务资金达45元。制定《玉溪市基本公共卫生服务项目考核方案》，建立健全市、县、乡三级督导、考评制度，全面加强疾病预防控制、妇幼健康服务、卫生监督执法、中医药健康管理服务四项工作。全市规范化居民电子健康档案建档率91.32%，儿童系统管理率97.3%，孕产妇系统管理率98.1%、传染病报告率和处置率100%，65岁以上老年人健

①

②

①2016年8月30日，玉溪市儿童医院开工建设（赵 月 摄） ②2016年12月4日，石学敏院士工作站协作中心挂牌仪式在市中医院举行（市中医院 提供）

康管理率保持在65%以上，管理高血压患者161 534人、糖尿病患者39 000人、重性精神疾病患者10 236人，流动人口卫生与计划生育基本公共服务均等化试点工作有序推进，初步实现了动态化管理、个性化服务、均衡性发展，扭转“重医轻防”等现象。

【中医药工作】 2016年，市委、市政府高度重视中医药工作，将中医药事业纳入国民经济和社会发展规划。市政府成立中医药工作领导小组，建立中医药工作联席会议制度，强化部门间协调配合，统筹做好中医药工作，并制定了鼓励中医药事业发展的系列优惠政策。市级财政共安排中医药专项资金133万，用于县区级中医医院、乡镇卫生院、村卫生室中医药服务能力建设。深入推进实施基层中医药服务能力提升工程，全市4个社区卫生服务中心均能提供中医药服务，占100%；全市67个乡镇卫生院，能够提供中医药服务66家，占98.5%；全市村卫生室643个，能够提供中医药服务490个，占76.2%。

【艾滋病防控】 2016年，全市完成艾滋病抗体检测611 861人份，新发现艾滋病病毒感染者和病人告知率100%，累计报告感染者和病人随访检测CD4比例达92.3%，累计报告感染者和病人的配偶/固定性伴HIV抗体检测率96%，艾滋病病毒感染者和病人接受结核病检查的比例达99.3%。

【县级医疗卫生设施建设】 2016年，红塔区中医院建设项目已纳入2017年国家公共基础设施建设项目和国家“十三五”重点项目规划，规划项目占地30亩，总建筑面积39 377平方米。9月红塔区卫生监督局和疾病预防控制中心业务用房建设项目完成房屋主体封顶，项目总建筑面积7 200.5平方米，总投资2 664.12万元。红塔区卫生计生局与云南中医学院签署教学合作协议，决定在红塔区举办“云南中医学院成人高等学历教育教学班”。

8月23日，通海县医院妇科、儿科及急诊楼建设项目开工；1月9日，澄江县人民医院与云南省第一人民医院签订“医疗联合体”医疗帮扶与技术合作协议。1月11日，澄江县医院率先在全市医疗卫生系统中引进的移动护士工作站建设项目投入使用，填补了护士站至病房的信息化空白地带。5月澄江县人民医院血液透析室投入运行，8月澄江县医院门户网站及微信公众平台全面上线运行，9月澄江县医院骨科专业成功申报为省级临床重点专科建设项目。

华宁县人民医院整体迁建投入使用，并于3月通过二级甲等综合医院评审。新院占地面积40 084.7平方米，建筑面积444 345.92平方米，编制床位250张，实际开放床位305张。全年总收入11 948.60万元，同比增长28.56%；总支出11 543.26万元，同比增长21.08%。5月华宁县疾控中心在全市率先取得“新准则”检验检测机构资质认定合格证，有效期至2022年5月4日，批准的项目共11类206项；10月，总投资7 500万元的易门康达医院迁建项目、总投资1 620万元的易门县妇幼保健院迁建项目开工。

峨山县推进卫生监督局业务用房、小街卫生院业务楼及七个标准化村卫生室（富良棚石板、翻家、婀娜，塔甸瓦哨宗、大寨，岔河青河、河外）建设，项目总投资581万元，总建设面积3 228平方米。由县中医医院与县民政局社会福利中心合作率先在全市开展峨山县医疗卫生与养老服务相结合试点工作，打造具有中医药特色的“预防、医疗、养老、养生”深度融合的健康养老服务模式。

（赵从瑛）

【启动家庭医生签约服务】 2016年8月，玉溪市在全省率先制定了《玉溪市关于推进家庭医生签约服务的实施意见》。家庭医生签约服务内容以打包形式制定，签约居民根据自身需求自主选择，分为基层服务包、普通服务包和个性化服务包，按年分别收取10元/人、60元/人和110元/人的签约服务费，其中：医保（新农合）统筹基金支付5元/人/年，基本公共卫生服务经费统筹支付5元/人/年，其余由签

新建成的华宁县人民医院　　（邓士洪　摄）

约居民个人缴费。提供非约定的医疗卫生服务或向非签约居民提供医疗卫生服务，按规定收取费用。截至12月底，开展“家庭医生签约服务”团队数948个，签约服务团队总人数2 426人，已签约395 692人，占辖区户籍人口的18.37%，其中基本服务包签约390 472人，普通服务包签约3 803人，个性化服务包签约1 417人。重点人群签约18.55万人，签约重点人群占签约总人数比例达到46.88%。

（邓雪松）

卫生监督

【卫生监督宣传】 2016年，市卫生监督局深入县区参加市“三下乡”、食品安全宣传月、安全生产宣传月等活动，为当地群众宣传《职业病防治法》《传染病防治法》《食品安全法》及《玉溪市城市二次供水卫生管理办法》等法律法规知识，发放宣传材料12类1.4万份。开通“玉溪市卫生监督局”微信公众号，及时发布更新卫监动态、法律法规、许可处罚公示，强化县区信息互通互联。

【卫生行政许可】 2016年，各县区共清理并移交实施卫生行政许可的饭馆、咖啡馆、酒吧、茶座四类公共场所共808户；将8项14子项行政许可列入市级政府部门已公布的行政许可项目目录，并做了名称变更，编制行政审批事项和拟增加的1项行政审批事项办事指南；梳理本部门8项14子项行政许可对应的“责任事项”114项、“追责情形”56项，并进行了公示。全市共受理办结卫生许可1 457件：护士执业注册1 108件，医师执业注册231件，医疗机构执业许可50件，母婴保健技术服务机构执业许可14件、母婴保健技术服务人员执业许可54件；督导审核上报全市快检设备信息156条。在“信用玉溪”网站公示行政许可信息7户，全市卫生监督员准确填写新版四大类九个专业的被监督单位信息卡37张；从全市参加双随机工作的101名卫生监督员中抽取81名，从5个试点专业的6 210户被监督单位中抽取660户进行双随机工作，完成率为97.89%，完结率为100%。

【卫生监督稽查】 2016年，卫生监督部门继续完善卫生监督稽查管理制度，清理、上报行政执法职权职责清单，全市共清理行政执法依据70项，行政执法职权职责4类，共计414项；组织开展2015、2016年度卫生计生监督执法案例征集和评选活动；7卷行政处罚案卷上报省局进行省级评选；组织开展全市卫生计生行政执法案卷评查，全市参评案卷共34件，19件行政许可案卷优秀11件，合格8件，合格率100%。15件行政处罚案卷优秀10件，合格5件，合格率100%，并开展层级稽查、局内专项稽查；举办卫生监督行政执法案卷规范培训班，统一规范全市卫生行政许可、卫生行政处罚工作；22起公共场所、医疗机构等举报投诉案全部落实。

2016年全市共办理许可1 551户，应监督8 386户，实监督7 656户，监督率91.30%，监督总户次为14 229户次，监督覆盖率100%，抽检3 658户次数，抽检件数12 549件，合格10 788件，合格率85.97%。共查处行政处罚案件72件，罚款金额114 750元。

【医疗机构准入审查】 2016年，全市给予新准入53户（医疗机构27户，母婴保健2户，医疗广告审查24户），变更76户（医疗机构63户，母婴保健13户），校验882户（医疗机构873户，母婴保健9户），暂缓校验3户（医疗机构），延续106户（医疗机构55户，母婴保健51户），注销15户（医疗机构13户，母婴保健机构2户）；对各类卫生技术人员首次注册2 035人，变更注册1 412人，延续注册1 191人，重新注册21人，注销注册17人，补证19人，改错13人。

【医疗机构监督】 2016年，全年共开展玉溪市母婴保健技术服务执业人员培训班、医疗机构行政审批、合理用药及社会办医疗机构抗菌药物合理应用等培训6期，培训各类人员986人次。全年共监督检查医疗机构8 190户次，各类卫生技术人员17 047人次，开展医疗广告监督261次；监督检查实验室生物安全163个，内镜室28个，口腔科及诊所144户，中心血站1户，临床用血单位52户，共抽检各类医疗机构472户、非产品样品1 969个；监督检查母婴保健技术服务机构66户，疾病预防控制机构10户。认真落实国家卫生计生委《禁止非医学需要的胎儿性别鉴定和选择性别人工终止妊娠的规定》，加大“两非”查处工作，监督检查医疗机构计生管理制度健全71户，未发现开展“两非”手术情况，终止妊娠手术符合要求。根据云南省医院感染管理专项督导、医疗机构血液透析室开展专项监督检查、医疗机构中药饮片管理专项检查、医疗机构依法执业专项监督检查等15项专项整治文件的通知要求，积极组织各县区开展各类专项整治15次。

【餐饮具集中消毒和学校卫生监管】 2016年，全市组织开展节日期间及专项餐饮具集中消毒服务单位监督检查工作，监督检查餐饮具集中消毒服务单位72户次，建档率为100%；共抽检餐饮具集中消毒服务单位36户，消毒备用餐具387件，检测合格385件，合格率99.48%；责令整改32户次，下达78份卫生监督意见书，对检查结果各县区及时通报相关工商和食药监部门。组织人员对9个县区餐饮具集中消毒服务单位进行监督检查及督导，并对2个县区餐饮具集中消毒服务单位负责人、从业人员进行培训。

组织各县区学校负责人、学校卫生监督协管员、乡镇（街道）卫生监督协管员进行业务知识培训。全力开展好全市春秋两季，学校卫生监督检查工作，督促托幼机构依法履行职责，规范管理。联合教育部门开展卫生监督校园行动，组织各县区开展对各类学校的督查检查，监督检查各类学校648所，监督覆盖率95.72%。检查托幼机构272所，监督覆盖率100%。开展食品安全企业标准备案工作，共审查并发布各类食品安全企业标准91个，20个标准备案正在审查之中。

【生活饮用水卫生监管】 市卫生监督局制定下发《2016年玉溪市生活饮用水卫生及涉及饮用水卫生安全产品监督抽检计划》，突出工作重点，加大监督检查力度。分别开展对集中式供水单位、二次供水单位、涉水产品生产单位的监督检查，监督率100%；应抽查二次供水设施90个，实抽查93个，完成率103.3%；涉水产品应监督抽检5件，完成监督抽检7件，完成率140%；监督检查辖区内涉水产品生产企业7家，其中管材5户，蓄水容器1户，化学处理剂1户。检查化学处理剂使用单位29户，均按要求索取化学处理剂生产企业的涉水产品卫生许可批件；检查水质处理器经营单位4家，涉及生产企业5家5个品牌均取得涉水产品卫生许可批件。监督检查现

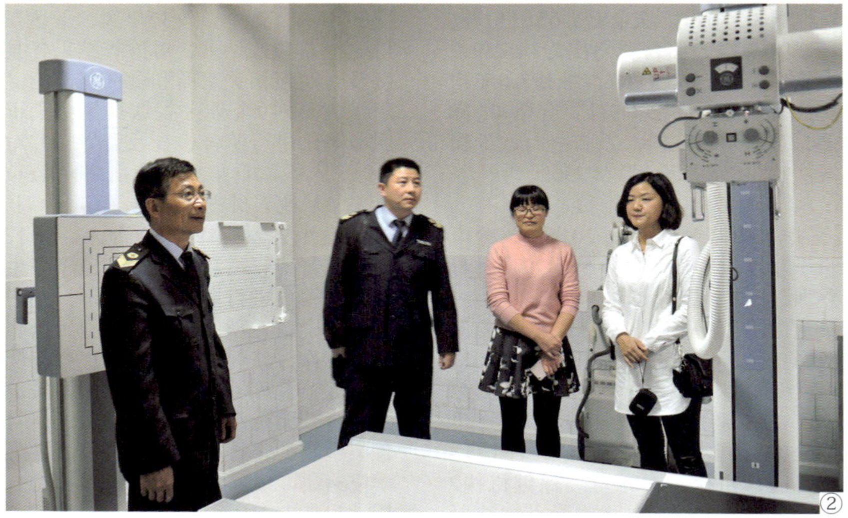

①2016年9月22日，市卫生监督局联合县区开展餐饮具集中消毒单位专项整治 ②2016年11月14日，市卫生监督局在峨山县人民医院检查放射卫生

（市卫生监督局 提供）

点监督检查；开展艾滋病防治卫生监督检查，监督检查住宿场所1 868户、娱乐服务场所185户、沐浴场所157户，持有公共场所卫生许可证达100%；共发放各类艾滋病防治宣传资料18 999份，安全套126 490个，接受咨询1 200余人次。开展集中空调通风系统卫生监督抽检。对全市公共场所量化分级管理评定3 033户。公共场所卫生监督覆盖率94.14%，共监督7 087户次，从业人员12 347名，持健康合格证及卫生知识培训合格12 115人，持证率98.1%。全市公共场所共抽检2 256户次，抽检6 693件次数，合格6 630件次数，合格率99.06%。

【消毒产品卫生管理】 2016年，全市建立了消毒产品（卫生用品类）生产企业的卫生许可和监督管理档案，消毒产品经营单位的卫生监督管理档案，对辖区内15家消毒产品生产企业及252家消毒产品经营单位进行监督检查。所检查的15家消毒产品生产企业均持有有效的《消毒产品生产企业卫生许可证》、建立了消毒产品生产的各项标准操作规程和管理制度、消毒产品进货验收登记台账、产品进出库记录、索证制度等，并按要求开展各项工作；生产流程合理，生产区各区域布局合理、生产工作人员均持有有效健康合格证。生产经营过程中，能自觉遵守并执行相关法律法规。所检查单位对自己的产品均能提供合格有效的检验报告，产品的标签说明书符合《消毒产品标签说明书管理规范》。

（杜鹏程）

制现售饮用水自动售水机经营单位3家，现制现售饮用水自动售水机的应用现场5个。联合市疾控中心开展生活饮用水卫生监督检测3次，抽检市自来水公司出厂水、末梢水、二次供水及居民生活区直饮水等80个水样，经检测合格率98.75%，不合格的1个直饮水供水单位已按要求进行整改。

【职业放射卫生监督管理】 2016年，全市共有放射诊疗单位117户，取得《放射诊疗许可证》99户，持证率85%；共有放射工作人员591人；放射诊疗设备222台，经放射诊疗许可的193台。监督检查放射诊疗单位122户次，监督率达100%；放射工作人员591人，接受个人剂量监测580人，监测率98.13%；放射工作人员应健康体检591人，实体检567人，体检率95.93%。放射诊疗设备和放射诊疗场所检测，全市共有放射诊疗设备222台，放射诊疗设备实检测190台，检测率85.58%；放射诊疗场所应检测219个，实检测192个，检测率87.67%。放射诊疗建设项目职业病危害评价，应做建设项目职业病危害（放射防护）预评价报告11项，实做11项，占100%；应做建设项目职业病危害（放射防护）控制效果评价12项，实做11项，占91.66%。对2户职业病诊断机构和7户职业病健康检查机构及1户放射卫生技术服务机构进行监督检查，未发现违反法律法规情况。

【公共场所卫生监督管理】 2016年，市卫生监督局对10家游泳场所进行重

医疗服务

【受表彰单位及个人】 2016年，市人民医院三届蝉联“全国百姓放心百佳示范医院”称号。被认证为“中国胸痛中心”（省内只有两家）。荣获“全国脑卒中防治工程示范基地医院”“全国高级卒中中心建设单位”“全国2016改善医疗服务示范医院”“全国综合医院中医药工作示范单位”“全国优秀红手环志愿单位”“2015年度全国医院医疗保险服务规范示范医院”“2015年云南省医院感染横断面调查优秀单位”等荣誉。儿科获评省级重点专科建设项目，心内科授牌为“中国基层医师心血管疾病培训示范中心”，医保科

被评为“2015年度全国医院医疗保险服务规范示范岗位”，市医院宣传片《新玉医记》荣获中国医影节最佳剪辑奖；在全国“2016药学服务创新大赛”上“冷链药品管理”和“药师门诊”两个项目分别荣获优胜奖、优秀奖，干疗科“畅悦圈”获第四届全国医院品管圈大赛三等奖。

市人民医院院长张竣荣获“2016年中国优秀医院院长”和“云岭名医”荣誉称号，副院长郝应禄被评为“中国基层医师心血管疾病优秀培训师”，神外一科副主任王和平及医务科刘昌盛被中国卒中学会评为“优秀红手环志愿者”，医保科主任周玲获“2015年度全国医院医疗保险服务规范示范个人”，医务科马艳华被评为“全国百姓放心示范医院优秀工作者”，感染科主任赵丽惠获“云南省第三轮禁毒和防治艾滋病人民战争先进工作者”，急诊一科副主任陈斌获“云南省医德标兵”，财务科副主任苏丽娟获“云南省先进会计工作者”，急诊医学科周俊获“云南省第三批岗位学雷锋标兵”。

11月，市中医医院获云南住房和城乡建设厅授予的“云南省节水型单位”称号。梁兵、范德斌获云南省荣誉名中医殊荣，吴治恒、钟琼仙获云南省名中医殊荣。9月25日，首届云南省“互联网+中医药”发展论坛暨“云南中医”两周年工作总结表彰大会对11位“云南省中医药学会首届最美中医”进行表彰，民族民间医药科主任龙启顺受表彰。11月10日，洪欣、刘金宸、邹春发在“新世纪药业杯·2016年云南省中医药传统技能大赛总决赛”中获“技术能手”荣誉称号。

【医院管理及技术创新】 2016年，市人民医院在原有6种挂号方式的基础上推出“趣医院APP”预约平台，实现了分时段预约挂号；增设头痛、痛风、胸痛中心、妇科、产科、耳鼻喉科等16个专科专病普通门诊，更新升级了门诊氧疗及超声雾化治疗室、亚健康调理门诊、挂叫号服务系统，协调增设120余个门诊临时停车位，进一步改善了医院诊疗环境。4月25～27日，市人民医院完成40个临床医技科室申报的140余项新业务新技术准入审核评审。自5月28日起，市人民医院全面推行实名制就医。3月1日起，市医院健康体检中心开展机动车驾驶员体检互联网平台业务。6月12日，呼吸内科成功完成两例患者的“电子支气管镜下气管狭窄部位球囊扩张手术”，填补了市经支气管镜球囊扩张术的空白。7月25日，市医院继省附一院后正式开启遗传性耳聋检测。心电图室新添心电网络系统数据共享、新型经食管心房调搏术促心电数据分析、新型直立倾斜试验为晕厥患者诊查等三项新业务。神经外一科、骨外二科、普外一科先后成功开展了颅脑手术术后患者的早期综合康复治疗、突发室颤和全身多处骨折患者救治、全腹腔镜下肝左外叶切除术。3月27日市医院针灸推拿科正式开科开诊。“快速康复外科”自推行以来，成效显著。

年内，市二院对内外科住院大楼，精神科封卫浴设施进行装修改造，改善住院环境。儿少精神科优质护理服务病房通过了上级卫生行政主管部门的验收。市二院11个优质护理服务病房均已通过验收，优质护理服务病房覆盖率为100%。

市中医医院“骨质疏松专科门诊”等一批特色门诊开诊运营；制定并执行临床路径标准流程32个；9月开设中医门诊综合治疗区，开展艾灸、拔罐等八项中医疗法。2016年10月15日至2017年1月22日，举办的首届膏方节深受百姓热捧，共有近5 000名群众前来咨询和开方剂，开出3 600多剂膏方；11月10日，主任医师、副院长徐欣成功完成市中医院首例腹腔镜下左半肝切除术，此手术在国际国内均属前沿领先水平，标志着市中医医院微创外科技术水平又上新台阶。1月市中医院加入云南中医医院集团，在医疗、护理、教学、科研、管理、信息化等方面与集团内106家医疗机构开展合作。

【医疗设施建设】 2016年11月29日，玉溪市院前急救质量控制中心成立，对全市院前急救的行为规范、工作规范、通讯调度管理、医疗护理管理、救护车辆、急救装备配置、教育培训等8个方面做出了相关标准要求，有序规范玉溪市院前医疗急救管理与质量控制体系。

2016年，市二院对内设机构进行调整，将内设机构数量由35个调整为27个，新设门诊部、总务后勤装备部、睡眠医学科、情感障碍科。9月18日，市二院与昆明医科大学第一附属医院、中国精神科医师协会云南分会合作签约挂牌成立曾勇基层专家工作站。9月30日，市二院精神病患者康复治疗中心投入使用，康复中心设置音乐治疗室、体育治疗室、书法绘画治疗室、棋牌室、手工作业室、阅览室。11月28日，市二院正式挂牌成为昆明理工大学附属玉溪医院，成为全省州市精神专科医院中第一家省级高校附属医院，2人被聘为昆明理工大学硕士研究生指导教师。

2016年3月，玉溪市首家骨质疏松专病门诊在市中医医院开诊，医院引进骨质疏松治疗仪，利用磁疗的原理，增加骨密度，缓解患者的疼痛。检验科引进一批新设备投入临床使用，大大提升了检测速度和检验的准确度、精密度；9月引进安装双能X线骨密度仪（好乐杰，DiscoverA型号）。10月市中医医院启动建设重症监护病房（ICU），设置床位16张，进一步提高医院的急

2016年10月，市中医院举办首届膏方节　　（市中医院　提供）

救抢救能力和水平。

【人才培养与学科建设】 2016年，市人民医院成功申报国家自然基金项目1项、省教育厅基金项目1项、省科技厅科技项目联合专项1项、省科技厅青年博士基金项目1项，公开发表学术论文194篇，发表SCI论文10篇，医院累积发表SCI论文20篇；医院新增云岭名医1人、云南省中青年学术技术带头人2人、云南省高层次卫生技术人才1人、市中青年学术技术带头人29人、市卫生系统学术技术带头人13人，新增正高11人，副高26人，博士1人，硕士9人、硕士生导师5人。2月，经省卫计委同意，市人民医院开展"人类辅助生殖技术夫精人工授精（AIH）"筹建工作；12月27日省医师协会组织专家组对市医院新申报的四个住院医师规范化培训专业基地进行现场评审，市医院住院医师规范化专业培训基地增至20个。

2016年，市二院举（承）办了"玉溪市医学会心身医学专业委员会一届二次学术年会暨精神及心理相关疾病诊疗新进展讲习班"和"玉溪市第四届第三次精神科学术年会暨精神分析聚焦心理创伤修复培训班"和"睡眠障碍与癫痫治疗进展培训班"3个继教项目。

2016年，市中医医院年度科研立项14项；青年医师壮云翔作为云南省唯一一名入选中国医师协会到海外进修的56名青年医师之一，到美国顶级骨科医学中心进行为期三个月的学习；全国老中医药专家学术经验继承人徐金柱由成都中医药大学授予临床医学专业博士学位；"段其昌全国名老中医药专家传承工作室"获国家中管局批准建设；12月"中国卒中联盟脑卒中中心"落户玉溪市中医医院。

【院前急救】 2016年，玉溪市急救中心受理呼救32 087人次，有效受理呼救8 664人次，其中有效受理院前急救呼救6 297人次，较上年同期的6 142人次，增加155人次，较上年同期增长2.5%；完成院前急救5 277人次，较上年同期的5 196人次，增加81人次，较上年同期增长1.6%。受理长途转运2 414人次，完成长途转送2 071人次，较上年同期的1 924人次，增加147人次，同比增长7.6%。共受理危重患者810人，抢救危重患者808人，危重患者处置率99.8%；抢救过程中采取CPR80人次，成功20人次，CPR成功率25%。提升调度能力稳步，总体实现"一分钟调度，二分钟出诊"要求。在每次调度中，做到急救电话接听时间平均不超过5秒，调度派车时间平均不超过51秒，急救电话受理时间平均不超过60秒。日平均完成院前急救调度17次，日平均完成转院返送调度7次。

【市戒烟门诊试点建设项目启动】 2016年1月6日，云南健康素养促进行动项目玉溪市戒烟门诊试点建设项目启动仪式在市人民医院举行，全市多家医疗机构的相关人员参加了启动仪式并接受控烟知识培训。据统计，自2010年开设戒烟门诊以来，到该门诊咨询的患者数量已由2010年每月五六人上升到2016年的每月220余人。

【尿毒症透析治疗救助】 自2013年《云南省尿毒症透析治疗救助工作方案》在全省各州市陆续启动以来，市人民医院作为州市医院中首家开展尿毒症透析治疗救助工作的三甲综合医院，三年来联合各县区医院，为尿毒症透析患者展开透析救治服务。2016年7月1日，七县一区（红塔区除外）均已顺利开展血液透析治疗，圆满完成"云南省尿毒症透析治疗救助工作"，成为云南省最先完成此项工作的州市。

【精神卫生】 2016年，市二院与公安、民政、残联、疾控多部门协作，派出技术骨干专家200余人次到华宁、通海、峨山、澄江、江川、元江、新平县筛查、复核诊断评估严重精神障碍患者10 000多例，确认患者8 386例。精神残疾鉴定199例。与各县区公安局协作处置严重精神障碍患者肇事肇祸事件120件，与各县区卫计局、疾控中心协作，开通"绿色通道"处置严重精神障碍患者肇事肇祸事件30件。与市综治办上报解决肇事肇祸事件1例。接收原江川工疗站70名重精患者到市二院治疗；与红塔区民政局签订"三无"人员的医疗服务协议。市二院扩充心理咨询与治疗的人员，配置工作人员4人；与市总工会协作，为全市职工开展现场心理咨询506人次，预约咨询82人次，来电心理热线咨询50人次，心理测查1 634人次，智力测查155人次。开展心理健康讲座近20期，培训近1 600多人，为全市职工提供专业优质的心理卫生服务。

【对外合作、交流】 2016年1月20日，意大利DiaSorin生物医学技术诊断有限公司亚太区诊断技术总监ValentinaAnro'及Diasorin中国区医学科学事务部江阳博士到市医院访问交流；8月16日，美国约翰霍普金斯大学医学院教授Dr.Yazdi等一行10人到医院就起搏器技术相关内容进行交流访问。8月31日至9月2日，"2016沪滇合作医院文化建设论坛《医院文化管理的理论与实践》"在玉溪召开，上海瑞金医院杨伟国书记、市医院张竣院长签署"以党建为纽带，促进学科、人才、文化建设合作"框架协议书。

3月25日，法国科学博士、巴黎第六大学居里医学院朱勉生专家工作站在市中医院设立工作室并举行"朱勉生专家工作站玉溪工作室"的授牌

2016年9月18日，市二院与昆明医科大学第一附属医院、中国精神科医师协会云南分会合作签约挂牌成立曾勇基层专家工作站（市二医院 提供）

仪式。5月7日，上海市第二军医大学长海医院古航教授莅临市中医院，就“产科疾病相关问题的应对”进行学术交流；7月，市中医医院与香港大学专业进修学院合作，安排19名香港大学专业进修学院推拿专业的学生到医院进行实习，扩大了医院在港澳地区的影响；12月4日，云南省石学敏院士工作站协作中心在市中医院挂牌落户，标志着市中医院在推进学术合作方面迈出了新步伐。

【医疗对口支援】 2016年6月14日，市人民医院儿科、妇产科、心胸外科、急诊外科、心内科5名医疗骨干组成的对口支援医疗队抵达怒江州兰坪县人民医院进行新一轮的对口支援工作。

市二医院与各县区综合医院、卫计局签订对口帮扶精神科责任书，制定《对口帮扶实施工作方案》。实行精神科与县级综合医院“科对县”的对口帮扶形式。

市中医医院对江川、元江、新平对口支援派出18人；按要求完成基本公共卫生服务项目中医包考核工作；扩大基层全科及技术骨干培训。

（杨　丽　纳全龙　李钰雯）

疾病预防

【甲乙类传染病发病情况】 2016年，全市无甲类传染病报告，共报告乙类传染病13种3 176例，较上年同期（3 947例）下降19.5%；死亡19例，比上年同期（9例）上升90.0%；发病率144.9/10万，较上年同期（180.6/10万）下降19.5%；死亡率0.9/10万，较上年同期（0.5/10万）上升80.0%。发病数顺位：肝炎（1 130例）、梅毒（763例）、肺结核（635例）、猩红热（216例）伤寒副伤寒（125例）、痢疾（119例）、淋病（79例）、艾滋病（78例）、布病（20例）、乙脑（5例）、疟疾（3例）、麻疹（2例）、狂犬病（1例）。

【突发公共卫生事件处置】 2016年，全市共报告突发公共卫生事件31起（学校20起，发病712例，波及14 024人，无死亡病例，罹患率为5.08%），累计发病863例，事件波及17 137人，罹患率5.04%，报告死亡8例，病死0.93%。其中传染病暴发疫情23起，发病557例，报告死亡1例（狂犬病）；突发中毒事件8起，发病306例，死亡7例（食物中毒6起，发病301例，报告死亡5例；其他中毒2起，发病5例，死亡2例）。所有突发公共卫生事件均按照属地管理、分级响应的原则，得到了及时、规范处置。

【疫情管理】 2016年，全市专项督导检查167个疫情报告单位，覆盖率达100%；对红塔区、通海县、元江县和市级共计28个单位进行法定传染病漏报调查、疫情管理和突发公共卫生事件报告情况进行质量督导检查，共抽查门诊日志、检验及影像登记和出入院登记531 680人次；共查出11种法定报告传染病362例，漏报7例，总漏报率1.93%，报告及时率98.6%。

【鼠疫、霍乱监测防治】 2016年，疾控部门继续深化鼠疫防治联防工作，巩固联防成果，县、乡、村三级联防网络不断完善。“零报告”108月次，报告符合率、及时率均为100%；全市共设监测点110个（2个固定监测点、108个流动监测点），布鼠笼35 124个，捕鼠758只，鼠密度2.15%；全市完成鼠脏器培养3 471份，鼠蚤培养1 342组，超额完成省级下达指标任务；结果均未检出鼠疫杆菌，鼠血清检测1 386份，未检出F1抗体阳性标本。全年共检测腹泻病人粪便标本731份、外来海产品143份、外环境污水标本305份，均未检出霍乱弧菌。

【结核病监测防治】 2016年，全市共发现结核病患者656例，其中活动性肺结核病人654例，完成任务数的107.92%。其中，新发涂阳肺结核病人231例，复治涂阳16例，涂阴肺结核病人351例，结核性胸膜炎56例，肺外结核2例。全市医疗机构结核病防治参与率100%，医疗机构报告肺结核病人或可疑病人2 220例。涂阳病人治疗满2个月痰菌阴转率93.51%，治疗满3个月痰菌阴转率97.84%；新发涂阳病人治愈率98.48%，复治涂阳病人治愈率94.74%；涂阴肺结核病人完成疗程率98.45%。

【手足口病的监测防治】 2016年，全市共报告手足口病8 876例，其中，重症病例51例，未出现死亡病例。累计采集并检测病例标本571份，检出阳性221份，阳性率38.70%。病毒构成EV71型64份，占28.96%，CoxA16型111份，占50.23%，其它肠道病毒46份，占20.81%。

【狂犬病防治】 2016年，全市共接种狂犬疫苗50 184人份，人狂犬免疫球蛋白5 689剂次；发生一犬伤多人事件5起，所波及14人均采取免疫措施，随访3个月，未发生狂犬病；加大对犬伤门诊的检查指导力度，提高犬伤人员规范处置水平；做好与畜牧部门沟通、协调工作。发生犬伤病例1例（易门），卫生、畜牧等部门通力合作，科学划定疫点、疫区，进行规范处置。

【流感、禽流感、人禽流感和SARS监测防治】 2016年，全市流感监测哨点医院报告的流感样病例数1 575人，占门诊病例总数的0.47%；对1 478份标本进行流感病毒RT-PCR核酸检测（通A和通B）和MDCK细胞的分离培养（型别鉴定有四型：甲型H1N1、H3N2、BY亚型和BV亚型），其中阳性数为77份，阳性率为5.21%。77份流感病毒毒株血凝滴度均高于16，使用国家流感中心抗血清进行血凝抑制试验，试验结果特异性明显。主要型别为乙型流感病毒Victoria系列31份，Yamagata系列21份，其次为新型甲型H1N1流感病毒有17份，季节流感病毒H3N2有8份。

全市共报告聚集性流感疫情6起，无死亡病例，采集暴发疫情病例标本26份，通过快速核酸RT-PCR检测，共检出核酸阳性标本12份，阳性率为46.15%。开展禽类职业暴露人群及相关环境监测，共完成人血清标本408份，环境标本396份的采集及检测工作。

【麻风防治】 2016年，全市共走访疫村74个，访问12 591人，走访非疫村5 620个，访问112 358人，体检患者家属127人；共报告麻风病线索350条，核查率100%；发现麻风病2例。全市累计发现麻风病2 397例，其中多菌型1 164人，少菌型1 233人；累计治愈1 963例，累计死亡380例，红塔区、江川区、澄江县、峨山县、新平县、元江县已达到国家规定的麻风病控制指标并通过省级验收达标。

【布鲁氏菌病的监测防治】 2016年，全市采集（除元江县）屠宰、养殖、兽医、乳、肉加工人员等职业人群及部分家属血清680份，用试管凝集（SAT）（WS269-2007）进行血清抗

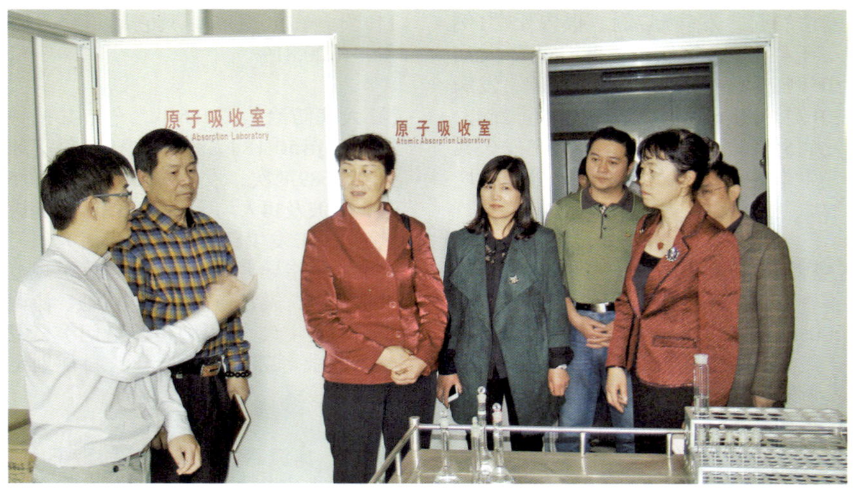

2016年3月30日，省卫生计生委主任李玛琳（左三）带队的调研组到玉溪调研。图为在市疾控中心实验室检查工作（罗珠珠 摄）

体试验，阳性28份，感染率4.12%；共发现报告19例散发病例，比上年同期下降110.52%。疾控部门均对疫区进行了及时规范处理，指导家属对羊圈及周边环境、粪便、排泄物等进行消毒。

【常规免疫接种率监测】 2016年，全市卡介苗应种27 797人，实种27 764人，接种率99.88%；脊灰疫苗应种22 568人，实种22 475人，接种率99.59%；百白破疫苗应种21 787人，实种21 689人，接种率99.55%；麻风疫苗应种21 213人，实种21 136人，接种率99.64%；乙脑疫苗应种20 662人，实种20 574人，接种率99.57%；乙肝疫苗全程应种22 408人，实种22 319人，接种率99.60%，首针应种28 086人，实种数28 061人，首针接种率99.91%，24小时及时接种27 096人，及时接种率为96.48%。2016年，全市一类疫苗入库679 950人份，发苗675 817人份，二类疫苗入库258 943人份；发放274 595人份。

【AFP、新破、麻疹、乙肝监测】 2016年，全市共报告疑似麻疹病例56例，确诊麻疹病例2例，发病率0.09/10万；共报告5例AFP病例。全市共上报疑似麻疹病例60例，采集血清60份、咽拭液60份、尿液56份，分别进行麻疹、风疹IgM检测，其中血清60份确诊为麻疹2例，确诊为风疹5例；PCR共检测尿液56份，1份麻疹核酸阳性，5份风疹核酸阳性；PCR共检测咽拭液60份，1份麻疹核酸阳性，6份风疹核酸阳性，排除麻疹风疹54例。上送省级7例阳性标本由省级进行复检。

【慢性病监测防治】 2016年，全市完成65岁及以上老年人建档191 949份，建档率108.40%；生活自理能力评估183 261人，评估率103.49%；完成体检（体格检查、辅助检查）174 192人，体检率98.37%；完成健康管理171 716人，健康管理率96.97%；全市共确诊糖尿病患者170 844人，任务确诊率105.76%，高血压患者建档169 485人，建档率104.92%，规范管理151 489人，规范管理率93.78%，血压控制满意率68.80%；全市共确诊高血压患者170 844人，任务确诊率105.76%，建档169 485份，建档率104.92%，规范管理37 339人，规范管理率92.53%；血糖抽查控制满意率61.27%；全市累计建档严重精神障碍患者人数11 674人，累计死亡932人，在册患者人数10 742人，报告患病率4.62‰。

【死因监测】 2016年，全市监测点网络报告死亡个案16 119例，平均报告死亡率6.91‰，县级医疗机构报告及时98.12%，乡镇卫生院报告及时率97.38%，及时审核率99.41%，死因编码错误比例0.32%，身份证完整率为98.64%，多死因链完整率为99.53%。

【放射卫生监测】 2016年，全市完成671人份个人剂量监测，未发现超标准现象；完成10家放射单位普通医用X射线机房、CT机房、DR机房、钼靶机房等12台医用诊断X射线机房的预评价；完成10家放射单位普通医用X射线机房、CT机房、DR机房、钼靶机房等的控制效果评价；完成客户委托射线装置防护监测35台次。

【环境卫生监测】 2016年，疾控部门开展公共场所集中空调通风系统卫生监测工作，共监测集中空调通风系统11家110个点；饮用水水质检测情况：全市检测水样共866件，合格467件，合格率53.92%。其中，城市水监测水样210件，合格198件，合格率94.29%。城市水中全年监测出厂水23件，合格23件，合格率100%；末梢水119件，合格117件，合格率98.32%；二次供水监测68件，合格62件，合格率91.18%。农村饮用水水样656件，合格269件，合格率41.01%。其中出厂水289件，合格127件，合格率43.94%；末梢水365件，合格159件，合格率43.56%。

【职业卫生监测】 2016年，市卫计委联合安监、人力资源和社会保障、工业和信息化委员会等部委下发《关于2016玉溪市重点职业病监测与职业健康风险评估工作方案的通知》，收集到9个县区新增及变更企业数据职业病危害项目申报42家企业，涉及重点职业病危害因素的30家，职业病危害严重的17家，较重的10家，一般的3家。新增诊断的职业病病人并落实社保待遇5人，3人已落实工伤保险待遇。156家企业体检，建213条有毒有害作业工人健康监护卡，职工人数37 814人，当年体检接触人数24 005人，上岗前体检，实检人数8 304人，疑似职业病人数267人，职业禁忌人数197人；在岗体检，当年体检接触人数41 083人，应检41 047人，应检率99.91%，实检40 128人，实检率97.76%，疑似职业病47人，调离人数83人，职业禁忌证85人；离岗体检，实检796人，疑似职业病人数89人。

【食品安全风险监测项目】 2016年，疾控部门全面完成食品安全风险监测省级项目各项指标任务，完成106件样品的监测，完成率100.9%；其中完成化学污染物及有害因素监测项目：糕点、酒类、调味品及酱腌菜等完成51件，完成率102.0%；完成食源性致病菌样品55件的监测。完成国家级项目363件样品监测，完成率108.00%；其中化学污染物及有害因素监测样品采送任务全部完成162件，完成115.70%；食源性致病菌监测样品完成201件，完成率102.55%。

【食源性疾病监测】 2016年，疾控部门处理上报食源性疾病暴发报告64起（达到突发性公共卫生事件起数6起），总计暴露人数3 166人，发病629人，住院158人，死亡5人，分别为新平13起、华宁12起、澄江9起、易门11起、峨山7起、红塔区4起、元江4起、通海1起、江川3起。其中，野生菌中毒最多为47起，占报告的73.4%。

【学校卫生监测】 2016年，市疾控中心统一全市中小学教学环境监测报告模板，切实加强全市各县区开展中小学校教学环境监测工作；以落实学生因病缺课报告为突破口，切实加强学生常见病、多发病监测防治工作，并撰写全市学生传染病疫情专项报告；开展农村义务教育学生营养改善计划监测评估工作，完成学生营养餐网络直报工作。全市共对117所学校、69 589名学生开展健康体检，学生六种常见病。

【从业人员体检】 2016年，全市共对3 798名从业人员进行健康体检，发现甲肝20例，检测率0.53%；戊肝12例，检测率0.32%；痢疾4例，检测率0.10%；肺结核3例，检出率0.08%。为体检合格的3 780人办理了健康证，对体检不合格的18名从业人员建议卫生监督部门作调离处理。

【病媒生物监测及防制】 2016年，疾控部门完成中心城区26家医疗机构消毒灭菌效果监测，采样267份，合格260份，合格率为97.38%。完成中心城区24家次医疗卫生机构的污水监测，总余氯低于国家标准的2家次，总余氯高于国家标准的1家次，粪大肠菌超过国家标准的2家次，全指标合格的21家；完成市级2家幼儿园预防性消毒监测工作，采样33份，合格32份，合格率96.97%。开展病媒生物监测工作，在中心城区及城郊接合部捕鼠夹2 520个，有效夹2 515个，捕鼠7只，鼠密度0.27%；蚊类监测，在城镇居民区、医院、宾馆酒店、公园、城郊接合部共放诱蚊灯96个，捕蚊1 075只，密度为0.93只/小时。蝇类监测，在城镇居民区、农贸市场、餐饮行业、医院、屠宰场、宾馆酒店、城郊接合部共放诱蝇笼288个，捕蝇4 076只，密度14.2只/笼。蟑螂密度监测，在城镇居民区、农贸市场、餐饮行业、医院、宾馆酒店、城郊接合部共放粘蟑纸840张，粘蟑纸阳性数829张，侵害率0.15%，密度0.18只/张。

【疾控中心受表彰】 2016年，市疾病预防控制中心获云南省第三轮禁毒防治艾滋病人民战争先进集体，云南省“十二五”期间云南省地方病防治先进集体称号；由市疾控中心主持完成的“‘新农合’在传染病预防控制中的研究及应用”“农村MSM向城镇迁移感染HIV风险及防控技术应用”分别获云南省科技进步三等奖，健康教育科选送的“吸引直逼生命、戒烟刻不容缓”参加云南省健康教育所举2015～2016年度健康巡讲课件评选活动获省级三奖。

（李顺祥）

2016年10月22日，市疾控中心制作的《蔬果帮的健康四大基石》获得中国疾病预防控制中心、清华大学国际传播研究中心共同举办的“2016中国健康科普大赛（疾控赛区）优秀作品评选活动”视频类一等奖 （罗珠珠 摄）

妇幼保健

【关爱妇女儿童健康行动】 2016年，玉溪市继续实施保障母婴安全、妇女儿童重大疾病防治、出生缺陷三级综合防控行动和妇幼健康服务能力提升行动。全市活产数23 428人，产妇数为23 255人，孕产妇系统管理率97.07%，住院分娩率99.88%，新法接生率99.99%；高危产妇12 507人，检出率53.78%；保健管理率和住院分娩率均为100.00%；全市孕产妇辖区内死亡5例，死亡率为21.34/10万。全市7岁以下儿童150 410人，其中5岁以下儿童108 528人，3岁以下儿童65 306人；7岁以下儿童健康管理率97.80%，3岁以下儿童系统管理率96.63%；婴儿死亡率6.02‰，5岁以下儿童死亡率8.11‰。省、市两级有关专家对孕产妇、5岁以下儿童死亡分别进行2次评审，并首次开展危重症孕产妇救治工作评审。新生儿听力筛查21 853人，筛查率为93.28%，确诊听力障碍9例，治疗6例。

【农村孕产妇住院分娩补助】 2016年，玉溪市农村孕产妇住院分娩人数19 920人，住院分娩率为99.87%，农村住院分娩补助746.96万元，补助人数18 674人，补助覆盖率93.12%；高危和贫困孕产妇救助专项资金93.11万元，危急孕产妇抢救175人。

【妇女常见病筛查】 2016年，玉溪结合农村妇女免费宫颈癌和乳腺癌检查项目，全面开展妇女常见病筛查，认真落实早诊早治防病原则。20～64岁妇女病筛查78 282人，筛查率33.63%，妇女病人数22 361人，患病率28.56%；乳腺癌筛查14 115人，乳腺癌10例，患病率70.85/10万；宫颈癌筛查14 469人，宫颈癌25例，患病率76.91/10万；为4 139例农村妇女提供免费“乳腺癌”筛查，为14 469例农村妇女提供免费“宫颈癌”筛查工作，完成宫颈癌HPV基因免费检测20 851例，进一步提高妇女健康水平。

【免费婚前医学检查】 2016年，全市结婚登记35 124人，免费婚前医学检查32 399人，婚前医学检查率92.24%，检出疾病1 858人，其中指定传染病588人（性传播疾病141人），严重遗传性疾病6人，有关精神疾病

6人，生殖系统疾病837人，影响婚育疾病的医学意见414人。

【预防艾滋病、梅毒和乙肝母婴传播】 2016年，市妇幼计生中心为新婚登记人群提供HIV、梅毒免费检测32 250人，HIV阳性61例，阳性率0.19%；梅毒阳性85人，阳性率0.26%。为孕产妇提供HIV、梅毒和乙肝检测34 302人，检测率99.77%，HIV阳性孕产妇59例，检出率0.17%。HIV阳性孕产妇服药率100%，婴儿服药率100%，HIV感染产妇所生儿童抗体检测率100%，HIV感染产妇及所生儿童母婴传播阻断措施覆盖率100%。梅毒孕产妇药物治疗率100%，药物规范治疗率90.77%。梅毒感染产妇所生儿童规范治疗率100%，乙肝感染产妇所生儿童免疫球蛋白注射率99.33%。母婴阻断网络直报及时报告率100%。在全省禁毒防艾工作中，玉溪荣获省委省政府第三轮禁毒和防治艾滋病人民战争先进集体。

【产前诊断暨新生儿疾病筛查】 2016年，全市通过"互联网+妇幼健康"新模式，累计完成39 357例产前筛查，产前筛查率80.35%；产前诊断719例，无创产前DNA检测1 390例，遗传咨询9 854例。通过外周血染色体检查，确诊异常染色体核型26例；对25 440位孕妇进行产前血清学筛查，检出高风险1 396例，对其中719位高风险孕妇进行了羊膜腔穿刺羊水细胞培养产前诊断技术，确诊40例胎儿染色体异常，其中28例为严重致残致畸，经遗传咨询及知情选择，全部终止妊娠。新生儿遗传代谢病筛查21 978例，筛查率86.82%，检出G6PD阳性89例，确诊新生儿先天性甲减9例、PKU患儿3例，为其中两例本地户籍的PKU患儿家庭争取到苯丙酮尿症特殊奶粉治疗国家免费资助项目。

【托幼机构卫生保健管理】 2016年，全市有托幼机构296个，在园儿童46 822人，体检人数46 378人，体检率99.05%。低体重人数占1.21%、龋齿人数占44.11%、弱视斜视人数占1.71%、佝偻病人数占0.93%、贫血人数占1.66%。

【出生医学证明管理】 2016年，全市申请28 000份出生医学证明，使用签发30 707份，其中机构内首次签发29 762份，换发244份，补发203份，机构外签发212份。废证286份，废证率0.93%；年内未发生遗失、被盗出生医学证明的案件，亦未发生违规发放的情况。

【医学影像学检查】 2016年，市妇幼保健院开展胎儿早孕期NT筛查、18-24孕周系统性超声检查、女性盆底超声检查、小儿发育性髋关节异常等疾病的超声诊断。超声检查37 053人次，其中胎儿系统超声检查1 934人次，超声检查共检出胎儿畸形142例，降低了出生缺陷率。8月市妇幼保健院首次开展亲子鉴定工作，年内完成30个家庭87人的亲子鉴定工作，满足了群众需求。

（周艳华）

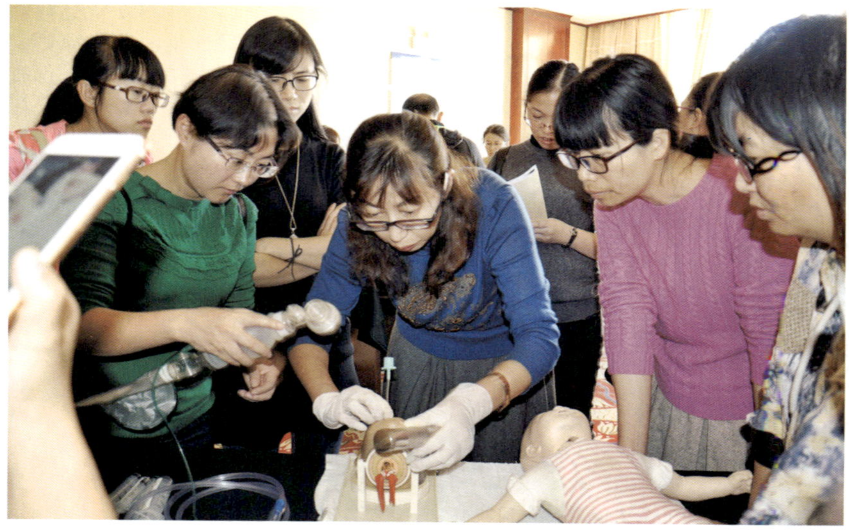

2016年11月17～18日，市妇幼计生服务中心开展儿童适宜技术培训，提高县区产儿科能力建设（秦千茹 摄）

农村卫生

【新型农村合作医疗】 2016年，玉溪市新型农村合作医疗人均筹资标准为540元，其中各级政府补助420元，参合农民个人自筹120元。全市新农合覆盖农业人口1 635 024人，实际参合1 606 613人，参合率98.26%。筹集新农合基金88 578.71万元，补偿受益5 562 184人次，补偿新农合基金80 388.71万元。

【群众满意的乡镇卫生院】 2016年，红塔区北城中心卫生院、江川区江城镇中心卫生院、澄江县海口卫生院、通海县四街镇卫生院、华宁县宁州卫生院、易门县龙泉镇卫生院、峨山县甸中镇中心卫生院、新平县戛洒镇中心卫生院和元江县因远镇中心卫生院被国家卫生计生委遴选为"2015-2016年度群众满意的乡镇卫生院"。

【中心卫生院服务能力提升工程】 2016年，市卫计委遴选确定红塔区大营街中心卫生院、江川区江城镇中心卫生院、通海县杨广镇中心卫生院、新平县戛洒镇中心卫生院和元江县因远镇中心卫生院为服务能力提升项目，投入100万元完成中心卫生院服务能力提升工程，按照每个中心乡镇卫生院20万元的标准下达省级补助资金。主要围绕加强中心乡镇卫生院在规范标示标牌、规范科室诊疗流程、规范临床及医技科室标准化建设、完善诊疗制度建设、强化重点学科建设、合理配置设施设备等方面的规范化内涵建设。

【村卫生室建设】 2016年，玉溪市启动23个贫困村村卫生室建设项目，下达建设补助经费180万元，其中：省级补助20万元，市级补助160万元。投入400多万元完成村卫生室服务能力提升工程。经省统一招标采购，为612个已在玉溪信息平台开展电子健康档案工作的村卫生室配备健康一体机。健康一体机能监测心电图、心率、血糖、血压、血氧饱和度、尿常规、体温等健康数据，并支持将采集到的数据上传至个人健康档案。

【基层卫生岗位练兵和技能竞赛】 2016年，市卫计委和市总工会组织开展基层卫生岗位练兵和技能竞赛活动。9月18～19日，在县级初赛的基础上，

举办玉溪市基层卫生技能竞赛市级预赛，市级预赛包括综合笔试和知识竞答两部分，设“全科医疗城市组”“全科医疗农村组”“社区护理”和“社区卫生服务团队”4个竞赛项目。全市各县区23名医务人员参加市级预赛。市级技能预赛个人竞赛各组别一等奖由市卫生计生委与市总工会联合授予“2016年玉溪市基层卫生技能标兵”称号，个人竞赛各组别二等奖授予“2016年玉溪市基层卫生技术能手”称号，并颁发荣誉证书和奖杯。玉溪市最终选出3名参赛选手和1支参赛团队参加省级决赛。

（邓雪松）

血液管理

【无偿献血】 2016年，市中心血站招募无偿献血者18 646人次；采集血液5 439 200毫升；建立稀有血型者档案259人；连续11年实现全市医疗临床用血100%来自自愿无偿献血。

12月，卫计委、中国红十字会总会、中央军委后勤保障部卫生局公布了《关于表彰2014～2015年度无偿献血奉献奖金奖等奖项获奖者的决定》，玉溪市荣获2014～2015年度“全国无偿献血先进市”光荣称号，这是玉溪市连续五届获此殊荣。同时，在此次表彰中，玉溪市有266人获得全国无偿献血奉献奖，其中金奖17人、银奖53人、铜奖196人。

【血液检测】 2016年，市中心血站完成血液检测18 669人份，核酸检测样本18 753份；血液检测率为100%；血型检测准确率为100%；血液标本漏检率为0；血液检测报告发放准确率为100%；质量安全事故率为0。11月1日，卫计委全国血液安全技术核查专家组一行5人到市中心血站进行2016年全国血液质量安全技术核查工作，市中心血站顺利通过核查。12月，市中心血站完成核酸检测实验室建设。该项新业务的开展，将为临床用血再增加一道安全屏障。

【成分输血】 2016年，市中心血站向临床供应悬浮红细胞25 426.5U、洗涤红细胞246U、去白细胞悬浮红细胞970.5U、冰冻解冻去甘油红细胞118U、单采血小板661治疗量、新鲜冰冻血浆1 230 350毫升、冰冻血浆898 500毫升、冷沉淀4 533U。成分输血率100%。

【卫计工作者献血活动】 2016年1月25～27日，市、区卫生系统开展以“捐献热血，挽救生命，白衣天使爱心行动”为主题的医务人员无偿献血活动，本次活动共有130名医务工作者献血33 200毫升。截至2016年，全市共有5 471名医务工作者献血1 531 100毫升。

（沈佳佳）

爱国卫生

【省级卫生乡镇、卫生村】 2016年12月23日，云南省爱卫办对2012年被命名的云南省卫生乡镇、卫生村进行复审考核验收，玉溪再次被命名为为省卫生乡镇3个：红塔区北城街道办事处、新平县扬武镇、通海县秀山街道办事处；卫生村20个：红塔区李棋街道玉河社区居委会上郭井村、大营街街道大营街社区居委会、师旗社区居委会、杯湖社区居委会，澄江县凤麓街道办事处仪凤社区、揽秀社区、澄波社区、拥晖社区、龙街街道办事处忠窑社区，通海县秀山街道大树社区居民委员会，易门县龙泉街道办事处水桥社区、蔡营社区、江口社区、韩所社区，新平县漠沙镇曼蚌村南碱村民小组、上坝竜村民小组、桂山街道青龙社区、太平社区、古城街道纳溪社区、古城社区。

12月29日，玉溪1个乡镇、25个村被云南省爱卫办考核验收，并命名为省卫生乡镇、卫生村：通海县里山彝族乡；红塔区凤凰街道胜利社区居委会，江川区大街街道大庄社区居民委员会、三街社区居民委员会，澄江县龙街街道办事处万海社区小白祥居民小组、九村镇九村村委会麦田坡村民小组，华宁县宁州街道马鞍山社区洗澡堂新村居民小组、马鞍山社区下寨新村居民小组、右所社区西家冲居民小组、王马社区小河居民小组、茂地村委会小寨子村民小组、那果村委会稗子沟村民小组、吗哒村委会美叠村民小组、平地社区得冲居民小组，峨山县双江街道办事处土官社区、石泉社区、宝山村委会、富泉村委会、厂上村委会，新平县桂山街道办事处凤凰社区居民委员会革棚居民小组、新化乡新甸村委会扎地干村民小组，元江县澧江街道红侨社区、那整社区山脚居民小组、龙潭社区武洒居民小组、红河街道桥头社区那堕居民小组、大水平社区西庄居民小组。

【市级卫生村】 2016年7月，由各县区爱卫会上报、经市爱卫办组织检查，玉溪市爱卫会命名18个“玉溪市卫生村”并给予了表彰奖励。至此，全市市级卫生村总数累计111个，农村卫生环境得到极大改善。

【健康巡讲课件获省奖】 2016年9月，在云南省健康巡讲课件征集活动的组织工作中，市卫计委获得组织奖，市、红塔区疾控中心张丽清、许蓉分别获得二等奖和三等奖。

（黎明燕）

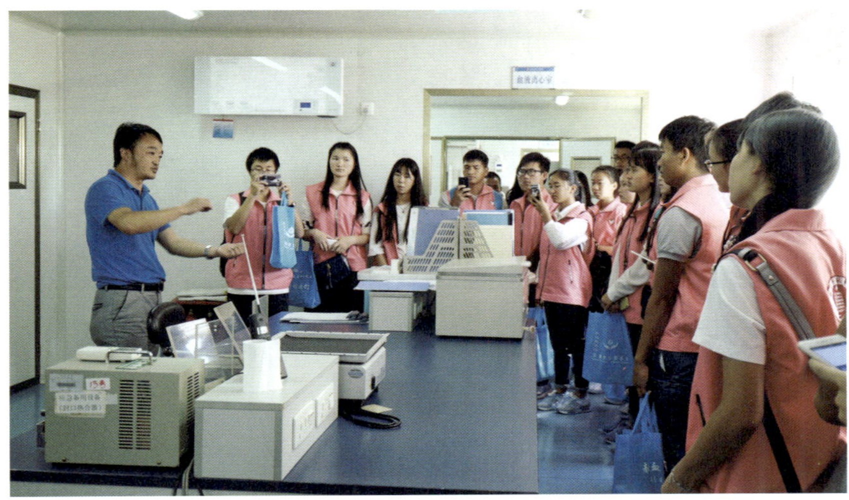

2016年10月28日，血站开放日活动向玉溪师院师生们讲解血液成分制备过程

（周林慧 摄）

（吴 垠 摄）

体　　育

PHYSICAL EDUCATION

责任编校：王　斌

体育管理

群众体育

竞技体育

体育管理

【概　况】 2016年，市体育局认真贯彻落实市委第五次党代会及全省体育局长会议精神。起草编制《中共玉溪市委玉溪市人民政府关于进一步加强体育工作的意见》，经市政府常务会议、市全面深化改革领导小组会议审议通过颁布实施。编制《玉溪市体育产业发展规划（2016—2025）》《玉溪市全民健身实施计划（2016—2020）》由市政府印发。群众体育以贯彻落实《全民健身条例》为主线，全力构建全民健身服务体系，加强全民健身基础设施、组织机构建设，广泛组织开展全民健身活动，掀起了全民健身新高潮。承办国内外大型赛事，着力提高玉溪城市影响力和知名度。加强竞技体育后备人才建设，促进竞技体育发展；做好国家体育产业联系点工作，扎实推进改革创新，玉溪体育事业持续健康发展。

全民健身工作广泛深入开展。市体育局广泛组织开展全民健身活动，以“全民健身与美丽玉溪建设共进”为主题，以“全民健身日”活动为重点，开展全年性的健身系列活动，努力打造“运动之城，健康玉溪”城市名片。加大全民健身基础设施建设力度，积极争取国家、省级全民健身工作项目和资金支持，全年共争取上级资金3 536.74万元。全年共投入中央、省、市专项经费903万元，在全市实施“七彩云南全民健身基础设施建设工程”2个县级项目、37个乡镇、村级（社区）项目建设，改善了基层健身条件，促进了健身活动开展。

市体育局按照“七彩云南全民健身组织建设工程”要求，认真抓好体育社团协会管理工作，给予协会经费补助，体育协会共组织举办群众竞赛活动50余次，促进了全民健身活动开展。2016年有市级体育协会26个，新增7个、健身气功站点57个、社区体育健身俱乐部4个、国家级青少年体育俱乐部11个、全民健身站点503个，全市经常参加体育锻炼的人数达35.5%。全市有社会体育指导员5 347人，各级社会体育指导员成为全民健身活动的一支生力军。市体育局被国家体育总局健身气功管理中心授予全国百城千村交流展示活动展示奖。玉溪市代表团参赛云南省第九届农民运动会工作受到市政府通报表扬。

竞技体育稳步发展。协调组织完成红塔区、通海县和元江县参赛云南省第一届青少年运动会工作。2016年8月在德宏州芒市举行的云南省第一届青少年运动会，夺得金牌9枚，银牌11枚，铜牌10枚，均获体育道德风尚奖，圆满完成参赛工作，锻炼了队伍，提高了竞技水平。全年组织27项次797人次参赛省青少年年度赛，共获金牌104枚、银牌103枚、铜牌108枚。顺利完成各项参赛任务，达到了锻炼提高自身训练水平，学习其他州市先进经验的目的。主办2016年玉溪市少年儿童游泳、田径、篮球、幼儿体操年度赛。市级年度竞赛形成制度，成为培养少年儿童体育锻炼兴趣爱好，检验县区青少年体育训练成效，选拔培养优秀体育苗子的重要举措。开展“玉溪市体育后备人才基地”创建工作，易门、澄江县少年儿童业余体育运动学校被授予为第二批“玉溪市体育后备人才基地”，玉溪市各县区均已创建体育后备人才基地；玉溪体校的中长跑、少体校的体操两个项目被省体育局命名为云南省“一州市一精品”省级体育项目联办点，对玉溪竞技体育的发展起到带头示范作用；玉溪体校申报新周期国家高水平体育后备人才基地通过复检。

加强培训管理。市体育局全年共组织选派10批123人次参加了省级以上业务培训。市级共举办青少年体育工作管理干部培训班、柔力球竞技项目教练员培训班、幼儿体操教练员培训班、足球裁判员培训班等，培训人员263人。承办全省“一州市一精品”体操项目教练员培训班，组织市、县区少体校教练员参加由北京体育大学组织的青少年体适能教练员培训班；完成输送及审批等级运动员、裁判员工作，按照国家体育总局实施修改后的《运动员技术等级审批管理办法》《运动员技术等级标准》及《云南省运动员技术等级管理办法》要求，切实做好运动员审批工作。

国家体育产业联系点工作顺利推进。市体育局与成都体育学院合作，编制《玉溪市体育产业发展规划（2016-2025）》，对玉溪体育产业发展具有重要指导意义。玉溪率先在全省开展了体育产业统计工作，举办云南省体育产业统计试点培训班，完成《玉溪市体育产业统计评估报告》。经市编办批复，市体育局增设产业发展科。

2016年，玉溪争取省级体育产业发展专项资金90万元，重点扶持抚仙湖帆船基地等项目建设。加强体育产业管理人才培训，市体育局与上海体院合作举办体育产业管理干部培训班。全年争取国家、省、市大型体育场馆免费低收费补助资金246万元，对体育场馆设施进行了修缮改造，玉溪体育馆全年举办大型赛事活动23次，其中免费公益活动3次，免费举办体育讲座2次，全年接待健身约39 000人次，免费体质检测2 000人。

【全市体育工作会议】 2016年3月4日，全市体育工作会议在澄江县召开。市政府副市长杨洋、黎晓英，省体育局产业处、市直有关部门领导、各县区分管副县区长、县文旅广体（文广体）局局长、分管副局长等共80人参会。

会议回顾总结了“十二五”期间

2016年3月4日，澄江县汽车、摩托车运动基地车手在训练　（解家敏　摄）

全市体育工作，分析研究存在的困难和问题，对当前及今后一个时期的工作进行安排部署。副市长杨洋、黎晓英在会上讲话。

会议期间，参会人员实地参观调研了抚仙湖东岸生态运动旅游度假区、抚仙湖帆船基地和澄江摩托车训练基地体育产业项目发展情况。

【国家体育总局年度体育行业督察】 2016年9月22日，以国家体育总局青少司副司长王玄为组长的国家体育总局督察组来到玉溪，就《国务院关于加快发展体育产业促进体育消费的若干意见》贯彻实施情况开展督查。副市长黎晓英出席督查工作汇报会并致辞。

督查组听取了市体育局落实国务院文件工作情况汇报，及新平磨盘山国际户外运动公园、抚仙湖帆船训练基地、抚仙湖东岸生态运动旅游度假区、通海县体育城市综合体项目等体育产业企业发展情况汇报，到澄江县实地调研了体育产业项目。

【体育彩票销售】 2016年，玉溪体育彩票销售4.612亿元，比上年度净增1.3亿元，销售额创历年新高。玉溪总销量排名全省第4位，与上年度相比增幅达39.69%，比全国增幅13.09%高出26.6个百分点，比全省增幅20.42%高出19.27个百分点，增长速度位列全省第一。玉溪体育彩票彩民中奖率创新高，全年共中出3个500万元以上大奖，其中3月16日中国体育彩票大乐透第16 030期开奖，当期全国共开出5注一等奖，其中3注为追加头奖，全部由一位玉溪彩民中得，总奖金高达3 512万多元，是玉溪彩票史上个人中出的最大奖项。

群众体育

【实施七彩云南全民健身工程】 2016年，玉溪市深入实施七彩云南全民健身工程，广泛组织开展全民健身活动。市体育局以“全民健身与美丽玉溪建设共进”为主题，以“全民健身日”活动为重点，开展全年性的健身系列活动，努力打造“运动之城，健康玉溪”城市名片。全市各级体育部门和基层单位全年组织举办健身活动200余次，参与人数达几十万人次。

市体育局全年组织举办承办云南省第三届宗教界体育运动会暨文艺汇演、ITF国际女子网球巡回赛、格兰芬多国际自行车节玉溪站、抚仙湖国际高原湖泊帆船赛、“北冰南展”全国轮滑选拔赛、云南省第五届健身气功交流比赛、全国公开水域游泳系列赛抚仙湖站、云南省青少年沙滩排球锦标赛、全省野战锦标赛等国际国内重大赛事活动20多项次。

加强全民健身基础设施建设，积极争取国家、省级全民健身工作项目和资金支持，全年共争取到省财政厅、省体育局下达资金3 536.74万元。全年共投入中央、省、市专项经费903万元，在全市实施“七彩云南全民健身基础设施建设工程”2个县级项目（通海县体育中心体育场改造、元江县体育馆修缮）、37个乡镇、村级（社区）项目建设，改善了基层健身条件，促进健身活动开展。

开展全民健身组织建设。市体育局按照“七彩云南全民健身组织建设工程”要求，抓好体育社团协会管理，给予协会经费补助，市级体育协会共组织举办群众竞赛活动50余次，促进了全民健身活动开展。2016年底全市共有市级体育协会26个，当年新增7个、健身气功站点57个、社区体育健身俱乐部4个，国家级青少年体育俱乐部11个、全民健身站点503个，全市经常参加体育锻炼的人数达35.5%。举办社会体育指导员培训班16期，培训898人次，全市社会体育指导员达5 347人。市体育局被国家体育总局健身气功管理中心授予全国百城千村交流展示活动展示奖。

【承办云南省第三届宗教界体育运动会】 2016年9月20～24日，云南省第三届宗教界体育运动会暨文艺汇演在玉溪举行。本届运动会暨文艺汇演由省委统战部、省民族宗教事务委员会、省体育局主办，玉溪市委、市政府承办，全省16个州市、5个宗教团体、3所省级宗教院校组成的24个代表团1 500人参加，主要有体育、文艺汇演、书法绘画摄影三大类项目，是比赛项目最多、参赛人员最多、规模最大的一届宗教界体育运动会。

9月21日上午，云南省第三届宗教界体育运动会暨文艺汇演在市体育馆开幕。省委常委、省委统战部部长、组委会名誉主任黄毅宣布开幕。省政协副主席、组委会名誉主任马开贤等出席开幕式。市委书记、组委会主任罗应光致辞。省委统战部副部长、省工商联党组书记、组委会主任马春讲话。省体育局副局长吴亚敏主持开幕式。省级相关部门领导，全省各州市有关领导，省佛教协会、省道教协会、省伊斯兰教协会、省天主教“两会”、省基督教“两会”相关人士等出席开幕式。市领导保明顺、谢

2016年8月26日，玉溪市千人太极拳、健身气功展演在聂耳文化广场举行 （解家敏　摄）

兴荣、夏立洪、李洪云、王力、叶本功、朱家伟、黎晓英、马良昌出席开幕式。

本届运动会体育项目包括男子、女子100米短跑，男子800米中长跑，女子400米中长跑，男子、女子单人跳绳，男子、女子自行车50米计时，中国象棋，男子、女子个人乒乓球，男子、女子羽毛球单打等13个个人项目，以及广播体操，男子篮球，气排球，男女混合拔河，男子、女子4×100米接力，羽毛球男女混合双打，乒乓球男女混合双打，男女混合4×30米板鞋竞速等9个团体项目。经过4天比赛，广播体操项目玉溪队获州市组第一名，昆明伊斯兰教经学院队获院校组第一名。田径项目女子400米决赛大理队的苏艳花夺冠；保山队囊括了4×100米接力赛男、女子组冠军；4×100米接力赛学院男、女子组冠军分别由昆明伊斯兰教经学院大理分院队和云南基督教神学院队获得。篮球项目昆明伊斯兰教经学院文山分院队和大理州队分别获得各自组别冠军。羽毛球项目大理州队获男子单打和男女混合双打两项比赛冠军，女子单打冠军由玉溪队获得。乒乓球项目大理队包揽了男子单打、女子单打、男女混合双打三个项目金牌。气排球项目昆明伊斯兰教经学院队获得学院组第一名，大理队夺得州市组冠军。中国象棋项目丽江队获团体赛第一名，大理队杨增获得个人赛第一名。

为备战本届宗教界体育运动会暨文艺汇演，玉溪代表团运动员经过选拔赛，于9月3～19日进行集中训练，来自玉溪佛教、伊斯兰教、基督教依法登记备案的50余名宗教界人士组成的玉溪代表团，参加所有体育项目和书法绘画摄影比赛。选送了9幅宗教界人士作品参加书法、绘画、摄影比赛。

9月23日晚，云南省第三届宗教界体育运动会暨文艺汇演颁奖晚会暨闭幕式在聂耳大剧院举行。中央委员、国家宗教事务局局长王作安出席并讲话。省委常委、省委统战部部长黄毅出席。省政协副主席马开贤宣布闭幕。省民宗委主任李四明致闭幕词。省委统战部副部长、省工商联党组书记马春出席。市委书记罗应光出席，市委副书记、代市长张德华致辞，市委副书记、市委统战部部长保明顺宣布运动会及文艺汇演获奖名单。颁奖晚会上表演了健康向上、特色突出、内容新颖的获奖节目。体育运动会中产生的5个优秀组织奖，文艺汇演中产生的5个金奖、6个银奖、9个铜奖、2个优秀组织奖、5组编导奖代表上台领奖。国家宗教局、中国社科院、中央党校、省级相关部门、16个州市、全省性5大宗教团体和省级3所宗教院校的有关领导、专家，玉溪市四套班子领导等出席闭幕式。

2016年9月20～24日，云南省第三届宗教界体育运动会暨文艺汇演在玉溪举行。图为玉溪市代表团开幕式入场 （解家敏　摄）

【元旦春节环城赛】 2016年1月26日，“七彩云南全民健身运动会”玉溪市、区元旦·春节环城赛跑活动在聂耳文化广场鸣枪开跑。市领导晏森、黎晓英、马良昌、郭亚钢、范志华出席起跑仪式，市委常委、组织部部长晏森宣布活动开始，副市长黎晓英致辞，市政协副主席马良昌、郭亚钢、市两湖督导组副组长、市总工会主席范志华为比赛鸣枪，市体育局局长言毅主持起跑仪式。

来自市直单位及红塔区境内的机关、省属驻玉单位、部队、厂矿、学校、乡镇（街道）、企事业单位的干部职工等206个单位15 242人参加。

【老年人体育】 2016年1月12日，玉溪市老年人体育协会第七次代表大会在市老干中心召开。市政府副市长解仕清、市老领导段毓华、文元有、周国云及来自各县区、市直、中央和省驻玉单位老体协共70余名代表参会。会议审议通过市老年人体育协会第六届委员会工作报告、财务报告及《玉溪市老年人体育协会章程》。会议聘请李绍辉为市老体协名誉主席，表决通过了市老体协第七届委员会主席、常务副主席、副主席、秘书长、常委名单。范亚辉当选为市老体协第七届委员会主席，同时选出常务副主席史寿元，副主席段勤，秘书长黄发礼。

5月31日，2016年玉溪市直老体协“健康杯”运动会在市体育馆开幕，来自市直老体协的25支队伍、504名运动员参加广场舞、柔力球、地掷球、门球4个项目比赛。开幕式上，上百名老年健身爱好者表演了柔力球操、健身秧歌等丰富多彩的体育项目。

10月12～14日，由市政府主办、峨山县政府承办，市体育局、市老龄委、市老体协，峨山县文旅广体局、县老龄委、县老体协协办的玉溪市第十四届老年人体育运动会在峨山县体育馆举行。来自各县区和市退管中心的10支代表队503名运动员参加，设门球、乒乓球、羽毛球和柔力球4个项目。开幕式上，副市长黎晓英致辞，市老体协主席范亚辉宣布运动会开幕，原玉溪市老领导段毓华、文元有、周国云，市老体协副主席史寿元、段勤，市老干部局、市民政局及峨山县领导出席开幕式，并观看了具有峨山民族特色的文艺表演。经过紧张角逐，4个项目分别决出优胜奖36名、优秀奖24名、体育道德风尚奖4名、优秀组织奖2名。

【环东近面山自行车赛】 2016年3月26日，“七彩云南全民健身运动会”玉溪市第二届环东近面山自行车赛在出水口公园鸣枪开赛，来自全国各地的1 616名自行车爱好者报名参加。副市长黎晓英宣布开赛，市体育局局长雷毅、副局长朱建华、玉溪日报社社长张存良等参加开幕式。比赛设竞技、乐骑和儿童3个组别，其中竞技组报名127人、乐骑组报名1 234人、儿童组报名255人。骑行路线为两湖大瀑布—烈士陵园—碧香庭—烟厂库区—红塔网球场—大红坡水库—柴家大山，全长约13.4千米。

在竞技组比赛中，来自昆明的杨红亮获得男子青年组第一名，来自个旧的张勇获得男子中年组第一名，来自辽宁的王翠军获得女子青年组第一名。

（解家敏）

【抚仙湖国际帆船赛】 2016年4月1～4日，由中国帆船帆板运动协会、省体育局、玉溪市政府主办，市体育局、市旅发委、澄江县政府、厦门顽石航海俱乐部、云湖水上运动有限公司、云帆投资开发有限公司、云南日报报业集团、云南省国际旅行社、上海珐伊玻璃钢船艇有限公司承办的“太阳山杯”2016抚仙湖国际高原湖泊帆船赛举行。市体育局局长雷毅、副局长朱建华、云南日报报业集团、澄江县相关领导出席开幕式。

本次比赛是西南地区唯一的高原湖泊帆船赛，来自国内外的16支队伍128名运动员参赛。比赛在抚仙湖东岸水域举行，赛船仅设珐伊28R级别，28R级别赛船最大宽度为2.75米，总长8.50米，最大吃水深度1.75米，排水量1 200公斤，CE等级为C级。每支队报名人数包括领队和队员共8人。参赛队伍分A、B两组，各10支赛队，其中A组为专业组，B组为爱好者组，两组的冠军队分获价值15 000元和10 000元的奖励。经角逐，专业组厦门城市学院正新轮胎帆船队成功卫冕该组冠军，青岛帆协和气人家帆友会获得亚军，柳州市里维埃拉队获第三名。业余组由盛世开元、厦大帆协和云大总裁同学会分获冠、亚、季军。游牧虎SailingIn、大理国际队、大连帆友队等一批知名帆船赛队参与比赛，大大提升了赛事的专业程度和国际影响力。

（刘昭萍）

【乡镇街道篮球大联赛】 2016年4月19日，由市体育局主办，新平县文化广电和体育局承办的“七彩云南全民健身运动会”玉溪市第四届县（区）乡镇（街道）篮球大联赛闭幕。共有来自全市七县两区的16支代表队参赛，其中男队9支，女队7支。经角逐，获男子组前三名的代表队是华宁县、红塔区、易门县，女子组前三名的代表队是红塔区、江川区、易门县。

【乒乓球赛事】 2016年3月26～27日，由市体育局、市教育局、市乒乓球协会联合举办的玉溪市少年儿童乒乓球团体比赛在市老年人体育文娱活动中心举行。比赛设小学男子甲组、乙组、女子甲组、乙组、中学男子组、女子组6个项目团体赛，来自各县区的29支队伍160人参赛。

5月1～2日，“七彩云南全民健身运动会”2016年云南玉溪灵照福田杯乒乓球邀请赛在市体育馆举办。来自省内47个队参赛，其中男队31支，女队16支，290余人参与。参赛者男队最大年龄66岁，女队最大年龄63岁，女队最小年龄20岁。玉溪市乒乓球协会（玉溪灵照福田服务有限责任公司）男一队、文山州女队等14个男、女团体队分别进入男子前八名和女子前六名。

【承办全国轮滑选拔赛】 2016年7月29～30日，“北冰南展”全国轮滑选拔赛云南站暨“七彩云南全民健身运动会”第五届云南省轮滑运动公开赛在聂耳文化广场举行。省体育局副局长赵建军、副市长黎晓英、国家短道速滑队主教练李琰和短道速滑世界冠军刘秋宏、刘晓颖出席开幕式。

本次比赛吸引了省内10个州市、37个俱乐部的511名青少年儿童轮滑选手参赛，其中年龄最小的仅两岁多，最大的18岁。进行了自由式与速度轮滑两个大项、54个小项比赛。最后决出各项名次，选拔出22名适龄运动员，进入8月在红塔冰上中心举办的“北冰南展”轮转冰训练营，从而选拔与储备云南省优秀后备冰上项目人才。

【承办全省健身气功交流赛】 2016年7月6～7日，七彩云南全民健身运动会健身气功交流比赛暨云南省第五届健身气功交流比赛在玉溪市体育馆举办，是该项比赛首次在州市举办。省政府防范办巡视员、省健身气功协会主席杨余，省体育局副局长吴亚敏，副市长黎晓英等领导出席开幕仪式。

来自全省16个州市代表队的164人参赛。比赛分集体赛和个人赛，参赛项目为国家体育总局健身气功管理中心改编推广的6分钟普及功法，包含健身气功易筋经、五禽戏、六字诀、八段锦4个项目。经过两天交流比赛，玉溪一队、昆明一队荣获团体赛一等奖。

9月25～26日，玉溪群英武校组队代表玉溪参加由丽江市古城区文化体育广电新闻出版局主办的健身气功交流比赛，来自全国的7支代表队共35名运动员和教练员参赛。玉溪队在比赛中获得“五禽戏”一等奖、“八段锦”一等奖。个人赛中，王明朝获得了“六字诀”第一名；张开杰获得“八段锦”第一名；张丽芳获得“易筋经”第三名；杨凯获

2016年4月27～29日，“军休杯”玉溪老年人运动会举行，本届运动会设门球、柔力球竞技、乒乓球、地掷球4个比赛项目。市直单位等中央、省驻玉溪及市直机关企事业单位老体协的19个代表团720名运动员参赛。图为开幕式烟盒操表演（解家敏　摄）

得了“五禽戏”第三名。

【玉溪市网球比赛】 2016年6月18～26日，玉溪市网球比赛在玉溪师范学院网球馆举行，来自全市253名网球选手参赛。比赛分学生组和成年组，学生组有80名选手参加，分为大学生组、中学生组和小学生组，分别进行男女单、双打的角逐。

最终红塔银行队、玉溪日报社一队、新平网协代表队分获成年组团体第一、二、三名。学生组比赛，大学组男单冠军徐文涛，女单冠军刀积莹。男双冠军黄刚、郭健超组合，女双冠军吴海燕、仲凌云组合；中学组男单冠军张达，女单冠军归佳。男双冠军张达、刀子展组合；小学组男单冠军陈筱洂，女单冠军赵玥。男双冠军陈筱洂、高祥洪组合，女双冠军赵玥、杨淀组合。

【首届滑翔伞全国邀请赛】 2016年8月6～8日，玉溪首届滑翔伞全国邀请赛在红塔区老尖山举行，来自山东、广东、江西、湖南、四川、云南等20个省市的40名滑翔伞爱好者参赛。比赛以滑翔伞定点降落项目为主。滑翔伞爱好者们从设在老尖山山顶的滑翔伞基地起飞点出发，最后降落在山脚指定的降落点。近年来随着玉溪经济社会的发展，滑翔伞运动受到更多人喜爱，此次滑翔伞邀请赛的举办，宣传了玉溪，促进了玉溪滑翔伞运动的开展。

【围棋赛事】 2016年8月12～14日，“七彩云南全民健身运动会”云南省围棋锦标赛在昆明福保文化城福保渔港举行。比赛分成年组、青年组、少年组、儿童组和女子组五个组别，经严格选拔，玉溪代表队派出7名运动员参加五个组别比赛，获儿童组个人第一名、少年组第五名、女子组第六名、青年组第七名、青少年组团体第二名，成年组团体第三名，并获比赛道德风尚奖。

10月15日，“臣戈杯”玉溪市围棋联赛开赛，来自全市80余名棋手参赛。联赛由市体育局、市围棋协会主办，来自红塔区、华宁、澄江、新平、峨山等县区的10支代表队参赛。每支队伍不少于6名棋手，每轮比赛每支队伍派出5名棋手参加。参赛棋手年龄最大的为53岁。联赛每周一赛，历时5个多月。2016年玉溪市接受围棋培训的少儿超过3 000人，获得中国围棋协会颁发的段位证书人数达200余人，获得五段证书的少儿棋手有8名。

【全民健身日登山健步走活动】 2016年8月5日，第八个“全民健身日”到来之际，以“全民健身促健康、同心共筑中国梦”为活动主题的市、区群众登山健步走活动在聂耳文化广场隆重举行。活动由市体育局、红塔区文化广电和体育局主办，市、区老体协协办。来自市、区机关、省属驻玉单位、厂矿、乡镇（街道）、企事业等212家单位的15 000余人参与。参加活动的队伍沿玉湖路、北苑路、棋阳路、聂耳大剧院、山水路、环山北路、尚易佳园、终点烈士陵园纪念碑，活动全程约5公里，活动提高了市民参与健身活动的意识。

【抚仙湖高原铁人挑战赛】 2016年9月4日，“贵人鸟杯”第四届云南玉溪·抚仙湖高原铁人挑战赛在江川区小凹村结束，来自全国各地的100余位铁人三项爱好者参赛。

比赛设4个组别：113高原铁人组、标铁全程组、标铁接力组和体验组。比赛项目从往届的奥运标准距离单一项目，增加为距离翻倍的国际流行113公里赛事，同时保留奥运标准距离比赛及接力组，兼顾了赛事的高端性和大众参与性。

【抚仙湖国际马拉松赛】 2016年9月25日，保利·2016云南玉溪抚仙湖国际马拉松赛在澄江县月亮湾湿地公园鸣枪开跑。5 000余名马拉松运动员及跑步爱好者参与。赛事主题为“奔跑山水澄江、梦回抚仙湖畔”，报名总人数4 868人，特邀运动员118名，其中省内报名人数占77%，省外报名人数占23%，来自11个国家和地区的外籍选手57名。接待来自11个国家、地区及国内赛事交流嘉宾38人次，眉山市、曲靖市、弥勒市等政府部门及西昌马拉松、南京江宁马拉松组委会派人观摩。

男子和女子10公里、半程马拉松前3名均被中国选手包揽。杨定宏以1小时10分22秒的成绩成为半程项目冠军，第二名和第三名分别为王彬露、周虎维；女子半程选手郑文荣以1小时26分20秒的成绩夺冠，第二、三名分别为杨定荣、袁禄竹。10公里项目男子前三名分别为李从杰、唐明顺、李加飞，女子前3名分别为苏馨钰、黄莹、矣艳琼。四川眉山商会跑团荣获团体组一等奖。

【柔力球培训及比赛】 2016年10月18～21日，市体育局举办中青年柔力球网式项目教练员培训班，来自各县区体育系统、师范院校、体校、中等职业学校、部分企事业单位和柔力球团队选派的近60名体育骨干和爱好者参训。培训内容丰富、全面，包括柔力球项目的概述、网式项目基础理论、基本知识、专项技术和技能学练、裁判规则解析和裁判法实践等。

8月10～15日，在2016年全国“柔力球之乡”交流活动中，玉溪市直机关老体协柔力球队取得集体全能第三名和个人自选套路第三名的成

2016年7月6～7日，七彩云南全民健身运动会健身气功交流比赛暨云南省第五届健身气功交流比赛在玉溪市体育馆举办
（解家敏 摄）

2016年7月16日，"7.16全民游泳健身周"全国公开水域游泳系列赛抚仙湖站暨"七彩云南全民健身运动会"第十届云南·玉溪抚仙湖公开水域游泳邀请赛在澄江县禄充风景区波息湾举行，来自云南、四川的386名游泳爱好者参赛。比赛设男、女2000米两个大项，不分泳姿，按年龄和水平层次分设大众组、半专业组和畅游组三个组别，半专业组参赛选手为大专院校、游泳专业学校及体校游泳专业的学生，畅游组参赛选手为60至70岁老年爱好者　　（解家敏　摄）

绩。这次在山西省长治市举行的全国"柔力球之乡"活动，共有来自全国的43支柔力球之乡队伍参加。

【格兰芬多国际自行车节玉溪站】 2016年11月7日，七彩云南格兰芬多国际自行车节玉溪站在中心城区河滨路鸣枪开赛，市人大常委会副主任叶本功宣布赛事开幕，副市长黎晓英致辞。来自澳大利亚、比利时、加拿大等23个国家和地区的600多名选手参赛，在长达近6个小时的高强度比拼后，各奖项均名花有主。男子长距离组RION骑行服饰车队的Baasankhuu Myagm获第一名，女子组昆明站长距离组的冠军、蒙古选手Solongo Tserenlkh蝉联冠军。短距离组来自美利达挑战者车队的刘宇航夺得男子组冠军，中国选手钱顺敏获女子组冠军。

【参赛全省农民运动会】 2016年11月28日，云南省第九届农民运动会在临沧市开幕，玉溪市代表团共派出131人参加本届农运会所设的田径、篮球、民兵军事三项、陀螺、舞龙、象棋、围棋、乒乓球8个大项55个小项的比赛。玉溪代表团团结奋战，顽强拼搏，共夺得21个一等奖、24个二等奖、17个三等奖，一等奖总数和总成绩全省第二名的优异成绩，并荣获体育道德风尚奖，1个运动队和17名运动员获得体育道德风尚奖。其中玉溪舞龙队夺得障碍舞龙、全能一等奖和竞速舞龙二等奖；棋类项目张玺然获围棋女子个人一等奖、张玺然、周千越获女子团体一等奖，李媛媛、李宛蓉获象棋女子团体一等奖；田径项目唐明顺获男子5 000米负重越野跑一等奖、王志获男子三项全能一等奖、周红获女子搬挑粮食赛跑一等奖。唐明顺、普翠艳获男、女组5分钟50秒抗旱保苗比赛一等奖；乒乓球项目李秋霞获女单一等奖，李秋霞、李娜获女双一等奖，高磊、苏云虎分获男单一等奖、二等奖，高磊、苏云虎获男双一等奖。

【承办全省首届野战运动公开赛】 2016年12月11日，七彩云南全民健身运动会"自强杯"云南省首届野战运动公开赛在玉溪聂耳文化广场举行。来自省内外的31支代表队234名运动员参加。比赛设个人定点赛和五人团体赛两种形式。楚雄市代表队杨随春、曲靖市代表队杨林、河北破山军团代表队周知分别获得个人定点赛前三名；河北破山军团代表队、四川蜀峰野战代表队、昆明猎人部落代表队分获五人团体赛前三名；西南林业大学、玉溪师范学院、玉溪市中医院、中华彩虹远征军团代表队获优秀组织奖。

【玉溪首届国际自由搏击对抗赛】 2016年11月24～28日，中国·玉溪首届国际自由搏击对抗赛在玉溪市体育馆举行。来自中国、日本、韩国、美国、俄罗斯、加拿大、塔吉克斯坦、乌克兰、菲律宾和泰国的24名选手参赛。比赛设少儿组、女子组、男子组和中外对抗组自由搏击，同时也设有女子MMA和男子组中外MMA对抗。比赛共设11个获胜奖项：分别为少儿组自由搏击，女子组MMA，女子组中加对抗自由搏击，男子中美对抗，中日对抗，中韩对抗，中菲对抗，中俄对抗，中国乌克兰对抗，中泰对抗，中国对塔吉克斯坦MMA对抗。比赛获胜者拳套现场拍卖并签名合影，其中26日中国选手吕二飞战胜美国选手艾力克斯的比赛，吕二飞的拳套拍出3 600元，27日的中国彝族选手吉夺依布大败日本选手福冈直也，将赛事推向了最高潮，吉夺依布的签名拳套拍出6 800元的全场最高价。比赛共进行了12场对抗赛，其中中日、中韩、中美、中泰、中国对乌克兰、中国对塔吉克斯塔MMA均为中方选手获胜。本次比赛有来自云南各地的6 000多名观众到现场观战，为中方选手加油鼓劲，现场气氛热烈。

【玉溪市第六届足球赛】 2016年10月29日至12月18日，七彩云南全民健身运动会“红星国际广场杯”玉溪市第六届足球赛在玉溪体育场举行，来自全市的22支球队500多名运动员参加，历时5周。本届比赛主办方将冠军奖金提高到10 000元，还增设了“足球宝贝”评选活动和“我最喜爱的足球队”人气投票活动，通过投票，人气最高的6名“足球宝贝”和3支球队将获得主办方奖励。最终玉昆钢铁足球队2∶0战胜漫步者足球队夺冠。

【参加中国体育文化、体育旅游博览会】 2016年9月2～5日，中国体育文化、体育旅游博览会在新疆国际博览中心举办。全国各省区市、新疆各地州市体育系统和数百家企业参展。云南省有15个项目入围体育旅游精品线路、精品景区和精品赛事，玉溪新平磨盘山户外运动公园、澄江县抚仙湖景区两项目首次入围中国体育旅游精品项目，市体育局、新平县、澄江县政府组团参加博览会，对两个项目进行深度推介，标志着玉溪体育产业项目推介工作向国家层面迈进。

【在全省率先开展体育产业统计】 2016年，在省统计局、省体育局支持下，玉溪市在省内率先启动体育产业统计工作。选派专人到成都、长沙等地学习，编制《玉溪市体育产业统计评估报告》。9月22日，省统计局、省体育局首次在玉溪举办云南省体育产业统计工作试点培训。培训后完成《汇总数据评估报告》《玉溪体育产业发展报告》，呈送市政府并上报省统计局、省体育局。玉溪市已累计培训体育产业统计人员80余人次，完成玉溪市体育产业名录库核查工作，对名录库中143家单位、企业、协会开展全面调查统计。

竞技体育

【参赛省第一届青少年运动会】 2016年8月11～21日，云南省第一届青少年运动会在德宏州芒市举行。云南省青少年运动会的前身是四年一届的云南省城市运动会，比赛共设有田径、足球、游泳、篮球、网球等11个大项180个小项，来自全省各州市、县区的26个代表团1 408名运动员报名参赛，产生209枚金牌。此次运动会由红塔区、通海县和元江县组团参赛，经过运动员顽强拼搏，三县区共夺得金牌9枚，银牌11枚，铜牌10枚，均获体育道德风尚奖，圆满完成参赛工作。

红塔区代表团派出72名运动员参加田径、游泳、网球、排球、武术、体操6个项目比赛，共获7金8银6铜，列团体总分第6位，奖牌榜第12位。共夺得女子3 000米竞走、女子5 000米竞走、女子标枪、男子跳马、网球女子双打和排球（依照大赛规定，排球第二名按2块金牌计入代表团总成绩）共7枚金牌。获男子跳高、男子铁饼、男子50米自由泳、武术男、女子对练、武术女子自选南拳、男子体操团体、网球女子团体8枚银牌。获得男子四项全能、男子跳高、女子跳高、女子200米蝶泳、武术女子对练、男子蹦床6枚铜牌。其中小将普玉珍斩获女子3 000米竞走和5 000米竞走两枚金牌；通海代表团由16名运动员组成，参加体操、网球、武术、举重4个项目比赛，获得2金2银3铜，名列奖牌榜第21位。其中举重运动员柳龙获男子105公斤级金牌，4名网球小将获女子网球团体金牌。女子体操获团体第二名，李好获体操全能第二名和平衡木第三名，网球分获女单、女双第三名；元江代表团派出21名运动员参加田径、游泳、网球、体操和摔跤5个项目比赛，获得1银1铜，名列奖牌榜第25位。

（解家敏）

【参加省年度赛】 2016年上半年，玉溪组队参加田径、自行车、射击、射箭、武术套路、沙排、排球、举重、击剑、摔跤、柔道、篮球、体操、网球、游泳、乒乓球16个项目的省年度锦标赛，参赛领队、教练、运动员达486人，获金牌65枚、银牌65枚、铜牌57枚。下半年组队参加击剑、篮球、皮划艇、拳击、田径中长跑竞走、射箭、散打、射击、柔道、网球、乒乓球11个项目的省年度冠军赛，领队、教练、运动员311人参赛，获金牌39枚、银牌38枚、铜牌51枚。

（谭　斌）

2016年6月19日，玉溪市幼儿体操幼儿排舞交流赛在市体育馆举行（解家敏　摄）

2016年7月8日，ITF国际女子网球巡回赛中国·玉溪站双打决赛（解家敏 摄）

【市少儿年度赛】 2016年7月26～30日，玉溪市青少年体育俱乐部篮球比赛在市体育馆举行。比赛由市体育局、市教育局主办，市体育馆承办。来自全市各县区的18支男、女代表队235人参赛。经角逐，男子组第一至九名名次为：峨山、红塔区、澄江、元江、通海、华宁、江川、新平、易门代表队。女子组第一至九名名次为：通海、澄江、红塔区、易门、华宁、峨山、江川、元江、新平代表队。峨山男队、红塔区女队及32名个人荣获体育道德风尚奖。

8月1日，玉溪市少年儿童田径比赛在峨山县结束。来自全市七县两区9个代表队的225名男、女运动员，分别参加少年组和儿童组60米、100米、200米、400米等短跑项目；1 000米、3 000米、5 000米竞走及跳高、跳远、铅球、垒球、铁饼、标枪等共31个项目比赛。最终红塔区、通海、澄江、易门、华宁代表队分获团体总分第一至五名，峨山、易门代表队及30名个人荣获体育道德风尚奖。

8月7日，玉溪市儿童游泳比赛在玉溪体育运动学校游泳池落幕。比赛由市体育局、市教育局主办，玉溪体育运动学校承办。比赛分男、女7岁组、8至9岁组、10至11岁组3个组别，设蛙泳、自由泳、蝶泳、接力赛共32个比赛项目。红塔区、江川区、通海县等7支代表队170名小选手报名参加。经角逐，获女子团体总分前五名的是：红塔区、元江、新平、江川、通海代表队，华宁、易门代表队并列第六名。获男子团体总分前五名的是：红塔区、华宁、元江、新平、通海代表队，易门、江川代表队并列第六名。红塔区、元江代表队及28名个人获体育道德风尚奖。

【幼儿体操培训及比赛】 2016年3月9日，由市体育局、市教育局主办，市少体校承办的玉溪市幼儿体操教练员培训班开班。来自全市各县区59所幼儿园116人报名参训，历时4天。由市少体校高级教练员王惠英、刘爱莉担任授课老师，培训内容为幼儿呼啦圈操、幼儿基本体操、幼儿沙锤操、幼儿彩绸操及2016年幼儿体操比赛规程讲解。全体学员经考核成绩合格。

6月19日，为期3天的玉溪市幼儿体操幼儿排舞交流赛圆满落幕。比赛由市体育局、市教育局主办，市少体校、市体育馆承办，设幼儿基本体操、幼儿器械操、幼儿排舞3个项目，来自市、县区各级幼儿园的32支代表队750名教练员、运动员参赛。获奖情况：幼儿基本体操项目一等奖：通海县秀山幼儿园、易门县机关幼儿园、澄江县机关幼儿园、新平县幼儿园；二等奖：华宁小燕子艺术幼儿园。幼儿器械操项目一等奖：易门县机关幼儿园、通海县秀山幼儿园、红塔区第二幼儿园等20家；二等奖：红塔区师旗社区幼儿园、峨山县双江小学附属幼儿园等7家；三等奖：洛河中心幼儿园等3家。幼儿排舞项目一等奖：易门县机关幼儿园、通海县秀山幼儿园、江川区幼儿园等18家；二等奖：红塔区师旗社区幼儿园、研和安美幼儿园等6家；三等奖：华宁小燕子艺术幼儿园等4家。幼儿体操、幼儿排舞团体一等奖：通海县秀山幼儿园、易门县机关幼儿园、新平县幼儿园等5家；二等奖：玉溪市第二幼儿园、大营街启航幼儿园、大营街幼儿园等22家；三等奖：红塔区第二幼儿园、江川区幼儿园等5家。

【承办ITF国际女子网球巡回赛】 2016年7月10日，ITF国际女子网球巡回赛中国·玉溪站在玉溪红塔网球中心结束。本次赛事总奖金为2.5万美元，设女子单打和双打两个项目。澳大利亚、美国、韩国、日本、泰国等14个国家和地区的74名运动员报名参赛，其中中国球员50人（包括中国台北和中国香港），外国球员24人，是玉溪第五次举办此项网球盛事。此前的四次比赛均为男子巡回赛，今年首次举办女子巡回赛。经过9天角逐，韩国种子选手韩娜莱获单打冠军，中国小将卢佳茜获单打亚军。中国组合汤千惠/蒋欣玗和盖奥/郭珊杉分别夺得双打冠、亚军。

【玉溪籍运动员参加国际国内比赛】 2016年8月18日，巴西里约奥运会男子铁人三项决赛落幕，玉溪市通海籍运动员白发全以1小时58分08秒获得第50名，是里约奥运会中国唯一参赛该项目的运动员。

9月24～29日，第五届亚洲沙滩运动会在越南岘港举行。玉溪体校教练员杨国才作为本次中国田径代表团指定的唯一中长跑教练员带队参加比赛，其所带运动员罗天帆参加男子6公里沙滩越野赛获得第7名。

（解家敏）

【运动员输送及教练员裁判员培训批授】 2016年市体育局加强教练员、裁判员管理培训工作，全年累计培训教练员、体育管理干部、裁判员等386人次。

2016年玉溪市向省级输送运动员4人，县区向市级训练单位输送后备人才144人。全市共批授二级运动员45人、三级运动员4人、二级裁判员384人、三级裁判员851人。省级体育部门批授玉溪一级运动员16人，一级裁判员7人。

（靳志良）

青山绿水·碧玉清溪

（吴 垠 摄）

社　会

SOCIETY

责任编校：王　斌

人口与计划生育
劳动和社会保障
安全生产监督
民政事务管理
扶贫工作
移民工作

人口与计划生育

【概　况】 2016年“全面二孩”政策正式实施，玉溪竭力稳定计划生育工作大局，深入贯彻落实《中共中央国务院关于实施全面两孩政策改革完善计划生育服务管理的决定》，圆满完成计划生育各项目标任务。

2015年5月23日起全市启动卫生与计划生育机构改革工作，截至2016年底，市、县两级卫生计生部门完成了机构改革任务，卫生和人口计生市县两级政府组成部门完成重组，10个妇幼保健院和10个计划生育技术服务中心（站）、64个乡镇（街道）卫生院和75个乡镇（街道）计生服务站已全部整合完毕。2016年1月15日市卫生计生委印发《贯彻落实<人口与计划生育法>的通知》，3月1日印发《实施“全面两孩”政策实施方案》，实行两孩登记及生育统计月报制，不断加强出生人口监测工作。截至12月31日，全市准备生育二孩夫妻生育登记13 551对，实际出生12 212人。

积极推进“和美家庭”创建工作，严格落实计划生育扶助优待政策，切实加快流动人口均等化服务管理和人口信息网格化建设，全面推行免费孕前健康优生检查项目，积极推进各级计划生育协会“定编入序”工作，按时完成县级计划生育协会换届选举。以国家创建幸福家庭活动示范市工作为推手，认真开展新一轮全国计划生育优质服务先进单位创建活动，红塔、江川区，通海、峨山、新平县上报参与新一轮计划生育优质服务先进单位评选活动。通海县和峨山县被授予“2014—2016年全国计划生育优质服务先进单位”荣誉称号。

【计划生育指标完成情况】 据计生统计年报显示（所有数据均不包含澄江县阳宗镇）：2016年底全市总人口220.81万人，年内全市出生婴儿26 024人，比上年同期增加2 412人，其中：男性13 552人，女性12 472人，出生男女婴儿性别比109：100，比上年同期上升2个点。从分孩次出生婴儿看：一孩出生13 087人，一孩率50.29%，出生性别比108：100；二孩出生12 212人，二孩率46.93%，出生性别比108：100；多孩出生725人，多孩率2.79%，出生性别比129：100。在出生的26 024人中，政策内生育24 891人，符合政策生育率为95.65%，比上年同期提高4.46个百分点。

全市已婚育龄妇女423 264人，占全市总人口2208 145人的19.17%，比上年同期减少354人。落实各种节育措施363 755人，比上年同期减少7 739人；综合节育率85.94%，比上年同期下降1.76个百分点。其中：长效节育人数337 756人，与上年同期相比减少10 979人，优选节育率79.80%，下降2.52个百分点；采取针药及避孕药具避孕25 999人，增加3 240人，针药具避孕率6.14%，上升0.77个百分点。

【人口和计划生育责任目标落实情况】 2016年省下达玉溪市市级人口和计划生育事业费投入任务数不低于1 200万元，玉溪市财政投入计划生育经费1 384.77万元，其中：年初预算项目经费1 306.42万元、工作经费47.35万元，同级部门拨入工作经费31万元。比省级下达指标多184.77万元，完成任务数的115.4%。

2016年全市出生人口26 024人，其中政策内出生24 891人，符合政策生育率为95.65%。国家免费孕前优生健康检查和叶酸发放区域全覆盖，2016年，全市共为23 542人次进行了免费孕前优生健康检查，完成目标任务的106.95%；完成叶酸发放人数17 185人，完成目标任务的112.32%。圆满完成省下达的目标任务。

【人口和计划生育会】 2016年3月9日上午，市政府召开全市社会事务口工作会议。会上，副市长杨洋认真总结了2015年社会事务口的工作，分析了存在的困难和问题，安排了2016年的工作。下午，市卫计委召开县区卫计局局长会，进一步明确了2016年卫生计生各项工作的重点和要求，通报了对各县区2015年度人口与计划生育工作目标管理责任制考核及情况。

5月22～25日，市、县、乡三级计划生育干部220人参加了全市计划生育综合业务培训班，系统学习了全面两孩政策、中央决定以及人口法和生育条例。玉溪市人口形势分析会于11月1～3日召开，全市县、乡170名计划生育干部参会。

【人口和计划生育专题调研】 2016年2月和8月，市卫生计生委结合贯彻落实“中央决定”和“省委意见”，实施“全面两孩”政策，人口法和条例修订实施，以及机构改革等工作，积极应对新形势下人口计划生育工作的新情况、新问题，针对工作中存在的困难和问题，专门组织人员由分管领导带队，分别深入7县2区27个乡（镇、街道）26个村（居、社区）委会开展全面两孩政策调研和基层计划生育工作督查指导，深入基层开展人口和计划生育专题调研，进一步规范统计台账运转、例会记录及出生、死亡统计，确保信息数据更新及时、真实，并在调研当中认真分析了当前人口和计划生育工作中存在的主要困难和问题，形成调研报告和督导报告各1篇。

2016年11月21日，云南省政府对玉溪市政府2016年度计划生育目标管理责任书完成情况考核调查组在易门县十街乡张所村现场检查　（杨燕梅　摄）

2016年5月23日，全市计划生育业务综合培训会 （市卫计委 提供）

【计划生育法制工作】 2016年1月1日"全面两孩"政策实行，市卫计委坚持依法行政，严格执法，加强人口计生工作规范化、法制化建设，落实行政执法人员执法资格管理制度。实施一、二孩《生育服务证》登记制度，加强对县乡计生干部一、二孩生育服务登记管理和《云南省人口与计划生育条例》的培训，规范生育服务登记管理和计划生育行政执法，清理整顿计生药具市场及打击"两非"，重点查处政策外多孩生育，加强和规范社会抚养费征收管理，严格执行"收支两条线"制度，落实"两个工作纪律"和"八不准"规定，未发现违反相关法律法规和"人口和计划生育群众工作纪律"的行为和现象。畅通"96128"政府政务信息专线及网上公众信箱，年内全市共受理和办结各种证件47 682件，其中《生育服务证》24 544件、《独生子女父母光荣证》4 544件、《流动人口婚育证明》5 252件。共处理来信来访11 897件，办结11 897件，信访结案率100%。开展"请农民兄弟姐妹评计生"和"请流动人口农民工评计生"活动，评议结果综合满意率分别为99%和99.1%；积极组织参加市政府纠风办举办的"政风行风热线"和省政府"金色热线"直播节目。认真清理行政许可保留事项和部门权力清单。

【计划生育宣传教育】 2016年，为认真贯彻落实新修订的人口法、生育条例和中央决定，确保全面两孩政策顺利实施，市卫生计生委继续加强计划生育宣传教育工作。及时制定下发《玉溪市卫生和计划生育委员会关于实施"全面两孩"政策的工作方案》，成立市卫计委推进"全面两孩"政策实施工作领导小组，明确了实施"全面两孩"政策的重要意义、指导思想、基本原则及主要任务，与全国同步实施"全面两孩"政策。加强对"全面两孩"政策和国情国策的宣传培训力度。通过玉溪广播电台"民情之声"栏目、电视采访、玉溪日报及政府网站广泛宣传"全面两孩"政策及新《条例》，并利用"5·29"计生协会员活动日开展宣传咨询、文艺演出等大型宣传服务活动，发放宣传册及计生用品，提供政策咨询；制作全面两孩政策宣传折页10万份、《全面两孩政策问答》5 000余份，《玉溪市计划生育宣传手册》3万册。5月和11月，分别召开市县乡三级计划生育工作培训会，做好生育政策、独生子女政策、计划生育奖励扶助政策和婚、产假等政策的教育培训工作。

【"和美家庭"建设】 2016年，市卫计委紧紧围绕"文明、健康、优生、致富、奉献"主题，突出"宣传倡导、健康促进、致富发展"三大活动，巩固"全国创建幸福家庭活动示范市"成果，不断推进创建活动深入，确保创建工作落到实处。根据《国家卫生计生委办公厅关于开展"幸福家庭"推选活动的通知》，市卫计委及时安排部署全国首届幸福家庭推选活动，在此次由国家卫生计生委主办，中国人口福利基金会协办的推选活动中，红塔区代宝盛家庭、江川区王林媛家庭、新平县普志英家庭获得国家卫生计生委颁证确认为首届"全国幸福家庭"。

【计生家庭扶助优待】 2016年，市卫计委认真贯彻落实中央、省、市出台的计划生育"奖优免补"系列政策，完成2016年度奖励、扶助政策资金兑现2 753.93万元，惠及群众24 846户106 853人。其中：兑现农村独生子女家庭奖励扶助金（农村养老生活补助）8 003人，补助资金793.55万元；兑现计划生育家庭特别扶助制度（独生子女伤残、死亡家庭）1 700人，扶助资金456.58万元；兑现计划生育家庭特别扶助制度（其它家庭）资金316人，资金66.96万元；兑现农村独生子女家庭"一次性奖励金"3 504户，资金94.87万元；兑现农业人口独生子女教育"奖学金"11 965人，资金377.5万元；兑现新型农村合作医疗符合全额资助条件（新农合）资金88 047人，资金785.76万元；兑现独生子女死亡家庭"一次性抚慰金"27户，资金12.62万元；兑现城镇居民未享受退休金独生子女父母"养老扶助金"468人，资金48.3万元；兑现独生子女保健费23 823户，资金117.79万元。以上项目资金均已及时、足额兑现到人（户），兑现率达100%。

根据《云南省卫生计生委关于建立完善计划生育特殊家庭联系人制度和信息档案管理的通知》要求，全市各县区均开展了对独生子女持证家庭尤其是计划生育特殊家庭的清理排查，建立了计划生育特殊家庭一户一档信息档案和联系人制度，制作联系卡，加强对计划生育特殊家庭的帮扶工作，并做好日常活动记录。截至2016年底，全市共录入计划生育特殊家庭信息系统813户1 172人。

（刘浩勇）

【人口计生网格信息化系统建设】 2016年底，完成了"一库六模块"建设，全市人口数据库基本建成，采集全市人口数据2253 820人，组织县、乡、村三级校对常住人口数据193 000人，确保人口数据可靠可信。6月份，结合机构改革职能合并要求，对人口计生网格信息化原有部分功能模块进行了整合改造，并通过验收。

（贾其文）

【流动人口计划生育服务管理】 2016年，全市卫计部门圆满完成2016年度全国流动人口卫生计生动态监测调查任务。截至12月31日，全市卫计部门登记流动人口130 950人，其中：

流入人口80 849人，流出人口50 101人。流动人口信息录入国家Padis平台65 530份，平台运用率97.37%；反馈核实率96.87%；网络化协作接收率67.65%。开展流动人口健康教育促进行动，确定流动人口健康促进示范企业9个、示范学校9所、示范家庭45户。经各县区申报、市级审核、省级推荐上报国家卫计委健康促进示范企业4个、示范学校4所、示范家庭7户（待国家审核命名）。印制流动人口基本公共服务均等化和健康教育知识宣传手册3.5万册、宣传环保袋1.5万个发放各县区，通过宣传教育和示范带动，不断提高流动人口健康素养。创建流动人口计生协示范项目点国家级3个、省级4个、市级9个、县级9个，发挥计生协会作用，将关怀关爱和各项惠民措施延伸至流动人口。

【流动人口基本公共服务均等化试点工作】 2016年，玉溪市的流动人口基本公共服务均等化试点工作继续深化“十四项真情服务”（即生殖健康和优生优育服务、健康伴你行服务、居住诚信服务、维权救助服务、政策同音服务、成长快乐服务、劳动就业服务、吸纳就业服务、宗教和顺服务、特困救助服务、职业技术培训服务、房屋租赁信息服务、市场准入服务、春风“六送”服务）。在流动人口中广泛开展基本公共卫生计生服务，截至12月底，流动人口健康档案纸质建档率79.68%，电子建档率75.3%，健康教育覆盖率80.89%，儿童预防接种率99.63%，孕产妇管理率99.68%，0—6岁儿童管理率97.4%；计划生育“五免费”服务42 021人次，免费“六术”1 552人，发放免费药具51 809盒，宣传资料117 752份；慢性病管理305人，重大疾病救助10人次，应急救助7例，职业健康保护106人，卫生监督协管356次；免费优生健康检查685人，占应检人数698人的98.14%；办理流动人口计划生育家庭意外伤害保险576户1 255人，投保金额36 780元；为193户流动人口困难家庭452人送温暖。

4月20日，召开全市“2016年度流动人口服务管理和基本公共服务均等化工作会议”，总结上年度工作，安排部署下步工作，省卫计委副主任李善荣到会指导，领导小组组长与各县区、市直成员单位签订《2016年流动人口服务管理和流动人口基本公共服务均等化工作目标责任书》。全市确定流动人口基本公共服务示范单位12个乡镇（街道）、14个村（居、社区），并给予每个乡镇（街道）1.5万元、村（居、社区）0.5万元的工作经费补助。12月均等化工作工作考核与市卫生计生目标责任考核同步进行考核验收，经验收合格给予“以奖代补”经费每个乡镇（街道）1.5万元、村（居、社区）0.5万元。通过以点带面，全市流动人口均等化工作水平不断提升。

（普凤岚）

【计划生育技术服务】 2016年市妇幼卫计中心对全市范围内符合现行生育政策，计划怀孕的农村夫妇，包括在现居住地居住半年以上，具有农村户口，符合生育政策准备怀孕的流动人口夫妇提供19项免费孕前优生健康检查。孕前优生健康检查23 542人，完成目标任务106.95%；叶酸发放人数17 185人，完成目标任务112.32%。

【计划生育药具管理】 2016年，全市免费发放的药具品种达32种，年内计划分配药具价值878 764.18元，均已按分配计划下达各县区，计划执行率100%。放置Vcu记忆型宫内节育器642例。全市共有计生药具免费发放网点1 040个，其中主渠道发放网点886个，社会发放网点127个，药具自助发放机网点27个。

（周艳华）

【计划生育协会工作】 2016年，全市有计生协会组织847个，企业计生协会9个。协会理事8 563名，团体会员201个，个人会员20.01万人，占全市总人口近9%，会员小组6 330个，会员联系户10.3万户，宣传服务阵地1 117个，“会员之家”775个。全市各级计生协积极推动流动人口计生协组织规范化建设，共建立流动人口计生协26个，覆盖率达应建数的80%以上。创建国家级流动人口计生协示范项目点3个、省级4个、市级5个、县级9个，实施关怀关爱留守妇女儿童行动项目示范点4个。

以项目化运作方式，以乡级示范村（居、社区）创建为抓手，县级示范为试点，全面推进计生基层群众自治工作深入开展。2016年，市计生协投入13万元，在江川区实施计生基层群众自治县级示范工作，在其它8县（区）每县（区）选择一个乡镇（街道）实施乡级示范项目。争取中国计生协计生基层群众自治县级示范项目在峨山县实施，中国计生协投入15万元。10月18日，全市基层计生协工作研讨暨项目培训班在峨山县举办，通过会议和现场观摩形式，对计生基层群众自治工作进行检查指导和交流。

2016年，市计生协实施的“少生快富”帮扶项目现已实施5轮帮扶，帮扶惠及18个乡镇35个村（居、社区）58户农户。实施省计生协计生基金帮扶项目：在通海县投入10万元资金，帮扶种养殖户5户；在峨山县投入10万元，帮扶种养殖户8户；在江川区投入10万元，帮扶花卉种植户10户；在红塔区投入20万元，帮扶种养殖户10户，成效明显。实施“幸福工程－救助贫困母亲行动”项目：在新

2016年12月19日，市政府考核调查组对峨山县政府2016年度计划生育目标管理责任书完成情况现场检查

（市卫计委 提供）

2016年5月26日，计划生育协会会员日活动在江川区前卫镇宣传生育政策

（市卫计委 提供）

平县投入70万元实施国家级项目，帮扶救助70名贫困母亲；在易门县投入10万元实施省级项目，帮扶救助10名贫困母亲。实施“青春健康教育培训示范基地”建设。在8个县（区）开展14个点的“青春健康教育培训示范基地”建设，其中国家级项目2个、省级7个、市级5个。

全市各级计生协共组织文艺演出89场次，观看群众35 752人次，广播宣传339次，出板报341期，发放各类计生宣传资料121 868份，为育龄妇女免费提供生殖健康医学服务25 021人次，义诊、量血压等11 893人次，发放安全套60 710盒、避孕药3 238盒，组织培训6 705人次，群众咨询7 363人次，助耕帮助生产好人好事489人。走访慰问独生子女、双女困难户、困难计生工作者和贫困母亲231户、发放慰问金62 750元。

截至9月30日，全市计划生育家庭意外伤害保险共完成投保金额1 101.88万元，同比增加80万元，完成省下达任务800万元的137.74%。承保户数8.89万户26.01万人。

（陈菊兰）

劳动和社会保障

【城镇及困难群体就业】 2016年，全市城镇新增就业人员25 539人，完成省目标任务2.38万人的107.3%，完成市目标任务2.4万人的106.4%。帮助7 692名就业困难人员实现就业，完成省市目标任务7 200人的106.8%。城镇下岗失业人员再就业9 516人，完成省市目标任务7 700人的123.6%。开发公益性岗位4 631个，完成省市目标任务4 300人的107.7%。全市城镇登记失业率为3.54%，控制在目标任务的4.3%以内。

【创业带动就业】 2016年，全市人社部门继续强化“贷免扶补”小额贷款、“创业促就业”小额担保贷款、劳动密集型小企业贷款三项贷款在扶持创业工作中的重要位置，将贷免扶补、小额担保贷款的最高贷款额度统一调整为10万元，为创业实体和小微企业提供有效的金融支持。全市新增发放三项创业担保贷款14.65亿元，完成省市目标任务10.1亿元的145.0%，新增发放“创业促就业”小额担保贷款70 873万元，扶持创业7 110人，完成省市目标任务7 110人的100.0%，新增发放“贷免扶补”小额担保贷款51 979万元，扶持创业人数5 390人，完成省市目标任务5 390人的100.0%，新增发放劳动密集型小企业贷款23 600万元，扶持劳动密集型小企业120户，完成省市目标任务120户的100.0%。三项贷款带动吸纳就业25 642人，进一步扩大了就业总量。积极配合工信部门继续实施“两个10万元”微型企业培育工程，扶持创办微型企业，会审通过220户，完成目标任务220户的100%。

【重点群体就业】 2016年，玉溪人社部门以农民工、“农转城”人员、城镇下岗失业人员、就业困难人员、去产能职工、退役军人等群体为重点，通过开发公益性岗位、社会保险岗位补贴、职业介绍、就业培训和创业培训等一系列政策扶持措施，帮助他们多渠道就业。同时，积极开展“就业援助月”“春风行动”“民营企业招聘周”“高校毕业生就业服务月”“就业服务进企业专项行动”等系列专题活动，收集劳动力供求信息，为各类企业和求职人员群体搭建良好的就业供需服务平台。活动期间，共走访就业困难人员和零就业家庭3 013户，登记认定的未就业困难人员901人，帮助3 396人就业困难人员实现就业；共举办大型招聘会和专场招聘会40场，提供就业岗位信息16 600多个，开展职业介绍服务15 000多人次，促进7 800余名劳动者实现就业。

【高校毕业生就业】 2016年，市人社局制定下发了《关于认真做好2016年离校未就业高校毕业生实名登记工作的通知》，切实做好对离校未就业高校毕业生的后期跟踪管理工作。登记在册离校未就业高校毕业生1 748人，积极鼓励引导高校毕业生到基层就业。大力实施“云岭大学生创业引领计划”，切实落实大学生创业扶持政策，评审认定39个大学生创业无偿资助项目，每个项目给予3～5万元的无偿资助，兑现补贴资金121万元；认定68户大学生创业实体，每户给予5 000元的创业场租补贴，兑现补贴资金34万元；对32户优秀大学生创业实体给予二次贷款贴息，贷款金额919万元，支付贴息资金66.4万元；139名大学生创业者共获得创业扶持资金221.1万元，带动就业769人。

【创业孵化平台建设】 2016年，玉溪人社部门采取部门自主建设、与高校或企业合作共建、鼓励企业投资建设等方式，建立了“玉溪市大学生文化教育创业园”“玉溪市青年创业园”“云南玉溪辰达众创空间”“玉溪大学生创业园”“玉溪技师学院电子商务创业中心”“玉溪师范学院大学生创业孵化园”“新平农业互通众创空间”“新平民族文化创业园”“玉溪农业职业技术学院校园创业平台”“元江县光伏农业产业创业园”“易门县青年创业园”“云南铜业高级技工学校电子商务校园创业平台”共12个创业孵化平台。其中，被认定为省级创业示范平台9个，被认定为市级创业示范平台10个。创业孵化平台以免租金或低租金、免收费或低收费，免费提供各类创业服务的优惠扶持政策为各类创业者和大学生、技师学院学生提供了良好的创业实训、实践平台。入驻创业实体427个，吸纳就业人员770余人。成功孵化了玉溪安行网络科技有限公司、云南圣耀环保科技有限公司、玉溪有容科技有限公司等32户创业实体。

【技能扶贫专项行动】 2016年，全市人社部门按照“四个一批”的要求，以“挂包帮”“转走访”为契机，认真做好技能扶贫专项行动，通过实施直过民族地区技能培训和农村劳动力转移就业特别行动计划，提升劳动者技能素质和创业能力。全年培训农村劳动力人数23.04万人次，完成目标任务15万人次的153.6%；累计新增转移农村劳动力43.9万人次，完成目标任务42.8万人次的102.6%。其中：直过民族培训3 470人，转移就业1 258人。

【全民参保登记】 2016年，玉溪市人民政府办公室制定下发了《关于印发玉溪市全民参保登记计划实施方案的通知》。按照“政府主导、部门配合、全民参与”的要求，成立了玉溪市全民参保登记工作领导小组，1月22日举行“玉溪市社会保险全面参保登记启动仪式”，全面启动全市参保登记工作。启动工作以来，通过进一步加大宣传力度，主动开展多种形式的政策解读，不断提升全民参保意识，共计发放25万份宣传手册、2万份宣传帖。全市累计登记246.03万人，完成全市常住人口数236万人的104.25%，基本建成全市集中的社会保险基础数据库。

【城镇职工基本养老保险】 2016年，全市参加城镇职工基本养老保险31.29万人，完成省市目标任务27.96万人的111.9%（其中：企业职工参保18.01万人，完成省市目标任务17.87万人的100.8%；机关事业单位职工参保6.28万人，完成省市目标任务3.77万人的166.6%）。从2016年5月1日起，全市企业职工基本养老保险单位缴费费率从20%下调为19%，企业养老保险基金收缴15.62亿元，完成预算调整数15. 36亿元的102.22%，支付养老金12.12亿元，完成预算12.09亿元的100.25%。机关事业单位工作人员养老保险基金收缴15.43亿元，完成预算14.53亿元的106.19%，支付养老金12.7亿元，完成预算12.58亿元的100.95%。全面推进机关事业单位养老保险制度改革，玉溪市人民政府出台了《玉溪市机关事业单位工作人员养老保险制度改革实施方案的通知》，将全市在职职工6.2万人，退休人员2.18万人纳入养老保险参保范围，收缴职工个人职业年金缴费3.50亿元，单位0.49亿元。追缴企业历史欠养老保险费1 255万元，完成省目标任务850万元的147.65%。继续提高养老保障水平，企业退休人员月人均增加158元，月人均养老金达2 231元；机关事业单位退休人员月人均增加237元，月人均养老金达4 850元。

【城乡居民基本养老保险】 2016年，全市应参加城乡居民基本养老保险122.67万人，实际参保121.07万人，参保率98.7%，完成省市目标任务120.32万人的100.6%。扎实做好建档立卡贫困人口参保工作，对全市符合城乡居民基本养老保险参保条件的32 393名贫困人口全部纳入参保对象，并积极完成参保工作。本年度缴费人数88.05万人，参保缴费率95.4%。全市城乡居民基本养老保险60周岁以上领取养老金28.83万人，领取个人账户养老金11.15万人，55—59周岁重度残疾人领取养老补助金743人，全年累计发放基础养老金25 789.12万元，个人账户养老金2 154.93万元，发放丧葬补助费497.04万元。全市各级财政为特殊人群代缴养老保险费人数23 089人（其中：重度残疾人7 566人，三级残疾人5 323人，四级残疾9 674人，五保供养人员526人）。

【城乡居民基本医疗保险】 2016年，全市参加城镇基本医疗保险50.8万人（其中：城镇职工参保26.15万人，城镇居民参保24.65万人），完成目标任务48.37万人的105.0%；参加新农合161.9万人。从2016年4月1日起，全市城镇职工基本医疗保险参保单位缴费费率由原来10%降为8%，灵活就业人员缴费费率由原来的12%降为10%。城乡居民基本医疗保险整合全省率先完成，市政府出台了《玉溪市城乡居民基本医疗保险实施办法》《玉溪市城乡居民大病保险实施办法》，市、县区分别组建了医疗保障基金管理中心，研究下发部门八个配套政策性文件，实现整合经办机构、整合政策制度、整合信息系统、整合基金存储银行“四个整合”，统一覆盖范围、统一筹资政策、统一保障待遇、统一医保目录、统一定点管理、统一基金管理“六个统一”。扎实推进城镇基本医疗保险付费制度改革，实施总额预付结算办法，做好DRGs付费制度改革试点工作。深入开展医疗保险审核稽核，启用智能审核监控系统，进一步提高了医疗保险费用审核工作效率，医疗机构实地核查面达100%，定点医疗机构病历抽查率达20%以上，门诊特殊病慢性病评审资料抽查率达10%以上。稽核检查“两定”机构766个（次）。公立医院药品联合限价采购配送结算工作有序推进，作为全国医改的试点城市之一，开发了玉溪市药品配送结算管理系统，从现用的10 800余个品规中遴选出了3 289个品

2016年3月9日，玉溪市2016年“市级创业示范平台”授牌暨“玉溪大学生创业园”揭牌仪式 （沈永生 摄）

规作为公立医院药品询价目录，通过招标产生预确标品规2 044个，基本形成了公立医院的药品目录，为药品采购工作顺利开展奠定了扎实基础。

【失业保险】 2016年，全市参加失业保险15.25万人，完成目标任务14.9万人的102.3%。全市从2016年5月1日起，失业保险费费率统一从2%下调为1.5%，其中用人单位1%，职工个人0.5%。5 096人按月领取失业保险金，995名农民合同制工人领取了一次性生活补助。全市共有458户企业通过审核享受稳岗补贴2 737.2万元，惠及员工53 400人。

【工伤保险】 2016年，全市参加工伤保险23.64万人，完成目标任务23.35万人的101.2%。工伤保险基金收缴0.61亿元，完成预算0.6亿元的101.67%；支付0.84亿元，完成预算0.79亿元的106.32%。追缴企业历史欠工伤保险费105万元。大力实施“同舟计划”，建立部门联席会议制度及联合督查制度，全力推进建筑企业等高风险行业按项目参加工伤保险工作。全市在建项目数96个，参保79个，参保率达82.3%；新开工项目数109个，参保109个，参保率达100%。按时完成了工伤职工和供养亲属的待遇调整及兑现工作，1～4级工伤人员伤残津贴月人均增加152元、护理费月人均增加86元，调整后伤残津贴月人均达2 124元，护理费月人均达1 357元；工亡供养亲属生活费月人均增加75元，调整后月人均达968元。严格把关工伤认定工作，共收到工伤认定申请2 121件，不予受理13件；认定为工伤的2 045件，不予认定工伤76件。做好工伤认定行政复议及行政诉讼应诉工作，工伤认定行政复议6件，行政诉讼15件。

【生育保险】 2016年，全市参加生育保险19.26万人，完成目标任务18.72万人的102.9%。3月1日，全市企业生育保险费率由0.5%降为0.2%，因基金收不敷支，10月1日，生育保险费率恢复为0.8%。生育保险基金收缴0.26亿元，完成预算0.25亿元的104.0%；支付0.72亿元，完成预算0.64亿元的112.5%。追缴企业历史欠生育保险费42万元。

【被征地农民养老保险】 2016年，市政府出台了《玉溪市改革完善被征地农民基本养老保障政策试点实施方案》和《关于进一步完善被征地农民养老保险有关事项的通知》，确定了红塔区、峨山县为试点县区开展工作，被征地农民养老保险改革试点工作成效明显。同时，将被征地农民基本养老保障政策统一到省试点工作方案和省试行办法上，调整了被征地农民基本养老保障专项资金标准、个人账户计息标准、养老金待遇核定办法等，建立了被征地农民基本养老保障风险准备金。大力抓好被征地农民养老保险参保扩面工作，坚持“先保后征”，审核征地报件47件，征地面积2 698.19公顷，应缴被征地农民基本养老保障专项资金（原社保安置补助费）33 433.87万元，收缴率为100%，全市被征地农民养老保险参保人数10.05万人。

①2016年6月22日，全国人社基层宣传平台建设试点暨人社政策主题宣传年活动推进会在玉溪召开（邓博仁 摄） ②2016年12月6日，中国博士后科学基金会批准在玉溪市开展“第33批中国博士后科技服务团（云南玉溪行）”（施立勇 摄）

【社保基金监督】 2016年，玉溪作为全省首批试点市，启动了财务核算一体化信息系统。深入推进“六个严禁”专项整治及社保基金保值增值工作，严格执行社会保险基金预决算制度，基金累计收益2.96亿元，收益率达3.11%。落实四项制度，开展日常巡查工作，全面完成社会保险基金安全评估工作。加大社保基金清欠力度，清欠各种社会保险费1 833.57万元。进一步规范基金的管理，确保各项社会保险基金、资金运行平稳、安全、完整。

【农业转移人口市民化】 2016年，玉溪切实落实好转户进城人员就业创业和社会保险等优惠政策，全市享受贷免扶补4 532人，29 846万元；解决就业岗位46 318个，参加就业、创业培训12 652人；转户进城居民参加城镇居民医疗保险56 618人，参加城镇职工医疗保险14 461人，参加城乡居民养老保险183 644人，参加失业保险6 889人，参加工伤保险6 896人。

【劳动关系】 2016年，市委、市政府研究出台了《关于进一步构建和谐劳动关系的实施意见》，进一步规范程序。健全完善劳动关系“三方四部门协调机制”，召开协调会议3次，审议集体合同、工资集体协商、玉溪工业企业经济发展报告，对焦点和突出问题进行专题研究解决。全市劳动合同签订9 369户，336 096人，签订率94.5%，高于省目标2.5个百分点；集体合同签订3 980户，171 088人，签订率91.6%，高于省目标2.6个百分点。做好劳动合同登记备案、劳务派遣行政许可、劳动能力鉴定等工作，办理劳务派遣行政许可1户，外地公司在玉溪备案3户，累计审批54户；办理退休审批722人；组织劳动能力鉴定11次，鉴定618人；开展企业薪酬调查215户，涉及18个行业、3.47万名职工。认真执行最低工资标准，及时发布玉溪市2016年企业工资指导线。

【劳动保障监察】 2016年，全市人社部门继续加大劳动保障监察执法力度，全力做好日常巡视检查和投诉举报专项检查工作，对3 003户各类用人单位进行主动检查，追发劳动者工资10 660.1万元。对1 799户进行春节前专项检查，追发农民工工资827.4万元；对425户进行清理整顿人力资源市场秩序专项行动；开展用人单位遵守劳动用工和社会保险法律法规情况专项检查，检查542户，涉及劳动者23 007人，责令支付工资及补偿、赔偿金额共计1 062.3万元。完成劳动保障执法网上年审6 797户。严厉打击拒不支付劳动报酬犯罪行为，向公安机关移送案件2件。建成县级12个监察执法网格，“两网化”管理率达100%，劳动保障监察举报投诉案件结案率为100%，高于目标任务4个百分点。

【劳动信访仲裁】 2016年，全市人社部门认真处理各类劳动人事争议案件，全年立案受理劳动人事争议仲裁案件2 372件，涉及劳动者2 372人次，结案2 372件，涉案金额3 412.46万元，劳动人事争议仲裁结案率为100%，高于目标任务10个百分点。进一步完善调解组织和调解机制建设，加大争议调处力度，在全市74个乡镇（街道）均成立劳动争议调解委员会，配备专兼职调解员105人的基础上，继续加强建立基层调解组织的工作制度、规范基层调解组织的工作流程、完善基层调解组织的工作机制，为基层调解组织提供有效的机制保障。认真对待每一位来信来访群众，并热心、细心、耐心地进行解答，将劳资矛盾解决在萌芽、消化在初期，共处理和接待劳动人事争议信访件2 084批次、涉及4 896人次。

【信息化建设】 2016年，玉溪启动了“互联网+人社”智慧民生人才服务工作。实施互联网+就业创业、社会保障、人才人事、劳动关系、农民工服务、信访、人社系统办公自动化7项行动，启动玉溪市人力资源和社会保障网改扩建，新版门户网站为9县（区）人社局提供全市统一的人社信息栏目；集群“玉溪人才网”“玉溪就业创业网”子站，实现后台数据共享；链接“云南人力资源和社会保障网”“12333公共服务网”“云南人社众创网”；新版门户网站设立“网上服务大厅”，实现了社会保险权益查询、缴费基数申报、网上咨询、工伤认定等在线服务，打造“一站式”全市人社服务网上总入口。积极推广“玉溪人社”微信公众号和APP手机客户端的应用，完成人社信息、服务导航、社保查询和招考招聘信息等微信公众号功能的开发，微信公众号订阅人数达到5 866人。做好12333、96128电话咨询服务工作，接听12333咨询电话1 170个，接听96128电话51个，满意率均达100%。深入推进基层人社宣传和服务群众“最后一公里”工作，成功筹办了“全国人社基层宣传平台建设试点暨人社政策主题宣传年活动”推进会。全市二区七县共701个村（社区）100%实现了互联网和综合服务平台覆盖，惠农支付点覆盖515个村（社区），在各村、社区均设有1名人社协管员。做好社会保障卡的发放，全市持卡人数164.77万人，完成省市目标任务的101.1%，社保卡普及率超过70%。

2016年1月26日，玉溪市“互联网+人社”智慧民生人才服务启动仪式

（方　翔　摄）

【企业退休人员管理服务】 2016年，全市企业退休人员管理服务工作按照“退管中心直接管理、委托企业管理、探索推进社区管理”的多种管理模式，以提高管理服务质量和水平为目标，进一步规范社会化管理服务流程，完善社会化管理服务体系，提升管理服务质量。全市纳入社会化管理服务企业退休人员49 850人，社会化管理率达100%。其中，进入乡镇（街道）、社区管理49 411人，社区管理率达99.11%。部分县区退管中心积极接收6 144名机关事业单位退休人员，与企业退休人员实行一体化规范管理。全市共组建退休人员自管大组285个，自管小组293个，在6 154名党员退休人员中，组建党总支7个，党支部142个，党小组35个。开展时政学习、文体活动、生病住院看望、医疗互助、节日走访慰问等，有效保障了企业退休人员权益。

（方　翔）

安全生产监督

【安全生产事故指标控制】 2016年，全市共发生各类伤亡事故104起、死亡98人，事故起数、死亡人数较前3年平均数（可比口径）有了明显下降，全市安全生产形势保持总体稳定，已连续14年杜绝一次死亡10人以上重特大事故的发生。

【健全完善安全生产责任体系】 2016年，玉溪严格落实“党政同责、一岗双责、齐抓共管”的要求，把安全生产工作纳入国民经济和社会发展规划，编制了安全生产“十三五”规划。市政府不断健全完善安全生产责任制，多次召开专题会议研究部署安全生产工作，及时调整充实市安委会成员单位，明确班子成员安全生产责任，厘清部门安全生产职责，逐级签订安全生产目标责任书，“党政统一领导、部门依法监管、单位全面负责、群众参与监督、社会广泛支持”的安全生产工作格局进一步形成。

【编制安全生产“十三五”规划】 2016年，玉溪编制了《玉溪市安全生产“十三五”规划》。“十三五”期间，将进一步树牢安全生产观念，始终坚守安全红线，正确处理安全和发展的关系，依靠严密的责任体系、严格的法治措施、有效的体制机制、有力的基础保障和完善的系统治理，解决好安全生产领域的突出问题，确保人民群众生命财产安全，为经济提质增效提供有力保障。到2020年玉溪生产安全事故起数下降20%、生产安全事故死亡人数下降20%等6项具体指标，同时，为完成“十三五”安全生产目标任务，规划提出了9项主要任务、8项重点工程和4项保障措施，确保到2020年玉溪安全生产状况实现根本好转，重特大事故得到有效防范和坚决遏制。

【安全生产大检查长效机制建设】 2016年，市安全监管局大力推进安全生产大检查长效机制建设，全面厘清监管对象，量身定制“一企一标准”，严格落实政府综合督查、部门专项检查和专家检查三项制度，初步实现安全生产制度化、常态化、规范化、动态化监管。全市948户正常生产经营企业均已制定检查标准并备案，每月100%开展对标检查；组织开展政府综合督查4次、部门专项检查7 770家次、专家明察暗访64次，累计排查整改事故隐患21 368项，实施市、县政府挂牌督办重大安全隐患52项，提请省政府挂牌督办3项，企业安全生产主体责任得到有效落实，安全监管效能明显提升。2016年，玉溪安全生产大检查长效机制建设工作表现突出，在年度考评中综合得分排名全省第一。

【非煤矿山专项整治】 2016年，市安监局全力推进非煤矿山转型升级，落实市政府财政资金1 700万元对淘汰关闭矿山实施以奖代补，截至2016年底，省政府下达玉溪2016年的改造升级目标任务79座，完成82座，完成率104%；整合重组目标任务12座，完成6座，完成率50%；淘汰关闭目标任务63座，完成65座，完成率102%；全市2座煤矿关闭项目顺利通过升级验收，推进完成了峨山棚租煤矿机械化改造升级。继续深化对非煤矿山和尾矿库的安全隐患排查治理工作，采取部门检查和专家会诊相结合的方式，对全市253座矿山、43座尾矿库进行100%全覆盖检查，所排查出的1 577项安全隐患已全部整改完毕。全面开展金属非金属地下矿山采空区普查工作，基本摸清了全市采空区存量。完成了非煤矿山风险分级监管风险等级初次认定工作，以A、B、C、D四个等级共认定非煤矿山和尾矿库192座，为下一步开展风险分级监管工作打下坚实基础。

【危险化学品企业整治搬迁和涉氨制冷企业隐患治理】 2016年，市安监局全面实施危险化学品企业整治搬迁工程，对全市危险化学品生产（储

①2016年4月21日，国家安监总局副局长孙华山到易门县调研安全生产大检查长效机制推进情况（市安监局　提供）　②2016年6月28日，在江川大庄星云湖畔烟花火炮厂举行全市烟花爆竹事故应急救援综合演练（魏　吉　摄）

2016年6月2日，市政府邀请国家应急专家组组长、国务院参事闪淳昌到玉溪市开展应急管理知识专题讲座（市安监局 提供）

存）企业开展全面排查，彻底摸清了企业基本安全生产状况，并在此基础上组织开展了为期3个月的专家诊断排查治理，共检查企业43家次，查出各类隐患问题431条。深化涉氨制冷企业隐患排查治理，成立了由安监、质监、公安消防、农业等部门组成的工作领导小组，全面摸清全市涉氨制冷企业底数，建立基础台账资料；聘请山东省轻工业安全生产管理协会对全市101户涉氨制冷企业安全生产情况进行评估检查，评估检查工作已全部完成。

【安全生产行政执法】 2016年，市安监局进一步健全完善“打非”工作机制，深入开展安全生产“打非治违”专项行动，全年共组织执法检查组779个，开展暗访暗查165次，检查企事业单位和场所1.11万余家次，打击非法违法、治理纠正违规违章行为1 177起，实施停产整顿19家，处罚罚款103.45万元。联合公安、工商等部门对江川区7户烟花爆竹企业退出后存在的剩余烟花爆竹原材料、半成品进行集中销毁，销毁原材料28.643吨、半成品折合药量约106.85吨。制定年度执法计划，加大安全生产行政执法力度，安监部门累计开展执法检查158家次，排查整治安全隐患1 392项，实施行政处罚35家次、罚金65.5万元。建立安全生产行政执法与刑事司法衔接工作办法，会同公安、检察、法院等部门严格查处通海“6·15”液化石油气燃烧爆炸等事故。推进企业安全生产诚信体系建设，建立安全生产承诺、安全生产不良信用记录、安全生产诚信“黑名单”等制度。

【安全生产基础能力建设】 2016年，市安全监管局不断强化安全监管队伍建设，全市已建成市、县（区）、乡镇（街道）三级安全监管网络，配备专兼职安全监管人员331人。加强应急救援体系建设，现已建立1支省级烟花爆竹应急救援队伍、10支特勤消防综合应急救援队、1支市级矿山应急救援队伍和2支县级危险化学品（黄磷）应急救援队。开展应急资源普查登记，修订编制《应急救援装备手册》。市安委办组织修订完善了安全生产灾难事故综合应急预案和非煤矿山、危险化学品、烟花爆竹等5个专项预案，并经专家评审正式发布。政企联动，牵头组织开展综合应急演练和专项应急演练活动，全市共举办安全生产应急演练195次、参演人数27 959人次，演练投入80余万元。

【安全生产宣传教育】 2016年，市安监局坚持舆论导向，建立完善安全生产新闻发布、公告、安全事故信息发布等制度，在《玉溪日报》开设专栏，联合玉溪电视台、玉溪日报社等新闻媒体，宣传报道安全生产工作。以习近平总书记重要讲话精神专题宣传、安全知识“七进”“安全生产月”“11·9消防安全日”“12·4法制宣传日”“《职业病防治法》宣传周”“安康杯竞赛”等活动和安全生产巡回大讲堂为载体，组织开展各类安全生产宣传教育活动250余次，宣传安全生产法律法规和安全知识，取得较好的社会效果。实施安全教育培训工程，在清华大学举办安全监管专题培训班。开展企业负责人、安全管理员、特种作业人员培训73期、7 523人次。通过相关部门的支持配合，年内，将安全生产法律法规、职能职责纳入全市初任公务员和科级干部培训内容。

（王 嫣）

民政事务管理

【概 况】 2016年，受超强厄尔尼诺事件影响，玉溪极端天气频现，相继发生了低温雪灾、霜冻、风雹、洪涝、滑坡等自然灾害，尤其在主汛期，强对流天气引发的风雹、强降雨引发的局部洪涝和滑坡灾害多发频发，部分地方灾情突出严重，给灾区人民群众的生产生活造成较大影响和困难。面对各类自然灾害，全市各级民政部门及时调查了解掌握受灾群众生产生活状况，统筹安排生活救助工作。据统计，各种自然灾害共造成全市63.5万人次受灾，其中因灾死亡4人、因灾伤病4人，转移安置775人；农作物受灾面积5.8万公顷，其中成灾3万公顷、绝收0.94万公顷；因灾死亡大牲畜54头，羊53只；倒塌房屋59户80间，严重损坏房屋340户535间，一般损坏房屋3 769户5 195间；累计直接经济损失7.80亿元，其中农业直接经济损失7.2亿元。全市共下拨自然灾害生活补助资金1 935万元，发放救灾粮食2 478吨、衣服22 780套（件）、被子13 750床，其他物资1 700件，累计救助因灾生活困难群众18.56万人次，有效保障了受灾群众基本生活。

各级民政部门继续加大社会救助力度，全年共发放城乡低保金2.64亿元，每月为74 197户92 799人提供了保障。城市居民最低生活保障标准从每人每月431元提高到456元，农村最低生活保障标准从每人每年2 415元提高到2 904元。加强殡葬基础服务设施建设，下拨6 120万元资金补助197个农村公益性公墓和5个县区殡仪馆建设。全面实施老年人意外伤害保险工作，全市共有105 969位老年人投保。社会组织“三证合一、一照一码”制度正式实施。

【民政暨老龄工作会议】 2016年2月21

日，市政府召开2016年全市民政暨老龄工作会议。市人大副主任郭开堂，副市长、市老龄工作委员会主任蔡四宏出席会议。蔡四宏要求做好八个聚焦：一要聚焦精准，助力脱贫攻坚；二要聚焦重点，推进养老服务体系建设优质高效；三要聚焦急事，高效做好防灾减灾救灾工作；四要聚焦服务，推动社会福利和慈善事业发展；五要聚焦融入，主动服务国防建设和军队改革；六要聚焦创新，提升社会治理能力水平；七要聚焦巩固，扎实做好专项社会事务管理；八要聚焦难点，持续深化殡葬改革。

会上，市民政局党组书记、局长方建华作民政工作报告，总结2016年民政和老龄工作，安排部署2017年工作；蔡四宏副市长代表市政府与各县（区）签订《2017年民政工作目标管理责任书》《2017年老龄工作目标管理责任书》。市直机关有关部门领导、各县（区）分管民政工作的副县（区）长、民政局局长、老龄办主任、办公室主任和市民政局全体干部职工参加会议。

【拥军优属及送温暖献爱心活动】 2016年1月16～26日，市委、市政府组织9个慰问组开展拥军优属及送温暖献爱心活动。慰问活动共投入慰问经费245.75万元，走访慰问全市范围内的优抚对象17 450人，重点烈属、伤残军人、在乡老复员军人220户，军队离退休干部及无军籍职工206人，城乡特困户180户，空巢和失能老人90人，百岁老人57人。

12月14日，市民政局开展“关爱民生寒冬送暖”走访慰问活动。局长方建华带队前往扶贫挂钩联系点——新平县老厂乡马家坝村委会进行慰问，将价值16 700元的100床棉被、100桶食用油送到了100名困难群众手中，让困难群众温暖过冬。同时还为马家坝小学的55名学生，送去了价值11 000元的日常生活用品各1套。

【社会保障工作】 2016年，市政府先后制定出台了《玉溪市精准救助与精准扶贫实施方案》《玉溪市困难残疾人生活补贴和重度残疾人护理补贴制度实施方案》《玉溪市重特大疾病医疗救助办法》《玉溪市临时救助实施办法》等文件，市民政局先后四次召开农村低保与扶贫开发“两项制度”衔接工作会议，对脱贫攻坚与社会救助工作有效衔接进行安排部署，并对216名县区、乡镇（街道）基层民政工作人员进行业务培训。

全市农村低保标准由2 415元/年提高到2 904元/年，人均补助水平由143元/月提高到172元/月；城市居民最低生活保障标准由每人每月431元提高到456元。全市共发放城乡低保金2.64亿元，每月为74 197户92 799人提供保障；对完全丧失或部分丧失劳动能力、通过产业扶持和就业帮助仍无法脱贫的困难家庭，按程序纳入最低生活保障范围，全市农村低保对象中有建档立卡人员12 965人、贫困残疾人8 255人；重特大疾病医疗救助封顶线由原来的2万元提高到10万元，救助病种增加到22种，2016年全市实施医疗救助共28 372人次，共支出救助资金3 305.26万元，其中重特大疾病医疗救助7 013人次，支出资金1 537.4万元；一次性临时救助金由原来的5 000元提高到1.5万元。对家庭成员因身患重特大疾病导致家庭生活特别困难的，或无力支付重特大疾病医疗费用的特别困难家庭或个人，可再提高临时救助标准，全市共实施临时救助10 648人次，支出救助金1 580.6万元，支出金额相比上年增长29.5%；提高特困人员救助供养标准，分散和集中救助供养标准由原来的630元和243元，提高到645元和456元，分别提高3%和87%，累计支出特困供养资金2 066万元，为4 008名特困人员提供保障（其中集中供养1 084人，分散供养2 924人）。2016年，发放困难残疾人两项补贴资金2 601.2万元，把全部贫困人口纳入医疗救助范围，并对82 945名城乡低保对象和35 614名建档立卡人员按照每年70元标准资助参加城乡居民医疗保险，让困难群众及时得到医疗救助，缓解因病致贫问题。

【老年人意外伤害保险】 2016年6月，玉溪启动“幸福和谐晚年”老年人意外伤害保险投保工作。由市民政局、市老龄办与中国人寿保险玉溪分公司共同合作。年内，全市共有105 969位老年人投保，参保率达31.6%，超出预期目标的20%；共计赔付674人118.45万元，其中：死亡赔付18人共36万元，意外医疗赔付656件共82.45万元，切实保障了老年人的生命安全。为更好的保障老年人人身权益，老年人意外伤害保险投保年龄降低到55周岁，特殊困难老年人群体中的农村“五保”老人和城市“三无”老人由政府出资为他们购买养老保险。年内，政府为全市4 100名农村“五保”老人、2 100名城市“三无”老人购买老年人意外伤害保险，部分县区对80周岁以上老年人购买意外伤害保险的给予每人补助30元，市县共投入37.4万元补助老年人购买保险。

【社会组织管理】 根据《国务院关于批转发展改革委等部门〈法人和其他组织统一社会信用代码制度建设总体方案〉的通知》要求，按照《民政部办公厅关于印发〈社会组织统一社会信用代码实施方案（试行）〉的通知》和省民政厅安排，玉溪市从2016年5月1日起，对全市社会组织实施统一社会信用代码制度改革，新登记的社会组织将使用统一社会信用代码登记证书。“三证合一、一照一码”是将原来成立社会组织必须办理的法人登记证、组织机构代码证、税务登记证整合为民政部门核发的加载有统一社会信用代码的登记证书，是社会组织在全国范围内唯一的身份识别码，社会组织变更或注销，统一社会信用代码保持不变，保留回溯查询功能。

2016年，全市累计有社会组织1 185个（社团889个、民非295个，基金会1个），全市新增社会组织126个（社团102个、民非23个、基金会1个），其中市本级新增社会组织21个（社团17个、民非3个、基金会1个）；对975个社会组织进行年检，合格率100%；全市办理“三证合一”证书827件。

【社会组织党建覆盖率达94.5%】 2016年，市民政局以“基层党建推进年”为契机，找准结合点，大力加强社会组织党建工作，着力解决社会组织党组织组建难、党员管理难、活动开展难、作用发挥难、工作保障难的问题，成立了中共玉溪市社会组织党委，各县区也相继建立了社会组织党委，指导本区域社会组织党建等工作。同时，市、县区财政每年补助社会组织党委、总支、支部党建工作经费10 000元、6 000元、3 000元；对党员每人每年给予100元的教育培训经费补助，对党组织书记每人每月发放200元岗位补贴；各级党组织留存的党费每年按5%至10%的比例以奖代补的方式支持社会组织党组织活动场所建设。截至12月31日，在民政部门登记的1 185个社会组织中，符合建党的545个，已建512个，全市社会组织党组织由2015年的37个增加到512个，党组织覆盖率由6.26%跃升到94.5%，党的工作100%覆盖。

【村（社区）换届选举】 2016年，全市换届选举工作圆满完成。通过换届选举，全市702个村（社区）共选举产生3 752名村（社区）党组织委员，3 483名村（居）民委员会委员，参选率为94.78%；3 483名村（居）民委员会委员，参选率为92.86%。其中，有53名女性当选为党组织书记，占7.55%；39名女性当选为村（社区）主任，占5.58%。1 775名妇女进入村（社区）"两委"，占"两委"委员总数的24.53%，其中：826名女性当选为党组织委员，949名女性当选为村（居）民委员会委员；依法实现了每个村（社区）"两委"至少有1名女性，三分之一的村（社区）有女性担任书记、主任、副书记和副主任职务的目标。103名大学生村官进入村、社区"两委"（含专职专选副书记），其中书记1名，副书记101名。

【基层政权建设】 2016年，市级下拨社区专职工作人员生活补贴及教育培训补助经费1 283.8万元，农村原大队一级离职半脱产干部生活补助经费30万元及农村离职村办干部定期生活补助经费40万元。新成立社区2个：澄江县路居镇隔河社区和峨山县双江街道山后厂社区。加强城乡社区协商制度建设，市委、市政府出台了《玉溪市关于加强城乡社区协商的实施方案》。村（居）务公开民主管理制度100%覆盖。认真做好城乡社区项目建设经费申报及拨付工作，积极争取省、市城乡社区基础设施建设资金500万元。其中：省级公益福彩金补助的有200万元，市级福彩公益金补助各县区20个村（社区）服务站或办公用房建设共计100万元，市级财政预算投入社区基础设施建设经费200万元。

【"添翼计划"启动】 2016年6月，借鉴浙江丽水儿童福利院相关先进经验，市民政局、市残联联合下发《关于在全市组织实施"添翼计划"项目的通知》，决定将玉溪市儿童福利院作为玉溪市"添翼计划"项目实施试点单位。该项目是玉溪市儿童福利院继"0—7岁智障儿童康复救助项目"后实施的又一项转型发展探索。从2017年起，将在三年内分五期对全市不少于150名的0—12周岁贫困家庭残疾儿童开展每期6个月的集中养育和康复训练。2016年，通过调查摸底，初步了解全市贫困家庭残疾儿童情况，玉溪市福利服务中心制定了《"添翼计划"项目实施方案》并筹集资金170万元，对儿童生活区、医疗康复区、教育培训区等功能区进行改造，添置了30多万元的康复设备，增设残疾儿童床位40张；配备特教老师7名，康复师3名、医务人员2名，为参训儿童提供评估、教学、康复等服务；将聘用5名参训儿童亲属为保教人员，把家庭亲情与院内康复特教优势有机结合；同时与红塔区妇幼保健院合作，开通就医绿色通道，在第一时间收治患病参训儿童，以"先看病后付费"的模式快速救治。

【玉溪市光荣院成立】 2016年2月，玉溪市光荣院在市社会福利服务中心挂牌成立。年内，市光荣院共开展3期优抚对象疗休养工作，158名优抚对象参加疗休养。参加疗养的优抚对象有遗属、烈属、复员军人、农村退伍军人等，最高年龄88岁，最小年龄68岁，平均年龄76岁，疗养期间，先后组织外出游览、趣味游园、健康体检、健康知识讲座等系列活动。

【救灾救济工作】 2016年，全市民政部门共下拨救灾资金1 900万元，发放救灾粮2 478吨，发放衣服22 780套、棉被13 750床、其它物资1 700件，累计救助受灾群众17.92万人次，有效保障了受灾群众基本生活；加强救灾应急物资储备和管理，元江县救灾物资储备库开工建设，江川区救灾物资储备库已建成通过验收。年内，全市新增储备物资6 300件（套），共储备救灾专用单帐篷5 200顶、棉被30 830床、衣服52 400件（套）、彩条布4 096件、折叠床4 000张、大米1 186吨、发电机14台等。玉溪市综合防灾减灾"十三五"规划编制完成。市民政局抓好防灾减灾应急演练和科普宣传，16.52万多人参加应急演练，全社会防灾减灾意识不断增强。积极开展全国综合减灾示范社区创建活动，华宁县宁州街道城关社区、易门县绿汁镇小绿汁社区和峨山县双江街道柏锦社区荣获"全国综合减灾示范社区"称号。

【社会福利工作】 2016年，玉溪完成福利彩票销售4.22亿元，比上年增加1.3亿元。市民政局组织开展了"创维公益万里行"惠民工程、"慈善情暖万家"、"中慈春雨爱心基金"玉溪市"两癌"贫困母亲救助、"情系学生—健康爱眼公益活动"等多项公益慈善活动，一大批贫困家庭受益。继续开展"福彩助学、爱心圆梦"资助贫困大学生活动，全市共投入167.5万元，资助611名困难家庭大学新生，其中市本级投入150万元资助500名困难家庭大学新生。组织开展了农村留守儿童、留守妇女、留守老人摸底排查工作。2016年，玉溪市社会福利服务中心共入住老人199名，其中，老年公寓入住老人162名，城乡福利院入住老人37名。

做好残疾人保障工作，对全市21 408名困难残疾人、21 384名重度残疾人进行补助；全市共有26户福利企业，1 013名残疾人安排就业，进一步保障了残疾人权益。

【养老服务体系建设】 2016年，全市完成5个乡镇敬老院改扩建、建成20个居家养老服务中心、70个农村幸福院建设；养老床位数从上年4 975张增加到6 540张，每千名老年人拥有床位18.6张；投入1 288万元补助基层老年活动室建设项目191个，对全市46个居家养老服务中心和140个农村幸福院的建设使用绩效情况进行评价；组织申报"十三五"期间国家养老服务业发展支持项目147个；为45 729位80周岁以上高龄老人发放保健（长寿）补助2 917.5万元，为17 837位60岁以上老年人办理老年优待；开展敬老月系列活动，对237名特殊老人开展走访慰问，营造了尊老、敬老、爱老、助老的良好社会风尚。

【双拥优抚安置】 2016年，玉溪市累计下拨各类抚恤经费1.12亿，为1.7万余名重点优抚对象全面落实各项优抚措施，优抚对象抚恤补助100%发放到位，义务兵家属优待面100%覆盖。完成2016年安置任务，共接收退役士兵786人，符合安置条件的109名转业士官已全部安置到财政拨款事业单位，自主就业安置677人，发放自谋职业、自主择业一次性补助949.37万元，安置率达100%。成立了玉溪市军队离退休人员服务中心，举办了"军休杯"玉溪老年人运动会，参加全省军休干部"夕阳红杯"文体大会取得好成绩，军休干部两项待遇得到较好落实。

【烈士陵园建设】 2016年，峨山县投

2016年9月30日上午9：00，玉溪市委、市政府在金钟山革命烈士纪念园举行公祭烈士活动 （郭 林 摄）

入125万元，对富良棚烈士陵园等乡镇烈士纪念设施进行了修缮，江川区投资近300余万元对烈士纪念园进行提档升级改造；玉溪市革命烈士纪念园共计接待参观、纪念人员1万多人，使纪念园充分发挥了爱国主义和国防教育基地的作用。

【玉溪荣膺双拥模范城“四连冠”】 2016年7月29日，全国双拥模范城命名暨双拥模范单位和个人表彰大会在北京举行，市长饶南湖等参加在昆明的视频分会场会议，玉溪市再度荣膺“全国双拥模范城”称号，实现“四连冠”目标，云南太标太阳能集团董事长张永林作为全国双拥模范个人受到表彰。玉溪于2003年、2007年、2012年荣获“全国双拥模范城”荣誉称号。2014年，市委、市政府提出了争创全国双拥模范城、确保实现“四连冠”的目标，并启动了新一轮“全国双拥模范城”创建工作。在创建工作中，着眼于巩固和发展同呼吸、共命运、心连心的新型军政军民关系，把拥军优属与拥政爱民结合起来，深入实施双拥工作“军地双六互动计划”，推动“双拥在基层”活动，推进军民融合深度发展，努力提升双拥模范城创建水平。

【殡葬改革】 2016年，市级下拨6 120万元资金补助197个农村公益性公墓和5个县区殡仪馆建设。加强殡葬行风建设，对全市9个殡仪馆、11个经营性公墓、524个农村公益性公墓行风建设情况进行督导，坚决杜绝乱收费、强买强卖、搭售丧葬用品等现象。2016年，全市火化遗体10 732具，2区7县均实现火化区火化率100%和骨灰100%进入公墓安葬目标，基本形成了移风易俗，丧事简办的文明新风。

【流浪乞讨人员救助】 2016年，全市民政部门坚持自愿受助、无偿救助的服务宗旨，认真做好流浪乞讨人员救助工作，全年共救助流浪乞讨人员3 567人次，累计投入救助金130.17万元。在全市继续开展“寒冬送温暖节日送温馨”专项救助行动，截至2016年3月15日，全市投入资金42.8万元，动员32个公益慈善类社会组织和千名环卫工人，实施297次主动救助，对需要帮助的3 567人次进行帮助，其中救助机构对流浪乞讨人员救助831人次、男性747人次、女性84次，18周岁以下26人次，精神病对象53人次，保障了生活无着的流浪乞讨人员，流落街头陷入临时生存危机和需要帮助的人顺利过冬。

【困境儿童保障工作】 2016年，玉溪市人民政府办公室下发了《关于印发玉溪市农村留守儿童关爱保护工作联席会议制度的通知》、玉溪市人民政府下发了《关于加强农村留守儿童关爱保护工作的实施意见》。全市共投入困境儿童生活补助资金507.53万元（省453.33万元、市54.2万元），保障全市445名困境儿童（孤儿331名、艾滋病感染儿童15名、事实无人抚养儿童99人）基本生活，每人每月发放1 049.41元。

【婚姻收养登记】 2016年，玉溪市、县区共设20个婚姻登记处，全市依法开展结婚登记20 165对，离婚登记6 002对，涉外结婚登记20对，涉外离婚登记5对，合格率100%。依法办理收养登记120件。

【界线管理】 2016年，市民政局全面启动昆玉线联合检查工作，市民政局制定出台《昆玉线联合检查和平安建设实施方案》下发相关县（区）贯彻执行。市民政局加强对4条州市界线和市内县区12条边界线的管理，投入经费15万元，圆满地完成昆玉线、易峨线、新元线、红江线联检工作及平安边界建设任务。9县区完成了界线巡查和界桩检查工作，调处边界纠纷2起，修复安装界桩2棵。

【地名管理】 2016年，第二次全国地名普查工作有序推进，全市已完成调查审核目录（11大类）30 997条，（其中：水系名称1 082条、陆地地形2 477条、行政区域97条、群众自治组织729条、非行政区域339条、居民点7 067条、交通运输设施6 421条，水利、电力、通信设施4 493条，纪念地、旅游景点907条，建筑物486条，单位7 106条）。登记表预填完成率100%，成果表整理完成24 951条，占总数的81%；填写地名标志登记表1 344条；清理不规范地名664条；拍摄各类地名照片84 423张；修测图幅719幅。2016年命名城镇新建道路150余条，设置更新地名标志350块，安装居民门牌3 317块。

（陈 芳）

扶贫工作

【概 况】 2016年，全市共投入中央省市县专项扶贫资金4.7亿元，其中市财政预算安排专项扶贫资金17 336万元，是上年的3.3倍。扶贫项目资金重点投向整村推进、整乡推进、易地扶贫搬迁、“直过民族”脱贫、劳动力培训转移、革命老区建设、“红色乡村幸福家园”示范项目、扶贫小额信贷、产业扶贫项目、“挂包帮”“转走访”等十余类扶贫项目建设，扶贫形式多样，取得显著的扶贫成效。2016年，全市减少贫困人口40 947人，完成市委、市政府提出的2016年预脱贫贫困人口数4万人的102%，完成省下达减贫任务数22 993人的178%。

【整村推进扶贫】 2016年，玉溪全面

启动实施58个贫困行政村整村推进项目，项目总投资77 759.04万元，其中特色产业投入9 181.4万元，基础设施投入39 277.41万元，人居环境投入22 985.75万元，素质能力投入267.79万元，服务体系投入4 687.37万元，生态建设885.24万元，基层党组织建设474.08万元。累计完成投资7.68亿元，占计划投资7.78亿元的98.71%。项目涉及38个乡镇，58个行政村，335个自然村。累计有23 132户91 805人受益，其中建档立卡9 434户33 993人。

【整乡推进扶贫】 2016年，玉溪启动实施元江县洼垤乡、新平县建兴乡和老厂乡、华宁县华溪镇、江川区安化乡5个整乡推进项目。规划总投资104 955.11万元，累计完成规划总投资68 925.22万元，完成率66%。2014年启动实施2个整乡推进项目：新平县平掌乡累计完成投资25 049.19万元，占规划总投资12 656.51万元的198%；元江县因远镇累计完成投资18 069.14万元，占规划总投资16 570.34万元的109%。2015年度启动实施的2个整乡推进项目：峨山县富良棚乡累计完成投资23 395.43万元，占规划总投资13 431.54万元的174%；易门县铜厂乡累计完成投资17 063.91万元，占规划总投资15 020.61万元的113.6%。

2016年脱贫摘帽6个贫困乡镇，江川区安化彝族乡、华宁县华溪镇、易门县铜厂彝族乡、峨山县富良棚乡、新平县平掌乡和元江县因远镇。项目总投资90 274.64万元，其中特色产业投入15 295.12万元，基础设施投入56 684.95万元，人居环境投入9 075.44万元，服务体系投入5 065.37万元，生态建设投入2 212.81万元，素质能力投入945.35万元，基层党组织建设投入995.6万元。项目累计完成103 092.9万元，占规划总投资90 274.64万元的114.2%。

【易地扶贫搬迁】 2016年，全市纳入云南省易地扶贫搬迁三年行动计划的151个安置点8 516户29 237人，其中建档立卡贫困户2 500户8 962人。年底完成了易地扶贫搬迁三年行动计划新村安置点规划方案技术审查工作、搬迁点产业规划和就业计划的编制工作，151个新村安置点规划编制已完成149个，开工建设132个，开工率87.4%，完成易地扶贫搬迁投资5.69亿元，竣工689套。其中纳入云南省易地扶贫搬迁三年行动计划2016年计划的132个安置点，7 656户26 424人（建档立卡贫困户2 348户8 428人），开工建设121个点，涉及6 968户23 931人，其中建档立卡2 176户7 790人，开工率91.7%，完成投资5.38亿元。争取易地扶贫搬迁融资贷款审批额度21.15亿元，到账贷款8亿元，使用易地扶贫搬迁融资贷款2.33亿元；到位易地扶贫搬迁资金1.49亿元。

【"直过民族"脱贫】 2015年，玉溪"直过民族"拉祜族主要聚居于新平、元江县境内的15个乡镇、105个村委会、502个村民小组，农村拉祜族2 717户6 149人。其中：新平县2 444户5 329人，元江县273户820人。2015年拉祜族农村人口人均可支配收入4 842元，比全市农村人均可支配收入10 977元低6 135元；拉祜族危房户1 704户（建档立卡危房户448户），占总户数的62.6%。2016年启动实施"直过民族"聚居行政村整村推进4个，自然村整村推进49个，启动实施"直过民族"易地扶贫搬迁933户、危房改造630户。年内，完成"直过民族"项目投资2 398.7万元，其中元江县1 220万元，新平县1 178.7万元。

【劳动力培训转移】 2016年，全市安排农村劳动力培训转移项目资金225.365万元，其中省级"四县"项目94.815万元，脱贫摘帽的6个贫困乡镇整乡推进项目130.55万元。完成农村劳动力转移培训26 202人次，新增转移就业6 086人，其中：红塔区计划数216人次，实际完成218人次，完成率达到101%；江川区计划数425次，实际完成6 843人次，完成6.48倍；澄江县计划数330人次，实际完成363人次，完成率110%；通海县计划数100人次，实际完成101人次，完成率达到101%；华宁县计划数610人次，实际1 778人次，完成2.91倍；易门县计划数820人次，实际完成820人次，完成率达到100%；峨山县计划数1 049人次，实际完成3 229人次，完成3.08倍；新平县计划数1 500人次，实际完成11 500人次，完成7.67倍；元江县计划数950人次，实际完成1 350人次；累计转移6 086人，其中：省内5 908人，省外178人。

【革命老区建设】 2016年，全市实施革命老区项目3个，投入财政专项资金100万元。新平县1个，投入专项扶贫资金50万元；元江县2个，投入专项扶贫资金50万元。项目规划建设村组公路1条，村组公路长1 362米，宽3米。村内道路硬化8 250米，硬化面积33 750平方米。安居房建设29户。发展产业项目2个，其中冬桃86亩，核桃63亩。生态环境建设项目5个。项目覆盖2个县的3个村委会、7个自然村，1 341户4 886人受益。

【"红色乡村幸福家园"示范项目】 2016年，在峨山县甸中镇以小河村委会为中心实施省级"红色乡村幸福家园"革命老区示范项目1个，项目规划总投资3 826.41万元，其中省级专项扶贫资金500万元、市级专项扶贫资金共200万元、县级专项扶贫资金300万元、部门整合和统筹政策资金2 637.15万元，群众投工投劳折合资金189.26万元。项目实施期限1年（2016年7月1日至2017年6月30日）。年底，累计完成投资3 065万元，完成项目总投资计划数的80%。

【扶贫小额信贷】 2016年，全市完成扶贫小额信贷发放30 098万元，其中：红塔区2 105万元、江川区3 000万元、澄江县2 090万元、通海县1 972万元、华宁县4 013万元、易门县4 000万元、峨山县4 700万元、新平县3 718万元、元江县4 500万元，完成计划任务数的100.3%；贷款主要投向种植业19 454万元、养殖业6 965万元、加工业1 119万元、旅游业80万元、手工业910万元、其他行业1 570万元。累计有447个行政村、7 165户贫困户获贷受益，建档立卡贫困户占获贷农户100%。

【产业扶贫项目】 2016年，全市整村整乡推进项目涉及产业扶贫项目资金总投入19 218.75万元，其中：整乡推进项目涉及产业扶贫项目资金12 550.75万元，整村推进项目涉及产业扶贫项目资金6 668万元。种植业主要发展蔬菜，经济林果（柑桔、核桃、芒果、樱桃、桃子、梨、花椒、竹子、茶叶、魔芋和香菇）、中药材（黑枸杞、板蓝根、露水草和龙胆草）等，养殖业主要养殖鸡、鹅、蜜蜂、猪、羊、牛等，以及与种植业相关的基础设施建设。产业项目涉及58个乡镇、492个村委会，1 351个自然村，80 912户243 780人受益，其中建档立卡贫困户21 747

户70 411人，为贫困地区群众提供8 753个就业岗位。

【扶贫攻坚“挂包帮”“转走访”工作】 2016年，按照市委“2017年脱贫，在全省率先全面建成小康社会”的目标，全市开展扶贫攻坚“领导挂点、部门包村、干部帮户”的“挂包帮”“转走访”工作。全市共有1 018个单位2.47万名领导干部职工联系挂包3.46万贫困户12.11万人贫困人口，做到贫困乡镇、贫困行政村、贫困户全覆盖。“挂包帮”单位和领导干部职工为贫困村和贫困群众办好事实事1 077件，争取到位扶贫项目624个，落实各类资金及物资折款3.77亿元。

（杨其久）

移民工作

【移民资金管理】 2016年，市移民局向上级争取资金1.3亿元。年末，全市共有大、中型水库移民后扶直补对象21 208人（含化念接收安置移民），全年共发放直补到移民个人的直补资金1 274万元，帮助移民解决生产生活中遇到的困难。发放大、中型水库移民贴息小额贷款3 000万元，帮助移民发展生产，改造家园。

【移民新村建设】 2016年，市移民局完成了红塔区春和街道办事处飞井社区居委会、江川区九溪镇马家庄村委会河口村民小组等4个移民新村建设，共完成投资5 044.14万元，其中补助移民专项资金3 800万元。

【移民项目扶持】 2016年，全市完成各类移民扶持项目81个，完成移民专项补助资金4 439万元。核准下达了2016年大中型水库库区后期扶持项目65项，计划补助移民专项资金5 970.18万元。向省移民开发局申报了将红塔区李棋街道大矣资社区列入第三批省级大中型水库移民避险解困试点项目，申请移民专项资金补助2 560万元。全市共安排和实施2015年度、2016年度小型水库移民安置区扶助项目62项，扶助资金2 400.73万元，重点解决小型水库移民安置区“五小水利”、饮水安全、村庄道路、产业培育、劳动力培训等方面存在的突出问题。

【外迁化念移民人口核查】 2016年，根据玉溪市、昭通市签订的《溪洛渡水电站（云南库区）外迁移民接收安置协议》，在昭通市按政策核定登记的基础上，对外迁化念移民身份进行了核查。经核查确认了后扶对象2 780人，启动了后期扶持政策，纳入资金直补扶持的移民2 693人，占外迁人口总数的93.19%，余下的将逐步核实。

【水库移民脱贫攻坚】 2016年，市移民局针对纳入《大中型水库移民后期扶持“十三五”规划》（2 016—2020年）的建档立卡贫困移民50户116人，制定了《玉溪市大中型水库建档立卡贫困移民脱贫攻坚工作方案》，安排下达省级库区基金214万元，实施水库移民脱贫攻坚项目4项。

【新建电站移民安置】 2016年，市移民局配合新平县完成了戛洒江一级水电站施工区土地征收征用1 831.47亩，兑付建设征地移民安置补偿补助费1 335.21万元。指导元江县做好鲁布水库建设征地补偿和移民安置，完成移民投资2 300万元，启动了移民搬迁安置新址土地流转和场平工作。配合、指导江川区、通海县上报了滇中引水工程建设征地补偿意见的请示。配合、指导华宁县完成了矣则河水库扩建征地安置规划报告编制前期工作，完成了《矣则河水库扩建工程建设征地实物调查工作细则》评审。

【库区和安置区稳定工作】 2016年，全市移民部门将移民综治维稳和信访工作纳入移民目标责任考评，认真开展库区和移民安置区矛盾纠纷排查调处和稳定形势研判，及时妥善处理各类矛盾纠纷和隐患。继续做好移民法律服务，聘请法律顾问协助做好矛盾纠纷化解，全年共化解、调处矛盾纠纷5起；组织开展了送法进村、进组、进户系列活动，全年共投入维稳和信访工作经费240万元，全市库区和移民安置区持续稳定，移民安居乐业。

年内，组织开展了对易门县和新平县大中型水库移民后期扶持规划项目和移民新村建设项目的专项稽查；配合省移民局对峨山县大中型水库移民后期扶持规划项目和移民新村建设项目进行了稽查。

【三峡集团领导调研化念移民安置工作】 2016年2月20日，中国三峡集团公司党组成员、副总经理毕亚雄及三峡公司移民工作局相关领导对溪洛渡水电站（云南库区）外迁化念移民安置相关工作进行调研。实地调研后，市委书记罗应光、副市长蔡四宏及市移民局、峨山县委政府相关领导与调研组进行了座谈，提出了共同建设“玉溪·三峡高原特色生态农业示范区”的意向，由峨山县编制完成了玉溪·三峡高原特色生态农业示范区建设规划。

【挂钩扶贫工作】 2016年，市移民局帮助扶贫挂钩村（元江县咪哩乡甘岔村）协调资金360万元，项目17个，组织劳务输出196人，举办实用技术培训8期420人次，全村222户贫困户和869贫困人口预计可按计划于2016年底实现脱贫。

（张利祥）

2016年3月29日，新平戛洒江一级电站导流洞开工仪式　（市移民局　提供）

青山绿水·碧玉清溪

（吴 垠 摄）

县（区）概况

GENERAL SITUATION OF THE COUNTRIES AND DISTRICT OF YUXI

责任编校：胡　芸

红塔区

江川区

通海县

澄江县

华宁县

易门县

峨山彝族自治县

新平彝族傣族自治县

元江哈尼族彝族傣族自治县

红塔区

【自然概貌】 红塔区位于云南省中部、玉溪市西北部，处于东经102°17′32″～102°41′37″，北纬24°08′30″～24°32′18″区间，东与江川区相连，东南与通海县毗邻，西南与峨山县交界，北与昆明市晋宁县接壤。区政府驻地距省会昆明88千米。区内交通便利，213国道、昆磨高级公路和昆玉铁路、玉蒙铁路纵贯南北，形成云南省南北交通枢纽，是通往滇南和东南亚邻国的重要通道。红塔区平面形态呈北宽南窄不规则三角形状，区境四面环山。市区中心州城海拔1 630米，境内最高点（高鲁山）海拔2 614米，最低点（玉溪与通海交界处的曲江河滩）海拔1 502米。幅员周边长161千米，土地面积1 004平方千米，森林覆盖率62.6%。土壤酸碱性适中，有机质含量和熟化程度高，宜种性广。境内地层褶皱、断裂构造复杂，水系比较发达，玉溪大河横贯其间，河流的主干和支干流总长350余千米，河网密度0.35，水资源年均总量4.3亿立方米，其中地下水占29%。自然资源丰富，有动物、植物1 500多种。矿藏有铁矿、硅矿、煤等16个矿种，有大、中、小矿床28个，矿点11个。2016年年平均气温16.7℃，极端最高气温32.2℃（8月18日），极端最低气温-3.1℃（1月25日）。全年日照时数为1 780.4小时，日照率40%。霜降从2015年12月14日始至2016年2月4日止，共52天；全年降雨133天，降雨量985.5毫米。主要气象灾害有雪灾、重霜冻、暴雨洪涝、大风、冰雹等。

【行政区划】 全区设玉兴、玉带、凤凰、北城、大营街、研和、李棋、春和、高仓9个街道和洛河、小石桥2个彝族乡，辖村委会（社区居委会）104个。其中，社区94个、村委会10；村（居）民小组1 106个：社区居民小组1 035个，村民小组71个。自然村437个。

【人口、民族】 2016年年末，全区总户数178 973户、总户籍人口443 104人。其中，农业人口193 113人，城镇人口249 991人；少数民族人口71 045人，占总人口的16.0%，有30个民族，其中，世居民族有汉族、彝族、回族、白族、哈尼族5个。人口密度441人/平方千米。年内出生人口5 255人，出生率11.93‰，死亡人口2 278人，死亡率5.17‰，净增人口2 977人，人口自然增长率6.76‰。

【综合经济指标】 2016年，全区实现地区生产总值（现价）611.55亿元，按可比价计算（下同），比上年增长1.7%。人均实现生产总值12.01万元。在生产总值中：第一产业（农业）增加值14.79亿元，同比增5.5%；第二产业（工业、建筑业）增加值423.76亿元，同比减1.5%；第三产业（除一、二产业外）增加值173亿元，同比增10.7%。三次产业在生产总值中的比重分别为：2.4%、69.3%、28.3%。区属生产总值257.83亿元，同比增12.3%。其中，第一产业（农业）增加值为14.79亿元，同比增5.5%；第二产业（工业、建筑业）增加值81.03亿元，同比增17%；第三产业（除一、二产业外的行业）增加值162亿元，同比增10.7%。不含红塔集团的三次产业在生产总值中的比重分别为：5.8%、31.4%、62.8%。区内民营经济实现增加值128.28亿元，同比增6.7%。

【农　业】 2016年，全区实现农、林、牧、渔业现价总产值28.81亿元，同比增长5.5%。其中，种植业产值11.77亿元，占农业总产值的40.9%，同比增长7%；畜牧业产值16.47亿元，占农业总产值的57.2%，同比增长4.4%；其他产值0.57亿元，同比增长6.3%。全年农业增加值完成14.93亿元，同比增长5.7%，其中，种植业8.27亿元，同比增长5.8%；畜牧业6.27亿元，同比增长5.4%；其他3.9亿元，同比增长5.7%。农村居民人均可支配收入14 177元，同比增长9%，扣除价格因素，实际增长8.0%。

2016年，全区有常用耕地10 018公顷，比上年增加460公顷；农作物播种22 089公顷，比上年减1.1%，复种指数225.7%。全年粮食总产量5 402.41万千克，比上年减5.4%。烤烟总产量473.83万千克，与上年持平，上等烟比例70.95%，比上年下降1.5个百分点。油料总产1 064.06万千克，比上年增2.2%。蔬菜种植5 919公顷，比上年增长6.5%；蔬菜总产13 048.91万千克，比上年增长6.7%。花卉种植759.3公顷，比上年减3%。粮经作物种植比例由上年的33.4：66.6调整为32.48：67.52，经济作物比重比上年上升0.92个百分点。

年末，生猪存栏23.80万头，同比增3.8%。其中，存栏能繁母猪1.60万头，增16.4%。肥猪出栏57.09万头，增5.5%；出栏肉牛9 700头，增4.6%；出栏家禽873.45万只，增7.4%。全区肉蛋奶总产量10 047.4万千克，同比增5.8%；猪、牛、羊肉总产量5 369.9万千克，同比增4.1%，其中猪肉产量5 108.8万千克，同比增3.8%；禽蛋产量2 731.8万千克，同比增5.9%。

全年绿化造林358.07公顷、封山育林930公顷；石漠工程综合治理工程造林200公顷；火烧迹地造林20.67公顷，高速公路沿线绿化工程补植造林4 295株，全区义务植树72.4万株。

2016年4月25日，大营清真寺举行玉溪市伊斯兰教第四届“卧尔兹”演讲比赛
（曹江丽　摄）

森林防火实行网格化管理，在主要林区路口安装森林防火视频监控系统，加大防控密度。年内，林业有害生物发生面积2 373.33公顷，发生率4%，成灾率3.09‰，采取人工清理为主、喷粉为辅的方法，进行小蠹虫防治。森林火灾保险面积59 693.33公顷，降低林业经营风险。

【工　业】 2016年，全区工业总产值（现价）完成807.87亿元，比上年增0.2%。其中，规模以上工业总产值766.31亿元，与上年持平。区属工业总产值324亿元，同比增9%。其中，规模以上工业总产值282.45亿元，同比增9.8%。在区属工业中，钢铁产业、战略性新兴产业、农产品加工业保持增长，装备制造业、卷烟配套产业产值增幅为负。钢铁产业实现总产值116.22亿元，同比增16.9%，占区属工业总产值比重的35.9%；卷烟配套产业实现总产值33.65亿元，同比减0.2%，占区属工业总产值比重的10.4%；战略性新兴产业实现总产值12.54亿元，同比增2%，占区属工业总产值比重的3.9%；农产品加工业产值45.80亿元，同比增15.7%，占区属工业总产值比重的14.1%；装备制造业实现产值18.25亿元，同比减9.5%，占区属工业总产值比重的5.6%。

2016年，区属规模以上工业实现主营业务收入278.02亿元，同比增长11%；工业企业实现利税总额累计20.73亿元，同比增长225.6%；其中，利润总额13.69亿元，同比增长1 261.1%。亏损企业31户（亏损面为27.9%），比上年减少1户；亏损企业亏损总额1.62亿元，同比减少84.7%。涉及的22个工业行业中，有4个行业的利税总额负增长，其他行业保持平稳发展。

全区主要工业产品产量：水泥产量190.55万吨，同比减15.7%；钢铁行业生铁产量400.88万吨，同比增5.3%；粗钢产量408.53万吨，比上年同期增7%；钢材产量424.80万吨，比上年同期增10.1%。塑料制品产量7.46万吨，同比增长23.2%。金属切削机床产量5 977台，同比减15.2%。

【固定资产投资】 2016年，全区固定资产投资完成288.34亿元，比上年增加61.97亿元，增27.4%。其中，民间投资完成178.54亿元，同比增长23.1%，民间投资占全区投资比重的61.9%。在固定资产投资完成总额中，非房地产投资完成244.36亿元，同比增加24.2%；房地产投资完成43.98亿元，同比增加48.7%。全区投资总额占全市总投资893.69亿元的32.3%。从三次产业投资情况看，第一产业投资2.53亿元，同比增长117.5%；第二产业投资41.07亿元，同比减少19%，其中非电工业投资完成35.27亿元，同比减少30.5%；第三产业投资244.74亿元，同比增加40.3%。

【交通、邮电】 2016年年末，全区公路通车里程达1 380.8千米，自然村通车率100%。其中，国道91.1千米，省道22.2千米，县道162.7千米，乡村道路1 104.8千米。公路网密度137.5千米/百平方千米。全区拥有机动车21.44万辆。

2016年，全区本地电话交换机总容量457.1万门，比上年减少1 000门。年末，固定电话机总数4.9万部，比上年减少1.1万部；移动电话用户72万户，比上年增加8.3万户；电话普及率每百人151部，其中移动电话普及率为每百人126部。互联网宽带用户略有增加，有12.5万户，比上年增长0.8%。

【商贸物流】 2016年，全区完成社会消费品零售总额155.75亿元，同比增长12.2%。其中，城镇消费品零售额147.71亿元，同比增长12.6%；其中，城镇实现零售额142.91亿元，同比增长10.8%，农村实现零售额8.04亿元，比上年同期增长5.2%。

年末，全区货运周转量1 196 129万吨千米，其中，公路1 118 497万吨千米、铁路77 632万吨千米，同比分别增长9.1%、8.4%、21.3%；客运周转量167 546万人千米（均为公路），同比增长2.5%。货运量3 200万吨，其中，公路1 987万吨、铁路1 213万吨，同比增10.2%、4.4%、21.2%；客运量2 011万人，其中，公路1 706万人，同比减少3.6%、铁路305万人，同比增8.5%。

【城　建】 2016年，中心城区建成区面积32.92平方千米，公共绿地总面积294.73万平方米，人均公共绿地面积13.10平方米，绿化覆盖率38.3%。完成中心城区内61条道路、1个交通环岛、6个城市水景、3.8万株行道树和绿地乔木、绿地52.43万平方米、游路硬地6.37万平方米的管护保洁。中心城区空气质量优良率99.7%。

【旅　游】 2016年，红塔区加快玉山城、新兴蓝莓庄园、汇龙温泉SPA等旅游项目的建设，推进东部、西部旅游环线、玉溪高鲁山生态休闲文化旅游园、红塔古镇等前期项目，对汇龙生态园、九龙池公园等现有景区提档升级。年末，全区有国际旅行社1家，国内旅行社22家。7家星级饭店，四星级酒店2家，三星级酒店3家，二星级酒店2家，平均床位出租率58.34%，比上年提高了8.3个百分点。共接待中外旅游者866万人次，同比增18%；实现国内旅游收入51.6亿元，同比增24%；其中接待海外旅游者（含港澳台同胞）1 265人次，同比增7.1%，实现外汇收入76.65万美元，同比减16.2%。

【招商引资】 2016年，全区签约项目24个，协议总投资额超过260亿元，主要有华美立家国际商业广场、农业光伏发电项目、健康旅游示范产业园项目、高原特色国际农产品示范产业园等项目。全区实施市外国内招商引资项目87项，引进资金254.92亿元，同比增长17.6%，其中，到位省外资金193.63亿元人民币。全区进出口总额13 894万美元，比上年减少592万美元，同比减少4.1%。其中出口总额13 490万美元，比上年增加125万美元，同比增长0.9%；进口总额404万美元，同比减少64%。

【财政、金融】 2016年，全区公共财政预算收入21.59亿元，比上年增加1.58亿元，同比增长7.9%；公共财政预算支出32.31亿元，比上年增加1.25亿元，同比增长4%。

年末，全区金融机构人民币各项存款余额为778.62亿元，比年初增加109亿元，增长16.3%。其中，住户存款余额291.76亿元，比年初增加16.17亿元，增长5.9%；非金融企业存款余额286.22亿元，比年初增加107.55亿元，增长60.2%；金融机构人民币各项贷款余额（境内）443.68亿元，比年初增加10.33亿元，增长2.4%。

【人民生活】 2016年，全区城镇居民人均可支配收入33 278元，比上年增加2 686元，同比增长8.8%，扣除价格因素，实际增长7.8%。其中，工资性收入19 653元，比上年增加1 300元，增长7.1%。城镇居民人均消费性支出25 412元，比上年增加1 504元，增长6.3%。农村居民家庭人均可支配收入14 177元，比上年增加1 168，同比增长9%，扣除价格因素，实际增长8.0%；其中，工资性收入7 071元，比上年增加158元，同比增长2.3%；农村居民人均生活消费支出12 773元，比上年增加2 582元，同比增25.3%。全区城乡居民收入比为2.61：1（以农村居民可支配收入为1）。

【科　技】 2016年，红塔区实施创新驱动发展战略，加快建设创新型城市。年内，申报省级科技计划7项、省科技型中小企业技术创新项目3项、组织科技项目验收2项、认定云南省新产品1个、农业科技示范园3家。申请专利871件，授权496件。安排财政资金4 000万元，用于扶持企业科技创新及新产品开发，发放创新奖励530万元，申报省级“双创”示范基地和可持续发展示范区，成立首个“科技众创空间”和院士工作站。评出红塔区科技进步奖9项，一等奖3项，二等奖5项，三等奖3项。

【教　育】 2016年，全区有学校（幼儿园）164所。其中，高等院校2所，中等专业学校3所，普通中学24所，中等职业学校2所（成人中等专业学校1所、职业高中学校1所），特殊教育学校1所，小学71所，幼儿园61所。在校学生103 113人，比上年减0.92%。其中，小学在校学生34 428人，普通中学在校学生29 606人（初中18 901人，高中10 705人）；中等职业学校在校学生7 438人；普通中专在校学生11 071人；特殊教育学校在校学生455人；高等学校在校学生20 115人。全区有专任教师5 891人。是全省首批全国义务教育发展基本均衡县（区）和云南省第二轮唯一的教育先进县（区）。

【文　化】 2016年年末，全区有文艺表演团体5个，群众艺术馆2个，博物馆1个，文物管理所2个，公共图书馆2个，藏书68.3万册，其中，市图书馆藏书46.9万册；区图书馆藏书21.4万册。全年博物馆、纪念馆活动参观人数83.7万人次。

2016年，红塔区创建“中国楹联文化区”获得成功。年内，推进法冲、灵秀、梁王坝3个村（社区）省级公共文化服务体系示范项目创建；图书馆开通微信及新浪微博互动平台，增加100万册电子图数字资源供读者阅览下载，完成国家图书馆虚拟

菊花展　　　　（大营街街道　提供）

服务网建设、农家书屋建设，补充各乡（街道）图书1万余册，清查农家书屋出版物及规范用语。《玉溪民俗漫话》出版发行，编创《崴灯》参加中央电视台“锦绣梨园庆盛世——2016国庆戏曲晚会”演出，花腰傣女子群舞《裙儿摆摆秧箩情》获国家艺术资金支持。新公布红塔区第二批非物质文化项目7项，传承人65人。开展地方特色戏曲剧种和民族民间传承器乐篇普查，完成玉溪郑氏旧居布展、凤凰观中殿修缮。国家文物局批复通过玉溪窑址建设方案，免费开放玉溪聂耳故居和玉溪窑址。

【体　育】 2016年，红塔区组织开展“七彩云南全民健身”2016玉溪市、区元旦·春节环城赛跑、“全民健身日”登山健步走、“庆三八展巾帼风采，共建美丽乡村”职工登山和趣味运动会，承办玉溪市第二届环东近面山自行车赛，各级各类人员6万余人参加。年内，完成全民健身路径器材的采购安装，新建全民健身路径12条，篮球架5副。制定红塔区公共体育项目管理办法和《红塔区各类体育设施分布图》。完成足球场和投掷区草坪改造，新植草坪8 285平方米。组团参加云南省第一届青少年运动会，获得7金8银6铜，以387.5分的团体总分，列26支代表队第6名，获得体育道德风尚奖；参加云南省“全民健身日”三人篮球比赛，获得女队第一名。

【卫　生】 2016年，全区推进公立医院改革和分级诊疗，推进新农合DRGS付费改革试点，核定108个临床路径上线试运行。建立符合医疗行业特点和红塔区实际的薪酬分配制度和考核办法，公立医院改革总体呈现出“四降四升两合理”的趋势。实施国家基本药物制度惠民新政，全年采购基本药物3 121.56万元，销售基本药物2 938.40万元，按原药品35%的进销差率计算，让利群众1 028.44万元。医药总费用7 990.26万元，报销补偿3 993.85万元。区属医疗机构HIV咨询检测和PITC及哨点监测检测网络覆盖全区。全区农村居民参加新型合作医疗人数达19.22万人，参合率98.87%。

【社会保障】 2016年，全区实施春荒粮救济5 568户、火灾救助7起16户、民房倒损救助13户、冬寒衣被救助3 295户，受助群众1.35万人次。补助城乡低保7 641户8 660人，补助资金2 580万元。7月1日起，全区城市居民最低生活保障标准提高至456元/人/年；农村居民最低生活保障标准提高至242元/人/年。大病报销病种由6种增加至22种。全年资助困难群众医疗救助金259万元，受助9 011人次；对临时性、突发性原因造成基本生活出现暂时困难的低收入城乡家庭，实施救助932人，救助资金181.7万元。

全区参加医疗保险单位（含市级）2 554个，其中，企业（个体）2 096个，机关及事业单位458个；参保人数123 063人（含灵活就业）。其中，企业（个体）98 472（含灵活就业）人，机关及事业24 591人；收缴基本医疗保险金50 864万元。参加城镇居民基本医疗保险参保登记12.95万人。

2016年，全区有敬老院9所（含

三下乡　　（曹江丽　摄）

市级1所），集中供养89人，民间投资兴办1所，收养老人52人。对320名高龄特困老人进行慰问。

【领导干部】　区委书记张小良（彝族），副书记方洪、罗盛勇。人大常委会主任殷绍焜，副主任马亮伟（回族）、姜永祥、董晋红（女）、杨文武（2016年1月任）。区长方洪，副区长吴渔琛（2016年5月离任）、李永聪、曾逵（2016年3月离任）、王红（女）、梁士洪、赖正东、赵南方（2016年3月任）、杜清祥（2016年6月任）。政协主席王文平，副主席孟国平、李家金、朱学祥、白发福（彝族）。纪委书记张亚波。

【全面启动危房改造、千村整治工程】　2016年，红塔区启动农村危房改造1.5万户，推行“政府引导、农民主体、市场运作、统规联建”的建设模式，规范和提高农村危房改造。其中，洛河乡750户、小石桥乡234户，北城街道2 300户、李棋街道1 700户、大营街街道2 500户、研和街道4 000户、春和街道2 000户、高仓街道1 300户，凤凰街道91户，玉带街道125户。截至年末，共开工9 612户，占总任务量64.1%。实施“百村示范、千村整治”工程，启动张西河等5个省级示范村、刺桐关等6个市级示范村、小密罗等63个整治村，估算总投资近2亿元。5个省级示范村项目开展招投标工作；6个市级示范村中，大营街社区上西古城村已经开工建设；其它5个市级示范村项目准备开展招投标工作；63个整治村中，凤凰街道灵秀社区哨河村，小石桥街道小石桥4组（小石桥村）、玉苗4组（新铺村）、响水5组（沙河村）、响水9组（小黄草坝村），研和秀溪社区中所村，6个已经开工建设。2016年示范村、整治村已拨付资金共计7 150万元。

【成功入选全国海绵城市建设试点城市】　2016年4月，玉溪市成功入选第二批全国海绵城市建设试点城市，争取到3年每年4亿元共计12亿元的中央专项资金。玉溪海绵城市建设总体目标是以海绵城市建设理念引领玉溪市城市发展，到2020年，城市建成区30%以上的面积达到海绵城市建设要求；到2030年，城市建成区80%以上的面积达到海绵城市建设要求。11月16日，玉溪市海绵城市建设项目集中开工仪式在红塔大道东风广场举行，全面启动海绵城市建设。

【综合管廊项目开工建设】　2016年4月28日，中心城区地下管线普查工作完成，历时一年。通过普查，掌握了全区现有各类地下管线情况，建立地下管线数据更新和动态管理机制，创建地下管线信息库，实现政府、社会、专业管线单位城市地下管线信息共建共享，促进城市地下综合管线的统一规划，合理开发和科学管理。2016年，国家下达云南省81.3千米地下综合管廊任务，涉及玉溪市的开工建设任务共计11.34千米，包含2个项目，分别是玉溪市中心城区红塔大道（抚仙路—火车站）综合管廊工程2.4千米、火车西站市政道路配套地下综合管廊8.94千米。年末，中心城区火车西站市政道路配套地下综合管廊8.94千米（包含9条市政道路项目），站前路、横四路、纵一路3条市政道路及配套地下管廊开工建设。

【文学作品】　2016年，红塔区文联作家协会会员分别在《滇池》《散文诗》《玉溪》《玉溪日报》《一度诗歌论坛》《诗黎明》《中国诗歌》《方向诗刊》等发表小说、诗歌、散文、散文诗、纪实、歌曲等文学作品百余件。赵演溪的组诗《我俩的爱流淌在哈尼山寨》获世界诗人协会、《中华文艺》“第三届世界华人爱情文学大赛三等奖”，诗歌《金木水火土》获由人人文学网、人人论坛、《微诗刊》、《大家传媒》联合举办的首届中国网络爱情诗文大奖赛入围奖；李琳作词的歌曲《我们与你同行》获“玉溪市红十字公益歌曲征集比赛”三等奖。

【玉溪新三中建设项目开工】　2016年4月11日，玉溪新三中项目建设开工仪式在高仓街道梁王坝社区玉山城内举行。玉溪新三中建设项目列入《红塔区中心城区“十二五”期间学校建设规划方案》的城市基础设施类建设项目。新三中按照国家一级一等高级中学的办学标准规划建设。按照54个教学班，2 700名学生，250名教职工的规模设计。项目建设用地13.33万平方米，项目投资估算55 242.99万元，计划2017年9月招生。玉溪新三中的建设将扩充红塔区高中教育的资源，增加高中学位，缓解普通高中入学难的问题。

【玉兴街道】　2016年年末，街道辖区总人口70 663人，其中，男34 557人，女36 106人，总户数37 357户。少数民族（主要是彝族）人口4 282人，占总人口的6.1%。人口密度4 092人/平方千米。

2016年，街道有耕地26.24公顷，均为山地。街道辖区有花（苗）圃3个，产值182.4万元，比上年增14.39%。蔬菜种植43.73公顷，总产量112.63万千克，销售收入157.64万元，分别比上年增43.85%、30.08%、6.51%，主要种植白菜、莴笋、洋芋、青菜、萝卜、韭菜等15个品种。全年产水果51.20万千克，林地面积138.3公顷，森林覆盖率13.3%。

2016年，街道有企业12户，从业人员14 355人（含外来人员）。企业营业收入6.64亿元，比上年增8.01%；税利3.78亿元，比上年增6.04%。个体工商户2 488户，从业人员13 105人，实现营业收入69.24亿元。营业收入上亿元的有3户。

2016年，街道农村经济总收入79.99亿元，比上年增8.12%。农民人均纯收入15 887元，比上年增7.99%。农村经济总收入超过亿元的有4个社区。年末，街道生猪存栏1 970头，比上年增390头，增24.68%；肥猪出栏4 670万头，比上年增1 510头，增47.78%；全年肉产量740千克，比上年增240千克，增48%；家禽出栏13万只，比上年增2.5万只、增23.81%；禽蛋总产量1 970千克，比上年增570千克、增40.71%。

2016年，街道财政总收入3.21亿元，比上年减0.8%，其中，地方财政收入1.54亿元，比上年同期减12.6%；地方公共预算支出2 718万元，比上年同期减14%。

街道党工委书记何东明，人大工委主任吴婷（女，彝族），办事处主任龚文勇。

【玉带街道】 2016年年末，街道总人口57 708人，其中，男29 564人，女28 144人，总户数19 236户。少数民族（主要是彝族）人口3 290人，占总人口的5.7%。人口自然增长率0.96‰。人口密度6 404人/平方千米。

2016年，街道全年农作物播种328.9公顷。粮食播种1.46公顷，粮食总产量1.1万千克。蔬菜种植171.67公顷，总产量897.71万千克，销售收入2 425万元，主要种植大白菜、萝卜、莲藕等3个品种。年末，街道生猪存栏3 067头，上年增31.7%、肥猪出栏10 273头，比上减4.6%。牛存栏9头、出栏93头，全年肉产量2.33万千克。家禽出栏20.41万只，存栏7.77万只，禽蛋总产45.9万千克，比上年增8.8%。

2016年，街道有企业55户，个体工商户2 833户。从业人员17 853人（含外来人员），比上年增0.2%；企业营业收入59.28亿元，比上年增22.4%，占全街道农村经济总收入的98.46%；上缴税金1.64亿元。其中，集体企业1户，收入816万元，上缴税金72万元；民营企业54户，实现营业收入18.63亿元，占农村经济总收入的37.9%，上缴税金5 980万元。营业收入上1 000万元的企业有15户，其中上亿元的有4户。

2016年，街道实现工农业总产值（现价）1.18亿元。其中，工业总产值5 296.51万元，比上年减31.32%，农业总产值6 487万元，比上年增2.93%。农村经济总收入59.80亿元，比上年增8.09%。居民人均可支配收入14 590元，比上年增9.73%。

2016年，街道财政总收入2.16亿元，其中地方财政收入1.01亿元，比上年减1.8%。

街道党工委书记邹明佑，人大工委主任谢家平，办事处主任邹明佑、王家宏。

【凤凰街道】 2016年年末，街道总人口75 216人。农业户数502户，农业人口1 797人；少数民族（主要是彝族）人口1 120人，占总人口的1%。乡村从业人员1 101人。人口自然增长率9‰。

2016年，街道农作物播种142公顷，复种指数150%。粮经作物比例65∶35。粮食播种93.3公顷，粮食总产75.86万千克。农民人均产粮423千克。烤烟种植13.3公顷，总产2.9万千克。蔬菜种植14公顷，总产31.68万千克，销售收入38万元。年末，生猪存栏1 980头，肥猪出栏6 200头；羊存栏240只，菜羊出栏75只。全年肉产量920.8万千克。家禽出栏16.92万只，比上年减7%。养鱼水面38.5公顷，水产品产量11.2万千克。年产水果75万千克。街道有林地2.21万公顷，森林覆盖率57.3%。

2016年，街道有企业146户，从业人员15 720人（含外来人员），比上年减少2.01%，个体工商户3 813户。企业及个体工商户营业收入47.76亿元，实现税利2.43亿元，比上年增17.21%。其中，集体企业6户，742人，营业收入1亿元，实现税利1 578万元；民营企业140户，5 607人，营业收入23.31亿元，实现税利2.27亿元。营业收入上上亿元企业有1户。

2016年，街道实现工农业总产值（现价）10.8亿元，比上年减6.9%，其中，工业总产值10.55亿元，比上年减7.75%；农业总产值2 000万元，比上年增2.9%。实现农村经济总收入48.82亿元。

2016年，街道地方财政收入9 713万元，比上年增703万元，增7.9%。财政支出2 451.33万元，比上年增189.53万元，增8%。街道农村经济总收入超过亿元的社区居委会有8个。

街道党工委书记徐惠琼（女，2016年7月离任）、杨美琼（女，2016年7月任），人大工委主任夏云艳（女），办事处主任邹著。

【大营街街道】 2016年年末，街道总户数17 035户，总人口49 338人，其中，男24 180人、女25 158人，少数民族（主要是彝族）人口7 438人，占总人口的15.08%。农村从业人员29 743人。人口自然增长率7.14‰，比上年上升6.17个千分点，人口密度为369.49人/平方千米。从事第二、三产业的有20 270人。

2016年，街道有耕地1 381.5公顷。农作物播种2 853.27公顷，复种指数206.53%。粮经作物比例45∶55。粮食播种1 270.53公顷，粮食总产957.72万千克，农民人均产粮202.23千克。油料播种670.33公顷，总产168.85万千克。烤烟种植152.93公顷，总产32.24万千克，交售量30万千克，交售收入975.62万元。蔬菜种植466.34公顷，总产1 034.34万千克，销售收入4 071万元，分别比上年增28.65%、30.93%、73.9%。生产鲜切花1 494万支，产值2 074万元。年末，街道生猪存栏4.4万头，上年增12.82%、肥猪出栏9.2万头，比上年减3.16%。大牲畜存栏350头，其中，牛存栏330头，菜牛出栏297头。羊存栏1 564只，菜羊出栏1 528只。全年肉产量981.39万千克。家禽出栏100.04万只，禽蛋总产418.02万千克。养鱼水面33.67公顷，水产品产量329.2吨。街道有林地8 636.2公顷，森林覆盖率56.8%。

2016年，街道有企业51户，比上年增0.11%；个体工商户835户。从业人员19 460（含外来人员）人，比上年增3.84%；企业及个体工商户营业收入68.51亿元，比上年增4.78%，占全街道农村经济总收入的93.67%；实现税利4.02亿元，比上年增150.04%。营业收入上亿元的企业有13户。

2016年，街道工业总产值33.26亿元，农业总产值4.21亿元，比上年增2.69%。农村经济总收入73.14亿元，比上年增0.36%。农村经济总收入超过亿元的有9个社区。农民人均可支配收入14 540元，比上年增7.58%。

2016年，街道财政总收入1.69亿元，比上年减7.5%，其中地方财政收入8 608万元，比上年增5.7%；财政支出3 476万元，比上年增9.4%。

街道党工委书记缪玉，人大工委

主任曹杰，办事处主任李超（回族）。

【北城街道】 2016年年末，街道总人口62 683人，其中，男30 437人，女32 246人，总户数23 948户（农业人口53 535人，农业户数19 500户），少数民族人口9 592人，主要是回族、彝族、白族、哈尼族、傣族，占总人口的15.3%。

2016年，街道有耕地2 805.05公顷，农作物播种4 110公顷。粮经作物比例31.5∶68.5。粮食播种1 354公顷，粮食总产1 066.15万千克，农民人均产粮185千克。油料播种540公顷，总产量112.38万千克。烤烟种植236.4公顷，总产量49.19万千克。蔬菜种植2 274公顷，总产量7 600万千克，销售收入1.52亿元。年末，街道生猪存栏2.6万头，肥猪出栏8.27万头，比上年增5.4%。大牲畜存栏1 185头，菜牛出栏7 369头。全年肉产量1 190.8万千克，比上年增9.4%。家禽出栏103.77万只，禽蛋总产467.1万千克；出售牛奶2.5万千克。街道有林地5 937公顷，森林覆盖率51%。

年末，街道有企业54户，比上年减8.4%；从业人员2.26万人（含外来人员），比上年增1.4%；企业营业总收入86.53亿元，个体工商户2 758户。营业收入上亿元的4户。

2016年，街道工业总产值74.84亿元，农业总产值4.92亿元，分别比上年增21.4%、增3.2%。农村经济总收入90.88亿元，比上年增17.55%。农村经济总收入超过亿元的有12个社区。农民人均纯收入14 255元，比上年增7.7%。有2.69万人从事二、三产业。

2016年，街道财政总收入1.76亿元，比上年增75%，其中地方财政收入8 252万元，比上年增43%；财政支出4 193万元，比上年减28%。

街道党工委书记施毅（彝族，2016年7月离任），人大工委主任高连俊（2016年10月离任）、唐明荣（2016年10月任），办事处主任马荣（回族）。

【李棋街道】 2016年年末，街道总户数12 973户，总人口33 394人，其中，男16 025人，女17 369人。少数民族人口1 708人，占街道总人口的5.11%。农村从业人员18 474人。人口自然增长率8.34‰，比上年上升5.88个千分点。人口密度715人/平方千米。

2016年，街道有耕地223.6公顷。全年农作物播种414.67公顷，复种指数85.45%。粮经作物种植比例53.68∶46.32，经济作物比上年下降0.24个百分点。粮食播种222.6公顷，粮食总产量173.01万千克，农村居民人均产粮51.81千克。油料播种130.13公顷，总产量37.86万千克。蔬菜种植35.6公顷，总产量106.02万千克，销售收入212万元。年末，街道生猪存栏2 700头，肥猪出栏2 500头，分别比上年增27.48%、增80.92%。大牲畜存栏46头（其中牛存栏41头），牛出栏43头。全年肉产量259.3万千克，比上年增3.47%。家禽出栏48.73万只，禽蛋总产147.9万千克。街道有林地2 288.6公顷，森林覆盖率48.3%。

2016年，街道有企业66户，比上年增1.73%；从业人员17 876人，比上年减2.23%；企业营业收入54.37亿元，比上年增4.5%，税利1.1亿元，比上年减57.69%。个体工商户1 462户。营业收入上亿元的有13户。

2016年，街道农村社会总产值（现价）55.8亿元，比上年增5.08%。工农业总产值（现价）1.81亿元，比上年减39.46%，其中，工业总产值1.22亿元，比上年减50.41%、农业总产值0.59亿元，比上年增11.32%。农村经济总收入56.2亿元，比上年增5.05%。农民人均纯收入15 880元，比上年增7.91%。从事第二、三产业的有15 493人，占农村从业人员的83.86%，比上年增2%。

2016年，街道财政总收入1.29亿元，比上年减6.3%，其中地方财政收入0.81亿元，比上年增28%；财政支出2 968万元，比上年减3.8%。街道农村经济总收入超过亿元的有8个社区。

街道党工委书记龙海燕（女），人大工委主任杨进松，办事处主任封伟（白族）。

【研和街道】 2016年年末，街道总人口47 074人，其中，男23 219人，女23 855人，总户数16 458户。少数民族（主要是彝族）人口6 578人，占总人口的13.97%。

2016年，街道有耕地1 203.4公顷。全年农作物播种3 446.7公顷，复种指数88.72%。粮经作物比例36∶64，经济作物比上年减少6.5个百分点。粮食播种1 244.9公顷，粮食总产1 072.84万千克，农民人均产粮247.1千克/亩。油料播种733.3公顷，总产量190万千克。烤烟种植215.3公顷，总产量43万千克，交售量43万千克，交售收入1 382.02万元。蔬菜种植644.6公顷。年末，街道生猪存栏3.37万头，比上年增5.16%，肥猪出栏8.13万头，比上年增5.40%。大牲畜存栏365头，其中牛存栏365头。菜牛出栏350头，比上年增2.94%。全年肉产量达998.56万千克，比上年增4.86%。家禽出栏118.32万只，比上年减0.32%、禽蛋总产541.94万千克，比上年减2.78%。街道有林地7 866公顷，森林覆盖率62.4%。

2016年，街道有企业219户，比上年增0.33%；从业人员18 699人（含外来人员），比上年减7.30%；企业及个体工商户营业收入131.04亿元，比上年减4.05%；税利1.95亿元，比上年增137.83%。有个体工商户3 367户，实现营业收入19.20亿元。营业收入上亿元的有13户。

2016年，街道农村社会总产值（现价）97.59亿元，比上年减0.01%。工农业总产值（现价）74.95亿元，比上年减3.58%。其中，工业总产值70.71亿元，比上年减3.96%；农业总产值4.24亿元，比上年增3.31%。农村经济总收入133.31亿元，比上年减5.18%。农村经济总收入超过亿元的有9个社区。农村居民人均可支配收入13 803元，从事第二、三产业的有11 802人。

2016年，街道财政总收入23 492万元，比上年增47.91%，其中地方财政收入9 715万元，比上年增20.70%；财政支出3 933万元，比上年增48.44%。

街道党工委书记蔡德琪，人大工委主任史永清（2016年9月离任）、严志东（2016年9月任），办事处主任周勇。

【春和街道】 2016年年末，街道总户数20 063户，总人口58 589人。其中，男28 761人，女29 828人；少数民族（主要是彝族、白族、回族）人口7 269人，占总人口的12.4%。人口自然增长率5.9‰，比上年上升2.6个千分点。人口密度为303人/平方千米。

2016年，街道有耕地2 374.87公顷。农作物播种4 856公顷，复种指数达200%。粮经作物比例26.6∶73.4。粮食播种1 291.8公顷，粮食总产884.25万千克。油料播种748.27公顷，总产161.08万千克。烤烟种植574.07公顷，总产106.95万千克，交售量98万千克，交售收入3 146.39万元。蔬菜种植1 392.8公顷，总产2 182.07万千克，销售收入9 916.4万元。年末，街道生猪存栏4.35万头，比上年减0.4%，肥猪出栏9.94万头，比上年减4.63%。大牲畜存栏487头，其中牛存栏470头，菜牛出栏313头。家禽出栏159.32万只，禽蛋总产332.98万千克，出售牛奶1.11万千克。街道有林地1.19万公顷，森林覆盖率65.6%。

2016年，街道有企业86户，均为民营企业；从业人员27 045人（含外来人员），比上年增2.5%；个体工商户2 932户。企业及个体工商户营业收入97.39亿元，比上年增12.4%，占农村经济总收入的95.43%；实现税利10.08亿元，比上年增12.35%。营业收入上亿元的12户。

2016年，街道农村社会总产值（现价）91.85亿元，比上年增11.59%。工农业总产值（现价）45.93亿元，其中工业总产值40.02亿元，农业总产值5.90亿元，分别比上年增11.7%、13.1%、3.1%。农村经济总收入1020 577万元，比上年增11.16%。农村经济总收入超过亿元的有11个社区，农民人均纯收入15 638元。从事第二、三产业的有22 904人。

2016年，街道财政总收入1.58亿元，比上年增17.31%，其中地方财政收入7 672万元，比上年增14.39%；财政支出4 666万元，比上年增26.22%。

街道党工委书记曹炳勇，人大工委主任沈安平（白族），办事处主任马霄。

【高仓街道】 2016年年末，街道总人口22 363人，其中，男10 924人，女11 439人，总户数7 978户。少数民族（主要是彝族）人口3 338人，占总人口的14.5%。人口自然增长率7.53‰，比上年上升5.9个千分点。人口密度392人/平方千米。

2016年，街道有耕地857.87公顷。全年农作物播种1 826.8公顷，复种指数212.9%。粮经作物比例30.3：69.7，经济作物比上年提高1.05个百分点。粮食播种553.47公顷，粮食总产474.47万千克，农民人均产粮225.93千克。油料播种339.67公顷，总产量82.11万千克。烤烟种植413公顷，总产量87万千克，交售量87万千克，交售收入2 879.7万元。蔬菜种植271.3公顷，比上年减29.4%；总产量1 385.36万千克，销售收入2 745.15万元。年末，街道生猪存栏5.75万头，肥猪出栏11.02万头。大牲畜存栏162头（其中牛存栏162头），出栏菜牛314头，比上年增0.3%。羊存栏1 937只，菜羊出栏2 297只，分别比上年增6.08%、3.96%。全年肉产量1 213.6万千克，比上年减1.84%。家禽出栏140.75万只，禽蛋总产475.7万千克，分别比上年增7%、23.46%。街道有林地3 037.2公顷，森林覆盖率51.75%。

2016年，街道有企业31户，从业人员5 061人（含外来人员），比上年增1.1%；个体工商户608户。企业及个体工商户营业收入31.43亿元，比上年增0.1%，占农村经济总收入的85.72%；税利1.89亿元，比上年增3.9%。营业收入上亿元的10户。

2016年，街道农村社会总产值（现价）36.67亿元，比上年增0.17%。工农业总产值（现价）28.60亿元，其中，工业总产值24.59亿元，农业总产值4.01亿元，分别比上年增4.36%、4.58%、3%。农村经济总收入36.67亿元，比上年增0.17%。农村经济总收入超过亿元的有3个社区。农民人均纯收入13 480元，比上年增7.68%。从事二、三产业的有6 629人。

2016年，街道财政总收入7 832.58万元，比上年增5%，其中地方财政收入4 500万元，比上年增21%；财政支出4 944万元，比上年增80%。

街道党工委书记童进彪（2016年7月任）、康德勤（2016年5月离任）；人大工委主任杨志文（2016年7月离任）、史永清（2016年10月任），办事处主任王正龙。

【小石桥彝族乡】 2016年年末，全乡总人口6 371人，其中，男3 185人，女3 187人，总户数2 117户。少数民族（主要是彝族）人口2 938人，占总人口的45%。乡村从业人员4 645人，人口密度87.24人/平方千米。

2016年，全乡有耕地1 234公顷。农作物播种2 340公顷，复种指数369%。粮经作物比例25：75，经济作物比上年提高4个百分点。粮食播种587公顷，粮食总产331万千克，农民人均产粮522.3千克。油料播种166.7公顷，总产量54.4万千克。烤烟种植486.7公顷，总产量110万千克，交售量103万千克，交售收入3 276万元。蔬菜种植1 099.6公顷，总产量1 523万千克，销售收入7 692万元。年末，全乡生猪存栏1.26万头，比上年增5.12%。肥猪出栏2.35万头，比上年增0.128%。大牲畜存栏1 613头，菜牛出栏398头，比上年增3.52%。羊存栏3 932只，比上年减1.68%。菜羊出栏4 860只，比上年增4.61%。全年肉产量284.6万千克，比上年减5.79%。家禽出栏15.52万只，比上年减11.87%。禽蛋总产3.72万千克，比上年增8.45%。全乡有林地5 373.7公顷，森林覆盖率68.2%

2016年，全乡有企业16户，从业人员1 128人（含外来人员），比上年减少0.9%；企业营业收入3.81亿元，比上年增5.77%；实现税利4 805万元，比上年减20.8%。有个体工商户56户。营业收入上亿元的2户。

2016年，全乡农村社会总产值（现价）5.88亿元，比上年增5.16%。工农业总产值（现价）5.38亿元，比上年增5.3%。其中，工业总产值3.57亿元，比上年增6.5%，农业总产值1.81亿元，比上年增3.1%。农村经济总收入6.02亿元，比上年增5.37%。农民人均纯收入13 398元，比上年增7.74%。有1 254人从事第二、三产业。

2016年，全乡财政总收入3 019万元，比上年减1.3%，其中地方财政收入1 865万元，比上年减1%；财政支出1 693万元，比上年增25%。

乡党委书记金忠武，人大主席曹忠寿，乡长左红余（彝族）。

【洛河彝族乡】 2016年年末，全乡总人口10 143人，其中，男5 064人，女5 079人，总户数2 705户，均为居民户。少数民族（主要是彝族、哈尼族）人口9 202人，占总人口的90.8%。乡村从业人员6 949人。人口自然增长率4.7‰，比上年上升0.4个千分点。人口密度59.5人/平方千米。

2016年，全乡有耕地798公顷。农作物播种1 766.93公顷，复种指数221.3%。粮经作物比例31.41：68.59，经济作物比上年减少1.13个百分点。粮食播种555公顷，粮食总产390万千克，农民人均产粮416.9千克。油料播种656.5公顷。烤烟种植252.7公顷，总产量53.24万千克，交售量52万千克，交售收入1 645.94万元。蔬菜种植263.8公顷，总产量523.02万千克，销售收入1 709万元。年末，生猪存栏1.07万头，肥猪出栏2.62万头，分别比上年增0.1%、增0.2%。大牲畜存栏152头（其中牛存栏152头），菜牛出栏149头，比上年增2%。羊存栏4 252只，菜羊出栏2 766只，分别比上年增18.07%、增7.04%。全年肉产量508.2万千克，比上年增9.8%。家禽出栏136.66万只，禽蛋总产82.15万千克，分别比上年增0.9%、增62.38%。全乡有林地13 381公顷，森林覆盖率达83%。

2016年，全乡有企业13户，均为民营企业，比上年减少23.52%；从业人员653人（含外来人员），比上年减少20.85%；企业营业收入3.77亿元，比上年增加99.50%，占全乡农村经济总收入的92.51%；实现税利2 941万元，比上年增加2 371.4%。有个体工商户842户。营业收入上1 000万元的企业有4户。

2016年，全乡农村社会总产值（现价）2.61亿元，比上年增2%。工农业总产值（现价）4.10亿元，其中工业总产值1.84亿元，农业总产值2.26亿元，分别比上年增55.82%、增325.25%、增2.77%。农村经济总收入4.48亿元，比上年减6.04%。全乡农村经济总收入超过亿元的有2个村委会。有2 097人从事第二、三产业。

2016年，全乡财政总收入3 403.11万元，比上年增381.67%，其中地方财政收入2 015万元，比上年增200.34%%；财政支出2 263.11万元，比上年增66%。

乡党委书记王飞，人大主席赵永彦（2016年12月离任）；乡长童进彪（彝族，2016年8月离任）、普剑（彝族，2016年10月代理乡长，2016年12月离任）、桂宝宏（彝族，2016年12月代理乡长）。

（王德莉）

江川区

【自然概貌】 江川区地处云南省中部，位于东经102°35′～102°55′和北纬24°12′～24°32′之间。东接华宁县，南连通海县，西与红塔区交界，北同晋宁、澄江两县毗邻。区政府驻地距云南省人民政府驻地106.05千米、距玉溪市人民政府驻地25.4千米。境内由湖泊、盆地、中低山组成。区境东西最大横距31.9千米，南北最大纵距33.7千米，区域面积850平方千米。总面积中，山区、半山区占71.67%，平坝占15.96%，湖泊占12.37%。整个地势为四周高、中部低。境内最高峰谷堆山海拔2 648米，最低点九溪河口村海拔1 690米。境内主要河流有16条，河道总长184.8千米，属珠江流域西江水系，最大洪水流量315立方米/秒，多数为季节性河流。县境中部有高原断陷湖泊星云湖，辖有抚仙湖三分之一水面。星云湖总面积34.7平方千米，最大水深10米，平均水深7米，容水量1.84亿立方米，正常水位海拔1 722米，属富营养型湖泊，十分适合鱼类生长，被誉为“天然养鱼塘”。抚仙湖总面积212平方千米，其中江川辖水面68.94平方千米，占水面总面积的32.5%。

2016年年平均气温为17.0℃，比历年同期偏高1.1℃，比上年同期偏低0.2℃，属偏高年份。年极端最高气温为32.8℃（8月18日）；年极端最低气温为-3.6℃（1月25日）。全年日照时数1 855.8小时，比历年同期偏少333.6小时（-15%），比上年同期偏少275小时（-13%），属略偏少年份，创1961年以来年日照时数最少记录。

【行政区划】 2016年，全区辖大街街道和江城、前卫、九溪、路居4个镇及安化（彝族乡）、雄关2个乡。全区共有社区居委会21个，居民小组168个；村民委员会53个，村民小组296个；自然村352个。

【人口、民族】 2016年年末，全区常住人口28.73万人，其中，城镇人口11.83万人，城镇化率41.2%。据公安户籍人口统计，年末总人口280 742人，比上年增0.8%。其中，乡村人口172 361人，城镇人口108 381人。年内出生人口3 763人，死亡人口1 585人，人口自然增长率7.79‰。总人口中，汉族人口259 904人，占总人口的92.6%；少数民族人口20 838人，占总人口的7.4%。

【综合经济指标】 2016年，全区完成地方生产总值810 895万元，比上年增12.1%。其中，第一产业增加值159 866万元，增6.0%，对GDP增长的贡献率为10.4%；第二产业增加值264 223万元，增16.6%，对GDP增长的贡献率为44.6%；第三产业增加值386 806万元，增11.6%，对GDP增长的贡献率为45.0%。人均地方生产总值28 284元，比上年增2 912元，增11.7%。三次产业结构由上年的20.83：32.43：46.74发展变化为2016年的19.7：32.6：47.7，其中，第一产业比重比上年下降1.1个百分点；第二产业比重提高0.2个百分点；第三产业比重提高1个百分点。2016年全区非公经济增加值458 287万元，比上年增47 435万元，增13.0%；非公经济增加值占GDP比重56.5%，比上年降0.2个百分点。

【农　业】 2016年，全区实现农、林、牧、渔业总产值266 257万元，比上年增5.7%。其中，种植业总产值152 794万元，增6.4%；林业产值4 496万元，增4.7%；牧业产值91 102万元，增4.8%；渔业产值10 700万元，增5.2%；农、林、牧、渔服务业产值7 165万元，增3.8%。

2016年，全区农作物总播种387 073亩，比上年增16 304亩，增4.4%。其中，粮食播种92 169亩，增2 008亩，增2.2%。油料播种39 006亩，增1 433亩，增3.8%。烤烟栽种86 580亩，增5 844亩，增7.2%。

全区收购烟叶1 139万千克，其中，上等烟802万千克，占70.4%，比上年降3.3个百分点；收购单价33元/千

2016年2月25日，江川撤县设区大会召开，江川区主要领导接受授印

（曾永洪　摄）

克，比上年提高0.71元/千克；收购金额38 038万元，增1 222万元，增3.3%。

全年完成人工造林2.56万亩，特色经济林2.56万亩，核桃移植2.56万亩。共育林种木苗3 313亩，可供苗木159.48万株，义务植树66.12万株，零星植树24.36万株，全区森林覆盖率43.78%。

全区肉蛋奶总产量46 309吨，比上年增1.4%，其中，肉类总产量30 716吨，比上年降1.2%。年末，肥猪出栏30万头，降1.9%；全年出售仔猪70万头，降17.2%；生猪存栏22.3万头，降11.1%。

全区水产品产量4 314吨，比上年增77吨，增1.8%，其中，星云湖2 288吨，增30吨，增1.3%；抚仙湖554吨，增20吨，增3.7%。

大平地千亩梨花　（陈　宽　摄）

【工业和建筑业】 2016年，全区工业总产值完成893 153万元，比上年增15.6%，其中，规模以上工业产值530 471万元，增17.8%；规模以下工业产值362 682万元，增12.5%。工业增加值223 757万元，增16%，拉动GDP增长4.5个百分点，对GDP的贡献率为36.9%。其中，规模以上工业增加值146 561万元，增20.2%。

2016年，全区全社会建筑业增加值41 813万元，增19.9%。资质以上建筑业15户，完成建筑业总产值88 387万元，增28.1%。

【固定资产投资】 2016年，全区500万元以上固定资产投资576 681万元，比上年增175 987万元，增43.9%。其中工业投资完成118 132万元，增42 142万元，增55.5%。房地产开发投资57 119万元，增8 970万元，增18.6%。

【交通运输和邮电】 2016年，全区交通运输、仓储及邮政业增加值14 238万元，比上年增821万元，增3.9%，增速比上年回落0.7个百分点。公路建设成效明显，客货运输发展平稳。年末，全区公路总里程902.424千米，其中，一级公路15.07千米，二级公路54.156千米，三级公路198.987千米，四级公路594.216千米，等外公路23.995千米，高速公路16千米。全区拥有载货汽车9 159辆，载客汽车134辆。

全年邮电业务总量29 754万元，其中，邮政业务总量824万元；电信业务总量3 074万元；移动业务总量19 000万元；联通业务总量6 856万元。全区电话普及率83.3部/百人，年末，固定电话用户8 957户，其中，住宅电话3 956户、移动电话229 739户、互联网用户65 241户。

【贸易和物价】 2016年，全区社会消费品零售总额完成219 346万元，比上年增11.2%。按销售单位所在地统计，城镇消费品零售额189 622万元，增11.2%；乡村消费品零售额29 724万元，增11.4%。按消费形态分，餐饮收入45 296万元，增20.2%；商品零售174 050万元，增9.1%。

全年销售营业额合计355 237万元，比上年增17.9%，其中，批发业销售额49 846万元，增21.1%；零售业销售额206 145万元，增16.1%；住宿业营业额18 818万元，增18.3%；餐饮业营业额80 427万元，增20.5%。居民消费价格比上年累计上涨1.3%，商品零售价格上涨0.9%，农业生产资料价格上涨1.8%。

【对外经济和旅游】 2016年，全区招商引资项目共实施74个，其中，续建项目24个，新建项目50个。年内实际利用区外国内资金689 086万元，比上年增152 738万元，增28.5%，其中，市外国内资金689 017万元，增153 508万元，增28.7%；省外资金622 097万元，增159 275万元，增34.4%。

2016年全区共接待游客356.57万人次，比上年增46.95万人次，增15.2%。旅游总收入194 026.83万元，增45 212.93万元，增30.4%。

【财政、金融】 2016年，全区财政总收入87 629万元，比上年增5 627万元，增6.9%。地方财政收入80 335万元，增16 910万元，增26.7%。地方财政支出193 542万元，增24 976万元，增14.8%。其中一般公共预算支出174 170万元，增14 381万元，增9.0%。

年末，全区金融机构各项存款余额1107 834万元，比上年增11.8%，其中住户储蓄存款余额739 753万元，增9.5%。各项贷款余额713 001万元，增13.2%。存贷比为64.4%，比上年提高0.8个百分点。

【就业和社会保障】 2016年，全区共开发就业岗位520个，新增就业2 295人，下岗失业人员再就业640人，城镇登记失业率3.45%，农村劳动力转移就业942人。

年末，全区共有385户企业4 274人和自谋职业、个体5 840人参加养老保险统筹，全年共发放养老金9 011.67万元；有373户7 207人参加失业保险统筹，发放失业救济金104.73万元；有29 125人参加医疗保险统筹，支付医疗保险金6 334.92万元；有237 768人参加新型农村合作医疗，支付医疗保险金12 336.22万元；全区参加农村养老保险149 687人，支付农村养老保险金3 780.08万元；参加工伤保险统筹企业418户10 002人；参加生育保险统筹企业260户4 193人。

2016年，全年对城市低保受益户2 316户2 633人发放低保金1 082.1万元。对农村低保受益户5 495户5 994人发放定期生活救助1 191.2万元，对特困人员320户321人发放定期生活救助218.15万元。全年共对3 009人发放各类补助金1 605.32万元；兑现义务兵家属优待金220人165万元。

【教育、科技、文化、体育和卫生】 2016年，全区有公办学校75所，其中，乡镇中心小学12所，村完小44所，一贯制学校1所，教学点2个，乡镇中学11所，普通高中2所，职中1所，区幼儿园1所。教师进修学校1所，青少年学生校外活动中心1个。教学班1 093个，其中，幼儿学前班231个，小学511个，初中234个，普通高中90个，职业高中27个；全区在校学生40 192人，其中，在园（班）幼儿7 370人，小学15 869人，初中11 096人，普通高中4 733人，职业高中1 124人。

小学毛入学率106.21%，小学学龄儿童入学率99.99%，毕业率99.82%，小学毕业生升学率98.33%，年巩固率99.7%，新招一年级新生受过一年学前教育率99.84%，学前幼儿毛入园（班）率88.37%，15周岁初等教育完成率99.88%。初中毛入学率127.34%，初中毕业率99.22%，初中辍学率0.93%，年巩固率99.31%，17周岁初级中等教育完成率98.93%。有教职工2 640人，其中，正式教职工2 305人，临时人员335人。专任教师合格率高中99.72%、初中100%、小学99.43%。

2016年，全年共向国家、省、市推荐申报科技项目和科普专项共37个，其中，省级科技项目10个，市级科技项目20个，省级科普项目2个，市级科普项目5个。申报成功的国家、省、市各类科技项目27项，其中，省级8个，市级19个；科普专项获得立项的7个，其中，省级2个，市级5个。全年申请专利50件，其中，申请发明专利11件，实用新型30件，外观设计9件；专利授权量52件，发明专利2件、实用新型专利13件、外观设计专利37件。

2016年，全区文化产业持续发展，继续保持“全国文化先进区”的称号。科技、广播电视、体育等事业全面发展，平安江川建设稳步推进。年末，全区共有大小文艺队579个，全年举行文艺调演汇演27次；组织文艺活动132次；现有文化厅室62个，全年共举办展览60期，举办各种培训班94期。

2016年，全区成立体育协会组织4个，累计举办活动20余场，参加活动人数0.8万人次。全区6个乡镇、1个街道成立全民健身领导小组，6个乡镇、1个街道挂牌成立“全民健身指导站”，晨晚训练点41个。拥有社会体育指导员345人，其中，国家级6人，一级2人，二级112人，三级225人。年内，举办区级体育比赛活动8次，组织基层体育比赛活动12次，全区体育人口达30%。举办全民健身活动8次，人数0.8万人次；年末，全区拥有体育场地394个，体育系统拥有体育场地9个，年开放使用7万人次；举办培训班7期，参加培训260人次。竞训体育有省传统游泳项目1个点，在训运动员30人；市传统训练项目（田径、柔道、自行车）3个点，在训运动员45人；区训练项目（篮球、武术）1个点，在训运动员30人。

2016年年末，全区共有卫生机构173个，其中，区级医院2个、其他医院2个、卫生院7个，妇幼保健院1个，疾病预防控制中心1个，卫生监督机构1个。卫生技术人员1 604人，其中执业医师和执业助理医师631人，注册护士792人，其他181人。医院和卫生院床位799张（核定床位）。乡镇卫生院7个，床位249张（核定床位），卫生技术人员269人。村级卫生室71个（下发过医疗机构许可证的），乡村医生258人。全区有237 768人参加新型农村合作医疗，参合率98.28%。

云南省非物质文化遗产项目江川彝族撒弦乐守人——安正雄　（陈　宽　摄）

【能源消耗和安全生产】 2016年，全区单位GDP能源消耗1.04吨标准煤/万元，下降5%，其中规模以上工业单位增加值能耗2.18吨标准煤/万元，降19%。社会用电量8.83亿千瓦时，同比上升2.97%。分产业看，第一产业用电量0.14亿千瓦时，同比上升12.95%；第二产业用电量7.24亿千瓦时，同比上升1.07%；第三产业用电量0.51亿千瓦时，同比上升20.52%；城乡居民生活用电量0.95亿千瓦时，同比上升8.65%。

2016年，全区安全生产考核控制指标类别事故共发生11起，比上年降15.4%；死亡人数9人，比上年降18.2%；直接经济损失82.2万元，减85.75万元，降51.1%。其中，工矿商贸企业事故1起，死亡人数1人，直接经济损失70万元。发生道路交通事故1 980起，比上年增628起，增46.45%；死亡人数26人，直接经济损失279.81万元。火灾事故56起，死亡2人，直接经济损失50.77万元，减74.41万元，降59.45%。

【人民生活】 2016年，全区城镇居民人均可支配收入31 191元，比上年增2 683元，增9.4%。农村居民人均可支配收入11 167元，比上年增953元，增9.3%。

【领导干部】 县委书记马文龙（2016年2月离任），县委副书记王志华（2016年2月离任）、石伟（2016年1月撤职）、孔江（2016年2月离任，挂职）。县人大常委会主任龚桂存（2016年2月离任），副主任杨本忠（2016年2月离任）、刘跃宁（2016年2月离任）、史云德（2016年2月离任）、陆富仙（女，2016年2月离任）。县长王志华（2016年2月离任），副县长张文彬（2016年2月离任）、李志刚（2016年2月离任）、牛旺林（2016年2月离任）、王波（2016年2月离任）、杨军苹（女，2016年2月离任）、普朝鹏（2016年2月离任）、周福荣（2016年2月离任，挂职）。县政协主席罗跃岗（2016年2月离任），副主席杨吉英（女，2016年2月离任）、李绍华（2016年2月离任）、曲绍庭（2016年2月离任）、李忠海（2016年2月离任）。县纪委书记李学祥（2016年2月离任）。

江川撤县设区涉及组织机构和相关职务变更情况：区委书记马文龙（2016年2月任，2016年6月离任）、王远（2016年6月任，2016年7月离任）、徐贤（2016年7月任），区委副书记王志华（2016年2月任），张燕华（女，2016年3月任）。区人大常委会主任龚桂存（女，2016年2月任），副主任杨本忠（2016年2月任）、刘跃宁（2016年2月任）、史云德（2016年2月任）、陆富仙（女，2016年2月任）。区长王志华（2016年2月任），副区长张文彬（2016年2月任）、李志刚（2016年2月任，2016年5月离任）、牛旺林（2016年2月任）、王波（2016年2月任，2016年11月离任）、杨军苹（女，2016年2月任）、普朝鹏（2016年2月任）、周福荣（2016年7月离任，挂职）。区政协主席罗跃岗（2016年2月任），副主席杨吉英（女，2016年2月任）、李绍华（2016年2月任）、曲绍庭（2016年2月任）、李忠海（2016年2月任）。区纪委书记李学祥（2016年2月任）。

【江川撤县设区】 2016年2月26日，江川召开撤县设区大会，省民政厅副厅长卢振义代表省政府出席会议，市级四套班子领导和市级各部门主要领导、7县1区主要领导参加会议，挂牌授印，江川区正式成立。由区民政局负责对全区的街道、乡、村（社区）和区级机关单位进行公牌印章更换，共发放印章169枚，悬挂公牌169块。

【江川荣获“中国楹联文化县”称号】 2016年5月28日，江川被中国楹联学会授予“中国楹联文化县”称号。中国楹联学会副会长胡春奎、孙本胜等检查验收组一行先后到区档案馆、文化馆、大街小学、星云铭城、孤山等地对江川区楹联文化工作进行检查指导验收。江川区于2014年启动创建全国楹联文化县工作，对照《中国楹联文化城市达标条件》进行检查，先后对碧云寺、界鱼石公园的楹联进行征集增补；开展楹联文化进机关、进乡镇、进社区、进景区、进校园活动，初步建成别具特色的楹联文化教育基地；与中国楹联学会、云南联墨中心合作举办以展示江川自然风光、历史文化、生态建设及经济社会发展为主题的名为“英杰挺生·湖山观止”的全国征联活动；编辑出版《江川古今诗联选》《江川楹联作品集》等书籍；主办《江川诗联》专刊；完成星云铭城楹联一条街区和孤山风景区楹联的征集、书写、刊刻悬挂工作。验收组一行在实地查看并听取汇报后，对江川创建“中国楹联文化县”工作所取得的成绩表示肯定，同意授予江川区“中国楹联文化县”荣誉称号，授予大街小学“中国楹联教育基地”荣誉称号。

【星云湖保护治理】 2016年，江川区抓好“十二五”规划项目扫尾工作，完成星云湖流域水污染综合防治规划项目17项、规划外项目2项，累计完成投资4.64亿元。完成《星云湖流域水环境保护治理“十三五”规划》编制，着力推进星云湖规划项目的实施，多个项目已陆续完成可行性研究、初步设计。采取PPP模式实施星云湖环湖截污治污、星云湖污染底泥疏挖及处置工程。争取星云湖治理资金8 515.34万元。探索星云湖蓝藻治理新模式。引进蓝藻聚集区NAC清理技术，在清理蓝藻的同时使藻细胞失活，避免蓝藻毒素向水体的释放，同时去除水体中的氮、磷等营养物质，降低水体富营养化指数，保障水生态环境安全。继续做好东风水库径流区环境综合整治工作；加强对星云湖湖泊水质及主要入湖河流水质、城区集中式饮用水源地水质监测工作，构建流域生态环境监测网络。采取工程及非工程措施开展星云湖水污染综合防治，星云湖水质恶化势头得到明显遏制，2016年9月以来星云湖水质已有3月达到Ⅴ类标准，入湖河流水质得到大幅改善。这是自2009年4月以来星云湖水质首次出现明显好转的迹象。

【4户企业获高新技术企业认定】 2016年12月，据国家科技部高新技术企业认定办公室认定，江川区云南卓一食品有限公司、云南腾达机械制造有限公司、云南宏斌绿色食品集团有限公司、玉溪云星生物科技有限公司创建成为云南省2016年第一批高新技术企业。

【恒昌造纸有限责任公司被评为省级节水型企业】 2016年，经省工业和信息化委会同省水利厅、省节约用水办公室对各州（市）推荐上报的钢铁、造纸、纺织染整、石油炼制4个行业企业进行评审，云南省江川恒昌造纸有限责任公司被评定为省级节水型企业，为玉溪市省级节水型企业的二户企业之一。

【王长林荣获“全国绿化劳动模范”称号】 2016年8月，江川区江城镇大地村委会村民王长林被全国绿化委员会、中华人民共和国人力资源和社会

星云湖海鸥 （曲雪琼 摄）

保障部、国家林业局授予“全国绿化劳动模范称号”。

【抚仙湖统一托管工作移交】 2016年1月1日，抚仙湖径流区统一托管正式施行。按照区划不变、委托管理的原则和统计渠道不变、合理划分财政收益的原则，抚仙湖径流区范围内的旅游项目、旅游规划和旅游企业的行业管理划归澄江统一管理，主要包括：云南江川仙湖锦绣项目、九龙国际会议中心、仙湖花海国际旅游度假村（原抚仙湖药王谷国际养生度假村）、奥宸·抚仙湖国际文化旅游小镇、云南抚仙湖原乡民俗风貌区（原远洋国际培训中心）等旅游重大项目；碧云寺公园改造、路居小凹民俗客栈及旅游基础设施建设；明星鱼洞AAA级旅游景区创建、古滇国文化园提升改造规划编制；3家旅游景区，古滇国文化园（3A）、明星鱼洞（2A）、明星碧云公园（2A）。5家旅游饭店、1家团队接待设施、4家特色民居客栈、22家市级乡村旅游星级接待单位、5家游船公司和旅游行业协会会员的行业管理。旅游统计口径不变，划归澄江统一管理的旅游数据仍旧由江川进行统计。2016年年末，仍归江川区管理的旅游企业包括，三星级饭店1个、二星级饭店1个；3星级旅行社1家，2星级旅行社3家；四星级乡村旅游星级接待单位1户，三星级2户，二星级1户；团队接待设施金盘级单位1户，银盘级单位2户；无A级景区。

【甘棠箐遗址荣获2015全国十大考古新发现之一】 2016年5月16日，江川甘棠箐遗址从25个后选项目中脱颖而出，荣获2015全国十大考古新发现之一。甘棠箐遗址是继元谋人遗址之后发现的又一个非常重要的旧石器时代早期旷野遗址，是世界上同类遗址中第一次发现的用火遗迹。是继1992年江川李家山古墓群被评为全国十大考古新发现之一以来，江川区第二个荣获全国十大考古新发现的文物点。

【大街街道】 2016年，全街道总人口85 039人，其中，男41 889人，女43 150人；少数民族人口2 905人，占总人口的3.4%。人口自然增长率7.56‰。农村劳动力41 246人，其中从事第二、三产业的20 400人，占总劳动力的49.46%。

2016年，全街道有耕地18 783亩，复种指数281%。全年粮食总产7 941.4吨，比上年增5.29%；油料总产1 508吨，比上年增0.95%。农业人口人均产粮156千克。年末，生猪存栏36 763头，比上年减8.03%；肥猪出栏85 177头，比上年增0.79%。大牲畜存栏394头，比上年减29.1%。水产品产量235.83吨，比上年增0.09‰。全年投入水利建设资金2 043万元，水利化程度89.53%。

2016年，全街道有个私企业4 168个，比上年减少10个，从业人员27 143人，比上年增0.37%。企业总收入673 262万元，比上年增3.87%；实现税利43 207万元，比上年增4.11%。

2016年，全街道生产总值304 517万元，可比价增12.5%。工农业总产值564 863万元，比上年增4.06%。其中，工业总产值521 752万元，比上年增3.5%；农业总产值43 111万元，比上年增4.97%。农民人均所得11 879元，比上年增11.64%。

街道党工委书记靳永春，人大工委主任郭伟（2016年3月任），办事处主任李德坤（2016年3月任）、胡正鸿（2016年3月离任）。

【江城镇】 2016年，全镇总人口72 275人，其中，男36 447人，女35 828人；少数民族人口1 506人，占总人口的2.08%。人口自然增长率6.65‰。农村劳动力48 635人，其中从事第二、三产业的11 875人，占总劳动力的24.42%。

2016年，全镇有耕地36 946亩，复种指数247%。全年粮食总产1 787吨，比上年增16.7%；油料总产179吨，比上年增1.97%。农业人口人均产粮321千克。年末，生猪存栏5.33万头，比上年减22.3%；肥猪出栏8.68万头，比上年减2.6%。大牲畜存栏1 538头，比上年减16.64%。水产品产量310吨，比上年减9.8%。全年投入水利建设资金1 350万元，水利化程度86%。

2016年，全镇有个私企业3 189个，比上年减77个，从业人员8 990人，比上年增0.51%。企业总收入155 296万元，比上年增3.7%；实现税利22 115万元，比上年减8.02%。

2016年，全镇生产总值181 640万元，比上年增10.1%。工农业总产值69 723万元，比上年增9%。其中，工业总产值26 982万元，比上年增18.7%；农业总产值42 741万元，比上年增6.9%。农民人均纯收入12 875元，比上年增11.1%。

年末，全镇各项存款余额154 000万元，比上年增8.36%；人均储蓄存款余额21 307元，比上年增7.54%。

镇党委书记郭峰（2016年3月任）、李忠海（2016年3月离任），人大主席顾学华（2016年1月任），镇长赵子良（2016年3月任，代理）、郭峰（2016年3月离任）。

【前卫镇】 2016年，全镇总人口49 498人，其中，男24 785人，女24 713人；少数民族人口2 516人，占总人口的5%。人口自然增长率6.32‰。农村劳动力31 879人，其中从事第二、三产业的9 433人，占总劳动力的29.59%。

2016年，全镇有耕地22 132亩，复种指数273.64%。全年粮食总产6 722.2吨，比上年增0.6%；油料总产1 078.3吨，比上年增1.3%。农业人口人均产粮142.57千克。年末，生猪存栏42 250头，比上年降25.66%；肥猪出栏60 041头，比上年降2.74%。大牲畜存栏343头，比上年降34.29%。水产品产量348.3吨，比上年增2.28%。全年投入水利建设资金1 226.6万元，水利化程度87.88%。

2016年，全镇有个私企业1 420个，比上年增34个，从业人员5 670人，比上年增1.43%。企业总收入132 061万元，比上年降5.33%；实现税利5 982万元，比上年增23%。

2016年，全镇生产总值109 968万元，比上年增14.6%。工农业总产值191 837万元，比上年增18.82%。其中，工业总产值142 746万元，比上年增23.89%；农业总产值49.91万元，比上年增6.17%。农民人均纯收入12 013元，比上年增11%。

2016年年末，全镇各项存款余额48 998.24万元，比上年降15.22%；人均储蓄存款余额9 899元，比上年降16.15%。

镇党委书记莽嘉慧（2016年3月任），人大主席张新荣（2016年3月任）、李江辉（2016年3月离任），镇长张曦（2016年3月任）、莽嘉慧（2016年3月离任）。

【九溪镇】 2016年，全镇总人口27 277人，其中，男13 705人，女13 572人；少数民族人口3 315人，占总人口的12%。人口自然增长率7.55‰。农村劳动力19 749人，其中从事第二、三产业的4 653人，占总劳动力的23.56%。

2016年，全镇有耕地15 666亩，复种指数250%。全年粮食总产4 105吨，比上年增3.7%；油料总产1 232吨，比上年增1.9%。农业人口人均产粮178千克。年末，生猪存栏36 996头，比上年增11.8%；肥猪出栏27 856头，比上年增3.8%。大牲畜存栏814头，比上年增3.7%。水产品产量20.5吨，比上年增4.1%。全年投入水利建设资金1 834万元，水利化程度85.55%。

2016年，全镇有个私企业780个，比上年增16个，从业人员2 187人，比上年增3.69%。企业总收入37 622万元，比上年增23.3%；实现税利2 876万元，比上年增16.8%。

2016年，全镇生产总值56 843万元，比上年增10.8%。工农业总产值28 515万元，比上年增12.1%。其中，工业总产值12 660万元，比上年增11.8%；农业总产值15 855万元，比上年增5.5%。农民人均纯收入11 561元，比上年增11.4%。

2016年年末，全镇各项存款余额65 193.2万元，比上年增16.1%；人均储蓄存款余额23 900.4元，比上年增15.3%。

镇党委书记史伟（2016年11月任），蒋文（2016年8月离任），人大主席杨进荣，镇长何眉（2016年11月离任）。

【雄关乡】 2016年，全乡总人口11 347人，其中，男5 820人，女5 527人；少数民族人口456人，占总人口的4%。人口自然增长率7.0‰。农村劳动力7 678人，其中从事第二、三产业的995人，占总劳动力的13%。

2016年，全乡有耕地8 677亩，复种指数2.02%。全年粮食总产1 527吨，比上年增4.3%；油料总产654吨，比上年增4.6%。农业人口人均产粮134.5千克。年末，生猪存栏15 350头，比上年增1.8%；肥猪出栏15 304头，比上年增3.5%。大牲畜存栏893头，比上年增1.7%。水产品产量152吨，比上年减1.9%。全年投入水利建设资金934万元，水利化程度87.9%。

2016年，全乡有个私企业37个，从业人员213人。企业总收入45 098万元，比上年增130.4%，实现税利414万元。

2016年，全乡生产总值36 117万元，比上年增10.6%。工农业总产值20 032万元，比上年增8.8%。其中，工业总产值7 347万元，比上年增16.8%；农业总产值12 658万元，比上年增6.2%。

2016年年末，全乡各项存款余额21 141.56万元，比上年增24.7%；人均储蓄存款余额16 606元，比上年增10%。

乡党委书记戴吉国（2016年3月任）、李德坤（2016年3月离任），人大主席解若云（2016年11月离任），乡长曹春艳（2016年11月任，代理）、岳东芬（2016年11月离任）。

【安化彝族乡】 2016年，全乡总人口9 498人，其中，男4 924人，女4 574人；少数民族人口9 088人，占总人口的95.68%。人口自然增长率8.21‰。农村劳动6 378人，其中从事第二、三产业的980人，占总劳动力的15.4%。

2016年，全乡有耕地9 156亩，复种指数185.9%。全年粮食总产5 417吨，比上年增1.5%；油料总产1 530吨，比上年增21.5%。农业人口人均产粮570千克。年末，生猪存栏6 208头，比上年增1.1%；肥猪出栏8 084头，比上年增1.83%。大牲畜存栏1 476头，比上年减6.35%。水产品产量132吨。全年投入水利建设资金522.83万元，水利化程度81%。

2016年，全乡有个私企业2个，从业人员38人。企业总收入5 881万元，比上年增7.5%；实现税利311万元，比上年增9.5%。

2016年，全乡生产总值35 821万元，比上年增10.4%。工农业总产值18 406万元，比上年增5.3%。其中，工业总产值4 840万元，比上年增4.4%；农业总产值13 566万元，比上年增6.2%。农民人均纯收入9 694元，比上年增11.76%。

2016年年末，全乡各项存款余额8 770万元，比上年增12%；人均储蓄存款余额9 234元，比上年增9.94%。

乡党委书记陆云波，人大主席李江辉（2016年3月任），雷永彪（2016年3月离任），乡长李永华。

（徐凡清）

通海县

【自然概貌】 通海位于云南省中南部，东经102°30′26″～102°52′53″、北纬23°55′11″～24°14′49″之间。是历史有名的滇南重镇及经济和手工业发达的地区，有“秀甲南滇”“冠冕南州”“礼乐名邦”之美誉。县城所在地秀山街道为云南省级历史文化名城，全县总面积721平方千米，东西长37.97千米，南北宽36.32千米。县人民政府驻地秀山街道距玉溪市政府所在地红塔区47千米，距省会昆明市125千米。通海县东与华宁县接壤，南与红河州石屏县、建水县交界，西与峨山县、红塔区相邻，北与江川县毗邻。通海属坝区县，县境以中山、平坝、河谷三大区组成，中山占77.07%，平坝占21.63%，河谷占1.3%。在平坝中部镶嵌有面积36平方千米的杞麓湖，是坝区用水及调节气候的重要因素，杞麓湖四周为平坦肥沃的农田，是全县粮食和经济作物的主要产区。全县湖、山、河相间，风光秀美，景色秀丽。县城海拔高度1 815米，最高峰为位于河西镇的螺峰山，海拔2 441米；最低处为位于红河州建水县与通海县交界处的马脖子，海拔仅为1 350米，高差1 091米。通海属中亚热带湿润凉冬高原季风气候，冬无严寒、夏无酷暑，全年气候宜人、雨量充沛。2016年年平均气温为16.2摄氏度，极端最高气温为30.2摄氏度（8月18日），极端最低气温零下4.3摄氏度（1月25日）；全年降水量为998.9毫米，最大日降水58.4毫米（9月28日）；全年无霜期为286天；年日照总时数为2 128.6小时，日照率48%。

【行政区划】 2016年，全县辖2个街道、4个镇、3个乡。即秀山街道、九龙街道、河西镇、四街镇、杨广镇、纳古镇、里山彝族乡、兴蒙蒙古族乡、高大傣族彝族乡。下属49个村委会、27个社区居委会，331个村民小组、223个社区居民小组，361个自然村。

【人口、民族】 2016年，全县常住人口31.02万人，比上年增加0.17万人。其中城镇人口15.72万人，城镇化率50.68%，比上年提高1.8个百分点。据公安人口统计年报，2016年年末全县户籍人口为102 006户287 933人，分别比上年增加3 036户1 848人。在总人口中，男性142 477人，占总人口的49.5%，女性145 456人，占50.5%；城镇人口116 948人，占总人口的40.6%；乡村人口170 985人，占总人口的59.4%；少数民族人口48 294人，占16.8%。据卫生和计划生育局统计，2016年全县出生人口4 007人，出生率13.53‰；年内死亡人口2 005人，死亡率6.77‰；自然增长人口

2 002人，自然增长率6.76‰，比上年提高6.17个千分点。

2016年，全县有少数民族乡镇4个，少数民族村委会20个，少数民族人口占30%以上的村民小组98个，少数民族31种。全县少数民族人口48 294人，占全县总人口的16.77%。

【综合经济指标】 2016年，全县完成现价生产总值（GDP）1011 949万元，比上年增长10.7%。分产业看，第一产业增加值161 321万元，增长6.0%；第二产业增加值369 038万元，增长12.7%；第三产业增加值481 590万元，增长10.6%。三次产业比重为15.9∶36.5∶47.6。一、二、三产业对GDP增长的贡献率分别为9.1%、45.1%、45.8%，分别拉动GDP增长1.0、4.8、4.9个百分点。全县人均GDP达到32 712元，比上年增加2 616元，增长10.7%。非公经济增加值633 299万元，比上年增长12.3%，占全县GDP的比重达62.6%，比上年下降0.1个百分点。

【农　业】 2016年，全县完成农、林、牧、渔业总产值274 317万元，比上年增长6.0%。其中，农业（种植业）产值134 243万元，比上年增长5.4%；林业产值1 838万元，比上年增长18.6%；牧业产值133 061万元，比上年增长6.7%；渔业产值2 865万元，比上年减0.4%；农、林、牧、渔服务业产值2 310万元，比上年减0.4%。实现农、林、牧、渔业增加值162 021万元，比上年增长6.1%。

2016年，全县农作物总播种41.15万亩，其中，粮食、油料、烤烟、蔬菜、花卉面积分别为9.78万亩、1.10万亩、4.85万亩、24.45万亩和0.67万亩。粮食与非粮食作物面积比例基本稳定在24∶76。年末，植树造林3 000亩，义务植树60.64万株，育苗10亩。

2016年，畜牧业持续稳定发展，猪牛羊禽全面增长，肉蛋产量继续增加。全县水产品产量3 105吨，其中杞麓湖产量1 200吨。

【工　业】 2016年，全县实现工业增加值326 415万元，增长11.1%，对GDP的贡献率为35.9%，拉动GDP增长3.8个百分点。75户规模以上工业企业完成工业总产值923 212万元，比上年增长15.4%；完成工业增加值195 196万元，增长16.4%，实现工业销售产值904 997万元，增长18%，产销率为98%，比上年提高2.1个百分点。

【通信、交通运输】 2016年年末，全县共有公众通信基站588余座，通信网络已覆盖全县，手机在网用户数达30.3万户；光宽纤带覆盖不断扩大，全县互联网出口总带宽112G，光纤总里程4 380皮长千米，宽带用户数达5.93万户；行政村光纤宽带覆盖率达100%；积极推进“I.YUXI”免费WIFI二期工程，完成120个热点布线路施工并开通使用。

2016年，江通高速公路（通海段）正式开工建设。弥玉楚（通海段）高速路建设工程顺利启动。通海农村公路建设工程创历史同期之最，完成16条村公路延长线，17条进村公路进村等农村公路通畅工程扫尾工作59.09千米，完成投资5 104万元；完成5条通行政村通畅工程31.38千米，完成补助总投资额1 412万元；完成3条通自然村水泥路8.2千米。

主要农作物产量

单位：万千克

产　品	2016年	2015年	增减（%）
粮食产量	3 704.67	3 729.14	−0.7
油料总产	170.29	171.21	−0.5
烤烟总产	682.16	685.21	−0.4
蔬菜总产	75 041.81	74 730.48	0.4
水果产量	946.09	1 022.83	−7.5

主要畜牧产品产量

产　品	单　位	2016年	2015年	增减（%）
大牲畜年末存栏	头	16 480	16 486	0
大牲畜当年出栏	头	20 483	19 909	2.9
猪年末存栏	头	156 119	152 350	2.5
猪当年出栏	头	292 179	298 542	−2.1
牛年末存栏	头	16 341	16 255	0.5
牛累计出栏	头	20 471	19 887	2.9
羊年末存栏	只	32 743	31 889	2.7
羊累计出栏	只	25 840	25 396	1.7
家禽期末存栏	只	7 693 335	7 523 054	2.3
家禽当年出栏	只	7 368 505	7 384 566	−0.2
肉类总产量	吨	38 454.5	38 322	0.3
禽蛋产量	吨	69 300	67 879.2	2.1
奶类产量	吨	5 180	5 140	0.8

主要工业产品产量

产品名称	单　位	2016年	2015年	增减（%）
多色印刷品	万对开色令	201	206	−2.4
纸制品	吨	47 895	45 462	5.4
合成氨	吨	51 331	53 413	−3.9
碳氨	吨	248 567	257 316	−3.4
氮肥	吨	42 494	44 001	−3.4
甲醛	吨	11 637	12 129	−4.1
精甲醇	吨	12 353	10 721	15.2
油墨	吨	1 642	1 716	−4.3
水泥	万吨	59.54	66.81	−10.9
成品钢材	吨	955 563	916 082	4.3
变压器	万千伏安	360.88	297.96	21.1
金属制品	吨	70 428	75 426	−6.6
铸件	吨	96 048	88 013	9.1

2016年年末，全县公路通车总里程1 011.5千米。其中，省道115.1千米，县道110.4千米，乡村公路768.1千米。在公路总里程中，高速公路14.7千米，一级公路25.1千米，二级公路34.3千米，三级公路96.1千米，四级及以下公路841.2千米。全县机动车拥有量109 389辆（含拖拉机），比上年减少13 912辆。其中，汽车54 060辆、大中小型拖拉机11 067台、摩托车43 838辆、挂车424辆。全县公路营运货车11 312辆，吨位57 303吨；营运客车228辆，客座5 046座。公路运输客运量265万人，旅客运输周转量11 484万人千米；完成货运量1 510万吨，公路运输货物周转量248 129万吨千米。

【乡镇企业】 2016年，全县有乡镇企业（不含个体户）558户，其中，集体企业4户，私营企业462户。在乡镇企业中，交通运输及仓储企业14户，批发零售业104户，住宿餐饮业18户。乡镇企业总数比上年增加42户，增8%。年末，有职工人数26 456人，比上年的25 448增3.9%。全县乡镇企业实现营业收入（现价）1 512 441万元，比上年增5%。完成现价产值1 564 949万元，比上年增10.1%。

【贸　易】 2016年，通海县加快电商基础设施建设。年末，建成村淘服务站73家，邮政村级服务站76家，电子商务村级便民服务站69个；建成通海县物流分拨中心、通海县电商企业孵化中心，搭建全县大众创业万众创新平台。加快电商人才培训。成立通海县电子商务领导小组和电子商务协会，积极吸纳会员单位和电商企业；创办电子商务学院，全年共组织开展各类培训活动41场次，培训人员4 370多人次。

2016年，全县实现社会消费品零售总额307 660万元，比上年增12.1%。按经营单位所在地分：城镇消费品零售额266 242万元，增长12.7%；乡村消费品零售额41 419万元，增长8.1%。按消费形态分：餐饮收入56 507万元，增长18.8%；商品零售251 154万元，增长10.6%。当年居民消费价格指数为101.6%，全县城乡消费市场呈现平稳增长、物价总体平稳态势。

2016年，全县完成烟叶收购总量675万千克，减0.7%，收购总额22 145万元，增长1.6%，中上等烟比例达到97.66%，比上年提高0.6个百分点，其中，上等烟比例71.11%，下降了0.4个百分点。

全年完成进出口贸易总额153 516万美元，增长4.1%，其中，进口额实现1万美元，减75%，出口贸易额完成153 515万美元，增长4.1%，净出口为153 514万美元，增长4.1%。

【招商引资】 2016年，全县完成招商引资市外国内资金43.62亿元，增长37%，完成省外国内资金33.19亿元，增35%。其中，工业类项目19项，生态项目12项。新开发不低于5亿元项目15个，深度开发项目完成2个，通过市级评审项目4项，列为省级重点项目1项。

【财政、金融、保险】 2016年，全县完成财政总收入85 356万元，比上年增长8.7%。地方财政收入57 017万元，增长5%。一般公共财政预算收入51 885万元，增长8.3%。税收收入28 134万元，增长15.4%，其中，增值税9 263万元，增长63.4%；营业税2 621万元，减47.1%；企业所得税1 621万元，增长27.1%；烟叶税4 872万元，增长1.7%。地方财政总支出177 004万元，增长4.5%。一般公共财政预算支出166 520万元，增长5.2%，其中，一般公共服务支出22 298万元，增长56.7%；教育支出38 604万元，增长5.9%；社会保障和就业支出26 384万元，增长5.7%；农、林、水事务支出17 210万元，减13.4%；医疗卫生与计划生育支出23 860万元，减1.2%。

2016年年末，全县金融机构各项存款余额1296 254万元，增长9.1%，其中住户存款余额1028 634万元，增长14.8%。各项贷款余额771 057万元，增长0.9%，存贷比为59.5%。

2016年，中国人民财产保险股份有限公司通海支公司共开办10大类险种计47个，各项保险保额1 554 847.61万元，实现保费收入7 153万元。全年已决赔案数9 812件，支付各类赔款3 705万元，综合赔付率64.5%，上缴营业税金及附加156.06万元。

2016年，中国人寿保险股份有限公司通海县支公司共开办险种139种，年度保险费总额5 211.16万元，比上年同期增加572.18万元，增12.33%；年度长期险总赔付金额1 152.71万元，比上年同期增加265.24万元，增26.89%；年度参保人数为9.03万人；年度短期险赔款金额262.02万元，比上年减少16.0万元，减5.89%，综合赔付率47.8%，比上年同期减少1.43%；当年上缴税利48.73万元，比上年同期减3.12万元，减6.02%。

【科　技】 2016年，通海县新增工程技术研究中心1个、创新型试点企业3个。储备各级各类科技项目122项。其中，国家级9项，省级59项；申报科技项目121项。其中98项获得立项；县级实施科技项目16项，县财政补助资金47万元。加强科技计划项目立项及推荐申报管理，制定《通海县科技计划项目评审立项与推荐申报工作管理办法》。推进产学研合作，当年有8户企业与省机械设计研究院签订技术合作协议，2户企业与云南农业大学食品研究院签订技术合作协议。年末，全县共申请专利91件，获得专利授权77件，其中，发明专利16件、实用新型专利50件、外观设计专利11件；专利有效量达50件。

2016年，全县企事业单位共有各类专业技术人员5 188人（事业单位3 736人、企业15人、自收自支事业单位32人、非国有企业1 405人）。其中，正高级职称8人、副高级职称874人、中级职称1 906人、初级职称2 245人、在岗未聘155人。在各类专业技术人员中，女性2 912人，占56.13%；少数民族536人，占10.33%。

【教　育】 2016年，通海县学校重点工程建设稳步推进。校安工程美丽校园建设初显成效。年末，全县已实施拆除重建项目100个，新建校舍84 000平方米，投入资金1.6亿元；拆除重建项目已完工73个，6.2万平方米。实施美丽校园59个，已完工项目55个，投入资金4 000万元，基本建成美丽校园25所；薄弱学校建设项目31个，新建面积24 024平方米，投入资金1 555.6万元。加强危房加固改造，当年全县已完成B、C级校舍加固改造项目131个，加固改造校舍13.7万平方米，排除D级危房。

2016年年末，全县有中、小学、中等职业学校共65所，其中，高级中学2所、完全中学1所、初级中学7所、中等职业学校1所、小学53所、小学教学点1个。全县中、小学、中等职业学校班数962个，其中，初中班216个、高中班77个、职业高中班30个、小学班639个。全县在校学生总数38 989人，比上年减少885人，其中，普通高中4 646人、初中11 103人、中等职

业学校1 190人、小学22 050人。全县有幼儿园31所，班数308个，在园幼儿数10 946人，比上年减少161人。学龄儿童入学率达99.99%，小学升学率95.09%，初中升学率57%，3～5岁儿童毛入园率102.32%。

【文　化】2016年，通海县实施“文化和县”战略，深入开展群众文化活动。举办“2016年迎新春民俗文化艺术展演”“书法、美术、声乐、古筝、葫芦丝培训”，开展“从小养成阅读好习惯”亲子阅读活动。进行数字图书馆分馆建设。举办针对学生的弟子规、计算机网络知识等培训和针对中老年的各类养生、疾病防治、关爱老年人讲座。实施“两馆一站”免费开放。对图书馆外借室、期刊阅览室、少儿室、电子阅览室、参考资料室、报刊室、农村书库、残疾人阅览室、采编部、宣传辅导部、报告厅等功能室，实行免费开放，开放时间对外进行公示；对文化馆展览室、辅导培训室、古乐馆演奏厅、娱乐活动室、宣传栏、室外场地等公共空间场地实行免费开放。为全县44个农家书屋配送图书价值8.8万元；图书馆全年采购新书3 390种，3 390册次；日均接待读者327人次。

年末，全县有文化馆1个，公共图书馆1个，乡镇（街道）文化站9个。被列入国家级“非遗”名录项目2个，保护单位1个；省级项目3个，保护单位1个；市级项目13个，保护单位1个；县级项目5项，保护单位1个。国家级非物质文化遗产代表性传承人1人，省级7人，市级8人，县级27人。

【卫　生】2016年，全县有医疗卫生机构185个，其中，医疗机构182个、预防保健和计划生育技术服务机构1个、卫生监督机构1个，急救中心1个。在医疗机构中，医院10个，其中，卫生部门所属医院3个，其他医院7个；乡镇卫生院8个；工业、其他部门所属医务室及个体办医1个；村卫生室66个。全县医疗机构有病床1 293张，医疗卫生技术人员1 708人。全县每千人拥有医院病床4.49张，拥有卫生技术人员5.93人。全县传染病发病率119.68/10万。2016年（3+1模式）孕产妇系统管理人数3 302人，孕产妇系统管理率99.46%，建卡率100%，住院分娩率100%；7岁以下儿童保健人数20 983人，保健管理率98.14%，3岁以下儿童系统管理人数8 924人，系统管理率97.00%，孕产妇死亡率88.55/10万，婴儿死亡率4.72‰，5岁以下儿童死亡率7.38‰，出生缺陷发生率202.78/万。

【体　育】2016年，通海县大力发展群众体育和竞技体育，着力推进全民健身工程的实施。体育场升级改造当年完成投资1.9亿元；积极争取上级支持，制定当年全民健身工程实施计划和三年项目储备计划，当年使用各级体彩公益金200多万元，援建全县41个村委会（社区）、组和单位健身路径34套545件、篮球架18副、乒乓球桌9张。举办县级竞赛及健身活动11次；积极组队参加上级竞赛活动4次，分别获三等奖1个、团体第四名1个、中年男子组第一名1个、优胜奖5个、优秀奖1个。年内，各项参赛均取得较好成绩。16名运动员参加云南省第一届青少年运动会网球、武术、体操、举重四个项目的比赛，共获得金牌2枚、银牌2枚、铜牌3枚，团体总分117分。

2016年，全县共举办各种竞赛活动13次，参赛人数10 020人次；参加国家、省、市比赛200人次，获一等奖38块、二等奖18块、三等奖21块；向上级输送运动员12人。

【旅　游】2016年，全县旅游市场规范有序，全年无旅游投诉、安全事故发生。年末，共接待海外旅游者3 174人次，较上年同期增长8.14%。接待国内旅游者313万人次，较上年同期增长20.83%。实现旅游总收入13.86亿元，增长16.81%。全县限额以上住宿业营业额为1 322万元，较上年同期增长23.1%。

【环境保护】2016年，全县环境保护工作围绕县政府与市政府签订的各项环保目标责任书的目标任务，重点推进目标工作。抓好杞麓湖水污染综合防治项目，全力推进杞麓湖水污染综合治理在建、新建重点工程项目的组织实施。杞麓湖南岸片区截污治污工程一期完成主体工程；二期年初完成项目招投标。村落污水收集处理工程（义广哨、六街）年初完成实施方案编制、上报，办理项目前期工作，参加省环保厅竞争立项。9月，义广哨村环境整治工程开工建设。12月，杞麓湖流域村落环境综合整治项目主体工程开工建设。杞麓湖流域减肥增效保护农业生态环境示范工程编制了《通海县杞麓湖径流区2016～2020年化肥使用减量增效实施方案》通过专家评审，并完成核心示范区建设。4月，《杞麓湖水污染防治总体实施方案（2016～2018年）》在北京进行评审，项目总投资16.17亿元。开展《杞麓湖流域村落环境综合整治工程》《通海县杞麓湖沿湖截污治污工程》项目可研编制等前期工作。其中，《杞麓湖流域村落环境综合整治工程》已完成可研审批。加强入湖河道管理，认真抓好河长责任制及河道保洁周工作，通过集中清理整治及日常管护，有效削减了入湖污染负荷。抓好污染防治和污染减排，当年完成通海县11个减排目标任务。严格环保执法，加强新建项目的管理，当年共审批建设项目88个，建设项目“三同时”竣工验收103个，全县89个违规

2016年2月8日，通海庆新春民俗文化展演——姑娘龙（通海县委宣传部　提供）

项目已全部整改完，完成率100%。加强重点污染源的环境监管，全年下达环境违法行为改正通知书21份；立案查处3件，结案4件（含去年2件），收缴罚款27.6万元。做好中央环保督察转办件办理，当年，在规定时限内全部办结督察组交办的20件群众举报件。妥善处理环境污染投诉，维护群众环境权益，全年处理率和结案率100%，群众满意率100%。加强排污许可证管理。年内，办理排污证年审6户，核发7户。年末，全县境内共有持证企业43户。推进生态县建设，完善《通海生态县建设规划》并上报省环保厅批复；配合市环保局编制完成《杞麓湖流域水环境保护治理“十三五”规划》；印发《2016～2020年通海国家级生态县创建五年行动方案的通知》。

【社会保障】 2016年，全县参加城镇职工养老保险人数为23 617人，其中，企业8 649人，个体、自谋职业者8 863人，机关事业单位6 105人。参加城乡居民基本养老保险人数162 963人。参加城镇基本医疗保险人数34 924人，其中，参保职工23 321人，参保城镇居民11 603人。参加工伤保险职工人数17 920人，生育保险职工人数15 224人。参加新型农村合作医疗保险人数240 973人，参合率98.2%。参加失业保险的职工人数12 862人，失业人员再就业914人，全县城镇登记失业率为3.57%。年末，全县有农村敬老院6个，有床位200张。全年为全县5 851户6 686人城乡最低生活保障户提供最低生活保障金1 979万元；为348名在乡复员、带病回乡人员发放322.3万元定补金；为“三属”、革命伤残军人及义务兵家庭、优抚对象发放抚恤、补助金566.9万元，为18 430人自然灾害救济对象安排口粮35万千克、提供救济衣被7 000件（条）、救助资金298.78万元。

【人民生活】 2016年年末，全县单位从业人员25 035人，比上年减少549人，减2.1%，其中，在岗职工人数22 450人，减少1 277人，减5.4%；从业人员劳动报酬133 073万元，增长17.7%，其中，在岗职工工资总额125 476万元，增长19.2%；从业人员年平均劳动报酬54 711元，增加9 547元，增长21.1%，其中在岗职工年平均工资57 629元，增加10 290元，增长21.7%。城镇居民人均可支配收入32 116元，比上年增加2 673元，增9.1%；农村居民人均可支配收入13 783元，比上年增加1 148元，增9.1%；城乡居民人均储蓄存款33 160元，比上年增加4 124元，增14.2%。

【领导干部】 县委书记张小良（2016年2月离任）、卢维江（壮族，2016年4月任），副书记卢维江（壮族，2016年4月离任）、刘建华（挂职，2016年3月离任）、魏德锦（2016年5月离任）、曾丽娟（女、2016年5月任）、柳洪（2016年6月任）。人大常委会主任魏德武（彝族），副主任叶永元、普家伟（傣族）、尼清、钱秀琼（女）。县长卢维江（壮族，2016年6月离任）、柳洪（代理县长），副县长柳洪、陈文存、喻学超、赵南方（2016年4月离任）、孙军伟（2016年12月离任）、李艳菲（女，2016年12月离任）、杨兴虎（2016年4月任）、范之能（挂职）、施又莓（女，彝族，2016年12月任）、张润生（挂职）。政协主席钱润光，副主席陈永春、尚学寿、杨文良、吴云（女）。纪委书记刘世伟（2016年5月离任）、李荣奇（2016年6月任）。

（张永伟）

【内蒙古医生到通海兴蒙乡义诊】 2016年1月14日，来自内蒙古红十字会呼和浩特市朝聚眼科医院、内蒙古自治区国际医院的8名专家，来到通海县兴蒙乡开展为期2天的义诊活动。义诊在兴蒙乡民族文化活动广场举行，他们从内蒙古自治区带来了价值5万余元的蒙药和西药及眼科检查设备，分属8个科、8个专业的8名专家为每一位患者提供优质、便捷的诊疗服务。

【国家林业局到通海县检查指导森林防火工作】 2016年1月14日，国家林业局防火办到通海县检查指导森林防火工作。检查组在省林业厅防火办、市林业局领导的陪同下，到县森林防火指挥中心观看了通海县森林防火网格化管理系统演示；听取县委常委、县政府副县长、森林防火指挥长喻学超对护林员管理系统、实施森林防火网格化管理的做法及森林防火工作开展情况的介绍。随后，检查组就森林防火资金支持、车辆装备、森林扑火专业队建设及开展水灭森林火试点等进行了交流。国家林业局防火办、省防火办对通海县实施森林防火网格化管理所取得的成效给予了充分肯定。

【江通高速公路开工建设】 2016年3月15日，江通高速公路建设举行开工仪式，江通高速正式开工建设。该项目通海段全长1千米多米，主要的结构有4座大桥、3个隧道、1个服务区和2个互通。7月4日，放线工作和勘测定界已全部结束；征地红线路段涉及征地1 580亩（含林地397亩），经群众及村组签字同意征用共计1 555.6亩，完成征地任务数的98.5%。累计完成工程总投资6亿元。

【第七届云南省（通海）盆景艺术展系列旅游活动】 2016年8月13日，由云南省盆景赏石协会主办，玉溪通海县盆景协会承办的第七届云南省

2016年8月13日，第七届云南省（通海）盆景艺术展（通海县委宣传部 提供）

（通海）盆景艺术展在通海文庙开展。本次盆景展以“礼乐之邦·丝路通海”为主题，共有来自云南省19个州、市、县（区）的300件盆景精品参加展览。本次盆景展面积达3千多平方米，作品以清香木、铁马鞭、小石积、高山柏、尖叶木樨榄等特色乡土树种为主的树木盆景和山水盆景、水旱盆景为主，历届盆景展金奖作品也参加展览。经中国盆景艺术大师王选民和樊顺利按照盆、景、几架、题名四位一体及蟠扎金属丝盆景参展不参评的规则进行现场评选，共评出9件金奖、19件银奖和50件铜奖盆景作品。盆景展期间，除四位云南省盆景艺术大师分别进行四场现场创作表演外，还举办中国盆景艺术家协会云南通海会员活动中心挂牌仪式、盆景艺术交流活动及祈福、游园、摄影等系列活动。展览于8月19日落下帷幕，共吸引游客60余万人次。

【中国博士后科技服务团莅临通海考察指导】 2016年12月6日，中国博士后科技服务团一行5人到通海县考察指导杞麓湖国家湿地公园。博士后服务团一行首先到通海县杞麓湖国家湿地公园开展现场考察。对红旗河前置湿地情况、第二污水处理厂选址建设情况及湖滨带的保护、水生植物的清理、野生动植物和鱼类资源的保护工作，对杞麓湖国家湿地公园的建设和生态环境的保护现状进行了全面了解。在随后召开的“关于促进通海县杞麓湖国家湿地公园建设和杞麓湖生态环境保护”的咨询座谈会。针对杞麓湖的水质恢复，外来物种控制，湿地公园的建设等问题，博士后科技服务团，提出了宝贵的建议。

【电子商务快速发展】 2016年，通海县电子商务快速发展。年内，完成通海县电子商务发展实施方案、专项资金管理办法等文件的制定；成立通海县电子商务办公室；与神州买卖提公司签订“通海县电子商务进农村综合示范项目合作协议”，成立通海神州买卖提电子商务有限公司。电商基础设施加快建设，围绕形成县有中心、镇有站、村有点的电子商务发展格局，建成村淘服务站73家，邮政村级服务站76家，电子商务便民服务站乡镇级1个，村级68个，实现县域物流体系全覆盖；建成通海县物流分拨中心、通海县电商企业孵化中心，搭建全县大众创业万众创新平台，18户本地企业入驻电商孵化中心、5户物流企业入驻分拨中心；坚持市场主导与政府推动相结合，成立通海县电子商务领导小组和电子商务协会，吸纳会员单位和电商企业；依托通海县职业高中创办电子商务学院，积极探索校企合作新模式，全年共组织开展各类培训活动45场次，培训人员3 954人次，带动就业创业1 201人；统一标识，整合地方特优产品，确立“通江达海”地方标识，通海银饰作为“一县一品”主推产品。2016年，18户入驻孵化中心企业累计完成电商交易额6 337.4万元（7月入驻），全县累计实现网络交易额14 175.7万元。

【秀山街道】 2016年，街道总人口66 945人。其中，男32 787人，女34 158人；少数民族人口3 906人，占总人口的5.83%。人口自然增长率5‰。从事第二、三产业的9 907人，占总劳动力的36.2%。

2016年，街道有耕地14 896亩，复种指数242.14%。全年粮食总产1 007.5吨，比上年增4.88%；年末，生猪存栏23 259头，比上年增3%；肥猪出栏52 199头，比上年增5%。大牲畜存栏590头，比上年减7.23%。

2016年，街道农村社会总产值（现价）515 500万元，比上年增15.4%。工农业总产值（现价）289 504万元，比上年减20%。其中，工业总产值256 100万元，比上年减22.77%；农业总产值33 404元，比上年增10.2%。农民人均纯收入16 695元，比上年增12.5%。

2016年，街道财政收入12 451万元，比上年增21.65%；财政支出2 534万元，比上年增38%。年末，各项存款余额378万元，比上年减2%；

街道党工委书记普家忠，人大常委会主任唐文俊，办事处主任葛红华。

（曾　锦）

【九龙街道】 2016年，街道总人口36 330人。其中，男17 947人，女18 383人；少数民族人口3 288人，占总人口的9.05%。人口自然增长率5.81‰。农村劳动力25 044人，其中从事第二、三产业的4 818人，占总劳动力的19.2%。

2016年，街道有耕地21 822亩，复种指数261.92%。全年粮食总产2 461.1吨。比上年增2.98%；农业人口人均产粮67.74千克。年末，生猪存栏24 709头，比上年增3.1%；肥猪出栏37 832头，比上年减12.1%。大牲畜存栏1 726头，比上年减1.5%。水产品产量264吨，比上年增31.3%。

2016年，街道工农业总产值（现价）208 924万元，比上年增61.72%。其中，工业总产值161 122万元，比上年增47.02%；农业总产值47 802万元，比上年增8.2%。农民人均纯收入17 531元，比上年增13.6%。

2016年，街道财政收入1 024万元，比上年增13.14%；财政支出1 641万元，比上年增19.69%。

街道党工委书记王国雄，人大常委会主任吕增伟、钟为庆，办事处主任张勤勋、曹玲。

（赵　明）

2016年5月16日，通海古城秀山路千余株香樟树栽种完毕，整个秀山路焕然一新

（通海县委宣传部　提供）

【河西镇】 2016年，全镇总人口58 091人，其中，男28 827人，女29 264人；少数民族人口14 248人，占总人口的24.53%。人口自然增长率5.13‰。农村劳动力31 725人，其中从事第二、三产业的4 518人，占总劳动力的14.24%。

2016年，全镇有耕地43 557亩，复种指数214.4%。全年粮食总产量1 114.26吨。比上年增4.3%；油料总产65.55吨，比上年减10.4%。农业人口人均产粮234.34千克。年末，生猪存栏34 301头，比上年增2.8%；肥猪出栏59 389头，比上年减2.1%。大牲畜存栏6 029头，比上年增1.3%。水产品产量387吨。全年投入水利建设资金1 071.34万元。

2016年，全镇工农业总产值（现价）96 798万元，比上年增12.56%。其中，工业总产值45 622万元，比上年增25.66%；农业总产值51 176万元，比上年增3%。农民人均纯收入14 681元，比上年增12.5%。

2016年，全镇财政收入1 822万元，比上年减2.1%；财政支出2 084万元，比上年减5.27%。

镇党工委（镇）书记溥发高（2016年3月离任）、白明（2016年3月任），人大主席白群山（2016年11月离任），镇长储汝学（2016年3月离任）、葛红华（2016年3月任，11月离任）。

（解水银）

【四街镇】 2016年，全镇总人口43 538人，其中，男21 647人，女21 891人；少数民族人口4 326人，占总人口的9.65%。人口自然增长率6.57‰。农村劳动力28 288人，其中从事第二、三产业的8 558人，占总劳动力的30.25%。

2016年，全镇有耕地35 285亩，复种指数202.83%。全年粮食总产4 515.9吨，比上年减2%；油料总产585.3吨，比上年增8.2%。农业人口人均产粮103.7千克。年末，生猪存栏27 548头，比上年增3.1%；肥猪出栏51 862头，比上年减2.2%。大牲畜存栏1 948头，比上年增1.5%。水产品产量762吨，比上年减1%。全年投入水利建设资金384.23万元，水利化程度90.8%。

2016年，全镇工农业总产值（现价）359 800万元，比上年增4.2%。其中，工业总产值315 600万元，比上年增5.22%；农业总产值44 200万元，比上年增4.1%。全年农村经济总收入269 155万元，比上年增11.68%；农民人均纯收入16 225元，比上年增12.5%。

2016年，全镇财政收入1 918.49万元，比上年减22.2%；财政支出1 418万元，比上年增9.84%。年末，各项存款余额8.34亿元，比上年增23%；人均储蓄存款余额19 156元，比上年增137.26%。

镇党委书记周国斌，人大主席周锁明，镇长李艳梅。

（岳　凤）

【杨广镇】 2016年年末，全镇总人口51 509人，其中，男25 707人，女25 802人；少数民族人口2 257人，占总人口的4.4%。人口自然增长率0.8‰。农村劳动力32 256人，其中从事第二、三产业的6 104人，占总劳动力的5.28%。

2016年，全镇有耕地28 280亩，复种指数2.59%。全年粮食总产5 611吨。比上年减17.3%；油料总产4.3吨，比上年减37.7%。农业人口人均产粮114千克。年末，生猪存栏21 255头，比上年增3.6%；肥猪出栏48 606头，比上年增0.9%。大牲畜存栏2 887头，比上年增0.2%。水产品产量20吨，全年投入水利建设资金570万元。

2016年，全镇农村社会总产值（现价）114 116（此数据为地区生产总值）万元，比上年增12.08%。工农业总产值（现价）314 178万元，比上年增6.48%。其中，工业总产值265 015万元，比上年增5.91%；农业总产值49 163万元，比上年增8.7%。农民人均纯收入14 284元，比上年增11.6%。

2016年，全镇财政收入2 041万元，比上年增12.39%；财政支出1 877万元，比上年增31.72%。

镇党工委书记常伟，大主席葛红华、王朝春，镇长唐雅馨、师尚庭。

（沐　蓉）

【纳古回族镇】 2016年，全镇总人口9 278人。其中，男4 550人，女4 728人；少数民族人口7 704人，占总人口的83.04%。人口自然增长率7.54‰。农村劳动力6 542人，其中从事第二、三产业的3 746人，占总劳动力的57.26%。

2016年，全镇有耕地1 651亩，复种指数250.63%。全年粮食总产807.5吨。比上年增12.6%；油料总产37.5吨，比上年增2.2%。农业人口人均产粮88.98千克。年末，生猪存栏336头，比上年减52.4%；肥猪出栏724头，比上年减51.2%。大牲畜存栏789头，比上年减3.7%。全年投入水利建设资金35万元。

2016年，全镇地区生产总值（GDP）83 648万元，比上年减8%。工农业总产值（现价）583 923万元，比上年减3.5%。其中，工业总产值578 539万元，比上年减3.59%；农业总产值5 384万元，比上年增7.3%。农民人均纯收入21 834元，比上年增12.49%。

2016年，全镇财政收入854万元，比上年减19.21%；财政支出919万元，比上年增10.99%。

镇党工委书记杨堂聪，人大主席纳立凡。

（徐　瑞）

【里山彝族乡】 2016年，全乡总人口8 861人，其中，男4 421人，女4 440人；少数民族人口4 539人，占总人口的51.22%。人口自然增长率7.3‰。农村劳动力6 186人，其中从事第二、三产业的1 817人，占总劳动力的29.4%。

2016年，全乡有耕地16 382亩，复种指数232%。全年粮食总产5 489吨，比上年增4.5%；油料总产405.4吨，比上年增6.9%。农业人口人均产粮639千克。年末，生猪存栏5 700头，比上年增7.2%；肥猪出栏10 796头，比上年增11%。大牲畜存栏1 062头，比上年增0.8%。水产品产量6吨，比上年增50%。全年投入水利建设资金365.9万元，水利化程度61%。

2016年，全乡农村社会总产值（现价）162 001万元，比上年增22.6%。工农业总产值（现价）156 219万元，比上年增22.7%。其中，工业总产值138 129万元，比上年增24.9%；农业总产值18 090万元，比上年增7.7%。全年农村经济总收入19 845万元，比上年增16.2%；农民人均纯收入8 719元，比上年增13.1%。

2016年，全乡财政收入842万元，比上年增12.7%；财政支出1 830万元，比上年增78.4%。年末，各项存款余额19 969万元，比上年减13.1%；人均储蓄存款余额18 549元，比上年减15.5%。

乡党委书记师本雄，人大主席奎福华，乡长龙发亮。

（王跃萍）

【高大傣族彝族乡】 2016年，全乡总人口11 514人，其中，男5 763人，女5 751人；少数民族人口7 760人，占总人口的67.4%。人口自然增长率8.23‰。农村劳动力8 561人，其中从事第二、三产业的1 703人，占总劳动力的19.89%。

2016年，全乡有耕地10 304亩，复种指数277%。全年粮食总产5 723吨，比上年增1.94%；蔬菜总产37 546吨，比上年增9.9%。农业人口人均产粮497千克。年末，生猪存栏17 132头，比上年减1.3%；肥猪出栏27 213头，比上年减2.52%。大牲畜存栏1 266头，比上年减3.1%。水产品产量52吨，比上年增1.96%。全年投入水利建设资金1 000万元，水利化程度100%。

2016年，全乡工农业总产值（现价）41 782万元，比上年增5.33%。其中，工业总产值24 511万元，比上年增6.5%；农业总产值17 271万元，比上年增3.8%。全年农村经济总收入23 328万元，比上年增10.04%；农民人均纯收入12 213元，比上年增12.52%。

2016年，全乡财政收入511万元，比上年增23.43%；财政支出1 206万元，比上年增16.3%。年末，各项存款余额27 526.37万元，比上年增17.55%；人均储蓄存款余额23 906.87元，比上年增20.87%。

乡党委书记赵春波，人大主席台顺文，乡长阮繁生。

（孔姝婷）

【兴蒙蒙古族乡】 2016年，全乡总人口5 716人，其中，男2 814人，女2 902人；少数民族人口5 512人，占总人口的96.4%。人口自然增长率3.36‰。农村劳动力3 644人，其中从事第二、三产业的1 200人，占总劳动力的32.9%。

2016年，全乡有耕地3 308亩，复种指数2.8%。全年粮食总产289.1吨，比上年减0.3%；油料总产1.48万千克，比上年增33.3%。农业人口人均产粮64.02千克。年末，生猪存栏1 879头，比上年增3.5%；肥猪出栏4 700头，比上年减3.4%。大牲畜存栏183头，比上年增10.2%。水产品产量74.1吨，比上年增27.8%。全年投入水利建设资金75.9万元，水利化程度97%。

2016年，全乡农村社会总产值（现价）24 594万元，比上年增1.1%。工农业总产值（现价）16 817万元，比上年增3.6%。其中，工业总产值9 869万元，比上年增1.9%；农业总产值6 948万元，比上年增6.2%。全年农村经济总收入29 093万元，比上年增3.3%；农民人均纯收入10 800元，比上年增10.9%。

2016年，全乡财政收入179万元，比上年增10.5%；财政支出618万元，比上年减32.9%。年末，各项存款余额17 923万元，比上年增13.6%；人均储蓄存款余额31 355.8元，比上年增12.8%。

乡党委书记阮家霖，人大主席胡笛，乡长旃明华。

（苗雪微）

澄江县

【自然概貌】 澄江县地处云南中部，位于北纬24°29′～24°55′，东经102°42′～103°4′之间。东沿南盘江与宜良交界，西与呈贡、晋宁两县接壤，南跨抚仙湖与江川区、华宁县为邻，北含阳宗海与宜良毗连。县城位于舞凤山下，海拔1 755米，距省会昆明52千米，距玉溪市行政驻地红塔区93千米。南北长47.5千米，东西宽26千米，总面积773平方千米。其中，山区占总面积的73.43%，水面占18.6%，坝区占7.97%。形成"七山二水一平坝"的天然格局。境内有淡水湖泊抚仙湖、阳宗海。"滇中第一山"梁王山为境内最高点，海拔2 820米；境内最低海拔1 327米，绝对高差近1 500米，立体气候明显。常年气候温和，四季如春。2016年，县境内平均气温16.6℃，与历年平均值比偏高1.0度，与上年相比偏低0.4度。境内雨量充沛，常年降雨量900～1 200毫米。2016年，降雨量955.2毫米，属于正常年份，与历年平均值比偏多80.6毫米，比上年偏多156.3毫米。日照充足，2016年日照总数1 943.8小时，与历年平均值比偏少389.6小时，比上年偏少330.0小时，年日照百分率44%。

【行政区划】 2016年，全县辖2个街道，4个镇，有326个自然村。即凤麓、龙街2个街道，阳宗、右所、海口、九村4个镇，下辖18个社区居民委员会，22个村民委员会，162个居民小组，218个村民小组。

【人　口】 2016年年末，全县常住人口18万人，比上年末增加0.15万人。全县城镇化率48.69%，比上年提高1.82个百分点。人口自然增长率5.94‰，比上年下降0.21个千分点。出生率12.28‰，死亡率6.35‰。公安部门提供的年末总户数67 912户（含阳宗9 594户），总人口169 573人（含阳宗25 410人），其中，城镇人口60 211人（含阳宗5 213人），农业人口109 362人（含阳宗20 197人）。总人口中，男性84 387人（含阳宗12 732人），女性85 186人（含阳宗12 678人）。

【综合经济指标】 2016年，全县完成现价生产总值（GDP）800 218万元，按可比价计算比上年增长12%。分产业看：第一产业增加值107 023

澄江化石地——帽天山　　（黄戢凌　摄）

万元，增长6.6%，拉动GDP增长0.9个百分点，对GDP增长的贡献率为7.8%；第二产业（工业、建筑业）增加值255 646万元，增长12.5%，拉动GDP增长4.2个百分点，对GDP增长的贡献率为34.5%；第三产业增加值437 549万元，增长13%，拉动GDP增长6.9个百分点，对GDP增长的贡献率为57.7%。三次产业结构为13.4：31.9：54.7。人均生产总值（GDP）达44 630元，比上年增长10.1%。非公有制经济增加值达442 499万元，按可比价计算比上年增长11%，占GDP的比重为55.3%。

【物价、人民生活】 2016年，居民消费价格（CPI）比上年上涨1.1%。从结构上看：食品烟酒上涨2.9%，衣着类上涨0.9%，居住类上涨0.2%，生活用品及服务类上涨0.9%，交通和通信类回落1.1%，教育文化和娱乐类回落0.5%，医疗保健类上涨2%，其他用品和服务类上涨1.3%。

2016年，澄江县城镇居民人均可支配收入32 632元，比上年增加2 688元，增长9%。人均住房面积66.9平方米。全县农村居民人均食品支出占生活消费支出比重（恩格尔系数）为23.8%。农村居民人均居住住房面积为77.9平方米，比上年增加7.9平方米，增长11.3%。农村居民人均总收入18 236元，比上年增加2 816元，增长18.3%，农村居民人均可支配收入12 707元，比上年增加1 101元，增长9.5%。

年末，全县单位从业人员11 112人，其中在岗职工9 241人，单位从业人员劳动报酬66 967万元，比上年增长11.4%，其中在岗职工工资总额58 160万元，比上年增长4.4%，在岗职工年平均工资65 731元，比上年增长10.8%。

【农　业】 2016年，全县农、林、牧、渔总产值（现价）完成181 786万元，比上年增加11 047万元，增长6.6%。其中，农业产值132 095万元，比上年增加8 585万元，增长7.8%；林业产值913万元，比上年增加119万元，增长8.7%；畜牧业产值45 017万元，比上年增加2 204万元，增长3.3%；渔业产值2 807万元，比上年增加91万元，增长2.7%；服务业产值954万元，比上年增加48万元，增长4.6%。农、林、牧、渔业和农、林、牧、渔服务业所占农、林、牧、渔总产值的比重分别为72.7%、0.5%、24.8%、1.5%、0.5%。

2016年，全县农业产值132 095万元，比上年增加8 585万元，增长7.8%。其中，粮食产值8 862万元，比上年增加549万元，增长6.6%，占农业产值的6.7%；烤烟产值15 638万元，比上年增加47万元，增长0.3%，占农业产值的11.8%；蔬菜产值93 810万元，比上年增加7 123万元，增长8.2%，占农业产值的71%；花卉产值4 566万元，比上年增加1 375万元，增长43%，占农业产值的3.5%。全县农作物总播种363 829亩，比去年同期减少1 849亩，减少0.5%；粮食作物播种90 522亩，比上年减少3 180亩，减少3.4%；蔬菜种植227 708亩，比上年增加4 367亩，增长2%；全县烤烟种植36 348亩，比上年减少1 137亩，减少3%。全年农作物复种指数由上年的394.6%上升到395.5%，上升了0.9个百分点。全县粮食作物播种面积与非粮食作物播种面积比例由上年的25.6：74.4调整为24.9：75.1，非粮食作物比重比上年上升0.7个百分点。

2016年，全县林业用地52.02万亩，其中，有林地面积37.45万亩，森林覆盖率33.27%。全年完成义务植树40万株，全县共发生各类破坏森林资源和野生动植物案件113起，查处113起，综合查处率100%。全年无森林火警，特大森林火灾发生。实施森林病虫害防治面积6.39万亩，防治率达到100%；采伐木材2 907.6立方米，木材调运检疫196平方米，苗木调运检疫248 123株。

2016年，全县实现畜牧业产值45 017万元，比上年增加2 204万元，增长3.3%，其中，生猪产值23 502万元，比上年增加776万元，增长3.4%，家禽产值15 094万元，比上年增加998万元，增长7.1%。全年肉类总产量1 532万千克，减少0.5%；牛奶产量262万千克，增长106.3%；禽蛋产量359万千克，增长9.5%。全县水产品产量1 845.7吨，比上年增加28.7吨，增长1.6%。

2016年，全县建设水利工程13件，水利建设投入资金16 226.2万元。新增有效灌溉面积300亩，改善灌溉面积2 015亩；治理水土流失面积15平方千米。拥有水库、坝塘134座，其

2016年主要畜牧产品产量

指标名称	单　位	累计绝对值		累计增减	
		本年累计数	上年累计数	增减数	增幅
1. 大牲畜期末存栏	头	16269	16965	−696	−4.1
2. 生猪期末存栏	头	81821	81476	345	0.4
3. 羊期末存栏	只	43121	43093	28	0.1
4. 家禽期末存栏	万只	102	103	−1	−1
5. 大牲畜年内出栏	头	6568	6497	71	1.1
6. 生猪年内出栏	头	112576	112433	143	0.1
7. 羊年内出栏	只	15748	15478	270	1.7
8. 家禽年内出栏	万只	246	243	3	1.2
9. 肉类总产量	万千克	1532	1539	−7	−0.5

2016年主要工业产品产量

指标名称	单　位	累计绝对值		累计增减	
		本年累计数	上年累计数	增减数	增幅（+、−%）
1. 发电量	千瓦时	37533	36691	842	2.3
2. 供电量	千瓦时	118312	117875	437	0.4
3. 黄磷	吨	82147	79184	2963	3.7
4. 磷酸	吨	130108	81377	48731	59.9
5. 水泥	吨	1779189	1358436	420753	31
6. 红砖	万块	128039	127500	539	0.4
7. 饲料	吨	43895	40763	3132	7.7
8. 食品添加剂	吨	11719	11846	−127	−1.1
9. 塑料制品	吨	2393	1407	986	70.1
10. 磷酸一铵（实物量）	吨	51992	36239	15753	43.5
11. 磷酸二铵（实物量）	吨	30156	93089	−62933	−67.6
12. 硅酸盐水泥熟料	吨	1272361	992845	279516	28.2

中，中型水库2座，小（一）型水库5座，小（二）型水库31座，坝塘96座。总库容4 112.84万立方米，蓄水工程设计供水能力5 076万立方米。全县农业机械总动力16.01万千瓦，比上年增长0.9%，拥有拖拉机3 114辆。农用化肥施用量26 323吨，地膜覆盖面积115 880亩，农药使用量263吨，农村用电量3 664.75万千瓦小时。

【工　业】 2016年，全县实现现价工业增加值200 039万元，按可比价计算比上年增长10.7%，拉动GDP增长2.9个百分点，对GDP增长的贡献率为23.8%。实现现价工业总产值652 796万元，同比增加123 729万元，同比增长23.4%。其中29户规模以上工业企业实现产值399 603万元，同比增加82 006万元，同比增长25.8%，占全县工业总产值的61.2%；实现现价工业增加值117 223万元，按可比价计算比上年增长14.8%；规模以下工业企业完成现价总产值253 193万元，同比增加41 723万元，同比增长19.7%，占全县工业总产值的38.8%，规模以下工业实现增加值82 816万元。建筑材料、农副食品加工业、食品制造业、橡胶及塑料制品制造业、化学原料及制品制造业、电力生产及供应业、水的生产和供应业等形成了多点支持发展的局面。完成产品销售收入300 913万元，比上年增长4.9%。

2016年，全县完成建筑业增加值55 807万元，比上年增长20.3%。完成现价总产值83 165.6万元，比上年增长54%；施工房屋面积286 356平方米，比上年增长8.6%；竣工房屋面积208 017平方米，比上年增长9.6%。全县具有资质等级证的建筑施工企业11家。

【固定资产投资】 2016年，全县完成规模以上（500万元以上）固定资产投资1038 056万元，同比增加247 729万元，增长31.3%。其中，房地产开发投资124 841万元，同比下降12.82%。按三次产业划分，第一产业完成投资35 633万元，同比增长230.4%；第二产业完成投资82 617万元，同比增长43.0%；第三产业完成投资919 806万元，同比增长27.4%。

【国内贸易】 2016年，全县实现社会消费品零售总额196 816.4万元，比上年增长12.2%。按经营地统计，城镇消费品零售额171 166.4万元，增长12.1%；乡村消费品零售额25 650万元，增长12.6%。按消费形态统计，批发业销售额94 735.7万元，增长16%；零售业销售额187 593.2万元，增长15.4%；住宿业零售额21 885.5万元，增长19.4%；餐饮业零售额79 441.4万元，增长18.4%。

【对外经济】 2016年，全县招商引资实际利用市外国内资金74.51亿元，比上年增加10.08亿元，增长15.64%。重点包装、宣传、推介项目46个。

【交通运输】 2016年，全县境内公路通车里程1 163.69千米（含石安公路过境线10千米）。其中，按行政等级划分，有国省道184.62千米，县道172.78千米，乡道744.07千米，村道42.35千米，专用公路9.87千米；按技术等级划分，有二级公路105.66千米，三级公路84.14千米，四级公路960.66千米。公路密度136千米/百平方千米。年末，全县拥有各种机动车辆52 534辆，其中，大型汽车1 180辆，小型汽车17 725辆，摩托车33 524辆，三轮汽车、低速货车4辆，其他车辆101辆。开通县城第一路至第十三路公交车，共投放运力97辆，覆盖全县五个街道镇。

【邮电通信】 2016年年末，全县电话用户142 472户，互联网宽带用户39 173户。国内函件4 331件；订销报纸119.1万份；杂志5.8万份，报刊期发数4 638份，杂志期发数2 660份，集邮业务量12.14万枚，其中，集邮册数2 154册。

【旅　游】 2016年年末，全县共接待国内外游客372.13万人次，接待海外旅游者339人次，实现旅游总收入237 992.25万元，同比分别增长17.39%、13.76%、35.39%。门票收入596万元，与上年同期525万元相比，增长13.52%。全年（含托管区数据）接待游客728.64万人次，同比增长16.29%，旅游总收入432 019.08万元，同比增长33.09%。

【财　政】 2016年，全县财政总收入125 665万元，同比增加28 300万元，增长29.1%。地方财政收入92 245万元，同比增加22 371万元，增长32%。一般公共预算收入73 279万元，同比增加14 593万元，增长24.9%。其中，国内增值税完成6 028万元，增长64.3%；营业税9 990万元，减少38%；企业所得税1 397万元，减少17.3%。完成地方财政支出166 684万元，同比增加25 877万元，增长18.4%。一般公共预算支出142 621万元，同比增加15 711万元，增长12.4%，其中，用于农、林、水事务、教育、医疗卫生、住房保障支出、社会保障与就业的支出分别增长24.5%、2.1%、19.1%、1.5%和33.3%。

【金　融】 2016年，全县金融业实现增加值33 923万元，增长19.9%。年末，金融机构各项存款余额941 500万元，比年初增加178 688万元，增长23.4%，其中住户存款余额499 792万元，增长5.9%；金融机构各项贷款余额500 322万元，比年初增加41 136万元，增长9.0%。存贷比53.1%。比上年降低7.1个百分点。

【科、教、文、卫、体】 2016年，全年向国家、省、市科技管理部门申报科技项目11项，获立项支持11项；举办科普宣传及展览3次，办科普宣传展板20块，发放科普宣传材料18 000份，观众42 000余人次；举办培训知识产权班3期，培训人员90余人次。

2016年年末，全县有中小学、幼儿园及职业学校57所，其中，普通中学6所，职业高级中学1所，小学31所，幼儿园20所。全县小学学龄儿童入学率99.99%，小学毕业生升学率94.02%，辍学率0.1%；初中阶段学龄人口入学率96.67%，升学率73.68%。“三免一补”政策惠及学生65 778人次，免补资金1 837.85万元。

2016年，澄江县开展文化“三下乡”活动，放映电影485场（次），观众3.9万人（次），其中，“2131”工程放映389场（次），观众2.6万人（次），广场电影周放映96场（次），观众1.3万人（次）。为活跃农村文化，举办文化广场晚会和文化专场演出18场。年末，全县有公共图书馆1个，图书室51个，总藏书量18.55万册，总流通27万人次，总流通图书28万册次，读者27万人次，外借图书15万册，阅览13万人次。

2016年年末，全县共有卫生医疗机构77个，其中，镇及镇以上卫生机构13个；村级卫生所35个；一级民营医院1家；综合门诊部2家；个体医疗诊所26家；床位数516张；在职职工625人，其中卫生技术人员534人（执业医师217人、职业助理医师47人、

2016年6月18日，第七届冰心散文奖在河北省承德市举行颁奖典礼，玉溪市澄江县作家张丽萍（右三）作品《一棵青菜在长大》获第七届冰心散文奖

（澄江县史志办 提供）

注册护士164人、药剂人员32人、检验人员29人、其他卫生技术人员45人），占总人数的85.44%。每千人口拥有卫生技术人员3.15人，拥有病床数3.04张；门诊人数827 349人次，住院人次16 886人。2016年，全县新型农村合作医疗实际参合38 575户、121 716人，参合率98.77%。

2016年，全县经常参加体育活动人数6.45万人，占全县总人口比重的36.1%。年末，全县共拥有体育场地307块，其中标准体育场地250块，占81.4%，非标准体育场地57块，占18.5%。

【广播电视】 2016年，澄江县开办电视栏目123期，共播出电视新闻稿1 795条，其中，有482条被省、市电视台及广播采用，播出新闻直通车节目312条，公益广告1 120条次、标语971条次。年末，全县广播覆盖率100%，电视覆盖率100%。有线电视入网用户4.8万户，其中，互联网用户9 422户，数字电视总户数3.82万户，有线电视入户率达87%；年内，发展数字电视用户1 200户，完成100户直播卫星“户户通”工程建设；完成地方节目无线覆盖二期工程3座基站的基础设施建设。

【城市建设】 2016年，全县共投资23 400万元加强城市基础设施建设。县城建设区面积达3.75平方千米，城区道路长52.35千米，道路面积101.72万平方米，其中，人行道面积19.01万平方米，人均道路面积32.82平方米；供水管道长196.65千米，年内供水总量420万立方米，出厂水水质合格率100%，管网水细菌合格率100%，管网水大肠菌群合格率100%，管网水浊度合格率100%；建成区路灯增至4 548盏，安装路灯道路长172千米。安装夜景烟花霓虹灯35套；城市绿化覆盖面积145.28公顷，建成区绿化覆盖率39.15%，建成区园林绿地面积130.59公顷，人均公共绿地面积9.63平方米。抚仙湖水质达GB3838—2002 Ⅰ类标准。县城饮用水水源水质达标率100%。

【社会保障】 2016年，全县享受优抚对象的人数1 655人，发放优抚金总额1 146.66万元。集体办敬老院6个，实有床位309张。年末，在院人数124人；社会困难救济219人次，支出140万元；已享受居民低保的户数5 945户，人数7 139人，其中，城镇居民2 008户、2 382人，发放低保金1 134.25万元，农村居民3 937户、4 757人，发放低保金962.72万元。全年发放低保资金2 096.97万元。

2016年，全县城镇新增就业人员2 588人，城镇下岗失业人员再就业776人，帮助就业困难人员实现就业663人，开发公益性岗位465个，全县城镇登记失业率控制在3%。

2016年，全县参加基本养老保险参保人数12 090人，其中，机关事业养老保险参保缴费人数4 573人；企业缴费人数7 517人。

【安全生产】 2016年，全县共发生各类伤亡事故4起、死亡6人，死亡人数上升20%；其中，生产经营性道路交通事故死亡3人，与上年持平；发生死亡3～9人较大事故1起，死亡3人；已连续14年杜绝一次死亡10人以上的重特大事故。

【领导干部】 县委书记李朝伟（彝族），县委副书记范永光（彝族）、王亚波（2016年5月任职）。人大常委会主任张同安，副主任华丽萍（女）、石洪、李晓勇、马汝乾（回族）。县长范永光（2016年1月任），常务副县长师燕忠，副县长吴正坤、吴运龙、刘燕萍（女）、周斌（彝族，2016年7月离任）、刘荣（2016年7月任）、李莲（女，2016年8月离任）、赵娴（女）、夏德喜。政协主席陆永泽（2016年1月任职），副主席马金瑞（回族）、张丽萍（女）、郭亮、任自能（2016年1月任）。纪委书记张盛国。

【抚仙湖入湖河流水质实现统一监测】 2016年3月起，澄江县环境监测站正式全面负责抚仙湖流域内（包括海关海镜、路居）省控、市控以及县控的44条主要入湖河道的水质监测工作。其中，省控河流9条，监测项目共有26项，即水温、气温、气压、流量、PH、溶解氧、阴离子、五日生化需氧量、高锰酸盐指数、化学需氧量、氨氮、总磷、总氮、铜、锌、硒、砷、铅、镉、六价铬、氟化物、氰化物、挥发酚、石油类、硫化物、电导率等；市控、县控河流共35条，监测项目共有9项，即水温、气压、PH、高锰酸盐指数、化学需氧量、氨氮、总磷、总氮、悬浮物等。经考核，9条省控河道中，尖山河、代村河、梁王河、隔河4条河道的断面水质达标率均达到100%；路居河、牛摩河、山冲河、抚澄河、东大河5条河道的断面水质达标率均达到91.67%。

【仙湖时光栈道（澄江段）项目开工建设】 玉溪市仙湖时光栈道（澄江段）项目选址位于澄江县境内，抚仙湖区东、西、北岸。西起尖山小学，东至海口大石洞。建设内容包括新建生态栈道、自行车道、原有园建设施改造、景观小品、景观配套设施和绿化工程等。规划设计栈道28.67千米，栈道总面积61 390.35平方米，约92.09亩。其中，广场铺装10 430平方米；园路铺装16 841米；木栈道12 447米；景墙210米；条石947米；停车位1 783平方米；廊架4个；亭子1个；张拉膜1组；小品62个；环湖骑游道27 945米；生态厕所13个；休息座椅55个；垃圾箱73个；平面图定位标示牌13个；园路索引标示牌28个；分区场地标示牌10个；安全警示标示牌10个。项目总投资估算为12 230万元，本估算不包含月亮湾湿地公园、樱花谷公园、太阳山等区域，项目建设资金由玉溪市政府统筹解决。项目于2015年2月启动示范段建设，玉溪庄园至大河口湿地约2千米栈道已全部贯通，完成投资约400万元。抚仙湖生态展示中心已全面完工，完成投资约800万元。玉溪市仙湖时光栈道（澄江段）项目分两个标段同时进行施工，一标段从尖山小学—月亮湾湿地，二标段从月亮湾湿地—海口大石洞。两个标段均于2016年4月11日开工建设。截至2016年末，完成栈道铺设28千米，其中园路栈道20.7千米，木栈道7.3千米，完成钢架桥4座，移除杨树3 000余株，移除柳树、黄连木、榕树等200余株，拆除临违建筑3处300余平方米，拆除半截厕43个，完成投资约5 464万元。该项目累计完成投资约6 664万元。

【2016招商推介会成功举办】 2016年5月10日，澄江县成功举办“相约抚仙湖、携手共发展”2016年澄江县招商引资项目推介会。会议邀请了省内外48家涉及文化旅游、新型能源、基础设施建设的企业参加，参会人数达200余人，会上签定投资协议14个，协议投资总额176.59亿元人民币；10月24~25日，“收获金秋共谋发展”2016投资峰会上，与云南国信旅游置业有限公司、广西博世科环保科技股份有限公司、云南云投生态环境科技股份有限公司、如皋花木大世界和云南希博瑞啤酒有限公司成功签约项目5个，协议总额达30亿元。

【抚仙湖径流区7 000亩植被恢复治理项目启动】 2016年8月26日，“增绿添色·点亮澄江”抚仙湖径流区7 000亩植被恢复治理项目在澄江县海关社区世家村启动。此次启动的7 000亩植被恢复工程主要针对抚仙湖重点片区面山绿化实施的一期项目，该项目分为：海口镇海关、海镜社区，凤麓街道红山顶，海口镇蒿芝箐、热水塘，龙街街道养白牛共四个片区7 000亩，概算投资8 000余万元。

【云南省首个林业PPP示范项目落户澄江】 2016年，云南省首个林业PPP示范项目落户澄江。抚仙湖径流区植被恢复治理工程入选国家第三批PPP示范项目。抚仙湖径流区植被恢复治理工程的建设内容为植被恢复治理10.35万亩，包括耕地植被恢复和石漠化区恢复治理及其配套水利基础设施，其中耕地植被恢复面积4.05万亩、石漠化恢复治理6.30万亩及配套水利基础设施，改建沿湖泵站20座，铺设管道共计17万米，新建主水池200个、新建分水池400个，新增设水龙头19万个。项目总投资169 291万元，资金来源渠道为：政府及社会资本投入34 000万元，占总投资的20%；银行贷款135 291万元，占总投资的80%。澄江县抚仙湖径流区植被恢复治理工程是云南省第一个以生态环境保护治理为建设内容的林业PPP项目。

【抚仙湖北岸生态调蓄带项目二期正式开工】 澄江县抚仙湖北岸生态调蓄带项目位于抚仙湖北岸，项目沿抚仙湖环湖公路北侧由西向东布置，西起广龙小村，东至肖嘴新村，总长7 851.2米。项目主要由分水口、生态河道、泵站、泵站进出水池、引水管道和两岸景观带组成。抚仙湖北岸生态调蓄带工程是一个截污、调蓄、净化、回用和生态景观的综合利用工程，在加强抚仙湖北岸水环境保护和水污染防治的基础上，利用污水，置换上游水库灌溉用水，达到保护抚仙湖和节水减排目的的同时，形成环湖公路北岸的特色景观带。项目规划面积1 298.78亩，概算投资约3.6亿元，总长约7.85千米，分为两期实施，一期为肖嘴新村至许士营新村2.8千米段；二期为许士营新村至广龙小村5.05千米段。截至2016年12月，累计完成投资1.33亿元。完成了一期项目主体工程建设，完成总投资8 754万元。二期工程采用ppp模式建设管理，已完成准备阶段和采购阶段，经公开采购选定了社会资本方并签署《抚仙湖北岸生态调蓄带（二期）项目股东合作协议》，项目于2016年9月26日正式开工，截至2016年12月底已完成总投资约4 535万元。

【广龙旅游小镇开工建设】 广龙旅游小镇建设项目位于澄江县龙街街道广龙社区，涉及搬迁居民约2 455户6 100人，规划用地面积约3 500亩，项目建设内容包括广龙棚户区改造、安置房建设、新环湖路以下生产性湿地、商业片区建设4个部分，其中，广龙片区棚户区改造项目棚户区规划用地673.58亩，拆迁房屋面积约60万平方米，投资16.6亿元；安置房建设

澄江禄充风景区整治——污水管网改造　（金云龙　摄）

项目规划用地911.67亩（其中建设用地610.97亩、教育科研和市政道路等基础设施用地300.7亩），总建筑面积73.68万平方米，投资39.35亿元，建设主体为博安公司，项目建成后政府以购买服务的方式进行回购；新环湖路以下生产性湿地项目占地1 050亩（包含村庄占地部分，现已完成土地流转约430亩），投资约2亿元，由市抚投公司负责建设；商业片区建设项目规划用地559.02亩，由海诚集团负责开发运营，总建筑面积约65万平方米，总投资约40亿元。2016年，广龙棚改项目阶段性完成项目“三调”工作，完成新环湖路以下430亩生产性湿地建设，项目安置区于2016年7月1日正式开工。

抚仙湖　（金云龙　摄）

【国家卫生城市复审工作顺利通过】 澄江县于2014年被命名为“国家卫生县城”，2016年，澄江县迎来国家卫生县城的第一轮复审工作。澄江始终坚持“政府组织、部门负责、群众参与、社会监督”的工作方针，按照目标不变、标准不降、力度不减、措施不弱的要求积极开展巩固活动，成立了以县委书记任组长，县长任常务副组长，四套班子相关领导任副组长，38个县直相关部门主要领导任成员的复审工作领导小组。2016年8月顺利通过国家卫生县城复审省级技术评定。为建成国家级休闲旅游度假区、省级生态文明建设示范区和产业转型升级先行区，成为享誉全国的国际生命之城和高原湖滨生态旅游之城做出新的贡献。

【中山大学校领导考察澄江教育事业发展情况】 2016年8月2~3日，中山大学校党委书记陈春声、校长罗俊一行来到澄江实地考察文教卫生事业发展情况，再续70余年情缘。澄江县县委书记李朝伟、县长范永光及县直相关部门领导陪同考察。考察组实地参观了中山大学抗战期间澄江办学点的基本建设情况。一幅幅珍贵的历史图片，见证了中山大学与澄江的历史友谊，给中大校领导留下了深刻印象。随后考察组来到澄江二中异地迁建项目指挥部，对下一步中山大学与澄江加强教育合作与县领导交换了意见。

【澄江县法院设立首家旅游巡回法庭】 2016年9月1日，澄江县法院在禄充4A级景区设立旅游巡回法庭。挂牌仪式上，县法院院长王海明就设立旅游巡回法庭的工作和过程进行了说明。澄江县法院在禄充景区设立旅游巡回法庭，将更有利于在审判和行政调解、行政执法等方面发挥职能作用，及时、有效解决旅游纠纷，切实维护好旅游者和旅游经营者的合法权益，为澄江旅游业的发展提供更好的司法保障和法律服务。挂牌仪式还邀请了安徽省高级人民法院立案庭庭长汪晖对旅游巡回法庭的具体业务开展进行指导。县直相关部门、龙街街道、禄充管委会、禄充社区共计30余人参加了挂牌仪式。

【2016年抚仙湖灯会吸引大批游客】 2016年8月1日，抚仙湖灯会隆重启幕，于10月20日结束，中间历时两个多月。据统计，2016中国玉溪抚仙湖灯会累计客流量41万人次，官方微信平台关注量约为20 305人次。抚仙湖灯会融合了玉溪七县二区所有的地方文化元素和我国传统节庆的文化特色，为广大游客提供了丰富多彩的游园体验。特别是“十一”黄金周期间，抚仙湖灯会成功举办了一系列亲子互动活动和大型“欢度国庆文艺晚会”，以抚仙湖灯会、牛摩渔村人文为主题的抚仙湖摄影采风活动，吸引了众多游客的热情参与，为2016年澄江县旅游创出新高。

【帽天山地质公园A级景区创建工作专题会议召开】 2016年11月9日，澄江县召开帽天山国家地质公园A级景区创建及环境整治工作推进会，会议由化石委副主任陈泰敏主持，县领导范永光、郭恩达及相关部门负责人参加了会议。会议听取了昆明昆平经济信息咨询有限公司对地质公园创建3A级景区的建设方案汇报，与会领导对建设方案提出意见和建议。帽天山地质公园按3A景区标准创建，新建设施按照4A标准建设。以全域旅游发展理念来谋划整个帽天山地质公园，实现资源有机整合，产业融合发展，打造精品旅游线路，引团入澄，延长游客停留时间。按地质公园规划，配套公共服务设施，植入文化体验，整体推动景区建设。景区创建工作由化石委牵头，各相关部门协作配合。会上，林业部门汇报了地质公园内环境提升建设方案，计划投资560万元，采用乡土树种替换帽天山景区现有不适宜树种，充分体现植物多样性和绿化、彩化功能，对景区内环境进行提升。

【澄江县被列为国家全域旅游示范区创建名录】 2016年8月，澄江县启动第二批“国家全域旅游示范区”申报工作，通过县级申报、省市推荐和专家审核，国家旅游局公布了“全域旅游示范区”创建单位，澄江县成功入围。发展“全域旅游”，可以优化旅游空间配置，是开辟旅游业发展新空间的有效途径，是实现由门票经济向产业经济转变的内在要求。国家全域旅游示范区创建工作原则上为2~3年时间，对旅游业率先实现当地经济贡献率15%和新增就业贡献率20%，率先实施“1+3”旅游综合管理和综合执法模式，旅游厕所建设率先达标，旅游数据中心率先建成的创建单位，国家旅游局将优先组织验收。按照国家全域旅游示范区的相关标准和要

求，充分发挥得天独厚的资源优势，提升旅游主导产业地位，完善旅游服务功能，提高旅游品牌效益，打造澄江特色的全域旅游模式，力争把澄江建设成为国际知名、国内一流的旅游目的地。

【“三纵三横”路网建设】 2016年，澄江县围绕重要骨干路网建设的目标任务，实现梁王河路、仙湖路和凤山路开工建设，预计总投资14.1亿元。工程于2016年7月12日实质性动工，截至12月底，梁王河路完成投资3.17亿元，仙湖路已完成路面清表工作，凤山路招投标已完成，正在开展合同谈判工作。呈澄高速连接线（东大河路）新村试验段已实质性动工建设。横大路和澄波路正在进一步完善初设和施工图设计。“三纵三横”构建了澄江县主城区交通骨干路网，是交通引领新型城镇化建设、促进土地利用开发、完善城市路网结构、缓解道路交通压力、提升城市整体形象的重要工程，是促进澄江整治、经济、社会、旅游发展的重要决策，是推进澄江县域经济转型升级发展的必要措施。

（王基宇）

【凤麓街道】 2016年，街道总人口21 468人，其中，男10 763人，女10 705人；少数民族人口1 366人，占总人口的6.36%。人口自然增长率8.29‰。

2016年，街道有耕地969亩，复种指数278.95%。全年粮食总产460万吨，比上年增2.73%；油料种植32亩，比上年减43.86%。年末，生猪存栏3 570头，比上增6.5%；肥猪出栏5 975头，比上年减0.07%。大牲畜存栏70头，比上年增32.08%。全年投入水利建设资金30万元，水利化程度98%。

2016年，街道有个私企业78个，从业人员1 886人，比上年减0.7%；企业总收入97 469万元，比上年减0.6%；实现税利14 583万元，比上年减8%。

2016年，街道社会总产值现价239 864万元，比上年增10%。工农业总产值（现价）80 947万元，比上年增7%，其中，工业总产值78 105万元，比上年增7.70%；农业总产值2 842万元，比上年减8.82%。农村经济总收入51 952万元，比上年增4.93%；农民人均纯收入14 286元，比上年增9.7%。

2016年，街道财政收入7 785.8万元，比上年增8.27%；财政支出1 648万元，比上年减31.9%。

街道党工委书记王绍伟，人大工委主任陆海宏，办事处主任钱凯。

（张朝燕）

【龙街街道】 2016年，街道总人口59 765人，其中，男29 501人，女30 264人；少数民族人口5 433人，占总人口的9.1%。人口自然增长率6.99‰。农村劳动力36 740人，其中，从事第二、三产业的9 966人，占总劳动力的27.1%。

2016年，街道有耕地26 639亩，复种指数340.6%。全年粮食总产837.23万千克，比上年减4.6%；农业人口人均产粮188.6千克。年末，生猪存栏20 870头，比上减0.8%；肥猪出栏41 752头，比上年增0.06%。大牲畜存栏3 753头，比上年减2.1%。水产品产量828吨，比上年增0.6%。全年投入水利建设资金2 770.2万元，水利化程度95%。

2016年，街道有个私企业1 196个，比上年减241个，从业人员9 854人，比上年增41.4%；企业总收入345 248万元，比上年增5.2%；实现税利6 976万元，比上年减1%。

2016年，街道社会总产值（现价）217 897万元，比上年增9%。工农业总产值（现价）171 883万元，比上年增6.8%，其中，工业总产值111 117万元，比上年增7.2%；农业总产值60 766万元，比上年增6.4%。农村经济总收入387 062万元，比上年增17%；农民人均纯收入11 349元，比上年增17.5%。

2016年，街道财政收入9 155万元，比上年增8.2%；财政支出3 273万元，比上年增23.3%。年末，各项存款余额108 239.66万元，比上年增3.1%；人均储蓄存款余额18 111元，比上年增1.5%。

街道党工委书记陈斌，人大常委会主任祁涛，办事处主任余斌。

（刘倩倩）

澄江荷藕庄园　（金云龙　摄）

【右所镇】 2016年，全镇总人口42 746人，其中，男21 459人，女21 287人；少数民族人口1 335人，占总人口的3.1%。人口自然增长率1.82‰。农村劳动力27 618人，其中从事第二、三产业的5 325人，占总劳动力的19.2%。

2016年，全镇有耕地18 842亩，复种指数295%。全年粮食总产7 824吨，比上年减3.7%；油料总产143.5吨，比上年减6.33%。农业人口人均产粮203.3千克。年末，生猪存栏25 376头，比上年增11.5%；肥猪出栏28 556头，比上年增3.2%。大牲畜存栏1 934头，比上年减5.5%。水产品产量650吨，比上年增23.8%。全年投入水利建设资金830万元，水利化程度95%。

2016年，全镇有个私企业873个，比上年增18个，从业人员5 325人，比上年减333人；企业总收入34 230万元，比上年减46.2%；实现税利2 374万元，比上年减66.2%。

2016年，全镇农村社会总产值（现价）52 272万元，比上年增10%。工农业总产值（现价）158 900万元，比上年减13.1%，其中，工业总产值126 697万元，比上年减7.2%；农业总产值32 203万元，比上年减5.9%。农村经济总收入115 515万元，比上年增10%；农民人均纯收入13 193元，比上年增12.6%。

2016年，全镇财政收入8 269.9万元，比上年增29.54%。年末，各项存款余额58 176.32万元，比上年增0.88%；人均储蓄存款余额13 609.8元，比上年减15.1%。

镇党委书记赵昌，人大主席吴海斌，镇长李国民。

（徐绍光）

【阳宗镇】 2016年，全镇总人口25 410人，其中，男12 732人，女12 678人；少数民族人口473人，占总人口的1.86%。人口自然增长率5.56‰。农村劳动力16 644人，其中，从事第二、三产业的4 049人，占总劳动力的24.3%。

2016年，全镇有耕地22 584亩，复种指数387%。全年粮食总产5 075.3吨。农业人口人均产粮199.74千克。年末，生猪存栏11 122头，比上年增6.5%；肥猪出栏13 922头，比上年增28.04%。大牲畜存栏4 397头，比上年减1.66%。水产品产量210吨，比上年增13.51%。全年投入水利建设资金2 065.4万元，水利化程度85%。

2016年，全镇有个私企业53个，比上年增25个，从业人员993人，比上年增2.37%。

2016年，全镇工农业总产值（现价）71 290万元，比上年增14.06%，其中，工业总产值37 800万元，比上年增25.53%；农业总产值33 490万元，比上年增3.4%。农村经济总收入40 188.3万元，比上年增25.37%；农民人均纯收入12 683元，比上年增10%。

2016年，全镇财政收入5 090万元，比上年增33.6%；财政支出5 262万元，比上年增35.9%。年末，各项存款余额38 388.76万元，比上年增8.47%；人均储蓄存款余额15 107.74元，比上年增7.91%。

镇党委书记简勇（2016年3月离任）、洪志华（2016年3月任），人大主席洪冬，镇长洪志华（2016年12月离任）、李雄波（2016年12月代理镇长）。

（侯淑菡）

【九村镇】 2016年，全镇总人口11 934人，其中，男6 108人，女5 826人；少数民族人口257人，占总人口的2.15%。人口自然增长率5‰。农村劳动力7 486人，其中，从事第二、三产业的1 146人，占总劳动力的15.31%。

2016年，全镇有耕地13 641亩，复种指数449.68%。全年粮食总产770万千克，比上年增2.6%；农业人口人均产粮645千克。年末，生猪存栏12 764头，比上年减8.53%；肥猪出栏13 921头，比上年增0.89%。大牲畜存栏1 046头，比上年增17.26%。全年投入水利建设资金663.3万元，水利化程度88%。

2016年，全镇有个私企业22个，从业人员2 215人，比上年增3.89%；企业总收入164 012万元，比上年增4.45%；实现税利7 234万元，比上年增2.18%。

2016年，全镇社会总产值（现价）208 502万元，比上年增2.93%。工农业总产值（现价）202 801万元，比上年增0.6%，其中，工业总产值180 506万元，比上年增1.23%；农业总产值22 300万元，比上年增14.95%。农村经济总收入215 080万元，比上年增6.74%；农民人均纯收入12 525元，比上年增9.86%。

2016年，全镇财政收入5 270万元，比上年减30.05%；财政支出1 336.9万元，比上年增13.02%。年末，各项存款余额23 549万元，比上年增10.36%；人均储蓄存款余额19 732元，比上年增2.76%。

镇党委书记余安全，人大主席张纹云，镇长陈永林。

（朱　超）

【海口镇】 2016年，全镇总户数7 294户，总人口20 843人，其中，男10 594人，女10 249人。少数民族人口3 470人，其中，彝族2 761人、苗族451人，哈尼族152人，其他民族106人，占全镇总人口的13.24%、2.1%、0.72%和0.5%。人口自然生长率3.7‰。人口密度为每平方千米133人。

2016年，全镇有耕地52 123亩，复种指数160%。年末，生猪存栏9 419头，比上年增4%；肥猪出栏11 540头，比上年增16.96%。大牲畜存栏2 438头，比上年增8.07%。全年投入水利建设资金425万元，水利化程度86%。

2016年，全镇社会总产值37 400万元，比上年增3 400万元。农村居民人均可支配收入13 636元，比上年增加2 120元。

2016年，全镇财政收入2 635万元，比上年增8.53%；一般预算支出1 344万元，比上年增加23.98%。

镇党委书记赵宏高，人大主席鲁建波（12月离任），镇长许泽玺。

（褚　燕）

【路居镇】 2016年，全镇总人口30 420人，其中，城镇人口5 042人，农村人口25 378人。

2016年，全镇有耕地15 834亩，复种指数245%。全年粮食总产3 117万吨，比上年增11.5%；油料种植600亩，比上年减18.5%。农业人口人均产粮122.8千克。年末，生猪存栏21 042头，比上减15%；肥猪出栏24 029头，比上年减8%。大牲畜存栏712头，比上年减28%。水产品产量85吨（托管区域养殖面积增加），比上年增38%。全年投入水利建设资金4 984万元，水利化程度75%。

2016年，全镇有个私企业42个，从业人员874人，比上年增1.5%；企业总收入57 395万元，比上年增0.6%；实现税利1 894万元，比上年增0.3%。

2016年，全镇社会总产值（现价）59 079万元，同比增长2.7%。其中，第一产业增加值14 530万元，同比增长1.03%，第二产业增加值11 961万元，同比增长6%，第三产业增加值32 588万元，同比增长2.24%。农民人均纯收入12 707元，比上年增9.5%。

2016年，全镇财政收入1 618.92万元，比上年减2.5%；财政拨款支出2 366.22万元，比上年增21.4%。年末，各项存款余额3 345.05万元，比上年增8.5%；人均储蓄存款余额15 320元，比上年增17%。

镇党委书记张培龙，人大主席李岩，镇长马玉伟。

（溥翼迪）

华宁县

【自然概貌】 华宁县地处滇中偏东南，玉溪市东部，位于东经102°49′~103°09′、北纬23°59′~24°34′之间。东接弥勒县，南连建水县，西邻江川区、通海县，北倚澄江、宜良县。境内东西宽34千米，南北长59千米，总面积1 313平方千米。县城距玉溪市政府所在地红塔区53千米，距昆明市148千米。全县地势西北高，东南低，地形东西狭，南北长，崇山峻岭连绵起伏，高山、丘陵、盆地、河谷间杂交错，呈“两脊夹两槽”地形，较大的盆地有宁州坝和盘溪坝。主要河流有南盘江、青龙河、海口河、龙洞河和华溪河，均属珠江水系。境内最高海拔磨豆山2 663.1米，最低海拔磨法冲江边1 110米，相对高差1 553.1米。气候总体属亚热带半湿润高原季风气候，但由于地形地貌复杂，形成南亚热带、中亚热带、北亚热带和南温带4个气候类型区，呈现垂直变化大、季节变化小、干湿季分明、地区差异明显的立体气候特点。2016年年平均气温16.3℃，极端最高气温31.4℃（8月18），极端最低气温-3.5℃（1月25日）；年日照总时数2 008小时，无霜期268天，全年总降雨量986.5毫米，比常年同期平均值偏多88.3毫米。

【行政区划】 2016年，全县辖3镇1乡和1个街道办事处，54个村委会、23个社区（包括海关、海镜），653个村（居）民小组。

【人　口】 2016年年末，全县总人口74 566户212 266人，同比增加846人。其中，男性108 850人，女性103 416人。农业人口119 018人。城镇人口93 248人，城镇化率43.93%。少数民族人口63 972人，占总人口的30.14%。人口自然增长率为5.98‰。

【综合经济指标】 2016年，全县完成现价生产总值792 742万元，同比增长13.3%，位列全市第2位，全省第4位。其中，第一产业增加值179 009万元，同比增长5.5%；第二产业增加值242 531万元，同比增长22.2%；第三产业增加值371 202万元，同比增长11.7%。非公有制经济完成增加值401 130万元，同比增加50 329万元，增长15.8%，占生产总值的50.6%。规模以上工业总产值122 388万元，同比增长36.5%；农业总产值286 956万元，同比增加10 652万元，增长3.9%。全年税收收入43 918万元，同比增收1 413万元，增长3.3%；实现地方财政收入43 972万元，同比增收2 627万元，增长6.4%；地方财政支出162 837万元，同比增加20 147万元，增长14.1%。规模以上工业总产值331 285万元，增加值61 882万元。

【固定资产投资】 2016年，全县完成规模以上（500万元以上）固定资产投资总额541 736万元，同比增加154 534万元，增长39.9%。其中，第一产业完成投资67 707万元，同比下降8.7%；第二产业（全为工业）完成投资166 573万元，同比增长18.0%；第三产业完成投资307 456万元，同比增长78.9%。从用途上看，基础设施项目完成投资144 798万元，占投资总额的26.7%；竞争性项目完成投资240 404万元，占投资总额的44.4%；社会事业项目完成投资156 534万元，占投资总额的28.9%。

【工　业】 2016年，全县完成工业增加值207 087万元，同比增长23.0%。完成规模以上工业总产值335 015万元，同比增长24.4%。规模以上工业增加值122 388万元，同比增长36.5%，对县内生产总值增长的贡献率为43.4%。

【农　业】 2016年，全县完成现价农、林、牧、渔业总产值286 956万元，同比增长3.9%。在农业总产值中，种植业产值188 760万元，同比增长3.8%，粮食产值10 754万元，同比增长2.1%；烤烟40 033万元，同比增长2.9%，蔬菜产值51 012万元，同比增长4.8%。林业产值4 144万元，同比增长8.4%；畜牧业产值88 023万元，同比增长3.8%；渔业产值4 014万元，同比增长4.6%；农、林、牧、渔服务业产值2 015万元，同比增长4.9%。“三棵树”产值78 904万元，同比增长2.2%，其中，柑桔产值72 043万元、柿子产值4 735万元、核桃产值2 126万元。

【招商引资】 2016年，全县引进市外国内资金39.11亿元，同比增长49.7%。其中，省外国内资金30.59万元，同比增长37.8%。包装储备5亿元以上项目10个，通过市级重点项目评审3个，深度开发项目2个。

【交通、邮电】 2016年年末，全县境内公路里程1 818.8千米，其中二级以上58千米，占3.2%。在总里程中，省道156.5千米，县道264千米，乡村道路1 373.9千米。全年公路客

2016年12月，华宁县县城宁阳路改造提升　（陈志莲　摄）

运量45.2万人次，旅客周转量每千米3 161.9万人次；公路货运周转量每千米83 570.7万吨。截至2016年，华宁县有客运线路23条，共投放客运车辆125辆（其中，班线车辆75辆，公交化运营车辆34辆，出租车辆16辆），实现全县农村通公交车行政村63个，未通公交班车行政村14个，通客车率82%，乡镇通客车率100%。

全县邮政业务总量771.3万元，同比增长19.1%。年末，拥有固定电话用户6 810户，同比减少397户，下降5.5%；移动电话用户180 755户，增长11.0%；宽带用户26 344户，同比增加980户，增长3.9%。全年电信业务总量21 663万元，同比增长16.1%。

【金融保险】 2016年年末，全县5个金融机构（建设银行、农业银行、玉溪市红塔银行、农村信用社、邮政储蓄银行）各项贷款余额437 942万元，同比增加55 075万元，增长14.4%；各项存款余额732 689万元，同比增加29 762万元，增长4.2%。人均储蓄余额22 008元，同比增加2 402元，增长12.3%。

【科　技】 2016年，全县财政科技投入662万元，申报科技项目17项；新列入科技专项计划项目17项，其中，省级项目6项，市级项目11项；申请专利73件，获专利授权15件，其中，实用新型专利15件；发明专利拥有2件。

【教　育】 2016年，全县共有各级各类学校107所。其中，普通中学10所，完小71所（下设小学教学点3个），教师进修学校1所，职业中学1所，幼儿园24所。全县在校学生31 752人，其中，高中在校生3 100人，初中8 216人，小学14 036人，职业中学911人，幼儿园5 490人。教职工2 171，师生合计33 923人，占全县总人口的16%。小学适龄儿童入学率99.97%，初中毛入学率109.39%，辍学率0.89%；高中阶段毛入学率85.22%，参加高考1 155人，上线1 078人，高考上线率93.33%。

【文　化】 2016年，全县有县级图书馆、文化馆、文物管理所各1个，乡镇（街道）文化站5个，农家书屋78个。县图书馆及5个乡镇（街道）文化站共有藏书133 484册，全年共接待读者20 196人次，外借、阅览图书78 992册次。全县78个农家书屋共接待读者27 254人次，外借、阅览图书30 356册次。全县共创作文艺作品372件。《碗窑村》《华宁竹编》《彝族唢呐》《彝族架子乐》4个项目于4月12日被公布为第四批市级非物质遗产保护名录。文化馆（站）共辅导文艺队189支3 516人次，辅助编排节目220个。全县各文化单位全年共组织开展各类文艺演出活动162场，参演文艺队715支次10 401人，演出节目1 639个，观众31.5万余人次。

【广播电视】 2016年，华宁电视台共完成县台新闻播出1 209条；完成市电视台综合频道播出190条，大众台播出58条；市电台播出148条，共在玉溪综合频道播出《新闻直通车》266条；制作专题片13部，在全市县区中位列第三；播出电视公益广告10 950条次。2016年年末，全县广播覆盖率100%。有线电视传输干线网络总长1 460千米，比上年增加500千米，有线电视用户数46 933户，新增1 242户，有线电视入户率64%。

【卫　生】 2016年，全县有卫生机构125个，同比增加4个。其中，医院3个，卫生院5个，妇幼保健院、疾病预防控制中心、卫生监督所各1个，诊所、卫生所、医务室113个；病床840张，同比增加66张。卫生专业技术人员1 143人，同比增加159人。其中，执业医师307人，执业助理医师83人，注册护士512人。医疗机构全年门诊诊疗1104 740人次，同比增长1.3%。住院27 922人次，同比增长18.6%，出院28 125人次，死亡10人，死亡率0.04%。年内报告乙类传染病10种329例，传染病发病率150.5例/十万人；免疫五苗覆盖率98%；收治肺结核病人58人，免费治疗58人；无新发麻风病例，麻风病院现有病人16人。全年孕产妇2 053人，孕产妇建册率100.00%；孕产妇健康管理率99.13%；0~7岁儿童保健管理率97.14%，3岁以下儿童系统管理率98.62%，婚前健康检查率88.19%，疾病检出率4.25%，新生儿死亡率4.86‰，婴儿死亡率5.35‰，出生缺陷率12.08‰。

【体　育】 2016年，全县组织竞赛14次，参赛代表队194支，参赛6 180人次，向上级输送运动员8人。建有400米跑道田径场4块，游泳馆（池）5个，网球场5块，篮球场215块，地掷球场10块，门球场11块。经常参加体育运动人数7.9万人，占全县总人口的37.4%。

【旅　游】 2016年，全县共接待游客81万人次，同比增加8.81万人次，增长12.2%。实现旅游收入61 761万元，同比增加12 165万元，增长24.5%。

【社会保障】 2016年，全县参加城镇职工养老保险单位4 211个，其中，企业4 016个，机关事业单位196个。参保人员12 805人，其中，企业7 466人，机关事业单位5 339人，离退休人员4 526人。全年共收缴基本养老金18 122万元，支出养老保险金16 164.6万元。城乡居民养老保险参保122 180人，参保率98.9%，个人缴纳养老保险费983.28万元；2016年享受上级补助2 948.34万元。

城镇职工医疗保险参保单位456个，参保职工13 372人，其中在职人员9 638人。全年收缴基本医疗保险基金5 383万元，其中，统筹基金收入2 527万元，个人账户收入2 856万元；累计发生支出4 000万元，其中，统筹金支出1 370万元，个人账户支出2 630万元。

新型农村合作医疗保险参保183 120人，占应参加人数的98.56%。筹集资金10 083万元，其中，个人缴纳2 197万元，中央财政补助5 475万元，省财政补助549万元，市财政补助824万元，县财政补助824万元。全年共补偿447 312人次。

城镇居民医疗保险参保9 938人，筹集保险金40万元，其中，个人缴纳5万元，县财政补助35万元。支出保险金144万元。城镇职工工伤保险参保单位477个，参保职工11 850人。收缴保险金320万元，支付保险金396.3万元。城镇职工生育保险参保单位471个，参保职工10 670人。收缴保险金132万元，支付保险金317万元。城镇职工失业保险参保单位366个，参保职工8 806人，筹集保险金682.59万元，支付保险金415.53万元，其中对失业职工发放147.05万元。

2016年，全县享受定期补助优抚对象总人数1 611人，优待金总额919万元。社会困难救济2 534人次，发放救济金346.4万元。全县纳入最低生活保障9 686人，其中，城镇居民3 302人，农村居民5 966人；发放低保金2 155万元，其中，城镇居民872万元，农村居民1 283万元。

【脱贫攻坚】 截至上年年末，全县还有1个贫困乡镇、8个贫困行政村、建档立卡贫困人口2 531户8 034人。全年实现建档立卡贫困人口脱贫5 000人，1个贫困乡和8个贫困村出列。

2016年，华宁县共实施扶贫项目30个，其中，新增项目20个。包括整乡推进项目1个，整村推进项目8个、产业发展4个、易地扶贫搬迁3个、信贷扶贫1个、劳动力转移培训1个、革命老区开发建设项目1个，贫困户住房兜底项目1个。规划总投资3.31亿元，其中，投入专项扶贫资金0.64亿元、信贷扶贫开发资金0.4亿元、群众自筹资金0.69亿元、部门整合资金1.57亿元，其他资金0.01亿元。项目受益7 275户24 143人。续建项目10个，项目受益5 565户24 453人。对已登记在册的2014年末建档立卡贫困户、贫困村、贫困乡相关指标数据信息开展再核实更新。围绕“五查五看”，坚持“三评四定”，全面推进精准扶贫建档立卡“回头看”工作，剔除识别不精准贫困户201户823人，将贫困户、贫困村、贫困乡信息和致贫原因、帮扶责任人、帮扶措施、帮扶方式等录入“云南精准扶贫大数据管理平台”，实施动态管理。

【人民生活】 2016年，全县城镇居民人均可支配收入31 533元，同比增长9.2%，人均消费支出25 845元，同比增长18%；农村居民人均可支配收入11 694元，同比增长9.8%。社会消费品零售总额183 518万元，同比增长13.5%；人均实现购买力8 646元，同比增长13%。城镇居民人均住房建筑面积53.6平方米。农村居民人均住房面积47.6平方米，人均消费支出10 466元，同比增长6.4%。

【领导干部】 县委书记黄云鹍，副书记何国斌、王云（2016年9月离任，挂职）。人大常委会主任李世聪，副主任张丕贵、龚紫龙、陈宁、高玉萍。县长姜兴林，副县长王虎能、李丹、张伟红、罗勇、沐华斌、王卫林（2016年6月离任）、张春燕（2016年7月离任，挂职）、殷智才（2016年7月任）、宋俊（2016年9月任，挂职）。政协主席白应海，副主席袁慧芬、张平、张进文、黄永祥。纪委书记施永林。

【古树名木普查】 2016年3月8日~4月15日，华宁县林业局委托云南省林业调查规划生态分院对全县国土范围内的古树名木进行了全面普查，《华宁县古树名木普查报告》通过评审。结果显示，华宁县境内共有古树1 794株，其中，宁州836株，华溪213株，盘溪235株，青龙476株，通红甸34株。此次普查工作为制定古树名木保护政策，实施科学保护提供了重要依据，同时对推进华宁县生态文明建设具有积极的指导作用。

【第八批全国农业标准化示范项目通过考核验收】 2016年11月8日，华宁县顺利通过第八批全国农业标准化示范项目《国家柑桔种植综合标准化示范区》建设的考核验收。该项目始于2014年，通过三年的努力，华宁县完成了《华宁柑桔综合标准》地方规范的制定、审核、发布，编写《华宁柑桔栽培技术规范》，完善3个标准化核心示范基地，2个核心标准化示范村，18个标准化生产基地7 500亩的标准化建设工作，围绕《华宁柑桔综合标准》的要求，积极创建万亩标准化核心示范区。

【开展城市综合整治】 2016年，华宁县重点围绕县城“四治三改一拆一增”，完善制定了华宁县城市管理9个配套办法和《华宁县城市管理办法》，结合实际编制起草《关于进一步加强县城管理工作的实施方案》。年内，共查处整治占道经营情况205件、整治乱摆乱放情况89件、整治乱贴乱画情况5件、整治乱排乱倒情况1件、整治乱搭乱建情况7件，县城环境“脏、乱”现象整治效果明显；东市街水果摊点全面得到治理，取缔东风路小燕子幼儿园环岛处蔬菜交易点、上村路仔猪交易点、珠山路冬早蔬菜交易点、西门摩托车维修点，规范经营宁阳路与宁兴街交叉口、宁昌街与宁阳路交叉口夜市烧烤摊点；依法拆除户外广告牌匾324余块，下达整改通知140份，规范审批户外广告牌匾178户（块），县城户外广告设置安装乱象问题已基本得到解决。城市交通秩序整治投入资金52万元，新安装交通红绿灯36盏，规范县城各类车辆进入停车泊位停放，东市街、东风路、西市街、东门路、松山路等交通拥堵现象比较突出的街道交通情况明显改善。全年依法强制拆除城中村、县城街道临违建筑11起1 070平方米。

（张　兰）

【宁州街道】 2016年，街道总人口81 304人，其中，男41 413人，女39 891人，农业人口47 571人，非农业人口33 733人。少数民族人口16 211人，占总人口的19.9%。人口自然增长率6.54‰，人口密度每平方千米186人。

2016年，全街道耕地面积53 362亩，其中，田22 281亩，地31 081亩，农业人口人均占有耕地1.12亩。全年农作物播种144 802亩，粮食作物47 551亩，粮食总产量1 728.53万千克，同比增长2.2%，人均产量213千克，同比增长1.9%；经济作物播种97 521亩，同比增3.6%；蔬菜种植62 857万亩，产量13 385.48万千克，

2016年9月23日，华宁县综合行政执法局工作人员对街道商铺占道经营、乱堆乱放等行为进行集中整治

（李　艳　摄）

产值1.56亿元；粮经比例为33：67；小春播种61 942万亩，增长0.7%；蔬菜栽种34 890亩；累计种植柿子11 095亩，产量2 987.3吨，产值1 494万元；核桃种植97 854亩，产量243.1吨，产值608万元；计划种植烤烟26 500亩，实栽烤烟30 091.2亩，完成收购量360万千克，实现烟叶税2 635.47万元，均价达33.28元。年末，大牲畜存栏19 723头，同比增加2.3%；出栏牛15 770头，同比增长2.6%；生猪存栏109 538头，同比增长1.3%；肥猪出栏201 077头；山绵羊存栏29 294只，同比增长4.6%，出栏肉羊16 068只，同比增长10.5%；家禽存栏873 432只，同比增长0.35%。累计出售和自宰肉禽2376 800只，同比增长0.67%。

2016年，全镇生产总值（GDP）44.8亿元，比上年增16.7%；其中，第一产业增加值5.5亿元，同比增长5.4%；第二产业增加值16.6亿元，同比增长28.7%，其中，工业增加值14.8亿元，同比增长3.4%（规模以上增加值为10.9亿元，规模以下增加值3.9亿元，同比减少1.1%）；建筑业增加值1.9亿元，同比增长1.9%；第三产业增加值22.7亿元，同比增长11.3%。完成社会固定资产投资27.4亿元，比上年增长18.7%；社会消费品零售总额8.07亿元，同比增长13.6%；农村居民人均可支配收入11 820元，同比增长9.6%。

2016年，全街道财政总收入8 199万元，其中，一般公共财政预算收入3 063万元，上级专项补助5 163万元；公共财政预算支出8 199万元。年末，农资综合补贴17 499户，46 718.5亩，2878 795万元；积极争取村级公益事业一事一议财政奖补项目，申报项目10个，争取财政补贴资金130万元。

2016年，全街道共有乡镇企业（含个体工商户）5 934个，同比增加238个；从业人员19 488人，同比增加6 064人；全街道企业（含个体工商户）完成营业总收入781 732万元，现价总产值完成694 431万元，上缴税金12 163万元，实现利润总额32 269万元，企业劳动者报酬32 748万元。

街道党委书记纳劲辉（2016年7月离任）、李乔有（2016年7月任），人大工委主任张坤，街道办事处主任王明清。

（董春玲）

【盘溪镇】 2016年，全镇总人口53 152人，其中，农业人口30 978人；非农业人口21 773人。少数民族24 191人，占总人口的45.5%。

2016年，全镇有耕地33 942亩，其中，田18 721亩，地15 221亩，农业人口人均占有耕地面积0.63亩。全年农作物播种67 633亩，粮食作物31 123亩，粮食总产量1 408.7万千克，同比增长0.4%，人均产量278千克，同比减少4.5%；经济作物播种36 510亩，同比减0.6%；产业结构进一步优化，种植蔬菜3.1万亩，产量5 136.83万千克，产值1.2亿元；粮经比例为2.8：7.2。播种小春3.1万亩，增长3.3%；栽种蔬菜2.4万亩，产值0.9亿元，增加12.5%；种植柿子1.7万亩，产量11 837吨，产值2 486万元；种植核桃1.8万亩，产量87.9吨，产值158万元；种植烤烟400亩，收购烟叶5万千克，收购金额153.65万元；种植柑桔4.8万亩，产量11.98万吨，产值突破4亿元。年末，大牲畜存栏8 356头，同比减少1.2%；累计出售和自宰肉牛1.7万头，同比增长6.25%；生猪存栏4.6万头，同比增长4.5%；肥猪出栏6.5万头，同比增长6.6%；山绵羊存栏1.23万只，同比增长2.5%，出售和自宰肉羊10 676只，同比增长7.04%；家禽存栏7.9万只，同比增长5.3%。累计出售和自宰肉禽22.2万只，同比增长9.4%。

2016年，全镇生产总值（GDP）18.12亿元，比上年增11%；其中，第一产业增加值3.96亿元，同比增长3.7%；第二产业增加值4.88亿元，同比增长12.2%，其中，工业增加值4.27亿元，同比增长10%（规模以上增加值0.94亿元，规模以下增加值3.33亿元，同比增长19%）；建筑业增加值0.63亿元，同比增长30%；第三产业增加值9.28亿元，同比增长15%。完成社会固定资产投资9.45亿元，比上年增长54%；社会消费品零售总额5.24亿元，同比增长13%；农村居民人均可支配收入11 693元，同比增长9.5%。

2016年，全镇财政总收入2 846.29万元，一般公共预算财政拨款2 670.29万元，公共财政预算支出2 846.29万元；金融服务能力不断增强，金融机构全年存款余额13.06亿元，贷款余额6.84亿元；年末，农资综合补贴12 671户，29 930.5亩，184.43万元；积极争取村级公益事业一事一议财政奖补项目，申报项目3个，争取财政补贴资金68万元。

2016年，全镇共有乡镇企业（含个体工商户）1 145个，同比增加11个；从业人员9 410人，同比增加127人；完成营业总收入273 752万元，企业现价总产值完成276 692万元，上缴税金5 479万元，利润总额61 080万元，劳动者报酬8 413万元。

镇党委书记高双全，镇人大主席马操原，镇长王伟。

（飞发强）

【青龙镇】 2016年年末，全镇总人口53 394人（含海镜、海关9 135人），其中，男27 806人、女25 588人。农业人口41 992人，非农业人口11 402人。全镇共有彝族、苗族、壮族等18个少数民族10 727人，占总人口的20.09%。人口自然增长率4.56‰，人口密度123.27人/平方千米。

2016年，全镇实现生产总值114 443万元，比上年增长8.3%，其中，第一产业增加值52 927万元，增长5.8%；第二产业增加值21 418万元，增长6%；第三产业增加值40 098万元，增长13.4%，一、二、三产业比重由上年的48.3：18.6：33.1调整为46.2：18.7：35.1。完成工农业总产值135 756万元，增长6.87%，其中，农业总产值84 843万元，增长4.1%；工业总产值50 913万元，增长11.8%。完成社会消费品零售总额3.87亿元，增长13.5%。完成固定资产投资100 838万元，增长49.4%。实现农村经济总收入84 049万元，增长6.22%。实现农村居民人均可支配收入11 711元，增长9.7%。

2016年，全镇财税总收入7 096万元，比上年6 991万元增105万元，增1.5%。其中，实现本级收入5 685万元，比上年减169万元，减2.9%。其中，烟叶税4 996万元，比上年减18万元，减0.35%（主要是海镜、海关烤烟任务划出）；资源税386万元，比上年减209.8万元，减35%；其他税种303万元。本级一般财政预算总支出1 953万元，比上年增238万元，增13.9%。年末，金融机构存款余额7.85亿元，比上年增4.4%，贷款余额3.41亿元，存贷比为2.3：1。

2016年年末，全镇有个私企业1 248个，从业人员2 994人。营业收入9.04亿元，比上年增长25.73%；利润总额1.13亿元，比上年增长24.17%；上缴税金0.17亿元，比上年增长13.3%；现价总产值10.39亿元，比上年增长22.23%。

2016年，全镇粮食作物种植

68 364亩，实现产值1.23亿元；蔬菜种植58 017亩，实现产值2.48亿元。“三棵树”产业稳步发展，全镇累计种植核桃100 897亩、柿子2 930亩、柑桔6 831亩，实现“三棵树”产值2 592万元。年末，全镇共有规模养殖户136户，肉蛋总产量819.81万千克，实现畜牧产值1.92亿元。

镇党委书记黄汝刚（2016年3月离任）、周士坤（2016年3月任），人大主席施学光（2016年3月离任）、马思锟（2016年4月任），镇长梁丽庆（2016年11月离任）、张磊（2016年11月任）。

（马利娟）

【华溪镇】 2016年，全镇总人口13 791人，其中，男7 028人，女性6 763人。农业人口11 045，非农业人口2 735人；以彝族为主的少数民族人口8 246人，占总人口的59.8%。

2016年年末，全镇有耕地33 947亩，完成农业总产值4.13亿元，比上年增长15%。全镇柑橘种植2.5万亩，销售柑橘6.4万吨，实现销售收入2.7亿元。完成核桃种植4 000亩，累计种植1.6万亩，挂果面积4 400亩，年产量25万千克，产值626万元。

2016年，全镇生产总值34 660万元，增长10.9%；其中，第一产业增加值23 524万元，增长6.7%；第二产业增加值3 037万元，增长50.9%；第三产业增加值8 099万元，增长13.1%。农业总产值完成37 710万元，增长5%。完成规模以上固定资产投资38 779万元，增长250.9%。农村居民人均可支配收入17 056元，增长11.8%。社会消费品零售总额9 281万元，增长13.2%。

2016年，全镇公共财政预算总收入974万元，同比增47万元，增长5.07%。其中，地方公共财政预算收入727万元，上级补助收入247万元。公共财政预算总支出974万元。金融机构存款余额2.94亿元，贷款余额4.17亿元，存贷比1∶1.41。

2016年，全镇有企业530个，其中，集体企业1个，私营企业49个，个体工商户480个。

镇党委书记董刚（2016年3月离任）、张平（2016年3月任），人大主席孙德昕，镇长李志林。

（缪　湘）

【通红甸彝族苗族乡】 2016年，全乡总人口10 625人，其中，少数民族人口4 616人，占总人口的43.4%。出生率7.92‰，人口自然增长率2.19‰。农村劳动力6 719人，其中从事第二、三产业的374人，占总劳动力的5.6%。

2016年，全乡有耕地18 033亩，农业人口人均占有耕地1.7亩。全年粮食总产413.23万千克，比上年增4.9%；全年粮食作物种植14 326亩，粮食总产量413.23万千克；油菜种植1 475亩；蔬菜种植15 821亩；烤烟种植5 000亩，总产量62万千克。

年末，大牲畜存栏4 839头，比上年增加107头，增长2.3%；牛存栏2 776头，比上年增加59头，增长2.2%；出售和自宰肉牛536头，比上年增加16头，增长3%；生猪存栏13 887头，比上年增加417头，增长3.1%，肥猪出栏15 810头，比上年增加1 310头，增长9%；羊存栏6 996只，比上年增加256只，增长3.8%；出售和自宰肉羊3 631只，比上年增加241只，增长7.1%；累计出售和自宰肉禽33 804只，比上年增加2 810只，增长9.1%。

2016年，全乡完成生产总值14 498万元，比上年增加1 739万元，增长（可比价）12.7%。其中，完成第一产业增加值8 214万元，增长4.8%；第二产业增加值3 164万元，增长45.4%；第三产业增加值3 120万元，增长10.6%；三次产业结构调整为56.7∶21.8∶21.5。实现工业增加值947万元，增长1.2%；农村居民人均可支配收入6 632元，同比增长9.3%。社会消费品零售总额2 458万元，同比增长13.1%。完成招商引资任务6 800万元。

2016年年末，全乡地方本级财政收入822.53万元，比上年减少537.47万元，下降39.5%。其中，烤烟农特税收入459万元，比上年增加14.43万元，增长3.2%。本级财政总支出1 178.09万元，比上年减少201.94万元，下降17.1%。

2016年，全乡有企业6家，其中，工业企业1家，住宿企业1家，农业企业1家，交通运输1家。实现工业增加值947万元，比上年增长1.2%。

乡党委书记普兴华（2016年3月离任）、郭艳（2016年3月任），人大主席刘福寿（2016年11月离任）、竜家贵（2016年11月任），乡长坝兴伟（2016年11月离任）、李兴周（2016年11月任）。

（王　艳）

易门县

【自然概貌】 易门县地处云南省滇中西部，玉溪市西北部，位于北纬24°27′～24°57′、东经101°54′～102°18′之间，有“滇中水城、菌乡易门”之称。易门县东与安宁市晋宁县相接，南连峨山县，西邻楚雄州双柏县，北与禄丰、安宁两县市接壤。县人民政府驻地龙泉街道海拔1 570米，东南距玉溪市政府所在地红塔区110千米，东北距省会昆明市94千米，县域东西横距44千米，南北纵距57千米，总面积1 571平方千米，坝区和河谷面积占3%，山区面积占97%。境内最高点为北部小街乡甲浦老黑山顶雀窝尖山，海拔2 608米，最低点是绿汁镇南部炉房村旁易门与双柏、峨山交界处的绿汁江面，海拔1 036米。地形特征为东、北、西三面高山屏立，中部是溶蚀性盆地，东南面为中山河谷地带，全境状似马蹄。江河沿岸受河流切割影响，较陡峭，山谷相间、地形复杂。属中亚热带气候，受地形地貌影响，立体气候明显，县内具有热带到温带的气候类型。2016年总降水量987.8毫米，为正常稍偏多年份，比历年平均值增加144.3毫米，增17.1%，比上年同期值增加51.6毫米；2016年年平均气温偏高为16.7度，比历年平均值偏高0.2度，比上年同期值偏低0.3度；年日照时数特少为1 618.7小时，比历年平均值少508.2小时，下降23.9%，比上年同期值偏少270.8小时。2016年主要气象灾害为低温、霜冻、冰雹、洪涝、连阴雨、雷电等，总体上气候属中等偏好年景。

【行政区划】 2016年，全县辖2个街道、1个镇、4个乡，即龙泉街道、六街街道、绿汁镇、浦贝彝族乡、十街彝族乡、铜厂彝族乡、小街乡。下设39个村民委员会和19个社区居民委员会，有746个村（居）民小组，801个自然村。

【人口和人民生活】 2016年年末，全县常住人口18.08万人，比上年末增加0.12万人，城镇化率44.89%。按公安户籍人口统计，全县总户数61 156户，总人口165 611人，其中，非农业人口59 250人，农业人口106 361人。年内出生人数1 599人，出生率9.66‰，上升3.12个千分点；年内死亡人数1 246人，死亡率7.53‰，下降0.68个千分点；年内自然增长人口增加353人，自然增长率为2.13‰，上升3.80个千分点。在总人口中，男性84 232人，女性81 379人，男女性别比为103.5：100。少数民族人口55 407人，占总人口的33.46%，上升0.15个百分点。

2016年，全县城镇常住居民人均可支配收入31 886元，比上年增长9.3%；农村常住居民人均可支配收入11 472元，比上年增长9.9%。城镇常住居民人均消费性支出18 752元，减少1.5%，农村常住居民人均生活消费支出9 377元，增长16.3%。

年末，单位从业人员18 108人，其中，在岗职工16 517人。从业人员年平均工资57 724元/人，比上年增长17.6%，其中，在岗职工年平均工资60 541元/人，比上年增长16.4%。

【综合经济指标】 2016年，全县现价生产总值（GDP）853 821万元，按可比价格计算，比上年增长16.2%。其中，第一产业完成增加值110 741万元，增长6.0%，对GDP增长的贡献率为5.3%，拉动经济增长0.9个百分点；第二产业完成增加值441 998万元，增长21.5%，对GDP增长的贡献率为67.6%，拉动经济增长10.9个百分点；第三产业完成增加值301 082万元，增长12.5%，对GDP增长的贡献率为27.1%，拉动经济增长4.4个百分点。全县人均生产总值47 382元，比上年增加5 894元，增长15.8%。三次产业结构由上一年的14.1：50.9：35.0发展为13.0：51.8：35.2，其中，第一产业比重比上年下降1.1个百分点；第二产业比重提高0.9个百分点；第三产业比重提高0.2个百分点。

2016年，全县非公经济增加值371 483万元，比上年增加43 046万元，增长15.0%；非公经济增加值占GDP的比重为43.5%，比上年下降0.6个百分点。

【农　业】 2016年年末，全县有常用耕地156 521亩，比上年减少1 085亩。其中，田63 015亩，比上年减少1 504亩；地94 591亩，比上年增加552亩。农民人均占有耕地1.47亩。

2016年，全县农作物播种389 137亩，同比减少781亩，下降0.2%。其中，粮食作物195 083亩，减3 079亩，降1.6%；烤烟70 846亩，减599亩，降0.8%；蔬菜88 762亩，增5 096亩，增6.1%；油料24 517亩，减918亩，降3.6%。粮食作物播种面积与非粮食作物播种面积比例由上年的50.8：49.2调整为50.1：49.9，非粮食作物比重比上年上升0.7个百分点。

年内，共培育华山松、旱冬瓜、香樟等各类苗木109.6万株，撒播旱冬瓜种子38千克，装营养袋89.75万袋，出圃苗木70.71万株；调供泡核桃苗木47.96万株；板栗大树良种嫁接改造5.6万株；义务植树33.86万株；全县林木绿化率75.96%，森林覆盖率60.09%。

2016年年末，全县累计建成年出栏肉鸡10万只、肉猪1万头以上的畜禽养殖小区15个，累计发展年出栏肥猪500头以上规模户38户、年出栏肉羊100只以上规模户29户、年存栏蛋禽2 000只以上规模户11户、年出栏5 000只以上肉禽规模户275户。

2016年，全县水产养殖8 500亩，产鱼520吨。生产鱼苗4 400万尾，稻田养鱼9 100亩。

2016年，全县农、林、牧、渔业总产值196 791万元，同比增长4.8%。从产业构成上看，种植业产值83 222万元，同比增长4.4%，占42.3%，其中，粮食产值18 715万元，同比增5.2%，烤烟产值27 657万元，同比增2.1%，蔬菜产值19 511万元，同比增2.6%；林业产值5 067万元，同比增0.6%，占2.6%；牧业产值105 476万元，同比增5.4%，占53.6%；渔业产值1 015万元，同比增长2.1%，占0.5%；农、林、牧、渔服务业产值2 011万元，同比增长6.1%，占1.0%。

2016年，全县共投资25 593万元实施水利建设，完成水利建设工程906件，新增蓄水能力15.23万立方米。维修加固堤防7.56千米，新增防渗渠道29千米，新增有效灌溉面积0.36万亩，改善灌溉面积1.06万亩，解决人饮安全2.1万人，治理水土流失面积35.32平方千米。累计完成投资17 879万元、5 780万元、5 883万元的苗茂水库、团结水库、绿汁江上游易门段治理工程正在有序开展；投资2 269万元的15件小（二）型病险水库除险加固工程，10件已经完成除险加固建设，其余5件正在抓紧施工。

【工　业】 2016年，全县实现工业总产值1536 605万元，增长25.7%。矿冶、陶瓷建材和食品加工三大产业完成产值1267 016万元，增长26.6%，其中，矿冶产业完成产值861 560万元，增长25.9%，占工业总产值的56.1%；水泥陶瓷建材产业完成产值250 825万元，增长24.3%，占工业总产值的16.3%；食品加工产业完成产值154 631万元，增长34.9%，占工业总产值的10.1%。

全县完成工业增加值416 257万元，比上年增长21.0%，占GDP比重48.8%，拉动GDP增长10.1个百分点，对GDP增长的贡献率为62.7%。其中，规模以上工业增加值305 949万元，比上年增长26.2%，占工业增加值的73.5%。

全县规模以上工业企业实现主营业务收入747 713万元，增长19.9%；实现利税总额93 466万元，增长27.4%；实现利润73 409万元，增长38.2%。

2016年，全社会建筑业增加值

第12届中国·云南野生食用菌交易会　（陈　永　摄）

26 574万元，比上年增长29.5%。资质以上建筑业9户，完成建筑业总产值67 575万元，增长30.8%。

【固定资产投资】 2016年，全县规模以上固定资产投资施工项目133个，完成投资764 300万元，同比增25.8%。分三次产业看：第一产业完成投资32 972万元，同比增30.4%；第二产业完成投资224 836万元，同比降39.8%，其中工业投资完成224 836万元，同比降39.8%；第三产业完成投资506 492万元，同比增1.4倍。

【交通、邮电和旅游】 2016年，全县交通运输、仓储和邮政业完成增加值12 327万元，比上年增加742万元，增长4.2%。拥有载客汽车359辆，载货汽车3 567辆。全年公路客运量124万人次，旅客周转量7 805万人千米，货运周转量57 625万吨千米。年末，境内公路里程2 044.2千米，其中，二级公路62千米，占3.0%；三级公路58千米，占2.8%；四级公路1 924.2千米，占94.2%。在总里程中，其中，省道120公里、县道220.8千米、乡道1 274.5千米、村道428.9千米。

2016年，全县邮电业务总量18 129万元，其中，邮政业务总量692万元；电信业务总量2 856万元；移动业务总量13 934万元；联通业务总量647万元。全县电话普及率79部/百人。年末，固定电话用户8 536户，其中，住宅电话5 975户，移动电话142 227户。互联网用户38 564户。

2016年，全县共接待游客146.2万人次，比上年增长12.8%，实现旅游总收入81 663万元，比上年增长21.8%。

【物价和贸易】 2016年，全县社会消费品零售总额185 881万元，比上年增长13.4%。按销售单位所在地统计：城镇消费品零售额160 688万元，增长13.5%；乡村消费品零售额25 193万元，增长12.5%。按消费形态统计：商品零售额152 979万元，增长13.4%；餐饮收入额32 902万元，增长13.5%。批发商品销售额157 841万元，比上年增长24.2%；零售业商品销售额200 192万元，比上年增长17.7%。住宿业营业额6 884万元，比上年增长17.3%；餐饮业营业额46 312万元，比上年增长22%。

2016年，全县居民消费价格比上年累计上涨1.1%，商品零售价格上涨0.7%，农业生产资料价格上涨3.1%。

2016年，全县签约招商引资项目15项，协议投资额539 000万元。实施市外国内招商引资项目144个，引进资金655 504万元，比上年增长18.5%，其中，省外国内资金495 180万元，增长19.6%。利用国外资金110万美元。

外贸进出口总额完成6 959万美元，增长35.3%，其中，进口完成447万美元，下降5.9%；出口完成6 512万美元，增长39.4%。

【财政、金融】 2016年，全县财政总收入105 120万元，比上年增长7.5%，其中，地方财政收入72 317万元，比上增长5.6%。地方公共一般预算收入58 188万元，比上年增长9.7%；其中，增值税完成12 922万元，增长1.5倍；营业税完成5 196万元，下降19.5%；企业所得税完成1 504万元，增长6.7%。全年地方财政支出186 108万元，比上年增长4.4%。全县地方公共一般预算支出完成166 716万元，比上年增长4.9%。

2016年年末，全县金融机构各项存款余额853 344万元，比上年增长11.8%，其中，住户储蓄存款余额509 783万元，增长22.0%。各项贷款余额579 627万元，增长27.0%，其中，住户短期消费贷款余额15 272万元，增长17.7%；住户中长期消费贷款余额66 079万元，增长13.0%。

【科技、教育】 2016年，全县财政科技投入2 704万元。年内申报科技项目46项，立项33项，其中，国家级项目1项、省级项目27项、市级项目5项；申报市科技成果2项，获得玉溪市科学技术进步一等奖1项；评出2015年县级科技进步成果一等奖4项，二等奖4项，三等奖4项；申请专利106件，授权72件，其中发明专利4件、实用新型68件。

2016年年末，全县有普通高中1所，招生792人，在校生1 985人，毕业生505人；职业高中1所，招生500人，在校生1 065人，毕业生371人；初中8所，招生2 275人，在校生6 962人，毕业生2 432人；普通小学51所，招生1 352人，在校生8 662人，毕业生2 290人；学前教育167个班，其中，学前班38个，招生584人，在校生620人，幼儿园36所，在园幼儿2 967人。教职工2 005人（含民办幼儿园172人）。全县7~12周岁适龄儿童入学率99.98%，小升初入学率99.34%，小学辍学率0.03%，初中辍学率0.86%。

【文化、广播电视】 2016年年末，全县有图书馆、文化馆各1个，乡镇文化站7个，农村书屋58个，群众业余演出团（队）161个。图书馆藏书92 710册，读者流通57 047人次（其中外借31 849人次，阅览25 198人次），书籍流通126 399册次（其中外借59 203册次，阅览67 196册次），新书上架6 213册，期刊上架3 277册。

年内，编播《易门新闻》190期1 235条，播发各类公益广告41 500多条，编发《新闻直通车》栏目42期260条；新闻节目被市电视台采编播出176条，市广播电台采编播出70

云师大附属易门中学揭牌　　（陈　永　摄）

条；与中央、省电视台合作（协作、推荐选题）播出，央视5条，云南卫视8条。年末，电视覆盖率99.88%，广播覆盖率99.77%。

【体育、卫生】 2016年年末，我县累计成立体育协会组织12个，协会人员8 752人。年内举办活动34场，参赛人数4 980人次。参加玉溪市2016年度少年儿童田径、游泳、篮球及幼儿基本体操、排舞、器械操年度赛，荣获团体第一名3个、第四名2个、第五名1个的好成绩。

2016年年末，全县共有卫生机构115家，其中，县级医疗机构3家、疾控中心1家、乡（镇）卫生院7家、村卫生所53家、民营医院3家、个体诊所44家、医务室4家。病床编制764张（其中民营医院145张），实际开放983张（其中民营医院166张）。卫生专业技术人员1 063人，其中，执业医师297人，执业助理医师65人，注册护士471人。

2016年无甲类传染病病例报告，年内报告传染病16种共878例，发病率510.31/十万，其中乙类10种171例，发病率99.39/十万，丙类6种707例，发病率410.92/十万。

2016年，全县孕产妇1 566人，建册管理率99.62%，系统管理率95.92%。7岁以下儿童健康管理率99.27%，3岁以下儿童系统管理率98.55%。婚前医学检查率92.34%，疾病检出率3.65%。婴儿死亡率4.46‰，新生儿死亡率2.55‰。

【社会保障】 2016年，全县社会劳动者人数109 636人，同比增长3.7%，其中，第一产业52 501人，占47.9%；第二产业30 336人，占27.7%；第三产业26 799人，占24.4%。

2016年，城镇职工养老保险参保人数16 854人，其中，企业12 010人，机关事业单位4 844人。离退休人数5 594人，其中，企业3 770人，机关事业1 824人。全年收缴基本养老金4 597万元，其中，企业收缴保费1 898万元，机关事业收缴保费2 699万元。支出养老保险金4 976万元，其中，企业养老金支出2 387万元，机关事业养老金支出2 589万元。

2016年，城乡居民养老保险参保人数98 741人，参保率98.83%，筹集保险金5 901万元，其中，个人缴纳1 131万元，中央补助2 004万元，省补助449万元，市补助81万元，县补助60万元。支出养老金2 176万元。

城镇职工医疗保险参保单位468个，参保职工16 841人，其中，在职人员11 732人。基本医疗保险统筹基金上年结余196万元，当年收入3 172万元；本级当年支出3 368万元，其中，上解上级支出1 775万元，待遇支出1 593万元。个人账户基金上年结余2 678万元，当年收入3 593万元；个人账户基金当年支出6 271万元，其中，上解上级支出3 161万元，待遇支出2 999万元，其他支出111万元。

城镇居民医疗保险参保人数17 058人，总收入752万元，上级补助收入676万元，利息收入2万元，保费收入74万元（其中，个人缴纳7万元，县财政补助67万元）。支出保险金752万元，其中待遇支出676万元，上解上级支出76万元。

新型农村合作医疗保险参合人数125 065人，参合率97.77%，筹集资金6 792万元，支出6 408万元，减免人次335 791人次。

城镇职工失业保险参保单位368个，参保职工7 710人，筹集保险金767.5万元，支付保险金377.6万元，失业职工发放262.5万元。

2016年，全县纳入城镇低保3 427户、5 146人，发放低保金2 303.62万元，纳入农村低保4 732户、8 600人，发放低保金2 102.68万元。开展城乡医疗救助28 925人次，支出救助金697.71万元。解决临时困难救助2 488户、5 611人，支出救助金367.65万元。落实特困人员供养政策，累计支出保供养金408.07万元，为762户808人城乡特困对象提供生活保障。对52个孤儿发放基本生活费70.21万元。全年发放高龄长寿保健补助金14 324人次，共计225.10万元。发放优抚对象抚恤补助金1 271人次706.09万元，发放义务兵家庭优待金131户95.71万元，发放退役士兵自主就业一次性补助金55名53.60万元。

2016年，为残疾人配发轮椅105部、拐杖45副、助行器26件、坐便器1件、助视器28件、听书机50部、助视手机9部、助听器70部、儿童站立架7件、儿童坐姿椅4件、装配普及型假肢6例。

【城市建设和房地产】 2016年，县城建成区面积4.99平方千米，城市道路总长度44.32千米，道路总面积84.42万平方米，道路照明灯盏数11 586盏，建成区绿化覆盖面积200万平方米，绿化覆盖率40.15%，绿地总面积175万平方米，绿地率35.07%，公园绿地面积59万平方米，人均公园绿地面积17.46平方米。清运生活垃圾13 520吨，城市生活垃圾无害化处理率97%；处理生活污水247万立方米，城市生活污水处理率87%。路灯设施完好率和亮灯率均达95%以上。

2016年，全县商品房施工190 117平方米，竣工24 106平方米。房屋成交788起，成交总面积8.06万平方米，成交金额32 067万元，平均成交价格3 979元/平方米，其中，住宅3 422元/平方米，商业用房10 600元/平方米。

【领导干部】 县委书记马亚东，县委副书记吴渔琛（2016年5月任）、刘世伟（2016年5月任）、周龙武（2016年5月离任）、徐卫明（2016年3月任，2016年5月离任）。人大常委会主任王华堂，副主任王文方、李翠仙（女）、法治祥。县长周龙武（2016年6月离任）、吴渔琛（2016年12月代理县长），副县长吴渔琛（2016年6月任，2016年12月离任）、徐卫明（2016年3月离任）、钱树才（2016年6月任）、许绍宏（2016年6月离任）、普立敏、沐尚葵（女）、普长福（2016年12月离任）、段丽蓉（女，2016年12月任）、杨兴龙（2016年3月离任）、王跃华（2016年3月任）、施立刚（2016年8月离任）、荣玉福（2016年8月任）。政协主席冯晓燕（女），副主席周黎明、朱林、侯丽芬（女）、赵兴堂。纪委书记钱树才（2016年5月离任）、俞琴（女，2016年5月任）。

（李杰海）

【龙泉街道】 2016年，街道总人口58 247人，其中，男28 677人，女29 570人；少数民族人口9 183人，占总人口的15.8%。人口自然增长率7.45‰。农村劳动力30 001人，其中从事第二、第三产业的19 802人，占总劳动力的66%。

2016年，街道有耕地22 647亩，复种指数229%。全年粮食总产884.93万千克，比上年增6%；油料总产50.09万千克，比上年减9.57%。农业人口人均产粮451千克。年末，生猪存栏51 817头，比上年增0.96%；肥猪出栏76 514头，比上年减0.6%。大牲畜存栏5 554头，比上年增2.4%。水产品产量27万千克。全年投入水利建设资金117.53万元，水利化程度93%。

2016年，街道有个私企业325个，比上年增4个，从业人员10 579人，比上年增1.2%；企业总收入701 213万元，比上年增10.6%；实现税利9 955万元，比上年增4.1%。

2016年，街道生产总产值预计574 462万元，比上年增16%。工农业总产值1199 574万元，比上年增21.7%。其中，工业总产值1157 086万元，比上年增22.5%；农业总产值42 488万元，比上年增4.7%。农村经济总收入76 325万元，比上年增7.9%；农民人均纯收入11 898元，比上年增12%。

2016年，街道财政收入3 690.49万元，比上年减31.47%；财政支出3 690.49万元，比上年减31.47%。年末，各项存款余额0.46亿元，比上年增83%。

街道党工委书记许卫光，人大工委主任刘东明（2016年10月离任）、孙晓平（2016年10月任），办事处主任施立生（2016年7月离任）、吴剑坤（2016年8月任）。

（金　晶）

【六街街道】 2016年，全街道总人口25 556人，其中，男12 951人，女12 605人；少数民族人口5 292人，占总人口的20.71%。人口自然增长率3.79‰。农村劳动力16 418人，其中从事第二、第三产业的6 423人，占总劳动力的39.12%。

2016年，街道有耕地24 525亩，复种指数198.2%。全年粮食总产1 027.05万千克，比上年增2.17%；油料总产25.4万千克，比上年增7.6%。农业人口人均产粮430.9千克。年末，生猪存栏32 705头，比上年增2%；肥猪出栏43 560头，比上年增1%。大牲畜存栏6 324头，比上年减3%。水产品产量7.6万千克，比上年增0.9%。全年投入水利建设资金1 061.2万元，水利化程度85%。

2016年，街道有个私企业2 186个，比上年增20个，从业人员4 742人，比上年减1%；企业总收入191 820万元，比上年增30.43%；实现税利16 998万元，比上年增7.13%。

2016年，全街道实现规模以上工业总产值19.64亿元；完成工业企业固定资产投资5.36亿元，实现农业总产值3.74亿元，同比增1 736万元，增长率4.9%。实现畜牧业产值24 605万元，同比增长1 127万元，增长率4.8%。农村经济总收入77 680万元，同比增长7 951万元，增长率11%；农民人均纯收入11 775元，同比增长1 167元，增长率11%；实现城镇居民人均可支配收入26 800元，同比增长10.9%。

街道党工委书记李富良，人大工委主任孙志平，办事处主任许迎春。

（莫发宝）

【绿汁镇】 2016年年末，全镇总人口16 851人，其中，男8 962人，女7 889人。少数民族人口5 126人，占总人口的65%。人口自然增长率-1.4‰。农村劳动力9 649人，其中从事第二、第三产业的3 869人，占总劳动力的40.1%。

2016年，全镇有耕地20 844亩，复种指数280%。全年粮食总产806万千克，比上年增6.4%；油料总产32.74万千克，比上年增3.11%。农业人口人均产粮632千克。年末，生猪存栏18 025头，比上年增1.4%；肥猪出栏31 081头，比上年增4.9%。大牲畜存栏4 819头，比上年增1.81%；大牲畜出栏1 109头，比上年减16%。水产品产量24万千克，比上年增50%。全年投入水利建设资金4 658万元，水利化程度65%。

2016年，全镇有个私企业424个，从业人员1 534人，比上年增0.06%；企业总收入23 582万元，比上年增0.17%；实现税利1 938万元，比上年增0.2%。

2016年，全镇农村社会总产值（现价）88 703万元，比上年增9.5%。工农业总产值（现价）34 870万元，比上年减1.5%。其中，工业总产值16 422万元，比上年减20%；农业总产值18 448万元，比上年减3.6%。农村经济总收入31 601万元，比上年增10.5%；农民人均纯收入11 384元，比上年增9.6%。

2016年，全镇财政支出1 050万元，比上年减42%。各项存款余额3.8亿元，比上年增14%。人均储蓄存款余额19 724元，比上年增1.3%。

镇党委书记魏榕，人大主席高奎明，镇长卜绍良。

（普　静）

【小街乡】 2016年，全乡总人口12 852人，其中，男6 710人，女6 142人；少数民族人口2 949人，占总人口的22.95%。人口自然增长率3.36‰。农村劳动力7 709人，其中从事第二、第三产业2 330人，占总劳动力的30.22%。

2016年，全乡有耕地14 926亩，复种指数304%。全年粮食总产631.01万千克，比上年增9.2%；油料总产35.37万千克，比上年增42.56%。农业人口人均产粮579.17千克。年末，生猪存栏13 154头，比上年增5.9%；肥猪出栏43 569头，比上年增1.2%。大牲畜存栏5 014头，比上年增8.5%。

2016年，全乡有个私企业729个，比上年增5个，从业人员1 807人，比上年增0.39%；企业总收入2 621万元，比上年增0.72%；实现税利510万元，比上年增0.78%。

2016年，全乡工农业总产值21 777万元，比上年增5.3%。其中，工业总产值3 349万元，比上年增7.5%；农业总产值18 428万元，比上年增4.9%。

2016年，全乡农村经济总收入22 817万元，比上年增10.34%；农民人均纯收入10 949元，比上年增8.42%。

2016年，全乡财政收入1 171.91万元，比上年减28.59%；财政支出1 171.91万元，比上年减28.59%。年末，各项存款余额2.7亿元，比上年增1.1%；人均储蓄存款余额18 163.25元，比上年增15.96%。

乡党委书记高峻岭，人大主席李忠华，乡长侯炤龙。

（普朝成）

【浦贝彝族乡】 2016年，全乡总人口17 690人，其中，男9 117人，女8 753人；少数民族人口9 495人，占总人口的53.6%。人口自然增长率6‰。农村劳动力11 952人，其中从事第二、第三产业的5 713人，占总劳动力的47.8%。

2016年，全乡有耕地22 604亩，复种指数223%。全年粮食总产839.91万千克，比上年增6.5%；油料总产41.72万千克，比上年减7%。农业人口人均产粮498千克。年末，生猪存栏33 856头，比上年增11.88%；肥猪出栏56 085头，比上年增3.7%。大牲畜存栏7 488头，比上年增28.4%。水产品产量5.7万千克。全年投入水利建设资金2 162.07万元，水利化程度82%。

2016年，全乡有个私企业715个，从业人员3 585人；企业总收入65 601万元；实现税利1 360万元。

2016年，全乡生产总产值预计48 850万元，比上年增15%。工农业总产值30 144万元，比上年增16%。其中，工业总产值48 860万元，比上年增16%；农业总产值15 363万元，比上年增6.5%。农村经济总收入59 718万元，比上年增11%；农民人均纯收入11 779元，比上年增12%。

2016年，全乡财政收入1 527万元，比上年减0.4%；财政支出1 486万元，比上年增0.3%。年末，各项存款余额2.76亿元，比上年增11.2%；人均储蓄存款余额15 602.04元。

乡党委书记彭安富（2016年1月任），人大主席李长华（2016年1月离任）、李胜春（2016年1月任），乡长雷波（2016年12离任）、李晓荣（2016年12月任）。

（金妍杉）

【十街彝族乡】 2016年，全乡总人口12 599人，其中，男6 481人，女6 118人；少数民族人口7 055人，占总人口的56%。人口自然增长率-0.39‰。农村劳动力8 875人，其中从事第二、第三产业的2 415人，占总劳动力的36%。

2016年，全乡实有耕地21 641亩，复种指数232%。全年粮食总产873万千克，比上年增0.1%；油料总产39.21万千克，比上年增14.41%。年末，肥猪出栏5.2万头、肉牛出栏1 900头、肉羊出栏8 980只、家禽出栏64.4万只，产值1.24亿元。

2016年，全乡有个私企业267个，比上年增加27个，增长11.2%；从业人员1 393人，比上年增加3个，增长0.2%；企业总收入10 930万元，比上年增加9 990万元。

2016年，全乡农村经济总收入26 828万元，比上年增7%；农民人均纯收入10 920元，比上年增9.6%。

2016年，全乡财政收入1 275.54万元，比上年增14.26%；财政支出1 273.54万元，比上年增12.44%。年末，各项存款余额2.45亿元，比上年增11.36%；人均储蓄存款余额19 432.1元，比上年增12.41%。

乡党委书记马云涛，人大主席李增天，乡长普文玉。

（周德慧　法炳文）

【铜厂彝族乡】 2016年年末，全乡总人口21 983人，其中，男11 462人，女10 521人；少数民族人口14 323人，占总人口的64.5%；农村劳动力14 016人，从事第二、三产业3 333人，占总劳动力的15.1%。

2016年，全乡有耕地32 340亩，复种指数260.81%。全年粮食总产1 224.69万千克，比上年增长10.61%；油料总产49.19万千克，比上年减少2.92%。农业人口人均产粮565.7千克。年末，生猪存栏29 008头，比上年增长2.37%；肥猪出栏46 534头，比上年减少0.5%。大牲畜存栏5 392头，比上年增长12.24%。水产品产量7.7万千克，比上年增长8.9%。全年投入水利建设资金250.7万元，水利化程度79.3%。

2016年，全乡有个私企业273个，从业人员695人，比上年增13.75%，企业总收入11 040万元，比上年减7.9%，实现税利275万元，比上年减1%。

2016年，全乡实现现价生产总值（现价）4.1亿元，比上年增14%；实现农村经济总收入3.76亿元，比上年增14.2%；农业总产值28 944万元，比上年增1.31%；农民人均纯收入10 653元，比上年增13.2%，增加1 209元。年末，各项存款余额2.58亿元，比上年增17.12%；人均存款余额11 714.84元，比上年增15.01%。

乡党委书记王文光，人大主席李学林，乡长法绍伟。

（尹红云　陈建冶）

峨山彝族自治县

【自然概貌】 峨山彝族自治县地处云南省中部。位于东经101°52′～102°37′，北纬24°01′～24°32′之间。东接红塔区，东南与通海县交界，南与红河州石屏县接壤，西南与新平县山水相连，西北与楚雄州双柏县隔江相望，北与易门县相通，东北与昆明市晋宁县毗邻。玉元高速公路（213国道）穿境而过。县委、县政府驻地双江街道距玉溪市政府驻地24千米，距云南省会昆明市118千米。区域最大横距74.6千米，纵距56.7千米。总面积1 972平方千米，山区面积占96%，坝区及河谷占4%。峨山属高原地貌，丘陵、平坝、河谷、中山相间，地势西北高东南低，县城海拔1 538米，最高点为北部甸中镇镜湖行政村的大石头山，海拔2583.7米，最低点在西部绿汁江边的丫勒，海拔820米。立体气候显著属亚热带半湿润凉冬高原气候区。县境地形似三角形，东部狭长，西部较宽，由中山、河谷、小盆地三种地貌构成。境内海拔2 000米以上的高山有60多座，较大的有高鲁山、大西山、总果山、大黑山、火石头山等。地势西北高东南低，东部因受曲江（县境称豌江）切割，形成西北至东南走向的山地与谷地相间的地貌形态。中部的岔河、塔甸、富良棚等乡（镇）属岩溶比较发达的石灰岩地区，群山起伏，溶洞、洼地较多，有地下沟、河分布，地面水源较缺。西部和北部山高坡陡，箐深谷狭，地形破碎。境内峰峦叠翠，山清水秀，素有“山有多高，水有多高，冬无严寒，夏无酷暑，四季如春”之美称。境内河流分属红河、珠江两大水系。分水岭由高鲁山沿峨山、红塔区入岔河乡境内，经黄草岭而南至厂上李家山，南入石屏县。分水岭以东为珠江水系，以西为红河水系。2016年，境内年平均气温16.6℃，最低气温-3.1℃，最高气温33.1℃，有霜期2016年1月11日~30日，有霜日9天，年日照数1 961.8小时，年降雨量935.6毫米。峨山矿产资源主要有铁、煤、硅、铜、锌、高岭土、花岗岩、大理石等。县内森林资源丰富，2016年森林覆盖率66.4%，在茫茫的林海中，有植物1 500多种，有国家一级保护植物大树桫椤，有国家二、三级保护植物数十种。香菇、木耳、干巴菌、鸡枞等20多种野生食用菌以质优量大闻名省内外。

【行政区划】 2016年，全县辖双江街道、小街街道、化念镇、甸中镇、塔甸镇、岔河乡、富良棚乡、大龙潭乡2个街道3个镇3个乡。全县设76个村（居）民委员会，597个村（居）民小组，557个自然村。

【人口、民族】 2016年年末，全县常住人口16.98万人，其中，城镇人口7.35万人，农村人口9.63万人。全县户籍总户数53 806户，其中，城镇户数22 777户，乡村户数31 029户。户籍总人口155 435人，其中，城镇人口52 697人，占总人口的33.9%；女性人口77 443人，占总人口比重的49.8%；少数民族人口105 979人，占总人口的比重68.2%；彝族人口87 940人，占总人口的比重56.6%。

【综合经济指标】 2016年，全县实现生产总值（GDP）701 610万元，按可比价计算比上年增长12%。其中，第一产业增加值112 231万元，

2016年2月24日，云南五大基础设施网络建设重点项目弥勒至峨山至楚雄高速公路试验段分会场开工仪式（施锦泉 摄）

增长6.2%；第二产业增加值266 924万元，增长14.4%；第三产业增加值322 455万元，增长11.9%。三次产业结构由上年的15.9：39.1：45.0调整为16.0：38.0：46.0，分别拉动GDP增长1.0个、5.6个和5.4个百分点，对GDP增长的贡献率分别为8.3%、47.0%和44.7%。

2016年，全县人均生产总值达41 466元，按可比价计算比上年增长10.6%。全县实现非公有制经济增加值413 983万元，占GDP的比重为59%。

2016年，全县单位生产总值能耗为1.08吨标准煤/万元，按可比价计算比上年下降16.97%。

【农　业】 2016年，全县实现农、林、牧、渔业总产值176 743万元，比上年增长12.4%，扣除物价因素实际增长6.2%。其中，农业产值完成95 922万元，增长4.4%；林业产值完成7 788万元，增长1.9%；牧业产值完成68 630万元，增长9.1%；渔业产值完成1 348万元，增长3.1%；农、林、牧、渔服务业产值3 055万元，增长10.6%。全年实现农、林、牧、渔业增加值114 339万元，比上年增长12.9%，扣除物价因素实际增长6.2%。

2016年，全年农作物总播种401 005亩，比上年增4 291亩，增长1.1%，复种指数187.2%，比上年提高0.3个百分点。其中，全年粮食播种183 509亩，比上年增186亩，占总播种面积的45.8%，比上年下降0.4个百分点；经济作物132 608亩，比上年增3 941亩，占总播种面积的33.1%，比上年提高0.7个百分点；其他农作物84 888亩，比上年增加164亩，占总播种面积的21.1%，比上年下降0.3个百分点。全年温带水果种植5 206.44亩，其中，猕猴桃179.3亩，金丝枣764.3亩，冬枣3 346.8亩，三华李273.21亩，油桃542.83亩，软籽石榴100亩。

2016年，全县水产养殖6 200亩，与上年持平，其中，池坝塘养殖2 776亩，水库养殖3 424亩。全年水产品产量890吨，比上年增产11吨，增长1.3%，其中，池坝塘水产品产量626吨，水库水产品产量199吨，稻田水产品产量65吨。水利化程度63.5%。

2016年，全县拥有农业机械总动力43 516.68万瓦特，比上年增加351.04万瓦特，增长0.8%。全年全县施用化肥31 263吨，比上年增长2.1%；农用塑料薄膜使用1 096吨，比上年增长12.4%；农药使用量583吨，比上年增长1.2%；农村用电量5 833万千瓦时，比上年下降7%。

2016年年末，乡村劳动力资源数92 105人，其中劳动年龄内80 918人。全县乡村从业人员85 580人，其中，从事农、林、牧、渔业人员60 500人，占乡村从业人员的70.7%，比上年下降0.6个百分点；从事第二产业（工业、建筑业）人员9 382人，占乡村从业人员的11.0%，与上年持平；从事第三产业（除农业、工业、建筑业以外）人员15 698人，占乡村从业人员的18.3%，比上年提高0.6个百分点。

【乡镇企业】 2016年年末，全县有乡镇企业（含个体工商户）9 615户，比上年增加272户；从业人员26 864人，比上年增长3.4%；劳动者报酬40 855万元，比上年增长3.1%；从业人员平均工资15 208元，比上年减少45元；营业收入553 692万元，比上年增长12.3%，其中，集体企业营业收入1 746万元，私营企业营业收入414 677万元，个体工商户营业收入134 017万元；实现利润总额18 979万元，比上年增长41%；上交各种税金18 956万元，比上年增长15%。

【工业和建筑业】 2016年，全县实现全部工业增加值249 536万元，按可比价计算比上年增长13.3%，拉动GDP增长5个百分点，对GDP增长的贡献率为41.3%。其中25户规模以上工业企业完成增加值203 621万元，增长14.5%。规模以上工业企业累计实现利税83 265万元，比上年增长44.1%，其中，实现利润51 643万元，增长50.3%。

2016年，全县实现建筑业增加值17 962万元，按可比价计算比上年增长31.7%。全县具有资质等级的建筑业企业6户。

【固定资产投资】 2016年，县规模以上固定资产投资725 608万元，比上年增长33.4%，其中，第一产业完成投资65 167万元，增长99.2%；第二产业完成投资215 915万元，下降5%；第三产业完成投资444 526万元，增长56.5%。第一、二、三产业投资额占规模以上固定资产投资总额的比重分别为9.0%、29.7%、61.3%。

全年施工项目164个（固定投资项目160个、房地产开发投资项目4个），比上年增加22个，其中，本年新开工项目134个，比上年增27个；上年续建项目30个；本年竣工投产项目97个。本年完成投资500~1 000万元的项目22个，比上年减少4个；完成投资1 000万元以上的项目117个，比上年增加7个。

2016年，全县房地产开发投资15 727万元，比上年增长1.8倍，其中，住宅投资12 388万元，增长1.8倍；办公楼投资70万元，增长22.8%；商业营业用房投资2 242万元，增长6.2倍。商品房施工面积15.66万平方米，比上年增长62.4%；商品房销售面积3.86万平方米，比上年增长8.5%；商品房销售额12 443万元，比上年增长10.1%。

【国内贸易】 2016年，全县实现社会消费品零售总额157 226万元，比上年增长12.2%。其中，城镇市场实现社会消费品零售额136 755万元，增长12.6%；乡村市场实现社会消费品零售额20 471万元，增长9.2%。

【对外经济】 2016年，全县实施市外国内资金项目97项，其中，新建项目34项，结转项目63项。全年到位市外国内资金60.85亿元，比上年增长19.1%，其中，省外国内资金46.4亿元，比上年增长34.6%。外贸进出口总额1 147万美元，比上年增长51.5%，其中，出口总额1 143万美元，增长53%；进口总额4万美元，与上年持平。

【财政、金融和保险业】 2016年，全县财政总收入60 312万元，比上年增收2 069万元，增长3.6%。一般公共财政预算收入41 758万元，比上年减收3 141万元，下降7.0%，其中，税收收入完成23 516万元，比上年增收1 716万元，增长7.9%；非税收入完成18 242万元，比上年减收4 857万元，下降21.0%；

2016年年末，全县金融机构人民币存款余额774 715万元，比上年增长12.5%，其中，住户存款余额443 957万元，增长15.1%；金融机构人民币贷款余额476 706万元，比上年增长11.1%。存贷比为61.5%，比上年下降0.8个百分点。城乡居民人均存款26 239元，比上年增3 154元。

2016年，全县保险机构实现保费收入10 452万元，比上年增长15.3%；支付各类赔款金额5 536万元，比上年增长15.5%；赔付率达52.97%。

【人民生活和社会保障】 2016年，全县城镇居民人均可支配收入32 160元，比上年增收2 566元，增长8.7%；农村居民人均可支配收入10 921元，比上年增收937元，增长9.4%。年末，城镇居民人均住房建设49.25平方米，农村居民人均住房面积53.17平方米。

2016年，全县城镇登记失业率为3.31%。城镇新增就业2 210人，城镇失业人员再就业710人，就业困难人员再就业610人，开发公益性岗位460个；共转移输出农村劳动力1 020人。“贷免扶补”扶持创业户数430户，发放贷款4 300万元；担保创业贷款户930户，发放贷款9 300万元。

2016年，全县城镇职工基本养老保险参保人数20 967人，其中，企业参保10 544人，机关参保4 883人，离退休人员参保5 540人。全县城乡居民基本养老保险参保91 343人，被征地农民基本养老保障人数21 737人。

全县城镇基本医疗保险参保26 544人，其中，职工参保16 287人，居民参保10 257人。全县工伤保险参保15 904人，其中，企业参保10 811人，机关参保5 093人。生育保险参保11 254人，其中，企业参保6 161人，机关参保5 093人。失业保险参保8 710人。全县领取农村低保人数为5 027人，领取城镇低保人数为2 728人，共发放低保资金1 205.84万元。

云南滇泉啤酒有限公司于2016年3月份正式投产，主要产品“梦滇啤”，面向缅甸市场销售（峨山县工信局　提供）

【交通、邮电】 2016年，全县完成交通运输、仓储和邮政业增加值13 692万元，按可比价计算比上年增长5.1%。

2016年，全县公路通车里程2 234.4千米，其中，国道92.9千米，省道94千米，县道394.7千米，乡道1 389.1千米，专用公路44.6千米，村道219.1千米。年末，拥有营运汽车5 154辆，比上年增加489辆，其中，载客汽车171辆，比上年减少82辆；载货汽车（含牵引车、挂车）4 983辆，比上年增加571辆。

全年实现邮电业务总量18 997万元，比上年增长12.5%，其中，邮政业务总量完成604万元，增长21%；电信业务总量完成18 393万元，增长12.3%。年末，全县固定及移动电话用户总数143 107户，其中，固定电话用户6 711户（含住宅电话2 637户），移动电话用户136 396户。电话用户普及率84.6部/百人，互联网用户41 068户。

【旅　游】 2016年，全县共接待国内游客127万人次，比上年增长12.1%；接待海外游客67人次，比上年增长8.1%。全年实现旅游总收入99 477万元，比上年增长26.8%。

【教育和科学技术】 2016年，全县有幼儿园17所，其中，公办幼儿园5所，民办幼儿园12所；有小学42所，其中，完全小学41所，教学点1个；普通中学11所，其中，高级中学2所，初级中学9所；有中等职业教育学校2所，其中，成人中等专业学校1所，职业高中1所。年末，全县在校学生23 662人，比上年减少1 013人，其中，在园幼儿3 254人（幼儿园2 477人、学前班777人），小学在校学生9 350人，初中在校5 705人，高中在校4 194人，职业高中在校1 159人。全县共有专任教师1 990人，比上年增加21人，其中，幼儿园专任教师126人，小学专任教师921人，初中专任教师564人，高中专任教师293人，职业高中专任教师86人。全县学前三年儿童入学率93%；小学入学率99.83%，辍学率0.05%；初中入学率96.67%，辍学率1.09%；高考上线率54.18%。

2016年，全县评审出县级上年度科技进步奖9项，其中2项获得玉溪市科技进步三等奖；组织申报各类科技计划11项，其中，省级3项，市级

2016年5月25日，德国ROMONTA公司客户到云南尚呈生物科技有限公司考察
（尚呈生物公司　提供）

8项；专利申请38件，授权27件；发明专利拥有量8件。年末，已认定省科技型中小企业10户（2016年新认定6户）；省农产品深加工科技型企业1户；省农业科技示范园认定1户；省优质种业基地认定1户；科技型农村经济合作组织2个。

【文化、卫生和体育】 2016年，峨山县被授予“中国楹联文化县”称号。继续实施文化惠民工程，开展好“两馆一站”（文化馆、图书馆和8个乡镇、街道文化站）的免费开放的工作，全年图书馆各服务窗口共接待读者41 958人次，图书杂志总流通149 918册次，服务群众2 600人次。开展“一月一村一场”农村电影放映工作，全年公开放映电影1 360场，观众近10余万人。开展文化惠民演出75场次，观众达10万余人次。规范文化市场健康运行，全年共出动综合执法人员436人次，检查经营单位285家次。

2016年，县档案馆馆藏档案全宗数154个，馆藏档案数量89 268卷和94 818件，开放档案全宗数31个，开放档案数量3 052卷。

2016年，峨山电视台播出汉语新闻《峨山新闻》190期1 097条，彝语新闻《彝山新闻》89期285条；播出专栏《法治峨山》16期，《悦动峨山》13期。全县广播人口覆盖率99.51%，电视人口覆盖率99.57%。有线电视用户27 077户，有线电视入户率50.01%。

2016年，全县有医疗卫生机构130个，其中，县级直属医疗卫生机构5家，乡镇（街道）卫生院8个，村（居）委会卫生室75个，民营医院2家，个体诊所31家，厂矿与学校医务室9个。年末，卫生机构实有病床822张，拥有卫生技术人员1 011人，其中，执业医师265人，助理执业医师57人，注册护士324人。全县新型农村合作医疗保险实际参合122 222人，比上年减少907人，参合率97.23%。全年减免补偿408 982人次，总受益率334.62%，补偿新农合资金5 712.52万元。

2016年，对9个村民小组实施全民健身工程项目，加强对现有体育场馆、体育设施的维护管理，完成县体育馆外两块篮球场塑胶地面铺设和部分地面的修缮，新建七人制足球场一个。举办2016年元旦环城跑、2016年迎新春三人制篮球赛、峨山县第一届“足协杯”足球比赛、峨山县首届“羽协杯”羽毛球比赛、“骑乐无穷”自行车比赛和峨山县第二届体育运动会。年末，全县有7个体育俱乐部，各级体育社会指导员241人，经常参加锻炼的人数达总人口的50%以上，实现了群众体育常态化。

【环境保护和安全生产】 2016年，全县创建生态乡镇11个，其中，国家级3个（已通过考核验收，环保部门未任命），省级8个；成功创建“绿色学校”38所，其中，省级11所，市级27所；成功创建“绿色社区”12个，其中，省级3个，市级9个。全年共计监测366天，其中，一级标准天数230天，二级136天。

2016年，各类生产安全事故死亡人数8人，比上年增加3人，其中，运营性道路交通事故死亡7人，比上年增加3人；工矿商贸生产事故死亡1人，与上年持平；煤矿、非煤矿山、烟花爆竹、危险化学品、特种设备等重点行业全年未发生安全生产伤亡事故。

【领导干部】 县委书记王志新，县长鲁春红（2 016.01任），人大常委会主任陈爱军，政协主席董云勇。

【群众安全感和满意度排名全省第三】 云南省综治办发布2016年度全省群众安全感满意率调查结果显示，峨山县人民群众安全感综合满意度率92.48%，比上年上升了6.29个百分点，在全市七县二区中排名第一，在全省129个县（市、区）中排名第三。

【县城棚户区改造顺利进行】 2016年，峨山县全面完成棚户区国有土地房屋征收工作，征收面积7.9万平方米，签约率100%，兑付补偿资金3.21亿元。集体土地房屋补偿签约1 707宗，认签率99.5%。其中，货币安置1 600套，兑付补偿资金5.85亿元。年末，完成国有土地房屋拆除工作，集体土地居民房屋拆除工作完成60%。棚户区改造安置房建设1号高楼建设到20层，2号和3号高楼建设到32层顺利封顶，进入室内外装饰，累计完成投资1.5亿元。

【家庭农场示范场通过认定】 2016年，峨山县首次开展家庭农场示范场认定工作。经过农场经营者申报、县乡两级农经中心审核、专业技术人员评审、县农业局审核认定等程序，双江街道森源种植家庭农场、海雄种植家庭农场、迎福家庭农场、大龙潭乡文森种植家庭农场、塔甸镇雅苑核桃种植家庭农场、化念镇众缘果业家庭农场、成翔养殖家庭农场、德松家庭农场、小街街道东华家庭农场、沃丰家庭农场10个农场最终通过认定为峨山县第一批家庭农场示范场。

【候鸟保护行动】 2016年2月，小街坝子、双江沐勋村等地发现一群（约100多只）罕见的珍稀濒危鸟类—钳嘴鹳。经县森林公安组织人员调查核实，该鸟类已被列入《世界自然保护联盟》，首次在峨山境内出现。为了避免人为伤害和被不法分子捕捉，县林业局、县森林公安局及时采取保护措施，向当地群众宣传野生动物保护法律法规，组织人力开展巡逻保护工作，确保候鸟安全。

【创建全国计生先进县】 2016年，峨山县在全市率先参与开展新一轮全国计划生育优质服务先进单位创建活动。并于9月底向国家、省级申报创建计划生育优质服务先进县。10月，接受省卫生计生委对创建新一轮全国计划生育优质服务先进县的评审。12月29日，峨山县被国家卫生计生委命名为全国新一轮计划生育优质服务先进县。

【民族文化传承发展】 2016年，峨山县成立“峨山县彝族文化遗产保护和传承中心”，进一步加强少数民族传统文化的传承和保护工作。峨山县在县城棚户区改造过程中注重彝族文物的保护和恢复，以打造“彝人古镇”还原“峨阳八景”作为设计规划要求，房屋设计保留彝族传统民居样式。申报2016年传统文化抢救保护项目3个、精品工程项目1个。

【加快电子商务发展】 2016年，峨山县电商服务中心建设项目对符合市级补助政策的峨山山间田野商贸有限公司申报补助资金，加快发展步伐。对峨山慧玉彝文化传播有限公司、峨山山间田野商贸有限公司等7家电商进行授牌管理；积极推进7家企业入驻淘宝网特色中国·玉溪馆。成立峨山县电子商务办公室，抽调相关部门有一定基础的相关专业人员4名集中办公。

【县域经济转型发展试点县】 2016年，峨山县确定为全省20个县（市、区）县域经济转型发展试点县之一。峨山县组织编制完成《峨山县域经济转型发展规划》，将峨山发展定位为昆玉两大城市群的次中心城市；昆曼经济带重要节点城市；玉溪工业化、城镇化的主战场和装备制造业基地；昆玉区域合作共赢先行区和生态文明建设先行县。发展目标，到2020年全面建成小康社会，新型工业化、新型城镇化和农业现代化水平显著提高，城乡收入差距大幅缩小，生态环境更宜人居，基本公共服务达到全省领先水平，在全省县域经济社会发展中起示范作用。

【成功举办65周年县庆暨2016年火把狂欢旅游节】 2016年7月，峨山县举办65周年县庆暨2016年火把狂欢旅游节活动。狂欢旅游节系列活动从7月15日开始到30日结束。节日期间，举行以祖先文化、花鼓文化、圣火文化、彝绣文化为元素的中国彝族花鼓舞传承与保护研讨会、县庆暨火把节文艺演出、彝族原生态歌舞表演、激情火把狂欢夜等文化活动。庆祝活动展示自治县65周年来的光辉历程和辉煌成就，热情讴歌党的民族区域自治政策，全面展现生态峨山、和谐峨山的新形象、新风貌，提高“峨山——中国第一个彝族自治县”的影响力和知名度。

（龙旺生）

【双江街道】 2016年，街道总户数19 679户，农业户2 902户。总人口48 801人，其中，男24 352人，女24 449人。农业人口11 425人，农转城14 378人。农村劳动力资源数20 648人，其中劳动年龄内18 181人，占88.05%。全街道人口中汉族19 144人、彝族22 610人、哈尼族3 796人、回族2 731人、其他少数民族520人，少数民族占总人口的60.77%，人口密度152.22人/平方千米，人口自然增长率3‰。

2016年，街道有耕地24 334亩，复种指数188.08%，农作物总播种45 767亩，全年粮食总产量8 799.4吨，比上年减0.68%，农业人口人均产粮770千克。年末，生猪存栏20 702头，比上年减3.3%；肥猪出栏51 044头，比上年增3.2%。大牲畜存栏1 838头，比上年减2.34%。水产品产量141吨，比上年增0.7%。全年投入水利建设资金1 646.9万元，水利化程度70%。

2016年年末，全街道实现农村社会总产值（现价）254 541万元，比上年增9.06%；工农业总产值（现价）205 093万元，比上年增4.46%。其中，工业总产值174 139万元，比上年增2%；农业总产值30 954万元，比上年增20.83%。农村经济总收入104 583万元，比上年增11 510万元，增12.37%；农民人均纯收入13 749元，比上年增1 470元，增11.97%。全街道有个体工商户（含私营企业）3 990户，与上年持平；从业人员11 692人，比上年增0.07%；营业总收入244 878万元，比上年增2%；全年利润亏损总额2 958万元，比上年增亏24万元。

2016年，全街道实现财政收入8 986万元，比上年增2 076万元，增30%；财政支出8 986万元，比上年增2 076万元，增30%。

街道党工委书记徐强（2016年9月离任）、方奇（2016年9月任），人大工委主任合红星，街道办主任方奇（2016年9月离任）、王华明（2016年9月任）。

【小街街道】 2016年，街道总户数8 230户，总人口26 053人，其中，农业户口7 215户，人口24 766人，非农户数1 015户，人口1 287人；少数民族人口13 459人，占总人口的51.7%；人口自然增长率2.09‰。农村劳动力16 789人，其中从事第二、三产业4 516人，占总劳动力的26.89%。

2016年，街道有耕地42 805亩，其中，田17 385亩，地19 674亩，人均占有耕地1.64亩。全年农作物总播种82 086亩，实现粮食播种36 986亩，粮食总产量1 580万千克，农业人口人均产粮637.97千克，比上年减4.1%；油料总产量38.66万千克，比上年增16.44%。有水库坝塘67座，总库容980.8万立方米，计划蓄水838.25万立方米，年末蓄水583.67万立方米，占计划蓄水的64.26%。水利有效灌溉面积20 946亩，水利化程度48.9%。

2016年，全街道实现地方生产总值（当年价GDP）105 059万元，同比增13.1%；人均41 466元，比上年增10.6%；农村经济总收入48 373万元，比上年增加4 028万元，增9.08%；农村居民人均纯收入12 346元，同比增长1 426万元，增13%；实现地方财政收入4 374万元，比上年增10%，地方财政支出3 863万元，比上年增27.6%。

2016年年末，街道共有个体工商户（含私营企业）2 260户，比上年增加20户；企业从业人员6 372人，比上年增加158人；乡镇企业现价总产值140 748万元，同比增6 702万元，增长5%；营业收入144 284万元，同比增13 116万元，增长10%；利润总额1 586万元，同比增81万元，增长5%；实现上缴税金2 653万元，同比增241万元，增长10%。

2016年，全街道有规模养殖户105户，实现畜禽存栏20.06万头，出栏40.94万头。畜牧业产值1.73亿元，同比增12.4%。种植除虫菊285.3亩，蔬菜2.5万亩。核桃种植35 514亩、小枣种植835.93亩。全年完成农、林、牧、渔业总产值（现价）4.2亿元，同

比增14.3%。农业产值2.3亿元，同比16.6%。

2016年，街道完成规模以上固定资产投资108 040万元，同比增长24 801万元，增30%；完成招商引资65 152万元，同比增长6 500万元，增10.7%；向上争取资金655万元，同比增长15万元，增2.4%。

街道党工委书记王朝斌，人大工委主任合跃刚，办事处主任李加喜。

【化念镇】 2016年，全镇总人口13 463人，其中，男6 768人，女6 695人；少数民族人口6 566人，占总人口的48.77%；人口自然增长率6.6‰。农村劳动力8 460人，其中从事第二、三产业的1 533人，占总劳动力的18.12%。

2016年，全镇有耕地17 453亩，复种指数155%。全年粮食总产量575.07万千克，比上年增3.14%；油料总产量3.04万千克，比上年增4.83%。年末，生猪存栏11 261头，比上年增3.6%；肥猪出栏16 080头，比上年减5%。大牲畜存栏6 594头，比上年增2.8%。全年投入水利建设资金863.9万元，水利化程度60.2%。

2016年年末，全镇有个体工商户（含私营企业）278个；从业人员1 419人，比上年增85人；营业总收入49 374万元，比上年增10.8%；实现税利总额5 629万元，比上年增10%。

2016年，全镇实现地区生产总值66 361万元，同比增11%。工农业总产值（现价）39 319万元，同比增9.5%。其中，工业总产值29 578万元，增10.8%；农业总产值9 741万元，增5.2%。农民人均纯收入11 814元，同比增11.4%。

2016年，全镇实现公共财政收入2 655万元，比上年增3.4%；公共财政支出2 791万元，比上年增8.8%。年末，各项存款余额34 900万元，比上年增16.5%；人均储蓄存款余额25 923元，比上年增16%。

镇党工委书记普睿，人大主席吴勇钢（2016年3月离任）、李树琴（2016年3月任），镇长王华明（2016年9月离任）、鲁智瑜（2016年9月代理镇长）。

【甸中镇】 2016年，全镇辖10个村委会，1个社区居委会，61个自然村，66个村民小组。年末，全镇总户数6 310户，其中，农业户5 301户，非农户1 009户；总人口19 627人，其中，男9 763人，女9 864人，农业人口17 716人，非农业人口1 911人；有彝族、哈尼族、白族、壮族、回族等少数民族，少数民族人口13 982人，占总人口的71.24%；人口自然增长率1.27‰。农村劳动力13 295人，其中从事第二、三产业的3 915人，占总劳动力的29.45%。农民人均可支配收入11 800元。

2016年，全镇有耕地33 774亩，人均占有耕地1.91亩。粮食总产1 315.33万千克，总产值3 496万元，农业人口人均产粮742千克。种植烤烟8 760亩，完成收购总量100万千克，均价31.26元，上等烟比例68.82%，烟农交售收入3 126万元，实现烟叶税收688万元，烟农人均烤烟收入1 835元。种植油菜7 981亩，总产141.28万千克，种植蔬菜9 573亩，总产3 119.06万千克。全年肉蛋奶总产量4 124吨，畜牧业总产值9 050万元。

2016年，全镇实现农村社会总产值（现价）68 712万元，工业总产值17 621万元，农业总产值24 646万元。实现地方生产总值（当年价GDP）43 470万元，比上年增14.68%，人均22 148元，比上年增17.12%。

镇党委书记徐永梅（2016年7月离任）、王加学（2016年7月任），人大主席赵德彦（2016年3月离任）、吴勇钢（2016年3月任），镇长王加学（2016年7月离任）、张艳华（2016年7月代理镇长）。

【塔甸镇】 2016年，全镇总人口13 995人，其中，男7 168人，女

瓦哨宗福家村油菜花海 （塔甸镇 提供）

6 827人；少数民族人口12 570人，占总人口的89.8%；人口自然增长率2.24‰。农村劳动力8 567人，其中从事第二、三产业的1 548人，占总劳动力的18.07%。

2016年，全镇有耕地22 041亩，复种指数229.24%。全年粮食总产量628.52万千克，比上年增4.3%；油料总产量167.46万千克，比上年增6.03%。农业人口人均产粮489千克。年末，生猪存栏18 203头，比上年增3.4%；肥猪出栏21 282头，比上年减6.6%。大牲畜存栏3 748头，比上年增3.5%。全年投入水利建设资金2 489万元，水利化程度67%。

2016年，全镇有个体工商户（含私营企业）745个，比上年增153个；从业人员1 948人，比上年增161人；营业总收入11 255万元，比上年减3%；实现利润总额976万元。比上年增6%；税收总额300万元。比上年减3%。

2016年，全镇实现地区生产总值33 229万元，比上年增15.5%。工农业总产值（现价）25 981万元，比上年减6%。其中，工业总产值9 421万元，比上年减13%；农业总产值16 560万元，比上年增10.1%。农民人均纯收入9 722元，比上年增15.4%。

2016年，全镇实现财政收入2 726万元，比上年增32%；财政支出2 708万元，比上年增31%。年末，各项存款余额29 683万元，比上年增5%；人均储蓄存款余额2.12万元，比上年增5%。

镇党委书记施仲彪，人大主席祝学勇（2016年3月离任）、吴劲松（2016年3月任），镇长任燕宏（2016年1月任）。

【岔河乡】 2016年，全乡总户数3 173户，人口9 888人，其中，男5 012人，女4 876人。农业人口9 518人，占96.25%；农村劳动力6 497人，占65.71%。世居民族以彝族、哈尼族、汉族为主，少数民族9 288人，占总人口93.4%，人口自然增长率4.03‰。全乡无工业、企业、无矿产资源可开发利用，农民收入主要依靠烤烟、除虫菊、油菜等，是典型的山区纯农业乡镇。

2016年，全乡有耕地16 769亩，人均1.69亩，粮食总产753.35万千克，农业人口人均产粮791千克。主要粮食作物产量：稻谷237.93万千克，玉米452.9万千克，小麦27.9万千克，豆类21.61万千克。主要经济作物产量：烤烟收购42.87万千克，油菜60.63万千克，除虫菊8.61万千克，蔬菜961.22万千克。全年生猪出栏22 470头，大牲畜775头，家禽14.5万只。

乡党委书记施艳芳（2015年7月任），人大主席李洪山，乡长柏家锋（2016年7月离任）、罗春荣（2016年7月任）。

【富良棚乡】 2016年，全乡总人口10 554人，其中，男5 088人，女4 968人；少数民族人口10 416人，占总人口的98.69%；人口自然增长率4.83‰。农村劳动力6 063人，其中从事第二、三产业的135人，占总劳动力的2%。

2016年，全乡有耕地20 669亩。全年粮食总产975.91万千克，比上年增1.6%；油料总产9.93万千克，比上年增2.59%。农业人口人均产粮672.15千克。年末，生猪存栏10 620头，比上年增2.5%；肥猪出栏16 857头。大牲畜存栏4 599头，比上年增9.4%。全年投入水利建设资金2 999.2万元，水利化程度65%。

2016年年末，全乡有个体工商户（含私营企业）958个，比上年增98个；从业人员1 002人，比上年减118人。

2016年，全乡实现农村社会总产值（现价）21 382万元，比上年增11.7%。工农业总产值（现价）12 274万元，比上年增12.54%。其中，工业总产值1 725万元；农业总产值10 594万元，比上年增3.9%。农民人均纯收入19 438元，比上年增10.6%。

2016年，全乡实现财政收入1 540万元，比上年增21%；财政支出2 526万元，比上年增12.8%。年末，各项存款余额16 700万元，比上年增26%。

乡党委书记靳联明，人大主席施正辉，乡长施正伟。

【大龙潭乡】 2016年，全乡总人口12 743人，主要有彝族、哈尼族、白族等少数民族，少数民族人口10 141人，占总人口的79.6%；人口自然增长率0.3‰，计划生育率96.15%；农村劳动力8 310人，其中从事第二、三产业的1 115人，占总劳动力的13.4%。

2016年，全乡总耕地22 165亩，其中，田8 280亩、地13 885亩。粮食作物播种18 595亩，比上年减少796亩，减少4.1%；粮食总产734.55万千克，比上年增9.09万千克，增幅1.25%。其中，大春675.71万千克，小春58.84万千克；农业人口人均产粮684.31千克。全年肉蛋奶产量246.1万千克；年末，生猪存栏12 823头，肥猪出栏21 880头；大牲畜存栏2 179头，出栏1 463头。

2016年，全乡完成农村社会总产值（现价）22 015万元，实现农村经济总收入18 216.5万元，农民人均纯收入10 635元。全乡财政收入1 377.98万元，财政支出1 130.64万元；年末，各项存款余额17 080万元，各项贷款余额10 187万元。

2016年，全乡有个私企业和个体工商户544个，从业人员950人，专业合作社20个；完成乡镇企业收入3 879万元。

乡党委书记张继（2016年7月离任）、王庆明（2016年9月任），人大主席普鸿康（2016年11月离任）、施兴武（2016年11月任），乡长卢少英（2016年1月任）。

新平彝族傣族自治县

【自然概貌】 新平彝族傣族自治县位于云南省中部偏西南，地处哀牢山中段东麓，北纬23°38′15″~24°26′05″，东经101°16′30″~102°16′50″之间。东与峨山县毗邻，东南与石屏县接壤，南连元江县，西南接墨江县，西与镇沅县相接，北隔绿汁江与双柏县相望。县人民政府驻地桂山街道，海拔1480米，距省会昆明市180千米，距玉溪市政府所在地红塔区90千米；全县总面积4 223平方千米，其中，山区面积4 139.6平方千米，坝区面积83.4平方千米，是玉溪市土地面积最大的县；地势西北高、东南低，境内最高海拔哀牢山主峰大磨岩峰3 165.9米，最低海拔漠沙镇南蒿村422米。

新平县气候受海拔差影响，形成河谷高温区、半山暖温区、高山寒温区三个气候类型。2016年年平均气温17.6℃，年最高气温32.3℃（5月12日），年最低气温—2.1℃（1月25日），全年总降水量1 008.4毫米，总日照时数2 248.5小时。无霜期289天。

【自然资源】 一江三十二条河蕴藏着巨大的水能资源。县内河流除平掌乡过境河道谷麻江属李仙江水系外，其余均属元江水系。李仙江在县境流程短，主要河流有麻大江河、班东河；元江干流流经新平县境，长113.7千米，三江口以上称石羊江，三江口至河口大桥称戛洒江，河口大桥以下称漠沙江，于漠沙阿迭村流入元江县境。全县水资源总量为18.9亿立方米，水能资源理论蕴藏量127.22万千瓦（含红河干流），可开发利用装机容量52.36万千瓦。

全县共有林地353万亩，占全县土地面积的55.8%，森林187万亩，森林覆盖率60.96%；草地126万亩。有高等植物219科762属1 402种，有国家一级保护植物伯乐树、二级保护植物水青树、三级保护植物翠柏等；兽类75种，禽类153种，两栖爬行类45种，昆虫类130余种，有一级保护动物绿孔雀、二级保护动物白鹇等。

县境内已发现矿种37种（含伴生矿种），占省内矿种的25%，有各类矿床、矿点、矿化点156处，其中，铁矿石储量5.86亿吨，铜矿石储量173万吨，分别占全省探明储量的48%和25%；煤炭储量620万吨，可开采量250万吨；锌矿储量36.2万吨；大理石储量2.6亿立方米。

【行政区划】 2016年，全县辖2个街道4镇6乡，即桂山街道、古城街道、扬武镇、漠沙镇、戛洒镇、水塘镇及平甸乡、新化乡、老厂乡、建兴乡、平掌乡、者竜乡，共设村（居）民委员会123个，村（居）民小组1 459个。

【人口、民族】 2016年，全县户籍人口总户数88 657户，比上年减0.3%。户籍人口276 823人，比上年增0.6%，其中，城镇户数28 433户，比上年增6.8%；城镇人口62 383人，比上年增7.6%；农村户数60 224户，比上年减3.3%；农村人口214 440人，比上年减1.2%。彝族、傣族人口181 244人，比上年增0.8%，占全县总人口的65.5%。年内出生人口3 488人，出生率12.68‰；死亡人口1 671人，死亡率6.07‰。人口自然增长率6.61‰，比上年增1.15倍。

【综合经济指标】 2016年，全县实现生产总值1246 767万元，按可比价格计算，比上年增10.1%，其中，第一产业增加值186 389万元，比上年增7%，拉动GDP增长1个百分点，对GDP增长的贡献率为10.3%；第二产业增加值486 222万元，比上年增长10.9%，拉动GDP增长4.4个百分点，对GDP增长的贡献率为43.5%；第三产业增加值574 156万元，比上年增10.5%，拉动GDP增长4.7个百分点，对GDP增长的贡献率为46.2%。三次产业结构由上年的14.9：40.4：44.7调整为14.9：39.0：46.1，经济结构呈三、二、一格局。

【工业、建筑业】 2016年，全县工业总产值1808 640万元，按现价计算比上年增5.3%；规模以下工业总产值78 055万元；规模以上工业总产值1730 585万元；实现工业增加值443 827万元；全年规模以上工业企业实现利税总额76 914万元；实现利润总额15 820万元。

主要工业产品产量：成品糖55 542吨，合成橡胶9 619吨，发电量86 703万度，铁精矿3942 641吨，机制纸及纸板26 661吨，铜金属含量45 141吨，铁矿石原矿量9765 636吨，球团矿641 306吨，粗钢1539 024吨，线材852 537吨，棒材556 415吨，耐磨钢球36 756吨，水泥733 629吨，酒精899千升。

2016年，全县具有资质等级的建筑企业11个，从业人员1 854人，比上年减6.3%。从业人员中工程技术人员598人，占从业人员总数的32.3%。完成建筑业总产值162 507万元，比上年增31.2%；实现建筑业增加值43 106万元，按可比价计算比上年增38.1%。

【固定资产投资】 2016年，全县完成规模以上项目固定资产投资额1110 084万元，比上年增37.8%，其中，国有单位投资506 085万元，比上年增15.1%。在投资总额中，第一产业投资额125 161万元，比上年减6.8%；第二产业投资额308 431万元，比上年增23.1%；第三产业投资额676 492万元，比上年增60.7%。

全年房地产开发投资额完成41 037万元，比上年减27.3%，其中，商品住宅投资37 394万元，比上年减3.4%；商业营业用房投资2 846万元，比上年减79.4%。全县商品房施工面积28.7万平方米，比上年增11.8%；商品房销售面积11.5万平方米，比上年减5.6%；实现销售额42 417万元，比上年增2.2%。

【乡镇企业】 2016年年末，全县共有乡镇企业及个体工商户13 649户，比上年增19.0%；从业人员41 615人，比上年增3.9%；实现营业收入1058 390万元，比上年增17.9%；实现现价总产值1289 690万元，比上年增2.6%；实现利润总额52 949万元，比上年增115.9倍；上缴税金37 278万元，比上年增14.2%。

【农　业】 2016年，全县实现农业现价总产值352 518万元，按现价计算比上年增11.4%，其中，种植业现价产值191 318万元，比上年增11.5%。

2016年，全县有耕地315 016亩，比上年减0.3%，农村人口人均耕地面积1.46亩；常用耕地292 901亩，比上年减0.3%，农村人口人均占有耕地1.37亩。全年粮食总产量16 170万千克，比上年增3.4%，其中，大春14 102万千克，比上年增4%；小春2 068万千克，比上年减1.1%。烤烟总产1 160万千克，比上年减8%。甘蔗总产504 297吨（估产），比上年减13.2%。油料总产131.1万千克，比上年增0.3%。蔬菜总产18 916万千克，比上年增8.7%。水果总产12 483.3万千克，比上年增1.2%。茶叶总产156.9万千克，比上年增3.6%。核桃总产6 040.1吨，比上年增18.7%。笋丝总产888.9吨，比上年减1.5%。

2016年，马鞍山水库大坝枢纽工程完工，戛洒江河道治理工程有序推进，二、三、四标主体工程完工，达到渡汛要求。完成29座小（二）型水库除险加固工程和漠沙镇坝竜山片区高效节水减排项目。全年完成沟渠修复、库坝除险、河道治理、人畜饮水等各类水利工程1 440件。

全年完成重点造林工程5.6万亩，其中，核桃连片种植1万亩，其他树种4.6万亩；完成2015~2016年度省级低效林改造项目4万亩，完成2015~2016年省级木本油料产业发展项目（核桃提质增效）2.5万亩，完成2015年国家森林抚育补贴项目0.5万亩，完成2015年磨盘山国家级森林公园林相改造项目0.17万亩，完成2016年市级核桃提质增效6.5万亩，完成2015年新一轮退耕还林工程项目1.64万亩，完成核桃竹子林区道路建设314千米，完成旱冬瓜种植100万株，投入资金4 491.61万元。森林覆盖率达60.96%。全年实现林业增加值11 431万元，按可比价计算比上年增3.3%。

2016年年末，全县畜牧业产值133 337万元，比上年增12.1%。肉蛋总产量5 722.7万千克，比上年增10.4%，其中，猪肉产量3 646.9万千克，比上年增12%。肥猪出栏442 790头，比上年增8.9%；生猪存栏336 131头，比上年增3.6%。大牲畜出栏42 403头，比上年增6.1%；大牲畜存栏99 204头，比上年减2.1%。山绵羊出栏80 940只，比上年增7.5%；山绵羊存栏119 602只，比上年增4%。

【商业、物价】 2016年，全县社会消费品零售总额215 132万元，比上年增11.8%。从消费形态看，餐饮收入34 853万元，比上年增10.6%；商品零售额180 279万元，比上年增12%。从销售所在地看，城镇消费品零售额180 680万元，比上年增11.4%；农村消费品零售额34 452万元，比上年增13.6%。

2016年，城乡居民消费价格总指数比上年同期增1.3%。八大类居民消费品价格中：食品烟酒类增4%，衣着类增0.6%，医疗保健类增1.7%，教育文化和娱乐类增0.2%，居住类减1%，交通和通信类减1.1%，商品零售价格增1.7%，农业生产资料价格增1%。

【交通运输、邮电】 2016年，全县公路通车里程5 712.7千米，其中，高速公路22千米，国道282.7千米，省道182.9千米，县道440.9千米，乡道2 288.6千米，村道2 495.6千米，公路密度135.3千米/百平方千米。年末，拥有各种机动车辆96 892辆（不含拖拉机），比上年减0.8%，其中，营运货车4 208辆，营运客车562辆（出租汽车100辆、公交车13辆、班线客车120辆、农村客运车辆329辆）；客运周转量7 081万人千米，公路货运周转量47 686.8万吨千米。全年实现交通运输、仓储邮政业增加值76 605万元，按可比价计算比上年增4.2%。

全年报刊累计发行136.2万件，比上年减14%。电话机总数256 725部，比上年增12.2%；固定电话8 228部，比上年减6.4%；移动电话248 497部，比上年增13%；电话普及率88.2部/百人，比上年增9.4部/百人；互联网用户36 803户，比上年增30.8%。

【对外经济】 2016年，全县共实施市外国内资金项目82项，比上年增82.2%，实际到位市外国内资金635 000万元，比上年增27.0%；实现进出口总额2 759万美元，比上年增21.8%。

【财税、金融、保险】 2016年，全县实现财政总收入216 189万元，比上年增10%；实现地方财政收入147 178万元，比上年增10.8%，其中，一般公共预算收入120 646万元，比上年增7.5%；完成地方财政支出306 597万元，比上年增16.9%，其中，一般公共预算支出270 646万元，比上年增14.7%。国税收入72 704万元，比上年增14.7%；地税收入62 191万元，比上年增2.2%。

2016年年末，全县金融机构各项存款余额963 697万元，比上年增16.4%，贷款余额689 743万元，比上年增12.3%。住户存款余额528 390万元，比上年增8.3%；人均储蓄18 202元，比上年增8.3%。

2016年，财产和人寿保险机构实现保险业务收入4 091万元，比上年减50.6%，保险赔付支出2 684万元，比上年增16.9%。

2016年4月15日，大开门至戛洒高速公路项目现场举行开工仪式

（新平县交通运输局　提供）

【环境保护和城市建设】 2016年，新平县创建省级生态文明县顺利通过省环境保护厅现场考核验收；完成云南玉溪仙福钢铁（集团）有限公司90平方米烧结生产线脱硫等12个减排项目。创建市级绿色学校2所、绿色社区4个。年内，共出动现场监察199次597人对81家企业进行检查，下达监察记录128份，立案查处环境违法行为企业4户5个案件、罚款40万元；征收排污费349.88万元，征收企业36家，完成年度征收任务275万元的127.23%。

县城生态文化旅游示范区开发有序推进，启动新平大道、花山公园提升改造等项目。建成溪湖小镇、财富广场等住宅小区，启动252套老旧小区住房改造，县城棚户区改造项目初步确定规划方案和新区安置规划方案。戛洒镇全国建制镇示范试点项目稳步推进。完成扬武、平甸、新化美丽乡镇建设。年末，城镇建成区面积15.42平方千米，县城中心城区建成区面积6.35平方千米。县城建成区绿化覆盖面积248公顷，绿化覆盖率39.1%；绿地面积219公顷，绿地率34.4%；公园绿地面积76公顷，人均公园绿地面积14.95平方米。各类路灯、景观灯9 679盏。全县城镇化率达37.44%，比上年提高1.84个百分点。

【教育、科学技术】 2016年年末，全县共有各级各类学校137所，其中，高中1所，高级职业中学1所，教师进修学校1所，初中12所，小学92所，幼儿园30所（民办幼儿园28所）。教职员工3 270人，专任教师2 890人，其中，小学1 465人。在校学生38 990人，比上年减3.3%，其中小学18 290人，比上年减2.8%。毕业学生11 212人，比上年增2.5%。学龄儿童入学率99.97%，小学巩固率99.72%，小学升学率97.23%，初中升学率83.5%，高中升学率92.1%。全县有党职技校13所，其中县委党校1所，乡镇党职技校12所。

2016年，全县组织申报省、市级科技项目21项，其中，省级立项11项，获补助科技经费897.8万元，市级立项10项，获补助科技经费64万元。全县评审奖励县级科技成果10项，其中，一等奖1项、二等奖2项、三等奖7项，兑现县级财政科技成果奖励资金9.1万元。全年完成专利申请165件、专利授权108件、发明专利有效

量169件。对167件专利进行奖励，兑现县级财政奖金25.06万元。帮助企业申报争取省专利资助90件，获补助资金11.3万元，申报市级专利奖励230件，获补助资金57.7万元。年末，全县共有各类专业技术人员4 182人，其中，正高级5人，副高级641人，中级1 692人，初级1 404人，员级172人，未定等级268人。

【文化、旅游、广电和体育】 2016年，新平县新建古城街道和建兴乡文化站，实现全县所有乡镇街道文化站全覆盖。整理彝文古籍100余部。新编创文艺作品40件，入围玉溪市2016年繁荣艺术创作复审的文艺作品13件。文艺作品《傣雅俏》《情满傣家寨》《和谐·畅行》和专著《花腰傣民歌集》《哀牢的天空》等获省、市级表彰，获扶持奖励5.3万元。舞蹈《磨皮花鼓舞》获"第九届爱我中华歌舞乐交流展演"大赛金奖，《白鹤彝族花棍舞》获银奖。《傣源》获第五届青年舞蹈大赛中"组织奖"和个人"三等奖"。全年开展文化三下乡等文艺演出85场次。民族图书馆藏书53 044册，接待读者9 563人，36 067册次，开展各类讲座、展览、培训等22场次，参与群众25 073人次。农家书屋借阅19 790人次、阅览41 396人次。图书发行89.5万余册。农村电影放映点98个，全年深入基层放映农业农技、科普科技、法律教育、故事片等电影2 133场。

2016年，戛洒旅游特色小镇、民族文化产业园四期工程、磨盘山国家森林公园开发等重点项目工程建设有序推进。全县共有星级饭店7家，乡村旅游星级接待单位27家，国内旅行社1家，AA级景区4家，AAA级景区1家；全年接待游客291.6万人次，比上年增21.2%；实现旅游业总收入166 537万元，比上年增35.4%。

2016年，建立乡镇FTP新闻直传平台，提高新闻传输及时性和有效性。开通新平新闻微信公众平台，实现三台整合（电视台、新闻综合广播、微信平台），宣传形式更加多元化。全年播出新闻2 104条，在中央、省、市台播出涉及新平新闻943条；播出公益广告84个4 255次，标语14条1 336次，通告86个，专题专栏播出117期；新平新闻微信公众号关注用户数2 872户，发送消息759条，阅读总次数37万余次。有线电视、数字电视用户4.2万户，其中，县城有线电视用户1.7万户，农村数字电视用户2.5万户，广播信号覆盖率和电视信号覆盖率均达到100%。

【卫　生】 2016年，全县医药卫生体制综合改革全面推进，县乡远程诊疗系统基本建成，县乡诊疗一体化逐步实现。年末，全县有医疗卫生机构27个，其中，县级5个，乡镇卫生院10个，社区卫生服务中心2个，私立医院5个，厂矿医院2个，综合门诊部2个。共有医院编制床位993张，实有病末1 362张。职工2 206人，其中，卫生技术人员1 586人，执业医师408人，执业助理医师127人，注册护士679人。村级卫生所122个，乡村医生和卫生员302人。每万人拥有卫生技术人员54.4人，每一名卫生技术人员负担人数为184人。全年病床使用率58.78%，门诊治疗病人169.8万人次，入院人数3.91万人。年内无甲类传染病病例报告，乙丙类传染病发病率为699.4/10万，乙类传染病发病率为141.8/10万，丙类传染病发病率为557.7/10万。

【社会保障】 2016年，全县共有205 087人参加基本养老保险，城乡居民177 148人，有15 954人参加失业保险；有269 786人参加城乡基本医疗保险，其中，城镇59 692人，农村居民210 094人；有15 980人参加职工医疗互助。全县共有2 761户3 338名城镇居民享受最低生活补助，全年发放最低生活保障金1 517.6万元；有9 124户10 719名农村居民享受最低生活保障补助，发放最低生活保障金2 561.2万元。年内实现城镇新增就业2 510人，农村劳动力转移就业2 060人，城镇下岗失业人员再就业1 603人，城镇失业登记率为3.18%。

【人民生活】 2016年，全年发放在岗职工工资总额164 964万元，比上年增21.4%，其中，国有经济单位90 203万元，比上年增41%。在岗职工年平均工资63 940元，比上年增21.1%，其中，国有经济单位89 674元，比上年增34.2%。农村居民人均可支配收入11 226元，比上年增9.2%。城镇居民人均可支配收入31 997元，比上年增8.6%。

【领导干部】 县委书记李永忠，副书记李丁全（2016年5月离任）、普光照（2016年6月任）、潘宝华、子世泽（2016年2月离任）。人大常委会主任刘振华，副主任张家惠、张绍平、李天禄、郭健鑫。县长李丁全（2016年5月离任）、普光照（2016年6月任）。副县长刀彦伟（2016年12月离任）、王丽娟、自福庄（2016年12月离任）、李顺平、龙家寿、杨雪波、赵兵（2016年3月任，挂职）、李玉琼（2016年8月任，挂职）。政协主席史亚新，副主席李太祥、李永光、邵永云、毛启芳。纪委书记金家辉。

【"三着力"做好创业促进就业工作】 2016年，新平县进一步深化鼓励创业、促进就业的工作措施。不

2016年5月26日，云南首届哀牢山荔枝文化节在新平桔荔庄园举行

（方　瑞　摄）

断扩大就业规模、推动全民创业创兴发展。

落实就业扶持政策，实现社会充分就业。截至年末，全县完成城镇新增就业人数2 502人，城镇下岗失业人员再就业1 601人，帮助就业困难人员实现再就业707人，创业带动就业1 000人。开发公益性岗位521人，城镇登记失业人数801人，城镇登记失业率控制在3.05%以内。

创新思路，提高小额担保贷款工作效率。截至年末，全县共发放小额担保贷款1 834人，金额达18 340万元，其中，贷免扶补855人，小额担保贷款979人。

大力推进创业就业平台建设。率先成立新平县创业者协会，成功举办两届创业者之星评选活动，发行《创业新平》会刊，截至2016年末，拥有协会会员300余人，为社会提供就业岗位1 540人。

【新平首家农业众创空间启动营运】 2016年8月8日，新平县首家农业众创空间启动营运，其采用“企业投入建设、专业团队运营管理、创业企业免费入驻”模式，引导具有代表性的农产品企业和地方特色企业入驻，打造“农产品电商+休闲农业+互联网”的农业互通平台。

新平农业众创空间位于距新平县城1千米处的斗戛公路旁，占地面积747平方米，建筑面积3 000平方米。众创空间将构建“三位一体”的专业服务体系，为农业企业和创业者提供融资支持、市场分析、人才培训服务，整合线上与线下的农业培训体系，推广农业新技术，引导农业种植方向，建立农业示范园区和技术推广基地，培育创新型农业企业。年末，新平龙泉茶业有限公司、箩卡叠傣族服饰、紫昊生物科技有限公司、新平曾华食品有限公司等34家企业入驻。

【生猪交易市场云南交易中心落户新平县水塘镇】 2016年8月12日，重庆农信生猪交易有限公司与新平和盛商贸有限公司在新平县水塘镇举行“国家生猪交易市场云南交易中心”签约仪式，双方针对水塘镇国家生猪交易市场云南交易中心建设运营项目达成了长期合作意向。

水塘镇国家生猪交易市场云南交易中心的运营模式为“养殖户+互联网+买家”，养殖户和买家通过网上交易实现生猪买卖，降低了养殖户运营成本和风险。交易中心依托交易平台，年内将完成相关区域的全面布局与沟通，实现交易的线上运作，2017年计划交易60万头，为新平县域生猪市场的繁荣稳定、快速发展奠定坚实基础。

【新平县荣获“中国最美休闲度假旅游名县”】 2016年1月，首届中国国际生态文化旅游品牌推介与旅居地融资大会上，新平县在全国参选县区中脱颖而出，经专家团综合评审，授予云南省新平县“中国最美休闲度假旅游名县”荣誉称号。新平县民族文化底蕴厚重，生态旅游资源丰富，是休闲观光度假的理想目的地。此殊荣的取得，进一步提升了新平旅游的影响力和美誉度。

【花街节登上中央电视台“新闻联播”】 2016年2月12日，活动主题为“相约浪漫栖居地牵手花街情人节”的新平花腰傣花街节活动盛况首次在CCTV-1《新闻联播》播出。花街节活动把新平县花腰傣绚丽多彩的民族服饰及悠久灿烂的民族文化推向了全国观众视野，吸引了全国观众眼球，被游客赞誉为“最美的少数民族”。进一步提升了“风情花腰傣神秘哀牢山”的新平民族文化旅游品牌的吸引力和知名度，为新平旅游的快速发展起到了积极的作用。

【电影《花腰恋歌》获国际奖】 2016年4月1～5日，由新平县委、县政府与长春电影制片厂合作拍摄，以新平花腰傣文化为题材的少数民族青春爱情励志片《花腰恋歌》在美国洛杉矶第十三届世界民族电影节荣获“最佳文化电影奖”和“最佳服装设计奖”两项大奖。这是新平县首次获得的电影类国际大奖，《花腰恋歌》在美国洛杉矶参映，将花腰傣灿烂的民族文化和多彩的民族服饰推向了国际公众的视野，受到了国际、国内影评人及观众好评。5月24日，《花腰恋歌》全球展映首映式在人民大会堂举行。

【磨盘山国家森林公园入选全国森林体验基地试点建设基地】 2016年7月，通过层层严格选拔，新平磨盘山国家森林公园经国家林业局森林旅游工作领导小组办公室和国家林业局森林公园管理办公室批准，成功入选并成为全国9个森林体验基地试点建设之一，这是云南省唯一入选全国森林体验基地试点的旅游景点。

【桂山街道】 2016年，街道总人口50 612人，其中，男25 324人，女25 288人；少数民族人口25 792人，占总人口的51%。人口自然增长率4.92‰。乡村从业人员数9 788人。

2016年，全街道常用耕地3 327亩，复种指数374.2%。全年粮食总产190.1万千克，比上年减3%。油料总产11.6万千克，与上年持平。烤烟总产6.2万千克，比上年增12.7%。乡村人口人均产粮112.2千克，比上年减34.6%。年末，肥猪出栏22 919头，比上年增9.0%；生猪存栏12 723头，比上年增3.2%。大牲畜出栏5 711头，比上年增6.1%；大牲畜存栏2 895头，比上年增2.5%。

2016年，街道有个私企业（包含个体工商户）4 188个，比上年增

2016年5月24日，电影《花腰恋歌》在人民大会堂全球展映发布（周宗林 摄）

50.1%；从业人员11 153人，与上年持平；营业总收入234 578万元，比上年增26.1%；利润总额11 164万元，与上年持平；上缴税金13 827万元，与上年持平；总产值234 578万元，比上年增27%。

2016年，全街道实现农、林、牧、渔业总产值（现价）15 387万元，比上年增11.6%。农村经济总收入36 450万元，比上年增10%；农民人均所得12 632元，比上年增15%。

2016年，全街道财政支出2 543万元，比上年增8.5%。

街道党工委书记李美艳，人大工委主任迟天安，办事处主任朱鹏飞（2016年2月任）。

【古城街道】 2016年，街道总人口20 097人，其中，男7 477人，女7 594人；少数民族人口12 843人，占总人口的63.9%。乡村从业人员9 780人。

2016年，街道常用耕地11 633亩，复种指数270.6%。全年粮食总产458.4万千克，比上年减18.4%。油料总产1.2万千克，比上年减80.6%。烤烟总产27万千克，比上年增22.7%。乡村人口人均产粮304.2千克，比上年减19.2%。年末，肥猪出栏36 386头，比上年增9.6%；生猪存栏16 490头，比上年增4.4%。大牲畜出栏1 125头，比上年增6.4%；大牲畜存栏2 412头，比上年增3.2%。

2016年，街道有个私企业（包含个体工商户）444个，比上年减13.5%；从业人员1 832人，比上年增3.2%；营业总收入17 138万元，比上年增5.1%；利润总额2 393万元，比上年增27.2%；上缴税金587万元，比上年减14.1%；总产值17 493万元，比上年增7.3%。

2016年，全街道实现农、林、牧、渔业总产值（现价）16 483万元，比上年增11.9%。农村经济总收入20 355万元，比上年增15%；农民人均所得12 530元，比上年增11%。

2016年，全街道财政支出2 434万元，比上年增10.6%。

街道党工委书记刀文高，人大工委主任姚焕琼，办事处主任周兴志（2016年1月离任）、杨付周（2016年1月任）。

【扬武镇】 2016年，全镇总人口21 582人，其中，男10 835人，女10 747人；少数民族人口17 656人，占总人口的81.8%。人口自然增长率4.48‰。乡村从业人员13 717人。

2016年，全镇有常用耕地27 681亩，复种指数260.6%。全年粮食总产1 113.4万千克，比上年减2.4%。油料总产9.93万千克，比上年增12.1%。烤烟总产80.3万千克，比上年增12.8%。甘蔗总产量（估产）27 956吨，比上年减22.3%。乡村人口人均产粮531千克，比上年减23.4%。年末，肥猪出栏36 499头，比上年增8%；生猪存栏28 205头，比上年增2%。大牲畜出栏3 298头，比上年增5%；大牲畜存栏10 502头，比上年增2%。

2016年，全镇有个私企业（包含个体工商户）1 008个，比上年增13.4%；从业人员6 431人，比上年增6.7%；营业总收入608 481万元，比上年增18.0%；利润总额-316万元，比上年减99.2%；上缴税金15 499万元，比上年增44.1%；总产值824 577万元，比上年减6.7%。

2016年，全镇实现农、林、牧、渔业总产值（现价）23 457万元，比上年增11.5%。农村经济总收入48 300万元，比上年增10.5%；农民人均所得10 724元，比上年增15.5%。

2016年，全镇财政支出3 785万元，比上年增15.4%。

镇党委书记王鹏（2015年12月任，2016年7月离任）、丁海涛（2016年7月任），人大主席李云山（2016年10月离任）、孔天平（2016年11月任），镇长魏丽明。

【漠沙镇】 2016年，全镇总人口46 478人，其中，男23 743人，女22 735人；少数民族人口41 519人，占总人口的89.3%。人口自然增长率3.22‰。乡村从业人员28 704人。

2016年，全镇有常用耕地84 400亩，复种指数235.2%。全年粮食总产4 506.2万千克，比上年增0.9%。油料总产24.0万千克，比上年减22.6%。烤烟总产5.3万千克，比上年增6%。甘蔗总产量（估产）188 617吨，比上年减3.6%。乡村人口人均产粮1 010.6千克，比上年减6.3%。年末，肥猪出栏65 116头，比上年增7.4%；生猪存栏42 214头，比上年增2.6%。大牲畜出栏3 773头，比上年增5.1%；大牲畜存栏17 170头，比上年增1.5%。

2016年，全镇有个私企业（包含个体工商户）2 624个，比上年增18.6%；从业人员7 033人，比上年增22%；营业总收入58 621万元，比上年增13.9%；利润总额9 670万元，比上年增17.3%；上缴税金2 515万元，比上年增16%；总产值58 671万元，比上年增14.1%。

2016年，全镇实现农、林、牧、渔业总产值（现价）84 457万元，比上年增9%。农村经济总收入73 092万元，比上年增10.7%；农民人均所得12 388元，比上年增14.6%。

2016年，全镇财政支出6 093万元，比上年减2.6%。

镇党委书记刘坚，人大主席杨永周（2016年7月离任）、王定权（2016年7月任），镇长丁海涛（2016年7月离任）、杨永周（2016年7月任）。

【戛洒镇】 2016年，全镇总人口35 536人，其中，男18 194人，女17 342人；少数民族人口28 695人，占总人口的80.7%。人口自然增长率3.97‰。乡村从业人员数21 909人。

2016年，全镇有常用耕地35 395亩，复种指数236.1%。全年粮食总产1 555.5万千克，比上年增0.7%。油料总产11.8万千克，比上年减3.3%。烤烟总产43万千克，比上年减12.2%。甘蔗总产量（估产）140 516吨，比上年减6.5%。乡村人口人均产粮440.5千克，比上年减19.5%。年末，肥猪出栏53 237头，比上年增9.1%；生猪存栏35 793头，比上年增4.3%。大牲畜出栏5 618头，比上年增6%；大牲畜存栏11 363头，比上年增3%。

2016年，全镇有个私企业（包含个体工商户）3 023个，比上年减0.2%；从业人员8 333人，比上年减3.3%。营业总收入80 152万元，比上年减2.9%；利润总额9 283万元，比上年增82.8%；上缴税金3 569万元，比上年减13.5%；总产值81 505万元，比上年增5.2%。

2016年，全镇实现农、林、牧、渔业总产值（现价）46 368万元，比上年增11.7%。农村经济总收入45 237万元，比上年增16.9%；农民人均所得10 491元，比上年增17.4%。

2016年，全镇财政支出6 051万元，比上年减0.8%。

镇党委书记曹仕辉（2016年7月离任）、陈凯（2016年7月任），人大主席邱发祥，镇长罗继冰（2016年1月任）。

【水塘镇】 2016年，全镇总人口21 983人，其中，男11 226人，女10 757人；少数民族人口14 262人，占总人口的64.9%。人口自然增长率5.55‰。乡村从业人员13 351人。

2016年，全镇有常用耕地8 458亩，复种指数484.6%。全年粮食总产993.9万千克，比上年增8.9%。油料总产1.86万千克，比上年增5.7%。甘蔗总产量（估产）51 780吨，比上年减42.1%。乡村人口人均产粮468.8千克，比上年减0.6%。年末，肥猪出栏67 387头，比上年增10.8%；生猪存栏36 410头，比上年增4.3%。大牲畜出栏4 949头，比上年增6.2%；大牲畜存栏5 477头，比上年增3.6%。

2016年，全镇有个私企业（包含个体工商户）525个，与上年持平；从业人员2 082人，比上年减6.5%。营业总收入22 703万元，比上年增11.9%；利润总额5 160万元，比上年减43.9%；上缴税金110万元，比上年减66.5%；总产值22 805万元，比上年增12.7%。

2016年，全镇实现农、林、牧、渔业总产值（现价）28 409万元，比上年增11.7%。农村经济总收入31 228万元，比上年增14.1%；农民人均所得8 402元，比上年增15.3%。

2016年，全镇财政支出3 104万元，比上年增2.9%。

镇党委书记张祖权（2016年6月离任）、曹玉菲（2016年7月任），人大主席何洪亮（2016年11月离任）、范玉光（2016年11月任），镇长曹玉菲（2016年7月离任）、方飞（2016年7月任）。

【平甸乡】 2016年，全乡总人口14 586人，其中，男7 566人，女7 020人；少数民族人口11 623人，占总人口的79.7%。人口自然增长率—1.55‰。乡村从业人员8 298人。

2016年，全乡有常用耕地20 230亩，复种指数407.7%。全年粮食总产1 331.8万千克，比上年增6.7%。油料总产20.4万千克，比上年增8.5%。烤烟总产205万千克，比上年减4.7%。甘蔗总产22 484吨，比上年减11.4%。乡村人口人均产粮921.9千克，比上年增7.2%。年末，肥猪出栏18 230头，比上年增8%；生猪存栏17 298头，比上年增3%。大牲畜出栏2 699头，比上年增5%；大牲畜存栏5 772头，比上年增2.1%。

2016年，全乡有集体企业和个体工商户30个。年内完成招商引资9 600万元。

2016年，全乡实现农、林、牧、渔业总产值（现价）20 100万元，比上年增5.8%。农村经济总收入21 425万元，比上年增19.1%；农民人均所得8 156元，比上年增15.4%。

2016年，全乡财政支出3 290万元，比上年增13.3%。

乡党委书记李仕兰，人大主席朱开亮，乡长高汝海（2016年11月离任）、李云山（2016年11月任）。

【新化乡】 2016年，全乡总人口24 004人，其中，男12 530人，女11 474人；少数民族人口18 527人，占总人口的77.2%。人口自然增长率2.19‰。乡村从业人员16 741人。

2016年，全乡有常用耕地18 667亩，复种指数550.8%。全年粮食总产1 736万千克，比上年增6.6%。油料总产23.4万千克，比上年增46.3%。烤烟总产424.1万千克，比上年减12.1%。甘蔗总产7 249吨，比上年增1.5%。乡村人口人均产粮741.8千克，比上年增9.1%。年末，肥猪出栏35 947头，比上年增10%；生猪存栏34 805头，比上年增3.6%。大牲畜出栏3 689头，比上年增9.9%；大牲畜存栏6 270头，比上年减40.8%。

2016年，全乡有个私企业（包含个体工商户）163个，与上年持平，从业人员488人，比上年增2.1%。营业总收入2 790万元，比上年增10.3%；利润总额205万元，比上年增7.3%；上缴税金18万元，比上年增5.9%；总产值1 041万元，比上年增8.2%。

2016年，全乡实现农、林、牧、渔业总产值（现价）33 372万元，比上年增11.5%。农村经济总收入30 010万元，比上年增11%；农民人均所得8 619元，比上年增13%。

2016年，全乡财政支出4 080万元，比上年增21.8%。

乡党委书记赖朝东，人大主席龚兆琪，乡长蒋建蓉（2016年7月离任）、杨国辉（2016年7月任）。

【老厂乡】 2016年，全乡总人口16 837人，其中，男8 699人，女8 138人；少数民族人口12 462人，占总人口的74%。人口自然增长率1.25‰。乡村从业人员10 544人。

2016年，全乡有常用耕地17 937亩，复种指数607.5%。全年粮食总产1 722.2万千克，比上年增5.1%。油料总产6.05万千克，比上年增0.2%。烤烟总产310万千克，比上年减4.6%。甘蔗总产量（估产）30 275吨，比上年减7.6%。乡村人口人均产粮1 050千克，比上年增8%。年末，肥猪出栏35 510头，比上年增8.2%；生猪存栏25 864头，比上年增3.3%。大牲畜出栏4 885头，比上年增5.6%；大牲畜存栏15 809头，比上年增3.3%。

2016年，全乡有个私企业（包含个体工商户）621个，比上年增4.0%；从业人员2 025人，比上年增2.3%。营业总收入9 148万元，比上年增12.8%；利润总额3 266万元，比上年增23.7%；上缴税金566万元，比上年增6.6%；总产值9 469万元，比上年增12.8%。

2016年，全乡实现农、林、牧、渔业总产值（现价）32 161万元，比上年增11.8%。农村经济总收入42 924万元，比上年增18%；农民人均所得9 378元，比上年增17.8%。

2016年，全乡财政支出5 238万元，比上年增50.9%。

乡党委书记李星，人大主席陈光宏（2016年12月离任）、叶汝安（2017年1月任），乡长普跃（2016年12月离任）、李云海（2017年1月任）。

【者竜乡】 2016年，全乡总人口12 652人，其中，男6 441人，女6 211人；少数民族人口7 007人，占总人口的55.4%。人口自然增长率0.07‰。乡村从业人员7 700人。

2016年，全乡有常用耕地8 771亩，复种指数435.5%。全年粮食总产886.3万千克，比上年增21.7%。油料总产3.27万千克，比上年增48.6%。烤烟总产33.7万千克，比上年减16.2%。甘蔗总产21 875吨，比上年减26.8%。乡村人口人均产粮728千克，比上年增26%。年末，肥猪出栏23 092头，比上年增8%；生猪存栏25 580头，比上年增7.7%；大牲畜出栏1 661头，比上年增5.3%；大牲畜存栏6 070头，比上年增2%。

2016年，全乡有个私企业（包含个体工商户）188个，比上年增3.3%，从业人员431人，比上年减0.2%。营业总收入4 620万元，比上年减8.7%；利润总额769万元，比上年增5.3%；上缴税金47万元，比上年增11.9%；总产值4 370万元，比上年增11.5%。

2016年，全乡实现农、林、牧、渔业总产值（现价）15 280万元，比上年增11.8%。农村经济总收入10 986万元，比上年增13.2%；农民人均所得6 462元，比上年增11%。

2016年，全乡财政支出3 016万元，比上年增49.2%。

乡党委书记李勇，人大主席普元志（2016年10月离任）、费发玲（2017年1月任），乡长杨溢（2016年10月离任）、祁芸（2016年11月任）。

【建兴乡】 2016年，全乡总人口17 696人，其中，男9 404人，女8 292人；少数民族人口13 268人，占总人口的75.0%。人口自然增长率3.77‰。乡村从业人员10 280人。

2016年，全乡有常用耕地25 012亩，复种指数216.5%。全年粮食总产706.4万千克，比上年增8.8%。油料总产1.5万千克，与上年持平。烤烟总产20万千克，比上年减42.9%。乡村人口人均产粮408.3千克，比上年增10.6%。年末，肥猪出栏24 345头，比上年增7.2%；生猪存栏27 535头，比上年增2%；大牲畜出栏2 736头，比上年增5.2%；大牲畜存栏7 069头，比上年增2%。

2016年，全乡有个私企业（包含个体工商户）442个，比上年增4.2%；从业人员1 349人，比上年减0.7%。营业总收入8 434万元，比上年增9.2%；利润总额3 386万元，比上年增42.3%；上缴税金311万元，比上年增182.7%；总产值8 434万元，比上年增3.2%。

2016年，全乡实现农、林、牧、渔业总产值（现价）19 018万元，比上年增11.5%。农村经济总收入15 934万元，比上年增17.6%；农民人均所得6 395元，比上年增21.4%。

2016年，全乡财政支出4 434万元，比上年增53.7%。

乡党委书记周兴志（2015年12月任），人大主席任永福（2016年11月离任）、杨永平（2017年1月任），乡长李永安。

【平掌乡】 2016年，全乡总人口14 857人，其中，男8 022人，女6 835人；少数民族人口11 535人，占总人口的77.6%。人口自然增长率6.73‰。乡村从业人员8 996人。

2016年，全乡有常用耕地22 069亩，复种指数191.3%。全年粮食总产957.7万千克，比上年增3.3%。油料总产16.3万千克，比上年增10.9%。烤烟总产5.1万千克，比上年减53.6%。甘蔗总产7 854吨。乡村人口人均产粮661千克，比上年增5.1%。年末，肥猪出栏24 122头，比上年增7.5%；生猪存栏33 214头，比上年增3%。大牲畜出栏2 136头，比上年增4.6%；大牲畜存栏8 097头，比上年增2.5%。

2016年，全乡有个私企业（包含个体工商户）423个，比上年增180%；从业人员458人，比上年增101.8%。营业总收入11 725万元，比上年增641.6%；利润总额7 969万元，比上年增718.2%；上缴税金229万元，比上年增316.4%；总产值26 747万元，比上年增143.4%。

2016年，全乡实现农、林、牧、渔业总产值（现价）14 256万元，比上年增11.5%。农村经济总收入12 378万元，比上年增18.9%；农民人均所得5 334元，比上年增21%。

2016年，全乡财政支出3 115万元，比上年减3.7%。

乡党委书记周保锐，人大主席李兴武（2015年12月离任）、普超俊（2016年1月任），乡长张良。

（刀燕勤）

元江哈尼族彝族傣族自治县

【自然概况】 元江县位于云南省中南部，东经101°39′~102°22′、北纬23°19′~23°55′之间；东与红河州石屏县接壤，南与红河县相连，西与普洱市墨江县毗邻，北与新平县紧邻。县城距市政府所在地红塔区132千米，距省会昆明220千米。县境南北长64.5千米，东西宽71.5千米。总面积2 858平方千米，其中，山区2 766.5平方千米，占96.8%；坝区91.5平方千米，占3.2%。地势西北高，东南低；山脉南北走向，以元江（河）为界，西南支属哀牢山脉，东北支属横断山脉，两山脉逶迤向南延伸，使元江河谷形成了东峨坝、元江坝等河谷盆地。境内最高海拔2 580米，最低海拔327米；县城所在地海拔380米。气候属低纬高原季风气候；由于地形复杂，立体气候特点突出，山区温凉，坝区炎热。2016年年平均气温24.5℃，极端最高气温41.7℃（5月10日），极端最低气温5.3℃（1月25日）；年降雨量697.2毫米，年日照时数2 186.9小时。

【行政区划】 2016年，全县下辖3个街道、2个镇、5个乡，即澧江街道、红河街道、甘庄街道、曼来镇、因远镇、咪哩乡、羊街乡、那诺乡、洼垤乡、龙潭乡。81个村（居）委会，其中，57个村民委员会、24个社区居民委员会；763个村（居）民小组，其中，537个村民小组、226居民小组，677个自然村。

【人口、民族】 2016年年末，全县常住人口22.42万人，比上年增加0.12万人。其中，城镇人口8.83万人，城镇化率39.4%，比上年提高1.8个百分点。据公安部门统计，年末全县户籍户数67 314户。户籍人口208 820人，比上年增加1 339人，其中，男107 616人，女101 204人；少数民族人口170 621人，占总人口的81.70%，少数民族中，哈尼族90 487人，占总人口的43.33%、彝族45 944人，占总人口的22%、傣族25 370人，占总人口的12.14%、白族5 984人，占总人口的2.86%、苗族1 081人，占总人口的0.51%、拉祜族1 121人，占总人口的0.53%、其它少数民族114人，分别占总人口的0.30%。年内出生人数2 537人，出生率12.18‰，年内死亡人数1 241人，死亡率5.96‰，人口自然增长率为6.22‰，比上年提高0.36个千分点。人口密度为每平方千米73人。

【自然资源】 由于地理环境特殊，元江县水能、地热、矿产和动植物等自然资源都很丰富。全县水能理论蕴藏量41.37万千瓦，可供开发的有19.6万千瓦，可建33个装机500千瓦以上的水电站；已开发的水利电力为10.23万千瓦，占可开发量的24%。共有热、温泉15处，水温为21~94℃，流量86.2升/秒，年产水量272万立方米。有各类矿产21种，其中，金属矿产有镍、铜、金、铁、铅、锌等9种，非金属矿产有红宝石、蛇纹石、石膏、石灰岩、硅石等11种，燃料矿产煤1种。年末，全县主要矿产查明资源储量为：镍金属量53万吨、铜金属量20万吨、水泥用石灰岩5 600万吨、石膏650万吨、蛇纹石4.8亿吨、煤250万吨、硅石283万吨。境内有动物100余种，国家Ⅰ级保护动物有灰叶猴、蜂猴、倭蜂猴、熊猴、金钱豹、云豹、林麝7种。鸟类258种，国家Ⅰ级保护的有绿孔雀1种。两栖类53种，国家Ⅰ级保护的有鼋、巨蜥、蟒蛇3种。境内共有植物206科931属2 303种，列入国家Ⅰ级保护植物有元江苏铁、云南苏铁、伯乐树（钟萼木）、长蕊木兰。

【综合经济指标】 2016年，全县实现现价生产总值（GDP）721 117万元，比上年增加82 793万元，按上一年可比价格计算，增长12.5%，其中，第一产业（农、林、牧、渔及其服务业）增加值185 690万元，增6.6%，对GDP贡献率为14.6%，拉动GDP增长1.8个百分点；第二产业（工业、建筑业）增加值144 981万元，增23.3%，对GDP贡献率为35.4%，拉动GDP增长4.4个百分点。在第二产业中，工业增加值111 846万元，增19.9%，建筑业增加值33 571万元，增37.2%；第三产业（除第一、二产业外的其它产业）增加值390 446万元，增11.8%，对GDP贡献率为50%，拉动DGP增长6.3个百分点。三次产业在生产总值中的比重分别为25.8%：20.1%：54.1%。人均地区生产总值32 250元，比上年增加3 561元，可比价增12%。

【工　业】 2016年，全县规模以上（年主营业务收入2 000万元以上独立核算）工业企业共30户，实现产值270 466万元，比上年增加27 505万元，增11.3%；非公有制工业增加值占全部工业增加值比重的88.6%。全年完成工业增加值76 950万元，按可比价增长25.2%。

主要工业产品产量：白糖18 178吨、水泥1457 941吨、发电量41 184千瓦时、风力发电量68 320千瓦时、铁合金11 174吨、电解铜1 976吨、黄金146千克、人造板18 303立方米、芦荟凝胶丁5 433吨。

全年完成建筑业增加值33 571万元，按可比价增37.2%。对GDP增长贡献率为11.3%，拉动GDP增长1.4个百分点。资质以上建筑企业有6户，2级资质1户，3级资质5户。实现合同额88 564.2万元，同比增长50.5%；实现新增合同额82 232.5万元，同比增长49.2%；年末，从业人员1 571人，同比下降35.1%。

【固定资产投资】 2016年，全县完成500万元以上固定资产投资730 041万元，增长50.4%，增速分别高于全省水平30.6个百分点和全市水平16.5个百分点。其中，城镇投资完成598 099万元，增长28.8%；房地产开发投资完成131 942万元，同比增长535.2%。按三次产业划分，第一产业完成投资60 112万元，同比增长20.1%；第二产业完成投资56 596万元，同比减少59.4%；第三产业完成投资613 333万元，同比增长107.4%。一、二、三产业投资占总投资的比重分别为8.2%、7.8%、84%。

全年500万元以上固定资产投资在建项目148个，其中，城镇投资项目140个，房地产开发投资项目8个。竣工项目101个，本年新增固定资产820 370万元。

【农　业】 2016年，全县实现农、林、牧、渔及其服务业总产值（现价）312 770万元，比上年增加16 102万元，按可比价比上年增6.6%。其中，农业（种植业）产值243 546万元，增长6.2%；林业产值7 998万元，增长1.8%；牧业产值57 164万元，增长8.9%；渔业产值2 983万元，增长7.9%；农、林、牧、渔服务业产值1 079万元，增11.6%。

全县农作物播种527 962亩，比上年减3 034亩，减少0.6%，复种指数187.4%，比上年下降1.3个百分点。全年粮食播种289 682亩，比上年增加8 376亩，占总播种面积的54.9%，比重比上年提高1.9个百分点；经济作物238 280亩，比上年减11 410亩，占总播种面积的45.1%，比重比上年下降1.9个百分点。

主要农产品产量：粮食总产量9 912万千克，油料总产345.8万千克，甘蔗总产24.64万吨，烤烟735万千克，水果24 782.22万千克，蔬菜5 272.64万千克。

特色生物产业进一步发展，全年芦荟鲜叶产量44 899吨，比上年减少1 930吨，减少4.1%；实现农业产值2 467.1万元，比上年减少342.5万元，减少12.2%；实现工业产值16 335.5万元，比上年增加350.2万元，增长2.2%。茉莉花鲜花交易量4 950吨，比上年增加1 126吨，增长29.4%；实现农业产值10 791万元，比上年增加3 544.3万元，增48.9%；加工花茶6 187.5吨，实现加工产值1 051.9万元，比上年增加116.9万元，增长12.5%。种植花卉10 543亩，实现花卉产值14 997万元，比上年增加3 249万元，增长27.7%。

全年完成造林面积（人工造林）6.36万亩，义务植树61.02万株；森林面积覆盖率54.63%，其中林地覆盖率为53.68%，灌木林覆盖率0.95%，森林面积覆盖率达54.63%。

年末，全县畜禽产品产量：生猪存栏166 569头，比上年增3 255头，增长2.0%；肥猪年内出栏196 427头，比上年增1 362头，增长0.7%；大牲畜年末存栏51 871头，比上年减少1 800头，减少3.4%；山绵羊年末存栏44 952只，比上年增3 142只，增长7.5%；山绵羊年内出栏26 239只，比上年增268只，增长1%；家禽出栏962 433只，比上年增8 573只，增长0.9%；肉类总产量21 938.9吨，比上年减少49.1吨，减少0.2%；禽蛋总产量2 513.6吨，比上年增117.2吨，增长4.9%。

2016年，全县水产养殖19 467亩，其中，池坝塘2 422亩，水库6 895亩，稻田10 150亩，全年水产品产量1 794吨，比去年增加49吨，增长2.8%。

2016年，全县农村劳动力129 718人。全年完成中低产田地改造2.5万亩，年末实有常用耕地面积277 564亩，其中，田74 142亩，地203 422亩（含水浇地41 462亩）。

元江那诺梯田　　（钱本磊　摄）

全年完成农田水利化建设项目40项（不含小水窖），新增有效灌溉面积5 600亩，年末有效灌溉面积169 347亩，水利化程度达61%。全县年末实有水库48座，其中，中型水库4座，小型水库44座，水库总库容10 928.8万立方米；小坝塘170座，总库容289.72万立方米，全年完成供水量15 052.53万立方米。

【商　业】 2016年，全县实现社会消费品零售总额244 565万元，比上年增长11.5%。批发业销售额、零售业销售额、住宿业营业额、餐饮业营业额分别完成51 646万元、249 444万元、17 416万元、90 271万元，分别增长19.6%、16.1%、20%、21%。按经营地统计，城镇社会消费品零售总额213 772万元，比上年增11.7%，农村社会消费品零售总额30 793万元，比上年增9.8%。

【旅游业】 2016年，元江县围绕“避寒养生，花果元江”这一主题，打造元江冬季避寒旅游胜地为目标，以融合发展为手段，充分挖掘“一片四线”旅游资源，加快完善旅游基础设施建设，促进旅游与生态、文化良性互动呈现良好态势。旅游重点项目建设有：红河谷热海在建项目、山云华界庄园新建设项目、元江印象大酒店提档升级项目、哈尼云海梯田景区新开发项目、元江万亩花果园基础设施项目、大明庵山旅游休闲徒步栈道建设项目、那路百千工程、民族特色旅游村寨、文化惠民示范村提档升级项目、者嘎中国传统村落、特色民族旅游村寨、民族团结示范村提档升级项目、旅游厕所建设。计划完成投资200万元，新建和改造11座旅游厕所。年内，接待海外旅游者415人次，接待国内旅客157.09万人次，旅游业总收入114 716.63万元。年末，县城内实有星级宾馆2家，拥有床位218张。

【交通、邮电】 2016年，全县交通运输、仓储和邮政业增加值4 064万元，按可比价增4.2%。年末，全县公路通车里程2 815.1千米，比上年增长1%。其中，国道241.6千米、省道30.7千米、县道430.9千米、乡（镇）道路1 906.3千米、专用道路55.4千米、村道150.2千米。按技术等级分：高速公路81.5千米、一级公路5.9千米、二级公路109.7千米、三级公路84.5千米、四级公路2 526.5千米、等外公路7千米。全县公路运输客运量完成71.88万人，比上年下降1.07%；旅客运输周转量7 068.61人千米，下降1.1%。完成货运量2 633.13万吨，增长10.06%；完成公路运输货物周转量84 260万吨千米，增长13.5%。

2016年年末，全县拥有机动车80 230辆，其中，大型汽车893辆，小型汽车14 467辆，摩托车64 624辆，农用运输车47辆，挂车124辆，教练车、教练摩托车75辆。营运客车244辆，其中，客运公交车18辆，客运大中巴车98辆，客运微型面包车57辆，客运出租车31辆，城市观光电瓶车40辆。全县共有汽车驾驶员30 456人，摩托车驾驶员34 927人。机动车驾驶员培训学校3所。

2016年，电信、移动、联通、铁塔、广电等公司共完成投资5 000多万元，新建改造279座基站，58个WIFI热点，铺设光缆800余千米，新增用户达5 000多户，81个行政村有线光纤宽带覆盖，76个行政村4G网络覆盖和光缆通达，基本达到全县宽带“村村通”的目标。

2016年，邮电业务总量21 612万元，其中，邮政业务总量585万元；电信业务总量21 027万元。完成国内外函件7.78万件，订销报纸累计113.9万份，订销杂志累计5.96万份。

【招商引资】 2016年，全县共实施招商引资项目82项，实际利用县外资金560 497万元，比上年增长24.2%，其中，省外国内资金424 623万元，比上年增长19.03%。全年实现进出口总额1 266万美元，其中出口16万美元。年内，开发包装38个招商引资项目，项目总投资384.56亿元。元江县康体休闲养生项目被列为2016年省级重点招商引资项目。2016年，县委、县政府相关领导亲自率队赴省外开展招商引资活动12次，走访相关省直部门、国有企业、各类商（协）会、民营企业，加强与各省驻滇商会的沟通与联系，不断收集传递招商信息。通过开展外出招商活动，参加“相约春天、共筑梦想”“昆交会”“南博会”“碧桂园集团与我省地州投资发展交流会”“收货金秋、共谋发展”等大型招商引资推介会和项目对接洽谈活动，成功签约项目17项，协议投资额95.29亿元。与国强投资控股集团、青岛昌盛日电、浙江颐高集团等多家公司签订战略合作协议。

【财税、金融】 2016年，全县累计完成辖区内财政总收入63 031万元，比上年增加10 527万元，增20%。完成上划中央“两税”收入8 376万元，比上年增加2 546万元，增43.7%。地方财政收入51 976万元，比上年增加6 931万元，增15.4%。其中，公共财政预算收入42 377万元，增长15.2%。地方财政支出192 504万元，比上年增支21 711万元，增长12.7%。

全县两税系统共组织各项税收入库44 470万元，比上年增加6 364万元，增长16.7%，其中，国税系统组织收入19 570万元，比上年增加7 540万元，增长62.7%；地税系统组织收入24 900万元，比上年减少1 176万元，下降4.5%。

全县金融机构存款余额700 480万元，比上年增加97 533万元，增长16.2%，其中，境内存款700 187万元，境外存款293万元。金融机构贷款余额429 881万元，比上年增加36 631万元，增长9.3%，住户贷款230 992万元，非金融企业机关团体贷款198 889万元。存贷比为61.4%，比上年下降3.8个百分点。

【科　技】 2016年，全县共组织验收科技成果项目10项。其中农业类8项、医疗卫生类2项。其中水稻新品种“云资粳41号”选育及应用、元江县芒果高接换种关键技术研究与应用”等2项成果获得市级科技进步三等奖；年内，有效发明专利6件，申请专利45件，超额完成全年指标任务23件的22件，专利授权24件，获得省市主管部门立项支持13项，其中，省级3项、市级10项。

【教　育】 2016年，全县有学校（幼儿园）131所，在校学生32 247人。其中，普通高中2所，在校学生3 348人；职业高级中学1所，在校学生560人；普通初级中学9所，在校学生7 453人；小学57所，其中，中心完小14所，村完小38所，教学点5个，在校学生15 619人；小学附设学前班52个，在班人数为1 420人。幼儿园9所，在园幼儿3 847人。教师进修学校1所，全县教职工2 546人。年内，全县共投入“三免一补”资金3 731.205万元，近16 092名农村中小学生享受健康营养餐，农村中小学寄宿制学生生活补助不断提高。学校体育达标率97.63%，义务教育阶段学龄儿童入学率达97.28%，学前3年儿童入学率

60.46%，小学入学率99.81%，小学辍学率0.06%，初中入学率92.15%，初中辍学率1.48%。

全县校园占地面积957 704平方米，校舍建筑面积390 007平方米，教学及辅助用房146 660平方米，行政用房17 014平方米，生活用房208 326平方米。

【文　化】 2016年，全县有文化馆1个、公共图书馆1个、乡镇（街道）文化事务中心10个。被列入国家级“非物质文化遗产”名录项目1个，省级项目1个，市级项目24个，县级项目48个。国家级非物质文化遗产代表性继承人1人，省级8人，市级25人，县级118人。年内，县群众文化工作队下乡共演出70场次，观众14.3万余人次。辅导文艺节目《棕扇舞》、彝族舞蹈《跳乐作》，傣族舞蹈《傣家情歌》等76个，参与人员累计1 000余人。音乐创作10件，舞蹈创作12件，其中哈尼族舞蹈《哈哆吡》参加云南省2016年大家乐群众文化“彩云奖”入选决赛。县文化馆共组织各类文娱活动23场次，观众5.2万余人次；全县10个乡镇（街道）文化站共组织各类文娱活动212场次，观众达25.99万余人次。举办各类展览2期、公益性讲座2期、各类型阅读活动12次、培训4期，共接待读者10 860人次，免费赠送图书200册、期刊1 700册、发放宣传袋800个，培训4期240课时。

2016年，全县公益电影放映故事片598场，科教片322场，观众51 713人次，全县农村、县城文化广场共放映电影1 288场，观众7.35人次。

2016年，县图书馆购进新书1 253册，藏书达28 572册。收集地方文献20种30册，图书总流通45 422册，14 162人次，办理借书证887个。开通图书馆微信博看微刊，共有3 000多种电子期刊和100种报纸，极大地丰富了图书馆数字资源。电子阅览室共接待上机读者855人次，上机时间1 710小时。年末，新华书店发行图书9.48万册，完成销售收入1 158.83万元，实现利润175万元。

【广播电视】 2016年年末，全县广播人口综合覆盖率达91%，电视人口综合覆盖率达95%。县电视台全年共播出新闻1 852条，市级电视台播出478条，省级电视台播出142条，中央电视台播出17条，拍摄制作电视专题片12部，播出专栏节目56期。公众号热情元江关注人数39 825人，总共发布图文消息298期，868条。其中，《热冠全国｜元江40.6℃不服来PK》阅读量达到23 557人次，点赞数104人。

2016年7月12日，老窝底发射台台站基础设施建设项目顺利通过省、市无线覆盖工程领导小组验收，县广播电视台提前完成了县十项惠民工程建设目标任务，受到省市县领导的好评。积极推进“村村通”“户户通”服务体系建设，技术人员开展下乡服务13次，服务群众456（户）次。

【卫　生】 2016年年末，全县实有卫生机构（含私立）34个，其中，县及县以上医院3个，乡镇卫生院10个，其他卫生机构21个。病床总数839张，职工1 553人，其中卫生技术人员1 061人。每万人拥有卫生技术人员47人。全年门诊诊疗病人686 622人次，入院人数59 102人，病床使用率73.2%。全县共报告传染病病例391例，传染病发病率为188.5/10万，较上年同期下降24.5%；共收到突发公共卫生事件相关信息报告87起，调查处理率100%。年内，全县产妇总数2 307人，活产数2 330人，孕产妇死亡率0/10万、婴儿死亡率8.15‰、5岁以下儿童死亡率11.16‰。

2016年，全县参加城镇职工基本医疗保险人员18 884人。城镇职工基本医疗保险基金收入7 306万元，支付医疗保险费7 306万元。城镇基本医疗保险参保总人数26 726人，完成市级下达目标任务25 730人的103.87%。城镇居民基本医疗保险基金收入214万元，支出214万元。全县共有173 459人参加新型农村合作医疗，参合率为98.16%。应筹集新农合资金9 392.67万元，补偿新农合基金8 793.97万元。

【体　育】 2016年，全县共举办各类运动会10次，参赛运动员3 506万人次，向上级输送各类体育人才10人，学校学生体质健康达标率100%。元江（户籍）运动员全年共获奖牌36枚，其中，省级比赛银牌1枚、铜牌1枚，市级比赛金牌8枚，银牌12枚，铜牌14枚。全县经常参加体育锻炼人数占总人口数的38%以上。2016年8月，组队参加在德宏芒市举办的第一届云南省青少年运动会，元江代表团取得1枚银牌1枚铜牌、荣获体育道德风尚奖的优异成绩。同月，参加玉溪市年度儿童游泳、田径、篮球比赛，获游泳女子团体第二名，男子团体第三名、篮球男子团体第四名的成绩；个人金牌共计8枚、银牌12枚、铜牌14枚。

2016年，全县共有体育场地402块，其中，体育场1块，体育馆1座，游泳馆1座，网球馆1座，篮球场333块，网球场6块，羽毛球场6块，乒乓球场8块，地掷球场13块，门球场12块，健身路径89条。体育用地面积312 871平方米，建筑面积26 876平方米，场地面积20 869平方米，投入资金8 547万元，人均活动面积1.48平方米。

年末，全县共有体育社团协会11个。全年举办社会体育指导员培训班1期，培训社会体育指导员20人，社会体育指导员272人，其中，国家级1人，一级3人，二级32人，三级236人。

【扶贫开发】 2016年，元江县启动实施洼垤乡整乡推进扶贫项目1个，投入财政扶贫资金2 250万元；实施贫困行政村整村推进扶贫项目8个，投入财政扶贫资金1 800万元；实施自然村整村推进（革命老区项目）扶贫项目6个，投入财政扶贫资金210万元；实施产业扶贫项目2个，投入财政扶贫资金82.87万元；实施14个易地扶贫搬迁安置点项目，投入财政扶贫资金380.38万元；组织贫困地区劳动力转移培训150人，投入财政扶贫资金15万元；发放扶贫到户贷款4 500万元，财政贴息资金270.75万元。

【社会保障】 2016年年末，全县共有重点优抚对象1 279人，发放抚恤定补金额656.5万元；义务兵家属158户，发放义务兵家属优待金139.83万元；享受城市最低生活保障4 338户5 080人，发放城市最低生活保障金171.93万元；享受农村最低生活保障8 996户12 377人，发放农村最低生活保障金211.62万元；“五保”对象385人，其中集中供养103人。集体办敬老院9个，职工20人，床位数265张。

2016年，全县职工基本养老保险参保人员23 830人，其中，企业参保16 007人，机关事业单位参保7 823人。实际征收基本养老保险基金21 068万元，全年支付养老保险金25 337万元；城乡居民基本养老保险参保人数110 751人，参保率99.92%，实际收缴养老保险基金1 039.55万元，政府补贴2 502.31万元，实际支付养老金2 247.15万元。

城镇职工基本医疗保险参保职工18 884人，其中，在职人员12 392人，全年实际收缴基本医疗保险金7 308万元，支付4 851万元；城镇居民基本医疗保险参保人数7 846人，收缴医疗保险费214万元，支付214万元。

2016年，全县参加新型农村合作医疗173 459人，参合率达98.16%，筹集基金9 451.98万元，其中，个人缴纳2 081.51万元。全年共减免补偿92.52万人次，补偿金额8 794万元，群众受益率为533%。

2016年，全县城镇新增就业人员0.22万人，城镇下岗失业人员再就业703人，帮助就业困难人员实现就业601人，开发公益性岗位406个，城镇登记失业率3.65%。

【人民生活】 2016年，全县在岗职工14 424人，在岗职工工资总额101 929万元，比上年增加24 285万元，增长31.3%。全县在岗职工年平均工资67 512元，比上年增加14 984元，增长28.5%。在岗职工年平均工资67 512元，比上年增加14 984元，增28.5%。城乡居民生活水平进一步提高。城镇居民人均可支配收入为31 426元，同比增长9.3%；农村居民人均可支配收入10 690元，同比增长9.6%。居民消费价格总指数同比上涨0.7%，物价水平同比上涨0.7%，环比上涨0.2%。

【领导干部】 县委书记黄太文，副书记张伟（2016年5月离任）、刀有忠（2016年5月离任）、李艾玲（2016年2月离任）、封志荣（2016年5月任）、白文华（2016年5月任）。人大常委会主任方国铁，副主任王文保、周明亮、李云珍、赵德福。县长张伟（2016年7月离任），副县长瓦庆超（2016年4月离任）、封志荣（2016年7月任）、雷鸣（2016年7月任）陈家福、王玉华、李丽、曾睿辉。政协主席唐进峰，副主席陶明、普金学、杨雄辉、刀桂芳。纪委书记李浩。

【创建中国楹联文化县通过验收】 元江县在创建“中国楹联文化城市”工作中，结合本县实际，突出民族特色，以坐落在县城中心的太阳城广场为主要地标建筑物，利用元江河谷中丰富的石材资源，打造出具有元江特色的联石阵。经过三年多的精心设计、布局施工、创作征联、安装雕刻，于2016年1月30日全部雕刻、悬挂完毕，2016年5月26日，经中国楹联学会顾问委员会副主任孙本胜、中国楹联学会顾问委员会副主任、组联部主任、书画艺术委员会主任胡春奎，中国楹联学会会长助理宁志光，云南省楹联学会会长王光明等组成的验收小组亲临元江联石阵、高桥景区、大明寺、元江文化中心、元江县第四小学检查验收，一致通过元江县为“中国楹联文化县”，元江第四小学为“中国楹联文化教育基地”。

【元江第四小学被授予“‘中国好老师’公益行动计划基地校”称号】 2016年12月27～28日，在昆明高新区第一小学举办的“中国好老师”公益行动计划云南省基地校推进会暨首届“滇峰”育人论坛上，元江第四小学被授予“‘中国好老师’公益行动计划基地校”称号。此次推进会和论坛由北京师范大学中国基础教育质量监测协同创新中心、中国好老师公益行动计划办公室、云南省教育厅、昆明高新区管委会主办，昆明高新区第一小学承办。旨在进一步落实“中国好老师”公益行动计划在云南省的推进工作确保各“地市——区县”共同体的顺利组建，同时也为了发现好老师、培育好老师、宣传好老师，进而提升教师育人能力与职业认同感。“中国好老师”公益行动计划云南省基地校推进会暨首届“滇峰”育人论坛，汇集全国各地学校和教师的优秀育人经验、事迹与成果，通过同伴学习、专家交流、资源共享、网络研修、课题协作，共谋发展。元江第四小学是全市被推荐的14所县区基地校之一，也是元江县唯一的一所基地校。

【滨江片区棚改安置区正式交房】 2016年12月28日，元江县滨江片区棚改项目安置小区首批安置户交房工作启动，把1 070套安置房交到搬迁群众手上，此次交房持续至2017年1月27日。

元江县滨江片区棚改项目总投资15个亿，于2015年3月15日正式启动。整个小区的设计规划按照民族文化旅游小镇打造，景观绿化设计引进上海的设计公司，提前一年实现了交房的目标，节约成本1.6亿元。整个棚户区迁入率突破90%，是整个玉溪棚户区改造速度最快、交房最早、见效最快的小区。元江县滨江片区棚改项目安置小区内共有88幢2 386套住房，其中，有安置户864户。交房首日共完成36户安置房的交房工作。

【《情棕·乐扇》获奖】 元江民族中学表演的《情棕·乐扇》民族舞蹈在云南省教育厅云南省民族宗教事务委员会举办的2016年云南省学校民族文化教育展演活动中喜获高中组一等奖。《情棕.乐扇》以哈尼民间舞蹈《棕扇舞》为创作背景，在刘存、杨斗顺两位老师的精心指导下，伴着哈尼民歌独特的音乐旋律，激情四射的演员们用曼妙的舞姿生动地诠释了作品内涵，将哈尼人民崇尚自然的博大情怀以及对幸福生活的向往演绎得淋漓尽致。在众多参赛节目中脱颖而出，荣获群舞表演一等奖，受到市教育局的高度赞扬。

【玉磨铁路元江段开工建设】 玉磨铁路是泛亚铁路中线的中国境内部分，起于云南玉溪，途经普洱、景洪，止于磨憨口岸。玉磨铁路为国家I级电气化铁路，线路起自玉溪，途径峨山、元江、墨江、普洱、西双版纳，终至中国老挝边境口岸磨憨，是云南省通向老挝、缅甸、泰国、马来西亚、新加坡的重要国际大通道的连接线，也是国家实施西部大开发战略的重要基础设施项目，是贯彻响应中央“一带一路”国家战略、推进与周边国家互联互通的重大建设项目。玉磨铁路项目全长508.53千米，总投资500多亿元，等级标准为国铁I级，设计车速为每小时160千米，于2016年4月全线开工建设，工期6年。其中元江段正线总长70多千米。元江县境内部分起自甘庄街道铜厂冲立新隧道出口，终至安定隧道，全长70.89千米，涉及全县6个乡镇（街道）17个村（社区）47个村（民）小组集体和国有土地，预计项目总投资80亿元。

【云南濒危语言典藏基地落户元江】 2016年9月，“云南濒危语言典藏基地”落户元江县因远镇。该基地对云南濒危语言遗产进行记录、保护和传承，向世界交流和展示云南丰富多彩的语言文化。9月8日上午，承担云南濒危语言典藏主要课题的白碧波、许鲜明两位教授，以及元江县民族宗教事务局的领导又一次深入到者嘎、者嘎新村等一批傣族、彝族古村寨，调查、走访、记录不同民族、不同时代、不同区域的语言传播、语言保存情况。玉溪师范学院与中国社会科学院、北京大学、中央民族大学、云南大学等合作，组成中国濒危语言遗产保护团队，从2005年以来开展对濒危少数民族语言的记录、保护和传承工作，在国内国外进行了广泛的学术交流。

【国家级非物质文化遗产传习馆挂牌成立】 2016年2月18日，国家级非物质文化遗产棕扇舞传习所和棕扇舞传承队在羊街乡坝木村挂牌成立，县文旅广体局和羊街乡相关负责人出席了揭牌仪式，31名传承队队员参加了挂牌仪式。传习所挂牌成立使哈尼族棕扇舞这一国家级非物质文化遗产在保护传承中得到更好的保护和发展。坝木传习所是羊街乡第一家挂牌成立的棕扇舞传习所，为哈尼族棕扇舞交流展演搭建平台，在开展民俗活动，进行活态传承，师徒传承，培养传承人等方面发挥重要的作用。目前羊街乡有国家级、省、市、县级传承人28人，民间文艺队10支，与此同时，进一步挖掘和整理民间民族传统文化，积极筹办苦扎扎、哈尼十月年等传统民族节庆活动，促进民族文化与旅游经济的融合发展。

【"谈舞论学"教学交流会】 2016年3月28～31日，中国少先队事业发展中心社会艺术水平考级中心云南办公室联合元江县教育局、共青团元江县委和元江县青少年学生校外活动中心开展了2016中国少先队事业发展中心"谈舞论学"（元江站）教学交流会。来自省内州、县（区）青少年学生校外活动中心、社会艺术团体负责人和少儿舞蹈教学工作者70人参加了交流会。本次"谈舞论学"交流会，特邀中国青年舞蹈导演、青年舞蹈家、青年舞蹈教育家、中央电视台春节联欢晚会舞蹈编导杨佳佳老师莅临指导，并作主题为《如何让少儿走进"舞蹈艺术"》《创新舞蹈教学与艺术素质教育的因果关系》讲座，现场传授少儿舞蹈创新教学方法，解决教学过程中新的教学模式的困惑，突破惯性舞蹈教学方法等。

【红侨社区荣获"全国综合减灾示范社区"称号】 鉴于"防灾减灾"各项工作取得显著成效，元江县澧江街道红侨社区荣获"2015年度全国综合减灾示范社区"荣誉称号，成为我县第一家国家级示范社区。2016年6月1日，县民政局、澧江街道的领导在红侨社区举行了授牌仪式。

（李红兰）

【澧江街道】 2016年，全街道总人口25 755人，其中，男12 849人，女12 906人；少数民族人口20 685人，占总人口的80.31%。人口自然增长率5.56‰。农村劳动力12 331人，其中从事第二、三产业的3 075人，占总劳动力的24.9%。

2016年，全街道有耕地27 182亩，复种指数139.28%。全年粮食总产9 438.5吨，比上年增0.04%；油料总产118.1吨，比上年增18.5%。农业人口人均产粮481.9千克。年末，生猪存栏20 905头，比上年增0.13%；肥猪出栏25 278头，比上年减0.25%。大牲畜存栏11 352头，比上年增1.87%。水产品产量181吨，比上年增1.68%。全年投入水利建设资金2 670万元，水利化程度96%。

2016年，全街道有个私企业2 261个，比上年增112个，从业人员9 925人，比上年增3%；企业总收入154 956万元，比上年增3%；实现税利4 525万元，比上年增7.9%。

2016年，街道农村社会总产值（现价）212 114万元，比上年增7.17%。工农业总产值（现价）171 528万元，比上年增6.67%，其中，工业总产值99 635万元，比上年增8.74%；农业总产值76 447万元，比上年增7.3%。农村经济总收入24.86亿元，比上年增长10%；农民人均纯收入11 231元，比上年增10%。

2016年，全街道财政收入901万元，比上年减少13.9%；财政支出2 198万元，比上年增101.7%。

街道党工委书记白春林（2016年4月离任）、刀铁林（2016年4月任），人大工委主任段福德，办事处主任杨丽萍（2016年4月离任）、杨雪娅（2016年4月任）。

（普　雯）

【红河街道】 2016年，全街道总人口23 804人，其中，男11 995人，女11 809人；少数民族人口17 813人，占总人口的74.83%。人口自然增长率9.29‰。农村劳动力9 218人，其中从事第二、三产业的4 496人，占总劳动力的48.9%。

2016年，街道有耕地5 614亩，复种指数331.1%。全年粮食总产3 738.3吨，比上年增3.9%；油料总产14吨，比上年增60.92%。农业人口人均产粮157千克。年末，生猪存栏11 248头，比上年增1.12%；肥猪出栏27 009头，比上年增1.35%。大牲畜存栏2 504头，比上年减6.95%。水产品产量118吨，比上年增1.72%。全年投入水利建设资金5.8万元，水利化程度92%。

2016年，街道有个私企业4 068个，比上年增377个，从业人员16 831人，比上年增6%；企业总收入322 109万元，比上年增11%；实现税利21 233万元，比上年增9.7%。

2016年，全街道农村社会总产值（现价）334 297万元，比上年增17.48%。工农业总产值（现价）74 442万元，比上年增8.8%，其中，工业总产值42 326万元，比上年增11%；农业总产值32 116万元，比上年增6.1%。农村经济总收入368 050万元，比上年增11%；农民人均纯收入11 429元，比上年增11%。

2016年，全街道财政收入1 477万元，比上年增8.6%；财政支出1 242万元，比上年增37.39%。

街道党工委书记方永东（2016年10月离任）、张伟承（2016年10月任），人大工委主任张福宝，办事处主任刀铁林（2016年3月离任）、张伟承（2016年3月任，2016年11月离任）、杨杰生（2016年11月任）。

（李　芮）

【甘庄街道】 2016年，全街道总人口22 963人，其中，男11 257人，女11 706人；少数民族人口18 379人，占总人口的80.04%。人口自然增长5.64‰。农村劳动力16 611人，其中从事第二、三产业的936人，占总劳动力的5.6%。

2016年，街道有耕地50 155亩，复种指186%。全年粮食总产2 046.7吨，比上年增7.35%；油料总产7.97吨，比上年增48.42%。农业人口人均产粮115.4千克。年末，生猪存栏29 437头，比上年增3.52%；肥猪出栏33 885头，比上年增0.25%。大牲畜存栏6 684头，比上年减少3.38%。水产品产量77吨，比上年增2.7%。全年投入水利建设资金9 879.44万元，水利化程度61%。

2016年，街道有个私企业931个，比上年增4个，从业人员1 692人，比上年增7%；企业总收入56 063万元，比上年增15%；实现税利510万元，比上年增9%。

2016年，全街道农村社会总产值（现价）92 263万元，比上年增11.49%。工农业总产值（现价）77 826万元，比上年减少0.91%，其中，工业总产值40 700万元，比上年增12%；农业总产值37 126万元，比上年减少14.32%。农村经济总收入

18 846万元，比上年增12%；农民人均纯收入8 501元，比上年增10%。

2016年，全街道财政收入1 074万元，比上年减少59.21%；财政支出1 687万元，比上年增13.45%。年末，各项存款余额38 410.01万元，比上年增0.8%；人均储蓄存款余额16 726.9元，比上年增0.2%。

街道党工委书记黄文康（2016年1月任，3月离任）、刘荣（2016年3月任，7月离任）、陈劭瑜（2016年10月任），人大工委主任李献捌（2016年3月离任）、胥文华（2016年3月任），办事处主任陈劭瑜（2016年10月离任）、苗永平（2016年11月任）。

（方　梅）

【因远镇】 2016年，全镇总人口29 960人，其中，男15 459人，女14 501人；少数民族人口26 753人，占总人口的89.3%。人口自然增长率2.64‰。农村劳动力18 221人，其中从事第二、三产业的2 387人，占总劳动力的13%。

2016年，全镇有耕地34 855亩，复种指数241%。全年粮食总产11 658.2吨，比上年增1.28%；油料总产1 880.7吨，比上年减少0.96%。农业人口人均产粮406.51千克。年末，生猪存栏13 302头，比上年增0.38%；肥猪出栏21 133头，比上年增0.43%。大牲畜存栏5 610头，比上年减少12.48%。水产品产量125吨，比上年增2.46%。全年投入水利建设资金9 150万元，水利化程度68%。

2016年，全镇有个私企业538个，与上年持平，从业人员1 912人，与上年持平；企业总收入56 957万元，比上年增6.6%；实现税利10 312万元，比上年增5.9%。

2016年，全镇农村社会总产值（现价）69 380万元，比上年增6.43%。工农业总产值（现价）60 422万元，比上年增6.41%，其中，工业总产值30 468万元，比上年增6.8%；农业总产值29 954万元，比上年增6.1%。农村经济总收入96 591万元，比上年增10%；农民人均纯收入9 339元，比上年增15.4%。

2016年，全镇财政收入7 811万元，比上年增117%；财政支出4 831万元，比上年增96%。年末，各项存款余额30 500万元，比上年增18%；人均储蓄存款余额10 180元，比上年增22%。

镇党委书记白沙才，人大主席周国兴，代理镇长金城（2016年1月任，3月离任）、镇长金城（2016年3月任）。

（方思睿）

【曼来镇】 2016年，全镇总人口31 032人，其中，男16 164人，女14 868人；少数民族人口19 859人，占总人口的63.99%。人口自然增长率2.3‰。农村劳动力22 508人，其中从事第二、三产业的4 103人，占总劳动力的17.83%。

2016年，全镇有耕地48 097亩，复种指数175%。全年粮食总产21 971吨，比上年增0.3%；油料总产83.4吨，比上年增5.6%。农业人口人均产粮708千克。年末，生猪存栏23 648头，比上年增3.62%；肥猪出栏29 667头，比上年增16.95%。大牲畜存栏9 821头，比上年增2.28%。水产品产量94吨，比上年增5%。全年投入水利建设资金470万元，水利化程度53%。

2016年，全镇有个私企业1 220个，比上年增107个，从业人员3 252人，比上年增20.5%；企业总收入21 615万元，比上年增14%；实现税利380万元，比上年增15.2%。

2016年，全镇农村社会总产值（现价）57 486万元，比上年增2%。工农业总产值（现价）61 975万元，比上年增4.96%，其中，工业总产值9 340万元，比上年减8.6%；农业总产值52 635万元，比上年增7.8%。农村经济总收入50 627万元，比上年增12%；农民人均纯收入8 554元，比上年增12%。

2016年，全镇财政收入1 039万元，比上年减5.3%；财政支出1 894.15万元，比上年增38.5%。年末，各项存款余额33 592万元，比上年增16.8%；人均储蓄存款余额10 825元，比上年增16%。

镇党委书记杨万昌（2016年4月离任）、张春早（2016年4月任），人大主席宋燕（2016年4月离任）、李蕊（2016年4月任），镇长李剑东。

（孙　静）

【咪哩乡】 2016年，全乡总人口16 056人，其中，男8 713人，女7 343人；少数民族人口13 931人，占总人口的86.77%。人口自然增长率6.12‰。农村劳动力10 246人，其中从事第二、三产业的1 456人，占总劳动力的14.21%。

2016年，全乡有耕地21 360亩，复种指数210.6%。全年粮食总产5 022.9吨，比上年减3%；油料总产1 051.2吨，比上年增8.3%。农业人口人均产粮326.7千克。年末，生猪存栏8 643头，比上年增2.22%；肥猪出栏9 755头，比上年减4.8%。大牲畜存栏3 172头，比上年减3.1%。水产品产量23吨，比上年增15%。全年投入水利建设资金240万元，水利化程度62%。

2016年，全乡有个私企业205个，比上年增19个，从业人员253人，比上年增12.4%；企业总收入2 408万元，比上年减20.4%；实现税利19万元，比上年减17.3%。

2016年，全乡农业总产值12 876万元，比上年增6.86%。农村经济总收入11 400万元，比上年增10%；农民人均纯收入5 475元，比上年增11.9%。

2016年，全乡财政收入608万元，比上年增2.7%；财政支出1 071万元，比上年增29.2%。年末，各项存款余额4 065万元，比上年增17.9%；人均储蓄存款余额2 532元，比上年增17.4%。

乡党委书记白宝龙，人大主席李接明（2016年4月离任）、李许宏（2016年4月任），乡长杨斗解（2016年4月离任）、杨海月（2016年4月任，2016年11月离任）、普媛（2016年11月任）。

（廖如凯）

【羊街乡】 2016年，全乡总人口18 976人，其中，男9 928人，女9 048人；少数民族人口17 352人，占总人口的91.44%。人口自然增长率0.60‰。农村劳动力9 396人，其中从事第二、三产业的2 780人，占总劳动力的29.59%。

2016年，全乡有耕地34 597亩，复种指数139.51%。全年粮食总产8 997.8吨，比上年增5.23%；油料总产11.4吨，比上年增15.15%。农业人口人均产粮474千克。年末，生猪存栏11 951头，比上年减少3.1%；肥猪出栏19 553头，比上年减少1.6%。大牲畜存栏3 410头，比上年减少1.41%。水产品产量51吨，比上年增41.67%。全年投入水利建设资金297.1万元，水利化程度65%。

2016年，全乡有个私企业216个，比上年增2个，从业人员496人，比上年增1.2%；企业总收入3 206万元，比上年增2.9%；实现税利505万元，比上年增4.3%。

2016年，全乡农村社会总产值（现价）21 423万元，比上年增5.97%。工农业总产值（现价）18 175万元，比上年增6.5%，其中，工业总产值308万元，与上年持平；农业总产值17 867万元，比上年增6.7%。农村经济总收入20 516.1万元，比上年增10%；农民人均纯收入7 123元，比上年增11.10%。

2016年，全乡财政收入837.17万元，比上年减7.6%；财政支出1 197万元，比上年增50.46%。年末，各项存款余额10 613万元，比上年增15.13%；人均储蓄存款余额5 592.85元，比上年增14.49%。

乡党委书记王森，人大主席张荣（2016年3月离任）、杨雄太（2016年4月任），乡长丁文平。

（苏　文）

【那诺乡】 2016年，全乡总人口19 834人，其中，男10 695人，女9 139人；少数民族人口18 473人，占总人口的93.14%。人口自然增长率-0.06‰。农村劳动力15 867人，其中从事第二、三产业的3 625人，占总劳动力的22.85%。

2016年，全乡有耕地16 433亩，复种指数259%。全年粮食总产6 482.6吨，比上年增2.6%；油料总产26.6吨，比上年减21.8%。农业人口人均产粮326.8千克。年末，生猪存栏19 150头，比上年增3.18%；肥猪出栏13 340头，比上年增8.02%。大牲畜存栏1 896头，比上年增1.94%。水产品产量49吨，比上年增4.3%。全年投入水利建设资金50万元，水利化程度65%。

2016年，全乡有个私企业195个，比上年增20个，从业人员285人，比上年增10.9%；企业总收入2 989万元，比上年增3.2%；实现税利35万元，比上年增12.9%。

2016年，全乡农村社会总产值（现价）16 604万元，比上年增11.7%。工农业总产值（现价）13 745.3万元，比上年增6.2%，其中，工业总产值321.3万元，比上年增9%；农业总产值13 424万元，比上年增6.1%。农村经济总收入16 604万元，比上年增12%；农民人均纯收入5 288.4元，比上年增13%。

2016年，全乡财政收入958.14万元，比上年增17.2%；财政支出1 016.53万元，比上年增37.5%。年末，各项存款余额10 442万元，比上年增28.2%；人均储蓄存款余额8 913元，比上年增28%。

乡党委书记刘荣（2016年3月离任）、张一冬（2016年3月任），人大主席李华，乡长王里成（2016年3月离任）、张荣（2016年3月任）。

（庄　娜）

【洼垤乡】 2016年，全乡总人口11 059人，其中，男5 596人，女5 463人；少数民族人口9 991人，占总人口的90.3%。人口自然增长率-1‰。农村劳动力6 006人，其中从事第二、三产业的1 480人，占总劳动力的32.7%。

2016年，全乡有耕地19 670亩，复种指数228%。全年粮食总产649.9吨，比上年增1.2%；油料总产9.73吨，比上年增14.2%。农业人口人均产粮387.7千克。年末，生猪存栏17 353头，比上年增3.11%；肥猪出栏14 919头，比上年增1.35%。大牲畜存栏4 619头，比上年减5.21%。水产品产量38吨。全年投入水利建设资金1 818.7万元，水利化程度60%。

2016年，全乡有个私企业198个，比上年增加6个，从业人员255人，比上年增36人；企业总收入614万元，比上年增加135万元；实现税利4万元，比上年减50%。

2016年，全乡农村社会总产值（现价）16 312万元，比上年增5.04%。工农业总产值（现价）6 411万元，比上年减17.98%，其中，工业总产值20万元，比上年减99.41%；农村经济总收入11 097万元，比上年增557万元（5.28%）；农民人均纯收入4 941元，比上年增1 117元，增29.21%。

2016年，全乡财政收入1 137.28万元，比上年增47.48%；财政支出1 175.03万元，比上年增62.08%。年末，各项存款余额15 909.4万元，比上年增29.62%；人均储蓄存款余额10 236.45元，比上年增15.75%。

乡党委书记白雄，人大主席白永德。乡长白新华。

（秦晨书）

【龙潭乡】 2016年，全乡总人口8 214人，其中，男4 325人，女3 889人；少数民族人口6 997人，占总人口的85.18%。人口自然增长率-1.09‰。农村劳动力5 527人，其中从事第二、三产业的1 711人，占总劳动力的30.96%。

2016年，全乡有耕地15 971亩，复种指数177%。全年粮食总产4 845.1吨，比上年增6.41%；油料总产18.6吨，比上年增14.81%。农业人口人均产粮605.03千克。年末，生猪存栏8 265头，比上年减2.1%；肥猪出栏5 053头，比上年增0.88%。大牲畜存栏2 839头，比上年减15.03%。水产品产量18吨，与上年持平。全年投入水利建设资金323万元，水利化程度50.8%。

2016年，全乡有个私企业122个，比上年增加3个，从业人员207人，比上年增8.9%；企业总收入981万元，比上年增4.1%；实现税利116万元，比上年增7.4%。

2016年，全乡农村社会总产值（现价）9 039万元，比上年增7.2%。工农业总产值（现价）8 262万元，比上年增6.9%，农业总产值8 262万元，比上年增6.9%。农村经济总收入6 808万元，比上年增11%；农民人均纯收入5 564元，比上年增10.4%。

2016年，全乡财政收入553万元，比上年增9.5%；财政支出982万元，比上年增25.6%。年末，各项存款余额9 339.33万元，比上年增47%；人均储蓄存款余额11 369元，比上年增20.5%。

乡党委书记吴海燕，人大主席杨志红（2016年3月离任）、普文光（2016年4月任），乡长龙保山（2016年3月离任）、刀逢仁（2016年4月任）。

（白子瑞）

（曾永洪　摄）

青山绿水·碧玉清溪

（张玲玲　摄）

人　　物

FIGURES

责任编校：王　斌

云南省有突出贡献优秀专业技术人才

享受云南省政府特殊津贴

受表彰人物

云南省有突出贡献优秀专业技术人才

【李顺祥】 男，彝族，1973年5月出生，医学学士，主任医师。玉溪市中青年学科技术带头人，云南省公共卫生医师协会常务委员，玉溪市科教管理协会副主任委员，现任玉溪市疾病预防控制中心党支部副书记兼中心办公室主任。

李顺祥长期工作在疾病预防控制一线，刻苦钻研业务，工作兢兢业业，为保障广大人民群众的身心健康，促进当地社会经济可持续发展做出了贡献。多项研究成果在省内、外推广应用，解决了行业内系列难点问题，发挥了良好的示范及引领作用，取得了良好的社会效益和经济效益。工作17余年来，共主持或参与各类研究项目21项，获各类表彰10余项，以第一作者或通讯作者在学术刊物上发表学术论文52篇。近五年，先后被授予玉溪市“十大杰出青年”、玉溪市创建国家级卫生城市先进个人、玉溪市创先争优优秀共产党员等多项荣誉称号；取得国家版权局授权的计算机著作权授权2项；完成科研项目11项，其中，主持完成科研项目4项，分别获省科技进步二等奖、三等奖，玉溪市科技进步三等奖，玉溪市卫生科技一等奖各1项。其中，“突发公共卫生事件风险评估体系建设研究及推广应用”项目获云南省2014年科技进步二等奖；参与完成科研项目7项，获云南省科技进步三等奖2项，玉溪市科技进步奖二等奖2项、三等奖1项，县处级科技进步一等奖2项。以第一作者或通讯作者在正规学术刊物上发表学术论文24篇。2014年作为优秀中青年破格晋升主任医师，2015年被遴选为云南省中青年学术技术带头人后备人才。经云南省人民政府批准，获2016年度“云南省有突出贡献优秀专业技术人才”称号，奖励等级：三等奖。

【牟树明】 男，汉族，1963年4月生，大学本科学历，中共党员，教授级高级工程师、一级建造师、全国注册造价员、施工现场标准员，现任玉溪市工程建设标准定额管理站站长。

牟树明基础理论功底扎实，有较强的实践能力。业务水平、专业能力极强，成绩突出，有较强的创新和实践能力，讲究方法，注重时效，以实际行动为玉溪的工程建设项目做出了突出贡献，成绩显著。从事建设工作以来，独立完成工程设计项目70余项；在工程质量监督管理工作中，监督覆盖率达95%以上，在所监督的范围内从未发生过一起严重的工程质量事故，全市工程质量总体水平和管理水平居省内先进州市行列；担任玉溪高强钢筋推广应用工作组组长，为玉溪推广应用高强钢筋工作打开了新篇章；他主编、参编了云南省多项地方标准，使玉溪标准化管理工作位居全省之首，在全国极具影响力，他主持开发了《标准查询系统“标准通”移动终端》，参与住建部中标协《施工现场标准员管理及信息系统》研究课题、云南省《建筑与市政基础设施工程施工现场专业（管理）人员配备标准》，主持编制《云南省施工现场标准员管理规程》；2015年获中国工程建设标准化年度人物；为玉溪的政府性投资项目把好关、站好岗，做出了较大的贡献。在任玉溪市建设工程质量监督管理站站长期间，连续16年被省建设厅评为“云南省先进工程质量监督站”、1999年获“云南省十佳工程质量监督站”称号、2002年获建设部“全国建设工程质量监督先进集体”、2004年获中国建设协会质量监督分会“全国先进工程质量监督站”称号、2007年获人事部和建设部“全国建设系统先进集体”称号、2009年获住建部“全国先进工程质量监督机构”荣誉称号。个人获建设部“全国建设工程质量监督先进个人”荣誉称号。经云南省人民政府批准，获2016年度“云南省有突出贡献优秀专业技术人才”称号，奖励等级：三等奖。

享受云南省政府特殊津贴

【胡玉飞】 男，汉族，1969年12月30日生，玉溪市红塔区人，中共党员，正高级工程师，工学学士，玉溪市建设工程质量监督管理站站长。云南省混凝土协会常务理事，省级实验室资质认定评审员，国家注册监理工程师、一级建造师。

工作二十多年来，胡玉飞积极探索、大胆创新，在混凝土配合比设计、试验研究以及现代混凝土施工技术推广方面成绩卓著，为玉溪市混凝土施工技术水平的提升和工程质量的提高做出了突出贡献。累计为四百余项工程主持各类混凝土配合比设计、试验研究工作。研究成果应用于红塔集团“山水佳园”、“世纪华庭”、玉溪市公安局110指挥大楼等项目为代表的重点工程中，应用实施的优质混凝土达200万立方米，节约水泥12万吨，节约资金3 600万元，减少能耗18 156吨标准煤，减少二氧化碳排放10.2万吨。采用人工砂取代传统河砂，节约混凝土生产成本2 310万元，取得了良好的经济效益和社会效益。2008年独立编著84万多字的学术专著《实用混凝土配合比设计手册》，由云南科技出版社出版发行，发行量2 000多册，深受业内好评。撰写学术论文8篇，其中4篇在国家级专业期刊发表，3篇在省级专业期刊发表，获优秀论文一等奖3项、二等奖2项、优秀奖2项。2015年主编云南省地方标准：《云南省施工现场标准员管理规程》DBJ53/T-73-2015。2015年在玉溪各县区推广建设工程唯一性标识见证取样工作，处于全国领先水平，2016年开始在全省推广应用。2008年12月，荣获“云南省混凝土行业二十年突出贡献奖”。2010年3月，当选为玉溪市中青年学科技术带头人。2004年先后被评为“全国工程质量监督系统先进工程质量监督工作者”、和“云南省优秀工程质量监督工作者”。经云南省人民政府批准，享受2016年度“云南省政府特殊津贴”。

【蒋志东】 男，汉族，1965年6月出生，江川县人，中共党员，本科学历，现任玉溪市林业科技推广站高级工程师，兼任玉溪市林学会秘书长，玉溪市中青年学科技术带头人。

蒋志东爱岗敬业，刻苦钻研，勤奋工作，较好地完成所承担的各项工作任务。主要参加核桃、竹子等4个良种选育、繁育推广100.11万亩（近5年55.78万亩），新增产值4.3亿元；主持参加国家、省、市林业科技项目20项，其中有11项获科技进步奖；先后16次被评为科技先进工作者；出版专著1本，发表交流论文21篇10.5万字，其中11篇优秀论文获奖。参与完成的《泡核桃品种资源创新及提质增效技术研究与示范》项目2015年11月获国家林业局第六届梁希林业科学技术二等奖；主持完成的《核桃高效采穗圃营建和改接换优技术集成示范》项目2014年8月获玉溪市科学技术三等奖，该项目2015年12月还获玉溪市第二届职工创新成果奖；“玉溪市红麻引种试验”项目2002年9月获玉溪市科学技术三等奖；经云南省人民政府批准，享受2016年度“云南省政府特殊津贴”。

【夏春飞】 男，1972年1月生，汉族，本科学历，玉溪工业财贸学校（玉溪技师学院）高级实习指导教师，电子产品维修技师、CCNA（Cisco认证网络支持工程师），计算机维修工高级考评员。

从教24年来，夏春飞从一名普通的电工电子类理论及实训教师成长为“单片机技术应用”和“物联网技术应用”的学科带头人。牵头组建了电子维修实训室，满足了初、中、高级、技师各类人员的培训和鉴定；2011年率先在全省中职学校中组建“单片机控制装置实训室”；2015年负责“物联网技术应用实训室”的组建，同时完成将智能家居环境嵌入实训室，将远程控制技术引入到传统的机电控制技术的革新，为云南省兄弟中职院校的实训室建设提供了示范。同时，先后参与了550多人次的高技能人才培训、鉴定。指导培训学生参加“单片机控制装置安装与调试”项目全省大赛，连续6年取得一等奖；指导学生代表云南参加全国大赛并获得二等奖四人次、三等奖四人次，实现了云南省该项目零的突破。以“师徒制”的形式培养了青年教师5人，其中1人获全省大赛“单片机控制装置安装与调试”项目一等奖。积极参与国家示范校建设，撰写的论文“C#实现PC机与单片机的串行通信”发表在《网络与信息》国家级核心刊物上，“EWB在电子线路课程中的应用”发表在《科技创新》；2015参加省电工电子单片机项目竞赛获二等奖。编写与实训室配套的《单片机控制项目》《物联网技术应用》校本教材。经云南省人民政府批准，享受2016年度“云南省政府特殊津贴”。

【龚德斌】 男、中共党员、大学学历、高级工程师，现任云南澄江德安（集团）公司董事长兼技术开发中心主任。

龚德斌作为一名企业管理者和专业技术人员，在澄江县磷化工产业发展中勇于创新，贡献突出。其所属云南澄江盘虎化工有限公司在“工业三废”综合利用、磷化工产业转型升级等方面走在全省行业前列，建成全国第一个黄磷尾气发电站，同时大力推行清洁生产，规范“三废”处理，确保废渣分类集中再利用，生产废水循环使用，废气达标排放。在磷化工延伸产业链方面，实现以黄磷为原料加工精细磷化工产品，2015年，在磷化工行业黄磷价格处于低位运行的情况下，公司实现工业产值3.3亿元、工业增加值0.7亿元、销售收入3.6亿元、出口创汇2 632万美元、利税3 665万元，取得了较好的经济和社会效益。由于工作突出其个人及公司多次受到表彰奖励，龚德斌曾被省委、市委授予“优秀共产党员”“玉溪市劳动模范”“玉溪市诚实守信道德模范”“玉溪市非公有制经济优秀企业家”等荣誉称号；公司被评为云南省“优强企业”，2013年被评为云南省“高新技术企业”，2015年评为“云南省创新型试点企业”，2015年被评为“玉溪市优强民营企业”、“玉溪市民营企业纳税大户”。经云南省人民政府批准，享受2016年度“云南省政府特殊津贴”。

（市人社局）

受表彰人物

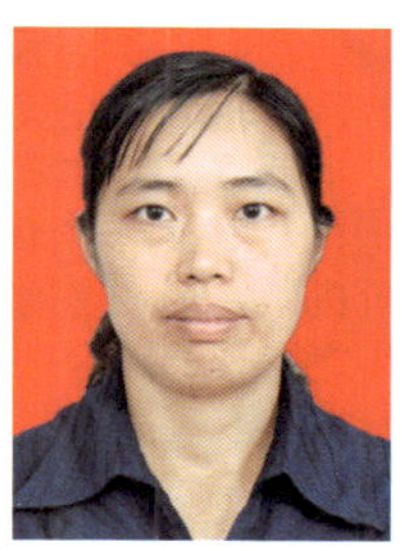

【李秀梅】 女，彝族，1974年12月生，本科学历，中共党员，工程师，品酒师，现任云南玉林泉酒业有限公司技术和质量部经理。

李秀梅在公司技术创新、产品质量控制等方面发挥了重要作用。在技术工作中，她依托企业的良好平台，积极研究白酒微量成分的组成、含量变化及风味贡献；积极开展各项实验，尤其在选育、应用有益微生物和丰富发酵菌群方面起着主导作用，为企业积累和收藏了更多的微生物资源；在公司所参与的小曲固态法白酒国家标准制定、中国白酒169计划、白酒感官分析与评价术语国家标准制定、小曲清香型白酒地方标准修订以及专业教材编写等全国性和省级行业科技活动中承担主要工作。在质量工作方面，她认真抓好原辅材料的质量验收、生产过程控制监督和产品质量把关；制修订适合公司实际的质量管理手册、HACCP计划书、技术质量标准等相关体系文件，规范生产操作，充分保证公司产品质量。2013年被选拔为第四批玉溪市中青年学科技术带头人，2016年获玉溪市“五一巾帼标兵”和“巾帼建功”标兵荣誉称号，2016年5月获云南省五一劳动奖章。

（周凤琴）

【张瑞华】 女，汉族，新平县人，1973年4月出生，大学本科学历，中共党员，现任新平县文化广电和体育局新闻出版版权股股长。

张瑞华作为基层“扫黄打非”工作中的一名文化执法工作者，紧紧围绕“扫黄打非”工作中心任务，竭尽所能、勤勉敬业，在抓打击查处，抓队伍管理，抓基层工作，抓规范化建设上大胆创新，切实履行岗位职责，为文化市场健康繁荣、稳定有序，作出不懈努力。在“扫黄打非”工作中建立县、乡、村“三级联动”的监管网络，实现监管对象全覆盖，形成横向到边、纵向到底的管理网格；开展以进乡镇、村社、学校、企业、景区为主要内容的“执法惠民”服务活动；坚持把考核评价作为落实“扫黄打非”工作责任制，推动具体工作落实的重要手段和措施，全面推行“十个百分百”考核评价机制，形成平时检查、专项督查、年终考评相结合的综合评价体系，使新平县“扫黄打非”工作由“软任务”到“硬指标”转变。2017年1月，张瑞华被全国“扫黄打非”工作小组表彰为2016年全国“扫黄打非”先进个人。

【邱发祥】 男，彝族，新平县人，1975年9月出生，大学本科学历，中共党员，现任新平县戛洒镇人大主席。

邱发祥作为基层“扫黄打非”工作人员，注重强化“扫黄打非”宣传舆论导向作用，开展正面教育引导。在“3·15”消费者权益日、“五·一”和“十·一”黄金周、傣族“花街节”等重要节点，牵头联合工商等10个部门开展“扫黄打非”工作宣传。工作中通过公众监督、村民自治、案件查办等方式，使广大经营业主和从业人员对文化市场规范经营、合法经营的重要意义有了深刻认识，守法观念明显增强，群众参与支持“扫黄打非”工作积极性明显提高，在基层营造出扶持健康文化、抵制腐朽文化的社会氛围。邱发祥在新平县戛洒镇建立健全了“扫黄打非”工作链，与村（社区）纵向联系指导，形成信息互通，及时反馈情况的工作局面；与成员单位协调配合、相互联动，形成综合监管、快捷高效的工作机制。每年开展对网吧、KTV、音像制品出租零售、书店书摊点的文化综合执法。组织开展联合专项行动，对校园周边文化环境进行突击性检查，对网吧开展专项整治行动。2017年1月，邱发祥被全国“扫黄打非”工作小组表彰为2016年全国“扫黄打非”先进个人。

（市文广局）

【黄家富】 男，汉族，江川区人，1959年10月出生，中共党员，大学专科学历，现任玉溪市防震减灾局党组成员、调研员。

黄家富从事防震减灾工作11年，努力践行防震减灾宗旨，热爱防震减灾事业，刻苦钻研业务，忠于职守，兢兢业业，任劳任怨。在防震减灾综合管理工作中成绩突出，为玉溪市防震减灾工作连续7年荣获云南省防震减灾工作综合考核第一名尽心尽力。2009年被评为云南省防震减灾工作先进个人、2016年被评为全国市县级防震减灾工作先进个人。

【龚艳】 女，傣族，通海县人，中共党员，本科学历，现任通海县防震减灾局副局长。

自1997年从事防震减灾工作以来，龚艳始终以“服从领导、团结同志、认真学习、扎实工作”为准则，不断提高思想水平，积极改进工作作风，努力学习政治理论和防震减灾业务知识。在工作中，她始终保持端正的工作态度，严守工作纪律，不断增强工作的主动性和积极性，积极为单位各项工作的发展出谋划策，主动承担单位的难、重工作，不遗余力地维护单位领导班子的向心力和凝聚力，为通海县防震减灾工作多次受到国家、省、市、局的表彰和奖励作出了较大贡献。2016年12月被中国地震局考核为“2016年度全国市县防震减灾先进工作者”。

（市防震减灾局）

（吴 垠 摄）

青山绿水·碧玉清溪

（邓博仁　摄）

附　　录

APPENDIX

责任编校：闵群书

重要文献

关于玉溪市2016年国民经济和社会发展计划执行情况及2017年国民经济和社会发展计划草案的报告

——2017年1月10日在玉溪市第四届人民代表大会第五次会议上

玉溪市发展和改革委员会

各位代表：

受市人民政府委托，现将玉溪市2016年国民经济和社会发展计划执行情况与2017年国民经济和社会发展计划草案提请市四届人大五次会议审查，并请市政协委员提出意见。

一、2016年国民经济和社会发展计划执行情况

今年以来，全市认真贯彻落实五大发展理念，围绕年初人代会确定的目标任务，努力克服市场有效需求不足、产品价格低迷、烟草业大幅下滑等不利因素，以开展“作风转变年、工作落实年、创新发展年”为抓手，着力推进供给侧结构性改革，统筹做好稳增长、调结构、促改革、惠民生、防风险各项工作，全市经济运行止跌回升，民生保障得到加强，社会事业不断进步。

初步预测，全市完成生产总值1 309亿元、增长8%左右，其中：第一产业增加值134亿元、增长6%，第二产业增加值672.1亿元、增长5.2%，第三产业增加值502.9亿元、增长13%。500万元以上固定资产投资完成868亿元、增长30%，社会消费品零售总额326.3亿元、增长12%，一般公共预算收入131.1亿元、增长5%，进出口总额21.4亿美元、增长13%，城镇居民人均可支配收入32 150元、增长8.5%，农村居民人均可支配收入12 040元、增长9.7%，城镇化率48.5%，居民消费价格指数101.2%，城镇登记失业率3.5%，单位生产总值能耗下降3.2%，均控制在年初计划目标范围内。经济社会发展基本情况是：

（一）农业生产提质增效

全面推进农业供给侧结构性改革，农业农村经济平稳向好。粮食总产量达6.2亿千克，实现“十一连增”。烤烟生产再创佳绩，收购烟叶153万担，实现上等烟比例、均价、烟农总收入和烟叶税“四增长”。蔬菜、水果、生物药材和花卉等特色产业发展势头良好，种植业亩均产值居全省首位。畜牧业平稳发展，完成产值88.6亿元、增长3%。农业基础设施建设不断加强，改造中低产田地19.7万亩。农业产业化步伐加快，成立滇橙柑橘产业集团，新认定省级、市级重点龙头企业5户和9户，新增市级农民专业合作社示范社18个、家庭农场示范场50个，实现农产品加工产值233.2亿元、增长12%。农业发展外向度显著提高，建成市外生产基地4.9万亩，农产品出口额占全市出口总额比重达85%以上。农村土地确权登记工作全面启动，新增土地流转面积3万亩。

（二）非烟工业回暖向好

全面落实企业减负等各项优惠政策，支持工业企业扩销促产，实现工业增加值619亿元、增长3.9%，其中：非烟工业增加值完成200亿元、增长12.5%。矿冶业逐步回暖，完成增加值80亿元、增长10%；装备制造业发展态势良好，完成增加值17亿元、增长30%；生物医药及食品、新能源新材料节能环保逐步释放潜能，分别实现工业增加值25.5亿元和15亿元，增长15%和19%。突出抓好52个工业结构调整和转型升级“三个一百”项目，玉昆钢铁年产3 000套通信铁塔、华宁年产400台风力发电机、太标30万辆电动车组装生产线、合美通用航空直升机组装等重点项目建成投产。工业园区实体化改革稳步推进，启动4个园区总体规划修编，生物医药产业园、通用航空产业园、东恩（国际）创新产业园、风电产业园等园中园建设顺利推进，园区实现增加值167.6亿元、增长7.3%。深入实施“两个10万元”微型企业培育工程，创新股份成功在深圳中小板挂牌交易，新增纳规工业企业89户，非公经济实现增加值320亿元、增长8.7%。

（三）第三产业提档提速

紧紧围绕文化旅游、现代流通、电子商务等领域消费工程，发展消费新业态，培育消费增长点。统筹推进“四个层次”市场建设，得胜家居广场、华宁柑橘交易市场专业市场和18个乡镇农贸市场投入运营。实施旅游产业转型升级三年行动计划，推进国家级旅游度假区和国家全域旅游示范区创建，仙湖时光栈道主线贯通，红河谷热海开业运营，寒武纪乐园、广龙旅游小镇、太阳山二期、仙湖山水、哀牢小镇、磨盘山提升改造等重点旅游项目进展顺利，共接待国内外游客2 073万人次，实现旅游总收入110亿元、增长16%。大力发展新型物流业态，通力物流基地、中石油成品油储备库等项目竣工，东南亚食品商贸仓储物流港、活发现代商贸物流园等项目建设顺利推进。积极抢占全省信息产业发展“制高点”，华为玉溪云计算数据中心、省级中医药大数据中心、教育云平台和华唐大数据服务外包产业基地启动运营，亿赞普创新支付卡和东南亚清算中心、中国产品质量追溯系统网络平台项目落户玉溪，农村电子商务全面推进，建成149个村级淘宝服务站。

（四）固定资产投资平稳较快增长

制定实施重点项目协调推进组长负责制等“八项制度”，用好用足3.8亿元重大项目前期工作经费，紧盯46个省级和340个市级“四个一百”项目建设，圆满完成年初

确定目标任务。强化投资要素保障，消除闲置土地1 075公顷，分别争取上级资金267亿元、国家专项建设基金6.3亿元、省级重大项目建设投资基金42.7亿元。拓展融资渠道，40个项目列入国家财政部PPP项目库，成立10亿元产业发展基金、1亿元高原特色农业基金和1亿元城市建设基金，引进中国电建、云南建工、云南公投等大企业大集团以PPP模式开展交通、市政基础设施和海绵城市等项目建设。“五网”建设成效明显，综合交通体系日趋完善，昆明南至玉溪高速铁路开通运行，玉磨铁路征地拆迁基本结束；6条高速公路和国道213线改造全面推进，改扩建农村公路1 671千米；江川航空护林直升机场建成，与广东龙浩、昆钢集团签订航空产业战略合作协议；11件重点水源工程建设顺利开展，完成58件病险水库除险加固，解决15.3万农村人口饮水安全问题，大龙潭引水工程发挥效用；能源网建设步伐加快，戛洒江一级水电站、4条天然气管道支线和玉溪应急气源中心项目全面开工建设，通海五垴山风电场、河西大平地光伏发电项目完工；国家信息消费、信息惠民、宽带中国试点工程稳步推进，华唐、亿赞普、掌赢天等企业落地运营。

（五）城乡建设稳步推进

突出规划引领，启动玉溪城市总体规划修编，完成新平、华宁等5个县区城市总体规划修编，红塔区和易门县“四规合一”试点工作取得阶段性成果，高新区被列入国家产城融合试点单位。加快推进“六城同创”，国家海绵城市试点建设全面开展，积极创建国家智慧城市、省级节水型城市，中心城区红塔大道、火车站市政道路及元江县滨江路3个地下综合管廊建设项目进展顺利。“退二进三”步伐加快，新天地城市综合体一期主体完工，元江滨江片区棚改安置区和新平财富广场竣工交房，玉交集团改造项目进展顺利，棚户区改造新开工6 708户、完工10 158户。深入开展城乡人居环境综合整治三年行动计划，实施中心城区“增绿添色”和“点亮红塔”工程，安全骑行系统投入运行。实施18个美丽乡镇和47个示范村、393个整治村建设，启动集镇“一水两污”项目78个，新建污水管网41千米，农村改厕500座，改造农村危房40 613户。

（六）生态文明建设不断加强

认真落实“三湖”水污染综合防治“十三五”规划，实施抚仙湖“四退三还”工程，推进中央和省属12家企事业退出工作，北岸生态湿地等项目建设和16条主要入湖河道治理成效明显，抚仙湖水质总体稳定保持I类；实施环湖截污治污工程，建成生态调蓄带8.4千米，星云湖水质明显好转；实施沿湖农业减肥增效等工程，废弃菜叶资源化利用效益显现，杞麓湖水质下降趋势得到遏制。加强14个县级以上集中式饮用水源地保护。着力实施森林玉溪、蓝天玉溪、碧水玉溪、园林玉溪、绿色产业、绿色文化“六大工程”，深入推进天然林保护、退耕还林和石漠化等治理，大力建设绿色生态走廊和生态屏障，3个县创建省级生态文明县，环境空气质量自动监测网络覆盖城乡。大力推进节能减排，关闭非煤矿山25座，完成污染减排项目138个。强化机动车污染防治和施工道路监管，淘汰黄标车、老旧车5 738辆，推广新能源汽车，建成4个样板充电站。推行清洁生产，87户企业完成评估和验收。开展重点企业碳排放报告与核查工作。启动领导干部自然资源资产离任审计试点工作。

（七）社会民生持续改善

实施“五个一批”精准脱贫，编制151个省级易地扶贫搬迁新村规划，6个贫困乡镇、58个贫困行政村摘帽出列、4万贫困人口脱贫，脱贫攻坚“首战告捷”。出台“就业创业玉溪”行动计划，发放创业贷款14.4亿元，新增就业人员2.5万人，7 692名就业困难人员实现就业，城镇下岗失业人员再就业9 128人。深入开展大众创业、万众创新，建成12个创业孵化平台，入驻创业实体427个，新增高新技术企业5户、省级创新型试点企业8户、科技型中小企业30户。美丽100校园行动计划暨中小学校舍安全圆满完成，新建美丽校园65所，拆除全部D级危房。“全面改薄”工程加快实施，新建改造校舍11.4万平方米，加固39.3万平方米，玉溪三中新校区、峨山交通职教园区顺利推进。文化广电事业蓬勃发展，积极推进26个文化惠民示范村和文化广播影视传媒中心建设，江川甘棠箐遗址入选“2015年度全国十大考古新发现”，玉溪荣获“中国楹联文化城市”称号。市急救中心建设项目、市医院改扩建、市儿童医院等项目加快实施，2个乡镇卫生院和10个村卫生室建设完成。改扩建5个乡镇敬老院，70个农村幸福院开工建设，建成20个居家养老服务中心。开展安全生产专项整治，加强食品药品监管，依法管理宗教事务，平安玉溪建设深入推进，社会保持和谐稳定。

（八）改革开放迈出新步伐

统筹推进供给侧结构性改革、“放管服”、农村综合、公务用车制度、全口径预算等重点领域和关键环节改革，出台推进供给侧结构性改革总体意见和配套政策措施，全面落实“去降补”重点任务，化解过剩粗钢产能96万吨，稳妥有序处置僵尸企业和扭亏无望的亏损企业；推行货币化安置，消化库存商品房120.5万平方米；全面清理置换现有社会集资债务，提升金融服务实体经济能力，市商业银行增资扩股并更名为云南红塔银行；全年为实体经济清费减负40亿元。深化商事制度改革，推进企业“五证合一”、个体工商户“证照合一”和“一照一码”顺利实施。公立医院制度改革走在全省前列，DRGs付费制度改革全面开展，分级诊疗制度和家庭医生签约服务工作启动实施，基层医疗卫生保障水平逐步提升。对外合作不断深入，中国—东盟国家外长特别会议在玉溪举行，设立玉溪驻泰国、老挝、越南商务代表处，规划建设玉溪·顺义产业园。成功举办“相约春天”和“收获金秋”等大型招商活动，引进市外国内资金800.4亿元、增长20%。

对照市四届人大四次会议确定的目标任务检查，全市规模以上固定资产投资、一般公共预算收入、社会消费品零售总额、居民消费价格指数、单位生产总值能耗、城镇新增就业人数、城镇登记失业率和人口自然增长率等8项主要指标可圆满完成，生产总值、城镇和农村居民人均可支配收入、城镇化率等4项指标增速低于预期目标，这既有宏观经济形势严峻、市场有效需求不足等外部环境影响，也有全市经济发展内生动力不足、新旧动能转换滞后等内部因素制约，保持经济平稳较快发展仍面临不少困难和问题：一是发展动力不足。传统优势产业受到严重冲击，新兴产业培育不足，投资消费对经济的拉动不足，支撑经济建设的大项目不多，新旧动能转换尚需一个过程。二是产业结构失衡。一烟独大的产业格局没有根本改变，三次产业结构不尽合理，经济发展长期积累的深层次矛盾进一步凸显，对全市经济社会发展影响日益突出。三是县域经济发展不协调。县域经济体量小，生产总值超百亿元的县区仅有2个，县域之间、城乡之间发展不平衡不协调，对全市经济支撑能力不强。四是生态保护与开发矛盾突出。抚仙湖保持Ⅰ类水质的压力日趋加大，星云湖、杞麓湖治理保护任重道远，开发与保护的矛盾十分突出。

二、2017年国民经济和社会发展主要目标、工作措施的初步打算

2017年是实施“十三五”规划的重要一年，是供给侧结构性改革的深化之年，也是我市全面消除贫困的决战之年、在全省率先全面建成小康社会的攻坚之年。结合国民经济和社会发展“十三五”规划纲要，综合考虑经济形势、发展环境、市场供求等各方面因素，2017年全市国民经济和社会发展宏观调控主要预期目标建议为：

——生产总值增长8.5%左右；

——规模以上固定资产投资增长25%以上；

——社会消费品零售总额增长12%以上；

——一般公共预算收入增长4%以上；

——城镇居民人均可支配收入增长9%；

——农村居民人均可支配收入增长10%；

——城镇化率达50%；

——居民消费价格指数控制在103%以内；

——城镇新增就业2.5万人；

——城镇登记失业率控制在4%以内；

——单位生产总值能耗下降完成省下达的目标任务。

围绕上述目标，我们要全面贯彻党的十八大和十八届三中、四中、五中、六中全会精神，深入学习贯彻习近平总书记系列重要讲话精神和治国理政新理念新思想新战略，按照“五位一体”总体布局和“四个全面”战略布局，主动适应把握引领经济发展新常态，坚持创新、协调、绿色、开放、共享的发展理念，以供给侧结构性改革为主线，坚持经济社会发展“5577”总体思路，加快培育新发展动能，统筹推进经济转型升级和社会全面进步，为谱写中国梦玉溪篇章奠定坚实基础。实现上述宏观预期目标，重点抓好以下六个方面的工作：

（一）积极推进“五网”建设，抓项目增投资

加大重点项目副市长组长负责制落实力度，以57个省级“四个一百”、535个市级“四个一百”重点项目和145个“五网”建设项目为抓手，努力发挥投资稳增长关键作用，确保全市固定资产投资突破千亿元、增长25%以上。

一是扎实开展“五网”基础设施建设。围绕“县县通高速、构筑大通道”目标，加快推进武易、江通、澄川、大戛、元蔓等高速公路项目建设，推进弥玉、玉楚高速公路全线开工建设，完成晋红高速和国道213线改造建设任务，新改建农村公路2 614千米，实现建制村100%通硬化路；全面推进玉磨铁路建设，配合做好呈红城际铁路前期工作；力争开工建设元江、江川、澄江3个通用机场，做好玉溪民用运输机场和其它通用机场前期工作；抓好戛洒江和麻洋河2座一级电站、220千伏永济变等能源保障网项目建设，完成市应急气源储备中心、油气管道红河支线玉溪段；实施19件重点水源和4件引调水工程建设，抓好江河治理、小型农田水利、城镇供水及污水处理等项目；推进全光网改造，提升互联网接入能力，加强云数据计算中心、通信铁塔等互联网基础设施建设。

二是着力优化投资结构。突出抓好省级工业转型“三个一百”项目，推进玉溪卷烟厂生产车间技改及配套设施、太标电动自行车生产线等238个重点项目建设，遏制工业投资增速、比重下滑趋势。认真落实国家和省促进房地产业健康平稳发展政策措施，加快保障性住房和棚户区改造力度，完成8 399户改造任务，提高货币化安置比例，推进玉水金岸、新天地城市综合体、红星国际广场、临岸三千城、抚仙湖北岸湿地安置房项目等一批房地产重大项目建设，稳定房地产投资。

三是加强项目管理和要素保障。进一步简政放权、创新监管、优化流程，启动并规范投资在线审批，实现“一窗受理、一项一码、一表流转”。完善市级“四个一百”重点项目库、“五网”项目库和“四带多园”项目库，明确任务清单、责任清单、问题清单和融资需求清单，强化举措、狠抓落实。优先保障重点建设项目用地、资金等要素需求，全面清理闲置土地，确保供地率达70%，用好用足项目前期工作经费。积极争取国家、省预算内资金和专项建设基金，提高获批额度。拓宽直接融资渠道，抓好小微企业增信集合债发行、培育“新三板”上市企业等工作。积极吸引市外企业参与“五网”建设、通用航空、交通物流融合发展、城镇化等重大工程建设，鼓励引导市外企业在本地注册公司。

（二）坚决打好结构调整和转型升级攻坚战，抓创新强产业

立足“三区一港”发展定位，围绕全市“七大产业”部署，做好“创新+转型”的大文章，深入实施“中国制造2025玉溪行动计划”，努力形成一、二、三产协同拉动经济增长的良好局面。

一是加快打造“四带多园”。积极推动产业集聚发展，实施150个“四带多园”建设项目，打造区域增长极，促进县域经济持续协调发展。抓好工业园区规划修编工作，各园区突出优势集中力量做大做强二至三个主导产业，打造专业化特色化园区，解决好产业小散乱和同质化问题。抓好玉溪高新区和10个工业园区及微总部经济园区、通用航空产业园、重庆东恩产业园、中德国际产业园、北京顺义产业园等园区建设，推进产业集群化、集聚化、规模化、产城一体化发展。深入园区实体化改革，在人权、事权、财权上寻求突破。强化基础设施建设，确保园区收储土地1.2万亩、提供“三通一平”土地0.8万亩。

二是做优高原特色现代农业。加强蔬菜、花卉、林果、畜禽基地建设，推进精品庄园、农业庄园加快发展，确保第一产业增加值增长5.5%以上。稳定粮食生产和储备规模，确保产量6亿千克，搞活流通，提高粮食安全保障能力。推进烟叶生产转型升级，着力巩固提升玉溪优质烟叶品牌核心竞争力，完成烤烟种植56.7万亩、收购153万担。抓好蔬菜、水果、花卉、生物药原料等特色种植业发展。以生猪、家禽为重点，扩大规模养殖，新建畜禽标准化示范场3个、种养结合循环养殖示范场10个，启动德康公司新平和易门种场建设项目，实现畜牧业产值增长7%以上。加大新型农业经营主体培育，启动20户农业小巨人扶持发展工作，新认定省市级龙头企业5户、市级家庭农场示范场100个。加快推进市级农产品质量安全追溯体系信息平台建设，新认证“三品一标”8个。

三是打好工业经济“攻坚仗”。抓好重点县区、重点园区、重点行业和重点企业的精准帮扶，尽快扭转工业经济低迷态势，确保工业增加值增长5.5%以上。全力支持红塔集团卷烟产品转型升级，加快实施卷烟加工、物流及仓储等项目建设，着力推动卷烟去库存。依托玉钢集团发展精深加工，大力开发金属制品、钢管、汽车用钢等产品，

延伸产业链，提高附加值。深入实施“中国制造2025玉溪行动计划”，大力发展数控、风电和通用航空发动机制造等高端装备制造业，打造产业集群，提升装备制造水平。大力支持沃森强化研发中心建设，通过优质服务吸引高端人才，与全球顶尖专家合作，做大做强生物医药产业。加快推进汇龙科技和蓝晶科技围绕锂电池、LED等产品延伸产业链，依托太标集团和紫源新能源大力发展光热光伏集成产品和电动车，支持易门贵研铂业大力发展稀贵金属高纯材料。实施“两个10万元”微型企业培育工程，出台支持“行业小巨人”发展政策措施，力争2户成长型中小企业迈入大企业行列，抓好企业“纳规纳限”工作。

四是发展壮大服务经济。认真落实《服务经济创新发展大纲》，以服务经济整体提升为重点，构建产业新体系，增强经济发展新动能，确保第三产业增加值增长12%以上。推动生产服务加快发展，依托华为公司，创新合作方式，创办互联网大学，为云南建设面向南亚东南亚辐射中心提供强有力的信息服务，加快推进“信息惠民”国家试点城市、市民服务一卡通等项目建设。强化创业创新平台建设，大力发展研究开发、技术转移转化、创业孵化、科技咨询等科创服务，加快推进老烟厂片区“双创”中心建设。促进流通服务转型发展，支持连锁经营向多行业、多业态和农村延伸，推进“商会文旅体”联动发展，积极发展农村电商，抓好东南亚食品商贸仓储物流港、活发现代商贸物流园、润特物流园、元江物流园区等物流基础项目建设，推进玉溪智慧物流信息平台、货车帮、新平水塘“互联网+生猪活体”配送等智慧物流项目建设，启动昆钢研和物流仓储项目建设。扩大社会服务有效供给，鼓励社会力量兴办教育、健康、体育、养老、文化、家政等服务，抓好家庭医生签约服务试点工作。加快全域旅游目的地体系建设，争创国家级全域旅游示范区，重点推进澄江寒武纪乐园、“一城五镇多村”、太阳山二期、雪域飞鹰低空旅游、新平磨盘山景区提升、哀牢山红河养生谷、元江果香四季温泉休闲旅游度假区等项目建设。营造激励服务创新的宽松环境，鼓励发展交通出行、房屋住宿、专业技能、生活服务等领域分享经济。

（三）着力打造生态宜居幸福魅力之城，抓统筹建城乡

紧紧围绕建设生态宜居文明幸福的魅力之城的发展目标，积极构建“一核、双心、两轴、四城、多节点”的玉溪新型城镇化空间布局框架，加快“三湖”生态城市群建设，推进以人为核心的新型城镇化。

一是强化规划引领。落实主体功能区规划，建立定位清晰、层次分明、功能互补、衔接协调的空间规划体系，全面推行“多规合一”和空间“一张图”管理，完成红塔区、澄江县“多规合一”试点工作，打破行政区划制约，完成抚仙湖径流区“多规合一”报批。按照开放、创新、生态、宜居、宜业的理念，加快城市总体规划修编，高起点、高标准规划建设“科教创新城”，同步做好大学引进和创办工作。制定海绵城市建设技术与标准，指导好各县区编制海绵城市建设专项规划。抓好9个贫困乡镇和18个特色小镇的规划制定及提升。

二是加快城乡提质扩容。积极开展联合国人居环境奖、国家海绵城市、国家智慧城市等“六城同创”工作，确保成功创建国家节水型城市，以海绵城市、地下综合管廊、黑臭水体整治为重点加强市政基础设施建设，启动中心城区玉带河、中心沟下段、金水河、玉溪大河三期等七条河道治理，完成红塔大道、红龙路、玉江大道、火车西站市政道路地下综合管廊和站前广场建设。加快玉溪市生活垃圾焚烧发电项目、中心城区餐厨垃圾处理工程、玉溪市污水再生水利用工程建设，完善城镇污水处理厂配套管网。做优县城，全力推进红塔区、江川区协同发展，着力打造澄江、峨山两个示范县城，全面加快其他县城提质扩容，力争通海成功列入国家历史文化名城。做特集镇，重点打造戛洒特色小镇、广龙旅游小镇、寒武纪小镇、红塔古镇等18个特色城镇。做美乡村，统筹推进“百村示范、千村整治”行动、农村危房改造和抗震安居工程、易地扶贫搬迁和民族团结进步示范村、移民新村建设，启动4 900户农村危房改造任务，基本消除四类重点对象农村D级危房存量。深入实施城乡人居环境综合整治三年行动计划，确保城市“四治三改一拆一增”综合整治、农村“七改三清”环境整治取得实效。

（四）紧紧围绕争当全省生态文明排头兵，建生态美环境

牢固树立“环境就是民生，青山就是美丽，蓝天也是幸福”理念，坚持“生态立市”战略，大力推动绿色发展、循环发展、低碳发展，持续推进生态和发展协调统一。

一是认真抓好“三湖”水污染综合防治工作。认真落实“三湖”保护条例及水污染防治目标责任书，着力实施抚仙湖源头减排、面源防治、清水入湖、生态修复、综合监管五大类工程，统筹衔接沿湖生态移民搬迁和旅游小镇建设，继续推进抚仙湖一级保护区内2.8万人生态移民和沿湖中央省属企事业单位搬迁，确保抚仙湖总体水质稳定保持Ⅰ类。加快推进星云湖水体置换、环湖截污治污和污染底泥疏挖及处置工程建设。加快杞麓湖环湖截污及农田减肥增效、通海第二污水处理厂及配套管网、杞麓湖流域村落环境整治工程建设，积极推进杞麓湖国家湿地公园试点建设。全力推进“三湖”流域农业高效节水减排项目，在抚仙湖径流区逐步实施高效节水项目20万亩。加强集中水源地污染综合整治，确保饮用水卫生安全。

二是加大节能减排和落后产能淘汰力度。持续抓好污染减排工作，深入推进大气污染防治工作，强化清洁生产工作和危险废物管理，狠抓排污许可证管理，稳步开展环境污染第三方治理。化解过剩化工产能28万吨、水泥产能91万吨，关闭中心城区周边、三湖径流区周边及县城周边的小红砖厂31户，实施玉昆钢铁余热余压发电、水泥制品项目建设。加强对重点县区、重点行业和重点企业的监测分析和预测预警，抓好重点节能项目建设，开展重点耗能企业和万家、千家企业节能行动，确保单位生产能耗下降率控制在省下达目标范围内。

三是建设绿色生态屏障。深入推进森林玉溪等“六大工程”建设，实施营造林18.6万亩、低效林改造4万亩、核桃提质增效16万亩、石漠化综合治理6.6万亩、陡坡地生态治理1.2万亩、退耕还林9 000亩，持续推进森林生态效益补偿、天然林资源保护和森林资源保护管理工作，强化湿地和野生动植物保护工作。严格落实森林防火责任，巩固绿色生态屏障。

（五）全力提升人民群众幸福指数，补短板惠民生

坚持以人为本、富民为先、改善民生，全面实施“七大民生工程”，创新公共产品和公共服务供给方式，让人民群众共享改革发展成果。

一是坚决打赢脱贫攻坚战。深入开展“挂包帮”、“转走访”，强化精准扶贫、精准脱贫，集中力量解决好贫困退出地区特别是“直过民族”的脱贫攻坚，巩固提升已脱贫的贫困乡镇、贫困行政村，加快老厂、建兴、洼

垤3个整乡推进项目和17个整村推进项目，确保3个贫困乡摘帽、17个贫困行政村出列、33 751建档立卡贫困人口脱贫，在全省率先实现全面脱贫目标。

二是做好就业和社会保障工作。继续抓好“创业玉溪”行动计划的实施，加快各类创业孵化平台建设。积极推进扶持创业带动就业，认真做好创业小额贷款扶持创业工作。稳妥处置“僵尸企业”，严格落实税费减免、社保补贴、援企稳岗等扶持政策。深入推进机关事业单位养老保险改革工作，抓好社会保险扩面工作，做好全民参保登记“回头看”工作。

三是全面发展各项社会事业。深化职教改革，成立职教园区管委会，全力推进职教园区建设。推进“全面改薄”工作，实施校舍建设项目119个，抓好学校标准化建设，确保实现全部县区义务教育基本均衡目标，完成数字化校园二、三期项目建设。全面推进公立医院改革，继续抓好县乡村卫生服务一体化管理，加快推进市医院改扩建、市儿童医院、市急救中心建设及基层医疗卫生机构建设。重视中医药继承与发展，提高中医药服务水平。积极应对人口老龄化，以发展居家养老为重点统筹推进城乡养老服务体系建设，全面落实两孩政策，完善计生服务管理。加大公共文化体系和文化惠民工程建设，加快文化广播影视传媒中心建设，启动6个乡镇综合文化站建设，力争建成澄江、峨山县文化馆，大力弘扬优秀传统文化，抓好文物文博和非物质文化遗产的传承保护工作。加快全民健身基础设施建设，广泛开展全民健身活动。切实抓好安全生产、食品药品安全、社会和谐稳定等方面的工作，全面推进法治玉溪、平安玉溪建设，积极争创全国“长安杯”，着力营造良好的发展环境。抓好红十字、关心下一代、残疾人等事业，加强外事侨务、保密、档案、史志等工作。

（六）着眼激发市场动力活力，抓改革促开放

一是协调推进各项改革。紧紧围绕“三去一降一补”，推进供给侧结构性改革取得明显成效，抓住处置“僵尸企业”这个牛鼻子，创造条件推动企业兼并重组。统筹推进经济体制改革，深入推进“放、管、服”，抓好深化投融资体制、机关事业单位养老保险制度、公立医院综合改革等工作，营造良好发展环境。适时启动事业单位及国有企业公务用车改革，平稳推进价格及电力体制改革。

二是加快建成对外开放合作新高地。主动服务和融入国家、省的重大发展战略，着力建设开放载体、搭建开放平台。加强与滇中各州市的区域合作，积极推进基础设施互联互通，强化优势产业、社会资源和公共服务上互惠共享。深化与北京顺义、广东佛山、江苏南通等友好城市合作，全方位加强与长江经济带、京津冀、泛珠三角城市、成渝黔桂等周边省区的交流合作，当好国内与周边省区走向南亚东南亚的桥梁节点。依托友好城市、“南博会”、滇沪合作机制等平台，紧盯国际国内500强、中国民营500强、行业百强以及区域性龙头企业实施精准招商，大力推动产业入玉、资本入玉、科技入玉、人才入玉，确保实际利用市外国内资金增长10%。充分利用好“两个市场”和“两种资源”，以南亚东南亚为重点打造玉溪更加广阔的“经济版图”，支持优秀企业到境外投资发展优势产业，发展壮大外向型龙头企业，推进农产品出口专业型示范基地建设，加快综合保税区申报建设，确保外贸进出口总额增长10%。

各位代表，完成今年的各项目标任务艰巨、责任重大，我们将在市委的坚强领导下，在市人大的法律监督、工作监督和市政协的民主监督下，深化改革、抢抓机遇、化解压力，以优异成绩迎接党的十九大的召开！

（吴 根 摄）

关于玉溪市2016年地方财政预算执行情况和2017年地方财政预算草案的报告（书面）

——2017年1月10日在玉溪市第四届人民代表大会第五次会议上

玉溪市财政局

各位代表：

受市人民政府委托，现将2016年地方财政预算执行情况和2017年地方财政预算草案提交市第四届人民代表大会第五次会议审查，并请市政协各位委员和列席会议的同志提出意见。

一、2016年地方财政预算执行情况

2016年，面对错综复杂的经济形势和艰巨繁重的改革发展任务，在市委的坚强领导下，在市人大及其常委会的监督指导下，全市各级财政部门认真学习贯彻党的十八大、十八届三中、四中、五中、六中全会和习近平总书记系列重要讲话精神，紧紧围绕市委的决策部署和市人大的决议要求，牢牢把握稳中求进的工作总基调，主动适应经济发展新常态，全力以赴稳增长、调结构、促改革、惠民生、防风险，依法加强收入征管，有效保障重点支出，年初确定的预算目标基本完成，财政运行健康平稳，财政改革全面深化，为全市经济社会发展提供了坚实保障。

（一）一般公共预算执行情况

全市一般公共预算收入完成131.1亿元，为年初预算的100%，比上年决算数增长5%。支出完成233.4亿元，为年初预算的100.5%，比上年决算数增长4.5%。

市本级一般公共预算收入完成55亿元，为年初预算的94.1%，比上年决算数下降1.2%；支出完成56亿元，为年初预算的88.2%，比上年决算数下降8.3%。由于列支渠道的改变，市本级加大了对县区的转移支付补助力度。从快报数来看，市对下转移支付114.2亿元，比上年增长13.5%，其中市本级财力安排的对下转移支付24.1亿元，比上年增长36.2%，导致市本级未完成年初预算目标。

（二）政府性基金预算执行情况

全市政府性基金预算收入完成23.1亿元，为年初预算的70.6%，比上年决算数增长50.5%。支出完成24.2亿元，为年初预算的68.3%，比上年决算数增长44.9%。

市本级政府性基金预算收入完成4.7亿元，为年初预算的67%，比上年决算数下降13.4%；支出完成1.5亿元，为年初预算的19.4%，比上年决算数下降67.2%。

基金收支未完成年初目标的主要原因是：受房地产市场低迷影响，2016年未完成年初土地出让计划目标，以及受玉江路取消通行费等政策因素影响。

（三）社会保险基金预算执行情况

全市社会保险基金预算收入完成59.5亿元，为年初预算数的111.5%，比上年决算数增长25.8%。支出完成50.5亿元，为年初预算的98.4%，比上年决算数增长44.2%。当年收支结余9亿元，年末滚存结余86.6亿元。

市本级社会保险基金预算收入完成14.6亿元，为年初预算数的93.8%，比上年决算数增长27.3%。支出完成10.9亿元，为年初预算的91.5%，比上年决算数增长47.8%。当年收支结余3.7亿元，年末滚存结余58亿元。

（四）国有资本经营预算执行情况

全市国有资本经营预算收入完成158万元，为年初预算的138.4%，比上年决算数增长192.6%。支出完成80万元，为年初预算的95.1%，比上年决算数增长23.1%。调出资金78万元。

市本级国有资本经营预算收入完成127万元，为年初预算的117.4%，比上年决算数增长135.2%。支出完成80万元，为年初预算的102.4%，比上年决算数增长23.1%。

以上均为快报数，省财政厅批复我市2016年财政决算后，部分数据会有所变化，届时再向市人大常委会报告变化情况。

各位代表，过去的一年，我们主要做了以下工作：

（一）全力以赴稳增长

全面贯彻落实中央、省、市关于稳增长的重大决策部署，持续加大政府公共投资力度，重点支持民生保障、脱贫攻坚、“五网”建设、“六城”同创、乡村整治、产业发展、生态环保等重大项目建设，有效发挥了投资拉动经济增长的作用。准确把握稳增长与调结构的平衡点，增加工业企业技术改造、节能减排等方面投入，加大对新能源、新材料制造等战略性新兴产业和循环经济重大项目的支持力度，促进传统产业转型升级和新兴产业做大做强。扎实做好项目申报工作，成功入选国家海绵城市建设试点城市，争取到中央财政连续三年每年给予我市4亿元的专项补助。认真贯彻落实结构性减税降费政策，全面实施营改增，规范行政事业收费和政府性基金，完善财政监管机制，切实降低企业成本，激发市场活力，增强经济发展后劲。

（二）攻坚克难抓收支

2016年财政形势比年初预期严峻得多，为了确保全市财政平稳运行，我们始终把抓收支、增总量摆在突出位置。一是加强分析研判。强化工作协调，多方挖掘增收潜力，把既定的收入目标量化分解到各县区及相关部门，层

层传导压力，层层落实责任，竭尽全力抓好收入组织工作，全市一般公共预算收入增长5%的目标如期完成。二是坚持不懈争取上级支持。针对中央、省级财力趋紧、专项转移支付结构调整、增量减少的情况，主动跟进，积极争取，突出增强争取工作的针对性和实效性。2016年，全市争取财政各类补助资金298亿元（不含市县重复项目），比上年同期增加66亿元、增长28.4%，其中：争取上级财政转移支付补助资金109亿元，比上年增加10亿元、增长10.1%，争取省级债券转贷资金189亿元，比上年增加56亿元、增长43.2%。特别是2016年遇到了罕见的工资性政策大幅调整，给财政带来了巨大的支出压力，我们通过积极向省财政厅汇报反映玉溪的实际困难，省财政厅从专项转移支付、新增政府债券、资金调度方面给予了玉溪最大限度的倾斜，使玉溪顺利渡过了难关，保住了工资发放，保住了正常运转，保住了社会稳定等支出需求。三是高度重视支出进度和效益。分解落实各月度支出任务，加快预算指标下达节奏和拨付进度，加大对部门组织实施项目的督查力度，预算支出进度比往年同期加快，市委、市政府确定的重点项目支出需求得到有效保障。

（三）完善机制促改革

坚持问题导向，加强制度设计，细化改革任务举措，稳步推进各项财税改革。一是以深化财税制度改革为主攻方向，制定了预算稳定调节基金管理办法、财政临时救助办法、财政资金审批管理办法、专项资金管理办法、支出进度考核办法、预算信息公开实施细则等一揽子政策，为深入推进改革提供了基本遵循。二是加大了政府性基金预算、国有资本经营预算统筹力度，共调入政府性基金预算9 939万元、国有资本经营预算47万元。三是将地方政府债务分类纳入预算管理，自觉接受人大的监督，建立债务收支情况随同预算公开机制，置换到期存量债务资金176.2亿元，降低了利息负担，缓解了政府偿债压力，为腾出资金用于重点项目建设创造了条件。四是加大财政存量资金盘活力度，市本级共收回2013年以来各部门预算结余资金5.8亿元，调整用于稳增长、调结构、惠民生、促改革、防风险等重点领域和关键环节。五是强化财政管理，在财政系统全面建立和实施内控制度，聚焦预算管理、资金分配等业务环节，实行分事行权、分岗设权、分级授权，强化内部流程控制，建立有效的风险应对机制和严格的问责机制，提高了行政效率。全面深化国库集中支付业务电子化管理试点工作，实现了市本级174家预算单位、国库集中支付类型、代理银行、各业务环节“四个全覆盖”。六是预算信息更加公开透明。2016年，市财政局在按规定时间完成市本级财政预算及“三公”经费预算公开的同时，继续从源头抓起，在批复各部门的预算中明确要求各部门严格按照新预算法要求，在财政部门批复后二十日内向社会公开部门预算，全市做到了除涉密单位外，全部公开政府预算、部门预算、三公经费预算。

（四）创新方式增效益

坚持市场导向，发挥财政资金“四两拨千斤”作用，设立环保基金、城建基金、产业发展基金，以基金引导带动各方投资，促进税收增长，使经济成果充分反映到财政增收上来。发挥项目前期经费的助推器作用，2016年共筹集项目前期经费3.8亿元，主要用于交通、水利、产业发展等重大项目建设。加大财政资金统筹使用力度，对2015年财政存量资金规模较大的县区或部门，适当压缩2016年预算安排规模。对执行中不再需要使用的资金，及时调整用于重点支出，减少按权责发生制结转支出，将政府性基金预算超出规定比例的结转结余资金，调入一般公共预算统筹使用。严格控制“三公”经费预算，压缩会议费等一般性支出。对收入高增长时期支出标准过高、承诺过多等不可持续支出或政策性挂钩支出，在合理评估的基础上及时压减。积极推广运用PPP合作项目，通过特许经营、投资补助、运营补贴、财政贴息等方式，拉动民间资本进入公共服务领域，变财政直接投资为间接投资，发挥财政资金的撬动作用，促进经济增长。

（五）统筹兼顾保民生

始终把保障民生作为重要任务，通过优化支出结构，统筹整合财政存量资金，千方百计加大民生投入，全年用于民生的支出达到182.6亿元，占一般公共预算支出的78.2%。全力推动脱贫攻坚战略的实施，2016年市级安排下达资金1.5亿元，实施整村推进、易地搬迁、特色优势产业发展项目，推动贫困地区群众加快脱贫致富步伐。深入实施高校毕业生就业促进计划、大学生创业引领计划，加大政府公共就业服务能力，促进大众创业、万众创新。进一步巩固义务教育经费保障机制，完善教育各阶段学生资助体系，全面落实教育民生提标政策。深化医药卫生体制改革，取消公立医院药品加成，建立医疗改革补偿机制，提高新型农村合作医疗和城镇居民基本医疗保险财政补助标准，基本公共卫生服务人均财政补助标准由35元提高到40元。推进机关事业单位养老保险制度改革，建立职业年金制度，同步调整了机关事业单位工作人员基本工资，落实县以下机关公务员职务与职级并行制度，促进了城乡居民收入稳步增长。

2016年，在经济下行压力加大、财政收入增幅回落、收支平衡难度很大的情况下，财政运行基本平稳，各项财税政策有效落实，为完成全年经济社会发展目标任务和实现“十三五”良好开局提供了有力支撑。同时，我们清醒地认识到，财政运行还面临一些困难和问题，主要是：一是受经济增速放缓、企业效益下滑，以及实施结构性减税等多重因素影响，财政收入增长乏力。二是受上级体制约束，玉溪在省内各州市的相对优势不断减弱，收支排名逐年退位。三是财政刚性支出持续增长，民生政策兜底任务艰巨，财政收支矛盾加剧，预算平衡压力越来越大。四是财税体制改革步伐仍需加快，对中央密集出台改革举措的承接力度还需要进一步加大。五是地方政府偿债压力较大，潜在风险防控任务艰巨。六是有的部门和单位向上争取意识不强，还停留在经济发展较好时期的状态，在项目和资金争取方面较为被动；有的部门和单位预算执行力不强，项目推进缓慢，支出进度有待加快；有的部门和单位统筹使用财政资金的力度需进一步加大，资金使用的安全性、有效性仍需提高。我们一定高度重视这些问题，将采取有力措施加以解决。

二、2017年地方财政预算草案

根据市委对经济工作的总体部署，2017年全市预算编制和财政工作的总体要求是：全面贯彻落实党的十八届三中、四中、五中、六中全会、中央经济工作会议和省委第十次党代会、市第五次党代会、市委五届二次全会、市委经济工作会议精神，坚持稳中求进的工作总基调，突出供给侧结构性改革这一主线。做好“开源、节流、盘活、争取、规范”五篇文章，加快推进财税体制改革，充分发挥财税政策促进产业结构调整、经济转型升级和培育发展新动力的重要作用；坚持依法理财，严格执行《预算法》，推进预算法制化、规范化、精准化、透明化；加大财政资金统筹使用力度，盘活存量，用好增量，优化结构，提高绩效；牢固树立过紧日子的思想，厉行节约，从严控制一般性支出，重点保障基本民生支出；创新财政投入方式，利用财政资金引导和带动社会资本投入，增加基本公共服务供给；加强政府债务管理，有效防范财政风险，促进经济持续健康发展。

根据上述要求及全市经济社会发展预期，2017年主要预算指标安排建议如下：

（一）一般公共预算安排建议

全市一般公共预算收入安排136.3亿元，比上年快报数增长4%以上。支出安排240.4亿元，比上年快报数增长3%。

汇总高新区和市本级一般公共预算收支数据，市级一般公共预算收入安排63.7亿元，比上年快报数增长4.6%；支出安排63亿元，比上年快报数增长4.5%。

剔除高新区数据后，市本级一般公共预算收入安排57.2亿元，比上年快报数增长4%；支出安排57.7亿元，比上年快报数增长3%。

（二）政府性基金预算安排建议

全市政府性基金预算收入安排39.2亿元，比上年快报数增长69.5%。支出安排46.6亿元，比上年快报数增长92.2%。

汇总高新区和市本级政府性基金预算收支数据，市级政府性基金预算收入安排8.6亿元，比上年快报数增长29.6%；支出安排11.3亿元，比上年快报数增长279.8%。

剔除高新区数据后，市本级政府性基金预算收入安排7亿元，比上年快报数增长50%；支出安排9.7亿元，比上年快报数增长537.8%。

（三）社会保险基金预算安排建议

全市社会保险基金预算收入安排66.6亿元，比上年快报数增长11.8%。支出安排55.6亿元，比上年快报数增长9.6%。年末滚存结余预算97.5亿元，比上年快报数增长12.6%。

高新区社会保险基金预算收支数皆为零，故不再单独汇报高新区与市本级汇总情况。

市本级社会保险基金预算收入安排25.4亿元，比上年快报数增长73.2%；支出安排15.2亿元，比上年快报数增长39.9%。年末滚存结余预算68.7亿元，比上年快报数增长18.4%。

（四）国有资本经营预算安排建议

全市国有资本经营预算收入安排82万元，比上年快报数下降48.1%。支出安排82万元，比2016年快报数下降48.1%。

高新区国有资本经营预算收支数皆为零，故不再单独汇报高新区与市本级汇总情况。

市本级国有资本经营预算收入安排70万元，比上年快报数下降44.9%。支出安排70万元，比2016年快报数下降44.9%。

需要特别报告的事项：

1.按照《预算法》规定，在2017年预算年度开始后和市人代会批准预算之前，为保障市本级正常运转，市财政已将需下达的基本支出2.4亿元（1-4月人员工资）提前下达各部门。同时，下达了急需安排的项目资金743万元，其中人代会会议经费155万元，政协会议经费110万元、春节送温暖经费478万元。

2.国库权责发生制的事项。根据《预算法》和《财政总预算会计制度》等有关规定，将市本级2016年末预算单位形成的财政授权支付额度结余25 205万元，按权责发生制核算，转列当年支出，其中：一般公共预算支出24 114万元、政府性基金支出1 091万元。

3.经市四届人民代表大会常务委员会第二十五次会议审议通过的2016年新增债券资金安排方案，在执行过程中，发生以下变动：一是教育云平台建设受合同约定支付时间影响，保证金689.05万元需在2017年安排使用，建议列入2017年预算安排；教育信息化更新、维护和开发专项经费500万元采购结余资金3.73万元建议调整安排教育云平台软件服务费，并纳入2017年预算。

三、攻坚克难，苦干实干，确保2017年财政工作任务圆满完成

2017年是全面建成小康社会的关键之年，也是推进供给侧结构性改革的攻坚之年。做好各项财政工作，对于实现市第五次党代会提出的“5577”战略和市委年初确定的各项目标任务，促进经济持续健康发展具有重要意义。我们将重点抓好以下工作：

（一）发挥财政职能作用，精准发力稳增长

坚持稳中求进的工作总基调，认真落实供给侧结构性改革要求，精准发力，有效发挥财政的调控职能和牵引作用，推动经济在稳增长与调结构平衡中实现升级发展。一是持续加大政府公共投资力度。重点支持民生保障、脱贫攻坚，科教创新城、“四带多园”、“五网”建设、“六城”同创、三区一港、“百村示范、千村整治”行动、点亮玉溪、互联网+等重大项目及民生工程建设，加强资金和项目对接工作，加快资金下达和拨付进度，促进项目尽快落地并形成实物工作量。二是完善支持产业结构调整政策。通过整合竞争性领域专项资金等方式，推动经济结构调整，提高供给体系的质量和效益，激活发展动能。继续加大对工业经济发展的投入，重点支持工业企业强创新、去产能、去库存、去杠杆、降成本、补短板、防风险，提高自主创新能力，加大节能减排力度。完善财政转移支付分配办法，压专项、增一般、设基金、活金融，发挥财政资金撬动功能，放大基金乘数效应，促进发展动力转换。整合支农资金和项目，推进农业社会化服务体系建设，壮大高原特色现代农业。加强农田水利建设，提升农业综合生产能力。支持实施创新驱动战略，加大资金投入，整合科技专项，支持创业园、孵化基地建设，推动大众创业、万众创新。三是认真落实减税降费政策。继续清理规范行政事业收费和政府性基金，严格实行目录清单管理制度，努力打造优良的市场主体发展环境。在清理规范税收优惠政策的基础上，建立税收优惠政策评估退出机制，切实维护政策的权威性和市场的公平性。

（二）强化底线思维，完善机制补短板

坚持“保基本、兜底线、促公平、可持续”原则，聚焦脱贫、生态、基本公共服务均等化等短板，增强政策和资金的精准性、导向性，让改革发展成果更好地惠及全市各族群众。一是全力支持脱贫攻坚。按照市委关于2017年在全省率先脱贫的总体部署，积极跟进、主动作为，下大力气抓投入、抓创新、抓监管，为我市在全省率先脱贫提供财力保障。整合与扶贫相关的各类涉农资金，加大对扶贫重点领域和重点项目的投入，形成扶贫攻坚合力。强化扶贫资金监管，严肃查处和纠正资金使用中的违规违纪问题，确保扶贫资金规范使用，保证扶贫资金用在“刀刃”

上。二是持续加大生态环境保护力度。支持“三湖两库”水环境保护治理、东风水库、飞井海水库集中水源地污染综合整治、全国水生态文明城市试点、城乡人居环境综合整治和森林玉溪、蓝天玉溪、碧水玉溪“六大工程”等重点生态项目建设，争当全省生态文明建设排头兵。完善投入机制，支持退耕还林、陡坡地生态治理、石漠化综合治理和水土流失治理等专项工程，加强地质灾害防治。三是推进基本公共服务均等化。加大对民生领域薄弱环节的投入力度，科学合理提高民生保障水平。落实“就业创业玉溪行动”计划，完善就业创业扶持政策和服务体系，促进高校毕业生和其他重点群体就业创业。支持城乡社保体系建设，推进城乡居民基本医疗保险制度整合，完善城乡居民基本医疗保险筹资机制，提高财政补助和个人缴费标准，并逐步提高个人缴费比重。推进机关事业单位养老保险制度改革，提高城乡居民和企业退休人员养老金待遇。健全优抚对象抚恤和生活补助标准，提高城乡低保补助水平，完善社会救助体系，确保困难群众基本生活。支持城镇保障性住房建设，全力推进农村危房改造，完善住房保障体系，引导社会力量积极参与棚户区改造。支持文化体育事业发展，优化资金投向，推动基本公共文化服务均等化，提高公共文化服务供给体系质量和效率；落实全民健身战略，加强体育基础设施建设，发挥体育职教园区辐射作用，整合体育资源，增强综合服务能力。

（三）坚持开源与节流并重，管好资金增效益

主动适应经济发展新常态，坚持开源与节流并重，做大收入“蛋糕”，分好财力“蛋糕”，管住支出“蛋糕”，为玉溪改革发展提供有力支撑。在开源方面，一是服务好、协调好税务部门加强税收征管，做到应收尽收、颗粒归仓，严防跑冒滴漏，增加财政收入；二是认真做好非税收入征收管理工作，摸清底数，掌握情况，加强征管，严格征收，增加可用财力；三是积极培植财源，把有限的资金用在财源的培植上，对生产性、经营性、有就业、有税收，成长性好的项目给予积极扶持，确保财政持续增收；四是高度重视国有资产管理和运营，既要坚定不移地确保国有资产保值增值和国有资本安全运行，又要千方百计确保国有资产有效运行和国有资本高效运营，增加国有资本收益；五是切实管好用活政府性基金，根据经济发展情况收放并举，宽严相济，该收的收到位，该放的放到底。在节流方面，一是强化节俭意识，树立节支就是增收的理念，倡导文明新风，确保“三公”经费只减不增。二是把钱用在关键处、花在刀刃上。首先，把有限的资金用在保工资、保运转、保民生上；其次，把资金花在关键领域和重点环节，花出效益来。三是集中财力办要事，办大事。通过深化改革，扎实解决好长期资金集中度不够的问题，充分发挥社会主义集中财力办大事的政治优势，变指头效果为拳头效应。

（四）加快推进财税改革，创新机制增活力

按照市委全面深化改革领导小组的总体部署以及全市财税体制改革的路线图和时间表，有序有效推进各项重点改革。在预算管理改革方面，强化绩效优先理念，研究出台预算绩效管理工作考核办法，将各县区和市直各预算单位纳入考核范围，考核结果作为安排下年度预算的重要依据，切实增强部门“花钱必问效、无效必问责”意识。强化规划引导理念，积极试编2017年至2019年中期财政规划，牢固树立“先规划后预算”观念，发挥规划对预算的引领作用，确保规划进笼子、项目进本子、资金进盘子。改进预算管理与控制，将公共预算执行中形成的超收、盘活整合等财力性结余资金，全部用于化解政府债务或补充预算稳定调节基金。在债务管理方面，按照“举债适度、规范运作、风险可控”的原则，管好增量、盘活存量，建立“借、用、还”相统一的政府性债务管理机制，强化地方政府债务管理，在限额内争取省级新增债券转贷资金；置换优化存量债务期限结构，依法妥善处置政府或有债务，加大风险预警力度，确保政府债务风险总体可控。在财政支出管理改革方面，加大部门专项资金整合力度，2017年市本级实施的部门专项资金原则上不超过4个专项、市对下专项转移支付实行“一个部门、一个专项”，并纳入项目清单目录及动态管理。加大存量资金盘活力度，各部门在预算执行中对已不具备实施条件或项目实施完毕后形成的结余资金，要及时申报由财政部门收回统筹安排；本级预算安排的资金，当年拨付部门不能形成支出的，次年收回；上级专款拨付到部门后结转时间超过一年的结转资金，一律作为结余资金管理，收回财政由政府统筹安排。加快预算支出执行进度，实施预算执行进度考核办法，按照时间节点对各部门、各县区支出完成情况进行考核评分，考核结果与次年预算安排、资金调度和均衡性转移支付挂钩，通过强有力的措施狠抓支出进度，确保当年下达的资金尽快形成实际支出。在税制改革方面，全面落实国家结构性减税和普遍性降费政策，处理好支持发展与规范管理的关系，积极跟进消费税、环境保护税、房地产税等改革，着力培育地方主体税种，健全完善地方税体系。在事权与支出责任划分方面，按照中央与地方事权和支出责任划分改革指导意见，结合我市实际，深入开展调研，着手研究拟定我市的实施方案，在保持现行体制框架总体稳定的基础上，合理确定市与县区事权划分和支出责任。

（五）抓实抓牢思想作风建设，锤炼队伍创佳绩

事业成败，关键在人。全市各级财政部门要深入学习贯彻习近平总书记系列重要讲话精神，继续深化“两学一做”学习教育，坚持用“三严三实”“忠诚干净担当”标准来约束财政干部的言行，使财政干部心有所畏、言有所戒、行有所止，做到政治上讲忠诚、组织上讲服从、行动上讲纪律，确保政令畅通、令行禁止。一是要抓好思想建设。加强理想信念教育、党性党风教育、廉政纪律教育，引导全体干部坚定理想信念，增强政治意识、大局意识、核心意识、看齐意识、创新意识、服务意识、效率意识、纪律意识，始终保持昂扬向上的精神状态。二是要抓好作风建设。坚持纠“四风”和树新风并举，让中央八项规定精神在财政部门落地生根。树立有权必有责、尽责成大业、失责必追究的观念，立足于财政本行，着眼全局，拓宽思路，既兼顾当前、更着眼长远，加强对重大问题、重大事项的研究，尽力解决财政改革发展过程中面临的一系列问题。三是要抓好党风廉政建设。把党风廉政建设的主体责任和监督责任落到实处，健全完善财政反腐倡廉的领导体制和工作机制，严格落实“八要”“八不要”，严格遵守党的政治纪律、组织纪律、廉政纪律和财经纪律，严格执行廉洁从政的各项规定，用严的标准要求干部，用严的措施管理干部，用严的纪律约束干部。

各位代表，今年财政改革和发展的任务繁重而艰巨。让我们紧密团结在以习近平同志为核心的党中央周围，高举中国特色社会主义伟大旗帜，在市委的坚强领导下，在市人大及其常委会的法律和工作监督下，坚定信心、攻坚克难、开拓创新、锐意进取，努力完成各项工作任务，以优异的成绩迎接党的十九大胜利召开！

2016年玉溪市国民经济和社会发展主要指标表

指标名称	单位	2012年	2013年	2014年	2015年	2016年	2016年比2012年(%)	
							增 长	年均递增
一、综合								
年末常住人口	万人	233.0	234.0	235.1	236.2	237.5	1.9	0.5
年末户籍人口	万人	214.09	214.73	215.99	216.01	217.49	1.6	0.4
年末从业人员数	万人	153.30	156.06	178.17	179.45	181.50	18.4	4.3
地区生产总值	万元	10 001 749	11 024 889	11 847 251	12 445 230	13 118 823	38.9	8.6
第一产业	万元	974 418	1 110 340	1 213 701	1 265 983	1 350 203	28.4	6.4
第二产业	万元	6 239 525	6 424 140	6 860 540	6 838 967	6 853 375	32.5	7.3
第三产业	万元	2 787 806	3 490 409	3 773 010	4 340 280	4 915 245	53.9	11.4
生产总值中：工业	万元	5 983 317	6 122 331	6 505 210	6 415 317	6 320 298	28.9	6.6
建筑业	万元	256 208	306 169	360 054	428 824	538 174	105.6	19.8
人均地区生产总值	元	43 037	47 216	50 500	52 812	55 389	36.3	8.0
生产总值比重								
第一产业	%	9.7	10.1	10.2	10.2	10.3	–	–
第二产业	%	62.4	58.3	57.9	55.0	52.2	–	–
第三产业	%	27.9	31.6	31.9	34.8	37.5	–	–
二、农业								
农林牧渔业增加值	万元	974 418	1 123 790	1 228 305	1 281 982	1 366 909	28.5	6.5
1. 农业增加值	万元	624 483	741 489	803 252	834 735	889 727	26.6	6.1
2. 林业增加值	万元	27 336	31 434	36 374	36 584	38 239	27.9	6.4
3. 牧业增加值	万元	295 321	321 236	355 750	375 862	402 488	32.9	7.4
4. 渔业增加值	万元	15 079	16 075	18 322	18 802	19 749	24.7	5.7
5. 农林牧渔服务业增加值	万元	12 199	13 556	14 607	15 999	16 706	32.1	7.2
主要农产品产量								
1. 粮食	万千克	58 013	60 287	61 419	61 520	62 400	7.6	1.8
2. 蔬菜	万千克	173 621	183 636	197 811	219 669	229 669	32.3	7.2
3. 油料	万千克	4 000	3 642	3 609	3 793	3 904	–2.4	–0.6
4. 甘蔗	万吨	92.92	104.62	91.32	85.98	75.53	–18.7	–5.0
5. 烤烟	万千克	10 685	9 521	8 624	8 070	8 019	–25.0	–6.9
6. 园林水果	万千克	39 012	46 457	54 755	63 317	66 867	71.4	14.4
7. 茶叶	万千克	189.7	230.8	369.0	383.0	378.1	99.3	18.8
8. 肉蛋奶总产量	万千克	42 166	44 562	49 476	47 485	51 718	22.7	5.2
其中：肉类总产量	万千克	31 794	32 748	34 030	33 904	37 016	16.4	3.9
9. 水产品产量	吨	15 501	15 871	16 159	16 491	16 812	8.5	2.1
三、工业								
1. 规模以上工业增加值	亿元	565.5	579.0	577.8	607.4	597.3	26.0	6.0
其中：中央省属企业	亿元	407.7	398.3	426.5	465.3	445.2	10.3	2.5
市县区属企业	亿元	157.8	180.7	151.3	142.1	152.1	69.1	14.0
总计中：①卷烟及配套产业	亿元	363.7	356.5	386.5	434.4	401.2	9.3	2.2
②矿冶业	亿元	154.4	133.0	132.2	106.4	90.3	29.1	6.6
总计中：轻工业	亿元	388.0	380.8	415.1	464.9	443.8	19.3	4.5
重工业	亿元	177.4	198.2	162.7	142.5	153.5	44.1	9.6
大中型企业	亿元	501.4	502.0	509.2	516.2	505.5	14.0	3.3
2. 分行业增加值								
煤炭采选业	万元	13 966	17 706	11 034	5 077	6 171	5.1	1.3
黑色金属矿采选业	万元	295 985	366 114	304 585	236 754	253 826	55.5	11.7
有色金属矿采选业	万元	119 278	110 198	106 831	101 438	91 343	21.8	5.1
制糖业	万元	19 228	17 230	11 246	13 282	8 904	–5.8	–1.5
烟草制品业	万元	3 558 086	3 374 376	3 774 118	4 238 378	3 909 637	12.6	3.0
印刷业	万元	53 795	56 879	53 590	50 567	52 151	18.2	4.3

（续表）

指标名称	单位	2012年	2013年	2014年	2015年	2016年	2016年比2012年(%)	
							增　长	年均递增
造纸及纸制品业	万元	48 383	68 493	56 602	58 215	74 334	82.4	16.2
化学原料及化学制品制造业	万元	168 563	192 168	178 655	126 657	132 543	46.9	10.1
肥料制造业	万元	35 818	34 680	30 066	24 105	19 327	26.3	6.0
塑料制品业	万元	14 390	20 084	21 539	31 979	36 154	143.7	24.9
水泥、石灰及石膏制造业	万元	77 648	86 389	82 452	83 874	88 905	49.4	10.6
黑色金属冶炼及压延加工	万元	673 437	664 545	416 003	285 992	247 243	-11.1	-2.9
有色金属冶炼及压延加工业	万元	130 628	165 083	185 340	181 048	205 869	214.0	33.1
金属制品业	万元	11 703	18 731	15 295	19 942	34 446	120.6	21.9
电气机械及器材制造业	万元	39 330	51 969	36 667	26 871	26 336	-4.9	-1.3
电力、热力生产和供应业	万元	149 755	177 110	160 344	185 462	226 853	26.8	6.1
自来水的生产和供应业	万元	2 122	3 572	3 108	3 091	4 253	117.3	21.4
3. 规模以上工业销售率	%	95.4	94.2	90.2	92.8	92.1	–	–
其中：中央省属企业	%	95.4	94.3	90.4	98.7	95.4	–	–
市县区属企业	%	95.4	90.5	90.2	86.3	88.7	–	–
4. 产品产量								
糖	吨	85 118	106 529	91 726	105 400	73 720	-13.4	-3.5
铁矿石原矿量	万吨	1 581.7	1 568.6	1 683.6	1 819.6	1 521.5	-3.8	-1.0
磷矿石（折含P2O530%）	万吨	285.4	170.4	170.0	216.1	83.0	-70.9	-26.6
硫酸（折100%）	吨	135 877	140 076	180 148	248 876	263 470	93.9	18.0
黄磷	吨	136 489	141 709	156 683	160 393	159 795	17.1	4.0
水泥	万吨	963.1	1 081.8	1 007.8	994.7	1 088.1	13.0	3.1
生铁	万吨	522.4	567.8	471.4	382.8	400.9	-23.3	-6.4
精炼铜	吨	748	1 122	1 318	1 743	1 976	164.2	27.5
变压器	万千伏安	478.6	383.7	387.9	298.0	360.9	-24.6	-6.8
四、固定资产投资								
1. 固定资产投资完成额	万元	2 871 313	3 937 118	5 119 163	6 675 854	8 936 911	211.2	32.8
其中：500万元以上项目投资	万元	1 965 645	2 890 583	4 004 612	6 019 973	7 950 033	304.4	41.8
按经济类型分：								
国有经济	万元	1 047 588	1 538 230	2 201 105	2 616 442	5 082 116	385.1	48.4
集体经济	万元	96 821	225 285	113 004	761 637	1 114 455	1051.0	84.2
外商和港澳台投资	万元	47 031	81 408	72 310	78 371	89 026	89.3	17.3
其他经济	万元	1 679 873	2 092 195	2 732 744	3 219 404	2 651 314	57.8	12.1
按隶属关系分：中央省属单位	万元	427 667	575 299	641 186	563 761	1129 223	164.0	27.5
市县区属单位	万元	2 443 646	3 361 819	4 477 977	6 112 093	7 807 688	219.5	33.7
按三次产业划分:								
第一产业	万元	61 104	116 100	100 002	277 483	373 303	510.9	57.2
第二产业	万元	988 989	1 247 618	1 414 994	1 811 953	1 694 117	71.3	14.4
第三产业	万元	1 821 220	2 573 400	3 604 167	4 586 418	6 869 491	277.2	39.4
2. 在库项目(不含房地产开发)	个	732	864	916	1 446	1 950	166.4	27.8
本年新开工项目	个	432	558	595	1 125	1 479	242.4	36.0
建成投产项目	个	402	510	590	955	1 191	196.3	31.2
3. 本年新增固定资产	万元	1 701 137	2 427 873	2 860 516	4 574 346	5 073 298	198.2	31.4
4. 施工房屋面积	万平方米	1 613.1	1 752.1	1 503.7	1 993.0	2 497.9	54.9	11.6
其中：住宅	万平方米	886.3	1 084.4	857.5	913.8	1 678.9	89.4	17.3
商品房施工面积	万平方米	893.8	1 045.9	981.2	862.6	810.3	-9.3	-2.4
其中：住宅	万平方米	689.5	797.5	733.7	621.4	572.2	-17.0	-4.6
商品房竣工面积	万平方米	99.4	188.4	136.1	180.2	93.3	-6.1	-1.6
其中：住宅	万平方米	75.5	146.3	106.2	148.0	56.4	-25.3	-7.0
商品房销售面积	万平方米	171.6	171.3	110.5	87.8	116.4	-32.2	-9.2
其中：住宅	万平方米	152.3	154.0	90.8	66.2	102.9	-32.4	-9.3

（续表）

指标名称	单位	2012年	2013年	2014年	2015年	2016年	2016年比2012年(%)	
							增 长	年均递增
五、社会消费品零售总额								
全市社会消费品零售总额	亿元	198.6	229.4	259.1	291.4	326.8	64.5	13.3
1. 按销售单位所在地分:								
城　镇	亿元	157.8	192.3	224.0	264.3	279.9	77.4	15.4
乡　村	亿元	40.8	37.0	35.1	27.1	46.9	15.0	3.5
2. 按行业分:								
批发零售贸易业	亿元	164.0	191.3	213.3	243.2	267.8	63.3	13.0
住宿餐饮业	亿元	34.7	38.1	45.8	48.2	59.0	70.0	14.2
六、人民生活								
单位从业人员	万人	25.43	27.83	27.54	26.87	26.21	3.1	0.8
在岗职工平均工资	元	40 454	43 874	45 733	51 735	58 523	44.7	9.7
城镇常住居民人均可支配收入	元	21 384	24 276	27 223	29 631	32 177	50.5	10.8
城镇常住居民人均生活消费支出	元	13 034	16 437	19 282	21 326	22 191	70.3	14.2
农村常住居民人均可支配收入	元	7 628	8 925	9 969	10 977	11 968	56.9	11.9
农村常住居民人均生活消费支出	元	6 733	7 841	8 827	8 811	9 994	48.4	10.4
七、财政收支								
一般公共预算收入合计	万元	902 196	1 059 687	1 135 899	1 248 167	1 310 605	45.3	9.8
增值税	万元	206 566	197 877	210 258	232 961	377 387	82.7	16.3
营业税	万元	136 064	142 812	118 899	111 799	54 211	-60.2	-20.6
企业所得税	万元	48 347	53 463	46 909	47 273	42 355	-12.4	-3.3
个人所得税	万元	9 022	8 840	9 061	11 208	13 802	53.0	11.2
城市维护建设税	万元	155 769	176 882	192 173	185 814	155 956	0.1	0.0
烟叶税	万元	51 226	51 983	48 097	52 460	53 790	5.0	1.2
一般公共预算支出合计	万元	1 618 227	1 862 788	2 073 099	2 232 989	2 333 523	44.2	9.6
教育支出	万元	254 600	310 693	322 464	368 087	418 644	64.4	13.2
科学技术	万元	16 581	20 867	25 175	29 328	31 031	87.1	17.0
医疗卫生与计划生育支出	万元	154 120	160 878	189 835	219 283	274 387	78.0	15.5
八、金融								
金融机构存款余额	亿元	1 001.7	1 129.2	1 195.6	1 322.3	1 515.67	51.3	10.9
金融机构贷款余额	亿元	631.9	708.4	777.2	846.2	903.5	43.0	9.4
居民储蓄存款余额（住户存款）	亿元	499.6	575.8	627.5	683.5	752.3	50.6	10.8
存贷比	%	63.1	62.7	65.0	64.0	59.6	-5.5	-1.4
九、对外经济与旅游								
外贸进出口总额	万美元	53 295	71 404	96 887	189 602	201 900	278.8	39.5
其中：出口总额	万美元	50 072	67 935	91 297	185 217	199 158	297.7	41.2
进口总额	万美元	3 223	3 469	5 590	4 385	2 742	-14.9	-4.0
接待国内旅游人数	万人次	1 461.0	1 756.8	2 030.0	2 309.6	2 711.2	85.6	16.7
旅游总收入	亿元	70.6	85.6	108.6	126.4	162.9	130.7	23.2
十、物价指数（以上年为100）								
居民消费价格总指数	%	102.7	102.8	102.1	102.0	101.3	-	-
工业生产者出厂价格指数	%	98.2	96.5	99.5	95.5	99.4	-	-
商品零售价格总指数	%	102.4	100.5	101.1	101.8	100.5	-	-
农业生产资料价格指数	%	107.8	100.8	100.9	102.5	100.9	-	-
十一、交通运输邮电								
公路货运周转量	万吨千米	1 068 477	1 324 444	1 511 881	1 623 537	1 578 768	47.8	10.3
公路旅客周转量	万人千米	252 288	119 724	123 120	119 803	120 106	-52.4	-16.9
固定电话机总数	万部	23.1	18.3	15.3	12.7	11.3	-51.1	-16.4
移动电话用户数	万户	195.7	209.3	210.6	204.6	224.6	14.8	3.5
十二、教育文化								
高等学校在校学生数	人	13 487	14 087	18 442	14 923	15 687	16.3	3.8

（续表）

指标名称	单位	2012年	2013年	2014年	2015年	2016年	2016年比2012年(%)	
							增　长	年均递增
普通中专学校在校学生数	人	13 590	11 624	11 073	7 786	7 890	-41.9	-12.7
普通中学在校学生数	万人	13.2	13.2	13.0	12.8	12.4	-6.2	-1.6
小学在校学生数	万人	18.1	17.2	16.2	15.4	14.8	-18.2	-4.9
学龄儿童入学率	%	99.92	99.92	99.93	99.94	99.96	–	–
文化馆	个	10	10	10	10	10	持平	持平
公共图书馆	个	10	10	10	10	10	持平	持平
广播人口覆盖率	%	98.60	98.76	98.85	98.92	99.10	–	–
电视人口覆盖率	%	98.85	98.94	98.97	99.00	99.28	–	–
十三、卫生								
全市卫生机构病床数	张	10 776	11 349	11 922	12 811	13 238	22.8	5.3
卫生机构技术人员	人	10 285	11 379	13 401	14 849	15 639	52.1	11.0
其中：执业（助理）医生	人	4 403	4 739	4 956	5 336	5 570	26.5	6.1

注：1. 年末户籍人口不含澄江县阳宗镇人口；2016年末从业人员数为预计数。2. 单位从业人员、在岗职工平均工资两项指标为预计数。3. 居民储蓄存款余额自2014年更改为住户存款余额。4. 普通中学在校学生数含普通高中在校学生人数。

2016年玉溪市及各分县（区）主要指标完成情况表（一）

县　区	生产总值（万元）			第一产业增加值（万元）		
	2016年	2015年	增长（%）	2016年	2015年	增长（%）
全　市	13 118 823	12 445 230	7.6	1 350 203	1 265 983	6.1
红塔区	6 115 511	6 157 729	1.7	147 933	141 680	5.5
江川区	810 895	724 863	12.1	159 866	150 998	6.0
澄江县	800 218	713 212	12.0	107 023	100 755	6.6
通海县	1 011 949	931 480	10.7	161 321	150 517	6.0
华宁县	792 742	702 009	13.3	179 009	171 414	5.5
易门县	853 821	745 133	16.2	110 741	105 245	6.0
峨山县	701 610	622 805	12.0	112 231	99 139	6.2
新平县	1 246 767	1 130 529	10.1	186 389	168 982	7.0
元江县	721 117	638 324	12.5	185 690	177 251	6.6

2016年玉溪市及各分县（区）主要指标完成情况表（二）

县　区	第二产业增加值（万元）			第三产业增加值（万元）		
	2016年	2015年	增长（%）	2016年	2015年	增长（%）
全　市	6 853 375	6 838 967	4.4	4 915 245	4 340 280	12.9
红塔区	4 237 603	4 484 548	-1.5	1 729 975	1 531 501	10.7
江川区	264 223	235 068	16.6	386 806	338 797	11.6
澄江县	255 646	235 011	12.5	437 549	377 446	13.0
通海县	369 038	352 957	12.7	481 590	428 006	10.6
华宁县	242 531	205 983	22.2	371 202	324 612	11.7
易门县	441 998	379 351	21.5	301 082	260 537	12.5
峨山县	266 924	243 212	14.4	322 455	280 454	11.9
新平县	486 222	456 313	10.9	574 156	505 234	10.5
元江县	144 981	121 496	23.3	390 446	339 577	11.8

2016年玉溪市及各分县（区）主要指标完成情况表（三）

县　区	一般公共预算收入（万元）			一般公共预算支出（万元）		
	2016年	2015年	增长（%）	2016年	2015年	增长（%）
全　市	1 310 605	1 248 167	5.0	2 333 523	2 232 989	4.5
市本级	549 794	556 733	−1.2	560 206	611 061	−8.3
高新区	59 009	47 219	25.0	50 010	43 674	14.5
红塔区	215 902	200 127	7.9	323 100	310 626	4.0
江川区	58 242	53 977	7.9	174 170	159 789	9.0
澄江县	73 279	58 686	24.9	142 621	126 910	12.4
通海县	51 885	47 889	8.3	166 520	158 362	5.2
华宁县	39 525	37 290	6.0	154 695	138 340	11.8
易门县	58 188	53 028	9.7	166 716	158 926	4.9
峨山县	41 758	44 230	−5.6	148 637	129 248	15.0
新平县	120 646	112 188	7.5	270 646	236 037	14.7
元江县	42 377	36 800	15.2	176 202	160 016	10.1

2016年玉溪市及各分县（区）主要指标完成情况表（四）

县　区	固定资产投资（万元）			社会消费品零售总额（万元）		
	2016年	2015年	增长（%）	2016年	2015年	增长（%）
全　市	8 936 911	6 575 854	33.9	3 267 664	2 913 652	12.2
红塔区	2 883 429	2 263 757	27.4	1 557 519	1 388 690	12.2
江川区	576 681	400 694	43.9	219 346	197 254	11.2
澄江县	1 038 056	790 327	31.3	196 817	175 494	12.2
通海县	566 976	390 949	45.0	307 660	274 574	12.1
华宁县	541 736	387 202	39.9	183 518	161 690	13.5
易门县	764 300	607 787	25.8	185 881	163 917	13.4
峨山县	725 608	544 017	33.4	157 226	140 192	12.2
新平县	1 110 084	805 857	37.8	215 132	192 466	11.8
元江县	730 041	485 264	50.4	244 565	219 375	11.5

2016年玉溪市及各分县（区）主要指标完成情况表（五）

县　区	农村常住居民人均可支配收入（元）			城镇常住居民人均可支配收入（元）		
	2016年	2015年	增长（%）	2016年	2015年	增长（%）
全　市	11 968	10 977	9.0	32 177	29 631	8.6
红塔区	14 177	13 009	9.0	33 278	30 592	8.8
江川区	11 167	10 214	9.3	31 191	28 509	9.4
澄江县	12 707	11 606	9.5	32 632	29 944	9.0
通海县	13 783	12 635	9.1	32 116	29 443	9.1
华宁县	11 694	10 651	9.8	31 533	28 881	9.2
易门县	11 472	10 437	9.9	31 886	29 170	9.3
峨山县	10 921	9 984	9.4	32 160	29 594	8.7
新平县	11 226	10 281	9.2	31 997	29 471	8.6
元江县	10 690	9 754	9.6	31 426	28 756	9.3

青山绿水·碧玉清溪

（张玲玲　摄）

索　　引

INDEX

编制：李晓媛

说　明

一、本索引采用主题分析方法，索引范围包括各部类条目、表格和图片。按主题词汉语拼音顺序排列。
二、书中的篇目题、类目题、分目题用黑体字标明，其余用宋体字排印。
三、索引的主题词后面的数字表示内容所在页码，数字后面的字母（a、b、c）表示该页从左至右的栏别。
四、以数字或字母开头的款项，不按音序排列，集中于“非音序”栏中。

条目索引

A

B

C

D

G

T

Y

Z

表格索引

图片索引

A

B

C

D

E

F

G

H

J

K

L

M

N

P

Q

R

S

T

W

X

Y

Z

非音序

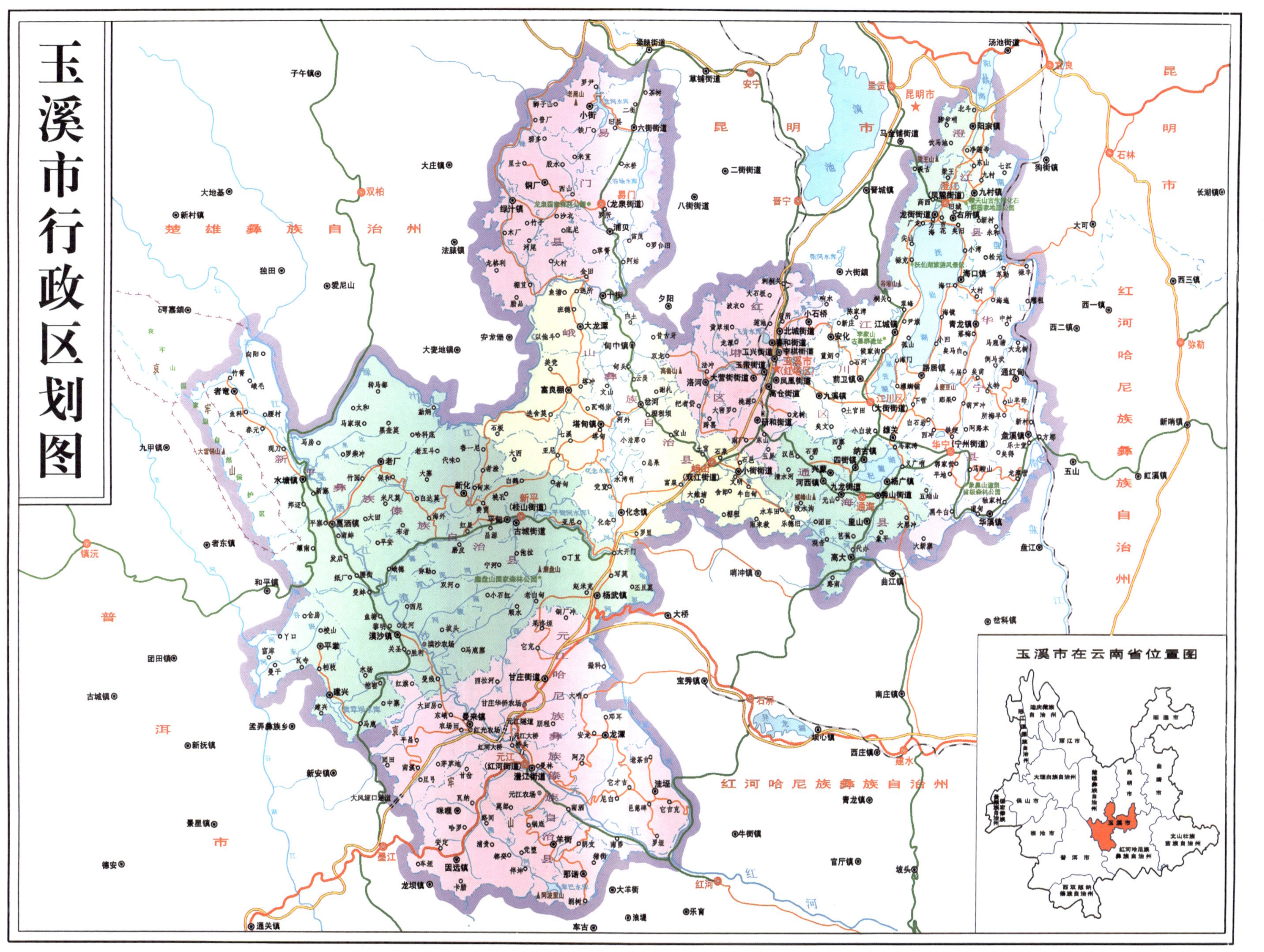

玉溪市行政区划图
玉溪市在云南省位置图
昆明市
楚雄彝族自治州
红河哈尼族彝族自治州
普洱市
玉溪市
澄江县
江川区
华宁县
通海县
峨山县
易门县
新平县
元江县

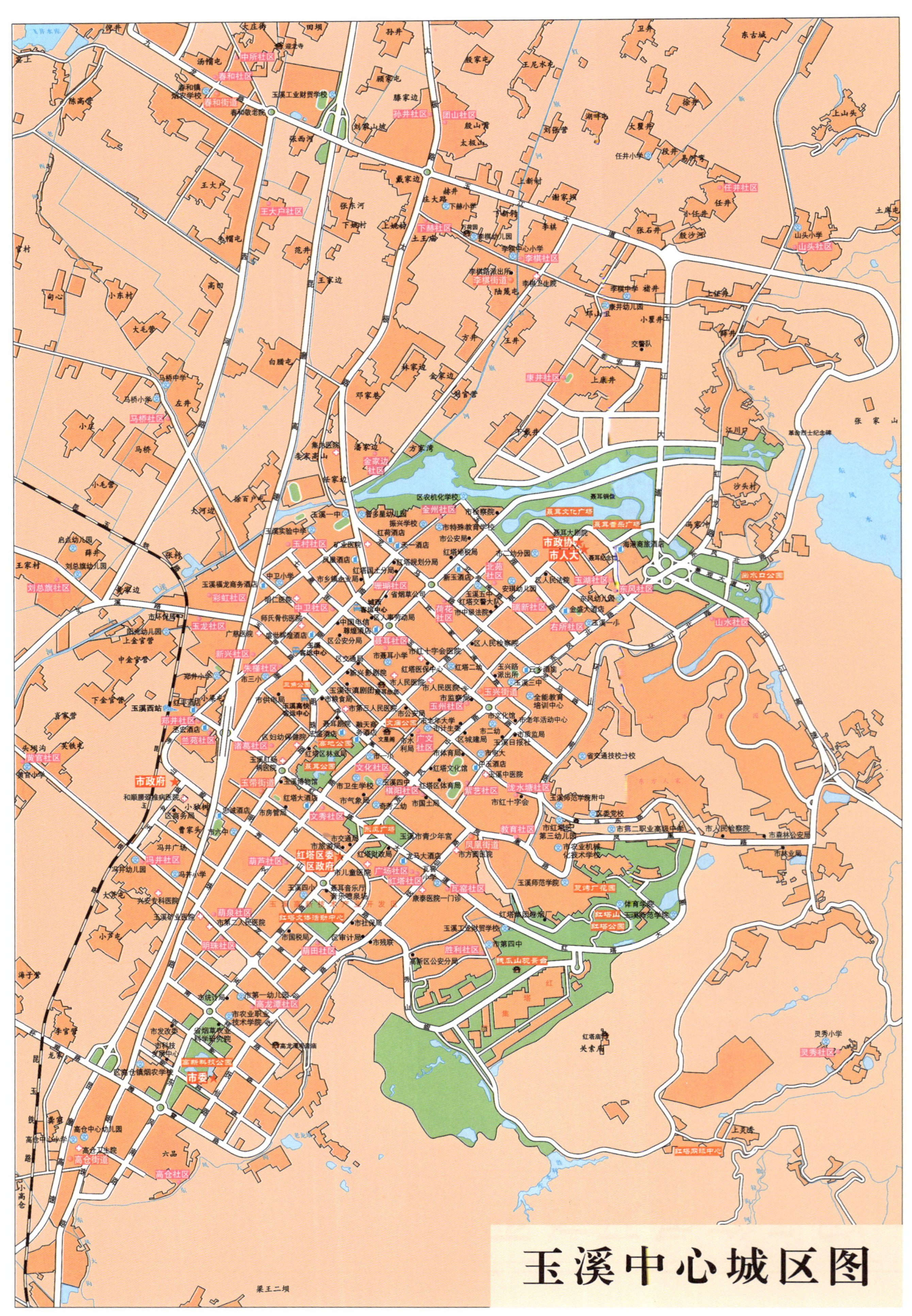
玉溪中心城区图